Heinrich Pennekamp
Kinder - Repertorium

KINDER - REPERTORIUM

nebst pädagogischen und therapeutischen Hinweisen

von

Heinrich Pennekamp

wissenschaftliche Mitarbeit: J. v. Glan

3., überarbeitete und wiederum vermehrte Auflage,

Pennekamp MDT - Verlag
Osten - Isensee
2002

3. deutschsprachige Auflage 2002

Copyright: Pennekamp MDT - Verlag, D 21756 Osten - Isensee
Landstrasse 24, Tel. & FAX 04776 - 831043

Korrekturen, Ergänzungen und zusätzliche Informationen werden im
Internet veröffentlicht unter:

http://www.pennekamp.org

Satz: Pennekamp Medizinische Daten Technik

Druck: Digital Druck Köhler, Oldenburg / Oldenburg

Umschlag: Johannes Pennekamp (Photo)

ISBN 3-9805997-4-4

FÜR MEINEN SOHN JOHANNES

DANKSAGUNG

Mein Dank gilt

allen meinen Patienten, besonders den schwierigen, weil
sie mich zum intensiven Studium der Klassiker zwangen

meinen Lehrern, besonders Hp. Kurt Kamma, Hamburg
Prof. Dr. Prakash Vakil, Bombay
Dr. Paul Prahlad, Bombay
André Saine, N.D., Canada,
          die mich in meinem Weg bestärkten
          und mir wichtige Impulse gaben

meiner Frau Kaya für ihre Geduld

und meinem wissenschaftlichen Mitarbeiter, Herrn J. von Glan

An dieser Stelle hätte eigentlich ein

Vorwort von Prof. Dr. Prakash Vakil

stehen sollen. Leider kam er nicht mehr dazu.

Wenige Tage nach der Neugründung des Dr. Hering Homoeopathic Hospital in Bombay - Kandivli am 22. Aug. 1997 verstarb er unerwartet.

Eine gemeinnützige homöopathische Klinik, mit Medical Research Centre, unabhängig und mit eigenem Gebäude einzurichten, war sein lange und zäh verfolgtes Ziel, in das er nicht nur seine ganze Kraft, sondern auch all sein Gut hineingab.

Prakash Vakil wird uns Homöopathen immer in Erinnerung bleiben. Er vermittelte uns Kenntnisse von bleibendem Wert:

Wie man z. B. an die homöopathische Untersuchung und Behandlung von Giftgas Katastrophen (Bhopal 1985) herangeht, oder die zahlreichen Arzneimittelprüfungen, deren wertvollste wohl die von Leprominium (Lepra Nosode) sein dürfte, oder auch der differentialdiagnostische Wert der Zungensymptome.

Vielen ausserindischen Homöopathen war er als der "Gypsy - Homeopath" bekannt, der unermüdlich umherreiste, um Fachfortbildungskurse zu geben, Vorträge zu halten, schwierige Patienten in der ganzen Welt zu behandeln, Geldmittel für die Klinik aufzutreiben und der Verbreitung der Homöopathie zu dienen.

Als wir einmal im freundschaftlichen Gespräch erörterten, welche Religion dem Homöopathen am besten anstünde, sagte er:
"A well done work is the best workship to God."

In diesem Sinne verging für Prakash Vakil kein Tag ohne Gebet.

INHALTSVERZEICHNIS

INHALTSVERZEICHNIS   Fortsetzung

INHALT   Seite

Vorbemerkungen

Die vorgelegte Arbeit verzichtet auf eine weitschweifige Einleitung. Statt dessen folgt ihr eine Sammlung von Aphorismen, die allerdings in lockerem Zusammenhang angeordnet sind. Man sollte sie lesen, muss es aber nicht, da sie für das Verständnis des Repertoriums oder der therapeutischen und pädagogischen Hinweise keine notwendige Voraussetzung darstellen.

Die verwendeten **Quellen** sind allgemein im Literaturverzeichnis angegeben, auf **S. 741**. Auf eine explizite Angabe innerhalb des Repertoriums, etwa mit schwer lesbaren und die Augen ermüdenden Hochzahlen, verzichte ich bewusst, da neben den aufgeführten Quellen auch meine ganz persönlichen Erfahrungen aus mehr als 20 Jahren Praxiserfahrung mit verwendet wurden. Hierin folge ich dem Beispiel von Murphy's sehr praxiorientierten Repertorium, der ebenfalls in seiner 2. Auflage auf das **wissenschaftliche Emphysem der Quellenzitiererei** bewusst verzichtet. Nebenbei: **auch Kent gab seine Quellen** (vornehmlich C. Lippe und Lee, siehe S. 40) **nicht an.**

Abkürzungen:

Agg. = Aggravation, Verschlimmerung, schlechter durch
Am. = Amelioration, Verbesserung, besser durch
Abn. = Abneigung   Verl. = Verlangen
o. = oder   o./& = oder / und   m. = mit
§ = Paragraph in S. Hahnemanns Organon der Heilkunst, 6. Aufl.

Wertigkeiten:

DREI-WERTIG   Zwei-wertig   ein-wertig

Potenzangaben:

Wenn nur eine Zahl angegeben ist, z. B. Bac. 200, dann sind C - Pot. gemeint.
Q (ohne weitere Zahl) = Urtinktur, z. B. Erio. Q = Eriodictyon Urtinktur
LM (mit Zahl) = Quinquagesimalpotenz, z. B. Ang. LM 6 .

Schreibweise:

Die hier verwendete Schreibweise ist Schweizer Deutsch, d. h. ohne "ß".
Des weiteren werden zusammengesetzte Begriffe oft getrennt, z. B.:
"Lebenswärme Mangel" statt "Lebenswärmemangel". Der Grund ist die Portierung in mein Computerprogramm "REP - Synopsis für Homöopathie", welches auch nach Synnonymen sucht. Denn nur so wird auch die Suche nach "Lebenswärme gering" erfolgreich. Ferner wird die in der klassischen homöopathischen Literatur verwendete lateinische resp. griechische Schreibweise der Begriffe weitestgehend beibehalten, wie Anaemie, Oedem oder Scrophulose.

Juristisch relevante und notwendige Hinweise:

1.) Jede Wissenschaft, auch die Homoöpathie, ist zeitbedingten Entwicklungen ausgesetzt, die sowohl in zunehmendem Masse aus klinischem Bereich als auch vor allem von vielen in selbständiger Praxis tätigen Heilpraktikern und Ärzten ständig weiter vorangetrieben werden. Jeder Benutzer dieses Werkes ist daher genötigt, sich autodidaktisch oder mittels Fachfortbildungen auf dem laufenden zu halten, um die Angaben zu homöopathischen Medikamenten und deren Dosierung, die in diesem Buch gemacht werden, kritisch prüfen zu können, bevor er sie in seine eigene Therapie am Patienten übernimmt. Es kann also aus juristischen Gründen keine Gewähr für die absolute Richtigkeit der gemachten Angaben über Medikamente, Applikationsformen oder Dosierungen übernommen werden, weil jeder Therapeut für sein Tun selbst verantwortlich ist (eigene Gefahr des Behandlers). Sollte einem Leser Fehler oder Ungenauigkeiten auffallen, so wird um Mitteilung zwecks Korrektur gebeten.

2.) Aus Gründen der einfacheren Handhabung sind geschützte Warennamen oder Warenzeichen nicht besonders ausgewiesen, daher kann aus deren Fehlen nicht automatisch geschlossen werden, dass sie frcic Warennamen sind. Auch kann aus der Angabe von Bezugsquellen oder Herstellern nicht automatisch geschlossen werden, dass diese die einzigen sind oder dass sie nach der Drucklegung noch aktuell geblieben sind.

3.) Gesetzliche Beschränkungen der Heilberufe sind nicht explizit angegeben. Jeder Homöopath muss sich selbst über diese (und deren aktuelle Änderungen) informieren und gemäss den gesetzlichen Vorschriften, seinem Gewissen und dem hippokratischen Eid handeln.

Die vorgelegte

zweite Auflage
(708 Seiten)

enthält neben einigen Korrekturen viele Ergänzungen, die zum grössten Teil der klassischen Literatur (Hahnemann, Jahr, Bönninghausen, Hering & Lippe) entstammen. Einige Symptome des Jugendalters wurden hinzugefügt.

Der Titel "Kinder - Repertorium" lässt zwar vermuten, dass sich die Symptomensammlung nur auf Kinder bis etwa zum 12. Lebensjahr bezieht; dagegen steht jedoch die Erfahrung, dass auch 18-jährige nicht selten die innere Reife vermissen lassen, die die nur auf Wählerstimmen bedachten Politiker veranlassten, die Mündigkeit auf das 18. Lebensjahr festzusetzen - eine Entscheidung, an deren erwachsener Reife durchaus Zweifel angebracht sind.

Ausserdem wurde die Anzahl der Querverweise vermehrt, um den Gebrauch in der Praxis auch für solche Therapeuten zu erleichtern, die mit der homöopathischen Terminologie noch nicht so vertraut sind.

Hamburg, 11. Januar 1999   Heinrich Pennekamp

Die jetzt vorgelegte

dritte, nochmals vermehrte Auflage
(748 Seiten)

wurde vorwiegend hinsichtlich etlicher Arzneimittel Nachträge ergänzt; auch sind viele Symptome neu aufgenommen worden, besonders im Bereich der Atemwege. Die therapeutischen Hinweise wurden erweitert.

Um die **anamnestische** Arbeit zu erleichtern, wurden die wichtigsten Störungen in der **Schwangerschaft** in einem Absatze unter den weiblichen Genitalien (Vorgeschichte Mutter) mit aufgenommen, denn die Einbeziehung dieser Störungen erweisen sich besonders bei Erkrankungen in der Säuglings- und Kleinkindperiode als durchaus hilfreich.

Ergänzungen und Korrekturen werden auch weiterhin im Internet unter

www.pennekamp.org (dort: Buch-Nachträge anklicken)

veröffentlicht. Das ist, so denke ich, eine wirklich vernünftige Anwendung diese neuen Kommunikations-Mediums.

Isensee, 30. Okt. 2001   Heinrich Pennekamp

Einleitung

Keine Tätigkeit am Menschen, sei es Gesunderhaltung im engeren oder Erziehung im weiteren Sinne, kommt an den Grundfragen vorbei: Wozu dient unser Tun? Oder: Was sind die Folgen? Dass man nach Auschwitz die Aufzucht einer neuen Generation als problematisch empfinden kann, hat Adorno in eindringlicher Klarheit dargestellt (Th. W. Adorno, Erziehung zur Mündigkeit, Frankfurt 1970). Er verweist in "Philosophie und Erziehung" (ebenda) auch auf die Unbeliebtheit philosophischer Grundbildung bei den Studenten, die das kleine Philosophicum als Ballast im Studiengang empfinden. Man muss heute wohl nicht mehr in jedem Falle soweit gehen, um diesen Umstand als Auswirkung kollektiver Verdrängung zu interpretieren. Nun, was gehen solche Dinge den Mediziner an? Und erst den Homöopathen? Nach längerer Zeit der selbständigen Ausübung eines Heilberufes stellt man sich angesichts der krankmachenden Umstände, die im Bereich der Psyche, der geistigen oder materiellen Armut oder des sozialen Umfeldes liegen, doch etliche Fragen, wie: ist die Tätigkeit des Homöopathen die eines Reparaturbetriebes ähnlich dem der sozialen Dienste? Kann und soll homöopathische Behandlung die Folgen falscher oder fehlender Erziehung kompensieren? Wie weit trägt eine antimiasmatische Behandlung, wenn die äusseren Lebensumstände der Kinder und Jugendlichen gleich schlecht bleiben oder sich gar verschlimmern? Ein noch nicht Mündiger kann dieselben schliesslich nicht aus eigener Kraft ändern. Auch Hahnemann sah schon dieses Problem. Er schreibt in der Anmerkung des § 81 **über krankmachende Ursachen:** Sie " liegen offenbar theils im Clima und der besondern, natürlichen Beschaffenheit des Wohnorts, theils in der so **abweichenden Erziehung des Körpers und Geistes der Jugend,** der vernachlässigten, verschrobenen, oder überfeinerten Ausbildung beider, dem Mißbrauche derselben **im Berufe oder den Lebens-Verhältnissen, der diätetischen Lebensart,** den Leidenschaften der Menschen, ihren Sitten, Gebräuchen und Gewohnheiten mancher Art." (Hervorhebungen von mir). Siehe auch § 4 Organon, " Entfernung der die Gesundheit störenden und Krankheit erzeugenden und unterhaltenden Dinge".

Fall:

Ein Lehrling im graphischen Gewerbe war nach einer akuten, antibiotisch behandelten Bronchitis nicht recht wieder auf die Beine gekommen. Er hatte keinen Appetit mehr, trank fast nur noch Fruchtsaftgetränke und entwickelte eine zunehmende Apathie. Er konnte zwar durch besondere Ansprache kurzfristig etwas lebendiger reagieren, sackte dann aber bald wieder in einen Zustand zurück, der vom Meister als teilnahmslose Schwäche geschildert wurde. Drogen (vornehmlich Haschisch) habe er vor der Bronchitis auch genommen. Jetzt habe er, der ein sehr guter und eloquenter Schüler gewesen sei, sogar gelegentlich Wortfindungsstörungen - ob das wohl von den Drogen käme? Nach anfänglicher Behandlung mit u. a. Sulphur, welches den bestehenden restbronchitischen Zustand behob, blieb natürlich die depressive Verstimmung bestehen. In der darauf folgenden gründlichen Anamnese kam ein schon einige Jahre bestehender Kummer zur Sprache, der darin bestand, dass seine Eltern beruflich viel auf Reisen waren - er selbst war in Asien geboren und dort zur Grundschule gegangen - und er häufig Freundschaften abbrechen musste, weil der Vater mal wieder versetzt worden war und aus gesellschaftlichen Gründen die Familie immer mit umziehen musste. Der schulischen Laufbahn tat das natürlich auch nicht gut, sodass er vom Gymnasium abgehen musste und eine Lehre im graphischen Gewerbe begann, welche ihm teilweise sogar Spass machte, weil dabei auch einige künstlerische Aspekte einflossen. Das alles änderte natürlich nichts daran, dass er sich in Deutschland, wo er nun schon rund sechs Jahre lebte, nicht zuhause fühlte. Deswegen konsumierte er immer öfter Haschisch.

Als **Symptome** wurden genommen:
> Beschwerden durch Heimweh
> Beschwerden durch langdauernden Kummer
> Wortfindungsstörungen
> Schwäche allgemein
> Husten mit retrosternalem Kitzelreiz
> Verlangen nach Fruchtsaft.

Phosphori acidum - bis zur M gegeben - brachte ihn wieder in Schwung. Dann wurde sein einziger Freund wegen Drogenkriminalität verhaftet und gab sich im Gefängnis den goldenen Schuss (Heroin, Überdosierung der Injektion in suicidaler Absicht). Seine Freundin, Schwester des nun toten Freundes, bei der der Patient wohnte, trennte sich von ihm und warf ihn hinaus. So obdachlos geworden (und nebenbei drogenbedingte Schulden), schlief er mal hier, mal dort, und mal draussen im Stadtpark, was zu einem Rezidiv der Bronchitis führte. Den zweifellos quälenden Hustenreiz meinte er dann mit Morphinderivaten bekämpfen zu müssen. Letzthinnig entglitt er dem stützenden Einfluss seines Meisters, brach die Lehre wie vorher schon die Behandlung ab und versackte im Grossstadtsumpf.

Sicherlich kann man solche Schicksale verdrängen - vielleicht muss man es manchmal auch angesichts der eigenen Ohnmacht gegenüber lieblosen Eltern, inhumaner Umwelt etc. Aber der moralische Impetus bleibt doch wohl bestehen: **zumindest soviel zu tun, wie man kann.**
Ausgehend von I. Kant, Metaphysik der Sitten, geht der neuzeitliche Philosoph H. Jonas in der Begründung des ethischen Sollens von der Phänomenologie aus: Sagt einem der Anblick des neugeborenen Säuglings nicht alles, mit seinem hilflosen **"Kümmert euch um mich"** ? Diese Forderung wäre zu generalisieren: denn genau so, wie das Neugeborene der Befriedigung seiner Primärbedürfnisse nach Nahrung, Wärme, Schutz etc. hilflos gegenüber steht, ist letztlich auch der Heranwachsende machtlos ausgeliefert einer Welt, die sich ihm als Existenz nicht erklärt, sondern ihn selbst zum Mitläufer und Konsumenten erklärt. So, wie individuell die Mutter des Säuglings gefordert

ist, sollten sich auch allgemein alle Erwachsenen gefordert fühlen, den jungen Menschen eine Erde zu übergeben, die man verstehen, lieben und durch Arbeit erhalten kann.

Über die Berücksichtigung kindertypischer Symptome in den Repertorien.

Untersucht man die grossen homöopathischen Repertorien wie den Kent oder den Boericke auf Rubriken, die speziell das Kindes- und Jugendalter betreffen und auch so ausgewiesen sind, d. h., die die Begriffe Kind, Kleinkind, Säugling, Jugendliche oder Pubertierende beinhalten, so ist man über deren geringe Anzahl überrascht. Im Kent, dem grössten und gebräuchlichsten Repertorium der Welt, findet man deren 203, in Boerickes Repertorium 84 kinderspezifische Symptome, und in Murphy's homeopathic medical repertory, das noch ziemlich ungebräuchlich ist, immerhin in einem eigenen Kapitel 425 Kindersymptome. Viel günstiger sieht es aus, wenn man die Symptome der früher üblichen Kinderkrankheiten wie Keuchhusten, Croup (Pseudocroup und Diphtherie), Masern, Windpocken, Röteln, Mumps und Scharlach mit hinzurechnet oder gar noch seltenere Erkrankungen wie Spina bifida, Hydrocephalus, Syringomyelie, Mongolismus, Morbus Osgood - Slatter etc. hinzunimmt. Die Einschränkung "früher üblich" bezieht sich natürlich nur auf die westlichen Industrienationen, in denen so natürliche Kinderkrankheiten wie Masern unsinnigerweise durch Impfungen unterdrückt werden. Da jedoch gerade in diesen Industrienationen, auch durch die wirtschaftlichen Zwänge der zunehmenden Unbezahlbarkeit des Gesundheitswesens veranlasst, der Bedarf nach preiswerter und nebenwirkungsarmer resp. spätwirkungsarmer medizinischer Versorgung wächst, habe ich mich bei der Konzeption meines Synoptischen Computer - Repertoriums ab der zweiten Auflage 1992 dazu entschlossen, ein spezielles Kinderkapitel einzufügen, das in der Auflage von 1994 über 1006 Einträge verfügte, Kinderkrankheiten wie Masern etc. nicht mitgerechnet, ebensowenig die therapeutischen Hinweise zu Neurodermitis etc. Auf dieser Basis ist das jetzt vorgelegte Werk entstanden. Wenn auch früher hierzulande seltene oder unbekannte Erkrankungen wie Dengue Fieber mit aufgenommen wurden, so deswegen, weil einerseits die Mobilität international zugenommen hat, und weil andererseits in grösserem Masse als früher Kinder in den Tourismus mit einbezogen werden.

Über Sonderheiten der Kinderbehandlung und die vorhandenen Literatur.

Es ist schon verwunderlich, dass die pädagogische Richtung "vom Kinde aus", für die Namen wie Montessori oder Kerschensteiner stehen, so wenig Einfluss auf die Homöopathie genommen hat, dass kaum grössere Veröffentlichungen auf diesem Gebiet zu verzeichnen sind. Vor dem ersten Weltkrieg lediglich Franz Hartmann (Die Kinderkrankheiten, Leipzig 1852), Elias Altschul (Taschenwörterbuch der Kinderkrankheiten, Prag 1863), C. F. Fisher

(Deseases of children, Chicago 1895 und C. Sigmund Raue (Deseases of children, Philadelphia 1906), nach dem zweiten Weltkrieg D. M. Borland (Children Types, London 1948), Adolph Voegeli (Homöopath. Therapie der Kinderkrankheiten, Ulm 1964), Hedwig Imhäuser (Homöopathie in der Kinderheilkunde, Heidelberg 1970), H. Hauptmann (Homöopathie in der kinderärztlichen Praxis, Heidelberg 1991, Paul Herscu (Die homöopath. Behandlung der Kinder, Californien 1991 / Gross Wittensee 1993) sowie einige kleinere Schriften von A. Zaren, indischen Homöopathen etc., letztlich auch ein ca. 100 Seiten umfassendes Kapitel in Guernsey's Gynäkologiebuch (Guernsey, H. N., Application .. to obsterics .. & young children, Delhi w/o year).

Viele - auch klassische - Homöopathen behandeln die Kinder bei der Repertorisation genauso wie Erwachsene, d. h. sie benutzen die gleichen Rubriken - wohl auch aus dem Mangel an speziellen Kinderrubriken heraus. Das scharfe Nachsinnen und die praktische Erfahrung jedoch zeigen, dass viele Mittel, die für Erwachsene angezeigt sein können, bei Kindern wohl kaum in die nähere Wahl kommen werden, weil es sich oft um Mittel handelt, die eine bestimmte Ursache der Erkrankung nahelegen, mit der Kinder einfach nicht aufwarten können. Zum Beispiel Stillingia, wenn chronische Heiserkeit mit wundem Gefühl im Rachen vorhanden ist, verursacht durch unterdrückte Syphilis (Sekundär- o. Tertiärstadium). Auch weisst der Organismus des Kindes - besonders des Neugeborenen und des Kleinkindes, Sonderheiten auf, die in der Semiotik und Symptomatik berücksichtigt werden müssen. Insbesondere durch die andersartige Körper-Massen-Verteilung des Neugeborenen kommen Kopf- und Brustsymptomen eine hervorragende Bedeutung zu. Mindergewicht bei der Geburt ist ebenfalls als gravierendes Zeichen zu werten. Wichtige, leicht und sicher zu erhebende Zeichen und Symptome bieten die Ausscheidungen und Absonderungen des Kindes, ebenso wie die Zeitmodalitäten. Abweichend vom Schulkind und Erwachsenen ist die Herzfrequenz weniger bedeutsam als die Atemfrequenz. Weitere Atemzeichen von grosser Wichtigkeit sind die Geschwindigkeit von Inspirium und Expirium sowie die Tiefe der Atemzüge. Hautsymptome wie Färbung und Trockenheitsgrad sind so wichtig wie einfach festzustellen - man muss als Behandler nur die nötige Zeit und Geduld aufbringen, das Kind ganz entkleidet zu inspizieren. Zeitaufwendig ist auch die Beobachtung des kindlichen Spiels, aber für seine seelische Beschaffenheit sehr aufschlussreich. Immer eingedenk des Umstandes, dass ein kleines Kind sich hinsichtlich seiner Krankheitszustände nicht äussern kann ausser mit Weinen, Schreien und anderen wahrnehmbaren Zeichen und Symptomen, sollte die **gründliche, auf Können statt auf Interpretation mütterlicher Aussagen beruhende Untersuchung** niemals zu kurz kommen oder den Rang hinter Labor oder anderen technischen Untersuchungen einnehmen. **Hufeland,** einer der behandelnden Ärzte J. W. v. Goethes, beschreibt die Sonderheiten der Behandlung von Kindern im Enchiridion medicum, Berlin 1836, mit Scharfblick und in einprägsamer Kürze. Er nennt die Neugeborenenzeit bis zur beginnenden Zahnung "fortgesetzte Zeugung", ein Gedanke, der rund 100 Jahre später in der Soziologie durch A. Portmann als "extrauterine Schwangerschaft" sowohl aufgegriffen als auch

usurpiert wurde. Es fällt dabei allgemein auf, dass viele Nordamerikaner europäisches Gedankengut oder Literatur entweder nicht kennen oder nicht zur Kenntnis nehmen. So auch Herscu, der als einziges homöopathisches Werk über Kinder den Borland erwähnt - zwar nicht gerade lobend, aber immerhin. Als nachgerade peinlich muss man allerdings wohl den Umstand empfinden, dass Vithoulkas im Vorwort zu Herscu's Homöopathische Behandlung der Kinder nicht einmal dessen nordamerikanischen Landsleute Fisher und Raue erwähnt, deren Werke mit jeweils rund 700 Seiten doch wohl kaum zu übersehen sind, von der ausgezeichneten homöopathischen Qualität einmal ganz abgesehen. Vithoulkas schreibt: "We do not actually have enough literature on the Subject apart from Borlands booklet which is quite good but not sufficient for the needs of our time. I feel that Paul Herscu's book goes further than any homoeopathic book ..."
Diesem Statement kann man fairerweise nicht folgen.
Auch werden F. Vermeulens Kindertypen in der Homöopathie, die immerhin drei Jahre vorher erschienen, einfach ignoriert. Andererseits werden im von der Athener Schule wesentlich beeinflussten Computer Programm "RADAR" und dem daraus entstandenen Repertorium "Synthesis", in dem die Nachträge und Ergänzungen jeweils (wenig augenschonend, weil ermüdend) hinter jedem Arzneimittel als Hochzahl angegeben sind, Bogers Additions to Kents Repertory (Reprint: Delhi 1981, 105 Seiten) grösstenteils als Ergänzungen von Vithoulkas deklariert (die er durch seine Seminarteilnehmer ins Deutsche hat übersetzen lassen). Es ist eigentlich unverständlich, dass ein Mann wie Vithoulkas, der sich um das internationale Ansehen der Homöopathie sehr verdient gemacht hat, sich mit fremden Federn schmückt. Letztlich stehen wir alle auf den Schultern unserer homöopathischen Vorfahren.
Vornehmlich jüngere Homöopathen haben mich ob dieser "Nestbeschmutzung" und einiger anderer kritischen Anmerkungen beschimpft. Um so mehr hat es mich gefreut, dass die oben zitierten Fehlzuweisungen, die immer zweifelnden Anlass zu Überlegungen hinsichtlich der Validität gaben, inzwischen in der 7. Edition (1998) des Synthesis korrigiert wurden.
Es geht mir nicht darum, die Homöopathen der "modernen" Schulen oder Richtungen schlecht zu machen, sondern ganz im Gegenteil: sie zu verbessern, d. h. die **abgeschnittene Verbindung zu den Quellen** unserer Lehre wiederherzustellen, und zum fleissigen Studieren derselben aufzufordern.

Fallbeispiele für die Anwendung kindertypischer Rubriken:

Fall: Croup

Ein schwächliches Kind von alternativ und biologisch - dynamisch eingestellten Sozialpädagogen hatte Croup. Die Eltern wiesen beide psorisch - syphilitische Züge auf. Die Besonderheit der Anfälle lag in der Gesichtsfarbe: weder blass noch cyanotisch, wie es meistens bei Croup zu erwarten wäre, sondern ein leuchtend rotes Gesicht während der Anfälle. Acet-ac hatte ich nicht dabei, also liess ich 10 Tropfen Essig in einen Becher mit Wasser geben, zwei Stück Zucker hinzufügen, lange rühren, davon sollte das Kind alle ein bis zwei Stunden einen Teelöffel voll nehmen. Die Mutter machte ein komisches Gesicht, dann kam der Vater hinzu und verbot die Einnahme, weil dieses "Hausmittel" weissen Zucker enthielt, und wollte mir ungeachtet des um Atem ringenden Kindes auch noch Vorträge über Bleichmittel und industriellen Nahrungsmittel-Komplex halten. Wütend dachte ich schon über Schläge in nicht homöopathischen Dosen nach, (Lyc. XM hätte es sicher auch getan, hätte mehr Zeit zur Verfügung gestanden), als ich im Küchenregal braunen Candis (aus Cuba) entdeckte, was die Situation erst einmal rettete und das Kind wieder normal atmen liess. Nach zwei Tagen war alles vorüber, nur bekam das Kleinkind dann mehrfach blutig schleimigen Durchfall mit nicht erleichternden Schweissen. Mercurius cor. heilte das Kind davon, und die Eltern beendeten die Behandlung. Einige Jahre später hörte ich von Bekannten, das Kind hätte Schulschwierigkeiten, nachdem sich die Eltern getrennt hätten.

Fall: Minimale Cerebrale Desuffizienz (MCD) und Hypermotorik

Ein 5 jähriges Mädchen litt unter Gefühlen der Minderwertigkeit und Zurücksetzung gegenüber seinen beiden älteren Schwestern. Sie schrieb das ihrer Nase zu, weil die älteste Schwester, die sich auf der Toilette von ihr beobachtet wähnte, zu ihr gesagt hatte, sie habe eine Schweinenase. (de facto eine leichte Stupsnase). Symptom: Geist & Gemüt, Nase eigene Abneigung gegen, hat seine N. nie gemocht (Abscheu): lac-c. Das Kind nahm der Mutter das Versprechen ab, dass sie nach Beendigung der Schulzeit operativ eine neue Nase bekäme. Es wurde nie wieder darüber gesprochen. Als Schulkind zeigte sie auffällige Störungen der Konzentration und Schwierigkeiten mit der Rechtschreibung trotz überdurchschnittlicher Intelligenz. Die Schule wurde mehrfach gewechselt, was an der Unruhe des Mädchens natürlich nichts änderte. Sie hatte inzwischen die Menarche, litt unter exakt seitenwechselnden menstruellen Krämpfen und war sexuell sehr triebhaft geworden. Die Schule war froh, als sie das Mädchen mit der mittleren Reife versehen endlich loswerden konnte. Sie kam mit dem (in den nicht schreibenden Fächern gute Noten enthaltenden) Abschlusszeugnis zur alleinerziehenden Mutter nach Hause, präsentierte das Dokument und fragte unvermittelt: "Machen wir jetzt einen Termin beim Chirurgen?" Sie machten, und die Operation gelang. Die eigene Nase war zur fixen Idee geworden und hatte sich, wie das bei fixen Ideen so üblich ist, über 12 Jahre gehalten, still und stur. Anlässlich ihrer Unstetigkeit in der Berufsausbildung und der Wechselhaftigkeit in den Beziehungen kam sie in meine Behandlung und liess sich durch Lac-c. zum Durchhalten der Ausbildung bewegen. Die sykotische Konstitution besserte sich durch Med.. Nach einigen Jahren hat sie ohne Schwierigkeiten mit der Rechtschreibung einen Fachhochschulabschluss erworben, eine Ausbildung beendet und ihr Leben in einigermassen geordnete Bahnen gelenkt. Dieser Fall zeigt, dass auch die MCD mit den üblichen Schulschwierigkeiten in ein Miasma eingebettet ist, mit Vorgeschichte (hier: fixe Idee bez. der Nase) und Fortsetzung (Umtriebigkeit auf der sexuellen und beruflichen Ebene), also nicht isoliert betrachtet werden darf.

Über die Repertorisation nach Bönninghausen und Boger.

Clemens v. Bönninghausen schuf nicht nur das erste homöopathische Repertorium (noch zu Hahnemanns Lebzeiten), sondern vermittelte auch die zugehörige Methode, es richtig zu benutzen. Bönninghausens Vorgehen war folgendes: Zunächst nahm er die Hauptbeschwerde des Kranken und die auffallendste Modalität. Die hochwertigen (3- & 4-wertigen) Arzneimittel aus diesen Rubriken bildeten den Grundstock der Arzneien, unter denen das passende Heilmittel zu suchen sei. Dann forschte er nach den begleitenden Beschwerden, die dem Leiden des Kranken eine besondere Ausprägung geben, aber nicht notwendigerweise etwas mit der eigentlichen Natur der Hauptbeschwerde zu tun haben müssen (Concomitants). Gelegentlich ist das passende Mittel jetzt schon erkennbar. Wenn nicht, oder, um das Mittel zu bestätigen, werden allgemeine Symptome wie die Empfindungen, die Causa bezüglich des Miasmas, die Lokalisation und die causa der äusseren Veranlassungen hinzugenommen. Schlussendlich wird die Materia Medica studiert und geprüft, ob der Genius resp. die Grundzüge der Arznei mit der Natur des erkrankten Menschen übereinstimmen. Sollten dabei Widersprüche auftreten, wie z. B. in einem scheinbaren Pulsatilla - Fall, dem es aber in der warmen Stube liegend und nach dem Genuss fetter Bratkartoffeln besser geht, so wird die Repertorisation korrigiert. Die Grundfragen jeder Anamnese waren für Bönninghausen (nach einem Hexameter der Scholastiker, die er in seinen kleinen medizinischen Schriften, Heidelberg 1984, zitiert):

Quis? quid? ubi? quibus auxiliis? cur? quomodo? quando?

Später wurde diese Methode von C. M. Boger wieder aufgegriffen und weiter entwickelt, da sich herausgestellt hatte, dass viele Fälle nach der Kent'schen Methode, die sich um die Jahrhundertwende etabliert hatte, nicht lösbar waren. Unter die Fälle, die nach Kent nicht oder nur unsicher lösbar sind, fallen besonders solche, die nur wenige und dann auch nur allgemeine Symptome aufweisen. Das trifft häufig auf **Kinder,** alte Menschen und sogenannte "einseitige Fälle" zu. Diesen Fällen gemeinsam ist in der Regel auch die Abwesenheit von psychischen Symptomen resp. deren Nichtermittelbarkeit, z. B. bei Säuglingen und Kleinkindern. Im übrigen begegnete Bönninghausen dem Vorwurf, seine Repertorien enthielten zu wenige Geist- und Gemütssymptome, mit dem Hinweis, dass dieselben zu unsicher zu erheben seien: die Patienten würden sie entweder verschweigen oder nicht ausdrücken können, und auf Spekulation weder seitens der Patienten noch der des Behandlers könne man nichts geben. Er verwies auch auf entprechende Paragraphen im Organon. Nun, Bönninghausen war Westphale, und von denen sagt der Volksmund, dass man mit einem Westphalen erst mal einen Sack Salz gefressen haben müsse, bevor man mit ihm vertraut sei. Das Zeitalter der Psychologie war noch nicht angebrochen. S. Freud veröffentlichte seine Studien über Hysterie erst 1895, und es dauerte knapp ein Jahrhundert, bis die Psychologisiererei als Volkssport von Pseudo- intellektuellen en vogue kam. Boger machte (in Amerika geht alles etwas schneller) in dieser Beziehung einige Zugeständnisse an Kent und die allgemein zunehmende Erkenntnis der Bedeutung seelischer Verursachung für körperliche Erkrankungen und setzte die Gemütssymptome an die zweite Stelle der Symptomenhierarchie.

Es ergibt sich also nach **BOGER** folgende hierarchische Anordnung der Symptome:

    1. Modalitäten
    2. Geistes- und Gemütssymptome
    3. Empfindungen (wie Brennen, Stechen etc.)
    4. objektive Zeichen (wie Farbe o. Geruch, Zappeligkeit etc.)
    5. Lokalisationen und klinische Rubriken

Differenzierend sind: Genius der Arznei und Concomitants.

Nach dieser Methode ergeben sich, zumal eher allgemeine Symptome als sehr spezielle verwendet werden, in den meisten Fällen mehr als ein "durchgehendes Mittel". Die Differenzierung gelingt in der Regel durch das Auffinden der Übereinstimmung mit dem "Genius der Arznei" und der Berücksichtigung der begleitenden Symptome (Concomitants).

Der **GENIUS** der Arznei ist jener sich durchziehende rote Faden des Mittels, wie z. B. bei Arsen das Brennen, bei den Kalium Verbindungen das Stechen oder bei allen Säuren die Schwäche. Auch miasmatische Gesichtspunkte können hier ihre Berücksichtigung finden, wie z. B. sich beim Sykotiker das "Zuviel", die Übertreibung auf allen Ebenen offenbart: im Geistigen (übertriebener Ehrgeiz, Exzessivität) oder im Körperlichen (heftige, knallrote Windeldermatitis oder Auswüchse wie Warzen etc.)
Die **BEGLEITSYMPTOME (Concomitants)** sind als diejenigen Symptome zu verstehen, die im individuellen Krankheitsfalle als dergestalt begleitende Umstände fungieren, dass sie keine aetiologische Beziehung zur Krankheit aufweisen, also eine Sonderlichkeit nach § 153 Organon darstellen können.
Beispiel: akutes Rezidiv einer chronischen Sinusitis, ausgelöst durch plötzlichen Wetterumschwung zur Kälte hin - **und dabei** geschwollene Füsse.
Die geschwollenen Füsse gehören eigentlich nicht zum üblichen Erscheinungs- bild einer Sinusitis. Sie begleiten diese im individuellen Fall nur. Das heisst natürlich nicht, dass sie nach heutigem Wissen, unter Einbeziehung der asiatischen Medizinphilosophie, nicht erklärbar wären (Nieren - Blasen -

Schädigung durch feindliche Kälte - Blasenmeridiane beginnen nahe des Sinus frontalis und enden an der Kleinzehe - das Wasser Element schädigt das Feuer des Herzens, etc. Nach meiner Erfahrung sind solche Gedanken, unterstützt durch die Technik der chinesischen Pulsdiagnose, auch für die homöopathische Fallaufnahme ausserordendlich hilfreich.)

Fallbeispiel:

Ein liebes, aber als etwas "doofes" 8-jähriges Mädchen (von der Mutter im Vergleich mit seinen Geschwistern so bezeichnet) bekam plötzlich Fieber mit Zornanfällen. Bericht der Mutter: "Auf dem Kinderfest z. B. nahm ihr älterer Bruder ihr die Limonadenflasche, aus der sie schon getrunken hatte, weg, weil sie ja nie eine ganze Flasche austränke. Darauf spuckte das Mädchen dem Bruder ins Gesicht. Ich erkenne mein Kind nicht wieder!" Am Abend bis in die Nacht hinein verschlimmerte sich der Zustand. Das Mädchen war quengelig und verlangte nach ständiger Zuwendung, die ihr dann aber auch nicht recht war. Sie hatte stechende Ohrenschmerzen rechts und geschwollene Unterkieferdrüsen. Die körperliche Untersuchung ergab einen sauren Körpergeruch, eine Druckempfindlichkeit des rechten Hypochondriums sowie eine rote Schwellung der rechten Oberkieferleiste. Dem Mädchen (Mittelkind) hatte schon öfter mit Pulsatilla bei allen möglichen Beschwerden geholfen werden können. Aber die plötzliche Zornmütigkeit war neben der Unzufriedenheit doch sehr auffällig. In dieser zeigte sich ein Begleitsymptom, das mit dem Fieber und dem Stechen im Ohr keinen aetiologischen Zusammenhang hatte.
Dieser Fall wurde **zweifach** ausgearbeitet, um die Unterschiede zu demonstrieren:

(Repertorisationsbeispiel erstellt mit dem Programm "REP - Synopsis für Homöopathie, Pennekamp MDT. Hinter dem Kennbuchstaben für das Symptom steht die Zahl für die Wertigkeit dieses Symptoms, dahinter der Kapitelkürzel)

Symptome Methode Kent:

A 2 ; GG: LANGSAMKEIT IN DENKEN, BEGREIFEN, AUFFASS. & ANTWORT
B 3 ; GG: SPUCKEN ANDEREN INS GESICHT
C 2 ; GG: VERLANGEN IMMER IRGENDETWAS - DANN V. ZURUECKWEISEN
D 2 ; GG: WUT ANFALL
E 1 ; OH: SCHMERZ STECHEND
F 2 ; MA: DURSTLOSIGKEIT, DURST MANGEL AN
G 1 ; FS: FIEBER PLOETZLICHES (SCHNELL BEGINNEND)
H 1 ; AL: TYP DICKLICH & LIEBEVOLLE ZUWENDUNG VERLANGEN
I 1 ; AL: ZEIT ABENDS BIS VOR MITTERNACHT AGG.
J 2 ; SG: LIMONADE VERLANGEN

Auswertung Methode Kent:

Nr.	Wertung	Med.	A	B	C	D	E	F	G	H	I	J
1	29.0	BELL	•	3	•	1	3	2	3	•	2	3
2	19.0	CHAM	•	•	3	3	2	•	2	•	3	•
		PULS	•	•	•	1	3	3	•	3	3	1
4	12.0	ANT-T	•	•	2	•	•	3	•	•	2	•
		NUX-V	•	•	•	3	2	1	2	•	•	•
		STAPH	•	•	2	2	•	2	•	•	•	•
		TUB	•	•	3	3	•	•	•	•	•	•
8	11.0	APIS	•	•	•	•	3	3	2	•	•	•
		CINA	•	•	3	2	•	•	1	•	•	.

Symptome Methode Bönninghausen / Boger:

A 2 ; GG: VERLANGEN IMMER IRGENDETWAS - DANN V. ZURUECKWEISEN
B 4 ; GG: WUT ANFALL
C 1 ; OH: OHR RECHTS ALLGEMEIN
D 3 ; OH: SCHMERZ STECHEND
E 1 ; BS: HYPOCHONDRIEN RECHTE SEITE ALLGEMEIN
F 2 ; FS: FIEBER PLOETZLICHES (SCHNELL BEGINNEND)
G 1 ; AL: TYP DICKLICH & LIEBEVOLLE ZUWENDUNG VERLANGEN
H 3 ; AL: ZEIT ABENDS BIS VOR MITTERNACHT AGG.

Auswertung Methode Bönninghausen / Boger:

Nr.	Wertung	Med.	A	B	C	D	E	F	G	H
1	38.0	CHAM	3	3	1	2	•	2	•	3
2	31.0	BELL	•	1	3	3	3	3	•	2
3	28.0	NUX-V	•	3	3	2	3	2	•	•
		PULS	•	1	2	3	1	•	3	3
5	19.0	ACON	•	2	2	•	3	3	•	•
6	18.0	TUB	3	3	•	•	•	•	•	•
7	16.0	CINA	3	2	•	•	•	1	•	•
8	15.0	APIS	•	•	1	3	1	2	•	•

Natürlich werden bei beiden Methoden teils unterschiedliche Symptome verwertet. So würden Bönninghausen oder Boger sagen, das Eigentümliche sei nicht das ins Gesicht spucken, sondern der ungewohnte Wutanfall. Ob das Mädchen nun gerade Limonade trinken wollte oder irgendetwas anderes, sei nicht von Bedeutung. Andererseits würde der Kentianer wohl eher selten eine genaue körperliche Untersuchung machen (der Anhänger der Athener Schule noch seltener) und daher die Zeichen des Hypochondriums gar nicht erst bemerken. Zu der Verwendung des Geistsymptoms "doof"= Langsamkeit im Denken, Begreifen..., welches dem Kentianer und dem Athener als Kennzeichen der Person sehr wichtig wäre, würde Boger in seiner charakteristischen Kürze sagen: keine Beziehung zur aktuellen Krankheit. Und Bönninghausen würde Hahnemanns Organon zur Hilfe nehmen: Im (nach der letzten Auflage) Paragraphen 211 sei vom Gemüts**zustand** des Kranken die Rede, welcher für die Wahl des Heilmittels den Ausschlag gebe - was nicht heisse, eine Gemüts**eigenschaft** des betreffenden Menschen an sich, in gesunden wie in kranken Tagen. Als **Ausnahme** kann allerdings die Berücksichtigung entsprechender Rubriken der **Temperamentsanlage** (nach **R. Flury**, Schweiz, spiegelt sie das "quis" wieder) gelten.
Genug des Diskurses: CHAMOMILLA 200 brachte die Sache in Ordnung. Nach zwei Tagen fiel, wenn auch für das Alter etwas spät, der erste Backenzahn heraus (eine schöne Bestätigung für Cham.), und der Zahnwechsel gestaltete sich fürderhin problemlos.

```
Kinder Normale Zahn - Entwicklung, nach WHO:

                        Milk Teeth
 6 -  8 Months    Central Incisors
 7 -  9 Months    Lateral Incisors
12 - 14 Months    First    Molares
16 - 18 Months    Canines
20 - 24 Months    Second   Molares


                        Permenant Teeth
 6 -  7 Years     First Molares
 6 -  8 Years     Central Incisors
 7 -  9 Years     Lateral Incisors
10 - 12 Years     Second premolares
11 - 12 Years     Canines
12 - 13 Years     Second Molares
17 - 25 Years     Third Molares
```

Später benötigte das Kind wegen langsamen Begreifens der lateinischen Konjugationen noch einige Gaben von Calcium.

Zusammenfassend kann man sagen, dass die Methode nach Bönninghausen, modifiziert von Boger, bei der Behandlung von Kindern häufiger zum Ziel führt als die nach Kent. Man könnte nachgerade als Bonmot formulieren:

"Je jünger, desto Boger."

Aphorismen

Über problematische Eltern.

Der oben zitierte Croup - Fall wirft auch ein Schlaglicht auf Problemeltern, wie Sozialpädagogen und andere sogenannte "Intellektuelle". (Der Volksmund spottete nicht umsonst: "Lehrers Kinder und Pastors Vieh, gedeien selten oder nie.") Zum einen werden leicht Erwartungen projiziert als Kompensation eigenen Versagens in Ausbildung und Beruf ("Mein Kind ist das genialste!"). Zum anderen sind z. B. alleinerziehende Mütter stark gefährdet, ihr Kind mit allzu vielen Rollen zu überfrachten: umsorgtes (auch overprotected) Kind, Liebespartner, Streitpartner, Hausarbeitspartner etc. Hier ist sicherlich die Objektivität des Homöopathen gefordert. Objektivität geschieht aber nicht notwendigerweise via Distanz - sicherlich möchte man sich solch problematische Eltern am liebsten vom Leibe halten - objektives Verhalten ist auch mit Empathie möglich. Dabei muss man auch häufig an vergessene Tugenden wie Konsequenz und Kontinuität erinnern und betreffende Elternteile freundlich, aber bestimmt dazu ermuntern - sonst kommt es bei den Kindern zum Quengeln als Reflex - und wiederum reflektorisch bei den Eltern zur (unbewussten oder verhaltenen) Aggressivität, die schlussendlich Schuldge-fühle verursachen, welche dann (auf ungeeignete Weise) wieder Kompensation erheischen, etc. etc. **Beispiel:** Im Kaufhaus quengelt das Kind, will einen Lolli haben, der wird abgelehnt, das Quengeln wird unerträglich, in der Warte-schlange 10 Meter vor der Kasse gibt es eine Ohrfeige, endlich an der Kasse angelangt gibt es dann ein Eis, 10 Meter hinter der Kasse fällt das Eis zu Boden, dann gibt es ... etc.

Über Zeitgeschehen und Miasma.

Ein Homöopath, der wie im Elfenbeinturm lebend die Grundtendenzen der gesellschaftlichen Entwicklung nicht zur Kenntnis nimmt, handelt wie ein klinischer Anfänger, der nicht nach dem Stuhlgange seiner Patienten fragt. Um nicht allzusehr ins soziologische Metier abschweifen zu wollen, sei hier auf einen beispielhaften Aspekt verwiesen, der dem Homöopathen hilfreich sein kann: den der Identität. In den grossen Repertorien finden sich viele Symptome der Wahnvorstellungen. Sie sind in der Regel als individuelle zu verstehen, obschon es neuerdings nicht an Versuchen gefehlt hat, darüber hinaus zu denken - sei es Sankaran jun. mit seinen central delusions oder die Bad Boller Schule mit ihrer Einbeziehung des kollektiven Unbewussten (Märchen) etc. Weniger spekulativ, weil im Bereich der forschenden Sozialwissenschaften entwickelt, liefert Erik Erikson (Childhood and society, New York 1950) für den Homöopathen brauchbare Erkenntnisse. Er hat die Entwicklung der Identität untersucht und dabei verschiedene Spielformen nebst ihren Konsequenzen dargestellt. Wer einmal einen komplizierten Fall von psychogener Magersucht zu behandeln hat, findet dort eine Fülle von psychologischen Hinweisen.
Hier soll eine wichtige Fehlentwicklung der Identität mit gesellschaftlicher Relevanz gestreift werden: die negative Identifizierung. Sie beinhaltet, dass die betroffenen Jugendlichen oder Heranwachsenden nicht so werden wollen wie

ihre Eltern (oder wie ein Elternteil), d. h. auf jeden Fall anders werden zu wollen, als die Meinung der herrschenden Autoritäten es vorgeben. Das kann sich politisch auswirken wie bei der Generation der '68-er. Später, bei den Punkern Mitte der 70-er, leichter nachvollziehbar, weil mehr auf Äusserlichkeiten wie bunt karierte Haare und abstossend hässliche Kleidung bezogen, oder durch ganz basale Erziehungsdefizite und allgemeine Perspektivlosigkeit bei den gewalttätig kriminellen Jugendlichen ab Mitte der 90-er Jahre.

Die 68-er kämpften noch, wollten Selbstbestimmung auch in possessivem Sinne - eine eher psorische Manifestation. Bei den Hippies, jenen bunten Paradiesvögeln auf innerer und äusserer Wanderschaft, mischte sich der Psora die Syphilis hinzu, was auch im Hinblick auf vermeintlich selbstbefreienden Mariuhana Konsum und sexuelle Libertinage deutlich tuberkulinische Züge zeigte. Eine Simplifizierung durch Ablehnung aller Intellektualität bei gleichzeitiger Steigerung der Ichbezogenheit zeigten, oder besser: stellten zur Schau - die Punker. In der Übertreibung der Äusserlichkeiten sieht man das sykotische Miasma mit einem Schuss von destruktiver Syphilis, letztere auch in ihrer "Musik": überlaut, jeden Ansatz von Tonalität und durchgängigem Rhythmus sofort abbrechend. Richtig schlimm wird es aber erst mit den gewalttätigen jugendlichen Banden, die in ihrer Aggressivität überhaupt keine Grenzen mehr kennen und z. B. auch auf ihre besinnungslos am Boden liegenden, ausgeraubten Opfer noch eindreschen. Fragt man einen solchen Gewalttäter nach seinen Motiven, unterstellt man etwa pseudopsychologisch wohlmeinend noch einen dererseits besinnungslosen Gewaltrausch, so wird man, einer eiskalten Dusche gleich, eines ganz anderen belehrt: dass solch ein Tun das grösste sei und ER dadurch zum Grössten in seiner Gang werde, weil er sich in höchstem Masse über jeden common sense und alle gültigen Moralvorstellungen hinwegzusetzen imstande sei. Hier feiert die Syphilis in ihrer Verkehrtheit und Destruktivität die perversesten Orgien, unseelig gepaart mit massloser sykotischer Übertreibung und Überschätzung der menschlichen Fähigkeiten. Typische Drogen dieser Kids sind synthetische, die u. a. die Schmerzempfindlichkeit der Knochenhaut und Muskeln soweit aufheben, dass jemand bei dem Bemühen, eine Autotür oder eine Wirbelsäule aufzubrechen, sich selbst einen Unterarmknochen brechen kann, ohne es an den Schmerzen zu bemerken (Wichtiges Mittel hierbei: Agaricus).

Über Drogen.

Allen Drogen gemeinsam ist die mangelnde Frustrationstoleranz und / oder Schwierigkeiten der Anpassung, wobei dieselbe als dialektische Funktion aufzufassen ist: nämlich die passive Anpassung an gegebene Umstände und die aktive Anpassung der Umstände an die eigenen Bedürfnisse (siehe A. Mitscherlich, Auf dem Weg zur vaterlosen Geselschaft, München 1963) Das Lamentieren, Jammern oder Jaulen der Drogenabhängigen (wobei die Abhängigkeit von den "Stoffen" natürlich von den Drogis bestritten wird, weil man ja jederzeit damit aufhören könne ...), von der schwierigen Kindheit, den schlimmen sozialen Verhältnissen etc. etc. ist so unerträglich wie falsch, da es zahlenmässig mehr Kinder gibt, die unter gleichen Umständen aufwuchsen und nicht drogenabhängig wurden. Für den Homöopathen interessant sind die miasmatischen Zuordnungen der Drogentypen:

Syphilitisch vorwiegend: betäubende Drogen wie Morphinderivate
                            (incl Heroin - Junkies) und Lösungsmittel Schnüffler
Tuberkulinisch vorwieg.: Bewusstseinsverändernde Drogen wie Haschisch,
                            LSD und einige Designer Drogen
Sycotisch vorwiegend: aufputschende Drogen wie Cocain, Amphetamin
                            (Extasy), Ritalin (R) und einige Designer Drogen.

Siehe auch unter Alkoholismus, Drogen o. Haschisch in den therap. Hinweisen.

Über das Impfen und seine Folgen.

Woher die ständige Ausweitung des sykotischen und syphilitischen Miasmas kommt, haben sich schon viele Homöopathen gefragt. An der grösseren sexuellen Freizügigkeit des ausgehenden 20. Jahrhunderts allein kann es nicht liegen. Wahrscheinlich spielt die Impferei eine grössere Rolle, als wir uns zugestehen wollen - jedenfalls sprechen nordamerikanische Untersuchungen dafür, in denen man die Jugendkriminalität und Drogensucht mit verschiedenen Bevölkerungsgruppen, geimpften US und nicht geimpften mexikanischen, korreliert hat (H. Coulter, Vaccination, social violence and criminality, Berkeley 1990). Weiterhin gibt es Homöopathen, die im medical care der mexikanischen Elendsviertel arbeiten und behaupten, die spätkapitalistische Profitsucht (der Impfstoffproduzenten) selbst sei eine sykotisch - syphilitische Ausgeburt. Der Grad, in dem uns in Mitteleuropa solch ein Gedanke beleidigen mag, ändert jedoch nichts an seiner Stringenz. Zum Beispiel ist die Einführung der Polio Impfung ein Skandal in der statistischen Rechtfertigungswissenschaft. Es ist hier nicht der Ort, die hervorragend dokumentierte, wenn auch etwas ermüdend zu lesende Literatur der Autoren Buchwald, Coulter oder Delarue (siehe einschlägige Fachliteratur) ausführlich zu zitieren, aber der **Polio - Skandal** sei doch exemplarisch angesprochen. Früher war jede Polio Erkrankung meldepflichtig, auch jene rund 75 % der Fälle, die ohne bestehen bleibende neurologische Affektionen lediglich wie eine schwere Grippe verliefen. Dann wurde die Meldepflicht auf nur die Fälle beschränkt, die neurologische Folgen hatten (passagere und permanente). Die **Änderung der diagnostischen Kriterien** um die Zeit der Einführung der Polioimpfung herum veränderte die Erkrankungsstatistik ihrerseits so erheblich, dass sie verschwiegen wurde und der drastische Abfall der Krankheitsfälle der erfreulichen Sofortwirkung der Impfkampagne **allein** zugeschrieben wurde. Zur MS Erkrankungsstatistik wurde (bewusst ?) bis Mitte der 80-er Jahre nicht korreliert. Wenn wir den seelisch - geistigen Aspekt der Impffolgen nun verlassen (man wird ohnehin höchst unliebsam wieder darauf zurückkommen müssen) und uns dem somatischen Folgegeschehen der Impferei zuwenden, so imponieren die erheblich gestiegenen Fälle von Allergien. Nach Randolph & Moos, Heidelberg 1995, leidet fast die Hälfte der US Bevölkerung unter irgendeiner Form der Allergie, und 11 bis 22 % sogar unter einer ernsteren, das Leben stark behindernden Allergie. Heuschnupfen und Asthma nehmen den 3. Rang der chronischen Krankheiten ein. Z. B. in absoluten Zahlen, was wegen der andersartigen gesetzlichen Vorschriften über Medizinstatistik in USA genau erfassbar ist, leiden 1.4 Mio US Bürger an behandlungsbedürftigem Asthma. Von interessierter Seite (Pharmazeutischer Industrie und der sich natürlich auch nach Contergan oder Tchernobyl niemals geirrt haben könnenden Medizinalbürokratie) wird immer wieder bestritten, dass parenterale Impfungen irgendeinen Zusammenhang mit Allergien hätten.

Dem entgegen stehen drei Tatsachenkomplexe: Zum ersten wurden Impfungen zunächst in England im ausgehenden 19. Jahrhundert durchgeführt. Ebendort traten einige Jahre später, zu Beginn des 20. Jahrhunderts, die ersten Heuschnupfenerkrankungen auf, und zwar zweitens nicht etwa bei der armen Landbevölkerung, die real mit Heu und anderen Pollen reichlichen Kontakt hatten, sondern bei den besser gestellten Schichten der Stadtbevölkerung, die sich die (damals noch teure) Impfung geleistet hatten. (Sticker, Wien und Leipzig 1912). Im sozialen Verhalten der "besseren Leute" der "roaring twentieth" mit der übertriebenen Ich - Bezogenheit und dem um sich greifenden Kokain Gebrauch lassen sich unschwer sykotische wie tuberkulinische Züge erkennen (die Homöopathie ordnet die Vaccinosis dem sykotischen Miasma zu). Drittens konnte man eine Verlagerung der Ersterkrankungen der Atemwege auf das Kleinkindalter seit den 60-er Jahren konstatieren, was zeitlich eindeutig mit der Einführung der Mehrfachimpfungen zusammenfällt. Die schlimmste Rolle bei den Mehrfachimpfungen spielt die Pertussis Impfung. Sogar aus Kreisen der pharmazeutischen Industrie war gelegentlich zu hören, dass die ersten Pertussis-Impfstoffe "nicht ganz unproblematisch" waren, aber die neuentwickelten seien ja viel besser und verträglicher (!). Wie sagte schon Hegel? "Jede Wahrheit ist zeitbezogen". Aber für unser Gesundheitswesen kommt es noch schlimmer. Allergie wurde vom oesterreichischen Kinderarzt C. v. Pirquet 1906 als eine abnorme, überschiessende und aussergewöhnliche Reaktion eines Individuums definiert, auf eine ganz gewöhnliche, in der Regel ungiftige Substanz. Zunächst ursurpierte der Heuschnupfen den Begriff der Allergie, sodass die Allergologen vornehmlich die Schleimhäute des Respirationstraktes im Blickfeld behielten und damit ja auch genug zu tun hatten. Von der Schleimhaut zur Haut war der Weg nicht weit, und Begriffe wie "atopisches Ekzem" kamen auf, dann die "Neurodermitis". Medizinhistorisch betrachtet eher eine selbstverständliche Folgerung, hatten doch schon weit früher die Asiaten die Haut dem Funktionskreis Lunge zugeordnet und später die europäische Lehre der Keimblätter das äussere Keimblatt, die Haut, dem Nervensystem funktionell zugeordnet (daher auch Neuro - Dermitis)

Ebenfalls fatal, nicht nur für unser Gesundheitswesen im besonderen, sondern auch für das Sozialwesen allgemein, wirkt sich die Verflechtung von ökonomischen mit gesundheitspolitischen Aspekten aus. So traten in den USA 1996 vermehrt Polioerkrankungen auf. Untersuchungen ergaben im Oktober d. J., dass alle 134 Fälle auf eine Polio Impfung zurückzuführen waren. Anfang 1997 wurde dann in den USA die Polio Impfung mit einem bestimmten Impfstoff verboten. Diese Nachricht wurde vom Norddeutschen Rundfunk in den Nachrichten gebracht, aber nur von morgens früh bis 11 Uhr - danach nicht mehr, weil von höherer Stelle aus interveniert wurde. Hintergrund: gerade zu dieser Zeit lief in Hamburg eine öffentliche Impfkampagne, und der Bürger sollte angesichts der vielen Plakate auf öffentlichen Werbeträgern, die ihn zum Impfschutz aufforderten, nicht von einer Radiomeldung verunsichert werden. Ich spreche hier bewusst vom „Bürger", denn das Epitheton ornans »mündig« kann ich mir bewusst schenken (ein Epitheton ornans ist ein schmückendes Beiwort, welches zur stehenden Redewendung geworden ist, z. B. die „kuhäugige Athene" in der Odyssee). Beim „mündigen Bürger" kann man eigentlich nur in homerisches Gelächter ausbrechen, welches statt der „zwerchfellerschütternden" Eigenschaft, die es bei den alten Griechen noch hatte, wohl eher hysteroide Züge tragen dürfte - weil einem doch mehr zum

Weinen zumute sein dürfte. 1998 wurde dann allerdings die "problematische" Polio-Schluckimpfung durch eine neue, natürlich "viel sicherere" ersetzt . . . . (?) Um noch einmal auf das Problem des sich ausweitenden syphilitischen Miasmas zurückzukommen: nicht unterschätzt werden darf, dass die Impfstoffe neben Resten von Antibiotica zu Konservierungszwecken nicht unerhebliche Mengen von **Quecksilberverbindungen** beinhalten, die bekanntlich besonders im Knochengewebe und im Gehirn eingelagert werden. Über die Schwierigkeit, selbige wieder auszuleiten, siehe in den therapeutischen Hinweisen, Stichwort: Amalgam.

Letztlich sei noch aus der Anmerkung des Paragraphen 81 Organon zitiert, der zum Problem der Behandlung epidemischer Krankheiten - hier Impfung - wertvolle Hinweise gibt (man denke z. B. auch daran, dass sogar für Kinder von interessierter Seite die Grippe - Impfung empfohlen wird):

" ... obgleich jede Epidemie solcher herumgehenden Fieber, sich jedesmal als eine andere, neue, nie ganz so dagewesene Krankheit auszeichnet, sehr abweichend in ihrem Verlaufe sowohl, als in mehreren der auffallendsten Symptome und ihrem ganzen jedesmaligen Verhalten. Jede ist allen vorhergegangenen, so oder so benannten Epidemien dergestalt unähnlich, daß man alle logische Genauigkeit in Begriffen verläugnen müßte, wenn man diesen, unter einander selbst so sehr abweichenden Seuchen, einen jener, in den Pathologien eingeführten Namen geben und sie dieser mißbräuchlichen Benennung gemäß, arzneilich überein behandeln wollte. Dieß sah bloß der redliche Sydenham ein, da er (Oper. Cap. 2. de morb. epid. S. 43.) darauf dringt, keine epidemische Krankheit für eine schon da gewesene zu halten und sie nach Art einer andern ärztlich zu behandeln, da sie doch alle, so viel ihrer nach und nach erschienen, von einander verschieden wären: animum admiratione percellit, quam discolor et **sui plane dissimilis morborum epidemicorum facies;** quae tam aperta horum morborum diversitas tum propriis ac sibi peculiaribus symptomatis tum etiam medendi ratione, quam hi ab illis disparem sibi vindicant, satis illucescit. **Ex quibus constat, morbos epidemicos,** utut externa quatantenus specie et symptomalis aliquot utrisque pariter convenire paullo incautioribus videantur, re tamen ipsa, si bene adverteris animum, **alienac esse admodum** indolis et distare ut aera lupinis." (Hervorhebungen von mir.)

Über Schulprobleme.

Das Ausmass der Fälle, in denen Eltern sich wegen Schulproblemen ihrer Kinder an den Homöopathen wenden, und die Intensität ihrer Besorgnis geben genug Veranlassung, über dieses Problem nachzusinnen. Sicherlich, die Repertorien bieten genügend Rubriken für schul- und lernbezogene Störungen im Kindes- und Jugendalter - jedoch entbindet dieser Umstand den "ächten Heilkünstler" nicht davon, sich im Organon umzusehen. So liest er dort bereits im § 3, dass er "... die Hindernisse der Genesung ... hinwegräumen" müsse, und wird somit auf die Bedeutung der Beseitigung der Ursachen hingewiesen. Allein der Umstand, dass nach gründlicher Analyse der jeweils vorgetragenen Schulprobleme die erkannten Schwierigkeiten vor allem am Schulsystem, an pädagogischen Missständen, an mangelnder Lebensklugheit der Lehrer wie auch an zu hohen Erwartungen der Eltern an ihr Kind etc. liegen, und daher nicht aus dem Sprechzimmer heraus gelöst werden können - entbindet den

Homöopathen nicht davon, diese Ursachen deutlich zu benennen und auf deren Beseitigung zu dringen.

Als Reflex auf die Bildungskritik (G. Picht, 1962) zum hergebrachten dreigliedrigen Schulsystem, welches im Schnitt bis dato 7.5 % Abiturienten hervorgebacht hatte, wurde über alternative Schulformen nachgedacht und durch den Elan der Studentenbewegung der 68-er immer mehr in die Tat umgesetzt. Die Gesamtschulen entwickelten sich, obwohl von ihren gutmeinenden und idealistischen Protagonisten (mich selbst eingeschlossen) anders geplant, zur Einheitsschule für durchschnittlich bis weniger "begabte" Kinder.

Was ist Begabung? Im Bereich der Homöopathie führte erstmals J.P. Gallavardin in seinem Repertory of psychic medicines with Materia Medica (1886 / New Delhi 1983) entsprechende Rubriken auf wie: Unfähigkeit zur Algebra, .. zur Geometrie, ..., zur Mathematik, ..., Begabt für Musik, ..., Architektur etc. Diese Rubriken sind zwar unvollständig und rein deskriptiv, daher auch oft kritisiert, aber die ihnen zugeordneten Mittel entstammen der klinischen Erfahrung. Die Eigenschaften der jeweiligen Begabung werden von Gallavardin für schwer veränderlich gehalten, und der Sinn seiner Rubriken liegt einerseits darin, die vorhandenen Begabungen zu fördern und die erkannten Schwächen zu mildern, andererseits natürlich auch darin, in symptomarmen Fällen Hinweise zur richtigen Mittelfindung zu geben. Erfahrungen aus Schulversuchen der 70-er Jahre, u. a. an der Peter Petersen Gesamtschule in Hamburg Wellingsbüttel, zeigten allerdings als Ergebnis, dass der Begabungsbegriff doch recht relativ ist und erkenntnistheoretisch betrachtet schlicht falsch, da er zumindest zwei gesetzte, also nicht naturgegebene Prämissen apriorisch annimmt: zum einen die Gebundenheit der Bewertung von Begabung an deren Fähigkeit zur Versprachlichung, und zwar von Schülern und Lehrern auf gleichem klassenspezifischem Niveau.

Diese Erkenntnis war eigentlich weder neu noch überraschend, wurde sie doch schon vorher von den kritischen pädagogischen und soziologischen Theoretikern der Frankfurter Schule vertreten. Zum anderen, und das war sowohl ziemlich überraschend wie politisch unerwünscht, zeigte besagter Schulversuch die Abhängigkeit des Begabungsbegriffes von der Zeit. Nicht im Sinne Hegels ("Jede Wahrheit ist zeitbezogen"), sondern im eher physikalisch definierbaren Sinne (Leistung = Arbeit / Zeit). Mit Absicht wählten die Pädagogen, zu denen auch ich zählte, aus Gründen der leichteren Objektivierbarkeit den naturwissenschaftlichen Fachunterricht für die Auswertung des über zwei Jahre gehenden Versuchs. Die praktische Relevanz war, kurz gesagt, die folgende: auch Schüler mit "Volksschulbegabung" waren in der Lage, Leistungen entsprechend der "Gymnasialbegabung" zu erbringen, wenn man ihnen die individuell benötigte Zeit zur Verfügung stellte und den Anteil des wiederholenden Übens dementsprechend vergrösserte. In vielen Fällen brauchte also ein "Volksschüler" 9 mal mehr Zeit als ein "Gymnasiast". Jedoch erlaubt die "time is money" - Mentalität der herrschenden Klasse eine schulpraktische Umsetzung solcher Erkenntnisse nicht. Langsamkeit gilt also weiterhin nicht nur als Makel, sondern wird auch als konstituierendes Element für mangelnde Begabung gehalten, und Beschaulichkeit scheint mit Müssiggang verwechselt zu werden. Das "otium" der Menschen des Altertums ist wie das Erlernen der lateinischen und griechischen Sprache nebst zugehöriger Philosophie nicht mehr "in". Aber: wären, auf unser Fach bezogen, die Entwickler der Homöopathie, Hahnemann, Boenninghausen, Jahr, Lippe etc. ohne **humanistische Bildung** und Einstellung denkmöglich gewesen?

Den Zeitfaktor erkannten die Homöopathen schon recht früh, was sich in den Repertorien auf allen Ebenen wiederspiegelt, von Auffassung, langsamer über langsam ansteigendes Fieber bis zur langsamen Heilung von Wunden. Eine Gesellschaft, die ihre heranwachsenden Mitglieder ins Procrustesbett der Zeit zwingt, muss sich nicht wundern, wenn langfristig nur Mittelmässigkeit der Leistung dabei herauskommt (Leistung = Arbeit / Zeiteinheit), und nicht einmal mehr die basalen Kulturtechniken fehlerfrei beherscht werden, von mitmenschlichen Umgangsformen einmal ganz abgesehen (wie z. B. Verkäuferinnen, die sich durch Kunden existentiell gestört fühlen, nicht nur bei der Addition von zwei zweistelligen Beträgen mittels Taschenrechner!). Vor lauter Anstrengung zur Differenzierung der Begabungsprofile kommt die wichtige Rolle des vertiefenden Übens in unseren Schulen - nicht nur Gesamtschulen - seit den 70-er Jahren zu kurz. Äussere Faktoren wie Raummangel (= Fehlen eines abtrennbaren Nebenraumes in jedem Klassenraum), Zeitmangel (Lehrplanhetze) und Mangel an pädagogischer Ausbildung führten zur Unfähigkeit der Lehrer, auf ihre ihnen anvertrauten Schüler individuell einzugehen und innerhalb eines Klassenverbandes innere Differenzierung zu leisten. Dadurch entsteht zum einen ein Vertrauensverlust gegenüber den Pädagogen - denn ein kurzer Hinweis, auch eine an die Tafel in wenig vorbildgebender Schrift geklierte Anweisung, ist eben kein agein = Führen der paides = Kinder zur Lösung von Aufgaben oder Bewältigung von Schwierigkeiten (was Pädagogik sein sollte, siehe Platons Politeia, Athen -352). Zum anderen erklärt sich aus diesen Mängeln ein Verlangen der jungen Generation nach individueller Behandlung mit Erkenntnis ihrer intrapersonellen Schwierigkeiten. Hier findet **Homöopathie als humanistisch begründete Medizin** eine grosse und lobenswerte Aufgabe von gesellschaftlicher Relevanz.

Über Humanistische Bildung

Viele Eltern, die gegen Ende der vierten Klasse ihrer Sprösslinge über deren weitere schulische Entwicklung nachdenken und abwägen müssen, auf welche weiterführende Schule sie ihr Kind schicken, glauben, ein humanistisches Gymnasium als Möglichkeit von vornherein ausschliessen zu müssen: zum einen sind einige sozialkritisch eingestellte Eltern der Meinung, eine solche Bildung sei zu elitär (womit sie natürlich recht haben: der Geist ist immer elitär und nicht egalitär, gleichmacherisch, wie schon Aristoteles darlegte); zum anderen halten viele "moderne" Eltern das Erlernen der alten Sprachen Lateinisch, Griechisch und eventuell auch noch Hebräisch für unnütz, weil ihrer Meinung nach - und ihre Meinung beruht natürlich auf weitgehender **Unkenntnis dieser Sprachen**, welchselbiger Umstand ja bei modernen Menschen ein besonders schlagkräftiges Argument zu sein scheint - diese Sprachen " tote Sprachen " seien. Englisch und Französisch seien ja soviel nützlicher. Sicher, wenn man nur das künftige Geldverdienen des Kindes im Auge hat, wenn man sich vielleicht vorstellt, dass der Sprössling einmal eine wirtschaftliche Karriere macht, an der Börse ganz gross herauskommt etc.
Solche Eltern sollten sich einmal das Symbol genau ansehen, welches für ihre Gedankengänge wesentlich ist: eine **Dollar - Note.** Auf dem 1 $ Schein ist u. a. unter dem alles kontrollierenden Auge eine Pyramide abgebildet, die in 12 Stufenzeilen die hierarchische Ordnung der (Wirtschafts)Welt enthält - **in hebräischer Sprache,** unterschrieben mit **"NOVUS ORDO SECULORUM"** ,

was im Lateinischen soviel heisst wie "Die neue Ordnung für alle Zeit" ! Um das zu lesen, muss man allerdings schon eine Lupe zur Hand nehmen. Um das zu verstehen, lese man den 16. Zusatzartikel der amerikanischen Verfassung (Einkommensteuer, um die Zinsen für das von der **privaten** Federal Reserve Bank geliehene Geld zu zahlen).

Jedenfalls: Wer humanistische Bildung mit dem Erlernen "toter" Sprachen verwechselt, verkennt und unterschätzt gründlich deren Sinn. Denn den alten Sprachen und ihrer sehr stringenten Grammatik entspringen auch die Mittel zur Erkenntnis der Welt im Bedeutungsinhalt für den Menschen, wie sie Sokrates mit seiner hermeneutischen Methode übermittelt hat: als "Hebammenkunst" (Hermeneutik im wörtlich übersetzten Sinne), d. h. durch geschicktes und logisches Fragen Erkenntnissen ans Licht der Welt zu verhelfen - auch wenn Spötter schon damals witzelten, auf diese Weise könne man selbst einem Dummkopf noch ein paar kluge Aussagen entlocken.

Was sagt Hannemann dazu?

"Um das an Kranken zu Beobachtende genau wahrzunehmen, muss man alle seine Gedanken darauf richten, sich gleichsam aus sich selbst setzen, und sich, so zu sagen, an den Gegenstand mit aller Fassungskraft anheften, damit uns nichts entgehe, was wirklich da ist, zur Sache gehört und durch jeden offnen Sinn empfangen werden kann.

Da muss die dichterische Einbildungskraft, der gaukelnde Witz und die Vermuthung einstweilen verstummen, und alles Vernünfteln, Deuteln und Erklärenwollen muss unterdrückt bleiben.

Der Beobachter ist bloss da, um die Erscheinung und den Vorgang aufzufassen; seine Aufmerksamkeit allein muss wachen, dass ihm von der Gegenwart nicht nur nichts entschlüpfe, sondern dass auch das Wahrgenommene so richtig verstanden werde, als es wirklich ist.

Diese Fähigkeit, genau zu beobachten, ist wohl nie ganz angeerbt; sie muss grösstentheils durch Übung erlangt, durch Läuterung und Berichtigung der Sinne, das ist, durch strenge Kritik unsrer schnell gefassten Ansichten der Aussendinge vervollkommnet, und die dabei nöthige Kälte, Ruhe und Festigkeit im Urtheile muss unter steter Aufsicht eines Misstrauens in unsre Fassungskraft gehalten werden.

Die hohe Wichtigkeit dieses unsers Gegenstandes muss Leib und Seele auf die Beobachtung hinrichten und eine vielfach geübte Geduld, von Kraft des Willens gestützt, muss uns in dieser Richtung bis zur Vollendung der Beobachtung erhalten.

Uns zu dieser Fähigkeit zu erziehen, dient Vertrautheit mit den besten Schriften der Griechen und Römer, um die Geradheit im Denken und Empfinden, so wie die Angemessenheit und reine Einfachheit im Ausdrucke unsrer Empfindungen zu erlangen; es dient hierzu die nachahmende Zeichenkunst, welche unser Auge, und somit auch die übrigen Sinne, schärft und übt, die Gegenstände wahr aufzufassen, und das sinnlich Aufgefasste richtig und rein und ohne Zusatz der Phantasie darstellen lehrt, so wie die Mathematik uns die nöthige Strenge im Urtheile verschafft."

(Hahnemann, Der ärztliche Beobachter. Ein Bruchstück.
Aus: Reine Arzneimittellehre. Hervorhebungen von mir)

In der humanistischen Bildung geht es jedoch nicht nur um die Erkenntnis der Welt, die von keinem anderen Interesse geleitet ist, als dem Menschen in seiner Ganzheit zu dienen (im Gegensatz zur Ideologie, welche partikular-interessegeleitetes Denken ist). Erkenntnis braucht die Tat, und die Tat braucht den charakterfesten Menschen. Ein Dictum, welches Erasmus von

Rotterdamm (zeitweiliger Lehrer am humanistischen Gymnasium illustre Arnoldinum zu Burgsteinfurt) zugeschrieben wird, bringt das auf den Punkt:

Wir müssen das, was wir denken, auch sagen.
Wir müssen das, was wir sagen, auch tun.
Wir müssen das, was wir tun, auch sein.

Über Aufmerksamkeitsstörung und Schwäche in Naturwissenschaften

Schwäche oder Fehler im Rechnen werden dem syphilitischen Miasma zugeordnet. Erstaunlich ist aber die Tatsache, dass manche Schüler nur mit grosser Mühe das kleine Einmaleins beherrschen, hingegen die Grundzüge der analytischen Geometrie leicht begreifen (wenn sie sich auch bei der stellengenauen Ausrechnung der Wurzeln eines Polynoms wieder herzhaft verrechnen). Ein Syphilitiker hat jedenfalls oft die Möglichkeit, sich einer gewissen Genialität anzunähern. Meistens aber macht er alles falsch, und aus dieser Falschheit resultiert letztlich die Selbstdestruktion. Besonders in den Fächern Mathematik und Naturwissenschaften teilen die Leistungs-anforderungen die Schüler in überforderte und gelangweilte solche. Ist Unfähigkeit zur Abstraktion gleich Mangel an Aufmerksamkeit ? Ist frei flottierende Ich - Energie genau so unerträglich wie frei flottierende Trieb - Energie ? Wird deshalb bei abstrakten Unterrichtsgegenständen wie bei algebraischen Gleichungen, mit denen die Auffassung keine konkreten Bilder mehr verbinden kann, aus dem Fenster oder in das Comic - Heft unterm Tisch gesehen? Damit die arme Ich - Energie nicht geblendet in der Gegend herumirrt? Für solche Probleme ist jetzt die spezielle Schulung der Aufmerksamkeit en vogue - video- und computergestützt natürlich. Zu ähnlichen "modernen" Bestrebungen sagte der Kölner Soziologe A. Silbermann schon Ende der 60-er Jahre: "Noch 'ne neue Erkenntnis sammeln und noch eine, um ja die alten nicht verwerten zu müssen - wissenschaftliche Korinthenkackerei ist das!" Und was sind die alten Weisheiten? Z. B.:
"Ohne Fleiss kein Preis", das heisst Üben und noch mal Üben. Merkwürdig ist nur, dass diese Erkenntnis auch heute noch im Sport oder beim Erlernen eines Musikinstrumentes Gültigkeit besitzt und Früchte trägt.

Über das Gedächtnis.

Schopenhauers Erklärung für Geisterkrankheiten weist der mangelnden oder nachlassenden Gedächtnisleistung eine wesentliche Rolle zu. Das entspricht auch der klinisch - psychiatrischen Beobachtung der alten Schule (Der Korsakoff-Patient fragt z. B. 20 x pro Stunde: Pfleger, wieviel Taschengeld habe ich noch?). Das Auswendiglernen von Unterrichtsgegenständen oder Regeln statt deren Begreifen oder Deduktion feiert zwar in vielen Ländern der Dritten Welt schauerliche Orgien - was aber nicht grundsätzlich seinen pädagogischen Wert mindert. Die Repertoriumsrubriken: Vergesslichkeit - für Alles, für Gelesenes, für gerade Gehörtes etc. sollten den Homöopathen nicht vergessen lassen, dass solche Symptome, wenn sie auf NICHT GEÜBTEN Gedächtnis-leistungen beruhen, keinen hohen Stellenwert bei der Hierarchisation haben müssen.

Über Lese - Rechtschreib - Schwäche.

Ähnliches gilt für das Legastheniker Problem: ein alter Hut, immer wieder gern getragen von Sulphur, dem Chaoten. Immer neue Methoden des Lesen und Schreiben Lernens austüfteln, anstatt sich der Mühe zu unterziehen, die bewährte Methode der Synthese zu verwenden und **ÜBEN**: vom **Abschreiben** über das **Aufschreiben** zum **Nachschreiben**, inclusive sorgfältiger und konsequenter Kontrolle des Geschriebenen, d. h. auch der Hausaufgaben! Welcher Lehrer lässt heutzutage noch doppelte Hausaufgabenhefte führen, auf dass er sie jeden Tag alternierend mit nach Hause nehmen und durchsehen kann? Die Widerstände gegen **wiederholend festigendes Üben** sind nicht nur Resultat von Lehrplanhetze und Unterrichtsausfall, sondern vornehmlich das der mangelnden Fähigkeit zur Konsequenz, der Verkennung ausbildungs-beruflicher Realitäten und des **fehlenden Fleisses der Lehrer**.

(Da heute auch vielen Lehrern der erwähnte Dreischritt als Bestandteil des didaktischen Handwerkszeuges nicht geläufig ist, sei er hier kurz beschrieben:
1. **Abschreiben** - der zu schreibende Text wird vorgelesen und steht den Kindern so lange vor Augen, wie sie ihn benötigen, sei es an der Tafel oder im Buch.
2. **Aufschreiben** - der zu schreibende Text steht den Kindern nur kurz vor den Augen, wird aber dabei auch diktiert, etwa so, dass der Lehrer wortweise diktierend den Text mit der rechten Hand an die Tafel schreibt und ihn mit der linken Hand wieder wegwischt, während er mit rechts weiterschreibt.
3. **Nachschreiben** - die übliche und bekannte Form des Diktates.)

Über das Lesen - Lernen

Ein **Gespenst** geht um in Deutschland - das Gespenst der **Legasthenie**. Alle Mächte der institutionalisierten Dummheit haben sich zu einer unheiligen Allianz gegen die Vermeidung dieses "Gespenstes" verbündet und fortschrittliche Methoden des Lesenlernens u. a. administrativ verboten. (Diese Formulierung ist - so sei der unbelesene Leser unterrichtet - eine Persiflage auf die Einleitung zu Marx´ens Kommunistischem Manifest) .
Worum geht es ? Hiltraut **Prem**, eine bayrische Grundschullehrerin, hat eine, wie ich meine, und durch eigene Lehrerfahrung bestätigen kann, "bombensichere" Leselernmethode beschrieben und veröffentlicht, deren Grundlagen zwar schon sehr viel älter sind als sie selbst, deren Effizienz sich aber aber schon seit Generationen bestens bewährt hat.
Die Grundlagen liegen in der psychoanalytischen Lerntheorie, und das "analytische" daran kann man wörtlich nehmen: Kinder des beginnenden Schulalters nehmen gern etwas auseinander - den Teddy, die Puppe ("woher kommt die 'Mamma' Stimme?"), das Spielzeugauto etc. Assoziiert mit dem jeweiligen Bild, z. B. vom Nikolaus, wird dessen Schreibung auf einer Buchstabenleiste zerlegt und einzelne Buchstabenkärtchen entfernt: NIKOLAU - NIKOLA - NIKOL - NIKO etc. Wenn die Kinder das dann lesen sollen: "NIKOLAU" - fällt ihnen, wenn sie vorher mit der Zeichnung und dem darunter stehenden Wort NIKOLAUS vertraut gemacht worden sind, gleich auf, dass da etwas fehlt: das "S", welches also schleunigst aus einem

Reservevorrat an Buchstabenkärtchen herausgesucht und an der Fehlstelle ergänzt wird. Die psychologische Ausnutzung des Bedürfnisses der Grundschulkinder nach Ganzheit, Heilheit, Unversehrtheit für die Zwecke des Lernens einzelner Buchstaben (und mithin des ganzen Alphabetes) ist fast genial zu nennen. Dazu geschieht das noch auf kindgemässe Weise - unter psychologisch - didaktisch kluger Zuhilfenahme eines etwas dämlichen Kaspers, der mehr Fehler macht, als auch die schwächsten Kinder - wobei es allen Kindern dann ein merkliches Vergnügen bereitet, die Fehlleistungen dieses Trottels zu berichtigen. Hinzu kommt, dass die Analyse von rechts nach links erfolgt - was hirnphysiologisch von besonderer Bedeutung ist (Ornstein, die Psychologie des Bewusstseins, 1976) - Abbauen und Aufbauen.

Man kann sich - als Nicht-Bayer - natürlich über die Auswahl der Lern-Worte aus diesem Lehrgang mokieren: Jesus, Nikolaus, Cristbaum etc. Aber: Christliche Inhalte haben in dieser Beziehung eigentlich nie wirklich geschadet, und man sollte sich als Norddeutscher preussisch - aufklärerischer Tradition verpflichtet fühlen und Ausländern gegenüber tolerant sein.

Die Schulbehörden jedenfalls sind da (noch?) intolerant. "Fahrenheit 498" (ein vielleicht nicht mehr so ganz utopischer Film über ein Land, in dem das Lesen verboten ist und die Feuerwehr die Aufgabe hat, alle Bücher aufzustöbern und bei einer Entzündungstemperatur von 498° F zu verbrennen), und natürlich auch die "BILD Zeitung" mit ihrem Grundwortschatz von weniger als 200 Wörtern, lassen grüssen. Nicht zu vergessen meine besonderen Freunde, die Kabarettisten, die von der Realität schon längst brüsk überholt wurden.

Fakt ist jedenfalls, dass Kinder nach dieser Methode wirklich das Lesen lernen, analytisch und synthetisch, auch dann noch, wenn sie sich bereits nicht mehr in der 1. Klasse befinden und zuvor schulisch gründlich versaut worden sind.

(Hiltraut Prem, eine vergnügte Ballonfahrt ins Leseland. Eine kindgerechte Erstleselernmethode, ausgearbeitet als Anleitung für Lehrer und Eltern. 6. Auflage, 1997, Grafenstein Verlag München, ISBN 3-924322-20-1)

Über Homöopathie und Wissenschaft

Die Grundsätze der allgemeinen Relativitätstheorie sind in der heute noch üblicherweise geltenden Wissenschaft unbestritten - wenn aber eine Fachrichtung zur wissenschaftlichen Beurteilung ansteht, die den herrschenden Ansichten (i. e.: den Ansichten der Herrschenden) widerspricht, dann drückt man schon mal ein Auge zu und übersieht die gedanklich notwendige Verbindung des hier zur Beurteilung stehenden Gegenstandes mit dem ihm eigenen Paradigma. Da wird dann die Homöopathie mit der Schulmedizin über den gleichen Leisten des "wissenschaftlichen" Doppelblindversuchs geschlagen.

So erteilte die sozialdemokratisch geführte Bundesregierung in den frühen 70-ger Jahren dem Physiker und apl. Lehrstuhlinhaber F. A. Popp den Auftrag, ein Gutachten zu erstellen mit der Fragestellung, ob über die Loschmidt´sche Zahl hinaus verdünnte (potenzierte) homöopathische Arzneimittel eine nachweisbare Wirkung haben könnten. Es wurde natürlich von einem Physiker eine eindeutige Antwort erwartet in dem Sinne, dass dort, wo auf Grund der Verdünnung kein Molekül des Ausgangsstoffes mehr vorhanden sei, auch nichts mehr wirken könne, schön im wissenschaftlichen Doppelblindversuch dargestellt natürlich.

Peinlicherweise war man aber mit Popp an den falschen, weil vorurteilsfreien Wissenschaftler geraten.

In seinem "Bericht an Bonn" legte Popp unerwartet positive Ergebnisse vor. Er hatte als Bioindikatoren Gurken- und andere Keimlinge verwendet, sie mit Hilfe von extrem empfindlichen Photomultiplyern auf ihre Biophotonen-Abstrahlung untersucht und computertechnisch erfassbare Auswirkungen gefunden, sowohl bei Tiefpotenzen als auch bei Hochpotenzen homöopathischer Arzneimittel, genauso aber auch bei chemisch - pharmakologisch definierten Arzneistoffen und anderen, z. B. cancerogenen Chemikalien.

Nun passierte etwas in der wissenschaftlichen Welt ganz Ungewöhnliches: Popp´s Gutachten, welches folglich zur Verbotsbegründung von Hochpotenz - Homöopathie ungeeignet war, wurde seinerseits von anderen "qualifizierten Wissenschaftlern" begutachtet und verworfen, sinngemäss mit der Begründung, dass ein Doppelblindversuch zu jeder Zeit und an jedem Ort widerholbar gleiche Ergebnisse zeitigen müsste, aber beispielsweise im Winter am Nordpol keine Gurken wachsen würden.

Die persönlichen und beruflichen Auswirkungen für F. A. Popp waren fatal. Er konnte zwar seine Untersuchungen weltweit im Ausland publizieren, verlor aber in Deutschland seine Stellung und sein Ansehen, und über weitere schlimme Dinge, die ihm danach noch passierten, soll hier aus forensisch begründeter Vorsicht geschwiegen werden. Es sei lediglich erwähnt, dass - quasi als Nebenprodukt - Popp´s Forschungen auch auf dem Gebiet der Krebsforschung anwendbare Ergebnisse zeitigten, die nun mal leider nicht mit den Ansichten und Intentionen des Heidelberger Krebsforschungszetrums und ihrer Protagonisten / Protagonistinnen übereinstimmten.

Über einen ganz anderen Ansatz wurde die Wirksamkeit homöopathischer Mittel, Hoch- wie Tiefpotenzen, in den 90-ger Jahren bewiesen.

P. M. Pfeiffer aus München arbeitete mit Farbindikatoren (eine Art von pH-Papier) in elektrolytischen Halbleitern an der Untersuchung von Trinkwasser - Qualität. Er entwickelte dazu eine Versuchsanordnung, bei der die zu untersuchende Flüssigkeit auf einen planen, porösen Farbindikatorenträger tränkend aufgebracht wird. An den Enden wird eine Gleichspannung angelegt.

Zwischen den Elektroden befindet sich im Farbindikator eine Art axialer Kerbe, die wie eine Fadenlinse zwischen den beiden Polen wirkt. In dem Träger erscheint, durch das elektomagnetische Feld vermittelt, ein farbiges Abbild der Kraftlinien, wobei sich different für jede untersuchte Flüssigkeit ein Form- und Farbmuster entwickelt und photographisch dokumentiert werden kann, bevor es durch Verdunstung allmählich wieder vergeht.

Peter-Michael Pfeiffer erhielt darauf 1993 vom Deutschen Patentamt in München das Patent # DE 43 26 461 C2.

Dass man diese physikalisch - chemische Methode, die eigentlich zur Untersuchung von Trinkwasser - Qualität entwickelt wurde, auch zum hieb- und stichfesten Nachweis der Wirkung von homöopathischen Hochpotenzen verwenden kann, erwies sich als glücklicher Zufall, und war dem Patentamt bei der Prüfung nicht unbekannt.

Auch in früheren Jahren gab es eine grosse Zahl von physikalischen, biochemischen und biologischen Untersuchungen zur Wirkung von Hochpotenzen. Eine fast vollständige Auflistung findet man bei Paul Sankaran (Sankaran senior) in "The elements of Homoeopathy", Bombay 1996, Vol. 2, p. 577 ff. Keine war aber so genial einfach und unangreifbar wie die von Pfeiffer.

Es bleibt zu hoffen, dass Pfeiffer der homöopathischen Gemeinde seine einfache Apparatur wohlfeil erschwinglich zur Verfügung stellt, auf dass jeder Homöopath nicht nur seine Mittel (und somit die Hersteller derselben) überprüfen, sondern auch am Aufbau einer graphisch dokumentativen Datenbank mitwirken kann.

Über das Hering´sche Gesetz - und kritische Anmerkungen dazu

Praksh Vakil hat in seinen Vorlesungen 1987 auf die Problematik der Gültigkeit von Hering´s Gesetz hingewiesen. Es ging ihm dabei - als Beispiel - um die Entstehung von seelischen Alterationen durch eine lange vorausgegangene, chronisch rezidivierende und sehr schmerzhafte Gastritis bei einem von Natur aus freundlichen und gütigen Patienten, der jetzt durch ungewohnt rüdes Auftreten seine Stellung zu verlieren drohte. Im Verlauf der Genesung besserte sich nämlich zuerst der Magen, und einige Monate danach erst die seelische Verstimmung. Die Mittel waren Nux vom. und Antimonium crudum, und an dem Erfolg der Behandlung konnte kein Zweifel bestehen, alldieweil die Röntgenkontrolle des Magens kein Ulcus mehr zeigte und der Patient seine innere Ruhe nebst geduldigem und freundlichem Auftreten wiedererlangt hatte. Vakil schloss daraus, dass es Ausnahmen zum Hering´schen Gesetz geben müsse, oder dass es insgesamt falsch verstanden würde.

Hering´sche Regeln:

1. Die Krankheit beginnt innen und schreitet nach aussen fort; und wenn sie ausheilt, beginnt der Prozess der Gesundung zuerst innen und schreitet nach aussen fort.
2. Die Gesundung geht von oben nach unten.
3. Die Gesundung geht vom lebenswichtigeren Organ aus.
4. Die Gesundung hat die umgekehrte Reihenfolge der Entwicklung der Symptome.

Niemand vermag die exakte Quelle dieser Regeln anzugeben.
Kent schreibt darüber in seinen Vorlesungen - aber er nennt diese Regeln
weder Hering´sche Regeln noch Hering´s Gesetz. Ebenso Roberts, 30 Jahre
später in "The Science and Art of Prescribing".

Es wird keine Unterscheidung zwischen akuten und chronischen
Erkrankungen gemacht - die Heringschen Regeln müssten also, wenn sie
wirklich das sind, was sie im Englischen als "Hering´s **law**" zu sein bean-
spruchen, in beiden Fällen gelten. Aber schon beim Regelwerk an sich hat man
in der Praxis Schwierigkeiten, unter 10 Fällen auch nur einen zu finden, bei
dem alle vier Prämissen zusammen zutreffen - sprich, wie es sich für ein Gesetz
gehört: die vier Prämissen müssen sowohl positiv anzutreffen sein und also
auch mit einem logischen "und" verbunden sein.
Andre´ Saine hat sich der ausserordentlich verdienstvollen Mühe unterzogen,
die gesamte klassische Literatur nach der Quelle für die Hering´schen Regeln
zu durchsuchen. Er fand sie - **eingeschränkt !** - in Herings Vorwort zur ersten
englischen Ausgabe von Hahnemanns Chronischen Krankheiten.
Die Einschränkung besteht darin, dass es sich nur um praktische
Erfahrungswerte handelt, die lediglich bei **chronisch psorischen**, nicht
venerischen Erkrankungen gelten. Von einem Gesetz war keine Rede, sondern
nur von praxisrelevanten Regeln. Die zweite Regel betrifft ausserdem nur die
Schmerzsymptome, die von oben nach unten verschwinden. Hahnemann
jedenfalls beschreibt in den chronischen Krankheiten definitiv nur die Richtung
der Gesundung chronisch - psorischer Krankheiten als in umgekehrter
Reihenfolge der Entwicklung der Zeichen und Symptome auftretend.

Über Symptome, Zeichen und Hierarchie derselben

In der allgemeinen Krankheitslehre wurde bis zu Virchow´s Zeit noch zwischen
Zeichen = semeion und **Symptom = Zufall** unterschieden.
Auch für den Begründer der Homöopathie, S. Hahnemann, war die klare
Unterscheidung von objektiv wahrnehmbaren Zeichen und subjektiv geklagten
Beschwerden, Zufällen = Symptomen noch selbstverständlich (siehe dazu die §§
6, 14 & 22 Organon). Daraus leitet sich zwanglos eine gewisse Hierarchie bei
der Bewertung der **durch Untersuchung festgestellten Zeichen über** den
zur Kenntnis genommenen, **vom Patienten geklagten Symptomen** ab:
Den höheren Wert haben in der Regel die Zeichen, die sichtbaren körperlichen
(z. B. Röte einzelner Teile) und die inneren Zeichen gestörter Funktionen (z. B.
stinkende Entleerungen); dann die geklagten Beschwerden, Symptome (z. B.
brennende Empfindungen); danach die geistigen Zeichen (z. B. Verwirrung am
Morgen); als letztes schliesslich, quasi als Zünglein an der Waage, die
seelischen Symptome (z. B. Illusionen von Reichtum - welches in diesem
Beispiel Sulphur den Vorrang einräumt vor Cham., Lach. & Nux-v.)
Diese Hierarchisierung hilft auch wesentlich in der Behandlung von
vorwiegend seelisch-geistigen Erkrankungen, die - übrigens nicht nur nach
Hahnemann - "nichts anderes als Körper-Krankheiten" sind (§ 214), "bei denen
das, jeder ´(Krankheit)´ eigenthümliche Symptom der Geistes- und Gemüths-
Verstimmung, sich unter Verminderung der Körper-Symptome (schneller oder
langsamer) erhöht und sich endlich bis zur auffallendsten Einseitigkeit, fast
wie ein Local-Uebel in die unsichtbar feinen Geistes- oder Gemüths-Organe
versetzt." Und weiter im § 216: " . . Sie arten auf diese Weise zur einseitigen

Krankheit, gleichsam zu einer Local-Krankheit aus, in welcher das vordem nur gelinde Symptom der Gemüths-Verstimmung zum Haupt-Symptome sich vergrößert, welches dann größtentheils die übrigen (Körper-) Symptome vertritt, und ihre Heftigkeit palliativ beschwichtiget, so daß, mit einem Worte, die Uebel der gröbern Körper-Organe auf die fast geistigen, von keinem Zergliederungs-Messer je erreichten oder erreichbaren Geistes - und Gemüths - Organe gleichsam übergetragen und auf sie abgeleitet werden.

§ 217: Mit Sorgfalt muß bei ihnen die **Erforschung des ganzen Zeichen-Inbegriffs** unternommen werden, in Absicht der Körper-Symptome sowohl, als auch, und zwar vorzüglich, in Absicht der genauen Auffassung der bestimmten Eig enheit (des Charakters) seines Hauptsymptoms, des besondern, jedesmal vorwaltenden Geistes- und Gemüths-Zustandes, um zur Auslöschung der Gesammtkrankheit eine homöopathische Arzneikrankheits-Potenz unter den, nach ihren reinen Wirkungen gekannten Heilmitteln auszufinden, ein Heilmittel, welches in seinem Symptomen-Inhalte nicht nur die, in diesem Krankheitsfalle gegenwärtigen Körperkrankheits-Symptome, sondern auch vorzüglich diesen Geistes- und Gemüths-Zustand in möglichster Aehnlichkeit darbietet." (Hervorhebungen von mir)

Die seelisch-geistigen Symptome, die von der Kent´schen Schule überbewertet werden, nehmen also in solchen Fällen den Rang von Lokalsymptomen an; sie sind im Sinne des § 153 Organon nichts besonderes, auffälliges, eigenheitliches. Hingegen vermögen die körperlichen Zeichen und Symptome viel eher die Entscheidung ermöglichen für die passende Auswahl aus dem Mittelpool, den die - hier psychische - Hauptbeschwerde bildet.

Interessant und bemerkenswert ist auch, was Hahnemann - immerhin gut 100 Jahre vor der Einführung der "**Psychosomatik**" in die Medizin - zu selbiger sagt:

"§ 225: Es giebt dagegen wie gesagt, allerdings einige wenige Gemüths-Krankheiten, welche nicht bloß aus Körper-Krankheiten dahin ausgeartet sind, sondern auf umgekehrtem Wege, bei geringer Kränklichkeit, vom Gemüthe aus, Anfang und Fortgang nehmen, durch anhaltenden Kummer, Kränkung, Aergerniß, Beleidigungen und große, häufige Veranlassungen zu Furcht und Schreck. Diese Art von Gemüthskrankheiten verderben dann oft mit der Zeit, auch den körperlichen Gesundheits-Zustand, in hohem Grade.

§ 226: Bloß diese, durch die Seele zuerst angesponnenen und unterhaltenen Gemüths-Krankheiten, lassen sich, so lange sie noch neu sind und den Körper-Zustand noch nicht allzusehr zerrüttet haben, durch psychische Heilmittel, Zutraulichkeit, gütliches Zureden, Vernunftgründe, oft aber auch durch eine wohlverdeckte Täuschung, schnell in Wohlbefinden der Seele (und bei angemessener Lebensordnung, auch scheinbar in Wohlbefinden des Leibes) verwandeln.

§ 227: Aber auch bei diesen liegt ein Psora-Miasm zum Grunde, was nur seiner völligen Entwickelung noch nicht ganz nahe war, und es ist der Sicherheit gemäß, damit der Genesene nicht wieder, wie nur gar zu leicht, in eine ähnliche Geistes-Krankheit verfalle, ihn einer gründlichen, antipsorischen (auch wohl antisyphilitischen) Cur zu unterwerfen."

Womit die Zweckmässigkeit psychotherapeutischer Behandlungen (bei Kindern) doch eher auf Ausnahmefälle eingeschränkt wird.

Auch Kent´s Primat der Geist- und Gemütssymptome kann auf dem Hintergrund dieser Tatsachen nur als weltanschauliche Spekulation bewertet werden. Kent war Swedenborg-Anhänger - eine theosophische Richtung, die aus mystischem Erleben Erkenntnisse des Seins bezog: die Hierarchie der Reiche, nämlich 1. des himmlischen, 2. des geistigen und 3. des natürlichen, die der Mensch in sich vereinigen solle, um in dieser Ganzheit wieder vor Gott hinzutreten. Selbige Hierarchie spiegelt sich in allen Arbeiten Kent´s, sogar in der Stuktur seines Repertoriums. So beginnt jede Symptomenabteilung zunächst mit den vom Himmel bestimmten Modalitäten = Tageszeiten. Eine völlig andersartige, viel logischere Anordnung findet sich in C. Lippe´s Repertorium (1880), das Kent zur Vorlage gedient hatte. Constantin Lippe, der Sohn des berühmten Adolph zur Lippe, schreibt in seinem Vorwort u. a.: "Beeing well aware that a work of this kind is necessarily imperfect, ... I will gratefully receive any suggestions or communications." Die hat er nie bekommen. Statt dessen kompilierte Kent aus Lippe´s Repertorium, Lee´s fragmentarisches Repertorium (1890) und anderen sein eigenes, welches 1897 erschien. Lippe verstarb bald, Lee konnte wegen seiner Erblindung sein Werk nicht beenden. Auf diese Weise etablierte sich "der Kent", und innerlich verknüpft mit seiner hierarchischen Struktur etablierte sich auch Kent´s theosophisch begündete Lehre vom Primat geistig - seelischer Symptome.
Was hätte Hahnemann wohl dazu gesagt? **"übersinnliche Ergrübelungen**"! (§ 6) Ob es wohl Zufall ist, dass amerikanische Medizinhistoriker den Beginn des Niedergang der Homöopathie in den USA um die Jahrhundertwende ansiedeln?

Über homöopathische Schulen und Richtungen.

Wie oben schon angedeutet und fast überall in wissenschaftlichen Gefilden, gibt es auch in der Homöopathie verschiedene Richtungen und Schulen. Es scheint, als ob das Modebewusstsein auch unsere Kreise infiltriert hat, und die "Friseurköppe" (Theodor Fontane im Stechlin) sich vermehren. Glücklicherweise werden die jeweils modernen Richtungen mit der Zeit durch andere Moden ersetzt, sodass der schon länger tätige Homöopath sich nicht mehr darüber wundert, sondern bestätigt wird in der Wertschätzung alter, verlässlicher Klassiker wie Hahnemann, Bönninghausen, Jahr, Hering, Allen, Lippe, Royal, Boger etc.
Was soll man von der im folgenden zitierten Fortbildungsankündigung des "H**********-F**** *. *., H******" halten?
"Termin 19. 9. 1998: Referentin: E*** J*****,42 J. von Beruf Sozialpädagogin und Heilpraktikerin. << Ich habe das Lernen von Materia Medica immer als <u>sehr</u> langweilig empfunden, deshalb habe ich für mich persönlich nach neuen Ideen gesucht und benutze nun das pädagogische Know How dazu, Homöopathie lebendig lernen und lehren zu können. >> Thema Homöopathie im Spiel - Spiel mit der Homöopathie. An diesem Nachmittag möchte ich mit euch durchs Spinnenreich wandern und so spielerisch die Materia Medica aufnehmen."
Einmal abgesehen davon, dass in 22 Rubriken, die positiv etwas mit Spielen zu tun haben, lediglich die Spinne Tarantula, und das noch nicht einmal hochwertig, vorkommt: Homöopathie ist doch kein Spiel! Und: Warum muss

sich jemand, der sich zur Heilkunde berufen fühlt, ausgerechnet eine Fachrichtung aussuchen, die so lern- & sprachorientiert ist wie die Homöopathie, wenn er (sie) eine Abneigung (oder Unfähigkeit?) hat, aus Büchern zu lernen? Erinnern wir uns, was Adolph zur Lippe, einer der fähigsten Homöopathen der USA, selbst praktizierte und seinen Studenten empfahl: Man solle in den Anfangsjahren der Praxis zwei mal jährlich, und später dann einmal **jährlich das Organon lesen.** Das sagte er nach 50 Jahren Beschäftigung mit der Homöopathie! Und als Methode, Materia Medica zu lernen, empfahl er die diagnostische Methode C. Herings, d. h.: jedes Arzneimittel ist wie eine Krankheit anzusehen, mit all ihren Zeichen und Symptomen. Danach beginnt man zu vergleichen, zu klassifizieren, bildet Familien etc. Man beginnt mit den grössten Mitteln und schreitet zu den kleineren fort. Das Vorgehen ist analog zu anderen Naturwissenschaften, etwa Zoologie oder Chemie. So, wie sich die Grundsätze der Homöopathie nicht verändert haben, erheischen auch die Lehrmethoden keine Änderung.

Wer heute etwa Chemie studieren will und das sture Lernen der Grundlagen nicht leisten kann oder will, kommt über das zweite Semester nicht wesentlich hinaus; warum sollte es in der Homöopathie anders sein? Wie sollte jemand, der keine Frustrationstoleranz z. B. anhand des Lernens geübt und kein Durchhaltevermögen entwickelt hat, später in der Praxis bestehen?

" **Das Menschenpack fürchtet sich vor nichts mehr als dem Verstande;
vor der Dummheit sollten sie sich fürchten,**

**wenn sie begriffen, was fürchterlich ist:
aber jener ist unbequem, und man muss ihn beiseite schaffen;
diese ist nur verderblich, und das kann man abwarten.** "

Goethe, Wilhelm Meisters Lehrjahre

So sind heute, sich abgrenzend von den strengen preussischen Anforderungen des fleissigen Studierens und den harten Leistungsanforderungen, sogenannte "Softies" en vogue, die "ihre Gefühle rauslassen" und alles "unheimlich gut nachvollziehen" können. Märchen sind wieder besonders "in". Da wird dann die Materia Medica den verschiedensten Märchen korreliert, da werden Arzneimittel"Prüfungen" via Traumanalysen eines zufälligen Bad Boller Seminarkollektivs gemacht, und ähnliche spekulative Traumtänzereien mehr. Mit der Materia Medica PURA Hahnemanns hat das nichts mehr zu tun, wie André Saine, N.D., Canada, eindringlich darlegte: denn Träume und Phantasien hat jeder, **ohne** Anspruch auf objektive Realität, aber nur stetiges und zielgerichtetes Lernen kann sich den Gesetzmässigkeiten der Natur nähern, wie sie sich in den Arzneimittelprüfungen wiederspiegeln. Zudem gibt es für Arzneimittelprüfungen eindeutige und verlässliche Richtlinien. Beispielsweise - und darauf wiesen schon Bönninghausen und Hering hin - sind die wertvollsten Symptome diejenigen, die im Arzneimittelversuch am Gesunden als letzte, d. h. erst nach einiger Zeit (einigen Wochen) auftauchen. Innerhalb eines Wochenendseminars kann man selbige gewiss nicht erheben.

Solche **homöopathischen Volksbelustigungen** haben den Namen "Arzneimittelprüfungen" nicht verdient.

Auch werden neuerdings homöopathische Lehrveranstaltungen mediengerecht, d. h. mit multimedialem Videogeflimmere angeboten, als ob es sich bei unserer Lehre um Fernsehwerbung handeln würde. Für Menschen mit vornehmlich visuellem Aufnahmevermögen mag das ja als gutmeinende Hilfe gedacht sein -

aber vom erkenntnistheoretischen Standpunkte aus betrachtet sind doch Zweifel angebracht, dass nämlich die Art der Darstellung zu einseitig und nachgerade plakativ den Blick auf den ganzen Facettenreichtum der jeweiligen Arzneimittel verstellt - sprich Vorstellungen als etwas "davor Gestelltes" bietet. Als anderes Beispiel sei G. Vithoulkas zitiert (Materia Medica Viva, B. 8 / 170): "Beim konstitutionellen Chamomilla-Typ stößt man manchmal auf eine Vorgeschichte von unterdrücktem Zorn, nach dem sich eine Neurodermitis entwickelt hat." (gemeint ist: wonach sich eine N. entwickelt hat. Anm. d. Verfassers). Das Maximum der Ersterkrankungen an Neurodermitis liegt bekanntlich zwischen 1/2 und 2 1/2 Jahren. Nun fragt man sich doch unwillkürlich: Wie sollte denn in diesem Alter eine Unterdrückung von Zorn wohl zu bewerkstelligen sein? (Wer selbst Kinder hat, weiss das!) Es ist kennzeichnend für die Athener Schule, deren Protagonist Vithoulkas ist, den psychischen Symptomen resp. Verursachungen einen sehr hohen Stellenwert zu geben. Damit begibt man sich aber zu leicht in die Gefilde der Spekulation, entgegen Hahnemanns ausdrücklichen Anweisungen im Organon, wie in dem Paragraphen 6, der hier zitiert sei:

"Der vorurtheillose Beobachter, - die Nichtigkeit übersinnlicher Ergrübelungen kennend, die sich in der Erfahrung nicht nachweisen lassen, - nimmt, auch wenn er der scharfsinnigste ist, an jeder einzelnen Krankheit nichts, als äußerlich durch die Sinne erkennbare Veränderungen im Befinden des Leibes und der Seele, **Krankheitszeichen, Zufälle, Symptome** wahr, das ist, Abweichungen vom gesunden, ehemaligen Zustande des jetzt Kranken, die dieser selbst fühlt, die die Umstehenden an ihm wahrnehmen, und die der Arzt an ihm beobachtet. Alle diese wahrnehmbaren Zeichen repräsentiren die Krankheit in ihrem ganzen Umfange, das ist, sie bilden zusammen die wahre und einzig denkbare Gestalt der Krankheit."

Desweiteren die §§ 11, 14, 16, oder auch § 100, aus dem hier noch zitiert sei: dass der Arzt "... das reine Bild ... der Krankheit ... von Grunde aus für sich erforschen muß, wenn er ein ächter, gründlicher Heilkünstler sein will, der nie Vermuthung an Stelle der Wahrnehmung setzen ... darf ..."

Immer wieder verlangt Hahnemann die genaueste Beobachtung. Ist es denn zu viel verlangt, bei der körperlichen Untersuchung den Oberbauch zu palpieren, auf dass man z. B. eine druckdolente Galle feststelle, um beim oben genannten Chamomilla Beispiel zu bleiben? Damit soll ja nicht bezweifelt werden, was uns schon Hippokrates lehrte: dass Zornmütigkeit die Galle erkranken lassen kann. Oder, wie man erst Mitte der 80-er Jahre beweisen konnte, dass Cholecystopathien auch mental - nervöse Auswirkungen haben (durch radioaktiv markiertes Bilirubin, das die Blut - Hirnschranke überwindet). Wozu also psychologische Spekulationen, wenn doch der Körper wahrnehmbare Zeichen setzt, die unmissverständlich sind, und die nicht an Intelligenz, Fähigkeit zur Versprachlichung oder an einen bestimmten soziokulturellen Kontext gebunden sind? Der Körper lügt auch nicht (P. Vakil betitelte sein spezielles Zungen - Repertorium: Tongue that does not lie, Bombay 1988), was man von psychologisch explorierten Menschen nicht immer sagen kann.

Vithoulkas müsste es als Grieche doch eigentlich besser wissen: klagten schon seine Vorfahren vor immerhin 2000 Jahren: "Alle Kreter lügen!" Die Replik der Einwohner Kretas lautete damals: "Und alle Athener reden zuviel!"

Geist und Gemüt

ABGELEHNT fühlt(e) sich bewusst oder unbewusst (auch ungestillt. Vgl. ungeliebt)
aur. calc—s. Nat—m. Plat. puls. Sep.

ABGESCHOBEN oder störend fühlt sich (Krippe, Kindergarten, Verwandte)
aur. aur—m. calc—p. Hyos. ign. lyc. mag—m. NAT—M. Plat. Sep. sil. Staph.

ABHÄNGIG Eltern von, mangelhafte Entwicklung zur Selbständigkeit
ars. Bar—c. Calc. cycl. merc. Puls.

ABHÄNGIGKEIT Kinder hängen stark am Vater
cycl.

ABNEIGUNG gegen das, was er will, wenn ANDERE es vorschlagen
arg—n. CAPS.

ABSCHEU allgemein Pubertät in (Ekel)
Ant—c. nat—m.

ABSCHWEIFEND - verliert den Faden bei Unterhaltung oft
ambr. Cann—i. lyc. MED. Thuj.

ABSTAND - die anderen Kinder sollen 3 Meter weiter weg spielen
Bry. CINA. kali—br.

ABSTILLEN und Entwöhnen, Folgen bei Kind, incl. Weinen
arg—n. bell. bry. calc. chin. Puls. Staph. SULPH.

ABWEISEND bei Untersuchung - wo tut es weh ? - sag ich nicht !
ant—c. Calc. lyc. nat—m. sil. Tub.

ABWEISEND brummig, will in Ruhe gelassen werden
BRY. lyc. nux—v.

ÄNGSTLICH, nervös und schreckhaft, wenn müde und schläfrig
acon. brom. Calc. mag—c. nit—ac. sulph.

ÄNGSTLICHE Reizbarkeit mit Abmagerung bes. d. Beine
ABROT.

ÄNGSTLICHKEIT, Schüchternheit, Scheue allgemein
ambr. arg—n. BAR—C. bor. CALC. calc—s. carb—v. Carc. gels. hell. kali—c. Lyc. Nat—c. nat—m. petr. Puls. sep. SIL. tub. Tub—r. vinc. zinc.

ÄNGSTLICHKEIT Kleinkinder allgemein
Acon. arg—n. ars. bor. Calc. Cham. Kali—c. phos. Sil. spong.

ÄNGSTLICHKEIT Säuglinge allgemein
Acon. Ars. Bor. Calc. Cham. kali—c. phos.

ÄNGSTLICHKEIT agitierte (unruhige)
Acon. arg—n. ARS. calc. hyos. lyc. Phos.

ÄNGSTLICHKEIT abends, mit fiebriger Hitze weit in die Nacht hinein
Zinc.

ÄNGSTLICHKEIT, Beruhigung durch Zuspruch dabei leicht möglich
ars. Phos. PULS.

ÄNGSTLICHKEIT, Beruhigung durch Zuspruch dabei nicht möglich
Cina. Sil.

ÄNGSTLICHKEIT furchtsame
Acon. ARS. BAR—C. Calc. calc—p. carc. caust. cina. gels. kali—c. LYC. nat—m. Phos. sep.

ÄNGSTLICHKEIT, Kind hält ständig die Hand d. Mutter
ant—c. ars. bac. Bar—c. bism. bor. Kali—c. lil—t. Lyc. Phos. puls.

ÄNGSTLICHKEIT und Schüchternheit, aber Lachen bei Tadel
cann—i. Graph.

ÄRGERLICH Hänseleien bei, wenn er gehänselt wird - hasst das
anac. Bar—c. bry. CALC. pall.

ÄRGERLICH über frühes ins Bett geschickt werden ("ungerecht")
Ign. Sep. sulph.

ÄRGERLICHKEIT extreme Krankheit über seine - sie "soll aufhören"
calc. CHAM. ign. lyc. Nux—v. Sanic. Sep. tub.

AGGRESSIVITÄT
anac. calc—f. calc—s. canth. Cham. chel. Cina. Cupr. cur. Fl—ac. Gal—ac. Hep. hura. MED. sanic. stram. Tarent. Tub.

AGGRESSIVITÄT larvierte, dabei Beine ruhelose während Anamnese
Med. TUB. zinc.

ALKOHOLISMUS bei Kinder und Jugendlichen
siehe therapeutische Hinweise S. 601 f.

ALLEIN sein Verlangen
ant—t. aur. calc—s. hell. helon. iod. Kali—bi. lach. lil—t. lyc. Nat—m. Sep. Sil. staph. sulph.

ALLEIN sein Verlangen Pubertät während
aur. calc. Calc—s. helon. Kali—bi. Lach. lyc. NAT—M. Plat. sep. Sil. Staph. Sulph.

ALTKLUG
carc. lach. lyc. Merc. sep. sulph   vergl. Intellektuell klug.

ANAMNESE versucht das Gespräch zu lenken
sulph. tub.

ANERKENNUNG Verlangen nach, starkes
calc—s. lyc. pall. Phos. plat.

ANFASSEN muss alles berühren - älteres Kind
bell. carc. Cina. hell. hyos. lycps. Med. Merc. SULPH. thuj.

ANGEFASST werden will nicht - Berührung Abneigung
Acon. Agar. ANT—C. Ant—t. ARN. Ars. asaf. Bell. Bry. bufo. calc. camph. CHAM. Chin. Cina. cocc. Coff. colch. con. cupr. gels. hell. Hep. ign. iod. KALI—C. Kali—i. Lach. lachn. lyc. mag—c. Med. merc. mez. nux—m. nux—v. plb. Sanic. Sil. stram. TARENT. Thuj. tub. verat.

ANGEPASST übermässig (sehr braves Kind)
CARC. nat—m. nux—v. sil. Staph.

ANGESEHEN werden Abneigung, agg.
ANT—C. ant—t. Arg—n. ARS. bar—c. Cham. chin. Cina. iod. LYC. nat—m. puls. sanic. Sil. Tub. zinc.

ANGESPROCHEN werden Abneigung, agg.
Ars. calc—p. Cham. Gels. NAT—M. Nat—s. Nux—v. Rhus—t. sep. sil. staph.

ANGST Ängstlichkeit allgemein
acet—ac. acon. ant—t. Arn. Ars. BAR—C. Bor. Calc. calc—p. Carc. Cina. Gels. ign. lyc. Kali—c. Phos. polio. rhus—t. verat.

ANGST vergleiche mit Furcht

ANGST Ängstlichkeit allgemein mit Symptomen d. linken Seite
Bar—c. cann—i. caust. Nux—v. Phos. Puls. Rhus—t.

ANGST Ängstlichkeit allgemein mit Symptomen d. rechten Seite
acon. Aur. Bell. Hyos. phos. puls. sulph.

ANGST Ängstlichkeit - bange, bekümmert, besorgt
acon. Bor. Ars. bar—c. CALC. Calc—p. carc. Cina. Gels. Kali—c. Phos. psor. rhus—t.

ANGST Ängstlichkeit, Beobachten aufmerksames j. kleinsten Bewegung
Ars. bar—c. calc. hyos. Phos.

ANGST Ängstlichkeit Bett im - mag Augen nicht schliessen bei Einschlafen
carb—v. Mag—m.

ANGST Ängstlichkeit Brustbeschwerden mit
calc. Calc—p. cupr. kali—ar. Phos. tarent.

45

ANGST Ängstlichkeit Erwachen abends beim
bor. Cina. Kali—s.

ANGST Ängstlichkeit Erwachen morgens beim
alum. bar—c. caust. Chin. graph. lach. nux—v. phos. puls.

ANGST Ängstlichkeit Erwachen nachts beim
ars. cina. Dros. nat—m. phos. puls. sulph.

ANGST Ängstlichkeit Hochnehmen, aus Wiege heben beim
bor. CALC. Calc—p.

ANGST Ängstlichkeit nachts nur, tags nicht
Tarent.

ANGST Ängstlichkeit Niederlegen in d. Wiege beim
BOR. cupr. Sanic.

ANGST Ängstlichkeit Schaukeln oder Wiegen beim
BOR.

ANGST allein wenn
arg—n. Ars. Bar—c. Calc. calc—s. cadm—s. caust. cortico. Dros. Gal—ac. hep.
Kali—br. Lyc. mez. nat—m. nit—ac. PHOS. polio. puls. rhus—t. sep. Sil. tab.
Tub. zinc.

ANGST allein, Angst vor eigenen Impulsen, sich zu verletzen dabei
Gal—ac. Nat—s. Merc. sep.

ANGST allein, Angst vor Suicid mit
Aur. calc. Dros. hep. hyos. kali—br. NAT—S. plb. puls. Psor. sep.

ANGST allein Dunkeln im (Dunkelheit agg.)
ARS. Bar—c. bell. calc. calc—p. Carb—v. Caust. dulc. Gal—ac. KALI—BR. lach.
Lyc. Med. PHOS. Puls. rad—br. rhus—t. STRAM. tub. valer.

ANGST allein Dunkelheit - Wissen um Nähe d. Eltern beruhigt
Ars. calc. LYC. phos. tub.

ANGST allein zu schlafen - Kind will bei Eltern liegen
Ars. bell. calc. cann—i. carb—v. caust. cupr. lyc. med. merc. Phos. puls. sep.
Stram. Sulph.

ANGST allein, Verlangen nach Gesellschaft mit
Ars. bism. calc. dros. kali—c. lyc. mez. PHOS. polio. Stram. sil.

ANGST vor d. Angst, beim daran denken
alum. ambr. bry. CALC. caust. con. Nit—ac. staph. tab.

ANGST andere um
ars. Bar—c. CALC. calc—p. carc. cocc. PHOS. sulph.

ANGST anderen Kindern oder Menschen vor
> Arg—n. ars. BAR—C. Hyos. kali—bi. Lyc. nat—m. Puls. sil.

ANGST anfallsweise, schlägt sich dabei an d. Kopf, was erleichtert
> Ars.

ANGST Arzt vor (klinischer Untersuchung vor)
> acon. ant—c. ars. CHAM. Cina. coff. Cupr. gels. iod. Lyc. Nux—v. phos. Sil. tub.

ANGST Aufwärtssehen (hoch sehen, nach oben blicken)
> Arg—n. Calc. phos. PULS. Sil.

ANGST Augen schliessen beim
> Aeth. Arg—n. calc. Carb—an. CARB—V. caust. Mag—m. Psor.

ANGST beobachtet zu werden
> Arg—n. ARS. bar—c. calc. hyos. Lyc. Med. merc. nat—m. stram. sulph. Thuj.

ANGST Bett vor d.
> acon. Ars. Caust. camph. Lach. lyc. Merc. Nat—c.

ANGST Blamage vor, sich zu blamieren
> bar—c. calc. Ign. LYC. med. nux—v. sep.

ANGST Blitzen bei oder vor (Photo Blitzlicht oder Gewitter)
> bell. lach. Phos. phys. Sil.

ANGST Dämmerung in
> ars. berb. carc. Phos.

ANGST Dunkelheit bei
> Acon. arg—n. Ars. Bell. calc. calc—p. cann—i. carb—an. Carb—v. caust. cupr. hyos. Lyc. med. nat—m. Phos. Puls. rhus—t. STRAM. zinc.

ANGST Dunkelheit bei, will aber nicht berührt oder geführt werden
> Sep.

ANGST Duschen vor, badet aber gern (bes. Schulkinder)
> lyss. stram. Sulph.

ANGST Duschen vor, Wasser über Kopf oder Kopf unter Wasser zu bekommen
> cann—i. nat—m. Stram.

ANGST Einbrechern, Dieben, Räubern vor
> arg—n. Ars. Con. ign. lach. merc. nat—c. NAT—M. Phos. psor. Sanic. sil. verat. zinc.

ANGST Einengung, eingesperrt werden, Umstände der Enge
> acon. Ambr. Arg—n. bell. Iod. LACH. Lyc. Nat—m. puls. Sulph. Tub.

ANGST Eltern um (auch Sorgen)
Ars. bar—c. carc. carb—an. cocc. nat—m. phos. puls. sep. Sulph. tub.

ANGST Eltern um nachts
ars. Sulph.

ANGST Eltern um Schule in - rennt u. U. nach Hause, um nachzusehen
Sulph.

ANGST Eltern um, es könnte ihnen etwas passieren
hep. Sulph.

ANGST ermordet zu werden
cimic. Op. Phos. plat. plb. Stram.

ANGST ersticken zu, keine Luft mehr zu bekommen
ACON. CARB—V. Cench. lach. Phos. Spong. Stram. sulph.

ANGST Erwachen bei
abel. agre. ant—t. arg—m. arn. ARS. Bor. Calc. cast. Chlol. Chlor. Cina. convo—s.
KALI—BR. Kali—p. Lach. psor. spong. Stram. TUB.

ANGST Erwachen beim, Säugling morgens
Lach. Lyc. Nux—v. puls.

ANGST Erwachen beim, Säugling vor Mitternacht
CINA. nat—m. puls. Sulph.

ANGST Erwachen beim, Säugling nachts
Dros. Phos. samb. spong.

ANGST erwachsen zu werden (bes. Mädchen)
arg—n. calc—p. phos. plat. PULS.

ANGST Erwartung, Examen, Misserfolg, Lampenfieber, Anticipation
acon. Aeth. Ambr. Anac. ARG—N. arn. Ars. Aur. Bar—c. bor. bry. calad. calc—p.
Camph. canth. carb—v. Carc. Caust. chin. cina. Cob—n. Coff. crot—h. cypr. dys.
fl—ac. GELS. Graph. hyos. Ign. iod. Kali—br. kali—p. lac—c. lach. Lyc. lyss.
Med. Merc. mosch. naja. Nat—c. nat—m. nat—p. nat—s. nux—v. ox—ac. Petr.
Ph—ac. phos. Pip—m. Plb. Psor. puls. Sep. Sil. stann. staph. still. Stroph—h.
sulph. syc. syph. Thuj. tub. zinc.

ANGST Erwartungsspannung Öffentlichkeit Auftreten in (z. B. Vortrag)
ambr. anac. carb—v. Gels. Lyc. pip—m. plb. SIL. stroph—h.

ANGST Erwartungsspannung Verabredung vor einer
ambr. Ars. ARG—N. GELS. Med. sep.

ANGST Fehler zu machen (nicht nur bei Schularbeiten)
Ars. carc. Lac—c. LYC. nat—m. Sil.

ANGST Fliegen vor - reagiert hysterisch auf Stubenfliegen
calad. Lyc.

ANGST Frauen vor oder Schwierigkeiten mit weibl. Bezugspersonen (Lehrerin)
Lyc. nat—m. nux—v.

ANGST gefesselt zu werden (b. Indianer Spielen)
Lach. lil—t. Nat—m.

ANGST Gehen beim - muss langsam gehen, sonst passiert etwas
acon. Cupr.

ANGST Gehen beim - muss schnell laufen
Arg—n. tarent.

ANGST geisterhaften Erscheinungen vor (Furcht Gespenster etc)
acon. Agar. anh. ars. Bell. brom. Calc. Cann—i. carb—v. caust. Dros. hyos.
Kali—br. kali—c. lyc. Manc. Med. op. Phos. plat. Puls. rhus—t. sep. Stram.
sulph.

ANGST gefressen zu werden (von wilden Tieren etc.)
phos. STRAM.

ANGST geisteskrank zu werden, Verstand zu verlieren
acon. Alum. ambr. arg—n. CALC. cann—i. Cimic. graph. kali—br. lac—c. manc.
Merc. nat—m. Phos. psor. Puls. sep. Staph. stram. syph. thuj.

ANGST Geräuschen vor oder durch (Föhn, Mixer, Staubsauger, Säge)
Acon. ant—c. Ars. aur. Bell. bor. Caust. cocc. ferr. ign. kali—br. nat—c. nat—s.
nit—ac. phos. Sil.

ANGST geschlossenem oder engem Raum im (Klaustrophobie)
acon. ARG—N. calc. cocc. mag—m. Lach. Lyc. Nat—m. nux—v. Puls. staph.
Stram. sulph. tab. valer.

ANGST Gesundheit anderer (Familie, Freunde) um
Ars. carc. COCC. merc. Phos. sulph.

ANGST Gesundheit eigene um
anac. arg—m. CALC. calc—p. calc—s. cimic. kali—ar. lyc. Nat—m. NIT—AC.
ph—ac. Phos. psor. sil. sulph. tub.

ANGST Gewissen vor, mit Schuldgefühlen
alum. Ars. Aur. bell. cand—a. Chel. cocc. coff. hyos. Ign. lil—t. med. Nat—m. psor.
puls. Sil. sulph. thuj. Verat. zinc.

ANGST Gewitter vor oder bei
bell. Bor. bry. Calc. CALC—P. carc. caust. Coloc. con. cycl. Elec. gels. Graph. hep.
lac--c. lach. lyc. Med. Merc. NAT—C. nat—m. Nit—ac. PHOS. Psor. Rhod. sep.
Sil. Staph. sulph.

ANGST Grausamkeiten in Kino, Fernsehen etc. durch oder nach
 Calc. caust. manc. phos.
 vergleiche: Grausamkeit unerträglich

ANGST, Hand halten wollen Pneumonie bei
 ars. phos.

ANGST hoch gelegene Orte, meist mit Schwindel (Klettern Abneigung)
 ARG—N. aur. bor. Calc. cocc. ferr. gels. nat—m. phos. Puls. staph. Sulph.

ANGST hypochondrisch
 Bor. calc. calc—p. Cina. Gels. Kali—c. nat—m. phos.

ANGST hypochondrisch bei Kleinkindern
 Acon. Cham.

ANGST Impfung / Injektionen vor ausgeprägt, fast hysterisch
 SIL.

ANGST Impfung nach
 sil. Thuj.

ANGST Kleinigkeiten vor
 Ars. bar—c. bor. CALC. dys. ign. Kali—c. Lyc. mang. Nat—c. Nat—m. sil. verat.

ANGST Koliken bei
 Aur. Calc—p. Cham.

ANGST Liebesverlust vor (Verlust d. Zuwendung)
 arg—n. carc. kali—ar. phos. PULS. Stram.

ANGST Männern vor oder Schwierigkeiten mit männl. Bezugspersonen (Lehrer)
 Bar—c. lyc. Puls. Sep.

ANGST Magen im empfundene
 ANT—T. ars. calc. Calc—p. kali—c. Lyc. nux—v. phos. tarent.

ANGST Magen schlägt auf d. (Übelkeit, Erbrechen, Durchfall)
 ant—c. arg—n. Ars. bar—c. kali—br. kali—c. Lyc. Mez. op. Phos. Puls. Staph.

ANGST Menschen anderen Geschlechts vor oder Schwierigkeiten mit
 Lyc. Puls. Sep.

ANGST nachts, ängstliche Besorgnis, bange Unruhe
 abel. Acon. agre. arg—m. ARS. BOR. Calc. Carc. cast. cham. Chlol. Chlor. cic.
 Cina. convo—s. KALI—BR. Kali—p. Phos. Stram. TUB. zinc.

ANGST nachts Aufwachen beim, mit exspiratorischer Atemstörung
 Samb.

ANGST nachts, Kind kommt ins Bett d. Eltern
Ars. bar—c. Calc. calc—s. Carc. caust. lach. Lyc. med. Phos. Puls. rhus—t. STRAM. sulph. tub.

ANGST nachts, K. kommt schüchtern ins Bett d. Eltern und liegt still
carc. phos.

ANGST nachts, K. will ins Bett der Eltern
siehe therapeutische Hinweise S. 602

ANGST nachts, kann nur bei offener Tür schlafen
arg—n. ars. puls. Stram. tub.

ANGST nachts, nicht nachvollziehbar
abel. bac. Tub.

ANGST nachts, Phobien oder anfallsweise Furcht nachts
ACON. arg—m. ARS. Aur—br. bac. bell. BOR. CALC. cham. Chlol. cic. Cina. cypr. Kali—br. kali—p. PHOS. scut. sol—n. stann. Stram. TUB. zinc.

ANGST neuen Situationen vor (Anticipation, Schulanfang)
siehe therapeutische HinweiseS. 579

ANGST Ohnmacht zu fallen in
arg—n. Lac—c.

ANGST und Panik, Verzweiflung bis zur
acon. Ars. graph.

ANGST panikartige, Einengung bei (starkes Festhalten, Würgen, Schwitzkasten)
arg—n. LACH. Med. nat—m. Stram.

ANGST Personen unbekannten vor, auch in neuen Situationen
carb—v. Lyc. nat—m.

ANGST Platzangst (grosse, freie Flächen), Agoraphobie
ACON. arn. Arg—n. Ars. aur. Bar—c. calc. caust. Ferr. Gels. graph. iod. lach. Lyc. nat—m. nux—v. phos. Puls.

ANGST Schaukeln beim (Hängeschaukel auf Spielplatz)
BOR. Calc. sanic.

ANGST schüchterne, Hand halten wollen
ars. Bism. calc. ign. Kali—c. lil—t. Lyc. phos. puls. stram.

ANGST schüchterne, klammert s. an andere
ant—t. Camph. op. phos. puls. Stram.

ANGST schüchterne, klammert s. an d. Mutter
ant—c. bar—c. Bor. calc. ign. lyc. phos. Puls. staph. stram.

ANGST Schule (Klassenarbeit etc.)
siehe therapeutische Hinweise S. 603

ANGST Schule in (vgl. auch Kindergarten)
arg—n. bar—c. Calc. calc—p. lyc. nat—m.

ANGST Seelenheil um sein, incl. Furcht vor d. Hölle
anac. Ars. Lyc. manc. Puls. sulph. VERAT.

ANGST Sicherheit um
ars. Lyc.

ANGST Spott vor (verspottet werden)
bar—c. Calc. calc—s. Lyc. NAT—M.

ANGST Strassenverkehr im dichten
acon. anthraci. arg—n. Carc. Carb—v. psor.

ANGST Tadel oder Zurechtweisung vor
Ars. calc. caps. Carc. IGN. Lyc. NAT—M. op. puls. Staph. sil.

ANGST Trennung vor
arg—n. Ars. calc—p. gal—ac. puls. STRAM.

ANGST Überqueren einer Brücke beim
acon. ARG—N. bar—c. bor. Brom. Ferr. lyc. puls. ter.

ANGST Unfall mit Verletzung vor
Acon. CARB—V. Cupr. phos. stram.

ANGST Unglück, dass ihm etwas zustösst
CALC. CAUST. Carb—v. Chin. coff. Nat—c. Nat—m. Ph—ac. PHOS. Psor.

ANGST Unheil, unmittelbar drohender Krankheit
bar—c. bor. CALC. chin—s. Kali—c. lil—t. Phos. Psor. puls. Sil. stram.

ANGST Unruhe innerer und äusserer mit
Ars. hell. rhus—t. Tarent.

ANGST Vergewaltigung oder Entführung vor
calc—p. ign. Phos. Puls. sep.

ANGST vergiftet zu werden (Giftmord)
Bell. Hyos. ign. Kali—br. LACH. nat—m. ph—ac. Phos. plb. Rhus—t.

ANGST verlassen zu werden
Ars. carc. lyc. phos. PULS. Stram.

ANGST Versagen vor (Klassen Arbeit), deshalb Krankheit vortäuschen
Arg—n. bell. ign. Lyc. med. PLB. sabad. sil. Tarent. Verat.

ANGST Versagen vor (Leistungs Anforderung)
Ars. bar—c. Calc. carc. gels. LYC. nux—v. puls. Sil.

ANGST Verspätung (zu spät kommen) vor
ARG—N. Ars. carc. Nat—m.

ANGST Wasser vor, Hydrophobie
siehe Furcht Wasser und therapeutische Hinweise, S. 603

ANGST Wasser im, vor unheimlichen Tieren wie Hai, Kröten ..
Med.

ANGST wenn allein im Dunkeln, Licht muss nachts brennen
ARS. Bar—c. calc. gal—ac. Phos. puls. Med. sulph. STRAM.

ANGST wenn aus der Wiege hochgehoben
bor. calc. Calc—p.

ANGST Wind vor
acon. Cham.

ANGST Zahnarzt vor
Acon. ant—c. arg—n. Calc. calc—p. Cham. Coff. Gels. Hep. Ign. mag—c. phos.
Puls. tub.

ANGST Zahnung während (Phobie)
coff. kali—br.

ANGST Zubettgehen vor wegen imaginierter Figuren mit Grimassen
BELL. Calc. dros. laur. phos.

ANGST Zukunft vor
bar—c. bry. Calc. calc—s. dig. dros. graph. kali—c. nat—c. nat—m. phos. Psor.
puls. spig. spong.

ANGSTZUSTÄNDE Sorgen durch
ars. calc. kali—br. ph—ac.

ANKLAMMERN, Festhalten an andere ihm bekannte Personen
Ant—t. ars. Camph. op. phos.

ANKLAMMERN, Festhalten an irgendwelchen herumstehend. Personen
ANT—T. camph.

ANKLAMMERN, Festhalten an Kindermädchen bei Getragen werden
Ars. bor. Gels. puls. stram.

ANKLAMMERN, Festhalten an Personen oder Möbeln
Bar—c. bism. bor. coff. gels. phos. stram.

ANKLAMMERN, Festhalten, Gehalten werden am.
diph. PULS. sep.

ANKLAMMERN, Festhalten - immer an d. Hand d. Mutter - anhänglich
ant—c. ars. bar—c. Bism. bor. calc—ar. Cham. gels Kali—c. kali—p. lach. lil—t.
lyc. nux—m nux—v. Phos. PULS. sang. sep. Staph. stram.
siehe auch unten unter Mammitis

ANKLAMMERN, Festhalten Krampf Anfällen vor
Cic. sep.

ANKLAMMERN, Festhalten mit Ruhelosigkeit
Ars. Carb—v.

ANKLAMMERN, Festhalten an der Mutter, wenn Kind untersucht werden soll
Ant—c. calc. Cham. Lyc. Sil.

ANKLAMMERN, Festhalten - Verlangen gehalten zu werden (passiv)
Ars. Cham. gels. kali—p. lach. nux—m. nux—v. PULS. sang. Sep. Stram.

ANKLAMMERN, Festhalten - Verlangen sich festzuhalten (aktiv)
ARS. Gels. kali—p. lach. Nux—m. nux—v. Phos. PULS. Sang. sep. Stram.

ANNÄHERUNG agg. - jedes Zunahekommen löst Schreien aus
CINA. sil.

ANNÄHERUNG unerträglich (agg. wenn s. irgend jemand nähert)
Cina. Cupr. Sil.

ANOREXIA
siehe auch unter Magen, S. 293

ANOREXIA mentalis, psychogene Magersucht, Mädchen mit Kummer
ARS. bell. calc. Carc. chin. cocc. croc. grat. Hyos. IGN. kali—chl. kali—p. Nat—m.
Ph—ac. phyt. Plat. puls. sep. staph. sulph. Tarent. Verat. viol—o

ANOREXIA mentalis, psychogene Magersucht, meist aus Frustration
abrot. Ars. calc. calc—p. Carc. caust. cham. Chin. cocc. cycl. ferr. hyos. Ign.
Kali—br. kali—p. lach. Lyc. merc. NAT—M. nux—v. ph—ac. PHOS. Plat. puls.
Sep. sil. staph. SULPH. Tarent. Verat.

ANPASSUNG, allgemeine Probleme mit
Siehe Einleitung, S. 26, & therap.Hinw. unter anderen Stichworten, S. 601 & 613

ANPASSUNG und Selbstverleugnung, je älter Kind wird, desto mehr
carc. staph.

ANSTRENGUNG geistige agg. in Pubertät
calc—p. kali—p. Sil. sep. Tub.

ANSTRENGUNG geistige agg. und körperliche A. am.
calc. Iod. SEP.

ANSTRENGUNG geistige am.
croc. Ferr. Nat—c. nat—m. Tarent.

ANSTRENGUNG körperliche agg., aber seelisch-geistiger Bereich dadurch am.
ars. CALC. cocc. Nat—c. sulph.

ANSTRENGUNG körperliche wirkt anregend, auch geistig am.
bar—c. Fl—ac. hep. Ign. kali—br. Mur—ac. nat—m. rhus—t. SEP. sil. stann.

ANTISOZIALE Verhaltensweisen, Missachtung anderer
Anac. kali—bi. lach. Med. syph.

ANTWORTEN abrupt, kurz wie aus d. Pistole geschossen
ars. Ars—i. Cic. coff. gels. Hyos. jatr. lyc. mur—ac. Ph—ac. phos. plb. rhus—t. sec. sin—n. Stann. Sulph. Tarent.

ANTWORTEN einsilbig
achy. bell. carbn—h. carbn—s. gels. kali—br. merc. mur—ac. PH—AC. plb. Puls. sep. VERAT.

ANTWORTEN einsilbig   NEIN   auf alle Fragen (Nein - Sager)
calc—p. crot—c. hyos. kali—br. sanic. TUB.

ANTWORTEN schwierig - wiederholt erst Frage (aus Zeitgewinn)
Caust. Hell. Med. merc. plb. sulph. ZINC.

ANTWORTEN unhöflich, unfreundlich, schnippisch
Bac. calc—p. CHAM. Cina. cupr. lil—t. lyc. lyss. nux—v. sep. tub.

ANTWORTEN unsicher, Kind sieht bei jeder Frage die Mutter an
Calc. calc—s. lyc. Puls.

ANTWORTEN Wiederholung d. Frage nach, erst dann Antw.
ambr. Caust. hell. kali—br. sulph. Zinc.

ANTWORTEN zögernd oder nach langem Nachdenken
anac. Bar—c. cocc. cupr. Graph. Hell. nux—m. plb. phos. puls. sul—ac.

ARBEIT Abneigung gegen, negativistisch
arg—n. Sep. TUB.

ARBEIT Abneigung gegen, träge
caust. Chel. cycl. GRAPH. Nat—c. nit—ac. Sep. tub.

ARBEIT oder Ausbildung - beendet nichts - immer Ausreden - wechselt ständig
aeth. calad. Con. Cycl. SULPH. Tub.

ARBEIT zögert hinaus (manana Syndrom)
Lyc. nat—m. SULPH.

ARBEITET systematisch für Klassenarbeiten
ars. Calc. lyc. Nat—m. plat. Puls. sil.

ARBEITET unsystematisch, büffelt wild vor Klassenarbeit auch nachts
hep. lach. lil—t. Sulph.

ARTIG und wohlerzogen, übermässige Anpassung
Carc. NAT—M. Puls. Sil. STAPH.

ARTIKULATION schwierig, dadurch verzögertes Sprechen Lernen
agar. agra. bar—c. caust. NAT—M. phos.

ARTIKULATION schwierig, Grimassen nach Anstrengung d. Sprechens
agar. Bov. bufo. Cupr. IGN. nux—m. spig. Stram.

ARZT geht ausgesprochen gerne zum (Solange es nicht wehtut)
calc. PHOS. puls. Sulph.

AUFGEWECKTHEIT lebhafte
aloe. Arg—n. Bell. CARC. cimic. coff. Iod. Lach. med. Phos. Rhus—t. Sulph.
Verat.

AUFGEWECKTHEIT Verlust plötzlicher, K. wird still und tatenlos
Lyc. med.

AUFFASSUNGVERMÖGEN Affektionen
siehe unter begriffsstutzig

AUFMERKSAMKEIT Mangel (Aufträge vergessend)
bar—c. Caps. med. Phos. Sulph.

AUFMERKSAMKEIT Mangel wg. Nachlässigkeit
Petr. sulph.

AUFMERKSAMKEIT Verlangen beständiges (ständig beachtet werden)
Calc—p. GAL—AC. Med. PULS. verat.

AUFREGUNG durch freudige Ereignisse wie Geburtstag (agg.)
Acon. arg—n. coff. gels. Phos. puls. Sulph. Tub.

AUSDAUER Mangel - dabei nervös und impulsiv (Ärger oder Zorn)
Anac. Cham. Cina. coloc. hep. MAG—C. med. Nat—m. nux—v. Phos. Rheum. Sil.
staph. sep. Sulph. tub.

AUSDAUER Mangel
bar—c. calc. Calc—p. Cham. ign. ip. lyc. mag—c. nux—v. Sanic. sep. Sulph. TUB.

AUSDAUER Mangel
siehe auch Frustrationstoleranz und Arbeit, Ausbildung beendet keie

AUSFLIPPEN Drogen durch (spaced out, ausgeflippt)
Cann—i. lac—c. lach. Med. Ph—ac. plat. Sec. stram.

AUSGELACHT werden Beschwerden durch (s. lächerlich machen agg.)
acon. anac. Ars. BAR—C. CALC. caps. Ign. Iod. lach. Lyc. merc. nat—m. Nux—v. ph—ac. Puls. sep. sulph.

AUSZIEHEN, von zu Hause weg will frühzeitig (Freiheit)
bell. cupr. Merc. Sep. tub. verat.

AUTISMUS
agra. Anh. ars—i. bar—c. Bufo. Carc. cann—i. chin. Dtp—nos. Helia. hell. kali—br. lach. lyc. Nat—m. op. Staph. stram. sulph. trypt. thuj. tub.
siehe auch therapeutische Hinweise, S. 604

AUTISMUS nach Impfung
carc. DTP—NOS. kali—br. Lach. sil. sulph. Thuj. tub.

AUTOAGGRESSION siehe unter schneidet sich oder Verletzung

BEDECKT den Mund mit der Hand (scheu)
Bar—c. ip. kali—bi. Lach. RUMX. thuj.

BEEINDRUCKBAR, beeinflussbar und leicht aus d. Fassung zu bringen
Ant—c. Arg—n. Carc. con. croc. Ign. med. nux—v. Phos. Puls. tarent. viol—o.

BEEINDRUCKBAR, empfänglich f. fremdseelische Einflüsse, leicht bestimmbar
ant—c. Arg—n. Carc. con. croc. ign. med. nux—v. PHOS. Puls. viol—o.

BEGREIFEN schnelles von sozialen Gefügen m. treffsicherem Urteil
coff. merc. Lach. viol—o.

BEGRIFFSSTUTZIG - langsame Auffassung
AMBR. arg—n. BAR—C. calc. Calc—p. Cocc. Nat—c. sulph.

BEGRIFFSSTUTZIG - Mädchen in Pubertät (Begreifen langsames)
ambr. Apis. calc—p. Nat—c.

BEGRIFFSSTUTZIG - schwirige Auffassung
Anac. Arg—n. BAR—C. calc—p. carb—v. Caust. graph. lach. Lyc. Nat—c. Nux—m. nux—v. PH—AC. phos. Sep. Sil. sulph.

BEHINDERTES KIND - Mittel für dessen Eltern
siehe therapeutische Hinweise S. 604

BEISSEN allgemeine Neigung bei aggressivem Wesen
Bell. bufo. Calc. calc—p. camph. CANTH. carbn—s. carc. caust. Cic. Cupr. Hyos. lach. Lyss. Phyt. sec. STRAM. tub. Verat.

BEISSEN auf Bleistift, Papier, Wäsche oder andere Dinge (Kauen)
Alum. bar—c. Calc. calc—s. plb. Sec. Verat.

BEISSEN Brustwarze in, beim Stillen
bell. Cham. phyt. TUB.

BEISSEN geistiger Behinderung, Retardierung oder Wut bei
ars. asaf. Bell. bry. Bufo. Camph. caust. cupr. hell. Hyos. plb. stram.

BEISSEN Glas ins oder auf Löffel, beim Füttern
Ars. BELL. cham. Cina. CUPR. hell. lyss. puls. sec. Verat.

BEISSEN sich in d. Finger (auch Hand, Arm)
acon. Arum—t. carc. cina. hura. med. op. PLB.

BEISSEN Vater oder andere ihm nahestehende Personen
bell. Carbn—s.

BEISSEN Wurmleiden bei
carb—v. CINA. croc. cupr.

BELEIDIGT schnell, leicht
Ars. Arg—n. Aur. Calc. CARC. caust. cocc. hell. Ign. LYC. nux—v. Sil. staph. Sulph. Tub.

BELEIDIGT, gekränkt leicht mit kolikartigem Bauchschmerz und Gastritis
acon. alum. arg—n. Bell. COLOC. ign. iod. lach. nux—v. Staph. sulph. verat. .

BELEIDIGT schnell, dann querköpfig, widerborstig, leicht in Wut
Aur. bufo. Calc. cham. Croc. Hell. Ign. Nux—v. petr. sil. staph. Sulph. TUB.

BELEIDIGEND, K. beschimpfen Mutter / Eltern
am—m. calc—p. Cham. CINA. hyos. lith—c. lach. lac—c. LYC. nat—m. nux—v. pall. PLAT. Sep. tarent. thuj. TUB.

BENEHMEN albernes
Agar. bar—m. bell. cann—i. Graph. hyos. ign. merc. phos. Staph. Stram.

BENEHMEN angeberisch, aufschneiderisch, prahlerisch
Acon. ars. Bell. Lach. LYC. Med. merc. nat—m. Nux—v. pall. Plat. STRAM.

BENEHMEN chaotisch, wirr
agar. Bell. chin. Merc. nux—v. Phos. SULPH.

BENEHMEN rüde grob, rauhes B.
Ant—c. bell. carc. cham. Chin. cina. dulc. med. Merc. nat—m. rheum. staph. sulph. tub.

BENEHMEN schlechtes allgemein
Calc. CHAM. CINA. CUPR. GAL—AC. lyc. med. Nux—v. Sanic. TUB. verat.

BENEHMEN schlechtes, destruktives
bell. calc. Cina. cham. cupr. Fl—ac. gal—ac. hep. hyos. nux—v. sil. staph. Stram. TUB. verat.

BENEHMEN schlechtes, mutwillig
anac. bell. Cina. cupr. Gal—ac. Med. Stram. Tub.

BENEHMEN schnippisch, pampig
Bac. Calc—p. CHAM. Cina. cupr. lil—t. nux—v. Sep. tub.

BENEHMEN verächtliches
ARS. Cic. hyos. Lach. Lyc. nux—v. PLAT.

BENEHMEN verleumderisches
Ars. Caust. Hyos. Lach. LYC. nux—v. sep. tub. Verat.

BEOBACHTET zu werden Abneigung - versteckt sich
arg—n. BAR—C. calc. lyc. Med. Tub.

BEOBACHTET zu werden Abneigung
ARG—N. Ars. Bar—c. hyos. lyc. Med. merc. stram. sulph. thuj. Tub.

BEOBACHTUNG oder Beachtung plötzliche agg. - wird dann knallrot im Gesicht
lyc. Puls. sulph.

BERÜHRUNG und Annäherung agg.
Ant—c. ant—t. apis. arn. Cham. chin. Cina. mag—p. sanic. sil.

BERÜHRUNG Abneigung (K. will nicht berührt werden)
Acon. Agar. ANT—C. Ant—t. Arn. Ars. asaf. Bell. Bry. bufo. calc. camph. Cham. Chin. CINA. cocc. Coff. colch. con. cupr. gels. hell. Hep. ign. iod. KALI—C. Kali—i. Lach. lachn. lyc. mag—c. Med. merc. mez. nux—m. nux—v. plb. SANIC. Sil. stram. syph. TARENT. Thuj. tub. verat.

BERÜHRUNG Abneigung - will aber dennoch getragen werden
ant—t. Cina. .

BERÜHRUNG agg.
acon. Ant—c. ant—t. apis. cham. cimic. Cina. hep. mag—p. sanic. tarent.

BERÜHRUNG agg. - emotionale Belastung bis zur Ohnmacht
ANT—C. Mag—p.

BERÜHRUNG am. (auch Verlangen nach B.)
Asaf. bism. CALC. cupr. Cycl. graph. mur—ac. pall. Phos. Puls. sang. sil. spig. staph. tarax. thuj.

BERÜHRUNG überempfindlich gegen
acon. Ant—c. apis. Ars. bell. calc. calc—p. Caps. Cham. chin. cina. hep. lach. Lyc. Kali—c. Mag—c. mag—p. merc. spig. tarent.

BERUHIGT werden kann nicht, wenn es einmal weint o. schreit
apis. ars. calc. calc—p. CHAM. CINA. hyos. Ign. ip. Nat—m. Nux—m. puls.

BESCHIMPFEN Eltern und / oder Autoritäten, wütend und ausfallend
anac. caust. Cham. Cina. lac—c. lach. lil—t. nat—m. nit—ac. Nux—v. plat. TUB.

BESCHWERDEN Beschimpfung, Beleidigung, Kränkung, Demütigung durch

Acon. alum. am—m. ANAC. Arg—n. ars. Aur. Aur—m. bell. Bry. calc. calc—s. CARC. caust. Cham. COLOC. con. Form. gels. grat. IGN. ip. Lach. LYC. Lyss. med. merc. NAT—M. Nux—v. op. PALL. petr. PH—AC. Plat. Puls. rhus—t. Seneg. Sil. STAPH. stram. Sulph. thuj. verat. zinc.

BESCHWERDEN Beschimpfung und kränkende Bestrafung durch

Anac. aur. CARC. cham. coloc. ign. ip. lyc. nat—m. Op. STAPH. tarent.

BESCHWERDEN Beschimpfung, Kränkung durch, mit Entrüstung, Empörung

anac. Ign. STAPH.

BESCHWERDEN Beschimpfung, Kränkung durch, mit Zorn, Wut, Ärger

COLOC. lyc. nat—m. Staph.

BESCHWERDEN Bevormundung, Dominanz anderer durch

Anac. calc—p. cand—a. Carc. foll. ign. Lyc. med. Nat—m. sep. sil. STAPH. thuj.

BESCHWERDEN Bevormundung und Kontrolle durch

ant—c. ars. calc—p. lyc. med. merc. Staph.

BESCHWERDEN Enttäuschungen durch

acon. AUR. Bry. caust. Cham. coloc. gels. hyos. Ign. lach. Lyc. merc. NAT—M. nux—v. op. Ph—ac. plat. PULS. STAPH. Sulph.

BESCHWERDEN Heimweh durch

Aur. aur—m. bar—c. CAPS. calc. carb—an. carc. caust. Clem. eup—pur. hell. Ign. lyc. mag—m. Merc. nat—c. Nat—m. PH—AC. puls. senec. Sil. Staph. sulph.

BESCHWERDEN Liebe enttäuschter durch (auch zu d. Eltern)

am—c. ant—c. AUR. Bell. Bufo. cact. Calc—p. carc. Caust. Cimic. Coff. com. corn. Con. dig. Hell. HYOS. IGN. iod. kali—c. Lach. lyc. NAT—M. nux—m. nux—v. PH—AC. phos. Plat. Puls. sep. STAPH. stram. sulph. tarent. verat.

BESCHWERDEN Liebe unerwiderte durch, bei hysterischen Mädchen

Ant—c. hyos. ign. ph—ac. tarent.

BESCHWERDEN Misshandlung durch (Schläge Würgen Schütteln etc)

acon. am—c. Anac. ant—c. ARN. Aur. Bell. Bufo. cact. Calc—p. Carc. Caust. cimic. Coff. com. Con. dig. Hell. HYOS. IGN. iod. kali—c. Lach. lyc. NAT—M. nux—m. nux—v. Op. PH—AC. phos. Plat. puls. Sep. STAPH. Stram. sulph. tarent. tub. verat.

BESCHWERDEN Psychotherapie infolge

Astac. Chel. nat—m. psor. zinc.

BESCHWERDEN Schreck oder seelischen Schock durch

ACON. Anh. arn. bell. calc. carc. Gal—ac. Gels. glon. hyper. IGN. merc. nit—ac. Op. ph—ac. plat. puls. Stram.

BESCHWERDEN sexuellen Missbrauch durch, mit Empfind. v. Kränkung
Acon. anac. ARN. calc—p. cann—i. CARC. IGN. lyc. Med. NAT—M. nux—v. OP. Plat. SEP. STAPH. thuj.

BESCHWERDEN sexuellen Missbrauch durch, mit Scham danach
ign. calc—p. Nat—m. op. STAPH. thuj.

BESCHWERDEN sexuellen Missbrauch, Vergewaltigung oder Inzest durch
Acon. anac. Anh. arn. calc—p. Carc. caust. IGN. kali—br. lyc. lyss. med. Nat—m. nux—v. OP. orig. Plat. SEP. STAPH. stram. thuj.

BESCHWERDEN Unterdrückung von Haut Ausschlägen durch
ars. Bell. Caust. cupr. Hep. hyos. kali—c. lach. lyc. nux—v. phos. psor. sep. Stram. SULPH. verat. Zinc.

BESCHWERDEN Verlust oder Tod Eltern oder naher Verwandter durch
aur. calc. Carc. CAUST. IGN. lac—c. med. Nat—m. nux—v. ph—ac. plat. Staph.

BESCHWERDEN Verlust oder Tod eines Haustieres durch
calc. carc. Caust. gels. IGN. Kali—br. lach. Nux—m. nux—v. ph—ac. plat. staph. sulph.

BESCHWERDEN Verlust d. Freundin, Schulfreund, Spielkamerad
alum. caust. ign. lach. nat—m. Puls. staph. thuj.

BESCHWERDEN Zwang zum Kindergarten oder Schulbesuch durch
Arg—n. calc. ign. Nat—m. puls. STAPH. stram.

BESITZANSPRÜCHE gegenüber einem Elternteil
Med. SULPH.

BESITZERGREIFEND, in Beschlag nehmend
ars. bry. lach. Lyc. med. nat—m. puls. SULPH. Tub.

BESORGT um seine soziale Stellung, um sein Ansehen in der Peer Group
Aeth. Agar. cann—i. cupr. Ign. LYC. Nux—v. pall. Phos. palt. puls. Verat.

BESTRAFUNG Beschwerden nach
agar. Anac. aur. Carc. cham. coloc. IGN. ip. lyc. nat—m. Op. Staph.

BESTRAFUNG unempfindlich gegen (Strafe nützt nichts)
anac. Stram. TUB.

BESTRAFUNG Verlangen siehe Schläge Verlangen

BETÄUBUNG (wie berauscht) nach Erbrechen
aeth.

BETÄUBUNG, Benommenheit Schwindel bei
> acon. aeth. agar. arn. Aur. bar—c. bell. bov. Calc. clem. croc. dulc. gels. gran. graph. hell. hydr. hydr—ac. kreos. laur. mill. mosch. mur—ac. op. phos. phyt. psor. ran—b. sabin. sec. Sep. sil. stann. staph. sulph. zinc.

BETEN siehe religiöse Affektionen

BETRÜGERISCH
> ars. Bell. calc. Lyc. NUX—V. plb. sil. sulph.

BETT abends Verlangen früh ins B. zu gehen
> bry. con. Cycl. lyc. ph—ac. psor. sil.

BETT abends Verlangen früh ins B. zu gehen, Atemwegsinfektion bei
> Con. mang.

BEWEGLICH (geistig) und empfindsam, kapriziös
> coff. IGN. nat—m. Phos.

BEWUSSTLOSIGKEIT (Koma, Stupor) Diphtherie bei
> ail. Nat—m. Sul—ac.

BEWUSSTLOSIGKEIT (Koma, Stupor) Scharlach bei (incl. Typhoid, Benebelung)
> Ail. Am—c. Apis. arum—d. Cupr—a. Gels. Hyos. lach. Lyc. Mur—ac. Rhus—t. stram. Sulph.

BEZIEHUNGSGEFÜGE braucht festes (Familie)
> Calc. carc. Gal—ac. lac—c. Sanic.

BLUMEN und schöne Dinge ausgeprägter Sinn für
> carc. phos. Staph.

BLUT sehen unerträglich (agg.)
> alum. CALC. Gels. Ign. nux—m.

BOHREN mit Finger in Ohren (Ohren selbst o. B.)
> arund. CINA. nat—c. Psor. Sil.

BOHREN oder Zupfen an der Nase dauernd (oft Symptom f. Würmer)
> CINA.

BORDERLINE Syndrom, auch drogeninduziertes (Jugendalter)
> alum. anac. cann—i. hyos. plat. verat.

BÖSARTIGE Veranlagung
> Ars. Anac. bell. calc—p. Cina. cocc. CUPR. cupr—ar. cur. Gal—ac. Hep. hyos. lac—c. Lach. lyc. MED. Nit—ac. nux—v. stram. syph. Tub. verat.

BÖSARTIGKEIT Milch durch (agg., K. Wird impulsiv und rastlos)
> bac. TUB.

BÖSARTIGKEIT Orangensaft durch agg.
Med.

BÖSARTIGKEIT periodische Phasen von Boshaftigkeit
cupr. Med. tarent.

BÖSARTIGKEIT Tadel agg. (Strafpredigt verschlimmert Bösartigkeit
Med. Tub.

BOSHAFT und hinterhältig zu d. Geschwistern aus Eifersucht oder Rivalität
anac. hep. Hyos. ign. Lach. LYC. med. nux—v. puls. nat—m. sep. Tub. verat.

BOSHAFTIGKEIT und Reizbarkeit allgemein
Agar. Anac. Ars. Aur. Bell. bor. Calc. Cham. CINA. Cupr. Hep. Hyos. iod. kali—i. lac—c. Lach. Lyc. Med. nat—m. Nit—ac. Nux—v. Sanic. Stram. tarent. TUB. verat.

BOSHAFTIGKEIT Keuchhusten während
Anac.

BOSHAFTIGKEIT reaktive auf Trauer oder Enttäuschung
KALI—I. Tarent.

BOSHAFTIGKEIT zwanghafte, auch zu Personen, die er liebt
Anac.

BRUTALITÄT
abrot. Absin. Alco. anac. Cupr. cur. Fl—ac. hep. lach. Med. nux—v. Op. plat. syph. Tarent. TUB. verat.

BULIMIE (reichlich Essen mit folgendem willentlichem Erbrechen)
Calc. carc. Ign. iod. Med. nat—m. puls. staph. thyr. vario.
vergleiche auch Anorexie unter Geist & Gemüt sowie unter Magen

CHARAKTER Mangel an (keine eigene Ausprägung)
bar—c. Caust. coca. graph. Lyc. op. pic—ac. Sil.

CHARAKTER schwieriger
anac. Ant—c. calc. Cham. Cina. Cupr. ign. LYC. nux—v. sil. Tub.

CHOLERISCH bei: Fieber, Koliken oder Husten
bell. Bry. CHAM. Cina. Coloc. cupr—a. ferr. Lyc. nat—c. nat—m. Nux—v. psor. Rheum. staph.

CHOLERISCH empfindlich, aufbrausend, leicht gereizt
anac. ant—c. AUR. BELL. Bry. CAPS. CHAM. Cina. HEP. LYC. Nat—m. NUX—V. phos. stram. SULPH.

CHOLERISCH unleidlich, launisches hin und her
am—c. ambr. aur. calc. CHAM. con. croc. Ign. lach. lyc. phos. plat. plb. Puls. staph. tarent.

CYCLOTHYMIE, Gemüt wechselhaft himmelhoch jauchzend - zu Tode betrübt
asar. aur. calc. carc. Con. IGN. lach. lil—t. lyc. nat—m. phos. Puls. staph. zinc.

DAUMENLUTSCHEN Schulkind oder Jugendliche (auch Finger in Mund stecken)
Bar—c. Bufo. calc. cham. ip. LYC. merc. nat—m. phos. PULS. sil. sulph. tarent. verat.

DEBILE Erscheinung, klein, träge, Entwicklungsrückstand und Adenoide
Bac. BAR—C.

DEFLORATIONSCHOCK in der Vorgeschichte
arn. IGN. Staph.

DELIRIUM Schmerzen durch
bell. Dulc. HYOS. VERAT.

DENKEN AN BESCHWERDEN AGG. SYMPTOME
agar. Alum. alum—p. alumn. am—c. Ambr. arg—m. Arg—n. arn. ars. aur. aur—ar. aur—m. Bapt. BAR—C. bry. calc. Calc—p. CAUST. cham. chin—ar. Colch. con. dros. GELS. graph. Hell. HELON. hura. hydr. iod. lac—c. Lach. laur. lycps. mag—s. MED. menth—pu. merc. mosch. nat—c. nat—m. NIT—AC. Nux—m. Nux—v. OX—AC. Pip—m. pip—n. plan. Ran—b. Sabad. sin—n. spig. Spong. stann. Staph. Sumb. thyr. tub. zinc.

DENKEN AN ETWAS ANDERES (ablenkendes) agg.
Camph. caust. cic. Hell.

DENKEN schwierig (mangelnde Fähigkeit zum Denken)
Anac. ant—c. bapt. berb. calc. carb—v. con. Gels. kali—n. lyc. Merc. Nat—c. nat—s. NUX—M. Nux—v. olnd. OP. Phos. PH—AC. Pic—ac. sep. tub. Zinc. zinc—p.

DENKEN schwierig - Mütze (Kopfbedeckung) bessert (am.) D.
kali—p. nux—v. phos. PSOR.

DENKEN Unsicherheit bei Aufregung im Examen
anac. ARG—N. gels. Hell. lyc.

DEPRESSION und erhöhte Suizidgefahr Mädchen v. Menses (PMS)
iris. merc. Med. staph.

DEPRESSION Grippe nach
Cast.

DEPRESSION und Lustlosigkeit (Niedergeschlagenheit und Null Bock Haltung)
abrot. Ant—c. arg—n. Ars. aur. bor. Calc. Calc—s. Carc. caust. lac—c. Lach. lyc. Med. NAT—M. rhus—t. sanic. sep. sulph. thuj.

DEPRESSION, Traurigkeit wg. Kleinigkeiten (denkt lange daran)
bar—c. Graph. Thuj.

DEPRESSION
> siehe auch unten unter Traurigkeit

DESTRUKTIVES Verhalten, Töten Verlangen (Impulse, andere zu t.)
> Anac. ars. HEP. Hyos. Iod. Lach. Merc. nux—v. petr. plat. phos. Stram. Tarent.

DESTRUKTIVES Verhalten, Töten, Selbstmord (Suicidale Impulse)
> Anac. Ant—c. ars. AUR. Hep. Hyos. kali—br. lach. lyc. Merc. nat—s. nux—v. plb. psor. puls. sep. spig. Stram. zinc.

DESTRUKTIVES Verhalten, zerstörend, vernichtend
> agar. Anac. Bell. Calc—p. carc. cham. Cina. cupr. hep. Hyos. iod. lach. med. Nux—v. op. phos. Staph. STRAM. sulph. tarent. ther. TUB. Verat.

DIKTATORISCH allgemein
> anac. arn. Aur. Caust. camph. Cham. Cupr. ferr. Lach. Lyc. Merc. Plat. sulph. Verat.

DIKTATORISCH gegenüber d. Eltern
> aur. calc—s. caust. Cham. Cupr. dulc. lach. LYC. verat.

DINGE nutzlose macht (älteres K.)
> calc. VERAT.

DISTANZLOS, lästig - geht anderen auf d. Nerven
> agar. anac. arg—n. ars. bov. calc. Calc—s. caust. CUPR. Ign. Lach. lac—c. lyc. mang. Merc. NIT—AC. phos. psor. sabin. STRAM. verat. viol—t. Zinc.

DROGENSUCHT Cannabis indica (Haschisch, Marihuana), LSD o. Mescalin
> Aeth. Anac. bufo. calc—p. Med. nat—p. phos. puls. SEC. staph. Tub.
> siehe auch therapeutische Hinweise S. 604 ff

DROGENSUCHT Haschisch, LSD als Teenager ("nur mal ausprobieren")
> Aeth. Anac. bufo. calc—p. Med. nat—p. phos. puls. SEC. Tub.

DUNKELHEIT Angst und Pavor nocturnus durch Gruselgeschichten
> Calc. phos puls.

DUNKELHEIT Angst (unbestimmte)
> ars. Calc. Calc—p. Carb—v. Caust. Cupr. Lyc. Phos. Puls. STRAM.

DUNKELHEIT Angst, bei D. ins Bett zu gehen
> acon. Ars. calc. camph. Caust. Lach. Kali—c. Lyc. Merc. Nat—c. stram.

DUNKELHEIT Angst, erstaunlicher Einbildungskraft mit (Erlkönig)
> Ars. BELL. phos. Stram.

DUNKELHEIT Angst, Heimweg vor dem
> Brom. thuj.

DUNKELHEIT Furcht, fremden Geräuschen bei, mit Schreck
> calc. Caust. Kali—s. nat—s. Phos. sil.

DUNKELHEIT Scheu bei - Angst, glaubt jemanden hinter sich
Thuj.

EGOISMUS, Egozentrik
Ars. bell. calc. CINA. Cupr. gal—ac. lach. Lyc. pall. phos. Plat. sanic. Sil. sulph. verat.

EGOISMUS, Egozentrik
siehe auch Selbstsucht

EHRGEIZ, verlieren kann nicht z. B. beim Spielen oder Wettkampf
acon. alum. anac. Ars. asar. aur. calc. carb—an. Carc. caust. coca. cocain. cocc. con. graph. Ign. kali—s. Lach. Lyc. nat—m. NUX—V. pall. plat. plb. puls. Sil. staph. Sulph. Verat.

EHRLICHKEIT, Gradlinigkeit, Offenheit (auch wenn unvorteilhaft)
caust. ign. Nat—m. Nux—v. Sep. staph.

EIFERSUCHT allgemein
bar—c. Calc. calc—s. HYOS. Ign. Lach. lyc. Nux—v. Puls. sanic. staph. Stram. thuj.

EIFERSUCHT auf andere begabte Kinder in seiner Klasse
Ars. lach. lyc. Nux—v. plat.

EIFERSUCHT auf neugeborenes Geschwisterchen und Beschwerden davon
apis. bar—c. calc. calc—s. HYOS. Ign. kali—ar. Lach. lyc. nat—m. nux—v. ph—ac. stram. Tarent. verat.

EIFERSUCHT auf Tiere (Haustiere) und Objekte (z. B. Vaters Computer)
CAUST. hyos. Ign. lach. nux—v.

EIFERSUCHT Beschwerden von
Apis. HYOS. Ign. Lach. NUX—V. Phos. PULS. staph.

EIFERSUCHT Folge Asthma
ign. Lach. puls. stram.

EIFERSUCHT Kindern unter
Apis. Ars. calc—s. carc. hyos. Ign. lac—c. Lach. lyc. Nat—m. Nux—v. Puls. sanic. sep. tub. verat.

EIGENSINN ausgeprägter
ant—c. Bell. Calc. calc—p. Cina. Kali—s. sep. SIL. Tub. Viol—t.

EIGENSINN ausgeprägt - Weinen sofort bei gutem Zureden
bar—c. Iod. SIL.

EIGENSINNIG, halsstarrig, reizbar - schwer zu leiten
calc. CINA. Kali—s. lyc. SANIC. SIL.

EIGENSINNIG, hartnäckig, besteht darauf, im Recht zu sein
Carc. phos. Sep. Tub.

EIGENSINN Keuchhusten während
Bell. Calc. Dros. Merc. Nit—ac. Sil. Spong.

EIGENSINNIG - Kinder reizen und ärgern ihre Umgebung
Cina. cupr. med. Psor. tub. .

EIGENSINNIG Onanie nach bei Knaben
aur.

EIGENSINNIGES Schreien, Schlagen und um sich Stossen
bell. cina. Gal—ac. lyc. sanic. stram. tarent. tub. verat.

EIGENSINNIG starrköpfig
abrot. am—c. Ant—c. arg—n. ars. arum—t. aur. bac. bell. Calc. calc—p. caps.
carc. Cham. Chin. Cina. gal—ac. hyos. Kali—s. kreos. lac—c. lyc. Med. nux—v.
phos. psor. puls. Sanic. sec. sep. Sil. sulph. syph. tarent. thuj. TUB. viol—t.

EIGENSINNIG starrköpfig, Fettsucht mit (Kleinkind dabei oft Mydriasis)
CALC. caps.

EIGENSINNIG Weinen mit, auch wenn freundlich angesprochen
bar—c. Iod. Sil.

EIGENSINN widerspenstigem Schreien und Treten mit, fürchterlich reizbar
am—c. Cham. CINA. Cupr. GAL—AC. lyc. med. Nit—ac. Nux—v. SANIC. thuj.
TUB.

EIGENSINNIG, widerspenstig und fröstelig und ungeschickt
Caps.

EIGENTUM Verliebtheit in sein (" Meins ist das Beste ")
SULPH.

EILE, Hast und Hektik
Arg—n. ars. Ars—i. aur. hep. Ign. kali—s. lil—t. Med. Merc. nat—m. Sul—ac.
sulph. Tarent. Tub.

EILE, Hast und Hektik Bewegungen in seinen
ARS. bell. hyos. kali—c. lil—t. Stram. SUL—AC. sulph. Tarent. thuj.

EILE, Hast und Hektik Essen beim (Angst, nicht genug zu bekommen)
arg—n. Caust. Hep. iod. lach. SUL—AC. sulph. zinc.

EILE, Hast und Hektik Gehen beim
ARG—N. Nat—m. sul—ac. Tarent.

EILE, Hast und Hektik Ungeschicktheit mit - dadurch Missgeschick
hep. Ign. mosch. NAT—M. sul—ac. tub.

EINMISCHUNG in sein Leben nicht vertragend
ant—c. carc. lach. Nat—m. Sil. SULPH. tub.

EINZELGÄNGER
Calc. calc—s. Kali—bi. lyc. Med. NAT—M. Plat. Sep. Sil. staph. Sulph. syph.

EINZELGÄNGER - Kind mit Familienanamnese von Alkoholismus
Lyc. plat. sep. Staph. syph.

EITELKEIT, Gefallsucht
bell. lil—t. Lyc. merc. nux—v. pall. plat. Phos. Puls. sulph. tub. verat.

EKEL allgemein (ein langgezogenes " i ", mit Abscheu)
ant—c. ars. Cina. Nat—m. Sulph. syph. thuj.

EKEL, Abscheu vor den eigenen Ausscheidungen (Schweiss, Stuhl etc.)
Cina. lac-c. pyrog. SULPH. syph.

EKELGEFÜHL gegenüber anderen
ars. asar. ip. Lyc. Nit—ac.

ELTERN bedroht seine, Konsultation während (Drohen bei negativen Äusserungen)
hep. Med. Tub.

ELTERN Zorn auf, gerät ausser sich über die E.
chin. Nat—m. staph.

EINSICHT, Selbsterkenntnis Mangel an, bei älterem Kind
AGN. kali—s. merc.

EMOTIONAL leicht zu führen und immer entgegenkommend, manipulierbar
bar—c. Calc. Carc. PULS.

EMOTIONAL schwierig zu führen, selbständig, nicht manipulierbar
Nat—m. Sep. Sil. SULPH. Tub.

EMOTIONALE Belastung mit blass werden d. Gesichtes, sofort bei
aeth. Ant—c. Ars. con. Verat.

EMPFINDLICH, empfindsam, feinfühlig
Acon. agar. Ant—c. ant—s. ant—t. Bell. bor. calc. Calc—p. calc—sil. CARC. caust. Cham. Chin. Cina. coloc. croc. gels. IGN. kali—c. Kali—p. lyc. med. NAT—M. Nux—v. op. ph—ac. PHOS. plat. Puls. Sil. stann. Staph. stram. tarent. Teucr. Tub.

EMPFINDLICH Kritik gegen leiseste
arg—n. Aur. CALC—P. calc—s. carc. hep. Ign. NAT—M. Puls. sil. verat.

EMPFINDLICH Kritik gegen leiseste
siehe therapeutische Hinweise S. 606

EMPFINDLICH Kritik, mit Furcht davor
Arg—n. Ars. CALC—P. calc—s. Carc. ign. lyc. NAT—M. phos. Puls.

EMPFINDLICH überempfindlich allgemein
Acon. agar. Ant—c. ant—s. ant—s—aur. ant—t. ars. asaf. asar. Bell. bor. calc. Calc—p. calc—s. calc—sil. CARC. caust. CHAM. chin. Cina. coloc. croc. gels. IGN. kali—c. Kali—p. lyc. med. NAT—M. Nux—v. op. ph—ac. PHOS. plat. Puls. sil. stann. Staph. stram. tarent. Teucr. Tub.

EMPFINDLICH überempfindlich Pubertät in
Acon. ant—s—aur. ant—s. ant—t. aur. Bell. CALC. Cham. Ign. Kali—p. NAT—M. Phos. PULS. sil. Sep. Staph. Teucr.

EMPFINDLICHKEIT Enttäuschungen gegen (lange betrübt danach)
AUR. hyos. Ign. lyc. Nat—m. ph—ac. Staph.

EMPFINDLICHKEIT seelische übermässige, übersensibel
calc. carc. IGN. Nat—m. Phos. sep. Staph.

EMPFINDLICHKEIT seelische vermindert nach Operation z.B. Hernienop.
acon. Lyc. nux—v. op.

EMPFINDLICHKEIT Spott gegen
Bar—c. CALC.

EMPFINDLICH Zurechtweisung, Tadel gegen
agar. ars. aur. Calc. calc—sil. carc. Caust. cina. Coloc. IGN. kali—s. Lyc. med. Nat—m. Nat—s. nit—ac. nux—v. op. Staph. sulph. tub.

EMPFINDSAM, nervös, kapriziös, reizbar und überspannt
ars. cham. cina. crot—h. Ign. nux—m. tub.

EMPFINDSAMKEIT, Sensibilität hinsichtlich Benehmens und Geschmacks
acon. ail. ambr. Aur. Bell. Calc—p. CARC. Caust. cham. Chin. Coff. gels. ign. Kali—p. lac—c. merc. nat—m. nit—ac. nux—v. PHOS. Plat. puls. Sep. Staph. teucr. zinc.

ENKOPRESIS, Kotschmieren, Einkoten (älteres Kind)
aloe. caust. HYOS. sep. Staph. sulph. VERAT.

ENTFLIEHEN versucht Erwachen beim
Staph.

ENTFLIEHEN oder entkommen versucht, Nerven- oder Gehirnerkrankung bei
ars. Bell. Bry. crot—h. glon. Hyos. OP. Rhus—t. Stram. VERAT. Zinc.

ENTFLIEHEN oder entkommen z. B. aus Krankenbett versucht
Ars. Bell. bry. hell. hyos. OP. rhus—t. Stram. zinc.

ENTFLIEHEN, weglaufen oder d. heimischen Enge entkommen will (Trebe)
bell. Calc—p. Cupr. lac—c. lach. lyc. Merc. nux—v. Sanic. TUB. Verat.

ENTMUTIGT (Mutlosigkeit wg. Mangel an Selbstvertrauen)
ars. ant—c. Bar—c. calc—f. Calc—p. carb—v. carc. chin. graph. lach. Lyc. nat—m. nat—s. nux—v. petr. ph—ac. psor. rhus—t. sep. Sil. sulph. verat.

ENTMUTIGT, hoffnungslos, dabei aber ängstliche Reizbarkeit
carb—v. cham. Psor. tarent.

ENTMUTIGT leicht, gibt schnell auf
Anac. ant—c. arg—n. ars. aur. BAR—C. calc—f. Carb—v. chin. dig. graph. lach. lyc. nat—c. nux—v. petr. phos. rhus—t. sep. sil. sulph. tub. verat.

ENTSCHEIDUNGS Schwäche allgemein
anac. ars. Bar—c. calc—s. carc. chlol. Graph. hell. ign. lach. Lyc. nux—m. onos. op. petr. phos. PULS. sulph.

ENTSCHEIDUNGS Schwäche: Berufswahl, passt sich Wünschen d. Eltern an
Lyc. Puls. Staph.

ENTSETZEN, Schrecken, allgemeine Panik
ACON. Arg—n. ars. cann—i. cham. cupr—ar. hyos. kali—ar. Kali—br. med. Phos. STRAM.

ENTWICKLUNG plötzliches zurückbleiben in d. Schule
Bar—c. cupr. stram.

ENTWICKLUNG Pubertät verzögert
Bar—c. Bar—m. calc. Calc—p. caust. graph. Hell. kali—c. nat—m. Puls. sil. Tub. ZINC.

ENTWICKLUNG sexuelle sehr früh (im Alter v. 2 bis 3 J.)
Carc. lyc. Med. merc.

ENTWICKLUNG Stillstand
Agar. BAC. Bar—c. Calc. CALC—P. carc. cupr. des—ac. Phos. Sil. THYR. vip.

ENTWICKLUNG verzögerte junger Mädchen zur Frau / weiblichen Identität
Ambr. Caust. ign. LYC. MANG. NAT—M. senec. sep. Sil.

ENTWICKLUNG verzögert, Spätentwickler stumpf, traurig, apathisch
aeth. Alum. anac. Arg—m. arg—n. ars. Aur. bac. Bar—c. Bar—m. bufo. CALC. calc—p. calc—s. calen. Caust. Chorion. Cupr. Fl—ac. hell. kali—br. lach. lyc. Mang. med. merc. Nat—m. ph—ac. plat. Plb. sil. Stann. sulph. syph. thuj. thyr. tub. Zinc.

ENTWICKLUNG verzögert, geistig erheblich zurückgebliebene Kinder
abrot. absin. Aeth. Agar. agra. anac. anan. ant—c. Arg—n. aur. BAC. BAR—C. Bar—m. bell. Bufo. Calc. CALC—P. CALEN. caps. Carbn—s. Carc. caust. cent. cham. chlol. Hell. hyos. iod. kali—sil. lach. Lyc. Med. merc. nat—m. nux—m. ol—an. Phos. plb. puls. sars. sil. stram. Sulph. Syph. tab. thuj. Tub. verat. zinc.

ENTWICKLUNG zurückgeblieben, mässig retardiert
Aur. BAC. BAR—C. Bor. caps. carb—v. carc. cupr. Nat—m. ol—j. Puls. sep. Thuj. thyr. tub.

ENURESIS nocturna, Bettnässen
siehe therapeutische Hinweise S. 638 und Harnorgane, S. 346 f.

ERKLÄREN muss sich alles, intellektuell begründen, aus Angst
Ars. calc. CANN—I. thuj.

ERLEBNIS tiefgreifendes wie Kummer und Trauer durch Umzug, Scheidung
ign. Nat—c. NAT—M. puls. Staph. Sulph.

ERMAHNUNGEN agg.
aur. calc—s. carc. ign. Med.

ERNST (unfröhlich)
alum. Ars. AUR. bar—c. cina. cocc. merc.

ERREGUNG Aufregung Erwartung von Ereignissen, Anticipation
acon. Arg—n. coff. Gels. med.

ERREGUNG endet in Tränen (Weinen nach Emotionen)
ant—c. apis. Bar—c. Cupr. ign. lyc. kreos. Lach. Puls.

ERSCHÖPFUNG geistige nach relativ geringer Anstrengung, Schulkinder
arg—m. bapt. calc. cupr. cycl. Fl—ac. lec. nat—c. nit—ac. PH—AC. Pic—ac. rhus—t. Tub.

ERSCHÖPFUNG geistige Lernen durch zuviel (auch durch Nachhilfeunterricht)
Aeth. Calc. calc—p. cocc. CUPR. Fl—ac. ip. kali—p. nux—v. phos. pic—ac. scut. Stram. zinc.

ERSCHRECKEN grundloses (Erschrocken über alles)
Bor. CALC. cocc. kali—c. Kali—p. Nat—c. nat—m. nat—p. NIT—AC. Phos. Sil.

ERSTGEBORENES Kind, häufige Mittel für
carc. Lach. NAT—M. sep.

ERWACHSEN werden vorzeitig (übermässige Betonung der Rationalität)
ars. Aur. Carc. lach. lyc. Nat—m. Sep.

ERWARTUNGSSPANNUNG, körperlich krank vorher (Anticipation)
Acon. Arg—n. coff. gels. lac—c. nat—m. Phos.

FASSUNGSLOS emotionaler Belastung bei (bringt ihn aus d. Fassung)
ANT—C. aur. ign.

FAULHEIT, Abneigung gegen Arbeit allgemein
aloe. arg—n. bapt. bar—c. calc. Carb—v. chel. Chin. Con. Cycl. GRAPH. ham. helon. Kali—br. Kali—s. lach. Lyc. Nat—m. nux—v. Phos. Puls. psor. rhus—t. sep. Sulph. tub.

FAULHEIT, Abneigung gegen Arbeit geistige (Hauptmittel)
acon. Aloe. Bapt. Chel. Chin. Gels. Kali—bi. kali—br. Lach. Lyc. Nat—m. NUX—V. PHOS. Pic—ac. Puls. Rhus—t. Sep. Sil. Sulph. Thuj. Thyr. TUB. Zinc.

FAULHEIT, Abneigung gegen Arbeit durch Störungen d. Assimilation
aloe. am—c. Caps. Chin. chin—ar. con. Cycl. helon. Hep. Lach. NUX—V. rheum. SEP. Sulph. teucr. tub.

FAULHEIT, geistig träge
bar—c. calc. calc—p. Carb—v. chel. gels. graph. Kali—s. lach. Lyc. op. ph—ac. Phos. Puls. sep. sulph. thyr. tub. zinc—p.

FAULHEIT Mangel an Initiative aus, sagt, alles sei anstrengend
Arg—n. aur. Bar—c. Con. helon. kali—br. Nat—c. nit—ac. Sil. tarax. Tub.

FAULHEIT Schule Hausaufgaben (event. Abschreiben von Freunden)
alum. am—c. anac. Chel. con. Graph. Lyc. mag—c. petr. sep. SULPH. Tub.

FAULHEIT, Trägheit und zögert zu antworten
anac. bar—c. carb—v. Graph. nux—m. Ph—ac. phos. pic—ac. sulph.

FAULHEIT, Trägheit mit Lässigkeit ("Null Bock")
carb—v. cupr. cur. helon. Kali—br. lac—c. plb. SEP. Sulph. TUB.

FAULHEIT, aber wenn angetrieben und kontrolliert wird, dann gute Arbeit
calc.lyc.sanic. Sil. tarax.

FAVORITENWECHSEL Beschwerden durch (Wechsel / Verlust d. Freundin)
caust. ign. Lach. nat—m. phos. Plat. Puls.

FEHLER Lesen beim
arn. bar—c. cham. Hyos. lach. lyc. med. merc. plb. sil. stann. tub.
Siehe auch unten unter Legasthenie und in der Einleitung S. 34 f.

FEHLER Namen in (verwechselt)
dios. Stram.

FEHLER Orten irrt sich in
aesc. anh. arg—n. atro. bell. bov. bry. camph—br. cann—i. cham. cic. fl—ac. GLON. hura. Kali—br. Kali—p. lach. mcrc. nat m. NUX M. nux v. par. PETR. phos. plat. psor. puls. sil. stram. sulph. valer. verat.

FEHLER Physik in - Schwierigkeiten mit Experimentieren und Beobachten
Alum. Bar—c. bell. cann—i. cimic. Con. kali—c. lyc. Merc. nat—m. Plat. sep. staph. Zinc.

FEHLER Raum und Zeit in
anh. bor. bov. Cann—i. caust. cic. Glon. lach. nux—m.

FEHLER Rechnen
ail. Am—c. chin—s. con. Crot—h. galin. lach. Lyc. Merc. Nux—v. rhus—t. Sumb. SYPH. Thuj.

FEHLER Schreiben beim
    agar. alum. am—br. Am—c. bov. calc. Calc—p. cann—i. Cann—s. Cham. Chin. colch. con. croc. crot—h. dios. Dulc. fl—ac. graph. hep. hydr. hyper. ign. Kali—br. kali—c. Kali—p. kali—s. kali—sil. Lac—c. LACH. lil—t. LYC. m—arct. mag—c. med. morph. nat—c. Nat—m. Nux—m. nux—v. Parth. phos. ptel. puls. rauw. rhod. rhus—t. sep. sil. staph. stram. sulph. Sumb. tab. THUJ. tub.

FEHLER Schreiben beim, falsche Worte
    bov. Calc. calc—p. cann—i. cench. chin—s. dirc. fl—ac. hyper. Lyc. sars. sep. thuj. yuc.

FEHLER Schreiben beim, lässt Buchstaben aus
    colch. erig. Hyper. kali—br. Lac—c. Lyc. meli. Nux—m. nux—v. onos. op. puls. stram. Thuj. tub. zinc.

FEHLER Schreiben beim, lässt Silben aus
    bov. Cham. colch. kali—br. Lyc. nux—v. Thuj.

FEHLER Schreiben beim, lässt Worte aus
    benz—ac. Cann—s. Cham. erig. hyper. kali—br. lac—ac. lac—c. Lach. lachn. Lyc. meli. nux—v. onos. Rhod. sacch. Thuj.

FEHLER Schreiben beim, setzt Buchstaben hinzu
    Lyc.

FEHLER Schreiben beim, stellt Buchstaben um
    caust. Chin. fl—ac. Lyc. opun—v. stram.

FEHLER Schreiben beim, wiederholt Worte (Doppelungen)
    Calc—p. Cann—s. kali—br. kali—s. Lac—c. sulph.

FEHLER Sprechen allgemein beim
    acet—ac. Agar. Alum. alum—sil. am—br. Am—c. am—m. arg—n. Arn. bar—c. Bell. bov. bufo. Calc. calc—p. calc—s. calc—sil. cann—s. canth. caust. Cham. Chin. chin—s. coca. Cocc. con. croc. crot—h. cupr. cycl. dios. Dulc. esp—g. graph. haem. ham. hep. hyos. hyper. ign. kali—br. Kali—c. kali—p. kali—sil. Lac—c. lach. lil—t. Lyc. mang. Merc. murx. nat—c. NAT—M. nux—m. nux—v. onos. osm. ph—ac. Puls. rhod. sec. sel. sep. sil. staph. stram. sul—ac. sulph. Thuj. visc. zinc.

FEHLER Sprechen, Aussprache - Lispeln
    Acon. Ars. bry. calc. carbn—s. carb—v. con. Lach. lyc. merc. Nat—c. nat—m. nicc. Nit—ac. nux—v. Puls. ruta. sil. Sulph. sul—ac. Verat.

FEHLER Sprechen Aussprache Lispeln anatomische Gründe siehe unter Mund, S. 257

FEHLER Sprechen, Begriffe falsche, entgegenges.: heiss für kalt z.B.
    Kali—br. nux—m.

FEHLER Sprechen, Begriffe falsche: sagt Pflaumen, meint Birnen z.B.
    dios. lyc. Stram.

FEHLER Sprechen, Begriffe Seiten, sagt rechts, meint links oder umg.
Chin—s. Dios. Fl—ac. hyper. iris—foe. Lyc.

FEHLER Sprechen, Buchstabieren beim
agar. All—c. allox. am—c. aza. Cortico. crot—h. fl—ac. helo. hyper. lac—ac. Lach.
lob—s. Lyc. Med. nux—m. nux—v. rauw. stram. sulph.

FEHLER Sprechen, dreht Worte um
calc. caust. Chin. cycl. kali—br. onop. osm. stram. sulph.

FEHLER Sprechen, Hast aus
Ign.

FEHLER Sprechen, lässt Worte aus
cham. helo. nux—v. Verat—v. .

FEHLER Sprechen, Laute Labiallaute B, P, M (Mogislabismus)
bell. Stram. Verat.

FEHLER Sprechen, Laute Zischlaute S, Sch, Z (Schischiphusch)
bry. Calc. graph. Lyc. nat—c. nat—m. Sil. Sulph.

FEHLER Sprechen, nennt Gegenstände beim falschen Namen
am—c. calc. Dios. lac—c. sep. Stram. sulph.

FEHLER Sprechen, nennt Gegenstand d. er sieht, statt d. er meint
am—c. calc. Lac—c. sep. sulph. tub.

FEHLER Sprechen, sagt was er nicht beabsichtigte
alum. cham. ign. Nat—m.

FEHLER Sprechen, Satz unvollendet, Gedanken Fragmente
cann—i. lach. Med. nux—m.

FEHLER Sprechen, spricht Worte falsch aus
Caust.

FEHLER Sprechen, stellt Worte falsch
All—c. alum. am—c. Arn. bov. bufo. Calc. calc—s. calc—sil. cann—s. carbn—s.
caust. cham. CHIN. cocc. con. crot h. cycl. fl ac. graph. hep. hyos. hyper.
kali—br. kali—c. kali—p. kali—s. kali—sil. Lac—c. Lach. Lyc. merc. nat—c.
Nat—m. Nux—m. Nux—v. osm. puls. rhod. sep. sil. Stram. Sulph. thuj.

FEHLER Sprechen, Syllabismus (Silben)
caust. LYC. onop. sel.

FEHLER Sprechen, verlernt Sprechen wieder nach Geburt e. Geschwisterchens
Bar—c. Ign. sanic.

FEHLER Sprechen, Worte, benutzt falsche Begriffe
agar. Alum. alum—sil. am—br. Am—c. Arg—n. Arn. Both. bov. bufo. Calc. Calc—p. cann—s. canth. caust. cham. Chen—a. CHIN. Cocc. con. cortico. crot—h. cupr. Dios. dirc. Dulc. esp—g. graph. hep. Hyos. Kali—br. kali—c. lac—c. LYC. lyss. mang. med. merc. nat—m. NUX—M. Nux—v. osm. ph—ac. sep. sil. staph. Stram. Thuj. yuc. zinc.

FEHLER unerträglich, Weinen wegen Frustration und Demütigung
carc. ign. plat. Nat—m. staph.

FEHLER Unterscheiden von Gegenständen im
calc. cann—s. hyos. nux—v. plat. sulph.

FEIGHEIT, Kleinmut
Acon. agar. am—c. anac. arg—n. ars. BAR—C. bar—i. bar—m. Calc. calc—s. Calc—sil. carb—v. caust. cham. GELS. graph. ign. iod. kali—p. LYC. merc. nat—m. OP. ph—ac. Phos. Puls. Sil. staph. Stram. thuj. Verat.

FEILSCHEN - Kinder übernehmen Sonderaufgaben für Geld
ars. bry. lyc. phos. Sulph.

FEINFÜHLEND und empfänglich für Zuneigung, aber auch verletzbar
Ign. plat. Staph. THUJ.

FEINFÜHLEND empfindsam gegen fremde Menschen - leicht verletzbar
ambr. bar—c. carc. cupr. Ign. Nat—m. sep. staph. THUJ.

FEMININ wirkende Knaben (mädchenhaft - want of boyish go)
AUR. Aur—m—n. calc. Lyc. med. plat. Puls. sil. staph. Thuj.

FERNSEHEN
siehe therapeutische Hinweise S. 607

FERNSEHEN, Video oder Computer Bildschirm - nervöse Störungen durch
siehe unter Nervensystem: Affektionen durch Fernsehen, S. 173 & 181

FESTHALTEN
siehe Anklammern

FETTLEIBIGKEIT psychosomatisch
siehe unter Allgemeines, S. 531

FEUER anzünden Verlangen, um Dinge brennen zu sehen (Feuerteufel)
acon. Bell. HEP. stram.

FLUCHEN, Schwören, Schimpfworte oder Obszönitäten
ANAC. Bell. hyos. Lyc. lyss. nit—ac. nux—v. plat. Stram. tarent. Tub. Verat.

FLUCHEN, Schwören oder Obszönitäten um zu provozieren, schockieren
Anac. Gal—ac. hyos. Med.

FORDERND (will ständig etwas haben)
calc—p. Gal—ac. hep. Lyc. RHEUM. sanic.

FORSCHERDRANG (positive Neugier, was die Welt zusammenhält)
agar. calc. lach. puls. SULPH. Verat.

FRAGEN ständig Mutter "Liebst Du mich?" (unsicher wg. Zuneigung)
arg—n. PULS. Stram.

FRAGEN stellt viele oder dauernd, wissbegierig, auch neugierig
agar. ambr. AUR. Calc. LACH. laur. Phos. puls. SULPH. thuj. Verat.

FRAGEN stereotype, ständig wiederholte, wie beim Korsakoff Syndrom
Anh. hyos.

FRECH, schnippisch, pampig
Ant—c. Bac. Calc—p. CHAM. CINA. graph. hep. hyos. ign. lil—t. nat—m.
Nux—v. Sep. stroph—h. tub.

FREMD fühlt sich in seiner Umgebung durch Kummer oder Missgeschick
calc—p. Nat—m. phos. Sep. Staph.

FREMDE Anwesenheit von f. Personen agg.
Ambr. ant—t. BAR—C. Bry. bufo. carb—v. caust. Cina. con. Lyc. nat—m. petr.
phos. Sep. Stram. tarent. Thuj.

FREMDE Anwesenheit von f. Personen agg., Husten beim Anblick von F.
ambr. Ars. bar—c. Phos.

FREUDE leicht, die einfachsten Dinge bereiten F.
am—c. Camph. Fl—ac. hyos.

FREUNDE treffen Abneigung aus Lässigkeit / Gleichgültigkeit
fl—ac. Hell. ph—ac. Phos. SEP.

FREUNDE treffen Abneigung aus Menschenscheu
BAR—C. led. Lyc. nat—c.

FRÖHLICH Fieberhitze bei
acon. ferr—p. Op. phos. Tub.

FRÖHLICH Froststadium d. Fiebers bei
Cann—s. nux—m. phos. Puls. rhus—t. verat.

FRÖHLICH Stuhlgang gutem nach
bor. lyc. Nat—s.

FRÖHLICHKEIT abwechselnd mit Reizbarkeit
Aur. cann—i. ign. Lyc. Plat.

FRÖHLICHKEIT abwechselnd mit Traurigkeit
Lyc. Nat—m. PHOS.

FRÖHLICHKEIT auffallende
aur—i. brom. cann—i. Coff. Croc. HYOS. lach. nat—c. op. Phos. Sulph.

FRÖHLICHKEIT Gewitter, Blitz und Donner bei
Carc. lyc. phos. Sep.

FRÖHLICHKEIT Regenwetter bei
bry. caust. Hep. NUX—V. sars.

FRÖHLICHKEIT ständig
aur—i. Brom. Cann—i. croc. hyos. lach. Phos. sulph.

FRÜHREIFE allgemein
ASAR. CARC. con. ign. lyc. med. Merc. phos. SULPH. Tub. tarent. Verat.

FRÜHREIFE, Anaemie, und schwache Muskeln in der Pubertät
calc. PHOS.

FRÜHREIFE geistige
Asar. calc. CARC. lyc. merc. Phos. sep. Sil. SULPH. Tub. verat. .

FRÜHREIFE, frühes Interesse Mädchen am männlichen Geschlecht
Carc. con. LACH. Med. MERC. phos. tub.

FRÜHREIFE Kinder und Jugendliche nach geistiger Überforderung
arg—n. Calc. Carc. merc. Sep. sil.

FRÜHREIFE körperlich aber schwach
LYC. merc. sil. Tub.

FRÜHREIFE sexuelle
asar. Carc. con. lach. lyc. Med. MERC. phos. Tub.

FRUSTRATIONSTOLERANZ Mangel (Suchen nach Ersatzbefriedigung etc)
Aeth. Ars. asar. bufo. Calc. calc—ar. calc—p. carb—v. Cham. Cina. FL—AC. gal—ac. nit—ac. Lyc. merc. med. phos. plat. puls. sulph. tarent. thyr. TUB.

FÜRSORGLICHKEIT
aur. Phos. sulph.

FURCHT und Befürchtungen allgemein
ACON. ARS. BAR—C. bor. Calc. calc—p. CARC. Caust. gels. kali—c. LYC. Phos.

FURCHT und Phobien allgemein
ACON. ARS. Bar—c. Bell. CALC. Carc. Caust. gels. lach. LYC. Nit—ac. PHOS. spong. verat.

FURCHT und Schrecken im Centrum der Beschwerden, "Nervenmittel"
ACON. ARS. cham. Cina. gels. IGN. Kali—br. Mag—c. mag—p. OP. STRAM. Zinc.

FURCHT Abwärtsbewegung vor - Säuglinge schreien beim Hinlegen
BOR. bov. coca. cupr. Gels. hyper. lac—c. lil—t. Sanic. stram.

FURCHT Alleinsein vor dem
ant—t. apis. ARG—N. ARS. asaf. aur—ar. calc. calc—ar. camph. carc. clem. Con. Crot—c. Dros. elaps. Gal—ac. Gels. hep. HYOS. kali—ar. kali—br. Kali—c. Kali—p. lac—c. LYC. Lyss. merc. mez. morg. nat—c. nit—ac. PHOS. plb. PULS. Sep. Stram. tab. tarent. verat. zinc.

FURCHT Annäherung (unerträglich)
Cina. CUPR. sil.

FURCHT Aufwärtsbewegung (z. B. Fahrstuhl)
ars. Calc. spig. spong.

FURCHT Aufwachen beim, vor Mitternacht
Cina.

FURCHT Aufwachen beim, während Hirnerkrankung
Zinc.

FURCHT Bett, K. fürchtet sich, abends ins Bett zu gehen
acon. aeth. apis. ars. Bapt. cadm—s. calad. Calc. calc—sil. Camph. Caust. cench. Coff. Grin. hydr—ac. Lach. Led. Merc. Nat—m. nux—m. nux—v. Rhus—t. sabal. Syph. Thea.

FURCHT Bett, K. fürchtet sich, allein ins Bett zu gehen
Acon. Ars. caust. lach. rhus—t.

FURCHT Dunkelheit vor
acon. ars. Calc. camph. cann—i. carb—an. carb—v. Caust. Cupr. lyc. Med. Nux—v. Phos. Puls. Stram. stront—c.

FURCHT emotionalen Verletzungen vor
Arg—n. bar—c. Carc. Nat—m. puls. Staph. stram.

FURCHT Ereignis, dass etwas Schlimmes passiert, wie ein Unglück z. B.
acon. ars. Calc. Caust. cupr. gels. iod. kali—br. lyc. mag—c. nat—m. nux—v. ph—ac. PHOS. plat. sanic. Tub.

FURCHT Erwachen nach - schreckliche Alpträume wirken in d. Tag hinein
Acon. alum. Am—m. Carc. Chin. Cocc. Con. hep. lyc. mag—s. mur—ac. nat—c. ph—ac. sil. sulph. zinc.

FURCHT Erwachen beim, mit rotem Gesicht, bei verzögerten Windpocken
Stram.

FURCHT Fallen, Hinfallen vor
Arg—n. Ars. BOR. caust. chin. coff. Cupr. Gels. hyper. kali—c. kali—s. lac—c. lil—t. sanic. tab. zinc.

FURCHT Fallen zu, greifen nach Kinderwagen oder halten sich fest
> BOR. gels. kali—s. Sanic.

FURCHT Fallen zu, K. hält sich an Mutter fest
> Bor. Cupr—a. GELS. Sanic.

FURCHT fremden Personen vor
> ambr. ant—c. arg—n. BAR—C. carb—v. caust. cupr. Lyc. op. Sep. stram. thuj.

FURCHT Geräuschen vor
> acon. Ars. Ant—c. Aur. Bell. bor. Caust. Cocc. ferr. Ign. kali—br. Lyc. NAT—C. Nat—s. Nux—v. phos. sil. stram. syph.

FURCHT Geistern oder Gespenster vor (besond. nachts)
> Agar. ars. BELL. Calc. camph. Cann—i. CARB—V. caust. chin—s. cocc. dros. hyos. Kali—br. kali—c. Manc. Med. op. Phos. plat. PULS. ran—b. rhus—t. sep. Stram. Sulph. zinc.

FURCHT getragen zu werden
> Bor. bry. calc—p. sanic.

FURCHT Gewalttätigkeiten vor, unbegründete, z. B. von Entgegenkommenden geschlagen werden
> anac. ARN. calc. lach. op. sil. stram.

FURCHT gewaschen zu werden
> ant—c. psor. Sulph.

FURCHT Haustieren vor (Hunde, Katzen, Hamster)
> bac. BELL. CALC. Carc. Caust. Chin. hyos. med. phos. STRAM. Tub.

FURCHT hinter ihm könnte jemand sein, schaut s. oft um
> ANAC. Lach. Med. sanic. thuj.

FURCHT hochgelegenen Orten an, bei Kleinkind schon auf Vaters Schultern
> ARG—N. aur. calc. plat. Puls. sulph.

FURCHT hohe Mauern stürzen auf ihn nieder (Strassenschluchten)
> ARG—N.

FURCHT Husten Anfall, vor Keuchhustenanfall, sucht ihn zu vermeiden
> Cupr. Phos.

FURCHT Mäusen vor
> Calc. cimic.

FURCHT Meningitis beginnender bei
> Acon.

FURCHT Menschen grossgewachsenen vor
> aur. bar—c. camph. Puls.

FURCHT Menschen vor (Anthropophobie)
anac. aur. BAR—C. caust. chin. cupr. Lyc. nat—c. Nat—m. puls. sep. Stram. staph.

FURCHT Menschen vor Fieber während
Cupr.

FURCHT Menschenmenge in, Gedränge macht nervös und unruhig
Acon. Ars. calc. dios. lyc. PETR. Puls.

FURCHT nachts
ACON. arg—m. ARS. Aur—br. BOR. caste. CALC. cham. Chlol. cic. Cina. cypr. Kali—br. kali—p. PHOS. scut. sol—n. Stram. tub. zinc.

FURCHT nachts, schreckliche
siehe unter Pavor nocturnus

FURCHT nervöse traurige, vorher Blässe plötzlich, legt sich hin
ARS.

FURCHT Schatten vor dunklem, den das Licht wirft
Calc. nat—p.

FURCHT Schatten vor d. eigenen
calad. calc. Lyc. staph.

FURCHT Schmerzen, Leiden oder Verletzung vor
arn. ars. calc. Cann—i. carc. Cham. Coff. coloc. Ign. nit—ac. Stram.

FURCHT Sorge oder Kummer bei
ars. calc. kali—br.

FURCHT spitzen Gegenständen vor, incl. Nadeln, Injektionen etc.
apis. nat—m. SIL. Spig.

FURCHT Sprechen oder Bewegung vor, weil sonst Hustenanfall kommt
BRY. Cina. phos.

FURCHT Stuhlgang vor (incl. vor schmerzhaftem Stuhl)
Bor. calc. carc. nux—v. Sulph. verat.

FURCHT Tieren vor
BELL. bufo. Calc. caust. CHIN. cimic. hyos. Stram. TUB.

FURCHT Tod vor

ACON. Agn. aloe. alum. am—c. anac. anh. ant—c. ant—t. Apis. Arg—n. Arn. ARS. asaf. aur. aur—ar. aur—s. bapt. bar—c. bar—s. Bell. Bry. Cact. calad. CALC. Calc—ar. calc—s. Cann—i. cann—s. canth. caps. carb—an. carb—v. Caust. chel. chin. CIMIC. Cocc. Coff. con. Crot—c. Cupr. Cycl. Dig. dros. ferr. ferr—ar. Ferr—p. Fl—ac. GELS. glon. Graph. Hell. Hep. hydr. hyos. ign. iod. kali—ar. Kali—c. Kali—i. Kali—n. LAC—C. Lach. Lil—t. Lyc. mag—s. med. merc. Mosch. naja. nat—c. Nat—m. NIT—AC. nux—m. Nux—v. Op. petr. Ph—ac. PHOS. phyt. PLAT. pneu. podo. Psor. Puls. Rhus—t. Sec. sep. Spong. stann. staph. stram. sulph. syph. tarent. Verat. zinc. zinc—p.

FURCHT Tod vor, akuter Erkrankung während

ACON. Bell. bry. camph. COFF. Cupr. Ferr—p. GELS. ip. iris. Merc. NUX—V. Op. Phos. rheum. Rhus—t. Spong. tab. Verat. verat—v.

FURCHT Träumen nach schrecklichen, F. setzt sich in d. Tag hinein fort

Acon. alum. Am—m. calc. Carc. Chin. cocc. Con. hep. lyc. mag—s. mur—ac. nat—c. ph—ac. sil. sulph. zinc.

FURCHT Träumen vor schrecklichen (Alpträumen)

arn. iod. Nux—v. Rhus—t.

FURCHT übermässige gegenüber d. anderen Geschlecht

carc. Lyc. nat—c. nat—m. PULS. Sep. Staph.

FURCHT Unruhe mit, bei beginnender Hirnerkrankung

Acon. op.

FURCHT Untersuchung (klinischer) vor, sobald sich Arzt nähert

acon. ant—c. ars. CHAM. Cina. coff. Cupr. gels. iod. Lyc. Nux—v. phos. Sil. tub.

FURCHT Verletzungen körperlichen vor

arn. Calc. calad. cann—i. coff. hyos. lyc. Rhus—t. STRAM.

FURCHT Verletzungen seelischen vor

Arg—n. bar—c. Carc. Nat—m. puls. Staph. stram.

FURCHT Wasser, Angst vor W. (Hydrophobie)

agav—a. anag. Ant—c. BELL. Calc. cann—i. CANTH. cocc—s. fagu. HYOS. lach. Laur. LYSS. med. phos. spirae. STRAM. Sulph. tanac. Verat.

FURCHTSAME Aufregung, wenn die Türglocke läutet (o. Lärm an Tür wie Klopfen)

Aur. cic. Lyc.

FURCHTSAMKEIT je mehr man s. um d. Kind bemüht (Zuspruch)

Ant—c. Bell. Calc. cham. Ign. lyc. merc. sep. Sil. sulph.

FURCHTSAMKEIT Zahnung während

kali—br.

GEBÄRDEN: ältere Kinder stecken alles in ihren Mund

ALUM. Bar—c. Calc. merc. Sulph. tub.

GEBÄRDEN: ältere Kinder stecken Finger in Mund (auch Daumenlutschen)
Bar—c. Bufo. Calc. calc—ox. calc—p. calc—sil. cean. Cham. IP. kali—p. Lyc. med. merc. nat—m. nat—s. phos. Puls. Sil. sulph. tarent. verat. zinc.

GEBÄRDEN, Gesten macht viele, besonders, wenn er etwas will
Bell. bor. cham. cocc. hyos. lyc. ph—ac. psor. Stram. Tarent.

GEBÄRDEN Greifen nach Mutter im Schlaf
BOR. staph.

GEBÄRDEN Hände Ringen
kali—p. phos. psor. Stram. sulph. tarent.

GEBÄRDEN Stampfen mit d. Füssen, zorniges
ant—c. ant—t. Cham. dulc. hyos. ign. Stram. Tarent. Tub. VERAT.

GEBÄRDEN Stampfen, Stossen oder Treten mit d. Füssen im Schlaf
Bell. cina. Ign. lyc. nat—c. phos. plb. Sulph.

GEDÄCHTNISSCHWÄCHE - unterrichtet werden unmöglich wg. Imbezillität
ANAC. aur. bac. Bar—c. bell. Bufo. calc. calc—p. Con. kali—br. kali—p. lach. nat—p. Phos. Plb. sulph.

GEDÄCHTNISSCHWÄCHE
siehe auch unten unter Vergesslichkeit und in der Einleitung, S. 33

GEDANKLICHE Beschäftigung mit dem Tode, auffallende
acon. ars. calc. cann—i. Graph. phos. psor. zinc.

GEDANKLICHE Beschäftigung mit Tod und Gott, auffallende
aur. Calc. carc. Lach.

GEDANKEN versunken in, geistig abwesend - merkt nicht, wenn angesprochen
Anac. apis. cham. hell. mez. NAT—M. nux—m. plat. puls.

GEDANKEN versunken in, Tagträume, verträumt
Acon. agar. ambr. am—c. anac. ant—c. Arn. Bell. bry. calc. CALC—P. Cann—i. Carc. Cham. Chin. cupr. Graph. hell. Hep. hyos. IGN. lach. med. Merc. Nux—m. NUX—V. olnd. Op. PHOS. ph—ac. Puls. Rheum. samb. SIL. stann. Stram. Sulph. thuj. Tub.

GEDEIHT durch Ermutigung (braucht / am.)
calc. lyc. Phos. PULS.

GEDEIHT durch Herausforderung (braucht / am.)
aur. NAT—M. nux—v. Sep.

GEDEIHT durch Hindernisse (braucht / am.)
lyc. Nat—m. nux—v. plb. SULPH.

GEDEIHT durch Kritik (braucht / am.)
ars. bell. ign. NUX—V. tub.

GEDEIHT durch strenge Disziplin (braucht / am.)
ARS. kali—c. lach. med. Sanic.

GEDEIHT durch systematische Unterweisung (braucht / am.)
bar—c. CALC. sil.

GEFALLSUCHT, dabei frohen Mutes
cann—i. caust. fl—ac. ign. Iod. kali—i. pall. PHOS. Puls. Sulph. tub.

GEHEN im Bett umher, das K. läuft im B.
rheum.

GEISTESKRANKHEIT - Kinder lachen nur
aloe. bell. Camph. cypr. Hyos. Lyc. stram. Tarent. verat.

GEISTESKRANKHEIT akute allgemein
Acon. anac. Ars. Aur. BELL. Canth. coff. cupr. Gels. Hyos. Ign. lach. Nux—v. op.
plat. passi. Puls. STRAM. sulph. tub. verat.

GEISTESTRÄGHEIT
abrot. agar. ail. ARG—N. BAR—C. bar—m. bor. bufo. Calc. CALC—P. Calc—s.
carbn-s. carc. iod. kali-sil. lach Lyc. Med. merc. nat—m. ph—ac. psor. Sil.
SULPH. Syph. tub. zinc.

GELDWERTGEFÜHL sicheres schon bei kleinem Kind
calc. SULPH.

GENITALIEN Spielen mit den G.
Acon. Bufo. hyos. lyc. med. Merc. plat. sec. Stram. Sulph. ZINC. Tarent.

GERÄUSCHE überempfindlich gegen - machen nervös
asar. Aur. Ars. aur. bell. Bor. calc. caust. Cham. Chin. cocc. COFF. ferr. Ign.
kali—br. KALI—C. lyc. NAT—C. nit—ac. Nux—v. Phos. puls. Sep. Sil. Zinc.

GERÄUSCHE überempfindlich gegen akuter Krankheit während
ACON. Arn. BELL. bry. Cham. COFF. ign. ip. Kali—c. NUX—V. OP.

GERECHTIGKEITSSINN stark ausgebildet (Ungerechtigkeit unerträglich)
carc. CAUST. mag—c. Mag—m. NAT—M. phos. Sep.

GESCHICHTEN gruselige beeindrucken sehr (agg. z. B. Schlaf)
Calc. nat—m. phos. PULS. Sep. sil.

GESCHWÄTZIGKEIT
siehe Redseligkeit

GESELLSCHAFT Abneigung und Verlangen gleichzeitig, ambivalent
calc. Calc—p. carb—v. Gels. Hep. hyos. Ign. kali—bi. Kali—br. kali—c. Kali—p.
LYC. Nux—v. phos. puls. Sep.

GESELLSCHAFT Abneigung bei Erkältung (will niemanden sehen)
bell. Kali—bi. nat—m. ph—ac. thuj.

GESELLSCHAFT Abneigung, jedoch Furcht vor Alleinsein
ars. bufo. Clem. Con. elaps. Kali—br. LYC. NAT—C. Sep. stram. tarent.

GESELLSCHAFT und Bewegung verscheuchen (am.) Müdigkeit und Trägheit
Sep. SULPH.

GESELLSCHAFT, Gegenwart anderer unmöglich während Harnlassen
arg—n. hep. lyc. NAT—M.

GESELLSCHAFT, Gegenwart anderer unmöglich während Stuhlgang
AMBR. nat—m. tarent. zinc.

GESELLSCHAFT glücklich in wenn einbezogen (dabei sein ist alles)
calc. carc. SEP. sulph.

GESELLSCHAFT Verlangen aus Angst krank zu werden
ARS. elaps. gal—ac.

GESELLSCHAFT Verlangen ausgeprägt (am.)
Ars. calc. Carc. dros. gal—ac. lyc. pall. PHOS. Puls. Stram. Tub.

GESELLSCHAFT Verlangen, aber dabei unfreundlich oder abscheulich
Gal—ac. Kali—c. sep.

GESELLSCHAFT zufrieden und glücklich in, sitzt ruhig da und spielt
CALC.

GESTREICHELT werden Verlangen
Calc. Lach. nat—c. PHOS. puls. sil.

GETRAGEN und heftig geschaukelt werden Verlangen (Hoppe Reiter)
ars. carc. Cham. Cina. tarent. Verat.

GETRAGEN und liebkost oder gestreichelt zu werden Verlangen
acon. calc. kreos. Phos. Puls.

GETRAGEN und sanft gewiegt werden Verlangen
kreos. phos. Puls.

GETRAGEN werden Abneigung
Bry. calc—p. Coff.

GETRAGEN werden Abneigung, wenn dabei seitliche Bewegungen erfolgen
Coff. lyc.

GETRAGEN werden Verlangen (besonders schon etwas älteres Kind)
acet—ac. acon. ant—c. ANT—T. Ars. aspar. bell. benz—ac. bor. BRY. brom. calc. carb—v. carc. caust. CHAM. Chel. CINA. coff. coloc. ign. ip. Kali—c. Kreos. jal. Lyc. mag—c. mag—m. Med. merc. podo. phos. PULS. rheum. Rhus—t. Sanic. stann. staph. sulph. tub. vac. Verat.

GETRAGEN werden Verlangen, aber dabei Abneigung angesehen zu werden
Cham.

GETRAGEN werden Verlangen, aber dabei Abneigung gegen Berührung
Cina.

GETRAGEN werden Verlangen aufrecht sitzender Haltung in
ant—t. Puls.

GETRAGEN werden Verlangen Krupp (auch Pseudocroup) bei
brom.

GETRAGEN werden Verlangen langsam
ferr. PULS.

GETRAGEN werden Verlangen schnell (heftige Bewegung am.)
acon. ARS. Bell. Brom. CHAM. Cina. rhus—t. verat.

GETRAGEN werden Verlangen über d. Schulter bes. nach Stillen
cina. podo. Stann.

GETRAGEN werden Verlangen - will nicht hingelegt w. nach Stillen
Benz—ac. tub.

GEWALTTÄTIGKEIT auffällig, alternierendmitFreundlichkeit - Doppelnatur
Anac. lac—c. MED. Tub.

GEWALTTÄTIGKEIT, Streit Abneigung gegen
Carc. ign. Mag—c. mag—m. nat—c. nat—m. op. ph—ac. Phos. Puls. staph.

GEWALTTÄTIGKEIT Streitsucht mit
Agar. anac. Aur. Bell. cham. Cic. Cina. Cupr. Gal—ac. Hep. Hyos. Canth. ign. iod. lac—c. lyc. MED. Merc. nat—m. Nux—v. Op. phos. STRAM. Tarent. Tub. VERAT.

GEWALTTÄTIGKEIT Unruhe mit grosser
agar. ars. bar—c. Bell. hyos. Ign. Iod. lach. nat—c. Nux—v. phos. Stram. tarent. Verat. zinc.

GEWISSENHAFT (peinlich) in Kleinigkeiten
alum. anac. ARS. Bar—c. calc. calc—f. Calc—p. calc—s. Carc. cham. graph. hyos. IGN. Lyc. nat—c. Nux—v. phos. Puls. sep. SIL. Staph. sul—i. sulph. Thuj. verat.

GEWISSENSBISSE oder Schuldgefühle, empfindliches Über-Ich
Ars. Aur. Bell. chel. cocc. Coff. croc. Cycl. hyos. Ign. lil—t. Med. Nat—m. plb. psor. puls. Sil. Sulph. tarent. thuj.

GLEICHGÜLTIGKEIT Abstumpfung der Sinne mit - ausser des Gehörs
Calc.

GLEICHGÜLTIGKEIT akuter (meist fieberhafter) Krankheit während
Arn. carb—v. chin. Con. Gels. HELL. Nux—v. Op. Ph—ac. phos. puls. sep. Staph. stram. verat. viol—t.

GLEICHGÜLTIGKEIT allgemeinmitTrägheit
calc. Carb—v. cham. cina. graph. lyc. merc. Ph—ac. phos. Puls. SEP. Staph.

GLEICHGÜLTIGKEIT geliebten Personen (incl. Familie) gegenüber
acon. ARS. Fl—ac. Hell. hep. merc. Nat—c. nat—p. PHOS. Plat. SEP.

GLEICHGÜLTIGKEIT gespielte, scheinbarer Mangel an Empfindsamkeit
Ph—ac. phos. STAPH. Stram.

GLEICHGÜLTIGKEIT (Lustlosigkeit, Null - Bock) Apathie Pubertät in
bar—c. Hell. lach. nat—c. Nat—m. ph—ac. sanic. sep.

GLEICHGÜLTIGKEIT Scharlach nach (zu) plötzlich zurückgetretenem Ausschlag
Phos.

GLEICHGÜLTIGKEIT Vergnügungen gegenüber
ambr. arg—n. Ars. Cham. chin—s. Graph. hell. hep. nat—m. nit—ac. op. Puls. Sep. Sulph. syph.

GRAUSAMKEIT
Abrot. ANAC. Ars. bell. Cham. hep. Lyc. Med. nux—v. plat. stram. Tub.

GRAUSAMKEITEN in Film und Fernsehen unerträglich (agg.)
CALC. calc—s. Carc. caust. cic. hep. hyos. manc. Phos.

GRIMASSIEREN akuter Krankheit während
agar. Bell. Cupr. HELL. Hyos. nux—m. STRAM.

GRIMASSIEREN, Flatus Abgang am.
Agar. nux—m.

GRIMASSIEREN, Fratzen schneiden (auch wegen innerer Unsicherheit)
bell. bufo. carc. Cina. Cupr. hyos. plat.

GROBHEIT unartiger, ungezogener Kinder
Ant—c. carc. Cham. Chin. CINA. dulc. MED. merc. rheum. staph. Tub.

GROLL und Hass gegenüber Familienmitgliedern, sonst eher friedfertig
kali—p. nat—c. Nat—m. sep.

GROLL siehe auch Nachtragend

GROSSELTERN verziehen und verwöhnen ihre Enkel, Mittel für Gr.
siehe therapeutische Hinweise S. 607

HAARE raufen, sich selbst Haare ausreissen
Ars. BELL. cupr. Dig. iod. lil—t. med. TARENT. Tub.

HAARE schneiden K. weigern s. Haare schneiden zu lassen
bell. Cina.

HAARE waschen unerträglich (Angst - macht einen Aufstand)
bell. cann—i. sil. Stram.

HABEN und behalten will alles, Wegwerfen unmöglich, possessiv
rheum. SULPH.

HABEN will alles und ist doch nicht zufrieden damit (unzufrieden)
cham. Cina. rheum. sulph.

HABEN will alles, was er sieht
Cina. hep. puls. Rheum. SULPH.

HABGIER, Geiz und Missgunst
hep. Lyc. Plat.

HAND halten Verlangen
nsiehe unter Angst Hand & Angst schüchtern Hand halten

HÄNDEWASCHEN Zwang / Neigung auch bei Kleinkindern
coca. Lac—c. med. phos. psor. Syph.

HALSSTARRIG und hartnäckig, fast fixiert
caps. cann—i. dros. SIL. stram. Thuj.

HALSSTARRIG und eigensinnig
calc. CINA. kali—s. Sanic. sep. Sil. Tub.

HALSSTARRIG und unvernünftig
Kali—s. tub.

HAND halten Verlangen, Kind hält ständig die H. d. Mutter (Gesellschaft)
ars. Bar—c. Bism. Bor. Cycl. Kali—c. Lil—t. Lyc. sil. staph. Stram.

HASS Gefühle allgemein
agar. anac. aur. calc. calc—s. Fl—ac. lac—c. lach. Lyc. nat—m. Nux—v. PLAT. Sep.

HASS plötzliche Ausbrüche, unvernünftige Wutanfälle
calc. Fl—ac. lyss. MED. nux—v. Stram. sulph. TARENT. Tub.

HASS unversöhnlicher gegen Personen, die ihn beleidigt oder verletzt haben
aur. Nat—m. nit—ac. sep.

HEFTIGKEIT, auch wegen Kleinigkeiten
bry. carb—v. caust. Hep. kali—i. Nat—c. Nux—v. rheum. zinc.

HEIMWEH
siehe auch Beschwerden durch H.

HEIMWEH bei erster (und kurzfristiger) Trennung v. Eltern
bar—c. Calc. caps. Gels. IGN. Puls. Sil.

HEIMWEH stiller Verstimmung mit
carc. nit—ac. Ph—ac.

HEIMWEH roten Wangen mit
Caps.

HEIRAT Verlangen, besessen vom Verlangen, sexuell erregte Mädchen
bell. Caust. lyc. plat. verat.

HELLSICHTIG (auch in Träumen)
Acon. calc. chin. ign. lach. lac—c. med. PHOS. sil. sulph.

HEMMUNGEN und Reserviertheit, gehemmt wegen Selbstvertrauen Mangel
ambr. aur. Bar—c. bor. calc. carb—v. caust. kali—br. Lyc. nat—m. Med. ph—ac. puls. sil. Staph.

HERRISCH, doch dabei larviert schutzbedürftig, ängstlich
Lyc.

HILFLOSIGKEIT, ruft um Hilfe
ars. Camph. HELL. ign. kali—br. kali—c. laur. phos. plat. puls. stram.

HILFSBEREITSCHAFT Mangel an
Anac. Asar. cham. dig. plat. sil.

HINTERHÄLTIG
Anac. cocc. cur. HEP. Hyos. Lyc. med. nux—v. puls. nat—m. sep. Tub.

HOCHMUT, falscher Stolz
Caust. Hyos. ip. lach. LYC. med. pall. Plat. staph. Stram. Sulph. tub. Verat.

HOFFNUNGSLOSIGKEIT, Defaitismus (Aufgeben nach Versagen)
ars. Hell. Graph. lyc. PSOR. Sil. Stann. tub. verat.

HYPERAKTIVE, überaktive, hypermotorische Kinder
absin. agar. anac. arn. Ars. ars—i. calc—p. cann—i. Carc. Cina. coff. Dtp—nos. Gal—ac. Hyos. Iod. lyc. lyss. mag—c. mag—m. Med. mur—ac. nat—m. Nux—v. orig. ph—ac. psor. rhus—t. spong. STRAM. TARENT. thuj. TUB. Verat. ZINC. zinc—ar.

HYPERAKTIVITÄT im Gemüt
bell. hyos. lyc. merc. sulph. tub. verat. zinc.

HYPERAKTIVITÄT
siehe therapeutische Hinweise S. 607 ff & 686

HYPERKINETISCHES Kind, Geburtsschäden (Hypoxie, Schädel Hirn Trauma)
agar. ARN. carc. CUPR. cupr—ar. hell. Lach. nat—m. Nat—s. op.

HYPERKINETISCHES Kind, Geburtsschäden
siehe therapeutische Hinweise S. 686

HYPERKINETISCHES Kind mit Furcht trotz grosser körperlicher Kraft
STRAM.

HYPERKINETISCHES Kind, Wutanfall akut
bell. Cham. Nux—v. staph. Stram. TARENT.

HYPERKINETISCHES Syndrom, Phosphat empfindlich, MCD, Tourette Syndrom
AGAR. anac. arn. Ars. ars—i. aur. Bell. bry. Bufo. calc. calc—f. calc—p. camph. canth. Carc. caust. Cham. chin. Cina. coff. Cupr. cupr—ar. hell. hep. HYOS. Ign. Iod. kali—c. kali—p. Lach. lyc. lyss. mag—c. MED. Merc. nat—c. Nat—m. nit—ac. nux—m. Nux—v. op. ph—ac. Phos. plat. puls. sep. staph. STRAM. stry—p. sulph. Tarent. thuj. TUB. Verat. zinc. Zinc—br. zinc—p.
siehe auch: Zappelkinder

HYSTERIE allgemein
Acon. anh. ant—c. Asaf. asar. ars. aur. bell. calc. calc—p. carc. caul. caust. Cham. cocc. con. Cupr. gels. graph. Hyos. IGN. iod. kali—p. Lach. lyc. Mag—m. Mosch. nat—m. nit—ac. Nux—m. nux—v. phos. pic—ac. plat. psor. puls. Sep. Sil. staph. sulph. Tarent. Ther. thuj. Valer. verat. viol—o. zinc.

HYSTERIE
siehe therapeutische Hinweise S. 609

HYSTERIE Kleinkindern bei (bei sehr jungen K.)
acon. calc. carc. Cham. cic. CUPR. Hyos. ign. mag—m. phos. pic—ac. Sil.

HYSTERIE Ohnmacht mit (hysterische O.)
CHAM. cocc. Croc. IGN. Mosch. Nat—m. Nux—m. nux—v.

HYSTERIE Pubertät in (vorzugsweise Mädchen)
ant—c. Ign. Lach. Mosch. Sil. TARENT. THER.

ICH - IDENTÄT Mangel an - Kind spricht (zu lange) von sich in der 3. Person / Namen
alum. cann—i. phos. Merc. thuj.

IDEEN Reichtum, Phantasie
ars. Bell. calc. Chin. Coff. Lach. lyc. Op. PHOS. Sulph. TUB.

IDEEN Mangel, wenig Phantasie, z. B. beim Schreiben eines Aufsatzes
Alum. ambr. anac. Bar—c. calc—p. caust. Con. Hell. kali—br. Lyc. merc. nat—p. Olnd. Op. Ph—ac. phos. staph

IDIOTIE, Schwachsinn
> absin. Aeth. agar. alum. anac. anan. ant—c. apis. ars. bac. BAR—C. Bar—m. bell. bell—p. Bufo. calc. Calc—p. caps. carbn—o. Carbn—s. carc. cent. cham. chlol. cic. Hell. HYOS. lach. lyc. med. merc. morg. mosch. nat—m. nux—m. olnd. op. ph—ac. Phos. plb. sarr. sec. stram. sulph. tab. thuj. thyr. Tub. verat.

IDIOTIE, Schwachsinn abwechselnd mit Tobsucht, Raserei
> aeth.

IDIOTIE, Schwachsinn Beissen Verlangen mit
> BELL. STRAM.

IDIOTIE, Schwachsinn Kichern (Lachen) mit
> hyos. Stry. syph.

IDIOTIE, Schwachsinn Masturbation mit
> Bar—c. BUFO. med. orig.

IDIOTIE, Schwachsinn schrillem Schreien mit
> apis. Bor. Lac—c. TUB.

IDIOTIE, Schwachsinn, zieht Federn aus d. Bettzeug (Zupfen)
> ant—c.

IMBEZILLITÄT (Schwachsinn) Impfung nach
> thuj.

IMBEZILLITÄT (Schwachsinn) Mädchen in Pubertät
> Bell. bufo. Hyos. stram. verat.

IMBEZILLITÄT mit triebhaftem Nein sagen oder Verweigerung von allem
> hell. ign.

IMITATION, Mimikri (Nachahmen oder Nachäffen bei älteren Kindern)
> Bell. Cupr. hyos. lach. nux—m. phos. Stram. verat.

IMPULSIV und leicht beleidigt, wegen Mangels an Frustrationstoleranz
> ars. asar. AUR. Bufo. ign. nit—ac. nux—v. Puls. Sil.

IMPULSIV Handlungen in, incl. Aggressionen
> agar. Arg—n. Aur. calc—s. fl—ac. Iod. Nux—v. Merc. petr. puls. sanic. stram. Tub.

IMPULSIV, rastlos oder bösartig durch Käse Genuss (agg.)
> bac. hep. TUB.

IMPULSIVE Entladung angestauter Nervenenergie
> arg—n. Aur. Nux—v. med. plat. Tub. zinc.

INTELLEKTUELL klug, vernünftig (altklug)
ACON. anac. aur. bapt. BAR—C. BELL. cann—i. cann—s. CARC. cocc. HELL. HYOS. ign. LACH. laur. LYC. merc. nat—c. nat—m. nux—v. OP. PH—AC. PHOS. Plat. Puls. Rhus—t. SEP. sil. STRAM. SULPH. VERAT.

INTELLIGENT, aber sehr unsicher (Selbstvertrauen Mangel an)
Ars. bar—c. LYC. Sil.

INTELLIGENZ Mangel Verschlafenheit mit (Schlafmütze)
ant—c. aur. Bar—c. MED. Merc. Sulph. teucr. ZINC.

INTERAKTIONSKONFLIKTE wie Scheidung, Trennung d. Eltern, broken home
anac. ant—c. aur. calc. caps. Carc. CAUST. cycl. dulc. Gal—ac. gels. IGN. kali—bi. lac—c. LACH. lyc. mag—m. med. nat—c. NAT—M. ph—ac. phos. puls. sec. sep. sil. STAPH. stram. Tub.

INTERAKTIONSKONFLIKTE wie Trennung / Scheidung d. Eltern
siehe therapeutische Hinweise S. 610

JAMMERN, Lamentieren und Stöhnen
acon. anh. ant—c. ant—t. apis. Ars. AUR. Bell. bism. bor. bry. Calc—p. calc—s. Caust. Cham. cic. Cina. cocc. Coff. coloc. cupr. Hep. hyos. Ign. ip. kali—br. Kali—c. lach. lyc. Merc. mill. Nit—ac. nux—v. PHOS. phyt. PODO. psor. PULS. Rheum. sec. sep. stram. sulph. Tub. Verat. Zinc.

JAMMERN, Lamentieren im Schlaf
aur. bell. CALC—P. cham. hell. op. Podo.

JAMMERN, Lamentieren Stuhldrang vor
RHEUM.

JAMMERN, Lamentieren, wenn es seinen Willen nicht bekommt
CHAM. tub.

JAMMERN, Lamentieren Zahnung während
CHAM. phyt. Podo.

JAMMERN und Stöhnen, wenn es getragen werden will
Puls.

KASPEREI, Clownerien akuter Krankheit während
bell. cic. Hyos. nux—m. op. Stram.

KASPEREI, Clownerien, Possenspiel oder theatralische Neigungen
Bell. cupr. Hyos. lach. merc. nux—m. PHOS. plb. sec. stram. Tub. verat.

KAUEN gedankenversunkenes, Tagträumen bei
Sil.

KINDISCHES Benehmen bei älteren K. (nicht altersgerechtes Verhalten)
alum. anac. Apis. Arg—n. BAR—C. Bar—m. Bufo. calad. carb—an. carb—v. Carbn—s. chlol. CIC. Croc. Hyos. IGN. kali—br. Nux—m. par. puls. rhus—t. seneg. Stram. Viol—o.

KINDISCHES Benehmen bei älterem Kind durch oder nach Kopfverletzung
Cic.

KLAGEN und Jammern
anac. Ant—c. ARS. bell. Bism. bor. Bry. Bufo. CALC—P. caps. caust. CHAM. CINA. Coloc. hep. hyos. Ign. Lach. Lyc. mag—p. Merc. NIT—AC. Nux—v. psor. puls. rheum. rhus—t. SEP. sil. staph. Sulph. tab. tarent. Tub. Verat. zinc.

KLAGEN, Weinen steckt zur Faust geballte Hand in d. Mund
Ip.

KLAGEN, Weinen, Wimmern Säuglingen bei
Bell. Bor. Calc. CHAM. Coff. Ip. Jal. Rhod. Senn.

KLAMMERN, Anklammern ängstliches beim Tragen an Mutter oder Schwester
bor. Gels. lyc.

KLAMMERN, Anklammern, Kind flüchtet in d. Rockschösse d. Mutter
ant—c. ars. Bar—c. Bell. bism. Bor. calc. caust. Cham. coff. cycl. Gels. Hyos. ign. kali—p. Lach. lyc. nat—c. Puls. sil. staph. Stram.

KLASSENCLOWN (Klassenkasper, Clownerien, nicht immer freiwillig)
anan. bar—c. Bell. croc. Cupr. graph. Hyos. lach. MERC. mosch. nux—m. PHOS. Plb. sec. Stram. tarent. Tub. Verat. zinc.

KLAUSTROPHOBIE
acon. ARG—N. cocc. Lyc. Med. nat—m. nux—v. PULS. staph. stram. Sulph. tab. valer.

KLEIDUNG adrett und ordentlich
ARS. calc—s. ign. lyc. SIL.

KLEIDUNG beste und schönste will ständig anziehen
calc. Con.

KLEIDUNG unordentlich oder geschmacklos
am—c. calc. calc—s. graph. Nat—m. nux—v. Puls. staph. SULPH.

KOMMANDIEREN gern andere, Machtkampf (zu Hause, in Familie)
carc. kali—c. LYC. MED. merc. nux—v. sulph. Tub.

KONFLIKT ständiger mit dem übermächtigen Vater
Aur. carc. Lyc. MED. nux—v. STAPH.

KONFLIKTSCHEU, Abneigung gegen Streit
CARC. graph. Lyc. merc. nat—c. nat—m. sil. Staph.

KONTAKT wenigen Personen nur mit (Kindermädchen ist fast schon zu viel)
bar—c. nat—m. plb. Sil.

KONTAKT will in Gesellschaft einbezogen werden, aber nicht zu eng
Sep. staph.

KONTROLLIERT Eltern (z.B. deren Fahrtziel), macht ihnen Vorwürfe
Ars. caust. psor. Verat.

KONVULSIONEN emotional bedingte
siehe auch unter Nerven, S. 184 f.

KONVULSIONEN, Krämpfe hysterische
asaf. bell. Cham. cocc. con. IGN. Mosch. Nux—m. Nux—v. tarent. Valer. zinc. zinc—val.

KONZENTRATION auf einen Gegenstand unmöglich (Sache, Thema)
Aesc. Bar—c. bov. hipp. hyos. ign. kali—br. kali—p. lec. MED. Phos. Sanic. SIL. SIN—N. verat. thuj.

KONZENTRATION Mangel, Kopfschmerz durch Forderungen d. Schule
bar—c. Fl—ac. KALI—P. Lec. nat—m. Tub.

KONZENTRATION und Examen
siehe therapeutische Hinweise S. 612

KONZENTRATION schwierige allgemein
Aeth. am—c. Arg—n. BAR—C. bell. bry. calc. Calc—p. carc. cortex. gels. glon. hyos. graph. kali—br. lec. lach. laur. lyc. MED. nat—c. nux—v. Ph—ac. Phos. rhus—t. sanic. sep. sil. stram. Sulph. syph. thuj. Tub. zinc.

KONZENTRATION schwierig - durch Geräusche total unterbrochen
bar—c. IGN. lach. lec. Med. nat—c. Nux—v. phos. sil. sulph.

KONZENTRATION schwierig bei Lesen oder Lernen
acon. AETH. agar. Agn. alum. ambr. ang. asar. Bar—c. bar—m. bell. calc. calc—f. calc—sil. carb—ac. carbn—s. caust. cham. coff. corn. cupr. Dros. fago. ferr—i. HELL. iod. kali—bi. kali—br. kali—c. Kali—p. kali—sil. lach. Lec. lyc. Med. merc. mur—ac. nat—ar. Nat—c. nat—m. nat—p. NUX—V. olnd. ox—ac. Phos. pic—ac. Sanic. scut. SIL. sin—a. spig. Staph. sul—i. sulph. Syph. tab. tub. zinc—p.

KONZENTRATION schwierige, wenn er beobachtet oder gezwungen wird
arg—n. Ars. Kali—c. LYC. Sulph.

KONZENTRATION Unfähigkeit und Vergesslichkeit ausgeprägt
BAR—C. Kali—br. lac—c. MED. phos. Zinc.

KOORDINATION d. linken und rechten Gehirnhälfte Schwierigkeiten
Lyc.

KOORDINATION gestörte (auch Planlosigkeit)
Agar. ALUM. arag. arg—n. bell. Calc. carbn—s. caust. chlol. coca. cocc. CON. Cupr. Gels. merc. Onos. Ph—ac. Phos. Plb. sec. Stram. Sulph. tab. Zinc.

KOPF Rammen (Schlagen) gegen Gegenstände, Wand, Fussboden
acon. Apis. Ars. BELL. con. Glon. hell. Hyos. Mag—c. Mill. plb. rhus—t. sec. STRAM. Tarent. TUB.

KRÄMPFE spastische, traurigen oder melancholischen Geschichten nach
calc. Cic. phos. staph.

KRANKHEIT setzt seine K. als Waffe ein (Krankheitsgewinn)
ars. Dulc. IGN. lyc. nat—m. puls. sep.

KRATZEN mit Händen Kopf, beim Erwachen kratzt sich Kind am K.
calc.

KREISCHEN und Schreien anhaltend, Tag und Nacht
calc. Rheum. sul—ac.

KREISCHEN und Schreien Kolik bei
CHAM. mag—p. Nux—v.

KREISCHEN und Schreien Nase Verstopfung chronischer bei
Lyc. nux—v.

KRIECHEN, Herumkriechen nervöses
bar—c. Sil.

KRIECHEN, Krabbeln in Ecken oder Winkel, dann Weinen und Schreien
camph.

KRIEGSBÜCHER Lesen Verlangen (Landser, Weltkrieg)
agar. Anac. lyc. nux—v. sulph.

KRITISCH, findet leicht das real existierende Haar in d. Suppe
Ars2. calc—ar. carc. caust. graph. lyc. Sulph. Verat.

KÜNSTLERISCHE Begabung vorhanden, zur Förderung derselben
ambr. nat—m. Tub.

KUMMER hoffnungsloser, ohne Aussicht auf Besserung
aur. Hell. Nat—m. PSOR.

KUMMER stiller (verborgener)
aur. calc—s. caust. Cycl. IGN. nat—c. Nat—m. ph—ac. Puls. sep.

KUMMER Trost agg.
ars. cham. chin. cic. Ign. lach. lyc. NAT—M. nux—v. Plat. verat.

LACHEN anderer Personen, z. B. der Mutter, irritiert das Kind
Tub.

LACHEN auffälliges bis übermässiges
cann—i. croc. Ferr. hyos. ign. mosch. Nux—m.

LACHEN bösartiges oder hämisch maliziöses Grinsen
Verat.

LACHEN ernsten Dingen bei (displaziertes L.)
Anac. bufo. cann—i. ign. Nat—m. Phos. plat.

LACHEN und Frohsinn nachts
Cypr.

LACHEN nachts im Schlaf
alum. caust. Hyos. Lyc. sil. Stram. SULPH.

LACHEN nur (einzige emotionale Reaktion)
aloe. camph. cypr. Hyos. nux—m. stram.

LACHEN, Spiel und Freude Abneigung
ars. Hep. nit—ac.

LACHEN Tadel, Vorwürfen oder Zurechtweisung bei
bell. cann—i. GRAPH.

LACHEN törichtes und emotionales Plappern
aloe. cann—i. lach. Hyos. stram.

LACHEN - Traurigkeit folgt unmittelbar danach
form. Phos.

LACHEN und Weinen abwechselnd oder gleichzeitig
aur. Ign. nux—m. phos. puls. sumb. zinc.

LÄRM und Krach ausserordentlichen zu machen Verlangen
agar. bell. hyos. merc. op. Stram. Verat.

LÄRM Empfindlichkeit (überempfindlich gegen laute Geräusche)
acon. Ars. bar—c. Bell. bor. calc. Caust. cham. chin—s. coff. Ferr. gels. Kali—br.
Kali—c. lyc. Nat—c. Nit—ac. nux—v. op. Phos. pilo. Sil. stram. Tub. Zinc.

LÄSTIG, geht auf die Nerven (auch Distanzlosigkeit bei älterem Kind)
agar. anac. ars. bov. calc. Calc—s. caust. CUPR. Ign. Lach. lac—c. lyc. mang.
Merc. NIT—AC. phos. psor. sabin. STRAM. verat. viol—t. Zinc.

LAMPENFIEBER (Erwartungsspannung)
acon. Arg—n. Gels. lac—c. Lyc. med. Phos. stroph—h. thuj.

LANGEWEILE beständige
alum. bar—c. CALC—P. con. cupr. lach. Lyc. Med. mag—m. merc. nat—c.
nat—m. nux—v. pip—m. sep. stann. sul—ac. TUB.

LANGSAMKEIT geistige allgemein (auch Bedächtigkeit)
alum. Anac. apis. arg—n. BAR—C. CALC. calc—p. carb—v. Carc. caust. con. cortiso. gels. Graph. HELL. hyos. kali—bi. kali—br. lyc. merc. nat—m. Op. PH—AC. Phos. Plb. puls. Sil. thuj. Verat. zinc.

LANGSAMKEIT in Denken, Begreifen, Auffassung und Antworten
Bar—c. Carb—v. merc. PLB. Zinc.

LAUFEN Entlaufen, läuft weg v. zu Hause schon in frühem Alter (Trebegänger)
bell. Calc—p. merc. sil. Tub. VERAT.

LAUFEN, läuft halb bewusst durch die Gegend (manisch)
Hyos. Lach. meli.

LAUFEN Lernen spätes siehe unter Allgemeiness, Gehen, S. 534

LAUNENHAFTIGKEIT, launisch, kapriziös
Ars. bell. calc. calc—p. calc—s. caps. carc. caust. CHAM. CINA. hep. IGN. kali—c. lach. puls. sacch. sanic. Sep. staph. Tub.

LAUNISCH extrem, getragen werden am.
CHAM. Sanic.

LAUNISCH im Wechsel mit stillem Brüten, Seufzen und Schluchzen
IGN. nat—m.

LAUNISCH, meist schlecht gelaunt, wütend
Hep. Iod. sep.

LEBENSÜBERDRUSS mit Furcht v. Alleinsein wg. Selbstmordneigung
ars. Merc. NAT—S.

LEBENSÜBERDRUSS mit Selbstmord Gedanken, aber Angst vor Suizid
alum. Arg—n. Ars. Merc. nat—s. rhus—t. Sep.

LEBENSÜBERDRUSS mit Selbstmordneigung (Suizidgefahr)
Anac. ant—c. Ars. AUR. lach. lyc. merc. Nat—s. Nux—v. plb. psor. sep.

LEBENSÜBERDRUSS Pubertät während
Ant—c. aur.

LEBLOSIGKEIT Eindruck von (Wesensart)
AUR. bar—c.

LEGASTHENIE Fehler Lesen / Schreiben, LRS, Hauptmittel
Agar. Am—c. arn. calc. Calc—p. calc—s. carc. hyos. ign. Lac—c. Lach. LYC. MED. Nat—m. Parth. Plb. phos. Stram. syph. Thuj. Tub.

LEGASTHENIE Kinder (SCHULE, LRS)
siehe auch in der Einleitung, S. 34 f, und therapeutische Hinweise S. 612 f.

LERNEN und Begreifen schwierig - Lernen von Zusammenhängen nur mit Mühe
agn. Ail. alum. Anac. BAR—C. Bapt. bufo. calc. calc—p. CARC. caust. cocc. con. cupr. Gels. Hell. kali—p. lyc. nat—c. nat—m. nux—m. olnd. Op. Ph—ac. phos. plb. tub. xero. Zinc.

LERNEN schnell (leicht) und ebenso schnelles Vergessen (nach der Klausur)
calc. Lach. phos. sil. Staph. Sulph.

LERNEN Sprachen, Unfähigkeit zum Erlernen fremder
lyc. olnd. rhus—t. sulph. tub.

LERNEN unfähig, sehr grosse Lernschwierigkeiten
AGAR. agn. Anac. Ars. BAR—C. Bufo. CALC. Calc—p. CARC. caste. caust. cham. con. cupr. kali—sil. LYC. mag—p. med. nat—m. olnd. okou. ph—ac. Phos. rib—ac. sil. syph.

LESEN
siehe therapeutische Hinweise S. 613 und Aphorismen S. 34

LESEN Abneigung
Acon. aeth. alum. bar—c. brom. carl. kali—bi. lach. Med. Nux—v. phys. puls. Sil.

LESEN schwierig, schnell ermüdet davon, sieht dann Buchstaben tanzen
Alum. agar. agn. ambr. calc—pic. carb—v. coca. colch. Lyc. Mag—c. Nat—c. nat—s. Pic—ac. sil.

LESEN unfähig zu
aeth. Alum. cann—i. cycl. LYC. Mag—c. merc. Ph—ac.

LESEN Verlangen, Leseratte
calc. Carc. cocc. Nat—m. Nicc. SIL. Sulph.

LICHT Verlangen nach (Helligkeit)
acon. Am—m. ars—i. BELL. Calc. carb—an. carb—v. GELS. grin. Lepr. Phos. plat. sanic. STRAM. Stront—c. tub.

LIEBE enttäuschte, Selbstmord Neigung dabei
Aur. bell. caust. Hyos. staph.

LIEBE Haustieren zu, ausserordendliche
AETH. calc. carc. Med. sulph.

LIEBE schwärmerische zu jem. d. eigenen Geschlechts, enttäuschte
anh. calc. calc—p. fl—ac. LACH. Med. nat—m. Phos. Plat. puls. staph. sulph. Thuj.

LIEBESKUMMER
Ant—c. aur. Calc—p. hyos. IGN. lach. Nat—m. Ph—ac. phos. Staph. tarent.

LIEBKOSUNG Abneigung (A. liebkost zu werden)
ant—c. Asar. cham. Cina. kali—c. Lyc. Nat—m. SEP. Sil.

LIEBKOSUNG Verlangen (und V. nach Zärtlichkeit sowie Körperkontakt)
Calc. cann—i. carc. lach. nat—m. PHOS. Puls. Sulph.

LIEBLINGS Spielzeug Abneigung unerwartete
Cina. RHEUM. staph.

LINKSHÄNDER Hauptmittel (auf nördlicher Halbkugel)
carc. CAUST. Tub.

LÜGEN "es war nicht meine Schuld" (auch intrigierend)
ign. Med. nat—m. TUB.

LÜGEN, chronische Lügner mit mangelnden Sinn für Realität
Arg—n. calc. cann—i. Lac—c. lyc. Merc. OP. staph. syph. thuj. tub. VERAT.

LÜGEN, Notlügen oder bewusstes L., um seine Ziele zu erreichen
Calc. carb—v. caust. Ign. lach. Lyc. nat—m. nux—v. Sil. Sulph. tub.

MAMMITIS, Kind will ständigen Kontakt zur Mutter (Mamma! Mamma!)
bor. carc. cham. Ign. lyc. Phos. PULS. sil. Staph. Stram.

MASTURBATION Neigung zu bei Kindern (Onanie)
Bar—c. bell—p. BUFO. Carc. Hyos. lach. Lyc. Med. Orig. PH—AC. Phos. plat. sil. stann. Staph. stram. sulph. syc. Tarent. thuj. tub. Ust.

MASTURBATION Pubertät vor (Onanie)
Bufo. carc. Med. orig. PLAT. staph. Stram. Tub. ust.

MATHEMATIK und Rechnen Unfähigkeit zu
alum. bell. calc. caust. crot—h. graph. kali—c. lyc. merc. nat—c. nat—m. nux—v. ph—ac. rhus—t. staph. sumb. Syph.

MATHEMATIK Arithmetik, Addieren fällt schwer
anh. Sumb. Syph.

MATHEMATIK Algebra und Analysis Schwäche bis Unfähigkeit zu höherer M.
alum. calc. con. kali—c. lyc. mag—c. Merc. staph. SYPH. zinc.

MATHEMATIK Begabung zu
cocc. lach. nux—v. Sil.

MATHEMATIK Begabung zu mit Abneigung gegen Kunst und Literatur
calc. lyc. Nat—m. plat. sil.

MATHEMATIK Furcht (Horror) vor
calc. Lyc. nat—m. Sil. staph. sulph.

MATHEMATIK Geometrie Unfähigkeit zu (räumliche Vorstellung fehlt)
ail. Alum. Ambr. calc. caust. con. lyc. sil.

MEDIZIN weigert s. Medizin zu nehmen
arn. ars. calc. Lach. rhus—t. stram. Tub.

MELANCHOLIE
siehe unter Traurigkeit

MISSACHTEN Wünsche und Gefühle anderer (Hinwegsetzen über Mitmenschen)
anac. ant—c. chin. hep. MED. merc. nit—ac. Tub.

MITGEFÜHL, Mitleid agg. (unerträglich)
arn. cact. coff. hell. Ign. NAT—M. sabad. Sil. sulph. syph.

MITGEFÜHL, Mitleid Mangel (mitleidlos, hartherzig)
am—c. ANAC. ars. Cham. chin. dig. mag—m. nat—m. nit—ac. op. SIL. sulph.

MITGEFÜHL, Mitleid stark entwickelt, sympathetisch
bism. Carc. Caust. lyss. PHOS. Tarent.

MITGEFÜHL, Mitleid, Sympathie
acon. am—c. arg—n. bar—c. bell. Bism. calc. Calc—p. CARC. Caust. Cic. Cocc. croc. dulc. graph. Ign. iod. lach. lyc. manc. med. Nat—c. Nat—m. Nit—ac. Nux—v. orig. PHOS. Puls. sabad. sumb. tarent.

MITGEFÜHL, Mitleid Tiere nur für
aeth. Carc.

MITGEFÜHL, Mitleid Verlangen nach
Calc—p. Carc. PHOS. Puls.

MORALISCHE Wertempfindungen späte Entwicklung (oder Mangel)
ANAC. bell. bism. cocain. Fl—ac. Hyos. kali—br. lac—c. Lach. laur. med. Op. Stram. Tarent. verat.

MÜDE leicht beim Spielen
aur. Calc. Carb—v. pic—ac. podo. sep.

MÜDIGKEIT und Leistungsabfall akut (event. Folgen Überanstrengung)
Arn. ars. bapt. calc. Carb—v. gels. Kali—c. Kali—p. lach. Lec. lyc. nat—c. ph—ac. Puls. Rhus—t. tub.

MÜDIGKEIT und Leistungsabfall chronisch anhaltend
am—c. Calc. carb—v. Carc. Fl—ac. Kali—i. lec. LYC. mag—c. Med. Nat—m. phos. pic—ac. sep. Sil. stann.

MÜDIGKEIT und Leistungsabfall Hunger durch, Schwäche während H.
alum. IOD. ins. lyc. nux—v. Phos. SULPH. tub. Zinc.

MÜDIGKEIT und Leistungsabfall Kummer oder Trauer durch
Caust. Ign. nat—m. PH—AC.

MÜDIGKEIT und Leistungsabfall vormittags gegen 11 h (4. Stunde)
bry. chin—s. ph—ac. phos. sep. SULPH. Zinc.

MÜDIGKEIT und Leistungsabfall Wärme in (Sommer, warmer Raum etc.)
ant—c. apis. bry. gels. iod. merc. Nat—c. nat—m. Puls. sec. sel. sulph.

MÜDIGKEIT und Unausgeschlafenheit morgens, bes. in Pubertät
chel. Mag—c. MAG—P. nit—ac. Tub.

MÜRRISCH allgemein, missmutig, verdriesslich
anac. Ant—c. Ant—t. Ars. aur. bac. bar—c. bor. calc. Carc. CHAM. Cina. cupr. graph. hep. Iod. Lyc. Mag—c. nux—v. Psor. puls. rheum. sacch. Sanic. Sil. staph.

MÜRRISCH, missmutig angesprochen wenn
Ant—c. ant—t. bar—c. iod. Kali—bi. Nat—m. Sanic. Sil.

MÜRRISCH, missmutig Berührung bei, dann Schreien
ANT—C. ant—t. apis. Cina. nux—v.

MÜRRISCH und getragen werden Verlangen
benz—ac. cham.

MÜRRISCH, missmutig Keuchhusten bei
Bry. Cupr—ar.

MÜRRISCH, missmutig Erwachen beim, unleidlich
LYC. Med. nat—m. NUX—V.

MÜRRISCH, morgens früh, Morgenmuffel
asaf. hep. Lyc. med. nat—m. nat—s. Nit—ac. nux—v. sep. sil. STAPH. tarax. thuj.

MÜRRISCH, Pubertät in (missmutig, schlechte Laune, verdriesslich)
Cina. nat—p. ph—ac.

MÜRRISCH, tagsüber
bry. CINA.

MÜRRISCH, verdriesslich will nicht sprechen oder angesprochen werden
Ant—t. ANT—C. aur. Bac. bar—c. Kali—bi. Iod. Sanic. Sep. Sil. tub.

MÜRRISCH und Weinen bei Berührung
ANT—C.

MÜRRISCH Zahnung während
Cham.

MUSIK beruhigend (am.) wirkt auf hyperaktive Kinder
Tarent

MUSIK empfindsam, u. U. erregbar bis zu Tränen (Weinen)
nat—m. THUJ. tub.

MUSIK ernste (klassische) Verlangen (am.)
mang. Nat—m.

MUSIK hören ständiges Verlangen, auch bei Schularbeiten
siehe therapeutische Hinweise S. 614

MUSIK hören ständiges Verlangen, auch während Schularbeiten
Calc—p. iod. Sanic. sep. tarent. TUB.

MUSIK überempfindlich (agg.)
calc. cham. Graph. Kreos. Lyc. NAT—C. Nat—m. Nat—s. NUX—V. ph—ac. Phos.
SEP. Tarent. thuj. viol—o

MUSIK überempfindlich (agg.) akuter Erkrankung während
ACON. Ambr. COFF. nux—v.

MUTLOS, negativ dabei
ars. aur. BOR. bar—c. Nit—ac. psor. SEP.

MUTTER Bindung sehr stark (Ödipuskomplex)
bar—c. bor. carc. PULS. Sep. Stram.

MUTTER Verlangen nach ständig - psychisches Anklammern
acon. am—c. arg—n. BAR—C. bell. Bor. calc. calc—p. Carc. Caust. Cic. cocc. croc.
cycl. dulc. graph. Ign. iod. lach. lyc. manc. Nat—c. Nat—m. Nit—ac. Nux—v.
PULS. sabad. staph. STRAM. sumb.   vergl. Mammitis

NACHGIEBIGKEIT - K. sagt nie NEIN oder verteidigt sich gegen andere
bar—c. Carc. Puls. sil. STAPH.

NACHTRAGEND - Groll - kann nicht vergessen
anac. calc. Ign. NAT—M. Nit—ac. Sep. SIL. staph. sulph.

NACHTRAGEND - Groll - kann nicht verzeihen
Anac. calc. Nat—m. NIT—AC. op. sil. Staph. Tub.

NACKT sein, sich entblössen Verlangen, älteres Kind
Bell. HYOS. Phos. sec. Tarent.

NÄGEL Kauen, Nagel Beissen
Acon. Am—br. am—c. ant—c. ant—t. arn. Ars. ARUM—T. Bar—c. brom. bufo.
calc. calc—s. Carc. CINA. gaert. hura. Hyos. Lyc. lyss. mag—c. med. Nat—m.
nit—ac. phos. plb. puls. sanic. senec. sep. Sil. staph. stram. Sulph. tub. Verat.

NASE eigene Abneigung gegen, hat seine N. nie gemocht (Abscheu)
lac—c.

NASENBOHREN und Essen d. Krusten / Popel in d. Öffentlichkeit
Sulph.

NASENBOHREN ständig
bar—c. calc. CINA. cupr. Lach. sulph. zinc.

NEBENSÄCHLICHKEITEN beschäftigt s. überwiegend mit
carbn—s. ferr. ign. Ip. Sil.

NERVÖSE und ängstliche Kinder allgemein
arg—n. Ars. calc. bor. Cham. Cina. Gels. ign. MAG—C. nat—m. PHOS. zinc.

NERVÖSE Unruhe, muss dabei gehen
anac. ferr. Iod. tarent.

NERVOSITÄT, Hauptmittel
acon. Ambr. ant—c. Arg—n. Asar. CHAM. Cina. gels. hyos. Ign. Kali—br. kali—p. Lach. mag—c. Merc. Nux—v. phos. Staph. tarent. Valer. Zinc.

NEUGIERIG (übermässig)
Agar. calc—p. carc. Lach. SULPH. verat.

NIEDERGESCHLAGENHEIT (Depression)
abrot. ant—c. ARS. Aur. CALC. calc—s. carc. caust. LACH. lyc. med. Nat—m. rhus—t. sulph.

NIEDERTRACHT, Gemeinheit
agar. Anac. ars. calc. Cupr. cur. HEP. Lach. Lyc. Nit—ac. nux—v. stram. Tub.

NYMPHOMANIE jungen Mädchen bei
Orig. plat. raph.

OHNMACHT Ärger, Zorn o. widersprüchliche Situationen durch
Gels.

OHNMACHT Emotionen durch starke
Coff. gels. Ph—ac.

OHNMACHT hysterische
agar. CHAM Cocc. con. IGN. Mosch. Nat—m. NUX—M. nux—v.

OHNMACHT Mädchen, wenn sie zur Kirche gehen sollen o. spätestens in d. Kirche
IGN.

OHNMACHT Lesen bei oder durch
glon. Sep.

OHNMACHT Lesen, wenn er im Stehen vorlesen muss
Glon

OHNMACHT Schreiben bei oder durch
Calad.

OHNMACHT Zucken mit
AGAR

OHNMACHT allgemein sowie bei anderen Gelegenheiten
siehe unter Allgemeines, S. 551 f

ORDNUNGSLIEBE aussergewöhnliche (peinlich genau)
ARS. calc—f. lepr. nat—c. sil.

ORDNUNGSLIEBE aussergewöhnlich sauberes und aufgeräumtes Zimmer
Ars. sep. Stann. sil.

ORDNUNGSLIEBE, Anordnen zählbarer Dinge, Spielzeug in Reih und Glied
Sil.

ORDNUNGSSINN mangelhaft, sehr unordentlich
am—c. bar—c. calc—s. caust. cina. Med. phos. SULPH. tub.

PAVOR nocturnus allgemein
Acon. agar. Ant—c. arg—n. ARS. Aur—br. Bar—c. bell. Bor. CALC. Calc—p. carc. chlol. cic. Cina. KALI—BR. kali—p. phos. Puls. sol—n. Stram. TUB. zinc—br.

PAVOR nocturnus Cholera infantum bei
Stram.

PAVOR nocturnus, ist kaum zu beruhigen
CALC. cham. cina. Kali—br. tub.

PAVOR nocturnus mit Reizbarkeit durch Zuspruch (Trost agg.)
ANT—C. calc—p. Cina. sil. tub.

PAVOR nocturnus Mitternacht um, verstörtes Umherlaufen dabei
ARS. calc. Stram.

PAVOR nocturnus nach Überanstrengung am Tage
Ars. Bor. CALC. kali—br.

PAVOR nocturnus nach Übermüdung am Abend
Bor. Calc. calc—p. Carc. cocc. nit—ac.

PAVOR nocturnus Schreien mit, gefolgt von Schielen
KALI—BR.

PAVOR nocturnus spätes Abendessen durch
calc. CINA. puls.

PAVOR nocturnus Zahnung während
KALI—BR.

PEDANTISCH, peinlich in Kleinigkeiten
Ars. calc—f. carc. lyc. sil.

PERFEKTIONISMUS (schon früh, auch zwanghaft)
Aur. Ars. carc. nat—m. Ign.

PERFEKTIONSTISCH und zu selbstkritisch
AUR. ars. Carc.

PETZEN (Schüler denunzieren andere)
agar. Ars. hyos. Lach. lyc. nat—m.

PFLICHTEN Abneigung, mag keine Verpflichtungen übernehmen
Calc. LYC. Med. phos.

PFLICHTEN unfähig, kann keine Verpflichtungen übernehmen
Fl—ac. lyc.

PFLICHTBEWUSST - K. will trotz Fieber (krank) zur Schule gehen
KALI—C. nat—m. sep.

PFLICHT
siehe auch Verantwortung

PHOBIEN Hauptmittel
ACON. Arg—n. ARS. Aur. BAR—C. Bell. Calc. CARC. Caust. Graph. Ign. LYC.
Nat—c. PHOS. Plat. Stram.

PROBLEME, nachdem die Mutter arbeiten geht (Verlassenheit)
aur. calc. calc—p. NAT—M. psor. Puls.

PROVOZIEREN, Kind verschärfen Streit im Elternhaus
bell. Gal—ac. hyos. Lyc. lyss. Med. Nux—v. sanic. Sep. Sulph. TARENT. TUB.

PROVOZIERT andere
arn. bar—c. bell. caust. hyos. lac—c. Med. sep. tarent. Tub.

PROVOZIERT Streit oder Bestrafung, Zurechtweisung (braucht Strafe)
MED. tub.

PROVOZIERT Streit unter anderen, raffinierter Intrigant, hetzt auf
bell. Lyc. lyss. TUB.

PRÜFUNG Examen, geprüft oder kontrolliert werden Abneigung
anac. arg—n. Ars. Cina. Lyc. staph. sulph.

PRÜFUNGSANGST, Furcht v. Examen, Lampenfieber
Aeth. ambr. ARG—N. Gels. Hell. kali—c. Lyc. nat—m. pic—ac. psor. sil.
stroph—h.

PRÜFUNGSANGST, verliert Nerven und Verdauungsstörung
ARG—N. gels. Ign. lyc.

PUBERTÄT
siehe auch unter Allgemeines, S. 554, und m. & w. Genitalien, S. 362 & 371

PUBERTÄT Beschwerden Mädchen bei - nervöses Herzklopfen
Aur. aur—m—n. dig. nat—m. PULS. Sumb.

PUBERTÄT Beschwerden Mädchen in Schule
cimic. Calc—p.

PUBERTÄT Beschwerden: mentale Affektionen, geistige Störungen
ant—c. calc—p. Cham. gels. hell. Ign. manc. Nat—m. phos. Puls. Sep. staph.

PUBERTÄT Magersucht mit
ars. calc. caust. Ign. Nat—m. Med. Sep. tarent. ther.

PUBERTÄT verzögerte, Mädchen von sanftem Gemüt
Puls.

PYROMANIE
siehe unter Feuer

QUÄLGEIST belästigt jeden mit seinen Beschwerden, Kummer, Missgeschick
Ars. mag—p. Nit—ac. nux—v. Psor. ZINC.

QUÄLGEIST belästigt jeden mit seinen unerfüllten Wünschen
agar. Arg—n. cham. mag—m. Mag—p. Nit—ac. Nux—v. Psor. Zinc.

QUENGELIG und aufsässig vor Hustenanfällen
ASAR.

QUENGELIG hochgradig, enervierendes Jammern
ars. bor. CHAM. Cina. gal—ac. lach. mill. phyt. Podo. Puls. Sanic.

QUERKÖPFIG, widerborstig, wütend leicht
bar—m. Nux—v. Petr. Sanic. sil. Tub.

RACHE nehmen will an Person, die ihn geärgert hat
anac. fl—ac. lach. Nat—m. nit—ac. TUB.

RASEREI (heftige Wut) wenn allein
bufo. ign. Staph. sulph.

RASEREI Wut anfallsweise
acon. camph. canth. chin. croc. Cupr. mosch. oena. Puls. Stram. Verat.

RASEREI Wut boshafte
Bell. cann—s. cocc. cupr. lyc. mosch. petr. sec.

REDEN Abneigung (Mutismus)
Agra. lyc.

REDEN Abneigung wegen Schwäche oder Erschöpfung
Ph—ac. zinc.

REDSELIGKEIT, Geschwätzigkeit, Redefreude allgemein
aur. bell. cocc. croc. cupr. Hyos. iod. LACH. lyss. mosch. op. PHOS. Stram. Sulph. verat.

REDSELIGKEIT, Geschwätzigkeit Fieberhitze während
lach. Podo. Pyrog. teucr. Tub. zinc.

REDSELIGKEIT, Geschwätzigkeit mit altklugem Reden
    cimic. Lach. stroph—h.

REDSELIGKEIT, Geschwätzigkeit mit Geplapper Menses während
    BAR—C. cimic. Lach. stram.

REDSELIGKEIT, Geschwätzigkeit mit törichtem Reden
    agar. cimic. hyos. Stram.

REGRESSION - fällt in früheres Entwicklungsstadium zurück
    abrot. alum. anac. arg—n. Bar—c. calc—s. carbn—s. Carc. Cic. hyos. ign.
    kali—br. lach. Med. Nat—m. PULS. sanic. sil. stram. tub.

REGRESSION in früheres Entwicklungsstadium, akuter Krankheit während
    acon. Apis. bar—c. croc. hyos. puls. Stram.

REGRESSION in früheres Entw.stad., wegen Problemen mit sexueller Identität
    abrot. ign. sanic. Sil. Tub.

REIBT Augen ständig
    Caust. con. croc. mez. op. PULS. squil. sulph.

REIBT Gesicht mit Faust bei Husten
    Caust. puls. Squil.

REIBT Gesicht mit Hand bei Husten
    Nux—v. puls.

REISEN Verlangen, Ortswechsel
    calc. Calc—p. carc. Phos. rhus—t. Sanic. sep. sulph. TUB.

REIZBARKEIT allgemein
    abrot. acon. anac. ANT—C. Ant—t. Ars. bell. Benz—ac. bor. Bry. calc. Calc—p.
    camph. carc. caust. CHAM. Chin. CINA. crot—h. Cupr. dulc. Gal—ac. graph.
    Hep. Iod. ip. kali—br. kali—i. Kali—p. Kreos. lac—c. lach. lil—t. lyc. MAG—C.
    Med. Merc. nat—c. Nat—m. Nux—v. phos. plat. puls. RHEUM. Sanic. sep. Sil.
    Staph. sulph. syph. thuj. Tub. zinc.

REIZBARKEIT abgemagertem, marastischem Kind bei
    Abrot. cina. Iod. nux—v.

REIZBARKEIT ablehnender Wut mit, Abwehr und Widerstand gegen Erziehung
    Ant—c. Cina. lyc. NAT—M. sep. sil. Tub.

REIZBARKEIT angesehen, angesprochen wenn oder bei Berührung
    ANT—C. Ant—t. bar—c. Cham. CINA. gels. Nux—v. sanic. Sil. tarent. thuj.

REIZBARKEIT - beschimpft Mutter und wirft Arznei durchs Zimmer (werfen)
    Hydr. Tub.

REIZBARKEIT Bronchitis bei
ant—t. CHAM. tub.

REIZBARKEIT Essen, wenn auf E. warten muss siehe unten unter Ungeduld Essen

REIZBARKEIT extrem gross, will allein sein, dabei Durst
BRY. Nat—m.

REIZBARKEIT Familie gegenüber - ausserhalb gutes Benehmen
LYC. nat—m. Nux—v. psor. Sep. tub.

REIZBARKEIT Farbstoffe in Nahrungsmitteln durch (aufgedreht)
nat—p. phos. Puls.

REIZBARKEIT, furchtsam dabei, je mehr man sich um das Kind kümmert
ANT—C. ign. Nat—m. sil.

REIZBARKEIT: Haare Ausreissen mit oder Kopf an Wand schlagen dabei
Bell. mill. stram. tarent. TUB.
vergl. Kopf Rammen

REIZBARKEIT: haben will verschiedene Dinge sofort, weist sie zurück, wenn erhalten
Ant—s—aur. Bry. CHAM. CINA. Ip. Kreos. Rheum. STAPH.

REIZBARKEIT hartnäckiger Pampigkeit mit
cham. Puls.

REIZBARKEIT Husten durch
Bry. cham. cina. Cupr—ar. tub.

REIZBARKEIT Impfung nach
ant—t. Calc. Sulph. THUJ. Tub.

REIZBARKEIT Keuchhusten bei
Bry. Cupr—ar.

REIZBARKEIT Konvulsionen (incl. epileptischen Anfällen) vor
art—v. bufo. Zinc.

REIZBARKEIT Kleinigkeiten bei, extreme Erregung über K.
Ant—c. BRY. Calc—p. CHAM. CINA. crot—h. cupr. Gal—ac. Graph. Kali—c.
kreos. lyc. mag—c. Mang. med. nat—m. nat—p. Nit—ac. Nux—v. plat. Sanic. Sil.
staph. sul—ac. tub.

REIZBARKEIT Krankheit allgemein während (dann auch leicht erregbar)
acon. aur—m. Bell. bry. calc. CHAM. chin. hep. ign. lach. Lyc. nat—c. psor. puls.
Sanic. sil. sulph. thuj. Tub.

REIZBARKEIT Krankheit, Baucherkrankung während (Kolik)
arn. Bell. bry. CHAM. COLOC. cupr—a. fl—ac. hep. Lyc. nat—c. Nux—v. Op.
Rheum. Staph.

REIZBARKEIT Krankheit, fieberhafter Erkrankung bei
Acon. ars. Bry. CHAM. cina. Coff. coloc. ferr. lach. lyc. nat—c. nat—m. nux—v. Psor. puls. Rheum. sanic. sil.

REIZBARKEIT Krankheit während, will umhergetragen werden
ars. benz—ac. brom. Cham. puls. SANIC.

REIZBARKEIT Krankheit während, will keinen (auch Mutter nicht) bei sich haben
Cham. lyc.

REIZBARKEIT, leicht aus d. Fassung zu bringen
aesc. Ant—c. Bar—c. Brom. carc. Ign. plat. Puls. sep. spig.

REIZBARKEIT, leicht aus d. Fassung zu bringen, gewinnt Selbstkontrolle nur langsam zurück
Aesc.

REIZBARKEIT, leicht aus d. Fassung zu bringen, hitziger Röte mit
BROM. Ferr.

REIZBARKEIT Milch durch - Kind reagiert mental auf M., Unruhe agg. dadurch
bac. lac—d. (?) Tub.

REIZBARKEIT morgens Erwachen beim
Bell. chin. chin—ar. kali—c. LYC. Mag—m. med. nat—m. nit—ac. Nux—v. STAPH. sulph. Tub.

REIZBARKEIT Mittagsschlaf nach, fürchterlich quengelig
Lach. Lyc. staph. ZINC.

REIZBARKEIT und Müdigkeit nach dem Essen
BAR—C. Lyc. nux—v.

REIZBARKEIT nachts, Säuglingen bei kranken
jal. Psor.

REIZBARKEIT nervöser Aufregung mit
Acon. aloe. ambr. apis. Carc. Coff. crot—h. hyosin. lyc. Med. nat—m. Phos. psor. sil.

REIZBARKEIT Pubertät in
Calc—p. cham. ign. kali—c. nat—m. Phos. Sep.

REIZBARKEIT quengelige, Schreien und Heulen dauernd, besonders nachts
JAL. Lac—c. nux—v. PSOR.

REIZBARKEIT, ruhelos dabei, geht unzufrieden herum von einem zum anderen
ars. bell. CHAM. Iod. Rhus—t. tub.

REIZBARKEIT Schlaf nach
Lach. LYC. Nux—v. staph.

REIZBARKEIT Schlaflosigkeit mit
carc. Cham. hyos. lac—c. PSOR. syph.

REIZBARKEIT Schlaflosigkeit Tag und Nacht durch oder mit
Psor.

REIZBARKEIT Schlagen mit - schlägt heftig um sich
BELL. bor. CINA. hyos. Iod. lyc. Med. Nux—v. Stram. tarent. tub. verat.

REIZBARKEIT Schmerz bei
Bry. CHAM. Coff. coloc. eup—per. lyc. Hep. Ign. nat—m. op. tub.

REIZBARKEIT Schmerz Kopfschmerz bei
am—c. anac. ars. Bry. Cham. coff. kreos. Lyc. mag—p. mez. nat—m. nux—v. phos. syph. Tub.

REIZBARKEIT Schreien bei Berührung
ANT—T. ant—c. apis. Cina. nux—v. sil. tarent. tub.

REIZBARKEIT setzt seine R. als Machtmittel ein
nux—v. Lyc.

REIZBARKEIT - stösst Mutter oder Pflegerin weg (" Raus !")
Cham. fl—ac. LYC.

REIZBARKEIT Stuhlgang vor
Bor. calc. lyc.

REIZBARKEIT Stuhl blutig - schleimigem bei
CHAM. rheum.

REIZBARKEIT Trost oder Zuspruch agg.
bell. calc. CALC—P. chin. Ign. kali—c. lyc. merc. NAT—M. Nit—ac. nux—v. plat. SEP. SIL. staph.

REIZBARKEIT Türenschlagen mit
graph. ign. Nat—m. Sep. staph.

REIZBARKEIT, Übellaunigkeit und Widerspenstigkeit
Aesc. Calc—p. CINA. mag—c. Sanic. Sil. thuj. tub.

REIZBARKEIT Verstopfung bei
bor. LYC. Nux—v.

REIZBARKEIT Widerspenstigkeit mit, Ermüdung bei (wenn müde)
ANT—C. bar—c. bell. Calc. Caps. LYC. Nux—v.

REIZBARKEIT Widerspruch durch, mit Wut, duldet keinen W.
AUR. bell. carc. caust. Cocc. glon. ign. lach. Lyc. Med. nux—v. Sanic. sep. Tub.

REIZBARKEIT, Widerspruchsgeist und Destruktivität ausgeprägte
gal—ac. med. TUB.

REIZBARKEIT - wirft Essen durch die Gegend
 Cina. tub.

REIZBARKEIT Wut mit, nach Blossstellung (blamiert werden, Blamage)
 Aur. Bry. ferr. IGN. Lyc. nat—m. NUX—V. Sep. Sil.

REIZBARKEIT Zahnung während
 calc. calc—p. CHAM. cina. Kreos. RHEUM. tub.

REIZBARKEIT zornige Erregung ohne
 Bell. Lyc.

REIZBARKEIT Zucker durch - Kind reagiert mental auf Z., Unruhe agg. dadurch
 Arg—n. cina. Kali—c. lyc. nat—p. Sulph. Tub.

RELIGIÖSE Affektionen allgemein, übermässige Religiosität (zwanghaft)
 Aur. ars. Calc. carc. LACH. puls. Stram. Sulph. verat.

RELIGIÖSE Affektionen, Jugendliche lesen viel Bibel, beten u. knien
 aur. lach. Stram.

RELIGIÖSE Affektionen, möchte den ganzen Tag in d. Bibel lesen
 ars. calc. lach. Stram.

RELIGIÖSE Affektionen Pubertät in
 Ars. Calc. Lach. puls. Sulph.

RESERVIERTHEIT - zieht sich von anderen zurück, Kontaktscheue
 Aur. Caust. cocc. cham. gels. hell. hep. Ign. ip. kali—br. Lyc. med. mur—ac. NAT—M. nit—ac. nux—v. ph—ac. plat. psor. Puls. rhus—t. Sep. sil. stann. sulph. syph. verat.

RESPEKT, Kind flösst anderen R. ein (Führungspersönlichkeiten)
 ars. Aur. lyc. NUX—V. Sulph.

RHYTHMUSGEFÜHL auffallendes (Begabung fürs Tanzen)
 Carc. Sep. tarent.

RÜCKSICHTSLOS Krankheit während
 Bell. cham. Lyc. sanic. tub.

RUHELOSIGKEIT allgemein
 absin. ambr. Anac. ant—t. Arg—n. ARS. Bac. bor. bufo. calc—br. cand—a. Carc. Cham. cina. cypr. hyos. hyosin. ign. Iod. ip. Jal. Kali—br. kali—c. kreos. lyss. mag—c. Med. MERC. mygal. Psor. rheum. RHUS—T. sanic. sulph. Tarent. thea. Tub. tub—a. tub—m. VERAT. Zinc.

RUHELOSIGKEIT dramatisch Bauch Kolik bei, Flatus eingeklemmte durch
 cham. lyc. Senn.

RUHELOSIGKEIT fieberhaften Erkrankungen bei (z. B. Grippe)
ACON. Ars. Cham. Gels. Lyc. merc. Pyrog. RHUS—T.

RUHELOSIGKEIT Füsse (auch ständige Bewegung d. Füsse während Anamnese)
med. tarent. ZINC.

RUHELOSIGKEIT Gewitter beim
phos.

RUHELOSIGKEIT Hände, Finger
Kali—br. Mygal. sulph. TARENT.

RUHELOSIGKEIT Hautausschlag mit
acon. apis ars. bufo. calc. corn. Corn-a. cupr. Kali—br. lach. merc. PSOR. ran-b. Rhus—t. thuj.

RUHELOSIGKEIT Hautausschlag mit, Jucken und Kratzen dabei
bufo. Cupr. Psor. rhus—t.

RUHELOSIGKEIT, Herumtragen des Kindes am.
ant—t. ars. Cham. cina. jal. kali—c.

RUHELOSIGKEIT innere
Acon. agar. ang. ARS. atro. calc—s. carb—an. carc. carl. chel. dros. eupi. gins. ign. Iod. lac—c. lat—m. lact. lob. lyc. mag—c. mag—m. mag—s. mang. meph. nat—c. Nat—m. nit—ac. op. par. ph—ac. phos. plb. puls. pyrog. ran—b. rheum. RHUS—T. sep. SIL. stram. sulph. thyr. Tub. viol—t. Verat.

RUHELOSIGKEIT introvertierter Kinder
Alum. ARS. Ars—i. Calc—p. Cupr. hyos. Jal. Kali—ar. Kali—br. Merc. Petr. Puls. Rhus—t. thuj. tub. Zinc.

RUHELOSIGKEIT jugendlicher Kinder, vagabundierende Trebegänger
Bell. bry. calc—p. cupr. Lyss. merc. Nux—v. puls. Sanic. Sil. Stram. TUB. Verat. zinc.

RUHELOSIGKEIT Kopfschmerzen bei
anac. arg—n. Ars. Bell. bry. cadm—s. calad. canth. cham. chin. coloc. crat. daph. dulc. gent—c. ign. kali—i. Lach. lil—s. Lyc. lyss. morph. naja. nux—m. ran—b. ruta. sil. sulph. syph. Tab. tub. vip.

RUHELOSIGKEIT Lagewechsel mit ständigem (schon Säugling will gedreht werden)
Arn. caust. eup—per. hyos. lyc. Rhus—t. ruta.

RUHELOSIGKEIT nachts - aber morgens frisch und munter
jal. Psor.

RUHELOSIGKEIT nachts
acon. Ars. Bor. caust. coca. eup—per. Hyos. Jal. kali—ar. kali—c. kali—p. lyc. mag—m. nat—s. Merc. puls. psor. Rhus—t. sanic. staph. Stram. Sulph.

RUHELOSIGKEIT Nervosität m.
>ant—t. bor. Cham. iod. Jal. Kali—br. nat—ar. Nat—m. Phos. rheum. Ruta. Tarent. tub.

RUHELOSIGKEIT, rastlos wandernde
>ars. Bell. Bry. Nux—v. stram. Tub.

RUHELOSIGKEIT Rennen und ständiges Umherlaufen Verlangen
>Fl—ac. Iod. Phos. rhus—t. Sulph. Tarent. Tub.

RUHELOSIGKEIT Säuglinge und Kleinkinder
>ars. Cham. Jal. Kali—p. rhus—t. sil. sulph. tub.

RUHELOSIGKEIT Schmerzen bei
>ACON. Ars. Bell. caust. chr—ac. coloc. dios. kali—c. Lach. Lyc. plb. sil. verat.

RUHELOSIGKEIT Sitzen bei.m (Schule, Hausaufgaben)
>ars. caust. ferr. GRAPH. iod. Kali—br. Lyc. Phos. sep. Tub.

RUHELOSIGKEIT tragen, getragen werden amel.
>ant—t. ars. Cham. cina. jal. kali—c.

RUHELOSIGKEIT Verlangen nach Abwechslung mit
>Calc—p. phos. sulph. TUB.

RUHELOSIGKEIT Verstopfung während
>Apis.

RUHELOSIGKEIT Zahnschmerz während
>Cham. mag—c. mang. mez.

RUHELOSIGKEIT Zahnung während
>acon. coca. cypr. Kreos. RHEUM.

RUHIG fieberhaften Erkrankungen bei, liegt still
>apis. arn. Bell. BRY. dulc. Eup—per. Ferr—p. Gels. Nux—v. OP.

SAGT immer JA aus Schüchternheit
>Calc. puls. Staph.

SAGT NEIN zu allem, fasst alles an und lässt es fallen
>Calc—p. Sanic. sil. TUB. zinc.

SAGT oder tut das Gegenteil v. dem, was andere wünschen
>Cina. cupr. gal—ac. med. TUB.

SANFTMUT, Schüchternheit und Nachgiebigkeit - aber innere Spannungen
>alum. Arg—n. ARS. ARS—I. Bar—c. Bell. Carbn—s. Carc. Graph. hep. ign. Kali—c. merc. Ph—ac. Puls. sil. Staph. sulph.

SANFTMUT, Schüchternheit und Nachgiebigkeit
>apis. Bar—c. calc. carc. fl—ac. nux—m. ph—ac. PULS. Sil.

SCHAMHAFTIGKEIT auffällige (will s. z. B. bei der Untersuchung nicht entkleiden)
calc—s. op. puls. thuj. Tub.

SCHAMLOSIGKEIT bei Kindern und Jugendlichen
Hyos. med. plat. tub.

SCHAUDERN nervös oder emotional bedingt
Asar. gels. kali—c. NUX—V. Spig.

SCHERE schneidet mit stundenlang, ohne Ermüdung
VERAT.

SCHIMPFEN böses - ich hasse dich - ich will nicht, dass ...
Anac. cupr. Tub. verat.

SCHIZOPHRENIE Hebephrenie (Paraphronese junger Menschen)
anh. aran—ix. Cann—i. cham. chlorpr. cortex. halo. Hyos. hyper. ign. kres. lyc. merc. nux—v. rauw. reser. Staph. Sulph. thala. thiop. thuj—l. Tub.

SCHLÄGE aufs Gesäss beruhigen z. B. Schlaflosigkeit (am.)
Cina.

SCHLÄGE Verlangen, oder nach ähnlich harter Bestrafung
Ars. aur. cina. gal—ac. MED.

SCHLAGEN allgemein
arg—m. ars. bell. canth. calc—ar. CHAM. chel. CINA. cupr. Gal—ac. glon. hep. hyos. ign. kali—c. lyc. merc. Med. nit—ac. Nux—v. plb. sanic. staph. Stram. sulph. tarent. ther. Tub. Verat.

SCHLAGEN anderer Kinder (aggressive Tätlichkeit, über übliche Rauferei hinaus)
Agar. ars. bac. bell. cann—i. calc—ar. calc—f. canth. Cham. chel. CINA. Cupr. Fl—ac. Gal—ac. Hyos. Ign. kali—c. lyc. MED. Merc. Nux—v. plb. sanic. staph. Stram. Tarent. Tub. Verat.

SCHLAGEN, Kind schlägt Eltern während Konsultation (auch Treten)
bry. cham. Cina. Med. nux—v. stram. Tub.

SCHLAGEN sich fortwährend selbst (schlägt sich seit Kindergarten)
ars. aur. bell. Staph. Stram. tarent. tub. verat—v.

SCHLAGEN, Sohn zerkratzt seines Vaters Gesicht und schlägt ihn
med. STRAM. tub.

SCHLAGEN Tadel bei
ars. Cham. Gal—ac. hep. merc. nux—v. TUB.

SCHLUCHZENDES Schreien Neugeborener
Nat—m.

SCHMOLLEN
Ant—c. Bac. nat—m. Sep.

SCHNEIDET sich m. Rasierklingen in d. Arme, oder ähnliche Selbstzerstörungsakte
ars. fl—ac. hyos. kali—br. Med. nat—m. phos. staph. stram. Tub.

SCHNULLER ständiges Verlangen beim Kleinkind
bar—c. Calc. Lyc. med. Puls. sulph.

SCHOCK nach Geburt e. Geschwisters (mehr als Eifersucht)
calc—s. HYOS. Ign. lach. med. nat—m. Puls. sep.

SCHOCK plötzliche Trennung v. Mutter oder Eltern durch
abrot. carc. Gal—ac. Ign. puls.

SCHRECK Erwachen beim
am—m. Ars. Bell. caps. Cina. Lach. Zinc.

SCHRECK Erwachen beim, als ob etwas Fürchterliches passiert sei
ars. bell. Med. zinc.

SCHRECK Geräusche durch fremde
Bar—c. calc. caust. KALI—S. nat—c. PULS. sil.

SCHRECK Weinen und Arme Rudern (Abwehrbewegungen) danach
Samb.

SCHRECKHAFTIGKEIT aussergewöhnlich
ant—c. arg—n. Bor. Bar—c. ign. Med. Nat—c. sil.

SCHRECKHAFTIGKEIT geringen Anlässen bei mit hysterischem Schreien
bell. cham. ign. Kali—c. SEP. tub.

SCHRECKHAFTIGKEIT Masern, bei nicht erscheinendem Ausschlage
STRAM.

SCHRECKHAFTIGKEIT Müdigkeit und Schläfrigkeit bei
CALC.

SCHRECKHAFTIGKEIT nervöser, reizbarer Kinder
acon. Arg—n. bell. CARC. coff. gels. hyosin. IGN. nat—c. Op. phos. Sep. sil. Tub.

SCHRECKLICHE Dinge ergreifen sie tief
arg—n. ars. Aur. Aur—m. CALC. calc—s. carb—v. CARC. Caust. chin. CIC. cocc.
con. ferr. gels. Hep. ign. IOD. Lach. Lyc. manc. nat—c. nat—m. Nit—ac. Nux—v.
PHOS. prot. Puls. Sep. Sil. STAPH. Sulph. Teucr. Zinc.

SCHREIBEN kritzelt Figuren ins Schreibheft oder faltet Schiffchen etc.
Puls. sulph.

SCHREIBEN schwierig wegen Kribbeln (Paraesthesien) der Finger
Acon.

SCHREIBEN schwierig wegen Kurzatmigkeit & ängstlichem Herzklopfen dabei
Psor.

SCHREIBEN Unfähigkeit schr. zu lernen
caust. ign. lyc. sil. syph.

SCHREIEN (Kreischen, Brüllen) allgemein
acon. aeth. ail. Alum. anac. ant—c. Apis. arn. ars. asaf. Aur. bell. benz—ac. BOR. Bry. CALC. Calc—p. calc—s. camph. cand—a. caste. caust. CHAM. China. CINA. coff. coloc. con. croc. cupr. dor. dulc. Glon. Hell. Hep. Ign. Iod. Ip. Jal. kali—br. Kali—c. kali—i. Kali—p. kali—s. Kreos. LAC—C. Lyc. MAG—C. med. merc. nat—c. Nat—m. nat—s. Nit—ac. NUX—V. petr. ph—ac. Phos. plat. psor. puls. RHEUM. rhus—t. sanic. sars. Senn. Sep. Sil. spig. stann. STAPH. stram. sul—ac. SULPH. syph. Tarent. Thuj. TUB. verat. zinc.

SCHREIEN abends
Cham. CINA. cinnm. zinc.

SCHREIEN anfallsweise und dann anhaltend nachts, tags ruhig
JAL. Psor.

SCHREIEN anfallsweise ohne ersichtlichen Grund
bell. Calc. ign. lyc.

SCHREIEN angesprochen wenn (wenn man zu ihm spricht)
Bar—c. sil.

SCHREIEN, bemitleidet sich weinend selbst
agar. aur. Calc. carc. nit—ac. PULS. staph. stram.

SCHREIEN Berührung bei
Ant—t. cina.

SCHREIEN Bewegung bei (wenn sie bewegt werden, auch wenn Wiege bewegt wird)
acon. Zinc.

SCHREIEN dauernd besonders nachts (agg.)
calc. jal. LAC—C. Lyc. Nux—v. PSOR. RHEUM.

SCHREIEN dauernd, anhaltend Neugeborener
bell. Med. lyc. sul—ac. SYPH. Thuj.

SCHREIEN dauernd Neugeborener mit unruhigen Bewegungen der Beine
Ars. Tarent.

SCHREIEN Erwachen beim
alum. apis. bor. bry. Calc. calc—p. Cham. Cina. hydr—ac. hyos. ign. Kali—br. kreos. Lyc. Sanic. stram. sulph. ZINC.

SCHREIEN Erwachen beim, mit Zittern
cina. Ign.

SCHREIEN Erwachen nachts beim
Bor. bry. Cham. cina. KALI—BR. lyc. ruta. STRAM. Zinc.

SCHREIEN Fieber während
bac. bell. lyc. Stram.

SCHREIEN gereizt (aus Reizbarkeit)
Ant—c. ant—t. apis. Calc—p. CHAM. cina. ign. kali—c. Nux—v. sanic. sep. Tub.

SCHREIEN gestillt werden, wenn sie (Stillen, Anlegen)
Bor.

SCHREIEN Hustenanfall vor (aus Angst, dass Husten sehr schmerzhaft ist)
Arn.

SCHREIEN Hydrocephalus bei
APIS. Cina. Dig. HELL. kali—i. Lyc. merc. Zinc.

SCHREIEN hysterisches (ohne nennenswerten Grund)
Cupr. Ign. kali—c. TUB.

SCHREIEN Kolik bei
Bell. Cham. cina. coff. Coloc. Nux—v. podo.

SCHREIEN und Lachen abwechselnd, unbeständig
ign. puls. SANIC. tarent.

SCHREIEN nachts
calc. Cham. Chlol. JAL. Kali—p. Lac—c. lyc. nux—v. Psor. rheum.

SCHREIEN nachts, im letztem Teil d. Nacht
Lyc. Psor.

SCHREIEN Neugeborener
Bell. coff. syph.   vergl. Schreien dauernd

SCHREIEN Neugeborener mit Schlaflosigkeit und schlechtem Befinden tags
Psor.

SCHREIEN Neugeborener Überreizung durch (laute Umgebung, Lichtwechsel etc.)
Coff.

SCHREIEN Neugeborener unruhigen Bewegungen mit
ars. Cham. Jal. Senn. tarent.

SCHREIEN Schlaf im
acon. APIS. Arn. Bell. bor. Calc—p. caste. CHAM. cina. coff. Ign. inul. Ip. lac—c. Lyc. nux—v. Psor. PULS. rheum. SULPH. Tub.

SCHREIEN und Schluchzen im Schlaf
Hyos.

SCHREIEN Schmerzen bei, ausgeprägtes
ACON. Ars. BELL. Bry. Cact. cast. CHAM. cic. COFF. COLOC. gels. kali—n. mag—c. Mag—p. op. PLAT. plb. Podo. puls. sep.

SCHREIEN schrill Zahnung bei
APIS. cham. Kreos. phyt. Rheum. ter.

SCHREIEN Stuhldrang bei
Nux—v. Rheum.

SCHREIEN Stuhlgang während
carb—v. Kreos. RHEUM.

SCHREIEN Sympathie aus, wenn er denkt, anderen werde wehgetan
CAUST.

SCHREIEN Tag und Nacht
calc. Psor. rheum.

SCHREIEN Tag und Nacht bei Keuchhusten
Stram.

SCHREIEN Trost, Zuspruch agg. oder nützt nichts
ant—c. BELL. calc—p. Cham. Ign. nat—m. verat.

SCHREIEN, Weinen und unruhiges Herumwerfen die ganze Nacht
ars. jal. Merc. PSOR. RHEUM.

SCHREIEN, wenn man an das Bett tritt (je mehr man s. bemüht)
ANT—C.

SCHREIEN kreischendes allgemein
aeth. ail. anac. Apis. bell. benz—ac. BOR. calc. Calc—p. camph. Carc. caste. CHAM. Cina. coff. Cupr. dor. dulc. Glon. Hell. Ign. ip. Jal. kali—br. Kali—p. Kreos. LAC—C. lyc. mag—c. Nux—v. puls. Rheum. Senn. sil. stram. syph. TUB.

SCHREIEN kreischendes abends
Cham. CINA. cinnm. zinc.

SCHREIEN kreischendes angesprochen wenn
Sil.

SCHREIEN kreischendes Aufwachen im Schlaf, danach unruhige Füsse
Zinc.

SCHREIEN kreischendes Aufwachen im Schlaf bei
CHAM. Chlol. jal. Kali—p. Lac—c. psor. zinc.

SCHREIEN kreischendes Erwachen beim
> alum. Apis. arn. ars. Bor. bry. calc—p. caps. Cham. Cina. con. gels. guaj. hydr—ac. Hyos. Ign. Kali—br. kali—p. kali—s. kreos. Lyc. Mag—c. mag—p. meny. phos. ruta. Sanic. sep. sil. stram. sulph. Zinc.

SCHREIEN kreischendes Erwachen beim, Bewusstseinstrübung, Schielen danach
> Kali—br.

SCHREIEN kreischendes Harnlassen vor
> acon. Bor. Canth. lach. LYC. nux—v. Sars. staph.

SCHREIEN kreischendes nachts
> Cham. Chlol. JAL. Kali—p. Lac—c. lyc. nux—v. psor. rheum.

SCHREIEN kreischendes Schlaf im
> APIS. Arn. BELL. bor. bry. calc. Calc—p. caste. CINA. Ign. inul. Jal. Lyc. Psor. PULS. SULPH. Tub.

SCHREIEN kreischendes Schlaf im, tags aber gut zurecht
> jal. Psor.

SCHREIEN kreischendes Schlaf im, durch Träume
> acon. bell. carc. kali—br. stram. tub.

SCHREIEN kreischendes Stillen während
> bor.

SCHREIEN kreischendes Stuhlgang vor, bei Stuhldrang
> Bor. RHEUM. rhus—t.

SCHREIEN kreischendes Stuhlgang während
> Kreos. Rheum. valer.

SCHREIEN kreischendes Tag und Nacht
> calc. rheum.

SCHREIEN kreischendes, schrill bei Hirnerkrankung, cri encephalique
> APIS. arn. ars. art—v. bell. carb—ac. cham. cic. cupr. Cupr—a. dulc. glon. HELL. hyos. kali—br. Kali—i. lyc. merc. merc—c. op. phos. Rhus—t. sol—n. stram. sulph. Zinc.

SCHREIEN kreischendes und Weinen
> Cham. ign. nux—v.

SCHREIEN und Weinen allgemein
> acon. ars. Bar—c. Bell. Bor. bry. camph. cand—a. cast. caust. CHAM. chin. cina. Coff. Coloc. Graph. Hyos. Ign. ip. Jal. Kali—c. Lyc. nit—ac. nux—v. op. PULS. RHEUM. sec. Seneg. sep. sil. spig. Verat.

SCHREIEN und Weinen allgemein mit Symptomen der linken Seite
> Clem. con. hura. rat. sabin. sep. Sulph.

SCHREIEN und Weinen allgemein mit Symptomen der rechten Seite
bar—c. Laur. par. spig.

SCHREIEN und Weinen erbärmlich (zum Erbarmen)
Cham. Puls. stram.

SCHREIEN und Weinen erbärmlich, wenn hochgenommen oder getragen
Cina. sil.

SCHREIEN und Weinen fehlend Neugeborenen bei
chel.

SCHREIEN und Weinen Kleinkinder
Acon. ars. Bar—c. bell. bor. calc. Cham. coff. ign. ip. jal. Puls. Rhod. senn. syph.
thuj.

SCHREIEN und Weinen nachts
arund. carc. Bor. calc. calc—s. Cham. Chlol. Jal. Kali—p. Lac—c. nux—v. Psor.
Rheum.

SCHREIEN und Weinen nachts im Schlaf durch Träume (Alptraum)
acon. Bell. bor. calc. carc. cina. kali—br. Lyc. paeon. PULS. stram. thuj. Tub.

SCHREIEN und Weinen, ruhig nur bei Getragen werden
CHAM. cina.

SCHREIEN und Weinen Säugling von Geburt an, unmittelbar nach G.
acon. Carc. cham. Cupr. Lyc. Med. nat—s. Nux—v. sulph. SYPH.

SCHREIEN und Weinen, wenn es s. Willen nicht bekommt
calc—p. cham. CINA. CUPR. Gal—ac. ign. MED. Tub.

SCHREIEN und Weinen Zahnung durch schwierige
cham. Phyt.

SCHREIEN wütendes - Trotz und Wut
aur. bor. calc. Cham. cic. Cina. coff. Gal—ac. CUPR. gels. hyos. ign. LYC.
KALI—C. nux—v. phos. Plat. sanic. Sep. Stram. Sulph. Tub. VERAT.

SCHREIKRÄMPFE Bestrafung nach
Ign. nat—m.

SCHÜCHTERNHEIT allgemein, scheue Kinder
Aloe. Ambr. anac. arg—n. ars—s—f. aur. BAR—C. bar—m. bar—s. bell. Calc.
calc—s. calc—sil. Carb—an. carb—v. CARC. caust. Chin. coca. con. coff. Cupr.
graph. hyos. Ign. iod. kali—bi. Kali—p. lil—t. lyc. manc. meli. Merc. mez. Nat—c.
nat—p. nit—ac. nux—v. Petr. phos. PULS. Sil. Staph. Stram. Sulph. tab. tarent.
Zinc.

SCHÜCHTERNHEIT, ängstliches Schulkind (weiss es - meldet s. nicht)
calc. carc. Kali—c. lyc. puls. Sil.

SCHÜCHTERNHEIT - gefragt flüstert Kind der Mutter d. Antwort zu
calc—s. carb—v. Kali—p. nat—m. sil.

SCHÜCHTERNHEIT, hält Hand wg. Hemmungen an Kragen oder Hals
Sil.

SCHÜCHTERNHEIT, nimmt Hände vors Gesicht, späht aber durch d. Finger
Bar—c.

SCHÜCHTERNHEIT, scheue Kinder verstecken s. bei Ankunft v. Besuch
ARS. arg—n. Bar—c. CUPR. Cupr—ar. lyc. Hyos. puls.

SCHÜCHTERNHEIT, Scheue - wagt nichts in d. Praxis anzufassen
Bar—c. CALC. Nat—c. Puls. SIL.

SCHÜCHTERNHEIT, spielt nur mit kleineren, schwächeren Kindern
bar—c. Carc. Phos. ph—ac. Puls. Sil. tub. Tub—r.

SCHULDGEFÜHLE und Reue
ars. Aur. carc. chel. Coff. croc. Nat—m. med. psor. puls. sil. verat.

SCHULDGEFÜHLE und Reue - entschuldigt sich verdächtig schnell
Anac. croc. Sulph. tub.

SCHULDGEFÜHLE und Reue - entschuldigt sich erst nach Ermahnung
Verat.

SCHULE erfolgreich bis zu schwerer Krankheit
TUB.

SCHULE Müdigkeit nach
Calc. Fl—ac. ph—ac.

SCHULE oder Kindergarten Abneigung gegen (Einschulung, "will nicht")
ARG—N. bar—c. Calc. Calc—p. calc—s. coc—c. hell. hyos. Ign. lyc. med. NAT—M. Puls. stram.

SCHULE oder Kindergarten Abneigung, Schwierigkeiten mit Einschulung
siehe therapeutische Hinweise S. 615

SCHULE schlechte Noten (realiter) werden als ungerecht empfunden
Ambr. op. plb.

SCHULMÜDIGKEIT (Schule Abneigung - mag nicht mehr)
agar. Calc—p. lyc. Phos. syph. Tub.

SCHUTZ und emotionale Zuwendung Verlangen ausgeprägt
bar—c. Calc—p. Cann—i. Carc. gal—ac. mag—c. phos. plat. PULS. sil. Stram.

SCHWACHSINN, Kretinismus
absin. Aeth. Anac. arn. Aur. BAC. Bar—c. bar—m. Bufo. Calc—p. carc. diph. ign. iod. Kali—p. lap—a. lol. nat—c. oxyt. plb. sep. sulph. Thuj. THYR.

SCHWERMUT, Melancholie - allgemeine Veranlagung
> Ant—c. Ant—t. ars. AUR. bor. calc. cham. Cina. graph. hep. lach. psor. Puls. rheum. sacch. sil.

SCHWERMUT, Melancholie
> siehe auch unter Traurigkeit

SCHWERMUT Melancholie angesprochen wenn
> caust. Nat—m.

SCHWERMUT, Melancholie morgens früh
> chel. STAPH.

SCHWERMUT, Melancholie und Schreien bei Berührung
> Ant—c. caust.

SCHWERMUT Melancholie tagsüber
> Cina.

SCHWERMUT, Melancholie - will getragen werden
> benz—ac. cham.

SCHWIERIGKEITEN in d. Schule durch Streit in Familie
> ars. calc. graph. Ign. lach. merc. NAT—M. nux—v. phos. staph. sulph.

SELBER machen, Kleinkind will alles allein machen (Schuhe anziehen..)
> sil. Sulph.

SELBSTÄNDIGKEIT, Unabhängigkeit
> calc—p. Bell. kali—c. nat—m. Nux—v. Sulph.

SELBSTBESTIMMUNG leidenschaftlich, Verlangen nach Unabhängigkeit
> nat—m. Sulph.

SELBSTBEWUSSTSEIN übersteigertes
> aur. Cic. med. plat. Sulph.

SELBSTMITLEID
> agar. aur. Calc. caust. nit—ac. Puls. staph.

SELBSTMORD Disposition Neigung zu mit Depressivität
> alco. Alum. ambr. Anac. anh. Ant—c. Ant—t. arg—n. Ars. asaf. AUR. aur—ar. AUR—M. Bell. Calc. Caps. carb—v. carc. caust. chel. Chin. chin—ar. cic. Cimic. clem. crot—h. dros. gels. graph. hell. Hep. Hyos. Ign. iod. Iodof. kali—ar. Kali—br. kreos. Lac—d. Lach. lil—t. lyc. med. Merc. Merc—aur. morph. naja. Nat—m. NAT—S. nit—ac. Nux—v. op. phos. plat. Plb. PSOR. Puls. rauw. rhus—t. rumx. sarr. sec. Sep. sil. Spig. staph. Stram. sulph. tab. tarent. thea. thuj. tub. verat. Zinc.

SELBSTMORD Neigung zum Verzweiflung aus
> Aur. ambr. ant—c. carb—v. hyos. Nux—v. Psor. Sep. verat.

SELBSTSUCHT allgemein (selbstzentriert)
Agar. Ars. calc. CIC. Cina. Cupr. gal—ac. lach. Lyc. pall. Plat. Puls. sanic. Senec. sil. SULPH. Tarent. verat.

SELBSTSUCHT - andere zählen nicht wirklich
ars. Sulph.

SELBSTSUCHT - Rücksichtslosigkeit bez. d. Eigentums anderer
bell. Sulph.

SELBSTSUCHT - Rücksichtslosigkeit bez. d. Gefühle anderer
hyos. lach. Lyc. med. nux—v. plat. sulph. Tub. verat.

SELBSTSUCHT - Rücksichtslosigkeit bez. d. Pläne anderer
cham. cina. Med. sanic. Tub.

SELBSTVERTRAUEN Mangel allgemein
ANAC. Arg—n. ars. Aur. BAR—C. CALC. CALC—F. calc—p. calc—s. calc—sil. carb—v. CARC. caust. gels. hyos. ign. KALI—C. Kali—p. kali—s. Lac—c. lach. LYC. Med. Merc. Nat—c. Nat—m. nat—s. nit—ac. Phos. Psor. PULS. santin. SIL. STAPH. stram. syph. Thuj. verat.

SELBSTVERTRAUEN Mangel - dennoch Eigensinn
Anac. Arg—n. CALC. CHAM. chin. Cina. Hep. Lyc. Kali—c. nit—ac. NUX—V. ph—ac. sanic. Sil. sulph. tarent.

SELBSTVERTRAUEN Mangel in d. Öffentlichkeit, z. B. Rede, Vortrag
Ambr. ARG—N. Bar—c. Calc. carb—v. Gels. Kali—c. Lyc. nat—m. plb. Puls. SIL. stram. stroph—h.

SELBSTZERSTÖRERISCHES Verhalten durch gedankenlose Gefühlsausbrüche
aur. Med. Nux—v. syph. Tarent. Tub.

SENTIMENTAL, schwärmerisch, romantisch
ambr. ANT—C. calc. CALC—P. caust. chin—ar. Cocc. Coff. con. IGN. lach. lyc. Phos. plat. Puls. sabin. Staph. TUB.

SEUFZEN
CALC—P. cham. Cimic. IGN. Kali—br. ip. mill. puls. stram.

SEXUALITÄT Abneigung aus Furcht vor inzestuösem Missbrauch
Sep.

SEXUALTRIEB erhöhter
aloe. bar—c. Bufo. carc. Hyos. lyc. nux—v. tub.

SEXUELLE Handlungen wie Hand an Genitalien, geistesschwachen Knaben bei
Bufo. Hyos. phos. Stram. zinc.

SEXUELLES Interesse frühes
COFF. LACH. lyc. med. Merc. NUX—V. phos. PLAT. STAPH. tub.

SEXUELLES Interesse spätes
    calc. CAUST. Nat—m. SEP.

SEXUELLES Verlangen heftig bis zur Schamlosigkeit Mädchen bei
    Hyos.

SEXUELLES Verlangen vermehrt Jungfrauen bei (auch pubertierende)
    carc. Con. manc. PLAT. tarent.

SEXUELLES Verlangen vermehrt Mädchen kleinen bei
    hyos. Plat.

SEXUELLE Vermeidungs- o. Verweigerungshandlungen Adoleszenz während
    abrot. ign. sanic. Sil. TUB.

SINGEN, Trällern ständiges
    bell. croc. hyos. Phos. stram.

SORGE andere um, speziell nach emotionalem Verlust
    Sulph.

SORGEN Kleinigkeiten um, aus geringfügigem Anlass
    ars. Bar—c. Calc. tub.

SORGEN Übelkeit und Zusammenschnürung im Magen mit
    lyc. Med.

SORGSAMKEIT, Sorgfalt, auch beim Basteln und Tüfteln
    ARS. Aur. bar—c. bry. calc. CHIN. Graph. Ign. lach. lyc. Nux—v. Sep. SIL. stram.
    verat.

SORGSAMKEIT, Sorgfalt, aber trotzdem lassen sie Sachen fallen
    Apis. bov.

SOZIALE Haltung ausgeprägt, altruistisch bis zur Selbstaufgabe
    arn. Aster. aur. Calc. Carc. Caust. nat—m. sep. staph.

SPIELEN abends, K. beginnt erst abends richtig zu s.
    cypr. lach. Med.

SPIELEN Abneigung
    arum—t. Bar—c. bar—m. carc. Cina. Hep. Lyc. merc. Nat—m. RHEUM. sep.
    Sulph.

SPIELEN Abneigung Kummers oder Missgeschicks wegen
    arg—n. ars. Bar—c. cham. graph. hell. nat—c. NAT—M. Op. Puls. Sep. sil. sulph.

SPIELEN Abneigung Müdigkeit wegen (muss sich erst ausruhen)
    bar—c. calc. Sep. sul—ac.

SPIELEN Abneigung Trägheit wegen
Bar—c. calc—pic. Lach. pic—ac.

SPIELEN Abstand - die anderen Kinder sollen 3 Meter weiter weg s.
Bry. CINA. kali—br.

SPIELEN allein ungern, braucht jemanden zur Gesellschaft
Carc. lyc. phos.

SPIELEN allein, ruhig in einer Ecke sitzend
bar—c. bar—m. Calc.

SPIELEN bösen Streich anderen oder dem Lehrer (Schabernack treiben)
ars. Bell. Lach. Tub. zinc.

SPIELEN draussen auf Rasen, im Gras Verlangen
calc. Elaps.

SPIELEN Fingern mit Verlangen
Hyos. kali-br. tarent.

SPIELEN Freude am Abbrechen des S.
ars—i. Calc. phos. SULPH. tub.

SPIELEN Gruppe in kann oder will nicht (Einzelgänger)
anac. cina. Kali—bi. kali—br. Nat—m. plb. sep. Sil. sulph.

SPIELEN jüngeren Kindern mit oft oder gern, vorzugsweise mit kleineren
bar—c. CARC. Lyc. puls. sil.

SPIELEN Lieblingsspielzeug Abneigung unerwartete
Cina. RHEUM. staph.

SPIELEN Spielautomaten, Glücksspiel, Flippern etc. starke Neigung zu
Bell. lyc. mag—m. Med. Merc. nat—c. nux—v. puls. staph. sulph. Tub. Verat.

SPIELEN unfähig zum
bar—c. bar—m. Cina. hep. Lyc. Merc. Nat—m. Rheum. Sulph.

SPIELEN Verlangen ständig, Abneigung gegen Arbeit oder ernste Dinge
Con. Phos. tarent. Tub.

SPIELEN Verlangen nachts
Coff. cupr. Cypr. med. staph.

SPIELEN Verlieren dabei kann schlecht (ev. Mogeln deshalb)
bell. Lyc. nux—v. PLB. Sulph. sep.

SPIELEN Verstecken und Suchen, Verlangen ausgeprägt
BELL. camph. cupr. Hell. hyos. Ign. lach. puls. Stram. tarent.

SPIELEN, Geschichten erzählen, Lesen Fieber bei Verlangen
Bell. ferr—p.

SPIELERISCHES Verhalten, verspieltes Schulkind
aloe. bufo. cimic. cocc. croc. elaps. ign. lach. meny. naja. ox—ac. seneg. tarent.

SPIELZEUG Puppenstube Verlangen
Bar—c. Calc. Puls.

SPIELZEUGE Verlangen nach neuen - alte Sachen sind langweilig
APIS. Phos. puls. SULPH. Tarent. tub.

SPIELZEUGE Verlangen nach neuen, fieberhafter Erkrankung bei
Cham.

SPRACHE kindisch bei älteren Kindern ("Baby - Sprache")
acon. Arg—n. Bar—c. Bufo. cic. ign. lyc. merc. thyr.

SPRACHE schnell bei trockenem Mund (kein Speichelfluss)
bell. bry. lach. Merc. thuj.

SPRACHE undeutlich (man versteht sie nicht)
agra. anac. bar—c. Bell. bufo. coca. dulc. gels. lach. Hyos. merc.

SPRECHEN Abneigung gegen - findet schwer Worte
THUJ.

SPRECHEN Kummer über seinen agg.
Calc. Ign.

SPRECHEN Lernen spätes, lernt langsam s.
Agar. agra. BAR—C. bar—m. bar—p. Bell. bor. bufo. Calc. Calc—p. calc—s. caust. med. NAT—M. Nux—m. ph—ac. phos. Sanic. Sil. sulph.

SPRECHEN Lernen spätes, eigene Wortschöpfungen, aber gute Satzmelodik
calc—sil. Sil.

SPRECHEN nasales, Kinder mit offenem Mund
all-c. alum. am—c. Bar—m. bell. Caust. gels. kali—i. Lac—c. lyc. merc. Staph. thuj.

SPRECHEN Schlaf im (Reden)
arn. Ambr. Bar—c. calc—s. BELL. carb—an. Cham. Cina. hyos. Kali—c. lac—c. Lach. lyc. nat—m. nux—v. psor. puls. pyrog. Sep. sil. Stram. sulph.

SPRECHEN Selbstgespräche
aeth. Ant—t. AUR. calc. Chlol. HYOS. KALI—BI. mag—p. Mosch. Nux—m. Pyrog. tarax.

SPRECHEN Selbstgespräche mit Gestikulieren
hyos. Mosch.

SPRECHZIMMER Kinder auffällig artige und wohlerzogene
Nat—m. puls. SIL. Staph.

SPRECHZIMMER Kinder ängstliche, die nicht ins S. hinein kommen wollen
Ars. BAR—C. CAUST. LYC. Sil. tub.

SPRINGEN über Tische und Bänke (Stühle, Wildheit)
Bell. cina. stram. verat.

SPRINGEN über Tische und Bänke (Stühle, Wildheit) abends
CINA. Stram.

SPRINGEN, Hüpfen will - schreit dann aber ängstlich
nat—c. sulph.

SPUCKEN anderen ins Gesicht
BELL. bufo. calc. cann—i. Cupr. hyos. stram. Verat.

STAMMELN
bell. BOV. calc—s. caust. dulc. ign. Lach. med. merc. spig. STRAM.
vergleiche: Stottern

STARRE, Katalepsie Kummer durch (agg.)
cupr—a. Ign. Ph—ac. Staph.

STARRE, Katalepsie Schreck, Schock durch
ACON. Bell. Gels. ign. OP.

STEHLEN, Kleptomanie, stiehlt Geld
absin. Calc. lach. nux—v. Op. Puls. sulph.

STEHLEN, Ladendiebstahl (Kleptomanie)
absin. art—v. calc. cur. KALI—C. lach. mag—c. Med. nat—c. Nux—v. op. phos.
Puls. sep. Sulph. Tub.

STEHLEN, LADENDIEBSTAHL (Kleptomanie)
siehe therapeutische Hinweise S. 615

STÖHNEN (Ächzen Wehklagen Wimmern)
ant—c. ant—t. bor. calc. Calc—p. caust. Cham. Cina. lach. mill. phyt. Podo. sacch.

STÖHNEN, Ächzen, Wimmern Husten Keuchhusten bei
bell. cina. cupr—a Cupr—ar. podo.

STÖHNEN, Ächzen, Wimmern Zahnung bei
CHAM. phyt. Podo.

STÖHNEN Schlaf im (bei Atem- und Verdauungsbeschwerden)
bell. calc. calc—p. Lyc. nux—v. op. Phos. podo. puls. sil. sulph.

STÖHNEN, Wimmern jämmerlich weil sie Gewünschtes nicht bekommen
CHAM.

STOSSEN und Treten, allgemein aggressives Benehmen
Bell. carb—v. Cham. cina. Fl—ac. Gal—ac. hep. Lyc. MED. nux—v. prot. sanic. Stram. stry. tarent. tub. verat.

STOSSEN und Treten, Reizbarkeit und Schimpfen beim Gehen
lyc. sanic.

STOSSEN und Treten, Übellaunigkeit, Schimpfen, Beleidigen bei Erwachen
Lyc. thuj.

STOTTERN
acon. Agar. arg—n. arn. Bell. BOV. bufo. calc—p. CANN—S. cann—i. Caust. cham. cortex. cupr. Dulc. euphr. gels. hell. ign. iod. Kali—br. lach. lyc. med. MERC. nat—m. op. phos. Plat. sec. spig. staph. STRAM. Sulph. tarent. thuj. vergleiche: Stammeln

STOTTERN anatomische Gründe siehe unter Mund, Stottern, S. 262

STOTTERN Ärger bei
agar. Caust. lyc.

STOTTERN geistig zurückgebliebener Kinder
Bov. bufo. merc.

STOTTERN mit choreatischen Bewegungen, Grimassieren etc.
Agar. bov. Bufo. Caust. ign. spig. Stram. tarent.

STOTTERN mit hartnäckigem Schluckauf (N. phrenicus Affektionen)
BELL. Caust. cupr. hyos. Kali—br. Merc. nat—c. NUX—V. Phos. Stram. sul—ac.

STOTTERN nur am Beginn eines Satzes
euphr. Spig.

STOTTERN nur am Ende eines Satzes
Lyc.

STOTTERN nur bei Aufregung
Caust. Gels. lyc. merc. plat. staph.

STOTTERN Schreck oder Verletzungs Schock durch
acon. Arn. bell. OP.

STOTTERN und Verschlucken von Worten
arg—n. cham. Staph.

STREIT im Elternhaus unerträglich, Beschwerden agg. durch S. (Harmonie Verlangen)
calc. Carc. Ign. lyc. Nat—c. Nat—m. nux—v. Phos. tub.

STREIT
siehe auch Beschwerden durch Streit

STREITSÜCHTIG und aufsässig (eher verbal)
    aur. calc. Gal—ac. Hep. Ign. Kali—c. NUX—V. petr. SANIC. Sil. SULPH. Tarent. Tub. thuj.

STREITSÜCHTIG und aufsässig Pubertät während
    arg—n. CALC. CALC—P. Caps. lac—c. lyc. mosch. Sanic. SIL. thuj.

STREITSÜCHTIG und herrisch zuhause - bei Fremden lieb und nett
    kali—c. kali—p. Lyc. NUX—V. thuj.

STREITSÜCHTIG ohne emotionale Beteiligung (nicht richtig ärgerlich)
    bell. Dulc.

STRESS leicht gestresst, überfordert
    Lyc. Nat—m. Sep.

STUMM in d. Kindheit (auch wg. Schwierigkeit d. Hörens)
    Agra. bell. caust. lyc. Merc.

STUMPFHEIT (Mangel an Aufgewecktheit, Stumpfsinn)
    aeth. abrot. Agar. ARG—N. Bac. BAR—C. Bar—m. bufo. Calc. CALC—P. Carbn—s. Carc. iod. lac—c. lach. Lyc. Med. Merc. nat—p. phos. Sil. SULPH. Syph. thuj. Tub. Zinc.

STUMPFHEIT Verstopfung während
    arg—n. OP. Phos. nux—v.

STUPOR, Starre Diphtherie bei
    ail. Nat—m. Sul—ac.

STUPOR, Starre Hydrocephalus bei
    APIS. Apoc. Clem. Hell. Hyos. Lyc. Nat—m. op. phos.

STURHEIT
    Alum. ant—c. bry. Calc. caps. carc. Kali—c. kali—s. Lyc. nit—ac. Sanic. Sil. tub.

SÜNDENBOCK - Kind lässt sich zum S. machen
    ars. ars—i. BAR—C. Calc—p. Carc. phos. PULS. Sil. Staph.

TADEL Beschwerden nach incl. psychosomatische Reaktionen
    agar. Carc. cham. IGN. Lyc. med. nat—m. Nat—s. nit—ac. nux—v. op. Staph. stram. sulph.

TADELSÜCHTIG kritisch gehässig
    Ars. aur. carc. cupr. cupr—ar. lach. Lyc. tub.

TAGTRÄUMEN von früher Heirat mit Traumprinz (idealem Partner)
    Ign. Nat—m.

TANZEN Neigung zu (Verlangen oder plötzlicher Impuls)
    Bell. bufo. Carc. cic. croc. fl—ac. hyos. phos. SEP. stram. Tarent.

TASCHENGELD gibt schnell alles aus

arg—n. merc. Phos. SULPH. tub.

TASCHENGELD sparsames Ausgeben

Ars. psor. Sep.

TECHNISCH interessiert, kommandierend und extrovertiert

Sulph.

TELEPHONIEREN gern, Mädchen oft stundenlang

sep.

TEMPERAMENT cholerisch (Konstitution)

abrot. absin. acon. aesc. agar. agav—t. alco. alum. am—c. ambr. Anac. ang. Ant—t. apis. arn. ars. AUR. bar—c. BELL. bor. Bry. calc. calc—p. camph. canth. Carb—v. Carbn—s. caste. caust. Cham. chin. CIC. cocc. coff. coloc. con. corn. croc. cupr. cyna. dros. dulc. ferr. fl—ac. glon. graph. grat. HEP. HYOS. ictod. ign. Iod. kali—bi. kali—c. Kali—i. Kali—p. Lach. Led. lil—t. Lyc. M—aust. mag—s. mang. merc. merc—c. merl. mez. mosch. nat—c. Nat—m. nat—s. nit—ac. nitro—o. NUX—V. olnd. ox—ac. Petr. ph—ac. Phos. plat. plb. ran—b. sabad. sacch. seneg. Sep. sil. spig. stann. staph. STRAM. stront—c. Sulph. SYPH. Tarent. teucr. Verat. verat—v. Visc. zinc.

TEMPERAMENT hysterisch nervös (Konstitution)

agn. apis. Cham. croc. gels. hyos. IGN. kali—br. Lil—t. mag—m. nux—m. puls. Sep. tarent. tub. VALER. verat.

TEMPERAMENT melancholisch (Konstitution)

Alum. anac. arg—n. Bar—c. Berb. Bry. Calc. Calc—f. calc—s. carb—an. card—m. Caust. con. Fl—ac. graph. guaj. Hell. ign. Lith—c. Lyc. pareir. ph—ac. plb. PSOR. puls. Sars. Sec. sel. Sep. sil. spig. stann. stict. Stront—c. thuj. urt—u. Visc.

TEMPERAMENT nervös (Konstitution neurasthenisch), schwache Nerven

ACON. agar. agn. alum. am—c. Ambr. Aml—ns. anac. ang. Arg—n. arn. Ars. asaf. Asar. Aur. Bar—c. Bell. bor. carb—v. Caul. CHAM. CHIN. cic. CINA. cinnb. Cocc. COFF. colch. Coloc. Con. croc. Cupr. cur. dig. GELS. graph. hell. Hep. Hyos. Iod. Ign. kali—n. lac—c. lach. laur. lyc. Mag—c. mag—m. Merc. Mosch. mur—ac. Nat—c. Nat—m. Nit—ac. NUX—M. Nux—v. op. ox—ac. Petr. Phos. PH—AC. phys. Plat. plb. Puls. rhus—t. sabin. sars. Scut. sec. sel. Sep. Sil. spig. spong. Stann. staph. Stram. Sulph. sul—ac. Tarent. teucr. Thea. ther. valer. verat. viol—o. Zinc.

TEMPERAMENT phlegmatisch (Konstitution)

agar. aloe. alum. Am—c. am—m. ant—c. ant—t. Aran. aster. aur. Bad. bar—c. bov. brom. Calc. caps. carb—an. Carb—v. caust. cupr. Dulc. ferr. Graph. Hydr. ip. kali—bi. kali—br. kali—c. kali—chl. kali—i. Kali—n. Lach. Lyc. Mag—c. mag—m. mang. MED. Merc. Mez. nat—c. nat—m. Nat—n. Nat—s. nit—ac. petr. ph—ac. Psor. Puls. Pyrog. rhus—t. sabin. Sep. Sil. spong. stront—c. sulph. Thuj. tub. Vario. verat.

TEMPERAMENT sanguinisch (Konstitution)
> Acon. agar. ambr. Apis. arg—n. Arn. ars. ars—i. asaf. aur. Bell. Brom. calc—p. cann—i. caust. cham. chin. Cimic. cocc. Coff. Croc. Ferr. ferr—i. ferr—p. fl—ac. Gels. glon. Hyos. hyper. ign. Iod. kali—br. kali—i. kali—n. kali—p. kali—s. lac—c. lach. lil—t. lyss. mag—m. Meph. Merc. Mosch. nat—p. Nux—m. op. petr. Phos. ph—ac. pic—ac. plat. Puls. sabad. stram. sulph. sul—ac. tab. TUB. Valer. Zinc. zinc—i. zinc—p.

TIERE quälen (Tierquälerei)
> anac. Ars. bell. Hyos. Med. tub.

TIERLIEBE ausgeprägt
> Aeth. Carc. med. sil.

TOBSUCHTSANFÄLLE
> siehe unter Zorn Ausbrüche und therapeutische Hinweise S. 615

TOD früher eines Elternteiles in der Vorgeschichte
> calc. Caust. Ign. med. NAT—M. nux—v. Plat. staph.

TOD wünscht s., Todesgedanken
> aur. nat—s.

TÖRICHT ärgerliches Verhalten
> anac. Stram.

TÖTEN Impulse, andere zu t.
> Anac. ars. HEP. Hyos. Iod. Lach. Merc. nux—v. petr. plat. phos. Stram. Tarent.

TOLLPATSCHIGKEIT mit Nervöser Übererregtheit (überdreht)
> apis. bov. Cocc. Nat—m.

TONFALL jammernd, klagend, Stimme weinerlich
> ars. Sep. Staph.

TRÄGHEIT - findet sich aber nicht ausreichend gewürdigt
> SULPH.

TRÄGHEIT allgemein
> Am—c. alum. arg—n. Aur. BAR—C. Bar—m. bor. brom. CALC. Calc—p. caps. Carb—v. carbn—s. caust. chin. Helon. hep. GRAPH. Kali—c. Kali—s. lach. Lyc. mag—c. merc. mez. Nat—c. nat—m. op. Ph—ac. puls. Sep. sil. Sulph. thuj. zinc.

TRÄGHEIT geistige nach Krankheit
> ph—ac. Tub.

TRÄGHEIT geistige während Krankheit
> Anac. Apis. Arn. Ant—c. bar—c. BELL. brom. Bry. calc. Camph. Caps. Carb—v. Chel. Cycl. Dulc. Graph. PH—AC. plb. Rhus—t. Sep. Sulph. Thuj. zinc.

TRÄGHEIT geistige während Krankheit mit langsamem Sprechen
> Carb—v. hell. lach. PH—AC. Phos. PLB. Sep. Thuj.

TRÄGHEIT, Verstopfung und Verlangen zu sitzen (Herumsitzen)
calc. GRAPH. Kali—s.

TRAGEN am., Verlangen getragen zu werden
acet—ac. acon. ant—c. ANT—T. Ars. aspar. bell. benz—ac. bor. BRY. brom. calc. carb—v. CHAM. Chel. Cic. CINA. coff. coloc. ferr. ign. ip. Kali—c. Kreos. Lyc. Med. merc. nat—c. nat—m. ph—ac. phos. podo. PULS. Rhus—t. sanic. sep. stann. staph. sulph. vac. Verat.

TRAGEN, Herumtragen am.
carc. CHAM.

TRAURIGE Geschichten zu Lesen Verlangen (am.)
Nat—m.

TRAURIGE Geschichten ergreifen sie tief
arg—n. ars. Aur. Aur—m. CALC. calc—s. carb—v. CARC. Caust. chin. CIC. cocc. con. ferr. gels. Hep. ign. IOD. Lach. Lyc. manc. nat—c. nat—m. Nit—ac. Nux—v. PHOS. prot. Puls. Sep. Sil. STAPH. Sulph. Teucr. Zinc.

TRAURIGE Kinder (habituelle Traurigkeit ohne sonderlichen Grund)
Calc. carc. Caust. LYC. nat—m. Thuj.

TRAURIGE Musik (ernste oder klassische M.) Verlangen (am.)
mang. Nat—m.

TRAURIGKEIT (Depression, Melancholie) allgemein
abrot. Anac. ant—c. Ars. Aur. bor. Calc. carb—v. carc. Caust. chin. Graph. Hell. helon. ign. lac—c. Lach. LYC. manc. NAT—M. petr. Ph—ac. puls. rhus—t. sep. Staph. stann. sulph. verat.

TRAURIGKEIT (Depression, Melancholie) getragen werden am.
ant—c. ant—t. Ars. Bell. CHAM. Cina. coloc. ip. Kali—c. Lyc. merc. Puls. STANN. verat.

TRAURIGKEIT (Depression, Melancholie) Gleichgültigkeit, Apathie mit
lyc. nat—m. PH—AC. Phos. SEP.

TRAURIGKEIT (Depression, Melancholie) Hilflosigkeit mit
Calc. hell. Sep.

TRAURIGKEIT (Depression, Melancholie) Mädchen Pubertät vor der
Ars. calc. calc—p. HELL. Lach.

TRAURIGKEIT (Depression, Melancholie) Mädchen Pubertät während
Bell. calc—p. HELL. helon. ign. kali—br. manc. Nat—m. puls. sep.

TRAURIGKEIT (Depr., Melan.), Menarche wegen, traurig, weil Kindheit vorbei ist
Hell. nat—m. Puls. sep. sil. tub.

TRAURIGKEIT (Depr., Melancholie), Menses ausbleibender, kurz nach Menarche
Hell.

TRAURIGKEIT (Depression, Melancholie), Menses vor
am—c. aur. calc. lyc. med. Nat—m. nit—ac. plat. PULS. Stann.

TRAURIGKEIT (Depression, Melancholie), Menses während
am—c. aur. Cimic. graph. ign. merc. nat—c. nat—m. phos. Puls. sep.

TRAURIGKEIT (Depr., Melan.), Menses unregelmässige und Schule Desinteresse
Aur. Ign. Puls. hell.

TRAURIGKEIT (Depression) Müdigkeit und Antriebslosigkeit mit
Anac. Ars. bor. Calc. Caust. Carb—v. Chin. chin—ar. Ign. lach. petr. PH—AC.
puls. Sep. staph. Stann. tub. Verat.

TRAURIGKEIT und Negativismus
SEP. tub.

TRAURIGKEIT und Niedergeschlagenheit
Ars. AUR. Calc. hell. Lach. med. Nat—m.

TRAURIGKEIT und niedergeschlagen, Musik rührt zu Tränen (Weinen bei Mu.)
Acon. nat—p. nat—s. THUJ.

TRAURIGKEIT (Depression, Melancholie) Pubertät in der
Ant—c. Ars. Aur. bell. Calc. Calc—p. Caust. Graph. Hell. helon. ign. Lach. Manc.
NAT—M. puls. Rhus—t. sep. Sulph. tub.

TRAURIGKEIT (Depression, Melancholie) Selbstmord mit Neigung zum
alum. AUR. calc. caust. chin. cimic. con. graph. Hep. ign. med. Merc—aur. naja.
Nat—m. Nat—s. nux—v. op. Psor. ran—b. rumx. sep. Spig. STAPH. sulph.

TRAURIGKEIT und unglücklich sein Gefühl (unerklärlich, oft grundlos)
bry. calc. caust. chel. CHIN. Graph. ip. LYC. nat—m. nit—ac. rhus—t. SEP.
Staph. sulph. verat. Tub.

TRAURIGKEIT und unglücklich sein Gefühl morgens bei Erwachen (unerklärlich)
lach.

TRAURIGKEIT und unverstanden sein Gefühl
aur. Tub.

TRAURIGKEIT Verlassenheitsgefühl mit, wenn Geschwister zur Schule kommen
calc. lach. PULS.

TRAURIGKEIT, Weinen lindert die Traurigkeit (am.)
Med.

TRAURIGKEIT und Zurückgezogenheit
med. nat—c. NAT—M.

TRETEN, macht sich steif beim Tragen und tritt um sich
Cham. cina.

TRETEN, tritt andere Menschen aus gewalttätiger Bosheit
Bell. bry. carb—v. Cham. CINA. gal—ac. ign. Lyc. Med. Nux—v. Stram. stry. Tarent. tub. verat.

TRETEN, tritt Haustiere (Hund, Katze) aus purer Bosheit
hyos. Med. TUB.

TRICKREICH, gewitzt, listig
Cupr. tarent. tub.

TROST allgemein agg.
ant—c. bell. calc—p. Carc. Cham. cina. Ign. NAT—M. plat. SEP. Sil. syph. tarent. tub.

TROST am. auffällig schnell, leicht tröstbar
cob—n. nat—c. mim—h. Phos. PULS. Viol-o.

TROST durch Süssigkeiten Verlangen / emotionale Ersatzbefriedigung
calc. Chin. ip. kali—c. mag—m. Nat—m. petr. rhus—t.

TROTZ
Anac. arn. bell. bufo. CAUST. CHAM. Cina. Cupr. ferr. ferr—p. Ign. Lyc. Mag—c. med. NUX—V. ph—ac. sec. sep. sil. Staph. sulph. Tarent. thuj. Tub.

TROTZ als Reaktion auf Kummer oder Missgeschick
ANT—C. Calc. carbn—s. CAUST. Kali—br. Kali—c. mag—c. mag—m. NUX—V. ph—ac. Plat.

TRETEN Stossen Wurmbefall während (bei Würmern)
carb—v. Cina. cupr. tub.

TYP faul, wohlgenährt bis Fettsucht und helle Komplexion
Calc. calc—pic. Graph.

TYRANN (herrisch sein macht ihm Spass)
Cupr. LYC. tub. Verat.

ÜBELLAUNIGKEIT allgemein
ANT—T. abrot. Ars. bor. Calc—p. CHAM. CINA. cupr. graph. lyc. nit—ac. Nux—v. puls. psor. sil. tub.

ÜBELLAUNIGKEIT morgens, Erwachen beim
ars. Kali—c. lach. LYC. mag—m. Nit—ac. Nux—v. psor. puls. sulph.

ÜBELLAUNIGKEIT Rückzug mit (sich zurückziehen)
Fl—ac. med. Nat—c. NAT—M. Nit—ac. ph—ac. Phos. SEP. sil. staph.

ÜBELLAUNIGKEIT und Verstimmung mit stechenden Schmerzen d. Wirbelsäule
Rhus—t.

ÜBELNEHMERISCH, unfähig Spass oder Scherz zu ertragen
Ars. bar—c. CINA. sanic.

ÜBERANSTRENGUNG, mutet sich zuviel zu
anac. ars. kali—c. lach. Lec. NUX—V. Phos. sep. sil. staph.

ÜBEREMPFINDLICHKEIT in Gemüt und Geist allgemein
ACON. ant—c. Ant—t. Bell. calc. CHAM. chin. Coff. cupr. Ign. lac—c. lyc. mag—m. nux—v. Phos. sil. staph. TEUCR. ther. Valer.

ÜBEREMPFINDLICHKEIT äussere Eindrücke für
cocc. nux—v. Phos. Staph.

ÜBEREMPFINDLICHE Mädchen
art—v. Ign. nux—v. staph. sep.

ÜBEREMPFINDLICHKEIT, Weinen bei Kleinigkeiten mit
Caust. lyc. nat—m. puls. Sep. sil.

ÜBERFORDERUNG - Eltern zu streng, Kind wird sehr angetrieben
ANAC. aur. Carc. Nat—m. STAPH.

ÜBERFORDERUNG - Kindergarten oder Schule K. kommt zu früh in K.
Bar—c. calc. Nat—m. STAPH.

ÜBERTREIBEN seiner Beschwerden
asaf. bufo. Calc—p. Cham. mosch. Tarent.

UNAUSGEGLICHENHEIT ausgeprägt Adoleszenz während (seel. Imballance)
Ign. lyc. Nat—c. nat—m, Sep. TUB

UNBERECHENBARE Natur
Anac. calc. cic. ign. Lyc. sanic. Tarent. TUB.

UNBERECHENBARE Natur und halsstarrig
Calc. Cina. lyc. Sanic. TUB.

UNBESTÄNDIG siehe auch oben unter Arbeit, Ausbildung und
unten unter Wankelmut

UNENTSCHLOSSENHEIT (Entscheidungs Schwäche, auch im kognitiven Bereich)
ars. Bar—c. calc—s. carc. chlol. Graph. hell. ign. lach. Lyc. nux—m. onos. op. petr. phos. PULS. sulph.

UNERMÜDBARKEIT (hohes Energieniveau)
agar. Bell. Coff. fl—ac. ign. kali—i. Med. Nux—v. PHOS. sulph. stram. Tarent.

UNERWÜNSCHTES oder abgeschobenes Kind (Krippe, Kindertagesheim)
anac. Arg—n. ars. aur. aur—m. bar—c. bell. calc—p. camph. cann—i. carb—an. carb—v. Cham. Chin. chin—ar. Con. cycl. dros. hyos. IGN. Kali—br. lach. Lac—c. lil—t. lyc. merc. mosch. Ph—ac. naja. Nat—c. NAT—M. Nux—v. pall. Plat. PULS. rhus—t. Sep. Spong. Staph. stram. tarent. Thuj. verat. zinc.

UNGEDULD allgemein
ambr. anac. Arg—n. Bry. Bufo. calc. carb—v. CHAM. Cina. Dros. dulc. Hep. hyos. Ign. ip. lach. lyc. MED. nat—c. nat—m. Nit—ac. Nux—v. ph—ac. Phos. psor. puls. Sep. Sil. spong. Sul—ac. sulph. thuj. Tub.

UNGEDULD Essen, wenn auf E. warten muss - reizbar dabei, auch Schreien
am—c. Anac. brom. Calc. calc—f. chel. Cina. Graph. Iod. kali—c. Lyc. phos. sil. staph. Sulph.

UNGEDULDIG fordernd irgendetwas
Bry. CHAM. Lyc. med. sanic. Sep. tub.

UNGEDULDIGES Kleinkind
Cham. CINA. phos. rheum. Sulph. Tub. zinc.

UNGEDULDIG Spielen beim
anac. Nux—v. psor. sep.

UNGEHORSAMKEIT allgemein
Am—c. aur. bell. Calc—p. cand—a. caps. carc. caust. CHAM. Chin. Cina. Cupr. dig. Gal—ac. lac—c. Lyc. Med. merc. nit—ac. nux—v. plat. Plb. Sanic. Sulph. Tarent. thuj. TUB. Verat. Viol—t.

UNGEHORSAMKEIT, aber nicht unfreundlich dabei
bell. Lyc. phos.

UNGEHORSAMKEIT, Kinder wollen nur anordnen, befehlen
cupr. Lyc. merc. Plat. Verat.

UNGELIEBTES Kind incl. Wahnidee, nicht akzeptiert zu werden
anac. Arg—n. ars. aur. aur—m. bar—c. bell. calc—p. camph. cann—i. carb—an. carb—v. Cham. Chin. chin—ar. Con. cycl. dros. hyos. IGN. Kali—br. lach. Lac—c. lil—t. lyc. Mag—c. merc. mosch. Ph—ac. naja. Nat—c. NAT—M. Nux—v. pall. Plat. PULS. rhus—t. Sep. Spong. Staph. stram. tarent. Thuj. verat. zinc.

UNGESCHICKLICHKEIT, Gläser zerbrechen eine Menge (fallen lassen)
Agar. bar—c. bov. Caust. nat—c. nat—m.

UNGESCHICKLICHKEIT, Unbeholfenheit
bar—c. Agar. apis. Caps. ip. Nat—c. Nat—m. sulph.

UNGESTÜME Heftigkeit
acon. Bry. carb—v. caust. Hep. kali—i. Nat—c. nit—ac. Nux—v. rheum. sep. zinc.

UNGLÜCK stellt sich ein U. in s. Phantasie vor
calc—s. Phos.

UNGLÜCKLICH sein Gefühl, wie nicht für diese Welt geschaffen
bry. hell. nat—m. Sec. SULPH. Tub.

UNHÖFLICHKEIT
am—c. CHAM. hep. Lyc. mag—m. plat. Verat.

UNRECHT verletzt sehr, reagiert empfindlich auf Ungerechtigkeit
carc. Caust. Nat—m. phos. Sep.

UNRECHTBEWUSSTSEIN fehlendes
anac. merc. op. stram. Tarent. Tub. verat.

UNREINLICHKEIT, Harnlassen und defäkieren überall (Eckenscheisser)
Caps. hyos. Sep. sil. Sulph.

UNRUHE (im Sinne v. Lebhaftigkeit)
ars. ars—i. bar—c. Bufo. Coff. graph. Hyos. Iod. Lach. Phos. Sulph. tarent. tub.
verat. zinc.

UNRUHE siehe auch unter Ruhelosigkeit

UNTERDRÜCKTE Kinder (übermässig gefügig)
ANAC. Aur. calc—p. Carc. merc. STAPH.

UNTERDRÜCKTE Kinder durch s. selbst (internalisierte hohe Ansprüche)
AUR. Carc. nat—m. staph.

UNTERDRÜCKUNG / Beherrschung durch andere, Beschwerden durch
Anac. CARC. cand—a. foll. LYC. med. nat—m. sil. STAPH. thuj.

UNTERDRÜCKUNG seelisch - geistige mit Magenbeschwerden wie Gastritis
anac. Caust. coloc. lyc. nux—v. STAPH.

UNTERSUCHUNG - Verweigerung d. körperlichen Untersuchung
arg—n. Ant—c. ant—t. arn. ars. bar—c. cham. Cina. kali—c. med. nat—m. sanic.
Sil. Tub.

UNTERSUCHUNG - verweigert zunächst, lässt sich schliesslich doch dazu bringen
arg—n. bell. Calc. Nat—m. scp.

UNTERSUCHUNG körperliche - Abneigung mit Brüllen, Treten, sich wehren
ANT—C. BELL. caps. cham. cina. Cupr. lyc. Med. sil. tub.

UNTERWÜRFIG gegenüber Stärkeren, aber hart und gemein gegen Schwächere
lach. Lyc. plat. VERAT.

UNTRÖSTLICH Weinen beim
acon. ars. CHAM. chin. coff. lyc. NAT—M. nux—v. phos. Puls. Verat.

UNTRÖSTLICH weinende und unruhige Kleinkinder und Säuglinge
acon. Cham. JAL. nat—m. puls.

UNVERSCHÄMT, anmassend, dummdreist
canth. Gal—ac. Graph. lach. LYC. med. Nat—m. nux—v. Plat. puls. sacch. sulph. VERAT.

UNVERSCHÄMT, anmassend gegen die Eltern
LYC. Nat—m. plat. sanic.

UNWILLE - ärgerlich, aufgebracht, böse, zornig
anac. Calc—p. CHAM. CINA. hep. Nat—m. nux—v. Phos. Sanic. Tub.

UNZUFRIEDEN allgemein (mit Jammern, Klagen oder Meckern)
am—m. ant—c. bism. CALC—P. calc—s. carc. CHAM. CINA. cupr. Hep. Gal—ac. kreos. lac—c. merc. nat—m. Nit—ac. Nux—v. PULS. Sanic. sep. sil. sulph. staph. Tub.

UNZUFRIEDEN ständig - K., d. nie zufrieden zu stellen sind
am—m. Calc—p. CINA. cupr. nit—ac. puls. sil. Tub.

UNZUFRIEDEN allem mit, was sie gerade tun oder haben, mit Meckern
Calc—p. cina. merc. nat—m. Nit—ac. Sanic. TUB.

UNZUFRIEDEN Leistung mit der eigenen Leistung
Carc. con. cycl. Nat—m. nux—v.

UNZUFRIEDEN Umgebung mit ihrer
Calc—p. cham. Cina. Hep. nit—ac. Sanic. Tub.

UNZUFRIEDENHEIT (Frustration), Gefrässigkeit kompensiert durch
ars. Aur. CALC. Cina. Lyc. Nat—m. Nux—v. petr. psor. Puls. Phos. Sulph.

UNZUFRIEDENHEIT (Frustration), Masturbation kompensiert durch
bufo. bar—c. Calc—p. carc. Hyos. lil—t. Lyc. Phos. Plat. STAPH. Stram. tub.

VERANLAGUNG mürrisch, unleidlich (Benehmen, Verhalten)
am—c. cham. Cina. cupr. lyc. nit—ac. Nux—v. sanic. tub. upa.

VERANTWORTUNG Abneigung
asar. Calc. calc—f. LYC. Med. Merc. phos. plb. sulph.

VERANTWORTUNG übermässige, ungewöhnliche zu übernehmen agg.
aur. Calc. CARC. lyc. nat—m. Sep.

VERANTWORTUNG unfähig zu übernehmen
Fl—ac. lyc. phos. sulph.

VERANTWORTUNGS Gefühl gross, sehr verantwortungsbewusst
aur. Calc. calc—p. Carc. cocc. ign. kali—c. nat—m. nat—s. sep.

VERDREHT und widerspenstig, dabei hastig
Calc—p. Sulph.

VERDRIESSLICHKEIT grämliche, übellaunigem Verhalten mit
Ant—c. Calc—p. CHAM. CINA. nat—m. puls. psor. Sanic. sep. tub.

VERDRIESSLICHKEIT plötzliche, mit Erbrechen und Weinerlichkeit
Puls.

VERDRIESSLICHKEIT reizbare, dabei Schreien und Weinen d. ganze Nacht
Jal. nux—v. lac—c. Psor.

VERDRIESSLICHKEIT reizbare, will dabei nicht berührt werden
Ant—c. bell. Bry. cham. Cina. kali—c. lach. nux—v. Sanic. sil. stram. tarent.

VERGESSLICHKEIT Aufgaben und Tätigkeiten für (was er tun sollte oder wollte)
agn. anac. bar—c. Cann—i. calc—p. caust. chel. cinnb. Iod. kali—s. Lac—c. Nat—m. Phos. SULPH. zinc.

VERGESSLICHKEIT Einkäufe - lässt Waren im Laden liegen
agn. anac. bell. Caust. lac—c. Nat—m.

VERGESSLICHKEIT Gelerntes, Gehörtes, Gesehenes für (kognitiv)
arn. Bar—c. calc. Cann—i. Hell. kali—br. lach. Lyc. Med. merc. puls. sulph. syph.

VERGESSLICHKEIT Laufen - Kleinkind hat vergessen, wie man läuft
CALC.

VERGESSLICHKEIT, Unkonzentriertheit wg., Ablenkung, Schusselichkeit
calc. Med. Phos. SULPH. zinc.

VERGEWALTIGUNG oder STRASSENRAUB
siehe therapeutische Hinweise S. 616

VERHALTENSSTÖRUNGEN: ungezogenes, fürchterliches Kind
alum. Am—c. Anac. Ant—c. arg—n. ars. calc. Bell. CHAM. CHIN. chin—ar. CINA. cocc. Cupr. cupr—ar. cur. GAL—AC. Hep. hyos. kali—c. Kreos. lac—c. lach. Lyc. merc. mosch. nat—m. Nit—ac. Nux—v. ol—j. puls. Rheum. Sanic. Staph. stram. sulph. Tarent. thuj. TUB. Zinc.

VERLANGEN immer irgendetwas - dann zurückweisen des Verlangten
Ant—t. Bry. CHAM. CINA. Ign. puls. Staph. kreos. rheum. Sec. Staph. TUB.

VERLANGEN immer irgendetwas - Wut wenn es zu beschaffen abgelehnt wird
Bry. CHAM. CINA. Kreos. sulph. Tub.

VERLANGEN ungeduldig nach Vielem ausser seinem Lieblings Spielzeug
Cina. RHEUM. staph.

VERLASSENHEIT - Kinderheim, Waisen oder häufige Abwesenheit d. Eltern
calc. calc—p. Mag—m. Nat—m. ph—ac. puls. Sep. staph. tub.

VERLASSENHEIT Gefühl von
anac. Arg—n. AUR. bar—c. calc. CALC—P. Carb—v. carc. lac—c. Lach. mag—c. Mag—m. meny. nat—c. Nat—m. ph—ac. Plat. Psor. PULS. sep. stram. thuj.

VERLEGENHEIT Beschwerden durch (peinliche Situationen)
ambr. anac. arg—n. coloc. Gels. IGN. Kali—br. LYC. NAT—M. Op. ph—ac. plat. sep. Staph. SULPH.

VERLEGENHEIT Erröten mit - dann schnell wieder blass
Ferr. Graph. Kali—p. Nat—m. phos. PULS. sulph. tub.

VERLETZBARKEIT, bes. in Gegenwart anderer - denkt ganze Nacht daran
ign. Nat—m.

VERLETZEN versucht sich ständig selbst zu v. (Autoaggression)
agar. Ars. Bell. fl—ac. hura. HYOS. kali—br. lyss. merc. nat—m. nat—s. phos. staph. Stram. Tub.

VERLETZEN versucht s. ständig selbst zu v. nach Impfung
Lyss. umc.

VERLIEBEN s. schnell und leiden ständig unter Liebeskummer
canth. Phos.

VERMÄNNLICHTE Mädchen
carb—v. fl—ac. Nat—m. petr. plat. Sep.

VERMÄNNLICHUNG junger Mädchen (hormonell oder falsche Identifikation)
graph. PLAT. nat—m. Sep.

VERNACHLÄSSIGT fühlt sich, weil beide Eltern arbeiten
calc—p. Nat—m. STAPH.

VERNACHLÄSSIGT s. Äusseres
am—c. ant—c. aur—ar. Sep. SULPH.

VERNACHLÄSSIGUNG in der Vorgeschichte
arg—n. gal—ac. nat—m. pall. plat. sanic. Thuj. tub.

VERSCHENKEN Grosszügigkeit aus, Denken an andere
aur. PHOS.

VERSCHLOSSENHEIT, Reserviertheit
Calc. calc—s. foll. hell. ign. Lyc. mur—ac. NAT—M. plat. sep. Thuj.

VERSTAND munter, aufgeweckt
BELL. Carc. Coff. hydr. hyos. lach. Med. op. Phos. spig. spong. Tub. verat. verb. viol—o.

VERSTAND stumpf, schwerfällig, träge
aeth. abrot. Agar. agn. ant—c. ARG—N. BAR—C. Bar—m. bry. bufo. Calc. CALC—P. Carb—v. carbn—s. Carc. con. gels. Hell. iod. kali—sil. Lyc. Med. MERC. nat—c. ph—ac. PLB. Sil. Sulph. Syph. Tub. Zinc.

VERSTECKEN Gegenstände mit heftiger Schadenfreude, wenn andere suchen
BELL. cupr. Hell. stram.

VERSTECKEN sich zu Verlangen ausgeprägt, allgemein
ars. aur. Bar—c. BELL. camph. chlol. Chlor. cupr. eug. Hell. hyos. Ign. lach. Puls. Staph. Stram. tarent.

VERSTECKEN sich zu Verlangen, wenn K. angesehen oder beobachtet wird
Ars. arg—n. Bar—c. calc. Cupr. Cupr—ar. lyc. hyos. med. puls. tub.

VERSTECKEN sich zu Verlangen hinter Möbeln, weil sonst ausgelacht
Bar—c. calc. lyc.

VERSTIMMUNG bei schlechtem Wetter (Nebel, Regen, Richtung Depression)
Am—c. Calc. SEP. thuj.

VERWEIBLICHUNG junger Männer (hormonell oder falsche Identifikation)
AUR. Aur—m—n. calc. graph.

VERWEICHLICHTE Knaben, verzärtelte Muttersöhnchen
Aur. aur—m. bor. Calc. LYC. med. Plat. PULS. Sil. staph. THUJ. .

VERZWEIFLUNG allgemein
Acon. aesc. agar. aloe. Alum. am—c. am—m. Ambr. Anac. ant—t. Arg—n. arn. ARS. Ars—i. AUR. bar—c. bell. brom. bry. CALC. calc—i. calc—s. Calc—sil. camph. Cann—i. canth. Carb—v. Caust. chel. Cocc. COFF. Con. crot—h. Crot—t. Cupr—a. Graph. HELL. hep. hura. hyos. IGN. iod. kali—ar. kali—br. kali—i. kali—n. Lach. laur. Lept. Lil—t. LYC. med. Merc. Mez. morph. naja. Nat—ar. Nat—c. Nat—m. nat—s. Nit—ac. Op. petr. ph—ac. podo. PSOR. Puls. Rhus—t. sec. sep. sil. spig. Stann. Staph. Stram. sul—ac. Sulph. syph. thuj. tub. valer. VERAT.

VERZWEIFLUNG abwechselnd mit Hoffnung
acon. bov. carc. kali—c.

VERZWEIFLUNG Existenz über seine armselige (auch ü. soziale Stellung)
ars. Aur. carc. Sep. Verat.

VERZWEIFLUNG Liebeskummer durch enttäuschte L.
Aur. caust. Hyos. ign. nat—m.

VERZWEIFLUNG Schmerzen bei
ACON. ARS. AUR. aur—ar. bry. calc. carb—v. Carc. Cham. Chin. chin—ar. COFF. colch. hyper. lach. lil—t. mag—c. Mag—p. nux—v. stram. VERAT. verb. vip.

VERZWEIFLUNG Schularbeit über seine
anac. calc. sulph.

VERZWEIFLUNG Todesgedanken mit
Aur. stram.

VORLAUT
cham. lach. Stroph—h.

VORSICHTIG extrem, übervorsichtig
bar—c. caust. Graph. ign. lyc. Sil.

VORTÄUSCHEN von Fröhlichkeit, obwohl traurig oder enttäuscht
Apis. carc.

VORTÄUSCHEN einer Krankheit
acon. Bell. lyc. Mosch. PLB. tarent. tub.

WACHSAME, aufmerksame Kinder, die auf jede Geste achten
ars. Phos.

WAGEMUT unangebrachter, waghalsig, tollkühn
arn. Aur. Calad. ign. merc. Puls.

WAHNIDEE hässlich (unansehlich) ist Adoleszenz während
Kali—br. Nat—m. Phos. Sanic. Staph. thuj. TUB.

WAHNIDEE Schutzengel, Kind ist der S.
puls.

WAHNIDEEN kindische Phantasien, älteres Kind hat W. wie ein Kleinkind
lyc.

WAHNIDEEN lebendige Dinge, incl. Tiere und Personen, sieht an Wänden
Bell. Cocc. lyc. samb.

WAHRNEHMUNGSSTÖRUNGEN, Haluzinationen hysterische
asaf. aur. cast. Coff. HYOS. lac—c. puls. ph—ac. phos. plat. staph. STRAM.
tarent. Zinc. zinc—val.

WAHRNEHMUNGSSTÖRUNGEN haluzinogene Drogen durch (Haschisch, LSD ..)
Alum. anac. anh. ars. calc—p. cann—i. hyos. LAC—C. Lach. lyc. ph—ac. plat.
SEC. Stram. sulph. Thuj.

WANKELMUT (wankelmütig und unbeständig)
alum. ars. coff. croc. ferr. Ign. lach. nux—m. plat. PULS. sil. sul—ac. tub. zinc.

WASCHEN oder Baden Abneigung
Am—c. Ant—c. Calc. calc—s. med. pyrog. stram. SULPH.

WASCHEN oder Baden ständiges Verlangen (Waschzwang)
Carc. lac—c. med. sil. SYPH. thuj.

WASSER Spielen gern im, Kind ist kaum zu entfernen aus d. W.
Med. Phos.

WASSER - Duschen
siehe Angst Duschen

WECHSEL von geistigen und körperlichen Beschwerden
arn. Cimic. Croc. Hyos. Lac—c. Lil—t. Plat. Tarent. Tub. valer.

WEIGERUNG Arzneimittel zu nehmen (Medizin heftige Abneigung)
all—s. ars. calc. Hydr. hyos. Lach. lyc. stram. Tub. verat—v.

WEINEN allgemein leicht, grosse Neigung zum W.
alum. arg—m. ars. aster. Bell. bor. Calc. camph. carc. Caust. CHAM. chin. cina. coff. graph. hyos. Ign. Jal. Kali—br. kali—c. lyc. Nat—m. nit—ac. Op. PULS. Rheum. rhus—t. seneg. sep. Sil. staph. thuj.

WEINEN Angst bei
am—c. calc. Graph. lyc. nat—m. PHOS. sulph.

WEINEN angesprochen wenn
ign. iod. Med. Nat—m. plat. Sil. STAPH. thuj. tub.

WEINEN Berührung bei
Ant—c. ant—t. canth. Cina.

WEINEN Depression, Schwermut, Traurigkeit bei
abrot. Ars. Calc. caust. Lach. med. rhus—t. stram. sulph.

WEINEN, erbärmliches Schreien wenn getragen oder gehalten (agg.)
bry. CINA. Sil.

WEINEN Ermahnungen wegen
bell. Calc. carc. chin. ign. KALI—C. Lyc. nat—m. nit—ac. plat. staph.

WEINEN Erwachen morgens beim
cic. Lyc. mag—c. nat—m. phos. puls. stram.

WEINEN Essen beim
bell. carb—an. staph.

WEINEN Fehlern bei (F. unerträglich)
carc. Nat—m. staph.

WEINEN Fieberhitze während
ACON. anac. Ant—c. apis. BELL. bry. calc. Caps. Cham. coff. cupr. graph. ip. Lyc. Petr. PULS. Spig. SPONG. Stram. sulph. verat.

WEINEN Fieberfrost während
acon. ars. aur. BELL. CALC. cann—s. Carb—v. CHAM. con. hep. ign. kali—c. LYC. merc. nat—m. Petr. PULS. sil. stram. sulph. verat. VIOL—O.

WEINEN Freunde trifft wenn man
aur.

WEINEN freundlich mit ihm spricht, selbst wenn man
ant—c. calc—p. cham. cina. ign. Iod. lyc. med. nat—m. staph. Sil. thuj.

WEINEN Geburt seit, von Anfang an
siehe unter Schreien dauerndes und Schreien Neugeborener

WEINEN Husten während
Ant—t. arn. ars. Bad. Bell. Cham. chin. Cina. HEP. ip. lyc. ph—ac. Samb. sep. sil. spig. Spong. sulph. verat.

WEINEN Husten Keuchhustenanfall nach
arn. bell. caps. cina. hep. Op.

WEINEN Husten Keuchhustenanfall vor
ant—t. Arn. BELL. bor. BRY. HEP. phos.

WEINEN Husten Keuchhustenanfall während
Ant—t. Arn. Caust. spong.

WEINEN hysterisches
ars. Coff. ign. Kali—p. Nat—m. sumb. Tarent. verat—v.

WEINEN Kleinigkeiten, bei geringstem Verdruss oder Unannehmlichkeit
arg—n. CAUST. ign. Lyc. Nat—m. nit—ac. Puls. sep. sil. tub.

WEINEN Kopfschmerz bei
coff. kreos. nat—m. phos. sep.

WEINEN mitleiderregend, wenn es gehalten oder getragen wird
chel. Cina. sil.

WEINEN mitleiderregend, wenn es geweckt wird
Cina.

WEINEN Mitleid bei, W. agg. oder erst dann, wenn man Mitleid mit ihm zeigt
ign. Nat—m.

WEINEN müde wenn
PHOS. Puls. sulph.

WEINEN Musik durch
Ambr. carc. GRAPH. ign. Kreos. lyc. Nat—c. nat—m. nat—s. ph—ac. phos. sabin. tarent. Thuj. Tub.

WEINEN nachts - Lachen tags, ausgeprägt
Stram.

WEINEN nachts
arund. Bor. calc—s. chin. Cina. jal. Lac—c. lach. mag—c. nat—m. Nux—v. phyt. Psor. puls. Rheum. sil. stram.

WEINEN nachts Harnlassen nach am.
Thuj.

WEINEN nachts mit unruhigem sich Herumwerfen oder Wälzen
ars. Merc. Psor. Rheum.

WEINEN - ruhig ist Kind nur, wenn es getragen wird
ars. CHAM. cina. lyc.

WEINEN Säugling bei
Acon. ars. bell. bor. calc. Carc. Cham. coff. ign. ip. jal. mill. Puls. Rhod. senn. syph. thuj.

WEINEN Schlaf im
alum. aur. calc—s. carb—an. caust. Cham. con. Hyos. ign. kali—c. Lach. Lyc. merc. Nat—m. nit—ac. Nux—v. op. puls. sil. spong. stann.

WEINEN Schlaf im, ganze Nacht ruheloses Schreien, tagsüber ruhig
Jal. merc. Psor. rheum.

WEINEN Schlaf im, ohne aufzuwachen
Hyos. nux—v.

WEINEN schmutzig wenn - will sauber gemacht werden
Ars. lyc. sep. sil. syph.

WEINEN Sorge bei der geringsten
Caust. lyc. nat—m. nit—ac. tub.

WEINEN Sympathie aus, wegen Mitgefühls mit anderen
CAUST. med.

WEINEN tadelndem Blick schon bei (Weinen leicht)
Carc. caust. nat—m. nit—ac.

WEINEN Trost oder Zuspruch agg.
bell. calc. Calc—p. cham. Ign. lyc. merc. nat—c. NAT—M. nux—v. plat. SEP. Sil. tarent.

WEINEN Trost Verlangen, Zuspruch am.
carc. calc—p. ign. Phos. PULS.

WEINEN unwillkürliche Anfälle bei Knaben
Alum.

WEINEN Widerspruch durch
ign. lyc. Nux—v. stram. tarent.

WEINEN Willen nicht bekommen, wenn sie ihren
Bell. calc. calc—p. CHAM. Cina. Ign. phos. tub.

WEINEN Zahnung schwierige durch
cham. Phyt.

WEINEN zorniges
ant—t. ars. calc. Cham. Cina. coloc. Graph. Ign. nat—m. Nux—v. staph. sulph. Zinc.

WEINEN, Schreien - kann nicht beruhigt werden
apis. ars. calc. calc—p. CHAM. CINA. hyos. Ign. ip. Nat—m. Nux—m. puls.

WEINEN, weinerliche Stimmung
ant—c. ars. Bell. Bor. calc—s. camph. carc. cast. caust. CHAM. chin. cina. Coff. Graph. Hyos. Ign. Jal. Kali—c. Lyc. Med. nit—ac. Puls. RHEUM. Seneg. sil.

WEINEN wimmerndes
Ars. aur. bell. calc. canth. caust. Cham. Chin. cic. cocc. cupr. hyos. ign. Ip. Kreos. MERC. nit—ac. nux—v. phos. PULS. rheum. rhus—t. Stram. sulph. verat. zinc.

WEISS nicht, was er tun soll (Unentschlossenheit hinsichtlich seiner Taten)
BAR—C calc Calc—p. dig. graph lyc. Merc. onos. puls. tub.
vergl. Unentschlossenheit

WERFEN Essen mit, aus verdriesslicher Reizbarkeit
cann—i. Hydr. staph. tub.

WERFEN Essen mit, aus Langeweile oder Überdruss
anac. calc—p. cann—i. cupr. Tub.

WERFEN Gegenstände nach Personen
anac. Bell. Coloc. calc—p. Cina. Hydr. kreos. STAPH. thuj. Tub.

WERFEN, wirft sich auf d. Boden bei widerspenstiger Wut oder Trotz
CHAM. Cina. Cupr. Ign. nux—v. med. THUJ. Tub.

WIDERSPENSTIGKEIT und Eigensinn, allgemein obstinatsch und dickköpfig
abrot. Acon. agar. alum. am—c. Ant—c. arg—n. Ars. arum—t. aur. bar—c. bell. Bry. CALC. Calc—p. Caps. carc. caust. CHAM. Chin. CINA. cupr. Gal—ac. hell. hyos. Kali—c. kreos. Lyc. mosch. Nux—v. petr. psor. SANIC. sec. Sil. syph. Tarent. thuj. TUB. Viol—t.

WIDERSPENSTIG Eltern gegenüber
arg—n. calc. Caps. carc. Gal—ac. Kali—c. kali—p. LYC. psor. Sanic. sil. thuj. TUB.

WIDERSPENSTIGKEIT Mädchen, die nie Benehmen oder Gehorsam gelernt haben
Mosch.

WIDERSPRÜCHLICHKEIT
siehe auch therapeutische Hinweise S. 616

WIDERSPRÜCHLICHKEIT innere, Widerstreit mit sich selbst ausgeprägt
Anac. arg—n. aur. bry. Cham. cina. Ign. Kali—c. lac—c. lil—t. nux—m. plat. sanic. Sep.

WIDERSPRÜCHLICH: Taten widersprechen der eigentlichen Absicht
ign. Lil—t. phos. puls. ruta. Sep. thuj.

WIDERSPRÜCHLICHKEIT: Worte widersprechen der eigentlichen Absicht
acon. alum. am—c. caps. chin. Lyc. Nux—m. rhus—t. sep.

WIDERSPENSTIGKEIT und Reizbarkeit
acon. anac. CHAM. Chin. cina. Hep. kali—c. lach. Nux—v. Sanic. sil. thuj.

WIDERSPENSTIGKEIT und Reizbarkeit gegenüber s. Familie o. engsten Umgebung
lyc. Psor.

WIDERSPENSTIGKEIT und Ungehorsam mit starkem Verlangen nach Süssigkeiten
chin. Kali—c. LYC. Sulph.

WIDERSPENSTIGKEIT, Eigensinn und Lebenswärme Mangel, warme Kleidung am.
caps. SANIC. Sil.

WIEDERHOLT alles, was man ihm sagt
Zinc.

WILDHEIT, ausgelassene Zügellosigkeit
canth. carc. Cina. Med. petr. stram.

WILDHEIT Krankheit während
Bell. stram. Tub.

WILLFÄHRIGE Kinder - sie wollen es uns recht machen
Carc. puls. Staph.

WUT Anfall
Acon. Anac. aur. bell. bufo. calc. Calc—p. Cand—a. CHAM. Cina. Gal—ac. Hep. hyos. lach. lyc. Med. mosch. nat—m. NUX—V. phos. puls. sanic. Staph. stram. TARENT. thea. thuj. TUB.

WUT Anfall beruhigender Zuspruch agg.
calc. Cham. cina. ign. nat—m. sabal. sep. Tub.

WUT Anfall gehorcht, wenn man ihm nicht
cupr. LYC. med. Nux—v. Verat.

WUT Anfall hysterisch, ohne ersichtlichen Grund
Ign. Sep. sil. Tub.

WUT Anfall Kleinigkeiten wegen
ars. bar—c. kali—m. meph. mez. Nat—m. nit—ac. phos. Sanic. sep. tub.

WUT Anfall Kraft mit vermehrter körperlicher
agar. anac. Bell Stram. thea.

WUT Anfall lange und ausdauernd
agar. bell. Calc. stram. TUB.

WUT Anfall plötzlich
hep. Med. merc. Tarent. Tub.

WUT Anfälle Schlagen und Kneifen mit
cham. Cina. Cupr. gal—ac. hep. Stram. stront—c. tarent. Tub.

WUT Anfälle sind beabsichtigt, um andere zu verletzen
abrot. Anac. Chin. Gal—ac. hep. stram. Tub.

WUT Anfall, wenn man nicht sofort versteht und gibt, was es haben will
Bufo. Laur. Med. sulph.

WUT Empfindlichkeit mit, über eingebildete Beleidigungen
aur. Cham. IGN. Nux—v. pall. puls. Tarent.

WUT Empfindlichkeit oder Weinen mit, nach geringstem Tadel
Agar. aur. Calc. CAUST. Cina. COLOC. graph. IGN. Lyc. Nat—m. Nux—v. Med. Staph. sulph. tub.

WUT Fieber bei
cham. hipp.

WUT Gehässigkeit mit
Anac. Aur. calc. CUPR. hep. Lach. merc. nat—m. Nit—ac. nux—v. staph.

WUT oder Zorn grundlose Ausbrüche mitten im Spiel
Cupr. iod. Med. TARENT. Tub.

ZÄRTLICHKEIT Abneigung (gestreichelt, liebkost zu werden)
Ant—c. Ant—t. Cham. chin. CINA. colch. sanic.

ZÄRTLICHKEIT Verlangen (gestreichelt werden, liebebedürftig)
cann—i. Carc. PHOS. Puls.

ZAPPELKINDER - Unruhe (milder als das hyperkinetische Syndrom)
absin. Agar. ambr. ant—t. ars. bell. bor. bry. bufo. calc—br. calc—hp. calc—p. cand—a. Cham. cina. cupr. GAL—AC. hyos. ip. jal. kali—br. kali—c. kali—p. lach. lyc. mag—c. med. MERC. nux—v. Phos. psor. rheum. Rhus—t. staph. sulph. Tub. valer. Zinc.

ZEICHNEN, Malen gern (aber selten Menschendarstellungen)
am—c. am—m. Nat—m. sulph.

ZERRISSENHEIT innere ausgeprägt
ANAC. bapt. bell. calc—s. cann—i. sil. thuj.

ZERSTÖRT Dinge, z. B. Möbel, oder Kleider zerreissen, bei Wut
Bell. Camph. cham. gal—ac. hyos. kali—p. sep. Stram. TARENT. VERAT.

ZERSTÖRUNGSDRANG allgemein
> apis. Bell. camph. cham. Cupr. fl—ac. Gal—ac. Hyos. kali—p. Med. phos. Stram. sulph. Tarent. Tub. Verat.

ZERSTREUTHEIT
> acon. bac. bar—c. bell. calc. calc—p. Cham. hell. Lach. lyc. Nat—m. phos. Puls. sil. Sulph.

ZIEHEN andere an den Haaren Impuls zu
> BELL. Cina. cupr. lach. med. tarent. Tub.

ZIEHEN andere an der Nase Impuls zu
> Merc.

ZIEHEN, Zerren an Gegenständen mit Geschrei
> bor. Lac—c. Stram. TUB.

ZIEHEN, Zerren an Mutters Arm
> bell. puls. Sil. stram.

ZIEHEN, Zerren an Topfpflanzen oder Gardinen (auch in d. Praxis)
> Calc. tub.

ZITTERN durch Angst, Furcht oder Schreck (agg.)
> Acon. arg—n. Ars. asar. Aur. calc. cham. Cocc. COFF. con. Gels. glon. Ign. Lach. mag—c. merc. nat—c. Op. plat. plb. Psor. puls. Rhus—t. sep. Staph. teucr. Verat—v.

ZITTERN durch Wut, Ärger oder Kränkung (agg.)
> acon. ambr. Arg—n. ars. Aur. chel. gels. Lyc. merc. Nit—ac. pall. phos. ran—b. sep. STAPH. Zinc.

ZÖGERND zauderndes Verhalten
> anac. Arg—n. calc. GRAPH. kali—br. Lyc. med. PULS. sulph.

ZORN, Jähzorn allgemein
> acon. Anac. ars. Aur. bac. bry. bufo. Calc—p. calc—s. caps. carc. CHAM. Cina. croc. gal—ac. graph. Hep. Ign. kali—c. lyc. med. nat—m. nit—ac. Nux—v. op. petr. phos. Sanic. sep. Staph. sulph. Tub.

ZORN Anfälle - besonders in der Geborgenheit d. Familie
> calc—s. Cina. croc. cupr. lil—t. LYC. nat—m. Nux—v. psor. Tub.

ZORN Ausbrüche gewaltige, auch mit Gewalttätigkeit
> acon. anac. Bell. canth. cham. cupr. Hep. Hyos. Op. STRAM. stront—c. sulph. Tub. Verat.

ZORN Ausbrüche heftige - Bedauern folgt bald (" tut mir leid")
> aur. coloc. CROC. nit—ac. nux—v. olnd. Phos. Staph.

ZORN echter, falls Kind jünger als 8 Jahre
> anac. bufo. Calc—p. CHAM. CINA. cupr. hep. lyc. Nux—v. phos. Tub.

ZORN morgens
> kali—c. mang. Nux—v. Petr. Sep. Sulph.

ZORN Trampeln, Stampfen und sich auf d. Boden werfen mit
> ant—c. calc—p. Cham. Cina. cupr. Gal—ac. Hep. ign. lyc. Med. thuj. TUB. Verat.

ZORN Widerspruch bei
> AUR. aur—m. ferr. Ign. Lyc. Nux—v. sep. sil. thuj.

ZORNIGE Ärgerlichkeit Neugeborener
> Cham. Chel.

ZORNIGE Reizbarkeit, Drohen mit
> bell. HEP. stram. Tarent.

ZORNIGE Reizbarkeit, Entrüstung mit, nach Vorwürfen
> ars. aur. calc—p. Coloc. Ign. Lyc. nat—c. Nat—m. op. pall. STAPH.

ZORNIGE Reizbarkeit, Widersprechen mit ständigem
> anac. ARS. caust. Cham. Hep. Lach. Merc. Nux—v. SEP. staph.

ZUKUNFT gedankliche Beschäftigung mit Z. ausgeprägt
> graph. Phos. Sulph. tub.

ZUPFEN oder Kauen an Nägeln dauernd - Folge davon Niednägel
> carc. Nat—m.

ZUPFEN, Nagen Lippen an
> apis. Arn. ars. ARUM—T. BRY. CINA. cob. con. hell. kali—br. Lach. NAT—M. Nit—ac. Nux—v. ph—ac. rheum. sanic. Stram. tarent. zinc. zinc—m.

ZUPFEN, Nagen Lippen an, Oberlippe
> acon. kali—bi.

ZUPFEN, zieht am Bettzeug (zieht auch Federn aus Kissen)
> ant—c. arn. Ars. Bell. cham. chin. cocc. hell. hep. HYOS. iod. lyc. mur—ac. Op. ph—ac. phos. Psor. rhus—t. Stram. sulph. Zinc.

ZURÜCKHALTEND, reserviert
> arg—n. hell. Ign. Lyc. Mang. mur—ac. Nat—m. plat. puls. stann.

ZURÜCKHALTEND schamhafte Selbstbescheidung
> IGN.

ZURÜCKKOMMEN auf alten Verdruss, Verweilen bei unangenehmen Erlebnissen
> arg—n. ambr. benz—ac. calc. cham. chin. cocc. con. NAT—M. plat. sep. Sil. staph.

ZURÜCKWEISUNG, zurückgesetzt fühlt sich, incl. Beschwerden dadurch
> carc. ign. NAT—M. plat. puls. sep. Staph. thuj.

ZWANGSHANDLUNGEN, Rituale, Anankasmen
Arg—n. ARS. ars-i. CARC. Caust. IOD. KALI—BR. kali—bi. KALI—C. Kali—m. med. Nat—c. NAT—M. rhus-t. Sil. Staph. Syph. THUJ. tub.

---

vacat für Nachträge

KOPF und SCHWINDEL

AUSSCHLAG, Ekzem Kopfgebiet allgemein
ars. CALC. Calc—s. carbn—s. Clem. Dulc. calc—i. cic. Graph. Hep. jug—r. kali—m. Lyc. MERC. Mez. Olnd. Petr. Psor. Rhus—t. sars. Sep. Staph. Sulph. sul—ac. trif—p. vinc. Viol—t. .

AUSSCHLAG Milchschorf, crusta lactea (seborrhoisches Ekzem)
alum. ambr. ANT—C. Ars. Bar—c. bell. bry. Calc. Calc—s. Carb—an. carb—v. carbn—s. cham. CIC. Clem. Crot—t. DULC. fl—ac. GRAPH. Hep. jug—r. kali—c. kali—m. lac—c. lach. Led. Lyc. MERC. MEZ. Nat—m. nit—ac. Olnd. Petr. Phos. Phyt. Psor. Rhus—t. SANIC. SARS. scroph—n. SEP. Sil. STAPH. Sulph. trif—r. Thuj. vinc. Viol—t.

AUSSCHLAG Milchschorf, crusta lactea, in kleinen Flecken
sulph. Vinc.

AUSSCHLAG Milchschorf, crusta lactea, stark nässend
calc—s. Carbn—s. CLEM. Graph. Hep. Kali—m. Merc. Olnd. sil. staph. Viol—t. Vinc.

AUSSCHLAG Milchschorf, juckend mit trockenen Schuppen und kahlen Stellen
ARS. Fl—ac. tub.

AUSSCHLAG Psoriasis capitis (behaarter Kopf)
bar—c. calc. dulc. lyc. Nat—m. PETR. thuj.

AUSSCHLAG Tinea tonsurans, Herpes t. Haarausfall mit
Ars. Bac. HEP. merc. sulph. Thuj. Tub.

AUSSCHLAG trocken, schuppig, kupferfarben bei Kleinkind
Bar—c. Mag—c. merc.

CEPHALHAEMATOM, blutiger Tumor äusserlich
ambr. Arn. CALC. Calc—f. chin. merc. merc—cy. nat—m. Rhus—t. sil. sulph. thuj.

CEPHALHAEMATOM knisternd (beim Palpieren)
Calc—f.

CEPHALHAEMATOM - Folge davon: zurückbleibende Geschwüre
Sil.

CEPHALHAEMATOM - Folge davon: weiter bestehende Schwellung
calc—f. Rhus—t.

CEPHALHAEMATOM Neugeborener
Arn. CALC. Calc—f. merc. rhus—t. Sil.

EKZEM Kopf hartnäckig (ganzer Kopf)
  Carb—v. graph. merc. Viol—t.

EKZEM Kopfhaut reichlich, mit schuppigen Krusten
  ars. Ars—i. Calc. GRAPH. Kali—m. psor. rhus—t. sil. sulph. Thuj.

EKZEM Kopfhaut Impfung durch oder nach
  Mez.

EKZEM Stirnhaargrenze - Haut fett, unrein
  hydr. NAT—M. petr.

ENCEPHALITIS
  siehe unter Nervensystem, S. 171 f.

FALLEN d. Kopfes nach seitwärts, immer wenn Kind d. Kopf anlehnt
  Cina.

FONTANELLEN bleiben lange offen, Schluss verzögert
  Apis. apoc. CALC. CALC—P. Ip. Merc. Puls. Sep. SIL. Sulph. Syph. tub. zinc.

FONTANELLEN eingesunken, vertieft
  Apis. arn. calc. mag—c.

FONTANELLEN geschlossen schon bei Geburt
  Sanic.

FONTANELLEN geschlossen vorzeitig, verfrüht
  calc. Sanic.

FONTANELLEN hintere bleibt lange offen, Schluss verzögert
  Calc—p. Sil.

FONTANELLEN hintere eingesunken, vertieft
  mag—c.

FONTANELLEN öffnen sich wieder, nachdem schon geschlossen
  Calc—p. sil.

FONTANELLEN pulsieren stark
  Gels.

FONTANELLEN vordere steigt langsam und fällt wieder ein (b. Arachnitis)
  Acon. Bell. Bry. Iod. kali—i. Op. Hyos.

FONTANELLEN o. Umgebung Geschwulst, darin (blutige) Flüssigkeit
  Arn. Rhus—t.

GEHIRN Cholesteatom (fetthaltige Perlgeschwulst an Arachnoidea, benigne)
  calc. iod. nit—ac. sabin. Thuj. (versuchsweise)

GEHIRN Entzündung, Encephalitis
siehe unter Nervensystem, S. 175 f.

GEHIRN Erkrankungen während Zahnung - drohender Erguss
APIS. HELL. Tub.

GEHIRN Erschütterung, Commotio incl. contusio und concussio
acon. Anac. ARN. Aur. Bad. Bell. berb. bry. Calc. calen. camph. Cann—s. caust.
chin. Cic. cina. Cocc. con. cupr. euphr. Glon. Hell. Hyos. HYPER. Iod. kali—br.
Kali—p. kreos. Lach. laur. Led. lyc. m—arct. mag—m. Mang. mez. Nat—m.
NAT—S. nit—ac. nux—m. Nux—v. onos. ph—ac. Puls. Rhus—t. seneg. Sep. Sil.
Spig. staph. stry. sul—ac. sulph. valer. Verat. viol—t.

GEHIRN Haematom (Hirndruck erhöht durch Verletzung o. ä.)
ARN. calc. Calc—f. Merc. nat—s. SIL.

GEHIRNSCHÄDIGUNG mit geist. Behinderung oder emotionaler Störung
Arg—n. arn. aur. bar—c. calc. Cic. Cupr. Hell. mag—p. med. op. phos. sil. staph.
syph. tub. zinc. Zinc—p.

HAARAUSFALL depressiver Kinder
ant—c. AUR. Fl—ac. Nit—ac. Ph—ac. SYPH.

HAARAUSFALL Erkrankung akuter nach
Carb—v. lyc. ph—ac. Sel. THAL.

HAARAUSFALL junger Menschen (Heranwachsender)
Bar—c. Fl—ac. nat—m. ph—ac. Sil. tub.

HAARAUSFALL, Kahlköpfigkeit vollständige
ambr. Bar—c. Calc. fl—ac. Graph. lyc. nat—m. ph—ac. Phos. sil. zinc.

HAARAUSFALL Kleinkindern bei
arund. BAR—C. nat—m. Sil.

HAARAUSFALL nach Kummer oder schockartigem Verlust geliebter Personen
am—m. Nat—m. PH—AC. sep.

HAARAUSFALL partiell, kahle Stellen
Bar—c. kali—c. PHOS.

HAARE auffallend viele, schon als Neugeborenes
Sep. thuj. Tub.

HAARE fettig oder oelig
Bry. caust. lyss. med. Merc. nat—m. Ph—ac. Sel. Thuj.

HAARE Kämmen Abneigung
bell. Cina.

HAARE Kämmen schwierig, weil sie zusammenkleben wie verfilzt
Bor. fl—ac. Lyc. med. mez. nat—m. Ph—ac. psor. sulph.

HAARE Schneiden Beschwerden nach (agg.)
acon. BELL. Glon. hep. kali—i. phos. psor. puls. rhus—t. sep.

HAARE verfilzt mit Krusten (und oft auch Ungeziefer, z. B. Läuse) - Plica polonica
Ant—t. Bar—c. Bor. Graph. Lyc. PSOR. sars. TUB. VINC. Viol—t

HAEMATOM endokraniales (u. a. Geburtstrauma)
ARN. CALC. Calc—f. hell. Merc. nat—s. rhus—t. SIL.

HYDROCEPHALOID (sekundärer Hydrocephalus durch Säfteverlust etc.)
calc. Phos. Zinc.

HYDROCEPHALUS allgemein
acon. am—c. APIS. Apoc. Arg—n. Arn. Ars. Ars—i. Aur. bell. BAC. Bar—c. bar—i. BELL. bor. BRY. CALC. calc—i. CALC—P. Canth. carb—ac. cham. Chin—s. CHIN. Con. cupr. CUPR—A. Cypr. Cyt—l. Dig. Ferr. ferr—i. Gels. Hed. HELL. Hyos. indg. IOD. IODOF. Ip. Kali—br. Kali—i. kali—p. lach. lact. Lyc. mag—m. Merc. merc—i—f. Nat—m. nux—v. Oeno. Op. ph—ac. Phos. Podo. plat. Puls. psor. rat. samb. SIL. Sol—n. Stram. sul—i. SULPH. Thuj. TUB. valer. Verat. ZINC. Zinc—br. Zinc—m.

HYDROCEPHALUS akut mit ständigen unfreiw. Bewegungen li. Arm und Bein
APOC. Bry. zinc.

HYDROCEPHALUS akut mit Verstopfung
Apis. bell. Calc. carb—ac. Hell. Zinc.

HYDROCEPHALUS Kopf Tieflage bei agg.
apis. merc. sulph. zinc.

HYDROCEPHALUS Magen- o. Darmsymptomen mit ausgeprägten
bry. cina. Ip. Merc. OP. Puls. zinc.

HYDROCEPHALUS schnell wachsend nach Scharlach oder Tuberkulose
Apis. bell. HELL. Merc. Sulph. Tub. ZINC.

HYDROCEPHALUS Schweiss mit reichlichem
calc. Merc.

IMPETIGO contagiosa (Eiterflechte) Kopf- oder Gesichtbereich
Ant—c. Cic. Clem. dulc. hep. jug—r. kali—bi. lyc. viol—t.

KEPHALHAEMATOM siehe oben unter Cephalhaematom

KALTE Applikationen, Umschläge am. (auch Sinusitis, Encephalitis)
aloe. ant—t. Apis. ars. bell. bry. cham. cycl. led. Iod. PHOS. Bry. Nat—m. Puls. sec. spig. zinc.

KOLLAPS
siehe unter Allgemeines, S. 544

KOPF aufrecht halten unmöglich (hochhalten unmögl. wg. Schwäche)
Abrot. Aeth. Bell. Calc—p. cham. Cocc. cupr. GELS. glon. kali—i. Lyc. Mang. nux—m. op. phos. puls. sil. Verat. zinc.

KOPF Bedeckung (Mütze)
siehe unter Allgemeines, Mütze, S. 550

KOPF behaarter Teil dicke Krusten oder Furunkel oder Abszesse
Bell. con. Hep. mez. Nit—ac. Sil.

KOPF behaarter Teil dicke Krusten, darunter dickfüssiger Eiter
MEZ.

KOPF behaarter Teil ekzematöser Ausschlag
Carb—v. Graph. Mez. nat—m. olnd. Sep. Vinc.

KOPF behaarter Teil Fett Cysten
agar. Bar—c. Calc. GRAPH. Hep. Kali—c. Lob. lyc. nat—c. SIL.

KOPF Beschwerden allgemein bei dünnem Kind
Arg—n. calc. LYC. nat—m. sil.

KOPF Beschwerden Zangengeburt Folgen von (incl. nervöse Beschwerden)
Arn. cic. cupr. Hyper. Nat—s.

KOPF Bewegungen auffällig allgemein
agar. alum. BELL. Calc—p. camph. Chin. Cic. cor—r. Cupr. gels. Glon. graph. hell. Hyos. ign. Kali—c. Lyc. Nux—m. Nux—v. ph—ac. Rhus—t. sec. Sep. Sil. Spong. Stram. Sulph. Tarent. ther. Verat—v. zinc.

KOPF Bewegungen am.
Cina. Hyos. Ign. mang. mez. nux—v. Viol—t.

KOPF Bewegungen konvulsiv
AGAR. Calc. camph. Caust. cic. Cocc. CUPR. Nux—m. Stram. tarent.

KOPF Bewegungen krampfhaft alle Richtungen in, meist nachts
STRAM.

KOPF Bewegungen Nicken
Agar. chin. hyos. hyper. ign. Mosch. Nat—m. ph—ac. sep. stram. sulph. Verat—v.

KOPF Bewegungen Rollen
agar. apis. arn. BELL. bry. cic. cina. crot—t. Cupr. Hell. hyos. Lyc. Med. merc. Nux—m. op. PODO. pyrog. sil. stram. tarent. TUB. verat—v. Zinc.

KOPF Bewegungen Schütteln
ars. Cann—i. glon. LYC. sil. spig.

KOPF Bewegungen seitwärts
Agar. Cic. kali—i. Med. ph—ac. podo. tarent. zinc.

KOPF Bewegungen vorwärts und zurück
Agar. bell. carbn—o. caust. Cham. chin. Cina. hyos. hyper. ign. lach. Nat—m. Nux—m. Ph—ac. sep. Stram. Verat—v.
Siehe auch Nerven, Jaktationen, S. 183

KOPF Bewegungen wälzend hin und her
Acon. cocc. Cupr. ign. ph—ac. podo. Tarent.

KOPF Bewegungen werfend
Bell. caust. cina. merc. stram. TARENT.

KOPF Bewegungen werfend nach hinten
acet—ac. camph. Cina. Glon. hell. merc. mygal. Stram.

KOPF Erkrankungen besonders schlimm bei dünnen Kindern
Lyc.

KOPF Fett Cysten
agar. Bar—c. Calc. GRAPH. Hep. Kali—c. Lob. lyc. nat—c. nit—ac. SIL. sulph.

KOPF Form Anomalie (K. wirkt deformiert)
aur. Bac. calc—p. NAT—S. phos.   vergl. Kraniotabes

KOPF und Füsse empfindlich gegen Kälte, Zugluft, Regen, Nord Wind
nux—v. Puls. sep. SIL.

KOPF und Füsse Schweiss
ant—t. bar—c. bell. Calc. cham. iod. Lyc. Merc. phos. puls. SIL. sulph. thuj. zinc.

KOPF gross
Bar—c. caj. CALC. calc—p. cor—r. kali—i. merc. nux—v. Sil. sulph.

KOPF gross mit kleinem, eher spitzen Unterkiefer
Kali—i.

KOPF halten kann nicht
Aeth. bell. calc. Calc—p. cocc. CUPR. Cupr—a. Gels. sil. verat.

KOPF Hinterkopf äusserer allgemein
ambr. am   c. am—m. ant—c. ant—t. ars. bar—c. bell. bor. bry. Calc. carb—an. CARB—V. caust. chel. chin. CLEM. cycl. euph. graph. Hep. iod. Lyc. merc. mez. Nat—c. nat—m. nit—ac. olnd. PETR. puls. rhus—t. ruta. Sep. SIL. spig. Staph. Sulph. tell. Thuj. viol—o. zinc.

KOPF Hinterkopf äusserer allgemein
ambr. am—c. am—m. ant—c. ant—t. ars. bar—c. bell. bor. bry. Calc. carb—an. CARB—V. caust. chel. chin. CLEM. cycl. euph. graph. Hep. iod. Lyc. merc. mez. Nat—c. nat—m. nit—ac. olnd. PETR. puls. rhus—t. ruta. Sep. SIL. spig. Staph. Sulph. tell. Thuj. viol—o. zinc.

KOPF Hinterkopf innerer allgemein

acon. agar. alum. Ambr. am—c. am—m. anac. ang. ant—t. arg—m. arn. ars. asaf. asar. aur. bar—c. BELL. bism. bor. bov. brom. BRY. calc. camph. cann—s. canth. caps. Carb—an. CARB—V. Carb—ac. caust. Chel. chin. cic. CIMIC. cina. clem. cocc. coff. Colch. con. croc. crot—h. cupr. cycl. dig. dros. dulc. eup—per. euph. euphr. Gels. graph. guaj. hell. hep. Ign. iod. ip. jug—r. kali—c. Kali—n. kreos. laur. led. lyc. mag—c. Mag—m. mang. teucr. meny. merc. Mez. Mosch. mur—ac. Nat—c. NAT—M. nit—ac. nux—m. Nux—v. olnd. Onos. op. par. plb. PETR. phos. ph—ac. Pic—ac. plat. psor. puls. ran—b. ran—s. rhod. rhus—t. ruta. sabad. Sabin. samb. sang. sars. sec. Seneg. Sep. SIL. spig. spong. squil. stann. staph. stict. stront. Sulph. sul—ac. tarax. Thuj. valer. verat. verb. viol—t. Zinc.

KOPF innerer allgemein

abrot. ACON. agar. agn. all—c. aloe. alum. ambr. am—br. Am—c. am—m. aml—ns. Anac. ang. ant—c. ant—t. Apoc. arg—m. arg—n. ars. asaf. asar. aur. Bapt. bar—c. BELL. Bism. bor. bov. Bry. Calc. calc—a. calc—p. camph. CANN—I. cann—s. canth. caps. Carb—an. Carb—v. carbn—s. caust. cham. chel. Chin. cic. cimic. cina. Clem. Cocc. coc—c. cod. coff. colch. Coloc. Con. croc. cupr. cycl. dig. Dros. dulc. elaps. eucal. euph. euphr. Ferr. ferr—p. GELS. GLON. graph. guaj. Hell. Hep. Hyos. hyper. IGN. Iod. ip. Iris. Kali—c. kali—n. Kreos. Lach. Laur. led. Lyc. mag—m. mang. teucr. meli. meny. MERC. merc—c. Mez. mosch. mur—ac. Nat—c. NAT—M. Nit—ac. Nux—m. NUX—V. olnd. onos. op. par. plb. PETR. PHOS. Ph—ac. phyt. Plat. Puls. ran—b. ran—s. rheum. rhod. rhus—t. ruta. SABAD. SABIN. samb. SANG. sars. sec. sel. seneg. Sep. SIL. Spig. spong. squil. Stann. staph. stram. stront. SULPH. sul—ac. tarax. Thuj. valer. Verat. verat—v. VERB. viol—o. viol—t. Zinc.

KOPF innerer halbseitig - links allgemein

acon. agar. agn. alum. Ambr. am—c. Am—m. anac. ang. Ant—c. ant—t. Apis. Arg—m. arg—n. Arn. ars. Asaf. Asar. aur. bar—c. bell. bism. bor. Bov. BROM. bry. calad. Calc. camph. cann—s. canth. Caps. carb—an. carb—v. caust. cedr. Cham. chel. chin. Cic. cina. clem. cocc. coff. colch. Coloc. con. Croc. cupr. Cycl. Dig. dios. dros. dulc. Euph. euphr. ferr. fl—ac. Graph. Guaj. hell. hep. hyos. ign. Iod. ip. Kali—c. kali—n. kreos. Lach. laur. led. lyc. Mag—c. mang. teucr. meny. Merc. Mez. mill. mosch. mur—ac. nat—c. nat—m. Nat—s. Nit—ac. Nux—m. nux—v. Olnd. op. Par. plb. petr. phos. ph—ac. Plat. Psor. puls. ran—b. ran—s. rheum. Rhod. rhus—t. ruta. sabad. sabin. Samb. Sang. sars. sec. Sel. seneg. SEP. sil. Spig. spong. squil. stann. staph. stram. stront—c. Sulph. sul—ac. Tarax. Thuj. valer. verat. verb. viol—o. viol—t. Zinc.

KOPF innerer halbseitig - rechts allgemein

acon. agar. agn. Alum. ambr. am—c. am—m. anac. ang. ant—c. ant—t. apis. arg—m. arn. ars. asaf. asar. aur. bar—c. BELL. Bism. Bor. bov. brom. Bry. calad. CALC. camph. cann—s. Canth. caps. carb—an. CARB—V. Caust. cedr. cham. Chel. chin. cic. Cina. clem. cocc. coff. colch. coloc. con. croc. cupr. cycl. dig. dros. Dulc. euph. euphr. ferr. Fl—ac. graph. guaj. hell. Hep. hyos. IGN. iod. kali—c. kali—n. kreos. lach. laur. led. Lyc. mag—c. mang. teucr. meny. merc—i—f. mez. mill. Mosch. mur—ac. nat—c. Nat—m. nit—ac. nux—m. Nux—v. olnd. op. par. plb. petr. phos. ph—ac. plat. psor. puls. Ran—b. ran—s. rheum. rhod. Rhus—t. ruta. SABAD. Sabin. samb. Sang. sars. sec. sel. seneg. sep. SIL. spig. spong. squil. stann. Staph. stram. stront—c. sulph. Sul—ac. tarax. Thuj. Valer. verat. Verb. viol—o. viol—t. zinc.

KOPF Hitze Neugeborene und Kleinkinder
Acon. BOR. merc. verat.

KOPF Jucken mit Kratzen morgens beim Erwachen
CALC. Med. psor.

KOPF Kälte oder Zugluft empfindlich gegen
BAR—C. Calc. chin—ar. HEP. NUX—V. SIL.

KOPF Kongestionen Zahnung durch
Acon. bell. calc. cham. sulph. VERAT—V.

KOPF Läuse
am—c. apis. ars. bac. bell—p. Carb—ac. Lach. led. lyc. Merc. nit—ac. olnd. Psor.
SABAD. Staph. sulph. Tub. vinc.

KOPF Schädel linke Hälfte kleiner (im Wachstum zurückgeblieben)
fl—ac.

KOPF Scheitel (Oberhaupt) äusserlich allgemein
agar. ars. Bar—c. bry. Calc. Carb—an. carb—v. caust. cupr. GRAPH. Hep. Lyc.
meny. Mez. Nit—ac. par. plb. phos. Ran—s. Sel. sep. Sil. spig. spong. squil.
staph. Verat. Zinc.

KOPF Scheitel (Oberhaupt) innerer allgemein
abies—c. acon. agar. agn. alum. ambr. am—c. am—m. anac. ant—c. ant—t.
arg—m. arn. ars. asaf. asar. aur. bar—c. Bell. bor. bov. Bry. CACT. calc. Calc—p.
cann—s. canth. caps. Carb—an. carb—v. caust. chel. chin. cimic. cina. cocc. colch.
coloc. con. croc. Cupr. cycl. dig. dulc. ferr. glon. graph. guaj. hell. helon. hep. hyos.
hyper. ign. iod. ip. iris. kali—c. kali—n. kreos. lach. laur. led. lyc. mag—c. mang.
Meny. merc. merc—i—f. Merc—i—r. mez. mosch. mur—ac. nat—c. nat—m.
Nit—ac. Nux—m. nux—v. olnd. pall. par. petr. phel. Phos. ph—ac. plat. puls.
ran—b. RAN—S. rheum. rhod. rhus—t. ruta. sabad. sabin. samb. sars. sep. Sil.
Spig. spong. squil. stann. staph. stict. stram. stront. Sulph. sul—ac. thuj. valer.
VERAT. verb. viol—t. zinc.

KOPF Schläfen äusserlich allgemein
alum. Anac. ant—c. Arg—m. asar. bar—c. bell. bry. Calc. carb—v. caust. chel.
Chin. cocc. cycl. Dros. ign. Kali—c. Kreos. lach. Lyc. mang. Merc. Mur—ac.
NAT—M. nit—ac. Par. petr. phos. ph—ac. plat. Puls. rhus—t. sabad. Sabin. sep.
sil. sul—ac. Thuj. zinc.

KOPF Schläfen innen allgemein

abrot. acon. agar. Agn. all—c. Alum. ambr. am—c. am—m. ANAC. ang. ant—c. ant—t. ARG—M. arn. ars. asaf. asar. aur. bar—c. Bell. bism. bor. bov. bry. cact. Calc. calc—a. calc—i. camph. cann—i. cann—s. canth. caps. carb—an. carb—v. carb—ac. caust. cham. chel. CHIN. cina. clem. Cocc. coff. colch. coloc. con. croc. cupr. CYCL. dig. dros. dulc. euph. euphr. fl—ac. graph. guaj. hell. hep. hyos. ign. iod. ip. KALI—C. kali—n. KREOS. lach. laur. led. lob. lyc. Mag—c. mag—m. Mang. teucr. meny. Merc. merc—c. mez. mosch. mur—ac. nat—c. nat—m. nit—ac. NUX—M. nux—v. olnd. PAR. Plb. Petr. phel. phos. Ph—ac. PLAT. PULS. ran—b. ran—s. rheum. rhod. Rhus—t. ruta. Sabad. SABIN. samb. sars. seneg. sep. sil. spig. spong. squil. Stann. staph. stram. stront. sulph. Sul—ac. tarax. THUJ. usn. valer. verat. VERB. viol—t. Zinc.

KOPF Schweiss allgemein

aesc. Agar. amph. ANAC. Ant—t. Apis. ars—i. bac. bar—c. bar—i. Bar—m. bar—s. Bell. benz—ac. bor. bov. bufo. CALC. calc—i. Calc—p. Calc—s. calc—sil. camph. Carb—v. carbn—s. Caust. CHAM. CHIN. cimx. clem. cycl. dig. eup—pur. gamb. glon. Graph. grat. GUAJ. Hep. iod. ip. Kali—c. kali—m. Kali—p. kali—s. kali—sil. laur. led. Lyc. mag—c. Mag—m. MERC. Mez. mosch. MUR—AC. nat—m. Nit—ac. nux—v. ol—an. olnd. op. Petr. ph—ac. phel. PHOS. plb. psor. PULS. Pyrog. RHEUM. sabad. sanic. Sep. SIL. spig. staph. Stram. stry. sul—i. sulph. tab. tarent. thuj. tub. valer. verat. verat—v. zinc. zinc—p.

KOPF Schweiss abends

Calc. mur—ac. phos. sil.

KOPF Schweiss und Bauch Auftreibung (grosser B.)

SIL.

KOPF Schweiss und Bewegungen rollenden d. Kopfes, agg. nachts

bell. Merc. sil. verat.

KOPF Schweiss Einschlafen beim

graph. sanic. sep. Sil. tarax. .

KOPF Schweiss fettig (schmierig) & sauer, bes. nachts & gegen Morgen

bufo. BRY.

KOPF Schweiss und Fuss Schweiss gleichzeitig

bar—c. bell. Calc. cham. iod. Lyc. Merc. phos. puls. SIL. sulph. thuj. zinc.

KOPF Schweiss Geruch sauer

bry. CALC. Cham. Hep. mag—c. merc. rheum. sep. Sil.

KOPF Schweiss Hinterkopf

anac. ars. Calc. chin. ferr. mag—c. mosch. nit—ac. nux—v. PH—AC. SANIC. Sep. Sil. spig. Stann. Sulph.

KOPF Schweiss Hinterkopf Einschlafens während

Sanic. Sil.

KOPF Schweiss Hinterkopf Gehen beim

SULPH.

KOPF Schweiss Hinterkopf Schlaf während
Calc. SANIC.

KOPF Schweiss, kalter Schweiss
acon. Ant—t. benz—ac. bry. bufo. Calc. camph. canth. carb—ac. cimic. cina. cocc. graph. Hep. ip. Lob. Merc. merc—c. nat—m. petr. phos. podo. Sil. sul—ac. tub. Verat. verat—v.

KOPF Schweiss Kälte Exposition bei
CALC. Hep. lob. Nux—v. Op. Phos. Tub. Verat.

KOPF Schweiss und Mydriasis und Kopfbewegungen rollend, agg. Nachts
Bell. Merc.

KOPF Schweiss nachts
bov. bry. CALC. calc—s. carb—an. chin. coloc. hep. kali—c. lyc. Merc. nat—m. nit—ac. rhus—t. sanic. sep. Sil.

KOPF Schweiss Schlaf während
Bry. CALC. Calc—p. Cham. Cic. Lyc. Merc. Podo. Sanic. Sep. Sil.

KOPF Schweiss ständiger und reichlicher
CALC. Rheum. sanic.

KOPF Schweiss und Strabismus konvergierender
CIC.

KOPF Schweiss, warmer Schweiss
ant—t. apis. caust. CHAM. cina. Coloc. Lach. laur. mag—p. Nat—m. Op. sil.

KOPF Seborrhoe (übermässige Fett Absonderung Kopfhaut und Gesicht)
Am—m. Ars. bry. bor. bufo. calc. chin. graph. Iod. kali—br. kali—c. kali—s. lyc. merc. mez. nat—m. petr. phos. Plb. psor. raph. rhus—t. sars. sel. sep. staph. sulph. thuj. Vinc.

KOPF Seite linke äusserlich allgemein
acon. agar. alum. ammc. anac. ant—c. ant—t. arg—m. Ars. Asar. aur. bar—c. bell. bor. calc. caps. Carb—an. carb—v. caust. cham. chel. Chin. CLEM. cocc. coloc. Dig. Dulc. euph. Graph. hep. iod. kali—c. kali—n. laur. lyc. mag—c. mag—m. mang. meny. Merc. merc—c. mill. mur—ac. nat—c. Nat—m. nit—ac. olnd. onos. petr. Phos. ph—ac. plat. rhod. rhus—t. RUTA. seneg. sep. sil. spig. staph. stront. Sulph. tarax. THUJ. verb. viol—t. zinc.

KOPF Seite rechte äusserlich allgemein
Agar. agn. alum. ambr. am—c. am—m. Anac. aur. bell. bor. brom. Bry. CALC. CANTH. caps. carb—an. carb—v. caust. Chel. chin. clem. cocc. CON. dig. Dros. graph. guaj. hep. iod. Kali—c. kali—n. kreos. laur. led. lyc. mag—m. mang. Meny. merc. mez. mur—ac. nat—c. nat—m. Nit—ac. petr. phos. ph—ac. plat. psor. Puls. ran—b. ran—s. rhod. Rhus—t. sabad. Sars. Sep. Sil. spig. spong. stann. Staph. stront. thuj. verat. viol—t. zinc.

KOPF Seiten äusserlich allgemein

agar. ambr. ars. bar—c. Bov. carb—an. Caust. coloc. dros. Graph. guaj. kali—c. lyc. nit—ac. phos. Ph—ac. ruta. sars. Staph. thuj. verat. viol—t. ZINC.

KOPF Seiten innere allgemein

acon. agar. alum. am—c. am—m. anac. ang. ant—t. arg—m. arg—n. arn. ars. Asaf. asar. aur. bar—c. bell. bor. Bov. bry. cact. calc. camph. cann—s. Canth. caps. carb—an. carb—v. caust. cham. chel. chin. cic. cina. clem. cocc. coff. colch. coloc. con. croc. cupr. cycl. dig. dros. dulc. euph. euphr. ferr. graph. Guaj. hell. hep. hyos. ign. iod. kali—c. kreos. lach. Laur. led. lyc. mag—c. mag—m. mang. teucr. meny. merc. mez. mosch. mur—ac. nat—c. nat—m. nit—ac. nux—m. nux—v. olnd. par. plb. petr. phos. PH—AC. plat. puls. rhod. rhus—t. ruta. sabad. sabin. Sars. sep. sil. spig. spong. squil. stann. staph. stront. sulph. sul—ac. tarax. Thuj. valer. Verat. Verat—v. viol—t. ZINC.

KOPF Stirn äusserlich allgemein

alum. ambr. ant—c. aur. bar—c. Bov. Calc. carb—an. Carb—v. Caust. chel. cic. Clem. con. Dros. graph. HEP. iod. Kreos. LED. lyc. meny. merc. mur—ac. Nat—m. nit—ac. nux—v. Par. Phos. PH—AC. psor. rhod. Rhus—t. sabad. sars. SEP. sil. spig. Staph. SULPH. verat. viol—o. viol—t. zinc.

KOPF Verletzungen allgemein (auch bei Verdacht auf Commotio)

ARN. Cic. Nat—s.

KOPF vorderer äusserlich allgemein

agar. alum. am—c. am—m. anac. ARS. bar—c. Bell. bism. bry. calc. carb—v. cic. con. dros. dulc. graph. Hep. kali—c. kreos. lyc. mag—c. mag—m. MERC. mez. nat—c. Nat—m. olnd. par. petr. Phos. plat. ran—b. sabad. sep. Sil. staph. sulph. thuj. Viol—t. zinc.

KOPFHAUT allgemein

acon. agar. alum. ambr. anac. ant—c. ant—t. arg—m. arn. ARS. aur. bapt. Bar—c. bell. Bor. bov. bry. CALC. canth. caps. carb—an. carb—v. caust. Chel. chin. cic. clem. cycl. dros. ferr. Graph. hell. Hep. kali—c. laur. led. lyc. mag—c. mag—m. MERC. merc—i—f. MEZ. mosch. mur—ac. Nat—m. nit—ac. nux—v. OLND. par. Petr. Phos. puls. ran—s. RHUS—T. Ruta. sabad. sars. sel. Sep. SIL. spig. STAPH. SULPH. sul—ac. thuj. vinc. viol—t. zinc.

KOPFHAUT knotige Schwellungen (Knoten wirken deformierend)

BAC. tub.

KOPFSCHMERZ allgemein

Acon. anac. BELL. bry. Calc. Calc—p. Caps. CHAM. Cocc. COFF. Gels. IGN. IP. Iris. mag—m. mag—p. meli. nat—m. NUX—V. Ph—ac. phos. pic—ac. Psor. puls. Sang. sep. Sil. Spig. Sulph.

KOPFSCHMERZ Amalgam Füllungen nach neuen (Quecksilber Intoxikation)

HEP. NIT—AC. nux—v. Sars.

KOPFSCHMERZ Ananas (Bromelain) agg.

Med.

KOPFSCHMERZ Angst, Furcht oder Schreck durch (agg.)
ACON. arg—n. Calc. chin—ar. cimic. Coff. cupr. glon. hyos. Ign. nux—v. PULS. op. ph—ac. plat. samb.

KOPFSCHMERZ anstrengende Bewegung am.
ant—t. ars. guaj. lyc. mag—m. mur—ac. puls. Rhod. rhus—t. SEP. tarent.

KOPFSCHMERZ Anstrengungen d. Augen nach
Calc—p. Gels. Nat—m. onos. Ph—ac. phos. ruta.

KOPFSCHMERZ Anstrengungen geistigen nach
Anac. arg—n. aur. Calc. CALC—P. Chin. gels. glon. Ign. kali—p. lyc. Nat—c. nat—m. nat—p. nux—v. Ph—ac. phos. Pic—ac. Puls. sabad. scut. Sep. Sil. spig. staph. sulph. Tub.

KOPFSCHMERZ Anstrengungen körperlichen bei
Acon. agn. am—c. arn. bell. Bry. cact. Calc. Calc—p. carb—an. chin. croc. dulc. grat. kali—c. lob. mag—s. mez. Nat—m. Nux—v. ph—ac. plat. samb. Spig. staph. sulph. ther. valer.

KOPFSCHMERZ Anstrengungen wiederholten körperlichen nach
ars. Bry. cact. CALC. Calc—p. chin. gels. Ign. Kali—p. Nat—m. nux—v. pic—ac. psor. valer.

KOPFSCHMERZ Augen Bewegung durch agg.
acon. Bell. BRY. nat—m. mur—ac. NUX—V. Sep. sil. spig.

KOPFSCHMERZ Augen schliessen agg.
all—c. Chin. Sil. ther.

KOPFSCHMERZ Augen schliessen am.
acon. agar. aloe. BELL. Bry. Calc. carb—v. Chel. chin. Cocc. Hell. ign. nat—m. NAT—S. Nux—v. Sep. SIL. Spig. Sulph. zinc.

KOPFSCHMERZ Autofahren am.
graph. kali—n. Nit—ac. Sanic.

KOPFSCHMERZ Autofahren während (agg.)
COCC. Ferr. graph. hep. ign. iod. kali—c. lyc. meph. nat—m. Nux—m. nux—v. sanic. Sep. sil.

KOPFSCHMERZ Bauchschmerz abwechselnd mit
aesc. aloe. Ars. cina. Gels. Iris. plb. podo.

KOPFSCHMERZ Becken Schmerz abwechselnd mit
Gels.

KOPFSCHMERZ Beginn nachts, schlaflos, Umhergehen am.
alum. MAG—C. sulph. Thuj.

KOPFSCHMERZ Bewegung in frischer Luft am.
alum. ant—c. ars. coff. coloc. cor—r. Glon. hep. hyos. Iris. Lach. led. Lyc. Nat—m. phel. Phos. PULS. ran—b. seneg. Sep. Sulph. thuj.

KOPFSCHMERZ chronisch als Folge einiger ernsterer Erkrankungen
arg—n. nat—m. PSOR. Sil. sulph. zinc.

KOPFSCHMERZ Dunkelheit am.
Bell. calc. Mag—p. Sang. Sep. Sil. stram.

KOPFSCHMERZ Durchfall abwechselnd mit
aloe. Podo. Sec.

KOPFSCHMERZ Durchfall während
Aeth. Aloe. con. glon. Graph. iris.

KOPFSCHMERZ Einhüllen warm, Mütze am.
ars. Bell. Gels. Hep. lach. lob. Mag—m. Mag—p. nat—m. nit—ac. Nux—v. phos. psor. Rhus—t. sep. SIL.

KOPFSCHMERZ Erbrechen am.
Ars. CYCL. eup—per. Gels. glon. hipp. kali—bi. lach. nat—s. SANG. Sep. stann. tab.

KOPFSCHMERZ erschütternde Bewegung durch (agg.)
arn. BELL. Bry. Calc. carbn—s. carb—v. chin. chion. con. Gels. GLON. hell. hep. kali—c. kali—s. lyc. med. nit—ac. nat—m. Nux—v. ph—ac. phos. psor. rhus—t. sep. Sil. Spig. sulph. ther. thuj.

KOPFSCHMERZ Essen am.
ANAC. Chin. ign. Iod. Kali—bi. Psor. sep.

KOPFSCHMERZ Essen fettes oder schwere Speisen durch
ars. CARB—V. PULS. Sang. Sep.

KOPFSCHMERZ Essen unpünktliches, wenn auf E. warten muss
Calc. cist. Lyc. Psor. Sang. Sanic. sil. SULPH.

KOPFSCHMERZ Essen zu viel durch (Überessen)
Nux—m. Nux—v. Puls. sang.

KOPFSCHMERZ Fernsehen, Video oder Computer Bildschirm durch
Agar. arg—n. Ambr. ars. bry. Calc. caust. cimic. Cocc. colch. con. Kalm. lith—c. m—ambo. Nat—m. phys. nux—v. ph—ac. phos. Pip—m. Ruta. Sel. sil. sulph. Syph.

KOPFSCHMERZ frontal periodisch
Iris. kali—bi.

KOPFSCHMERZ gastrisch (durch Magenstörungen, agg.)
Ant—c. ars. Bry. carb—v. IP. Iris. kali—p. NUX—V. PULS. sang. sep. Sulph.

KOPFSCHMERZ Gelenke Schmerz abwechselnd mit
eup—per. Lyc. sulph.

KOPFSCHMERZ Gesicht blass dabei
alum. ambr. Aml—ns. Ars. Carb—v. Chin. chin—s. echi. ferr. Hell. lach. phos.
Sep. stram. tub. Verat. zinc.

KOPFSCHMERZ Gesicht rot dabei
Acon. BELL. bry. calc. Ferr. Glon. ign. kali—i. mag—s. Meli. rhus—t. Spong. thuj.

KOPFSCHMERZ Gewitter vor
Nat—c. PHOS. Rhod. Sep. Sil.

KOPFSCHMERZ Harn oder Stuhl anhalten durch
FL—AC.

KOPFSCHMERZ Harnlassen (reichliches) am.
acon. fl—ac. GELS. Ign. Kalm. Meli. ph—ac. Sil.

KOPFSCHMERZ Hinterkopf
apis. arn. bell. Bry. carb—v. caust. chin. cimic. Cocc. fl—ac. Gels. glon. Nux—v.
Ph—ac. pic—ac. SANG. sep. sil.

KOPFSCHMERZ Hinterkopf bei geistiger Anstrengung
nat—m. Petr. pic—ac.

KOPFSCHMERZ Hitze oder schwüles Wetter agg.
glon. Iod. Kali—s. Nat—m. petr. PULS.

KOPFSCHMERZ Hungern, Ausfallen einer Malzeit durch
ars. cact. cist. kali—c. lach. lyc. PHOS. PSOR. Sang. sil. Sulph.

KOPFSCHMERZ hypoglykämisch (Hunger agg.)
chin. lith—c. Lyc. nux—v. Phos. Psor. Sulph. tub.

KOPFSCHMERZ Impfung nach
bac. Sil. thuj.

KOPFSCHMERZ Kälte am., Verlangen nach kalten Umschlägen oder Eisbeutel
Acon. ALOE. am—c. Ant—c. Ars. asar. Bell. Bry. calc. calc p. Cham. cycl. euph.
glon. lac—c. Lach. led. Nat—m. Phos. Psor. Puls. spig. stram. Sulph. zinc.

KOPFSCHMERZ Kälte oder Erkältung allgemein durch (incl. kalt Baden)
ANT—C. ars. Bell. bry. cham. Cupr. dulc. mag—p. nux—v. phos. Rhus—t. sil.

KOPFSCHMERZ Kälte oder Erkältung d. Kopfes durch (incl. Haareschneiden)
acon. aur. BELL. Calc. carb—v. chin. dulc. Hep. kali—c. led. merc. Nux—v. psor.
rhus—t. sanic. Sep. Sil. sulph.

KOPFSCHMERZ katarrhalisch (Erkältung durch)
All—c. calc—s. carb—v. Dulc. Eup—per. euphr. Graph. Hep. kali—c. kali—i.
Merc. Nux—v. Puls. stict. sulph.

KOPFSCHMERZ kongestiv in der Schule, Kollaps davon
fl—ac. Hep. lyc. mez. nat—m. plb. Puls.

KOPFSCHMERZ Kränkung, Beleidigung oder Ärger durch (agg.)
Bry. Cham. coff. Lyc. mag—c. mez. NAT—M. NUX—V. petr. Phos. plat. Staph. sulph.

KOPFSCHMERZ Kummer durch (agg.)
IGN. nat—m. op. Ph—ac. pic—ac. Puls. STAPH.

KOPFSCHMERZ Lärm durch (agg.)
acon. BELL. bor. bufo. Calc. COCC. coff. ign. Nat—c. nat—m. nit—ac. Nux—v. ther.

KOPFSCHMERZ Lernen durch (auch schon kleine Kinder, nicht nur Studenten)
anac. arg—n. calc. cist. Nat—c. PH—AC. Pic—ac. Tub..

KOPFSCHMERZ Lesen durch (Augen Anstrengung resp. Schwäche)
apis. asaf. Bar—c. bor. Calc. calc—s. caust. cham. chel. cina. cocc. coff. gels. ign. kali—p. kali—s. lach. lyc. lyss. merc. NAT—M. nat—p. nat—s. nux—v. op. ph—ac. plat. Ruta. Sep. sil. sulph. Tub.

KOPFSCHMERZ Licht künstliches durch agg.
glon. sang. Sep. Sil. stram.

KOPFSCHMERZ Licht Tageslicht durch agg.
ant—t. ars. Bell. bor. bry. Calc. chin. cocc. coff. Gels. Hep. ign. lyc. nat—c. Nat—m. ph—ac. Phos. Sang. sep. Sil. Stram. sulph. tarent.

KOPFSCHMERZ linke Seite
arg—n. ars. bry. calc. Cedr. chin. chion. ferr. Lach. mur—ac. nat—m. nux—v. onos. Phos. puls. Sep. SPIG.

KOPFSCHMERZ Limonadegetränke durch
Sel.

KOPFSCHMERZ Luft freier, frischer in (agg.)
arg—m. bell. calc. caut. chel. Chin. cocc. coff. con. hep. ign. kali—c. laur. Mag—m. mang. Merc. mez. NUX—V. rhus—t.

KOPFSCHMERZ Luft muffiger in (Klassenzimmer, menschenvoller Raum)
carb—v. Lyc. Nat—m. nat—s. phos. PULS.

KOPFSCHMERZ Masern nach
bell. Carb—v. dulc. hell. hyos. morb. Puls. rhus—t. Sulph. tub.

KOPFSCHMERZ Menses anstatt
Calc. Glon. PULS

KOPFSCHMERZ Menses Einsetzen der M. am.
LACH. kali—p. Meli.

KOPFSCHMERZ Menses vor
calc—s. croc. kali—p. lac—d. Lach. lil—t. nat—c. Nat—m. nat—p. Puls. sep. Sulph. tub. Verat.

KOPFSCHMERZ Menses unterdrückte durch bei Mädchen
bry. calc. carb—v. carbn—s. nat—m. Puls. tub.

KOPFSCHMERZ Menses während
Arg—n. Bell. bov. bry. Calc—s. cinnb. COCC. croc. Gels. glon. graph. Ign. kali—c. kali—s. Kreos. Lac—d. lach. lil—t. Lyc. nat—c. Nat—m. nat—p. nux—v. puls. sang. Sep. sulph.

KOPFSCHMERZ mittags agg. - mit der Sonne Lauf zu- und abnehmend
Glon. Kalm. Nat—c. NAT—M. Sang. Spig. tab.

KOPFSCHMERZ morgens Erwachen beim
Bry. Calc. Graph. Hep. IGN. Kali—bi. kali—i. Kalm. Lach. lac—c. Lyc. naja. Nat—m. NIT—AC. Nux—v. Ph—ac. Phos. Psor. Sulph. Tarent. Thuj.

KOPFSCHMERZ morgens mit Übelkeit beim Aufstehen
bry. CALC. EUP—PER. cycl. Graph. kali—p. lach. Nat—m. Nux—v. psor. Sep. Sil. Sulph.

KOPFSCHMERZ nachmittags
ARS. Bell. CHEL. Lyc. puls. sel. sep. sulph.

KOPFSCHMERZ Nagel wie
asaf. Coff. graph. Hep. IGN. nux—v. puls. sep. THUJ.

KOPFSCHMERZ Nasenbluten am.
ant—c. Cham. Ferr—p. Kali—bi. Meli. mill. Psor. Petr. Tab.

KOPFSCHMERZ nervös
agar. am—c. anac. arg—n. asaf. calc. Cham. chin. cocc. coff. gels. Ign. Mosch. nat—m. NUX—V. Phos. puls. thuj. zinc.

KOPFSCHMERZ nervös, Druck (äusserer) am.
apis. bell. Bry. cinnb. con. glon. guaj. MAG—M. meny. nicc. Nux—v. par. puls. Sep. spig. stann. Staph. sulph. Verat.

KOPFSCHMERZ drückend Stirnbereich
Arn. bism. Bar—c. Bry. Coloc. hyos. Mag—m. ol—an. rhod. samb. spong. stann. sulph. valer. verb. viol—t.

KOPFSCHMERZ periodisch alle 7 oder 14 Tage, kühle Luft (Kälte) am.
ARS. Iris. sulph.

KOPFSCHMERZ Prüfung oder Klassenarbeit nach jeder
Pic—ac.

KOPFSCHMERZ rechte Seite
  Bell. bry. cact. calc. carb—v. cycl. gels. ign. IRIS. KALI—BI. lac—c. Lyc. Nat—m. sabad. SANG. sep. Sil.

KOPFSCHMERZ Rennen, Toben durch
  Bell. bry. hep. iod. Nat—m. Ph—ac.

KOPFSCHMERZ Scharlach nach
  am—c. bell. Bry. carb—v. cham. dulc. hell. hep. lach. Merc. rhus—t.

KOPFSCHMERZ Schlaf zuviel nach
  calc. Lach. LYC. Nat—m.

KOPFSCHMERZ Schokolade nach
  Lyc.

KOPFSCHMERZ Schule durch Konzentration - leicht müde
  agar. calc. Calc—p. Cocc. FL—AC. nat—c. ruta. Tub.

KOPFSCHMERZ Schule nach der, schneller Erschöpfbarkeit wegen
  Calc. Calc—p. cocc. MAG—C. nat—m. Ph—ac. pic—ac. ruta. Tub.

KOPFSCHMERZ Schulkindern, Schulmädchen bei (durch Schule, Lernen)
  acon. agar. Anac. arg—n. ars. aur. bac. bell. Calc. calc—hp. CALC—P. carb—v. cimic. cocc. croc. gels. ign. iris. kali—p. lac—c. Lach. lyc. mag—p. nat—c. NAT—M. Nux—v. PH—AC. Pic—ac. PSOR. Puls. ruta. sabad. SANG. sil. sulph. syc. tarent. tub—a. Tub. verat. v—a—b. zinc. zinc—m.

KOPFSCHMERZ Schulkindern, Schulmädchen bei (Schule, Lernen)
  siehe auch therapeutische Hinweise S. 618

KOPFSCHMERZ Schulkindern bei, hartnäckig persistierend
  CALC—P. lyc. Nat—m. Ph—ac. tub.

KOPFSCHMERZ Schulkind im Hinterkopf durch Überanstrengung
  calc. Carb—v. gels. nat—c. nat—m. Petr. puls. SANG. Tub.

KOPFSCHMERZ Schulkind mit Mydriasis (Pupillen weit)
  bell. Calc.

KOPFSCHMERZ Schweiss am.
  NAT—M. Sulph. Thuj.

KOPFSCHMERZ Sehstörungen dabei
  gels. Iris. KALI—BI. lac—d. Nat—m. sang. Sep. ther.

KOPFSCHMERZ sinugen (Nebenhöhlen bedingt)
  all—c. bell. Bry. Calc. Calc—s. chin. Graph. Hep. iod. kali—c. lyc. MERC. Mez. Nat—m. NUX—V. Phos. Puls. sang. Sil. sulph. thuj. tub.

KOPFSCHMERZ Sonnenbestrahlung oder Heissem (Sommer-) Wetter nach
  Ant—c. Bell. Bry. Carb—v. Glon. kalm. lach. Nat—c. NAT—M. Nat—s. Puls.

KOPFSCHMERZ Sonnenstich nach
Acon. Aml—ns. Bell. Calc. Gels. Glon. Nat—c. nat—m. verat—v.

KOPFSCHMERZ Stirn Nasenwurzel (Yin Tran)
chion. cinnb. cupr. Hep. Kali—bi. kali—i. Lach. nat—ar. nat—m. staph. Stict.
zinc.

KOPFSCHMERZ Stirn bei Sinusitis mit vermehrten Durst, gefolgt von Durchfall
Sang.

KOPFSCHMERZ Stirn über linkem Auge
acon. arg—n. ars. brom. kali—c. kalm. nux—m. nux—v. ox—ac. ph—ac. phos.
plat. sel. sep. Spig. tell. verat.

KOPFSCHMERZ Stirn über rechtem Auge
bell. kali—bi. SANG. sil.

KOPFSCHMERZ tagsüber nur
calc. MED. Nat—m. pic—ac. sang. sulph.

KOPFSCHMERZ Übelkeit mit
bry. cocc. con. Ip. IRIS. Nux—v. Puls. SANG. sulph.

KOPFSCHMERZ Verdauungsstörungen durch, mit Flatulenz
aeth. calc—a. calc—p. CARB—V. chion. cic. lyc. nux—m. Nux—v. podo. puls.
Sang. Staph.

KOPFSCHMERZ Vergrösserungs Gefühl d. Kopfes mit
Arg—n. cob—n. par. psor.

KOPFSCHMERZ Verstopfung durch oder während
aloe. Bry. calc—p. colch. coll. con. Nat—m. Nat—s. NUX—V. Op. Plb. Podo.

KOPFSCHMERZ vormittags
Aur. Bar—c. bor. cedr. Con. gels. Kali—c. Nat—m. Sars. Sep.

KOPFSCHMERZ Wachstumsschub bei
calc—p. nat—m. phos. ph—ac. puls. tub.

KOPFSCHMERZ warme Anwendungen, heisse Packung am.
Calc. cinnb. Gels. Kali—bi. MAG—P. nux—v. phos. rhus—t. Sil.

KOPFSCHMERZ warme Getränke agg.
Phos. Puls. Sulph. ther.

KOPFSCHMERZ warme Speisen agg.
arum—t. Phos. Puls. sulph.

KOPFSCHMERZ warmem Raum im agg.
all—c. alum. Apis. arn. bar—c. bell. bry. calc. carb—v. caust. cimic. croc. Iod.
Kali—s. laur. lyc. nat—c. Nat—m. Phos. plat. PULS. seneg. Sulph. zinc.

KOPFSCHMERZ Wehtun Hinterkopf nach geistiger Anstrengung
PETR. pic—ac.

KOPFSCHMERZ Würmer durch
Calc. chin. CINA. graph. nux—v. plat. sabad. Sil. spig. Sulph.

KOPFSCHMERZ Zahnwechsel während
ACON. Bell. CALC. Calc—p. Cham. Cocc. coff. hep. hyos. ign. merc. nit—ac. nux—v. plan. rhus—t. Sil.

KOPFSCHMERZ zusammenschnürend wie Band um Kopf
carb—ac. Gels. Iod. Merc. plat. sulph.

KOPFSCHWEISS
siehe unter Kopf, Schweiss

KRANIOTABES (ungegelmässig dicke Schädelkalotte, wie "Löcher" drin)
CALC. Calc—p.

LÄUSE
siehe Kopfläuse sowie therapeutische Hinweise, S. 665

MIGRÄNE (anfallsweise, einseitige Kopfschmerzen mit weiteren Symptomen)
Arg—n. Bell. calc. cedr. Cham. chion. coff. cycl. Gels. glon. Ign. ip. Iris. Kali—bi. lac—c. lac—d. lach. NAT—M. nat—s. Nux—v. onos. Phos. psor. Puls. rob. Sang. Sep. sil. Spig. sulph. ther. zinc.

MIGRÄNE Gesicht blass (Leichenblässe) dabei
Aml—ns. Ars. chin. lach. phos. sep. verat. zinc.

MIGRÄNE Sehstörungen vor Anfall
Gels. kali—bi. podo. Sep.

MIGRÄNE Seite links
Calc. cedr. chion. Lach. puls. SEP. SPIG.

MIGRÄNE Seite rechts
bell. cycl. Iris. KALI—BI. lac—c. nat—m. SANG. sep. Sil.

OEDEM des Gehirns (Hirnoedem)
Apis. Arg—n. arn. Hell. ign. nat—m. nat—s. op.

OHNMACHT Neigung zu
Ars. chin—ar. ferr. Sulph.

OHNMACHT
siehe auch unter Geist & Gemüt, S. 51, 59, 89 sowie unter Allgemeines, S. 551 f.

ORTHOSTASE - Syndrom (Ohnmacht beim Aufrichten)
acon. aloe. BRY. dig. Phyt.

ORTHOSTASE - Syndrom vor &/o. während Menses agg. (Schwindel)
>laur. Lyc. PULS. Sep.

SCHWINDEL abwärts Gehen beim
>BOR. Coff. Con. Ferr. Gels. Mag—m. merl. Plat. Sanic. tarent.

SCHWINDEL Ärger oder Zorn nach
>acon. CALC. Ign. Nux—v.

SCHWINDEL Anstrengung geistige am.
>Phos.

SCHWINDEL Anstrengung geistige durch (agg.)
>Agar. am—c. Arg—n. arn. Bor. cupr. grat. merc—i—f. Nat—c. Nat—m. Nux—v. PH—AC. Puls. sep. staph.

SCHWINDEL Aufrichten nach, aus gebückter Stellung oder vom Sitzen
>acon. arn. ars. Bell. berb. Bry. cic. ferr. ferr—p. lyc. mag—c. Phos. Puls. sulph. tab.

SCHWINDEL aufwärts Gehen beim, Treppe Steigen
>aloe. Bor. CALC. ferr. Kali—bi. Phos. Sulph.

SCHWINDEL Augen Schliessen am.
>Con. Gels. Tab.

SCHWINDEL Augen Schliessen beim (agg.)
>ant—t. apis. Arg—n. arn. Ars. calad. chel. grat. Lach. nat—m. ph—ac. pip—m. sil. stram. Ther. thuj.

SCHWINDEL Bücken, Niederknien beim
>alum. anac. arg—n. aur. bar—c. Bell. bry. cact. calc. calc—p. camph. carb—v. caust. cham. glon. graph. ham. hell. ign. iod. kali—bi. kali—c. kalm. lach. lyc. Mag—c. merc. merc—c. nit—ac. nux—v. petr. phos. Puls. Sep. sil. staph. Stram. Sulph.

SCHWINDEL Eintreten in dunklen Raum beim
>agar. Arg—n. Stram.

SCHWINDEL Eisenbahnfahren durch, Fahrkrankheit
>CALC. cocc. petr. Tab.

SCHWINDEL Gehen an frischer Luft durch
>Agar. ambr. aur. Calc. caust. Cycl. dros. glon. kreos. Lach. Lyc. merc. mur—ac. Nux—m. nux—v. olnd. phel. Phos. ran—b. ruta. Sep. spig. stann. sulph. thea. thuj.

SCHWINDEL Geruch v. Blumen oder Parfum durch
>Hyos. nux—v. ph—ac. PHOS. sang.

SCHWINDEL hoch gelegene Orten an
>ARG—N. aur. Calc. Gels. Nat—m. phos. Puls. staph. sulph. zinc.

SCHWINDEL Hochsehen beim (aufwärts Blicken)
Arg—n. calc. caust. chin—ar. Cupr. graph. kali—p. lach. nux—v. petr. Phos. plb. PULS. sang. sil. tab. thuj.

SCHWINDEL hypoglykämisch (Hunger agg., Essen am. sofort)
alum. chin. cocc. dulc. Gels. Lyc. Mosch. Nux—v. Phos. psor. sabad. sul—i. Sulph. tub.

SCHWINDEL Karussell, kreisförmige Bewegung durch
Con.

SCHWINDEL K. klammert sich an Krankenschwester, wenn es getragen wird
bor. Gels.

SCHWINDEL Liegen im
alum. apis. calad. Caust. Cham. Con. kali—m. Lach. merc. Puls. rhod. sil. staph. Thuj.

SCHWINDEL morgens Aufstehen bei - muss sich wieder hinlegen o. setzen
bry. Cocc. Nit—ac. Puls.

SCHWINDEL morgens Aufstehen beim
ambr. bell. Bry. caust. cham. chel. cinnb. cocc. con. dulc. graph. kali—bi. lyc. mag—m. merc. merc—i—f. Nat—m. nicc. NIT—AC. nux—v. ph—ac. Phos. phyt. Puls. Rhus—t. ruta. sep. sil. spig. verat—v.

SCHWINDEL morgens Aufwachen beim
carb—v. chin. dulc. graph. kali—bi. Lach. Nat—m.

SCHWINDEL Pubertät in
cycl. lach. Nat—m. Puls. sep. sang. Stroph—h.

SCHWINDEL Schreck oder Schock nach
Acon. calc. Op.

SCHWINDEL Sommer im (Wärme und Licht d. Sonne)
Acon. AGAR. Brom. GLON. NAT—C. nat—m. Nux—v. psor.

SCHWINDEL o. Kopf Beschwerden durch Autofahren, Fahrkrankheit
acon. ant—t. bar—c. Calc. COCC. hep. lyc. med. Petr. sanic. sep. Sil. TAB. Ther. Tub.

SONNENSTICH
Acon. BELL. Gels. GLON. Lach. nat—m. nux—v. op. Stram. ther. Verat—v.

SONNENSTICH
siehe therapeutische Hinweise S. 617

SONNENSTICH Folgen: Unnverträglichkeit v. Sonne überhaupt
ant—c. Bell. GLON. Lach. NAT—C. Nat—m. Puls.

vacat für Nachträge.

Nervensystem und neurologische Erkrankungen

AFFEKTIONEN Fernsehen, Video oder Computer Bildschirm durch
 Agar. Arg—n. Ambr. ars. Calc. caust. cimic. Cocc. colch. con. glon. kalm. lach. lil—t. lith—c. lyss. m—ambo. nat—m. nux—v. phys. Nux—v. Ph—ac. Phos. Pip—m. ruta. Sel. sep. Sil. stram. sulph. Syph.

ATAXIE
 siehe auch unten unter Koordination

ATAXIE cerebello - spinale, Friedreich Ataxie (familiäre A.)
 Arg—n. bar—c. (C. 3). Calc. (C. 200). Calc—p. Carb—v. con. cupr. Fl—ac. hyos. Kali—i. kali—p. (C. 3). KREOS. LYC. MERC. Nat—m. NIT—AC. Nux—v. mang. puls. PHOS. SIL. (C. 30). SULPH. THUJ.

BELL' SCHE Lähmung mit gestörtem Saugreflex
 agar. Cadm—s. Caust. op. Syph. zinc.

BESCHWERDEN Unterdrückung von Haut Ausschlägen durch
 Agar. Bell. caust. cupr. dulc. Hell. kalm. rhus—t. Sulph. tub. ZINC.

CHOREA allgemein
 Agar. ars. Art—v. asaf. Bell. bry. bufo. calc. calc—p. Caust. Caul. cham. Chin. Cic. CIMIC. Cina. coff. colch. Cupr. cupr—a. ferr. gels. hyos. Ign. kali—perm. kali—p. Lach. laur. lil—t. lyc. mag—p. merc. Mygal. nat—s. nux—m. nux—v. op. ph—ac. phos. psor. puls. Rhus—t. santin. scut. sep. STRAM. sulph. Tarent. thuj. valer. verat—v. Zinc. zinc—p. ziz.

CHOREA diagonaler Befall (linker Arm und rechtes Bein oder umgekehrt)
 Agar. cimic. rhus—t. Stram. tarent.

CHOREA Durchfall gefolgt von
 Nat—m.

CHOREA emotional getriggert
 agar. Arg—n. caust. IGN. Laur. Op. Phos. staph. Tarent.

CHOREA Farben, durch Anblick greller F.
 Tarent.

CHOREA Gewitter heraufziehendes agg. (vor G. agg.)
 AGAR. Rhod.

CHOREA Hautausschlägen unmittelbar nach akuten
calc. Caust. cupr. Gels. phos. rhus—t. Sulph. Zinc.
siehe auch unten, Konvulsionen Hautausschläge ...

CHOREA Huntington (hereditär. im Schlaf beschwerdefrei)
agar. calc—p. Cham. cupr. hell. Kali—p. mag—p. mygal. SCUT. Zinc—p.

CHOREA als **h**yperkinetisches, rheumatisch assoziiertes Syndrom
siehe therapeutische Hinweise S. 618

CHOREA hysterica - keine choreat. Bewegungen im Gesicht dabei
IGN. Laur. Op. Phos.

CHOREA lange bestehend, bei tiefsitzenden nervlichen Störungen
crot—h. kali—perm. kali—p. LACH. Naja. TARENT.

CHOREA linke Seite
Cimic. Cupr.

CHOREA magna (Schlaf oder Ruhe bessern nicht)
Verat—v.

CHOREA Masturbation durch exzessive
Calc. chin.

CHOREA Menses während
caul. Caust. Cimic. lil—t. ZINC.

CHOREA Menses Störungen (wie Amenorrhoe o. Hypermenorrhoe) durch
croc. lil—t. Puls. zinc.

CHOREA Musik agg. oder am.
Tarent.

CHOREA nachmittags
lyc. Nat—s.

CHOREA nachts (agg.)
Arg—n. ars. cina. Coff. LACH. op. Santin. Tarent. ziz.

CHOREA neurotische Nachahmung durch (Schulkinder)
CAUST. Cupr. hyos. lach. Tarent.

CHOREA Pneumonie nach
bry. Kali—c. Phos. verat—v.

CHOREA Pubertät gegen Ende oder nach, resp. Adoleszenz während
Zinc.

CHOREA Pubertät in
agar. asaf. caul. caust. Cimic. Ign. phos. Puls. zinc.

CHOREA rechte Seite
Ars. CAUST. Nat—s. Tarent.

CHOREA Schlaf im
Op. Tarent. verat—v. Ziz.

CHOREA Schlaf im am.
Agar. cupr. hell. mag—p. mygal.

CHOREA Schreck oder Schockerlebnis nach
Calc. Caust. coff. cupr. Cupr—ar. Calc. Cham. Gels. hyos. IGN. Kali—br. Laur. Nat—m. OP. Stram. visc. Zinc.

CHOREA Schwindel mit
mygal. nux—v. Sulfon. VISC.

CHOREA Springen oder Rennen am. - kann nicht normal gehen
Bufo. Kali—br. laur. Nat—m. tarent.

CHOREA Sydenham, St. Veits Tanz, Chorea rheumatica
Agar. ars. Bell. bry. calc. calc—p. Caust. Caul. CIMIC. colch. ferr. gels. hyos. Ign. kali—p. merc. mygal. nux—m. nux—v. phos. psor. puls. Rhus—t. Stram. sulph. valer.

CHOREA Tanzen mit exzessivem - Mania saltatoria
agar. Bell. CROC. Hyos. STRAM. tarent.

CHOREA Tisch, Kind kriecht während Konvulsionen unter den T.
Cupr.

CHOREA Ungeschicklichkeit mit, trotz Begabung viel Scherben (Gläser)
AGAR. bov. cupr.

CHOREA Unterdrückung von Hautausschlägen durch
Caust. hell. psor. Sulph. thuj.

CHOREA Unterdrückung von Masern nach
calc. calc—p. hell. Lyc. Morb. Zinc.

CHOREA Wachstum durch zu schnelles
calc—p. Phos.

CHOREA Zucken im Schlaf und spastische Bewegungen tags
Agar. laur.

ENCEPHALITIS allgemein
Acon. aeth. ail. ant—t. Apis. apoc. arn. ars. bapt. BELL.(sehr hohe Potenzen!) bufo. Bry. cadm—s. calc. calc—p. Camph. canth. carb—ac. cham. chin. chin—s. chr—ox. cic. cina. Con. crot—h. Cupr. Cupr—a. dig. gels. glon. Hell. hydr—ac. Hyos. hyper. iod. iodof. kali—i. lach. lyc. Merc. merc—c. merc—d. mosch. nux—v. Op. ox—ac. par. Phos. phys. plb. puls. rhus—t. Sil. sol—n. stram. Sulph. Tub. verat—v. vip. Zinc.

ENCEPHALITIS akut mit Krämpfen, Fieber und Kopfrollen
apis. bry. BELL. Cupr. HELL. merc. op. phos.

ENCEPHALITIS - Arachnitis (vordere Fontanelle steigt langsam & fällt wieder ein
Acon. Bell. Bry. Iod. kali—i. Op. Hyos.

ENCEPHALITIS chronisch, führt zu Gehirnerweichung und Imbezillität
bufo. Phos. Zinc—p.

ENCEPHALITIS Impfung nach oder durch
Vario

ENCEPHALITIS lenta (schleichender Verlauf) nach Impfung
Bufo.

ENCEPHALITIS posttraumatisch
acon. ARN. bell. Hyper. Nat—s. sil.

ENCEPHALITIS tuberculosa
apis. bac. Bell. bry. Calc. CALC—P. cocc. CUPR—CY. Hell. hyos. Iod. iodof.
kali—i. lyc. merc. nat—m. op. Sil. stram. Sulph. Tub. verat—v. Zinc. zinc—o.

ENCEPHALITIS Zahnung während oder durch
ACON. Apis. apoc. Arg—n. ARN. art—v. bell. Bry. canth. Cic. Cina. cupr.
Cupr—s. dig. GELS. glon. Hell. kali—i. Lach. lyc. Op. Spong. Stram. sulph. tub.
Zinc.

EPILEPSIE
siehe therapeutische Hinweise S. 618

EPILEPSIE allgemein, Hauptmittel
absin. aeth. agar. ambr. aml—ns. apis. Arg—n. ars. ART—V. Bar—m. BELL.
Bufo. CALC. calc—p. camph. Caust. cham. chlol. cic. Cina. coff. CUPR. cupr—a.
gels. Hell. hep. hydr—ac. hyos. Ign. ip. Kali—br. lach. laur. Lyc. mag—p. med.
merc. nat—m. nux—v. Oena. Op. phos. Plb. psor. puls. SIL. Stann. Stram.
SULPH. syph. tub. Verat. verat—v. visc. ZINC. zinc—p. zinc—val. ziz.

EPILEPSIE allgemein
siehe auch unter Epilepsie symptomatische (nicht genuine)

EPILEPSIE Appetit vermehrt vorher
Psor. Phos.

EPILEPSIE Armen, Konvulsionen beginnen in
Art—v. bell. Stram.

EPILEPSIE ataktischen, eckigen Bewegungen, Konvulsionen beginnen mit
cupr. MERC.

EPILEPSIE Baden warm agg. Konvulsionen
APIS. Glon. Nat—m. Op.

EPILEPSIE Bauchbereich, Konvulsionen beginnen im
absin. bell. Bufo. caust. Cic. indg. nux—v. oena. plb. sil. sulph.

EPILEPSIE Beginn connatal, von Geburt an, Neugeborene
aeth. Art—v. Bell. CUPR. kali—br. nux—v.

EPILEPSIE Beginn im Kleinkindesalter (K. erkrankt an E.)
Aeth. Arg—n. Art—v. BELL. Bufo. Calc. Calc—p. Cham. cina. Cupr. Hell.
hydr—ac. Ign. Kali—br. lyc. Mag—p. Meli. nux—v. Oena. plb. puls. Sil. Sulph.
stram. zinc.

EPILEPSIE Beinen, Konvulsionen beginnen in
cupr. plb. Zinc.

EPILEPSIE Berührung durch o. agg. durch B.
Cic. Bell. lyss. Nux—v. Stram. stry. Stry—n.

EPILEPSIE Bewusstsein erhalten dabei
Cina. Hell. ip. nat—m. NUX—M. Phos. Stram.

EPILEPSIE depressive Stimmungslage und Verstopfung dabei
Verbe—h.

EPILEPSIE depressive Stimmungslage am. durch epil. Anfälle
Meli. Psor.

EPILEPSIE eingeschlagenen Daumen mit
Aeth. Bell. Bufo. Caust. cham. Cic. CUPR. Hyos. ign. Lach. merc. STANN. staph.
Stry—p. sulph.

EPILEPSIE einseitige Konvulsionen, Gegenseite gelähmt
Art—v. stram.

EPILEPSIE Essen nach, initialer Schrei, dann Gefühllosigkeit
Hyos.

EPILEPSIE Essen nach, o. Konvulsionen ausgelöst durch
Calc—p. Cina. hyos. nux—v.

EPILEPSIE Fieber o. Hitze während (auslösbar durch o. agg.)
Ars. Bar—c. BELL. carb—v. CIC. CINA. HYOS. NUX—V. OP. sel. Stram.
VERAT.

EPILEPSIE Fieberkrämpfe in d. Vorgeschichte, meist unterdrücktes Fieber
Hell. Hyos. Zinc.

EPILEPSIE fokal Jackson (einseitige Krämpfe meist Schulter - Hals Region)
CAUST. cupr. hyos. PLB. merc. rhod. SEC.

EPILEPSIE Froststadium während, vor Fieber (auslösbar durch o. agg.)
ARS. Lach. merc. Nux—v.

EPILEPSIE Genital Erkrankungen organischen bei o. durch
Arg—n. Cimic. Ign. nux—v. oena. Plat. Puls. raph. syph. sulph.

EPILEPSIE Genitalien Kind spielt mit G. dabei
Bufo. stram. Zinc.

EPILEPSIE Gewitter durch
Phos.

EPILEPSIE Grand mal - erst tonisches, dann klonisches Krampfen
absin. Agar. Arg—n. Ars. Art—v. Bell. bufo. CALC. Calc—p. Caust. cic. Cupr. Ferr—cy. hydr—ac. Hyos. Ign. Kali—br. lach. Lyc. Mag—p. Nux—v. oena. Puls. Salam. Sil. sol—n. Sol—c. Stram. Sulph. verb. ziz.

EPILEPSIE Hautausschläge unterdrückte durch
agar. calc. Psor. Sulph. ZINC.
Siehe auch unten unter Konvulsionen ... Hautausschläge ...

EPILEPSIE Heiserkeit o. Aphonie vor Anfall
Calc—ar.

EPILEPSIE Herz Erkrankung mit
Calc—ar.

EPILEPSIE hysterische (verletzt sich nie bei dramat. Stürzen)
Asaf. cocc. con. Cupr. Gels. Graph. Hyos. IGN. Mosch. oena. Plat. sol—c. sumb. Tarent. zinc—val.

EPILEPSIE Kälte o. Abkühlung durch
ARS. bell. caust. Cic. merc. NUX—V. Sil.

EPILEPSIE Kopfbereich incl. Gesicht, Konvulsionen beginnen im K.
absin. Cic. Hyos.

EPILEPSIE Krämpfe dabei ausgeprägt stark
Arg—n. Art—v. Calc. cupr—a. Kali—i. OENA. Merc. Nat—m. Stram. Sulph. Zinc.

EPILEPSIE Licht helles o. spiegelndes durch o. agg.
Bell. bufo. Op. STRAM.

EPILEPSIE linksseitige Konvulsionen
stram.

EPILEPSIE Masturbation ausgelöst durch
Bufo. Stram.

EPILEPSIE Menses nach
Syph.

EPILEPSIE Menses unterdrückte o. Amenorrhoe durch
Cupr. mill. Puls.

EPILEPSIE Menses vor
Bar—c. caust. bufo. caps. cupr. hyos. KALI—BR. Lach. Nat—s. PULS. Sulph. Verat.

EPILEPSIE Menses während
Arg—m. Bufo. bry. Caust. Cimic. nat—s. puls. Sep. sulph.

EPILEPSIE menstruelle Störungen durch o. agg.
bov. Bry. calc—p. Caust. ham. Lach. plat. PULS.

EPILEPSIE Mond - Neumond während
arg—n. Bufo. Caust. cina. CUPR. kali—br. SIL. sulph.

EPILEPSIE Mond - Neumond und Vollmond während
Sil.

EPILEPSIE Mond - Vollmond während
CALC. Cina. Bufo. nat—m.

EPILEPSIE Myoklonie (Zuckungen) dabei ausgeprägt, stark
bufo. CIC. Cupr. HYOS. Stram. stry. Verat—v.

EPILEPSIE nachts
Arg—n. Art—v. BELL. Bufo. CALC. Caust. carb—v. cic. Cina. Cupr. Hyos. kali—c. lach. nit—ac. Op. phos. Sil. Stram. verat.

EPILEPSIE nachts (oder z. Bettzeit) und Schwindel tags, am. sanfte Bewegung
NIT—AC.

EPILEPSIE Petite - Mal (epilept. Absencen)
absin. apis. ART—V. Bell. bufo. Calc. Cann—i. Caust. cic. Kali—br. nat—m. Nux—m. Phos. Santin. VERBE—H. Zinc—cy.

EPILEPSIE Petite - Mal mit unfreiwilligem Harnabgang
Caust.

EPILEPSIE posttraumatisch, Verletzung nach
am—c. ang. Arn. art—v. bell. CIC. CON. CUPR. HYPER. meli. NAT—S. Oena. OP. plb. puls. rhus—t. sul—ac. sulph. Valer.

EPILEPSIE Pubertät zu Beginn o. während
art—v. Caul. CAUST. Cimic. cupr. hypoth. lach. Puls. zinc.

EPILEPSIE Pupillen weit (Mydriasis) vor Anfall
ARG—N. Bufo. Hyos.

EPILEPSIE Pupillen weit (Mydriasis) während Anfall
aeth. Bell. calc. Cic. CINA. cocc. cycl. hyos. ign. laur. oena. op. plb. stram. Verat. verat—v.

EPILEPSIE rechtsseitige Konvulsionen
art—v. bell. Cupr. Lyc. mag—c. nux—v.

EPILEPSIE Reizbarkeit nach Anfall
arg—m. Calc.

EPILEPSIE Reizbarkeit vor Anfall
aster. bufo. lach.

EPILEPSIE Sauerstoff Mangel im Gehirn durch (Anoxie)
BELL. cymbop—n. CALC. caps. CARB—V. caust. CIC. Con. cupr. Hyos. LACH.
mag—p.

EPILEPSIE Schaudern, Frösteln Beginn mit
Mosch.

EPILEPSIE Schlaf während (unbemerkt)
Bufo. Cupr. Hyos. LACH. merc. nit—ac. nux—v. OP. Sil. Stram.

EPILEPSIE Schrei initialem nit
Bell. Bufo. CIC. Cina. CUPR. hydr—ac. HYOS. Mag—p. Oena. Op. stram.

EPILEPSIE Schreck, Schock durch o. nach
ACON. Arg—n. art—v. Bufo. calc. IGN. Op. stram. Tarent.

EPILEPSIE Sommer o. Hitze während vermehrte Anfälle, Winter am.
ars. BAR—C. Bell. Cic. cina. hyos. nux—v. Op. stram. Verat.

EPILEPSIE Status epilepticus
Absin. acon. bufo. calc. Hell. Oena.

EPILEPSIE Strabismus (Schielen) dabei
agar. mag—p. Cic. Stram. tarent.

EPILEPSIE Streckbewegungen, Konvulsionen beginnen mit
Calc.

EPILEPSIE Stuhlgang löst Anfall aus
Alum. nux—v. stann.

EPILEPSIE symptomat. durch Hirn Abszess
arn. BELL. Crot—h. IOD. Lach. OP. plb. Vip.

EPILEPSIE symptomat. durch Hirn Cyste
Apis. IOD. plb.

EPILEPSIE symptomat. durch Hirn Tumor
cortex. Plb.

EPILEPSIE symptomat. durch Hitzschlag
GLON. BELL. STRAM.

EPILEPSIE symptomat. durch Kopf Verletzungen
> ARN. Art—v. Cic. Con. Cupr. meli. NAT—S. oena.

EPILEPSIE symptomat. infektiöser Encephalitis nach
> BELL. BRY. CAMPH. CON. CUPR. HELL. MERC. PHOS.

EPILEPSIE symptomat. infektiöser Meningitis nach
> Bac. Cic. CUPR. Iodof.

EPILEPSIE symptomat. Infektionskrankheit bei z.B. Otitis
> Arg—n. Aeth. Ars. Apis. Bell. caps. CUPR. Cupr—ar. puls. sil. Ter.

EPILEPSIE symptomat. kongenitale Hirnerweichung durch
> CAUST. Kali—br. PHOS.

EPILEPSIE symptomat. kongenitaler Idiotie mit
> CAUST. BAR—C. BAR—M. CALC. PHOS. CARBN—S. HELL. TUB.

EPILEPSIE symptomat. kongenitalem Hydrocephalus bei
> Apis. CALC. CALC—P. Hell. Iod. oena. sil. ZINC.

EPILEPSIE symptomat. kongenitalem Hirn Tumor durch
> Arn. bar—c. CON. cortex. KALI—I. PLB.

EPILEPSIE tuberkulinischen Kindern bei (Tb. in Familienanamnese)
> cupr. Dros. SULPH.

EPILEPSIE Verrenkungen der Glieder mit
> CIC. nux—v.

EPILEPSIE Verstopfung mit
> Hyos.

EPILEPSIE Videokinder (K., die viel Zeit am Fernseher oder Computer verbringen)
> Calc. cocc. glon. kalm. lach. lyss. nux—v. stram.
> Siehe auch oben unter Affektionen Fernsehen, Video ...

EPILEPSIE Wutanfall danach
> arg—m.

EPILEPSIE Zahnung während
> Bell. cic. cupr. hyos. Ign. Kali—br. STANN. (bes. abends)

EPILEPSIE Zunge beisst sich auf d. Z.
> Absin. Art—v. bufo. caust. Cupr. ign. oena. Op.

ERBSCHE Lähmung (Arm hängt schlaff einwärts gedreht, oberer Plexus affiziert)
> arg—n. caust. Cupr. gels. Hyper. lath. phos. PLB. rhus—t. zinc.

FALLEN K. fällt dauernd um und schlägt um sich (DD.: Epilepsie)
> stram.

FERNSEHEN, Video o. Computer Bildschirm nervöse Störungen durch
siehe unter Affektionen

FIEBERKRAMPF
siehe unter Krampfanfall sowie Fieber, F. & S., S. 478 & therap. Hinw., S. 660

GEHIRN Affektionen, konstitutionelle Neigung zu
alum. BELL. Calc. HELL. Tub. zinc.

HIRNERKRANKUNG, cri encephalique dabei (Schreien schrilles)
APIS. art—v. cham. cic. cupr. Cupr—a. glon. Hell. kali—br. kali—i. lyc. merc. op. rhus—t. stram. sulph. Zinc.

HIRNOEDEM
Apis. Arg—n. arn. Hell. ign. nat—m. nat—s. op.

HIRNSCHÄDIGUNG durch Sauerstoff Mangel (Hypoxie) vor / während Geburt
Acon. ant—t. arn. ars. bor. calc—p. carb—v. carc. Cic. CUPR. Cupr—ar. cymbop—n. hell. nat—s. tub. verat.

HYDROCEPHALUS
siehe auch unter Kopf, S. 154, sowie therapeutische Hinweise, S. 619

HYDROCEPHALUS chronisch mit epileptiformen Krämpfen (Epilepsie)
siehe therapeutische Hinweise, S. 620

HYDROCEPHALUS mit oder durch Spina bifida
abrot. acon. Apis. Apoc. Arg—n. arn. ars. ars—i. Bac. bar—c. Bell. Bry. Calc. CALC—P. canth. Chin. chin—ar. chin—s. cupr. CUPR—A. dig. ferr—s. ferr—a. Gels. HELL. hyper. ip. Iod. Iodof. kali—br. kali—i. lyc. merc. nat—m. oena. op. phos. podo. psor. Sil. sol—n. Sulph. syph. thuj. Tub. verat. Zinc. zinc—br. zinc—m.

IATROGENE Schäden
siehe therapeutische Hinweise, S. 687

INFANTILE Cerebral Parese (ICP, Störung in Haltung und Bewegung)
Acon. agar. alum. alumn. apis. ARN. ars. art—v. bar—c. Bell. Bung. calc. calc—p. camph. CAUST. cham. Cic. cina. Cocc. Con. Cupr. ferr. fl—ac. Hell. gal—ac. GELS. glon. hydr—ac. Hyos. Hyper. ip. kali—p. Lach. lath. laur. lyc. mang. merc. nat—m. NAT—S. nit—ac. nux—m. Nux—v. Op. ox—ac. phos. Plb. puls. rhus—t. sil. stann. stram. stry—p. sulph. syph. Tub. verat. vip. ZINC.

ICP dabei Haltung Daumen eingeschlagen
bell. Caust. cic. CUPR. hyos. lach. Stann.

ICP dabei Haltung Kopf seitlich geneigt
bar—c. caust. chin. cic. cupr. ferr. Lach. Lachn. LYC. merc. med. nat—m. nat—s. Nux—v. plb. Puls. rhus—t. sil. stram. sulph.

ICP dabei Haltung Kopf seitlich nach links geneigt
bell. Caust. crot—c. Lyc. nux—v. PHOS.

ICP dabei Haltung Kopf seitlich nach rechts geneigt
caust. cupr. ferr. lachn. LYC.

INFANTILE Cerebral Parese (ICP) mit Zeichen v. Hypertonus
Bell. cham. Cic. CUPR. gal—ac. Hyos. Nux—v. op. phos. plb. sanic. Stram. Stry—p. tub. zinc.

INFANTILE Cerebral Parese (ICP) mit Zeichen v. Hypotonus
CALC. CALC—P. Caust. Cocc. cupr. Gels. Hell. Op. mang. Phos.

INFANTILE Cerebral Parese (ICP) mit Zeichen v. wechselndem Tonus
Agar. Calc—p. Cupr. Hell. lyc. merc. Sanic. syph. Tub. zinc.

INFANTILE Cerebral Parese (ICP) Zahnung während
bell. cic. Gels. Hell. kali—p.

INFANTILE Spinal Paralyse, idiopathische Muskel Dystrophie (Frühstad.)
acon. Bell. Bry. GELS. glon. hyos. merc. Rhus—t. sol—n. stram.

INFANTILE Spinal Paralyse, progressive Muskel Atrophie (Spätstadium)
ALUM. Alumn. arn. Ars. CAUST. Cocc. Con. GELS. graph. Lath. Mang. nux—v. Phos. Phys. Plb. Rhus—t. Sil. Stann.

INSEKTENSTICHE Zecke - Encephalitis
siehe therapeutische Hinweise, S. 620, 664

JACKSON - Anfälle (einseitige Krämpfe meist Schulter - Hals Region)
CAUST. cupr. hyos. PLB. merc. rhod. SEC. rhod.

JAKTATIONEN (Kopfschlagen o. schaukelnde Bewegungen Kopf, auch Hospitalismus)
agar. apis. ars. bell. Calc—p. Cham. carc. Cina. con. Hell. hyos. mag—c. mill. Nux—m. Ph—ac. Staph. rhus—t. tarent. tub. zinc. Verat—v.

KONVULSIONEN, Krämpfe, allgemeine Hauptmittel
acon. Aeth. ART—V. BELL. CALC. calc—p. caust. Cham. coff. Cic. CINA. Cupr. Hyos. HELL. ign. lach. merc. nux—v. OP. stann. sulph. ZINC.

KONVULSIONEN, Krämpfe Annäherung fremder Personen bei
lyss. nux—v. OP. Tarent.

KONVULSIONEN, Krämpfe Anstrengungen, geistige Überanstrengungen nach
Aur—m. bell. calc. cann—i. glon. Zinc.

KONVULSIONEN, Krämpfe Berührung oder Festhalten agg.
Bell. CIC. Nux—v. stram. stry. tarent.

KONVULSIONEN, Krämpfe Bestrafung nach
CHAM. IGN. nat—m. nux—v. op. Staph.

KONVULSIONEN, Krämpfe Bewusstlosigkeit mit
bell. bufo. CIC. cina. HYOS. IGN. op.

KONVULSIONEN, Krämpfe cerebrale Kongestionen durch
BELL. GLON.

KONVULSIONEN, Krämpfe, Daumen eingeschlagenen dabei
Aeth. Bell. Bufo. Caust. cham. Cic. CUPR. Hyos. ign. Lach. merc. STANN. staph. sulph.

KONVULSIONEN, Krämpfe einseitige
Art—v. calc—p. dulc. ip. phos. plb. stram.

KONVULSIONEN, Krämpfe einseitige Neugeborener unmittelbar nach Geburt
bell. CIC. Cupr. gels. stram. ZINC.

KONVULSIONEN, Krämpfe Emotionen durch (incl. hysterische)
asaf. bell. calc—p. CHAM. cocc. con. cupr. IGN. Kali—br. Mag—p. Mosch Nux--m. NUX—V. op. tarent. Valer. zinc. zinc--br.

KONVULSIONEN, Krämpfe Emotionen durch
siehe auch unter Konv. - respiratorische Affektkrämpfe. Vergl. Konv. Bestrafung.

KONVULSIONEN, Krämpfe Emotionen ärgerlichen d. stillenden Mutter nach
bufo. CHAM. coloc. Ign. NUX—V. op. valer.

KONVULSIONEN, Krämpfe Schreck der stillenden Mutter nach
Bufo. op.

KONVULSIONEN, Krämpfe Durchfall mit
nux—m.

KONVULSIONEN, Krämpfe Durchfall nach
Mag—p. verat—v. Zinc.

KONVULSIONEN, Krämpfe eingeschlagenen Daumen mit, Neugeborene
Adon. Aeth. Bell. Bufo. Caust. cham. Cic. Cina. CUPR. Hyos. ign. Lach. merc. STANN. staph. Stry—p. sulph.

KONVULSIONEN, Krämpfe, dabei: Fieber, Haut heiss, trocken, Zucken einz. Muskeln
Acon.

KONVULSIONEN, Krämpfe gehalten werden (Festhalten) am.
nicc.

KONVULSIONEN, Krämpfe Hautausschlägen unterdrückten nach
(incl. Gehirnaffektionen nach Unterdrückung)
Ant—t. Apis. calc. caust. cic. CUPR. Cupr—a. gels. Hell. Hep. Ip. stram. sulph. ZINC.

KONVULSIONEN, Krämpfe Husten Keuchhusten beim
Brom. Calc. Cupr. Hydr—ac. Ip. KALI—BR.

KONVULSIONEN, Krämpfe Hydrocephalus bei
Arg—n. Art—v. Calc. Kali—i. oena. Merc. Nat—m. Stram. Sulph. Zinc.

KONVULSIONEN, Krämpfe Impfung nach
SIL.

KONVULSIONEN, Krämpfe Kälte o. kalte Anwendungen incl. Trinken am.
Caust. lyc.

KONVULSIONEN, Krämpfe Keuchhusten durch
Cupr. Kali—br.

KONVULSIONEN, Krämpfe Kleinkinder
Art—v. BELL. bufo. Cham. cina. coff. Cupr. HELL. Hydr—ac. Mag—p. meli. op.
stram. verat. zinc.

KONVULSIONEN, Krämpfe, klon. Zuckungen Kleinkindern bei
agar. Ars. Art—v. bapt. BELL. bufo. Cham. Cic. cina. coff. CUPR. HELL.
Hydr—ac. hyos. lyss. Mag—p. Meli. nux—m. op. Phos. plb. sec. sep. Stram. verat.
zinc.

KONVULSIONEN, Krämpfe, klonische Zuckungen allgemein
absin. acon. Aeth. agar. Ambr. Aml—ns. ant—t. Apis. arg—n. arn. ars. ART—V.
Bell. bry. Bufo. Calc. Calc—p. Camph. Camph—br. canth. carbn—s. caust. Cham.
Chlol. CIC. cimic. CINA. cocc. Coff. Crot—c. crot—h. CUPR. Cupr—ar. Cypr.
Gels. HELL. Hep. Hydr—ac. Hyos. Ign. Ip. Kali—br. kali—c. kali—p. Lach. laur.
Lyc. Mag—p. meli. merc. mosch. nux—m. Nux—v. Oena. OP. ph—ac. phos. plat.
PLB. puls. Santin. scut. sec. Sil. Stann. STRAM. stry. Sulph. ter. VERAT.
Verat—v. ZINC. Zinc—cy. Zinc—val.

KONVULSIONEN, Krämpfe, klon. Zuck. Wurmerkrankung während o. nach
Art—v. cic. CINA. cupr. Hyos. indg. Sabad. santin. Stann. ter. Teucr.

KONVULSIONEN, Krämpfe kolikösen Bauchschmerzen bei
Bell. CIC. Cupr. nux—m. Plb. sec.

KONVULSIONEN, Krämpfe, Kopf heiss dabei, Körper aber kalt
ARN.

KONVULSIONEN, Krämpfe, Kopf Verletzungen incl. Commotio durch
arn. HYPER.

KONVULSIONEN,Krämpfe Kraftentwicklung auffällig starker mit
Bell. calc. Nit—ac. STRAM

KONVULSIONEN, Krämpfe Krupp bei
Lach.

KONVULSIONEN, Krämpfe Lachen übermässiges o. tobendes Spielen durch
Coff. graph.

KONVULSIONEN, Krämpfe Meningitis während
BELL. Glon.

KONVULSIONEN, Krämpfe Neugeborener
Art—v. Bell. Cupr. glon. laur. nux—v. zinc.

KONVULSIONEN, Krämpfe Neugeborener durch langdauernde o. schwierige Geburt
Arn. Hyper.

KONVULSIONEN, Krämpfe Pubertät in
art—v. caul. caust. cupr. hypoth. Ign. kali—br. lach. puls. zinc. zinc—val.

KONVULSIONEN, Krämpfe Pupillenstarre und Mydriasis mit o. vorher
Arg—n. Bufo.

KONVULSIONEN, Krämpfe reflektorische (sekundäre) Kleinkinder
Absin. Acon. AETH. Art—v. BELL. bufo. Calc. CAMPH—BR. Caust. CHAM. Chlol. CIC. CINA. Cocc. CUPR. Cypr. Glon. Hell. Hydr—ac. HYOS. IGN. KALI—BR. Kreos. Laur. MAG—P. Meli. Mosch. Nux—v. OENA. Op. Passi. SANTIN. Scut. Stann. STRAM. ZINC. Zinc—s.

KONVULSIONEN, Krämpfe respiratorische Affektkrämpfe (hysterisch)
Asaf. calc—p. cupr. IGN. LACH. mag—p. Op.

KONVULSIONEN, Krämpfe Schimpfe, Tadel o. Zurechtweisung nach
agar. asaf. cham. Cina. cupr. hyos. IGN. Op. Staph.

KONVULSIONEN, Krämpfe Schlaf während
Ars. BELL. caust. cic. cupr. Hyos. Ign. kali—c. Lach. Op. sep. Sil. Stram. sulph.

KONVULSIONEN, Krämpfe Schläfrigkeit mit, nach Erbrechen o. Stuhl
Aeth.

KONVULSIONEN, Krämpfe Schreck nach
Acon. calc. caust. Cic. HYOS. Ign. indg. OP. stram.

KONVULSIONEN, Krämpfe Schreck d. stillenden Mutter nach
Bufo. Hyos. ign. nux—v. OP.

KONVULSIONEN, Krämpfe Schreck nach, auch mit Bewusstlosigkeit
Calc. HYOS. Op. stram.

KONVULSIONEN, Krämpfe Schreien ärgerliches dabei, K. nagt an seinen Fäusten
Acon. ip. op.

KONVULSIONEN, Krämpfe Speichelfluss unterdrücktem nach
Kali—br. Merc. stram.

KONVULSIONEN, Krämpfe tetanische, Carpopedalspasmen mit (Pfötchenstellung)
calc. CALC—P. cupr. Mag—c. Nux—v. Sec.

KONVULSIONEN, Krämpfe tetanische, Neugeborener incl. Trismus
Acon. arn. ars. Bell. CAMPH. Cham. cic. Cupr. Cupr—ar. hyper. Ign. Merc. mosch. Op.

KONVULSIONEN, Krämpfe tonische
ang. ars. Bell. bufo. calc. camph. cham. Cic. Ign. Ip. lyc. merc. OP. phos. PLB. petr. plat. Sec. sep. sulph.

KONVULSIONEN, Krämpfe tonische abwechselnd mit klonischen
Ign. mosch. stram.

KONVULSIONEN, Krämpfe Verletzungen nach (posttraumatische Spasmen)
art—v. Cic. hep. Hyper. Nat—s. Op. rhus—t. valer.

KONVULSIONEN, Krämpfe Wärme o. warme Anwendungen agg.
APIS. nat—m. Op.

KONVULSIONEN, Krämpfe Würmer durch
cic. CINA. HYOS. Ign. stann. stram. ter.

KONVULSIONEN, Krämpfe Würmer durch, enden in Sensibilitäts Störungen
cic. HYOS.

KONVULSIONEN, Krämpfe Zahnung während
absin. Acon. Aeth. art—v. arum—t. Bell. CALC. Calc—ar. Calc—p. Camph—br. Caust. CHAM. Cic. Cina. chlol. cocc. coff. Colch. CUPR. Cupr—a. Cypr. gels. glon. hell. hydr—ac. Hyos. IGN. Ip. KALI—BR. Kreos. Lach. laur. mag—m. Mag—p. Meli. meli. merc. mill. mosch. nux—m. nux—v. Oena. op. passi. plat. Podo. rheum. Scut. sin—n. sol—n. Stann. Stram. sulph. thyr. verat. Verat—v. Zinc. zinc—s.

KONVULSIONEN, Krämpfe Zahnung während, aber ohne Fieber
coff. ign. MAG—P. thyr. Zinc.

KONVULSIONEN, Krämpfe Zorn- o. Wutanfall durch
CHAM. Nux—v.

KOORDINATION Störungen allgemein, Inkoordination (vergl. ICP)
Agar. Alum. arg—n. bar—c. bell. Calc. carbn—s. caust. Chlol. cimic. coca. Cocc. CON. Cupr. echi. ferr. gels. graph. hyos. ign. Kali—br. kali—p. lach. merc. nux—v. onos. Ph—ac. Phos. plat. PLB. Rhus—t. sec. Stram. sil. sulph. tab. Zinc.

KOORDINATION d. linken und rechten Gehirnhälfte Schwierigkeiten
chin—s. Dios. fl—ac. Lyc.

KOORDINATION Störungen obere Glieder
Gels. Merc. onos.

KOORDINATION Störungen untere Glieder
Alum. Nux—m. Onos. Phos. PLB. Sil. Sulph. zinc.

KOPFNICKEN unfreiwillig
Agar. Caust. chin. Hyos. hyper. ign. nat—m. ph—ac. sep. stram. verat. verat—v.

KOPFNICKEN unfreiwillig bei langsamer Entwicklung
SEP.

KRÄMPFE Ovulation o. Menstruation während junger Mädchen
calc—p. Cham. med. Phos. Tub.

KRAMPFANFALL Froststadium im Fieber während (Fieberkrampf)
Ars. Camph. Lach. merc. nux—v.

KRAMPFANFALL Hitzestadium im Fieber während (Fieberkrampf)
acetan. acon. ars. BELL. Calc. camph. carb—v. Caust. cham. Cic. Cina. cupr. Cupr—ar. Ferr—p. glon. Hyos. ign. Kali—br. mag—p. Nat—m. NUX—V. op. sep. STRAM. Tub. verat.

KRAMPFANFALL intensiver Hitze bei (auch Fieberkrampf)
ars. BELL. caust. Cic. cina. cupr. Cupr—ar. ferr—p. Hyos. nat—m. NUX—V. op. STRAM. verat.

KRETINISMUS
absin. Aeth. Anac. arn. Aur. BAC. Bar—c. bar—m. Bufo. Calc—p. ign. iod. Kali—p. lap—a. lol. nat—c. oxyt. plb. sep. sulph. Thuj. THYR.

LAUFEN Lernen fehlender Impuls nach einem Jahr, auch Robben sehr spät
Bell. Calc.
Siehe auch unter Allgemeines, Krabbeln, S. 545, & Gehen, S. 534

MANGELZUSTÄNDE des Gehirns
cymbop—n. Hell. mang.

MENINGITIS allgemein
acon. aeth. Agar. ail. Ant—t. APIS. apoc. arg—n. Arn. bapt. BELL. Bry. bufo. Calc. calc—br. calc—p. camph. canth. carb—ac. chin—s. Cic. cimic. Cina. cocc. crot—c. crot—h. Cupr. cupr—a. cupr—m. echi. Gels. Glon. HELL. hippoz. Hydr—ac. Hyos. hyper. iod. Iodof. ip. Kali—br. kali—i. kreos. Lach. med. Merc. merc—c. merc—d. mosch. Nat—m. Nat—s. Op. ox—ac. Phos. phys. Plb. Rhus—t. Sil. sol—n. STRAM. Sulph. sul—i. Tub. verat—v. vip. ZINC. zinc—cy. zinc—m.

MENINGITIS (Leptomeningitis)
acon. ant—t. APIS. Arn. Bell. Bry. calc—p. Cic. cina. Cupr. cupr—a. Gels. Glon. HELL. iodof. kali—i. Merc. merc—d. nat—s. Op. phos. sol—n. Stram. sulph. sul—i. verat—v. Zinc.

MENINGITIS Augen nach oben gedreht dabei
apis. Cic. Hell.

MENINGITIS cerebrospinalis allgemein (oft auch bei Fleckfieber)
Acon. apis. ars. Bell. Bry. CIC. Cupr—a. Cyt—l. ferr—p. Gels. glon. Hell. hyos. NAT—S. nux—v. Rhus—t. zinc.

MENINGITIS cerebrospinalis - Lähmungen als Folge
agar. Cocc. Gels. hydr—ac. Lach. nux—v. phys. ZINC.

MENINGITIS cerebrospinalis Stadium der Exsudation
BRY. Apis. Cupr—a. nat—s. sul—i.

MENINGITIS cerebrospinalis Stadium der Toxicaemie
Hell. HYOS. lach. OP.

MENINGITIS Erbrechen dabei
aeth. Apis. cic. Hell. nat—s.

MENINGITIS Harn reichlich und wässrig - blass dabei
Bell. Gels. Hyos. lach. Phos.

MENINGITIS Hinterkopf intensive Hitze dabei
Bell. Zinc.

MENINGITIS Impfung durch oder nach
Vario

MENINGITIS Keuchhusten während oder durch
ant—t. APIS. Arn. Bell. cina. cupr. gels. lach. Phos. rhus—t.

MENINGITIS Kopf Schweiss ausgeprägt dabei
Calc. Calc—p. Sil.

MENINGITIS Kopf vorwärts geneigt dabei
Stram.

MENINGITIS Kopfrollen von einer Seite zur anderen dabei
apis. bry. HELL. hyos. sulph. Zinc.

MENINGITIS, Mumps als Ursache
Plb.

MENINGITIS Opisthotonus ausgeprägt dabei
APIS. BELL. Bry. cic. gels. hyos. nat—s. tub.

MENINGITIS Otitis media oder Mastoiditis durch o. nach
apis. Ars. gels. HEP. merc. Rhus—t. stram. Sulph.

MENINGITIS Pupillen eng (Miosis) dabei
Cycl. Op. Verat.

MENINGITIS Pupillen weit (Mydriasis) dabei
BELL. CIC. Hell. Hyos. Glon.

MENINGITIS Resorptionsmittel
apis. Kali—i. merc—d. nat—s. Sulph. sul—i. tub. zinc.

MENINGITIS Schlaflosigkeit mit
COFF. mosch. nux—m. Valer.

MENINGITIS spinalis
Acon. APIS. BELL. Bry. Calc. Cic. cocc. crot—h. cupr. cupr—a. Cyt—l. dulc. ferr—p. GELS. Hyos. Hyper. kali—i. Ip. merc. Nat—m. Nat—s. Nux—v. Op. Plb. Rhus—t. sec. verat—v. Zinc.

MENINGITIS traumatische
Acon. ARN. Bell. HYPER. Nat—s. Sil. sulph.

MENINGITIS tuberculosa
acon. apis. Ars—i. Bac. bar—i. bell. bry. Calc. calc—i. Calc—p. cocc. ferr—p. Gels. glon. Hell. hyos. Iod. IODOF. kali—c. kali—i. LYC. Merc. nat—m. op. psor. Sil. Spong. stram. sul—i. Sulph. tub. Verat—v. Zinc. zinc—o.

MENINGITIS unterdrückten Hautausschlägen nach (auch Scharlach o. Masern)
apis. cupr. Cupr—a. Dulc. gels. hep. merc. Rhus—t. Stram. SULPH. ZINC.

MENINGITIS viralis, Hauptmittel
Apis. BRY. Hell. lach.

MONGOLISMUS - Down Syndrom
BAR—C. Bar—m. BUFO. calc. Carc. med. pitu. Syph. thym—gl. thyr. tub.

MONGOLISMUS - Down Syndrom - adjuvante Therapie
siehe therapeutische Hinweise, S. 620

MORVAN - Syndrom (Syringomyelie = Höhlenbild. Rückenmark und Panaritium)
Aur. AUR—M. Bar—m. Lach. SEC. Sil. Thuj. tub.

MULTIPLE Sklerose kongenital o. im frühen Kindesalter
ARS. aur—i. Aur—m. aur—m—n. merc—i—f. merc—i—r. plb—i. Tarent.

MYASTHENIA
alum. anac. CALC. CAUST. con. Ferr. gels. Plb. stram.

MYOPATHIE Amyotonie (Kontraktionskraft verloren, aber Substanz erhalten)
Caust. cocc. GELS.

MYOPATHIEN wie progress. Muskel Atrophie, Pseudohypertrophie etc
Arg—n. arn. ars. Bar—c. bar—i. calc. carbn—s. clem. cupr. cur. Hyper. kali—hp. kali—p. mur—ac. nit—ac. Phos. phys. phyt. PLB. sec. stront—c. stront—c. sulph. thal.

MYOPATHIEN wie progress. Muskel Atrophie mit Ossifizierung
CALC—F. fl—ac. symph.

MYOSITIS (Muskel Entzündung)
Arn. bell. BRY. calc. ham. hep. kali—i. merc. Rhus—t. ruta. thuj.

MYOTONIE (Muskeln verharren in kontrahiertem Zustand)
Rhus—t.

NERVÖSE Affektionen Mädchen in der Pubertät
calc—p. Caul. CIMIC. PULS. zinc.

NERVUS phrenicus Affektionen mit Stottern und hartnäckigem Schluckauf
BELL. Caust. cupr. hyos. Kali—br. Merc. nat—c. NUX—V. Phos.
Stram. sul—ac.

NEURALGIE allgemein
Acon. arg—n. arn. Ars. Bell. bry. cann—i. cedr. Cham. chel. Chin. chin—ar.
chin—s. cimic. coff. Coloc. Gels. graph. ign. kali—bi. kalm. mag—p. mez. phos.
phyt. puls. ran—b. rhod. Rhus—t. Spig. stann. sulph. verat. verb.

NEURALGIE Anaemie durch o. Mit
ARS. Chin. chin—ar. graph.

NEURALGIE neue Fälle, bei jungen Leuten auftretend
ACON. BELL. Coloc. GELS. Kalm. Spig.

NEURASTHENIE allgemein, Hauptmittel
Anac. ars. calc. Cocc. ign. Kali—p. lec. mosch. Phos. pic—ac. puls. Sil. zinc—p.

NEURASTHENIE Verletzung durch (incl. psychischer Traumen)
acet—ac. camph. Hyper. Ign. SUL—AC. verat.

NEURASTHENIE Zucker durch (agg.) - Kind reagiert nervös auf Z.
arg—n. Kali—c. lyc. Sulph. Tub.

NEURITIS diphtherisch (bei o. nach Diphtherie)
ars. cocc. Gels. lac—c. lach.

NEURITIS multiple fieberhaften Erkrankungen nach (Malaria, Influenza..)
acon. arg—n. ars. arn. Caust. gels. Hyper. rhus—t.

NEUROLOGISCHE Störungen nach Impfung in der Vorgeschichte
bufo. Chlol. lach. mez. sil. stram. Thuj. tub.

NEUROLOGISCHE Störungen nach Meningitis o. Enzephalitis, Vorgeschichte
Cic. hyper. Nat—s. stram.

NEUROSEN (degenerative Zustände eines empfindlichen Nervensystems)
ambr. arg—n. Aur—m. caust. gels. lath. merc. Passi. plb. stann.

PARALYSE akuten o. schweren Krankheiten nach
Con.

PARALYSE einseitig, Hemiplegie infantile (Poliomyelitis anterior)
ACON. Aeth. Arn. Bell. bung. CALC. Carb—ac. CAUST. chen. Chr—s. cocc.
Ferr—ar. GELS. Kali—c. kali—p. Lach. LATH. Lev. Nux—v. Phos. PLB. Psor.
Rhus—t. Sec. SKOR. Sulph. vip.

PARALYSE einseitig, Hemiplegie perinatale Ursachen (lang dauernde Geburt)
Arn. Caust. Hyper. Led.

PARALYSE einseitig links, Hauptmittel
Arn. Lach. nux—v. rhus—t. stram.

PARALYSE einseitig rechts, Hauptmittel
bell. CAUST. Crot—c. crot—h. phos. thuj.

PARALYSE einzelner Teile, dabei Schmerzlosigkeit
cann—i. COCC. Con. gels. Hyos. Lyc. olnd. Plb. RHUS—T.

LÄHMUNG früher Kindheit in (Vorgeschichte)
Caust. gels. PLB.

PARALYSE generalisiert nach vorangehender Lähmung einzelner Muskeln
arg—n. arn. ars. Bell. caust. gels. lath. nux—v. Olnd. rhus—t.

LÄHMUNG kalt Waschen oder k. Baden am.
caust. con.

PARALYSE Kleinkindern bei
Acon. Aeth. bung. Caust. chr—s. Gels. kali—p. lath. nux—v. phos. Plb. rhus—t.
sec. sulph. vip.

PARALYSE Liegen auf kaltem Untergrund nach
Rhus—t.

PARALYSE Magen - Darm - Verstimmung bei
Aeth.

PARALYSE Muskeln Pseudohypertrophie mit
alumn. Ars. Calc. carbn—s. clem. cupr. gels. hyper. kali—hp. KALI—M.
KALI—P. nit—ac. Phos. plat. phys. phyt. Plb. sec. Sil. stront—c. sulph. Zinc.

PARALYSE perinatale Ursachen (Kompression bei lang dauernde Geburt)
ARN. Bad. bor. Caust. cocc. hell. Hyper. ign. led. nat—s. plb. Rhus—t. Ruta. zinc.

PARALYSE post - diphtherische Lähmung
ant—t. ARG—N. Aur—m. Aven. Botul. CAUST. COCC. Con. DIPH. GELS.
Kali—i. LAC—C. LACH. Nat—m. Nux—v. Phos. Phyt. Plb—a. Plb. Rhod.
Rhus—t. Sec.

PARALYSE psychogene (meist Beine)
IGN. Nat—m. nux—v.

PARALYSE Richtung absteigend, abwärts
Bar—c. merc. zinc.

PARALYSE Richtung aufsteigend, aufwärts
ars. Con. Led. Mang. ox—ac. phos. pic—ac. vip.

PARALYSE Zahnung während
kali—p.

PARESE (symmetrische Lähmung) Impfung durch o. nach
Ars. sil.

PARESE (symmetrische Lähmung) pseudohypertrophen Muskulatur mit
cur. Phos. thyr. Verat—v.

PLEXUS solaris Organotropie
bell—p. Helon. Hydr. NAT—M. vanad.

POLIOMYELITIS allgemein, incl. Lähmung durch P.
acon. aeth. alum. alumn. Arg—m. Arg—n. Arn. ars. Bell. Bung. Calc. carb—ac.
CAUST. chin—ar. Chr—s. COCC. colch. con. cur. dulc. echi. Ferr—ar. ferr—i.
Ferr—p. GELS. hydr—ac. hyos. kali—i. kali—p. karw—h. kres. lach. LATH. Lev.
lyss. merc. Merc—i—r. nux—v. Olnd. phos. phys. PLB. Plb—i. prun. Rhus—t. sec.
SKOR. stry—p. Sulph. verat. Verat—v. zinc.

POLIOMYELITIS
siehe auch therapeutische Hinweise, S. 620

POLIOMYELITIS Bauchlage am.
Acet—ac.

POLIOMYELITIS Blasenlähmung mit (auch mit Rectumparalyse)
Op.

POLIOMYELITIS fieberhaftes (typhöses) Stadium
Cocc. Cupr. Rhus—t. Sulph.

POLIOMYELITIS heissem Wetter Ausbruch bei oder durch
acon. BELL. Glon. Hyos. rhus—t. Sol—n. STRAM.

POLIOMYELITIS konstitutionelle Behandlung
CALC. Calc—p. caust. chr—s. Ferr—ar. Lev. plb. Psor. SIL. SKOR. SULPH. tub.

POLIOMYELITIS Lähmungen (schlaffe) danach
Calc. Caust. Chr—s. ferr—ar. lath. Plb. Sulph.

POLIOMYELITIS sensorischen Ausfällen mit
ars. bell. carb—ac. Caust. ign. nux—v. phos. PLB. Rhus—t. SIL.

POLIOMYELITIS Stadium I
acon. Gels. LATH.

POLIOMYELITIS Stadium II
Aeth. GELS. Nux—v. Plb. Rhus—t. Sec.

POLIOMYELITIS Stadium III
Calc. Caust. Chr—s. PLB. Sulph.

POLIOMYELITIS Unterdrückung von Hautausschlägen durch o. nach
bry. Caust. DULC. Hep. Sulph. ZINC.

POLIOMYELITIS Zwerchfellähmung mit (Diaphragmaparalyse)
cupr. ferr—ar. olnd. op. sil.

RÜCKENMARK Affektionen allgemeine Hauptmittel
bell. CALC—I. cob—n. Equis. fil. HYPER. merc. merc—c. naja. Rad—br. Verat.
Thuj.

RÜCKENMARK Affektionen motorische (Vorderhörner) allgemein
anac. ARG—N. Arn. erb. graph. hydr. kali—br. nat—m. Nux—v.

RÜCKENMARK Affektionen sensorische (Hinterhörner) allgemein
apis. Bell. bry. Cham. chin. Cina. dirc. equis. euph. FORM—AC. fuc. GELS. Hell.
HYDR. Hyper. Ign. iris. lach. lyc. mag—p. rad—br. SPIG. urt—u. valer. VANAD.
VERAT. Xan.

SCHWÄCHE und Reizbarkeit (leicht erregt, aufgeregt)
COFF. Merc. phos. syph.

SCHWÄCHE Diphtherie bei, Stupor, kalte Glieder, Untertemperatur
Diph.

SPINA bifida (meist Operation)
arn. ars. asaf. bar—c. Bry. Calc. CALC—P. Calc—s. carb—v. dulc. graph. hep.
lach. Lepr. lyc. Merc. mez. nit—ac. phos. Psor. ruta. SIL. staph. sulph. syph. Tub.

STUMMHEIT (Mutismus, Ohr und Kehlkopf o. B., aber grosse Tonsillen)
AGRA. kali—br. Lyc. stram.

SYRINGOMYELIE (Höhlenbildung d. Rückenmarks, offen, meist Operation)
Aur. AUR—M. Bar—m. cic. kres. Lach. Lepr. mand. perh. PHOS. SEC. Sil. syph.
Thuj. tub.

TICS allgemein
Agar. arg—n. aur. carc. caust. cupr. Cic. hell. Hyos. Ign. lyc. mag—p. mygal. phys.
sep. staph. tarent. zinc.

TICS Gesichtsbereich
agar. Arg—n. aur. BELL. Carc. caust. cic. Cina. cupr. gels. hell. HYOS. Ign. Laur.
Lyc. mag—c. Mag—p. Mygal. phys. Sep. staph. ZINC.

UNWILLKÜRL. Bewegungen ein Arm und e. Bein bei Hydrocephalus
Apoc. sil.

VORGESCHICHTE (Anamnese): Lähmung in früher Kindheit
Gels. PLB.

VORGESCHICHTE (Anamnese): Meningitis o. Encephalitis
Stram. zinc.

WAHRNEHMUNGSSTÖRUNGEN haluzinogene Drogen durch (Haschisch, LSD ..)
siehe unter Geist und Gemüt, S. 141

ZITTERN und Zucken
siehe auch unter Allgemeines, S. 583 f

ZITTERN Erschöpfung durch
Arg—n. con. gels. Ign. lach. Sulph. tub.

ZITTERN Neugeborener
Acon. anh. Ars. gels.

ZITTERN Neugeborener, Geräusch, Lärm o. Gewitter agg.
Anh.

ZUCKUNGEN Empfindungslosigkeit (Taubheit) zunehmender mit
Cyt—l. plat. Rhus—t.

ZUCKUNGEN Impfung nach
aeth.

ZUCKUNGEN Neugeborener und Kleinkinder, Fraisen (oft Vorstadium v. Krämpfen)
Bell. calc. CHAM. cina. coff. crot—h. Ign. merc. nux—v. op.

ZUCKUNGEN nervöse allgemein
agar. Arg—n. bell. Hyos. Ign. laur. LYC. mygal. sep. Tarent. ZINC.

ZUNGE herausstrecken Abweichung nach links (N. hypoglossus Affektion)
Bell. Glon. Op. Plb.

ZUNGE herausstrecken Abweichung nach rechts (N. hypoglossus Affektion)
Cur. Nux—m. Op.

ZUNGE herausstrecken schwierig (N. hypoglossus Affektion)
apis. Caust. Gels. HYOS. Lach. lyc. Merc. merc—c. mygal. nux—v. Plb. stram.

vacat für Nachträge.

Augen und Sehen

ABSONDERUNG klebrig morgens, bei Aufwachen verklebte Augen
aeth. ail. Alum. ARG—N. Ars. bar—c. Bell. bor. CALC. Carb—v. carbn—s. Caust. Cham. Chel. CLEM. Dios. Euphr. graph. Hep. Kali—bi. Kali—c. kali—n. lyc. Mag—c. mag—m. Mang. MED. Merc. nat—c. Nat—m. Nat—s. nit—ac. nux—v. phos. Psor. Puls. rheum. Rhus—t. sanic. Seneg. Sep. sil. SULPH. sul—ac. tarax. Tarent. thuj. Zinc.

ABSONDERUNG Schleim oder Eiter
ail. alumn. Arg—m. ARG—N. CALC. Carbn—s. Carb—v. Caust. Cham. Chlor. euph. ery—a. ferr—i. Graph. Grin. HEP. Kali—i. Lach. Led. LYC. Lyss. mag—c. mag—m. MERC. nat—c. nit—ac. petr. ph—ac. phos. PULS. rhus—t. Sep. spong. Sulph. syph. tell.

ABSONDERUNG Schleim oder Eiter Canthi äussere
ant—c. Ars. bar—c. bry. chin. euph. ip. lyc. mez. nux—v. rhus—t. sabad. Sep.

ABSONDERUNG Schleim oder Eiter Canthi innere
agar. ant—c. euphr. Mag—s. nicc. Phos. PULS. Staph. Stram. thuj. Verat—v. Zinc.

ABSONDERUNG Schleim oder Eiter dick
alum. arg—n. calc—s. Chel. Euphr. Hep. Hydr. Kali—bi. Lyc. Nat—m. Puls. sep. Sil. sulph. thuj.

ABSONDERUNG Schleim oder Eiter gelb
Agar. alum. Arg—n. ars. aur. Calc. Calc—s. carbn—s. carb—v. caust. chel. Euphr. Kali—bi. kali—c. kali—chl. kali—s. kreos. Lyc. Merc. nat—p. PULS. Sep. SIL. Sulph. Thuj.

ABSONDERUNG Schleim oder Eiter scharf
am—c. ars. ars—i. calc. Carbn—s. Cham. coloc. Euphr. fl—ac. Graph. Hep. kali—ar. merc. nit—ac. Sulph.

ABSONDERUNG Schleim oder Eiter weiss
alum. hydr. lachn. Petr. plb. pic—ac. psor.

AUGAPFEL allgemein

ACON. Agar. agn. alum. ambr. am—c. am—m. anac. ang. ant—c. ant—t. arg—m.
Arn. Ars. asaf. Asar. aur. Bad. Bapt. bar—c. BELL. bism. bor. bov. Bry. calad.
CALC. camph. cann—s. canth. caps. carb—an. carb—v. Caust. cedr. Cham. chel.
chin. cic. Cimic. cina. Clem. cocc. coff. colch. coloc. Con. Croc. crot—t. cupr. cycl.
Dig. dros. dulc. eup—per. euph. EUPHR. ferr. gels. graph. guaj. hell. HEP.
Hydr—ac. Hyos. ign. iod. ip. Kali—c. kali—n. kreos. lach. laur. led. Lyc. mag—c.
mag—m. mang. teucr. meny. Merc. mez. mosch. mur—ac. nat—c. nat—m.
nit—ac. nux—m. Nux—v. olnd. onos. op. ox—ac. par. Plb. petr. Phos. ph—ac.
plat. Puls. ran—b. ran—s. raph. rheum. rhod. Rhus—t. ruta. sabad. sabin. samb.
sang. sars. sec. sel. Seneg. Sep. Sil. SPIG. spong. squil. Stann. Staph. Stram.
Stront. SULPH. sul—ac. tarax. Thuj. valer. Verat. verb. viol—o. viol—t. zinc.

AUGEN eingesunken, "hohläugig"

Abrot. ant—c. Ant—t. ars. berb. bufo. camph. Chin. Cina. cupr. ferr.
hell. iris. kali—br. Kali—c. Lyc. Merc. merc—cy. Ph—ac. Puls. Sec.
spig. stann. staph. verat.

AUGEN gross, auffällig wacher, warmer, leuchtender Ausdruck

PHOS. sep.

AUGEN linkes allgemein

Acon. agar. all—c. alum. ambr. am—c. am—m. anac. ant—c. ant—t. Apis. arn.
Ars. arum—t. Asaf. Asar. aur. bar—c. bell. bor. bov. brom. Bry. calad. calc.
camph. canth. caps. Carb—an. carb—v. Caust. cedr. Chel. Chin. cina. clem. colch.
con. croc. dros. euph. euphr. ferr. fl—ac. hell. HEP. ign. iod. Kali—bi. kali—c.
kali—n. Lach. Laur. lyc. mag—c. teucr. meny. merc. Mez. Mill. mur—ac. nat—m.
nit—ac. Nux—v. olnd. op. par. Plb. petr. phos. ph—ac. plat. psor. Puls. ran—b.
ran—s. rheum. rhod. rhus—t. ruta. sabad. sabin. sars. sel. seneg. Sep. sil. Spig.
SPONG. Squil. Stann. staph. stram. stront—c. SULPH. sul—ac. Tarax. Thuj.
valer. verat. viol—o. viol—t. zinc.

AUGEN rechtes allgemein

acon. agar. agn. alum. ambr. Am—c. am—m. anac. ant—c. ant—t. Apis. arn. ars.
asaf. asar. aur. bar—c. BELL. bism. bor. bov. brom. Bry. calad. CALC. Camph.
cann—s. Canth. caps. carb—an. Carb—v. caust. cham. chel. chin. Cic. cina. Clem.
coff. colch. COLOC. Con. Croc. cycl. Dig. dros. euph. Euphr. ferr. Fl—ac. graph.
guaj. hep. hyos. ign. iod. Kali—c. Kali—n. kreos. laur. led. LYC. mag—m. Mang.
teucr. Merc. mill. mur—ac. Nat—c. NAT—M. NIT—AC. nux—m. nux—v. olnd.
Par. Plb. PETR. Phos. ph—ac. PLAT. psor. puls. ran—b. Ran—s. rheum. Rhod.
RHUS—T. ruta. sabad. sars. sel. SENEG. SEP. SIL. Spig. spong. squil. stann.
Staph. stram. sulph. sul—ac. tarax. thuj. valer. Verat. viol—t. zinc.

AUGEN vorstehend, Exophthalmus

aur. Bell. bufo. dros. ferr. ferr—i. guaj. Hyos. Iod. kali—m. Lach. lycps. nat—m.
Spong. Stram. thyr.

AUGENBRAUEN allgemein

agar. Agn. alum. ambr. am—m. ang. Arn. ars. asaf. bar—c. BELL. bov. bry.
camph. cann—s. dig. Dros. euph. guaj. Hell. ign. ip. iris. KALI—C. laur. mang.
merc. mosch. nat—m. nux—v. olnd. PAR. plb. petr. plat. ran—b. rhod. rhus—t.
ruta. SEL. sep. sil. spig. spong. stann. stram. stront. sulph. tarax. Thuj. viol—t.
zinc.

AUGENBRAUEN schmal wie Bleistiftstriche
Med.

AUGENRINGE, blaue Ringe um d. Augen
Abrot. Ail. anac. calc. carb-an. Cocc. Cham. chin. ferr. gran. Ip. LYC. NAT-C. nux—m. PH—AC. Phos. sabad. Sec. sting. tab. Verat. zinc.

AUGENRINGE, dunkle Ringe um d. Augen
abrot. ant—c. berb. CINA. cupr. Ip. nux—v. Phos. sec. staph. verat.

AUGENRINGE, dunkle Ringe unter d. Augen (Allergiezeichen)
cycl. nit—ac. Phos. sanic.

AUGENWINKEL allgemein
acon. AGAR. Alum. am—c. am—m. anac. ang. ant—c. ant—t. arg—m. arg—n. arn. ars. asar. Aur. bar—c. Bell. bism. Bor. bov. Bry. CALC. camph. carb—an. CARB—V. Caust. cham. chel. chin. cic. cina. clem. coff. colch. coloc. con. dig. Euph. Euphr. graph. guaj. hell. hep. hyos. ign. iod. ip. kali—c. kali—n. lach. laur. led. lyc. mag—c. mag—m. teucr. meny. merc. mez. mosch. mur—ac. nat—c. NAT—M. nit—ac. NUX—V. olnd. par. plb. Petr. PHOS. ph—ac. plat. PULS. Ran—b. ran—s. rhod. rhus—t. ruta. sabad. sars. seneg. Sep. SIL. spig. spong. squil. Stann. STAPH. stront. SULPH. sul—ac. tarent—c. Thuj. valer. verat. zinc.

AUGENWINKEL äussere allgemein
agar. alum. anac. ant—c. asar. Bar—c. Bor. bry. CALC. camph. carb—an. carb—v. cham. chel. chin. cina. colch. con. Euph. euphr. GRAPH. hep. hyos. ign. ip. kali—c. kali—n. laur. lyc. merc. mosch. mur—ac. nat—c. Nat—m. nit—ac. Nux—v. phos. ph—ac. puls. RAN—B. ran—s. rhus—t. ruta. sabad. sars. seneg. sep. sil. spig. spong. Squil. stann. Staph. stront. SULPH. sul—ac. tarax. thuj.

AUGENWINKEL innere allgemein
acon. AGAR. Alum. anac. ang. ant—c. Ant—t. apis. Arg—n. arn. asar. Aur. bar—c. BELL. bor. bry. Calc. calc—p. Cann—i. carb—an. Carb—v. Caust. chel. cic. cina. Clem. coloc. Con. dig. euphr. graph. hell. hyos. kali—bi. lach. laur. led. lyc. Mag—c. mag—m. teucr. meny. merc. mez. mosch. mur—ac. nat—c. nat—m. nit—ac. Nux—v. par. Petr. Phos. ph—ac. Puls. rhod. rhus—t. ruta. sars. sep. Sil. spig. stann. STAPH. stront. sulph. sul—ac. tarax. thuj. valer. verat. ZINC.

AUSSCHLÄGE, Ekzeme allgemein Augen Umgebung und Lider
alum. Ant—c. Ars. bry. Caust. chel. con. Crot—t. euphr. Graph. hep. ign. lyc. MAG—M. merc. mez. Nat—m. petr. psor. ran—b. rhus—t. sars. sep. Sil. staph. Sulph. syph. Thuj. tub. viol—t.

AUSSCHLÄGE Neurodermitis Augen Umgebung
ars. Euphr. lyc. mag—m. merc. Nat—m. petr. rhus—t. sars. sep. sil. Staph. tub. viol—o.

AUSSCHLÄGE, Ekzeme Lidränder
calc. Graph. mag—m. merc. Sulph. tub.

BLEPHARITIS, Auge verklebt
Agar. Alum. am—c. ANT—C. Apis. Arg—n. bism. Bor. Calc. Caust. con. Dig. EUPHR. GRAPH. hep. ip. Kali—bi. Kali—c. Lyc. med. MERC. Nat—ar. Nat—m. nit—ac. nux—v. Psor. PULS. Rhus—t. seneg. Sep. staph. SULPH. Thuj. Uran—n. Zinc.

BLEPHARITIS, Auge morgens verklebt
Arg—n. ars. bell. calc. calc—s. carbn—s. chrysar. dig. euphr. GRAPH. Hep. kali—c. lyc. MED. Merc. nat—c. Nat—m. nit—ac. psor. Puls. Rhus—t. Sanic. seneg. sep. Sil. staph. Sulph. tub. thuj.

BLEPHARITIS Borken auf Lidern, Wimpern Ausfallen dabei
Graph. Lyc. Sep. SULPH.

BLEPHARITIS chronisch, Augen besonders morgens verklebt
ant—c. Graph. Sil.

BLEPHARITIS krustig und juckend
Bar—c. Graph. lyc. sulph.

BLEPHARITIS Lider öffnen unmöglich, K. liegt auf Gesicht und schreit
Psor.

BLEPHARITIS Neigung allgemein (konstitutionelle Behandlung)
ant—c. Arg—n. Bell. Calc—s. Graph. Hep. lyc. Med. merc. petr. Puls. PSOR. rhus—t. sanic. sep. sil. Staph. Sulph. tell.

BLEPHARITIS Neugeborener
Arg—n. hep. Med. puls. sulph.

BLEPHARITIS schubweise, Wimpern Ausfallen dabei
caust. graph. Lyc. merc. SULPH.

BLEPHAROSPASMUS, krampfhafter Lidschluss
agar. Bell. Gels. Hyos. ign. Nux—v. phys. Puls.

BLICK gläsern
BELL. glon. Hell. kali—ar. lach. lyc. OP. PH—AC. plat. Stram.

BLICK starrer
Bell. cic. hell. Hyos. ign. iod. lyc. merc. OP. sec. Stram.

BLICK starrer Aufwachen beim
arn. Zinc.

BLICK unruhig, Bewegungen ständige
agar. ars. Bell. chin—s. Iod. morph. Stram. verat.

BLICK unruhig, in horizontaler Ebene oszillierend (Nystagmus ähnlich)
Agar. ars. crot—h. Cupr. GELS. sabad.

BLICKRICHTUNG nach oben
> bufo. camph. cupr. glon. hell. mosch. op.

BLICKRICHTUNG nach oben bei Fieber
> Hell.

BLICKRICHTUNG nach unten b. Gehirn Affektionen, "Sonnenuntergangsphänomen"
> Aeht. canth. cham. hell. hyos. sil. zinc.

BLICKEN nach oben agg.
> arg—n. Ars. bell. Chel. phos. PULS. sulph.

BLUTUNG Conjunctiva, Einbluten in Bindehaut
> Arn. phos.

BLUTUNG Lider Neugeborener Berührung bei
> Hep.

BLUTUNG Sklera in (Ekchymose) Husten o. Keuchhusten bei
> Arn. bell. nux—v.

BLUTUNG Sklera in (Ekchymose) Schlag, Stoss durch
> Arn. LED. symph.

CHALACIUM Hagelkorn (verhärtetes Gerstenkorn)
> bar—c. bar—i. Calc. CALC—F. GRAPH. HEP. kali—i. lyc. merc. nit—ac. Puls. Sep. SIL. STAPH. sulph. THUJ. zinc.

CONJUNCTIVITIS allgemein
> ACON. all—c. APIS. arg—m. ARG—N. arn. ARS. arund. Bell. bor. Bry. CALC. calc—s. Cham. Dulc. Euphr. Hep. Ign. Lyc. Merc. Merc—c. nat—m. NIT—AC. Nux—v. psor. PULS. Rhus—t. sep. sil. Sulph. THUJ. zinc.

CONJUNCTIVITIS chronische
> calc. morb. psor. sul—ac. sulph. Tub.

CONJUNCTIVITIS chronisch. mit grosser Lichtscheue
> con. morb. Nat—s. sil. ZINC.

CONJUNCTIVITIS croupöse, als Folge von Ophthalmie Neugeborener
> Ars.

CONJUNCTIVITIS diphtherische, kruppöse
> Acet—ac. Apis. Guare. Iod. KALI—BI. MERC—CY.

CONJUNCTIVITIS Impfung nach
> thuj.

CONJUNCTIVITIS kaltem Wetter, bei jeder Abkühlung
> CALC. dulc. Rhus—t. sil.

CONJUNCTIVITIS Lichtscheue ungewöhnliche dabei
  Con. Psor. rhus—t. sil. Zinc.

CONJUNCTIVITIS Luftzug agg.
  acon. clem. Dulc. euphr. hep. Merc. PULS. Rhus—t. sil.

CONJUNCTIVITIS Neugeborener
  apis. Arg—n. ars. calc. hep. lyc. Med. merc. nit—ac. Puls. thuj.

CONJUNCTIVITIS rezidivierende
  arg—n. Calc. calc—s. Med. Sulph.

CONJUNCTIVITIS Tränensack Erweiterung durch (Stau)
  apis. Arg—n. ars. calc. fl—ac. Hep. lach. lyc. Nat—m. PETR. Puls. Sil. stann. sulph.

CREDÉ - Prophylaxe gegen Gonoblennorrhoea neonatorem
  siehe therapeutische Hinweise S. 622

CREDÉ - Prophylaxe Beschwerden durch
  Nat—m.

DAKRYOCYSTITIS
  All—c. ap—g. Hep. iod. Puls. Sil. stann.

DAKRYOCYSTITIS ausgehend v. Verletzung, Lidwinkel Riss
  PETR. sil.

ENTZÜNDUNG, Ophthalmie Säuglinge und Kleinkinder allgemein
  ACON. aeth. alumn. Apis. Arg—m. ARG—N. arn. Ars. arund. Bell. bor. Bry. Calc. calc—hp. CALC—S. Cham. cist. DULC. EUPHR. HEP. Ign. lach. Lyc. MERC. Merc—c. Nit—ac. Nux—v. phos. PULS. Rhus—t. Sulph. syph. Thuj. zinc.

ENTZÜNDUNG incl. Conjunctivitis - Absonderung beissend, wundmachend
  arg—n. Carbn—s. Cham. EUPHR. Graph. Hep. Merc. sulph.

ENTZÜNDUNG incl. Conjunctivitis - Absonderung gelb
  Calc. Calc—s. Kali—bi. Lyc. merc. puls. sep. sil. Sulph. thuj.

ENTZÜNDUNG incl. Conjunctivitis - Absonderung grünlich
  Merc. Nat—s. PULS.

ENTZÜNDUNG incl. Conjunctivitis - Absonderung mild
  All—c. Dulc. PULS. syph.

ENTZÜNDUNG incl. Conjunctivitis Erkältung bei jeder
  Acon. Calc. DULC. puls. rhus—t. Sil. Zinc.

ENTZÜNDUNG incl. Conjunctivitis fortgeschrittenes, bedenkliches Stadium
  Calc. Sulph.

ENTZÜNDUNG incl. Conjunctivitis Kinder mit rauher, schmutzig aussehender Haut
Ars.

ENTZÜNDUNG incl. Conjunctivitis Masern nach
arg—m. Carb—v. crot—h. euphr. Puls.

ENTZÜNDUNG incl. Conjunctivitis Neugeborener
acon. arg—n. apis. bell. Calc. merc. nit—ac. puls. thuj.

ENTZÜNDUNG Phlyktaenen mit (entzündl. Infiltrat)
ant—t. apis. ars. Calc. calc—f. calc—pic. Con. GRAPH. Merc—c. Puls. Rhus—t.
syph. thuj.

EXOPHTHALMUS siehe Augen vorstehend

HORDEOLUM Gerstenkorn allgemein
Aethi—a. agar. alum. am—c. ant—t. Apis. arn. ars. Aur. aur—m—n. aur—s.
bar—c. Bell. bry. Cain. calc. Calc—f. calc—pic. carc. Carbn—s. caust. Chel. colch.
Con. cupr. dys. elaps. ferr. ferr—p. Fl—ac. Graph. HEP. hyper. Jug—r. kali—p.
lappa. lap—a. lach. Lyc. M—aust. Med. meny. MERC. morg. nat—m. Ph—ac.
phos. Psor. PULS. pyrog. Rhus—t. seneg. senn. Sep. Sil. stann. STAPH.
Staphycoc. SULPH. Thuj. tub. upa. uran—n. valer. vario. Zinc. ziz.

HOHLÄUGIG siehe oben unter Augen eingesunken

HORDEOLUM Gerstenkorn Aussenwinkel
aur—s. graph. zinc.

HORDEOLUM Gerstenkorn Innenwinkel o. nahe am I.
bar—c. kali—c. Lach. Lyc. NAT—M. petr. puls. sil. stann. sulph.

HORDEOLUM Gerstenkorn linkes Auge
Bar—c. colch. elaps. hydr. Hyper. staph. sulph.

HORDEOLUM Gerstenkorn rechtes Auge
am—c. cupr. ferr—p. Nat—m.

HORDEOLUM Gerstenkorn Oberlid
alum. am—c. bell. Con. ferr. kali—c. merc. Ph—ac. puls. sep. Staph. sulph. thuj.
tub. Zinc.

HORDEOLUM Gerstenkorn Unterlid
apis. ars. Colch. cupr. elaps. ferr—p. Graph. Hyper. kali—p. Phos. Puls. Rhus—t.
seneg. sulph.

HORDEOLUM Gerstenkörner mehrere gleichzeitig
HEP.

HORDEOLUM Gerstenkorn rezidivierend
alum. apis. calc—f. carbn—s. Con. Graph. Psor. puls. SIL. STAPH. SULPH. thuj.
tub.

HORDEOLUM Gerstenkorn Verhärtung hinterlässt nachher
calc. Con. Graph. puls. sep. SIL. STAPH. Thuj.

HORDOLEUM Gerstenkorn warmes Wasser (Kompressen) am.
Hep. Merc.

HORDOLEUM Gerstenkorn Wasser und Wärme agg.
puls. Sulph.

HORNHAUT Entzündung (Keratitis) Impfung nach
vac. vario.

HORNHAUT Geschwüre o. opake Flecken
Calc. CALC—F. Fl—ac. Graph. Hep. Kali—m. SIL. Sulph. syph.

HORNHAUT opak, interstitielle o. diffuse Keratitis
ars. Aur—m. bell. calc—p. colch. con. gels. graph. Hep. Kali—m. MERC. mez.
Nit—ac. puls. rhus—t. sep. sil. SULPH.

INSEKTENSTICHE Biene
Acon. APIS. arn. cann—s. hyper. led.

IRITIS
acon. ars—i. Bell. Bry. calc. colch. Gels. graph. kali—c. MERC. Merc—c. psor.
RHUS—T. sulph. thuj. verat—v.

IRITIS rheumatica
BELL. bry. colch. euphr. Gels. ilx—a. med. Merc. Merc—c. Nit—ac. RHUS—T.
sulph.

LICHTEMPFINDLICHKEIT allgemein
Acon. Ars. aur. Bar—c. BELL. Calc. carbn—s. Cina. Colch. con. euphr. graph.
Kali—p. lac—c. lyc. merc. Morb. Nat—c. nat—m. nat—s. NUX—V. op. Phos.
rhus—t. sang. stram. sulph.

LICHTEMPFINDLICHKEIT Kunstlicht
Arg—n. Calc. con. crot—h. Euphr. Ip. lac—d. Merc. nat—m. Puls. Sulph.

LICHTEMPFINDLICHKEIT Mittagsschlaf während, Zimmer muss dunkel sein
morb. Nat—c. nat—m.

LICHTEMPFINDLICHKEIT morgens, Kind steckt Kopf unter die Decke
ant—c. calc. nat—s. NUX—V.

LICHTEMPFINDLICHKEIT Sonne agg. (Lichtscheue)
Acon. agar. Ant—c. ars. asar. Bar—c. bell. brom. bry. cact. cadm—s. CALC.
camph. canth. Chin. clem. CON. euphr. gels. glon. GRAPH. hep. hyos. Ign.
Kali—bi. lach. lil—t. lith—c. mag—m. Merc. Morb. Nat—c. nat—m. Nux—v.
PH—AC. puls. sel. seneg. stann. stram. Sulph. thuj. valer. verat. zinc.

LIDER allgemein

Acon. agar. agn. Alum. ambr. am—m. anac. ang. ant—c. ant—t. APIS. arg—m. arn. Ars. asaf. asar. Aur. Bapt. bar—c. BELL. Bor. bov. Bry. cadm—s. CALC. camph. cann—s. canth. caps. carb—an. carb—v. CAUST. Cham. chel. chin. cic. cina. clem. cocc. cod. colch. coloc. con. Croc. cupr. cycl. dig. dros. dulc. euph. Euphr. ferr. ferr—p. fl—ac. GELS. graph. guaj. hell. Hep. hydr. hyos. Ign. iod. ip. kali—c. kali—i. kali—n. kreos. lach. laur. led. Lyc. mag—c. mag—m. mang. teucr. meny. Merc. merc—i—r. mez. mosch. mur—ac. nat—ar. NAT—M. nit—ac. nux—m. Nux—v. olnd. onos. op. par. plb. petr. phel. Phos. Ph—ac. phys. phyt. plat. PULS. ran—b. ran—s. raph. rheum. rhod. RHUS—T. ruta. sabad. sabin. sars. sec. sel. seneg. SEP. Sil. SPIG. spong. squil. stann. Staph. stram. stront. SULPH. sul—ac. tarax. thuj. valer. Verat. verb. viol—o. viol—t. Zinc.

LIDER, Augenränder, Verklebung (Augenbutter)

siehe Blepharitis

LIDER halb geschlossen (Ptose)

Con. CAUST. Euphr. GELS. Graph. kalm. led. Med. Nat—c. Nux—m. Rhus—t. Sep. spig. Syph. Thuj. Verat. Zinc.

LIDER halb offen akuter Erkrankung (meist Gehirnerkr.) bei

Bell. Cupr. gels. Hell. Op.

LIDER halb offen Blickrichtung nach oben Konvulsionen bei

bell. Op.

LIDER öffnen schwierig

Agar. alum. ambr. anan. Arg—m. arg—n. ARS. Bor. caps. CAUST. Chel. Con. cupr. elaps. Ferr. ferr—a. Fl—ac. hell. GELS. hydr—ac. hyos. kali—ar. kali—c. Lyc. Mag—m. Merc. merl. Nat—c. Nit—ac. Nux—v. Phos. sep. spig. samb. sul—ac.

LIDER öffnen schwierig morgens

am—c. ambr. bar—c. bor. bov. Caust. cocc. con. kali—c. Lyc. merl. mag—c. mag—m. nicc. Nit—ac. Petr. Ph—ac. psor. rhus—t. Sep. sul—ac.

LIDER öffnen unfähig beim Erwachen

Am—c. Cocc. kali—c. MERL.

LIDER öffnen vormittags von 09 - 10 h unmöglich

Graph.

LIDER Offenstehen krampfhaftes d. Augen (Lagophthalmus)

aeth. ang. apis. arn. BELL. camph. Caust. Cocc. dol. Guaj. hyos. IOD. Ip. laur. lyc. lyss. naja. nat—m. NUX—V. op. Phys. STRAM. Stry.

LIDRÄNDER allgemein, incl. Entzündung

Acon. agar. ant—c. apis. arg—m. Arg—n. arn. Ars. aur. Bad. Bar—i. Bell. BOR. calc. canth. carbn—s. Cham. chel. cinnb. Clem. coc—c. colch. Dig. Euphr. Hep. hydr. kali—bi. kreos. lyc. MERC. merc—i—f. mez. Nat—m. Nux—v. par. petr. ph—ac. phyt. psor. PULS. rhus—t. sabad. seneg. Sep. sil. Spig. Staph. stram. SULPH. VALER. zinc.

LINIE verläuft quer durch die Mitte des oberen Augenlids
Nat—m.

NETZHAUT Ablösung (meist begleitend zu Gefässkrankheiten)
apis. AUR. Aur—m. dig. GELS. Phos. ruta.

NYSTAGMUS (Blick horizontal oszillierend, häufig bei Nervenstörungen)
Agar. amgd—p. Ars. Ben—n. carbn—h. cic. cocc. con. crot—h. Cupr. Gels. iod.
kali—i. mag—p. phys. sabad. sulph. zinc.

NYSTAGMUS Neugeborener (seitwärts Zucken choreiformes)
Agar. phys.

OBERLIDER allgemein
acon. agar. agn. Alum. anac. APIS. arg—m. arn. Ars. asaf. asar. aur. bar—c. bell.
bor. Bry. Calc. camph. cann—s. canth. carb—an. carb—v. CAUST. cham. Chel.
chin. cina. clem. cocc. colch. coloc. con. Croc. cycl. dulc. euph. ferr. GELS. graph.
hell. Hep. hyos. ign. kali—br. kali—c. kali—i. kreos. laur. lyc. mag—c. mag—m.
mang. teucr. merc. mez. mosch. mur—ac. nat—c. nat—m. nux—v. olnd. op. Par.
plb. Phos. ph—ac. Puls. rheum. rhod. Rhus—t. sabin. sal—ac. sang. seneg. SEP.
sil. SPIG. spong. squil. stann. Staph. stram. Sulph. tarax. thuj. uran—n. Verat.
viol—o. Zinc.

PUPILLEN eng, Miosis Fieber während
acon. arn. Ars. Bell. Cham. cocc. GELS. hyos. nux—v. Phos. Sec. stram. Verat.

PUPILLEN eng, Miosis Froststadium d. Fiebers während
Bell. caps. nux—v. sep. sil. sulph.

PUPILLEN starr, träg - Reaktion auf Licht mangelhaft
agar. arg—n. Arn. Ars. Aur. Bar—c. Bell. Bufo. carb—an. carb—v. Chel. chin. Cic.
colch. Cupr. Gels. HELL. hydr. Hyos. Kali—br. Kali—i. MERC. Merc—c. nit—ac.
OP. ox—ac. polio. Phos. plat. Stram. sul—ac. sulph. tab. tub. Zinc.

PUPILLEN ungleich, Anisokorie
bell. cadm—s. cann—i. chlor. colch. dig. hyos. lyss. mang. merc—c. morph.
nat—p. OP. ph—ac. plb. rhod. sulph. syph. tarent. zinc.

PUPILLEN weit, Mydriasis Fieber während
ail. apis. ars. BELL. bufo. chin. cic. cina. cocc. hell. Hyos. lyc. merc. nux—v.

PUPILLEN weit, Mydriasis Froststadium d. Fiebers während
Aeth. apis. Calc. carb—an. Cham. cic. hyos. Ip. lach. mez. Nux—m. Op. Stram.

PUPILLEN weit, Mydriasis Pubertät während
CALC. lob.

PUPILLEN weit, Mydriasis Schwindel mit
Bell. hell. teucr.

PUPILLEN weit, Mydriasis Tadel, durch Vorwürfe
STRAM.

REIBEN Verlangen Augen zu

Agar. all—c. apis. Bor. carb—ac. Caust. Con. Croc. fl—ac. gymno. kali—bi. Mez. nat—c. Op. plb. PULS. Sulph.

REIBEN Augen und Nase, Niessen beim Husten

Squil.

RISSE Canthus am inneren

PETR.

RÖTE Lidränder

agar. ANT—C. apis. Arg—n. ars. Bor. calc. Chel. coff. Colch. Coloc. Con. eup—per. EUPHR. Gels. GRAPH. Hep. Ip. Kali—bi. kali—i. Kali—s. kreos. Lyc. Med. Merc—c. Merc. Nat—m. nux—m. nux—v. petr. Ph—ac. Puls. Rhus—t. sanic. Sep. stram. SULPH. syph. tell. Zinc.

RÖTUNG Umgebung d. Augen, eigenartig gerötet und juckend

ANT—C.

ROLLEN d. Augen (häufig bei nervösen Störungen wie ICP etc.)

Aeth. Agar. amgd—p. arg—n. Bell. ben—n. Bufo. Caust. cham. Cic. Cocc. CUPR. euphr. Gels. hell. Hyos. kali—br. kali—i. lyss. merc. merc—c. Op. petr. santin. sec. stram. stry. tarent. ter. ust. verat. ZINC.

SCHMERZ brennend, beissend

ACON. Aesc. ALL—C. APIS. ars. asaf. BELL. berb. calc—s. Chin—ar. carbn—s. EUPHR. ferr—p. graph. kali—bi. kali—s. manc. mur—ac. nat—ar. nat—p. nat—s. nit—ac. Op. Phos. RAN—B. RUTA. sabad. SULPH.

SCHMERZ drückend

asar. Bell. BRY. CALC. carbn—s. CHAM. chin—ar. Cupr. graph. kali—p. kali—m. kali—s. lach. NAT—M. nat—p. Nat—s. Phos. prun. puls. RAN—B. sang. seneg. SPIG. Spong. Thuj.

SCHMERZ Sand Gefühl wie

ars. BELL. berb. Bry. calc. Caust. chin. Croc. fl—ac. ign. Merc. NAT—M. nat—p. nit—ac. nux—v. Sulph. tarent. viol—t. Zinc.

SCHMERZ wund, Wehtun

aesc. Arn. arg—n. BRY. calc—p. CALEN. Canth. carbn—s. croc. cupr. Eup—per. EUPHR. HAM. HEP. led. mang. sul—ac. zinc.

SCHMERZ Überanstrengung durch (zu langes Lesen, Lernen)

bry. cina. colch. nux—v. olnd. Par. ph—ac. Phos. RUTA.

SCHWELLUNG Lider Oberlid (oft bei Nieren Affektionen)

Apis. bry. con. cycl. ign. KALI—C. kali—i. Med. nat—c. petr. squil. sulph. syph. teucr. thuj. zinc.

SCHWELLUNG Lider sackförmig unter d. Auge, dabei oedematös und rot

APIS.

SCHWELLUNG Lider unterhalb wie Tränensack
APIS. ARS. Hep. Kali—c. med. ph—ac. PHOS.

SCHWELLUNG Lider Unterlid
aur. ars. calc. crot—c. Dig. Kali—ar. lyc. nit—ac. op. ph—ac. Phos. raph. Sep. etc.

SCHWELLUNG Skleren (Skleroedem)
Apis. kalm.

SEHEN Astigmatismus, Schiefsichtigkeit
Cic. Gels. Lil—t. med. nux—m. Phys. pic—ac. Puls. sep. stram. TUB.

SEHEN Beschwerden Fernsehen, Video, Computerbildschirm durch
Agar. ambr. arg—n. ars. caust. Cocc. con. Kalm. m—ambo. Nat—m. Phys. Nux—v. ph—ac. Phos. pip—m. RUTA. Selen. sil. sulph. syph.

SEHEN Fehlsichtigkeit, Gefühl neue Brille ist falsch, Kopfschmerz dabei
GELS. nat—m.

SEHEN Fehlsichtigkeit, ständig wechselnde (braucht oft neue Brille)
Cic. Gels. Nat—m. phys. Tub.

SEHEN Fixieren, konzentriert auf einen Punkt s. schwierig
arg—n. Merc. par. Ruta.

SEHEN gelb sieht alles
Cina. Phos.

SEHEN Kurzsichtigkeit, Myopie
acon. Agar. Am—c. Anac. Ang. Ant—t. apis. Arg—n. ars. aur—m. bac. bell. Calc. CALC—P. Carb—v. Chin. cimic. coff—t. Con. Cycl. dig. euph. Euphr. Gels. Graph. grat. Hyos. Jab. Lach. LYC. Mang. Meph. mez. nat—ar. Nat—c. Nat—m. nat—p. NIT—AC. PETR. Ph—ac. PHOS. PHYS. Pic—ac. plb. psor. PULS. RUTA. sel. spong. Stram. Sulph. Sul—ac. syph. Thuj. Tub. VALER. verb. viol—o. viol—t.

Sehen Kurzsichtigkeit abends
ARS. lyc. Phos. puls. Sulph.

Sehen Kurzsichtigkeit
siehe therapeutische Hinweise S. 622

SEHEN Kurzsichtigkeit, Myopie rasch progredient
Nat—m. PHYS. phos.

SEHEN Schwachsichtigkeit, Asthenopie allgemein
AGAR. apis. Arg—n. arn. art—v. bar—c. calc. caust. chin. chlol. Con. Gels. ign. kali—c. Lyc. mur—ac. Nat—m. Nux—v. pareir. phos. phys. puls. Ruta. sulph. tab. thyr.

SEHEN Schwachsichtigkeit frühgeborenen Kindern bei (auch Kurzsichtigkeit)
Ars. Chin—ar. Cortex. Nux—v. Ruta. Tarent.

SEHEN Schwachsichtigkeit nachts, Nachtblindheit, Asthenopia nocturna
chin. hyos. Lyc.

SEHEN Schwachsichtigkeit, Trübsehen Aufwachen beim, bes. nach Mittagsschlaf
cycl. PULS.

SEHEN Schwachsichtigkeit, Trübsehen Diphtherie nach
apis. gels. LACH. nux—v. phys. PHYT. Sil.

SEHEN Schwachsichtigkeit, Trübsehen Masern nach
Caust. Euphr. kali—bi. KALI—C. Puls.

SEHEN Weitsichtigkeit, Hypermetropie
acon. Aesc. alum. am—c. ARG—N. Bell. bry. CALC. Carb—an. caust. chel. Chin.
Coff. Coloc. CON. dios. Dros. grat. Hyos. jab. Lil—t. Lyc. mag—m. Meph. merc.
merc—c. mez. morph. nat—c. Nat—m. Nux—v. Onos. Petr. phos. phys. phyt. psor.
raph. RUTA. sang. SEP. SIL. spig. stram. SULPH. tab. tub. valer.

SEHEN Weitsichtigkeit schnell zunehmend bei Jugendlichen
calc. Con. lyc. Nat—m.

SEHKRAFT Verlust Hydrocephalus bei oder durch
Apoc. bell. canth. Caust. dig. hell. kali—i.

SEHNERV Lähmung / Atrophie (Blindheit, fortschreitende Erblindung)
bar—c. Bell. Calc. gels. ign. Lyc. nat—m. petr. PHOS. puls. op. sec. Sil. Stram.
Sulph. tab.

SEHNERV Lähmung Neugeborener (Blindheit angeborene)
alum. calc. petr. Sulph. Zinc—s.

SKLEREN blau
ars. calc. CARC. phos. puls. Tub.

STRABISMUS, Schielen allgemein
agar. Alum. alumn. ant—t. APIS. arg—n. ars. BELL. Ben—n. bufo. Calc. calc—p.
cann—i. Canth. carc. Chel. Chin—s. CIC. Cina. Con. CYCL. diphtox. Gels. Hell.
Hyos. jab. Kali—br. Kali—i. kali—p. Lyc. lyss. Mag—p. meny. Merc. Merc—c.
morph. nat—ar. Nat—m. nat—p. Nux—v. op. phos. plb. psor. puls. Spig. Stram.
sulph. syph. Tab. tub. verat. Zinc.

STRABISMUS, Schielen alternierenden Tagen an
CHIN—S.

STRABISMUS, Schielen Bauch Symptomen (incl. Würmer) mit
nat—p. Nux—m. Spig.

STRABISMUS, Schielen divergent
Agar. alum. carc. coloc. Con. graph. merc—i—f. NAT—M. nat—sal. phos. rhod.
ruta. seneg.

STRABISMUS, Schielen Emotionen wie Angst, Kummer etc. agg.
bell. CIC. hyos. NUX—M. nat—m. Stram.

STRABISMUS, Schielen Erkältung bei oder nach
Cic.

STRABISMUS, Schielen Fieber während
bell. cycl.

STRABISMUS, Schielen Impfung Polio Schluckimpfung nach
agar. bell. cina. Gels. Polio.

STRABISMUS, Schielen Infektionserkrankung nach (Grippe, Masern, Scharlach etc.)
cic. cupr. Cycl. gels. rhus—t.

STRABISMUS, Schielen konvergent
alum. Art—v. Calc. Cic. CINA. Cycl. Mag—p. Nux—v. spig. Syph.

STRABISMUS, Schielen konvergent nur linkes Auge einwärts gedreht
Calc. Cycl.

STRABISMUS, Schielen konvergent nur rechtes Auge einwärts gedreht
alumn.

STRABISMUS, Schielen krampfhaftes Neugeborenen bei
arn. cic. hep.

STRABISMUS, Schielen Nervenkrankheiten (Chorea, Epilepsie etc.) bei
Agar. mag—p. CIC. Stram. tarent. zinc.

STRABISMUS, Schielen Sturz nach
Cic. cycl.

STRABISMUS, Schielen Zucken der Lider mit
Mag—p. stram.

SYPHILITISCHE Ophthalmie
carb—v. kali—i. MERC. Nit—ac. THUJ.

TRÄNENAPPARAT allgemein incl. Tränensack
ant—c. Arg—n. cupr. fl—ac. nat—m. petr. phos. Puls. SIL.

TRÄNENFLUSS Erkältung (Schnupfen, Husten) bei
All—c. anac. arg—n. carb—v. chin. Euphr. iod. nat—m. nux—v. puls. squil. sulph.
tell.

TRÄNENFLUSS kalte Anwendungen durch
sanic.

TRÄNENFLUSS kalter Luft in
cob—n. Euphr. kreos. lyc. phos. PULS. Sep. Sil. thuj.

TRÄNENFLUSS Keuchhusten bei
all—c. Caps. Graph. Nat—m. .

TRÄNENFLUSS und Niessen, Neigung zu
IOD.

TRÄNENFLUSS Wind im
Euphr. lyc. Nat—m. Puls. ruta. sanic. Sil. Thuj.

TRÄNENKANAL Striktur, Verengung
Arg—m. calc. Fl—ac. Hep. Nat—m. Puls. rhus—t. SIL.

VERLETZUNGEN Fremdkörper durch mit nachfolgender Entzündung
ACON. Arn. CALEN. euphr. Ham. Hep. Hyper. Led. Puls. Sil. staph. sul—ac. SULPH. symph.

VERLETZUNGEN Orbita (incl. Impressionsfraktur)
Ruta. Symph.

VERLETZUNGEN Schneeball ins Auge durch
arn. SYMPH.

VERLETZUNGEN spitze Gegenstände durch (Nadeln, Splitter etc., Klinik!)
arn. CALEN. euphr. Hyper. led. puls. Sil. STAPH. symph.

VERLETZUNGEN stumpfe Gegenstände durch (Schlag, Stoss etc.)
acon. ARN. bell. cact. con. glon. Ham. lach. LED. phos. ruta. Sul—ac. Symph.

VERLETZUNGEN Verätzungen mit Kalk, Löschkalk
arg—n. CAUST. Nat—m. Plan. sil. Sulph.

VERLETZUNGEN Verätzungen mit Kalk, Löschkalk
siehe therapeutische Hinweise S. 622

VORGESCHICHTE / Familien Anamnese von Gonorrhoe bei Augenleiden
Arg—n. calc—s. Cann—i. cann—s. clem. hep. MED. Merc. Nat—s. Nit—ac. petr. puls. Thuj.

WIMPERN lang, zart und fein
calc. nat—m. PHOS. Tub.

ZWINKERN auffälliges, ohne ersichtlichen Grund
Agar. bell. Carc. chel. cic. hyos. ign. lyc. merc. nux—v. stram.

vacat für Nachträge

Ohren und Hören

OHR äusseres allgemein

acon. Agar. ALUM. ambr. am—c. am—m. Anac. Ang. ant—c. APIS. Arg—m. Arn. Ars. asaf. asar. aur. Bar—c. Bell. Berb. bism. Bor. bov. Bry. Calc. calc—p. camph. cann—s. canth. CAPS. carb—an. carb—v. carbn—s. caust. cham. Chel. Chin. cic. cina. clem. cocc. coc—c. colch. coloc. con. crot—h. cupr. dig. Dros. dulc. ferr. ferr—p. graph. guaj. hell. hep. hyos. iod. kali—bi. KALI—C. kali—n. KREOS. laur. lyc. mang. meny. MERC—A. mez. mur—ac. nat—c. nat—m. nat—s. nit—ac. nux—v. Olnd. par. plb. Petr. Phos. PH—AC. Plan. plat. psor. Puls. rhod. rhus—t. Ruta. Sabad. sabin. Sars. Sep. Sil. SPIG. Spong. squil. stann. staph. sulph. tarax. TELL. thuj. verat. verb. viol—o. viol—t. zinc.

OHR links allgemein

acon. agar. agn. alum. ambr. Am—c. am—m. ANAC. ant—c. Apis. arg—m. Arn. ars. ASAF. asar. Aur. bar—c. bell. bism. BOR. Brom. Bry. calad. calc. Camph. cann—s. canth. caps. carb—an. carb—v. caust. chel. chin. cic. clem. coc—c. colch. coloc. con. croc. cupr. cycl. dig. dros. Dulc. euph. euphr. ferr. fl—ac. GRAPH. GUAJ. hep. IGN. iod. kali—c. kali—n. kreos. lach. Laur. lyc. mang. teucr. meny. Merc. Mez. Mill. mur—ac. nat—c. nat—m. nit—ac. nux—m. OLND. par. plb. petr. phos. ph—ac. plat. Psor. puls. ran—b. ran—s. rheum. rhod. rhus—t. sabad. sabin. sars. sel. seneg. sep. sil. spig. spong. squil. stann. Staph. sulph. tarax. tell. thuj. valer. verat. Verb. VIOL—O. viol—t. zinc.

OHR Mittelohr allgemein

Ars. bell. Calc. cann—i. caps. caust. Cham. dulc. graph. hydr. hydrc. Iod. kali—bi. kali-c. kali—n. mang. merc—c. mez. Nux-v. Phos. phyt. PULS. sil. spig. stict. sulph. thuj. verat—v. zinc.

OHR rechts allgemein

Acon. agar. Alum. ambr. am—c. Am—m. anac. Ant—c. apis. arg—m. arn. ars. asaf. asar. bar—c. BELL. bor. Bov. brom. bry. calad. Calc. cann—s. Canth. Carb—an. carb—v. caust. cham. Chel. chin. cic. clem. cocc. colch. con. croc. cupr. cycl. dig. dros. dulc. euph. euphr. ferr. FL—AC. graph. hell. Hep. hyos. IOD. ip. Kali—c. Kali—n. kreos. lach. laur. led. Lyc. mag—c. mag—m. mang. teucr. meny. merc. mez. mill. mur—ac. nat—c. nat—m. Nit—ac. nux—m. NUX—V. par. Plb. petr. Phos. ph—ac. PLAT. psor. Puls. ran—b. Ran—s. rheum. rhod. Rhus—t. ruta. sabad. sabin. samb. Sars. sel. seneg. sep. SIL. spig. SPONG. squil. stann. staph. Sulph. Sul—ac. tarax. Thuj. valer. verat. verb. zinc.

OHR aussen hinter d. O. allgemein

alum. ambr. am—c. am—m. anac. Ang. ant—c. arg—m. Arn. aur. BAR—C. Bell. bry. Calc. cann—s. Canth. carb—an. carb—v. CAUST. chel. chin. chrysar. cic. cina. cocc. Con. dros. glon. GRAPH. hell. Hep. kali—c. kali—n. lach. Lyc. meny. merc. mez. Mur—ac. nit—ac. Olnd. PETR. Phos. ph—ac. psor. Puls. rhus—t. ruta. Sabad. sabin. Sanic. sars. sel. Sep. SIL. spong. stann. STAPH. Sulph. tarax. Teucr. thuj. tub. verb. Viol—t. zinc. zinc—chr.

ABSONDERUNG blutig

am—c. ars. arund. bar—c. bell. bry. Calc. CALC—S. cann—s. Carbn—s. Carb—v. caust. Chin. cic. con. Crot—h. elaps. ery—a. ferr—p. Graph. ham. Hep. kali—ar. kali—c. kali—i. kali—p. kali—s. Lach. lyc. MERC. merc—i—r. merc—s—cy. mosch. Nit—ac. Petr. phos. PSOR. Puls. rhus—t. sep. SIL. skook. Sulph. Tell. zinc.

ABSONDERUNG dickflüssig

Calc. CALC—S. Carb—v. ery—a. HYDR. KALI—BI. Kali—chl. kali—s. Lyc. nat—m. PULS. sep. SIL. tarent.

ABSONDERUNG dünnflüssig

ars. cham. elaps. Graph. KALI—S. merc. petr. Psor. Sep. Sil. Sulph.

ABSONDERUNG Eiter gelb

ars. calc. Calc—s. Hydr. KALI—BI. KALI—S. Merc. nat—s. PULS.

ABSONDERUNG eitrig

aeth. aethi—m. All—c. Alum. Alumn. Am—c. am—m. anan. arn. ars—i. Asaf. Arund. Aur. Bar—m. bell. Bor. Bov. bufo. CALC. CALC—S. Caps. carb—an. Carbn—s. Carb—v. Caust. cham. Chin. Cist. Con. cop. cur. Elaps. ferr—p. gels. Graph. HEP. hydr. Hydrc. KALI—BI. KALI—C. Kali—p. KALI—S. Lach. LYC. MERC. Merc—c. merc—pr—r. merc—s—cy. Nat—m. Nit—ac. Petr. Phos. PSOR. PULS. rhus—t. Sacch. sal—ac. Sep. SIL. sulph. syph. Tell. tep. thuj. Tub. Zinc.

ABSONDERUNG eitrig - jauchig, auch stinkend, nach vorherigen Meatus Abszessen

Aur. BELL. Calc. caps. hep. sil. SULPH. tell.

ABSONDERUNG faulig

Ars. Ars—i. AUR. Bov. Calc. Carb—ac. carbn—s. Carb—v. cist. cub. Elaps. Hep. Kali—ar. Kali—bi. kali—c. meph. MERC. Merc—c. Nit—ac. PSOR. sal—ac. sep. SULPH. Tell. thuj. zinc.

ABSONDERUNG gelb

aeth. Ars. Calc. Calc—s. Crot—h. Hydr. Kali—ar. KALI—BI. Kali—c. KALI—S. Lyc. Merc. nat—p. Nat—s. petr. phos. PULS. Sil.

ABSONDERUNG gelb abwechselnd mit Schwerhörigkeit

Phos.

ABSONDERUNG gelblich - grün

Cinnb. Elaps. Kali—chl. Kali—s. Merc. PULS.

ABSONDERUNG grün

Elaps. Hep. Kali—i. LAC—C. lyc. Merc.

ABSONDERUNG Masern nach

Bov. cact. Carb—v. Cist. colch. Crot—h. Lyc. merc. Nit—ac. PULS. Sulph. tub.

ABSONDERUNG Mastoid Schwellung mit

Carb—an.

ABSONDERUNG rezidivierende
sulph. Viol—o.

ABSONDERUNG scharf wundmachend
Ars. ars—i. calc—p. carb—v. Fl—ac. GRAPH. hep. KALI—M. lyc. MERC. nat—m. rhus—t. sulph. syph. Tell.

ABSONDERUNG Scharlach nach
Apis. Asar. Aur. Bar—m. Bov. brom. calc—s. carb—ac. CARB—V. cist. Crot—h. Graph. HEP. Kali—bi. LYC. Merc. Nit—ac. PSOR. Puls. Sulph. tell. Verb.

ABSONDERUNG serös blutig fleischwasserfarben
am—c. ARS. calc—p. Carb—an. Carb—v. LYC. Nit—ac. PSOR. sep. Sil. Tell.

ABSONDERUNG Taubheit mit
Asaf. Merc—d.

ABSONDERUNG übelriechend, faules Fleisch wie
KALI—P. PSOR. Thuj.

ABSONDERUNG übelriechend, Fischlake wie
Graph. med. naja. sanic. sel. TELL.

ABSONDERUNG übelriechend, stinkend
Ars. asaf. AUR. Bar—m. Bov. Calc. calc—s. Carbn—s. Carb—v. Caust. Chin. CIST. crot—h. elaps. ery—a. ferr—ar. Fl—ac. Graph. Hep. Hydr. Kali—ar. Kali—bi. kali—c. Kali—p. Kali—s. kreos. lyc. mang. meph. merc. Merc—c. Nit—ac. ol—j. psor. puls. sep. SIL. Sulph. sul—ac. Tell. Thuj. Tub. zinc.

ABSONDERUNG übelriechend, verdorbener Käse wie
Bar—m. Hep. sanic.

ABSONDERUNG unterdrückt
alum. asaf. AUR. Calc. CARB—V. Cast. Graph. Hep. MERC. petr. PULS. sulph. zinc.

ABSONDERUNG wässrig
calc. Carb—v. Cist. Elaps. Graph. KALI—S. Merc. sil. Syph. TELL. thuj.

AERO - Otitis, Barotrauma
Hep. Puls. Sil.

AFFEKTIONEN allgemeine Scharlach nach (incl. Schwerhörigkeit)
bell. Carb—ac. CARB—V. Crot—h. Gels. Graph. HEP. Lach. LYC. MERC. Nit—ac. Puls. Sil. SULPH.

AUSSCHLÄGE allgemein incl. retroauriculär
ant—c. Arg—n. aur. Calc. calc—i. caust. chrysar. cic. cist. Clem. Crot—t. Graph. hep. hyper. graph. jug—r. kali—bi. kali—s. LYC. mez. Olnd. petr. psor. Sanic. sars. Scroph—n. SEP. stann. Staph. sulph. Tell. thuj. tub.

AUSSCHLAG Ekzem Ohren hinter den (ev. auch bis unters Ohr)
Calc. Chrysar. hep. Graph. Kali—bi. lyc. mez. olnd. Petr. psor. sep. staph. Sulph. teucr. thuj. Tub.

BESCHWERDEN chronische allgemein
Bac. bell. Calc. calc—p. caust. Cham. Hep. kali—m. lyc. med. Merc. phos. psor. Puls. Sil. Sulph. thuj. TUB. Zinc. zinc—chr.

BOHREN mit den Fingern im Ohr
arund. bov. CINA. coloc. lach. mez. Psor. Sil.

BOHREN mit den Fingern im Ohr während Schlaf
Sil.

ERKRANKUNGEN d. Ohren allgemeine Hauptmittel, auch in Vorgeschichte
Bell. Cham. Puls. Tub. Zinc.

ERKRANKUNGEN aller Art schlagen auf d. Ohren
Bell. Cham. cina. Gels. mang. plan. Puls. Tub.

EUSTACHIA Jucken in
kali—m. Nux—v. petr. senec. Sil.

EUSTACHIA Verschluss
ars—i. kali—m. lach. merc—d. petr. Sil.

EUSTACHITIS akut - wird zu Otitis
agar. am—m. ars. Bar—m. CALC. Caust. chin. ery—a. Gels. graph. Hydr. Iod. jab. Kali—bi. kali—chl. kali—i. Kali—m. KALI—S. Mang. Merc. Merc—d. Nat—m. nit—ac. petr. phos. Phyt. PULS. Sang. SIL. Sulph. teucr.

EUSTACHIITIS katarralisch
am—m. Ars—i. asar. Bar—c. Bell. CALC. Calc—f. caps. Conch. dirc. euphr. ery—a. Gels. Hep. hydr. graph. Iod. Kali—bi. kali—chl. Kali—m. KALI—S. Mang. Merc. merc—d. Nat—m. nit—ac. orig. petr. Phos. Phyt. plan. PULS. Sang. SIL. sul—i. Sulph. teucr. tub. verb.

EUSTACHIITIS chronica - schwerhörig dadurch
Agra. Ars—i. Bar—c. Conch. HEP. hydr. iod. lyc. merc. morb. Petr. Sil. sulph. Thuj.

EUSTACHIITIS chronica vergrösserten Tonsillen bei
bac. bar—m. Calc. calc—f. CONCH. (D10, Staufen). Kali—s. puls. Sil.

EUSTACHIITIS Schnupfen dabei, mit in Ohren ausstrahlendem Schmerz
alum. Calc. calc—p. HEP. kali—s. kali—bi. kali—m. Lach. MERC. Nit—ac. petr. phyt. Podo. puls. sil.

GEHÖRGANG Auswüchse, Polypen oder Fungus
CALC. calc—i. carb—an. Hydr. Merc. Staph. teucr. Thuj.

GEHÖRGANG Gefühl wie verschlossen, wie verklebt
Asar. bar—c. bor. carb—v. chel. Chin. Con. Graph. iod. kali—m. lob. Lyc. mang. Merc. NAT—S. PULS. Sil.

GEHÖRGANG Geruch stinkend
Calc. carb—v. Caust. Hep. kali—p. nat—c. PSOR. sanic. Sil. Sulph. tell. thuj.

GEHÖRGANG Furunkel
Arn. bell. Calc—pic. hep. MERC. merc—sul. PIC—AC. PYROG. puls. Sil. SULPH. syph. tub.

HÖREN Geräusche, Tinnitus (oft nach Disco- und anderer Lärmschädigung)
ARN. chin—s. kali—chl. Puls. ther.

HÖREN schwerhörig allgemein
arn. asar. aur. bac. Bar—c. BELL. CALC. carb—an. carb—v. Caust. chin. chin—s. CIC. Con. cupr. gels. Graph. Hyos. kali—m. kali—s. led. Lyc. mang. med. Merc—d. nat—m. Nit—ac. op. petr. PH—AC. Phos. pic—ac. PULS. sec. sep. SIL. Sulph. tub. verat—v. verb.

HÖREN schwerhörig Erkältungen nach
asaf. bac. bar—m. Bell. Calc. elaps. ferr—p. Gels. hep. iod. kali—m. lach. Led. lyc. mag—c. Merc. merc—d. phos. PULS. Sil. sul—i. thuj. tub.

HÖREN schwerhörig Eustachiitis durch (Tuben Katarrh durch)
agra. all—s. Ars—i. ASAR. bar—c. BAR—M. CALC. CALC—F. CALC—I. CALC—P. Calc—s. caps. Caust. Conch. Gels. Graph. HEP. Hydr. IOD. Kali—bi. KALI—M. KALI—S. lach. Mang. Mentho. Merc. MERC—D. nit—ac. PETR. Phos. Phyt. PULS. rhus—t. Rosa—d. ruta. Sang. Sep. Sil. staph. Thiosin. Tub.

HÖREN schwerhörig Husten während (agg.)
Chel.

HÖREN schwerhörig Husten am.
Sil.

HÖREN schwerhörig Masern nach
arg—n. asar. Carb—v. Merc. morb. Nit—ac. PULS. Sil. spig. Sulph. Tub.

HÖREN schwerhörig Ohrfeigen, Schläge durch
Arn. calc—s. chin—s. croc. tell.

HÖREN schwerhörig Polypen, Adenoide oder hypertrophe Eustachia durch
Agra. ars—i. bar—c. calc. calc—p. Conch. Hydr. iod. merc. nit—ac. petr. Staph.

HÖREN schwerhörig Scharlach nach
CARB—V. Crot—h. Graph. Hep. Lach. LYC. Nit—ac. Puls. Sil. SULPH.

HÖREN schwerhörig Tonsillen vergrösserten bei
Agra. Ars—i. Aur. bac. Bar—c. bar—m. calc. Conch. Hep. Kali—bi. kali—s. lyc. MERC. Nit—ac. plb. puls. sep. sil. STAPH. thuj. tub.

HÖREN schwerhörig Verstopfung d. Gehörganges durch (Cerumen)
Con. cycl. hep. mang. Sel. sulph.

HÖREN schwerhörig Weisheitszahn beim Herauskommen eines
calc. cham. conch. Mag—c. rhod. Scroph—n. staph.

HÖREN Taubheit Ernährungsstörung im Wachstum durch
bac. Calc. Merc—i—r.

HÖREN Taubheit Grippe während oder nach schwerer Influenza
Gels.

HÖREN Taubheit Scharlach nach
LYC. merc.

HÖREN Taubheit stiernackigen Knaben bei
scroph—n.

HÖREN Überempfindlichkeit d. Gehörs
acon. Bell. caust. chin. COFF. lach. Lyc. Mur—ac. Nat—c. nux—v. op. Phos. sep. sil. sulph. Ther.

INTERTRIGO retroauriculär, Wundwerden hinter d. Ohr
bar—c. CALC. chrysar. CLEM. Crot—t. Graph. kali—bi. LYC. Mez. Nat—m. OLND. PETR. PSOR. Sanic. scroph—n. staph. tell. teucr.

JUCKEN äusseres Ohr incl. Gehörgang
Agar. am—c. ang. bar—c. bov. coloc. hep. petr. Puls. rhus—t. Sulph. Tell. zinc.

JUCKEN inneres Ohr
aur. Hep. kali—c. mang. Nux—v. Petr. sep. Sil. sulph.

MASTOID Karies (Stimmgabel Schallleitungsprobe patholog. Befund)
Aur. CAPS. carb—an. Fl—ac. Hep. Lach. Nit—ac. Sil. Syph.

MASTOIDITIS (Entzündung d. processus mastoideus)
aur. Bell. calc—p. Canth. CAPS. ferr—p. fl—ac. hep. lach. Merc—i—f. Merc—i—r. Phos. plat. sil.

OHRLÄPPCHEN allgemein
alum. ambr. ang. Arg—m. arn. BAR—C. bry. camph. carb—v. CAUST. chel. CHIN. colch. graph. hyos. Kali—c. Kali—n. KREOS. teucr. merc. Nat—m. nit—ac. olnd. phos. Ph—ac. plat. rhus—t. Sabad. Sars. Sep. stann. verat.

OHRLÄPPCHEN Eiterung durch Ohrringe (unverträglich)
lach. med. Stann.

OHRMUSCHELN Ekzem
bar—c. calc. cic. GRAPH. Kali—bi. Kali—s. lyc. PETR. Psor. rhus—t. Sars.

OHRMUSCHELN Ekzem feuchtes
ant—c. calc. Graph. kreos. Lyc. merc. mez. Psor.

OHRMUSCHELN rauh, rissig
all—c. Ars. Bor. graph. Kali—bi. Merc. PSOR. sulph. tell.

OHRMUSCHELN rot auffallend (normale Reaktion, wenn K. müde ist)
Acon. agar. apis. caust. chin. ip. nat—p. Puls. pyrog. SULPH.

OTITIS externa, Entzündung d. äusseren Ohres
acon. alum. apis. bar—c. bar—m. bell. bry. cact. calc. Calc—pic. Calc—s. Cham.
GRAPH. Hep. kali—c. kali—chl. kreos. lach. Lyc. med. melal—a. Merc. merc—c.
mez. petr. ph—ac. Pic—ac. Psor. Puls. sep. Sil. spig. Sul—i. SULPH. thuj.

OTITIS externa, Entzündung d. äusseren Ohres
siehe therapeutische Hinweise S. 623

OTITIS externa Masern nach
hep. Puls. sulph.

OTITIS externa Pilzbefall (Candida) d. Gehörganges durch
acet—ac. ARG—N. calc—pic. Melal—a. Mucor. penic. Pic—ac. propol. psor. teucr.
Tub.

OTITIS fibrinosa
kali—m. puls. sil.

OTITIS linksseitige (Otitis externa oder O. media)
dulc. Graph. lac—c. verb.

OTITIS media allgemein, Mittelohrentzündung
Acon. all—c. Apis. Arn. Bar—c. BELL. Bor. CALC. CALC—S. Caps. Carb—v.
carbn—s. Caust. CHAM. cur. Dulc. FERR—P. gels. guaj. HEP. hydr. influ.
Kali—bi. Kali—c. Kali—chl. Kali—i. kali—sil. lap—a. LYC. mag—p. mang.
MERC. Merc—c. MERC—D. Nat—c. Nat—m. Nux—v. plan. Psor. PULS.
rhus—t. SIL. Sep. Spig. SULPH. Tell. thiosin. Thuj. Tub. zinc.

OTITIS media allgemein
siehe therapeutische Hinweise S. 623 f

OTITIS media Absonderungen (Otorrhoe) besonders linksseitig
Ferr. Graph. Psor. med. sulph. viol—o.

OTITIS media Absonderungen (Otorrhoe) besonders rechtsseitig
Calc. kali—c. Lyc. nit—ac. Sil. thuj.

OTITIS media Absonderungen (Otorrhoe) reichliche
CALC. Calc—s. caust. con. Graph. Hep. Kali—bi. kali—c. Kali—s. Lyc. Merc.
Psor. Puls. Sil. tub.

OTITIS media Absonderungen (Otorrhoe) scharf, wundmachend
ars. Ars—i. carb—v. Fl—ac. GRAPH. hep. KALI—M. lyc. Merc. nat—m. rhus—t.
sulph. tell.

OTITIS media, akute schmerzhafte Mittelohrentzündung
ACON. apis. BELL. bry. Caps. CHAM. dulc. Ferr—p. gels. graph. HEP. ign. kali—s. merc—c. Oscilloc. PULS. sulph.

OTITIS media akut, dabei Ruhelosigkeit und trockene Röte d. Kopfes
ACON. Ars.

OTITIS media akut, dabei matte Benommenheit und mässiger Schweiss
BELL. ars. Ferr—p. gels. Pyrog.

OTITIS media akut, danach Rezidiv
bar—c. brom. calc. calc—i. calc—p. cist. dulc. MANG.

OTITIS media, chronische Mittelohrentzündung
Ars—i. calc. Calc—i. calc—f. Carc. caust. cham. conch. graph. hep. influ. Kali—m. med. MERC. Merc—d. merc—i—r. nit—ac. oscilloc. pert. Psor. PULS. sabal. Sil. thiosin. thuj. TUB. vario.

OTITIS media, chronisch rezidivierende Mittelohrentzündung
siehe therapeutische Hinweise S. 624

OTITIS media chronisch, Ausfluss gelblich
aethi—a. aethi—m. asim. Aur. Calc. calc—s. hep. hydr. kali—bi. Kali—s. Lap—a. merc—d. Puls. Sieg. sil.

OTITIS media chronisch, Ausfluss gelb - grün
Kali—s. merc—d. nat—s. PULS.

OTITIS media chronisch, Ausfluss geruchlos
Aethi—a. aethi—m. ars—i. asim. CALC—S. elaps. hydr. Kali—bi. Kali—s. lap—a. SIEG.

OTITIS media chronisch, Ausfluss grünlich
ars—i. asaf. calc—f. carb—an. elaps. hydr. kali—i. kali—s. MERC. merc—d. puls. Tell. thuj.

OTITIS media chronisch, Ausfluss klebrig zäh
GRAPH. Hydr. Kali—bi. nat—m. phos. Sanic.

OTITIS media chronisch, Ausfluss mit, bei psorischer Konstitution
all—c. GRAPH. hep. Merc. Psor.

OTITIS media chronisch, Ausfluss mit, bei sycotischer Konstitution
Calc. Mang. NAT—S. Thuj.

OTITIS media chronisch, Ausfluss mit, bei syphilitischer Konstitution
Aur. calc—f. fl—ac. Kali—bi. kali—i. Kreos. Merc. MERC—NS. Mez. Nit—ac. tell.

OTITIS media chronisch, Ausfluss mit, bei tuberkulinischer Konstitution
calc. Calc—p. Hep. iod. Nat—m. PSOR. sil. TUB.

OTITIS media chronisch, Ausfluss stinkend
 Asaf. AUR. Calc—f. fl—ac. graph. Hep. MERC. Merc—d. PSOR. puls. SIL. TELL. Thuj. tub.

OTITIS media chronisch, Ausfluss stinkend, Absonderung noch lange danach
 ars. aur. calc. Calc—s. caust. cist. fl—ac. graph. Hep. Kali—m. kali—p. lyc. mang. merc. PSOR. puls. Sil. Sulph. tell. thuj. tub.

OTITIS media chronisch, Ausfluss weisslich
 nat—m. Sanic.

OTITIS media chronische, Ekzem dabei
 caps. tub.

OTITIS media chronische, Neigung zu Mastoidbefall dabei
 AUR. Caps. oscilloc. Thuj.

OTITIS media Essen (Brot mit Butter) Verlangen dabei, nachts agg.
 MERC. Puls. sulph.

OTITIS media Haare Schneiden nach, bei Mädchen (Frisurwechsel zu Bubikopf)
 Puls.

OTITIS media kalte Anwendungen agg.
 dulc. Hep. Sil.

OTITIS media kalte Anwendungen am.
 aur. bar—c. Ferr—p. Merc. PULS.

OTITIS media kalte Anwendungen am., aber kalte Zugluft agg.
 mez. PULS.

OTITIS media, Reizbarkeit extrem grosse dabei
 apis. CHAM. coff. Hep. Tub.

OTITIS media rezidivierend chronisch, Zustand nach TE Röhrchen
 bac. calc—s. Conch. Sil. tub.

OTITIS media rezidivierende (Neigung zu Ohr Katarrhen)
 Ars—i. aur. Bac. bar—c. Calc. Conch. Hep. kali—c. kali—i. lyc. Merc. merc—d. merc—i—r. mez. phos. puls. PSOR. sil. sulph. Tell. Thuj. TUB. Tub—a. Tub—m.

OTITIS media Säuglinge
 Acon. Bell. Cham. ferr—p. Hep. kali—s. puls.

OTITIS media Schmerz heftig pochend, agg. nachts
 Bell. merc. Merc—c.

OTITIS media Schmerz heftig pochend, pulsierend, klopfend
 BELL. cact. calc. merc—c.

OTITIS media Schmerz plötzlich auftretend, auch tags
Acon. all—c. Bell. Caps. cham. puls. rhus—t.

OTITIS media Schwerhörigkeit mit
bar—c. bar—m. iod. kali—m. Merc. Puls. sulph. viol—o.

OTITIS media Stadium erstes, fieberhaftes ohne Ausfluss
ACON. Apis. ars. BELL. Cham. FERR—P. Oscilloc. Puls. sang.

OTITIS media Stadium mit Ausfluss (O. m. purulenta)
ars. ars—i. aur. calc. Calc—i. Calc—s. caps. fl—ac. Hep. hydr. lap—a. Merc.
nit—ac. PULS. SIL. tell. Thuj.

OTITIS media Trommelfell Durchbruch (Riss) mit
caust. hep. lap—a. MERC. Psor. puls. Sil. Tell. tub.

OTITIS media Trommelfell Durchbruch drohendem mit
aur. Bell. graph. hep. hydr. kali—bi. tell.

OTITIS media Trommelfell gerötet und vorgewölbt
bell. Hep. hydr.

OTITIS media warme Anwendungen agg., aber Einhüllen am.
Bell. caps. Cham. Dulc. HEP. kali—ar. lach. Mag—p. rhus—t. Sep. stram.

OTITIS media warme Anwendungen am.
Ars. Bell. Caps. Cham. Dulc. Hep. MAG—P. sep. sul—ac.

OTITIS media Zahnung während
Calc. Calc—p. cham. Puls. Sulph.

OTITIS, Eustachitis oder Tonsillitis chronica mit Stottern
ars—i. Caust. MERC. sulph.

SCHMERZ allgemeine Hauptmittel
Acon. all—c. BELL. caps. CHAM. dros. Dulc. mag—p. mang. phyt. Plan. PULS.
rhus—t. sang. valer.

SCHMERZ berstend, wie platzend, kalte Anwendung am.
PULS.

SCHMERZ Bettwärme agg.
MERC. merc—i—f. Nux—v. phos. puls.

SCHMERZ Druck bei agg.
caps. cina. lac—c. mentho. raph. spong.

SCHMERZ Druck bei am.
alum. bism. carb—an. caust. ham.

SCHMERZ feucht - kaltem Wetter bei (incl. Nebel)
Calc. Calc—p. Dulc. mang. NAT—S. Sil.

SCHMERZ Freien im, an frischer Luft am.
    Acon. Aur. Ferr—p. PULS.

SCHMERZ Husten beim (agg.)
    calc. Caps. dios.

SCHMERZ Kälte, Erkältung allgemein durch
    Acon. calc. Dulc. ferr—p. Gels. kali—m. kalm. mag—p. Merc. merc—d. phos. Puls.
    sep. valer.

SCHMERZ kalte Anwendungen agg.
    bor. bufo. calc. caps. dulc. HEP. sep. Sil.

SCHMERZ kalte Anwendungen am.
    aur. Bell. Ferr—p. merc. puls.

SCHMERZ kalte Füsse, durch Erkältung v. unten aufsteigend
    Berb. calc. merc. Sep. stann.

SCHMERZ kalter Kopf, Erkältung des Kopfes durch
    acon. Bell. gels. led. puls.

SCHMERZ kalter Luft in agg.
    agar. Ars. bry. Calc—p. Caps. CHAM. colch. Dulc. graph. HEP. kali—ar. kali—m.
    lach. Lyc. mag—p. merc. Mez. nat—c. par. Sang. Sep.

SCHMERZ Liegen auf d. Ohr während (agg.)
    agar. am—c. am—m. Bar—c. bar—m. chin. hep. kali—n. lac—c. med. Merc.

SCHMERZ Luft Zugluft durch (agg.)
    bor. camph. Cham. Dulc. Hep. Lyc. Mez. plan. valer.

SCHMERZ Luft, im Freien agg.
    acon. bry. con. euph. Hep. Lyc. Mang. mez. Sep. sulph. tab.

SCHMERZ Luft, im Freien am.
    acon. aur. cic. ferr—p. Puls.

SCHMERZ nachts
    Acon. alum. am—m. ars. bar—c. bell. Bry. calc—p. caps. Cham. cycl. DULC.
    ferr—p. hell. Hep. Kali—ar. Kali—bi. kali—c. kali—i. kali—n. MERC. nux—v.
    PULS. Rhus—t. sep. Sil. stry. tell. Tub. vib.

SCHMERZ nachts agg.
    ACON. Ars. Bell. Calc—p. CHAM. Dulc. Ferr—p. Hep. Kali—i. lach. MERC.
    PULS. Rhus—t.

SCHMERZ Niesen während
    calc. ph—ac. phos. Sulph.

SCHMERZ Schlucken während

ail. alum. anac. APIS. benz—ac. bov. Calc. carb—an. Carbn—s. coc—c. Con. dros. Elaps. fago. ferr—m. ferr—ma. gels. LACH. lyc. mang. Merc. merc—i—f. mur—ac. nat—i. nat—m. NIT—AC. NUX—V. Par. Petr. phos. Phyt. plb. sars. Sulph. thuj.

SCHMERZ Schneuzen der Nase beim

alum. Bar—c. CALC. caust. con. dios. hep. lyc. ph—ac. puls. sil. spig. stann. teucr.

SCHMERZ stechend

APIS. BELL. caps. caust. Cham. chin. con. Dulc. graph. KALI—C. Kali—i. Merc. Nux—v. PULS. Sulph.

SCHMERZ trinken (Schlürfen) kalten Wassers am.

Bar—m.

SCHMERZ Übelkeit mit

Dulc.

SCHMERZ Wärme agg.

Acon. aeth. anac. Bor. Calc—p. CHAM. cic. Dulc. Ign. MERC. Nux—v. PULS. verat.

SCHMERZ Wärme Anwendung (Bestrahlung etc) agg. und Einhüllen am.

Bell. caps. Cham. Dulc. HEP. kali—ar. lach. Mag—p. mur—ac. rhod. rhus—t. Sep. stram.

SCHMERZ Wärme durch am. (incl. warme Applikationen)

BELL. Caps. Cham. Dulc. Hep. MAG—P. rhod.

SCHMERZ warmen Zimmer im agg.

Nat—s. Nux—v. phos. PULS.

SCHMERZ, scheinbar schwerhörig, aber möglicherweise Bauch Affektion

SULPH.

SCHWERHÖRIGKEIT

siehe oben unter Hören

STEATOM (benigne Fettgeschwulst im Innenohr)

Calc. Nit—ac. thuj.

TROMMELFELL geschwüriges Aussehen

Calc. carb—v. iod. Kali—bi. Merc. psor. Sil.

TROMMELFELL grau mattes Aussehen (oft Antibiotica Folgen)

calc—f. chin. CHIN—S. syph.

TROMMELFELL konkav eingezogen

kali—m. merc. Merc—d.

TROMMELFELL Perforation
Aur. calc. calc—i. calc—s. Calen. caps. graph. Hep. Kali—bi. Merc. merc—d. phos. psor. puls. Sil. staph. sulph tell. Tub.

TROMMELFELL Perforation drohend bei Otitis media
MERC. Puls.

TROMMELFELL Perforation nach Schlag (Prügel)
calc—s. Calen. Staph. Tell.

TROMMELFELL Verdickung
Ars—i. kali—bi. Merc—d. mez.

TROMMELFELL Vernarbung (dabei Schwerhörigkeit)
calc. Calen. cham. merc. puls.

TROMMELFELL weisser Belag
GRAPH. mez.

TUBENKATARRH
siehe Eustachiitis

vacat für Nachträge

Nase

ABSONDERUNGEN blutig Säuglingen bei
> calc. Calc—s. sil. sulph.

ABSONDERUNGEN gelb Choanen (Schleimstrasse)
> ant—c. Calc—s. cinnb. HYDR. KALI—BI. Med. meny. merc—i—f. Nat—ar. nat—s. Nat—p. Rumx. sep. spig. sumb.

ABSONDERUNGEN zäh, dick, klebrig Choanen (Schleimstrasse)
> alum. calc. canth. CAPS. Carb—an. cham. Hydr. KALI—BI. Med. nat—ar. Nat—p. Phyt. plb. psor. staph. sumb.

AUSSCHLÄGE, Ekzeme allgemein äussere Nase und Umgebung
> Alum. ant—c. aur. bor. bov. calc. Carb—v. Caust. cic. Cist. Graph. iod. led. lyc. mag—m. merc. merc—i—r. nat—c. nat—m. nat—p. Nit—ac. petr. ph—ac. rhus—t. SEP. sil. staph. Sulph. thuj. Vinc.

AUSSCLÄGE Flechten sattelförmig über äusserer Nase
> Sulph.

AUSSCHLÄGE geschwürige Nasenlöchern an
> alum. arn. aur. bell. Calc. cham. cor—r. Graph. Ign. kali—bi. Kali—c. lyc. mag—m. merc. nat—c. nat—n. nit—ac. petr. phos. puls. SEP. sil. sulph.

DIPHTHERIE
> AM—C. Am—caust. Hydr. KALI—BI. Lyc. merc—c. Merc—cy. NIT—AC. Petr.

ENTZÜNDUNG Nasen - Rachen - Raum mit gelber bis grüner Absonderung
> aesc. bar—c. cist. Cor—r. cub. Hydr. KALI—BI. Kali—s. PULS. xero.

ERKÄLTUNG
> siehe unter Schnupfen und unter Allgemeines, S. 528 ff.

FLIESSCHNUPFEN siehe unten unter Schnupfen wässrig

GERUCH stinkend aus Nase und von Tonsillen
> ars. aur. Carb—ac. lach. Lyc. merc. nit—ac.

GERUCHSEMPFINDLICHKEIT allgemein
> ARS. Caust. cham. colch. ign. lyc. Nux—v. Phos. SEP. sulph.

GERUCHSEMPFINDLICHKEIT (z. B. Husten bei unangenehmen Gerüchen)
> nux—v. Phos. Sep.

GETRÄNKE werden durch die Nase erbrochen
> Diph.

GETRÄNKE geraten beim Schlucken in die Nase
> Arum—t. Lach. Lyc.

GRIPPALER Infekt, Influenza (epidemica) vorwiegend mit Schnupfen
Acon. am—c. anac. ARS. Bell. Bry. CAMPH. Canth. Carb—v. Caust. Chin. dulc. Kreos. Lob. Lyc. Merc. merc—i—r. NUX—V. Puls. RHUS—T. Sabad. Seneg. Spig. Siehe auch unten unter Schnupfen

GRIPPALER Infekt - Sonderformen Grippe
siehe therapeutische Hinweise, S. 624

JUCKEN, reibt sich die Nase (häufiges Wurmsymptom)
arum—t. CINA. Teucr.

JUCKEN, reibt sich die Nase beim Auffahren aus Schlaf
lyc.

JUCKEN, reibt sich die Nase beim Essen
jatr. Lach.

KATARRH Masern oder Pocken (Windpocken) nach
kali—bi. Morb. puls. Thuj.

KATARRH Scharlach nach, auch allgemeine Nasenaffektionen danach
Arum—d. Aur. aur—m. Mur—ac. scarl. Sulph. Thuj.

KRUSTEN, Borken (harte Stuecke, Klinker) innen
Agar. ail. Alum. Alumn. alum—sil. ant—c. apis. arg—n. Ars. Arum—t. arund. Aur. AUR—M. aur—s. bar—c. Bor. BOV. Brom. bry. cadm—s. Calc. calc—f. Calc—s. Carb—an. carbn—s. caust. cic. coc—c. con. cop. crot—t. culx. daph. dulc. Elaps. Ferr. ferr—ar. Ferr—i. ferr—p. GRAPH. hep. Hippoz. Hydr. hyper. Iod. KALI—BI. Kali—c. kali—p. lac—c. Lach. lem—m. lith—c. Lyc. mag—c. Mag—m. Merc. Merc—i—f. merc—i—r. Mez. nat—ar. Nat—c. Nat—m. nat—p. nat—s. Nit—ac. nux—v. petr. Phos. Phyt. psor. Puls. ran—b. rhod. rat. rhus—r. sang—n. Sanic. sars. SEP. Sil. staph. STICT. stront—c. Sulph. syph. Teucr. THUJ. trom. TUB. vinc. xan.

KRUSTEN Borken innen elastische Pflöcke
KALI—BI. Lyc. Teucr.

KRUSTEN Borken innen gelb
aur. aur—m. Calc. Cic. Kali—bi. Iod. kali—c. mag—m. rhod.

KRUSTEN Schorf blutiger nahe den Nasenlöchern
MERC. nit—ac.

MUNDATMUNG
siehe unter Atemwege, S. 388

NASE äussere allgemein

> acon. alum. ambr. ant—c. apis. arn. AUR. bar—c. bell. bor. bov. bry. Calc. cann—s. canth. caps. carb—an. carb—v. CAUST. Cedr. cham. chel. chin. cic. clem. coff. colch. con. dros. dulc. euphr. graph. hell. hep. hyos. iod. KALI—C. laur. lyc. mag—c. mag—m. meny. MERC. mez. NAT—C. Nat—m. nit—ac. Plb. petr. phos. PH—AC. PULS. rheum. rhod. RHUS—T. ruta. samb. sars. sep. sil. SPIG. spong. staph. sulph. sul—ac. tarax. Thuj. verat. viol—o. VISC.

NASE innere allgemein

> Acon. aesc. agar. ail. All—c. alum. ambr. am—c. am—m. anac. ang. ANT—C. ant—t. apis. arg—m. arg—n. arn. Ars. ARUM—T. asar. AUR. bar—c. Bell. Bor. bov. Brom. Bry. CALC. Camph. Canth. caps. caust. cham. chel. chin. cic. cimic. Cina. cinnb. clem. cocc. coc—c. coff. Colch. coloc. con. cor—r. crot—t. cycl. dios. dros. elaps. euph. Euphr. fl—ac. GRAPH. guaj. hep. Hydr. hyos. Ign. iod. ip. KALI—BI. Kali—c. KALI—I. kali—n. Kreos. lach. laur. led. lyc. mag—c. mag—m. mang. Teucr. meny. Merc. Merc—c. merc—i—r. Mez. mur—ac. nat—ar. nat—c. Nat—m. naja. NIT—AC. nux—v. plan. Podo. PULS. Ran—b. ran—s. rhus—t. rumx. ruta. Sabad. sang. sars. sec. sel. seneg. Sep. SIL. Sin—n. SPIG. Squil. stann. Staph. stict. SULPH. Thuj. Verat. wye. zinc.

NASE eingesunken bei Kleinkindern (wie ins Gesicht eingefallen)

> Aur. Aur—m. psor.

NASE Hakennase (wie bei Pinoccio-Figur)

> fl—ac.

NASE rote mit schmutziger Wundheit

> Merc. sulph.

NASE schneuzen unfähig zu (auch ältere Kinder)

> Am—c. sulph. teucr.

NASENBLUTEN

> siehe therapeutische Hinweise, S. 625

NASENBLUTEN allgemein, Epistaxis

> abrot. Arn. Bell. Calc. calc—p. carc. card—m. chin—s. Croc. FERR. FERR—P. ferr—pic. Ham. Ip. lyc. Med. merc. Mill. mur—ac. nat—m. Nat—n. PHOS. sec. Sil. Ter. Tub. vip. Vinc.

NASENBLUTEN Blut dunkelrot (fast schwarz)

> carb—v. Chin. Croc. ferr. HAM. lach. merc. nat—n. Nux—v. puls. sec.

NASENBLUTEN Blut hellrot

> am—c. arn. Bell. Bry. dros. Ferr. Ferr—p. hyos. IP. Kali—c. meli. mill. PHOS.

NASENBLUTEN Diphtherie bei

> ars. Carb—v. Chin. Crot—h. Hydr. Ign. Kali—chl. Lach. Merc—cy. Nit—ac. phos.

NASENBLUTEN Diphtherie nach Abstossung der Membranen

> Phos.

NASENBLUTEN Emotionen bei oder durch
Carb—v. Vinc.

NASENBLUTEN Fieber während
arn. mur—ac. Rhus—t.

NASENBLUTEN Frauen bei jungen
Nat—n. phos. SEC.

NASENBLUTEN habituell jungem Menschen bei
Card—m. ferr. mill. nat—n. phos.

NASENBLUTEN Husten nach Anfall von Keuchhusten
arn. Cina. dros. Indg. Ip. led. merc.

NASENBLUTEN Husten oder Keuchhusten während
ARN. Bell. Bry. Cer—ox. Cina. Cor—r. Crot—h. Cupr. DROS. Indg. Iod. IP. lach.
Led. Merc. Mur—ac. nat—m. Nux—v. PHOS. spong. Stram.

NASENBLUTEN Knaben im Wachstumsschub bei
abrot. Calc. ferr.

NASENBLUTEN Masern während agg.
bry. ferr—p. puls. sabad.

NASENBLUTEN Menses anstatt
apis. Bry. cact. carb—an. Cham. dulc. Ferr. Graph. HAM. Lach. lyc. nat—n. phos.
Puls. Senec. sil.

NASENBLUTEN Menses vor
Bar—c. Ip. Lach. Nat—s. Puls. Sulph. Verat.

NASENBLUTEN Menses während
Bry. ferr. Nat—s. Phos. Puls. sep. sulph. Tril.

NASENBLUTEN morgens Aufstehen beim
ambr. bov. carb—an. Chin. ham. Nit—ac. nux—v. sulph.

NASENBLUTEN morgens hellrot
Aloe. Caps. phos.

NASENBLUTEN Naseputzen beim
agar. Arn. Bar—c. bry. carbn—s. Chin. cinnb. lach. Nit—ac. merc. nux—v.
Ph—ac. phos. Spong. sulph.

NASENBLUTEN Naseputzen morgens beim
agar. bov. caust. Lach. Puls.

NASENBLUTEN Nasen Verletzungen (Schlag, Sturz etc.) durch
Acet—ac. Arn. elaps. Ham. sep. sul—ac.

NASENBLUTEN Schlaf während
bov. bry. Merc. nat—s. Nit—ac. Nux—v. verat.

NASENBLUTEN Stuhlgang während oder durch
Carb—v. coff. Phos. rhus—t.

NASENBLUTEN Wachstum im, bei schnell wachsenden Kindern
abrot. arn. CALC. Calc—p. Croc. ferr. kali—c. kreos. nat—n. PHOS. sec.

NASENBOHREN
siehe unter Geist und Gemüt, S. 62 & 101

NASENFLÜGEL allgemein
alum. ambr. Aur. Brom. canth. carb—v. caust. coc—c. con. dulc. euphr. hell.
kali—c. kreos. Lyc. mag—m. merc. Mez. nat—c. Nat—m. nat—s. Nux—v. plb.
phos. puls. rhus—t. sel. Sil. spig. squil. staph. sulph. THUJ. viol—t. zinc.

NASENKNOCHEN allgemein
anac. arn. ars. Asaf. AUR. calc. carb—an. Cinnb. clem. colch. con. hep. hyos.
kali—bi. lach. MERC. mez. nat—m. petr. phos. plat. puls. Sil. spong. sulph. thuj.
verat.

NASENLÖCHER schwärzliche (wie mit Russ beschmiert)
Chlor. Hell.

NASENRÜCKEN allgemein
alum. calc. canth. chin. Cinnb. con. ham. kali—bi. olnd. PH—AC. ruta. samb.
spig. spong. thuj.

NASENSCHEIDEWAND (Septum) allgemein
aur. bry. caust. cina. colch. con. crot—t. hydr. iod. kali—bi. lyc. merc. petr. psor.
ruta. Sil. staph. Sulph.

NASENSCHLEIMHAUT iatrogene Schädigung d. Otrixxx etc.(trocken)
siehe therapeutische Hinweise, S. 625

NASENSPITZE allgemein
apis. aur. Bell. bor. Bry. Calc. canth. CARB—AN. CARB—V. CAUST. Cedr. chel.
clem. colch. con. kali—n. lyc. Meny. merc. mosch. Nit—ac. ph—ac. ran—b.
rheum. Rhus—t. samb. SEP. Sil. spong. Sulph. sul—ac. viol—o.

NASENWURZEL allgemein
Acon. agar. agn. am—m. ant—t. arn. arum—t. Asar. bar—c. bell. Bism. Calc.
camph. cann—s. carb—v. caust. cina. cinnb. colch. coloc. con. elaps. ferr. hell.
hep. HYOS. ign. iod. Kali—bi. kali—c. kali—i. lach. laur. med. meny. merc.
merc—c. merc—i—f. mez. mosch. nat—ar. nat—m. nit—ac. olnd. petr. plat. Puls.
ran—b. rheum. rhod. Ruta. sang. sil. staph. stict. thuj. viol—t. zinc.

NASENWURZEL Verstopfung, Enge
acon. ars. Gels. KALI—BI. Kali—i. Lyc. med. nat—ar. plat. STICT.

NIESSEN allgemein auffälliges (ohne Schnupfen)
acon. Agar. All—c. Am—m. ars. Calc. Carb—v. Cic. cina. coc—c. con. Euphr. hell. kali—c. MERC. nat—m. Nit—ac. nux—v. puls. rhus—t. sabad. sep. sil. staph. Sulph. Teucr.

NIESSEN Betreten e. warmen Raumes bei
All—c. cycl. PULS.

NIESSEN Fieberhitze vor
chin.

NIESSEN Gähnen beim
Bry. chin—s. Cycl. lob.

NIESSEN häufiges
All—c. Am—m. Ars. bell. brom. bry. carbn—s. Carb—v. Coc—c. CYCL. dros. dulc. gels. hep. kali—c. kreos. Lyc. Merc. nat—m. nit—ac. NUX—V. phos. PULS. rhus—t. SABAD. Sang. seneg. sil. Stict. SULPH. Teucr. zinc.

NIESSEN Hitze d. Hände danach, schlussendlich atemlose Erschöpfung
SENN.

NIESSEN Husten danach (N. endet in Husten)
Ip.

NIESSEN Husten Keuchhusten während
Cina.

NIESSEN Husten vorher (Husten endet in N.)
Agar. arg—n. Bell. bry. cina. Hep. just. Psoe. SENEG. Squil.

NIESSEN morgens (agg.)
Am—c. camph. caust. kali—bi. nat—m. Nux—v. puls. sep. sil. sulph.

NIESSEN morgens Erwachen beim
am—c. am—m. Aster. hep. nux—v. Sabad.

NIESSEN, Reiben von Augen und Nase, Niessen beim Husten
Squil.

NIESSEN Schlaf im, ohne Schnupfen
agar. am—m. bar—m. Nit—ac. puls.

NIESSEN Sonnenlicht sofort im
Agar. aur. hydr. Merc. Merc—sul. nat—m. Sang.

NIESSEN Temperatur Wechsel sofort bei, mit Frösteln
Hep. Nat—ar. NAT—M. nit—ac. Plat. verb.

NIESSEN Zugluft oder geringstem kaltem Luftzug incl. Entkleiden beim
HEP. kali—bi. merc. Nat—ar. Nit—ac. Nux—v. phos. pyrog. Rhus—t. sil.

POLYPEN, adenoide Wucherungen allgemein
> Agra. All—c. alum. alumn. ant—t. Apis. Ars. arum—m. arum—t. aur. Bar—c. Bar—m. bell. cadm—s. CALC. Calc—f. Calc—i. CALC—P. carb—an. Carbn—s. Carc. Caust. chr—ac. Con. Cor—r. Euph. Ferr—i. Form. Graph. hecla. Hed. Hep. hydr. iod. Kali—bi. kali—c. kali—chl. kali—i. kali—n. Kali—s. Lem—m. LYC. med. Merc. merc—c. Merc—i—r. merc—sul. mez. Nit—ac. petr. PHOS. Phyt. PULS. Psor. SANG. Sang—n. Sep. Sil. STAPH. Sulph. syc. TEUCR. THUJ. TUB. wye. zinc—chr.

POLYPEN, adenoide Wucherungen links nur
> Alumn. apis. calc. Merc—i—r.

POLYPEN, adenoide Wucherungen rechts nur
> Caust. Kali—n. Sang.

POLYPEN, adenoide Wucherungen retronasal (Nasopharynx)
> Calc. calc—p. Mez. phos. sang. Teucr. tub.

POLYPEN, adenoide Wucherungen tuberkulinischer Kinder
> agra. bac. bell. CALC. calc—p. graph. Lyc. med. merc. Phos. psor. puls. sep. Sil. Sulph. Sul—i. Teucr. thuj. tub.

POLYPEN bluten leicht
> calc. calc—p. Phos. sang. thuj.

POLYPEN - Operation
> siehe therapeutische Hinweise, S. 626 f

POLYPEN - Operation Beschwerden durch und Nachbehandlung
> agra. bar—c. CALC. CALC—P. Carc. cor—r. Kali—bi. kali—s. lem—m. LYC. med. merc. Phos. sang. Sil. Sul—i. SULPH. Teucr. Thuj. TUB.

RETRONASALER KATARRH
> Alumn. caust. Cor—r. HEP. Hydr. KALI—BI. kali—chl. kali—perm. Med. merc. nat—ar. nat—c. nat—m. nat—p. phos. sil. spig. stict. tub.

RHINITIS
> siehe auch unter Schnupfen

RHINITITIS und Sinusitis, häufig in d. frühen Kindheit beginnend
> aur. CALC. CALC—P. cham. kali—bi. Kali—c. Lach. med. Merc. nat—m. nat—s. syph. thuj. Sulph. Tub. tub—a.

RHINITITIS atrophica (innen Trockenheit und Krusten)
> aur. AUR—M. bar—c. cham. graph. Kali—bi. Luf—op. Merc—c. Sil.

SATTELNASE (äussere Form)
> aur. Aur—m. syph.

SCHLEIM, Verschleimung Nasopharynx, Lunge, Asthma, Allergie
> siehe therapeutische Hinweise, S. 627

SCHNIEFEN, Schnauben, Snuffles mit Aufschrecken aus Schlaf und Nase Reiben
lach. LYC.

SCHNIEFEN, Schnauben, Snuffles mit chronisch verstopfter Nase
all—c. Alum. Am—c. Am—m. Arg—n. Arum—t. AUR. BAR—C. CALC. Cham.
cupr. Cycl. Elaps. Graph. HEP. iod. Kali—bi. Kali—c. Kali—i. lach. luf—op. LYC.
merc. Merc—i—f. merc—i—r. Nat—s. Nit—ac. Nux—v. puls. Samb. sep. SIL.
Stict. Sulph. syph.

SCHNIEFEN, Schnauben, Snuffles mit verstopfter Nase, Kleinkinder
Acon. AM—C. ant—t. Asc—t. Bell. calc. carb—v. CHAM. Dulc. Elaps. HEP.
kali—bi. lach. luf—op. lyc. merc. Merc—i—f. merc—i—r. NUX—V. puls. SAMB.
sang. Stict. Sulph. syph.

SCHNIEFEN, Schnauben, Snuffles mit verstopfter Nase, Neugeborene
acon. ambr. AM—C. apoc. asc—t. Aur. aur—m. calc—lac. DULC. elaps. HEP.
Kali—bi. Lach. LYC. Luf—op. med. Merc. Nat—s. NUX—V. osm. phos. Puls.
sabad. SAMB. sep. STICT. Syph. teucr. Thuj.

SCHNUPFEN und Beschwerden d. Nase, linke Seite allgemein
agar. Am—c. am—m. anac. ant—c. apis. Ars. asar. Aur. Bell. Bor. Bov. brom. bry.
calc. canth. caps. carb—an. CARB—V. Caust. chel. chin. cina. cocc. Coff. Coloc.
dros. dulc. fl—ac. graph. hell. hep. kali—c. lach. laur. lyc. mag—c. mag—m.
teucr. Merc. merc—i—r. NAT—M. nit—ac. Nux—m. nux—v. olnd. petr. phos.
Plat. psor. puls. RHOD. rhus—t. sabin. sars. SEP. Sil. sin—n. spong. stann.
Staph. sulph. tarax. thuj. viol—t. zinc.

SCHNUPFEN und Beschwerden d. Nase, rechte Seite allgemein
Acon. agn. alum. ambr. am—c. am—m. anac. ant—c. asaf. aur. Brom. Bry. calad.
Calc. canth. carb—an. carb—v. caust. Chel. cic. cocc. colch. CON. Croc. dros.
fl—ac. Graph. HEP. iod. kali—bi. Kali—c. kali—n. laur. Lyc. mang. Teucr. merc.
Merc—i—f. Mez. nat—c. nat—m. Nit—ac. nux—v. petr. Phos. Ph—ac. plat. Psor.
Puls. Ran—b. ran—s. Rhus—t. sabin. sars. sep. Sil. SPIG. stann. Sulph. sul—ac.
tarax. Thuj. verat. viol—o. viol—t. zinc.

SCHNUPFEN allgemein, Hauptmittel
All—c. ambr. ant—t. Ars. ars—i. arum—t. bell. Calc. calc—s. Carb—v. cham.
chel. eup—per. euphr. Dulc. ferr—p. hep. Kali—bi. kali—i. Merc. merc—i—r.
nat—ar. Nux—v. phos. Puls. rhus—t. samb. sil. staph. Stict. sulph.

SCHNUPFEN abends
Carb—v. iod. lach. lith-c. Puls. Rumx. sel.

SCHNUPFEN abwechselnd mit Durchfall
Aloe. Podo. Sang.

SCHNUPFEN abwechselnd mit Verstopfung der Nase
nat—ar. Nat—m. phos. psor.

SCHNUPFEN abwechselnde Seiten
Lac—c.

SCHNUPFEN abwechselnde Tage (periodisch jeden zweiten Tag)
> Nat—c.

SCHNUPFEN Anfangsstadium (teils auch zur Prophylaxe)
> Acon. ALL—C. camph. ip. merc—i—f. Nux—v. Nat—m. OSCILLOC.

SCHNUPFEN Asthma danach - jeder Schnupfen endet in Asthma - Anfall
> ars. Just. NAJA. nux—v. stict.

SCHNUPFEN Augenaffektionen mit (Conjunctivitis etc.)
> caust. Cinnb. Euphr. kali—c. Sabad. sul—ac.

SCHNUPFEN Baden nach jedem
> SULPH.

SCHNUPFEN Baden kalt am.
> Calc—s.

SCHNUPFEN Bewegung (Herumtoben) am.
> Dulc. NUX—V. rhod. rhus—t. sulph.

SCHNUPFEN blutig
> ail. Arum—t. Calc—s. Hep. merc—c. Merc—i—r. PHOS. thuj.

SCHNUPFEN blutig Säuglingen bei
> calc—s. Nat—s.

SCHNUPFEN chronisch, lang anhaltend - Nase läuft ständig (" Rotznase")
> agar. Am—c. aur. brom. Bry. CALC. Calc—p. caust. cist. hep. hydr. Ip. iod. kali—bi. Kali—i. Lyc. merc. Nat—c. nat—m. nit—ac. phos. puls. sabad. samb. SIL. SULPH. Teucr. Thuj. Tub.

SCHNUPFEN chronisch, laufender Nase mit, in frischer Luft agg.
> Calc. calc—p. kali—bi. nit—ac. phos. Puls. sabad. thuj.

SCHNUPFEN chronisch, laufender Nase mit, Milch agg.
> Calc. lac—d. Lyc. sil. Sulph. Tub.

SCHNUPFEN chronisch, ohne Absonderung
> Bry. caust. Ip. nat—m.

SCHNUPFEN chronisch, stinkender Absonderung mit
> asaf. Aur. elaps. Kali—bi. kali—i. lyc. graph. hep. merc. mez. nat—c. PSOR. Puls. SIL. Thuj.

SCHNUPFEN chronisch, verstopfter Nase mit, auch chronisch rezidivierend
> am—c. ambr. ANAC. ant—c. ars—i. bry. Calc. hep. Kali—bi. lyc. nux—v. Samb. sang. Sil. teucr.

SCHNUPFEN dickflüssig
> aur—m. brom. ferr—i. hep. Hydr. Kali—bi. kali—i. kreos. lac—c. merc. psor. PULS.

SCHNUPFEN Diphtherie bei (Coryza maligna)
Am—c. Ars. ARUM—T. Carb—ac. chlor. crot—h. Cub. Ign. KALI—BI. Kali—perm. Lac—c. Lach. Lyc. Merc—c. Merc—cy. Merc—i—f. Mur—ac. NIT—AC.

SCHNUPFEN, Durchfall danach (Erkältung schlägt auf Darm)
alum. Calc. caust. Dulc. Sang. sel. Spong. Tub.

SCHNUPFEN einseitig allgemein
Art—v. Calc—p. Ip. Nux—v. PHOS. PHYT. plb.

SCHNUPFEN einseitig links
All—c. Arum—t. berb. phos. sep.

SCHNUPFEN einseitig rechts
Ars. brom. calc—s. Euph. phyt. Sang.

SCHNUPFEN eitriger Entzündung mit
Alum. Arg—n. asaf. CALC. Cycl. graph. Hep. Iod. KALI—BI. LYC. Nat—c. Nit—ac. psor. Sil.

SCHNUPFEN eitriger hartnäckiger, Säugling bei
Kali—bi. med. Sil.

SCHNUPFEN erstreckt sich zu Bronchien (geht in Husten über)
all—c. am—br. am—c. ant—c. ars. Bry. calc. carb—v. euphr. Hed. Hep. iod. ip. just. kali—c. kali—i. lyc. med. merc. nux—v. phos. rumx. STICT. sulph. Tub.

SCHNUPFEN erstreckt sich zum Ohr (geht in Ohren Schmerz über)
Apis. asar. bell. calc. elaps. puls. sil. Sulph. tub.

SCHNUPFEN erstreckt sich zu den Sinus (Sinusitis), auch rezidivierend
aur. CALC. CALC—P. Cinnb. cham. Kali—bi. kali—c. kali—i. Lach. MED. Merc. merc—i—f. Nat—m. nat—s. syph. Thuj. sulph. Tub. tub—a. Tub—r.

SCHNUPFEN erstreckt sich zum Sinus frontalis
Kali—i. LYC. nat—m. tub. Tub—r.

SCHNUPFEN fadenziehend
cocc—c. Kali—bi. nat—m.

SCHNUPFEN fibrinös mit Entzündung, akut, incl. kruppös
AM—CAUST. Apis. Ars. Echi. Hep. KALI—BI. Lach. Merc. Nit—ac.

SCHNUPFEN freie, frische (kalte) Luft agg.
Ars. ars—i. kali—i. puls. Squil.

SCHNUPFEN freie, frische (kalte) Luft am.
All—c. calc—p. Nux—v. puls.

SCHNUPFEN Frösteln oder Kälte Gefühl dabei
acon. Ars. Merc. Nux—v. puls.

SCHNUPFEN gelb
acon. Alum. am—m. anag. ant—c. Arg—n. Ars. Ars—i. Ars—met. ARUM—T. AUR. Aur—m. Bad. Bar—c. Bar—m. bell. Berb. bov. brom. bufo. CALC. CALC—S. chin—ar. chlor. Cic. cinnb. Cist. coc—c. Con. Cop. cupr. ery—a. Ferr—i. Graph. HEP. Hyper. HYDR. ind. Iod. kali—ar. KALI—BI. Kali—c. kali—chl. KALI—I. KALI—S. KALI—P. Lach. lac—ac. lil—t. LYC. Mag—m. mag—s. mang. Mez. mur—ac. nat—ar. Nat—c. Nat—m. Nat—p. Nat—s. NIT—AC. Phos. plan. PULS. rhus—t. sabin. sanic. sang. sel. seneg. SEP. Sil. sin—n. spig. stann. Stram. SULPH. teucr. Ther. Thuj. TUB.

SCHNUPFEN gelber chronisch, dirty nose Syndrom
Calc. con. graph. hep. KALI—I. Lyc. med. merc. sil. SULPH. thuj. Tub.

SCHNUPFEN gelblich - grün
Alum. arund. Aur—m. bufo. Calc—f. Calc—s. caust. cop. Hep. HYDR. KALI—BI. Kali—c. Kali—i. lac—c. Mang. MERC. Nat—c. Nat—s. par. Phos. plan. psor. PULS. rhus—t. sabad. sars. SEP. Sil. syph. Ther. Thuj. TUB.

SCHNUPFEN gelblich - weiss
calc. merc—i—r.

SCHNUPFEN Geruchssinn verschärftem, empfindlichem mit
Kalm.

SCHNUPFEN grippalem Infekt (Influenza) bei
ACON. All—c. ant—t. Ars. BELL. bry. calc. calc—s. carb—v. cham. dros. DULC. Ferr—p. GELS. hep. kali—bi. merc. merc—i—r. Nux—v. phos. puls. samb. sang. sil. spong. stict. vince.

SCHNUPFEN grünlich
Alum. anan. arn. ars. Ars—i. arund. asaf. aur. aur—m. Berb. Bor. bov. Bry. bufo. calc. Calc—f. cann—s. carb—an. carbn—s. Carb—v. cimic. colch. cop. culx. dros. ferr. ferr—ar. Ferr—i. graph. hep. hippoz. hydr—ac. hyos. ind. iod. kali—ar. KALI—BI. Kali—c. KALI—I. kali—p. kali—s. kreos. LAC—C. led. lyc. lyss. mang. MERC. Nat—c. Nit—ac. nux—v. par. Phos. plb. PULS. Rhus—t. sanic. SEP. Sil. spig. stann. Stict. sulph. Sul—i. syph. Teucr. Ther. Thuj.

SCHNUPFEN Haareschneiden nach
BELL. Nux—v. sep.

SCHNUPFEN Halsweh mit
calc—p. lac—c. lach. MERC. NIT—AC. NUX—V. PHOS. Phyt.

SCHNUPFEN heftige Absonderungen drei Tage lang - dann Verstopfung der Nase
NAT—M.

SCHNUPFEN Heiserkeit mit
am—c. am—m. anac. ars. ars—i. asaf. aur—i. Bar—i. Caust. cham. coff. nat—sil. phos. sabad. Stict. tell.

SCHNUPFEN heissen Absonderungen mit
Cham. Iod.

SCHNUPFEN Heuschnupfen akut allgemein (Pollinose)
All—c. ambro. Ars. arum—t. arund. brom. carb—v. Euphr. form—ac. Galph. gels.
Kali—i. kali—p. Lach. Nat—m. nat—s. Nux—v. Parth. phos. propol. PSOR. puls.
ran—b. Sabad. sep. sil. Sin—n. stict. Sulph. tub. Wye.

SCHNUPFEN Heuschnupfen asthmatischer Atmung mit
ambro. All—c. Aral. ARS. Ars—i. Bad. Carb—v. chin—ar. cupr. cupr—ar. Dulc.
Euphr. fl—ac. JUNI—C. IOD. kali—i. lach. linu—u. Naja. NAPHTIN. nat—c.
Nat—s. Nux—v. op. Sabad. sang. Sin—n. sil. stict. sulph. Wye.

SCHNUPFEN Heuschnupfen chronisch allergisch (konstant)
ail. alum. am—c. anac. Apis. Ars. ars—i. berb. BROM. bry. Calc. calc—p. Canth.
coch. Colch. cist. coloc. Cupr. cupr—ar. Cycl. eucal. fl—ac. graph. hydr. Juni—c.
kreos. Lyc. mang. nat—ar. nat—c. nat—m. ol—j. phos. Psor. puls. Sang. sars.
sep. Sil. spig. spong. Sulph. Tub. Teucr.

SCHNUPFEN Heuschnupfen feuchtem Wetter (Regen) bei agg.
DULC.

SCHNUPFEN Heuschnupfen Frühjahr agg.
all—c. aral. Ars. ars—i. gels. Iod. ip. lach. lob. PSOR. Sabad. thuj.

SCHNUPFEN Heuschnupfen Husten mit (Richtung Asthma)
Aral. Ars. Naphtin. wye.

SCHNUPFEN Heuschnupfen Impfung nach / durch Pockenimpfung
siehe unter Allgem., Impfung, S. 539 f

SCHNUPFEN Heuschnupfen - Jucken im Nasen - Rachenraum ausgeprägt
Arund. Sabad. Wye.

SCHNUPFEN Heuschnupfen - konstitutionelle Behandlung d. Pollinose
ars—i. Brom. calc. calc—p. graph. iod. Kali—i. Lach. Lyc. nat—ar. NAT—M.
PSOR. sang. Sil. Sulph. teucr. TUB.

SCHNUPFEN Heuschnupfen mit Fieber, Juli oder später agg.
all—c. Brom. Dulc.

SCHNUPFEN Heuschnupfen mit Trockenheit d. Schleimhäute
nat—m. Wye.

SCHNUPFEN Heuschnupfen mit wässriger, wundmachender Absonderung
All—c. aral. Ars. Ars—i. Nat—m. psor. sil.

SCHNUPFEN Husten mit (allgemein heftig erkältet)
acon. agar. All—c. Ars. BELL. calc. cham. Euphr. gels. graph. hep. Hydroc. IP.
kali-bi. kali—i. Lach. Lyc. nat—m. nat—p. nit—ac. Phos. rhus—t. sang. Spong.
squil. Sulph. Tuj. vince.

SCHNUPFEN, Influenza Impfung nach
carc. Gels. lach.

SCHNUPFEN Kälte Gefühl in d. Nase beim Einatmen mit
Ars. cist. Hydr.

SCHNUPFEN Krupp mit
Acon. Ars. cub. Hep. Nit—ac. Spong.

SCHNUPFEN lange dauernd
alum. am—c. anac. Calc. canth. coloc. Lyc. Nat—c. puls. Sil.

SCHNUPFEN morgens
berb. Euphr. Nux—v. Puls. sil.

SCHNUPFEN nachts
Calc. carb—an. caust. kali—bi. Merc. Nat—c. Nit—ac. nux—v.

SCHNUPFEN Niessen mit häufigen (nicht allergisch)
Ars. Ars—i. carb—v. cham. cycl. Gels. lach. merc. nat—c. NAT—M. nux—v. Sabad. sang. stict. sulph.

SCHNUPFEN periodisch jeder zweite Tag
Nat—c.

SCHNUPFEN Säuglinge
siehe unter Schniefen, Schnauben, Snuffles

SCHNUPFEN Scharlach bei
AIL. All—c. Am—c. ARUM—T. Caps. Mur—ac. Nit—ac. phos. phyt. rhus—t.

SCHNUPFEN Schlaf - fährt aus dem S. auf und reibt sich d. Nase
cina. Lyc.

SCHNUPFEN schleimig - zäh
agar. alum. arg—n. Bov. brom. Canth. Caust. CHAM. Coc—c. colch. croc. dros. Graph. hep. hippoz. HYDR. KALI—BI. Kali—i. Kali—s. mez. nat—ar. nat—c. Par. Phos. plb. Psor. ran—b. Sabad. Samb. sanic. sep. Sil. Spong. Stram. Sulph. Thuj.

SCHNUPFEN Sommer im
Dulc. GELS.

SCHNUPFEN Stockschnupfen
Carb—v. dulc. NUX—V. Samb.

SCHNUPFEN Stockschnupfen mit Neigung zu Nasenbluten
Vinc.

SCHNUPFEN tagsüber
calc. euphr. nicc. merc. Nux—v.

SCHNUPFEN trockener
am—c. ambr. Bell. Bry. Calc. caust. chin. Lyc. NUX—V. phos. SAMB. STICT. teucr.

SCHNUPFEN trockener abends / nachts und fliessende Absonderung tags
calc. euphr. Lyc. nat—c. nicc. NUX—V. puls. sil.

SCHNUPFEN trockener tags und fliessende Absonderung nachts
mag—c. rumx.

SCHNUPFEN unterdrückter agg.
Acon. am—c. Am—m. ars. Arum—t. bell. brom. BRY. CALC. carb—v. caust. cham. Chin. Cina. con. Dulc. Fl—ac. graph. hep. ip. Kali—bi. kali—c. kreos. LACH. laur. Lyc. mag—c. mag—m. mang. merc. nat—c. nat—m. Nit—ac. nux—m. NUX—V. petr. phos. Puls. rhod. sabad. samb. sars. Sep. Sil. spig. spong. stann. stram. sul—ac. sulph. teucr. THUJ. verat. zinc.

SCHNUPFEN Überhitzung durch (z. B. nach sportlichen Anstrengungen)
Ars. Brom. CARB—V. dulc. puls. Sil.

SCHNUPFEN wässrig mild
EUPHR. nat—m. Puls.

SCHNUPFEN wässrig scharf, wundmachend
ALL—C. am—m. ARS. Ars—i. kali—i. merc—sul. squil. Sulph.

SCHNUPFEN Wasser Spielen, Planschen (Hände in Wasser tauchen) durch o. nach
lac—d. Phos.

SCHNUPFEN warmer Raum agg.
ALL—C. apis. ars—i. Brom. calc—p. merc. nux—v. Puls.

SCHNUPFEN warmer Raum am.
Ars. Dulc. kali—i. Sabad. squil.

SCHNUPFEN wechselnd mit kolikösem Bauchschmerz
Calc.

SCHNUPFEN Wind durch kalten
ACON. All—c. kali—bi. Spong.

SCHNUPFEN Winter in jedem (auch mehrfach im W.)
am—c. ars. GRAPH. Nit—ac. rumx. sil.

SCHNUPFEN Zugluft durch
Dulc. elaps. hep. kali—bi. Merc. NAT—C. Nux—v. sabad.

SINUS Nasennebenhöhlen Affektionen allgemeine Hauptmittel
asaf. calc—i. Cinnb. HEP. hydr. iod. lach. Luf—op. kali—i. KALI—BI. MERC. merc—i—f. mez. phos. Sil. Stict. teucr. thuj. Tub. Tub—r

SINUSITIS
siehe auch Schnupfen erstreckt sich zu Sinus, & therapeutische Hinweise, S. 627

SINUSITIS akut
acon. ars. Asaf. Aur—m. Calc. cinnb. Hep. Hydr. Kali—bi. Kali—i. Lyc. Merc. nat—ar. nat—m. Nux—v. Puls. Sil. Stict. Teucr. Thuj.

SINUSITIS chronisch
aur. Brom. carc. Cinnb. Hep. hydr. kali—c. Kali—i. lach. lyc. Med. Sil. stann. Thuj. Tub. Tub—r.

SINUSITIS eitrige mit Drüsen Schwellung Kieferwinkel
bac. Bar—c. Bell. nat—c. PETR. phos. puls.

SINUSITIS Husten mit (chronisch)
arn. ars. Bell. cupr. hep. kali—bi. Lyc. med. Merc. Mez. Phos. puls. thuj.

SINUSITIS Polypen mit oder durch
Sang. THUJ. Teucr.

SINUSITIS rezidivierende
ars. bac. carc. Cinnb. cor—r. Kali—bi. Kali—i. Med. Nat—m. puls. Sil. Stict. Tub.

SINUSITIS rezidivierende in der Vorgeschichte
Cinnb. cor—r. Hydr. kali—bi. kali—i. Med. Nat—m. puls. Sil. thuj. tub. tub—a.

SINUSITIS Schmerz in langen Knochen mit
ang. Asaf. aur. Aur—m. Cinnb. kali—c. Kali—i.

SINUSITIS sicca (ohne Absonderung, trocken)
Calc. Cinnb. hep. lyc. kali—bi. Nat—m. teucr. Stict. sulph.

SPEISEN kommen durch d. Nase wieder heraus
arum—t. cocc. gels. Hyos. lac—c. lach. LYC. merc. nit—ac. Phos. sil. sul—ac.

VERSTOPFUNG allgemein
am—c. ambr. apoc. Ars. ars—i. Arum—t. asc—t. aur. Bar—c. bell. canth. caps. carb—v. carc. caust. cist. cocc. con. culx. Graph. hep. ign. Kali—bi. kali—c. kali—n. lach. Lyc. med. Nat—c. nat—m. Nit—ac. NUX—V. osm. phos. puls. sabad. Samb. Sil. stict. Syph. Teucr. zinc.

VERSTOPFUNG Absonderung eitrig dabei
Calc. Lyc. SIL.

VERSTOPFUNG chronisch
ars. aur. CALC. carc. con. kali—bi. Lyc. nux—v. samb. Sars. sel. Sil. sulph.

VERSTOPFUNG chronisch jahrelang schon
calc .lyc. Sars.

VERSTOPFUNG chronisch - Mundatmung deshalb
> am—c. Ars. Arum—t. CALC. con. kali—c. LYC. mag—c. mag—m. Nux—v. samb. sars. sel. Sil. sulph. syph.

VERSTOPFUNG Diphtherie bei
> Am—c. hydr. Kali—m. Lyc. Merc—cy.

VERSTOPFUNG ductus nasolacrimalis, Säugling bei
> bor. puls. sil. sulph.

VERSTOPFUNG Lesen laut (Vorlesen) beim
> Kali—bi. Sil. Teucr. verb.

VERSTOPFUNG Liegen im
> bov. caust. chin—ar. Nux—m. puls.

VERSTOPFUNG Luft in freier agg., im Raum am.
> Dulc. Hep.

VERSTOPFUNG Luft in freier am., im Raum agg.
> all—c. kali—c. kali—s. nux—v. phos. Puls. sulph.

VERSTOPFUNG nachts
> agar. ambr. am—c. Ars. bov. Calc. caust. chin—ar. ferr—i. juni—c. kali—p. Lyc. Mag—c. Mag—m. nat—ar. Nat—c. Nux—m. NUX—V. puls. Samb. zinc—i.

VERSTOPFUNG Naseputzen nützt nichts
> KALI—BI. lach. mag—c. psor. sars. Stict. Teucr.

VERSTOPFUNG Niessen mit Neigung zum
> kali—bi. lyc. Nux—v. Sulph.

VERSTOPFUNG Polypen Operation nach (trotz)
> ferr—p. Kali—s.

VERSTOPFUNG Säuglinge
> ambr. am—c. apoc. Aur. Bar—c. cham. dulc. Juni—c. Kali—bi. LYC. med. NUX—V. osm. phos. puls. sabad. Samb. syph. teucr.

VERSTOPFUNG Säuglinge Stillen beim
> Aur. Kali—bi. Lyc. Nux—v. SAMB.

VERSTOPFUNG Schnupfen fliessendem mit (auch wundmachend)
> Arum—t. nux—v.

ZUPFEN oder ständiges Reiben der Nase (oft Symptom für Verwurmung)
> arum—t. CINA. Teucr.

Gesicht

AKNE (bes. Art & Aussehen)
siehe auch unter Haut S. 491 ff & therapeutische Hinweise, S. 646, 663

AKNE entsetzliche (meist Nase, Kinn, Stirn Mitte)
anthraci. con. Cop. Sulph. syph. TUB.

AKNE juvenil an Augen, Lippen oder hinter Ohren
acon—l. Aster. GRAPH.

AKNE Kinn
con. Dros. Hydr. ichth. Jug—r. prot. sep. Sulfa. thuj. verat. Viol—t.

AKNE Lippen und Mund Umgebung
ars. Bor. calc. cadm—s. caps. hydr. Jugl—r. phos. Psor. Sars. sep. streptoc.
SUL—I.

AKNE Menarche verspäteter oder erheblichen Menstruationsproblemen bei
Arist—cl. calc—p. crot—h. Graph. psor. Puls. sang. sep.

AKNE Menses vor (und noch während), jungen Mädchen bei
apis. bell. carb—v. Con. DULC. Eug. Foll. Graph. Jug—r. mag—m. med. Nat—m.
psor. PULS. sang. Sars. Sep. sulph. Tub.

AKNE nahrungsbedingt, agg. durch: Kaffee, Süssigkeiten, Fett oder Fleisch
ant—c. arg—n. nux—v. phos. Psor. sep.

AKNE Nase und Umgebung
am—c. Ars. ARS—BR. Aster. Bor. Calc—p. caps. cann—s. CAUST. Clem. Elaps.
graph. jug—r. Kali—br. Nat—c. nat—p. psor. sel. sep. Sil. Sulph. tub. zing.

AKNE Neugeborener
calc. Dulc. tub.

AKNE Stirn
ant—c. Ars. AUR. aur—ar. aur—m—n. bar—c. bar—m. bell. Calc. calc—pic.
Cand—a. Caps. CARB—AN. CARBN—S. CARB—V. CAUST. Cic. clem. dulc.
HEP. kali—bi. Kali—br. Kreos. led. nat—ar. Nat—m. nat—p. Nit—ac. NUX—V.
Ph—ac. pitu—a. PSOR. RHUS—T. SEP. SIL. Sul—i. SULPH. TUB. viol—t.

AUGENRINGE, dunkle Ringe um die Augen (haloniert)
abrot. berb. CINA. cupr. Ip. nux—v. Phos. sec. verat.

AUGENRINGE, dunkle Ringe unter d. Augen (Allergiezeichen)
cycl. nit—ac. Phos. sanic.

AUSDRUCK ängstlich, semikomatös, Lage ausgestreckt. bei Gehirnerkrankung
Aeth.

AUSDRUCK ängstlich, wenn aus Wiege genommen
bor. Calc. Calc—p.

AUSDRUCK betrunken, benommen
bapt. Bufo. cocc. Gels. op. Stram.

AUSDRUCK kindisch (o. dümmlich) bei älteren Kindern
Anac. arg—n. bar—c. hyos. ign. nux—m. sep.

AUSDRUCK leer
Anac. Bell. camph. carbn—s. cic. Cocc. Ferr. Hell. hyos. Kali—br. lach. mang. mez. Op. Ph—ac. Stram. zinc.

AUSSEHEN allgemein alt und runzelig
Arg—n. kreos. LYC. op. psor.

AUSSEHEN alt, faltig und vertrocknet, Mädchen in der Pubertät
Alum.

AUSSEHEN alt und runzelig, neugeborener Säugling
Arg—n. LYC. op.

AUSSEHEN alt und fahl, gelblich
arg—n. ars. calc. calc—p. chin. crot—h. graph. lach. LYC. mag—c. merc. Nat—m. nit—ac. nux—v. sep. sil. sulph. tub. zinc.

AUSSEHEN aufgedunsen und dunkel rot
acon. Ail. arn. ASAF. AUR. Bapt. carb—an. Gels. kali—c. LACH. Op. puls. stram. tarent. Verat.

AUSSEHEN aufgedunsen Neugeborenen bei
Merc.

AUSSEHEN eingesunkenes Gesicht, hohlwangig
Ant—t. arg—n. arn. ARS. berb. camph. carb-v. cham. chel. Chin. chin-ar. colch. Cupr. hydr. Ign. Kali—m. mang. olnd. op. PLB. rhus-t Sec. tab. ter. Verat.
Siehe auch unter Augen eingesunken, hohläugig S. 198

AUSSEHEN schmutzig und schmierig, bräunlich
nit—ac. Sanic.

AUSSEHEN schmutzig und ungewaschen, ungesund
AM—C. Bor. Iod. lyc. merc. phos. PSOR. Sanic. sec. stram. SULPH.

AUSSCHLÄGE, Ekzeme allgemein
ant—c. ars. Calc. Canth. caust. Cic. Crot—t. Dulc. graph. hep. kali—br. kali—c. kreos. led. merc. mez. Nat—m. Olnd. petr. Psor. puls. Rhus—t. Sars. SEP. Staph. Sulph. Vinc. Viol—t.

AUSSCHLAG Bläschen wie Windpocken
ant—c.

AUSSCHLAG Erysipel
anthraci. Apis. arund. Bell. bor. camph. Canth. carb—an. Cham. Graph. Lach. Rhus—t. stram. sul—ac. Sulph.

AUSSCHLAG Erysipel linke Seite
Lach. rhus—t.

AUSSCHLAG Erysipel rechte Seite
Anthraci. arund. Bell. stram.

AUSSCHLAG Mundwinkel & Umgebung (u. a. "Faulecken")
ant—c. arund. Ars. arum—t. bell. bov. Calc. calc—f. canth. carb—v. cic. Dios. Graph. hell. HEP. ign. iris. kreos. lyc. MERC. mur—ac. nat—c. Nat—m. Nit—ac. petr. phos. Psor. rhus—t. sep. sil. tab. Sulph.

AUSSCHLAG Menses bei zu schwacher (incl. Akne)
Bell—p. calc. calc—p. DULC. Eug. JUG—R. med. Nat—m. PULS. Psor. Sang. sep. sulph. thuj. tub. verat.

BLÄSSE plötzlich, legt sich hin mit traurig nervöser Furcht
ARS.

EKZEM allgemein (z. B. auch Neurodermitis)
Ars. ars—i. bor. Calc. calc—ar. Cic. cist. crot—h. Dulc. GRAPH. Hep. lac—d merc. mez. Psor. Rhus—t. Sars. Sulph. viol-t.

EKZEM blutend (oder schon nach leichtem Kratzen blutend)
Ars. brom. dulc. Hep. lach. Lyc. MERC. mez. Petr. Sulph.

EKZEM feucht
cic. dulc. GRAPH. lyc. mez. Nat—s. petr. Psor. rhus—t. Sulph.

EKZEM Haarrand (obere Stirn)
hydr. Nat—m. olnd. petr. SULPH.

EKZEM juckend
ars. calc. Graph. Hyper. Rhus—t. Sars. sulph.

EKZEM krustig wird bei Neugeborenen & Kleinkindern
DULC.

ERRÖTEN Verlegenheit bei - dann schnell wieder blass
Ferr. Kali—p. Nat—m. phos. PULS. sulph. tub.

FALTEN, faltige Stirn
acet—ac. alum. brom. Caust. Cham. Cycl. Graph. grat. Hell. LYC. mang. merc. nat—m. nux—v. phos. rheum. rhus—t. Sep. Stram. zinc.

FALTEN, faltige Stirn Gehirnsymptomen bei
Hell. lyc. STRAM.

FALTEN, tiefe Trotzfalte Stirnmitte, senkrecht zwischen Augen (frowning look)
hell. Lyc. nat—m. NUX—V. sep. stram.

FALTEN, tiefe senkrechte Stirnmitte zwischen Augen (frowning look)
siehe therapeutische Hinweise, S. 629

FARBE bläulich Froststadium im Fieber während
bry. Lach. nat—m. NUX—V. petr. STRAM. sulph. Tub.

FARBE bläulich Glottis Spasmus (Kehlkopf Krampf) bei
Bell. Coff. LACH. Mosch.

FARBE bläulich Husten während
Apis. bell. caust. Coc—c. Cor—r. DROS. IP. Mag—p. Verat.

FARBE bläulich Husten während Keuchhusten
ars. Coc—c. Cor—r. crot—h. Dros. Ip. Nux—v.

FARBE bläulich Konvulsionen bei
Cic. CUPR. Hyos. Ip. Oena. phys. stry.

FARBE bläulich Krupp bei
brom. Carb—v.

FARBE bläulich Lippen (Cyanose)
ACET—AC. Acon. agar. alum. am—c. ANT—T. Apis. Apoc. ARG—N. Ars. ars—i.
Aur. Bar—c. berb. Cact. calc. CAMPH. Carb—an. Carb—v. caust. Cedr. Chin.
Chin—s. chlor. Colch. con. Crot—h. CUPR. Cupr—ar. cur. Dig. Dros. eup—pur.
Hep. Hydr—ac. Iod. Ip. kali—ar. Kali—i. kreos. LACH. LYC. merc. merc—cy.
mosch. Nat—m. NUX—V. Op. Phos. plan. Prun. psor. samb. Sec. stram. Stry.
VERAT. vip. Zinc.

FARBE bläulich Lippen Froststadium im Fieber während
Ars. Chin—s. eup—pur. Ip. NAT—M. Nux—v. Sec.

FARBE bläulich Lippen Keuchhusten bei
Cupr. dros. ip. Nux—v.

FARBE bläulich Lippen Keuchhusten bei
cupr. dros. ip. Nux—v.

FARBE blass, bleich bei Wut
canth. Con. Cina. kali—c. nat—s. Nux—v.

FARBE blass, bleich bei wilder Wut (Aggression)
CANTH

FARBE blass einseitig, eine Seite blass und heiss, andere S. rot und kalt
Mosch.

FARBE blass emotionaler Belastung sofort bei
    aeth. Ant—c. Ars. con. kali—br. Verat.

FARBE blass, fahl um Nase und Mund mit roten Wangen
    cham. CINA. ferr. sulph.

FARBE blass Froststadium im Fieber während
    arg—n. bell. BRY. CAMPH. canth. Chin. chin—s. CINA. coff. croc. Dros. Hep. ign.
    ip. Lyc. Nux—v. ph—ac. phos. Puls. Rhus—t. Sec. sep. Sulph. VERAT. zinc.

FARBE blass, gelbliche Blässe
    apis. ars. bar—c. bor. Calc—p. carb—v. caust. Chel. iod. lyc. Nat—m. Med. merc.
    Plb. Sep. sanic. sulph.

FARBE blass Hitzestadium im Fieber während
    Ars. CINA. cocc. CROC. Hep. Ip. Lyc. nat—m. puls. rhus—t. sep. spong. thuj.
    verat.

FARBE blass Kopfschmerzen bei
    acon. aeth. Alum. ambr. anac. Ars. canth. Carb—v. Chin—s. Echi. Hell. hydr. ign.
    ip. Lach. mag—c. Phos. psor. Sep. spig. Stram. valer. Verat. Zinc.

FARBE blass kränklich mit Bauchkrämpfen und grünen Stühlen
    dol. Mag—c.

FARBE blass Lippen
    ant—t. Apis. Aran. ARS. Calc. caust. Colch. cupr. Cycl. dig. FERR. Ferr—ar.
    Ferr—p. Hydr—ac. ip. KALI—AR. kali—c. Lac—d. Lyc. manc. Mang. MED.
    Merc—c. nat—p. Op. ph—ac. Puls. sec. Senec. spig. sulph. thuj. valer. verat.
    verat—v.

FARBE blass Lippe Oberlippe
    Aeth.

FARBE blass morgens
    aloe. Bov. cod. lyc. mag—c. nat—m. olnd. op. SEC. sep.

FARBE blass Nasenbluten mit
    carb—v. chin. ferr. Ip. med. puls. verat.

FARBE blass Neugeborene (Entwicklung zur Anaemie)
    BOR. calc—p. ferr—p. phos.

FARBE blass wächsern
    Ars. aspar. calc. MED. psor. sep. thuj.

FARBE blau bei (konvulsivischer) Wut
    CHAM. Cic. CUPR. Hyos. Ip. nat—m. Staph.

FARBE blau - ungezogenes Kleinkind
    CHAM. cic. Cupr.

FARBE braun, bräunlich
Arg—n. ars. ars—i. Bapt. bry. carb—v. caust. con. crot—h. gels. hyos. Iod. kreos. lyss. mag—m. Nit—ac. op. puls. rhus—t. samb. sars. sec. Sep. staph. stram. Sulph.

FARBE cyanotisch, bläulich
ARS. Aur. cact. Camph. CARB—V. Cupr. Cupr—ar. dig. hydr—ac. LAUR. lyss. merc—cy. NAT—M. Op. Verat.

FARBE erdfarben
Ant—t. Arn. Ars. Ars—i. Aster. aur. bell. Berb. bism. Bor. Brom. Bry. Calc. Calc—p. Carb—an. Carb—v. CHIN. chin—ar. Cic. cimic. Cina. cocc. con. Croc. FERR. Ferr—ar. FERR—I. FERR—P. gran. GRAPH. hydr—ac. Ign. iod. ip. kali—ar. kali—bi. kali—chl. kali—p. kreos. Lach. Laur. Lyc. Mag—c. Mag—m. mag—s. Med. MERC. Mez. mosch. nat—ar. nat—c. Nat—m. nat—p. Nit—ac. Nux—v. OP. pall. Ph—ac. Phos. plb. psor. Puls. samb. sec. SEP. Sil. sulph. tarent. ter. thuj. zinc.

FARBE gelb
acon. aesc. agar. ail. Ambr. anan. Ant—ar. apis. ARG—M. ARG—N. arn. ARS. Ars—i. asc—t. Bapt. Bell. Berb. Bry. caj. CALC. CALC—P. Canth. carb—an. Carbn—s. Carb—v. CADM—S. CAUST. cedr. Cham. CHEL. CHIN. chin—ar. Chin—s. CHION. chlor. cimic. cina. coc—c. CON. Croc. Crot—c. Crot—h. cupr. Dig. dol. Elaps. FERR. Ferr—ar. FERR—I. Ferr—p. Gels. gran. Graph. Hell. Hep. Hydr. hydrc. Iod. Ip. kali—bi. kali—br. Kali—c. kali—p. kali—s. LACH. laur. Lept. LYC. lyss. Mag—c. Mag—m. manc. mang. Med. MERC. merc—c. MERC—D. mez. Myric. naja. nat—ar. nat—c. Nat—m. Nat—p. NAT—S. NIT—AC. NUX—V. Ol—j. Op. Petr. Phos. Phyt. Pic—ac. PLB. Podo. psor. ptel. Puls. raph. rhus—t. samb. Sars. Sec. SEP. Sil. spig. stram. SULPH. sul—ac. TARAX. verat.

FARBE gelb Hitzestadium im Fieber während
Ferr. lach. nux—v.

FARBE gelblich - blass
ail. alum. alumn. Apis. Arg—m. ARG—N. Arn. Ars. ars—h. ars—i. Bapt. berb. Calc. Calc—p. Carb—ac. CARB—V. carl. CHEL. Coc—c. cocc. Coloc. con. Corn. Croc. Crot—c. Crot—h. Eup—per. Ferr. ferr—ar. Ferr—i. ferr—p. Helon. hydr. hydr—ac. ind. Iod. kali—c. kalm. Lac—d. Lach. lept. MED. Merc. myric. Naphtin. NAT—M. Nat—s. Nux—v. op. Pall. plan. PLB. podo. puls. Sep. SULPH.

FARBE grünlich
Ars. berb. CARB—V. CHEL. crot—h. cupr. dig. Ferr. ferr—ar. Iod. kreos. Med. merc. merc—c. nux—v. Puls. verat.

FARBE rot und kühl (ohne Fieber)
caps. Ferr. ol—an. phos. psor.

FARBE rot abends
Bar—c. Croc. IGN. iod. lyc. naja. nat—m. nux—v. plan. puls. rumx. sep. Sulph.

FARBE rot abwechselnd mit Blässe

ACON. alum. am—c. ars. aur. bell. Bor. bov. brom. Camph. caps. cham. Chin. Cina. Croc. FERR. Ferr—p. gins. glon. Hell. hyos. Ign. kali—c. LAC—C. Led. lyc. mag—c. merc. nat—c. nat—p. nit—ac. nux—v. olnd. phos. plat. Puls. rhus—t. sep. sul—ac. tab. verat. zinc.

FARBE rot auffällig Lippen

all—c. Aloe. Apis. arum—t. Aur—m. bar—c. Bell. bry. carb—v. chlol. lac—c. Lach. merc. merc—c. puls. rhus—t. Sang. spig. stram. SULPH. Tub. verat.

FARBE rot dunkelrot

alum. ant—t. BAPT. Bar—c. BELL. BRY. Camph. Chel. Coloc. Gels. Hyos. kreos. OP. Sang. Sec. stann. Sulph. Tarent. Verat.

FARBE rot einseitig

acon. ant—t. Arn. bell. cann—s. CHAM. Chel. Cina. coloc. Dros. Ign. Ip. Mosch. Nux—v. Puls. rheum. sang. verat.

FARBE rot einseitig, die andere Seite blass

acet—ac. Acon. Caps. CHAM. Cina. IP. Lach. mosch. Nux—v. Puls. Rheum. sulph.

FARBE rot Erregung bei

acon. Coff. FERR. Ferr—p. ign. phos. sep. sulph.

FARBE rot Erwachen beim

CINA.

FARBE rot Erysipel durch

ACON. am—c. Apis. ars. bar—c. BELL. bor. bry. calc. camph. canth. carb—an. Cham. clem. EUPH. GRAPH. HEP. Lach. lyc. merc. nat—c. ph—ac. phos. RHUS—T. ruta. samb. sep. sil. stram. sulph. thuj.

FARBE rot Essen während

Ign. PHOS. Sulph.

FARBE rot Essen nach warmem E.

CAPS. FERR. lyc. Mag—c.

FARBE rot Fieber ohne

CAPS. FERR. Ol—an. phos. psor.

FARBE rot Fieber während

BELL. brom. carb—an. chel. CHIN. cina. Cocc. coff. dig. eup—per. ferr. Ferr—p. hell. ip. lyc. merc. Nux—v. phos. Psor. rhus—t. sang. SEP. sil. sulph. Tub. Verat.

FARBE rot fleckenweise

aeth. ail. alum. ambr. AM—C. Anan. ars. aur. BELL. berb. BERB—A. Bry. canth. Caps. carb—an. carbn—o. Carbn—s. croc. cycl. Euph. Ferr. hura. ictod. Kali—bi. KALI—C. lach. Lac—c. Lyc. merc. nat—m. Oena. op. ox—ac. Petr. PHOS. rhus—v. SABAD. samb. Sil. SULPH. sumb. tab. tarax.

FARBE rot Froststadium im Fieber während
> acon. aeth. all—s. alum. Am—m. apis. Arn. Ars. Bell. Bry. Calc. CHAM. Chin. coc—c. FERR. Ferr—ar. glon. hyos. IGN. Ip. kali—n. kreos. Led. lyc. merc. merl. mur—ac. Nux—v. ox—ac. plb. puls. Rhus—t. Sep. STRAM. Sulph. thuj. Tub. zinc.

FARBE rot gelegentlich, aber meistens blass
> ant—t. Chin. Ferr. GRAPH. Tub.

FARBE rot glühend rot
> Acon. Apis. ASTAC. aur. BELL. Calc. Camph. Carb—v. CINA. cocc. croc. Ferr. Glon. Hep. Lyc. mur—ac. Plat. Sabad. sil. Stram. tab. Thuj.

FARBE rot Husten während
> acon. BELL. bry. cadm—s. caps. Carb—v. chr—ac. Coc—c. con. cor—r. Cupr. Dros. eup—per. ferr. Graph. hep. hyos. Ip. kali—bi. Kali—c. lach. lyc. mag—p. mur—ac. nit—ac. sabad. samb. SANG. sil. squil. staph. stram. sulph.

FARBE rot Husten während dunkelrot
> bar—c. cor—r. kali—c. squil. stram.

FARBE rot Konvulsionen während
> bufo. GLON. meli. Oena. OP.

FARBE rot links
> Acet—ac. aesc. alumn. asaf. chel. lac—c. lyc. murx. Nat—m. ol—an. Phos. Rhus—t. spig.

FARBE rot rechts
> ars. elaps. merc. nat—c. puls.

FARBE rot Schlaf im
> Arum—m. bell. chlol. meny. viol—t.

FARBE rot Venen blau durchschimmernd
> FERR.

FARBE rot Wut bei
> BELL. Bry. Calc. cham. cupr. Hyos. NUX—V. puls. staph. Stram.

FETTIG wie eingeölt
> apis. aur. lyc. Med. NAT—M. Plb. psor. THUJ.

FLECKIG
> acon. ars. carb—an. Kali—bi. lach. nit—ac. Rhus—t. sil. sulph.

FIEBERBLÄSCHEN Lippen
> APIS. ars. brom. Calc—f. canth. Crot—t. graph. hyos. Lac—c. med. NAT—M. phos. RHUS—T. sep. tub. urt—u.

FORM Stirnhöcker ausgeprägt (umgekehrte Pyramide, Kinn spitz)
calc—p. sanic. Sil. Tub.

GESICHT Empfindungen linke Seite allgemein
acon. alum. am—c. anac. ant—c. ant—t. apis. arg—m. arn. ars. Asaf. asar. aur. bar—c. bell. bor. bov. Brom. bry. calc. Cann—s. canth. Caps. Carb—an. carb—v. caust. cham. chel. chin. Cic. cina. Clem. cocc. coff. colch. Coloc. Con. cupr. Dig. dros. dulc. euph. euphr. fl—ac. graph. guaj. hell. hep. Hyos. ign. iod. kali—c. kali—chl. kali—n. kreos. Lach. laur. led. lyc. mag—c. mag—m. mang. teucr. meny. merc. mez. mill. mosch. Mur—ac. nat—c. nat—m. nit—ac. nux—m. nux—v. Olnd. Par. plb. petr. phos. ph—ac. plat. psor. puls. ran—b. Rhod. rhus—t. ruta. sabad. sabin. samb. seneg. Sep. sil. spig. Spong. stann. staph. stram. stront—c. Sulph. sul—ac. tarax. thuj. valer. verat. verb. viol—o. Viol—t. zinc.

GESICHT Empfindungen rechte Seite allgemein
acon. agar. Agn. alum. am—c. Am—m. anac. ant—c. ant—t. apis. arg—m. arn. Ars. asaf. asar. Aur. bar—c. BELL. bism. brom. Bry. CALC. cann—s. CANTH. caps. carb—an. carb—v. Caust. cham. chel. Chin. cina. Cocc. colch. coloc. con. cupr. cycl. dig. dros. dulc. euphr. Fl—ac. graph. guaj. Hep. hyos. iod. kali—c. kali—n. Kalm. Kreos. lach. laur. led. LYC. mag—c. mag—m. mang. teucr. meny. Merc. mez. mill. mosch. Nat—c. nat—m. Nit—ac. nux—m. NUX—V. olnd. par. Plb. petr. Phos. ph—ac. plat. Psor. Puls. ran—b. ran—s. rheum. Rhus—t. sabad. sabin. sars. sep. Sil. Spig. spong. stann. Staph. stram. stront—c. sulph. sul—ac. tarax. thuj. valer. verat. verb. zinc.

GRIND, Impetigo oder Porrigo larvalis (Gesicht wie mit Schlamm-Maske)
acon. Ant—c. Ars. Bar—c. bell. Calc. carb—v. cham. Cic. clem. con. crot—t. Dulc. Graph. Hep. Lyc. Merc. mez. Nat—m. phos. psor. Rhus—t. Sars. Sep. staph. Sulph. Viol—t.

HAARWUCHS (Haare wachsen) im Gesicht
calc. Med. morg. nat—m. ol—j. psor. sep. sulph. tarent. thuj. thyr. Tub.

HASENSCHARTE siehe unter Mund & Z., Gaumen-Lippen-Spalte. S. 256 & th. H. 628

HERPES
siehe auch unter Mund, Lippen, S. 257

HERPES Fieber während
Arum—t. Mez. nat—m. phos. RHUS—T.

HERPES labialis, Lippen Herpes simplex
Ars. fl—ac. NAT—M. Nit—ac. rhus—t. Sep. sul—ac. thuj.

HERPES labialis rezidivierend
ars. Dulc. nat—m. rhus—t. sep.

HERPES Lippen und Urticaria, anfallsweise Schübe
ars. Bor. rhus—t.

HERPES Menses synchron
Dulc. Graph. med. nat—m. nux—m. Sep.

HERPES Mund Umgebung
am—c. anac. ars. Bor. cic. con. Hep. kreos. mag—c. med. nat—c. NAT—M. Par. phos. RHUS—T. Sep. sulph.

HERPES Mundwinkel
Lyc. med. nat—m. phos. ph—ac. sep. Sulph.

HERPES Mundwinkel unterhalb
Calc—f. Nat—m.

HITZEWALLUNGEN Rötung heissen Speisen nach
Caps. lyc. MAG—C.

IMPETIGO contagiosa (Eiterflechte) Kopf- oder Gesichtbereich
Ant—c. Cic. Clem. dulc. hep. jug—r. kali—bi. lyc. viol—t.

IMPETIGO Kleinkind
Ant—c. ant—t. hep. Merc. staph. tub.

KÄLTE allgemein
ant—t. Ars. bell. bism. Camph. Carb—v. cic. Cina. colch. cupr. hyos. iod. iris. lyc. ox—ac. plat. sec. VERAT.

KÄLTE dicklichen, fleischigen Kindern bei
Iod.

KÄLTE Froststadium des Fiebers im
acon. asar. Camph. CINA. Dros. Lyc. Petr. plat. Rhus—t. Stram. VERAT.

KÄLTE Hitzestadium des Fiebers im
bell. calc. camph. carb-v. Chin. Cina colch. CYCL. Hyos. IP. Lyc. nat-c. nit-ac. plat. Ran-s. RHEUM rhus-t. Spong. Verat.

KÄLTE Hydrocephalus (Wasserkopf) bei
agar. arg—n. CAMPH. hell. Verat.

KÄLTE kalten Händen mit, nach dem Mittagessen
Cann—i.

KÄLTE mit Rötung
Ferr.

KÄLTE warmen Händen mit, Fieber während
Cina. Nat—c. spong.

KIEFERWINKEL Drüsen Schwellung bei eitriger Sinusitis (HNO)
bac. Bar—c. Bell. nat—c. PETR. phos. puls.

KRATZEN im Gesicht ständige Neigung (G. blutig kratzen, besonders nachts)
Ars. Calc. dulc. lyc. Merc. MEZ. psor. sil. Sulph.

LIPPEN aufgesprungen (gerötet oder heiss) bei Otitis
Merc.

LIPPEN aufgesprungen (gerötet oder heiss) bei Tonsillitis
Merc. staph.

LIPPEN Symptome
siehe auch unter Mund, S. 257

MUND Umgebung Ausschläge, Ekzeme allgemein
anac. ant—c. ant—t. Ars. arum—t. arund. bov. calc—f. cic. cund. Graph. hep. kali—chl. kreos. mez. nat—ar. Nat—c. NAT—M. Nit—ac. petr. Rhus—t. Sep. staph. Sulph.

MUNDWINKEL Ausschlag krustig gelb
Cic. GRAPH. myric. sars. sulph.

MUNDWINKEL Ekzem
Arund. GRAPH. Hep. lyc. rhus—t. sil.

MUTTERMALE, Naevi
siehe auch unter Haut, S. 509 f

MUTTERMALE Naevi spinnenförmig, Spider naevi
carb—v. lach. Med. plat. sep. Thuj.

NARBEN, Pockennarben
calc—f. Sarr. sil. VARIO.

NEURODERMITIS siehe oben unter Ekzem

PAROTITIS, Ohrspeicheldrüsen Entzündung (nicht epidemische)
bar—c. Bell. brom. calc—f. cham. Con. Hep. iod. MERC. Puls. Rhus—t. sil. sul—i.

POREN schwarze (bei grob-poriger Haut)
Graph. Nat—c. nat—m. Nit—ac. sabin. Sulph.

REIBEN d. Gesichtes mit Fäusten während Hustens
caust. puls. Squil.

RÖTE - Blässe um d. Mund dabei (perioral, Milchbart)
aeth. bell. CINA. sang. STRAM.

RÖTE emotional (auch durch plötzliche Beachtung)
Ferr. lyc. Puls. sulph.

SCHWEISS kalter
Ant—t. ARS. camph. Carb—v. Cina. merc—c. spong. tab. VERAT.

SCHWEISS, besonders Nase bis Oberlippe
Ign. lyc. merc. nat—m. spong. valer.

SCHWELLUNG, aufgedunsen wie Cortison bedingtes Vollmondgesicht
apis. calc. Cortex. cortiso. graph. lyc. op. phos. ph—ac.

SCHWELLUNG Nase und Oberlippe
Calc. hep.

SCHWELLUNG Scharlach bei
APIS. ARUM—T. Calc. Lyc. Hell. Kali—s. zinc.

SCHWELLUNG Wange ohne jegliche Entzündung
Merc. rhus—t.

SOMMERSPROSSEN und rötliche Haare
Lach. Nit—ac. phos.

SOMMERSPROSSEN
am—c. ant—c. calc. caul. dulc. ferr. foll. graph. hyos. kali—c. Lyc. mur—ac.
nat—c. nit—ac. nux—m. PHOS. Puls. sep. sil. Sulph. thuj.

SOMMERSPROSSEN Mädchen jungen bei (als Kind noch nicht)
Caul.. foll. nit—ac. Lach. phos. Puls. sep.

TIC's siehe unter Zuckungen

UMSCHRIEBENE Flecken auf d. Wangen
CINA. SANG.   vergl. fleckig

WANGEN auffallend rot
Bell. brom. Calc. Caps. ferr. Phos. sang.

WANGEN auffallend rot, hellrot Rheuma bei
coloc. Iod.

WARZEN
siehe unter Haut, S. 516 f & therapeutische Hinweise, S. 672

ZUCKUNGEN nervös, Tics
agar. Arg—n. aur. BELL. Carc. caust. cic. Cina. cupr. gels. hell. HYOS. Ign. Laur.
Lyc. mag—c. Mag—p. Mygal. phys. Sep. staph. ZINC.

Mund und Zähne

AMALGAM Intoxikation
  siehe therapeutische Hinweise S. 676

APHTHEN siehe Mund Aphthen

BEISSEN ins Glas oder auf Löffel, wenn Kind gefüttert wird
  ars. bell. cham. Cina. Cupr. hell. Puls. Verat.

BEISSEN beisst sich in die Lippen
  Arum—t. plb. sep.

BEISSEN beisst sich in Wangenschleimhaut oder auf Zunge unwillentlich
  bufo. Caust. Cic. hyos. IGN. Nit—ac. ol—an. ph—ac. plan. ther.

BEISSEN Verlangen Zahnung während
  acon. cham. PHYT. Podo. verat.

BLUTUNG Schleimhaut Keuchhusten bei
  Cor—r. dros. ip. nux—v.

BLUTUNG Schleimhaut Scharlach bei
  ARUM—T.

BRECHERLICHKEIT durch Untersuchung (Spatel auf Zunge) oder Zahnarzt
  Bell. Caps. Coc—c. staph.

CANDIDA albicans Infektionen, biologische Therapie
  siehe therapeutische Hinweise, S. 681

DIPHTHERIE Speichelfluss vermehrt und triefend dabei
  Lac—c. MERC—CY. trif—r.

GAUMEN und Rachen Jucken Heuschnupfen bei, ausgepägt
  Arund. Sabad. Wye.

GAUMEN harter allgemein
  ambr. am—c. ant—c. arn. ars. aur. Bar—c. BELL. bor. bov. Calc. camph. cann—s. canth. Caps. carb—v. caust. cham. chin. cocc. coloc. croc. crot—t. dig. dulc. euph. hecla. hell. hyos. ign. iod. kali—c. lach. laur. led. mag—c. mag—m. meny. merc. Mez. mur—ac. nat—m. Nit—ac. nux—m. NUX—V. Par. Phos. ph—ac. puls. ran—b. ran—s. rhod. rhus—t. ruta. sabad. sang. sep. sil. spig. spong. Squil. Staph. thuj. Zinc.

GAUMEN weicher allgemein
acon. ant—c. arg—m. arg—n. Aur. bell. calc. canth. caps. carb—v. Carb—ac. caust. cham. chin. coc—c. Coff. cop. dig. dros. dulc. hell. hep. iod. kali—bi. kali—c. kali—n. lach. led. mag—c. meny. MERC. Merc—c. mez. Mur—ac. Nat—ar. Nat—m. nit—ac. nux—m. nux—v. par. Phos. Ph—ac. phyt. ran—b. Ran—s. rhod. ruta. sars. seneg. sep. sil. staph. Stram. sulph. sul—ac. thuj. valer. verat. zinc.

GAUMEN weiche, knotige Auswüchse
Hecla. staph.

GAUMEN - LIPPEN - SPALTE (kongenitale Hasenscharte, adjuvant zur Operation)
Aur. Calc—f. lach. med. merc. Syph. TUB.

HERPES labialis siehe unter Lippen Herpes

IATROGENER Schaden Fluortabletten
calc—f.

IATROGENER Schaden Kamillenmissbrauch (auch Dentixxx, incl. Reizbarkeit)
cham.

INSEKTENSTICHE Biene in Mund, Zunge oder Rachen
acon. APIS. arn. Brom. Canth. sil.

KARIES der Zähne - Prophylaxe mit Fluor Präparaten
siehe therapeutische Hinweise, S. 629

KAUEN Abneigung, kaufaul (Vollkornprodukte, Rindfleisch etc.)
Calc. Calc—p. phos. TUB.

KAUEN, Zähne Knirschen, Stampfen und Treten beim Aufschrecken aus Schlaf
bell. cina. hyos. Ign. stram.

KIEFER klein, zu klein bei grossen Zähnen, Folgen: Fehlstellung
Calc. calc—p. KALI—I. Sil. syph. tub.

KIEFERMUSKELN Krampf, krampfhaftes Zusammenbeissen (Kiefersperre)
BELL. camph. cann—i. cham. Cic. Cupr. hyper. Ign. merc. merc—i—f. NUX—V. op. phyt. sec. Verat.

KIEFERMUSKELN Krampf, krampfhaftes Zusammenbeissen Neugeborenen bei
ambr. camph.

KIEFERGELENK Knacken beim Kauen
Nit—ac. plb. rhus—t.

KIEFERGELENK Subluxation Neugeborenen bei
acon. Ambr. arn. ars. Bell. Camph. cic. ign. mosch. op.

KIEFERGELENK Subluxation u. U. durch exzessives Gähnen
CINA.

LIPPEN Fieberbläschen rezidivierend
> ars. brom. Calc—f. canth. Crot—t. Graph. hyos. Lac—c. med. NAT—M. phos. RHUS—T. sep. Sul—i. tub. urt—u.

LIPPEN Hasenscharte, adjuvant zur Operation
> siehe unter Gaumen-Lippen-Spalte sowie unter therapeutische Hinweise S. 628

LIPPEN Herpes
> Ars. Dulc. manc. NAT—M. med. mur—ac. phos. Rhus—t. sep. sul—i.

LIPPEN Herpes rezidivierend, auch in der Vorgeschichte
> Dulc. Graph. rhus—t. sep. tub.

LIPPEN Herpes Menses vor oder während
> Sars. sep.

LIPPEN rissig
> agar. aloe. alum. am—c. am—m. arn. ars. Arum—t. bar—c. bell. Bry. Calc. carbn—s. carb—v. Cham. Chin. croc. cupr. dros. fl—ac. Graph. hep. Ign. lach. mag—m. Merc. nat—c. NAT—M. nit—ac. nux—v. ph—ac. puls. sep. sulph. tarent. Verat. zinc.

LIPPEN rissig Mitte
> calc. Cham. Hep. NAT—M. phos. Puls. sep.

LIPPEN rissig Mundwinkel
> am—c. ant—c. Arum—t. cham. cinnb. cund. fl—ac. GRAPH. mag—p. Merc. merc—c. mez. Nit—ac. psor. sil.

LIPPEN rote, auffallend
> Aloe. Ars. Bell. calc. kali—s. merc—c. sil. SULPH. thyr. Tub.

LIPPEN trockene
> ant—c. bry. caust. hyos. Nux—m. Puls. Rhus—t. sulph. thyr. verat—v.

LIPPEN Umgebung Herpes
> ars. Calc—f. Dulc. GRAPH. Hep. Med. Nat—m. nicc. Par. rhus—t. Sep. Tub.

LIPPEN Zupfen an den trockenen
> arum—t. Bry. hell. kali—br. Med. nit—ac. nux—m. tarent. zinc.

LISPELN anatomisch bedingt, z. B. Lippenbändchen Anomalien etc.
> acon. Ars. Con. LACH. Nat—c. Nux—v. Verat.

MUND und Rachen linke Seite allgemein
> acon. alum. ant—c. ant—t. apis. arum—t. aur. Bar—c. BELL. bov. calc. carb—an. carb—v. Caust. colch. croc. cupr. dros. euph. fl—ac. Graph. Hep. iod. Kali—c. kreos. LACH. Lyc. teucr. meny. Merc—i—r. mez. mill. nat—m. nit—ac. nux—m. Nux—v. olnd. phos. ph—ac. plat. psor. Puls. rhod. Rhus—t. sabad. sabin. Seneg. SEP. sil. spig. Sulph. tarax. thuj. verat. Zinc.

MUND und Rachen rechte Seite allgemein

alum. Am—c. ant—c. ars. aur. bov. brom. calc. Carb—v. caust. chin. coloc. Dros. Fl—ac. graph. iod. Kreos. Lach. LYC. teucr. MERC. Merc—i—f. mill. nat—m. nit—ac. nux—v. plb. petr. phyt. plat. psor. ran—b. rhus—t. sabad. sang. sep. sil. spig. stann. sulph. thuj. zinc.

MUND und Rachen Schmerz wund - Verweigern Speisen und Getränke

ant—t. ARUM—T. bor. kali—chl. merc. nit—ac. petr.

MUND Aphthen

Aeth. apis. Ars. arum—t. Bapt. bism. BOR. bry. calc. canth. caps. carb—v. Carc. Cham. Cor—r. hell. hep. Hydr. iod. kali—bi. kali—br. Kali—chl. Kali—m. kreos. lach. lyc. mag—c. MERC. merc—c. Mur—ac. nat—m. nit—ac. Nux—m. Nux—v. Olnd. phyt. plan. ran—s. rhus—t. Sacch. sanic. sec. sil. staph. SUL—AC. Sulph. THUJ. viol—t. vinc.

MUND Aphthen geschwürig werdend

Bapt. BOR. calc. casc. KALI—BI. Kali—chl. MERC. MUR—AC. Nux—m. Nux—v. plan. sacch. sulph. SUL—AC.

MUND Aphthen Kaugummi kauen durch

Merc.

MUND Aphthen Neugeborener

aeth. apis. Ars. arum—t. bapt. Bor. Bry. Calc. canth. Carb—v. Cham. hell. hep. Hydr. iod. kali—bi. kali—br. kali—m. kreos. lach. lyc. Merc. merc—c. mur—ac. nat—m. nit—ac. Nux—v. phyt. ran—s. sal—ac. sec. sil. Staph. Sul—ac. Sulph. thuj.

MUND Aphthen oder Geschwüre falsche Ernährung, Diätfehler durch

Bor. Nat—c. nux—v. Mag—c. tub.

MUND Aphthen rezidivierend

Bor. Calc. melal—a. nat—m. Nux—v. olnd. semp. sulph. thuj.

MUND Aphthen rot feurig, intensiv

Bor. Kali—chl. rhus—v. sulph.

MUND Aphthen rot mit Blutungen oder leichtem Bluten bei Berührung

arum—t. Bapt. Bor. carb—v. Lyc. Nit—ac. sec. sil. staph. SUL—AC. sulph.

MUND Aphthen Schmerz verhindert Stillen - heiss, trocken und Durst

Ars. BOR. canth. sulph.

MUND Aphthen übelriechendem Geruch mit (Atem stinkend)

ars. cit—p—s. kali—chl. kreos. lach. Merc. NIT—AC. mur—ac. nat—m. Sul—ac. sulph.

MUND Aphthen Verdauungsstörungen vorangehenden bei

ars. Bor. Bry. CALC. CHAM. hell. Merc. mur—ac. Nux—v. Sul—ac.

MUND Aphthen weiss oder hellgrau
hep. Kali—m. Merc. Mur—ac. nat—c. sal—ac. Sul—ac. sulph.

MUND Aphthen weiss, nervöses Kind mit Milch Unverträglichkeit
Nat—c.

MUND Aphthen Zahnfleisch auf
colch. Hep. NAT—M. Melal—a. Sul—ac.

MUND Aphthen Zahnung während
Bor. calc. merc. Sil.

Mundatmung siehe auch unten, Mund offen und unter Atmung, S. 388

MUND Geruch, übler Atemgeruch bei Mädchen in Pubertät
Aur. aur—m. bell. hyos. puls. sep.

MUND Geruch übler, schlechter, foetor ex ore
Ant—c. Ars. ars—i. aur. Bapt. BAR—C. Bor. bry. carb—ac. Carb—v. Cham. chel.
hell. Hyos. kali—p. Kreos. lach. manc. med. Merc. Merc—c. mur—ac. nat—m.
nit—ac. nux—v. plb. Puls. Rheum. sang. sil. sul—ac. SULPH. ter. Tub.

MUND Geruch übler, schlechter, foetor ex ore, Essen nach
Cham. chin. Nux—v. SULPH.

MUND Geruch übler, schlechter, foetor ex ore, nur morgens
arg—n. Arn. aur. Bell. camph. lyc. NUX—V. Puls. SIL. Sulph.

MUND Geruch übler, schlechter, foetor ex ore, nur abends oder nachts
Puls. Sulph.

MUND Geruch übler, schlechter, foetor ex ore, Zahn Amalgamplomben
arn. Aur. bell. Carb—v. hep. Lach. merc. Sulph.

MUND Geruch, übler Atem, stinkend, Asthma oder Husten bei
(Geruch wie bei Tonsillitis) CAPS. Dros. merc. nat—m. Sang. sul—ac. sulph.

MUND Geschmack bitter
acon. Ars. BRY. carbn—s. cham. chel. Chin. Chin—ar. coloc. kreos. Lyc. merc.
Nat—s. NUX—V. podo. PULS. rheum. sep. sulph. tarax. verat.

MUND Geschmack metallisch
Cocc. Cupr. iod. kali—bi. MERC. Nat—c. Rhus—t. seneg. thyr. vario. zinc—chr.

MUND Geschmack schlecht, pappig
ANT—C. arn. Ars. bry. graph. Merc. nat—s. Nux—v. PULS. pyrog. rhus—t.
sulph. syph. vario.

MUND Geschmack salzig bis blutig
bell. con. Cycl. ham. ip. kali—i. lyc. merc. Merc—c. nat—c. NAT—M. phos. puls.
Sep.

MUND Geschmack sauer
am—c. arg—n. bell. CALC. LYC. Mag—c. nat—ar. Nux—v. Phos. rheum. rob. tarax. zinc—val.

MUND Geschmack süsslich
arg—n. Dulc. Merc. Puls. pyrog. sabad. stann. thuj.

MUND Geschwüre bis zur Gangraen
ARS. bapt. calc. casc. crot—h. iod. kali—bi. kali—i. lach. merc. mur—ac. Nit—ac. phyt.

MUND innen Jucken Scharlach bei
ARUM—T. merc—cy. merc.

MUND offen epileptischem Anfall vor (weit offen)
Bufo.

MUND offen Neugeborenen bei
Alum. op. samb.

MUND offen Schlaf während
lach. laur. Lyc. merc. mur—ac. Nux—v. OP. Rhus—t. samb.

MUND offen ständig, ora hiata stultitiae signum
acon. alum. Ang. ant—t. ars. BAR—C. bar—m. bell. Bufo. calad. camph. carb—v. gels. Hell. Hyos. Lach. laur. LYC. Med. merc. Op. ox—ac. plb. psor. puls. samb. stram. Sulph. syph. teucr. ther. thuj.

MUND offen ständig, Speichelfluss (Sabbern) dabei
agra. am—c. BAR—C. lyc. puls. Merc. sulph. syph. zinc.

MUND öffnen schwierig
CAUST. colch. LACH. Merc—c. nux—m. Nux—v. Phos.

MUNDSPERRE siehe unter Kiefermuskeln

MUND Trockenheit, dennoch Durstlosigkeit oder zu faul zu trinken
NUX—M. Nux—v. puls. Verat.

MUND wunder
ant—t. arum—t. bor. bry. calc. kali—m. Merc. Merc—c. Nat—m. Phos. rhus—t. sil.

MUND Wundwerden bei Säuglingen
arn. BOR. bry. Calc. kali—m. mag—s. merc. nux—v. rhus—t. sil.

MUNDHÖHLE allgemein
abrot. Acon. agar. agn. Alum. ambr. am—c. am—m. anac. ang. ant—c. ant—t. arg—m. arn. ARS. Arum—t. asaf. asar. aur. Bapt. Bar—c. BELL. bism. Bor. bov. bry. calad. Calc. camph. cann—s. Canth. Caps. carb—an. Carb—v. carb—ac. carbn—s. caust. Cham. chel. Chin. cic. cina. cocc. coff. colch. coloc. con. croc. crot—t. cupr. cycl. dig. dios. dros. dulc. euph. ferr. Fl—ac. graph. guaj. hell. hep. hydr. hyos. Ign. Iod. ip. iris. Kali—bi. kali—c. KALI—CHL. kali—i. kali—n. kreos. Lach. laur. led. lyc. mag—c. mag—m. mang. teucr. meny. MERC. Merc—c. Merc—d. Mez. mosch. Mur—ac. nat—c. nat—m. Nit—ac. nux—m. NUX—V. olnd. op. par. plb. petr. PHOS. ph—ac. phyt. plat. podo. Puls. ran—b. ran—s. rheum. rhod. rhus—t. ruta. Sabad. sabin. samb. sars. sec. sel. seneg. Sep. sil. spig. spong. squil. stann. staph. Stram. stront. Sulph. Sul—ac. tab. tarax. Thuj. valer. Verat. viol—o. Zinc.

MUNDWINKEL Ausschlag
siehe unter Gesicht, S. 245

RANULA, Froschgeschwulst unter d. Zunge
Ambr. calc. canth. lach. Merc. mez. Nat—m. nit—ac. plb. RHUS—T. staph. sulph. Thuj.

SAUGREFLEX gestört (Bell'sche Lähmung)
agar. Cadm—s. Caust. op. Syph. zinc.

SOOR, Mundschwamm, Mundfäule allgemein
ars. arum—t. BOR. cand—a. calc—s. carb—v. Cit—p—s. HELL. iod. Kali—chl. Melal—a. Merc. merc—cy. mur—ac. NAT—M. nit—ac. Nux—v. Olnd. sang. Staph. Sulph. SUL—AC. syph. thuj.

SOOR, Mundschwamm, Mundfäule Säuglinge bis Kleinkinder
BOR. HELL. Merc. nat—m. Nux—v. SUL—AC. Sulph.

SOOR
siehe therapeutische Hinweise S. 629

SPEICHELFLUSS Fieberhitze während
dros. cic. Hell. hep. nit—ac. stram. sulph.

SPEICHELFLUSS Frost während
Caps. euph.

SPEICHELFLUSS reichlich allgemein, Sabbern
agra. am—c. BAR—C. bell. Bor. canth. cinnb. colch. cycl. dulc. euph. fl—ac. gran. Graph. hell. hep. Hyos. iod. Ip. iris. kali—i. lyc. Merc. merc—c. nit—ac. nux—v. phos. puls. Rhus—t. sep. spong. stram. Sul—ac. sulph. syph. trif—r. Tub. Verat. zinc.

SPEICHELFLUSS reichlich Darm Entzündung während (Colitis)
lob. Mang. Merc. Merc—c.

SPEICHELFLUSS reichlich Durchfall während
lob. merc. Rheum. sul—ac.

SPEICHELFLUSS reichlich Durst ohne
Cinnb. Merc.

SPEICHELFLUSS reichlich Übelkeit während
cocc. dros. GRAN. merc. nux—v.

SPEICHELFLUSS reichlich Soor während
Bor. Sul—ac.

SPEICHELFLUSS Stottern mit
mang. Merc.

SPEICHELFLUSS übermässig Schlaf während
BAR—C. Cupr. ign. lac—c. lach. MERC. nit—ac. phos. puls. rhus—t. sul—ac. sulph. Syph.

SPEICHELFLUSS übermässig, Schwall plötzlicher (älteres Kind)
carb—v. Ign. Nat—m.

SPEICHELFLUSS übermässig Zahnung während
hell. Merc. Nat—m. SIL.

SPEICHELFLUSS unterdrückt Zahnung während
kali—br.

SPEICHELFLUSS vermehrt Trockenheit d. Rachens dabei
aesc. BAR—C. calad. lyc. Merc. nat—m.

STOMATITIS Antibiotica Behandlungen häufigen nach
ars. bapt. bor. cit—p—s. Merc. rhus—t. sul—ac.

STOMATITIS aphthosa (Entzündung Aphthen)
aeth. ars. Bapt. Bor. HYDR. iod. kali—s. Mur—ac. nit—ac. Nux—v. olnd. phyt. rhus—t. Sul—ac.

STOMATITIS gangraenosa (entzündliche Ulcera werden destruktiv)
ars. calen. carb—v. lach. kali—perm. Merc. naja. NIT—AC. Phos. sec.

STOMATITIS mycosa (Entzündung Pilzbefall durch, meist Candida Soor)
aeth. Ars. Bapt. Bor. cit—p—s. Hydr. iod. kali—s. Merc. Mur—ac. nit—ac. Nux—v. olnd. phyt. Rhus—t. Sul—ac.

STOMATITIS syphilitica (incl. speckig aussehende Geschwüre)
aur. fl—ac. hep. Iod. Kali—bi. Kali—i. lach. MERC. Nit—ac. Phyt. staph. syph.

STOTTERN mechanisch bedingt z. B. Zahnfleisch oder Tonsillen Schwellung
merc.

STOTTERN
siehe unter Gemüt, Stammenln S. 126 & Stottern, S. 127

TRINKSCHWÄCHE siehe unter Magen, S. 295 und S. 307

ZAHNKNÖTCHEN
   siehe unten unter Zahnfleisch

ZÄHNE abgeschliffen durch Knirschen
   ant—c. ars. Bell. cina. coff. merc. phyt. plb. Stram. sulph. Tub. verat. zinc.

ZÄHNE Aushöhlungen an der Basis (Karies)
   fl—ac. kreos. mez. Staph. thuj. Tub.

ZÄHNE Backenzähne (Molaren) allgemein
   agar. alum. ambr. Am—c. anac. ang. ant—t. arg—n. arn. asar. aur. bar—c. bell.
   bism. bor. bov. BRY. calad. calc. canth. carb—an. Carb—v. caust. cham. CHIN.
   clem. cocc. coff. colch. coloc. croc. cycl. euph. graph. guaj. hell. hyos. ign. iod.
   kali—c. kali—n. KREOS. laur. lyc. mag—c. Mag—m. mang. teucr. merc. mez.
   mur—ac. Nat—c. nit—ac. nux—m. nux—v. olnd. par. plb. petr. Phos. ph—ac.
   plat. puls. Ran—s. rheum. Rhod. rhus—t. sabad. sabin. sars. seneg. sep. sil. spig.
   spong. Staph. stront. sulph. sul—ac. thuj. verat. verb. ZINC.

ZÄHNE bleibende verspätet (2. Zähne erscheinen zu spät))
   calc. Calc—p. ferr. sil. tub. zinc.

ZÄHNE bleibende verspätet
   siehe auch unter Zahnwechsel

ZÄHNE Eckzähne (Canini) allgemein
   am—c. anac. calc. laur. mag—m. mur—ac. nat—c. petr. Rhus—t. sep. staph.
   stront. sul—ac. zinc.

ZÄHNE Farbe gelb
   Calc—p. lyc. merc. sil. thuj.

ZÄHNE Farbe schwarz, besonders nahe der Gingiva
   aur—m—n. chin. Merc. nit—ac. STAPH. Thuj.

ZÄHNE fehlende Zahnentwicklung (bis z. 5. Lj. noch keine (Front)Z.)
   BAC. calc—p. Maland.

ZÄHNE Form gezackt, weich und zu Karies neigend
   calc. Med. Tub.

ZÄHNE Form Hutchinsonsche Z.
   aur. Syph.

ZÄHNE Form normabweichend
   aloe. ant—c. calc. CALC—F. calc—p. Fl—ac. kreos. lach. med. Merc. mez. phos.
   plb. staph. SYPH. thuj. tub.

ZÄHNE Form unregelmässige Bildung Unterzähne bei scrophulösem Kind
   calc—f. phos.

ZÄHNE Form unregelmässige Bildung Unterzähne bei Skrofulose und Bauchaffektion
phos.

ZÄHNE Form unregelmaessige Bildung, Form Abweichungen einzelner Z.
calc. CALC—F. calc—p. Syph. tub.

ZÄHNE früh zerfallend, Zahnverfall durch Karies
Calc. Calc—f. Calc—p. cocc. coff. Fl—ac. hecla. KREOS. lyc. merc. Mez. phos.
Plan. sep. sil. STAPH. thuj. Tub.

ZÄHNE Karies Milchzähne der
Calc. Calc—f. Calc—p. cocc. coff. Fl—ac. hecla. KREOS. lyc. Merc. Mez. phos.
Plan. sil. STAPH. Tub.

ZÄHNE kariös (Karies)
bac. Calc. CALC—P. KREOS. Lyc. merc. Sil. STAPH. Sulph. Tub.

ZÄHNE Knirschen
Bac. BELL. calc. calc—s. cupr. hyos. Podo. sanic. Sulph. teucr. TUB. zinc.

ZÄHNE Knirschen nachts im Schlaf
Acon. ant—c. Ars. Bac. Bell. bry. calc. calc—s. Cann—i. CINA. Coff. crot—h.
Cupr. HYOS. ign. Kali—br. Merc. podo. STRAM. SULPH. thuj. TUB. ZINC.

ZÄHNE Knirschen Zahnung während
calc. Cic. chin. PHYT. Podo. Tub.

ZÄHNE Oberzähne allgemein
Agar. Alum. ambr. AM—C. am—m. ang. arn. ars. Aur. BELL. bor. bov. bry. Calc.
canth. carb—an. CARB—V. caust. cham. CHIN. clem. coff. colch. con. cycl. euph.
graph. guaj. hell. hyos. Kali—c. kali—n. KREOS. lyc. mag—c. Mag—m. mang.
teucr. merc. Mez. mur—ac. Nat—c. Nat—m. Nit—ac. nux—m. nux—v. Phos.
ph—ac. plat. puls. Ran—s. rheum. rhod. rhus—t. sabad. sars. seneg. sep. sil.
Spig. Spong. staph. sulph. Sul—ac. Thuj. verat. verb. ZINC.

ZÄHNE Rand gesägt, gezähnelt
calc—f. med. Tub. Syph.

ZÄHNE Schneidezähne (Incisoren) allgemein
Agar. alum. ambr. am—c. am—m. ang. arg—m. asar. aur. bell. bor. bov. calc.
canth. carb—v. caust. cham. chin. cocc. coff. COLCH. dros. ign. iod. Kali—c.
kreos. lyc. mag—c. Mag—m. teucr. merc. mez. mur—ac. nat—c. Nat—m. nit—ac.
Nux—m. nux—v. petr. phos. ph—ac. plat. ran—s. rhod. Rhus—t. sars. seneg.
Sep. sil. spig. spong. staph. Stront. Sulph. sul—ac. tarax. thuj. Zinc.

ZÄHNE und Zahnfleisch links allgemein
acon. Agar. alum. ambr. am—c. am—m. anac. Apis. Arn. asaf. asar. aur. Bar—c.
bell. Bor. brom. bry. calc. cann—s. canth. Carb—an. Carb—v. CAUST. CHAM.
chel. Chin. CLEM. coff. colch. Con. croc. cycl. EUPH. fl—ac. graph. Guaj. hyos.
iod. kali—c. kali—n. kreos. Laur. led. lyc. teucr. Merc. MEZ. mill. nat—m.
Nux—m. nux—v. olnd. Phos. plan. puls. ran—s. rheum. Rhod. Rhus—t. sabad.
sabin. samb. Sel. seneg. SEP. Sil. Spig. spong. staph. stront—c. SULPH. THUJ.
verat. verb. Zinc.

ZÄHNE und Zahnfleisch rechts allgemein

agar. agn. alum. ambr. am—c. anac. apis. aur. bar—c. BELL. bov. brom. Bry. Calc. camph. cann—s. canth. carb—an. carb—v. caust. Chel. chin. coff. colch. coloc. con. FL—AC. graph. Hell. Iod. kali—c. Kreos. lach. laur. lyc. Mag—c. mang. teucr. merc. mez. nat—c. nat—m. nit—ac. Nux—v. olnd. Petr. ph—ac. Psor. puls. Ran—b. ran—s. rhod. rhus—t. ruta. Sabad. Sars. sep. sil. spig. spong. STAPH. stront—c. sulph. tarax. thuj. valer. Verb. zinc.

ZÄHNE Unterzähne allgemein

Agar. alum. ambr. Am—c. am—m. anac. ang. ant—t. arg—m. arn. asar. Aur. bar—c. BELL. bor. bov. Bry. calc. CANTH. carb—an. Carb—v. CAUST. CHAM. Chin. clem. cocc. coff. colch. coloc. con. dros. euph. graph. guaj. hell. hep. hyos. ign. kali—c. kali—n. kreos. lach. LAUR. lyc. mag—c. mag—m. Mang. teucr. merc. mez. mur—ac. NAT—C. nat—m. nit—ac. nux—m. nux—v. olnd. par. PLB. petr. Phos. ph—ac. plat. puls. ran—s. rheum. rhod. Rhus—t. ruta. sabad. Sabin. Sars. sel. seneg. sep. Sil. spig. spong. squil. STAPH. stront. sulph. sul—ac. thuj. Verat. verb. ZINC.

ZÄHNE verfärben sich früh

bac. chin. fl—ac. Lyc. Med. merc. staph. thuj.

ZÄHNE Weisheitszähne früh und Beschwerden davon

Cheir.

ZÄHNE Zahnstellung schief

calc—p. syph. Tub.

ZÄHNE Zahnstellung schief

siehe auch unter Kiefer zu klein

ZÄHNE Zahnstellung schief (Korrektur zwecklos)

siehe therapeutische Hinweise, S. 630

ZAHNFIEBER

siehe unter Fieber, S. 477

ZAHNFLEISCH allgemein

alum. ambr. am—c. am—m. anac. ant—c. Ant—t. apis. arg—m. arg—n. arn. ars. aur. bar—c. Bell. Carb—v. Caust. cham. chin. cic. clem. colch. con. crot—h. crot—t. dol. dulc. fl—ac. Graph. ham. hep. hyos. iod. kali—c. kali—n. kreos. lach. lyc. mag—c. mag—m. teucr. MERC. Merc—c. mur—ac. nat—c. Nat—m. nit—ac. nux—m. NUX—V. par. PLB. petr. Phos. ph—ac. Puls. ran—s. rhod. rhus—t. Ruta. sabad. sabin. sars. sec. Sep. sil. spig. spong. stann. STAPH. stront. sulph. sul—ac. thuj. zinc.

ZAHNFLEISCH Abszess Kleinkinder mit Milchgebiss

Bar—c. calen. hecla. HEP. lyc. Merc. MYRIS. Sil.

ZAHNFLEISCH Affektionen mit Ohr Affektionen

Dirc.

ZAHNFLEISCH Bluten leicht, besonders beim Zähneputzen
anac. ant—t. Carb—v. graph. lach. lyc. merc—c. nat—m. ph-ac. phos. psor. Staph. sul—ac. ter.

ZAHNFLEISCH Entzündung (Gingivitis)
Bor. kreos. Lach. Merc—c. nat—m. Nit—ac. phos. sil.

ZAHNFLEISCH Entzündung (Gingivitis) fieberhaft durch Herpes
Berb. dulc. RHUS—T. sep.

ZAHNFLEISCH Knötchen, Lichen strophulus, Zahnknötchen
CAUST. CHAM. CIC. graph. Merc. rhus—t. Sulph.

ZAHNFLEISCH Schwund, Parodontose
am—c. ant—c. arg—n. Carb—v. cist. dulc. Hyos. iod. kreos. Merc. mur—ac. nit—ac. nux—v. ph—ac. phos. sec. sulph. ter.

ZAHNSCHMELZ mangelhaft oder fehlend
Calc—f. fl—ac. sil.

ZAHNSCHMERZ allgemein
Acon. Ant—c. Bell. Calc. Calc—p. CHAM. COFF. HECLA. ign. kreos. Mag—p. Merc. nux—m. nux—v. Puls. rheum. sil. sulph.

ZAHNSCHMERZ Aufregung, Emotionen durch (incl. Ärger)
Acon. bell. Cham. COFF. Gels. hyos. rhus—t. Staph.

ZAHNSCHMERZ Essen beim
ant—c. Bell. bry. canth. cast. chim. cocc. hep. kali—c. lyc. Mag—m. mag—s. merc. nat—c. puls. staph. thuj.

ZAHNSCHMERZ Essen am.
cham. Ign. ip. Plan. Rhod. sil. spig.

ZAHNSCHMERZ kalte Luft agg.
bell. Calc. caust. Cham. chin. con. merc. Nat—m. rhus—t. sep. Staph. sulph. Tub.

ZAHNSCHMERZ kalte Luft am.
clem. Coff. Mez. Nat—s. nux—v. PULS. sel.

ZAHNSCHMERZ kalte Speisen oder Getränke agg.
ant—c. arg—n. Cham. Hep. Kali—c. lach. merc—i—f. Nat—m. rhod. Rhus—t. sep. Spig. Staph. thuj.

ZAHNSCHMERZ süsse Speisen oder Getränke agg.
Merc—i—f. Mur—ac. Nat—c. sep.

ZAHNSCHMERZ kalte Speisen oder Getränke am.
ambr. COFF. ferr—p. glon. Puls.

ZAHNSCHMERZ Wärme Bettwärme agg.
Cham. graph. MERC. ph—ac. phos. PULS. sabin.

ZAHNSCHMERZ Wärme Bettwärme am.
    ars. lyc. mag—s. rhus—t.

ZAHNSCHMERZ warme Speisen oder Getränke agg.
    all—c. ambr. Bar—c. bry. Calc. carb—v. Cham. Coff. dros. ferr—p. kali—c. lach. mag—s. merc. nat—c. nit—ac. ph—ac. phos. Puls. sep. sil. sulph.

ZAHNSCHMERZ warme Speisen oder Getränke am.
    ars. kali—i. lyc. Mag—p. nux—m. nux—v. rhus—t.

ZAHNSCHMERZ Zähne zusammenbeissen am.
    bell. caust. Chin. cocc. mag—m. Mur—ac. ol—an. Phyt. plan. Podo. prun.

ZAHNSTEINBILDUNG heftige Neigung zu
    BAC. chin. nux—m. tub.

ZAHNUNG und begleitende Beschwerden
    siehe therapeutische Hinweise, S. 630

ZAHNUNG allgemein agg. (Befinden deutlich schlechter während Z.), Hauptmittel
    Acon. ars. Bell. bor. Calc. calc—p. Cham. cina. Coff. ferr. Hep. Hyos. Ign. mag—c. Mag—m. Merc. Nit—ac. Nux—v. Rheum. Rhus—t. stann. Sil. sulph.

ZAHNUNGS Beschwerden durch Dentitio difficilis, allgemein
    Acon. Aeth. am—c. Ant—c. Apis. Arn. Ars. Art—v. arund. BELL. Bism. Bor. Bry. CALC. calc—f. CALC—P. caps. Canth. Caust. CHAM. cheir. chlor. Cic. cimic. Cina. Coff. Colch. Coloc. Cupr. Cypr. Dol. Dulc. Ferr. Ferr—p. Gels. Graph. Hecla. Hell. hep. Hyos. IGN. Ip. Kali—br. Kreos. Lyc. Mag—c. MAG—M. MAG—P. MERC. Merc—c. mill. nat—m. nit—ac. nux—v. op. passi. Ph—ac. Phyt. plat. Podo. puls. RHEUM. scut. sec. sep. SIL. sol—n. stann. Staph. stram. Sul—ac. Sulph. Syph. Ter. Tub. tub—k. zinc. zinc—br.

ZAHNUNG Beschwerden, allgemeine Folgen von
    Acon. calc. calc—p. Cham. Coff. hyos. Mag—c. mag—m. Mag—p. Nux—v. podo. Rheum. rhus—t. sil. Stann. Staph. sul—ac. sulph. tub. Verat—v. zinc. zinc—br.

ZAHNUNG Augen Affektionen mit
    Bell. calc. Puls.

ZAHNUNG Ausschlag rotem im Analbereich mit
    kreos. Med.

ZAHNUNG Durchbruch mehrerer Zähne gleichzeitig
    Caust.

ZAHNUNG Durchfall mit
> acet—ac. aeth. apoc. arund. Calc. calc—ar. CALC—P. CHAM. Coff.
> Ferr. ferr—p. ip. jal. kreos. mag—c. Mag—p. Merc. Nit—ac. olnd.phos.
> Phyt. podo. puls. Rheum. sep. Sil.
> Durchfall l heftigerer siehe unter Bauch, S. 330

ZAHNUNG Durchfall grünem mit
> Aeth. calc—p. CHAM. merc. sep.

ZAHNUNG Durchfall saurem mit
> Mag—c. Rheum.

ZAHNUNG Durchfall stinkendem mit
> calc—p. CHAM. kreos. Podo. Psor.

ZAHNUNG Durchfall und schneller Abmagerung mit
> AETH. Kreos.

ZAHNUNG Fieber mit
> siehe unter Fieber, S. 477

ZAHNUNG Gehirn Affektionen (z. B. Meningitis) oder Nerven Symptomen mit
> acon. agar. Apis. Arn. art—v. Bell. bry. Cham. cic. cimic. Cupr. cypr. dol. Gels.
> Hell. ign. kali—br. kali—i. lach. op. Podo. sol—n. stram. ter. Tub. verat—v. Zinc.
> siehe auch unter Nerven, Encephalitis, S. 176 oder Konvulsionen, S. 181, 187

ZAHNUNG Gehirn Reizung drohender, Hirnerguss oder Meningismus mit
> aeth. Apis. hell. tub. Zinc—m.
> Siehe auch unter Nerven Encephal. S. 176 und Konvuls. S. 187, Epilepsie S. 181

ZAHNUNG, getragen werden während Z. am.
> Ant—c. ant—t. Ars. bell. CHAM. coloc. ip. Kali—c. lyc. Mag—c. Merc.
> Puls. stann. verat.

ZAHNUNG Husten mit
> acon. bell. Bor. Cham. ferr—p. kreos.

ZAHNUNG Konvulsionen, Krämpfen mit
> absin. Acon. Aeth. art—v. arum—t. Bell. CALC. Calc—ar. Calc—p. Camph—br.
> Caust. CHAM. Cic. Cina. chlol. cocc. coff. Colch. CUPR. Cupr—a. Cypr. gels. glon.
> hell. hydr—ac. Hyos. IGN. Ip. KALI—BR. Kreos. Lach. laur. mag—m. Mag—p.
> Meli. meli. merc. mill. mosch. nux—m. nux—v. Oena. op. passi. plat. Podo.
> rheum. Scut. sin—n. sol—n. Stann. Stram. sulph. thyr. verat. Verat—v. Zinc.
> zinc—s.

ZAHNUNG Milch Unverträglichkeit mit
> aeth. calc. MAG—C. Mag—m. Sep.

ZAHNUNG Ohren Ausfluss oder verstopfter Nase mit
> Cheir. puls.

ZAHNUNG saurem Schweiss oder Geruch mit
calc. Cham. kreos. Rheum

ZAHNUNG Schlaflosigkeit mit
ACON. bell. bor. Cham. Coff. Cypr. jal. kreos. Lyc. passi. Syph. Zinc.

ZAHNUNG Schlaflosigkeit mit, aber keine Schmerzen, sondern vergnügt
CYPR.

ZAHNUNG Schwäche und Blässe mit - will schnell getragen werden
ars.

ZAHNUNG Schwerhörigkeit mit
aloe. Anac. Bry. CHAM. cheir. hell. lach. nux—m. nux—v. plb. PULS. SPIG.

ZAHNUNG schwierig Speichelfluss mit - auf Hartes beissen am.
Phyt.

ZAHNUNG schwierig untere Incisoren
Kali—c.

ZAHNUNG spät, langsam, verzögert
aster. CALC. calc—f. CALC—P. Fl—ac. mag—c. Mag—m. mag—p. merc. nep.
phos. SIL. sulfa. SULPH. thuj. TUB. zinc.

ZAHNUNG Unruhe und reizbarem Schreien mit
bor. Cham. Jal. rheum.

ZAHNUNG Verstopfung, allgemeiner Reizbarkeit und Erschöpfung mit
Bry. dol. Kreos. Mag—m. nux—v. op. sil.

ZAHNUNG Wundwerden d. Haut mit
caust. lyc.

ZAHNUNG Wurmsymptomen mit (Würmer)
Cina. merc. sil. stann.

ZAHNUNG Zahnfleisch Entzündung ausgeprägt dabei
Bor. Kreos. nux—v.

ZAHNUNG Zahnfleisch ohne Entzündungszeichen dabei
Phyt. PODO.

ZAHNUNG Zahnfleisches Kompression mit starker
cic. phyt. Podo.

ZAHNUNG Zahnfleisch Schwellung ausgeprägt dabei
bell. Calc. kreos. sulph. tub.

ZAHNWECHSEL Beschwerden (Schulkind)
bac. Bry. CALC—P. Cycl. Hyos. Hyper. Kali—bi. Kali—c. Mag—c. mang. Nat—m.
Nux—m. Prun. Puls. Rhod. SIL. Thuj.

ZUNGE allgemein

 acon—f. Acon. agar. Ail. aloe. alum. ambr. am—c. Am—m. anac. ang. ant—c. ant—t. Apis. arg—m. ARG—N. arn. ARS. ARUM—T. asar. Bar—c. BELL. bism. Bor. bov. Bry. calc. Calc—p. cann—i. cann—s. Canth. carb—an. carb—v. carbn—s. Caust. Cham. Chel. Chin. chr—ac. cic. cina. clem. cocc. coff. colch. coloc. con. croc. crot—h. crot—t. cupr. cycl. Dig. dros. dulc. ferr. gels. graph. hell. hep. Hydr. Hyos. hyper. Ign. iod. ip. jab. KALI—BI. Kali—br. kali—c. Kali—i. kali—n. kreos. Lach. laur. led. Lyc. mag—c. mag—m. mang. teucr. meny. MERC. Merc—c. Merc—d. Merc—i—f. mez. mosch. Mur—ac. nat—c. NAT—M. NIT—AC. nux—m. Nux—v. olnd. Op. ox—ac. par. PLB. Petr. PHOS. ph—ac. plat. Podo. PULS. ran—s. rheum. rhod. Rhus—t. ruta. Sabad. sabin. sang. sars. Sec. sel. seneg. Sep. sil. Spig. spong. Stann. staph. Stram. stront. SULPH. sul—ac. TARAX. ter. thuj. Verat. VERAT—V. Verb. viol—t. Zinc.

ZUNGE beisst sich auf d. Z. (auch im Schlaf)

 Bufo. caust. Cic. Dios. hyos. Ign. nat—m. nit—ac. Ph—ac. puls. Thuj.

ZUNGE beisst sich auf d. Z. bei Epilepsie oder Krämpfen

 Absin. Art—v. bufo. caust. Cupr. ign. oena. Op.

ZUNGE Belag mit roter, dreieckiger Spitze

 RHUS—T.

ZUNGE Bewegungen vorwärts und rückwärts

 cupr. Cupr—a. LACH. lyc. sulph.

ZUNGE Bewegungen pulsierende

 merc. Syph.

ZUNGE Blasen auf Rändern, Mitte schleimbedeckt

 Nat—m.

ZUNGE Bläschen kleine (auch auf Wangenschleimhaut)

 med. nat—m.

ZUNGE braun (Belag)

 acon. Ail. am—c. Ars. Bapt. Bell. Bry. carb—v. Chin—ar. coc—c. cupr. hep. Hyos. kali—bi. kali—p. Lac—c. Lach. lyc. merc—i—f. nux—v. Phos. plb. rhus—t. rumx. sabin. Sec. spong. sulph. verat.

ZUNGE braun Mitte

 Arn. Bapt. bry. colch. Eup—per. iod. Lac—c. Phos. Plb.

ZUNGE breit, lappig

 bar—c. kali—bi. mag—m. merc. Nat—m. podo. Puls.

ZUNGE gefleckt wie Landkarte, lingua geographica

 Ars. hydr. Kali—bi. lach. merc. Merc—c. NAT—M. Nit—ac. phos. Rhus—t. Tarax. ter. Thuj. tub.

ZUNGE Gefühl wie Haar darauf
all—s. Kali—bi. Nat—m. nat—p. SIL.

ZUNGE gelber Belag
ars. Bry. Cham. chel. chin. eup—per. hydr. kali—p. Mag—m. merc. merc—i—f. Nat—p. nux—m. podo. rhus—t. spig.

ZUNGE gelber Belag mit Zahneindrücken am Rande
Chel. hydr.

ZUNGE gelber Belag dick mit rotem Rand
Chel. hell.

ZUNGE gelber Belag hinten, trocken und sauber vorn
Kali—bi. merc. Nat—p. nux—v. Puls. sanic.

ZUNGE gelber Belag vorn, milchig weiss hinten
Kali—bi.

ZUNGE gelber Belag wie mit Senf eingeschmiert
Kali—p. nat—p. podo.

ZUNGE geschwollen
acon. apis. arum—m. bell. bor. Calc—p. dulc. Kali—bi. lyc. Merc.

ZUNGE glänzend wie lackiert
Apis. arg—n. ars. crot—h. Kali—bi. Lach. nat—m. nux—v. phos. plb. Pyrog. sec. sul—ac. ter. tub.

ZUNGE hängt aus dem Mund
Apis. bell. lach. STRAM.

ZUNGE Herausstrecken - dabei Abweichung nach links
Bell. Glon. Op. Plb.

ZUNGE Herausstrecken - dabei Abweichung nach rechts
Cur. Nux—m. Op.

ZUNGE Herausstrecken schwierig
apis. Caust. Gels. HYOS. kali—bi. Lach. lyc. Merc. merc—c. mygal. nux—v. Plb. stram.

ZUNGE kurz
Nux—v. Sep.

ZUNGE lang und dünn
Phos.

ZUNGE rissig, lingua scrotalis
ail. ars. Arum—t. BELL. bor. cand—a. cham. fl—ac. Hyos. KALI—BI. kali—i. lyc. Nit—ac. Phos. Rhus—t. spig. sulph. verat.

ZUNGE rissig in allen Richtungen
Fl—ac. mag—m. NIT—AC. syph.

ZUNGE rissig Mitte d. Zunge, meist Längsrisse
Ant—t. Cham. cob—n. ph—ac.

ZUNGE rot auffallend
aloe. ant—t. apis. Ars. arum—t. Bell. bry. cham. coloc. hyos. Kali—bi. Lach. merc. merc—c. nux—v. Phos. rhus—t. sang. sulph. verat.

ZUNGE rot dunkelrot
Bor. Bry. elaps. hydr. nux—v.

ZUNGE rot leuchtende Spitze, eventuell auch Seiten
ictod. merc—i—f. Phyt. rhus—t. sulph.

ZUNGE roter Mittelstreifen
arg—n. ars. bell. Caust. cham. kali—bi. ph—ac. phos. sang. tub. VERAT—V.

ZUNGE rote Papillen, Erdbeerzunge
arg—n. ars. Arum—t. BELL. caust. frag. kali—bi. stram. ter.

ZUNGE rot Ränder
bell. merc—i—f. nux—v. sulph.

ZUNGE sauber, auffällig rein
aeth. bism. Cina. dig. Hyos. ign. IP. Mag—p. pyrog. sec. zinc.

ZUNGE Schmerz
Acon. agar. all—c. ars. arum—t. Bell. CALC. caps. Con. ham. iod. Kali—c. lyc. Merc. nit—ac. phos. phyt. sulph. thuj. vesp. vip.

ZUNGE Schmerz brennend oder wie verbrannt
ACON. apis. arg—n. Ars. arum—t. Bell. calc—p. canth. caust. iris. Lyc. mag—m. mur—ac. nat—s. ph—ac. Podo. puls. sang. sanic. Sulph.

ZUNGE schmutzig grüner (grau-grün - braun-grün) Belag, besonders hinten
caps. NAT—S.

ZUNGE schmutziger Belag und rote Ränder, viel Speichelfluss
Merc.

ZUNGE schwarze
arg—n. ars. carb—v. Chin. chin—ar. chlor. hyos. kali—c. lach. lyc. MERC. Merc—c. Merc—cy. nux—v. op. Phos. sec. Verat.

ZUNGE trocken wie d. ganze Mund innen, klebt am Gaumen
Ars. Bell. bor. BRY. calc. hell. hyos. NUX—M. nat—m. phos. Rhus—t. sulph.

ZUNGE weisser Belag und rote Ränder
bapt. Bell. card—m. petr. Sulph. vip.

ZUNGE weisser Belag dick und eher feucht, wie angestrichen
ANT—C. Bell. bor. kali—i. merc—cy. nat—c.

ZUNGE weisser Belag hinten
calc—p. Kali—bi. med. Nux—v. Sep.

ZUNGE weisser Belag trocken wie Kalk
Ars. merc. phos.

ZUNGE Zahneindrücke
Ars. Bor. carb—v. Chel. hell. Hydr. iod. kali—i. mag—m. MERC. Podo. puls. rhus—t. sep. Stram. Syph.

ZUNGE Zittern Herausstrecken beim
Bell. Gels. hell. hyos. LACH. Merc. plb.

ZUNGE Zucken
Cham. Lyc. sec. sulph.

vacat für Nachträge.

Hals innen und aussen

ABSZESS retropharyngealer (vorausgegangene Tonsillitiden)
Apis. ars. BELL. calc. calc—s. HEP. Lach. MERC. pyrog. rhus—t. Sil.

ABSZESS Tonsillen auf, klein und schmerzhaft
Plb.   vergl. Tonsillen Geschwüre

ANGINA Ludovici (Affektion geht von submaxillären Drüsen aus)
ACON. APIS. ars. Bell. calc. carb—v. crot—h. Hep. lach. Merc. Sil. sulph.

ANGINA tonsillaris mit Eiterbildung
siehe therapeutische Hinweise, S. 631

APHTHEN Tonsillen auf
Bell. Gels.

BELAG, Exsudat abwechselnde Seiten
LAC—C.

BELAG, Exsudat allgemeine Mittel
Ail. APIS. ARS. Ars—i. Arum—t. BAPT. bar—c. BELL. BROM. bry. Calc—chln. calc—p. CANTH. Caps. Carb—ac. Con. Crot—c. CROT—H. cupr—a. DIPH. Echi. Elaps. Guaj. hep. ign. Iod. KALI—BI.   Kali—chl. KALI—M. kali—p. KALI—PERM. Kreos. Lac—c. LACH. Lachn. Led. Lob. LYC. Merc. MERC—C. MERC—CY. Merc—i—f. Merc—i—r. Merc—s—cy. MUR—AC. Naja. Nat—ar. Nat—m. NIT—AC. PHOS. PHYT. Rhus—t. sabad. sal—ac. Sang. Sec. Sul—ac. Sulph. Tarent—c. Thuj. Vinc. Zinc.

BELAG, Exsudat bläulich
carb—ac. chin—ar. lach. merc—cy. merc—i—r.

BELAG, Exsudat Blut - gestreift
kali—bi.

BELAG, Exsudat braun, bräunlich
iod.

BELAG, Exsudat dick
ars. iod. sul—ac.

BELAG, Exsudat dünn
lac—c. merc—cy.

BELAG, Exsudat dunkel
bapt. phyt.

BELAG, Exsudat durchscheinend transparent
merc—i—f. merc—i—r.

BELAG, Exsudat eitrig
bapt. carb—ac. merc—cy. .

BELAG, Exsudat elastisch
kali—bi.

BELAG, Exsudat erstreckt sich z. Nase
kali—bi. lyc. merc. Merc—c. merc—cy. Nit—ac. sulph.

BELAG, Exsudat erstreckt sich zum Kehlkopf
brom. KALI—BI.

BELAG, Exsudat erstreckt sich zum Kehlkopf
brom. KALI—BI.

BELAG, Exsudat faltig
ARS.

BELAG, Exsudat faltig, schrumpelig
ARS.

BELAG, Exsudat Fauces
caps. merc—cy.

BELAG, Exsudat faulig
bapt. carb—ac. merc—cy.

BELAG, Exsudat Flecke
canth. merc—i—r.

BELAG, Exsudat Flecke isolierte
kali—bi.

BELAG, Exsudat Flecke kleine Tupfen
ail. apis. canth. iod. kali—bi. lac—c. merc—i—r.

BELAG, Exsudat ganzen Hals auf dem
am—c. ars. kali—m. merc—cy.

BELAG, Exsudat gelb
apis. kali—bi. lac—c. lach. merc. Merc—cy. Merc—i—f. NAT—P. nit—ac. rhus—t.
Sulph. Sul—ac. zinc.

BELAG, Exsudat geräuschvoll flatternd
Lac—c. merc—i—f. merc—i—r.

BELAG, Exsudat geronnen wie
lac—c.

BELAG, Exsudat glänzend schimmernd, wie Perlmutt
kali—bi. LAC—C. Sang.

BELAG, Exsudat glänzend wie gefirnisst (Hochglanz)
apis. Lac—c.

BELAG, Exsudat grau
Apis. carb—ac. Con. Iod. kali—bi. lac—c. lach. lyc. merc. merc—cy. Merc—i—f. Mur—ac. nat—ar. nit—ac. PHYT. sang. sanic. sul—ac.

BELAG, Exsudat grünlich
elaps. Kali—bi. Merc—cy.

BELAG, Exsudat Flecken in kleinen, Stippen
ail. apis. Ars. canth. iod. kali—bi. lac—c. lach. merc—i—r.

BELAG, Exsudat Hinterwand des Rachens
am—caust. canth. merc—i—f. mur—ac. Sulph.

BELAG, Exsudat ledern
merc—cy.

BELAG, Exsudat links
bell. brom. crot—h. lac—c. LACH. Manc. Merc—i—r.

BELAG, Exsudat links abwechselnde Seiten
LAC—C.

BELAG, Exsudat links erstreckt sich nach rechts
lac—c. LACH. naja. petr.

BELAG, Exsudat lose, locker
lac—c. merc—i—f. merc—i—r.

BELAG, Exsudat perlfarben (grau silbern)
kali—bi. LAC—C. Sang.

BELAG, Exsudat rechts
Apis. ign. lac—c. LYC. Merc. Merc—i—f. phyt. rhus—t.

BELAG, Exsudat rechts erstreckt sich nach links
lac—c. LYC. Sulph.

BELAG, Exsudat reichlich mit Obstruktion
am—c. carb—ac. lach. lyc. merc—c. merc—cy. sul—ac.

BELAG, Exsudat rot dunkel, purpur rot
LACH. Naja. phyt.

BELAG, Exsudat schmierig, wie geronnene Milch
apis. Lac—c.

BELAG, Exsudat schmutzig aussehend
apis. lac—c.

BELAG, Exsudat spärlich
merc—i—f. merc—i—r.

BELAG, Exsudat tief sitzend
ail. apis. kali—bi. nit—ac.

BELAG, Exsudat Tonsille links
lac—c. LACH. merc—i—r.

BELAG, Exsudat Tonsille rechts
ign. lac—c. Lyc. merc—i—f. rhus—t.

BELAG, Exsudat Tonsillen auf
ail. am—caust. Apis. cupr—a. ign. iod. Kali—bi. Kali—i. kali—p. Lac—c. LACH.
LYC. merc. merc—i—f. NIT—AC. PHYT.

BELAG, Exsudat transparent
merc—i—f. merc—i—r.

BELAG, Exsudat trocken und geschrumpft
Ars.

BELAG, Exsudat trocken und geschrumpft
Ars.

BELAG, Exsudat unregelmässig, zackig
lac—c. merc—i—f.

BELAG, Exsudat Uvula auf
Apis. carb—ac. Kali—bi. lac—c. merc—c. merc—i—f. Nit—ac. PHYT.

BELAG, Exsudat wandernd
Lac—c.

BELAG, Exsudat Waschleder wie
bapt. PHYT. rhus—t.

BELAG, Exsudat weiss
am—caust. Apis. Ars. diph. diphtox. iod. kali—bi. KALI—CHL. kreos. LAC—C.
Lach. lyc. Merc. Merc—c. Merc—cy. merc—i—f. merc—i—r. Mur—ac. nat—ar.
NIT—AC. nux—m. ox—ac. PHYT. stram. Sul—ac. zinc.

BELAG, Exsudat zerfurcht, faltig
Ars.

DIPHTHERIE, membranöser Croup allgemein

Acet—ac. acon. ail. Am—c. am—caust. ant—t. APIS. arg—n. ARS. ars—i. Arum—t. Bapt. bar—c. bar—i. bar—s. Bell. bufo. BROM. bry. calc—chln. calc—p. Canth. Caps. Carb—ac. carb—v. caust. chin—ar. Con. Crot—c. Crot—h. cupr—a. Diph. Echi. Guaj. Elaps. hep. ign. Iod. KALI—BI. kali—br. KALI—CHL. kali—i. Kali—m. kali—p. Kali—perm. Kreos. LAC—C. LACH. Lachn. led. LYC. melal—a. Merc. Merc—c. MERC—CY. Merc—i—f. Merc—i—r. Mur—ac. naja. Nat—ar. Nat—m. Nit—ac. PHOS. PHYT. pyrog. RHUS—T. sabad. sal—ac. samb. Sang. Sec. Spong. Sul—ac. sul—i. Sulph. tarent—c. Thuj. verat. vinc. Zinc. zinc—m.

DIPHTHERIE, membranöser Croup, spastischer Krupp, Pseudokrupp

siehe therapeutische Hinweise, S. 653, **Definitionen**

DIPHTHERIE ataktische (vorwiegend motorische Störungen)

Ars. Bell. Lach. Mosch. Phos.

DIPHTHERIE Beginn linke Seite (erstreckt sich nach rechts)

Lac—c. LACH. naja. Sabad.

DIPHTHERIE Beginn rechte Seite (erstreckt sich nach links)

Lyc.

DIPHTHERIE erstreckt sich zu Larynx oder Trachea

brom. Iod. KALI—BI. Kali—chl. Merc—cy. Phos.

DIPHTHERIE erstreckt sich zu Tonsillen

ail. am—caust. Apis. cupr—a. ign. iod. Kali—bi. Kali—i. kali—p. Lac—c. LACH. LYC. merc. merc—i—f. NIT—AC. PHYT.

DIPHTHERIE erstreckt sich zur Nase (aufwärts)

brom. Kali—bi. Lyc. merc. MERC—C. Merc—cy. nit—ac. sulph.

DIPHTHERIE erstreckt sich zur Uvula

Apis. carb—ac. Kali—bi. lac—c. merc—c. merc—i—f. Nit—ac. PHYT.

DIPHTHERIE Glottis Krampf mit

Mosch. Samb.

DIPHTHERIE Harnmenge vermindert dabei

APIS. ARS. Canth. Lac—c. Merc—cy. Naja.

DIPHTHERIE heiss trinken unmöglich

PHYT. LACH. etc.

DIPHTHERIE, Hinfälligkeit gross von Anfang an

Ail. APIS. ARS. Bapt. Canth. CARB—AC. Crot—h. DIPH. Kali—perm. LACH. MERC—CY. Mur—ac. Phyt.

DIPHTHERIE Kreislauf Kollaps zu Beginn

ail. apis. carb—ac. Crot—h. DIPH. merc—cy.

DIPHTHERIE maligne, bösartige von Beginn an
AIL. Apis. Ars. BROM. CARB—AC. Chin—ar. Crot—h. Diph. Echi. Kali—p. Lac—c. LACH. MERC—CY. Merc—s—cy. Mur—ac. Pyrog. Tarent—c.

DIPHTHERIE Nase Verstopfung dabei
am—c. Chin—ar. hydr. Kali—m. Lyc. Merc—cy.

DIPHTHERIE Nasenbluten dabei
ars. AIL. APIS. carb—ac. Carb—v. Chin. CROT—H. Diph. Hydr. Ign. Kali—chl. Lach. Merc—cy. Nit—ac. Phos.

DIPHTHERIE, post - diphtherische Lähmung
ARG—N. CAUST. Cocc. Con. Cur. Diph. GELS. Kali—p. Lach. Olnd. PHOS. PLB. Rhus—t. Sec.

DIPHTHERIE Richtung absteigend
Iod. KALI—BI. Lac—c. Merc—cy.

DIPHTHERIE Richtung aufsteigend
Brom.

DIPHTHERIE Schlaf und heisse Getränke agg.
LACH. etc.

DIPHTHERIE Schlaf und kalte Getränke agg.
LYC. etc.

DIPHTHERIE, schmerzlos, Mangel an Reaktion
apis. bapt. carb—ac. Diph. sulph.

DIPHTHERIE schmerzlos und Schwäche, Apathie
BAPT. carb—ac. Diph. Sulph.

DIPHTHERIE schmerzlos beim Schlucken, und eitrig
BAPT. Carb—ac. dig. diph. Sulph.

DIPHTHERIE Seite links
bell. brom. crot—h. lac—c. LACH. Manc. Merc—i—r.

DIPHTHERIE Seite rechts
Apis. ign. lac—c. LYC. Merc. Merc—i—f. phyt. rhus—t.

DIPHTHERIE Seite wechselnd hin und zurück
LAC—C.

DIPHTHERIE Seite wechselnd links nach rechts
lac—c. LACH. Merc—i—r. Naja. petr. sabad. xan.

DIPHTHERIE Seite wechselnd rechts nach links
ferr—p. lac—c. LYC. Merc—i—f. Sulph.

DRÜSEN Schwellung beide Seiten des Sternocleidomastoideus
Bac. BAR—C. Calc—f. tub.

DRÜSEN vergrösserte, Magerkeit dabei
bac. Iod. SIL. Tub.

ENTZÜNDUNG Druck und feste Speisen am.
IGN.

ENTZÜNDUNG follikulär
Aesc. Ail. Alum. Arum—d. arum—t. BELL. cop. Ferr—p. guaj. HEP. Hydr. IGN.
IOD. Kali—bi. Kali—chl. Kali—i. Kali—m. Lac—c. Lach. Merc. Merc—cy.
Merc—i—r. Mur—ac. NAT—M. Nit—ac. Phyt. Sang—n. Sec. Wye.

ENTZÜNDUNG links
Crot—h. Elaps. Form. Lac—ac. LACH. Merc—i—r. Naja. nicc. plb. Sabad. sec.
Sep. thuj.

ENTZÜNDUNG Rachen allgemein
Aesc. bar—m. Calc. cham. Fl—ac. kali—i. Lac—c. lach. merc. naja. Nat—m. Petr.
phos. Phyt. Sep. SIL. sulph.

ENTZÜNDUNG Rachen, brennend und roh, abwechselnd mit Rectum Beschwerden
AESC.

ENTZÜNDUNG Rachen rheumatisch (Pharyngitis rheumatica)
Bell. caust. GUAJ. Phyt.

ENTZÜNDUNG rechts
ars—met. Bar—c. BELL. Guaj. ham. Lac—c. lyss. LYC. Mag—p. Merc.
Merc—i—f. Nicc. Phyt. SANG. sars. stront—c. Sulph. tarent. xan.

ENTZÜNDUNG und Tonsillen vergrössert, bei Beginn jeder Erkältung
BAR—C. Calc—f. Merc.

ERKÄLTET leicht, Beginn Hals Entzündung und vergrösserte Tonsillen
BAR—C. Bell. hep. Merc.

ERKÄLTUNG absteigende Richtung
all—c. am—c. am—br. ant—c. ars. Bry. carb—v. Dulc. euphr. hed. iod. ip. just.
kali—c. Kali—s. lap—a. lyc. Mang. med. merc. naja. nux—v. phos. rumx. STICT.
sulph. Tub.

ERKÄLTUNG aufsteigende Richtung
Acon. Arum—t. Ars. aur. Brom. Calc. Carb—v. Ferr. kali—bi. Lyc. MERC.
Nit—ac. Nux—v. Nat—m. Phos. Sep. syph.

EUSTACHISCHE Röhre allgemein
agar. Ars—i. Bar—m. coc—c. CONCH. ferr—p. gels. iod. merc. Merc—d. nit—ac.
nux—v. petr. phos. Phyt. sil.

EUSTACHIITIS, Schnupfen dabei, mit zu Ohren ausstrahlendem Schmerz
> alum. Calc. calc—p. HEP. kali—s. kali—bi. kali—m. Lach. MERC. Nit—ac. petr. phyt. Podo. puls. sil.

GESCHWÜRE Scharlach, wenn d. Exanthem nicht herauskommt
> apis.

GLOBUS, Klumpen, Kugel Gefühl
> asaf. colch. gels. IGN. Lach. mosch. Nat—m. nux—v. Sep.

GRIPPE croupös, G. geht in Croup über, Halsgrippe
> arum—t. carb—v. CAUST. dros. Hep. Kali—bi. phos. rhus—t. rumx. Spong.

HALS äusserer allgemein
> acon. agar. agn. alum. am—c. Am—m. Aml—ns. anac. ang. ant—c. ant—t. arg—m. Arn. Ars. asaf. Asar. aur. bapt. bar—c. BELL. berb. bism. bor. bov. Bry. Calc. calc—p. camph. cann—s. canth. caps. carb—an. carb—v. carb—ac. Caust. cham. Chel. chin. Cic. cina. clem. cocc. coff. colch. coloc. con. croc. cupr. Cycl. dig. dulc. euph. ferr. Gels. Graph. guaj. hell. Hep. hyos. ign. Iod. ip. kali—c. kali—n. kalm. kreos. Lach. laur. led. LYC. mag—c. mag—m. Mang. teucr. meny. Merc. mez. mosch. mur—ac. nat—c. nat—m. nit—ac. nux—v. Olnd. op. par. plb. petr. Phos. ph—ac. Phyt. plat. Puls. ran—s. rheum. rhod. Rhus—t. ruta. sabin. samb. sars. sec. sel. sep. sil. spig. Spong. Squil. stann. Staph. stront. sulph. sul—ac. Tarax. Thuj. verat. verb. viol—o. Zinc.

HALS aussen und Nacken, linke Seite allgemein
> acon. agn. alum. am—m. anac. ant—c. APIS. arg—m. arn. ars. ASAF. Asar. aur. bar—c. bell. bor. bov. brom. bry. CALC. canth. carb—an. carb—v. caust. cic. cocc. colch. coloc. croc. cycl. fl—ac. Guaj. hyos. ign. kali—c. Lach. laur. Lyc. teucr. merc. mez. mosch. nux—v. Olnd. par. ph—ac. psor. rhod. rhus—t. Sabin. Sel. sep. sil. spig. spong. squil. staph. Stram. SULPH. sul—ac. Tarax. Thuj. verat. viol—t. zinc.

HALS aussen und Nacken, rechte Seite allgemein
> agn. alum. am—c. anac. ant—c. ant—t. apis. arg—m. asaf. aur. Bell. Bism. bry. calc. camph. canth. caps. carb—v. CAUST. chel. chin. cina. cocc. Colch. coloc. Con. cupr. dulc. FL—AC. guaj. Hep. Iod. Kali—c. kali—n. lach. Laur. led. lyc. teucr. meny. MERC. Mez. nat—c. nat—m. NIT—AC. Nux—v. olnd. plb. petr. ph—ac. plat. puls. rhod. sabin. Sars. Seneg. Sil. spig. Spong. staph. sulph. Sul—ac. thuj. zinc.

HALS aussen empfindlich Zugluft gegen (agg.)
> agar. apis. Calc—p. cench. crot—h. elaps. Hep. kali—c. lach. lachn. Merc. psor. Sanic. sep. Sil. stront—c. tarent.

HALS aussen kurz, wie gestaucht, " halslos"
> alum. bell. Cic. cimic. KALI—BI. lach. Syph.

HALS aussen lang, oder abgemagert
> calc. Iod. lyc. mag—c. NAT—M. Sanic. sars.

HALS aussen Lähmung Diphtherie nach
> Lac—c.

HALS aussen runzelige Haut, in Falten herabhängend
Abrot. iod. Lyc. nat—m. sanic. sars.

HALS aussen Nacken siehe auch Rücken & Nacken, S. 426 f

IATROGENER Schaden Cortison durch (häufige HNO-Behandlung mit C.)
ars. Con. lach. Phos.

KRUPP, Croup Niederlegen agg.
aral. Hep. LACH.

KRUPP, Croup, Pseudocroup
siehe therapeutische Hinweise S. 649 f, 651

LÄHMUNG vollständige d. Schluckmuskulatur nach Diphtherie
Apis. ARS. Caust. Cocc. Gels. LAC—C. LACH. NAJA. Nat—m. Plb. SEC. sil.

LYMPHDRÜSEN Entzündung, Hodgkin Syndrom, Lymphogranulomatose
Acon. acon—l. Ars. Ars—i. Bar—i. buni—o. Calc—f. Carc. CIST. con. cund.
ferr—pic. Iod. kali—bi. Kali—m. Nat—m. ph—ac. Phos. PHYT. saroth.
scroph—n. sil. syph. Thuj. Tub.

MONONUKLEOSE, Pfeiffer'sches Drüsenfieber siehe unter Fieber, F. & S.. S. 474

RACHEN (Schlund) allgemein
ACON. aconin. Aesc. agar. agn. Ail. all—c. aloe. alumn. Alum. ambr. am—c.
am—m. Aml—ns. anac. ant—c. ant—t. APIS. Arg—m. arg—n. Ars. ARUM—T.
Asaf. atro. aur. Bapt. BAR—C. Bar—m. BELL. bism. bor. bov. Brom. Bry. Calc.
calc—f. Canth. caps. carb—an. Carb—v. Carb—ac. carbn—s. caust. Cham. chel.
chin. Chr—ac. cina. cocc. Coc—c. colch. coloc. con. CROT—H. crot—t. cub. cund.
Cupr. cycl. dig. dios. dol. Dros. elaps. euph. ferr. fl—ac. Gels. graph. guaj. hep.
Hydr. hydr—ac. Hyos. Ign. Iod. ip. Kali—bi. kali—br. kali—c. Kali—chl. kali—n.
kreos. LACH. laur. led. lyc. mag—c. mag—m. mang. teucr. meny. MERC.
MERC—C. MERC—CY. merc—d. MERC—I—F. Merc—i—r. Merc—ns. mez.
mosch. Mur—ac. nat—ar. Nat—c. Nat—m. naja. Nit—ac. nux—m. NUX—V.
olnd. op. par. plb. petr. PHOS. ph—ac. Phyt. plat. psor. PULS. ran—b. ran—s.
rhod. Rhus—t. rumx. Sabad. sabin. sal—ac. samb. Sang. sel. Seneg. Sep. sil.
Spig. Spong. squil. Stann. staph. STRAM. Sulph. sul—ac. sumb. tab. tarax. thuj.
thymu. valer. Verat. verat—v. Wye. zinc.

RACHEN Choanen Absonderungen gelb (Schleimstrasse)
ant—c. Calc—s. cinnb. HYDR. KALI—BI. Med. meny. merc—i—f. Nat—s.
Nat—p. Rumx. sep. spig. sumb.

RACHEN Choanen Absonderungen zäh dick klebrig (Schleimstrasse)
alum. calc. canth. CAPS. Carb—an. Hydr. KALI—BI. Med. nat—ar. Nat—p. Phyt.
plb. psor. staph. sumb.

RACHEN Schleim, retronasale Schleimstrasse
all—c. Alum. ALUMN. ant—c. arg—n. aur. bar—c. calc. Calc—s, canth. Caps. carb—an. Caust. chr—ac. Cor—r. Euph. Elaps. Ferr—p. Hep. HYDR. KALI—BI. Kali—c. KALI—CHL. Kali—i. KALI—PERM. lyc. Mang. med. Merc. Merc—sul. Nat—c. Nat—m. Nat—p. Nat—s. nit—ac. petr. Phos. phyt. plb. pneu. psor. rhus—t. Sep. Sil. Spig. Stict. streptoc. sulph. thuj. Tub. zinc.

RACHEN Schleim, retronasale Schleimstrasse dick, zäh, gelb - grün
ail. bor. colch. Dros. Lyc. nat—m. SEP. Sil. Stann. tub. zinc.

RACHEN Schleim, retronasale Schleimstrasse dick, zäh, gelb oder weiss
Alum. Ant—c. Bell. Calc. calc—sil. Cor—r. Hydr. KALI—BI. Lem—m. Merc—i—f. Nat—ar. nat—c. nat—m. Sep. Sil. Spig.

RACHEN Schleim, retronasale Schleimstrasse dick, zäh, grau
ambr. Arg—m. ars. Hydr. MED. Nat—ar. nat—s. Phos. seneg. spig. stann. sulph.

RACHEN Schleim, retronasale Schleimstrasse klar
All—c. ars—i. KALI—M. Nat—m. Lycpr.

RACHEN Schleim, retronasale Schleimstrasse zähe
aesc. All—c. Alum. ambr. Ant—c. Apis. ARG—M. ARG—N. Arum—t. BAR—C. Bell. berb. bor. Bufo. Calc. calc—f. calc—s. canth. CAPS. Carb—v. Caust. cinnb. chin. chin—s. cimic. Cist. clem. COR—R. cycl. dulc. Elaps. euph. graph. Hep. Hydr. iod. KALI—BI. Kali—c. Kali—chl. kali—n. Lach. lith—c. lyc. Mag—c. Mag—m. Mag—s. Mang. merc. merc—c. merc—i—f. merc—i—r. mez. NAT—C. NAT—M. Nat—p. NAT—S. Nit—ac. Nux—v. olnd. paeon. phos. Phyt. plan. Plb. Psor. Puls. Rumx. Sabad. Seneg. Sep. SIL. SPIG. Stann. staph. Stict. sulph. tell. thuj. verat. zinc.

RACHEN und/o. Larynx Schmerz brennend, auch wund
Acon. aesc. ARS. Arum—t. bar—c. CANTH. Caps. Caust. euphr. iris. Lac—c. lach. Lyc. merc. Merc—c. Mez. Nat—m. nit—ac. nux—v. oena. petr. phos. phyt. rumx. Sang. seneg. SULPH. verat.

RACHEN und/o. Larynx Schmerz stechend bei Katarrh
Bac. Calc—f. Cedr. kali—i. Lach. manc. Tell. verat.

RACHENRAUM, Nasopharynx Entzündung, chronische mit Schleimstrasse
ALUM. Am—br. Ant—c. Ars—i. Aur. Calc—sil. COR—R. Echi. Glyc. HYDR. Irid. KALI—BI. Kali—m. LEM—M. med. Merc—i—r. Nat—c. PEN. PHYT. SANG—N. Sep. Sil. Sin—n. SPIG. Stict. Teucr. Ther. Wye.

RÄUSPERN Neigung zum
aesc. aeth. Ail. all—c. Alum. ambr. am—m. Arg—m. ARG—N. Arum—t. Bar—c. Bell. bor. Bry. Carbn—s. Carb—v. Caust. Cimx. Cist. Coc—c. COR—R. Crot—t. cycl. Dulc. ferr—i. Fl—ac. Gels. Graph. Guaj. HEP. Hydr. Kali—bi. KALI—C. Kali—chl. Kali—perm. kali—p. kali—s. LACH. lac—ac. laur. Lil—t. LYC. Mag—m. Manc. merc. Merc—i—f. Merc—i—r. Mez. naja. NAT—C. NAT—M. nat—p. Nat—s. Nit—ac. NUX—V. paeon. Ph—ac. PHOS. Phyt. Psor. RUMX. Sabad. Seneg. Sep. Sil. Stann. Stram. Sulph. teucr. Thuj. viol—t. wye. Zinc.

RÄUSPERN, Passage wie behindert durch Apfelkerngehäuse, Spelzen
Aral. merc. nit—ac. pall. Phyt. plan. verat.

SCHILDDRÜSE Struma thyreoideae Pubertät in
calc—i. hydr.

SCHILDDRÜSE Überfunktion, Hyperthyreose
acon. adon. aln. Ambr. aml—ns. arg—n. Ars. Ars—i. Aur. Aur—i. Aur—m—n. Bad. Bar—c. BELL. Brom. CACT. Calc. Calc—f. Calc—i. Cann—i. Chin—ar. chlor. Chr—s. Colch. Con. cupr. Echi. elaps. Ephe. FERR. Ferr—i. ferr—s. Ferr—p. flor—p. Fl—ac. Fuc. GLON. HED. Jab. IOD. Kali—i. Lach. LYCPS. mag—c. Mag—f. Mang. merc. NAT—M. op. phos. PILO. Saroth. sec. Sep. spig. SPONG. Stram. sulph. sul—ac. Sul—i. THYR. Tub. visc.

SCHILDDRÜSE Unterfunktion, Hypothyreose
am—c. ars. aur. Bad. Bar—c. Bar—i. CALC. calc—f. Calc—i. caps. carb—an. con. dulc. flor—p. Fuc. GRAPH. hep. Kali—i. Nat—s. nux—m. Nux—v. petr. Spong. thuj. Thyr. tub. x—ray.

SCHLUCKEN feste Speisen schwierig - muss zum Essen immer trinken
bar—c. Bell. cact. calad. guaj. kali—c. nat—c. Nat—m. sulph.

SCHLUCKEN Flüssigkeiten kann nur - feste Speisen unmöglich
BAPT. Bar—c. nat—m. Sil.

SCHLUCKEN Flüssigkeiten schwierig (agg.)
arg—n. ars. BELL. brom. Canth. chin. cic. cina. crot—h. hyos. Ign. LACH. lyss. merc. Merc—c. Phos. stram. verat.

SCHLUCKEN häufiges unwillkürliches
Caust. Cina. ign. lach. merc. mur—ac. Sep. staph.

SCHLUCKEN laut, geräuschvoll
ars. cina. cocc. Cupr. gels. lach. Laur. phos. thuj.

SCHLUCKEN Schmerz siehe unten, Schmerz Schlucken

SCHLUCKEN schwierig, wie behindert
Am—c. Ars. bar—c. bell. Canth. chel. chin. cina. cupr—ar. HYOS. ign. kali—c. lach. lyss. Nat—s. nit—ac. Nux—v. Op. plb. rhus—t. sabad. Stram. stry. vinc.

SCHLUCKEN unmöglich, Heiserkeit während
Acon. Bell. PHOS.

SCHLUCKEN Verschlucken, Speisen oder Getränke gehen den falschen Weg
Anac. cann—s. carc. caust. hyos. ign. kali—c. Lach. Meph. Nat—m. nit—ac. op. pip—m. rhus—t.

SCHLUND Einengung, Passage wie behindert durch Apfelkerngehäuse, Spelzen
Aral. merc. nit—ac. pall. Phyt. plan. verat.

SCHMERZ heisse Getränke verträgt nicht, agg.
apis. LACH. Merc—i—f. PHYT. spong.

SCHMERZ (incl. Tonsillitis) - kalte Getränke agg.
ars. hep. Lac—c. Lyc. syph.

SCHMERZ (incl. Tonsillitis) - kalte Getränke am.
alum. Apis. Arg—n. bell. bry. carc. Caust. coc—c. diphtox. Guaj. ind. iris. lac—c. LACH. Merc—i—f. onos. Phos. PHYT. puls. spong. Sul—ac.

SCHMERZ (incl. Tonsillitis) - warme Getränke agg.
apis. canth. Lach. lyc. Phyt.

SCHMERZ (incl. Tonsillitis) - warme Getränke am.
Alum. ARS. bar—c. Bry. calc—f. calc—p. canth. caps. carb—v. Cham. dulc. graph. guare. HEP. KALI—BI. kali—n. Lac—c. LYC. morph. nit—ac. Nux—v. pyrog. Rhus—t. Sabad. sil. Sulph.

SCHMERZ (incl. Tonsillitis) erstrecken sich zum Ohr
ail. ambr. Bell. calc. elaps. Gels. Hep. ign. kali—bi. Kali—chl. lac—c. lyc. merc. merc—cy. Nit—ac. nux—v. PHYT. podo. sulph. tarent.

SCHMERZ Menses vor oder während, auch Heiserkeit oder Entzündung
Bar—c. bar—m. calc. Gels. LAC—C. Mag—c. tub.

SCHMERZ Schlucken bei
ail. alum. Am—c. apis. arg—m. Arg—n. Arum—t. bar—c. Bell. bry. calc. canth. cham. Chin. coff. HEP. Kali—c. Kali—i. lac—c. lyc. Merc. Lach. NIT—AC. nux—v. Phyt. sars. sil. SUL—AC. sulph. thuj. vinc.

SCHMERZ Schlucken flüssiges schlimmer (agg.) als feste Speisen
Bell. Bry. Ign. LACH.

SCHMERZ Schlucken Leerschlucken (b. Entzündung) agg.
agar. Ail. alum. ambr. arg—n. Ars. BAR—C. Bell. berb. bry. calc. calc—p. carb—ac. Cench. Cinnb. Cocc. Crot—h. Dol. ferr. graph. Grat. ham. HEP. JUST. kali—bi. KALI—C. Lac—c. LACH. lyc. mag—c. mang. MERC. merc—c. Merc—i—f. Merc—i—r. nat—ar. nux—v. Phyt. psor. Puls. Rhus—t. ruta. Sabad. sep. sulph. tell. thuj. thymu. vario. vesp. zinc.

SCHMERZ Schlucken nach
ambr. bry. Calc. Nux—v. phos. puls. rhus—t. sulph. zinc.

SCHMERZ Schlucken nach am.
bapt. bell. caps. cist. Gels. IGN. kali—bi. Lach. lac—c. merc. sulph.

SCHMERZ Schlucken Nichtschlucken beim (zwischen Schluckakten)
aeth. alum. Apis. arn. CAPS. cina. cocc. grat. IGN. iod. lac—c. lach. laur. led. mag—s. mang. Mez. nux—v. phel. plat. puls. sabin. sulph. thuj. Zinc.

SCHMERZ stechend wie Gräte, Splitter, Nagel (auch bei Tonsillitis)
> Alum. Apis. ARG—N. bar—c. bell. bell. berb. bry. calc. chel. dol. Hep. Kali—c. lac—c. Lach. mag—c. merc. Nat—m. NIT—AC. sabad. sep. Sil. sol—n. sulph.

SCHMERZ stechend wie Splitter, Schlucken beim
> Alum. am—m. arum—t. Apis. Arg—n. Aur. Dros. HEP. Kali—c. KALI—I. Lyss. Mag—c. Merc. petr. Puls. thuj.

SCHMERZ Wärme allgemein am.
> Ars. Cham. Hep. lyc. Rhus—t.

THYREOIDEA - endokrine Funktionsstörung allgemein
> adon. adren. ambr. am—c. am—m. apis. arg—n. ars. ars—i. aur. bad. bar—c. Bar—i. bell. bell—p. Brom. bry. cact. calc. Calc—f. Calc—i. calc—p. calc—s. caps. carb—an. caust. chin. Chin—ar. chr—s. cist. con. crot—h. cupr. dulc. elaps. ferr. ferr—p. flor—p. fl—ac. Fuc. glon. graph. ham. Hed. Hydr. hydr—ac. Iris. jab. Iod. kali—c. Kali—i. Lach. Lap—a. lil—t. lyc. LYCPS. mag—c. mag—f. mag—m. Mag—p. mang. merc. merc—i—f. naja. NAT—M. nat—s. nux—m. op. petr. phel. phos. phyt. Pitu—gl. puls. rat. sabal. saroth. sec. Sep. Sil. spig. Spong. sulph. sul—ac. Sul—i. Syph. tarent. thuj. THYR. tub. visc.

THYREOIDEA - Struma, Kropf Pubertät während
> Bar—i. bell. Brom. calc. CALC—I. FL—AC. Hydr. ichth. iod. ov. Spong. Thyr.

THYREOIDEA
> Hyperthyreose, Hypothyreose siehe unter Allgemeines, S. 538

TONSILLEKTOMIE Beschwerden / Folgen nach
> arn. ars—i. Calc. calen. Dros. streptoc. Sulph. tub.

TONSILLEN allgemein
> Acon. ail. alum. Am—m. Ars. aur. Bapt. BAR—C. bar—m. Bell. calc—p. crot—t. Hep. iod. Kali—bi. MERC. merc—cy. Merc—i—f. MERC—I—R. mur—ac. NIT—AC. PHYT. ran—s. sabad. sulph. sul—ac. thuj.

TONSILLEN beherdet, Belastung oder Focus in der Vorgeschichte
> Calc. Kali—bi. Lac—c. Lach. Lyc. Sep.

TONSILLEN bläulich, ins violette gehend
> ail. Lach. Phyt. Sulph.

TONSILLEN gerötet, hell rot
> acon. Bell. phyt.

TONSILLEN gerötet, dunkel rot
> aesc. bapt. carb—ac. Lach. Merc. phyt.

TONSILLEN gerötet, weisse Flecken darauf
> bell. MAND. Phyt.

TONSILLEN Geschwüre
AIL. Am—c. Apis. Aur. aur—m. bar—c. Bell. Calc. Fl—ac. Hep. ign. Kali—bi.
Lac—c. Lach. Lyc. manc. MERC. Merc—c. Merc—i—f. Merc—i—r. nat—s.
NIT—AC. Phyt. plb. sep. thuj. zinc.

TONSILLEN Geschwüre kleine, rezidivierend
Plb.

TONSILLEN Geschwüre trockene (auch Umgebung derselben trocken)
lyc.

TONSILLEN Schleimpfropf bildet sich immer wieder
Calc—f. phyt.

TONSILLEN vergrössert chronisch
agra. BAR—C. Bar—i. bar—m. brom. calc. CALC—F. Calc—i. CALC—P. carc.
con. dulc. ferr. hep. IGN. kali—br. kali—c. kali—i. lach. Lyc. mag—c. Merc.
nat—m. nit—ac. sep. Sil. staph. sulph. Syph. thuj. Tub. tub—m.

TONSILLEN vergrössert chronisch, Eustachiitis mit
bac. bar—m. Calc. calc—f. . CONCH. (. D10,. Staufen). . Kali—s. puls. Sil.

TONSILLEN vergrössert chronisch, Mund öffnen schwierig (Würgereiz)
Calc—p.

TONSILLEN vergrössert chronisch, Schwerhörigkeit mit
agra. Bar—c. calc—p. conch. Hep. lyc. plb. psor.

TONSILLEN vergrössert chronisch Stummheit, Mutismus mit, Ohr & Kehlkopf o. B.
Agra.

TONSILLEN vergrösserte
siehe therapeutische Hinweise S. 631 f

TONSILLEN verhärtet
agar. alumn. Calc. CALC—F. BAR—C. Bar—m. Ign. nit—ac. Plb. Phyt. staph.
sulph.

TONSILLEN zerklüftet chronisch, Krypten
bar—i. calc—f. calc—i. Chen—a. hep. IGN. kali—bi. Kali—m. mag—c. merc—cy.
phyt. sil.

TONSILLITIS - Schnupfen danach, Erkältung aufsteigend
Acon. Arum—t. Ars. aur. bar—c. Brom. Calc. Carb—v. Ferr. kali—bi. Lyc. MERC.
Nit—ac. Nux—v. Nat—m. Phos. Sep. syph.

TONSILLITIS akut, Angina tonsillaris mit hohem Fieber
acon. ail. Apis. bar—c. bar—m. BELL. canth. cham. ferr—p. gels. guaj. HEP. Ign.
lac—c. Lach. lyc. Merc. Merc—i—r. med. nat—m. nit—ac. petr. phos. PHYT.
psor. Sil. Tarent. verat—v.

TONSILLITIS chronische und Tonsillektomie
   siehe therapeutische Hinweise, S. 631

TONSILLITIS chronische (chron. Angina mit vergrösserten Tonsillen)
   ARS—I. bar—c. Bar—i. brom. Calc—i. calc—p. hep. Kali—i. lyc. Merc—i—f. mez.
   nat—m. PSOR. sil. sul—i. thuj.

TONSILLITIS chronische, akuter Erkältung bei agg.
   Apis. Bell. Ferr—p. guaj. Hep. Kali—bi. mand. Merc—i—r.

TONSILLITIS chronische, Rheuma als Folge
   guaj. merc. Phyt. Rhus—t. SEP. sulph.

TONSILLITIS Durst vermehrtem mit
   Canth. Merc.

TONSILLITIS Erkältung - jede Erkältung wird zur Mandelentzündung
   Alumn. BAR—C. CALC—P.

TONSILLITIS Foetor ex ore mit
   Ail. bapt. caps. carb—v. Hep. Lach. lyc. Merc. nat—m. nit—ac. phyt. sang. sil.

TONSILLITIS, follikulär Entzündung, Tonsillen mit gelben Stippen
   aesc. Ail. ars. Bell. calc—f. cop. guaj. HEP. Hydr. IGN. Kali—bi. Kali—chl.
   Kali—i. Lac—c. Mand. Merc. Merc—cy. Merc—i—r. Mur—ac. NAT—M. Nit—ac.
   Phyt. Sec. sil.

TONSILLITIS Haare Schneiden durch, Erkältung danach
   Bell. Glon. sil.

TONSILLITIS Krypten grau - weiss mit Schleim Pfröpfen
   calc—f. Calc—i. caust. IGN. kali—i. Kali—m. lyc. Merc—cy. nat—m. Phyt. Sil.

TONSILLITIS, langsam sich entwickelnde Angina, zunächst ohne Fieber
   bac. Bar—c. ham. sang.

TONSILLITIS links beginnend, erstreckt sich nach rechts
   Lach. Merc—i—r. plb.

TONSILLITIS Masern oder Scharlach nach
   Bar—c. bell. merc—i—r. phyt.

TONSILLITIS peritonsillärer Abszess (akute Eiterung in Umgebung)
   acon. apis. BELL. calc—s. Caps. ferr—p. gels. Guaj. Hep. Lach. Merc. Merc—i—r.
   Phyt. pyrog. rhus—t. Sil.

TONSILLITIS membranosa - Belag eitriger auf Tonsillen
   Acet—ac. am—c. Apis. Ars—i. arum—t. BAPT. Brom. Carb—ac. Diph. Echi. hep.
   Iod. KALI—BI. Kali—chl. Kali—m. kali—p. Kali—perm. Lac—c. LACH. lyc.
   merc. merc—c. MERC—CY. merc—i—f. merc—i—r. Mur—ac. NIT—AC. phos.
   Phyt. rhus—t. sul—ac.

TONSILLITIS rechts beginnend, erstreckt sich nach links
bell. gels. Lyc. Merc—i—f. Phyt.

TONSILLITIS rezidivierend bei psorisch - lymphatisch. Konstitution
BAR—C. BAR—I. Bar—m. CALC. Calc—i. Calc—p. CALC—S. HEP. Kali—c. Kali—i. merc. Psor. SIL. Teucr. Tub.

TONSILLITIS rezidivierend bei Struma (Hypothyreose)
ARS. ars—i. Bar—c. Bar—i. CALC. Calc—i. kali—i. Phos. Sulph. Thuj.

TONSILLITIS rezidivierend bei sykotischer Konstitution
DULC. guaj. kali—i. nat—s. nit—ac. rhus—t. SIL. THUJ.

TONSILLITIS rezidivierend bei syphilitischer Konstitution
hep. IOD. Kali—bi. kali—i. Merc—i—r. phyt.

TONSILLITIS, auch rezidivierende
siehe therapeutische Hinweise, S. 632

TONSILLITIS, rote Angina im ersten, entzündlichen Stadium
Acon. Apis. BELL. Dulc. Hep. Lach. mand. PHYT. .

TONSILLITIS Schmerz klopfend, pulsierend
Am—m. Apis. bell. Glon. Lach. nat—p. Phyt.

TONSILLITIS Schmerz rechts (agg.), aber links mehr gerötet
Caps.

TONSILLITIS Schmerz stechend
Bell. Merc. ran—s. raph. ust.

TONSILLITIS Schweiss vermehrtem mit
Bell. Hep. Merc. merc—i—r.

TONSILLITIS Schwellung auch anderer Lymphknoten und Drüsen mit
Ars—i. Bar—c. Calc—f. Calc—i. Ferr—i. Hep. Merc. merc—i—r. Vinc.

TONSILLITIS Schwellung linke Seite
apis. bar—c. lac—c. Lach. sulph.

TONSILLITIS Schwellung rechte Seite
Bell. gels. lac—c. Lyc. phyt. sabad. spong.

TONSILLITIS Speichelfluss ohne
ars. Bell. merc—i—f. merc—i—r.

TONSILLITIS Speichelfluss ohne, dabei frostig
ars. Hep.

TONSILLITIS Speichelfluss reichlichem mit
BAR—C. Merc.

TONSILLITIS Wetterwechsel bei jedem W. zu kalt oder bei Regen

Bar—c. bar—m. Bell. Calc. calc—f. calc—p. DULC. hep. merc. PHYT. psor. rhus—t. sang. sil.

TONSILLITIS, weisse Angina im exsudativen Stadium

aur. bar—c. Bell. canth. ign. Kali—bi. Lyc. MERC. merc—c. Merc—cy. Merc—i—f. Merc—i—r. Nit—ac. phyt. plb. sep.

VORGESCHICHTE (Anamnese): Tonsillen beherdet, Belastung oder Focus

Calc. hep. Kali—bi. Lac—c. Lach. Lyc. Sep.

vacat für Nachträge

Magen

ANGST schlägt auf Magen
siehe unter Geist & Gemüt, S. 50

ANOREXIA nervosa, Magersucht
arg—n. ARS. calc. cann—i. Carc. chin. cina. cocc. cycl. ferr. Ign. kali—m. lach. merc. Nat—m. nat—p. Nux—v. ph—ac. Phos. plat. puls. rhus—t. sep. sil. Staph. SULPH. tarent. thuj. Verat. Viol—o.

ANOREXIE Bulimie mit
Carc. calc. Med. IGN.

ANOREXIE Bulimie mit - isst hauptsächlich Obst
chin. Carc. IGN. med. nat—m.

ANOREXIE isst tagelang nichts, dann fast nur Obst
ars. Carc. chin. Ign. Med. PH—AC. Tarent. VERAT.

APPETIT aussergewöhnlich, vermehrt vor fieberhaften Erkrankungen (Erkältungen)
cina. Phos. psor. Staph.

APPETIT aussergewöhnlich, vermehrt während fieberhaften Erkrankungen
chin. cina. hell. Phos.

APPETIT gut mit schmerzendem Hunger um Mitternacht
calc. Fl—ac. petr. psor.

APPETIT kapriziös (krüsch, nur auf bestimmte Speisen)
Bry. calc. Chin. Cina. cocc. ferr. graph. iod. lach. Merc. nat—m. petr. Phos. syph.

APPETIT launenhaft, kapriziös (auch wählerisch)
ail. ars. aster. bell. BRY. bufo. calc. carbn—s. Chin. chin—ar. chin—s. CINA. coca. Cocc. fago. ferr. graph. Hep. Ign. Iod. Ip. kali—bi. kali—p. kreos. lach. mag—c. Mag—m. merc. merc—i—f. nat—m. petr. Phos. Puls. Sang. sumb. syph. tep. Ther. Tub. zinc.

APPETIT mangelhaft, gering, oder nur auf wenige, bestimmte Speisen
alum. aran. aran—ix. ars. Bry. calc. cham. chel. CHIN. Cina. Cocc. cycl. ferr. kali—bi. lyc. mag—m. nat—m. Nux—v. phos. pic—ac. psor. Puls. rhus—t. sep. sulph. syph. tarent. ther.

APPETIT reichlich, aussergewöhnlich
Iod. psor. sulph.

APPETIT reichlich, Bauch und Leber dick, Verstopfung dabei
fel. SULPH.

APPETIT reichlich, dünne schmale Kinder
arg—n. Calc. cina. IOD. Nat—m. petr. PSOR. sulph.

APPETIT reichlich, Neigung zu Durchfall mit (ev. im Wechsel mit Rheumaschub)
ABROT.

APPETIT reichlich, Sättigungsgefühl fehlt
lyc. Nat—m. olnd. Op. RHEUM. Rhus—t.

APPETIT tagsüber, Säugling saugt nur tags
Apis.

APPETIT vermehrt Säugling beim - will ständig gestillt werden
CALC—P. samb. tub.

APPETIT vermehrt geistiger Anstrengung vor (Prüfung, Klassenarbeit)
Lyc. Psor. SIL.

APPETIT vermehrt Hunger ohne wirklichen (Pseudohunger)
Lyc. Sep. Sil.

APPETIT vermehrt Konvulsionen vor (Krämpfe, epileptische Anfälle)
calc. hyos. Psor. Phos.

APPETIT vermehrt Kopfschmerz während
Ign. Kali—c. kali—p. lyc. PHOS. PSOR. sep. sulph. syph. thuj.

APPETIT vermehrt Krankheiten akuten vorher
bry. calc. hyos. Nux—v. Phos. Psor. sep.

APPETIT vermehrt nachts
Calc. chin. Cina. ign. lyc. Phos. PSOR. sel. sulph. tub.

APPETIT vermehrt Süssigkeiten nach Genuss von
Cina.

APPETIT vermehrt vormittags gegen 11 h, auch auf Süsses
Sep. SULPH.

APPETIT vermehrt, weiss aber nicht worauf
bry. chin. ign. Mag—m. Puls. sang. ther.

APPETIT wechselhaft
Alum. bry. chin. CINA. Cocc. coc—c. cur. Iod. MAG—M. Nit—ac. Phos. puls.

APPETITLOSIGKEIT abwechselnd mit vermehrtem Appetit
anac. berb. Calc. caps. cina. Ferr. iod. Phos. staph. thuj.

APPETITLOSIGKEIT akuter Erkrankung nach (in Rekonvaleszenz)
ALF. Ant—c. CHIN. Chin—ar. Ferr—ar. gels. Ph—ac. phos. Psor. Sulph.

APPETITLOSIGKEIT ausser auf Eier, Drüsen Affektionen bei
Calc.

APPETITLOSIGKEIT Kummer, Kränkung oder Ärger durch
NAT—M. Petr. ph—ac. phos. plat. sul—ac.

APPETITLOSIGKEIT morgens (mag kein Frühstück)
Benz—ac. caust. cycl. Lach. med. PULS. sel. Seneg. sep.

APPETITLOSIGKEIT plötzlich während des Essens
Arg—n. caust. colch. iod. LYC. mag—s. plat. RHEUM. ruta.

APPETITLOSIGKEIT Säuglinge hören nach ersten Schlucken auf zu trinken
Ars. carb—v. cina. chlol. hell. Lyc. merc. Op. sil. tarax.

APPETITLOSIGKEIT Säuglingen bei
Abrot. ant—c. ars. aven. calc. calc—p. carb—v. chlol. Cina. hell. lach. Lyc. merc. op. Sil. stann. stram. tarax.

APPETITLOSIGKEIT sauberer Zunge mit
dig. Ip. Laur. sil.

APPETITLOSIGKEIT Schule oder anstrengendem Spielen nach
Calc.

AUFSTOSSEN anhaltend, ständig
chel. Con. cupr. sulph.

AUFSTOSSEN laut
acon. Ambr. ARG—N. Asaf. carbn—s. coloc. Lec. merc. Phos. Puls. PLAT. sang. Sil.

AUFSTOSSEN agg. oder schmerzhaft, erleichtert nicht
agar. ars. Bry. cann—s. Carb—an. carb—v. caust. CHAM. CHIN. Cocc. con. hep. hydr. kali—c. jal. Lach. nat—c. nit—ac. nux—v. ox—ac. Par. petr. Phos. plb. Rhus—t. sabad. sep. stann. sul—ac. Sulph. zinc.

AUFSTOSSEN - Erbrechen, häufig bis zum E. sich steigernd
Ant—c. calc. cimic. dios. ip. mag—c. Nat—c. Ph—ac. Sanic. SIL. Valer.

AUFSTOSSEN Nase durch die
lyc. merc—c. phos.

AUFSTOSSEN sauer (im Rachen beissend)
CALC. Cham. Chin. cocc. Ign. lach. LYC. Mag-c. Nat—c. Nat—m. nat—p. Nux—v. ph—ac. PHOS. podo. Puls. Sil. Sulph.

AUFSTOSSEN schwierig (Kind kann kein "Bäuerchen" machen)
Arg—n. calc—p. cocc. Con. Graph. nux—v.

AUFSTOSSEN Stuhlgang nach
aesc. Anac. Ars. bar—c. calc. Calc—s. cob—n. Coloc. merc. sil.

AUFSTOSSEN Stuhlgang während
anac. Cham. con. dulc. Kali—c. Merc. Puls. ruta.

BRECHERLICHKEIT (Aufschwulken, ohne wirkliches Erbrechen)
arg—n. Ant—t. ars. BELL. Cham. eup—per. IP. lyc. nat—s. Nux—v. plb. podo.
puls. stry—ar. stry—p. sulph. Tab. verat.

BRECHERLICHKEIT Stuhlgang während
arg—n. cupr. Ip. Nux—v. Podo.

BRECHREIZ durch Untersuchung (Spatel auf Zunge) oder beim Zahnarzt
Bell. Caps. Coc—c. staph.

DURST aber Trinken Abneigung - kann oder will nicht t.
acon. am—c. ang. arn. Ars. Bell. cann—i. Canth. Caust. cic. cocc. HELL. Hyos.
Ign. Lach. lyc. lyss. merc. merc—c. mez. Nat—m. Nux—v. rhus—t. samb. Stram.
tarent.

DURST auf grosse Mengen
Acet—ac. Acon. ARS. bad. BRY. calen. camph. carbn—s. Chin. coc—c. Cocc. cop.
Eup—per. Ferr—p. ham. jatr. Lac—c. lac—d. lil—t. Lycps. Merc—c. NAT—M.
PHOS. pic—ac. Podo. sol—n. Stram. SULPH. VERAT. vip.

DURST auf grosse Mengen mit langen Pausen
BRY. hell. podo. Sulph. verat.

DURST auf grosse Mengen oft
Acon. Arn. ars. Bell. BRY. cop. Eup—per. Lac—c. lac—d. lil—t. Nat—m. ruta.
samb. syph. Tarent.

DURST auf kleine Mengen
anac. ant—t. apis. ARS. arum—t. Bell. bry. cact. calc. caps. carb—v. Chin. cimic.
cupr. cupr—ar. gast. Hell. hep. hyos. lac—c. Lach. laur. LYC. merc—i—r.
nat—m. nux—v. phos. Rhus—t. sanic. squil. Sulph. tab.

DURST auf kleine Mengen oft
acon. ant—t. apis. ARS. arum—t. Bell. cact. Chin. Coloc. Corn. eup—per. hyos.
kali—n. lac—c. Lyc. Nat—ar. puls. rhus—t. sanic. Sulph. verat.

DURST heftig - schüttelt sich nach Trinken, dabei hohes Fieber
CAPS.

DURST heftig abends
All—c. Ant—c. cycl. gamb. Iod. Mag—c. mag—s. Nat—s. nicc. Phos. sep. Thuj.
zinc.

DURST heftig Appetitlosigkeit mit
ant—t. dig. Graph. kali—n. Nat—s. Plb. Psor. rhus—t.

DURST heftig Essen nach - dabei Verdauungsstörung
aloe. bell. caust. Bry. graph. Nat—c. sulph.

DURST heftig Essen während
> aloe. am—c. Cocc. Lach. Nat—c. SULPH.

DURST heftig fieberhafter Erkrankung bei
> Acon. aloe. ars. Bell. BRY. calc. canth. caps. cham. chin. cina. cocc. coff. coloc. Eup—per. gels. hep. hyos. ip. kali—c. lach. Nat—m. Nux—v. phos. podo. psor. pyrog. rhus—t. sec. sil. stram. sulph. thuj. Tub.

DURST heftig fieberhafter Halserkrankung und Mastoiditis bei
> CAPS. sil.

DURST heftig kalte Getränke auf
> acon. ARS. bism. Bry. calc. chin. diph. med. merc—c. PHOS. rhus—t. VERAT.

DURST heftig nachmittags
> berb. bov. calc. nat—c. Ran—b. ruta. zinc.

DURST heftig, stark auch nachts
> aloe. arn. ars. bry. calc. Cham. cinnb. Coff. cycl. fl—ac. Mag—c. mag—m. nat—s. nicc. nit—ac. PHOS. rhus—t. sil. Stram. sulph. Thuj.

DURST heftig Schmerzzuständen während
> CHAM. mag—m. Nat—c.

DURST heftig trockenem und heissem Mund bei
> Rhus—t. Sulph.

DURSTLOSIGKEIT, Durst Mangel an
> acet—ac. Aesc. AETH. agar. Agn. all—c. ambr. am—c. Am—m. Ant—c. ANT—T. APIS. Arg—n. Ars. Asaf. Bell. Berb. Bov. brom. bry. bufo. calad. Calen. Camph. canth. caps. caust. chel. CHIN. cimic. cocc. Coff. COLCH. cor—r. Con. crot—t. Cycl. dios. euph. Ferr. ferr—ar. gamb. GELS. ham. HELL. hep. Hydr—ac. hyos. ign. indg. Ip. iris. kali—ar. Kali—c. kali—p. kali—s. led. Lyc. Mang. MENY. merc—c. mez. mur—ac. nat—ar. nat—c. nat—m. nat—s. nit—ac. NUX—M. nux—v. Olnd. onos. Op. ox—ac. petr. PH—AC. phos. plat. ptel. PULS. rheum. rhod. SABAD. sabin. Samb. SARS. Sep. spig. Staph. Stram. sulph. tab. tarax. Tarent. thuj. valer. verat.

DURSTLOSIGKEIT - aber Verlangen zu trinken dabei
> aeth. Ars. Calad. Camph. Cimx. cocc. coloc. graph. ign. nux—m. phos.

DURSTLOSIGKEIT
> siehe therapeutische Hinweise S. 633

EMPFINDLICHKEIT gegen nicht mehr ganz frische (leicht verdorbene) Speisen
> ars. Asaf. carb—v. nat—c. phos.

ERBRECHEN allgemein
> Aeth. ant—c. Ant—t. apom. arg—n. Ars. bar—c. BELL. BRY. calc. calc—p. Cham. cina. coch. dros. ferr. hyos. IP. just. lyc. mag—c. MERC. mez. NUX—v. olnd. Phos. PULS. Rheum. rob. sanic. santin. sil. sul—ac. Sulph. tell. Valer. verat.

ERBRECHEN allgemein ohne schwere Erkrankung
> ANT—C. arg—n. bapt. bell. bism. cham. chin. Cupr. Dulc. ferr. ferr—p. Ign. Ip.
> kreos. NUX—V. Puls. sulph. tab. tarax.

ERBRECHEN allgemeine Neigung (bei fast jeder Krankheit)
> aeth. Ant—t. Ars. bapt. Bar—c. bell. calc. Calc—p. Cham. cina. colch. cupr. ferr.
> Ign. ip. jatr. kreos. lyc. mez. Nux—v. Phos. phyt. Puls. sec. tab. verat.

ERBRECHEN acetonaemisches (oft bei allergisch disponierten Kindern)
> Aeth. ant—t. Ars. carc. Ign. iris. kreos. phenob. Phos. plb. Senn. syc. tub. verat.

ERBRECHEN acetonaemisches
> siehe therapeutische Hinweise S. 634

ERBRECHEN Ärgers d. stillenden Mutter wegen (macht Erbrechen d. Kindes)
> calc—p. cham. Valer.

ERBRECHEN Aufstossen heftiges vorher oder während
> ant—c. ARG—N. Asaf. calc. Carb—v. Chin. ferr—p. NUX—V. sep. sul—ac.

ERBRECHEN Bauchweh bei
> ant—t. arn. canth. chel. chin. cocc. cycl. Nux—v. Rheum. Staph. valer.

ERBRECHEN Blut hellrot Säuglingen und Kleinkindern bei
> arn. Nux—v.

ERBRECHEN Blut Menses anstatt
> Ham. ip.

ERBRECHEN Blut Säuglingen und Kleinkindern bei
> Arn. ars. Crot—h. ferr—p. Ip. Lyc. nux—v.

ERBRECHEN blutig oder blutgestreift
> Arg—n. arn. ars. Carb—v. Chin. crot—h. Ferr. Ferr—p. Ip. Kreos. lyc. nux—v.
> Phos. stann.

ERBRECHEN Cyclus: Erbr., dann langer Schlaf, dann Trinken etc. — schlussendlich
> schreckliche Erschöpfung mit noch längerem Schlaf - Marasmus
> Aeth.

ERBRECHEN, Durchfall mit (Brechdurchfall)
> siehe unter Bauch und Stuhl, S. 324

ERBRECHEN und Durchfall nach Milch beim Säugling (Brechdurchfall)
> AETH. Calc. Nat—c. podo. rhus—t. sil. sulph. Valer.

ERBRECHEN und Durchfall plötzlich (Brechdurchfall)
> arg—n. ARS. Bor. camph. cham. cupr—ar. Verat.

ERBRECHEN Eiscreme nach
> Ars. calc—p. Ip. PULS. sil.

ERBRECHEN erste Portion d. Essens, danach weiteres Essen ohne Probleme
Bapt. zinc.

ERBRECHEN Essen am.
ant—t. Ferr. nux—v. puls.

ERBRECHEN Essen beim - danach sofort wieder Hunger (Essen Verlangen)
AETH. chin. cina. tub.

ERBRECHEN Essen lange nach d. E. - aber Durchfall sofort nach Essen
CHIN.

ERBRECHEN faekal (Koterbrechen, Miserere)
acon. ars. Bell. bry. colch. Cupr. Nux—v. OP. Plb. pyrog.

ERBRECHEN galliges (biliös - grün und bitter)
ars. bism. Bry. CHAM. Chin. colch. cupr. Eup—per. fl—ac. grat. Ip. IRIS. lept. merc. nat—s. Nux—v. op. phos. PULS. sabin. Sang. sec. Sep. stram. verat.

ERBRECHEN Getränke sobald sie den Magen erreichen
Ars. Bism. bry. cadm—s. cina. Eup—per. ip. Nux—v. phos. pyrog. Sanic. sep. verat—v. zinc.

ERBRECHEN Getränke sobald sie im Magen warm werden
chlf. Kali—bi. PHOS. Pyrog.

ERBRECHEN heftiges
ant—t. Ars. bell. bism. canth. cic. Cina. colch. Crot—t. Cupr. ferr. Ign. Iod. ip. Jatr. kali—bi. lach. lob. merc. mosch. NUX—V. phos. phyt. plb. puls. raph. stann. tab. VERAT.

ERBRECHEN Husten durch (Bronchialschleim, Kotzhusten)
Alum. anac. ANT—T. arg—n. ars. Ars—i. BRY. Carb—v. Cham. Cina. Coc—c. cor—r. Cupr. DROS. ferr. Hep. hyos. iod. IP. Just. kali—ar. Kali—c. kali—p. kali—s. lach. Laur. meph. nat—m. nat—p. Nit—ac. Nux—v. Pert. Ph—ac. phos. Puls. rhus—t. sabad. Sep. Sil. spong. sul—ac. Sulph. Tarent. thuj. verat.

ERBRECHEN heisses
Phos. podo. sul—ac.

ERBRECHEN Keuchhusten bei
ant—t. carb—v. Coc—c. cupr. dros. ferr—p. IP. kali—br. phos.

ERBRECHEN leicht und ohne Anstrengung
Ant—c. Calc—p. cham. Ferr. jatr. nux—v. sul—ac.

ERBRECHEN Masern bei
ANT—C. Puls.

ERBRECHEN Neugeborener siehe Erbrechen Säuglinge

ERBRECHEN Milch
AETH. ANT—C. Ars. CALC. Calc—p. cham. Iod. iris. merc—d. nux—v. ph—ac. Podo. Sanic. sep. SIL. valer. Verat.

ERBRECHEN Milch geronnene in Klumpen, gleich nach Stillen
Aeth. Ant—c. bism. Calc. Nat—m. Sil. Sulph. VALER.

ERBRECHEN Milch geronnene in dicken Klumpen, Zahnung während
CALC.

ERBRECHEN Milch Muttermilch nach
acet—ac. Aeth. Ant—c. bry. Calc. Calc—p. cina. iod. Ip. lyc. Nat—c. nux—v. Ph—ac. Sanic. SIL. sulph. Valer.

ERBRECHEN nachts
ant—t. arg—n. ars. BELL. calc. chin. cocc. con. Ferr. ign. lach. lyc. nux—v. plb. podo. sil. stram. sulph. verat.

ERBRECHEN nachts gallig bitter
Merc. PODO.

ERBRECHEN Nase durch die, Neugeborene
anac. Gels. meph. Merc—c.

ERBRECHEN nervöses (durch Nervosität)
ambr. Arg—n. ign. lob. Phos.

ERBRECHEN Nieren Erkrankung bei (Nephritis)
Ipom.

ERBRECHEN periodisch, cyclisch (meist mit Fieber und Harnbefund)
Cupr—ar. influ. Iris. kreos. Merc—d. nat—c.

ERBRECHEN plötzlich im hohen Bogen herausschiessend
Acon. am—c. ars. BELL. elaps. kali—bi. Op. podo. rhus—t. sec. sep. sil. stann. verat. verat—v.

ERBRECHEN plötzlich ohne üblicherweise vorangehende Übelkeit
apom. Ars. bell. Bry. Ferr. med. merc—c. verat—v. zinc.

ERBRECHEN plötzlich, dabei Ruhelosigkeit und Kälte
aeth. Ars. CAMPH. cupr. Jatr. Verat.

ERBRECHEN Pylorus Spasmus oder Stenose durch
abrot. acon. Aeth. apom. Arg—n. Asaf. bapt. Bell. Calc. Calc—p. cann—i. Carb—v. cham. Chin. Cupr. cupr—ar. dys. hep. Ign. Lyc. mag—c. mag—m. MAG—P. mand. morph. orni. NUX—V. PHOS. Sil. stry. stry—p. uza.

ERBRECHEN reflektorisches vom Gehirn ausgehend
Aeth. con.

ERBRECHEN Säuglingen bei
AETH. anac. ant—c. ars. Calc. calc—p. Cham. chin. cupr. ferr—p. gels. Ip. kreos. lyc. mag—c. Mag—p. med. meph. nat—c. Nux—v. ph—ac. phos. rheum. sanic. SIL. valer.

ERBRECHEN bei Säuglingen
siehe auch therapeutische Hinweise S. 633

ERBRECHEN Scharlach bei
Ail. BELL.

ERBRECHEN Schluckauf, Singultus danach
mag—p. Verat.

ERBRECHEN Schluckauf, Singultus mit
ant—c. bry. calc. Chin. Cupr. mag—c. merc—c. nat—c. nux—v. ph—ac. sanic. Sil. Sul—ac. valer. Verat.

ERBRECHEN Schluckauf, Singultus vorher
Jatr.

ERBRECHEN schwierig, anstrengend, erschöpfend und entkräftend
Aeth. ANT—T. apoc. ars. bar—c. Ip.

ERBRECHEN Speichelfluss mit reichlichem
graph. ign. Ip. iris. Kali—i. kreos. lob. puls. sul—ac.

ERBRECHEN Speisen nur - Getränke nicht
arn. Bry. cupr. ferr. sep. verat.

ERBRECHEN Trinken kalter Getränke nach
Dulc. Sil. sul—ac.

ERBRECHEN Trinken warmer Getränke nach
BRY. Phos. Puls. pyrog. pyrus. sanic.

ERBRECHEN Übelkeit danach (nicht, wie üblich, vorher)
Calc. kali—bi. merc. merc—c. sul—ac.

ERBRECHEN u./o. Übelkeit, Durst extremer dabei
Cyt—l.

ERBRECHEN u./o. Übelkeit mit Würgen, bei jeder Infektion
caps. Cham. Nat—m. nux—v. PHOS. tub.

ERBRECHEN Überhitzung nach
Ant—c.

ERBRECHEN unstillbar, unaufhörlich
acon. ant—c. ant—t. Arg—n. Ars. ars—h. ars—i. bar—m. Cadm—s. carb—v. colch. crot—t. cupr. dig. grat. Iod. Ip. kali—bi. lac—d. mag—p. Merc—c. meph. mez. Nit—ac. op. Phos. Plb. ruta. sabin. sec. squil. verat.

ERBRECHEN unverdauter Massen
ARS. bry. Calc. calc—f. CHAM. Chin. Cina. colch. eup—per. Ferr. Ferr—p. Ign. Ip. iris. kali—bi. Kreos. lac—d. Lyc. mag—c. NUX—V. Phos. PULS. sang. sep. Sil. Sulph. verat.

ERBRECHEN unverdauter Massen, die am Tage vorher gegessen wurden
bism. Calc. carb—v. cimx. ferr. hydr. puls. Sabin. sil. sul—ac. zinc.

ERBRECHEN Zahnung während
calc. Calc—f. bism. cham. hyos. phyt.

ERBRECHEN Zunge sauber dabei (kein Belag oder auffällige Farbe)
Chin. IP. pyrog.

ESSEN hastiges Schlingen, anstatt zu kauen
ZINC.

ESSEN hastiges, schnelles
ARG—N. bell. calad. Caust. coff. Cupr. Hep. Ip. Lach. mur—ac. Nux—v. Plat. sep. Sul—ac. sulph. zinc.

ESSEN hastiges, schnelles agg.
Sil.

ESSEN verlangt irgend etwas, isst es dann aber doch nicht
cina. lyc. Ph—ac. Phos.

ESSEN verlangt schreiend nach einer Mahlzeit (Hunger)
brom. Iod. sulph.

GASTRITIS akute dyspeptische mit intestinaler Verdauungsstörung
Abies—n. Aeth. Ant—c. ARS. Bell. Bry. Ip. Nux—v. Puls.

GASTRITIS akute Erkältung durch
ant—c. Bry. Coloc.

GASTRITIS akute fieberhafte
ACON. ANT—C. Ant—t. Apis. ARS. BELL. BRY. Ferr—p. Cham. GELS. IP. Iris. Merc—c. MERC—D. NUX—V. Podo. PULS. Sang. Sep. VERAT. verat—v.

GASTRITIS akute, Gelbsucht als Folge
CHIN. fl—ac. Kali—s. Podo.

GASTRITIS akute, Schmerz ausserordentlich beim Beginn d. Gastr.
Bell. Coloc. cupr. dios. MAG—P. verat.

GASTRITIS akute schmerzhafte, warme Speisen und / oder Getränke agg.
brom. Fl—ac. phos. puls.

GASTRITIS akute Übelkeit und Erbrechen vorherrschend
Ant—c. ARS. Bism. cocc. IP. Nux—v. PULS. tab.

GASTRITIS chronische
> Anac. ANT—C. arg—n. Ars. Atro. bry. calc. Carb—v. Chin. euon. Hydr. Ip. iris. Kreos. Lyc. NUX—V. phos. psor. PULS. sil. stry—ar. stry—p. stry—s. Sulph.

GASTRITIS chronische mit Flatulenz
> arg—n. Carb—v. Chin. iris. Lyc.

GASTRITIS - schwere Kost wird trotz Magenverstimmung gut vertragen
> IGN.

GASTROENTERITIS akut (verdorbener Magen)
> acet—ac. aeth. arg—n. Ars. bry. calc. camph. Carb—v. cupr—a. cupr—ar. Ip. kreos. mag—c. merc—c. Nux—v. phos. podo. Puls. rhus—t. sec. tarax. ter. Verat.

GASTROENTERITIS chronisch rezidivierend (verdorbener Magen)
> Ars. nux—v. tub.

GASTROENTERITIS Kreislaufschwäche mit (verdorbener Magen)
> ars. bar—m. carb—an. Carb—v. lyc. sep. Verat.

HUNGER 11.00 Uhr, auch sonst guter Appetit
> SULPH.

HUNGER 11.00 Uhr, sonst Appetit Mangel
> ZINC.

HUNGER gleich nach Erbrechen (sofort wieder Essen Verlangen)
> Aeth. Cina.

HUNGER gleich nach Essen wieder hungrig (meist nervöser Magen)
> Anac. Bov. calc. cic. cina. Ign. IOD. merc. phos. plb. staph. Sulph.

HUNGER, Heisshunger Abmagerung mit (oder trotz Abmag.)
> Abrot. ars—i. Bar—c. Bar—i. CALC. Calc—p. Caust. Chin. CINA. IOD. Lyc. Mag—c. NAT—M. Nux—v. petr. phos. Sil. sul—i. Sulph. tub.

HUNGER, Heisshunger nachts, steht auf, um zu essen
> CALC. chin. ign. lyc. petr. phos. PSOR. sil.

HUNGER schmerzhaft um Mitternacht (24.00 Uhr)
> FL—AC. psor.

HUNGER ständig
> abrot. Calc. ign. iod. lyc. phos. psor. sanic. sep. Sulph. tub.

KLUMPEN, schweres Gewicht, Gefühl von
> abies—n. ant—c. arn. ars. bell. bov. Bry. Cham. chin. graph. hep. hydr. kali—c. lob. lyc. merc. nat—m. nux—m. nux—v. osm. ph—ac. pic—ac. PULS. Sanic. Sep. sulph.

OESOPHAGUS Affektionen allgemein

> aeth. alum. am—c. Anan. Ars. asaf. Bapt. bar—c. bell. cact. Cic. Cupr—a. form. gels. guaj. hyos. Ign. kali—c. merc. merc—c. naja. nat—m. nux—v. op. phos. rhus—t. stront—c. Zinc.

PERISTALTIK gestört, gastro-oesophagealer Reflux

> Asaf. cocc.

PYLOROSPASMUS oder Pylorus Stenose

> Abrot. acon. Aeth. anan. apom. Arg—n. ars. Asaf. bapt. Bell. Calc. Calc—p. cann—i. Carb—v. cham. Chin. Cupr. cupr—ar. dys. fuc. gels. hep. Ign. kreos. Lyc. mag—c. mag—m. MAG—P. mand. morph. nit—ac. NUX—V. Orni. PHOS. rob. Sil. stry. stry—p. tab. Tub. uza. Verat.

PYLORUS und Oesophagus Beschwerden

> Anan. kreos. Nux—v. tub.

SATT nach wenigen Bissen - Appetit groesser als Magen

> agar. Am—c. apoc. arg—m. arg—n. arn. ars. bar—c. bry. calad. carb—an. carb—v. Carbn—s. Caust. CHIN. Cic. Clem. coc—c. Colch. con. croc. Cycl. Dig. dulc. Ferr. ferr—i. fl—ac. Gels. guare. hydr. Ign. kali—bi. kali—i. kali—s. led. lith—c. LYC. mag—c. mag—m. mag—s. mang. meny. merc. mez. nat—c. Nat—m. nit—ac. Nux—m. Nux—v. Op. petr. ph—ac. Phos. plan. PLAT. Podo. prun. psor. ptel. Rheum. Rhod. rhus—t. ruta. Sep. Sil. spong. Sulph. tarent. Thuj. vinc.

SATT plötzlich, mitten beim Essen

> am—c. ars. Bar—c. bry. cic. colch. con. croc. cycl. merc. Ferr. ferr—ma. nux—m. prun. Rhod. spong. thea. Thuj.

SCHLUCKAUF, Singultus allgemein

> acon. aeth. arn. Bell. Bor. calc. Carb—v. Cic. Cupr. Hyos. IGN. Ip. mag—m. MAG—P. mosch. Nux—v. Phos. Puls. STRAM. Teucr. verat.

SCHLUCKAUF anhaltend, Singultus heftig und schmerzhaft

> acon. colch. Cupr. Hyos. mag—m. Mag—p. phos. rat. Stram. tab. Teucr. verat—v.

SCHLUCKAUF Bauch Operation nach (z. B. nach Blinddarm-Op.)

> Hyos.

SCHLUCKAUF - Erbrechen, häufig bis zum E. sich steigernd

> bell. bry. Cupr. jatr. lach. mag—p. ruta.

SCHLUCKAUF Erbrechen nach

> bry. jatr. Verat. verat—v.

SCHLUCKAUF Essen / Stillen nach, bei Säuglingen

> Aeth. arn. Calc. Cupr. HYOS. Ign. Lyc. MAG—M. Mag—p. nux—v. PULS. TEUCR.

SCHLUCKAUF Essen nach

> alum. bov. bry. carb—an. Carb—v. Cycl. graph. Hyos. Ign. lyc. mag—m. nat—c. Nux—v. par. sep. Teucr. verat. zinc.

SCHLUCKAUF Essen während
cycl. Mag—m. Merc. Teucr.

SCHLUCKAUF Fieberstadium vor, anstatt des längst überfälligen F.
Ars.

SCHLUCKAUF heftig abends
Kali—bi. nicc. Nat—s. Sil.

SCHLUCKAUF Milch nach
calc. hyos. teucr.

SCHLUCKAUF mit nervösen Affektionen, Krämpfen, Konvulsionen etc. vor
arn. cina. Cupr.

SCHLUCKAUF mit nervösen Affektionen, Krämpfen, Konvulsionen während
arn. cina. cupr. gels. Hyos. Ign. mag—p. mosch. nux—m. ran—b. zinc—val.

SCHLUCKAUF Neugeborener, Singultus neonatorum
acon. BELL. cham. cic. Cupr—ar. hydr-ac. Hyos. ign. ip. laur. Nux—m. NUX—V. Puls. stram. Teucr. verat.

SCHLUCKAUF Schlaf während (nachts)
ars. Chin. Cina. ign. Merc—c. PULS.

SCHLUCKAUF Trinken nach
hyos. Ign. lach. Nux—v. puls.

SCHLUCKAUF Wadenkrämpfen mit
Cupr—a.

SCHLUCKEN geräuschvoll, gurgelnd
Arn. cupr. laur.

SCHMERZ allgemein
anac. ARS. aur. Bell. Bism. Bry. Calc—p. cham. chel. Coloc. cupr. CUPR—AR. ferr—p. Hell. ign. iod. Ip. lach. lyc. merc. NUX—V. petr. Phos. Plb. Puls. ran—b. sec. sil. stann. Sulph. tab. Verat.

SCHMERZ anhaltend Tag und Nacht, Bauch mitbetroffen
Sil.

SCHMERZ Aufstossen agg.
bry. carb—an. CHAM. Chin. cocc. jal. lach. phos. rhus—t. sil.

SCHMERZ Aufstossen am.
aloe. ant—c. Arg—n. bar—c. CARB—V. Chel. Dios. graph. Ign. kali—bi. Kali—c. lach. Lyc. nat—m. Nux—v. ol—an. paeon. Puls. seneg. sep. Tarent.

SCHMERZ brennend
> Ars. CAMPH. Canth. Caps. Carb—v. caust. Cic. colch. Coloc. Iris. merc—c. Nux—v. PHOS. ran—b. Rob. SANG. Sec. sep. SULPH. tarent. Verat.

SCHMERZ brennend Essen nach
> kali—c. kreos.

SCHMERZ brennend Essen am.
> Graph. Mez.

SCHMERZ Cardia Essen beim
> alum. bry. cocc. Nit—ac. Phos.

SCHMERZ chronisch
> ars. ars—i. calc. Calc—p. ign. iod. lept. orni. petr. phos. rob. sil. Sul—ac. thuj. tub.

SCHMERZ chronisch, meist mit Durchfall
> Ars—i. calc. Calc—p. iod. lept. merc. phos. sil. thuj. Tub.

SCHMERZ Essen agg. sofort nach Essen
> arg—n. Abies—c. Ars. Ars—i. Bar—c. bar—m. Calc—p. calc—s. carbn—s. Chin. Chin—ar. ferr—p. Kali—bi. kali—c. kali—p. kali—s. lach. Lyc. NAT—AR. nat—p. nit—ac. Nux—m. Nux—v. phos. Puls. rumx. Sep. SULPH.

SCHMERZ Essen agg. schon während Essens
> Ars. CALC—P.

SCHMERZ Essen am.
> anac. Brom. Chel. cina. Graph. Hep. ign. Iod. kali—bi. kalm. Lach. lith—c. Mag—m. Mand. med. NAT—C. ox—ac. petr. Phos. raph.

SCHMERZ Essen am. erst 1 - 2 Stunden später
> carb—v. con. Mag—m. nux—v. Puls.

SCHMERZ Essen bald, ca. 1/2 Stunde danach
> Carb—v. Nux—v.

SCHMERZ Essen bessert nicht
> carb—an. Cina. Ign. lach. Lyc. mur—ac. phos. Sep. Verat.

SCHMERZ Essen 2 - 3 Stunden danach
> aesc. kreos. MAND. Nat—p.

SCHMERZ Koliken nachfolgenden mit
> acon. Aeth. Alum. anis. ARS. Bar—c. bell. Bor. bry. CALC—P. cham. chin. cina. coloc. Coff. crot—t. dulc. ign. Ip. Iris. jal. lyc. mag—c. mag—p. merc. NUX—V. op. phys. podo. Puls. rheum. senn. stann. Staph. Sulph. Verat.

SCHMERZ Krümmen (vorwärts Beugen) am.
> Caust. Chel. Coloc. lach. Lyc. Petr. plb. Sil. Verat—v.

SCHMERZ Schweinefleisch durch
ars. carb—v. Chin. cycl. Ip. Phos. PULS.

SCHMERZ Strecken (rückwärts Beugen) am.
BELL. Bism. chel. Dios. Plb.

SCHMERZ Stuhlgang nach (agg.)
ambr. Calc. calc—s. con. ferr. pic—ac. Puls. sul—ac. sulph.

SCHMERZ Stuhlgang am.
carb—an. Chel.

SCHMERZ Stuhlgang vor
alum. ars. COLOC. Nat—c. rhus—t.

SCHMERZ Übelkeit u./o. Erbrechen emotionaler Belastung bei
Ign. nux—v. Puls. phos.

SINGULTUS siehe unter Schluckauf

SODBRENNEN
am—c. ambr. ars. Bar—c. CALC. Calc—p. calc—s. cic. croc. ferr—p. Lyc. mag—c.
nat—m. nux—v. Phos. Puls. rob. Sil. Sul—ac. Sulph.

SPEISEN liegen lange im Magen siehe unten unter Unaktivität

TRINKSCHWÄCHE Neugeborenen bei, oft mit Schläfrigkeit, oder aus Faulheit
abrot. ant—t. Bar—c. Bor. calc. Carb—v. chin. Chlol. Hell. lyc. nat—p. nux—m.
OP. sulph. tub.

ÜBELKEIT Angst mit tödlicher (ihm ist zum Sterben übel)
ANT—T. arg—n. Ars. camph. cocc. Crot—h. dig. ferr—p. Ip. Lob. med. puls. Tab.

ÜBELKEIT anhaltend, fast ständig
Ant—c. arg—n. ars. bell. carb—v. cast. coloc. dig. graph. IP. iris. kreos. lac—c. lob.
Lyc. mag—m. nat—c. nux—v. plat. sars. sil. verat.

ÜBELKEIT Anstrengung geistige durch oder nach
aur. Bor. iris. lach. Sil.

ÜBELKEIT Augen schliessen agg.
lach. Ther.

ÜBELKEIT Augen schliessen am.
Con.

ÜBELKEIT Erbrechen bessert nicht
dig. ip. Nat—s. Sang.

ÜBELKEIT Erbrechen schwierig dabei, aber danach am.
ant—t. NUX—V. sep.

ÜBELKEIT Eiscreme durch
Ars. ip. puls. Rhus—t.

ÜBELKEIT Essen am.
arg—n. Brom. fago. IGN. kali—bi. lac—ac. lac—c. mez. Petr. Phos. phyt. rad—br. sabad. sang. Sep.

ÜBELKEIT Fahren im Wagen bei, Sicherheitsgurt agg.
lach. lyc. Nat—m. Tub.

ÜBELKEIT Flatulenz, Blähungen durch
Arg—n. CARB—V. Cocc. graph. Sanic. sep.

ÜBELKEIT Flatus Abgang am.
ant—t. Bell.

ÜBELKEIT Geruch von Speisen bei
ars. cocc. colch. dig. IP. Sep. Thuj.

ÜBELKEIT Impfung nach
ant—t. SIL.

ÜBELKEIT kolikösen Bauchschmerzen mit
agar. Coloc. cupr. dig. glon. merc. mosch. Nat—c. nux—v. puls. Rheum. tab.

ÜBELKEIT reichlichem Speichelflusse mit
cocc. dros. GRAN. merc. nux—v.

ULCUS ventriculi
acet—ac. Ars. Arg—n. hydr. Kali—bi. lach. lyc. mag—c. Mag—m. nat—m. Merc—c. Phos. ran—b. rat. rhus—t. stann. symph.

ULCUS ventriculi emotionaler Belastung bei
ant—c. arg—n. ars. Ign. Nux—v. Puls. staph sulph.

UNAKTIVITÄT, Motilitätsmangel (Speisen liegen lange im Magen)
ail. aloe. bell. bism. Carb—v. hydr. Op. SIL.

UNPÄSSLICHKEIT (ungutes, mulmiges Gefühl, fast wie Übelkeit)
Ars. CAUST. Cham. kali c. laur. Nat c. nat m. Nat s. sulph. thuj.

VERDAUUNGSBESCHWERDEN durch oder mit Müdigkeit, Hirnmüdigkeit
aeth. Calc—f. nux—v.

VERDAUUNGSBESCHWERDEN abwechselnd mit Gelenkbeschwerden
dulc. Kali—bi. plb.

VERDAUUNGSBESCHWERDEN, verdorbener Magen bei psorischer Konstitution
Aesc. calc. HYDR. Kali—bi. KALI—S. lyc. Puls. sil. sulph.

VERDAUUNGSSCHWÄCHE chronisch, geringste Fehler in Ernährung agg.
ant—c. Bar—c. bry. CALC. carb—v. Ip. Merc. NAT—C. Nux—v. Puls. sulph.

VERDAUUNGSSTÖRUNGEN Säuglinge / Kleinkinder: Säure, Kolik &/o. Erbrechen
acon. aeth. ant—c. Ars. Bar—c. Bell. Bism. bor. Bry. CALC. Calc—p. CHAM.
Chin. cina. coff. COLOC. Dulc. dios. Hep. ign. IP. JAL. LYC. Mag—c. mag—m.
Merc. NUX—V. op. Podo. PULS. RHEUM. Senn. sil. stann. Staph. Sulph. Verat.

vacat für Nachträge

Bauch und Stuhl incl. Rectum

ACHT - Monats - Kolik
siehe therapeutische Hinweise, S. 634 und unten unter Kolik

ANALBEREICH
siehe auch unter Rectum

ANALBEREICH Ausschlag (eventuell bis zu den Genitalien)
Agar. am—c. am—m. ant—c. anthraco. ars. berb. Calc. cand—a. carb—v. Crot—t.
Caust. euph. Canth. Graph. hep. ign. Jug—c. kali—c. lyc. med. merc. mur—ac.
Nat—m. NAT—S. Nit—ac. Petr. puls. Rhus—t. Sep. staph. Sulph. thuj. xero.

ANALBEREICH Ausschlag Aphthen
bapt. Bor. bry. cand—a. Kali—chl. Merc. merc—c. Mur—ac. Nit—ac. SUL—AC.
sulph.

ANALBEREICH Ausschlag brennend
ars. calc. Graph. SULPH.

ANALBEREICH Ausschlag feurig rot, Urticaria Neugeborener
kreos. Med. puls.

ANALBEREICH Ausschlag juckend
ars. berb. Calc. caust. cinnb. Ign. Lyc. Nit—ac. PETR. staph. sulph.

ANALBEREICH Ausschlag mit Röte und / oder Schmerz / Entzündung etc.
siehe therapeutische Hinweise, S. 635

ANALBEREICH Ausschlag Windeln durch
siehe Windeldermatitis

ANALBEREICH Brennen, Rauhheit nach Durchfall als Folge v. Erkältung
Aesc. dulc. PETR.

ANALBEREICH Feigwarzen, Condylomata
arg—n. caust. cinnb. lyc. Merc. merc—d. Nat—s. Nit—ac. syph. THUJ.

ANALBEREICH feucht
ANT—C. Caps. carb—an. Carb—v. Caust. graph. Hep. med. NIT—AC. op. PHOS.
Sep. Sil. sul—i. Sulph.

ANALBEREICH Furunkel
CALC—P. Calc—s. cinnb. cycl. rhus—t. Sil.

ANALBEREICH Herpes (perianal)
Berb. dulc. Graph. lyc. med. Nat—m. PETR. Thuj.

ANALBEREICH Jucken allgemein
Calc. carb—v. Caust. ferr. fl—ac. Graph. Lyc. med. Nit—ac. petr. sabad. SULPH. Teucr. Viol—o. Zinc.

ANALBEREICH Jucken durch Wurmbefall, agg. nachts, mit Schreien
Ferr. sabad.

ANALBEREICH rot (incl. Umgebung)
aloe. ars. cham. kreos. Med. Merc—cy. nat—m. Paeon. PETR. rheum. SULPH. tub. valer. ZINC. Zing.

ANALBEREICH schmerzhaft wund, Durchfall nach
aloe. apis. ars. calc. CANTH. Dulc. fl—ac. ign. MAG—C. nat—m. nit—ac. rat. Sanic. Sulph.

ANALBEREICH schmerzhaft wund, Stuhlgang nach
agar. ALOE. Apis. ars. Bapt. coloc. Graph. Ign. Kreos. Merc. merc—c. mur—ac. NIT—AC. nux—m. Nux—v. puls. rat. Rheum. sang. Sulph. Tub.

ANALBEREICH Schweiss
agar. Alum. bell. carb—an. con. Hep. kali—c. psor. rhus—t. sep. Thuj.

ANALBEREICH Schweiss morgens
rhus—t. Thuj.

ANALPROLAPS
Aloe. bell. coll. ferr. ign. lyc. mez. MERC. mur—ac. Podo. sep. SULPH. Syph. tub.

ANUS Riss, Analfissur
Aesc. Alum. ars. bell. calc—f. calc—p. Caust. Cham. Graph. hydr. Ign. kali—i. Kali—c. Merc. NAT—M. NIT—AC. Phos. rat. sed—ac. sil. Staph. syph. Thuj.

ANUS Riss, Analfissur Säuglingen oder Kleinkindern bei, Hauptmittel
Kali—i. syph.

ANUS rissig, Analfissuren viele kleine
mur—ac. Nat—m. petr. sulph.

ANUS rot, Wurmbefall reichlich (Oxyuren) dabei
Cina. cupr—o. merc—pr—r. sabad. sin—n.

APPENDICITIS (aus forensischen Gründen meist Chirurgie Einweisung)
abrot. Acon. APIS. Ars. Bell. BRY. calc. carb—v. Chin. Coloc. Cupr. dios. ferr. Ferr—p. Gels. Gins. Hep. ign. iris—t. Lach. Lyc. merc. Merc—c. nux—v. Phos. plb. Rhus—t. Sil. sulph. tub. verat.

APPENDICITIS typhöses Stadium (Notfall)
Ars. BAPT. crot—h. kali—p. lach. Rhus—t.

ASCITES organischen Nieren Schädigungen nach, Scharlach durch
APIS. Hell. Lach. TER.

ATRESIA ani, Imperforation (verschlossener) After (nach Operation)
 Acon. Chin. Phos. tub.

BAUCH Affektionen allgemein
 aloe. Bar—c. bry. calc. CAUST. coloc. Mag—p. nux—v. psor. puls. sulph.

BAUCH Auftreibung, Colon in rechter fossa iliaca auffällig stark gefüllt
 THUJ.

BAUCH Auftreibung Colon transversum wie ein gebähtes Polster, mit Kolik
 Bell.

BAUCH Auftreibung tympanitisch (Flatulenz, Meteorismus)
 arg—n. ars. Bac. Bar—c. Calc. CARB—V. Caust. Cham. CHIN. Cina. cocc. colch.
 cupr. lach. LYC. Phos. Puls. sil. staph. SULPH. ter.

BAUCH Auftreibung tympanitisch, Colon in flexura splenica auffällig stark
 MOM.

BAUCH Auftreibung tympanitisch, Colon in flexura hepatica auffällig stark
 Raph.

BAUCH Auftreibung tympanitisch, gebläht, gespannt jedem Essen nach
 bar—c. Carb—v. cham. Chin. graph. Kali—c. Lyc. med. Nux—m. Nux—v. Sulph.

BAUCH Auftreibung tympanitisch, Mädchen mit Flatulenz in Pubertät
 Calc. GRAPH. Lach. LYC. Sulph.

BAUCH Auftreibung tympanitisch, Milch Unverträglichkeit b. Brustkind
 con. Mag—m. sil.

BAUCH Auftreibung tympanitisch, Meteorismus Neugeborener
 Carb—v. lyc. nat—c. nat—s. sulph.

BAUCH Auftreibung tympanitisch Oberbauch
 arg—n. CARB—V. chin. Puls. raph.

BAUCH Auftreibung tympanitisch Seite links
 am—m. aur. Carb—v. CON. crot—t. Dios. euph. Lyc. Mom. Nat—m. Ph—ac.
 seneg. Staph. SULPH.

BAUCH Auftreibung tympanitisch Seite rechts
 bism. CALC. Graph. lil—t. Nat—c. nat—m. Nat—s. ox—ac. Phos. raph. thuj.

BAUCH Auftreibung tympanitisch Unterbauch
 acon. Coll. LYC. Nat—m. Nux—m. Sil. Sulph. zinc. Zinc—val.

BAUCH Auftreibung tympanitisch wandernde Stellen
 Carb—v. chin. LYC. nat—m. Puls. sil.

BAUCH empfindlich Berührung gegen
 Kali—c. lyc. LACH.

BAUCH gross
siehe Bauch vergrössert

BAUCH Härte, Steifheit plötzlich mit Geräusch wie plätscherndes Wasser
Cina.

BAUCH hart
ars. Bar—c. Calc. cina. raph. Sil.

BAUCH hart, heiss und gespannt (Spannung)
Sil.

BAUCH Hitze und tympanitische Spannung unmittelbar nach Essen
Chin. kali—c. Lyc. Nux—v. sil.

BAUCH Krämpfe und grüne Stühle mit kränklicher Blässe d. Gesichtes
dol. Mag—c.

BAUCH und Leber dick, Appetit gross und dabei Verstopfung
fel. SULPH.

BAUCH Seite linke allgemein
acon. agar. agn. ALUM. ambr. Am—c. Am—m. anac. ant—c. Ant—t. Apis. Arg—m. arn. ars. ASAF. asar. aur. bar—c. bell. Bov. brom. Bry. Calc. camph. cann—s. canth. caps. carb—v. caust. Cham. chel. chin. Cina. cocc. colch. coloc. Con. croc. crot—t. Cupr. dig. DULC. euph. FL—AC. graph. grat. Guaj. HEP. ign. Iod. jug—r. Kali—c. kreos. lach. laur. led. lyc. mag—m. mang. teucr. meny. merc. mez. Mill. mur—ac. nat—c. Nat—m. nit—ac. nux—m. nux—v. olnd. op. Par. PLB. petr. ph—ac. plat. psor. Puls. Ran—b. RHEUM. rhod. rhus—t. ruta. sabad. sabin. samb. sars. sel. sep. sil. Spig. spong. squil. stann. staph. SULPH. sul—ac. TARAX. thuj. Valer. verb. viol—t. zinc.

BAUCH Seite rechte allgemein
agar. agn. Ambr. am—m. anac. ant—c. apis. arg—m. arn. ARS. asaf. aur. Bapt. Bar—c. bell. bism. bry. calad. calc. camph. cann—s. Canth. Carb—an. Carb—v. Caust. chel. chin. cic. clem. cocc. colch. Coloc. con. croc. cupr. cycl. dig. dros. dulc. fl—ac. graph. guaj. Ign. iod. ip. kali—c. Kali—n. kreos. Lach. laur. Lyc. Mag—m. teucr. meny. merc. mez. mill. mosch. nat—c. nat—m. nit—ac. nux—m. nux—v. olnd. plb. petr. phos. ph—ac. plat. Podo. psor. puls. ran—b. ran—s. rhod. Rhus—t. sabad. sabin. samb. sang. Seneg. Sep. sil. spig. spong. squil. Stann. stront—c. Sulph. tarax. Thuj. verb. viol—t. zinc.

BAUCH Nabel Umgebung Zentrum schmerzhafter Beschwerden
all—c. Cocc. coloc. dios. dol. Dros. Dulc. GRAN. ip. Nux—m. nux—v. ph—ac. Plb. SPIG. verat.

BAUCH Peristaltik retrograde (auch Verstopfung dadurch)
Asaf. anac. carc. cocc. Elaps. Nux—v. stry—p.

BAUCH Schmerz Arme heben agg.
aloe. Lyc.

BAUCH Schmerz Druck harter am., Berührung leichte agg.
Coloc. plb. stann.

BAUCH Schmerz erstreckt sich zum Rectum
Aloe. brom. Crot—t. ip. mag—m. Nat—m. Nux—v. sang.

BAUCH Schmerz Essen nach
chin. Coloc. Graph. Lyc. mag—c. nux—v. Plb. puls. staph. Sulph. Verat. zinc.

BAUCH Schmerz Flatus eingeklemmte durch (kolikös, krampfend)
ant—t. aur. Carb—v. CHAM. CHIN. Cocc. graph. IGN. Kali—c. LYC. Mag—p. meny. nat—c. nit—ac. nux—v. Phos. plb. puls. raph. Senn. Staph. sulph. zinc—val.

BAUCH Schmerz, Koliken Säugling
siehe Drei - Monats - Kolik

BAUCH Schmerz, Koliken Säugling, dessen Mutter heftigen Zorn (oder Wut) hatte
Coloc.

BAUCH Schmerz kolikös Abkühlung, Erkältung durch
all—c. ars. Cham. Chin. COLOC. DULC. meph. puls. Verat.

BAUCH Schmerz kolikös Auftreibung dabei
all—c. Staph.

BAUCH Schmerz kolikös Auftreibung dabei, durch Wurmerkrankung
chin. merc. Staph.

BAUCH Schmerz kolikös Bauch eingezogen (Kahnbauch) Wurmerkrankung durch
Sil.

BAUCH Schmerz kolikös Bauchlage am., jeder Wechsel d. Lage agg.
bell. bry. Coloc. cupr. podo. stann. verat.

BAUCH Schmerz kolikös Eiscreme durch
ARS. calc—p. ip. Puls. sep.

BAUCH Schmerz kolikös Emotionen durch (Aufregung, Wut, nervöse Anspannung)
acon. Arg—n. bry. CHAM. Coloc. Ign. Nux—v. Staph.

BAUCH Schmerz kolikös erstreckt sich nach hinten zum Rectum / Anus
Aloe. CROT—T. Nux—v. sulph.

BAUCH Schmerz kolikös Essen bei jedem Versuch zu
Calc—p. carb—ac. nux—m. nux—v.

BAUCH Schmerz kolikös Essen nach
all—c. aloe. ant—t. Coloc. Graph. kali—c. nat—c. nux—m. Puls. rhus—t. SULPH. verat.

BAUCH Schmerz kolikös kommt und geht wellenartig, Verstopfung mit
plb. Podo.

BAUCH Schmerz kolikös Magen Überladung durch (zu reichliches Essen)
all—c. ant—c. Bry. calc—p. cham. coloc. dios. mag—p. NUX—V. sulph. verat.

BAUCH Schmerz kolikös Fieber mit
ars. BELL. Bry. caps. Carb—v. Rhus—t.

BAUCH Schmerz kolikös habituell b. Kindern (Veranlagung zu Kolik)
Bar—c.

BAUCH Schmerz kolikös periodisch alle 2 Wochen
Cupr.

BAUCH Schmerz kolikös periodisch nachts gegen 5 h
Kali—br.

BAUCH Schmerz kolikös Sitzen agg. und herumlaufen / Gehen am.
All—c. cycl. rhus—t. sulph.

BAUCH Schmerz kolikös Stuhl bei jedem, aber keine Erleichterung dadurch
Rheum.

BAUCH Schmerz kolikös tympanitischer Auftreibung mit, Flatus Abgang am.
acon. all—c. am—c. aloe. caj. Carb—v. Chin. Coloc. con. graph. hydr. Lyc.
mag—m. mag—p. nat—m. senn. Sulph. verat.

BAUCH Schmerz kolikös Übersäuerung bei (saurer Stuhl und / oder Erbrechen)
arg—n. iris. NAT—P. nit—ac. Rheum. Sulph.

BAUCH Schmerz kolikös Wärme Anwendung am.
ARS. Cham. COLOC. Mag—p. Nux—m. Podo. Puls. Rhus—t. sabin. sep. Sil.

BAUCH Schmerz kolikös warme Getränke am.
acon. Chel. MAG—P. spong.

BAUCH Schmerz kolikös wellenförmig, wehenartig (alle 5 - 15 Minuten)
All—c. asaf. Bar—c. bell. Cham. cina. Coloc. ferr. hyos. Iod. kali—br. Kali—c.
Kreos. lach. lyc. Nat—m. nux—v. op. podo. PULS. rhus—t. sep. sil. Sul—ac.

BAUCH Schmerz krampfend heisse Milch am.
GRAPH.

BAUCH Schmerz krampfend Nabel (Koliken) aus Kummer
CALC. Coloc. hyos. IGN.

BAUCH Schmerz krampfend, Koliken nachts gegen 5 h Neugeborene und Kleinkinder
Kali—br.

BAUCH Schmerz krampfend, Koliken, Aufstossen am.
Carb—v. kali—c. sep. Sulph.

BAUCH Schmerz krampfend, Koliken, Bewegung oder Gehen am.
All—c. bov. chin. cycl. elaps. ferr. Gels. par. puls. rhus—t. Sulph.

BAUCH Schmerz krampfend, Koliken, fester Druck am. (auch Bauchlage)
am—c. Bell. brom. bry. chion. COLOC. Mag—p. mang. phos. Podo. Stann.

BAUCH Schmerz krampfend, Koliken, Flatus Abgang am. (Blähungskolik)
acon. all—c. am—c. Bac. cand—a. Carb—v. caust. Chin. Coloc. Con. echi. Graph.
Hydr. kali—c. Lyc. mag—c. Mag—m. merc. Mill. nat—c. Nat—m. Nat—s.
nux—m. nux—v. ol—an. psor. rumx. senn. sil. spig. spong. Sulph.

BAUCH Schmerz krampfend, Koliken, Krümmen (vorwärts Beugen) am.
Acon. am—c. bell. carb—v. Caust. Cham. Chin. coff. colch. COLOC. croc. Kali—c.
Lach. mag—c. Mag—p. mill. petr. phos. Plb. prun. Puls. Rhus—t. sars. senec.
Sep. Stann. stram. zinc. zinc—p.

BAUCH Schmerz krampfend, Koliken, Strecken (rückwärts Beugen) am.
BELL. Bism. cham. DIOS. Lac—c. nux—v. onos.

BAUCH Schmerz Liegen beim agg.
apis. bar—c. Bell. coloc. dios. Phos. Puls. spig.

BAUCH Schmerz Liegen beim am.
am—c. bry. canth. cupr. dios. gran. merc. nux—v. phys.

BAUCH Schmerz Liegen Bauchlage am.
aloe. arg—n. BELL. Bry. chin—ar. chion. Cina. Coloc. ind. med. phos. plb. podo.
rhus—t. stann.

BAUCH Schmerz Liegen Rückenlage bei (agg.)
Ars. mag—p. phys. podo. ptel. sulph.

BAUCH Schmerz Liegen Rückenlage am.
Ars. Podo.

BAUCH Schmerz Liegen Seitenlage bei (agg.)
Carb—v. coloc. Kalm. par. phos.

BAUCH Schmerz Liegen Seitenlage links am.
pall. sec.

BAUCH Schmerz Liegen Seitenlage rechts bei (agg.)
acon. caust. Merc. stann.

BAUCH Schmerz Liegen Seitenlage rechts am.
nux—v. phos. phys.

BAUCH Schmerz Nabel, K. deutet auf Nabel als am stärksten schmerzenden Teil
all—c. Cocc coloc. dios. dol. Dros. Dulc. GRAN. ip. Nux—m. nux—v. ph—ac.Plb.
SPIG. verat.

BAUCH Schmerz unklarer Genese, peritoneale Reizung, Drüsen Affektion
Abrot. acon. Apis. Ars. BRY. Calc. calc—i. Carb—v. Coloc. Dios. ferr—ma. Gins. ign. lach. Lyc. Merc. MERC—C. Nux—v. Rhus—t. sin—n. Sulph. Tub.

BAUCH Schmerz Wehtun Druck am. (auch Liegen auf Bauch)
BRY. cina. Coloc. nux—v. podo. Plb. stann.

BAUCH Schmerz Wehtun Wärme am.
acon. ARS. Coloc. rhus—t. staph. Verat.

BAUCH Schmerz Wurmerkrankung bei
Cic. ign. Nux—v. Sabad. Spig. Stann. Stram.

BAUCH Spannung, Verspannung d. Muskeln
acon. ars. BAR—C. bar—m. CALC. Carb—v. caust. Cina. colch. Cupr. hep. LYC. merc. sep. Sil. staph. SULPH.

BAUCH Tuberkulose (intestinale T., Verlauf ähnlich wie chronische Peritonitis)
ARS—I. Calc. Calc—p. calc—s. ferr—p. Iod. IODOF. Kreos. nat—s. Nit—ac. Ph—ac. sil. sulph.

BAUCH Typhus abdominalis
agar. Apis. arn. ARS. BAPT. Bell. BRY. Carb—v. coff. Ferr—p. GELS. glon. ham. hyos. lach. merc. mosch. mur—ac. nux—m. op. ph—ac. Phos. RHUS—T. stram. sul—ac. Verat—v.

BAUCH vergrössert, gross allgemein
abrot. alum. BAR—C. CALC. Calc—i caust. cupr. Graph. mag—m. phos. Psor. Sanic. sars. sep. SIL. Sulph. thuj. tub.

BAUCH vergrösserter (akuten Beschwerden bei)
abrot. Alum. bac. BAR—C. CALC. calc—p. caust. cupr. mag—m. phos. Psor. Sanic. Sars. SIL. Staph. Sulph. thuj.

BAUCH vergrösserter Marasmus bei
CALC. calc—i. Sanic. Sars. Sil. sulph.

BAUCH vergrössert Mädchen in der Pubertät
Calc. GRAPH. Lach. lyc. Sulph.

BAUCH vergrösserter Schwellung Drüsen mit
bar—c. Calc. CALC—I. iod. Mez. nat—s. sanic.

BAUCH vergrösserter, schrumpelig, mit Neigung zu Koliken
all—c. Staph.

BAUCHDECKEN hart gespannt
ars. Bar—c. Bar—m. bry. CALC. lyc. merc. SIL.

BAUCHDECKEN Hernie, Leistenbruch
acon. ant—c. AUR. bor. Calc. cham. cina. cocc. Lyc. mag—m. Nit—ac. NUX—V. op. psor. rhus—t. Sil. stann. sul—ac. Sulph. thuj. verat.

BAUCHDECKEN Hernie, Leistenbruch links
Nux—v. thuj.

BAUCHDECKEN Hernie, Leistenbruch rechts
aur. Lyc.

BAUCHDECKEN Hernie, Leistenbruch Schreien durch
M—arct. Nux—v. Verat.

BAUCHRING (Flanke) linke Seite allgemein
agar. agn. alum. ambr. Am—c. am—m. ant—c. Apis. Arg—m. arn. asar. aur. bell. berb. calc. camph. cann—s. carb—an. chel. cocc. dig. Dulc. EUPH. fl—ac. graph. Ign. kali—c. laur. lyc. MAG—C. mag—m. merc. Nit—ac. nux—m. nux—v. par. phos. rhod. rhus—t. sabad. sabin. sars. sep. sil. spig. spong. stann. staph. Sulph. sul—ac. tarax. verat. viol—t. ZINC.

BAUCHRING (Flanke) rechte Seite allgemein
agn. alum. am—c. Am—m. apis. ars. Aur. bell. bor. CALC. camph. cann—s. canth. carb—an. Carb—v. cic. clem. cocc. Coloc. con. dig. dros. dulc. fl—ac. graph. hell. iod. ip. KALI—C. LACH. Laur. LYC. mang. teucr. Merc. Mez. NUX—V. op. orig. Petr. ph—ac. psor. PULS. ran—b. RHOD. RHUS—T. ruta. sabin. sars. Seneg. sep. Sil. spig. spong. stann. Staph. Stront—c. sulph. SUL—AC. THUJ. valer. Verat. zinc.

BAUCHRING (Flanken) äusserlich allgemein
alum. ambr. am—c. am—m. ARS. aur. bov. calc. cann—s. canth. chin. cic. cocc. dig. euph. graph. guaj. kali—c. Lyc. mag—m. MERC. mez. mur—ac. nat—c. nit—ac. nux—v. ph—ac. puls. sars. Sel. sep. spig. stront. sulph. sul—ac. thuj.

BAUCHRING (Flankenbereich) innerer allgemein
agar. agn. Alum. am—c. AM—M. anac. ant—c. ant—t. arg—m. ars. asaf. asar. AUR. bar—c. bell. Berb. bov. Calc. camph. cann—s. canth. caps. Carb—an. carb—v. caust. Cham. chel. chin. cic. Clem. Cocc. coff. Coloc. con. croc. dig. dros. dulc. euph. graph. guaj. hell. Ign. iod. kali—c. kali—n. kreos. laur. LYC. mag—c. mag—m. teucr. meny. Merc. mez. mur—ac. nat—c. nat—m. nit—ac. NUX—V. op. par. plb. petr. phos. ph—ac. plat. ran—b. ran—s. rheum. Rhod. Rhus—t. sabad. sars. sep. Sil. Spig. spong. stann. staph. stram. Stront. Sulph. SUL—AC. tarax. Thuj. valer. Verat. viol—t. zinc.

BLÄHUNGEN, Flatus Abgang am.
bar—c. carb—v. coloc. lyc. nat—s. Nux—v. puls. sang. SULPH.

BLÄHUNGEN Flatus Abgang bessert nicht
CHIN. Cocc. ign.

BLÄHUNGEN grosse Kotballen im Stuhl danach
CARB—V.

BLÄHUNGEN spastische Flatulenz b. älterem Kind (Blähungskolik)
aloe. Arg—n. bell. cand—a. Carb—v. cham. Chin. cocc. Coloc. Lyc. Mag—m. mag—p. meny. Mill. nat—s. nux—v. puls. rhod. Senn. staph. Sulph. valer. verat. zinc.

BLÄHUNGEN koliköser Schmerz, Wärme am.
Ars. CHAM. Coloc. cupr—ar. mag—p.

BLÄHUNGEN reichlich, jeder Bissen wird zu Gas
bar—c. Carb—v. cham. Chin. graph. Kali—c. Lyc. med. Nux—m. Nux—v. Sulph.

BLÄHUNGEN steigen aufwärts, Schmerz erstreckt sich nach oben
Arg—n. asaf. Carb—v. graph. thuj.

BLÄHUNGEN stinkend
Aloe. arn. ars. Asaf. Bry. cand—a. CARB—V. caust. GRAPH. Lach. nat—m.
NAT—S. Nit—ac. Puls. psor. Sil. Staph. SULPH. Tell.

BLÄHUNGEN versetzte bei Neugeborenen oder Kindern, Hauptmittel
Ant—c. Aur. Calc. Carb—v. Cham. Iod. Kreos. Lyc. Mag—p. meny. Nit—ac.
Nux—v. Rob. SENN. Sil. Stann. Staph. Sulph.

BLÄHUNGEN wandern aufwärts und abwärts, Schmerz erst nach Abgang am.
ant—c. Arg—n. graph. kali—c. SANG. verat.

BRECHDURCHFALL siehe unter Durchfall, Erbrechen mit

CANDIDA albicans Infektionen, biologische Therapie
siehe therapeutische Hinweise, S. 681

COLITIS ulcerosa, Ileitis terminalis, Morbus Crohn
ant—c. canth. Cham. dros. Erig. Ferr—ma. kreos. Merc. MERC—C. mill. Nit—ac.
phos. Podo. rhus—t. sulph. tub.

COLITIS, fieberhafte Dickdarm Entzündung Kleinkinder
Acon. ALOE. alum. apis. Bell. Canth. Carb—v. CHAM. chin. Colch. coloc. dros.
Dulc. ip. Merc. MERC—C. Nux—v. phos. Podo. puls. Rhus—t. Sulph. Verat.

COLON irritabile
siehe therapeutische Hinweise, S. 635

DAMM, Perinaeum allgemein
AGN. ALUM. Am—m. Ant—c. Ant—t. ars. Asaf. bell. bov. bry. calc. cann—s.
CARB—AN. CARB—V. caust. chin. CYCL. graph. hep. ign. lil—t. Lyc. mag—m.
merc. mez. mur—ac. Nux—v. Plb. Petr. phos. Rhod. rhus—t. seneg. sep. spig.
SULPH. Tarax. thuj.

DAMM, Perinaeum Hautausschläge Herpes
kali—c. PETR. Sulph. tell.

DAMM, Perinaeum Pickel, Furunkel, Beulen
Agar. ant—c. brom. carb—v. hep. Merc. nit—ac. Petr. sars. sep. sil. Sulph. tell.
Thuj.

DARM Entzündung (Appendicitis, Peritonitis) nach Milch, Nudeln & Mehlspeisen
Lyc.

DARM und Magen Krankheiten unerwartet, aus voller Gesundheit
ARS. cupr—ar.

DARM Kolik Neigung zu
all—c. aloe. asaf. bar—c. bell. cham. Coloc. Crot—t. cupr. Dios. Ign. merc—c.
Nux—v. petr. Plb. rhus—t. stann. Verat.

DARM Kolik Schmerz an kleinen Stellen nahe linkem Rippenbogen
Arg—n. calc. cean. coc—c. mom. Tub.

DARM Verschluss, Intusseption, Ileus, Invagination
Acon. Alum. Arn. ARS. atro. Bell. Bry. Colch. Coloc. con. Cupr. Hyos. kali—bi.
kreos. Lach. Lob. Lyc. Merc. Merc—c. Nux—v. OP. Phos. PLB. Plb—a. polyg—h.
psor. Rhus—t. Samb. sulph. tab. tarent. thuj. VERAT.

DIABETES mellitus juvenilis
Acet—ac. Apis. arg—n. ARS. Ars—i. aur. Carc. Crat. cortex. cupr. cupr—a. cur.
Helon. lach. Lac—ac. Lyc. Merc—c. NAT—M. NUX—V. PH—AC. phos. Plb.
rhus—a. stry. stry—ar. Sul—ac. Sul—i. Sulph. ter. tub. Uran—n. zinc.

DIABETES mellitus nervöse Störungen dabei ausgeprägt
cic. Cortex. Cur. glon. hell. Stry. stry—ar. Zinc.

DIABETES mellitus Verdauungsstörungen dabei ausgeprägt
ant—c. Iris. ip. lept. Lyc. merc. nux—v. podo. sulph.

DIAPHRAGMA Hochstand durch Flatulenz, Atemnot dabei (Roemheld)
arg—n. Carb—v. Chin. graph. lyc. nux—v. thuj. tub.

DIARRHOE siehe unter Durchfall

DREI - Monats - Kolik
siehe auch therapeutische Hinweise, S. 635

DREI - Monats - Kolik (3 Monatskolik - Auftreten meist nachmittags)
agar. anis. Bell. bism. bry. CALC. Cham. CHIN. Coloc. cupr. Cupr—a. grat. Jal.
kali—n. Lyc. Mag—p. nat—c. nat—m. Puls. sil. sulph. Stann. valer.

DREI - Monats - Kolik mit eiskalten Händen und Füssen, Bauchlage am.
CALC.

DREI - Monats - Kolik mit warmen Extremitäten, Bauchlage agg.
lyc. Puls.

DURCHFALL allgemein
Acon. Aeth. Agar. agn. Ant—c. apis. Arg—n. ARS. arund. Bac. bapt. bar—c. bell. Benz—ac. bism. Bor. CALC. calc—a. Calc—p. Calc—s. camph. cand—a. carb—v. carc. CHAM. chin. Cina. Coloc. colos. Crot—t. Cupr—ar. Dulc. elat. Ferr. Form. gamb. grat. hell. Hep. Hyos. ign. iod. IP. Iris. jal. kali—br. kreos. lach. laur. Lyc. lyss. Mag—c. MAG—M. med. MERC. Merc—c. Merc—d. Mez. Nat—m. nat—s. nit—ac. Nux—m. Nux—v. olnd. Ph—ac. PHOS. PODO. PSOR. Puls. RHEUM. sabad. samb. senn. sep. SIL. stann. Staph. Stram. sul—ac. SULPH. Tub. Valer. VERAT. zinc.
Siehe auch therapeutische Hinweise, S. 636

DURCHFALL abgemagerten, ausgezehrten Kindern bei
ACET—AC. Bar—m. calc. Calc—p. phos. podo. Rheum. sil. sul—ac. Tub.

DURCHFALL Abstillen nach
arg—n. CHIN.

DURCHFALL abwechselnd mit Gelenkbeschwerden
Dulc

DURCHFALL abwechselnd mit Verstopfung
Abrot. agar. Ant—c. arg—n. ars. aur. bry. calc. Chel. coll. ferr. ign. iod. lach. Lyc. nat—m. nat—s. nit—ac. nux—m. Nux—v. Op. Phos. Podo. Puls. ruta. SULPH. Tub.

DURCHFALL abwechselnd mit Ausschlägen
siehe unter Haut, S. 494

DURCHFALL akut Säuglinge, Austrocknung Gefahr
aloe. Ars. bar—m. CHIN. crot—t. Merc. podo. sil. sulph.

DURCHFALL Angst, Furcht oder Schreck durch
Acon. ARG—N. Gels. Ign. Kali—p. op. phos. Puls. Verat.

DURCHFALL Anus Brennen dabei, rot, rauh, nach Erkältung
aesc. Dulc. PETR.

DURCHFALL Appetit vermehrt dabei
Aloe. petr.

DURCHFALL Appetit vermehrt dabei, abwechselnd mit rheumatischen Affektionen
ABROT.

DURCHFALL Baden (kalt) nach
Ant—c. Calc. Podo. Rhus—t.

DURCHFALL Baden während b. Neugeborenen oder Kleinkindern
Podo.

DURCHFALL Bewegung, Gehen beim (agg.)
aloe. apis. BRY. calc. coloc. CROT—T. Ferr. gels. Nux—v. podo. Verat.

DURCHFALL Blähungsgetöse, Rumpeln oder lautem Kollern mit
Aloe. arg—n. Calc—p. carb—v. NAT—S. ph—ac. rheum. thuj.

DURCHFALL Bronchitis während
MAG—C. Rumx.

DURCHFALL Bronchopneumonie bei
Ars. MAG—C. rumx.

DURCHFALL Cholera infantum (Sommerdurchfall)
Acon. AETH. aloe. ant—c. ant—t. APIS. Arg—n. ARS. ars—i. bapt. Bell. benz—ac. Bism. Bry. cact. Cadm—s. Calc. calc—a. Calc—p. Camph. camph—br. canth. Carb—v. carb—ac. Cham. Chin. coff. colch. Coloc. colos. corn. Crot—t. Cuph. Cupr. cupr—a. Cupr—ar. Elat. Euph—c. Dulc. ferr. Ferr—p. gaert. Grat. graph. Guaj. hydr—ac. indol. Iodof. IP. Iris. jatr. kali—bi. Kali—br. KREOS. LAUR. Mag—c. Med. merc. Merc—c. Nat—m. nat—p. oeno. Op. ox—ac. ph—ac. Phos. phyt. PODO. Psor. Puls. raph. res. Rhus—t. sars. Sec. sep. SIL. stram. Sulph. Tab. thuj. VERAT. verat—v. ZINC.

DURCHFALL Cholera infantum (Sommerdurchfall) Kollaps mit, ernst
Aeth. Ars. Camph. carb—v. Pyrog. verat.

DURCHFALL Cholera infantum (Sommerdurchfall) meningealem Kopfrollen mit
apis. BELL. cyt—l. HELL. med. Podo. ZINC.

DURCHFALL Cholera infantum (Sommerdurchfall) warmem Körper mit
Bism.

DURCHFALL chronisch allgemein
ACET—AC. aeth. all—s. Aloe. ang. ant—c. apis. Arg—n. arn. Ars. ars—i. bapt. Calc. calc—p. Chin. Chin—ar. cist. crot—t. Cupr—ar. elaps. ferr. Ferr—ma. gamb. Graph. hep. Lach. lyss. mag—c. Merc. merc—d. nat—m. Nat—s. nit—ac. olnd. petr. Ph—ac. PHOS. Podo. psor. puls. rheum Rhus—a. rhus—t. rumx. sep. sil. sul—ac. Sulph. Thuj. Tub. urt—u.

DURCHFALL chronisch Colitis bei (schleimiger Stuhl)
arg—n. calc—p. colch. dros. Kali—bi. lyc. MERC.

DURCHFALL chronisch, lienterisch und unbeherrschbar (unwillkürlich)
Nat—s.

DURCHFALL chronisch, Malabsorptions Syndrom (Zöliakie, Sprue)
aeth. Arg—n. calc. Mag—c. med. nat—c. Nat—m. podo. sanic. sep. sil. Tub.

DURCHFALL chronisch Säuglinge
aeth. ars. calc. Crot—t. Nat—m. Podo. psor. Sulph.

DURCHFALL Durstlosigkeit dabei
Aeth. Chin. camph. ip. nux—m.

DURCHFALL Eiern nach
cham. Chin—ar.

DURCHFALL Emotionen durch: Angst, Lampenfieber, Anticipation
   acon. ARG—N. coff. Gels. ign. kali—p. lyc. petr. Ph—ac. puls. Thuj.

DURCHFALL Emotionen durch: Kränkung, Beleidigung
   aloe. Calc—p. cham. COLOC. ign. Petr. Staph. sulph.

DURCHFALL Emotionen durch: Wut oder Ärger, mit allgem. Darm Beschwerden
   acon. Aloe. Ars. bar—c. Bry. Calc—p. Cham. COLOC. hyos. ign. Ip. Nux—v. podo.
   puls. STAPH. verat.

DURCHFALL Emotionen durch: Zorn, ungerechtem Tadel oder Bestrafung
   Cham. Coloc. hyos. Ign. op. STAPH.

DURCHFALL Erbrechen mit, Enterocolitis, akuter Brechdurchfall
   Aloe. ant—t. ARS. arum—i. calc. carb—v. Cham. chin. colch. cupr—ar. Ferr. indg.
   Ip. Okou. puls. rhus—t. sec. sulph. Verat.

DURCHFALL Erkältung bei oder mit
   calc. caps. Caust. Cham. Chin. nux—v. sil.

DURCHFALL Erkältung nach (gefolgt v. D.)
   acon. CALC. Cham. chin—ar. cocc. Dulc. nat—ar. nux—v. ph—ac. sulph.

DURCHFALL erst, dann Kreislauf Kollaps
   Verat.

DURCHFALL Essen sofort nach E.
   ALOE. Ars. arund. chin. chin—ar. coloc. CROT—T. Ferr. lyc. nat—ar. Podo. Puls.
   Sanic. trom.

DURCHFALL Essen während
   Chin. Crot—t. FERR. kali—p. Podo.

DURCHFALL Fahren während oder nach (Autofahren)
   COCC. Petr.

DURCHFALL Fieber mit
   ars. Acon. bapt. Bell. bry. calc. cina. Ferr—p. hyos. mur—ac. nit—ac. nux—v.
   puls. ph—ac. phos. RHUS—T. stram. sul—ac.

DURCHFALL Flatus mit, bei Säuglingen
   Arg—n. nat—s.

DURCHFALL Flatus durch oder während
   ALOE. arg—n. kali—ar. nat—s. Sanic.

DURCHFALL flüssig, reichlich, läuft aus Windel heraus (windelsprengend)
   BENZ—AC. crot—t. elat. grat. phos. PODO.

DURCHFALL Frostgefühl mit, bei warmem Wetter
   camph. PULS.

DURCHFALL Früchten oder Obst nach
ARS. bor. Bry. calc—p. Chin. Coloc. ip. Nat—s. ph—ac. Puls. sul—ac. VERAT. zing.

DURCHFALL gelb bis gelb - grün, stinkend und schmerzlos
aloe. Carb—v. Cupr—ar. Grat. ph—ac. Podo. Verat.

DURCHFALL Geruch durchdringend (durchs ganze Haus)
Benz—ac. lach. PSOR. sanic. sulph.

DURCHFALL Geruch faulig, wie Fäulnisdyspepsie stinkend
Aloe. ars. Bapt. Bell. bism. bry. CARB—V. Cham. Chin. Coloc. Crot—t. Cupr. dulc. gamb. hyos. Ip. Jal. jatr. Merc. olnd. ph—ac. Phos. PODO. PSOR. pyrog. sil. staph. sulph. tub.

DURCHFALL Geruch sauer Milchgenuss nach, oder bei Säuglingen
CALC. CALC—A. colos. Hep. Mag—c. mag—m. nat—c. rheum. sulph.

DURCHFALL Geruch sauer, ganzes K. riecht sauer
CALC. calc—a. colos. Hep. MAG—C. Merc. RHEUM. sulph.

DURCHFALL Geruch sauer, wie Gährungsdyspepsie
Arg—n. CALC. Calc—a. hep. Jal. MAG—C. nat—c. Nat—p. merc. RHEUM. Sulph.

DURCHFALL geruchlos
CHIN. Ferr. verat.

DURCHFALL getragen werden am.
ars. bell. CHAM. Coff. coloc. Lyc. Phos. podo. stann.

DURCHFALL grün
ARG—N. Cham. grat. Ip. laur. Mag—c. med. Merc. merc—d. podo. Sep.

DURCHFALL grün Blähungs Koliken nach
CHAM. laur. ip. Mag—c. Merc.

DURCHFALL grün, Spinat, wie gehackter
Acon. Arg—n. Cham. Ip. merc.

DURCHFALL grün grasgrün
arg—n. Cham. Ip. laur. Mag—c. Merc—d.

DURCHFALL heisse Getränke agg.
ARG—N. Fl—ac. Lyc. Sec.

DURCHFALL Hydrocephalus bei akutem
Apis. bell. Calc. Carb—ac. HELL. Zinc.

DURCHFALL Impfung nach
ant—t. Sil. thuj.

DURCHFALL Kälte Einwirkung durch (Wetter, Erkältung, kalte Luft)
acon. bell. Calc. DULC. nat—s. nux—m. nux—v. Rhus—t. sang. Sil.

DURCHFALL Kälte und Nässe Einwirkung durch (ins Wasser fallen etc.)
COLOC. Dulc. calc. nat—s. Petr. Verat.

DURCHFALL Kälte d. Unterarme und Schwäche dabei
Brom.

DURCHFALL Kälte und Schwäche dabei
Chin.

DURCHFALL kalte Getränke oder Eiscreme durch
ARS. Bry. calc—p. Carb—v. Dulc. lyc. nux—m. ph—ac. Puls.

DURCHFALL kalten Getränken nach reichlichen, bes. im Sommer
aloe. Ars. bry. crot—t. GRAT. nat—s. NUX—M. puls. sil.

DURCHFALL Kleinkinder
abrot. acet—ac. ACON. AETH. agar. Ant—c. ant—t. Apis. ARG—N. arn. ARS.
Arund. Bapt. BELL. BENZ—AC. Bism. BOR. bry. cadm—s. CALC. Calc—a.
CALC—P. Calc—s. Camph. carb—ac. carb—v. cast. CHAM. Chin. Cina. COLOC.
coll. Colos. CROT—T. dios. Dulc. elat. ferr. Ferr—p. Gamb. ger. gnaph. graph.
Grat. gua. guaj. guar. HELL. Hep. ign. iod. IP. iris. Jal. jatr. Kali—br. KREOS.
lac—ac. lach. Laur. Lyc. Lyss. MAG—C. Mag—m. MERC—C. MERC—D. Merc.
mur—ac. nat—m. nat—p. Nit—ac. nux—m. NUX—V. op. PH—AC. Phos. PODO.
PSOR. Puls. raph. rat. RHEUM. Ric. Sabad. sec. Senn. Sep. SIL. stann. staph.
Stram. sul—ac. SULPH. Valer. VERAT. zinc.

DURCHFALL Kreislauf Kollaps nach
Camph.

DURCHFALL Kuchen oder Gebäck nach
Ant—c. Puls.

DURCHFALL Kummer, Trauer durch
calc—p. Coloc. Gels. Ign. merc. op. Ph—ac.

DURCHFALL Liegen Bauchlage am.
Calc. PODO.

DURCHFALL Liegen ganz still am., jede Bewegung agg
apis. Bell. ferr. BRY. nat—s. Podo. VERAT.

DURCHFALL Liegen Rückenlage agg.
Calc. Coloc. PHOS. PODO.

DURCHFALL Limonade nach
Cit—ac. Phyt.

DURCHFALL Masern nach
> bry. Carb—v. chin. merc. Puls. squil. Sulph.

DURCHFALL Masern während
> ars. Bry. chin. Ip. merc. Puls. squil. sulph. verat.

DURCHFALL Medikamenten unverträglichen nach
> camph. Hydr. nux—v. okou. Puls. RHEUM. Sulph.

DURCHFALL Menses nach
> bov. Lach. Tub.

DURCHFALL Menses vor
> Am—c. Bov. Lach. Nat—s. verat.

DURCHFALL Menses während
> am—c. Bov. Kreos. Phos. Puls. tab. Verat.

DURCHFALL Milch nach
> aeth. ars. bry. CALC. Chin. con. iod. Kali—ar. Kali—c. lac—d. Lyc. Mag—c. MAG—M. NAT—AR. NAT—C. Nicc. nit—ac. Nux—m. Podo. Sep. Sil. SULPH. valer.

DURCHFALL Milch Muttermilch nach
> ant—c. Crot—t. NAT—C. Nux—v. SIL.

DURCHFALL morgens agg.
> cimic. Iod.

DURCHFALL morgens (Frühdurchfall)
> Aloe. cimic. Iod. Kali—bi. nat—m. nat—s. phyt. Podo. Psor. rumx. SULPH.

DURCHFALL morgens (Frühdurchfall) mit Husten
> Rumx.

DURCHFALL morgens Aufstehen und / oder Frühstück nach
> aeth. aloe. arg—n. Bac. Bry. mag—p. nat—m. NAT—S. nux—v. phos. Podo. SULPH. Thuj.

DURCHFALL morgens früh 4 - 5 Uhr aus d. Bett treibend
> Aloe. Psor. rumx. SULPH.

DURCHFALL morgens Wut Anfällen mit
> Gnaph.

DURCHFALL nachts
> arg—n. ARS. Bac. cham. chin. chin—ar. dulc. FERR. Ferr—ar. kali—c. lach. Merc. nat—ar. nux—m. Podo. puls. sulph.

DURCHFALL nachts mit kolikösen Schmerzen
> CHAM. Kali—c. rheum. Sulph.

DURCHFALL rezidivierender bei Kindern mit heriditärer Gonorrhoe
Med. nat—s.

DURCHFALL rezidivierender bei Säuglingen
calc. cupr—ar. iod. PHOS.

DURCHFALL Ruhr ähnlich, abgemagerten, klein gebliebenen K. bei
Bar—m. cupr—ar.

DURCHFALL Säuglinge
acon. Ant—c. Arg—n. ars. Arund. bell. bry. calc. Calc—p. carb—v. CHAM. chin. coloc. Colos. Crot—t. cupr—ar. dulc. ferr. Gamb. graph. Hep. ip. lach. Mag—c. Merc. Nux—v. op. PH—AC. phos. PODO. puls. RHEUM. rhus—t. sep. sul—ac. Sulph. Verat.

DURCHFALL Säugling Stillen sofort nach
ant—c. arund. calc. cham. Crot—t. nat—c. Nux—v. phos. tub.

DURCHFALL Säugling, dessen Mutter Asthma hat
nat—s.

DURCHFALL Säugling, dessen Mutter Süssigkeiten isst
Arg—n.

DURCHFALL schaumig fettigen Stuhl mit
caust. hep. IOD. Phos.

DURCHFALL schmerzhaft (kolikös)
ALOE. arg—n. ars. Bell. bry. CHAM. Chin. colch. Coloc. CROT—T. CUPR. gamb. Ip. Jal. jatr. Mag—c. Mag—p. Merc. Merc—c. Rheum. rhus—t. sulph.

DURCHFALL schmerzlos
aloe. Bapt. Bar—m. Bism. Bor. Chin. coff. Dulc. Ferr. Hep. Hyos. jatr. Nat—m. Ph—ac. PHOS. Podo. Sulph. Tub. verat.

DURCHFALL schmerzlos und stark stinkend
bapt. Phos. podo. Sil.

DURCHFALL Schnupfen nach
dulc. sang.

DURCHFALL Schreien mit
carb—v. CHAM. Ip. RHEUM. Sulph.

DURCHFALL Schreck nach
acon. Gels. kali—p. Op. ph—ac. puls. verat.

DURCHFALL Schokolade nach
ARG—N. bor. lith—c.

DURCHFALL Schulmädchen (Schulkindern) bei
arg—n. Calc—p. Ph—ac.

DURCHFALL schwächend
acet—ac. ARS. Chin. Chin—ar. colch. Cupr—ar. Dios. Kali—p. PHOS. Sec. sep.
sil. Tab. VERAT.

DURCHFALL schwächend erheblich, Kind schläft auf Topf ein
Chin. Colch. sil. Verat.

DURCHFALL schwächend, Erholung auffallend schnell
Ars.

DURCHFALL schwächend, schmerzlos und reichlich
Phos. tub.

DURCHFALL schwächend schnell mit Unruhe und Aufregung
Ars.

DURCHFALL schwächt NICHT
calc. graph. PH—AC. Puls. Sulph. Tub. zinc.

DURCHFALL stinkend stark, fast aashaft, durchdringend
ars. Bapt. calc. Carb—v. Hyos. Lach. PODO. PSOR. sanic. sil. Stram.

DURCHFALL stinkend und wässrig
arg—n. ars. Bapt. benz—ac. bism. calc. Carb—v. cham. graph. hyos. lach. nat—s.
nit—ac. phos. PODO. puls. PSOR. sec. sil. sul—ac. sulph.

DURCHFALL tags nur
Con. hep. Kali—c. Nat—m. nux—v. PETR. phyt. thuj.

DURCHFALL tags mit kolikösen Schmerzen vorher
PETR.

DURCHFALL tags schmerzlos, mit kollernden Geräuschen vorher
Kali—c.

DURCHFALL unwillkürlich Schlaf während
aloe. arn. Cham. chin. Kali—c. Rhus—t. staph. stront—c.

DURCHFALL unruhigem Schreien mit
Valer.

DURCHFALL warmen Getränke nach
Fl—ac.

DURCHFALL wässrig
agar. ALOE. ant—c. ant—t. Apis. arg—n. calc. Cham. colch. con. Dulc. elat. Ferr.
Gamb. grat. Ip. iris. Mag—s. merc. nat—m. Nat—s. nux—v. olnd. phos. PODO.
psor. puls. ran—b. sec. sulph. thuj. Valer. VERAT.

DURCHFALL wässrig Fleischwasser wie (rosa)
PHOS. Rhus—t.

DURCHFALL wässrig - weiss
apis. Benz—ac. Cina. Ph—ac.

DURCHFALL Wasser trinken durch oder nach
aloe. Arg—n. ARS. cina. Crot—t. Ferr. Grat. Nux—v. Podo. zing.

DURCHFALL weiss
benz—ac. Cina. Mag—c. Med. nux—m. ph—ac.

DURCHFALL weiss und sauer
MAG—C. ph—ac.

DURCHFALL wund machend - Anus davon rissig
Cham. iris. Kali—s. lyc. mag—c. nat—m. Nit—ac. sanic. sep. SUL—AC. SULPH.

DURCHFALL Zahnung während
acet—ac. Acon. AETH. Apis. apoc. Arg—n. Ars. arund. BELL. benz—ac. Bor.
CALC. calc—a. CALC—P. canth. carb—v. CHAM. chin. chlol. Cina. Coff. colch.
Coloc. corn. cund. cupr. Dulc. Ferr. ferr—ar. ferr—p. Gels. graph. hell. Hep. ign.
Ip. Jal. KREOS. MAG—C. Mag—p. Merc. Nit—ac. nux—m. Olnd. ph—ac. Phos.
Phyt. PODO. Psor. puls. RHEUM. Sep. SIL. Sulph. sul—ac. zinc.

DURCHFALL Zahnung während im Sommer (nur an heissen Tagen)
Aeth.

DURCHFALL Zöliakie bei (Gluten Unverträglichkeit, meist Kleinkind)
abrot. Aethi—a. aloe. bar—m. hydr. Mag—c. nat—m. Nat—s. PODO. sanic.

DURCHFALL Zorn oder ärgerlichem Verdruss nach
Aloe. bar—c. Bry. calc—p. Cham. COLOC. ip. Nux—v. petr. Staph.

DURCHFALL Zucker (Süssigkeiten) nach
ARG—N. calc. crot—t. kali—c. Merc. ox—ac. Sulph. trom.

GALLEN Affektionen wie Koliken etc.
BELL. Berb. bry. calc. Calc—p. card—m. Cham. Chel. CHIN. chol. Dios. dulc.
form. lob. Lyc. nat—c. Nat—ch. nat—m. Nat s. NUX—V. ptel. Puls. sep. sulph.
verat.

GASTROENTERITIS
siehe unter Magen, S. 303

HÄMORRHOIDEN
Aesc. ars. calc. Ham. ign. lyc. med. MUR—AC. podo. sulph. tub.

HÄMORRHOIDEN schmerzhaft Neugeborenen bei
Mur—ac. sulph.

HÄMORRHOIDEN, Auftreten plötzlich bei kränklichen, siechen Kindern
Mur—ac.

HELMINTHIASIS Zusatztherapie bei Oxyuren
siehe therapeutische Hinweise, S. 636

HEPATITIS allgemein
acon. ars. bell. Berb. Bov. BRY. calc. Cham. Chel. CHIN. dig. dol. Gels. hep. Iris. jug—c. kali—pic. lach. Lept. Lup. Lyc. MERC. Merc—d. myric. Nat—s. NUX—V. phos. Podo. ptel. Puls. senn. Sulph. tarax.

HEPATITIS chronisch oder konstitutionell
aur—m. Calc. Carc. CHEL. Con. Iod. lach. lact. Lyc. Kali—c. mag—m. Merc. Nat—s. Phos. psor. sulph.

HEPATITIS Gelbsucht Milchgenuss nach
aeth. Bry. nat—c. sep. sil. SULPH.

HERNIE, Leistenbruch
siehe unter Bauchdecke

HYPOCHONDRIEN beide Seiten, innerer allgemein
ACON. Alum. am—m. ang. ant—c. ant—t. arn. ars. Asaf. asar. aur. bell. bism. bov. Bry. Calc. Camph. cann—s. canth. caps. carb—an. Carb—v. caust. Cham. CHIN. cocc. coc—c. coff. colch. Con. cupr. dig. dios. dros. ferr. graph. hell. hep. Ign. ip. kali—c. kali—n. lach. Laur. led. lyc. mag—c. mag—m. mang. teucr. meny. merc. Mosch. mur—ac. nat—c. nat—m. nit—ac. Nux—v. op. plb. phos. ph—ac. plat. Puls. RAN—B. ran—s. Rhod. rhus—t. ruta. sabad. sars. sec. sel. seneg. Sep. sil. spig. spong. Stann. Staph. stront—c. Sulph. sul—ac. tarax. thuj. valer. verat. verb. Zinc.

HYPOCHONDRIEN linke Seite allgemein
acon. agar. Agn. alum. am—c. Am—m. anac. Ant—c. Apis. arg—m. Arn. Ars. ASAF. Asar. aur. bell. brom. bry. calad. calc. Cann—s. carb—an. Carb—v. Caust. Cham. chel. Chin. cocc. coff. con. Cupr. dig. dios. dulc. Euph. Ferr. FL—AC. graph. hep. IGN. iod. ip. kali—c. kali—n. kreos. laur. lyc. mang. teucr. merc. Mez. Mill. mosch. Mur—ac. nat—c. nat—m. NIT—AC. nux—v. olnd. par. plb. petr. phos. ph—ac. plat. Psor. puls. Ran—b. ran—s. Rheum. rhod. rhus—t. ruta. sabad. sars. sec. seneg. Sep. sil. spig. squil. stann. staph. SULPH. sul—ac. valer. Verb. viol—t.

HYPOCHONDRIEN rechte Seite allgemein
ACON. Aesc. agar. agn. Aloe. Alum. Ambr. AM—C. am—m. Anac. ant—c. apis. arn. ars. asaf. bapt. BAR—C. BELL. Berb. bor. BRY. calad. Calc. Canth. Carb—an. carb—v. card—m. caust. Chel. chin. Clem. COCC. Colch. Con. Dig. dios. dulc. ferr. fl—ac. graph. hep. Hydr. hyos. ign. iod. Iris. KALI—C. kreos. Lach. Laur. led. LYC. mag—m. mang. teucr. Merc. mill. Mosch. myric. nat—c. Nat—m. Nat—s. nit—ac. nux—m. NUX—V. par. plb. Petr. phos. ph—ac. plat. PODO. psor. puls. ran—b. ran—s. rhod. rhus—t. ruta. Sabad. sabin. Sec. Sel. Sep. Sil. spig. Stann. staph. sulph. sul—ac. tell. valer. Verat. verb. zinc.

KLUMPEN oder Kugel Gefühl im Bauch
Aesc. anac. lach. nat—m. plat. Sep. Staph.

KOLIKEN Neugeborener
siehe therapeutische Hinweise, S. 636, sowie oben unter Drei-Monats-Kolik, Acht-Monats-Kolik und Bauch Schmerz kolikös oder krampfend

LEBER und Lebergegend innere (Oberbauch rechts) allgemein
abies—c. abrot. absin. ACON. Aesc. Agar. agn. all—c. Aloe. Alum. ambr. am—c. Am—m. anac. ang. ant—t. Apoc. Arg—n. Arn. Ars. asaf. Aur. Bapt. bar—c. bell. BERB. bov. BRY. calad. CALC. calc—f. calc—p. camph. cann—s. canth. Carb—an. carb—v. Carb—ac. Card—m. caust. cedr. Cham. CHEL. China. cinnb. clem. Cocc. Colch. Coloc. Con. croc. Crot—h. Cupr. dig. dros. dulc. eup—per. ferr. fl—ac. gels. graph. Grin. hell. Hydr. hydrc. hyos. Ign. iod. ip. iris. jug—r. KALI—C. kali—n. kalm. kreos. lach. laur. LEPT. Lyc. mag—c. MAG—M. teucr. MERC. merc—c. merc—d. mill. mosch. mur—ac. myric. nat—c. Nat—m. nat—s. nit—ac. Nux—m. Nux—v. Op. pall. par. plb. petr. Phos. ph—ac. plat. PODO. psor. puls. ran—b. ran—s. rhod. rhus—t. rob. Ruta. Sabad. sabin. sang. sars. sec. sel. seneg. Senn. SEP. sil. spig. spong. stann. staph. SULPH. sul—ac. tab. tarax. thuj. valer. verat. verb. vib. Zinc.

LEBER Abszess (meist durch Amöben oder andere Parasiten)
ars. bell. bry. Chin. ferr—p. gels. hep. Lach. merc—c. Nux—v. Puls. ruta. sep. Sil.

LEBER Affektionen
siehe auch unter Hepatitis

LEBER und Milz vergrössert
ars. Calc—ar. card—m. cean. chion. Dol. ferr—ar. ferr—i. lyc. merc. Nat—m.

LEBER und Milz vergrössert, Fieber dabei
calc—ar. cean. Ferr—ar. sep.

LEBER Schmerz erstreckt sich zur Nabelgegend
berb. chel. dulc. lept. myric. Senn. sep.

LEBER Vergrösserung (Schwellung, Hepatomegalie)
aloe. Calc—ar. chel. Chin. chion. dig. dol. Fel. Hydr. lept. Lyc. MAG—M. Merc. Nat—s. NUX—M. NUX—V. Podo. Sep. SENN.

LEISTENBRUCH siehe Bauchdecke Hernie

MASTDARM Vorfall siehe Analprolaps

MESENTREIALDRÜSEN geschwollen und / oder verhärtet
CALC. calc—f. Calc—p.

MILZ und Milzgegend innere (Oberbauch links) allgemein
abies—c. abrot. acon. agar. agn. alum. ambr. am—c. am—m. anac. ang. ant—t. aran. arg—m. arn. Ars. ASAF. asar. aur. bar—c. bell. berb. bism. Bor. bov. brom. bry. calad. calc—p. camph. Cann—s. canth. caps. carb—an. carb—v. caust. cedr. cham. chel. CHIN. cob. coc—c. colch. con. crot—h. crot—t. cupr. Dios. dros. Dulc. ferr. fl—ac. gels. graph. grat. Grin. guaj. hell. hep. IGN. iod. ip. kali—bi. kali—n. kreos. Laur. lyc. mag—c. mag—m. mag—s. mang. merc. mez. mosch. Mur—ac. Nat—c. nat—m. nat—s. nit—ac. nux—m. nux—v. olnd. phyt. Plb. petr. phos. ph—ac. Plat. psor. puls. querc. RAN—B. ran—s. rheum. rhod. rhus—t. Ruta. sabad. sars. sec. sel. seneg. sep. sil. spig. spong. Stann. sulph. Sul—ac. tab. tarax. teucr. thuj. urt—u. valer. verat. verb. viol—t. zing. Zinc.

NABEL Affektionen Neugeborener
siehe auch therapeutische Hinweise, S. 637

NABEL Absonderung allgemein
ABROT. Calc. CALC—P. jac—c. Kali—c. lach. Lyc. Nat—m. nux—m. Sil. Stann.

NABEL Absonderung, auch blutig, Neugeborenen bei
ABROT. calc. Calc—p. dol. hyos. Kali—c. lac—c. lach. lyc. med. NAT—M. nux—m. phos. sil. stann. tarent.

NABEL Absonderung urinös Neugeborenen bei
Hyos.

NABEL Auswuchs mit feuchter Absonderung, wie wildes Fleisch
CALC. Kali—c. Nat—m.

NABEL Blutungen Neugeborener
ABROT. calc. Calc—p. crot—h. Lach. lyc. nat—m. nit—ac. Nux—m. phos.

NABEL eingezogen, zurückgezogen
acon. alum. Apis. Bar—c. calc—p. carb—ac. Chel. cocc. Cupr. dros. hydr. iod. kali—c. mosch. nat—c. nat—m. PLB. podo. puls. stann. tab. ter. Verat. Zinc.

NABEL eingezogen, zurückgezogen kolikösem Schmerz bei
nat—c. Plb.

NABEL eingezogen, zurückgezogen Stuhlgang vor
crot—t.

NABEL Ekzem in und Umgebung
calc. dros. Dulc. Kali—br. Kali—i. med. merc—pr—r. phos. Sulph.

NABEL Entzündung mit Sepsis bedingtem Tetanus
Ars. Bell. Cic. camph. Cupr. Cupr—ar. Gels. Hydr—ac. Hyper. lach. Nux—v. passi. phys. stram. Stry. Stry—ar.

NABEL Entzündung, Omphalitis
Abrot. Acon. apis. ars. Bell. Calc. hydr. kali—n. sil.

NABEL Entzündung, Omphalitis chronische
calc. sil.

NABEL Entzündung, Omphalitis Neugeborener
abrot. calc. Hep. sil. tarent.

NABEL hart, Verhärtung
Bry. Plb. puls. rhus—t. spig.

NABEL Hernie, Bruch Neugeborener
Aur. cham. m—arct. NUX—V. Sulph. verat.

NABEL Hernie, Bruch, Vortreibung beim Schreien
aur. Calc. calc—p. cham. cocc. con. dulc. Lach. lyc. M—arct. nat—m. Nux—m. NUX—V. Op. plb. sulph. sul—ac. THUJ. Verat.

NABEL koliköser Schmerz (Nabelkoliken)
Aloe. BELL. Bry. calc. camph. carb—an. cham. chel. chin. chion. Cocc. COLOC. Crot—t. Dios. gamb. hyos. Ign. iod. Ip. laur. mag—c. Mag—p. nat—c. nat—s. Nux—v. ph—ac. PLB. PODO. raph. rhod. senec. stront—c. Sulph. Verat. zinc.

NABEL Schmerz erstreckt sich zum Rectum
Aloe. ars. Crot—t. dios. ferr—i. ign. Lyc.

NABEL Schmerz siehe auch unter Bauch Nabel Umgebung

NABEL Schwellung
bry. Caust. plb. prun. ptel. puls. sep.

NABELBRUCH mit Verstopfung
Op.

NABELGEGEND (innere) allgemein
Acon. aesc. agar. alum. ambr. am—c. Am—m. Anac. ant—c. ant—t. apoc. arn. ars. asaf. bar—c. Bell. Bov. BRY. calad. calc. Calc—p. camph. cann—s. canth. caps. carb—an. carb—v. caust. cham. Chel. Chin. Cina. cocc. colch. COLOC. con. Crot—t. dig. Dios. Dulc. graph. guaj. hell. hep. hyos. Ign. iod. Ip. kali—c. kali—n. KREOS. lach. laur. mag—c. mag—m. mang. teucr. meny. merc. mez. Mosch. mur—ac. Nat—c. Nux—m. Nux—v. Olnd. op. par. PLB. phos. PH—AC. Plat. puls. ran—b. ran—s. Rheum. rhod. RHUS—T. ruta. sabin. sars. seneg. Sep. sil. Spig. spong. stann. staph. stram. Stront. Sulph. Sul—ac. tarax. thuj. valer. VERAT. VERB. viol—t. zinc.

NABELGEGEND Geschwüre
Aesc. Apis. Ars. calc. CALC—P. nux—m. Petr. rhus—t. sil. tarent. thuj.

NABELGEGEND Granulationen, wildes Fleisch (feucht)
CALC. kali—c. nat—m.

NABELGEGEND Kälte
Coloc. kreos. rat. ruta. Ter. verat.

NABELGEGEND Schmerz harter Druck am.
>cina. Coloc. plb.

NABELGEGEND Wundwerden
>calc. Sil. Sulph

OBERBAUCH innerer allgemein
>abies—c. Acon. Aesc. Agar. agn. aloe. ambr. am—c. am—m. anac. ant—c. ant—t. apoc. Arn. ars. asaf. asar. aur. bar—c. bell. bor. bov. BRY. Calad. Calc. calc—p. camph. cann—s. Canth. Caps. Carb—v. carb—ac. CAUST. CHAM. Chel. CHIN. cic. Cina. COCC. colch. Coloc. con. croc. crot—t. Cupr. cycl. Dig. dios. dulc. euphr. ferr. gels. guaj. hell. hep. hydr—ac. hyos. Ign. Iod. ip. iris. kali—bi. kali—c. kali—n. lach. laur. Lyc. mag—m. teucr. meny. Merc. MERC—C. merc—i—r. mez. mosch. mur—ac. nat—c. Nat—m. nux—m. NUX—V. olnd. op. ox—ac. par. plb. petr. Phos. ph—ac. phyt. plat. podo. PULS. ran—b. ran—s. rhod. rhus—t. rumx. ruta. sabad. sabin. sal—ac. samb. sec. seneg. sep. sil. spig. spong. Stann. Staph. stram. stront. Sulph. sul—ac. tarax. thuj. valer. verat. verb. viol—t. zinc.

PANKREAS Affektionen - allgemeine Störungen des Pancreas
>asaf. bar—m. Carb—v. cham. chin. con. dios. Fuc. ign. Iod. Iris. lyc. mag—c. Merc. nat—m. nat—s. Okuo. Phos. Puls. Spong. sulph. verat. Zinc.

PANKREAS bedingte Störung: fettiger Stuhl und Harnzucker (Diabetes)
>ars. chin. IOD. Phos.

PERITONITIS akut
>ACON. ant—t. Apis. Ars. asaf. Bell. BRY. camph. Canth. carb—v. FERR—P. ip. lach. lyc. merc. Merc—c. merc—d. nux—v. op. phos. puls. Rhus—t. sulph. verat.

PERITONITIS akut Ruhelosigkeit und Verlangen Kälte incl. kalten Getränken mit
>SEC.

PERITONITIS akut Ruhelosigkeit und Verlangen Wärme incl. warmen Getränken mit
>ARS. Rhus—t.

PERITONITIS chronisch (ähnlich intestinale Tuberkulose)
>Abrot. ARS—I. Calc. Calc—p. calc—s. Chin. ferr—p. iod. Iodof. kreos. Lyc. nit—ac. ph—ac. psor. sil. Sulph. sul—i. Tub.

PERITYPHLITIS, perityphlitischer Abszess, akut
>Acon. Ars. Bell. Ferr—p. Gels. Lach. rhus—t.

PERITYPHLITIS, perityphlitischer Abszess, chronisch
>Ars. CALC. ferr—p. hep. lyc. Psor. SULPH. Sil. Thuj.

RECTUM
>siehe auch unter Anus

RECTUM Anal Fissur und schmerzhafte Reizung, Durchfall nach
>ars. calc—p. CHAM. Fl—ac. kali—i. merc. Nit—ac. Phos. SIL. sulph.

RECTUM Polypen
Calc—p. kali—br. phos. staph. Teucr.

RECTUM Prolaps (Analprolaps)
Aloe. apis. Bell. calc. carc. chin—s. coll. Ferr. Ferr—p. gamb. gels. hydr. Ign. lyc. merc. Mur—ac. Nux—v. phos. PODO. ruta. sep. sulph. syph. tub.

RECTUM Prolaps (Analprolaps) Säuglinge und Kleinkinder
Ferr. Ign. PODO. sulph.

RECTUM Prolaps (Analprolaps) Durchfall nach
Aloe. dulc. Merc. mur—ac. nux—v. PODO.

RECTUM Schmerz allgemein
Aesc. am—c. brom. carb—v. caust. colch. coll. Graph. IGN. kali—c. Lyc. merc—c. mur—ac. nit—ac. Nux—v. Paeon. phos. podo. puls. Sep. SULPH. thuj.

RECTUM Schmerz brennend
Aesc. agar. Aloe. Ars. berb. Calc. Caps. Carb—v. Graph. Iris. kali—c. lyc. Merc. Nat—m. nit—ac. nux—v. puls. sep. sil. Sulph. thuj.

RECTUM Schmerz erstreckt sich zum Nabel
Coloc. Lach. mez.

RECTUM Schmerz stechend
AESC. ars. carb—an. caust. Con. Ign. KALI—C. Kali—s. lach. lyc. Merc. NIT—AC. nux—v. Rat. sep. Sil. sulph.

RECTUM Schmerz Stuhlgang nach
AESC. agar. ALOE. ars. calc. caust. colch. IGN. Merc. Mur—ac. Nit—ac. nux—v. Paeon. phos. podo. rat. sanic. sil. sul—ac. Sulph.

RECTUM Schmerz Stuhlgang nach am.
cham. Coloc. gamb. NUX—V. Rhus—t. sanic.

RECTUM Schmerz Stuhlgang vor
berb. carb—an. Kali—c. Lyc. merc—c. nat—m. nat—s. NUX—V. sulph.

RECTUM Schmerz Stuhlgang während
agar. alum. ARS. Bry. Calc. carb—v. chel. colch. coll. CON. cupr. Graph. ign. Kali—ar. kali—bi. lach. LYC. mag—c. merc. nat—m. Nit—ac. nux—v. Paeon. plb. PODO. rat. rheum. rhus—t. Sanic. Sep. Sil. SULPH. syph. thuj. Tub. zinc.

RECTUM Schmerz Stuhlgang während und noch lange (Stunden) danach
Aesc. agar. am—c. am—m. Calc. colch. Graph. IGN. mur—ac. NIT—AC. PAEON. sil. sulph.

RECTUM Schmerz Stuhlgang während, so stark, dass K. Bemühung aufgibt
ign. Lyc. sanic. Sulph. thuj.

RECTUM Verengung (auch Nachbehandlung v. operativ korrigierter Atresie)
ign. Nat—m. tub.

SALMONELLEN Infektion
Aloe. chel. Gamb. Mag—c. Nat—c. Sulph.

STUHL biliös (gallig - grünlich - mischfarben und stinkend)
Aeth. aloe. ars. bry. Cham. chin. chin—ar. crot—h. ip. Iris. Merc. nat—s. nux—v. podo. Puls. sang. sulph. Verat

STUHL fettig oder ölig
asc—t. Caust. dulc. Iod. iris. Mag—c. nat—s. PHOS. pic—ac. thuj

STUHL gehackt aussehend (wie gehackter Spinat o. gehackte Eier)
acon. Arg—n. Cham. lach. Merc. merc—d. nat—p. Puls. rhus—t. sul—ac. viol—t.

STUHL Geruch Eier wie verfaulte
ARN. CHAM. Psor. Staph. sul—ac. sul.

STUHL Geruch Käse wie verdorbener
BRY. HEP. Sanic.

STUHL Geruch stinkend
arg—n. Ars. Asaf. Bapt. benz—ac. bor. bry. calc—f. calc—p. Carb—v. chin. Crot—h. Gamb. Graph. Hyos. kali—ar. kali—p. LACH. merc. Merc—c. mur—ac. Nat—s. Nux—m. nux—v. Op. PHOS. Podo. PSOR. puls. Sil. sul—ac. SULPH. Stram. Tub.

STUHL grosskalibrig Blähungen mit vielen
Arg—n. Asaf. carb—v. lyc. nat—m. Nat—s. Phos. podo.

STUHL grosskalibrig und hart
BRY. Calc. Graph. kali—c. lyc. Mag—m. nat—m. Nux—v. sanic. sep. sulph. verat.

STUHL grossvolumig & häufig (Morbus Herter). Siehe therapeutische Hinweise, S. 637

STUHL grossvolumig, oft, mehrere grosse Haufen täglich, Morbus Herter
Ars. CALC. Calc—p. Carb—v. Cham. MAG—M. NAT—S. olnd. Phos. podo. psor. sanic. SIL. Sulph. verat.

STUHL hart erster Teil, dann weich bis flüssig
alumn. am—m. berb. BOV. bry. CALC. caust. LYC. Mag—m. mur—ac. nat—c. nat—m. ph—ac. Sul—ac.

STUHL hart zweiter Teil, erster weich bis flüssig
Anac. Ant—c. nux—v. olnd. sabin.

STUHL hellfarben, weisslich, wie Tonerde
ars. benz—ac. Berb. Calc. canth. Cham. CHEL. chin—ar. chion. cina. dig. hell. Hep. Kali—bi. kali—c. kali—p. lach. mag—c. Mag—m. Merc. nat—m. nux—m. op. ph—ac. phos. Podo. Puls. sanic. tarax. urt—u.

STUHL kleinkalibrig, Bleistift wie
> alum. ars. bell. Bor. caps. caust. graph. Mag—m. merc. mur—ac. nux—v. PHOS. sulph.

STUHL Schafskot wie (kleine Knollen, hart)
> Alum. bapt. bar—c. carb—an. caust. Chel. graph. kalm. lach. MAG—M. mang. Merc. Nux—v. Op. petr. Plb. sanic. Sep. SIL. stann. sul—ac. Sulph. thuj. verb.

STUHL scharf, macht Anus wund
> aloe. ant—c. Apis. arn. Ars. bapt. cham. chin. coloc. dulc. ferr. gamb. graph. hep. hydr. ign. Iris. kali—s. Kreos. lach. mag—c. Merc. Merc—c. Mur—ac. Nat—m. Nit—ac. nux—m. nux—v. Phos. Puls. rheum. sang. Sanic. staph. sul—ac. Sulph. Tub. Verat.

STUHL scharf, macht Löcher in Windeln, zerfrisst Wäsche
> coll. Sul—ac.

STUHL Schleim mit klebrigem S. umhüllt
> Alum. am—m. arg—n. Asar. bor. canth. Caps. Cham. crot—t. Graph. HELL. hydr. Kali—bi. merc. Merc—c. nat—m. sep.

STUHL stinkend siehe Stuhl Geruch stinkend

STUHL teilweise tritt heraus, schlüpft wieder zurück (shy stool)
> agn. lac—d. mag—m. nat—m. op. Sanic. sel. SIL. thuj.

STUHL unverdauten Speisen mit, lienterisch
> Abrot. acet—ac. aesc. Aeth. aloe. Ant—c. Apoc. arg—m. Arg—n. Arn. ARS. Bar—c. Bor. Bry. Calc. Calc—a. Calc—p. calc—s. carbn—s. CHAM. Chin. Chin—ar. Cina. Coloc. Con. cop. crot—t. dulc. Elaps. FERR. FERR—AR. Ferr—p. Gamb. Graph. Hep. iod. ip. Iris. kali—p. kreos. lach. laur. Lept. Lyc. lyss. mag—c. Mag—m. Mag—s. Merc. merc—c. Nit—ac. Nux—m. nux—v. ol—j. Olnd. Petr. Ph—ac. Phos. Podo. Psor. raph. Rheum. rhod. Rhus—t. Sang. Sec. Sil. squil. stann. staph. stram. Sulph. sul—ac. thuj. Tub. valer. Verat.

STUHL unwillkürlich und zunächst unbemerkt
> Aloe.

STUHL wechselhaft in Farbe, Konsistenz etc., kein S. wie der andere
> am—m. berb. Cham. colch. Dulc. mur—ac. Podo. PULS. sanic. Sulph.

STUHLDRANG anhalten, unterdrücken agg., dadurch z. B. Kopfschmerz
> aloe. Bry. Calc—p. FL—AC. nat—m. Nux—v. podo. puls. sep.

STUHLDRANG imperativ, kann nicht anhalten oder einen Moment warten
> Aloe. CROT—T. ferr. gels. Lil—t. nat—s. podo. Psor. rumx. SULPH. Tab.

STUHLDRANG morgens Erwachen beim
> aloe. Sulph. Tub.

STUHLDRANG vergeblicher
Alum. alumn. bar—m. calc—s. Caust. chin. Ign. Kali—p. kali—s. Lyc. nat—m. NUX—V. Plan. psor. puls. verat.

STUHLGANG abbrechen muss wegen Schmerzen
siehe unter Rectum Schmerz Stuhlgang

STUHLGANG dauert sehr lange (K. blockiert Toilette)
alum. graph. lyc. Merc. NUX—V. Phos. puls.

STUHLGANG nachher Gefühl Anus steht offen
Aloe. apis. PHOS.

STUHLGANG schmerzhafter
Calc. Carc. colch. graph. Ign. Lyc. med. mur—ac. nit—ac. Nux—v. Paeon. podo. sanic. sil. sulph.

STUHLGANG unwillkürlich b. Bewegung, z. B. wenn aus Wiege genommen
Ph—ac.

STUHLGANG unwillkürlich b. Flatus Abgang, weiss nicht ob S. oder F.
ALOE. Carb—v. Caust. iod. mur—ac. Nat—c. nat—m. Nat—p. Nat—s. Olnd. ph—ac. PODO. tab. Verat.

STUHLGANG unwillkürlich b. Husten, Niessen Springen oder Lachen
Merc. Nat—m. ph—ac. Phos. Rumx. squil. Sulph. Verat.

STUHLGANG unwillkürlich Schlaf während
arn. bry. Chin. con. kali—c. mosch. Podo. Psor. pyrog. rhus—t. sec. stront—c.

STUHLMENGE gering, zu wenig
Alum. am—m. Arn. ars. bapt. Bar—c. CALC. cham. chin. Graph. lach. Lyc. Mag—m. merc. NAT—M. NUX—V. plb. psor. ruta. Sep. Sil. stann. Staph. SULPH. Zinc.

TABES mesenterica (Bauch Tuberkulose, tastbare Lymphknoten und Diarrhoe)
ARS—I. Bac. Calc. Calc—p. calc—s. ferr—p. Iod. IODOF. Kreos. Nat—s. Nit—ac. Ph—ac. sil. sulph.

UNTERBAUCH innerer (unterhalb d. Nabels) allgemein
Abrot. Aesc. agar. ALOE. alum. Ambr. am—c. am—m. anac. ang. ant—c. Ant—t. Arg—n. Arn. Ars. asaf. Bar—c. BELL. bism. bor. BRY. calc. camph. cann—s. canth. Caps. carb—an. CARB—V. caust. cham. chel. Chin. cic. cina. clem. Cocc. coff. colch. COLOC. Coll. con. croc. cupr. cycl. Dios. dros. Dulc. equis. euph. gran. graph. guaj. hell. hep. hyos. Ign. iod. Kali—c. kali—n. Lil—t. LYC. mag—c. mag—m. mang. Merc. mosch. nat—c. nat—m. nit—ac. nux—m. NUX—V. PLB. Phos. PODO. Puls. ran—b. Rheum. rhod. rhus—t. Ruta. sabad. sars. sec. SEP. Sil. Spig. squil. stann. Staph. Sulph. sul—ac. Tarax. ter. Thuj. VERAT. Verat—v. viol—t. zinc.

VERDAUUNGSBESCHWERDEN
siehe auch unter Magen, S. 302, 308 f

VERDAUUNGSBESCHWERDEN abwechselnd mit Gelenkbeschwerden
Dulc. Kali—bi. plb.

VERDAUUNGSSTÖRUNGEN allgemein
Aeth. Ant—c. Arg—n. Ars. bry. calc. Chin. chin—ar. ferr. merc. nat—m. nat—s. NUX—V. olnd. phos. ph—ac. PULS. sep. sulph.

VERDAUUNGSSTÖRUNGEN geistige Erschöpfung durch
Aeth. Calc—f. nat—s. Nux—v. pic—ac. puls.

VERDAUUNGSSTÖRUNG Milch durch
Aeth. alum. calc. carb—v. chin. con. lyc. Mag—c. Mag—m. nat—c. nit—ac. nux—v. op. Sep. sil. staph. sul—ac. SULPH. tub.

VERDAUUNGSSTÖRUNGEN Urticaria durch
apis. Ars. ant—c. ASTAC. Nux—v. puls.

VERSTOPFUNG
siehe therapeutische Hinweise, S. 637

VERSTOPFUNG allgemein, Hartleibigkeit
acon. Aesc. ALUM. am—m. Ant—c. apis. aster. bar—c. bell. BRY. CALC. Calc—s. carc. caust. Cham. chel. chin. Coll. croc. ferr. Graph. Hep. Hydr. hydr—ac. kali—c. kreos. LYC. Mag—m. meph. merc—d. nat—c. Nat—ch. Nat—m. Nit—ac. NUX—V. nyct. OP. Paraf. phos. Plb. Plat. Podo. Psor. Puls. sanic. Sep. Sil. sulph. tub. verat.

VERSTOPFUNG Abmagerung bei (Marasmus)
KREOS.

VERSTOPFUNG abwechselnd mit Durchfall
Abrot. agar. Ant—c. arg—n. ars. aur. bry. calc. Chel. ferr. ign. iod. lach. Lyc. nat—m. nat—s. nit—ac. nux—m. Nux—v. Op. Phos. Podo. Puls. ruta. SULPH. Tub.

VERSTOPFUNG abwechselnd mit Durchfall Flaschenkindern bei (Kunstmilch)
PODO.

VERSTOPFUNG agg. (fühlt sich schlechter solange verstopft)
aloe. alum. ant—c. Arg—n. bar—c. cham. Mag—m. sil. SULPH.

VERSTOPFUNG agg. allgemein (z. B. Ausschlag, Ekzem Kopf)
ARG—N. Graph. Sep.

VERSTOPFUNG am. (fühlt sich besser solange verstopft)
CALC. psor.

VERSTOPFUNG Anaemie bei
Alum. chin. lyc. nat—m.

VERSTOPFUNG Angst wegen, Sorge, sich bei Eltern unbeliebt zu machen
Carc. nat—m. op.

VERSTOPFUNG Auftreibung der rechten Bauch Seite mit (ileocoecal)
Thuj.

VERSTOPFUNG chronisch mit hartem Stuhl
alum. Bry. Ferr. Graph. KALI—S. Lyc. mag—m. nat—m. Nux—v. op. plb. puls. sulph.

VERSTOPFUNG Emotionen durch (Ärger, Beleidigung etc.)
Op. staph.

VERSTOPFUNG Enuresis nocturna mit
CAUST.

VERSTOPFUNG Erkältung plötzlicher bei
Bry. ign. Nux—v.

VERSTOPFUNG Fieber während
bry. cupr. Op. Pyrog. Plb.

VERSTOPFUNG Fleischnahrung nach (zu frühe Umstellung auf F.)
alum. NUX—V.

VERSTOPFUNG Gegenwart anderer in, dann Stuhlgang unmöglich
AMBR. nat—m. tarent. zinc.

VERSTOPFUNG Harnsymptomen mit
cann—s. canth. caust. med. sars. sep.

VERSTOPFUNG hartnäckig und resistent gegen Klistiere
chin. coloc. lac—d. nux—v. Tarent.

VERSTOPFUNG Haus ausserhalb, wenn nicht zuhause, z. B. auf Klassenreise
alum. bry. Ign. LYC. m—arct mag—m. nat—m. Nux—v. op. plat. sep.

VERSTOPFUNG Kleinkinder
acon. Aesc. Alum. ant—c. Apis. Bell. Bry. Calc. Caust. cham. Coll. Croc. Graph. Hep. Hydr. kali—s. kreos. LYC. MAG—M. merc. Merc—d. Nat—m. nit—ac. NUX—V. Nyct. OP. Paraf. plat. Plb. podo. Psor. puls. Sanic. sel. SEP. SIL. Sulph. VERAT. zinc.

VERSTOPFUNG Koliken nachts 2 h mit - tags dann riesiger Stuhl
Nat—s.

VERSTOPFUNG Krankheiten sehr schwächenden nach
Op.

VERSTOPFUNG Kunstmilch ernährten K. bei (Flaschenkindern)
ALUM. bry. calc. Mag—m. mag—p. Nat—m. nat—p. Nux—v. Op. Podo. Sulph.

VERSTOPFUNG Leber Insuffizienz wegen
Calc. card—m. Chel. chion. graph. Hydr. iris. kali—m. LYC. Mag—m. mag—s. Nux—v. phos. podo. Sep.

VERSTOPFUNG Medikamenten unverträglichen nach
carb—v. NUX—V. OP.

VERSTOPFUNG Meeresküste an d.
Bry. mag—m. plat.

VERSTOPFUNG Megalocolon wegen - Stuhl nur alle 10 - 14 Tage
alum. Calc. Graph. Lyc. sil. Sulph.

VERSTOPFUNG Menses anstatt
GRAPH.

VERSTOPFUNG Menses vor
Graph. Kali—c. lach. SIL.

VERSTOPFUNG Menses während
apis. Graph. Kali—c. Nat—m. nat—s. Nux—v. Plat. Sep. Sil.

VERSTOPFUNG montags oder vor Kindergarten- / Schulbeginn
Stann.

VERSTOPFUNG Neugeborener
acon. Alum. apis. bry. Calc. caust. coll. croc. Graph. Lyc. Mag—m. merc. Med. nat—m. nit—ac. NUX—V. OP. Plb. sep. sil. Sulph. verat. Zinc.

VERSTOPFUNG Neugeborener mit Koliken
nux—m. tub.

VERSTOPFUNG Neugeborener durch Schmerzmittel füt Mutter während Geburt
Nux—v. OP.

VERSTOPFUNG Pubertät seit
Lyc.

VERSTOPFUNG Schmerz zwingt, Bemühung aufzugeben (Stuhldrang erfolglos)
Ign. Lyc. mag—c. med. nat—m. Nux—v. Plb. Sulph. Thuj.

VERSTOPFUNG schmerzhaft, auch Furcht vor Stuhlgang
Med. meli. nit—ac. nux—v. SULPH. syph.

VERSTOPFUNG schmerzhaften Koliken mit und eingezogenem Bauch (Kahnbauch)
Plb.

VERSTOPFUNG Stuhl bröckelig hell, gestilltem Säugling bei
Mag—m. nux—v.

VERSTOPFUNG Stuhl gross und hart wie schwarze Ballen
Alum. Bar—c. Bry. chel. ferr. mag—m. op. Plb. thuj. Verat.

VERSTOPFUNG Stuhl hart, schmerzhaft und Furcht vor Stuhlgang
Ant—c. ign. lyc. nux—v. SULPH. thuj.

VERSTOPFUNG Stuhl hart, so sehr, dass er mechanisch entleert werden muss
aloe. CALC. SANIC. sel. sep. Sil.

VERSTOPFUNG Stuhl hart und trocken
anac. Bry. lac—d. Mag—m. Nux—v.

VERSTOPFUNG Stuhldrang erfolglosem mit
alum. Ambr. Anac. carbn—s. Caust. coll. con. ferr. hydr. Ign. iod. lac—c. lach.
Lil—t. LYC. mag—c. Mag—m. merc. Nat—m. nit—ac. NUX—V. Plat. plb. puls.
rat. Sanic. sars. sel. sep. Sil. sulph. thuj.

VERSTOPFUNG Stuhldrang fehlendem mit (Atonie)
Alum. bry. graph. Ign. Lyc. OP. sanic. Sep.

VERSTOPFUNG Stuhldrang fehlendem mit für mehrere Tage bis zu 1 Woche
Alum. calc. Graph. Hydr. lac—d.

VERSTOPFUNG Trockenheit d. Rectums durch
AESC. Alumn. ALUM. bry. Lyc. NAT—M. Op. Plat. Plb. Pyrog. Sel. Sulph.

VERSTOPFUNG Trockenheit d. Verdauungstraktes wegen
Alum. BRY. hydr. kreos. Nat—m. Op. sil.

VERSTOPFUNG Untätigkeit, Kraftlosigkeit d. Rectums bei
Alum. bry. chin. graph. Hep. kali—c. mag—m. Nat—m. nux—m. Nux—v. op. Plb.
sanic. sel. Sil. stann. verat.

VERSTOPFUNG weicher Stuhl geht schwer, Austreibung schwierig
ALUM. Anac. Calc—p. Chin. Hep. Ign. NUX—M. Plat. psor. rhod. SEP. Sil. verat.

VERSTOPFUNG Zahnung während
alum. Bry. Dol. hydr. kreos. Lyc. mag—c. MAG—M. Nux—v. op. sel. Sil.

VORGESCHICHTE (Anamnese): Windpocken (vor Herpes zoster)
iris. merc. Mez. ran—b. RHUS—T. sulph. thuj. vario.

VORGESCHICHTE (Anamnese): Wurmerkrankungen (Würmer)
Cina. naphtin. Sabad. teucr. tub.

VORFALL des Rectum siehe Analprolaps

WINDELDERMATITIS allgemein, Ausschlag perianal, meist durch Einmalwindeln
ant—c. Ars. Bapt. berb. Bor. bry. CALC. Calc—ar. canth. carb—v. carc. Cham.
chin. Clem. crot—t. euph. Graph. Hep. ign. Kali—chl. kreos. lach. lyc. MED.
Merc. Merc—c. Mez. Mur—ac. Nit—ac. petr. puls. Sep. Sulph. SUL—AC. thuj.
urea. urt—u.

WINDELDERMATITIS - Ausschlag ausschliesslich durch Reizung v. Harn
canth. Clem. Lyc. MED. urt—u.

WINDELDERMATITIS - Ausschlag glatt erythematös
bor. euph. Mez.

WINDELDERMATITIS - Ausschlag Papeln oder Blasen
Canth. crot—t. Kreos. Med. Merc.

WINDELDERMATITIS - Ausschlag scharf abgegrenzt erythematös
calc. Euph. MED.

WINDELDERMATITIS - Ausschlag sich ausbreitend mit Oedem (Morbus Leiner)
EUPH. Graph. Rhus—t.

WÜRMER, Wurmerkrankungen allgemein
acon. arg—n. asar. Bell. CALC. carb—v. Carc. chelo. chin. Cic. CINA. Cupr—o.
dig. dol. ferr—a. Fil. GAERT. Ign. ip. lach. Lyc. merc. merc—pr—r. Naphtin.
NAT—P. Nux—m. nux—v. phos. Psor. puls. Ruta. SABAD. Santin. sep. Sil.
Sin—n. SPIG. stann. stram. Sulph. Ter. Teucr. Tub. urt—u. valer. verat. Viol—o.

WURMERKRANKUNG Bandwürmer Hauptmittel
ail. arg—n. CALC. Carb—v. chin. cina. Cupr—a. Cupr—o. frag. Gran. graph.
kali—i. mag—m. Nat—c. nat—s. plat. puls. Sabad. sep. Sil. Sulph.

WURMERKRANKUNG Madenwürmer Hauptmittel
ars. BAR—C. Calc. Cina. ferr. ign. indg. Mag—s. naphtin. NAT—M. Nat—p. rat.
SABAD. Spong. sulph. TER. Teucr. urt—u.

WURMERKRANKUNG Neigung zu
calc. carc. CINA. cupr. cupr—o. graph. ign. nat—p. nat—s. sil. SPIG. Stann.
Sulph.

WURMERKRANKUNG Neugeborenen bei
Calc.

WURMERKRANKUNG Oxyuren rezidivierend
calc. Cina. Cupr—o. mela—a. nat—m. sabad. Sin—n. spig. stann. sulph. Teucr.
Tub.

WURMERKRANKUNG Trichinen
Ars. asaf. bapt. cina. Teucr.

WURMSYMPTOME Verhaltensstörungen mit (schlechtem Benehmen)
carb—v. CINA. cupr. tub.

WURMSYMPTOME Zahnung b. schwieriger Z.
cina. merc. SIL. stann.

WURMSYMPTOME Verstopfung mit
calc. Dol.

Urologische Organe und Harn

BETTNÄSSEN siehe unter Enuresis

BRIGHT´sche Erkrankung siehe unter Nephritis Albuminurie mit

CYSTITIS akut
Acon. Apis. arn. Bell. berb. cann—s. CANTH. Dulc. equis. ery—a. Ferr—p. lach. Merc—c. petros. Puls. Sars. solid. ter. uva.

CYSTITIS akut, Kind springt herum wegen heftiger Schmerzen
canth. PETROS. Tarent.

CYSTITIS allgemein
Acon. apis. arn. ars. bar—m. Bell. Berb. calc—p. calc—s. CANTH. caust. chim. Colch. Dulc. Ferr—p. hydr. hyos. kali—p. kali—s. lith—c. Lyc. med. Merc—c. nat—m. petros. Puls. sabin. Sars. sulph. Ter. tarent. thuj.

CYSTITIS brennender Schmerz dabei
acon. apis. Cann—s. CAPS. Canth. merc—c. sars. ter.

CYSTITIS chronische
arg—n. ars. asaf. calc—s. canth. Chim. coli. equis. eup—pur. Dulc. fab. Hydr. kali—s. Kali—m. LYC. med. Merc. nat—c. Nat—m. Nit—ac. puls. Sep. Sil. solid. sulph. Ter. Thuj. tub.

CYSTITIS chronische kleinen Mädchen bei
Med. Sep. thuj. tub.

CYSTITIS chronisch rezidivierend
Fab. Form. hep. lyc. PULS. Sep. Thuj. tub.

CYSTITIS Erkältung nach
Acon. calc. caust. DULC. Puls. Sulph.

CYSTITIS Erkältung Füsse durch kalte
apis. bar—c. carb—v. Con. Cupr. Dulc. Puls. SIL. sep. sulph. ter.

CYSTITIS Greifen an Genitalien, Schreien und grosse Reizbarkeit dabei
Acon. Lyc. merc. petros.

CYSTITIS normaler bis reichlicher Harnmenge mit
CAPS. Equis. sars. uva.

CYSTITIS rezidivierende (auch in der Vorgeschichte)
dulc. hep. hydr. med. PULS. Sep. staph. thuj. tub.

CYSTITIS Scharlach nach
Canth.

CYSTITIS symptomarm
Equis. plan. Sars. solid.

CYSTITIS tuberkulöse
Ars. ARS—I. Lyc. sulph.

CYSTITIS Vulvo - Vaginitis mit, durch perinatale Infektion Gonorrhoe
CANN—I. cann—s. Canth. Puls. sep. sulph.

CYSTITIS warmem Wetter während, dabei Frostgefühl
PULS.

ENURESIS allgemein, Harn Inkontinenz (auch tagsüber)
arg—n. Ars. Bell. benz—ac. CALC. canth. carb—v. CAUST. Chin. CINA. Con.
Ferr—m. Ferr—p. gels. graph. hep. hyos. KREOS. LYC. med. nit—ac. nux—v.
pall. PH—AC. phos. Puls. rat. rhus—t. sanic. sars. SEP. SIL. Sulph. THUJ. verb.

ENURESIS Angst oder Schreck durch
Acon. arg—n. ferr. Gels. lyc. op. Puls. Sep. sulph. verat.

ENURESIS Beine baumeln lassen (Herumzappeln mit d. Füssen) am. durch
Zinc

ENURESIS Eile, Beeilung (z. B. Schulbus zu bekommen) bei
Lac—d.

ENURESIS Erkältung durch oder bei
Bell. Calc. caust. Dulc. nat—s. puls. rhus—t. SIL. thuj. TUB.

ENURESIS Hautausschlägen mit, zur gleichen Zeit
Graph.

ENURESIS Husten, Niessen oder hüpfenden Bewegungen bei
Caust. con. coc—c. ferr. kali—bi. Nat—m. Puls. rumx. seneg. sep. Sang.

ENURESIS Hyperacidität d. Magens mit (auch E. nocturna)
calc. Nat—p.

ENURESIS Sphincter Schwäche wegen, braucht lange Zeit Windeln
ars. BAR—C. Calc. Caust. cina. equis. Ferr. Ferr—p. gels. Kali—m. kreos. Nat—c.
nat—m. Puls. stry. Sulph.

ENURESIS Verstopfung bei
bar—c. CAUST. plat. SEP.

ENURESIS Zurückhalten des Harndranges, nach längerem
caust. Lach. phos. Sep. sulph. thuj.

ENURESIS nocturna allgemein, Bettnässen nachts

acon. aesc. Aeth. alum. Am—c. anac. ant—c. APIS. Apoc. Arg—m. ARG—N. ARN. ARS. Atro. Aur. aur—m. aur—s. bar—c. bar—m. BELL. BENZ—AC. bov. bor. Bry. Calc. Calc—p. canth. carb—an. Carbn—s. Carb—v. carc. casc. CAUST. Cham. chin. chlol. cimx. Cina. coca. Con. Crot—c. Cupr. Dulc. EQUIS. Eup—pur. FERR. Ferr—a. ferr—i. Ferr—p. Fl—ac. Gels. GRAPH. Hep. hyos. hyper. ign. Iod. kali—br. Kali—c. Kali—p. KREOS. LAC—C. lac—d. lach. lob. Lyc. lyss. m—aust. mag—c. Mag—m. MAG—P. mag—s. Med. Merc. mur—ac. Nat—ar. Nat—c. NAT—M. Nat—p. Nat—s. nicc. NIT—AC. nux—v. Op. ox—ac. Pall. Petr. ph—ac. Phos. phyt. Plan. Podo. Psor. PULS. quas. rhus—a. RHUS—T. Ruta. sabal. sabin. sang. Sanic. santin. Sars. sec. Seneg. SEP. SIL. spig. squil. staph. Stram. sul—ac. SULPH. Syc. Syph. tab. ter. Thuj. Thyr. TUB. Uran—n. Urt—u. uva. verat. Verb. vinc. Viol—t. zinc.

ENURESIS nocturna allgemeine Hauptmittel speziell bei Knaben

am—c. Calc. Caust. rhus—t. sil. sulph.

ENURESIS nocturna allgemeine Hauptmittel speziell bei Mädchen

Bell. eup—per. pall. Puls. SEP. Sulph.

ENURESIS nocturna - aber trocken wenn vorher (22 h) auf Topf gesetzt werden

Caust. sep.

ENURESIS nocturna älteres Kind, Jugendlicher oder Heranwachsender

Lac—c. sulph. TUB.

ENURESIS nocturna, Ekzeme in der familiären Vorgeschichte

Psor.

ENURESIS nocturna emotionalen Ursprungs (Weinen mit d. Blase)

ars. bell. CAUST. gels. Hyos. ign. nat—m. nux—m. phos. puls. sep. STAPH.

ENURESIS nocturna ersten Schlaf im (vor Mitternacht)

benz—ac. CAUST. Cina. ferr—p. Kreos. nat—ar. Ph—ac. SEP.

ENURESIS nocturna ersten Schlaf im - Aufwecken schwierig

Caust. KREOS. SEP.

ENURESIS nocturna Frostigkeit mit (Lebenswärme chronischer Mangel)

ars. Kreos. Psor. Sil. Viol—t.

ENURESIS nocturna Gewohnheit aus (die Windeln waren ja so bequem)

EQUIS. sil.

ENURESIS nocturna Harn stinkendem mit

ars. BENZ—AC. MED. vinc. Viol—o.

ENURESIS nocturna Harn Geruch Katzenurin wie

VINC.

ENURESIS nocturna konstitutionell ohne sichtbaren Grund, therapieresist.

EQUIS. plan. sulph. tub.

ENURESIS nocturna krampfhaft (Enuresis spastica)
ARG—M. bell. calc. canth. caps. cast. cina. coloc. Gels. hyos. ign. lach. lyc. Nux—v. op. puls. rhus—t. verat.

ENURESIS nocturna letzten Teil d. Nacht im
Am—c. Bell. cact. Chlol. graph. plan. puls. zinc.

ENURESIS nocturna letzten Teil d. Nacht im, morgens nach 5 h
Am—c. Bell. Cact. chlol. zinc.

ENURESIS nocturna lithaemischer Konstitution bei (Steine, Griess)
Benz—ac. Berb. bry. Colch. lith—c. Lyc. Nat—m. phos. phyt. puls. Rhus—t. sars. Sep. sil.

ENURESIS nocturna Nervensystem Störungen bei (larvierte Epilepsie?)
arg—n. Calc—s. HYOS. Kali—p. kreos. Nat—s. ph—ac. sil. STRAM.

ENURESIS nocturna nervöser oder neurasthenischer Konstitution bei
acon. alum. Arg—m. asaf. atro. Bell. calc—p. Caust. cham. cina. Gels. IGN. lyc. mosch. nux—m. Phos. staph. tub.

ENURESIS nocturna Pollakisurie tagsüber mit
Kreos. Verb.

ENURESIS nocturna Schlaf Lage auf dem Bauch
Bell. Calc. Coloc. puls.

ENURESIS nocturna Schlaf Lage auf dem Rücken
ars. bell. Bry. CALC. caust. Chin. cina. FERR. Ign. Nux—v. PULS. RHUS—T.

ENURESIS nocturna schwacher (schwächlicher) Kinder
ars. Bar—c. benz—ac. Calc. Chin. cina. Ferr. ferr—p. iod. Kali—p. Sars. Sep. Sil. sulph. Thuj. Thyr. Tub.

ENURESIS nocturna schwerem Schlaf bei, Kind ist schwierig zu erwecken
Bell. calc—p. caust. Chlol. KREOS. Sep. thuj.

ENURESIS nocturna seit Behandlung (Unterdrückung) einer anderen Krankheit
Tub.

ENURESIS nocturna Träumen angstvollen bei, Aufschrecken danach
BELL. Calc. kali—br. kali—p. Tub.

ENURESIS nocturna Träumens v. Harnlassen während
Bell. equis. KREOS. Lac—c. lyc. merc—i—f. Seneg. Sep. sulph.

ENURESIS nocturna Überempfindlichkeit mit
CALC—P. Ign. Kreos. phos. Sil. VIOL—O.

ENURESIS nocturna Vollmond während
calc—s. Cina. phos. PSOR. Sil. TUB.

ENURESIS nocturna Wurmerkrankung bei
acon. Cina. Lyc. sil.

ENURESIS nocturna Wurmerkrankung und Chorea bei
Sil.

ENURESIS nocturna zweiten Teil d. Nacht im, nach Mitternacht
am—c. bell. equis. cact. chlol. graph. puls. sil. sulph. zinc.

ENURESIS nocturna, Bettnässen
siehe therapeutische Hinweise, S. 638

HARN Acetonurie
caust. ins. nat—c. phenob. Senn.

HARN Albuminurie (Eiweiss) allgemein
am—c. acon. APIS. ARS. Ars—i. aur. bry. calc. calc—ar. Canth. Dulc. ferr. glon.
Hell. iod. kali—c. kali—s. Kalm. lac—d. lach. lyc. Merc—c. Nat—ar. nat—c.
nat—m. nat—p. nit—ac. ph—ac. PHOS. Phyt. plb. pyrog. rhus—t. Sulph. syc.
Ter. thuj. tub. Tub—m. valer.

HARN Albuminurie Diphtherie durch
Apis. Ars. Carb—ac. hell. hep. kali—chl. lach. lyc. Merc—c. merc—cy. PHYT. ter.

HARN Albuminurie Scharlach durch (Nephritis)
APIS. Ars. Arum—t. asc—t. Aur—m. bell. bry. Canth. carb—ac. coch. Colch. Con.
cop. crot—h. dig. dulc. Glon. Hell. helon. HEP. kali—c. Kali—chl. Kali—s. Lach.
LYC. Merc—c. NAT—S. Phos. Phyt. rhus—t. Sec. senec. Stram. Ter. tub. uran—n

HARN alkalisch
BAPT. Benz—ac. canth. Carb—ac. ferr. med. nat—m. Ph—ac.

HARN Geruch Ammoniak
Asaf. benz—ac. ferr—p. Iod. Med. Mosch. nit—ac. phos. pic—ac. stront—c.

HARN Geruch Ammoniak, Kleinkinder
Iod. med.

HARN Geruch Azeton
Ars. Aur. CALC—M. Carb—ac. CAUST. Colch. Cupr—ar. EUON. Ins. Nat—sal.
Phos. SENN.

HARN Geruch streng
absin. asaf. BENZ—AC. calc—f. lyc. Med. Nit—ac. ph—ac. Viol—o.

HARN Geruch streng Fieber nur während
Lyc. Ph—ac.

HARN Geruch Zwiebeln
CUPR—AR. gamb. Phos.

HARN braun
Arn. ambr. ars. benz—ac. Bry. canth. chel. dros. lach. Merc—c. nit—ac. prun.
Puls. sep.

HARN brennend heiss (Kind schreit)
aloe. apis. Ars. BELL. benz—ac. BOR. calc—a. cann—s. Canth. cham. Hep. Merc.
Merc—c. nat—s. sil. sulph.

HARN färbt Windel braun
Benz—ac. phyt.

HARN färbt Windel dunkel gelb
Chel. hep. kali—c. Phyt.

HARN färbt Windel rot
Sanic.

HARN färbt Windel dunkel
Chel.

HARN Glycosurie (Zucker, Diabetes mellitus)
Acet—ac. Apis. arg—n. ARS. Ars—i. aur. Carc. chin. Crat. cur. helon. lach.
lac—ac. Lyc. Merc—c. NUX—V. PH—AC. phos. Plb. rhus—a. stry. stry—ar.
Sul—ac. Sul—i. Sulph. ter. thuj. tub. Uran—n. zinc.

HARN Glycosurie und Albuminurie gleichzeitig
Ars—br. merc—c. Plb.

HARN Haematurie (blutiger H.)
Arn. ars. bufo. camph. cann—s. Canth. caps. carb—v. con. crot—h. erig. ferr—p.
Ham. hep. hell. Ip. lyc. merc. merc—c. mez. mill. Phos. puls. sars. sec. senec.
squil. Ter.

HARN Haematurie als Frühsymptom v. Ernährungsstörungen, Skorbut
siehe therapeutische Hinweise, S. 639

HARN Haematurie Mangelernährung durch - akuter Skorbut
CARB—V. Phos.

HARN scharf wundmachend, auch schon bei Neugeborenen
ant—t. apis. arn. benz—ac. Bor. calc. canth. Hep. Laur. Med. Merc. merc—c. Puls.
sars. Sulph. thuj. urt—u.

HARN Sediment rot, makroskopisch in Windeln sichtbar
arn. ars. Bor. bry. canth. chin. ip. LYC. merc—c. nat—m. Phos. Puls. sanic. Sep.
tarent. valer.

HARN Sediment weisslich milchig
agar. bar—m. berb. calc. Cina. coloc. graph. kreos. Ph—ac. phos. Rhus—t. sars.

sep.

HARN Sediment Zylinder
apis. Ars. bor. carb—ac. Phos. pic—ac. plb. Ter.

HARN spezifisches Gewicht erhöht
Arn. Asc—t. calc—p. chion. Colch. ferr. kali—p. nat—s. merc. puls. senn.

HARN spezifisches Gewicht erhöht, mit Oxalat-, Phosphat- oder Acetonurie
SENN.

HARN spezifisches Gewicht erniedrigt
Eup—pur. merc. merc—c. nat—m. phos. Plb. Puls. sulph.

HARN weisslich, milchig
apis. aur. CINA. hep. iod. kali—bi. kali—p. lap—a. lil—t. lyc. Ph—ac. phos. sep. viol—o.

HARNBLASE allgemein
Acon. all—c. alum. ambr. am—c. am—m. ang. Ant—c. Ant—t. Apis. apoc. Arn. ars. asaf. asar. Aspar. aur. Bell. BENZ—AC. bor—ac. bry. Calad. calc. calc—p. camph. cann—s. CANTH. Caps. carb—an. carb—v. carbn—s. caust. cham. Chel. CHIM. chin. cic. clem. coc—c. coff. colch. coloc. con. cupr. dig. Dulc. equis. eup—pur. ferr. ferr—p. gels. guaj. hell. hep. hydr. HYOS. ign. ip. kali—br. kali—c. lach. laur. led. lil—t. lith—c. LYC. mag—m. mang. meny. merc. merc—c. mez. mosch. Mur—ac. nat—m. nit—ac. NUX—V. op. Pareir. Plb. Petr. petros. phos. ph—ac. PULS. ran—b. rheum. rhod. rhus—t. RUTA. sabad. sabin. Sars. Sec. senec. seneg. Sep. sil. spig. Squil. stann. Staph. sulph. sul—ac. ter. thuj. URAN—N. valer. verat. zinc.

HARNDRANG häufig, Schmerz und Schreien vor Harnabgang
acon. Bor. Canth. cham. lach. Lyc. nit—ac. nux—v. Sars.

HARNDRANG plötzlich nachts, K. kommt nicht schnell genug aus Bett
Kreos. sep.

HARNDRANG schmerzhaft, Greifen vor Schmerz schreiend an Genitalien
ACON. merc.

HARNDRANG schmerzhaft, Springen oder Hüpfen dabei
apis. cann—s. canth. Petros. Tarent.

HARNDRANG schmerzhaft und Stuhldrang schmerzhaft - beides gleichzeitig
Caps.

HARNDRANG schmerzhaft, Weinen dabei
apis. BOR. lach. LYC. Nux—v. Sanic. SARS.

HARNDRANG ständiger, zu häufiger
acon. Ant—t. Bor. bov. canth. caust. cic. cop. dros. hell. kali—c. Led. lyc. mag—m. mang. merc. nux—m. nux—v. petros. psor. puls. rhus—t. sabad. samb. sanic. sars. sep. spig. stann. Staph. sulph. thuj. verb. zinc.

HARNDRANG ständiger, zu häufiger Mädchen mit schwacher Blase
nux—m. Rhus—t. sep.

HARNDRANG vergeblich Stuhldrang bei gleichzeitigen, Schmerz danach
Canth. dig. Nux—v.

HARNDRANG vergeblich, erfolglos
ACON. Apis. Bar—c. calc. camph. Coloc. dros. eup—per. Lyc. Nux—v. staph.

HARNLASSEN Dysurie, allgemein schmerzhaft
acon. arg—n. Apis. ars. Bell. bor. cann—s. Canth. cham. con. cop. Hep. kali—s. lil—t. LYC. Merc—c. nat—ar. Nat—m. nat—p. Nux—v. op. Pareir. Petros. plb. Puls. sars. sulph. Ter.

HARNLASSEN schmerzhaft Zahnung während
Erig.

HARNLASSEN häufig, Polakisurie - "Sextanerblase"
am—c. apis. Arg—m. arg—n. Bar—c. calc. canth. Caust. Euphr. Gels. Graph. Ign. kaki—n. lac—ac. lach. Lyc. Merc. MERC—C. NUX—V. Puls. Rhus—t. squil. Staph. Sulph. thuj.

HARNLASSEN häufig Erkältung durch (kalte Füsse, barfuss etc.)
calc. cupr. DULC. eup—pur. Ip. Lyc. PULS. sars. sil.

HARNLASSEN häufig Fieber während
Pyrog.

HARNLASSEN häufig mit Weinen Schreien vor H.
Bor. Canth. LYC. nux—v. Sanic. Sars. staph.

HARNLASSEN häufiger abends als am Tage
bell. coloc. Lyc. puls. sep. sulph. zinc.

HARNLASSEN schmerzhaft, Kind greift sich in d. Genitalien
ACON. merc.

HARNLASSEN schmerzhaft mit Kopfschmerz
Con. Senec.

HARNLASSEN schmerzhaft mit Schreien am Ende des Harnlassens
Sars.

HARNLASSEN schmerzhaft mit Schreien bevor Harn anfängt zu fliessen
BOR. lach. Lyc. Nux—v. SARS.

HARNLASSEN schmerzhaft mit Schreien nach H. und sofort wieder Harndrang
berb. equis. med. MERC—C. Sars. thuj.

HARNLASSEN schmerzhaft mit Schreien nach H. (auch terminal)
calc—p. cann—i. cann—s. clem. Equis. Merc. Nat—c. nat—m. nat—s. SARS.

Sulph. Thuj.

HARNLASSEN schmerzhaft mit Schreien vor H.
ang. berb. BOR. bry. calc. cann—s. canth. caps. chel. chin. con. LYC. nat—c. Nux—v. rhod. rhus—a. SARS. seneg. staph. zinc.

HARNLASSEN schmerzhaft mit Schreien vor, während und nach H.
equis. Canth. COLOC. Merc—c.

HARNLASSEN schmerzhaft mit Schreien vor Beginn und manchmal auch terminal
Sars.

HARNLASSEN schmerzhaft mit Schreien vor und nach H.
Fl—ac. sars.

HARNLASSEN schmerzhaft mit Schreien vorher, mit Harn Griess (Sand)
bor. LYC. merc—c. nux—v. Sars.

HARNLASSEN schmerzhaft mit Schreien während H.
Ant—t. BOR. camph. Cann—s. CANTH. coloc. indg. lach. LYC. merc—c. Nux—v. SARS. staph. Sulph.

HARNLASSEN schmerzhaft mit Schreien während und nach H.
canth. Nat—s. Staph.

HARNLASSEN schwierig Kleinkind
Acon. arn. ars. ap—g. Bell. cann—s. Canth. caust. Coloc. Dulc. Hyos. Ip. Lyc. mag—m. merc. nit—ac. Nux—v. Op. Petros. plb. Puls. rhus—t. sep. Stram. Sulph. zinc.

HARNLASSEN selten
agar. apis. Canth. lac—c. lob. nux—v. op. squil.

HARNLASSEN spastisch, mehrere Harnspritzer bei jeder Erregung
Stram.

HARNLASSEN tropfenweise Bewegung bei, nicht in Ruhe
Ferr.

HARNLASSEN tropfenweise, Harntröpfeln Tag und Nacht, Knaben bei
Rhus—t.

HARNLASSEN unwillkürlich
siehe unter Enuresis

HARNMENGE reichlich
acet—ac. arg—n. lycps. Mur—ac. nat—m. Ph—ac. Rhus—t. Sil. spig. squil. valer. verb.

HARNMENGE reichlich, Polyurie bei Diabetes insipidus
eup—pur. ferr—p. Ign. NAT—M. nat—p. nat—s. ph—ac. Squil. Stroph—h.

HARNMENGE spärlich, aber häufige Entleerungen, milchig bei Hydrocephalus
APIS.

HARNMENGE spärlich trotz reichlichen Trinkens
Berb. canth. Kreos. merc—c. nit—ac. rhus—t. sars. Solid. ter. Uva.

HARNRÖHRE allgemein
Acon. agar. agn. alum. ambr. am—c. am—m. anac. ang. ant—c. ant—t. ARG—N.
arn. ars. asar. Aspar. aur. bar—c. bell. Berb. Bor. bov. Bry. Calc. calc—p. camph.
Cann—i. CANN—S. CANTH. CAPS. carb—an. carb—v. Caust. cedr. cham. chel.
Chin. cic. CLEM. cocc. coff. Colch. coloc. Con. croc. crot—t. Cub. cupr. cycl. Dig.
dulc. equis. erig. eup—pur. euph. ferr. fl—ac. gels. graph. guaj. hell. hep. hydr.
ign. iod. ip. Kali—bi. kali—br. kali—c. kali—n. lach. laur. led. Lil—t. LYC.
mag—c. mag—m. mang. teucr. MERC. Merc—c. Mez. mur—ac. nat—c. NAT—M.
Nit—ac. nux—m. Nux—v. op. ox—ac. pareir. par. plb. petr. Petros. PHOS.
Ph—ac. Puls. rhod. rhus—t. ruta. sabad. Sabin. samb. sars. sec. sel. seneg. Sep.
sil. spig. squil. stann. staph. stram. Sulph. TER. THUJ. verat. viol—t. ZINC.

HARNRÖHRE entzündliche Reizung (auch durch Manipulation)
aphis. arg—n. canth. Clem. dor. lil—t. Staph. sulph.

HARNRÖHRE entzündliche Reizung, Schmerz durch Harnlassen am.
Merc. staph.

HARNRÖHRE Entzündung
Arg—n. berb. bov. cann—i. Cann—s. Canth. caps. clem. cop. hep. lil—t. Lyc. merc.
merc—c. petros. phos. Puls. sabin. staph. sulph. ter. tab. Thuj.

HARNRÖHRESCHMERZ allgemein, speziell bei Mädchen
BERB.

HARNRÖHRE Striktur
arg—n. bell. calc. Canth. cic. Clem. dulc. kali—i. nat—s. nit—ac. nux—v.
PETROS. puls. sul—i.

HARNRÖHRE Striktur spastische
gels. Nux—v.

HARNVERHALTUNG allgemein (Retention)
Acon. APIS. Arn. Ars. Art—v. bell. Benz—ac. bor. calc. camph. canth. Caust.
coloc. Cop. cupr. Dulc. eup—pur. ferr—p. Gels. ip. LYC. nux—v. Op. petros. puls.
op. ruta. sars. Stram. sulph. verat.

HARNVERHALTUNG Erkältung bei (fast bei jeder E.)
ACON. caust. cop. Dulc. gels. Puls. rhus—t. Sulph.

HARNVERHALTUNG Erkältung kalte Füsse durch (barfuss auf kaltem Boden)
all—c. calc. carb—v. DULC. Rhus—t.

HARNVERHALTUNG Fieber oder anderer akuten Erkrankung während
ferr—p. Op.

HARNVERHALTUNG Harnabgang nur zusammen mit Stuhlabgang möglich
Aloe. Apis. mur—ac.

HARNVERHALTUNG Koliken, krampfhaften Bauchschmerzen während
Coloc. gels. PLB.

HARNVERHALTUNG Neugeborenen bei (Retention)
ACON. Apis. arn. Ars. Benz—ac. Camph. Canth. Caust. erig. gels. Hyos. ip. Lyc.
nux—v. Op. puls.

HARNVERHALTUNG Reflux mit (dadurch oft Dilatation der Ureteren)
Asaf.

HARNVERHALTUNG Säugling beim, durch Emotionen wie Zorn bei Mutter
Op.

HARNVERHALTUNG Schmerz d. Harnorgane durch
Con.

HARNVERHALTUNG schmerzhaft mit Schreien / Weinen
Acon. Arn. apis. aur. Canth. Caust. crot—h. lyc. nux—v. pareir. Puls. sars. ter.

HARNVERHALTUNG schmerzhaft mit Schreien / Weinen jede Nacht
acon. apis. aur. canth. Lyc.

HARNVERHALTUNG schmerzhaft mit tropfenweisem Harnabgang
Bell. CANTH. Nux—v.

HARNVERHALTUNG schmerzlos, ohne schmerzenden Harndrang
ars. Caust. nit—ac. phos. Plb.

HARNVERHALTUNG Schreck durch
ACON. Bell. gels. Op.

HARNVERHALTUNG Schreck durch Neugeborenen bei
ACON. Op.

HARNVERHALTUNG Uraemie, mit allgem. Zeichen der U.
acon. Cupr—ar. ipom. Jab. Lesp—c. op. Ter.

HARNWEGE Infektionen
Acon. apis. ars. bell. berb. bor. calc—p. calc—s. Canth. Dulc. hep. hyos. kali—p.
kali—s. lyc. petros. puls. sars. sep. sil. sulph. ter. tub. uva.

HARNWEGE Infektionen rezidivierende
ars. asaf. ars—i. calc—s. Chim. dulc. hydr. Lyc. nat—m. Puls. sep. Sil. sulph. tub.

HARNZWANG, Strangurie (patholog. Harndrang mit Schmerz)
BOR. cann—s. canth. euph. Lyc. petros. Sars. staph. Thuj.

NEPHRITIS Albuminurie dabei stark ausgeprägt (Bright)
ACON. apis. ARS. aur. aur—m. BRY. calc. carb—v. Chin. cupr. DULC. COLCH.

graph. HELL. Iod. lach. Lact. MERC. Ph—ac. phos. Prun. rhus—t. sil. ter.

NEPHRITIS akute
acon. APIS. arg—n. arn. ARS. Bell. benz—ac. berb. bry. cann—s. Canth. cham. chin. chin—ar. cit—p—s. colch. Cupr—ar. dulc. Ferr—p. Hell. Hep. kali—chl. Lach. lyc. merc. MERC—C. merc—cy. Phos. puls. rhus—t. sabad. samb. sulph. Ter. thuj. verat. verat—v.

NEPHRITIS akute, Anfangs Stadium im
Acon. apis. Bell. Ferr—p. merc. merc—cy. ter. Verat—v.

NEPHRITIS akute, Influenza bei (Komplikation bei Grippe)
ars. cit—p—s. dulc. Eucal.

NEPHRITIS akute u. subakute
Acon. Apis. arn. Ars. Bell. Berb. camph. Canth. cit—p—s. cocc—s. Cupr—ar. ferr—p. hell. Hep. kali—chl. lyc. merc. Phos. Samb. senec. Sil. ter. verat. thuj.

NEPHRITIS akute u. subakute, Ursache: Scharlach oder Diphtherie
Acon. APIS. ARS. asc—c. Bell. bry. CANTH. colch. Conv. Cop. Dig. Ferr—i. HELL. HEP. kali—c. KALI—S. Kalm. Lach. lyc. merc. MERC—C. Methyl. Nat—s. Nit—s—d. RHUS—T. Sec. seneg. TER.

NEPHRITIS chronische allgemein (Brights desease)
acon. APIS. Apoc. Ars. Aur—m. benz—ac. berb. calc—s. canth. Cocc—s. Conv. cupr. cupr—ar. Dig. glon. Hell. ign. ip. Lach. Lyc. MERC—C. nux—v. PHOS. Plb. puls. Solid. stram. sulph. tarent. TER. Thuj. Tub. zinc.

NEPHRITIS chronische mit beginnenden Uraemie Symptomen
berb. carb—ac. Cupr—a. Cupr—ar. Kali—chl. op. Phos. Plb. Ter.

NEPHRITIS Eiterungen chronische nach oder durch Karies d. Wirbelsäule
ASAF. AUR. Calc—p. Chin. Ferr. HEP. Iodof. Merc. PH—AC. PHOS. pyrog. Sil. SULPH. tarent. tarent—c.

NEPHRITIS Erkältung durch
calc. colch. Dulc. eucal. Kali—c. merc—c. nux—v. rhus—t. sep.

NEPHRITIS gefolgt von Anaemie
Ars. Kali—c. Phos.

NEPHRITIS Herzerkrankung mit oder kompliziert durch
ars. ars—i. Aur. calc—ar. colch. crot—h. cupr. dig. glon. kali—ar. kali—bi. kali—m. Kalm. Lach. lycps. ph—ac.

NEPHRITIS Magenbeschwerden mit
apoc. Bell. bry. kali—bi. Lyc. Phos.

NEPHRITIS Lungenerkrankung mit oder kompliziert durch
apis. Canth. Chel. colch. crot—h. Kali—i. kali—p. Phos. Ter.

NEPHRITIS rezidivierende in der Vorgeschichte
> acon. canth. KALI—CHL. Lyc. med. nat—s. Puls. rhus—t. sep. sulph. Ter. thuj. tub.

NEPHRITIS Rücken Schmerz dabei
> Berb. helon. Kali—n. Kalm. Phyt. sep. solid.

NEPHRITIS Schwäche dabei ausgeprägt
> Ars. ph—ac. Phos.

NEPHRITIS stechende / schneidende Schmerzen dabei ausgeprägt
> acon. arg—n Bell. Berb. calc—p. CANTH. carb—an. con. Lyc. nux—v. pareir. polyg—h. sars. sep. thuj. verat. verat—v.

NEPHRITIS Uraemie mit, nach unterdrückten Hautausschlägen
> Bell. Bry. Cupr. gels. rhus—t. Verat—v. zinc.

NIEREN allgemein
> acon. alum. APIS. Arn. ARS. BELL. BERB. bor. bor—ac. camph. Cann—i. Cann—s. CANTH. carb—ac. cedr. Chel. chin. cinnb. Clem. cocc. coc—c. Colch. Crot—h. Dig. dulc. eup—per. ferr. ferr—i. hell. HELON. Hep. hydr. ip. KALI—C. Kali—chl. kali—n. merc. Merc—c. nit—ac. Nux—v. op. Plb. petr. phos. ph—ac. Phyt. pic—ac. puls. ran—s. rhus—t. samb. sec. senec. squil. stront. Sulph. Ter. thal. thuj. tril. Zinc.

NIEREN Schmerz Druck oder Berührung d. Lumbalgegend bei (agg.)
> apis. arg—n. Berb. canth. colch. merc. Nux—v. Puls. Solid. thuj.

NIEREN Schmerz Harnlassen agg.
> Puls.

NIEREN Schmerz Harnlassen am.
> Lyc. med.

NIEREN Steine, Griess - konstitution. Behandl. d. harnsauren Diathese
> alum. benz—ac. BERB. calc. Chin. LYC. Nat—m. nit—ac. Nux—v. ph—ac. Phos. puls. Sars. Sep. Sil. Sulph.

NIEREN Steine, Griess - Schmerz akuter Kolik bei
> acon. arg—n. ars. aspar. Bell. benz—ac. Berb. calc. Canth. dios. ipom. Lyc. nux—v. oci. pareir. Sars. tab. uva.

NIEREN untätig (Schwäche)
> Acon. Apis. benz—ac. coch. helon. Solid. STRAM. ter. zing.

RETENTIO urinae
> siehe Harnverhaltung

URAEMIE Konvulsionen oder Zuckungen mit
> Agar. Bell. bry. CIC. cupr—ar. hell. Hyos. Op. Stram.

VORGESCHICHTE (Anamnese): Cystitiden rezidivierende
   Puls. sep.

VORGESCHICHTE (Anamnese): Nephritiden rezidivierende
   acon. canth. KALI—CHL. Lyc. med. nat—s. Puls. rhus—t. sep. sulph. Ter. thuj.
   Tub.

VORGESCHICHTE Familienanamnese: Gonorrhoe
   arg—n. Cann—s. clem. cop. MED. Merc. nat—s. nit—ac. Thuj.

VORGESCHICHTE Familienanamnese: Syphilis, syphilit. Affektionen
   aur. Caust. guaj. kali—i. Merc. still. SYPH.

---

   vacat für Nachträge.

Männliche Genitalien

AUSSCHLAG Genitalbereich allgemein
Calc. graph. kreos. lyc. Med. petr. Puls. rhus—t. sulph. Siehe auch Haut, S. 495

AUSSCHLAG Genitalbereich Windelausschlag
Bapt. Berb. Bor. bry. Calc. canth. cham. Clem. euph. Graph. Kali—chl. Kreos. MED. Merc. Merc—c. Mez. Mur—ac. Nit—ac. Sep. Sulph. Sul—ac. Thuj. urt—u.

AUSSCHLAG Oberschenkeln zwischen, nahe dem Scrotum
aeth. bar—c. cham. crot—t. Graph. Hep. lyc. merc. nat—c. Petr. rhus—t. sil. sulph.

AUSWÜCHSE - Feigwarzen, Condylomata
merc. nat—s. NIT—AC. ph—ac. Staph. THUJ.

CANDIDA albicans Infektionen, biologische Therapie
siehe therapeutische Hinweise, S. 681

ENTZÜNDUNG Vorhaut, Balanitis
ars. calc. Cann—i. Canth. Merc. nat—c. Nit—ac. Puls. sep. sulph.

EREKTIONEN (störende oder eher schmerzhafte)
aloe. canth. fl—ac. Lach. lyc. med. Merc. nux—v. ph—ac. phos. plat. sabin. sulph. thuj. Tub.

EREKTIONEN konvulsivisch Knaben bei
Lach. oena.

FEMININ wirkender Jüngling in Entwicklung / Pubertät
Aur. aur—m. CALC. puls. thuj.

GENITALIEN Anfassen, Greifen häufig an G.
acon. bell. Bufo. canth. Hyos. Merc. Stram. Tarent. ZINC.

GENITALIEN Anfassen, Greifen bei Krämpfen / Konvulsionen an G.
Stram.

GENITALIEN Schweiss
aur. Calc. carb—v. dios. Fl—ac. Hydr. Iod. Lyc. Merc. Nat—m. Petr. Sars. sel. Sep. Sil. sulph. Thuj.

GENITALIEN Schweiss stinkend
FL—AC. Hydr. Iod. Nat—m. psor. sars. Sep. Sulph. THUJ.

GENITALIEN Seite links allgemein
> abrot. agar. alum. ambr. Am—br. am—m. ant—c. Apis. Arg—m. aur. bar—c. Brom. bry. calc. cann—s. chin. clem. colch. con. euphr. ferr—p. Fl—ac. graph. Kali—c. Lach. lyc. Mag—c. meny. merc. mez. nat—c. naja. Nit—ac. plb. petr. Ph—ac. Puls. Rhod. rhus—t. sabad. sel. sep. sil. spig. staph. THUJ. ust. vesp. zinc.

GENITALIEN Seite rechts allgemein
> Acon. alum. apis. arg—m. Arn. ars. Aur. bism. CALC. cann—s. canth. CAUST. Clem. coff. Coloc. Con. croc. graph. HEP. Iod. Lach. lil—t. LYC. Meny. Merc. mez. murx. mur—ac. nit—ac. NUX—V. pall. petr. PODO. PULS. rhod. Sabin. Sec. sel. sil. Spig. SPONG. Staph. Sulph. SUL—AC. tarax. valer. VERAT. Zinc.

HERPES progenitalis
> graph. Kali—m. med. MERC. nat—s. THUJ. . &. Nosode. Herpes. progen..

HODEN allgemein
> Acon. agar. AGN. alum. ambr. am—c. ant—c. ant—t. Apis. Arg—m. ARN. ars. asaf. AUR. bar—c. bell. Berb. bism. bry. calc. camph. cann—s. Canth. caps. carb—v. caust. chel. Chin. cimic. cinnb. CLEM. cocc. coff. coloc. Con. cub. dig. dios. equis. euph. euphr. graph. ham. hep. hyos. ign. Iod. ip. jab. kali—c. kali—n. lyc. mang. teucr. meny. Merc. merc—c. mez. nat—c. nat—m. Nit—ac. NUX—V. ox—ac. plb. petr. phos. Ph—ac. plat. psor. PULS. RHOD. rhus—t. ruta. sabad. sabin. sel. sep. Sil. spig. SPONG. squil. Staph. Sulph. sul—ac. tarax. Thuj. valer. verat. Zinc.

HODEN Beschwerden Mumps durch metastasierenden
> abrot. Jab. merc. Plb. PULS. rhod. rhus—t.

HODEN Descensus verspätet (Knaben) - Kryptorchismus
> agar. Apis. arist—cl. AUR. aur—m. aur—m—n. bar—c. calc. clem. Foll. Lach. nux—v. op. Plb. PSOR. Puls. RHOD. sec. Syph. thuj. Thyr. TUB. zinc.

HODEN Entzündung (Orchitis incl. Epididymitis)
> ACON. apis. Arg—n. arn. Aur. bapt. Bell. Clem. con. ham. med. Merc. phyt. PULS. Rhod. Spong. Thuj.

HODEN Entzündung Sitzen auf kaltem Grund, auf Steinen durch
> Puls.

HODEN heraufgezogen links
> Calc. crot—t. Thuj. zinc.

HODEN heraufgezogen rechts
> Clem. Puls.

HODEN Schmerz allgemein
> arn. asaf. aur. berb. cann—i. caust. clem. cocc. ign. ph—ac. sep. Spong. tarent. Zinc.

HODEN Schmerz Verletzung, Quetschung, Tritt in die, Folge von
> arn. bell—p. Con. rhod. Sil. SPONG. staph.

HODEN Schwellung Mumps Folge von
  abrot. ars. Carb—v. clem. con. Merc. nat—m. nux—v. phos. plb. PULS. Rhus—t. staph.

HODEN Schwellung Verletzung, Quetschung Folge von
  arn. CON. Puls. samb. thuj.

HODEN unterentwickelt (Scrotum klein)
  AUR. bar—c. Iod. kali—i. lyss. psor. puls. sil. spong. syph. tub.

HODENBRUCH, Hernie
  aur. Calc. cham. cina. Lyc. Mag—m. nit—ac. NUX—V. Sil. sul—ac. Sulph.

HODENHOCHSTAND in der Vorgeschichte
  aur. bar—c. calc. foll. LYC. Puls. thyr.

HYDROCELE Adolescenz in
  abrot. Apis. AUR. graph. iod. Rhod. sil. sulph.

HYDROCELE Knaben bei
  Abrot. Apis. Ars. Aur. arn. Calc. Calc—s. fl—ac. Graph. iod. Kali—chl. lyss. nux—v. psor. PULS. RHOD. SIL. Sul—i. sulph.

HYDROCELE Neugeborener (connatal)
  abrot. apis. aur. bry. Calc. calc—f. fl—ac. Puls. RHOD. Sil.

HYDROCELE Verletzung, Quetschung durch
  apis. arn. con. rhod. Samb.

JUNGE Männer werden weiblich (hormonell oder falsche Identifikation)
  AUR. Aur—m—n. calc. graph.

ONANIE kleinen Kindern bei (fast noch Säuglinge)
  bar-c. Hyos. lyc. med. orig. PHOS. sil. staph. sulph

KNABEN mädchenhafte - want of boyish go
  AUR. Aur—m—n. calc. Lyc. med. plat. Puls. sil. staph. Thuj.

PENIS allgemein
  acon. agar. agn. alum. ambr. am—c. am—m. ang. ant—c. ant—t. ARN. Ars. asaf. asar. aur. bar—c. bell. bor. bov. bry. Calc. camph. Cann—i. CANN—S. CANTH. Caps. carb—an. carb—v. Caust. cham. chel. chin. cic. cinnb. CLEM. cocc. coff. Colch. coloc. Con. croc. crot—t. cupr. cycl. dig. dros. dulc. euph. ferr. Graph. guaj. hell. Hep. Ign. iod. ip. Kali—c. kali—n. kreos. lach. laur. led. Lyc. mag—c. mag—m. mang. teucr. MERC. merc—c. Mez. mosch. mur—ac. nat—c. Nat—m. Nit—ac. nux—m. Nux—v. op. par. plb. petr. Phos. Ph—ac. Puls. ran—s. rhod. rhus—t. ruta. sabad. Sabin. samb. sars. sec. sel. seneg. Sep. sil. spig. spong. squil. stann. staph. stram. SULPH. THUJ. verat. viol—t. Zinc.

PHIMOSE (Vorhaut Verengung)
  apis. Arn. Calc. cann—s. canth. caps. Cinnb. coloc. dig. guaj. Ham. Hep. Lyc. MERC. merc—c. nat—m. NIT—AC. Rhus—t. Sep. Sulph. ter. thuj.

PHIMOSE Eiterung mit
> caps. Cinnb. Hep. Merc. Nit—ac. sil.

PHIMOSE Paraphimose (schmerzhafte Einengung Vorhaut hinter Eichel)
> apis. bell. Coloc. Guaj. Kali—i. Lach. MERC. merc—c. nat—m. Nit—ac. rhus—t. SULPH. thuj.

PHIMOSE Paraphimose Gangraen drohende Entwicklung zur
> Ars. Cinnb. LACH. Merc—i—r.

PHIMOSE Reibung, Scheuern der Wäsche durch
> Arn.

PHIMOSE Stottern mit
> Merc. verat.

PILZERKRANKUNG Genitalien bei Säugling (Mykose)
> calc. petr. Rhus—t. Rhus—v.

PROSTATA Affektionen junger Personen allgemein
> Acon. Agn. alum. apis. Aspar. Bar—c. benz—ac. Caps. chin. Clem. cop. cub. cycl. hep. iod. Lyc. Nat—s. PULS. sel. senec. Thuj. zinc.

PUBERTÄT sexuelle Probleme während (auch Gewalt gegen Mädchen)
> Fl—ac. lach. plat. Stram. TUB

SCROTUM allgemein
> acon. agar. agn. alum. ambr. am—c. anac. ang. ant—c. ant—t. Apis. ARN. Ars. Aur. bar—c. bell. calc. camph. cann—s. canth. Caps. carb—an. carb—v. caust. cham. chel. Chin. Clem. cocc. coff. con. crot—t. dig. dulc. euph. Graph. hell. Hep. hydr. ign. iod. kali—c. lach. lyc. mag—m. teucr. meny. merc. mez. murx. nat—c. nat—m. nit—ac. Nux—v. plb. PETR. ph—ac. plat. PULS. ran—s. Rhod. Rhus—t. samb. sel. sep. Sil. spig. spong. staph. Sulph. Thuj. viol—t. zinc.

SPIELT mit d. Genitalien, presst Hand auf G.
> Acon. bell. Bufo. canth. colch. Hyos. maland. Med. Merc. ph—ac. plat. Puls. sep. Stram. thuj. ust. Zinc.

VORGESCHICHTE (Anamnese): Hodenhochstand
> aur. bar—c. calc. LYC. Puls. thyr.

VORGESCHICHTE Familienanamnese: Gonorrhoe
> Arg—n. cann—s. clem. cop. MED. Merc. nat—s. nit—ac. Thuj. tub.

VORGESCHICHTE Familienanamnese: Syphilis, syphilit. Affektionen
> aur. Caust. guaj. kali—i. Merc. still. SYPH.

VORHAUT warzenartige Geschwüre
> cinnb. nit—ac.

VORHAUT zieht o. zupft ständig daran
> MERC. ph—ac.

Weibliche Genitalien incl. Mammae

AFFEKTIONEN der Sexualorgane, frühe (Fluor, Vaginitis etc)
Calc. cann—s. caul. KREOS. MED. merc. puls. sep.

AMENORRHOE siehe Menses fehlend oder Menses unterdrückt

AUSSCHLAG Genitalbereich
Calc. graph. kreos. lyc. Med. petr. Puls. rhus—t. sulph.

AUSSCHLAG Genitalbereich: Windelausschlag
Bapt. Berb. Bor. bry. Calc. canth. cham. Clem. euph. Graph. Kali—chl. Kreos.
MED. Merc. Merc—c. Mez. Mur—ac. Nit—ac. Sep. Sulph. Sul—ac. Thuj. urt—u.

AUSSCHLAG Genitalbereich Windelausschlag
siehe auch unter Haut, S. 495

AUSWÜCHSE - Feigwarzen, Condylomata
lyc. nat—s. NIT—AC. ph—ac. sabin. sep. Staph. THUJ.

CANDIDA albicans Infektionen, biologische Therapie
siehe therapeutische Hinweise, S. 681

EIERSTÖCKE (Ovarien) allgemein
abrot. acon. agar. agn. ambr. Am—br. ant—c. APIS. Arg—m. arn. Ars. Asaf. Aur.
Aur—m. Bell. Bry. cact. calc. CANTH. Carb—an. carb—v. Carb—ac. carbn—s.
caust. chel. Chin. Cimic. COLOC. dros. ferr—p. gels. graph. guaj. ham. hyos. ign.
iod. kali—br. Kali—c. kali—n. Lach. laur. Lil—t. Lyc. meli. merc. mez. nat—c.
naja. nit—ac. nux—v. Pall. plb. Podo. puls. Ran—b. ran—s. rhus—t. ruta. sabad.
sars. Sec. Sep. STAPH. sulph. tarent—c. THUJ. ust. vesp. vib. ziz. Zinc.

DEFLORATIONSCHOCK
arn. IGN. Staph.

EUGENISCHE Kur - konstitutionelle Behandl. bei Schwangerschaft
siehe therapeutische Hinweise, S. 639

FLUOR braun
am—m. iod. lil—t. Nit—ac. sec. sil. ust.

FLUOR dickflüssig
ars. Bor. Calc. calc—s. hydr. kali—bi. Mag—s. merc. murx. PULS. Senec. sep.

FLUOR dünnflüssig, wässrig
alum. Caust. ferr. graph. Kreos. lil—t. Merc. Nit—ac. prun. puls.

FLUOR gelb
ars. Calc. cham. hydr. Kreos. Merc—i—f. murx. puls. Sep. senec. sulph. Syph. ust.

FLUOR Geruch stark, durchdringend
arg—n. carb—ac. Hep. Kali—p. Kreos. NIT—AC. nux—v. Psor. sabin. SEP.

FLUOR Geruch wie Fischlake
Calc. CANN—S. Med. nat—s. puls. sanic. SEP. thuj.

FLUOR grünlich
arg—n. carbn—s. carb—v. bov. kali—i. Kali—s. lach. MERC. merc—i—r. murx. nat—m. Nat—s. Nit—ac. Puls. sec. Sep.

FLUOR Mädchen kleinen bei
arist—cl. Asper. bar—c. bufo. Calc. calc—p. Cann—s. carb—ac. carb—v. Caul. caust. Chin. Cina. Cub. hep. hydr. hyper. kali—p. Kreos. mang. Med. MERC. Merc—i—f. Mill. nat—m. PULS. senec. SEP. Syph. tub. viol—t.

FLUOR Mädchen Kleinkindern bei
Cann—s. hep. merc.

FLUOR Mädchen Pubertät in
Alum. caul. Ferr. kreos. puls. SEP.

FLUOR Mädchen Pubertät vor
CALC. caul. hep. Kreos. Merc. Puls. sep. thuj. tub.

FLUOR Masturbation durch
calad. canth. Orig. plat. Puls. zinc.

FLUOR Menses anstatt
ars. cedr. chin. Cocc. ferr. GRAPH. nat—m. nux—m. phos. SEP. sil. xan. zinc.

FLUOR Menses vor (agg.)
alum. bov. Calc. GRAPH. kreos. lach. nat—m. pall. puls. SEP. sul—i.

FLUOR milchig Mädchen, bei kleinen
Calc. ferr. hyper. Puls.

FLUOR mild
alum. bor. Calc. caul. ferr. merc. PULS. ruta. sulph. thuj.

FLUOR morgens
bell. cann—s. Graph. Puls. Sep.

FLUOR nachts nur
carb—v. Caust. con. Merc. nat—m. PULS. sulph. syph.

FLUOR reichlich und schwächend
agar. Calc. caul. Graph. iod. lach. lyc. petr. phos.

FLUOR scharf wundmachend
Alum. ars. bor. caul. CAUST. con. cub. ferr. fl—ac. graph. Hep. kali—bi. kali—i. KREOS. lil—t. lyc. mag—s. MERC. nit—ac. Phos. prun. puls. ruta. sabin. sang. Sec. SEP. sil. sulph. syph.

FLUOR scharf wundmachend Mädchen kleinen bei, mit Brennen und Jucken
Cub. kreos. MERC.

FLUOR tagsüber nur
alum. Graph. lac—c. plat. Sep.

FLUOR weiss
Bor. Calc. calc—p. graph. merc. nat—m. sep.

FRÜHREIFE sexuelle, Mädchen sehen so alt wie Frauen aus
bufo. calc—p. carc. MERC. tub. Verat.

GESCHLECHTSTEILE allgemein (weibliche, innere und äussere)
acon. agar. agn. alum. AMBR. am—c. ant—c. ant—t. arn. ars. Asaf. Aur. Bell. bor. bov. bry. Calc. calc—p. camph. cann—s. Canth. Carb—an. Carb—v. caust. Cham. chel. Chin. cina. cocc. coff. colch. coloc. Con. croc. cupr. dig. dros. dulc. Ferr. Graph. hep. hyos. ign. iod. ip. Kali—c. kali—n. KREOS. lach. laur. Lil—t. Lyc. mag—c. mag—m. Merc. mez. mosch. mur—ac. nat—c. nat—m. Nit—ac. nux—m. NUX—V. op. plb. petr. phos. ph—ac. Plat. podo. PULS. ran—b. ran—s. rheum. Rhus—t. ruta. sabad. Sabin. sars. SEC. SEP. sil. stann. Staph. SULPH. sul—ac. THUJ. verat. zinc.

GESCHLECHTSTEILE äussere (Labien, Vulva) allgemein
acon. Agar. alum. Ambr. am—c. ant—t. ars. Ars—i. bell. bor. bry. Calad. Calc. Canth. Carb—v. carb—ac. caust. cham. chel. chin. cocc. coc—c. coff. coloc. coll. Con. croc. dulc. Ferr. goss. graph. ham. hep. hydr. hyos. kali—bi. Kali—c. Kreos. lil—t. lyc. Merc. merc—c. nat—c. nat—m. Nit—ac. nux—v. petr. plat. puls. rhus—t. sars. sec. SEP. sil. Staph. Sulph. tarent—c. THUJ. verat. zinc.

GESCHLECHTSTEILE allgemein Beschwerden Pubertät während
Alum. bell. calc. Calc—p. graph. lach. lyc. nat—m. phos. PULS. Sulph. Thuj. tub.

GESCHLECHTSTEILE allgemein Schweiss
Calc. fl—ac. hydr. iod. LYC. Merc. nat—m. Petr. psor. sars. Sep. Sil. Sulph. Thuj.

GESCHLECHTSTEILE allgemein Schweiss stinkend
Fl—ac. hydr. iod. nat—m. Nit—ac. Psor. sars. Sep. Sulph. THUJ.

GESCHLECHTSTEILE linke Seite allgemein
abrot. agar. alum. ambr. Am—br. am—m. ant—c. Apis. Arg—m. aur. bar—c. Brom. bry. calc. cann—s. chin. clem. colch. con. euphr. ferr—p. Fl—ac. graph. Kali—c. lach. lyc. Mag—c. teucr. meny. merc. mez. nat—c. naja. Nit—ac. plb. petr. Ph—ac. puls. Rhod. rhus—t. sabad. sel. sep. sil. spig. staph. tarax. THUJ. ust. vesp. zinc.

GESCHLECHTSTEILE rechte Seite allgemein
Acon. alum. apis. arg—m. Arn. ars. Aur. bism. CALC. cann—s. canth. CAUST.
Clem. coff. Coloc. Con. croc. graph. HEP. Iod. Lach. lil—t. Lyc. teucr. Meny. Merc.
mez. murx. mur—ac. nit—ac. NUX—V. pall. petr. PODO. PULS. rhod. Sabin.
Sec. sel. sil. Spig. SPONG. Staph. Sulph. SUL—AC. tarax. valer. VERAT. Zinc.

HERABDRÄNGEN Gefühl wie wenn Uterus zu schwer, Herausfallen
bell. lac—c. lil—t. Murx. SEP.

HERPES progenitalis
graph. Kali—m. med. MERC. nat—s. THUJ.

MÄDCHEN verzögerte Entwicklung z. Frau / weiblichen Identität
Ambr. Caust. ign. LYC. MANG. NAT—M. senec. sep. Sil.

MÄDCHEN werden männlich (hormonell oder falsche Identifikation)
graph. PLAT. nat—m. Sep.

MAMMAE Brustwarzen eingezogen
ars—i. aster. Carc. graph. Hydr. Iod. kali—i. lap—a. merc. Nux—m. Sars. Sil. tub.

MAMMAE Brustwarzen zu lang (congenitale Anomalie)
Thuj.

MAMMAE Entzündung durch mechanischen Druck, Neugeborene o. kleine Mädchen
Sil.

MAMMA empfindlich, überempfindlich
CHAM. con. kali—c. Lac—c.

MAMMA Knoten, Mädchen vor Pubertät
bell. calc—p. cham. merc. Lach. Phos. PULS.

MAMMAE gross, Hypertrophie in verspäterter, verzögerter Pubertät
CALC. Puls.

MAMMAE gross, Hypertrophie in vorzeitiger, verfrühter Pubertät
Bac. bufo. calc. Calc—p. Merc. puls.

MAMMAE gross, Hypertrophie junger Mädchen
bac. CALC. con. phyt. Puls.

MAMMAE klein einseitig, unterentwickelt
iod. lach. puls. Sabal.

MAMMAE klein, unterentwickelt, nicht altersgemäss
coff. IOD. kali—i. lac—c. Lac—d. lec. lyc. nat—m. Nux—m. onos. SABAL. sulph.
syph.

MAMMAE Milch - Mangel
Asaf. bell. Bry. calc. caust. CHAM. chel. Chin. Coff. dulc. form. Ign. Lac—c.
lac—d. LACT. merc. mill. plb. Puls. URT—U. ZINC.   Siehe auch th. Hinw. S. 687

MAMMAE Milch - Mittel um Abstillen zu erleichtern, und Folgen v. A.
siehe therapeutische Hinweise, S. 645

MAMMAE Milch junger, nicht schwangerer Frauen
asaf. cycl. lyc. Merc. phos. PULS. thlas. tub. urt—u.

MAMMAE Milch Pubertät in
cycl. merc. Puls.

MAMMAE Schwellung oder Verhärtung Neugeborene und Kinder
acon. ARN. Bell. Bry. calc. Cham. hep. Lac—c. merc. Phos. puls. sil.

MASKULIN aussehende oder wirkende Mädchen
carb—v. fl—ac. graph. Ign. Nat—m. nat—s. petr. plat. Sep. staph.

MASTURBATION Jucken d. Vulva wegen, kleinen Mädchen bei
Calad. calc. cina. Kreos. Orig. plat. tub. zinc.

MASTURBATION Neigung zu (incl. kleinen Mädchen bei)
agn. ambr. bar—c. bufo. calad. canth. Carc. hyos. kreos. lach. Med. Orig. PHOS.
plat. sanic. sil. staph.

MENSES blass, wenig gefärbt
Ferr. Graph. Nat—m. sep. sulph.

MENSES Blutung Bewegung oder Gehen nur bei
cact. caust. Lil—t. manc. nat—s. sec.

MENSES Blutung morgens nur
bor. bov. carb—an. mag—c. SEP.

MENSES Blutung nachts (im Liegen) nur
am—c. am—m. BOV. coc—c. cycl. Mag—c. mag—p. nat—m. zinc.

MENSES Blutung reichlich Bewegung oder Gehen agg. (mehr Blut)
ambr. calc. bry. cocc. croc. ERIG. ferr. Ip. lil—t. Sabin. Sec. TRIL.

MENSES Blutung reichlich Bewegung oder Gehen am. (weniger Blut)
cycl. Kreos. Mag—c. Mag—m.

MENSES Blutung tagsüber nur
Cact. Caust. coff. cycl. ham. Lil—t. PULS.

MENSES fehlend (Amenorrhoe) aufgedunsenen, wassersüchtigen Mädchen bei
Apoc.

MENSES fehlend (Amenorrhoe) Durchnässung, kalt baden oder Erkältung durch
Acon. aeth. am—c. ant—c. bell. Calc. cimic. coc—c. con. DULC. hell. lac—d.
Nux—m. PULS. Rhus—t. senec. Sep. Sulph. verat.

MENSES fehlend (Amenorrhoe) Emotionen wie Erregung, Wut, Zorn durch
Calc. CHAM. cimic. Coloc. Staph.

MENSES fehlend (Amenorrhoe) Erkältung nach, seit Menarche
Calc—p. nux—m. Puls.

MENSES fehlend (Amenorrhoe) Kummer, Trauer oder Kränkung durch
Acon. chin. Coloc. IGN. kali—c. Nat—m. ph—ac. Puls. Staph. tub.

MENSES fehlend (Amenorrhoe) Liebeskummer oder enttäuschte Liebe durch
carc. cimic. Hell. IGN. NAT—M. ph—ac. staph.

MENSES fehlend (Amenorrhoe) Mädchen bei (nach Menarche)
aur. carbn—s. calc. calc—p. con. cortico. cortiso. dulc. Ferr. ferr—i. graph. kali—c.
Lyc. nat—m. nep. PULS. Senec. Sep. Sil. sulph. thala. tub. ust. x—ray.

MENSES fehlend (Amenorrhoe) Schreck oder Schock durch
Acon. coff. Ign. kali—c. Lyc. Nux—v. OP. verat.

MENSES hellrot Mädchen bei
Bell. Calc—p. ferr—p. Ip. lac—d. mill. Phos. sabin.

MENARCHE Depression, traurig, weil Kindheit vorbei ist
Hell. nat—m. Puls. sep. tub.

MENARCHE (zu) früh (ca. 10. Lj.)
Alet. ambr. Ant—c. bell. CALC. Calc—p. canth. carb—v. Caust. Cham. chin. cina.
cocc. coc—c. Ferr. goss. hyos. ip. kali—c. lyc. Merc. Nit—ac. Phos. puls. rhus—t.
Sabin. sec. Sil. sulph. verat.

MENARCHE zu früh, vor Anzeichen d. Pubertät
ALET. Calc. cina. sabin. sil.

MENARCHE verzögert, spät
acon. agn. alet. am—c. ant—c. Apis. Arist—cl. Aur. aur—s. BAR—M. bry. dam.
calc. calc—p. calc—s. Carbn—s. cast. caul. CAUST. chel. cic. cimic. cocc. Con.
croc. Cupr. dig. dros. Dulc. Ferr. GRAPH. guaj. Ham. helon. hyos. KALI—C.
Kali—p. kali—perm. lac—d. lach. Lyc. Mag—c. mag—m. Mang. merc. Nat—m.
Petr. phos. polyg—h. psor. PULS. sabad. Sabin. sang. sars. SENEC. Sep. sil.
spig. staph. stram. stront—c. Sulph. TUB. valer. verat. vib. Zinc.

MENSES reichlich, Blut dunkel (fast schwarz)
am—c. am—m. bac. bell. Bov. carb—an. carb—v. Cham. CHIN. cocc. croc. cycl.
elaps. graph. kali—n. lach. lil—t. lyc. Mag—c. mag—m. Mag—s. murx. nux—v.
plat. puls. sang. SEC. stram. sulph. Thlas. ust.

MENSES reichlich, Blut hellrot
BELL. calc—p. dulc. Erig. hyos. IP. mill. phos. Sabin. TRIL.

MENSES reichlich, Blut hellrot mit dunklen Klumpen oder Fetzen
BELL. lyc. Sabin. Sec.

MENSES schmerzhaft, Dysmenorrhoe und Unregelmässigkeit
bell. calc. caul. cimic. cycl. Mill. nat—m. nux—v. PULS. senec. Sep. tub.

MENSES schmerzhaft, Dysmenorrhoe Blutungsbeginn (1. Tag) agg.
bell. bor. CIMIC. gnaph. ign. Lach. mag—c. MAG—P. mygal. nat—m. puls. raph.
stram. Thlas. valer. zinc.

MENSES schmerzhaft, Dysmenorrhoe Blutungsmaximum agg. (Je mehr B. desto)
CIMIC. med. puls. Thuj. tub.

MENSES schmerzhaft, Dysmenorrhoe Mädchen in Pubertät
CALC—P. Phyt. PULS. Sep. tub.

MENSES schmerzhaft, Dysmenorrhoe Mädchen jungen
Art—v. apis. Bell. bor. calc—p. caul. Cham. CIMIC. cocc. gels. graph. MAG—P.
Nat—m. med. mill. Puls. SEP. SULPH. Tub. Vib.

MENSES schmerzhaft, Dysmenorrhoe Menarche seit
calc—p. Puls. tub.

MENSES schmerzhaft, Dysmenorrhoea membranosa (Fetzen im Blut)
Bor.nat-m. Sep. Sulph.

MENSES schmerzhaft, Dysmenorrhoe Ohnmacht mit
ambr. berb. Chin. Cocc. cycl. Ign. Ip. kali—s. lach. lap—a. lyc. mosch. nux—m.
Nux—v. puls. sars. Sep. tril. ther. Verat.

MENSES schmerzhaft krampfend, jungen Mädchen bei (Menstruationskrämpfe)
calc—p. Cham. Cupr. med. nux—v. Phos. Tub. Xanth.

MENSES Schwäche während
alum. Carb—an. Cocc. ferr. GELS. iod. vinc. Verat.

MENSES Störungen anaemischer Mädchen mit blassem Aussehen
ars. bell. bry. calc. cocc. CYCL. Dol. ferr. FERR—P. kali—p. Nat—m. nux—v.
PULS. sep.

MENSES unregelmässig Mädchen in Pubertät oder Adoleszenz
apis. calc—p. graph. Mill. Puls. Sep. Tub. xan.

MENSES unterdrückt bei jungen Mädchen (Amenorrhoe)
alum. bell. calc—p. con. cycl. dulc. graph. Ign. kali—c. lach. lyc. Nat—m. podo.
Puls. Senec. sep. sil. sulph. Tub. x—ray.

MENSES unterdrückt durch Furcht (vor unerwünschter Schwangerschaft)
Lyc.

MENSES unterdrückt durch Nässe (Durchnässung, nasse Füsse)
Acon. calc. bell—p. Dulc. graph. Hell. nux—v. PULS. Rhus—t. senec.

MENSES unterdrückt durch Schreck
Acon. calc. gels. IGN. kali—c. lyc. NUX—M. Nux—v. Op. rhus—t.

MENSES unterdrückt durch unglückliche Liebe (Enttäuschung)
coloc. hell. IGN. nat—m. Ph—ac.

MENSES verfrüht, zu kurzes Intervall
am—m. Ambr. ars. BELL. bor. Bov. bry. CALC. Calc—p. cann—i. canth.
carb—an. Carb—v. caul. caust. CHAM. cina. Cocc. croc. cycl. Ferr. ferr—p. Ip.
kali—c. lac—c. laur. led. mag—m.   mag—p. Mag—s. mang. nat—c. nat—m.
nux—m. NUX—V. petr. phel. Phos. plat. rat. rhod. Rhus—t. Sabin. sil. sul—ac.
sulph. zing.

MENSES verfrüht, zu kurzes Intervall, alle 21 - 23 Tage
ambr. Ferr—p.

MENSES Verlangen nach Alkohol und / oder Süssem vorher
puls. Sel. SULPH.

MENSES verzögert, zu spät, langes Intervall
Acon. alum. am—c. bar—c. carb—an. Caul. CAUST. cimic. Con. CUPR. Dros.
DULC. ferr. Ferr—cit. ferr—p. Gels. GRAPH. hep. hyper. Ign. Iod. KALI—C.
Kali—p. kalm. Lach. LYC. Mag—c. mag—m. Merc. nat—c. NAT—M. Nat—s.
nicc. Nit—ac. Nux—m. petr. Ph—ac. phos. pitu. Pituin. PULS. Sabad. sabin.
Sars. Sep. SIL. stront—c. SULPH. Sul—ac. tab. tell. ter. valer. vib. zinc.

MENSES verzögert zu spät, langes Intervall, alle 35 Tage
aster. calc. Lac—d. iod. tell.

MENSES verzögert zu spät, langes Intervall, alle 42 Tage
hyper. Mag—m.

MENSES verzögert zu spät, langes Intervall Mädchen in Pubertät
Caust. Dros. Graph. Kali—c. Lach. Lyc. Nat—m. phos. PULS. sep. sil. Sulph. Vib.

MENSES verzögert zu spät, langes Intervall Mädchen mit Anaemie
ferr—p. Nat—m. Puls.

MENSES während am. (andere Symptome bessern sich oder verschwinden)
Carc. LACH. mag—c. nux—v. Zinc.

MENSTRUATIONS Beschwerden
siehe therapeutische Hinweise, S. 644

METRORRHAGIE allgemein, Zwischenblutung
arg—n. bell. Bov. Calc. chin. croc. Ferr. ham. ip. Kreos. Lach. Mag—s. mill. murx.
nit—ac. phos. psor. Puls. sabin. Sec. Sil. tril. ust.

METRORRHAGIE Mädchen bei kleinen
Cina. Hydr. xan.

OVAR schmerzhaft liebeskranken Mädchen bei (Liebeskummer)
ANT—C. cimic. kali—br

.

OVULATION Schmerz krampfend junger Mädchen
  calc—p. Cham. med. Phos. Tub.

OHNMACHT Menses synchron
  siehe unter Allgemeines, S. 551 f

PILLE Beschwerden nach, auch Unverträglichkeit v. Hormonpräparaten
  apis. graph. LACH. Lil—t. Nux—v. okou. phos. plat. puls. SEP.

PILLE Beschwerden nach, auch Unverträglichkeit
  siehe therapeutische Hinweise, S. 645

PILZERKRANKUNG Genitalien bei Säugling (Mykose)
  calc. lach. petr. Rhus—t. Rhus—v.

PRÄMENSTRUELLES Syndrom, PMS
  arist—cl. bell. bov. Calc. calc—p. caul. cupr. FOLL. lach. Lyc. med. Nat—m. Puls.
  sep. Sulph. Tub. thyr. Verat. zinc.

PUBERTÄT Anaemie (Chlorose, Bleichsucht) bei verspäteter P.
  alum. Ferr.

PUBERTÄT Beschwerden Mädchen bei
  Alum. Aur. Bar—c. Bell. Calc—p. Ferr. fil. ign. LACH. nat—m. Phos. Puls. SEP.

PUBERTÄT verzögert bei Mädchen
  alum. CALC—P. PULS. ther. zinc.

RÖTELN Embryopathie
  siehe therapeutische Hinweise, S. 662

SEXUELLES Verlangen heftig Mädchen, bei älteren
  Hyos. tarent.

SEXUELLES Verlangen vermehrt Jungfrauen und Mädchen bei
  Con. hyos. med. Plat. tarent.

SEXUELLES Verlangen vermehrt Mädchen, bei kleinen
  aloe. hyos. Plat.

SEXUELLES Verlangen vorzeitiges sehr jungen Mädchen bei
  merc. Plat.

SONOGRAPHIE, Ultraschall Diagnostik während Schwangerschaft
  siehe therapeutische Hinweise, S. 645

STEISS- oder Querlage
  siehe therapeutische Hinweise, S. 646

STERILITÄT Frauen
  siehe therapeutische Hinweise, S. 646

UTERUS allgemein

abies—c. acon. ALOE. Ant—c. ant—t. Arg—m. Arg—n. Arn. ARS. asaf. Aur. Aur—m. BELL. Bor. bov. bry. Calad. calc. Calc—p. calen. camph. canth. Carb—an. carb—v. carb—ac. caul. caust. CHAM. chin. Cimic. cina. cocc. coff. coll. Con. Croc. cub. cupr. dros. Ferr. ferr—i. gels. graph. Ham. helon. hydr. hyos. ign. iod. ip. KALI—C. kali—i. kreos. lach. lappa. LIL—T. lyc. mag—c. mag—m. merc. Merc—i—r. mez. mosch. Murx. mur—ac. nat—c. nat—m. nit—ac. nux—m. Nux—v. Op. pall. phos. ph—ac. PLAT. podo. PULS. Rhus—t. ruta. sabad. SABIN. SEC. senec. SEP. stann. staph. Sulph. sul—ac. tarent—c. thuj. tril. Ust. verat. verat—v. vib. visc. zinc.

VAGINA allgemein

ambr. arg—n. Ars. Aur. Aur—m. Bell. BERB. Bor. bry. CALC. calc—p. Canth. carb—an. carb—v. caul. caust. cham. chel. Chin. Cinnb. cocc. coff. con. croc. cub. dulc. Ferr. graph. hep. hydr. hyos. ign. iod. KALI—C. Kreos. lil—t. Lyc. mag—c. mag—m. Merc. Mez. murx. nat—c. nat—m. nit—ac. nux—m. Nux—v. PLB. petr. phos. plat. podo. Puls. rheum. Rhus—t. sabin. sars. sec. SEP. sil. stann. staph. Sulph. sul—ac. tarent—c. Thuj. zinc.

VAGINA Infektionen bei Säugling und Kleinkind, mit Fluor

calc. cann—i. cann—s. Kreos. Med. merc. nat—m.

VAGINA Jucken treibt Mädchen oder junge Frauen zur Masturbation

CALAD. Kreos. ORIG. plat. tub. Zinc.

VAGINALBEREICH Infektionen Fluor mit, Beginn Vorpubertät in

Acon. alum. aur—m. bell. Caul. Calc. Coc—c. Cur. Ham. hyper. Kreos. Merc. Nat—a. Puls. rhus—t. sep. sulph.

VAGINITIS unbestimmbarer Ursache

calc. merc. nat—m. sep.

VERGEWALTIGUNG

siehe therapeutische Hinweise, S. 616

VERGEWALTIGUNG vorwiegend körperliche Folgen

acon. ARN. Bell—p. Caust. Con. ign. nat—m. Sep. Sil. STAPH.

VORGESCHICHTE (Anamnese): Vaginale Infektionen, auch der Mutter

calc. Kreos. Med. Merc. nit—ac. puls. Sep. sil. sulph. Thuj.

VORGESCHICHTE Familienanamnese: Fehlgeburten

aur. kali—i. merc. Syph.

VORGESCHICHTE Familienanamnese: Gonorrhoe

Arg—n. cann—s. carc. clem. cop. MED. Merc. nat—s. nit—ac. Thuj.

VORGESCHICHTE Familienanamnese: Syphilis, syphilit. Affektionen

aur. Caust. guaj. kali—i. Merc. still. SYPH.

VORGESCHICHTE MUTTER: Aborte oder Neigung dazu
alet. apis. aur. Aur—m. bapt. Bell. bufo. calc. carc. Caul. Cham. Cimic. Croc. erig.
eup—pur. FERR. gels. helon. Ip. KALI—C. Kreos. Lyc. Merc. mill. Nux—m. Phos.
plat. Plb. Puls. Sabin. Sars. Sec. SEP. stram. Sulph. SYPH. Thuj. Tub. VIB. zinc.

VORGESCHICHTE MUTTER: Ärger, Zorn, Aufregung während Schwangerschaft
bry. Coloc. nux—m. Nux—v. sep.

VORGESCHICHTE MUTTER: Albuminurie während Schwangerschaft
Apis. CALC—AR. GELS. Helon. Kalm. MERC—C. Phos. Thlas. THYR.

VORGESCHICHTE MUTTER: Angst um Gesundheit während Schwangerschaft
acon. Ant—t. Ars. bar—c. Calc. caul. cham. ign. nux—m. phos. psor. puls. Sep.
stann.

VORGESCHICHTE MUTTER: Blasenleiden während Schwangerschaft
equis. lyc. Puls. sep.

VORGESCHICHTE MUTTER: Blutungen (Metrorrhagien) während Schwangerschaft
Apis Cann—i. Cham. chin. Cocc. Erig. IP. KREOS. Nit—ac. PHOS. Plat. Puls.
Rhus—t. Sabin. Sep. Tril.

VORGESCHICHTE MUTTER: Bronchial- oder Lungenleiden währ. Schwangerschaft
bry. Caust. Con. Nat—m. Nux—m. phos. puls. sabin. sep. spong. Vib.

VORGESCHICHTE MUTTER: Diarrhoe während Schwangerschaft
Ant—c. apis. CALC. Cham. chel. Chin. chin—ar. hyos. Iris. Lac—ac. Lyc. mez.
Nux—m. PHOS. Puls. Sep. Sulph.

VORGESCHICHTE MUTTER: Eklampsie, Toxaemie während Schwangerschaft
Apis. Ars. Aur—m. Calc—ac. CALC—AR. Cupr—ar. Gels. Helon. KALI—AR.
Kali—c. KALI—CHL. kalm. lach. Lyc. Merc. MERCC. Nat—m. ph—ac. Phos.
Sep. Ter. thyr. uran—n. Verat—v.

VORGESCHICHTE MUTTER: Gallenbeschwerd. incl. Ikterus währ. Schwangersch.
Acon. aur. Aur—m—n. CHEL. NUX—V. Phos.

VORGESCHICHTE MUTTER: Geburt langdauernd (< 8 Std.) und sehr anstrengend
Arn. ars. bell—p. Caul. CHAM. Cimic. Kali—c. rhus—t. SEP.

VORGESCHICHTE MUTTER: Erbrechen Schwangerschaft während (**Hyper**emesis)
Acet—ac .acon. Alet. Amygd—p. anac. Ant—c. Ant—t. Apis. Apom. Ars. ASAR. Bism. Bry. Calc. Cadm—s. Canth. Caps. Carb—ac. card—m. cast. CHEL. CER—OX. Cic. Cinnm. cocain. Cocc. Cod. Colch. Con. Cupr—a. cupr—ar. dios. Ferr. ferr—ar. Ferr—p. Goss. Graph. Ign. Ip. Iris. JATR. Kali—bi. Kali—br. kali—c. kali—p. KREOS. LAC—AC. lac—c. Lac—d. Lach. Lil—t. Lob. Lyc. Mag—c. Mag—m. Med. merc—i—f. Nat—m. nat—p. NAT—S. NUX—M. NUX—V. Op. Ox—ac. Petr. Ph—ac .Phos. plat. plb. Podo. Psor. Puls. SEP. Sil. Stront—br. Stry. Sulph. Sul—ac. TAB. tarent. Verat. Verat—v. zinc.

VORGESCHICHTE MUTTER: Kopfschmerzen während Schwangerschaft
Cimic. Bell. Bry. calc. caust. Cham. Coff. ferr—p. Gels. Glon. hyos. Ign. Nux—v. Op. Phos. puls. Sep. Spig.

VORGESCHICHTE MUTTER: Kummer / seel. Beschwerd. während Schwangerschaft
aur. bell. carc. IGN. NAT—M. ph—ac. Plat. puls. Sep.

VORGESCHICHTE MUTTER: Lochien Störungen
Bry. calc. Camph. Carb—ac. CARB—AN. Carb—v. Carbn—s. cham. Chin. Chr—ac. dulc. hyos. KREOS. Pyrog. Puls. SEC. stram. SULPH. TER.

VORGESCHICHTE MUTTER: Magenleiden, Sodbrennen während Schwangerschaft
acet—ac. Anac. Canth. Dios. Ign. lac—ac. nat—m. nux—m. Nux—v. Petr. phos. Puls. tab.

VORGESCHICHTE MUTTER: Mamma Beschwerden währ. o. nach Schwangerschaft
acon. apis. Bell. bell—p. Bry. Calc—f. calc—p. cham. cimic. con. Hep. Lac—c. PHYT. phos. Sep. Sil. Sulph.

VORGESCHICHTE MUTTER: Oedeme während Schwangerschaft
APIS. Ars. Aur—m. Dig. dulc. hell. jab. lyc. merc. merc—c. Nat—m. uran—n.

VORGESCHICHTE MUTTER: Ovarialleiden, allgemein
Apis. Cimic. Canth. Coloc. Con. Ham. Hep. Iod. Kali-bi. LACH. LIL-T. LYC. Naja. Pall. Plat. PODO. STAPH. THUJ.

VORGESCHICHTE MUTTER: PLACENTA PRAEVIA liegt störend im Geburtskanal
Erig. Ip. Nux-v. Sabin. Sep. Verat.

VORGESCHICHTE MUTTER: PLACENTA RETENTION nach Entbindung
Agn. all-s. Arn. Ars. art-v. Bell. CANTH. carb-v. Caul. chin. cimic. croc. ergot. gels. Goss. Hydr. Ign. Ip. Kali-c. Nux-v. phos. plat. Puls. Sabin. Sec. SEP. visc.

VORGESCHICHTE MUTTER: Pruritus (Haut o. Vulva) während Schwangerschaft
Calad. Chlol. cocc. Dol. Fl—ac. helon. Kreos. Med. Merc. Nit—ac. SEP. sulph. Tab. tarent.

VORGESCHICHTE MUTTER: Schlaflosigkeit während Schwangerschaft
ambr. bell. Carc. Cina. cham. Cimic. Coff. Kali—br. mag—p. mosch. nux—v. Op. puls. rat. rhus—t. staph. stram. tarent.

VORGESCHICHTE MUTTER: Schreck / Schock während Schwangerschaft
ACON. arn. Bell. Cham. coff. gels. Hyos. Ign. mag—c. merc. nat—m. nux—m. Op. PULS. sep. sulph. verat.

VORGESCHICHTE MUTTER: Übelkeit und Erbrechen während Schwangerschaft
Asar. Cer—ox. Chel. jatr. Kreos. Lac—ac. Nat—s. Nux—m. nux—v. piloc. Psor. SEP. Tab.

VORGESCHICHTE MUTTER: Venenleiden, Varizen, Haemorrhoid. währ. Schwang.
arn. Carv—v. caust. FERR. Fl—ac. Graph. HAM. hydr. Lyc. mill. nat—m. Nux—v. Phos. PULS. Sep. Sulph. Zinc.

VORGESCHICHTE MUTTER: Wehenschwäche - Kind "musste geholt werden"
Camph. carbn—s. Carb—v. CAUL. caust. cham. Cimic. Gels. graph. Kali—c. Nat—c. NAT—M. Nux—m. Op. PULS. SEC. Sep. Thuj.

VULVO - Vaginitis, perinatale Infektion Gonorrhoe durch
Cann—i. cann—s. Canth. Puls. sep. sulph

vacat für Nachträge

Atemtrakt, Husten, Auswurf und Stimme

ALLERGIE Katzenhaare
ars—i. Cycl. fl—ac. psor. phos. Puls. TUB.

ALLERGIE Pferdehaare
Ars. Ars—i. cast—eq. LACH. Tub.

ALLERGIE Tierhaare allgemein, incl. Federn / Daunen
ars. Ars—i. asaf. cupr. Cupr—ar. cycl. fl—ac. iod. lach. nat—m. Psor. puls. sulph. Thuj. TUB. tub—a.

ASPHYXIA neonatorum, Atemstillstand Neugeborener (blue baby)
Acet—ac. acon. ANT—T. arn. ars. Bell. CAMPH. Carbn—s. CARB—V. chin. Chlor. Coch. Coff. coloc. crot—h. CUPR. hydr—ac. LAUR. merc. nit—ac. OP. ph—ac. phos. Rhus—t. Sin—n. stram. sul—ac. tab. upa.

ASPHYXIA, Atemstillstand Impfung, plötzliche Reaktion auf I.
acon. Ant—t. Cham. Op. sil. thuj.

ASTHMA allgemein
acon. Ambr. ANT—T. ARS. Bell. Calc. calc—p. calc—s. camph. Carc. Cham. chin. Coff. Cupr. cupr—ar. erio. eucal. Hep. Ign. IP. kali—br. kali—c. kali—i. kali—n. Kali—s. Lach. lob. lyc. MED. merc—sul. Mosch. NAT—S. Nux—m. NUX—V. OP. Phos. psor. pulmo. PULS. SAMB. sanic. Sil. Stram. Sulph. THUJ. Tub. vib.

ASTHMA allgemein
siehe auch therapeutische Hinweise, S. 648 f

ASTHMA abends (18 - 21 h agg.)
Am—c. aral. bell. Brom. bry. caps. cham. Cist. grin. Hell. ign. Ip. lach. lyc. meph. naja. phos. PULS. Samb. Sulph. syph. Zinc.

ASTHMA abends im Bett siehe unter Asthma Liegen Hinlegen

ASTHMA abwechselnd mit Hautausschlägen, Ekzemen
ARS. calad. crot—t. Grin. Hep. Kalm. Kreos. lach. med. Mez. PSOR. puls. rhus—t. SULPH. sul—i. Thuj. Tub. zinc.

ASTHMA abwechselnd mit Hautausschlägen, Adoleszenz während
ARS. Zinc.

ASTHMA abwechselnd mit Durchfall
Ars. kali—ar. Kali—c. rhus—t. Sulph.

ASTHMA abwechselnd mit Durchfall, bes. nachts
Ars. kali—ar. Kali—c.

ASTHMA akut, Hauptmittel für akuten Anfall
Acon. ant—t. Ars. cham. cupr. Cupr—ar. IP. mosch. nat—s. NUX—V. op. samb. stram.

ASTHMA akuter Anfall - adjuvante Therapie
siehe therapeutische Hinweise, S. 648 f

ASTHMA akut - Vorgehen im Anfall
siehe therapeutische Hinweise, S. 647 f

ASTHMA Anfälligkeit für, Rectum Beschwerden mit
calc. carb—v. kali—c. Lyc. nat—s. phos. SIL. Sulph. thuj.

ASTHMA Anfälligkeit für, von Geburt an
aeth. carc. cupr. ip. lach. Med. tub.

ASTHMA Angst ins Bett zu Gehen mit, weil dann Anfall kommt
CENCH.

ASTHMA Angst, Furcht oder Schreck durch (agg.)
acon. Cupr. gels. Ign. kali—br. op. Samb.

ASTHMA Anstrengung am. (auch besser durch heftige Bewegung)
kali—c. Stann.

ASTHMA Anstrengung, Überanstrengung nach (auch allerg. A., Heuasthma)
Ambr.arn. Calc. sil. Tub.

ASTHMA Aufstossen oder lautem Rülpsen, Beginn mit
Ambr. carb—v. Nux—m.

ASTHMA Auswurf gelb - grün dabei
NAT—S. sil.

ASTHMA Erkältung bei jeder (jede Erkältung endet in Asthma)
ars. bry. carb—v. Dros. DULC. Iod. ip. just. Naja. NAT—S. Nux—v. SIL. spong. stann. SULPH. tub.

ASTHMA Erwachen beim
alum. ars—i. Con. samb. sep.

ASTHMA Erwachen beim. dabei sofort schweissnass
ars—i. Samb. sep.

ASTHMA Erwachen mit plötzlichem, dabei Gefühl zu ersticken
ant—t. ars. cupr—ar. ip. Lach. Samb. seneg.

ASTHMA Essen (irgendetwas, was gerade zur Hand ist) am.
GRAPH.

ASTHMA Essen nach
kali—c. Kali—p. nux—m. Nux—v. Puls.

ASTHMA feuchtes (Rasseln, Pfeifen) siehe unter Asthma humidum

ASTHMA feucht - heissem Wetter bei
Bell. Carb—v. nat—s.

ASTHMA feuchtem oder nebligem, jedenfalls kaltem Wetter sofort bei
ars. Dulc. Hyper. med. NAT—S. thuj.

ASTHMA feuchtes oder nebliges Wetter amel.
caust. hep. Nux—v.

ASTHMA feuchtem oder nebligem Wetter bei, und morgens agg.
Med. NAT—S. thuj.

ASTHMA feucht - kaltes Wetter führt jedesmal zu asthmatischen Anfällen
hyper. Dulc. NAT—S. Sil. Sulph.

ASTHMA Flatulenz durch (Blähungsasthma)
Ars. caps. CARB—V. CHAM. CHIN. Hep. ictod. Nat—c. NUX—V. Op. Phos. SULPH. Verat. Zinc.

ASTHMA Frühjahr agg.
all—c. aral. Ars. ars—i. gels. Iod. ip. lach. lob. nat—s. PSOR. Sabad. thuj.

ASTHMA gastrisches (Magen Affektionen durch, Auftreibung, wie Völle)
ambr. bry. Carb—v. ictod. ip. Kali—c. lac—d. lob. NUX—M. Nux—v. puls. Sang.

ASTHMA Gehirn Affektionen mit
cupr. Mosch. zinc.

ASTHMA Hautausschlägen abwechselnd mit
ARS. calad. crot—t. Grin. Hep. Kalm. Kreos. med. mez. PSOR. puls. rhus—t. SULPH. sul—i. Thuj. Tub.

ASTHMA Hautausschlägen, Ekzemen oder Urticaria gleichzeitig mit
apis. ars. calc. Ip. med. psor. sanic. sul—ac. THUJ. vario.

ASTHMA Hautausschlägen unterdrückten nach
acon. ant—c. Apis. Ars. calc. carb—v. Dulc. ferr. hep. Ip. nat—m. Psor. PULS. SULPH. thuj.

ASTHMA humidum (feuchtes) Pfeifen mit
Cupr. IP. lyc. NAT—S. samb. Thuj.

ASTHMA humidum (feuchtes) Rasseln mit
ANT—T. Ars. Bac. bar—c. bell. Bry. Calc. camph. cann—i. cann—s. chel. Chin. con. Cupr. Dulc. Erio. Ferr. Graph. hep. IP. Kali—bi. kali—c. kali—m. Lach. merc. mur—ac. NAT—S. nux—v. Phos. Puls. Samb. Seneg. sep. Sil. stann. Sulph. Thuj. zinc.

ASTHMA Impfung nach
ANT—T. bac Carc. lach. Sil. THUJ. tub.

ASTHMA kalt - trockenem Wetter bei (agg.)
acon. Caust. hep.

ASTHMA kalt - feuchtem Wetter bei siehe Asthma feuchtem Wetter bei

ASTHMA kalt - trockenem Wetter bei
Acon. hep. nux-v.

ASTHMA Kleinkindern vorzüglich bei
Chlor. nat—s. Oci—s tub.

ASTHMA, konstitutionelle Hauptmittel, um Rezidive zu mindern
am—c. Ant—c. ars. ars—i. bar—c. CALC. carb—v. caust. Cupr. Dros. dulc. ferr. graph. iod. kali—c. lach. Lyc. NAT—S. Nux—v. phos. Psor. Sil. SULPH. THUJ. Tub. tub—a.

ASTHMA Kummer, Trauer durch mit Enge Gefühl in Brust
Ars. carc. IGN. mag—m.

ASTHMA Liegen Hinlegen sofort nach abendlichem Bettgang
aral. ars. ars-i. Asaf. Bapt. brom. bry. Cact. cann-i. Carb-v. chin. Cist. colch. dig. eup-per. hep. hyper. kali-bi. kali-c. kali-n. Lach. meph. naja nit-ac. nux-v. psor. Puls. Samb. Sars. Sil. spong. STANN. syph.

ASTHMA Liegen am., besonders Bauchlage
Med. psor.

ASTHMA Luft frische am.
Calc. IOD. med. sanic. sulph. Tub.

ASTHMA Mädchen Pubertät oder Adoleszenz während
ign. MOSCH. nux—m.

ASTHMA Masern nach
Brom. Carb—v. cham. dros. morb. PULS. Tub. zinc.

ASTHMA menstruale (Mädchen mit Menses Störungen)
acon. Bell. COCC. CUPR. Merc. mosch. Nux—v. phos. PULS. sep. Sulph.

ASTHMA miliaris, Glottiskrampf Liegen agg.
apis. ars. chlor. guare. IP. Samb.

ASTHMA mittags agg. (mit der Sonne Lauf)
> Lach. nat—m. sang. Spig.

ASTHMA morgens sehr (zu) früh davon aufwachend, auch schon um 5 h
> am—c. ant—t. Ars. con. grin. kali—bi. Kali—c. kali—s. Nat—s. nux—v.pitu—a. sep. Zing.

ASTHMA morgens und abends
> Ign. sul—i.

ASTHMA nachmittags
> apis. Bell. caps. chel. hell. ip. Led. Lyc. mill. phos. puls.

ASTHMA nachts am., während Schlaf kein Husten
> Mang. puls. Tub.

ASTHMA nachts Mitternacht vor (agg.)
> aral. ARN. ars. Ars—i. bell. bry. cham. chel. coc—c. Coloc. PULS. sep. Spong. squil.

ASTHMA nachts Mitternacht nach (agg.)
> ARS . carb—v. Ferr. graph.kali—ar. lach. Samb. syph.

ASTHMA nachts 1 - 3 h agg.
> ARS. Kali—c. kali—n.

ASTHMA nachts 1 - 5 h agg.
> Ars. calc—ar. chin. cupr. cupr—ar. ferr. graph. kali—ar. kali—bi. kali—c. Lach. med. Samb. syph. thuj.

ASTHMA nachts 2 h
> ARS. Kali—bi. med. Rumx.

ASTHMA nachts 2 - 5 h agg.
> Kali—bi. Kali—i.

ASTHMA nachts 3 - 5 h
> Chin. Kali—bi. Kali—c. nat—s. thuj.

ASTHMA nachts 3 h
> Chin. Cupr. Kali—ar. KALI—C. Nux—v. thuj.

ASTHMA nachts 4 h
> ant—t. NAT—S. Nux—v. podo. Stann. Thuj.

ASTHMA nachts 4 - 5 h
> kali—s. NAT—S. nux—v. Stann.

ASTHMA nachts 4 - 6 h agg.
> all—c. ferr—p.

ASTHMA nachts weckt nicht auf (ohne Aufwachen)
carb—v. Lach. SULPH.

ASTHMA nervös - spastisches incl. hysterisches A.
ant—c. ant—t. Ars. Bell. bry. Camph. caust. Cham. COCC. CUPR. ferr. Hydr—ac. Hyos. ign. kali—c. Lach. Kali—p. Kreos. lyc. mag—p. Mosch. nux—m. Nux—v. op. Samb. sep. stann. Stram. sulph. ZINC.

ASTHMA Mond Vollmond bei (agg.)
Calc. SPONG.

ASTHMA Mond Vollmond oder Neumond bei (agg.)
aral. calc. Phos. sep. SIL.

ASTHMA Orangensaft agg. (Citrus Früchte)
Med. olnd.

ASTHMA periodisch alle 2 Tage
Calc. Cham. CHIN. Ip. Nat—m.

ASTHMA periodisch alle 4 Tage
Eup—per.

ASTHMA periodisch alle 7 - 8 Tage
Sulph.

ASTHMA Periodizität ausgeprägte
all—s. alum. Ars. asaf. cact. Calc—p. Carb—v. cedr. Chel. chin. chin—ar. colch. Ferr. Nux—v. Plb. sulph.

ASTHMA plötzlicher Brustenge mit
Ars. CUPR. Cupr—ar. Ip. Seneg.

ASTHMA Polypen durch
LEM—M. teucr.

ASTHMA Polypen Operation durch
PULS.

ASTHMA Schleim Ansammlung durch reichliche in Atemwegen
Erio. nat—s. Samb.

ASTHMA Schluckauf, beginnt mit Singultus
Cupr.

ASTHMA Schluckstörung mit
Brom. ign. nux—m. Spong.

ASTHMA Schnupfen durch chronischen
iod. Lem—m. naja. Sil.

ASTHMA Schnupfen mit
>   arg—n. Just. nat—s. Spong.

ASTHMA Schnupfen vorher - jeder Schnupfen endet in Asthma - Anfall
>   acon. ars. bell. bry. cham. chin. Dulc. Iod. ip. Just. NAJA. nux—v. samb. stict.

ASTHMA Schreck, Schock durch oder nach
>   Acon. carc. Cupr. samb.

ASTHMA sinugen (Sinusitis chronische, durch oder nach)
>   Calc. calc—i. Cinnb. dulc. Just. KALI—BI. kali—c. Kali—i. kali—s. Lem—m. Med. Merc. nat—s. Samb. sang. SIL. Stict. Teucr. THUJ.

ASTHMA Sommer nur im
>   arg—n. ars. Psor. Syph.

ASTHMA sykotisches
>   ars. dulc. MED. NAT—S. PULS. SIL. Thuj.

ASTHMA tagsüber
>   bell. gels. led. nat—m. Sil. sulph.

ASTHMA thymicum, chronischer Laryngismus stridulus
>   bell. Brom. Calc. Calc—p. cupr. Dros. gels. Ign. Iod. Ip. kali—i. Lach. Laur. mang. Meph. Merc—i—f. Merc—i—r. Nux—v. PHOS. Samb. Sil. spong. tub.

ASTHMA trocken - kaltem Wetter bei agg.
>   acon. hep. Nux—v.

ASTHMA Trockenheit der Atemwege mit
>   alum. arn. Ars. calc—s. caust. kali—c. kali—s. Lach. lob. Nux—m. Puls. sang. sep. SPONG. staph. Thymu.

ASTHMA Trockenheit der Haut dabei ausgeprägt
>   Acon.

ASTHMA vormittags 10 oder 11 h (agg.)
>   arg—n. bapt. cact. carc. Ferr. gels. ign. nat—m. nit—ac. Sulph

ASTHMA Vorgeschichte in der, und Tuberkulose in d. Familienanamnese
>   DROS. tub.

ASTHMA Vorgeschichte in der
>   dros. Med. Nat—s. TUB.

ASTHMA Wetterwechsel, bei jedem
>   ip. NAT—S. *

ASTHMA Winter in jedem
>   Carb—v. ip. Kali—bi. lob. nat—s. NUX—V.

ASTHMA Wind durch oder agg. durch
carc. cupr. Ip.

ASTHMA Wut, Ärger, Beleidigung oder Kränkung durch (agg.)
Ars. Cham. staph.

ASTHMA Zunge saubere dabei
IP.

ATEM stinkend Asthma oder Husten bei (Geruch wie bei Tonsillitis)
CAPS. Dros. merc. nat—m. Sang. sul—ac. sulph.

ATEMNOT allgemein, Dyspnoe, erschwerte Atmung
Ambr. ars. aur. bor. calc. Calc—p. cham. lyc. NAT—S. phos. Puls. samb. Sil. Tub.

ATEMNOT, am. Arme hochheben oder seitlich abspreizen (auch bei Asthma)
lach. Laur. nux—v. PSOR. spig. tarent.

ATEMNOT, am. hoch gehoben werden
Chin. Kali—c. Olnd. Puls.

ATEMNOT, am. Lage flach, Kopf nach hinten gekippt (auch Asthma)
PSOR.

ATEMNOT, am. Lage Kopf und Schultern erhöht oder halb sitzend
Acon. Hyos. SPONG.

ATEMNOT Anstrengung bei, wenn er zur A. gezwungen wird
arg—n. Aur. Aur—m. Calc. calc—p. Lach. Lyc. nat—m. phos. Sulph.

ATEMNOT, Asphyxie Gas Vergiftung durch (incl. Rauchvergiftung)
acet—ac. am—c. arn. bell. bor. Bov. camph. Carbn—s. carb—v. coff. ip. lach. Op. phos. sec.

ATEMNOT, Asphyxie mit tiefem Rasseln Neugeborener
ANT—T. Arn. bell. CAMPH. carb—v. chin. CUPR. cupr—ar. LAUR. Op. TARENT. upa.

ATEMNOT Atemstillstand bis zum, durch Angst
Acon. ARN. hell. psor.

ATEMNOT emotional krampfhaft, respiratorische Affektkrämpfe
Asaf. calc—p. cupr. IGN. LACH. mag—p. Op.

ATEMNOT Husten, durch heftigen bei Pneumonie
Ant—t. bry. Ip. Merc. phos.

ATEMNOT Neugeborener allgemein
Acon. ANT—T. laur.

ATEMNOT Neugeborener, Folgen von Anaesthesie während Geburt
nux—v. Op. Sulph.

ATEMNOT rasselnder Atmung mit
am—c. ANT—T. apoc. ars. bac. Brom. cact. Carb—v. caust. chin. Cupr. dulc. HEP. IP. Kali—c. Kali—s. lob. Lyc. phos. puls. samb. Squil. Seneg. sil. stann. Tub.

ATEMNOT spastische Atmung (asthmatisch) mit eingeschlagenen Daumen
Cupr.

ATEMNOT Unterdrückung von Masern durch
carb—v. CHAM. morb. PULS. Zinc.

ATEMNOT, versetzte Atmung anfallsweise (aussetzende A.)
Acon. ars. cact. Calc—p. CUPR. Cupr—ar. ox—ac.

ATEMNOT, versetzte Atmung beim / nach hoch gehoben werden
bor. Calc—p.

ATEMNOT Weinen bei (einfache nur W. ohne grössere Emotionen)
Cupr.

ATEMNOT Zorn durch, auch durch Atem anhalten bei Z.
Arn. ars. CHAM. Cupr. staph.

ATEMSTÖRUNG Cheyne-Stokes A. (period. tieferes A. nach Atempause)
acon. AGAR. am—c. Ant—t. atro. Bell. Camph. cann—i. Carb—v. Carbn—o. chlol. coca. crot—h. Cupr. cupr—ar. Dig. Grin. hell. Hydr—ac. Hyos. Ign. iod. ip. kali—cy. LACH. Laur. Morph. Nat—ch. nux—v. olnd. Op. Saroth. spong. Sul—ac. Sulph. vanad. verat.

ATEMWEGE: Beschwerden, allgemeine Atemwegserkrankungen
Acon. ANT—T. arn. ars. Bell. BRY. CALC. CALC—P. Cham. chel. Cina. coc—c. Con. cupr. Cupr—a. Cupr—ar. DROS. Ferr—p. Iod. Ip. KALI—BI. Kali—c. kali—i. Kali—s. kreos. lach. Lyc. NAT—S. Op. PHOS. Puls. sep. SIL. Sulph. Ter. thymu. tub.

ATEMWEGE: Katarrh Masern nach
Carb—v. dros. kali—bi. morb. puls. sulph. tub.

ATEMWEGE: Krupp (Croup)
siehe therapeutische Hinweise, S. 649

ATEMWEGE: Krupp allgemein
am—br. ACON. all—c. Alum—sil. alumn. anac. Ant—t. Ars. Ars—i. arum—t. asaf. Bell. BROM. Calc. CALC—S. Canth. Carb—ac. Carb—v. caust. Cham. chin. Chlor. Cupr. dros. gels. HEP. Iod. KALI—BI. Kali—chl. Kali—i. Kali—p. kali—s. lac—ac. Lach. Lob. lyc. Merc—cy. naja. Nat—m. Nit—ac. PHOS. Samb. Sang. SPONG. thumu.

ATEMWEGE: Krupp Anfälle häufig - zur Rezidiv Prophylaxe und konstitutionell
brom. calc. Calc—s. hep. PHOS. tub.

ATEMWEGE: Krupp anfallsweise
Hep. Kali—br.

ATEMWEGE: Krupp Erhitztwerden durch
BROM.

ATEMWEGE: Krupp erstreckt sich zu Rachenschlund
BROM.

ATEMWEGE: Krupp erstreckt sich zum Larynx
Iod.

ATEMWEGE: Krupp erstreckt sich zur Trachea
iod. KALI—BI. Kali—chl. PHOS.

ATEMWEGE: Krupp folgende Krankheiten
Calc. Carb—v.

ATEMWEGE: Krupp gangraenös
Ars.

ATEMWEGE: Krupp Hautausschlägen unterdrückten nach
Ars. calc. Caust.

ATEMWEGE: Krupp Heiserkeit bis zur Stimmlosigkeit
hep. Phos.

ATEMWEGE: Krupp Heiserkeit bis zur Stimmlosigkeit, Liegen agg.
Hep.

ATEMWEGE: Krupp kalter trockener Luft nach Einwirkung von
ACON. HEP. kali—bi.

ATEMWEGE: Krupp katarrhalisch (ausufernde Erkältungen)
Acon. Bell. HEP. IP. spong.

ATEMWEGE: Krupp Keuchhusten bei
BROM.

ATEMWEGE: Krupp langsame Entwicklung (einige Tage) oder zu Beginn
Spong.

ATEMWEGE: Krupp letztes Stadium, wenn Lebenskraft erschöpft ist
carb—v. Phos.

ATEMWEGE: Krupp Liegen agg.
Hep.

ATEMWEGE: Krupp membranös
Acet—ac. alumn. am—c. ant—t. Apis. Arum—t. BROM. Carb—ac. caust. Hep.
Iod. KALI—BI. Kali—br. Kali—m. Kali—perm. Lac—c. LACH. Merc—cy.
Merc—i—f. Naja. Nit—ac. PHOS. Sang. Spong.

ATEMWEGE: Krupp kalt - trockenen Wind nach
Acon. HEP.

ATEMWEGE: Krupp nachts Mitternacht vor und gegen Morgen wiederkehrend
Hep.

ATEMWEGE: Krupp nachts Mitternacht vor
SPONG.

ATEMWEGE: Krupp plötzlich nach erstem Schlaf, Husten erstickend
Acon.

ATEMWEGE: Krupp Schlaf nach agg.
LACH. Spong.

ATEMWEGE: Krupp spastisch anhaltende Verkrampfung
caps. ign. Kali—n. mosch. sang. stram.

ATEMWEGE: Krupp spastisch nach Bestrafung oder schwerem Tadel
anac. Ign. Mosch.

ATEMWEGE: Krupp spastisch Schlaf, erweckt scrophulöses K. um 05 h
Kali—i.

ATEMWEGE: Krupp vernachlässigter
ant—t. apis. Brom. bry. cham. cupr. Dros. Iod. ip. lach. Phos. samb. seneg. Sulph. verat.

ATEMWEGE: Krupp Wärme d. Bettdecken agg. - stösst Decke weg
acon. CALC—S. hep.

ATEMWEGE: Krupp warm - feuchtem Wetter bei, mit sägender Atmung
Iod.

ATEMWEGE: Krupp wiederkehrender
brom. Calc. CALC—S. HEP.

ATEMWEGE: Krupp zischender Atmung mit, dabei leuchtend rotes Gesicht
Acet—ac.

ATEMWEGE: Schleim zäh, klebrig, oder Absonderung fadenziehend
bov. canth. Coc—c. iris. kali—bi. nat—m. rumx. seneg.

ATEMWEGSERKRANKUNGEN mit Wurmsymptomen (meist Husten, Löffler - Syndrom)

CINA. dol. Mag—c. mag—s. Spig. teucr.

ATMUNG: atmet aus, aber kann schlecht einatmen (Inspiration schwierig)
acon. ant—-s. apis. arg—-n. Arn. ars. bell. Brom. Bry. calc. camph. caust. chel. chin. chlol. Chlor. cina. cocc. con. cupr. Cupr—-a. euphr. Ferr. gels. ham. hist. ign. indg. IOD. ip. kali-bi. kali—-c. kali—-n. lach. lob. meph. merc. mez. mur—-ac. Nux—-m. nux—-v. op. Ph—-ac. PHOS. prun. Samb. sang. sec. senec. sil. spig. Spong. stann. Staph. stram. sulph. verat.Viol—-o. zinc.

ATMUNG: atmet ein, aber kann schlecht ausatmen (Exspiration schwierig)
am—c. ars. chlor. lyc. Med. Meph. SAMB. seneg.

ATMUNG erschwert hochgehoben wenn (Atemnot)
bor. calc—p.

ATMUNG Geräusch pfeifend Keuchhusten bei
Brom. Carb—v. Cupr. Hep. samb. Spong.

ATMUNG Geräusch rasselnd Schlaf im
bell. Hep. kali—s. stram.

ATMUNG gestört - Mundatmung
am—c. Ant—t. Bar—c. Bar—m. calc. kali—bi. kali—c. kali—s. Lach. lem—m. LYC. mag—c. mag—m. merc—i—r. Nat—ar. nat—c. nux—v. Op. phos. psor. puls. Samb. sang. sil. sul—i. Sulph. syph. Teucr. thuj. zinc.

ATMUNG Geschwindigkeit: allgemein beschleunigt (schnell)
acet—ac. ACON. aesc. Agar. Ail. am—c. anthraci. ANT—T. apis. Apoc. Arg—n. Arn. ARS. ARS—I. Asaf. Aspar. Aur. bar—c. bar—m. BELL. bor. Brom. BRY. calc. Calc—p. Camph. cann—i. Canth. carbn—s. CARB-V. Cedr. Cham. CHEL. Chin. chin-ar. Chin-s. chlor. cimic. Cina. clem. Coca. cocc. Coc-c. coff. Colch. coloc. con. Cop. crot—h. cub. CUPR. cycl. Dig. dulc. GELS. Glon. hell. Hep. hydr. hydr—ac. Hyos. Ign. Iod. IP. kali—ar. Kali—bi. kali—c. Kali—i. kali—n. Lact. laur. led. LYC. lyss. Merc. merc—c. Merc—sul. mez. Mur—ac. naja. nat—c. Nat—m. Nux—m. Nux—v. Op. ox—-ac. petr. PHOS. Phyt. Plan. plb. Puls. rhod. Rhus—t. Samb. Sang. sel. seneg. SEP. Sil. spong. squil. stann. Stram. SULPH. sul—ac. tab. tub. Verat. Verat—v. Vesp. vinc. Zinc.

ATMUNG Geschwindigkeit: allgemein langsam
Acon. ant—t. Apis. arn. ars. Asaf. BELL. Brom. bry. cact. Camph. Caps. Cast. chin. chin—s. chlol. cic. clem. Cocc. Colch. Coloc. con. cop. Crot—c. crot—h. crot—t. cupr. Dig. Dios. ferr. Gels. Glon. Hell. Hep. Hydr—ac. Hyos. Hyper. Ign. ip. Lach. Laur. lyc. Merc—c. morph. nit—ac. nux—m. Nux—v. oena. Olnd. ox—ac. OP. plat. plb. phos. Phyt. sec. Spong. squil. stram. sul—ac. tab. verat—v.

ATMUNG Geschwindigkeit Normalwerte
Tabelle siehe therapeutische Hinweise, S. 694

ATMUNG Geschwindigkeit: Expirium schnell
cham. Chin. Ign. Stram.

ATMUNG Geschwindigkeit: Expirium langsam
Ant—t. Arn. apis. bor. camph. cham. chin. hell. ign. lob. Op. sep. squil.

ATMUNG Geschwindigkeit: Inspirium schnell
Arn. Ars. asc—t. camph. Carb—v. carbn—o. CHAM. cina. ign. kali—cy. stram.

ATMUNG Geschwindigkeit: Inspirium langsam
arn. bell. Carbn—s. cham. Chel. Chin. con. Cupr. Ferr. glon. IGN. Laur. Lob. olnd. Op. rhus—t. Spong. squil. staph. STRAM. valer.

ATMUNG Nasenflügelatmung
Ant—t. Carb—v. LYC. spong.

ATMUNG schnarchend
brom. calc. cham. Chin. con. cupr. hep. lac—c. Lach. laur. MEZ. OP. stram. sulph.

ATMUNG schnarchend Polypen Entfernung nach
Kali—s.

ATMUNG unterbrochen Einschlafen beim (Asphyxia)
Grin. op. Lach. sulph.

ATMUNG unterbrochen Schlaf während (Asphyxia nocturna)
am—c. bell. carb—v. cench. cina. Grin. kali—c. lac—c. LACH. Op. sulph. tarent.

ATMUNG unterbrochen, angehalten
Bry. cham. Cupr. Lach. lyc. Op. samb.

ATMUNG unterbrochen, angehalten hochgehoben oder aus Wiege genommen wenn
Calc—p.

ATMUNG unterbrochen, angehalten plötzlich
Cham.

ATMUNG unterbrochen, angehalten, versetzt nach Sturz oder Fall
arn. Camph. cham. hyper. Petr.

AUSWURF blutig bräunlich
ars. Bry. Calc. calc—i. Carb—v. chel. chin. con. ferr. ip. Nit—ac. Phos. puls. Rhus—t. sabin. sep. stann. sul—ac.

AUSWURF bräunlich
acon. agar. ant—t. Ars. bry. calc. caps. carb—an. Carb—v. hyos. lyc. mag—c. nit—ac. phos. puls. rhus—t. sil.

AUSWURF fadenziehend - zäh
All—s. Alumn. Alum—sil. Ant—t. ARG—M. ars. bell. Bov. calc—s. carb—v chin—ar. COC—C. Graph. Hep. Hydr. KALI—BI. Kali—p. Kali—s. mag—m. med. nat—s. rumx. sang. Seneg. squil. sil. stann. sul—i.

AUSWURF gelb

> Acon. ail. Alumn. ambr. Am—m. anac. Ang ant—c. ant—t. Arg—n. Ars. Ars—i. aur. Bad. bar—c. brom. Bry. Cact. CALC. CALC—P. CALC—S. Canth. carb—an. Carb—v. caust. cet. cham. cist. Coc—c. con. cop. cupr. Dros. ferr—ar. ferr—i. Ferr—p. graph. HEP. HYDR. hydr—ac. Ign. iod. kali—ar. Kali—bi. Kali—c. Kali—chl. Kali—p. Kali—s. Kreos. lach. LYC. mag—c. mag—m. mang. med. Merc. merc—i—f. Merc—i—r. mez. mur—ac. nat—ar. Nat—c. nat—m. Nat—p. Nit—ac. nux—v. Ol—j. op. par. Petr. Ph—ac. PHOS. phyt. plb. Psor. PULS pyrog. rumx. Ruta. samb. Sanic. sel. seneg. SEP. SIL. spig. Spong. STANN. Staph. sulph. SUL—I. tarent. Thuj. TUB. verat. zinc.

AUSWURF gelb - grünlich

> Ars—i. calc. Calc—s. carb—v. kali—bi. kali—c. Lyc. merc. phos. Psor. PULS. Stann. Tub.

AUSWURF grünlich

> Arg—m. Arn. Ars. ars—i. arum—t. asaf. aur. Benz—ac. bor. bov. bry. bufo. Calc. CALC—SIL. CALC—S. Cann—s. Carb—an. CARBN—S. CARB—V. coc—c. colch. Coloc. Cop. Crot—c. dros. Dulc. ferr. Ferr—ar. ferr—i. Ferr—p. hyos. iod. kali—ar. KALI—BI. kali—c. KALI—I. kali—p. Kali—s. kreos. LYC. mag—c. Mang. Med. MERC. Merc—i—f. Merc—i—r. Nat—c. nat—p. NAT—S. nit—ac. nux—v. PAR. Petr. PHOS. PSOR. PULS. rhus-t. Sep. Sil. STANN. Sul—i. SULPH. syph. thuj. Tub. zinc.

AUSWURF schaumig - blasig

> acon. apis. aral. arn. ARS. Ferr. ferr—p. IP. Kali—i. kali—p. lach. Op. PHOS. Puls. Rumx. sec. Sil. spong. stict.

AUSWURF schleimig

> ail. Arg—m. arg—n. Ars. BAR—C. Bar—m. Bry. CALC. Caust. cham. Chin. CHIN—AR. Coc—c. DROS. dulc. EUPHR. ferr—p. graph. Hep. iod. ip. Kali—bi. kali—c. kali—s. Lach. Laur. Lyc. med. Merc—i—r. Nat—c. nat—m. Nat—p. Nat—s. Nit—ac. nux—v. Par. Phos. PSOR. PULS. rumx. sabin. Samb. Sang. Seneg. Sil. Squil. Stann. sulph. zinc.

AUSWURG stinkend, übelriechend

> ars. ars—i. Bor. Calc. con. graph. guaj. lyc. mag—m. meph. Nat—c. nit—ac. ph—ac. phel. sang. sep. Sil. stann. Sulph

BRONCHIAL Katarrh mit Heiserkeit und kitzelndem Hustenreiz im Kehlkopf

> Acon. arn. Bell. Bry. cham. Dulc. nux—v. sel.

BRONCHITIS akut

> Acon. Am—c. ANT—T. Ars. Bell. Bry. calc. calc—p. carb—v. cham. chel. chin. Dros. Dulc. eup—per. Ferr—p. hep. hyos. IP. Kali—bi. KALI—C. lob. lyc. Merc. Nat—ar. Phos. puls. Rhus—t. rumx. sil. spong. squil. verat.

BRONCHITIS Auswurf sehr geringem mit (trockener Husten)

> Acon. Bell. BRY. Cor—r. Cupr—a. Dros. ip. Rumx. thymu.

BRONCHITIS Auswurf sehr zähem, klebrigen mit, beim Husten
am—c. Calc. caust. COC—C. ip. Kali—bi. Mag—c. phos. sanic.

BRONCHITIS chronische
aesc. am—c. ant—c. ANT—T. ars. bac. bar—c. Calc. Calc—i. calc—p. carb—v.
carc. caust. cupr—ar. dig. Dulc. hed. Hep. iod. IP. kali—bi. KALI—C. kali—i.
kreos. lob. Lyc. Phos. Psor. Puls. Sang. Sil. stann. stann—i. Sulph. thuj. Tub.

BRONCHITIS infolge von Erkältung
siehe therapeutische Hinweise, S. 650

BRONCHITIS infolge von Erkältung, jede E. wird zur Bronchitis
Bry. Dulc. hep. kali—c. Kali—s. lach. lyc. MANG. Nat—s. phos. puls. sang. sil.
Tub. tub—a.

BRONCHITIS nachts am., während Schlaf kein Husten
Mang. puls. Tub.

BRONCHITIS Pseudomembranen mit
PHOS.

BRONCHITIS rezidivierende
Bac. calc. carc. dulc. iod. nat—ar. nat—s. petr. psor. Sil. sulph. thuj. tub. tub—a.

BRONCHITIS Säuglinge / Kleinkinder
Acon. am—c. Ant—t. arn. ars. Bry. calc. Calc—p. carc. cham. cina. DROS. Dulc.
ferr—p. Hep. IP. Kali—c. Lyc. nat—ar. nux—v. Phos. Puls. sil. Sulph.

BRONCHITIS Schleim reichlichem mit
ANT—T. arg—n. Ars. bar—c. calc. carc. cina. coc—c. iod. IP. kali—bi. Lyc. Puls.
seneg. sil. Spong. Stann. Sulph.

BRONCHITIS spastica - unklar oder durch Cortison verdorben
siehe therapeutische Hinweise, S. 651

BRONCHITIS spastische (auch zur Chronizität neigende)
agar. ambr. Ant—t. Aral. Ars. bell. bry. carb—v. chin. cina. cor—r. Cupr.
Cupr—ar. Dros. hed. hyos. Ip. Kali—br. kali—c. kali—s. lac—ac. naphtin. nat—s.
nux—v. puls. Rumx. Seneg. sep. Spong. thymu. wye.

BRONCHITIS spastische, Kehlkopf Beschwerden mit anfallsweisen
cupr. hep. Ign. ip. Spong.

BRONCHITIS spastische, Kitzeln bis zur Atemnot dabei
BROM. caust. puls.

BRONCHITIS spastische, Mädchen mit Launen (Pubertät, Hypothymie)
ambr. ign. Mosch. NUX—M.

BRONCHITIS, Zunge saubere dabei
IP.

BRONCHOPNEUMONIE akut, Anfangsstadium
Acon. ant—t. Bell. BRY. cham. Ferr—p. Ip. Squil.

BRONCHOPNEUMONIE allgemein, kapillare Bronchitis
acon. Ant—t. Ars. Bell. bac. Bry. cact. calc. carb—v. Chel. Dros. ferr—p. Gels. hep. iod. Ip. kali—bi. kali—m. Lyc. Phos. puls. Rumx. spong. squil. Sulph. Tub. tub—a. verat. verat—v.

BRONCHOPNEUMONIE fortgeschrittene
Ant—t. ars. carb—v. Ip. Phos. Rumx. verat.

CYANOSE Neugeborener, asphyxia neonatorum, blue baby
siehe therapeutische Hinweise, S. 651

DIAPHRAGMA Lähmung Poliomyelitis bei
cupr. olnd. op. sil.

ENGE Gefühl wie zusammengeschnürte Lungen
AMBR. Cact. phos.

EPIGLOTTIS Affektionen
all—c. Chlor. hepat. Lach. wye.

ERKÄLTUNG perakut (nach 24 Std entwickelt sich Bronchitis oder Asthma)
ant—t. Ars. bac. carb—v. ip. Phos. Tub.

ERKÄLTUNGEN Anfälligkeit bes. Bronchien seit Pneumonie
Bac. Kali—c. Lyc. phos. SULPH.

ERKÄLTUNGEN Anfälligkeit bes. untere Luftwege v. Geburt an
Med. tub.

ERKÄLTUNG Richtung aufsteigend oder absteigend
siehe unter Allgemeines, S. 529 und unter Hals, S. 281

ERSTICKUNG Schlucken v. Flüssigkeit durch (Verschlucken beim Trinken)
brom. Hyos. Kali—br. lyss. Mag—p. nat—s. rhus—t.

GLOTTIS Krampf, Laryngismus stridulus (pfeifende Atmung, krampfhaft)
Acon. Ars. Bell. Bor. Brom. calc—p. cham. CHLOR. cor—r. crot—h. Cupr. Cupr—ar. Gels. Grin. hep. Ign. Iod. Ip. kali—bi. Lach. laur. Mag—p. mang. meph. mosch. Op. Phos. SAMB. Sang. Sil. Spong. sulph. tarent. verat.

GLOTTIS Krampf, Laryngismus stridulus meist Mitternacht bis 07 h
Chlor.

GRIPPALER Infekt - Sonderformen Grippe
siehe therapeutische Hinweise, S. 624

HEISERKEIT abends
alum. Carb—an. CARB—V. cimic. cina. graph. mag-c. rumx. sulph. Thuj.

HEISERKEIT chronische

all—c. Arg—n. bar—c. bell. bry. calc. CAPS. Caust. cham. graph. Hep. iod. lyc. Merc. PHOS. Sil. Spong. sulph. thuj.

HEISERKEIT Schmerz, Rachenkatarrhe und spastischer Kehlkopfhusten

Bell. IOD. Phos.

HEISERKEIT siehe auch unter Stimme heiser

HUSTEN - allgemeine Hauptmittel bei bronchitischem Husten

ACON. arn. ARS. BELL. BRY. CALC. caps. CARB—V. Caust. CHAM. chin. cina. con. Dros. Dulc. erio. euphr. Hed HEP. hyos ign. IP. Kali—bi Kali—c. kali—s kreos. lach LYC. MERC. NUX—V. op. ph—ac. PHOS. PULS. rhus—t sang. SEP. sil. Spong. squil. STANN. staph. Stram. stict. SULPH. verat. verb.

HUSTEN Zeit: morgens vorwiegend oder agg.

Alum. Ars. cham. chin. euphr. Hep. iod. ip. KALI—BI. Lyc. Nux—v. phos. Puls. sulph.

HUSTEN Zeit: morgens sehr früh, gegen 5 h

dros. Hep. kali—c. Rumx.

HUSTEN Zeit: abends vorwiegend oder agg.

Ars. Bry. Calc. Caps. Caust. carb—an. carb—v. Dros. Hep. ip. kreos. lyc. MERC. nat—m. Nit—ac. Nux—v. petr. Phos. Puls. Rhus—t. sang. Sep. sil. stann.

HUSTEN Zeit: abends im Bett vorwiegend oder agg.

ARS. Bell. calc. carb—v. hep. MERC. NAT—M. petr. Puls. Stann.

HUSTEN Zeit: nachts vorwiegend oder agg.

Acon. ambr. am—br. am—c. anac. ant—t. arn. ARS. Bar—c. BELL. CALC. caps. carbn—s. CHAM. colch. DROS. graph. Hyos. kali—ar. KALI—C. Kali—s. Lach. laur. lyc. mag—c. mag—m. MERC. Nat—m. Nux—v. petr. Phos. psor. Puls. sang. sep. Sil. Spong. stann. stict. sulph. verat. verb.

HUSTEN Zeit: nachts, Mitternacht nach, 1 h agg.

arn. Ars. coc—c. dros. hyos. puls. samb. sulph.

HUSTEN Zeit: nachts nur, tags so gut wie nicht

Ambr. aur. Caust. petr. puls.

HUSTEN Zeit: nachts ohne Aufwachen davon

Cham. Cycl. nit—ac.

HUSTEN Zeit: nachts verhindert oder unterbricht Schlaf

anac. apis. arn. bar—c. bell. carbn—s. caust. hyos. kali—bi. Kali—c. laur. LYC. phos. PULS. rhus—t. Sep. stict. Sulph. zinc.

HUSTEN Zeit: tagsüber vorwiegend, nachts so gut wie nicht

Am—c. Arg—m. Euphr. ferr. kali—c. kali—n. lach. Mang. nat—m. phos. sang. Staph.

HUSTEN abwechselnd mit Gähnen
Ant—t.

HUSTEN Ärger, Wut oder Zorn durch (agg.)
acon. Anac. ANT—T. arg—m. arn. Ars. Bry. caps. CHAM. chin. Cina. coloc. IGN.
iod. Nat—m. Nux—v. ph—ac. sep. staph. verat.

HUSTEN Ärger oder wütendes Weinen wg. des Hustens erzeugend
ant—t. arn. ars. Asar. BELL. Cham. Cina. hep. samb.

HUSTEN Anblick fremder Personen beim
ambr. Ars. bar—c. phos.

HUSTEN Anfälle schnell aufeinander folgende, dann erstickende Atemnot
Cupr. Dros. meph.

HUSTEN anfallsweise, erstickend, mit Atemnot und Weinen, um Mitternacht
Samb.

HUSTEN Angst, Furcht oder Schreck durch (agg.)
Acon. Bell. Ign. nux—v. rhus—t. Samb. Stram.

HUSTEN anhaltend, unaufhörlich Tag und Nacht
Acon. ALUM. Bell. bry. Caust. cham. chin. coff. con. Cupr. DROS. hed. Hyos. ip.
kali—c. lach. Lyc. nat—m. Nux—v. Ph—ac. puls. Rhus—t. RUMX. seneg. sep.
squil. SPONG. Stict. Stram.
Siehe auch unten Husten chronisch

HUSTEN Aufspringen und Anklammern und ruft heiser Hilfe oder beugt sich nach
hinten
Ant—t.

HUSTEN Aufspringen und Anklammern an Umstehende dabei, heiseres Schreien
Ant—t.

HUSTEN Aufspringen und Anklammern dabei, Kind ruft Hilfe und hält sich d. Kehle
Ant—t.

HUSTEN Bauch Affektionen wie Koliken dabei
ant—c. CON.

HUSTEN Bauch Pressen dabei, und verdriesslich
bell.

HUSTEN bellend
ACON. all—c. ant—t. aur—m. BELL. brom. Canth. caps. Coc—c. cor—r. DROS.
Dulc. HEP. Kali—bi. lac—c. Lyc. lyss. merc. mur—ac. Nit—ac. nux—m. phos.
phyt. Rumx. SPONG. Stann. stict. STRAM. sulph. Verat. verb.

HUSTEN bellend bis heiser nachts 23 h und 02 h und 05 h
Rumx.

HUSTEN Bettdecke steckt Kopf unter, weil H. durch kalte Luft agg.
RUMX.

HUSTEN blutig bei drohender Tuberkulose, bes. Mädchen
Bell. Cupr. Phos. Puls. Sulph.Verat.

HUSTEN cardial bedingter (z. B. Herzfehler)
adon. arn. dig. guaj. Kali—c. lach. Laur. lycps. naja. nux—v. Phos. Spong.

HUSTEN chronisch
alum. bac. Bar—c. bell. beta. calc—i. carb—v. caust. chin. cupr. dros. Ip. LYC.
laur. med. Phos. puls. rumx. sang. spong. staph. Stram. sulph. Tub.

HUSTEN chronisch und ausserordentlich heftig
Stram.

HUSTEN chronisch, psorischen Kindern bei
BAR—c. Eup—per. PSOR. sulph.

HUSTEN chronisch nach Erkältung oder Keuchhusten - Restbronchitis, Resthusten
Bac. brom. Calc. Carb—v. coc—c. con. Erio. Hydr. influ. iod. kali—bi. kali—c.
Kali—s. Lyc. med. nit—ac. nux—v. petr. pert. Phos. Puls. rumx. Sang. Sil. spong.
stann. stann—i. stict. Sulph. Tub.

HUSTEN chronisch, scrophulösen (tuberkulösen) Kindern bei
bac. BAR—M. bar—i. Beta. sang.

HUSTEN chronisch Tonsillen Vergrösserung mit
alum. bac. Bar—c. bar—i.

HUSTEN eiskaltes Wasser trinken Verlangen während H. Anfall
cupr. Ip. med. Phos. tub. Verat.

HUSTEN Erbrechen bis zum oder Würgen mit
agar. Alum. ambr. anac. ANT—T. arg—n. ars. Ars—i. BRY. Carb—v. caust.
cham. CINA. Coc—c. cor—r. cupr. DROS. ferr. Hep. hyos. iod. IP. Just. Kali—c.
kali—s. Kreos. lach. meph. nat—m. Nit—ac. Nux—v. Pert. Phos. Puls. rhus—t.
sabad. Sep. sil. Squil. sul—ac. Sulph. Tab. Tub. verat.

HUSTEN Erkältung durch geringste, nach Keuchhusten (Aussehen wie Keuchh.)
Caust. SANG. tub.

HUSTEN erschöpfend
Ars. ars—i. Bell. Brom. camph. CARB—V. Caust. chin—ar. cocc. coc—c. croc.
cupr. Dros. hyos. iod. ip. Kali—ar. kali—c. Lach. Merc. nat—ar. Nux—v. PHOS.
Puls. rhus—t. rumx. sang. seneg. Sep. sil. spong. Stann. stict. stram. Sulph.
sul—ac. VERAT.

HUSTEN erschreckend, schwächliche, nervöse Kinder, Erwachen mit Angst Schrei
kali—br.

HUSTEN erstickender

acon. Agar. ALUM. Ant—t. Apis. apoc. Arg—n. Ars. bar—c. bell. Brom. Bry. carb—an. CARB—V. Caust. Cham. chel. CHIN. Chin—ar. CINA. Coc—c. Con. crot—h. CUPR. Cycl. DROS. HEP. hydr—ac. HYOS. ign. Iod. IP. kali—ar. kali—bi. Kali—c. kali—i. kali—s. Lach. lyc. mag—p. meph. Merc. nat—m. Nux—m. NUX—V. Op. PULS. SAMB. Sep. sil. Spong. stram. SULPH. Tab. thuj. Tub. verat.

HUSTEN erstickender mit Atemnot, K. wird blau im Gesicht und steif

ant—t. CUPR. Cupr—ar. IP. verat.

HUSTEN erstickender mit Atemnot und Weinen, um Mitternacht kommend

Samb.

HUSTEN Furcht vor H., will ihn verhindern während Bronchitis

bry. cina. Phos.

HUSTEN gastrischer (von Magen Affektionen ausgehend)

all—s. Ant—c. Ars. BELL. Bor. Brom. carb—an. Carc. CON. cupr. ferr. kali—ar.kali—bi. Kali—m. nit—ac. Nux—v. ph—ac. rib—ac. rumx. SANG. Sep. Sul—ac. Verat.

HUSTEN Gesicht wird blau, kann nicht ausatmen, muss hochgehoben werden

meph.

HUSTEN Greifen an Genitalien dabei

Zinc.

HUSTEN Greifen an Hals oder Kehle dabei

Acon. all—c. ant—t. dros. hep. iod. Samb.

HUSTEN habituel, phthisischem (tuberkulösem) Miasma bei

Dros. tub.

HUSTEN hackend

acon. All—c. Aloe. ALUM. Ant—c. ant—t. arn. ARS. Ars—i. arum—t. asaf. Asar. asc—t. Bor. brom. Bry. Calc. Calc—f. calc—p. calc—s. camph. cann—i. Canth. Caps. Carb—ac. carb—v. caust. cham. Chin. chin—ar. Cina. cocc. coc—c. coff. Con. Cupr—s. cycl. Dros. eup—per. ferr—i. ferr—p. gels. hell. hep. Hyos. Hyper. Ign. ip. Kali—ar. kali—br. kali—c. Kali—i. kali—p. kali—s. LACH. Nat—ar. NAT—M. osm. Par. PHOS. phyt. podo. prun. Psor. ptel. Rhus—t. Rumx. SANG. Seneg. SEP. Sil. squil. Stann. stict. Sulph. sul—ac. Sumb. Thuj. TUB.

HUSTEN hackend Schweiss mit reichlichem und Abmagerung

Tub.

HUSTEN heiser bellend jeden Abend 23 h und nachts 2 h und 5 h

RUMX.

HUSTEN heftig

Bell. Carb—v. Caust. Cupr. Ip. stram.

HUSTEN heiserer
ACON. ALL—C. Aloe. apis. asc—t. BELL. BROM. Calc. Calc—p. CARB—V. CAUST. cench. cina. DROS. Dulc. Eup—per. gels. HEP. hydr. ign. KALI—BI. Kali—i. Lac—c. Lach. laur. Lyc. nit—ac. nux—v. PHOS. phyt. Rhus—t. Rumx. samb. sec. Sil. Spong. STANN. Verb.

HUSTEN hochgehalten werden muss dabei, sonst Konvulsionen
nicc.

HUSTEN Impfung nach
Ant—t. carc. sil. THUJ.

HUSTEN Kälte in, beim Gehen aus warmem Raum ins Kalte
Acon. Carb—v. nat—c. Nux—v. PHOS. RUMX. Sang. sep.

HUSTEN kalte Getränke agg.
am—m. ant—c. ARS. Bar—c. calc. Carb—v. coc—c. dig. hep. kali—ar. kali—c. lyc. manc. Merc. Phos. Ph—ac. PSOR. rhus—t. rumx. Sil. Spong. Squil. staph. stram. sul—ac. Thuj. Tub. verat.

HUSTEN kalte Getränke am.
am—caust. bor. Brom. caps. CAUST. Coc—c. CUPR. euphr. glon. iod. ip. kali—c. kali—s. onos. Op. Phos. sulph. tab. verat.

HUSTEN kalte Speisen (agg.)
am—m. Carb—v. dros. Hep. lyc. mag—c. Ph—ac. rhus—t. Sil. thuj. verat.

HUSTEN Kaltwerden beim
arn. ARS. Bad. Bry. Calc. Calc—p. carbn—s. Carb—v. Caust. Con. Dulc. ferr—p. HEP. kali—ar. Kali—bi. KALI—C. Lach. mang. Mosch. mur—ac. NUX—V. PHOS. PSOR. RHUS—T. RUMX. Sabad. Sang. SIL. spong. Squil. Staph. Sulph. sul—ac. thuj. TUB.

HUSTEN Katarrh durch retronasalen
Hydr. Pop—c. Spig.

HUSTEN Keuchhusten allgemein
Acon. all—c. Ambr. Ambro. am—br. am—c. am—m. Anac. Anan. ant—c. Ant—t. Arg—n. Arn. Ars. arum—t. asaf. asar. asc—c. Bad. Bar—c. bar—m. BELL. Brom. Bry. Calc. Calc—p. caps. Carb—ac. Carb—an. Carbn—s. Carb—v. Cast—v. Caust. Cham. Chel. Chin. chlol. Chlor. Cina. Coc—c. con. Cor—r. Crot—h. Cupr. Cupr—a. cupr—ar. dig. DROS. Dulc. eucal. Euphr. Ferr. ferr—ar. Ferr—p. Graph. Grin. guare. Hep. Hippoz. hydr—ac. Hyos. hyper. ign. indg. IP. Just. Kali—bi. kali—br. Kali—c. kali—i. Kali—m. Kali—p. KALI—S. Kreos. lach. Lact. laur. Led. Lob. Lyc. Mag—m. Mag—p. Meph. merc. Mez. mosch. mur—ac. naphtin. Nat—m. nicc. Nit—ac. Nux—v. ol—j. op. osm. passi. pert. phel. Phos. ph—ac. podo. Puls. rhus—t. Rumx. ruta. Samb. Sang. sang—n. sec. Seneg. Sep. Sil. spig. Spong. Squil. stann. stict. Stram. Sulph. sul—ac. syph. Tab. thym—gl. trif—p. tub. Verat. verat—v. viol—o. Visc. zinc.

HUSTEN Keuchhusten abends und nachts
ars. bry.

HUSTEN Keuchhusten abends 18 - 22 Uhr
hyper.

HUSTEN Keuchhusten abends
ambr. arn. ars. bar—c. bell. bry. carb—v. chin. cina. coc—c. dros. hep. Hyper. ign.
Laur. lyc. mez. nat—m. puls. seneg. sep. spong. sul—ac. verat.

HUSTEN Keuchhusten abends Mitternacht bis
arn. bar—c. carb—v. hep. mez. puls. sep. spong. sul—ac. verat.

HUSTEN Keuchhusten Anfälle enden mit Aufstossen
Ambr.

HUSTEN Keuchhusten Anfälle enden mit Niessen
agar. CINA. Just. Seneg.

HUSTEN Keuchhusten Anfälle enden mit Zuckungen und allgemeinen Krämpfen
Agar. cupr.

HUSTEN Keuchhusten Anfälle folgen einander rasch u. heftig, bes. 3 h
Dros.

HUSTEN Keuchhusten Anfälle langdauernd mit sich steigernder Atemnot
Cupr. Naphtin.

HUSTEN Keuchhusten Anfälle Tränenfluss mit (wegspritzende Tränen)
Nat—m.

HUSTEN Keuchhusten anhaltender, Magen- und Nerven Affektionen dabei
Ambr. kali—m.

HUSTEN Keuchhusten anhaltender (Monate) in früher Kindheit
CARC. Dros. med. Tub.

HUSTEN Keuchhusten aufweckend, Anfälle um 6 - 7 h, Erbrechen mit
Coc—c.

HUSTEN Keuchhusten aufweckend, Erbrechen Schleim in zähen Fäden
Coc—c.

HUSTEN Keuchhusten Beschwerden infolge von
Carc. Dros. med. Pert. Sang. tub.

HUSTEN Keuchhusten bewusstlos, Erbrechen nach Wiedergewinn d. Bewusstseins
Cupr.

HUSTEN Keuchhusten Blutungen dabei
ARN. CER—OX. Cor—r. Cupr. DROS. IP. Merc. Nux—v.

HUSTEN Keuchhusten Durchfall dabei
Ant—t. CUPR—AR. Euph—l. Ip. RUMX. Verat.

HUSTEN Keuchhusten Dyspnoe dabei - Kurzatmigkeit ausgeprägt
Ambr. Am—c. ANT—T. Bell. Brom. CARB—V. Cina. Cor—r. CUPR. DROS. Euph. Hep. Hippoz. Iod. IP. Kali—bi. LOB. MEPH. Naphtin. Op. SAMB. Senec. VERAT. VIOL—O.

HUSTEN Keuchhusten Einatmung in zwei Stössen dabei, wie Seufzen
Led.

HUSTEN Keuchhusten Entfieberungs Stadium
ant—t. phos. puls.

HUSTEN Keuchhusten epidemisch - Prophylaxe
siehe therapeutische Hinweise, S. 651

HUSTEN Keuchhusten Epistaxis (Nasenbluten) dabei
ARN. Bell. Cer—ox. Cor—r. CUPR. DROS. ferr—p. INDG. IOD. Ip. Kali—c. Merc.

HUSTEN Keuchhusten Erbrechen dabei
Ant—t. Bell. Carb—v. CER—OX. COC—C. CUPR. DROS. IP. Lob. Verat.

HUSTEN Keuchhusten erstickender Atemnot mit
calc. Cupr. cupr—ar. ip. lob. naphtin. pert. sil. Sulph.

HUSTEN Keuchhusten Folgen, Folgekrankheiten nach K.
carc. Dros. Caust. pert. SANG. tub.

HUSTEN Keuchhusten Frühstadium
ACON. BELL. Carb—ac. Carb—v. CAST—V. Chel. CINA. Coc—c. Cor—r. Cupr. DROS. Hyos. Ip. Mag—p. Meph. Naphtin. Narc—ps. Samb. Stann. Thym—gl.

HUSTEN Keuchhusten Gesicht bläulich, cyanotisch dabei
Carb—v. CUPR. op.

HUSTEN Keuchhusten Gesicht blass dabei
Cina. ip. Verat.

HUSTEN Keuchhusten Gesicht rot dabei
Cor—r. Dros.

HUSTEN Keuchhusten Herpes facialis / labialis mit
Arn. Phos. rhus—t.

HUSTEN Keuchhusten Impfung sofort nach
Thuj.

HUSTEN Keuchhusten jauchzende Inspiration fehlt
Ambr.

HUSTEN Keuchhusten katarrhalisches Stadium
acon. bac. dulc. ip. nux—v. puls.

HUSTEN Keuchhusten Konvulsionen dabei
BELL. Cina. CUPR—A. Cupr. Hydr—ac. Hyos. Kali—br. Mag—p. Narc—ps. SOL—C.

HUSTEN Keuchhusten Krampf d. Stimmritze dabei (Laryngospasmus)
Cupr. Meph. Mosch.

HUSTEN Keuchhusten morgens
ant—c. Calc. cina. verat.

HUSTEN Keuchhusten nachmittags
lyc. mur—ac. sulph.

HUSTEN Keuchhusten nachmittags bis Mitternacht
sulph.

HUSTEN Keuchhusten nachts
ambr. anac. ant—t. arn. ars. bar—c. bell. bry. carb—v. Cham. chin. coc—c. con. cor—r. cupr. dros. dulc. Hep. hyos. meph. Merc. mez. mur—ac. nat—m. nit—ac. puls. samb. seneg. sep. sil. spong. stann. sulph. sul—ac. verat.

HUSTEN Keuchhusten nachts Mitternacht vor
lyc. mur—ac. Spong.

HUSTEN Keuchhusten nachts Mitternacht nach
acon. am—m. bell. chin. dros. Hyos. Kali—c. samb.

HUSTEN Keuchhusten nachts 2 h
dros.

HUSTEN Keuchhusten nachts 3 h
Kali—c.

HUSTEN Keuchhusten nachts, und tags anfallsweise Hustenstösse alle Minuten
Cor—r.

HUSTEN Keuchhusten Rückkehr heftigen H. nach j. Erkältung
Caust. Sang.

HUSTEN Keuchhusten Schnupfen dabei
Alum. JUST. Lyc. Nat—c. Spong.

HUSTEN Keuchhusten spätere Stadien (Katarrh)
ANT—T. Chin. Hep. IP. Puls.

HUSTEN Keuchhusten spasmodisches (Krampf) Stadium
carb—v. cina. coc—c. Cupr. cupr—ar. dros. kali—c. meph. mosch. Nux—v. puls. Verat.

HUSTEN Keuchhusten Steifheit, starrer Körper und Cyanose dabei
Am—c. ANT—T. Carb—v. Cina. Cor—r. Cupr—a. CUPR. Iod. IP. Mag—p. Meph. Nux—v. Op. Samb. VERAT.

HUSTEN Keuchhusten tagsüber
brom. cupr. Euphr. ferr. nat—m.

HUSTEN Keuchhusten Ulcus unter der Zunge dabei
Nit—ac.

HUSTEN Keuchhusten vernachlässigt oder verdorbene Fälle, Komplikationen
sul—i. tub. Verat.

HUSTEN Keuchhusten vormittags
sep.

HUSTEN Keuchhusten Weinen oder Wimmern dabei
bry. nat—m. Spong.

HUSTEN Keuchhustenanfall Weinen danach
HEP. op.

HUSTEN Kitzeln oberem Brustbereich durch oder mit
acon. arn. bar—c. Cham. coc—c. DROS. hyos. ign. iod. ip. kali—bi. Lach. merc.
Nux—v. PH—AC. PHOS. Rhus—t. RUMX. sang. sep. Stann. sulph. verat.

HUSTEN Kitzeln mit reflektorischem im Rachen wie Fliege auf Uvula
Rumx.

HUSTEN Kleinkindern vorzugsweise bei
Ant—t. Arn. bry. Cham. Samb. sulph.

HUSTEN Kompression durch (Kropf oder vergrösserte Thymus Drüse)
Kali—i. Spong.

HUSTEN krampfhaft Keuchhusten nach
caust. SANG.

HUSTEN Kummer durch oder nach
arn. CHAM. Ign. Ph—ac. phos.

HUSTEN kruppartig
Acet—ac. ACON. anac. ant—t. apis. Ars. Ars—i. arum—d. Bell. Brom. Calc—s.
Carb—ac. cham. Chin. Chlor. Cina. cinnb. cor—r. cub. Cupr. cupr—s. dros. Gels.
HEP. IOD. Ip. KALI—BI. Kali—m. kali—s. Lac—c. LACH. lob. merc—cy.
nit—ac. PHOS. Phyt. puls. Rumx. Ruta. SAMB. Sang. SPONG. staph. stict.
STRAM.

HUSTEN kruppartig abends
cinnb.

HUSTEN kruppartig Schlafsucht, Schnarchen, Keuchen, Mund offen dabei
samb.

HUSTEN kruppartig ernsthaft erstickend, Cyanose, drohende Lähmung
Samb.

HUSTEN kruppartig Erwachen oder Wecken nur nach
CALC—S.

HUSTEN kruppartig Essen nach
anac.

HUSTEN kruppartig, K. greift sich an sich Hals
ACON. ant—t. bell. dros. Hep. Iod. Lach. Samb.

HUSTEN kruppartig metastatisch
cupr.

HUSTEN kruppartig morgens
Calc—s.

HUSTEN kruppartig nachts
ars. carb—ac. Hep. Ip. phyt. Spong.

HUSTEN kruppartig nachts Mitternacht nach agg.
Ars.

HUSTEN kruppartig Winter im, abwechselnd mit Ischias im Sommer
staph.

HUSTEN laut, trocken und in stossweise
Bry. Phos.

HUSTEN Liegen agg., K. muss hochgenommen werden, blau, kann nicht ausatmen
meph.

HUSTEN Liegen agg., K. springt auf und klammert sich an Umstehende, schreit
Ant—t.

HUSTEN Liegen Hinlegen sofort nach
ars. bell. Calc. caps. caust. Dros. hyos. laur. puls. SEP.

HUSTEN locker Bronchitis bei
Ant—t. Ars. calc. dulc. grin. Hep. kali—c. Kali—s. led. lyc. nat—s. phos. PULS.
SEP. stann. tub.

HUSTEN locker Bronchitis bei, geht nach Rasseln in heftig trockenen H. über
Puls. stann.

HUSTEN Magen Affektionen mit (Gastritis, Schmerz, Übelkeit)
alum. am—c. ambr. ant—c. apis. Ars. asc-t. BELL. bor. Bry. CALC. card—m. con.
Dros. ferr. hell. Ign. Ip. kali—ar. kali—bi. kali—c. Lob. Lyc. med. nit—ac. nux—v.
Phos. Puls. rhus—t. rumx. Sabad. sang. sep. Sul—ac. verat.

HUSTEN Masern nach

ant—c. Arn. bry. Calc. camph. Carb—v. cham. chel. chin. Coff. con. cop. cupr. DROS. dulc. Eup—per. Euphr. gels. hep. Hyos. ign. ip. kali—bi. Kali—c. morb. murx. Nat—c. nux—v. PULS. sang. Stict. squil. Sulph. Tub.

HUSTEN Masern während (Bronchitis)

bry. coff. Calc. Cop. Dros. eup—per. euphr. Iod. Ip. Kali—c. phos. Puls. Sil. spong. squil. Sulph.

HUSTEN Masern während, am. wenn sich Ausschlag entwickelt

cupr.

HUSTEN nachts, dabei Weinen und körperliche Unruhe (auch bei Keuchhusten)

arn. Sulph.

HUSTEN nervös (cerebral)

caps. cupr. Ign. laur. Nat—m. Phos.

HUSTEN Niessen, H. beginnt mit oder verursacht durch N.

Bad. seneg. Sep.

HUSTEN Niessen, H. endet mit N.

AGAR. arg—n. bell. Dros. SENEG. squil. sulph.

HUSTEN Niessen mit gleichzeitigem

Bad. Bell. bry. Cina. con. Nat—m. Sulph.

HUSTEN periodisch

ambr. anac. arn. Ars. aur. bell. carb—v. cina. cocc. coc—c. con. cupr. hep. Ip. lach. lact. lyc. mag—m. merc. mur—ac. Nux—v. sep. staph. stram. sul—ac. sulph. verat. verb.

HUSTEN Person andere betritt d. Raum, wenn jemand ins Zimmer kommt

Phos.

HUSTEN rasselnder

Ammc. ANT—T. aral. Arg—m. Arg—n. arum—d. bac. Bar—c. bar—m. Bell. Bry. Cact. Calc. Calc—s. Carb—an. Carb—v. CAUST. Cham. Chel. Cina. Coc—c. con. cupr. Hep. Hippoz. Hydr. hydr—ac. Iod. IP. Kali—bi. Kali—chl. kali—p. KALI—S. Lach. Lyc. med. meph. merc. merc—c. merc—i—f. merc—i—r. mur—ac. nat—c. Nat—m. Nat—s. Nux—v. oena. Op. phos. podo. Puls. rumx. samb. Sang. Sanic. sars. SEP. Sil. Squil. Stann. Sulph. sul—ac. verat. verat—v.

HUSTEN Reizbarkeit mit, Schimpfen, Fluchen dabei, am. durch Wärme

Hep.

HUSTEN Säugling

Samb.

HUSTEN Scharlach nach

ant—c. con. hyos.

HUSTEN Schaudern, überlaufendem Frösteln mit
  Puls. zinc.

HUSTEN Schläfrigkeit mit
  ant—t. Kreos.

HUSTEN Schlaf während - wacht auf durch H.
  acon. Agar. alum. Apis. Aral. arn. Ars. bell. calc. carbn—s. CAUST. cham. cocc.
  Coc—c. coff. con. daph. dros. graph. hep. hipp. Hyos. kali—c. kali—n. Lach.
  mag—m. med. merc. nit—ac. op. Petr. PHOS. rhod. Rhus—t. Sang. Sep. Sil.
  sol—t—ae. squil. SULPH. stront—c. verb. zinc. zing.

HUSTEN Schlaf während - wacht nicht auf durch H.
  mag—s. SEP.

HUSTEN Schlaf Einschlafen bald nach (agg.)
  Acon. Agar. Apis. ARAL. Caust. Cham. Coff. Cycl. kali—bi. LACH. Nit—ac. puls.
  sep. Sulph. Tub. Verb.

HUSTEN Schlaf Einschlafen während (K. hustet sich in d. Schlaf)
  Agar. agn. aral. arn. brom. Carb—v. Con. guare. Hep. ign. Kali—c. LACH. LYC.
  med. merc. nit—ac. Phos. sep. SULPH.

HUSTEN Schmerz mit reflektorischem im Rectum
  Tub.

HUSTEN Schmerz mit reflektorischem in Armen oder Hüfte oder Beinen
  Caps. caust.

HUSTEN schmerzhaft, Brust halten mit Händen muss
  Arn. Bor. BRY. DROS. eup—per. nat—c. Phos. Sep.

HUSTEN schmerzhaft, K. meidet H. und fürchtet ihn bei Bronchitis
  Bry. cina. cupr. Phos.

HUSTEN Schneefall durch, wenn Kinder bei S. im Freien waren
  sep.

HUSTEN Schnupfen nach oder durch
  bry. STICT.

HUSTEN Schreien und Umherwerfen durch
  Arn. bell. hep. verat.

HUSTEN Schülern bei (aus Verlegenheit, wenn gefragt)
  Nux—v. phos. sil.

HUSTEN Schweiss kaltem mit
  Ant—t. ars. Dros. Hep. Verat. verat—v.

HUSTEN schweissnassen Händen mit
  Ant—t.

HUSTEN Sitzen im (agg.)
> agar. aloe. kali—c. mag—c. mag—m. mur—ac. nat—c. nat—p. phos. ph—ac. puls. Rhus—t. Seneg. spig. Stann. zinc.

HUSTEN Sitzen, Aufsitzen muss, wenn er liegt
> Ant—t. Con. crot—t. Phos. Puls. samb. sang.

HUSTEN spasmodischer im Herbst, epidemisch
> All—c. Kali—br.

HUSTEN spasmodischer bei schwindsüchtigen (tuberkolösen) Mädchen
> MEPH.

HUSTEN Tag und Nacht - macht atemlos
> bry. Nat—m. puls. sulph.

HUSTEN trocken - nur beim Aufwachen locker und feucht
> ambr. bry. CALC. ferr. HEP. hyos. ph—ac. phos. PULS. sep. sil. sul—ac.

HUSTEN trocken abgemagerten Knaben bei
> LYC.

HUSTEN trocken Bronchitis bei
> ACON. Alum. Ars. Ars—i. BELL. Brom. BRY. Calc. Calc—s. Carb—an. cham. Chin. Hyos. Ign. Iod. Ip. KALI—C. Lach. Mang. Nat—ar. Nat—m. Nit—ac. Nux—v. Petr. Phos. Puls. RUMX. Spong. Sulph. tub.

HUSTEN trocken chronisch Knaben im Wachstum bei (pining boys)
> LYC.

HUSTEN trocken chronisch scrophulösen Kindern bei
> BAR—M. lyc. tub.

HUSTEN trocken durch Kitzel in Halsgrube, nach Erkältung (kalte Luft, Winter)
> Cham.

HUSTEN trocken vor Froststadium im Fieber
> mag--c. RHUS--T. Samb. Tub.

HUSTEN trocken Masern nach
> cham. Dros. hyos. ign. tub.

HUSTEN trocken nachts
> am—c. Ars. Bell. calc. carb—an. Dros. Hep. HYOS. Lach. nux—v. phos. Puls. Spong. sulph.

HUSTEN trocken 1 Uhr nachts agg.
> Ars. calc. hyos. nux—v.

HUSTEN Übelkeit ausgeprägter mit
> ant—t. Bry. DROS. Ip. Ph—ac. phos. PULS. Sep. verat.

HUSTEN Uvula Schwellung durch, am. Aufsitzen oder Vorbeugen
Hyos.

HUSTEN Wärme Gehen aus d. Kälte ins warme Zimmer beim
Acon. All—c. ANT—C. bov. Brom. BRY. carb—v. Coc—c. Com. con. cupr. lach. med. Nat—c. Nat—m. Nux—v. phos. Puls. rumx. sep. Sulph. verat. verat—v. verb.

HUSTEN warme Getränke durch
ambr. ant—t. caps. Coc—c. ign. laur. mez. phos. Stann.

HUSTEN warme Speisen durch
Bar—c. Coc—c. Kali—c. laur. Mez. Puls.

HUSTEN warmem Zimmer im
acon. All—c. ambr. anan. ant—c. Apis. arn. ars. brom. Bry. COC—C. com. cub. dig. Dros. Dulc. Iod. Ip. Kali—s. laur. Lyc. mag—p. med. mez. nat—ar. Nat—c. nit—ac. phos. PULS. pyrog. sanic. Seneg. Spong. sulph. thyr. Tub. verat.

HUSTEN Warmwerden beim
caust. laur. nit—ac. nux—m. Puls.

HUSTEN Weinen dabei (auch bei Keuchhusten)
ant—t. ARN. BELL. brom. Bry. Caps. CINA. dros. HEP. nat—m. Samb. Spong.

HUSTEN Weinen oder Schreien durch (agg.) - erst Weinen, danach Husten
ant—t. ARN. bell. CHAM. dros. hep. lyc. phos. verat.

HUSTEN Windpocken nach
Ant—c. calc.

HUSTEN Winter in jedem
acon. Cham. psor.

HUSTEN zähes klebriges Sputum
Coc—c. hep. Kali—bi. Mag—c. nit—ac. phos. puls. samb. seneg. stann.

HUSTEN Zahnung während
acon. bell. calc. calc—p. cupr. Cham. CINA. ferr—p. hyos. ip. kreos. NUX—V. podo. rhus—t.

HUSTENREIZ Kitzeln spastisch bis zur Atemnot
BROM. Dros. ip. nux—v.

HUSTENSTÖSSE drei hintereinander immer
carb—v. coc—c. CUPR. Stann.

HUSTENSTÖSSE zwei hintereinander immer
Merc. Phos. Puls. sul—ac. sulph. Thuj.

KEUCHHUSTEN siehe oben unter HUSTEN Keuchhusten

KRAMPFHUSTEN anfallsweiser Husten, wie Keuchhusten
>acon. agar. all—c. Ambr. am—br. Ang. aral. arg—n. Arn. ars. Bad. BELL. Brom. Bry. cact. calc. Caps. carb—an. CARB—V. caust. chel. Chin. chlor. Cina. coc—c. cocc. con. Cor—r. CUPR. DROS. hep. hyos. ign. iod. Ip. Just. Kali—br. kali—c. Kali—s. kreos. lach. Laur. lob. mag—m. Mag—p. mand. Meph. Naphtin. nat—m. nux—v. Osm. Pert. phos. psor. puls. rhus—t. Rumx. Samb. Sep. senn. Sil. spong. squil. stann. stram. sul—ac. sulph. Syph. tarent. Tub. zinc.

KRUPP, Croup, Pseudocroup
>siehe therapeutische Hinweise, S. 659 f & Krupphusten S. 653

KURZATMIGKEIT Anstrengung bei fast jeder (Belastungs Dyspnoe)
>Calc. carb—v. kali—c. Lyc. nat—s. sil.

KURZATMIGKEIT Schlaf während
>acon. Lyc.

KURZATMIGKEIT Schreiben beim (auch Ängstlichkeit & Herzklopfen dabei)
>Psor.

LARYNX allgemein
>acet—ac. Acon. aesc. agar. ALL—C. alumn. alum. ambr. am—c. Am—m. anac. ant—c. ant—t. Apis. Arg—m. Arg—n. arn. Ars. Ars—i. Arum—t. asar. aur. Bapt. Bar—c. BELL. bor. bov. BROM. bry. Calad. calc. calc—f. camph. cann—s. Canth. Caps. carb—an. Carb—v. carbn—s. Caust. Cham. chel. Chlor. chr—ac. Cimic. Cina. cinnb. Cocc. coc—c. Coff. colch. con. crot—h. cub. Cupr. DROS. dulc. eup—per. euphr. ferr. fl—ac. gels. glon. graph. guaj. hell. Hep. hydr. hyos. ign. IOD. Ip. Kali—bi. kali—br. kali—c. Kali—i. kali—n. kreos. LACH. Lact. Laur. lob. lyc. mag—c. mag—m. Mang. meny. merc. merc—c. merc—cy. mez. mosch. mur—ac. nat—m. naja. nit—ac. nux—m. NUX—V. olnd. op. Par. plb. petr. PHOS. ph—ac. phyt. plat. psor. PULS. rhod. rhus—t. rumx. ruta. Sabad. sabin. samb. sang. sel. Seneg. sep. sil. spig. SPONG. squil. stann. staph. stram. stront. Sulph. sul—ac. tarax. thuj. Verat. verb. wye. Zinc.

LARYNGITIS, Entzündung akut - spastischer Krupp, Pseudokrupp
>Acet—ac. ACON. Alum—sil. Am—br. Am—caust. Ant—t. Ars. Bell. Benzo. BROM. Bry. CALC—F. CALC—I. CHLOR. Cupr. Cupr—ar. Euph. Ferr—p. Gels. Grin. HEP. Ictod. Ign. IOD. Ip. kali—bi. Kali—br. KALI—N. kali—perm. Lach. Lob. Meph. merc—i—r. Merc—i—f. Mosch. Naja. Petr. PHOS. rumx. Samb. Sang. SPONG. VERAT—V.

LARYNGITIS mit Heiserkeit bei feuchtem Wetter oder bei Seewind an der Küste
>brom. Carb—v. spong.

LARYNX Diphtherie (exakt beschränkt auf Kehlkopf)
>Apis. BROM. Canth. Chlor. Diph. HEP. Iod. KALI—BI. Lac—c. MERC—CY. Petr. Phos. Samb. Spong.

LARYNX und/o. Trachea Diphtherie
acet—ac. Acon. all—c. alum—sil. alumn. ammc. am—caust. anac. Ant—t. Ars. Ars—i. arum—t. asaf. Bell. BROM. Calc. Calc—i. CALC—S. Canth. Carb—ac. Carb—v. caust. Cham. chin. Chlor. con. Cupr. Diph. dros. ferr—p. gels. HEP. Iod. KALI—BI. Kali—chl. kali—i. Kali—m. kali—n. Kali—p. kali—s. lac—ac. lac—c. Lach. Lob. lyc. MERC. Merc—cy. naja. Nat—m. Nit—ac. PHOS. Sang. spong. still.

LARYNX und/o. Trachea Diphtherie anfallsweise
acon. Hep. Kali—br. spong.

LARYNX und/o. Trachea Diphtherie Erhitztwerden durch
BROM.

LARYNX und/o. Trachea Diphtherie erstreckt sich z. Schlund
BROM.

LARYNX und/o. Trachea Diphtherie Essen nach
anac.

LARYNX und/o. Trachea Diphtherie Folgekrankheiten
arn. bell. Calc. Carb—v. Dros. HEP. PHOS.

LARYNX und/o. Trachea Diphtherie gangraenös
anthraci. Ars. Tarent—c.

LARYNX und/o. Trachea Diphtherie hartnäckig anhaltend
ARS. cham. Caps. lach. Mosch. PHOS.

LARYNX und/o. Trachea Diphtherie Keuchhusten bei
BROM.

LARYNX und/o. Trachea Diphtherie Liegen agg.
Hep.

LARYNX und/o. Trachea Diphtherie Mitternacht vor
SPONG.

LARYNX und/o. Trachea Diphtherie trocken kalter Luft nach
ACON. HEP. kali—bi.

LARYNX und/o. Trachea Diphtherie Nacht nach (morgens agg.)
Hep. Lach. Spong.

LARYNX und/o. Trachea Diphtherie rezidivierend
Calc. CALC—S. HEP. Lyc. PHOS.

LARYNX und/o. Trachea Diphtherie Schlaf nach agg.
LACH. Spong.

LARYNX und/o. Trachea Entzündung, Katarrh Masern nach
bar—c. Carb—v. phos.

LARYNGISMUS stridulus (pfeifende Atmung krampfhafte Enge durch)
ACON. ant—t. ars. BELL. Bor. Brom. calc—p. chlor. cor—r. crot—h. CUPR. Cupr—ar. Gels. Grin. hep. Ign. iod. IP. kali—bi. Lach. laur. Mag—p. mang. meph. mosch. Op. PHOS. SAMB. Sang. Sil. SPONG. sulph. tarent. verat.

LARYNGISMUS stridulus, Pfeifen Ausatmen nur beim
Chel. Chlor. Lyc. Meph. nat—m. Sep.

LARYNGISMUS stridulus, Pfeifen Einatmen nur beim
aral. cina. crot—t. graph. Kali—c. nit—ac. Phos. sulph.

LARYNGISMUS stridulus, Pfeifen Schlaf im
Chlor. lac—ac. LACH. samb. spong. Sulph. thuj.

LUNGE Emphysem
Acon. ars. ip. phos. verat.

LUNGE Lähmung (Paralyse) Scharlach bei
Calc.

LUNGEN Empyem (meist bei schwerer Bronchopneumonie)
Ars—i. bac. Bry. calc. HEP. kali—m. kali—i. lyc. psor. Sil.

LUNGEN Tuberkulose
agar. ars. ARS—I. Calc. calc—f. calc—i. Calc—p. chin. chin—ar. Dros. ferr. FERR—A. Ferr—p. hep. iod. IODOF. kali—c. kali—s. kreos. Lyc. petr. ph—ac. phos. psor. puls. sang. senec. sil. spong. stann. Stann—i. sulph. ther. tub. zinc.

LUNGEN Tuberkulose Anfangsstadium
Dros. IODOF. lyc. sil. sul—ac. tub.

LUNGEN Tuberkulose: Atemnot dominierend
Ant—t. Apom. ars—i. hyos. lyc. phos.

LUNGEN Tuberkulose: Fieber dominierend
ars—i. Bapt. CHIN—AR.

LUNGEN Tuberkulose: Husten dominierend
cor—r. Dros. hed. HEP. hyos. lach. ip.

LUNGEN Tuberkulose: Husten mit Haemoptyse dominierend
acon. ferr. Ferr—p. ger. ip. mill. nux—v. PHOS. sulph.

LUNGEN Tuberkulose: Husten mit reichlichem Auswurf dominierend
ANT—I. Ars—i. bac. Lyc. stann. Stann—i.

LUNGEN Tuberkulose: Lebenskraft schon sehr geschwächt dabei
ars. Coc—c. ph—ac. Puls. Sang. Senec. seneg.

LUNGEN Tuberkulose: Magen und Darm Symptome dabei
ars. hydr. ip. Nux—v. ph—ac. Puls.

LUNGEN Tuberkulose: Schweiss dominierend
chin. Hyos. iod. jab. ph—ac. SIL.

MUCOVISCIDOSE allgemeine Hauptmittel
Ant—t. arg—n. bac. Calc—f. CAUST. coc—c. Cortex. Ip. lyc. mag—c. mag—m. Nat—m. Okou. phos. samb. sil. Sulph. thal. tub.

MUCOVISCIDOSE, dabei Erschöpfung und Schläfrigkeit vormittags
mag—m. Nat—m. Sulph.

MUCOVISCIDOSE
siehe therapeutische Hinweise, S. 654

PLEURA Wassersucht, Hydrothorax
ADON. Ant—t. APIS. Apoc. ARS. ARS—I. Canth. Carb—v. Chin. Colch. DIG. Fl—ac. Hell. IOD. KALI—C. Kali—i. LACT. Lyc. MERC—SUL. Phase. Phos. Pilo. RAN—B. Squil. SENEG. SULPH.

PLEURITIS Adhäsionen mit oder nach
Abrot. carb—an. Hep. kali—c. Ran—b. SULPH.

PLEURITIS chronische
Ars—i. HEP. IOD. kali—c. Kali—i. squil. SULPH.

PLEURITIS exsudativa
Abrot. Ant—t. Apis. Ars. ars—i. bry. calc. calc—p. cann—s. CANTH. ferr. Hep. iod. kali—c. Kali—i. merc. merc—c. Seneg. sil. sul—ac. sul—i. Sulph. tub.

PLEURITIS sicca
Acon. ant—t. apis. arn. Asc—t. bell. BRY. guaj. iod. Kali—c. Laur. Ran—b. rhus—t. sarcol—ac. squil.

PLEURITIS tuberkulös bedingte
Arg—n. Ars—i. bry. Calc. dros. guaj. Hep. IOD. kali—c. Seneg.

PLEUROPNEUMONIE
Acon. Ant—t. ars. ars—i. BRY. calc. caps. chin. dulc. ferr. hep. Iod. ip. kali—i. lach. phos. rhus—t. seneg. SULPH.

PNEUMONIE, Lungenentzündung
siehe auch therapeutische Hinweise, S. 652

PNEUMONIE allgemein
Acon. alf. ANT—T. Bac. Bell. Bry. calc. Ferr—p. hep. IP. Kali—c. Lob. Lyc. Merc. Nux—v. op. PHOS. Sulph.

PNEUMONIE Beschwerden nach
alf. carc. Kali—c. Lyc. Phos. SULPH. Tub. Tub—k.

PNEUMONIE chronische Kleinkindern bei
ars—i. Carc. kali—c. Phos.

PNEUMONIE croupös
ACON. Agar. Am—i. Ant—ar. Ant—i. Ant—s—aur. ANT—T. Apom. Arn. Ars. BELL. BROM. BRY. Coffin. Camph. Carb—ac. Carb—v. CHEL. Chin. Dig. FERR—P. Gels. Hep. IOD. Ip. Kali—bi. KALI—C. Kali—i. Lach. LYC. MERC. Mill. Nat—s. Nit—ac. Op. Ox—ac. PHOS. Pneu. Pyrog. Ran—b. Rhus—t. SANG. Squil. Seneg. Stry. SULPH. Tub. Verat. VERAT—V.

PNEUMONIE Kleinkind allgemein
Acon. ANT—T. Bac. bell. Bry. calc. Ferr—p. hep. IP. kali—c. Lob. Lyc. Merc. Nux—v. op. PHOS. Sulph.

PNEUMONIE Kleinkind blassem Aussehen mit
Ant—ar. Ant—t. Ars—i. bac. Kali—c. lyc.

PNEUMONIE Kleinkind Cyanose und Dyspnoe mit
Ant—ar. Ant—t. carb—v. Cupr—ar. phos.

PNEUMONIE Kleinkind Delirium und Krämpfen mit
Bell. hyos. laur. Ph—ac. Verat—v.

PNEUMONIE Kleinkind Delirium mit, typhöse P.
Bell. Hyos. Lach. laur. ph—ac. Phos. rhus—t.

PNEUMONIE Kleinkind feuchter und heisser Haut mit
BELL. Ph—ac. Phos.

PNEUMONIE Kleinkind feuchter und kalter Haut mit
Ant—t. Kali—c. VERAT.

PNEUMONIE Kleinkind rotem Aussehen mit
Acon. Bell. Chel. Phos. Sang.

PNEUMONIE Kleinkind trockener und kalter Haut mit
Carb—v.

PNEUMONIE Kleinkind trockener Schleimhaut mit
Bell. BRY. Kali—c. Rhus—t. Sang.

PNEUMONIE links
Acon. CALC. LACH. NAT—S. ox—ac. Sang.

PNEUMONIE links oben
ACON. tub.

PNEUMONIE links unten
chel. NAT—S. Sulph.

PNEUMONIE Herz Affektionen dabei ausgeprägt
dig. Cann—s. kali—c. squil.
PNEUMONIE Masern nach
gels. Kali—c. Lyc. verat—v.

PNEUMONIE Masern während
   Bell. lyc. Phos. Sulph.

PNEUMONIE rechts
   Bry. Bell. brom. carb—an. CHEL. kali—c. Lyc. MERC. Phos. SANG.

PNEUMONIE rechts oben
   calc. CHEL.

PNEUMONIE rechts unten
   Chel. KALI—C. MERC. PHOS.

PNEUMONIE Säuglingen bei
   ant—t. IP. sulph.

PNEUMONIE Stadium Anschoppung (I)
   ACON. BELL. Bry. Ferr—p. gels. verat—v.

PNEUMONIE Stadium Anschoppung mit rotem Mittelstreifen auf Zunge
   Verat—v.

PNEUMONIE Stadium Hepatisation (II)
   Ant—c. Ars. ars—i. asc—t. Bac. bapt. Cupr. Iod. kali—m. lach. Lyc. PHOS. Sang.
   Sulph.

PNEUMONIE Stadium Lyse (III)
   Ant—t. calc. calc—i. carb—v. Hep. Lyc. phos. psor. sang. SULPH.

PNEUMONIE stechenden Schmerzen mit, Schreien, appetitlos, schlaflos
   bac. chel. Kali—c.

PNEUMONIE typhöse
   ars. Bell. gels. hyos. LACH. laur. Ph—ac. phos. rhus—t. Sulph.

PNEUMONIE vernachlässigte, verschleppte Fälle
   Am—c. Ant—t. Ars—i. Bry. carb—v. Chin. HEP. kali—i. Lach. lob. LYC. Phos.
   Plb. sang. Sep. Sil. sul—i. SULPH.

PNEUMONIE Zwischenmittel bei psorischer Konstitution
   calc. kali—c. Lyc. psor. Sil. SULPH. tub.

PNEUMONIE Zwischenmittel bei sykotischer Konstitution
   Nat—s. thuj.

PSEUDOKRUPP, spastischer Croup, Diphtherie, membranöser Croup
   siehe therapeutische Hinweise, S. 653 f. **Definitionen**

PSEUDOKRUPP, spastischer Croup
Acet—ac. ACON. Alum—sil. Am—br. Am—caust. Ant—t. Ars. Bell. Benzo. BROM. Bry. CALC—F. CALC—I. CHLOR. Cupr. Cupr—ar. Euph. Ferr—p. Gels. Grin. HEP. Ictod. Ign. IOD. Ip. kali—bi. Kali—br. KALI—N. kali—perm. Lach. Lob. Meph. merc—i—r. Merc—i—f. Mosch. Naja. Petr. PHOS. rumx. Samb. Sang. SPONG. VERAT—V.

PSEUDOKRUPP, spastischer Croup chronisch rezidivierend
am—br. apis. brom. calc. Calc—s. caust. hep. PHOS. tub.

SCHLEIM, Verschleimung Nasopharynx, Lunge, Asthma, Allergie
siehe therapeutische Hinweise, S. 627

STIMMBRUCH chronischer (Stimme bleibt hartnäckig rauh, unklare Stimmlage)
arum—t. camph. Graph. iod. Mang. merc. phos. plb. stann. tab.

STIMMBRUCH, Mittel, um selbigen zu erleichtern
Graph. phos. stann.

STIMME heiser
acon. arg—n. bell. brom. calc. Carb—v. caust. Cham. Dros. hep. Iod. kali—bi. kali—m. lach. mang. PHOS. Spong. sulph.

STIMME heiser bis z. Stimmlosigkeit durch Emotionen (Angst, Wut..)
Acon. ars. cupr. Gels. hyos. ign. Op. Staph.

STIMME heiser bis z. Stimmlosigkeit Impfung nach
thuj.

STIMME heiser Krupp nach
Carb—v. Lyc.

STIMME heiser Masern nach
bar—c. Bry. Carb—v. Dros. phos. sulph.

STIMME heiser Menses vor (auch heiserer Husten)
arist—cl. Caul. foll. hep.

STIMME heiser morgens
carb—an. calc. Calc—p. Caust. coff. cop. kali—bi. mag—m. mang. nit—ac. rhus—t. sulph.

STIMME heiser und rauh ständig (wie bei einem alten Alkoholiker)
arum—t. Cham.

STIMME heiser Schnupfen bei oder durch
Bry. carb—v. Caust. ham. mang. Merc. phos. spong.

STIMME heiser Schreien bei oder durch
acon. Arum—t. BELL. caps. caust. rhus—t.

STIMME kruppartig, croupös (metallisch - hohl klingend, auch bellend)
Acon. Ail. all—c. brom. carb—v. caust. chin. hep. kali—s. lyc. osm. spong. sul—ac.

STIMME nasal
Aur. caust. fl—ac. Form. iod. Kali—bi. kali—i. lac—c. lach. Lyc. merc. nux—v.
Ph—ac. phos. Sil. Staph. teucr.

STIMME Räuspern zu Beginn d. Redens muss sich (auch nervöser Zwang)
arg—n. calc. caust. ign. nat—m. nux—v. PHOS. Lyc. sulph.

STOTTERN
siehe unter Gemüt, S. 127 und unter Mund, S. 262

TRACHEITIS allgemein
ACON. All—c. Ant—t. Bell. Brom. bry. Carb—v. Caust. cham. cist. con. Dulc.
Hep. Iod. Kali—bi. mang. Nat—m. nux—v. Puls. Rumx. Samb. Sang. Spong.

TRACHEITIS Husten mit
Acon. all—c. arg—n. Bry. carb—v. Caust. cham. Con. Hep. ign. Rumx. samb.
SPONG. STANN.

TRACHEITIS Reizung mit (Kribbeln, Krabbeln, Kitzeln etc.)
agar. ambr. ars. Caps. carb—v. cist. dros. ip. kali—bi. kali—c. Lach. lyc. Nux—v.
Phos. puls. sang. Senec. squil. stann. sulph.

TRACHEITIS Schmerz beim Einatmen kalter Luft (agg.)
Bry. Caust. chel. Hep. kali—c. manc. Rumx.

TRACHEITIS Schnupfen mit
ALL—C. Ars. Ars—i. hep. Nux—v. Puls. Samb.

TRACHEITIS trockene
Acon. Bry. carb—v. CAUST. hep. iod. lyc. puls. Rumx. Spong.

TRACHEITIS Verschleimung ausgeprägt
ANT—T. Arum—t. bar—c. Calc. caust. HEP. Kali—i. Lyc. PHOS. puls. sang.
squil. Stann.

TRACEOMALAZIE (Erweichung der Knorpel von Larynx und Trachea)
Cupr. hecla. kreos.

TUBERKULÖSE Affektionen Impfung nach
tub. v—a—b.

TUBERKULOSE in der Familienanamnese
Bac. carc. Dros. lec. pert. Phos. TUB.

VERFANGEN
Cham.   siehe unter Herz, Herzgrube, S. 421

VERSCHLEIMUNG, Katarrhe im Wechsel mit Gelenk Beschwerden, Arthrose
siehe therapeutische Hinweise, S. 654

VORGESCHICHTE (Anamnese): Asthma und Tuberkulose in Familienanamnese
ars. carc. Dros. Med. nat—p. Nat—s TUB.

VORGESCHICHTE (Anamnese): Asthma
dros. Med. nat—p. Nat—s. TUB.

VORGESCHICHTE (Anamnese): Tuberkulose
ars—i. Bac. carc. Dros. guaj. lec. pert. Phos. TUB.

vacat für Nachträge

Herz, Brust und Achsel

ACHSELHÖHLE allgemein

agn. am—c. am—m. anac. arg—m. arn. ars. Ars—i. asar. aur. Bar—c. Bell. bor. bov. bry. calc. canth. caps. CARB—AN. Carb—v. caust. chel. Clem. cocc. coloc. Con. crot—h. cupr. dig. dulc. HEP. iod. Kali—c. lach. laur. Lyc. mag—c. mang. teucr. meny. merc. mez. nat—c. Nat—m. Nit—ac. olnd. plb. petr. PHOS. ph—ac. phyt. rhod. Rhus—t. ruta. sabad. sel. seneg. SEP. Sil. spig. spong. squil. stann. Staph. SULPH. Sul—ac. thuj. valer. verat. wye. zinc.

ACHSELN Schweiss Geruch knoblauch- oder zwiebelartig

BOV. Kali—p. lyc. SULPH. tell. thuj.

ACHSELN Schweiss reichlich

bry. calc. cedr. dulc. Hep. Hydr. kali—c. Lach. Lyc. Nit—ac. Petr. rhod. Sel. Sep. Sil. Sulph.

ACHSELN Schweiss stinkend

hep. NIT—AC. PETR. Sanic. Sep. sil. SULPH.

ACHSELN Schweiss stinkend Mädchen um die Zeit der Menarche

TELL.

BRUST äussere (Rippen und Muskeln) allgemein

acon. agar. alum. ambr. am—c. am—m. anac. ang. ant—c. ant—t. arg—m. ARN. ars. asaf. asar. aur. bar—c. bell. bism. bor. bov. Bry. calad. Calc. camph. cann—s. Canth. caps. carb—an. carb—v. caust. cham. chel. Chin. cic. cina. clem. cocc. colch. coloc. con. croc. cupr. dig. dros. Dulc. euph. euphr. ferr. graph. guaj. hell. hep. hyos. ign. iod. ip. kali—c. kali—n. kreos. lach. laur. Led. Lyc. mag—c. mag—m. mang. teucr. meny. merc. Mez. mosch. mur—ac. nat—c. nat—m. nit—ac. nux—m. Nux—v. Olnd. op. par. plb. petr. PHOS. ph—ac. plat. psor. Puls. RAN—B. ran—s. rheum. rhod. Rhus—t. ruta. sabad. sabin. samb. sars. sec. sel. seneg. sep. sil. SPIG. spong. squil. stann. Staph. stram. stront. SULPH. sul—ac. tarax. thuj. ust. valer. Verat. verb. viol—o. zinc.

BRUST oberer Teil allgemein

acon. agn. All—c. alum. ambr. Anac. ang. ant—c. arg—m. ars. asaf. aur. bar—c. Bell. bry. calc. cann—s. Canth. carb—v. caust. cham. chel. chin. cic. cina. cocc. colch. con. cycl. dulc. graph. guaj. hyos. iod. kali—c. laur. lyc. MANG. meny. merc. mez. nat—m. nit—ac. olnd. plb. petr. Phos. ph—ac. Plat. ran—b. rhus—t. ruta. sars. seneg. Sep. sil. spig. STANN. staph. Sulph. sul—ac. tarax. thuj. verat. viol—t. zinc.

BRUST Sternum und Brustbeingegend allgemein

Acon. Bry. CACT. Chel. coc—c. cupr. euphr. ferr. hydr. nat—m. Nux—v. Phos. ph—ac. ran—s. rumx. ruta. sabin. samb. Sang. sil. spig. sulph. tell. verat.

BRUST unterer Teil allgemein

 acon. agar. agn. alum. ambr. Am—c. anac. arg—m. Arn. ars. asaf. asar. aur. bell. bism. bov. bry. calc. cann—s. canth. Carb—v. Caust. cham. CHIN. cic. cocc. colch. croc. dig. dros. dulc. guaj. hell. hyos. iod. KALI—C. kali—n. kreos. laur. led. mag—c. mag—m. teucr. merc. Mez. Mosch. mur—ac. Nat—c. nat—m. olnd. op. par. plb. petr. phos. PH—AC. plat. puls. ran—b. rheum. rhus—t. ruta. sabad. SABIN. samb. sars. Seneg. Sep. sil. Spig. spong. SQUIL. stann. staph. stront. tarax. thuj. Valer. verat. verb. viol—t. Zinc.

BRUST linke Seite allgemein

 Acon. agar. agn. alum. ambr. am—c. AM—M. anac. ant—c. Ant—t. Apis. arg—m. Arn. ars. asaf. asar. asc—t. aur. bar—c. bell. berb. bism. bor. bov. brom. bry. Cact. calad. CALC. camph. Cann—s. canth. Caps. carb—an. Carb—v. Caust. Cham. chel. Chin. cic. Cina. clem. Cocc. coc—c. colch. coloc. con. croc. cupr. cycl. dig. dros. Dulc. EUPH. ferr. FL—AC. Graph. Guaj. hep. hyos. Ign. jatr. KALI—C. Kali—i. Kali—n. Kreos. lach. LAUR. led. lil—t. LYC. mag—c. mang. teucr. Meny. Merc. mez. mill. mosch. mur—ac. nat—c. Nat—m. nat—s. NIT—AC. nux—m. NUX—V. Olnd. ox—ac. par. Plb. petr. Phos. Ph—ac. plat. psor. puls. Ran—b. ran—s. rheum. Rhod. RHUS—T. Rumx. Ruta. sabad. Sabin. sars. SENEG. Sep. sil. Spig. Spong. squil. STANN. staph. stront—c. SULPH. Sul—ac. tarax. Thuj. ust. Valer. verat. Verb. Viol—t. Zinc.

BRUST rechte Seite allgemein

 acon. Aesc. agar. agn. alum. ambr. Am—c. am—m. anac. ant—c. arg—m. ARN. ars. Asaf. asar. Aur. Bapt. bar—c. BELL. bism. Bor. bov. Brom. BRY. calad. calc. camph. cann—s. Canth. caps. CARB—AN. carb—v. caust. cham. CHEL. chin. cic. cina. clem. cocc. Colch. COLOC. con. croc. cupr. cycl. Dig. dros. dulc. euph. fl—ac. graph. Hep. Hyos. ign. IOD. ip. kali—c. kali—n. kreos. LACH. laur. Led. lob. lyc. Mag—m. mang. teucr. meny. merc. mez. mill. murx. Mur—ac. nat—c. nat—m. nit—ac. nux—m. nux—v. olnd. Op. par. plb. petr. Phel. Phos. ph—ac. plat. psor. PULS. Ran—b. ran—s. rheum. rhus—t. ruta. sabad. sabin. Sang. sars. seneg. sep. SIL. spig. spong. Squil. stann. staph. stront—c. Sulph. sul—ac. Tarax. thuj. valer. Verat. viol—t. zinc.

BRUST Mammae Schwellung oder Verhärtung, Neugeborene oder Kleinkinder

 acon. Arn. asaf. Bell. Bry. calc. Cham. cycl. hep. Lac—c. merc. Phos. puls. sil. Tub.

BRUST Milch in - bei Knaben (Gynäkomastie ähnlich)

 calc. cortex. foll. Lac—c. MERC. puls.

BRUST schmerzhaft wund

 bell. Cham.

BRUST Schwäche d. Brustorgane allgemein

 ant—t. arg—m. calc. calc—p. Carb—v. ol—j. PH—AC. Stann. seneg.

BRUST Zusammenschnüren Husten oder Keuchhusten bei

 Caust. mur—ac. spong.

BRUST Zusammenschnüren Spannung, Engegefühl Husten oder Keuchhusten bei

 Caust. mur—ac. spong.

BRUSTKORB Deformierung Sternum eingefallen, Trichterbrust
calc—f. calc—p. Nat—m. ph—ac. Phos. TUB.

BRUSTKORB Rachitis
siehe unter Allgemeines, Rachitis, S. 530, 555

BRUSTKORB Rachitis
siehe therapeutische Hinweise, S. 697

CLAVICULA Haut darüber blau verfärbt
ars. Cupr. lach. THUJ.

DIPHTHERIE Herzstörung bei oder mit
Spong.

GEFÄSSNETZ deutliche Zeichnung im Schulter - Brust - Bereich
calc—p. lach. lyc. phos. sul—ac.

HERZ Beschwerden mit unregelmässigem Puls (älteres Kind bis Pubertät)
dig. IBER. Spig. zinc.

HERZ Endocarditis allgemein
abrot. acon. ars. ars—i. AUR. bell. Bry. Cact. Calc. Colch. IOD. kali—m. kalm. Lach. naja. phos. rhus—t. sep. Spig. SPONG. SULPH. verat—v. Zinc—i.

HERZ Endocarditis Anfangsstadium
Acon. Bell. bry. Ferr—p. Spig. Verat—v.

HERZ Endocarditis fortgeschrittenes Stadium
Ars. bry. Cact. colch. Kali—c. naja. phos. rhus—t. spig. SPONG. zinc—i.

HERZ Endocarditis rheumatica
Aur. Bry. Cact. cimic. Colch. dig. Kali—c. Kalm. Lith—c. magn—gr. Naja. phos. psor. RHUS—T. SPIG. spong.

HERZ Fehler akut mit Blässe, Atemnot, Einschränkung d. Bewusstseins
ACON. Ars. CAMPH. Chin. lach. laur. Nux—v. Verat.

HERZ Fehler akut mit Krämpfen
CIC. Cupr. mono. passi. Stry. ZINC.

HERZ Fehler akut mit Kreislauf Kollaps
Camph. Carb—v. Verat.

HERZ Fehler akut mit starken Schmerzen
bell. Cact. kalm. Spig.

HERZ Fehler Atemnot mit - muss sich hinhocken (kauernde Stellung)
carb—v. Kali—c.

HERZ Fehler organische allgemein (Klappenfehler)
Acon. am—c. apoc. Ars. ars—i. Cact. colch. Conv. Dig. fl—ac. Gels. Iod. kalm. Lach. laur. Naja. Nat—m. Phos. Rhus—t. Spig. Spong.

HERZ Hypertrophie Sport durch, heranwachsender Knaben
BROM. cact. caust. rhus—t. thyr.

HERZ Hypertrophie Sport durch, heranwachsender Mädchen
brom. CAUST. cact. rhus—t. thyr.

HERZ kongenitale Anomalien, allgemeine Folgen (H. Hypertrophie, Cyanose etc.)
Acon. arn. (Q - C 3, als Herztonicum). Ars. bell. cact. Camph. Carb—v. Cupr. Dig. fl—ac. Glon. iod. Kali—c. Lach. nux—v. Rhus—t. stroph—h. vanad. (D 6). Verat—v.

HERZ kongenitale Anomalien, konstitutionelle Mittel (foramen ovale etc.)
Am—c. arn. ars. Ars—i. AUR. aur—m. Calc. CALC—F. calc—p. carc. ferr. Fl—ac. iod. KALI—C. kali—i. Kalm. Lach. LAUR. Lyc. merc. naja. phos. Sil. spong. SULPH. Syph. Thyr. tub. vanad.
Siehe auch therapeutische Hinweise, S. 655

HERZ Motorik funktionelle Störungen (Herzklopfen, harte Geräusche)
Acon. bell. cact. Cham. Coff. dig. glon. hyos. ign. kalm. lach. Lycps. mosch. Nux—m. nux—v. puls. rhus—t. spig. stroph—h.

HERZ Myocarditis (Herzspitzenstoss schwach, II. Herzton stärker)
ars. Ars—i. Bad. brom. cact. caps. cimic. colch. crot—h. dig. Gala. kali—m. kalm. lach. merc—cy. morph. PHOS. Rhus—t. spig. vip.

HERZ neurogene Affektionen durch Scharlach, mit Zittern
Lach.

HERZ Pericarditis
Acon. anac. APIS. Ars. asc—t. bell. BRY. Cact. cann—s. canth. colch. Dig. Iod. kali—c. kalm. lach. merc—c. rhus—t. Spig. verat—v.

HERZ Rheuma (Myocardrheuma) nach Muskelrheuma
Abrot. aur. benz—ac. Brom. bry. Kalm. Laur. led. magn—gr. naja. spig.

HERZ Schmerz allgemein
Acon. apis. ars. ars—i. brom. Cact. CROT—H. Glon. graph. iod. Kali—c. Kalm. Lil—t. lyc. mag—m. merc. nux—m. ox—ac. Phyt. Rhus—t. SPIG. spong. Tab. tarent.

HERZ Schmerz atemraubend, führt zu Atemnot
acon. Cact.

HERZ Schmerz Bücken, vorwärts Beugen beim
glon. Lil—t. spig.

HERZ Schmerz erstreckt sich vom Herzen zum Rücken
agar. Ars—i. cench. Crot—h. Glon. Kali—c. kalm. Lil—t. naja. Spig. sulph.

HERZ Schmerz erstreckt sich vom Herzen zur rechten Brustseite
Apis.

HERZ Schmerz erstreckt sich von hinten nach vorn
cimic. kali—c. Ox—ac. spig. ther.

HERZ Schmerz erstreckt sich von oben nach unten zur Herzspitze
merc. Syph.

HERZ Schmerz erstreckt sich von unten nach oben zur Herzbasis
brom. lil—t. Med.

HERZ Schmerz erstreckt sich z. linken Arm, Hand
Acon. aster. aur. cact. cimic. Crot—h. dig. kalm. Lat—m. naja. nux—v. Rhus—t.
Spig. Tab. Tarent. ther.

HERZ Schmerz erstreckt sich z. rechten Arm
bor. ox—ac. phos. Phyt. plb. spig.

HERZ Schmerz erstreckt sich zum Magen oder Bauch
Kalm.

HERZ Schmerz erstreckt sich zum Nacken
Graph. naja. Tab.

HERZ Schmerz stechend
Apis. Bry. Caust. Kalm. Lach. Mag—m. Naja. petr. psor. Spig. Spong. Staph.
sulph.

HERZ Schmerz zusammendrückend, quetschend
CACT. Iod. lil—t. nux—m. Tarent.

HERZ Schwäche mit Knöchel Oedemen
APOC. Ars. Bry. Kali—c. Lyc.

HERZFEHLER siehe unter Herz Fehler sowie Herz, kongenitale Anomalien

HERZGRUBE Schwellung mit Atem Beklemmung ("Verfangen" o. "Herzgespann")
Cham.

HERZKLOPFEN Anaemie durch
Chin. ferr—ar. Ph—ac. Puls.

HERZKLOPFEN anfallsweise (paroxysmale Tachycardie)
Acon. aur. bar—c. iber. Lach. Mag—p. mang. mosch. nat—c. Nux—v. phos. plb.
Puls. spig. sul—ac. stry.

HERZKLOPFEN Angst mit (während)
Ars. Calc—p. Phos. spong.

HERZKLOPFEN Angst, Furcht oder Schreck durch (agg.)
ACON. ars. aur. Aur—m. cact. dig. COFF. nat—m. nux—m. Op. Puls. spig. stram. verat.

HERZKLOPFEN Anstrengung durch, Bewegung agg.
arn. brom. Cact. chin. Dig. naja. phos. sabin. spig.

HERZKLOPFEN Anstrengung durch, Bewegung am.
arg—m. arg—n. RHUS—T.

HERZKLOPFEN Anstrengung wie Treppensteigen durch
arg—m. arg—n. Ars. asaf. aur. Cact. CALC. chin. chin—s. Dig. iod. lach. lycps. naja. Nat—m. ph—ac. Phos. psor. spig. staph.

HERZKLOPFEN Aufregung oder heftige Emotionen durch
arg—n. bell. calc—ar. Gels. HYOS. Ign. nux—v. phos. Stram.

HERZKLOPFEN Einatmen beim (tiefen)
Spig. tub.

HERZKLOPFEN Dyspepsie wegen, besonders wegen Gallenerkrankung
Abies—n. Arg—n. CARB—V. kali—c. Nux—v. Puls.

HERZKLOPFEN hörbar heftig (von aussen, ohne Stethoskop)
aesc. Ars. Calc. Dig. iod. spig.

HERZKLOPFEN Hunger während
Kali—c.

HERZKLOPFEN hysterischen Kindern bei
cedr. gels. mosch. Nat—m. Nux—m. sumb.

HERZKLOPFEN Kummer durch (agg.)
dig. IGN. op. Ph—ac.

HERZKLOPFEN Lage links agg.
bar—c. CACT. caust. graph. kali—ar. kalm. lac—c. lach. Lil—t. lyc. naja. nat—c. NAT—M. PHOS. PSOR. PULS. sars. Spig. tab.

HERZKLOPFEN Lage rechts agg.
alum. Arg—n. bad. kali—n. kalm. lil—t. plat. spong.

HERZKLOPFEN Liebeskummer bei, oder durch unerwiderte Liebe
CACT. ign. Nat—m. ph—ac.

HERZKLOPFEN nervös, Bewegung agg.
calc. Lil—t. SPIG.

HERZKLOPFEN nervös, Bewegung am.
Gels. IGN.

HERZKLOPFEN nervös Pubertät während, Mädchen bei
acon. Aur. aur—m. lach. nat—m. PULS. Sumb.

HERZKLOPFEN Pubertät agg.
acon. Aur. aur—m. lil—t. Ph—ac. puls. sumb.

HERZKLOPFEN Schmerz praecordialem mit
aspar. bry. Cact. Kalm. Spig.

HERZKLOPFEN Verdauungs Störungen durch (Roemheld Syndrom)
ars. Calc. carb—v. dig. ign. LYC. mom—b. Nux—v. Puls. sep.

HERZKLOPFEN Vorbeugen beim
cann—s. Kalm. Nat—c. SPIG. Sul—ac.

HERZKLOPFEN Wachstum, bei Kindern, die zu schnell wachsen
calc—p. Ph—ac.

HERZKLOPFEN Waschen kalt agg. (bes. Händewaschen)
Tarent.

HERZKLOPFEN Waschen oder Baden kalt am.
Iod.

HERZKLOPFEN Wurmerkrankungen oder intestinale Infektionen durch
chen—a. CINA. merc. Santin. Stann. Spig.

HERZKLOPFEN Wut, Ärger, Kränkung durch (agg.)
agar. aur. Aur—m. cham. Ign. iod. lyc. Nux—v. PHOS. verat.

HERZKRANKHEIT frühe in der Vorgeschichte
arn. aur. fl—ac. kali—c. Kalm. Lach. med. naja. Spig.

HERZSCHADEN rheumatischem Fieber nach, in der Kindheit
abrot. AUR. brom. Kalm. sel. STREPTOC.

HERZMUSKEL Nekrosen mit kongestiver Myocard Insuffizienz (Keshan Syndrom)
SEL.

MAMMITIS siehe oben unter Brust, Mammae, Verhärtung ...

PULS schneller morgens als abends (ausgeprägte Differenz)
Ars. SULPH.

PULS schneller nachts als tags (ausgeprägte Differenz)
Bry.

SCHULTERN allgemein

ACON. agar. agn. Alum. Ambr. am—c. Am—m. anac. ang. ant—c. ant—t. arg—m. arn. ars. asaf. asar. bar—c. Bell. bor. bov. BRY. calc. camph. cann—s. canth. carb—an. carb—v. caust. Chel. Chin. cic. cina. cocc. Colch. croc. cupr. dig. dios. dros. euph. Ferr. ferr—p. gran. graph. guaj. hep. hyos. ign. iris. KALI—C. kali—n. kalm. kreos. laur. Led. Lith—c. Lyc. MAG—C. mag—m. mang. teucr. meny. Merc. mez. mosch. mur—ac. nat—c. nat—m. nat—s. Nux—v. olnd. op. ox—ac. par. plb. petr. Phos. ph—ac. plat. PULS. ran—b. ran—s. Rhod. RHUS—T. ruta. sabad. sabin. sal—ac. Sang. sars. Sep. sil. spig. spong. squil. stann. staph. stram. Stront. Sulph. sul—ac. tarax. thuj. valer. verat. verb. zinc.

SCHWEISS Brust, Geruch knoblauch- oder zwiebelartig

Bov. kali—p. Lyc. sulph. tell. Thuj.

TACHYCARDIE allgemeine Hauptmittel

ACON. Ant—t. apis. arn. Ars. Ars—i. Aur. BELL. Berb. Bry. coll. con. crot—c. Cupr. DIG. Ferr—p. Gels. glon. Grat. IOD. Lach. Merc. Nat—m. Nux—v. Op. Ph—ac. Phos. PYROG. Rhus—t. sec. sil. Spig. Spong. stann. Stram. Sulph. Verat. VERAT—V. zinc.

TACHYCARDIE - Puls Normalwerte

siehe unter therapeutische Hinweise, S. 694

TRICHTERBRUST siehe Brustkorb Deformierung

VORGESCHICHTE (Anamnese): Herzkrankheit in früher Kindheit

arn. Bar—c. kali—c. MED.

VORGESCHICHTE Familienanamnese: Herzinfarkt

arn. MED. merc. nat—m. Syph

Rücken, Nacken und Gesäss

CERVICALREGION
siehe auch unter Nacken

CERVICALREGION Hautausschläge: masernartige Flecke
ars. cop. morph.

DECUBUTUS (Wundliegen)
siehe unter Haut, S. 498

GESÄSS allgemein
alum. ambr. am—m. ang. Ant—c. asaf. bar—c. bell. berb. bor. bry. calc. camph. cann—s. canth. carb—v. Caust. chin. cina. cocc. coff. Con. croc. cycl. dig. dros. dulc. GRAPH. guaj. hep. hyos. ign. iod. Kali—c. lach. laur. Lyc. mag—c. mang. meny. Merc. Mez. mur—ac. nat—c. nat—m. nit—ac. nux—v. olnd. Phos. Ph—ac. plat. puls. Rhus—t. samb. sars. sel. Sep. sil. spig. stann. STAPH. stront. Sulph. tarax. thuj. verat. viol—t. Zinc.

GESÄSS Abmagerung
lath. NAT—M.

GESÄSS Ausschlag ekzematös
Ant—c. ars. Caust. Graph. Jug—c. mez. Nat—c. sel. thuj. til.

GESÄSS Ausschlag Erythem (Rötung)
ars. Carb—v. Cham. Euph. mag—c. puls. Rhus—t. Sulph.

GESÄSS Furunkel, Abszesse, entzündliche Pickel
Calad. cob—n. Hep. Lyc. Petr. PH—AC. rat. Sil. SULPH. til.

GESÄSS grossvolumig
am—m.

GESÄSSFURCHE Ausschlag ekzematös (Rima ani)
Berb. carbn—s. caust. Graph. KREOS. NIT—AC. Sep. sulph.

GESÄSSFURCHE Ausschlag rauh, Zahnung während
calc—p. Sep. sulph.

GIPSBETT oder Korsett Beschwerden durch (bei Skoliosebehandlung)
arn. Bov. lach. nux—v. Petr. rhus—t

HALS Torticollis, Schiefhals allgemein
bar—c. bry. Calc. caust. colch. cupr. graph. Kali—c. Lachn. Lyc. nux—v. Phos. Phyt. Rhod. rhus—t.

HALS Torticollis, Schiefhals Erkältung oder kalte Zugluft durch
Acon. bell. Bry. Calc—p. Dulc. gels. Lachn. Rhus—t.

HALS Torticollis, Schiefhals rheumatischer Genese
BELL. bry. Cimic. ham. Rhus—t.

ISCHIAS (selten bei Kindern - wenn, dann meist durch Sport, Turnen), Hauptmittel
Acon. Arn. ars. BELL. Bry. Caps. CHAM. Gels. Ign. kali—bi. Kali—p.
Lyc. Nux—v. phyt. plb. Rhus—t. ruta. staph. SULPH. Thuj.

KREUZ- Lenden- und Sacralgegend allgemein
abies—c. Acon. AESC. Agar. Aloe. alum. ambr. am—c. am—m. anac. ang. ant—c.
ant—t. arg—m. Arg—n. Arn. ars. asaf. asar. aur. Bapt. bar—a. Bar—c. Bell. Bor.
bov. Bry. calad. Calc. Calc—p. cann—s. CANTH. caps. Carb—an. carb—v.
CAUST. cedr. Cham. Chel. Chim. Chin. CIMIC. Cina. clem. Cocc. coc—c. coff.
colch. coloc. Con. croc. cupr. dig. dios. dros. dulc. Equis. erig. eup—per. euph. ferr.
ferr—i. graph. guaj. hell. helon. hep. hyos. Ign. iod. ip. kali—bi. Kali—c. kali—n.
Kalm. Kreos. lach. laur. led. LIL—T. Lyc. mag—c. Mag—m. mang. meny. Merc.
mez. mosch. murx. mur—ac. nat—c. Nat—m. nit—ac. Nux—m. NUX—V. onos.
op. ox—ac. plb. petr. Phos. ph—ac. phyt. pic—ac. plat. podo. PULS. ran—b.
ran—s. Rheum. rhod. RHUS—T. Ruta. sabad. Sabin. samb. sars. sec. sel. senec.
seneg. SEP. Sil. spig. spong. squil. stann. staph. stram. Stront. SULPH. sul—ac.
tarax. tarent—c. tell. ter. thuj. ust. valer. Verat. vib. zinc.

LORDOSE Cervicalregion
Calc. phos. Syph.

LORDOSE - Haltung vorgestreckter Bauch, schlechter Stand
BAR—C. Lyc. nux—v. Sulph.

LUMBALREGION Ermüdung Gefühl in Wirbelsäule, K. lernt nicht laufen
all—s.

MENINGITIS spinalis Masern bei, wenn Exanthem nicht herauskommt
apis. cupr. Cupr—a. dulc. morb. sulph. Zinc.

MENINGITIS spinalis Scharlach bei, wenn Exanthem nicht herauskommt
apis. Cupr. cupr—a. dulc. ZINC.

NACKEN
siehe auch unter Hals (äusserer), S. 282 f

NACKEN Abszess, Furunkel oder Karbunkel
Cham. HEP. Kali—i. Lach. Lyc. merc. nit—ac. puls. SIL. Sul—ac. Sul—i. sulph.
tarent—c. thuj.

NACKEN Lymphdrüsen Schwellungen, wie kleine Knoten
aeth. graph. iod. Nat—m. rhus—t. thuj.

NACKEN Lymphdrüsen vergrössert
astac. bac. Bar—m. Bell. Calc. Calc—i. carb—an. Con. graph. Iod. Rhus—t. Sil.
Sulph. tab.

NACKEN Lymphdrüsen vergrössert perlschnurartig

aeth. Bac. Bar—c. Bar—i. Bar—m. Calc—i. calc—p. Cist. sil. tub.

NACKEN Muskeln Schwäche, Kopf halten schwierig, K. stützen am.

Abrot. bar—c. calc. CALC—P. cocc. NAT—M. Phos. Sanic. sil. sulph.

NACKEN Muskeln steife

bar—c. bell. Calc. caust. cic. Ign. kali—bi. kali—c. lach. lachn. Lyc. merc. NAT—M. nit—ac. nux—v. phos. Sil.

NACKEN Schmerz Schreiben ermüdendes durch

carb—an. Lyc. ZINC.

NACKEN Schweiss

Calc. chin. lach. Mang. Ph—ac. Rhus—t. Sanic. STANN. sulph.

NACKEN Skoliose

Calc. fl—ac. phos. Syph.

NACKEN Storchenbiss (Naevus Unna-Politzer, meist medial)

Calc. fl—ac. lyc. Med. thuj. Tub.

NACKENGEBIET, besonders Haaransatz Ausschläge, Ekzeme allgemein

anac. ars. CLEM. hep. Nat—m. Staph.

NACKENGEBIET, besonders Haaransatz Abszesse, Furunkel

Arn. cham. crot—h. Hep. kali—i. Lach. Lyc. Merc. nit—ac. Sil. thuj.

OSTEOMYELITIS (spinalis)

alum—sil. arn. Aur. Bell. bry. calc. Calc—f. CALC—P. Cic. Cupr—ar. echi. fl—ac. Hyper. Med. mez. nit—ac. ph—ac. phos. Plb. PYROG. Ruta. SIL. Staph. symph.

RÜCKEN allgemein

Acon. AGAR. agn. alum. ambr. am—c. am—m. Anac. Ang. ant—c. ant—t. Apis. arg—m. ARN. ARS. asaf. asar. aur. bapt. bar—c. BELL. Berb. bism. bor. bov. brom. Bry. Cact. CALC. calc—p. camph. cann—s. canth. caps. carb—an. Carb—v. carb—ac. CAUST. cham. CHEL. Chin. cic. CIMIC. Cina. cob. COCC. coc—c. coff. colch. coloc. con. croc. cupr. cycl. dig. dios. dros. dulc. EUP—PER. Eup—pur. euph. euphr. ferr. graph. Guaj. hell. helon. hep. hyos. Hyper. ign. iod. ip. iris. Kali—c. kali—n. kalm. kreos. lach. laur. led. LYC. mag—c. mag—m. mang. teucr. meny. Merc. merc—c. mez. mosch. mur—ac. Nat—c. NAT—M. nit—ac. nux—m. NUX—V. olnd. op. ox—ac. par. plb. Petr. PHOS. ph—ac. phys. Phyt. pic—ac. plat. psor. PULS. ran—b. ran—s. rheum. rhod. Rhus—t. Ruta. sabad. sabin. samb. sars. sec. sel. senec. seneg. SEP. SIL. Spig. spong. squil. Stann. staph. stram. stront. SULPH. sul—ac. tarax. tarent—c. TELL. thuj. tril. valer. VERAT. verb. vib. viol—t. Zinc.

RÜCKEN allgemein linke Seite

Acon. Agar. agn. Alum. ambr. am—c. am—m. Anac. ant—c. ant—t. Apis. arg—m. ars. asaf. aur. Bar—c. bell. berb. Bism. Bry. calc. cann—s. canth. carb—an. carb—v. Caust. chel. Chin. cina. cocc. colch. coloc. con. croc. cupr. dig. DROS. dulc. euph. ferr. fl—ac. Graph. guaj. hell. Hep. Ign. iod. Kali—c. kali—n. kreos. laur. led. lyc. Mang. Teucr. meny. merc. mez. mill. mosch. mur—ac. nat—m. nat—s. nit—ac. nux—v. olnd. ox—ac. Par. plb. petr. phos. ph—ac. plat. psor. Puls. ran—s. rhod. rhus—t. Ruta. sabad. Sabin. sars. Seneg. sep. SIL. spig. Spong. Squil. Stann. staph. stront—c. Sulph. sul—ac. tarax. thuj. Valer. Verat. verb. viol—t. zinc.

RÜCKEN allgemein rechte Seite

acon. agar. agn. alum. ambr. am—c. am—m. anac. ant—c. ant—t. apis. arg—m. Arn. Ars. asaf. asar. aur. bar—c. bell. bor. brom. bry. CALC. cann—s. Canth. Carb—an. carb—v. caust. Chel. chen—a. chin. CIC. cina. cocc. colch. Coloc. Con. cupr. dig. dios. dros. dulc. equis. erig. Euph. FL—AC. Guaj. hep. iod. jug—c. kali—c. Laur. Lyc. teucr. meny. merc. mez. mill. mur—ac. Nat—m. nit—ac. Nux—v. Olnd. PLB. petr. Phos. phyt. plat. podo. Ran—b. ran—s. rhod. Rhus—t. ruta. sabad. Samb. sang. sars. sep. sil. spig. spong. stann. staph. Sulph. sul—ac. Tarax. Ter. thuj. verb. viol—t. ZINC.

RÜCKEN Frösteln, Schaudern

Agar. Am—m. CAPS. colch. Chel. Eup—per. kali—p. kali—s. Gels. mez. Puls. sil. Stann. Sulph.

RÜCKEN Haare, auffallende Behaarung

ign. lach. sep. tarent. thuj. TUB.

RÜCKEN Haltung gebeugt nach vorn

Arg—n. Calc. calc—p. Carb—v. cocc. coff. coloc. Lyc. Mang. med. nat—c. nux—v. op. PHOS. Sil. SULPH. Ter. Tub. verat.

RÜCKEN Haltung Stehen fällt schwer (agg.)

fl—ac. Lyc. ph—ac. sep. sil. SULPH.

RÜCKEN Schmerz allgemein

aesc. alum. Arn. BAR—C. Bell. Bry. Calc. CALC—P. eup—per. Graph. guaj. Ip. Kali—c. lac—c. Lyc. mur—ac. Nat—m. nat—s. nux—m. Nux—v. par. PHOS. podo. Psor. Puls. rhus—t. sep. Sil. SULPH.

RÜCKEN Schmerz Impfung nach

Sil.

RÜCKEN Schmerz zerbrochen oder zerschlagen wie

bell. Eup—per. kali—c. Nat—m. Nux—v. Phos. rhus—t. ruta.

RÜCKEN Schweiss

Anac. caust. Chin. chin—s. Nat—p. Nux—v. rhus—t. Sep. sil.

RÜCKEN Steifheit, Ungelenkigkeit

aesc. agar. BERB. Calc. CAUST. cimic. dulc. guaj. Kali—c. led. Lyc. Nux—v. Petr. puls. rhus—t. Sanic. Sep. sil. stram. Sulph.

RÜCKEN Verkrümmung LWS - Lordose verstärkt
bac. Bar—c. Calc. calc—f. lyc. Sulph.

RÜCKENMARK Erschütterung, contusio oder concussio
acon. Anac. ARN. Aur. Bad. Bell. berb. bry. Calc. calen. camph. Cann—s. caust. chin. Cic. cina. Cocc. con. cupr. glon. Hell. Hyos. HYPER. Iod. Kali—p. Lach. laur. Led. lil—t. lyc. mag—m. Mang. mez. Nat—m. NAT—S. Nit—ac. nux—m. Nux—v. onos. ph—ac. Puls. Rhus—t. seneg. Sep. Sil. Spig. staph. sul—ac. sulph. valer. Verat. viol—t.

SCHMERZ brennend zwischen Schulterblättern
ferr—p. PHOS. sulph.

SCHMERZ lumbal, gerade Stehen oder an Hartes Anlehnen am.
Sep.

SCHMERZ lumbal, Nierengegend oder nephrogen
siehe unter Urologie, S. 357

SCHULTERN Affektionen allgemein
acon. bry. chel. Ferr. ferr—ma. Ferr—p. kali—c. kalm. mag—c. phyt. puls. rhus—t. Sang. staph.

SCHULTER Prellung, Verrenkung
ferr. Ferr—ma. Rhus—t.

SCHULTERBLÄTTER allgemein
abies—c. acon. agar. alum. ambr. am—c. Am—m. Anac. ang. ant—c. arg—m. arn. Ars. Asaf. asar. aur. Bar—c. Bell. bism. bor. bov. bry. Calc. calc—p. camph. cann—s. canth. caps. carb—an. carb—v. Caust. cham. CHEL. CHIN. cic. cina. cocc. colch. coloc. con. croc. cupr. cycl. dig. dros. Dulc. ferr. graph. guaj. hell. hep. hyos. ign. iod. ip. Kali—c. kali—n. KREOS. lach. laur. led. lyc. mag—c. mag—m. mang. teucr. Meny. MERC. mez. mosch. mur—ac. Nat—c. nat—m. nit—ac. Nux—v. olnd. op. par. plb. petr. phos. ph—ac. plat. puls. ran—b. ran—s. rhod. RHUS—T. ruta. sabad. sabin. samb. sars. seneg. SEP. Sil. spig. spong. squil. stann. staph. stront. Sulph. sul—ac. tarax. thuj. valer. Verat. verb. Viol—t. zinc.

SPINA bifida (meist Operation derselben)
arn. ars. asaf. bar—c. Bry. Calc. CALC—P. Calc—s. carb—v. dulc. graph. hep. lach. lyc. merc. mez. nit—ac. phos. Psor. ruta. SIL. staph. sulph. Tub.

SYRINGOMYELIE (Höhlenbildung d. Rückenmarks, offen, meist Operation)
Aur. AUR—M. Bar—m. Lach. SEC. Sil. syph. Thuj. tub.

TORTICOLLIS (meist Erkältung Folge v.)
Bell. calc. caust. colch. coloc. Cupr. Dulc. graph. Guaj. hyos. LACHN. Lyc. Nux—v. Phos. rhus—t. stict.

VERKRÜMMUNG d. Wirbelsäule incl. Skoliose allgemein
ammc. ASAF. aur. bac. bar—c. Bar—m. CALC. CALC—F. calc—i. CALC—P. Calc—s. carbn—s. Carb—v. Con. dros. ferr—i. fl—ac. hecla. hep. kali—i. Lyc. Merc. MERC—C. op. PH—AC. PHOS. plb. psor. Puls. rhus—t. sep. SIL. staph. SULPH. Syph. tarent. ther. thuj. Tub.

VERKRÜMMUNG incl. Skoliose, cervical
    Calc. fl—ac. phos. Syph.

VERKRÜMMUNG incl. Skoliose, liegt mit angezogenen Knien
    MERC—C.

VERKRÜMMUNG incl. Skoliose, Schmerzen mit
    Aesc. hecla. LYC. SIL. syph.

VERKRÜMMUNG incl. Skoliose, Wirbelsäule thoracal (Scheuermann)
    bac. bar—c. bufo. CALC. Calc—s. Con. fl—ac. Lyc. Plb. PULS. Rhus—t. SIL. SULPH. Syph. thuj. tub.

---

vacat für Nachträge

Exremitäten, Schulter und Hüftgelenk

ACHILLES Sehne allgemein
> acon. aesc. alum. ANAC. ant—c. arg—m. arn. bell. Benz—ac. bism. bry. camph. carb—an. caust. chel. Cimic. dios. dulc. Euphr. hep. kali—c. kreos. teucr. mez. MUR—AC. nat—c. nat—m. plat. puls. ran—b. rheum. rhod. rhus—t. sabin. SEP. stann. Staph. Sulph. sul—ac. thuj. valer. ZINC.

ACHSELN
> siehe unter Herz und Brustkorb, S. 417

ARM Atrophie Impfung, zweiter Pockenimpfung nach
> thuj.

ARM Schmerz nach übermässiger Zugbelastung
> cham. Cupr. plb. ran—b. Rhus—t.

ARME Lähmung Muskellähmung Diphtherie nach
> Caust.

ARME Parästhesien und Ermüdung nach d. Schule (ohne pathol. Befund)
> agar. Caust. FL—AC.

ARME Parästhesien (ohne Lokalbefund)
> carbn—s. calc. FL—AC. lachn.

ARM Schwellung mit entzündlicher Röte, Impfung nach
> SIL.

ARME Taubheit, Pelzigsein Masern bei
> zinc.

ARTHRITIS
> benz—ac. Berb. calc. Chin. nit—ac. Nux—v. Puls. rhus—t. Sep. Sulph. TUB.

ARTHRITIS Gelenke d. Beine
> Form. kali—s. kali—bi. lyc. Puls. TUB.

BEINE Abmagerung ausgeprägt
> ABROT. Iod. Lyc. sanic. tub.

BEINE dünn, dabei reizbar und / o. ängstliches Wesen
> Abrot. lyc.

BEINE krumme, O - Beine, genu varum, bei Rachitis
Asaf. bar—c. calc. Calc—p. lach. lyc. nit—ac. nux—v. sil. sulph. tub.

BEINE krumme, X - Beine, genu valgum, bei Rachitis (bis 7 physiolog.)
Aur. Ars—i. bar—c. calc. calc—f. CALC—P. lach. lyc. nit—ac. nux—v. Phos. Sil. sulph.

BEINE Lähmung Muskellähmung Diphtherie nach
ARS. Cocc. Con. gels. Lach. nat—m. nux—v. Phos. Plb. Sec. Sil.

BEINE Längen Wachstum ungleichmässig (B. verschieden lang)
CALC. calc—p.

BEINE ruhelose, wippen oder hampeln ständig
calc—p. lyc. Med. Phos. sulph. tub. ZINC.

BEINE Schmerz Wachstum während
bell. CALC—P. cimic. Eup—per. GUAJ. kali—p. m—aust. mag—p. mang. nat—p. PH—AC. phos. sulph.

BEINE Schmerz Wachstum während, nachts
Calc—p. phos.

BEINE Schmerzen Skorbut bei (Mangelernährung)
arn. Mang. MERC. Nit—ac. Symph.

BEINE Schwellung oedematös nach Scharlach
APIS. bar—m. crot—h. Hell.

BEINE Unruhe
Am—c. anac. Ars. bell. calc-p. caust. cham. chin-ar. Ferr. graph. Kali-br kali—c. lyc. MED. meny. merc. mez. mosch. mygal. nat-m. phos. phyt. Plat. Rhus—t. Sep. sulph. TARENT. ZINC. zinc-val.

BEINE Vergrösserung des Femur bei rachitischen K.
Calc—f. phos.

DAUMEN Abszesse Neugeborener
bor. Hep. nux—v. sil. sulph.

ELLENBOGENGELENK allgemein
acon. agar. agn. alum. Ambr. am—c. am—m. anac. Ang. Ant—c. ant—t. Arg—m. arn. ars. asaf. aur. bar—c. Bell. Bov. Bry. calad. calc. camph. canth. caps. carb—an. carb—v. CAUST. cham. chel. chin. cic. cina. clem. cocc. colch. coloc. con. croc. cupr. dig. dros. dulc. euphr. graph. hell. hep. hyos. ign. iod. KALI—C. Kali—n. Kreos. laur. Led. Lyc. mag—c. mag—m. mang. teucr. meny. Merc. Mez. Mur—ac. nat—c. nat—m. nux—m. nux—v. olnd. par. plb. Petr. Phos. ph—ac. plat. Puls. ran—b. ran—s. rheum. rhod. RHUS—T. Ruta. sabad. sabin. samb. sars. sec. seneg. SEP. spig. spong. stann. Staph. Stront. SULPH. sul—ac. tarax. Thuj. valer. verat. verb. viol—o. viol—t. Zinc.

FERSE allgemein

agar. agn. alum. ambr. am—c. Am—m. anac. ang. Ant—c. ant—t. arg—m. Arn. ars. aur. bar—c. bell. bism. bor. Bry. Calc. cann—s. canth. caps. carb—an. carbn—s. CAUST. cedr. cham. chin. cic. cina. clem. cocc. colch. cycl. dros. euph. GRAPH. hell. hep. IGN. iod. kali—c. kali—n. kreos. lach. laur. LED. lyc. mag—c. mag—m. meny. merc. mez. mur—ac. NAT—C. nit—ac. nux—v. olnd. Par. plb. Petr. phos. ph—ac. phyt. plat. PULS. ran—b. ran—s. rheum. Rhod. Rhus—t. ruta. SABIN. sars. sel. SEP. Sil. Spong. stann. staph. Stront. Sulph. sul—ac. thuj. Valer. verat. viol—t. zinc.

FERSE Schmerz (Knochen, Periost)

Aran. Berb. calc—p. Caps. coloc. crot—h. Ign. led. sil. valer.

FINGER allgemein

acon. agar. agn. alum. Ambr. Am—c. AM—M. anac. ang. ant—c. ant—t. Apis. arg—m. arn. ars. asaf. asar. aur. bar—c. Bell. benz—ac. bism. bor. bov. brom. Bry. Calc. calc—p. camph. cann—s. canth. carb—an. carb—v. carbn—s. Caul. Caust. cedr. cham. Chel. chin. cic. Cimic. cina. clem. cocc. coff. colch. coloc. con. croc. crot—h. cupr. Cycl. dig. Dios. dros. dulc. euph. euphr. ferr. fl—ac. Graph. guaj. hell. hep. hyos. ign. iod. Kali—c. kali—n. Kreos. lach. laur. led. lith—c. LYC. Mag—c. mag—m. mang. Teucr. Meny. Merc. mez. mosch. mur—ac. nat—c. Nat—m. Nit—ac. nux—v. Olnd. op. ox—ac. par. plb. petr. Phos. Ph—ac. plat. PULS. Ran—b. Ran—s. rheum. Rhod. RHUS—T. ruta. Sabad. sabin. sal—ac. sars. Sec. sel. Sep. SIL. Spig. spong. Stann. Staph. stront. SULPH. Sul—ac. tarax. THUJ. valer. verat. verb. viol—t. zinc.

FINGER Knochen unvollständig ausgebildet

Staph.

FINGER Krämpfe langdauernd, Unfähigkeit zu arbeiten oder schreiben mit

Sec.

FINGER Rhagaden von Kälte und kaltem Wasser

GRAPH. sep. sulph.

FINGER Trommelschlägel (Enden aufgetrieben, oft mit Uhrglasnägeln)

carb—v. dig. LAUR.

FINGERNÄGEL allgemein

Acon. Alum. am—m. ant—c. Apis. ars. bar—c. bell. bor. bov. calc. Calc—p. caust. chel. chin. cocc. con. dig. dros. fl—ac. Form. Graph. hell. hep. iod. kali—c. lach. lyc. teucr. Merc. mur—ac. nat—m. nat—s. nit—ac. par. petr. ph—ac. plat. puls. ran—b. ruta. sabad. Sep. SIL. squil. Sulph. sul—ac. thuj.

FINGERNÄGEL brechen leicht, brüchig

ambr. FL—AC. Graph. Psor. Sil. sulph. Thuj.

FINGERNÄGEL Nagelmonde fehlen (an mindestens 7 Fingern)

carc. Lyc. Puls. TUB.

FINGERNÄGEL siehe auch unter Nägel

FINGERSPITZEN Fissuren, Risse aufgesprungen an Wintertagen
PETR.

FINGERSPITZEN rissig und blutig
PETR.

FINGERSPITZEN rissig
alum—sil. nat—m. PETR. Rhus—t. Sil. Sulph.

FINGERSPITZEN Taubheit, Pelzigsein bei Keuchhusten
Spong.

FROSTBEULEN
siehe unter Haut, S. 502

FÜSSE allgemein
Acon. agar. Agn. alum. ambr. am—c. am—m. anac. ang. ant—c. ant—t. Apis.
arg—m. ARN. Ars. asaf. asar. aur. Bar—c. BELL. bism. bor. bov. Brom. BRY.
calad. Calc. camph. cann—s. canth. caps. carb—an. carb—v. carbn—s. Caust.
cedr. cham. Chel. chin. cic. cina. clem. cocc. coc—c. coff. colch. coloc. con. croc.
Crot—t. Cupr. cycl. dig. dros. dulc. Elaps. euph. Ferr. gels. glon. Graph. guaj.
Hell. hep. hyos. ign. iod. ip. Kali—c. kali—n. Kalm. kreos. Lach. laur. led. lith—c.
LYC. mag—c. mag—m. mang. meli. Meny. MERC. mez. mur—ac. NAT—C.
nat—m. nit—ac. nux—m. Nux—v. olnd. op. Ox—ac. Par. plb. petr. Phos. ph—ac.
plat. PULS. ran—b. ran—s. rheum. Rhod. Rhus—t. Ruta. sabad. sabin. samb.
sars. sec. Sel. SEP. SIL. Spig. spong. Squil. Stann. staph. Stram. Stront. Sulph.
sul—ac. tarax. thuj. valer. Verat. verb. viol—t. zinc.

FÜSSE Bewegungen krampfartig, auch krampfendes Strecken
Cic. cupr. zinc.

FUSS Deformierung Klumpfuss (adjuvant zur Operation)
aur. (?). nux—v. phos. stry. stry—p.

FÜSSE heisse - Entblössen, unter Bettdecke hervorstrecken
Arg—n. brom. Calc. Med. nat—m. phos. puls. sanic. SULPH.

FÜSSE heisse - liebt es, auf kaltem Fussboden zu laufen
Cham. mag—c. Med. petr. Puls. sanic. Sulph.

FÜSSE heisse - zieht Schuhe aus, auch wenn es nicht erlaubt ist
Cham. Med. Sanic. sulph.

FÜSSE Hitze brennende
cham. Med. ph—ac. Puls. sanic. sec. SULPH.

FÜSSE kalte (incl. chronischem Kaltfuss)
Ars. bar—c. CALC. Calc—p. carb—v. caust. con. graph. hyos. ign. kali—c. kreos.
Lach. lyc. Merc. mur—ac. nat—c. Nat—m. nit—ac. petr. Phos. Puls. sep. SIL.
staph. sulph. THUJ. Verat. zinc.

FÜSSE kalte Bett im
am—c. Calc. Ferr. graph. psor. rhod. seneg. Sep. sil.

FÜSSE kalt einseitig
ars. Lyc. puls. raph. Tub.

FÜSSE kalte Fieberhitze während
arn. ars. Bell. iris. Lach. Stram. Sulph.

FÜSSE kalte, Sohlen dabei brennend heiss
Cupr.

FÜSSE Nachschleppen eines oder beider Füsse (partielle Lähmung)
caust. Petr. Plb. sil.

FUSS Mykose, Fusspilz unterdrückter, Beschwerden durch (agg.)
Bar—c. cupr. kali—c. nat—m. rhus—t. sanic. sep. Sil. sulph. thuj.

FÜSSE Schuhe Abneigung - barfuss Gehen Verlangen
CHAM. mag—c. Med. Puls. Sanic. Sulph.

FÜSSE Schuhe zu eng o. zu klein (herausgewachsen) - Beschwerden durch
PAEON. sul—ac.

FUSS Schweiss kalter
aur. Bac. Bar—c. CALC. calc—s. carb—v. kali—m. lach. Lyc. Mur—ac. Puls. sec. sep. sil. staph. tarent. thuj. Verat.

FUSS Schweiss stinkend
aur. BAR—C. calc—s. Fl—ac. graph. kali—c. lach. lyc. Nit—ac. psor. Puls. sanic. sec. sep. SIL. tell. Thuj.

FUSS Schweiss unterdrückt, Beschwerden durch (agg.)
ars. bar—c. con. cupr. kali—c. nat—m. rhus—t. Sanic. Sep. SIL. sulph. thuj. Zinc.

FÜSSE Unruhe
alum. ars. cham. Cina. Kali—p. lil—t. Med. nat—m. puls. Rhus—t. stram. Sulph. tarent. ZINC. zinc—pic. Zinc—val.

FUSSGELENK allgemein
acon. agar. agn. alum. ambr. am—c. am—m. anac. Ang. ant—ar. ant—c. arg—m. arn. ars. asaf. asar. aur. bar—c. bell. bism. bor. bov. bry. Calc. camph. caps. carb—an. carb—v. Caul. CAUST. chel. chin. cic. clem. cocc. colch. coloc. con. croc. Cycl. dig. Dros. dulc. euph. euphr. ferr. ferr—p. graph. guaj. hell. hep. hyos. ign. iod. Kali—c. kali—n. kreos. lach. Led. LYC. mag—m. mang. teucr. Merc. Mez. mosch. mur—ac. nat—c. NAT—M. nit—ac. nux—v. olnd. par. plb. Petr. Phos. ph—ac. plat. puls. ran—b. ran—s. rheum. rhod. RHUS—T. Ruta. samb. sars. sec. sel. seneg. SEP. Sil. spig. spong. stann. staph. Stront. SULPH. sul—ac. tarax. thuj. valer. verat. viol—t. Zinc.

FUSSGELENK Knöchel Schwäche (Verdrehen, Verrenken, Verstauchen)
bell—p. Bruc. Calc. calc—p. caust. led. NAT—C. Nat—m. Pin—s. Rhus—t. sec. Sil. STRONT—C. sul—ac. Sulph. valer.

FUSSGELENK Knöchel Schwäche - daher Stehen schwierig / unmöglich
Bruc. Calc. Calc—p. Nat—m. Sil. sulph.

FUSSSOHLEN Krämpfe
Carbn—s. cupr. kali—p. Med. nat—ar. Sulph.

FUSSSOHLEN schmerzhaft empfindlich
Cupr. kali—c. lyc. MED. Nux—v. puls. syph. Thuj.

FUSSSOHLEN Warzen
Anac. Ant—c. Aur—s. bac. benz—ac. Calc. carb—ac. Carc. Caust. Con. Dulc. ferr—pic. Graph. lac—c. LYC. Med. NAT—M. Nit—ac. Nux—v. phos. Sep. Sil. Sulph. Thuj.

GANGLION im Bereich des Sehnengleitgewebes
arn. benz—ac. bry. lyc. Nat—m. phos. Ruta. sil. stict. sulph.

GEHEN Aussenseiten der Füsse auf
Cic. med.

GEHEN Einwärtslaufen, Kleinkind läuft mit Fussspitze einwärts
bry. calc. carb—v. colch. graph. led. lyc. nux—v. petr. rhus—t. sec. sil. sulph.

GELENKBESCHWERDEN, Arthrose, im Wechsel mit Verschleimung, Katarrhen
siehe therapeutische Hinweise, S. 654

GELENKBESCHWERDEN abwechselnd mit Verdauungsstörungen
Dulc. Kali—bi. plb.

GELENKE abnorm schlaff und beweglich (schwaches Bindegewebe)
Calc—f. chel. dros. FL—AC. med. Nat—c. ph—ac. psor. sil. thuj.

GELENKE Arthritis, Schmerz rheumatisch, abwechselnd m. Magen Affektionen
KALI—BI

GELENKE Arthritis, Schmerz rheumatisch, agg. feuchtes Wetter
Calc. mang. RHUS—T. Sulph.

GELENKE Arthritis, Schmerz rheumatisch, agg. vor / bei Gewitter / Sturm
Rhod.

GELENKE Arthritis, Schmerz rheumatisch, periodisch Herbst oder Frühjahr
kali—bi. nux—v. rhus—t. Sulph.

GELENKE Arthritis, akuter Gelenkrheumatismus (mehrere Gelenke)
abrot. Apis. aur. Bell. BRY. cact. calc. cham. cimic. colch. dulc. kali—bi. Kalm. led. merc. puls. Rhus—t.

GELENKE Arthritis, Monarthritis, rheumatoide A. (RA)
> Acon. Apis. arn. ars. aur. Bac. Bell. BENZ—AC. Bry. CALC. Caust. cham. chin. cic. cimic. colch. dros. dulc. ferr. Ferr—p. guaj. ham. Kali—i. Kalm. lach. led. LYC. mang. Merc. med. naja. nat—m nat—p. phyt. psor. puls. pyrog. Rhus—t. spig. Sulph. Tub. Tub—r.

GELENKE Ausschlag um G. herum, Winter agg.
> Merc. Psor. Rhus—t. Sep.

GELENKE Gefühl wie zusammengeschnürt
> anac. aur. cact. CAUST. Graph. Nat—m. nit—ac.

GELENKE Knacken lassen Verlangen
> caps. Med. thuj.

GELENKE rote Schwellung rheumatoider Arthritis bei (RA)
> bry. kali—c. KALI—M. PULS. Rhus—t.

GELENKE schmerzhaftes Steifheitsgefühl
> Bry. calc. caust. colch. Guaj. kali—i. lyc. Med. Merc. phyt. Rhus—t. stel. Sulph.

GELENKE Schwäche allgemein
> arn. bov. calc. Carb—an. Caust. Cocc. con. kali—c. lyc. merc. NAT—C. pin—s. psor. rhus—t. sep. sulph.

GELENKE Schwäche Verstauchung und Verrenkung leicht
> Calc. CALC—P. Carb—an. led. NAT—C. nat—m. Phos. rhus—t. sec. Sep. sil. stront—c. sulph.

GELENKE Schwellung akuter Arthritis bei
> apis. arn. bell. benz—ac. bry. Caust. CHAM. colch. hep. Kali—m. Led. Lyc. nat—m. nux—v. rhod. Rhus—t. Sulph.

GELENKE steif mit zusammenschnürenden Schmerzen
> CAUST. cocc. Nat—m.

GELENKE überstreckbar (Ellenbogenwinkel > 180 Grad)
> calc—f. calc—p. phos.

GELENKE überstreckbar Finger
> phos.

GELENKE überstreckbar nicht (Ellenbogenwinkel < 180 Grad, wirkt steif)
> calc.

GLIEDER Krämpfe nachts im Bett
> Carbn—s. mag—m. merc. sec. Sulph. Zinc.

GLIEDER krumme, Knochen Verbiegung
> Calc. Calc—p. lyc. Sil. Syph.

GLIEDER Schweiss Menses während
  Ars. bor. caust. graph. hyos. mag—m. Phos. Sec. sep. VERAT.

HÄNDE allgemein
  Acon. Act—sp. agar. agn. alum. ambr. am—c. am—m. Anac. ang. ant—c. Ant—t.
  arg—m. arn. ars. asaf. asar. aur. bar—c. Bell. bism. bor. bov. Bry. Cact. CALC.
  camph. Cann—i. cann—s. canth. caps. carb—an. carb—v. carb—ac. carbn—s.
  Caust. cedr. cham. chel. Chin. cic. cina. clem. cocc. coff. colch. coloc. con. croc.
  Cupr. cur. cycl. dig. Dros. dulc. euph. euphr. ferr. ferr—p. Fl—ac. graph. guaj.
  Hell. hep. hyos. ign. iod. ip. kali—c. kali—n. Kreos. lach. laur. Led. LYC. mag—c.
  mag—m. mang. teucr. meli. MENY. MERC. mez. mosch. mur—ac. Nat—c.
  Nat—m. nit—ac. nux—m. NUX—V. olnd. op. ox—ac. par. plb. petr. Phos. Ph—ac.
  plat. psor. PULS. ran—b. ran—s. rheum. Rhod. Rhus—t. ruta. Sabad. sabin.
  samb. sars. sec. Sel. seneg. SEP. Sil. Spig. spong. Squil. Stann. staph. Stram.
  stront. SULPH. sul—ac. Sumb. tarax. Thuj. valer. Verat. verb. viol—o. viol—t.
  Zinc.

HÄNDE Bewegungen ständig (incl. Hände Ringen und Unruhe d. Finger)
  Kali—br. sulph. Tarent.

HÄNDE Fäusten geballt zu, Ausstrecken d. Arme bei
  Stry. stry—p.

HÄNDE Fäusten geballt zu, Greifen bei Versuch zu
  arg—m. arg—n. Dros. stry—p.

HÄNDE Fäusten geballt zu, ständig Neugeborenen bei
  calc. Cham.

HÄNDE feucht kalte "Patschhand" siehe Handfläche Schweiss kalter

HÄNDE Greif Reflex schwach oder verzögert
  Kali—br. plb.

HÄNDE interdigital " Schwimmflossen", " Froschhände"
  Calc—p. Ph—ac. puls. Sil.

HÄNDE Schweiss kalter, Anstrengung nach geringster (körperl. oder geist)
  CALC. Hep. nat—m. psor. Sep.

HÄNDE Steifheit, Ungelenkigkeit Schreiben oder Fingerübungen bei
  cocc. kali—c. Kali—m. merc. stann. zinc.

HÄNDE Warzen viele, H. dorsal bedeckt v. W.
  Ferr—pic. Nit—ac. sep.

HÄNDE Warzen palmar
  Anac. berb. bor. Dulc. nat—c. NAT—M. ruta.

HÄNDE zucken, eingeschlagenem Daumen mit, und Hitze während Schlaf
  hyos. Viol—t.

HÄNDE Unruhe

alum. arg-n. Ars. bell. fl—ac. hyos. KALI-BR. lac-c. Mygal. nat-m. phos. rhus—t. stram. TARENT. zinc.

HANDFLÄCHEN Hitze

Acon. asar. Bry. Ip. Lach. mur—ac. Phos. sulph.

HANDFLÄCHEN Schweiss

ars. calc. Dulc. graph. Ign. lyc. nat—m. nit—ac. Nux—v. Phos. psor. Sep. Sil. sulph. Tub. viol—o.

HANDFLÄCHEN Schweiss kalter, Anstrengung während

CALC. Psor.

HANDFLÄCHEN Schweiss, meist kalter ("Patschhand")

Acon. anac. ars. Bac. Calc. CHAM. Con. graph. Hep. Lyc. nat—m. NIT—AC. nux—v. phos. rheum. Sep. Sil.

HANDFLÄCHEN Schweiss nachts

Psor.

HANDFLÄCHEN Schweiss warmer

IGN. Nat—m.

HANDFLÄCHEN Schweiss Zusammenlegen, Falten d. Hände beim

rheum. sanic.

HANDGELENK allgemein

Acon. agn. alum. ambr. Am—c. Am—m. Anac. ant—c. ant—t. arg—m. arn. ars. Asaf. asar. aur. bar—c. bell. Benz—ac. bism. BOV. Bry. CALC. canth. caps. carb—an. Carb—v. carbn—s. Caul. CAUST. cham. chel. chin. cic. cina. clem. colch. coloc. con. croc. cur. cycl. dig. dros. dulc. Eup—per. euph. euphr. graph. guaj. hell. hep. hyos. ign. iod. KALI—C. Kali—n. kreos. lach. laur. Led. lyc. mag—c. mag—m. Mang. teucr. meny. Merc. mez. nat—c. nat—m. nit—ac. nux—v. plb. petr. phos. ph—ac. puls. ran—b. ran—s. rheum. Rhod. RHUS—T. RUTA. sabad. SABIN. sal—ac. samb. sang. Sars. sec. sel. seneg. SEP. Sil. spig. spong. squil. stann. Staph. stict. Stront. SULPH. sul—ac. tarax. thuj. valer. verb. viol—t. zinc.

HANDGELENK Taubheit oder Pelzigsein bei Masern

ZINC.

HAUTAUSSCHLÄGE, Bläschen interdigital

anag. Apis. ars. Calc. Canth. Hell. iod. laur. mag—c. Nat—m. olnd. phos. PSOR. Puls. rhus—t. rhus—v. ruta. Sel. SULPH.

HAUTAUSSCHLÄGE, Bläschen interdigital, juckend

canth. caust. phos. Psor. ran—b. rhus—t sel. SULPH.

HAUTAUSSCHLÄGE Daumen allgemein

Ars. bufo. calc—i. Cic. HEP. Kali—c. Lach. Lyc. Nat—c. Ph—ac. Sanic. sars. Sep. sil. sulph. ther. Teucr.

HAUTAUSSCHLÄGE, Ekzeme Arme Masern wie
cop. rhus—v.

HAUTAUSSCHLÄGE, Ekzeme Arme rot wie Scharlach
Ail. cocc.

HAUTAUSSCHLÄGE, Ekzeme Arme Windpocken wie
led.

HAUTAUSSCHLÄGE, Ekzeme Bein allgemein
calc. caust. graph. Jug—c. merc. nat—c. nat—m. Petr. Podo. Rhus—t. sec.

HAUTAUSSCHLÄGE, Ekzeme Beine Windpocken wie
ant—t.

HAUTAUSSCHLÄGE, Ekzeme Finger allgemein
aln. alum. anac. anag. Cist. kali—s. kreos. lach. Petr. Pix. Rhus—t. SARS.

HAUTAUSSCHLÄGE, Ekzeme Finger zwischen (interdigital)
anac. nit—ac. psor. Rhus—t. SEL. Sep. sulph.

HAUTAUSSCHLÄGE, Ekzeme Fingerspitzen
ars. Cist. cupr. graph. Nat—c. Petr. psor.

HAUTAUSSCHLÄGE, Ekzeme Fuss allgemein
aln. anan. Anthraco. ars. calc. caust. graph. Maland. mez. petr. rhus—t. sars.

HAUTAUSSCHLÄGE, Ekzeme Hand allgemein
anan. Ars. anthraco. Berb. Canth. carb—v. graph. hep. jug—c. Lyc. maland. merc. Mez. nit—ac. Petr. pix. psor. rhus—t. Sanic. sel. sulph.

HAUTAUSSCHLÄGE, Ekzeme Handfläche allgemein
Anag. ars. GRAPH. Nat—s. sars. Sep. SEL. Sulph.

HAUTAUSSCHLÄGE, Ekzeme Handrücken allgemein
bor. bov. Kreos. mez. Mur—ac. Petr. sep. sulph.

HAUTAUSSCHLÄGE, Ekzeme Handrücken Masern wie
cop.

HAUTAUSSCHLÄGE, Ekzeme Handflächen Psoriasis
Cor—r. Mez. petr. sel.

HAUTAUSSCHLÄGE, Ekzeme Knie allgemein
Dulc. graph. lac—c. merc. nat—m. nux—v. psor. Sep. thuj. Xero.

HAUTAUSSCHLÄGE, Ekzeme Masern wie
cop. rhus—t. rhus—v.

HAUTAUSSCHLÄGE, Ekzeme trocken Handfläche
anag. ARS. Caust.

HAUTAUSSCHLÄGE, Ekzeme Unterschenkel Windpocken wie
ant—t.

HAUTAUSSCHLÄGE, Ekzeme Windpocken wie
Ant—t. led. sarr.

HAUTAUSSCHLÄGE, Ekzeme Zehen allgemein
bor. Sars. sil. sulph.

HAUTAUSSCHLÄGE, Ekzeme Zehen zwischen, rauh durch Schweiss
Bar—c. fl—ac. Graph. nit—ac. Sanic. Sep. SIL. zinc.

HAUTAUSSCHLÄGE, Ekzeme Zeigefinger und Daumen zwischen
ang. bruc. iod. nux—v. Prim—f. verat.

HAUTAUSSCHLÄGE, Scharlach ähnlich, auch Schwellung, Hand- oder Fussgelenke
ail. Bell. Bry. Lach. rhus—t. spig.

HÜFTGELENK allgemein
acon. agn. alum. am—c. am—m. Ang. Ant—c. ant—t. arg—m. arn. asaf. asar. aur.
bar—c. Bell. BRY. CALC. camph. caps. carb—an. CAUST. cham. chel. chin. Cocc.
colch. coloc. con. croc. dros. dulc. euph. euphr. Ferr. graph. Hell. hep. hyos. ign.
iod. Kali—c. kali—n. kreos. LED. Lyc. mag—c. mag—m. meny. Merc. merc—c.
mez. Nat—m. nit—ac. nux—v. par. plb. petr. phos. ph—ac. plat. puls. RHUS—T.
samb. seneg. Sep. Sil. stann. staph. Stront. Sulph. thuj. verat. zinc.

HÜFTGELENK connatale Luxation - Dysplasie
Calc—s. kali—i. Lyc. Merc. phyt. Rhus—t. Sulph. syph.

HÜFTGELENK spontane Luxation - führt unbehandelt oft zur Dysplasie
aesc. bell. bry. Calc. Calc—f. caust. Coloc. lyc. puls. Rhus—t. sulph. syph. Thuj.
zinc.

HÜFTGELENK coxa antetorta - Einwärtslaufen Kleinkind beim
bry. calc. carb—v. colch. graph. led. lyc. nux—v. petr. rhus—t. sil. sulph. syph.

HÜFTGELENK Coxarthrocace, freiwilliges Hinken wegen Schmerz
Acon. arn. Bell. calc. Caust. chin. dros. MERC. rhus—t. sil. sulph.

KNIEBESCHWERDEN
siehe therapeutische Hinweise, S. 657

KNIE aneinander stossen klatschend
agar. Arg—m. Arg—n. bry. Caust. chel. clem. coff. Colch. Con. glon. Nux—v.

KNIE Gliedschwamm (weiche, elastische Geschwulst führt zu Steifheit)
Am—m. Ant—c. clem. iod. petr. SIL. sulph.

KNIE Knacken wie bei drohender Verrenkung
Calc—p. caust. lath. nat—m. Sil. sulph. TUB.

KNIE Warzen
Med.

KNIEGELENK allgemein
abrot. acon. aesc. agar. agn. alum. ambr. am—c. am—m. Anac. ang. ant—c.
ant—t. Apis. Arg—m. arn. ars. Asaf. asar. ATRO. aur. bar—c. bell. Benz—ac.
bor. BRY. calad. CALC. calc—f. calc—p. camph. cann—s. canth. caps. carb—an.
Carb—v. Caul. CAUST. cham. chel. CHIN. cina. clem. cocc. coff. colch. coloc. con.
croc. cupr. cycl. dig. dios. dros. dulc. euph. euphr. Ferr. ferr—p. Graph. guaj. hell.
hep. hyos. ign. iod. ip. kali—c. kali—n. kreos. lach. laur. LED. Lyc. mag—c.
mag—m. mang. teucr. meny. Merc. mez. mosch. mur—ac. nat—c. NAT—M.
Nit—ac. nux—m. NUX—V. olnd. par. plb. PETR. PHOS. ph—ac. phyt. plat.
PULS. ran—b. ran—s. rheum. rhod. RHUS—T. ruta. sabad. sabin. samb. sars.
sel. seneg. SEP. Sil. Spig. spong. Stann. Staph. stict. Stront. SULPH. sul—ac.
tarax. thuj. tub. valer. Verat. verb. viol—t. Zinc.

KNIEGELENK Bursitis (auch durch Überlastung beim Knien)
acon. Apis. arn. Bry. calc. hep. iod. kali—i. Puls. rhus—t. Sil. Stict.

KNIEGELENK Meniscus Affektionen (incl. Sportunfall durch)
arn. bry. petr. Rhus—t. ruta. . SYMPH. C. 200.

KNIEGELENK Schwäche, Nachgiebigkeit beim Hüpfen, Treppe Gehen etc.
bar—c. bry. Chin. cocc. kreos. PULS. Ruta. thuj.

KNIEGELENK Synovitis
Apis. Bry. CALC. iod. led. Puls. rhus—t. ruta. SIL. Sulph. tub.

KNIEKEHLE allgemein
alum. ambr. am—c. am—m. ang. ant—t. Ars. asaf. asar. BELL. bor. Bry. calc.
cann—s. carb—an. Caust. chel. chin. cocc. coloc. con. dig. dios. dros. euph. euphr.
ferr. graph. guaj. hell. hep. kali—c. kreos. lach. laur. led. lyc. Mag—c. mang.
meny. Merc. mez. mur—ac. Nat—c. NAT—M. Nit—ac. Nux—v. olnd. par. Petr.
Phos. ph—ac. plat. puls. ran—b. ran—s. Rheum. Rhus—t. ruta. samb. sars. sep.
spong. squil. Stann. staph. Sulph. sul—ac. tarax. thuj. valer. verat. zinc.

KNIESCHEIBE (Patella) allgemein
acon. Alum. am—c. anac. ang. arg—m. arn. Asaf. BELL. Bry. Calc. CAMPH.
Cann—s. carb—v. Carb—ac. Caust. chel. chin. cocc. con. graph. guaj. hell. kreos.
Led. lyc. teucr. meny. mez. mur—ac. Nit—ac. nux—v. ox—ac. par. phos. ph—ac.
ran—b. rhus—t. samb. sars. sep. Spig. Stann. Staph. stront. sulph. tarax. thuj.
verb. viol—t. Zinc.

KNIESCHEIBE Schmerz
am—c. asaf. bell. berb. bry. cact. calc. Carb—-ac. chel. clem. coc—c.
kali—n. kalm. kreos. lac—ac. led. nat—c. Nit—ac. psor. rhus—t. sarr.
stram. valer. zinc.

KNIESCHEIBE Schmerz Beugen d. Beines beim
nit—ac. pyrog.

KNIESCHEIBE Schmerz Bewegung bei am.
psor.

KNIESCHEIBE Schmerz Gehen beim
acon. berb. coc—c. led. Nit-ac.

KNOCHEN Arm oder Hand links allgemein
acon. agar. agn. Alum. ambr. am—c. am—m. ANAC. ant—c. ant—t. Apis. arg—m.
ARN. ars. ASAF. asar. aur. Bar—c. bell. bism. bor. bov. brom. bry. calad. calc.
camph. cann—s. canth. Caps. carb—an. carb—v. caust. Cham. Chel. chin. cic.
cina. clem. cocc. coff. colch. coloc. con. croc. cupr. cycl. dig. dios. dros. dulc. euph.
Euphr. ferr. Fl—ac. glon. graph. guaj. hell. Hep. hyos. ign. iod. ip. KALI—C.
kali—n. Kreos. Lach. laur. led. Lyc. mag—c. Mag—m. mang. Teucr. meny. merc.
mez. mill. mosch. mur—ac. nat—c. nat—m. nat—s. nit—ac. nux—m. nux—v.
Olnd. op. par. plb. Petr. phos. Ph—ac. plat. psor. puls. ran—b. ran—s. rheum.
rhod. RHUS—T. ruta. sabad. SABIN. samb. sars. sec. sel. Seneg. sep. sil. spig.
spong. SQUIL. STANN. staph. stram. stront—c. SULPH. sul—ac. tab. Tarax.
thuj. Valer. verat. Verb. viol—o. Viol—t. zinc.

KNOCHEN Arm oder Hand rechts allgemein
acon. agar. agn. alum. Ambr. am—c. am—m. anac. ant—c. ant—t. apis. arg—m.
arn. Ars. asaf. asar. Aur. bar—c. BELL. BISM. Bor. Bov. brom. BRY. calad.
CALC. camph. Cann—s. Canth. caps. carb—an. carb—v. CAUST. cham. chel.
chin. cic. cina. clem. Cocc. coff. Colch. COLOC. con. croc. Cupr. cycl. dig. dros.
dulc. euph. euphr. ferr. fl—ac. GRAPH. guaj. hell. hep. hyos. Ign. iod. ip. iris.
kali—c. kali—n. kreos. Lach. laur. led. Lith—c. lyc. mag—c. mag—m. Mang.
teucr. meny. merc. mez. mill. mosch. mur—ac. Nat—c. nat—m. nit—ac. nux—m.
Nux—v. olnd. op. par. Plb. petr. PHOS. ph—ac. phyt. plat. Psor. PULS. ran—b.
ran—s. rheum. RHOD. rhus—t. ruta. sabad. sabin. samb. Sang. sars. sec. sel.
seneg. SEP. SIL. spig. spong. squil. stann. staph. stram. stront—c. sulph.
Sul—ac. tarax. thuj. valer. verat. verb. viol—o. viol—t. zinc.

KNOCHEN Bein oder Fuss links allgemein
Acon. Agar. agn. alum. AMBR. am—c. am—m. anac. ant—c. Ant—t. Apis.
Arg—m. arn. ars. ASAF. asar. aur. bar—c. bell. berb. bism. bor. bov. brom. bry.
Calad. CALC. camph. cann—s. canth. caps. carb—an. carb—v. Caust. cham. chel.
chin. Cic. CINA. clem. cocc. coff. colch. coloc. con. Croc. cupr. cycl. dig. dios. dros.
dulc. eup—pur. euph. euphr. FERR. fl—ac. graph. guaj. Hell. HEP. Hyos. ign.
Iod. ip. iris. jatr. kali—c. kali—n. Kreos. lach. laur. led. LYC. Mag—c. mag—m.
mang. teucr. meny. Merc. Mez. mill. mosch. mur—ac. nat—c. nat—m. nat—s.
NIT—AC. nux—m. nux—v. olnd. op. par. plb. petr. phos. ph—ac. plat. psor. puls.
ran—b. ran—s. Rheum. rhod. RHUS—T. Ruta. sabad. sabin. samb. sars. sec. Sel.
seneg. sep. SIL. spig. spong. squil. stann. staph. stram. stront—c. SULPH.
Sul—ac. tarax. thuj. valer. verat. verb. viol—o. viol—t. Zinc.

KNOCHEN Bein oder Fuss rechts allgemein

acon. agar. agn. alum. ambr. am—c. am—m. anac. ant—c. ant—t. apis. arg—m. Arn. ARS. asaf. asar. Aur. bar—c. BELL. bism. bor. bov. brom. BRY. calad. calc. camph. cann—s. Canth. caps. carb—an. carb—v. caust. cham. chel. chin. cic. cina. clem. Cocc. Coff. colch. COLOC. Con. croc. cupr. cycl. dig. dros. dulc. euph. euphr. ferr. Fl—ac. GRAPH. guaj. hell. hep. hyos. ign. iod. ip. kali—c. kali—n. kreos. LACH. Laur. led. lyc. Mag—c. mag—m. mang. teucr. meny. merc. mez. mill. mosch. mur—ac. nat—c. nat—m. nit—ac. Nux—m. NUX—V. olnd. op. pall. Par. plb. petr. phos. Ph—ac. plat. PSOR. PULS. ran—b. Ran—s. rheum. RHOD. rhus—t. ruta. Sabad. sabin. Samb. sang. SARS. SEC. sel. seneg. SEP. sil. spig. spong. squil. stann. Staph. stram. stront—c. sulph. sul—ac. Tarax. Ter. Thuj. valer. Verat. Verb. viol—o. Viol—t. zinc.

KNOCHEN Auftreibung, Schwellung

ASAF. bufo. CALC. Mez. Sil.

KNOCHEN brüchig, brechen leicht, Glasknochen Phänomen

bufo. calc. Calc—f. Calc—p. carc. lac—ac. med. phos. sil. symph. syph. THUJ. tub.

KNOCHEN Entzündung, Ostitis incl. Abszess

agar. Asaf. AUR. calc—f. Calc—p. dros. mang. merc. mez. ph—ac. PHOS. Puls. ruta. Sil. staph. still. stront—c. symph.

KNOCHEN Nekrose Tibia , meist Knaben, Morbus Osgood Schlatter

aur. calc. calc—f. CALC—P. dros. guaj. mez. nit—ac. ph—ac. Phos. Sil. tub.

KNÖCHEL Schwäche einfache, beim Gehen Lernen

CARB—AN. Nat—c. nat—p.

LÄHMUNG Diphtherie nach (postdiphtherische)

ant—t. apis. arg—m. arn. Ars. camph. carb—ac. Caust. Cocc. Crot—h. gels. kali—br. kali—p. lac—c. Lach. Nat—m. nux—v. phos. sec. sulph.

MUSKEL Rheuma

calc. Cimic. Dulc. guaj. HAM. Nat—p. Rhus—t.

MUSKEL Schwäche

siehe unter Allgemeines, S. 550

MUSKELKATER

siehe unter Allgemeines, Schmerz Muskeln, S. 560

MYASTHENIA

siehe unter Nerven, S. 190

NÄGEL Defekte (Finger und / oder Fuss Nägel Flecken, brüchig, verdickt etc.)

Ant—c. caust. Graph. nit—ac. sabad. sep. Sil. Sulph. Thuj.

NÄGEL eingewachsene (bes. Zehnägel)

caust. Graph. M—aust. Nat—m. nit—ac. ph—ac. SIL. sulph. Teucr. Thuj.

NÄGEL eingewachsene Neugeborener (bes. Zehnägel)
M—aust. SIL. sulph.

NÄGEL Niednägel (Nagelhautstörung)
alum—sil. calc. carc. lyc. Merc. NAT—M. Nat—s. Rhus—t. sabad. stann. Sulph.

NÄGEL Panaritium, Nagelbetteiterung Periost angreifend
Am—c. calc. Dios. SIL. sulph.

NÄGEL Panaritium Verletzung durch (z. B. Splitter, Nadelstich)
hep. hyper. lach. Led. Nit—ac. petr. Sil. sulph.

NÄGEL Panaritium, Umlauf
am—c. am—m. anthraci. apis. cist. Dios. fl—ac. Hep. led. myris. nat—s. nit—ac. SIL. stram. sul—ac. Tarent—c.

NÄGEL Umgebung Warzen
CAUST. Dulc. Fl—ac. graph. lyc.

NÄGEL weisse Flecken
alum. ars. Nit—ac. ph—ac. sep. SIL. sulph. tub.

NÄGEL siehe auch unter Fingernägel

OBERARM allgemein
abrot. acon. agar. agn. alum. ambr. am—c. am—m. anac. ang. Ant—c. ant—t. arg—m. arn. Ars. Asaf. asar. aur. bar—c. Bell. bism. bor. bov. Bry. calc. camph. canth. carb—an. carb—v. carb—ac. caust. chel. chin. cina. clem. COCC. coff. colch. coloc. con. croc. cupr. cycl. dig. dros. dulc. eup—per. euph. euphr. FERR. graph. guaj. hell. hep. Ign. iod. ip. kali—c. Kali—n. kalm. kreos. lach. laur. led. lyc. mag—c. mag—m. mang. teucr. meny. merc. Mez. mosch. mur—ac. nat—c. nat—m. nit—ac. nux—m. nux—v. Olnd. ox—ac. par. Plb. petr. phos. ph—ac. phyt. plat. puls. ran—b. ran—s. rheum. rhod. rhus—t. ruta. sabad. sabin. samb. sang. sars. sep. sil. spig. spong. squil. Stann. staph. stront. sulph. sul—ac. tarax. thuj. Valer. verat. zinc.

OBERSCHENKEL äussere Seite allgemein
agar. agn. alum. Anac. ang. ant—c. arn. asaf. aur. bar—c. bell. bism. canth. carb—an. carb—v. Caust. chin. cocc. colch. euph. laur. mag—c. mang. meny. merc. mez. mosch. mur—ac. nat—c. nit—ac. nux—v. olnd. PH—AC. phyt. rhus—t. ruta. sars. spig. Stann. staph. sulph. tarax. valer. Zinc.

OBERSCHENKEL allgemein

acon. agar. agn. alum. ambr. am—c. am—m. anac. ang. ant—c. ant—t. Apoc. arg—m. Arn. ars. asaf. asar. aur. bar—c. Bell. berb. bism. bor. bov. bry. calad. calc. calc—p. camph. cann—s. canth. Caps. carb—an. Carb—v. Caust. cham. chel. CHIN. cic. cina. clem. Cocc. coc—c. coff. colch. Coloc. con. croc. cupr. cycl. dig. dios. dros. dulc. eup—pur. euph. euphr. ferr. Gnaph. Graph. GUAJ. hell. hep. hyos. ign. iod. ip. Kali—bi. kali—c. kali—n. kreos. lach. laur. led. lyc. mag—c. mag—m. mang. teucr. meny. MERC. Mez. mosch. mur—ac. nat—c. nat—m. nit—ac. nux—m. Nux—v. Olnd. ox—ac. par. plb. petr. phos. ph—ac. phyt. Plat. puls. ran—b. ran—s. rheum. rhod. Rhus—t. ruta. sabad. sabin. sal—ac. samb. sars. sel. seneg. Sep. sil. Spig. Spong. squil. stann. Staph. stram. stront. sulph. sul—ac. tarax. Thuj. valer. verat. verb. viol—t. visc. zinc.

OBERSCHENKEL hintere Seite allgemein

agar. alum. ambr. Am—c. Am—m. anac. ang. Ant—c. ant—t. asaf. aur. bar—c. bell. Berb. bor. calc. camph. cann—s. Canth. caps. carb—v. Caust. chin. cina. cocc. coff. Con. croc. Cycl. dig. dros. dulc. euph. euphr. Graph. guaj. hep. hyos. ign. iod. Kali—c. laur. led. Lyc. mag—c. mag—m. mang. meny. Merc. Mez. mosch. mur—ac. nat—c. nat—m. nit—ac. nux—v. olnd. par. plb. Phos. Ph—ac. plat. puls. ran—b. rheum. rhus—t. samb. sars. sel. seneg. Sep. sil. spig. stann. Staph. stront. SULPH. sul—ac. tarax. thuj. valer. verat. viol—t. ZINC.

OBERSCHENKEL innere Seite allgemein

agn. alum. anac. ant—c. arg—m. arn. ars. asaf. bar—c. bell. berb. Calc. camph. caps. carb—an. carb—v. Caust. chin. cocc. coff. dig. Graph. Hep. ign. iod. Kali—c. kreos. laur. lyc. mag—m. mang. meny. Merc. mez. mosch. mur—ac. nat—c. nat—m. nit—ac. nux—v. olnd. par. plb. PETR. plat. ran—b. RHOD. rhus—t. ruta. sabad. Sabin. samb. sars. Sel. sep. spong. STANN. Staph. SULPH. sul—ac. tarax. thuj. verb. viol—t. zinc.

OBERSCHENKEL vordere Seite allgemein

agar. ambr. ANAC. Ang. ant—c. arg—m. asaf. aur. Bar—c. bell. berb. bov. bry. calc. cann—s. chel. Chin. cina. coloc. con. dig. dros. dulc. euph. euphr. Gnaph. hep. kali—c. laur. lyc. mag—c. mang. meny. merc. mosch. Mur—ac. nat—c. nat—m. nit—ac. nux—v. olnd. plb. ph—ac. plat. puls. rhus—t. sabad. Sabin. samb. sars. sil. spig. SPONG. stann. staph. tarax. thuj. valer. vib. viol—t. zinc.

OBERSCHENKEL Morbus Perthes (aseptischeKnochennekrose d.Femurkopfepiphyse)

calc. CALC—P. CALC—F. Fl—ac. merc. phos. Sil. stront—c. syph. Tell. thal. Tub. siehe auch zum Vergleich Hüftgelenk Coxarthrocace

OBERSCHENKEL Schwäche, bes. beim Gehen

Calc. caust. cocc. FERR. Gels. kali—i. mur—ac. Nux—m. nux—v. olnd. Rheum. rhus—t. ruta.

OBERSCHENKEL Wundheit zwischen

Calc. Caust. Graph. hep. kali—c. KREOS. Lyc. Merc. nat—s. sep. sul—ac. SULPH.

OSTEOMYELITIS

alum—sil. arn. Aur. Bell. bry. calc. CALC—HP. CALC—P. cic. cupr—ar. echi. Fl—ac. hyper. Med. mez. nit—ac. ph—ac. Phos. plb. Ruta. SIL. staph. Symph.

PATELLA siehe unter Kniescheibe

RACHITIS
siehe unter Allgemeines, S. 555

RACHITIS
siehe therapeutische Hinweise, S. 697

SCHMERZ siehe unter Allgemeines, Schmerz ... , S. 559 f

SCHMERZ kleine Gelenke
siehe therapeutische Hinweise, S. 657

SCHMERZ Zerrung siehe unter Allgemeines, Muskeln Zerrung, S. 550

SCHULTERGELENK allgemein
acon. agn. Ambr. am—c. am—m. ant—t. arg—m. arn. Asaf. asar. bism. Bov. Bry.
CALC. canth. caps. carb—an. carb—v. Caust. cham. chel. chin. cic. cocc. colch.
coloc. Croc. cupr. dig. dros. euph. FERR. graph. hell. hep. hyos. IGN. iod.
KALI—C. kreos. laur. Led. Lith—c. lyc. mag—c. mag—m. mang. teucr. Merc.
mez. mur—ac. nat—c. Nat—m. nit—ac. nux—m. nux—v. olnd. op. Petr. phos.
ph—ac. PULS. ran—b. rhod. RHUS—T. ruta. sabad. Sabin. Sang. sars. SEP. sil.
spig. stann. STAPH. Stront—c. SULPH. sul—ac. thuj. valer. verat. viol—t. Zinc.

SEHNEN Entzündung
arg—m. Nat—m. rhod. Rhus—t.

SOHLEN heisse, Verlangen barfuss auf kaltem Boden zu laufen
cham. mag—c. MED. Puls. sanic. Sulph.

STRECKEN Glieder schmerzhaft - daher Ellenbogen oder Knie gebeugt
calc. Lyc. psor. Rhus—t. sulph.

TIBIA allgemein
AGAR. agn. alum. ambr. am—c. Anac. Ang. ant—c. arn. ars. ASAF. asar. aur.
bar—c. Bell. bism. bry. CALC. calc—p. cann—s. carb—an. caust. cham. chel.
chin. cina. clem. cocc. coff. colch. coloc. Con. Cycl. dig. dros. Dulc. euph. euphr.
guaj. hyos. ign. Kali—c. Kreos. Lach. Laur. lyc. mag—c. mag—m. Mang. meny.
MERC. mez. mosch. mur—ac. nat—c. nit—ac. nux—v. par. plb. petr. PHOS.
ph—ac. plat. PULS. Rhod. RHUS—T. sabad. Sabin. samb. sars. Sep. Sil. spig.
Spong. stann. staph. sulph. sul—ac. Tarax. thuj. valer. verat. viol—t. zinc.

TIBIA Schmerz (Knochen und Periost)
agar. aur. aur—m—n. Calc—p. carb—an. cast—eq. clem. dros. dulc. iod. kali—bi.
Kali—i. Lach. led. mang. merc. mez. Nit—ac. nux—m. Ph—ac. phos. phyt. puls.
rhus—t. vergl. Knochen Nekrose Tibia

UNGESCHICKLICHKEIT mit Neigung zu Muskel Zerrung
agar. CALC. Caps. con. hep. lyc. Nat—c. nat—m. Nux—v. phos. puls. sulph.

UNGESCHICKLICHKEIT mit Stolpern beim Beginn d. Gehens (älteres Kind)
Caust. phos. Sil. Sul—ac. Sulph.

UNTERARM allgemein
Acon. agar. agn. alum. ambr. am—c. am—m. anac. ang. ant—c. ant—t. arg—m. arn. asaf. aur. bar—c. bell. Bism. bov. Bry. calad. CALC. camph. canth. caps. carb—an. carb—v. carb—ac. carbn—s. CAUST. cham. chel. chin. cic. cina. clem. cocc. colch. coloc. Con. Croc. cupr. cur. cycl. dig. dros. dulc. eup—per. euph. euphr. graph. guaj. hell. hep. hyos. ign. kali—c. kreos. laur. led. lyc. mag—c. mag—m. mang. teucr. meny. MERC. mez. mosch. mur—ac. Nat—c. nat—m. nit—ac. nux—v. olnd. op. ox—ac. par. plb. petr. phos. Ph—ac. plat. puls. ran—b. ran—s. rheum. Rhod. RHUS—T. ruta. sabad. sabin. sal—ac. samb. Sars. sec. Sel. seneg. sep. sil. Spig. spong. stann. STAPH. stram. Stront. sulph. sul—ac. tarax. thuj. valer. verat. verb. viol—t. zinc.

UNTERARM Kälte tödliche, eisige K.
Arn. Brom. rhus—t. thuj.

UNTERARME kalt und marmoriert (Farbe)
Arn. sul—ac.

UNTERSCHENKEL allgemein
abrot. Acon. agar. agn. alum. ambr. am—c. am—m. Anac. ang. ant—c. ant—t. arg—m. arn. ars. Asaf. asar. Atro. aur. bar—c. Bell. berb. bism. bor. bov. Bry. calad. CALC. camph. cann—s. canth. caps. carb—an. carb—v. carbn—s. Caust. cham. chel. chin. cic. cina. clem. cocc. coff. colch. coloc. con. croc. crot—h. Crot—t. Cupr. cycl. dig. dios. dros. dulc. euph. euphr. ferr. fl—ac. gran. Graph. grin. guaj. ham. hell. helon. hep. hyos. ign. iod. ip. Kali—c. kali—n. kalm. kreos. lach. laur. led. LYC. mag—c. mag—m. mang. teucr. Meny. Merc. Mez. mosch. mur—ac. nat—c. nat—m. nit—ac. nux—m. Nux—v. olnd. op. Ox—ac. par. plb. petr. phos. Ph—ac. pic—ac. plat. psor. PULS. ran—b. ran—s. rheum. Rhod. Rhus—t. ruta. sabad. sabin. samb. sars. sec. sel. seneg. SEP. SIL. spig. spong. squil. stann. STAPH. stram. stront. Sulph. sul—ac. tarax. tarent—c. thuj. valer. verat. verb. viol—t. zinc.

VERKRÜMMUNG allgemein
Calc. Calc—p. lyc. Sil. Syph.

WADEN allgemein
Acon. agar. agn. ALUM. Ambr. am—c. am—m. Anac. ang. Ant—c. ant—t. arg—m. arn. ARS. Asaf. asar. bar—c. bell. benz—ac. bism. bor. bov. Bry. CALC. Calc—p. camph. cann—s. canth. caps. carb—an. carb—v. caust. Cham. chel. Chin. cina. cocc. coff. colch. Coloc. Con. croc. Cupr. cycl. dig. dulc. eup—per. euph. Euphr. Ferr. GRAPH. guaj. hep. hyos. Ign. ip. jatr. kali—c. kali—n. kreos. lach. laur. Led. Lyc. mag—c. mag—m. Mang. teucr. meny. merc. mur—ac. Nat—c. Nat—m. NIT—AC. Nux—v. olnd. op. par. plb. petr. phos. ph—ac. plat. podo. PULS. rheum. RHUS—T. ruta. sabad. Sabin. samb. sars. sec. sel. SEP. Sil. Spig. STANN. STAPH. stram. stront. SULPH. Tarax. thuj. VALER. Verat. vib. viol—t. Zinc.

WADEN Krämpfe
Carbn—s. card—m. Cham. chin—ar. CUPR. Eup—per. ferr—p. kali—p. med. nat—ar. nat—p. ox—ac. podo. sec. sel. SULPH. verat. zinc.

WADEN Krämpfe nachts im Bett

ambr. Calc. Carbn—s. Cupr. eup—per. ferr—p. kali—c. mag—c. mag—m. Mag—p. nit—ac. Nux—v. rhus—t. sec. sel. SULPH. ZINC.

ZEHEN allgemein

acon. agar. agn. alum. ambr. Am—c. Am—m. anac. ant—c. ant—t. arg—m. ARN. ars. asaf. asar. Aur. bar—c. bell. bism. bor. bov. bry. calad. calc. camph. cann—s. caps. Carb—an. Carb—v. carbn—s. Caul. CAUST. cham. chel. Chin. cic. Cimic. cina. clem. cocc. colch. con. cupr. Cycl. dig. dros. dulc. euphr. ferr. GRAPH. guaj. hell. hep. hyos. ign. Kali—c. kali—n. kreos. lach. laur. Led. lyc. mag—c. mag—m. teucr. Merc. Mez. mosch. mur—ac. nat—c. nat—m. nit—ac. nux—m. nux—v. olnd. par. plb. petr. Phos. Ph—ac. PLAT. Puls. ran—b. RAN—S. rheum. rhod. rhus—t. ruta. sabad. SABIN. sal—ac. Sec. Sep. Sil. spig. spong. squil. Staph. stront. SULPH. sul—ac. Tarax. THUJ. valer. verat. verb. viol—t. Zinc.

ZEHE grosse allgemein

agar. All—c. alum. Ambr. Am—c. am—m. anac. Ant—c. ARN. ars. ASAF. ATRO. Aur. bar—c. benz—ac. bism. bry. calc. cann—s. caps. carb—an. CAUST. chin. Cimic. clem. cocc. colch. con. cupr. Cycl. dulc. ferr. graph. hell. hep. iod. KALI—C. laur. Led. mag—c. teucr. merc. mez. mur—ac. Nat—c. nat—m. Nit—ac. nux—v. olnd. plb. petr. phos. ph—ac. PLAT. puls. ran—b. ran—s. Rhus—t. ruta. Sabin. sars. sep. SIL. staph. sulph. sul—ac. tarax. Thuj. verat. viol—t. ZINC.

ZEHEN Krämpfe

carbn—s. Cupr. gels. hyos.

ZEHBALLEN allgemein

agar. Ambr. am—c. am—m. Ant—c. ant—t. ars. asaf. bar—c. BRY. CANN—S. carb—an. caust. cina. coff. Colch. con. cupr. dros. graph. hell. Kali—c. laur. LED. lyc. mez. mur—ac. Nit—ac. plb. PETR. Ph—ac. plat. PULS. ran—s. Rhus—t. sabad. sabin. SPIG. squil. tarax. viol—t.

ZEHGELENKE allgemein

act—sp. agn. ambr. am—c. ant—c. ant—t. Arg—m. Arn. AUR. bell. Benz—ac. bism. BRY. calc. caps. carb—an. carb—v. CAUST. Cham. chel. Chin. cina. cocc. Colch. con. cupr. cycl. dros. Ferr. graph. hell. hep. hyos. kali—bi. KALI—C. LED. Lyc. mag—c. TEUCR. meli. merc. mez. nat—c. nat—m. nit—ac. Nux—v. plb. petr. phos. ph—ac. plat. puls. ran—b. ran—s. Rhus—t. ruta. SABIN. sec. SEP. sil. spig. staph. stict. Stront. SULPH. tarax. verat. ZINC.

ZEHNÄGEL allgemein

alum. ant—c. ars. bor. bov. calc. caust. colch. con. dig. GRAPH. hell. hep. teucr. Merc. mosch. mur—ac. nat—c. nat—m. nit—ac. nux—v. par. ph—ac. puls. ran—b. SABAD. Sep. Sil. squil. sulph. thuj.

ZEHNÄGEL

siehe auch unter Nägel

vacat für Nachträge

Schlaf und Träume

ALPTRÄUME allgemein (angstvolle Träume)
achy. Acon. Ambr. arg—n. arn. bell. bor. CALC. calc—s. carb—v. CARC. Cina. cycl. Gels. hydr. Hyos. Ign. Kali—br. kali—p. Lach. lyc. med. Nat—m. nux—v. paeon. ped. Phos. Puls. sep. sil. Stram. Sulph. ter. thuj. Tub. zinc.

ALPTRÄUME Furcht gefolgt von (nach Erwachen)
Acon. alum. Am—m. Bell. Carc. Chin. Cocc. Con. hep. lyc. mag—s. mur—ac. nat—c. ph—ac. sil. sulph. zinc.

ALPTRÄUME mit Schreien ohne Aufwachen, K. muss geschüttelt werden
apis. cina. HELL. HYOS. kali—br. Zinc.

ALPTRÄUME Gespenstern v.
aloe. Bell. CALC. Carc. hydr. phos. paeon. ped. stram.

AUFSCHRECKEN Einschlafphase während (Starting)
acon. ars. Bell. bor. calc. Cham. Cina. cocc. coff. Ign. kali—c. Lyc. nit—ac. op. Puls. sep. sil. Stram. zinc.

AUFSCHRECKEN Schlaf aus mit Kauen, Zähne Knirschen, Stampfen und Treten
anac. Bell. hyos. Ign.

AUFSCHRECKEN Schlaf aus mit Reiben der Nase
Lyc.

AUFSCHRECKEN Schlaf aus, bes. während Zahnung
bell. coff. Kali—br.

AUFSTEHEN nachts viele Male (Erwachen)
Phos. puls.

AUFWACHEN Atemnot durch
agar. Ant—t. carb—v. cupr. graph. Hep. Ip. kali—c. Lach. naja. op. SAMB. Seneg.

AUFWACHEN entsetzt, erkennt niemand, schreit und klammert sich an Umstehende
Stram.

AUFWACHEN erschrecktem Anklammern oder Festhalten aus Angst mit
Acon. Ars. bor. cham. cina. Stram. zinc.

AUFWACHEN häufig
alum. ambr. Bar—c. Calc. coff. guaj. Hep. kali—c. lach. Lyc. mag—c. mur—ac. op. Phos. Psor. Puls. Sep. spong. Sulph.

AUFWACHEN häufig mit Durst
Bry. calc. Cham. Lyc. Phos. stram. Sulph.

AUFWACHEN häufig mit Hunger
Calc. Chin. Lyc. Ph—ac. PSOR. stram. sulph. Teucr.

AUFWACHEN heiter, sofortiges Spielen
Cypr.

AUFWACHEN Lachen mit (bei Einschlafstörung)
SULPH.

AUFWACHEN morgens Ruck mit einem (wie elektrisiert)
Mag—m.

AUFWACHEN morgens Schreck mit
Aesc. lyc. med.

AUFWACHEN morgens schwierig - will liegenbleiben, weil müde
calc—p. chel. cic. Lyc. Nat—m. Nit—ac. puls. rhus—t. sep. Sil. Syph.

AUFWACHEN morgens Verwirrung mit
AESC. carb—an. Lach. phos. puls.

AUFWACHEN nachts 2 h
ars. bapt. benz—ac. caust. kali—bi. kali—c. Nit—ac. puls. ptel. rat.

AUFWACHEN nachts 3 h
bor. coff. KALI—C. Nux—v. pic—ac. sulph. thuj.

AUFWACHEN nachts 4 h
chel. Lyc. Nux—v. sulph.

AUFWACHEN nachts 5 h
aloe. ferr. Sulph.

AUFWACHEN nachts Husten durch
Caust. dros. Hep. hyos. Kali—c. kali—n. Mag—m. nux—v. op. puls. spong. stront—c. sulph.

AUFWACHEN nachts ohne rechtes Bewusstsein
Chin. lach. phos. plat. Puls. Rheum. sol—n. Stram.

AUFWACHEN plötzlich - Schreien und greifen N. Rand d. Bettes
ars. Apis. BOR. bov. Cina. kali—br. STRAM. zinc.

AUFWACHEN plötzlich - Schreien ohne ersichtlichen Grund
Apis. bell. BOR. bov. Cina. STRAM. tub.

ENURESIS nocturna
siehe unter Urologie, S. 347 ff

ERWACHEN mit Furcht Alpträumen nach (Alptraum als Ursache)
Acon. alum. Am—m. Bell. Calc. Carc. Chin. Cocc. Con. hep. lyc. mag—s. mur—ac. nat—c. ph—ac. sil. sulph. zinc.

ERWACHEN früh, zu früh
ars. aur. Bor. Calc. cocc. lach. Lyc. merc. nat—c. Nat—m. nux—v. ph—ac. sel. Sil. SULPH. Thuj. zinc.

ERWACHEN Schreck mit
am—m. Ars. bell. caps. Cina. Lach. Zinc.

ERWACHEN Schreien beim
apis. bor. bry. Calc. calc—p. Cham. Cina. hydr—ac. hyos. ign. Kali—br. kreos. Lyc. Sanic. stram. sulph. ZINC.

ERWACHEN Schreien beim, mit Zittern
cina. Ign.

ERWACHEN schreiend - kann nicht mehr aufhören oder sich beruhigen (Panik)
cina. Hyos. kali—br. Stram. Zinc.

GÄHNEN
siehe unter Allgemeines, S. 533 f

MÜDIGKEIT
siehe unter Allgemeines, S. 549 f

NACHTWANDELN siehe Schlafwandeln

PAVOR nocturnus (Panik nachts)
siehe unter Geist und Gemüt, S. 63, 103

REDEN im Schlaf siehe unter Sprechen

SCHLÄFRIGKEIT
siehe unter Allgemeines, S. 557

SCHLAF allgemeine Modalitäten
siehe unter Allgemeines, S. 557 f

SCHLAF Asphyxie während
am—c. bell. carb—v. cench. cina. Grin. kali—c. lac—c. LACH. Op. sulph. tarent.

SCHLAF Asphyxie
siehe therapeutische Hinweise, S. 658

SCHLAF Aufschreien im S.
bell. bor. Chin. Cina. coff. Jal. ip. Rheum. Senn. Tub.

SCHLAF Einschlafen Jaktationen, schaukelnde Bewegungen bis zum E.
acon. calc—p. Carc. cham. Cina. phos. rhus—t. Stram. tarent. Tub.

SCHLAF Einschlafen Kopfrollen hin und her bis zum E.
Agar. apis. Bell. HELL. Podo. Stram. tarent. TUB. zinc—val.

SCHLAF Einschlafen schwierig wenn einmal aufgewacht (Erwachen nach)
agre. ars. bell—p. coff. lach. Mag—c. Nat—m. Nux—v. phos. sil.

SCHLAF komatös, wie benommen
aeth. Ant—t. arg—n. arn. Bapt. Bell. chin. con. Croc. graph. HELL. kreos. lach. NUX—M. Op. sep. Verat.

SCHLAF komatös Schnarchen mit
Chin. cupr. laur. OP. Stam. sulph.

SCHLAF Lage abgedeckt nachts, niemals zugedeckt während S.
acon. Arg—n. bry. Cham. Hep. iod. kali—s. lach. Med. Nat—m. Phos. plat. Puls. Sanic. Sec. SULPH.

SCHLAF Lage Arme über dem Kopf
carc. lac—c. Med. Nux—v. PULS. Rheum. verat.

SCHLAF Lage Arme oder Hände unter dem Kopf
acon. ant—t. ars. bell. chin. coca. coloc. nux—v. Puls. viol—o.

SCHLAF Lage Bauch
Bell. Calc—p. carc. cina. cocc. Coloc. Lyc. MED. plb. phos. puls. sep. stram. Tub.

SCHLAF Lage Beine angezogen an d. Bauch
CARB—V. Cham. Hell. Lac—c. merc. Merc—c. Plat. Puls. Stram. viol—o.

SCHLAF Lage Beine erhöht wie in Stufenbett (Z - Figur)
carb—v. lyc. Merc. MERC—C.

SCHLAF Lage Beine gespreizt (auf dass sie sich nicht berühren)
Cham. plat. PSOR. puls. sulph.

SCHLAF Lage Hände an den Genitalien
bufo. Hyos. lyc. zinc.

SCHLAF Lage Hände zu Fäusten geballt wie im Zorn
Calc. cham. hyos. sul—ac.

SCHLAF Lage Mutters Bauch auf
cina. staph.

SCHLAF Lage Knie Ellenbogen L.
aeth. Calc—p. Carc. Cina. con. euph. Lyc. MED. petr. Phos. podo. psor. sep. Tub.

SCHLAF Lage Kopf nach Norden ausgerichtet - sonst schlaflos
Ferr.

SCHLAF Lage Rücken, Kleinkind
Calc. ign. merc—c. Psor. puls. Sulph.

SCHLAF Lage Rücken, Kopf stark erhöht
bry. cina. lyc. rhus—t. sulph.

SCHLAF Lage rutscht im Bett nach unten (bei Schwäche)
Mur—ac.

SCHLAF Lage Seite links vorzugsweise
ARG—N. Bor. bar—c. psor. sabin.

SCHLAF Lage Seite rechts ausschliesslich
cocc. lach. PHOS.

SCHLAF Lage Seite, dreht sich häufig von einer zur anderen
Con.

SCHLAF Lage seltsam, verdreht, merkwürdig
Carc. Plb. stram.

SCHLAF Mittagsschlaf komatös, Schnarchen mit
Chin. op.

SCHLAF Mittagsschlaf nach agg. (quengelig, verdreht oder reizbar)
LACH. lyc. phos. Puls. sel. Staph. sulph.

SCHLAF nach S. morgens beim Erwachen agg.
AM—M. AMBR. Arn. ARS. bell—p. bufo. cadm—met. CALC. Carb—v. CAUST.
Chel. chin. cob—n. Cocc. Con. Dig. ferr—ar. flav. Graph. HEP. Hyos. Ign.
Kali—ar. Kali—c. LACH. Lyc. mag—c. NUX—V. PHOS. Phyt. prot. PULS.
RHUS—T. samb. SEP. Staph. SULPH.

SCHLAF nachts friedlich, aber häufiges Schreien früh morgens ab 4 h
Lyc.

SCHLAF nachts häufiges Erwachen mit Schreien, tagsüber friedlich
Jal. Psor.

SCHLAF offenem Mund mit
bar—c. calc. lyc. nux—v. Samb. teucr.

SCHLAF offenen Augen mit (oder nur halb geschlossenen A.)
Bell. cadm—s. cham. cocc. hyos. Ip. Lyc. Op. podo. zinc.

SCHLAF Schweiss während - nach d. Schwitzen am.
Ant—t. arn. ARS. ars—h. bor. Calad. Cham. ign. mez. nat—m. nux—m. OP. plb.
Rhus—t. sabad. sep.

SCHLAF Strampeln sich frei - Schlafsack agg. weil zu warm
acon. calc. hep. Med. nat—m. petr. phos. Puls. Sanic. sil. SULPH.

SCHLAF tief

ant—t. arg—n. bapt. bell. carb—v. con. Cupr. Cupr—a. graph. Nux—m. Op. puls. verat.

SCHLAF unruhig (körperliche Ruhelosigkeit)

acon. arn. Ars. Bar—c. BELL. bry. caust. Cham. CINA. cocc. Coff. cortex. cupr. graph. hyos. ign. Ip. JAL. kali—c. lach. Lyc. Nat—m. nux—v. puls. RHEUM. rhod. Rhus—t. SENN. sep. sil. staph. Stram. Sulph. Teucr. tub. valer. Zinc.

SCHLAF unterbrochen

alum. Bor. stram.

SCHLAF verlängert

apis. Bor. hep. hyos. sulph.

SCHLAFEN allein Abneigung oder Angst - K. will bei Eltern liegen

ars. bell. calc. cann—i. caust. cupr. lyc. med. merc. Phos. puls. sep. Stram. SULPH.

SCHLAFLOSIGKEIT allgemein

Absin. Acon. Ars. ambr. arg—n. arn. arund. Bac. BELL. Bor. calc. calc—br. CARC. caust. Cham. Cina. COFF. Cypr. hyos. ign. kali—br. kali—p. kreos. lach. lyc. mag—c. Mag—m. nat—m. nux—v. Op. Passi. ph—ac. phos. puls. rheum. rhus—t. sep. sil. Stict. sulph. syph. thuj. tub.

SCHLAFLOSIGKEIT und Schlafstörungen

siehe therapeutische Hinweise, S. 658

SCHLAFLOSIGKEIT abends - Einschlafen spät

Bell. bar—c. Calc. cand—a. Carc. COFF. ferr—p. lac—h. laur. LYC. med. merc. Nux—v. phos. Puls. psor. sulph. teucr. tub. zinc—val.

SCHLAFLOSIGKEIT Abstillen nach - K. verlangt im Bett der Mutter zu schlafen

BELL. Staph. sulph.

SCHLAFLOSIGKEIT allein im Dunklen wenn, Licht muss nachts brennen

ARS. Bar—c. calc. gal—ac. Phos. Puls. med. sulph. STRAM.

SCHLAFLOSIGKEIT Angst Alpträumen vor (schrecklichen Träumen)

Acon. alum. Am—c. am—m. arn. ars. bell. Bry. Calc. Con. cycl. guaj. Hep. iod. kali—bi. kali—c. lyc. mag—m. merc. nat—c. nat—m. Nat—p. nit—ac. NUX—V. Op. Phos. Puls. RHUS—T. sil. sulph. valer.

SCHLAFLOSIGKEIT Angst, Augen zu schliessen, mit Ruhelosigkeit

calc. Mag—m. nat—m.

SCHLAFLOSIGKEIT Angst Bett vor d.

Acon. Ars. Camph. cench. Caust. grin. Lach. nux—m. rhus—t. sabal.

SCHLAFLOSIGKEIT Angst Ersticken bei Husten oder Schnupfen durch

acon. Am—c. ars. Arum—t. Carb—v. Cench. dros. Graph. Grin. Lac—c. lach. op. phos. Samb. Spong. stram.

SCHLAFLOSIGKEIT Angst oder Furcht allgemein durch
Acon. ambr. Ars. bell. bism. bor. bry. calc. Caust. cocc. gels. hyos. mag—m. merc. Nat—m. phos. puls. sil. stram. thuj. tub.

SCHLAFLOSIGKEIT Angst Tod vor (nicht mehr aufwachen)
AETH. Ars. calc. cann—i. Lach. Nux—v. phos.

SCHLAFLOSIGKEIT Anstrengung, geistige Überanstrengung, Aufregung, Emotionen
ambr. Arg—n. Arn. aven. carc. cham. chlol. coca. Coff. cypr. HYOS. Ign. lach. lyc. Nux—v. passi. phos. puls. sep. staph.

SCHLAFLOSIGKEIT Anstrengung, körperliche Überanstrengung durch
ARN. aven. chlol. cocc. Coff. Gels.

SCHLAFLOSIGKEIT Auffahren aus Schlaf mit Schreien, Unruhe
Ars. BELL. bor. calc. Cham. Hyos. ign. kali—br. Op. Stram. sulph. tub. zinc—val.

SCHLAFLOSIGKEIT Aufwachen nach - kann nicht wieder einschlafen
ars. bell—p. lach. Nat—m. Nux—v. sil.

SCHLAFLOSIGKEIT Bauchbeschwerden (koliköser Schmerz, Blähungen)
ambr. ant—t. bar—c. but—ac. calc. coff. Lyc. mag—c. mag—p. nux—m. Nux—v. phos. Plb. puls. staph. sulph. verat.

SCHLAFLOSIGKEIT Dunklem im, aber Einschlafen sofort im Hellen
ars. phos. STRAM.

SCHLAFLOSIGKEIT Durchschlafen gestört / schwierig
acon. ars. Ferr. Kali—c. lach. lyc. Nat—m. nit—ac. Nux—v. ptel. sep. Sil. sulph. thuj. tub.

SCHLAFLOSIGKEIT Einschlafen gestört / schwierig
Ambr. arn. ars. bell. Calc. carc. Cham. cina. Coff. cypr. Lach. Lyc. mag—c. mag—p. nat—m. op. Phos. psor. Puls. Rhus—t. Stram. sulph. tub.

SCHLAFLOSIGKEIT Fieber während
Apis. Ars. bar—c. Bell. bor. BRY. calc. carb—v. caust. ferr. nit—ac. Nux—v. Ph—ac. phos. Rhus—t.

SCHLAFLOSIGKEIT frühes Erwachen trotz späten Einschlafens
bor. coff. Cycl. dios. Lyc. nux—v. Phos. zinc.

SCHLAFLOSIGKEIT Furcht, verkauft (weggegeben) zu werden durch
Puls.

SCHLAFLOSIGKEIT Gedankenzudrang, geistige Aktivität durch
arn. ars. Bell. calc. Coff. Chin. cypr. graph. hep. Hyos. Nux—v. nat—m. passi. phos. puls. staph. sulph. tub.

SCHLAFLOSIGKEIT gegen Morgen, zu frühes Erwachen
aloe. inul. kali—c. Nat—m. nit—ac. Nux—v. ptel. SULPH.

SCHLAFLOSIGKEIT Geräusche durch (überempfindlich gegen G.)
Ars. Bell. BOR. Cham. COFF. nux—v. op. Sulph. sil. stram.

SCHLAFLOSIGKEIT getragen werden muss
Cham. puls.

SCHLAFLOSIGKEIT gewiegt oder geschaukelt werden muss
Carc. cham. cina. Stict.

SCHLAFLOSIGKEIT gewiegt oder langsam getragen werden muss
Carc. cham. cina. puls. Stict. syph.

SCHLAFLOSIGKEIT Harndrang wiederholten durch
Thuj.

SCHLAFLOSIGKEIT Heimweh durch
Caps. ph—ac.

SCHLAFLOSIGKEIT Hitze innere durch
Arn. bar—c. bry. Bor. Caust. led. Mag—m. Sil. thuj.

SCHLAFLOSIGKEIT Hitze wegen - Bett zu warm
arn. Bor. Med. Nat—m. OP. sulph.

SCHLAFLOSIGKEIT Hungers wegen
bar—c. Chin. Ign. Lyc. ph—ac. Phos. PSOR. sulph.

SCHLAFLOSIGKEIT Husten während (bei nervösem Kind)
con. Stict.

SCHLAFLOSIGKEIT Impfung (Pockenimpfung) nach
sil. Mez. Sulph THUJ. Vario.

SCHLAFLOSIGKEIT Influenza (Grippe) nach oder beim Abklingen d. G.
Aven. Carc. cypr. kali—p. nat—m. ph—ac. phos. Sul—i. sulph. tub.

SCHLAFLOSIGKEIT Juckens äusserer Teile (ohne Ausschlag) wegen
arum—t. Dol. Gels.

SCHLAFLOSIGKEIT Kälte d. Körpers insgesamt durch
Acon. ambr. CAMPH. CARB—V. cist. lyc. VERAT.

SCHLAFLOSIGKEIT Kälte einzelner Körperteile durch
Apis. Carb—v. camph. cist. phos.

SCHLAFLOSIGKEIT Kummer durch
Ign. Kali—br. NAT—M.

SCHLAFLOSIGKEIT Lebhaftigkeit durch (allgemeine Munterkeit)
calc. Coff. Lach. MED. nit—ac. Stram. Sulph. verat.

SCHLAFLOSIGKEIT liebkost werden muss
Kreos.

SCHLAFLOSIGKEIT Mädchen besonders bei
calc—p. puls.

SCHLAFLOSIGKEIT Masern bei oder nach
COFF. Ferr—p.

SCHLAFLOSIGKEIT Müdigkeit (abends) trotz grosser
aeth. agar. ambr. apis. arn. ars. BELL. Cham. Chel. chlol. coca. hep. Op. nux—v. Phos. Puls. Sep.

SCHLAFLOSIGKEIT nachts Mitternacht bis durch geistige Aktivität
chin. coff. Graph. lach. lyc. Nux—v. podo. sil. sulph.

SCHLAFLOSIGKEIT nachts Mitternacht nach
Ars. asaf. cann—i. Caps. COFF. dulc. hep. kali—ar. Kali—c. mag—c. nat—c. Nux—v. olnd. psor. Ph—ac. rhod. sep. Sil. sul—ac.

SCHLAFLOSIGKEIT nachts Mitternacht vor
Ambr. Arg—n. ARS. bor. bry. Calc. calc—p. carb—v. chin. coff. Con. graph. Ign. kali—c. Lyc. mag—m. Merc. nat—ar. nat—c. nux—v. Phos. pic—ac. PULS. RHUS—T. Sep. sil. Sulph.

SCHLAFLOSIGKEIT nachts, Schlaf am Tage (Umkehr, paradox)
graph. mag—c. MERC. phos. Staph. Sulph. zinc—val.

SCHLAFLOSIGKEIT Neugeborene oder Säuglinge
acon. Bell. Bor. Calc—br. Carc. Cham. COFF. cypr. jal. lac—c. Nux—v. op. par. Psor. puls. rheum. sulph. Syph.

SCHLAFLOSIGKEIT Neugeborene oder Säuglinge Tag und Nacht
Jal. Psor.

SCHLAFLOSIGKEIT Neugeborene oder Säugl., schreit nachts, spielt tags
jal. Psor.

SCHLAFLOSIGKEIT Neugeborene oder Säugl., schreit tags, schläft nachts
Lyc.

SCHLAFLOSIGKEIT Niessen durch
Am—m. carb—v.

SCHLAFLOSIGKEIT periodisch (phasenweise)
Ars. Tarent.

SCHLAFLOSIGKEIT periodisch jede zweite Nacht
anac. lach.

SCHLAFLOSIGKEIT Schläge aufs Gesäss am. (beruhigen wirklich)
Cina.

SCHLAFLOSIGKEIT schlechte oder aufregende Träume / Alpträume durch
am—c. BELL. Calc. merc. Stram. sulph. zinc—val.

SCHLAFLOSIGKEIT Schreck durch
ACON. ars. Bell. GELS. Hyos. ign. OP.

SCHLAFLOSIGKEIT Schweisse durch
Ars. Bell. CALC. Con. Merc. sil. sulph. tarent. Tub.

SCHLAFLOSIGKEIT sexuelle Erregung / Übererregung durch
canth. kali—br. Lyc. Phos. stram. tarent.

SCHLAFLOSIGKEIT Sorgen durch
Ambr. CALC. graph. Hyos. kali—br. Lil—t. Podo.

SCHLAFLOSIGKEIT spielen und lachen will nachts
Cypr. med. staph.

SCHLAFLOSIGKEIT Unruhe körperliche und/o. geistige durch
arn. Ars. caust. Med. nat—m. phos. rhus—t. Stram. tub. Zinc. zinc—br.

SCHLAFLOSIGKEIT Unruhe d. Beine durch (meist unterdrückte Hautkrankheiten)
phos. Zinc.

SCHLAFLOSIGKEIT Verdriesslichkeit mit, vom Zubettgehen bis z. Morgen
Psor.

SCHLAFLOSIGKEIT Zahnung während (auch bei Zahnwechsel)
ACON. Bell. Bor. calc—br. CHAM. cimic. coca. Coff. cypr. ferr—p. Gels. kreos.
mag—c. passi. phos. Scut. Syph. ter. Zinc

SCHLAFLOSIGKEIT Zahnung während, mit Reizbarkeit
CHAM. cimic. Kreos. lyc. syph. zinc.

SCHLAFLOSIGKEIT Zorn, Wut oder Ärger durch
Coloc. CHAM. nux—v. Staph.

SCHLAFLOSIGKEIT Zuckungen d. Glieder durch
aeth. Agar. Alum. ambr. Ars. bell. coff. Cupr. dol. Hyos. ign. ip. Kali—c. merc—c.
Puls. rhus—t. sulph.

SCHLAFSTÖRUNGEN allgemein
Absin. Acon. Ambr. arg—n. Arn. Ars. arund. bac. bar—c. Bell. calc. calc—br.
calc—hp. CARC. caust. Cham. Cina. COFF. Cypr. ferr. hyos. ign. jal. kali—br.
kali—c. kali—p. kreos. lach. Lyc. Mag—c. Mag—m. merc. nat—m. nit—ac.
nux—v. op. Passi. ph—ac. phos. psor. ptel. puls. rhus—t. sep. sil. Stict. stram.
sulph. syph. tarent. tub. zinc. zinc—val.

SCHLAFSTÖRUNGEN Abendessen durch zu reichliches, mit Aufschrecken
Cina.

SCHLAFSTÖRUNGEN Aufschrecken - Schreien - Trost und Berührung agg.
Calc.

SCHLAFSTÖRUNGEN Erstickungs Gefühl (wie gewürgt werden) mit
cocc. ign. Lach. psor. Sil.

SCHLAFSTÖRUNGEN Herumgehen im Bett mit
Rheum.

SCHLAFSTÖRUNGEN Neugeborener
acon. Cham. coff. Nux—v. op. sulph.

SCHLAFSTÖRUNGEN Schreien und ruhelosem Umherwerfen im Bett mit
ars. hell. jal. kali—c. Merc. Psor. Rheum.

SCHLAFSTÖRUNGEN Stöhnen mit
aur. Bell. calc. CALC—P. cham. hell. kali—br. lyc. nux—v. Samb.

SCHLAFSTÖRUNGEN Unruhe und Rollen des Kopfes (Kopfrollen) mit
bar—c. Bell. calc—hp. cypr. Hell. Hyos. podo. Stram. Thuj. Tub. zinc—val.

SCHLAFSTÖRUNGEN Unruhe und Umherwerfen im Bett mit
Acon. ARS. Cham. cina. Coca. jal. hell. Kali—br. op. rheum. Stram.

SCHLAFSTÖRUNGEN Unruhe d. Beine (Strampeln, Treten) mit
Bell. plb. Puls. rheum. sulph. ZINC. zinc—val.

SCHLAFSTÖRUNGEN Unruhe, Strampeln und Zähneknirschen mit
Ign

SCHLAFSTÖRUNGEN Zähneknirschen mit
Acon. ant—c. ars. Bell. bry. cann—i. carc. Cic. Cina. coff. crot—h. hell. Hyos. ign.
KALI—BR. kali—c. merc. mygal. plb. podo. santin. spig. Stram. sulph. Tarent.
Tub. Verat. Zinc. zinc—val.

SCHLAFSTÖRUNGEN Zusammenzucken, starting mit
ambr. ars. Bell. Cham. cupr. HYOS. ign. kali—br. merc. merc—c. phos. Puls.
rhus—t. sulph. Stram. Tarent. zinc. zinc—val.

SCHLAFWANDELN (Nachtwandeln, Somnambulismus)
acon. aeth. anac. Art—v. bell. Bry. calc. ign. KALI—BR. Kali—p. nat—c. Nat—m.
op. PHOS. rheum. sep. Sil. spong. Stram. sulph. Zinc.

SCHLAFWANDELN (Nachtwandeln, Somnambulismus) Vollmond während
anac. caust. cina. Cupr. PHOS. Sep. Sil. sulph.

SCHNARCHEN im Schlaf

all—c. Bar—i. Brom. camph. Cham. Caust. CHIN. Cic. Cupr. Dros. Hep. Ign. kali—ar. Lac—c. Lach. Laur. MEZ. Nux—v. OP. Rhus—t. samb. Stram. Sulph. teucr. tub.

SPRECHEN Schlaf im (Reden)

arn. Ambr. Bar—c. calc—s. BELL. carb—an. Cham. Cina. hyos. Kali—c. lac—c. Lach. lyc. nat—m. nux—v. psor. puls. pyrog. Sep. sil. Stram. sulph. tub.

TRÄUME ängstliche

Acon. am—m. Ambr. ars. aur. Bar—c. Bell. bor. bry. CALC. Calc—p. calc—s. carc. Cham. chin. cocc. croc. crot—h. ferr—p. Gels. graph. hyos. ign. iod. kali—c. kali—m. kreos. lach. LYC. merc. Nat—m. nux—v. op. paeon. ph—ac. PHOS. psor. Puls. Rheum. SIL. spong. stram. Sulph. Thuj. tub. zinc.

TRÄUME Alpträume allgemein

achy. Acon. Ambr. arg—n. arn. bell. bor. CALC. calc—p. calc—s. carb—v. CARC. Cina. cycl. Gels. hydr. Hyos. Ign. Kali—br. kali—i. kali—p. Lach. lyc. med. Nat—m. nux—v. paeon. ped. Phos. Puls. sep. sil. Stram. Sulph. ter. thuj. Tub. zinc.

TRÄUME Anstrengungen, körperlichen Arbeiten von

arn. ars. Bry. echi. Nux—v. puls. RHUS—T

TRÄUME Anstrengungen geistigen von

siehe unter Träume Schulschwierigkeiten

TRÄUME blutigen Verletzungen von

anac. Phos. mag—s. rhus—t. sil. sulph.

TRÄUME Einbrechern, Räubern, Dieben von

alum. arn. bell. Kali—c. mag—c. med. merc. Nat—c. NAT—M. SANIC. Sep. Sil. zinc.

TRÄUME ermordet zu werden

am—m. guaj. ign. kali—i. Lach. lact. lyc. merc. zinc.

TRÄUME Ertrinken vom

Alum. bov. Ign. kali—c. lyc. Merc. merc—i—f. nicc. ran—b. rumx. Samb. sil. Verat. zinc.

TRÄUME Ertrinken, dass die Mutter oder Eltern ertrinken

Nicc.

TRÄUME Fallen vom (Sturz)

bell. cact. Calc. dig. Kreos. nat—m. Sulph. sumb. Thuj.

TRÄUME Feuer von

ANAC. Ars. aur. bar—c. calc. Calc—p. cann—i. carb—v. graph. HEP. hyos. kreos. laur. mag—c. mag—m. meny. nat—m. PHOS. rad—br. rhus—t. sil. SULPH. tub.

TRÄUME Fliegen vom
Apis. lat—m. lyc. nat—s. stict.

TRÄUME Fortsetzung derselben zwanghaft nach Erwachen
CHIN. Ign. lyc. nat—m.

TRÄUME Geld von
alum. Cycl. mag—c. Puls.

TRÄUME Gesichter im Alptraum sehend
bell. CALC.

TRÄUME Harnlassen vom, Enuresis dabei
Bell. equis. KREOS. lac—c. lyc. merc—i—f. Seneg. Sep. Sulph.

TRÄUME Hunden von
arn. calc. lyc. merc. sil. sulph. verat. zinc.

TRÄUME Hunden schwarzen von
Arn. Tub.

TRÄUME Katzen von
Calc—p. daph. Nux—v. PULS.

TRÄUME Leichen von
Anac. Cann—i. chel.

TRÄUME Mädchen, er wäre ein (bei einem Knaben)
apis.

TRÄUME monströsen Wesen von
aloe. Bell. CALC. carb—v. Carc. hydr. Phos. ped. puls. sil.

TRÄUME Pferden von
Alum. mag—s.

TRÄUME Räubern, Einbrechern, Dieben von
alum. bell. mag—c. merc. nat—c. Nat—m. Sanic. sil.

TRÄUME Schlangen von
Arg—n. cench. LAC—C. ran—b. sep.

TRÄUME schreckliche mit Zähne Knirschen, Stöhnen und Schreien
acon. Kali—br.

TRÄUME Schreien kreischendem mit
acon. bell. carc. kali—br. stram. tub.

TRÄUME Schule, Arbeiten, Aufgaben, Pflichten von
ars. Bry. calc. kali—c. Lyc. nux—v. Psor. rhus—t.

TRÄUME Schulschwierigkeiten von (geistige Anstrengung, Versagen, Fehler)
ambr. anac. arn. bry. calc—p. cham. chin. graph. fago. Gels. IGN. lach. laur. mosch. nat—m. Nux—v. olnd. op. ph—ac. phos. Puls. rhus—t. spong. staph. Sulph. teucr. Thuj. verat—v. viol—t. zinc—p.

TRÄUME Streit, gewaltsamen Auseinandersetzungen von
all—c. brom. Bry. ferr. merc. nat—m. Nux—v. Staph.

TRÄUME Sumpf, Morast, dreckigem Wasser von
arn. Iod.

TRÄUME Tagesgeschehen, von d. Ereignissen d. Vortages
am—m. ars. BRY. calc—f. Cic. graph. mag—c. nux—v. Puls. Rhus—t. sep. sil.

TRÄUME Tieren allgemein von
ARN. merc. Nux—v. Phos. puls.

TRÄUME Tieren schrecklichen von (monströsen T., die auch beissen)
aloe. am—c. Arn. Bell. hydr. hyos. lach. lyc. merc. Nux—v. PHOS. puls. Sil. sul—ac. Sulph. Tub.   vergl. Träume Ungeziefer von

TRÄUME Tieren schwarzen von
daph. Puls. op.

TRÄUME Tod allgemein vom
arn. ARS. Calc. cann—i. crot—h. mag—c. LACH. Phos. sulph. Thuj.

TRÄUME Tod, Eltern seien tot
Calc—f. lach.

TRÄUME Unfällen von
Ars. Graph. lyc. Nux—v. phos. puls. sul—ac.

TRÄUME Ungeziefer (Würmer, Läuse etc.) von
am—c. chel. chin. mur—ac. Nux—v. phos.

TRÄUME Verfolgung von
con. kreos. Nux—v. Sep. SIL. SULPH. tarent. Zinc.

TRÄUME Verletzungen siehe blutige V. oder Unfälle

TRÄUME wahr scheinen zu sein beim Erwachen
anac. Arg—m. nat—c. Nat—m. rad—br. verat.

TRÄUME Wald vom
canth. corn. Mag—m. Sep.

TRÄUME zahlreiche
alum. apis. ars. bell. bry. calc. carb—v. chin. cic. con. kali—c. kreos. lach. mag—c. mang. nit—ac. nux—v. par. ph—ac. phos. puls. rhus—t. senec. sep. Sil. stann. Sulph. ter. thuj. Tub. VALER.

TRETEN, Strampeln oder Stossen mit Füssen im Schlaf
BELL. cina. ign. lyc. nat—c. plb. phos. Sulph.

ZUCKEN im Schlaf (auch schon während des Einschlafens)
agar. ars. Bar—c. bell. Coff. Cupr. graph. Ign. kali—c. lyc. mag—c. nat—c. Op. phos. sil. stront—c. sul—ac. sulph. thuj. ZINC.

vacat für Nachträge

Fieber, Schweiss und Frost

FEBRIS biliosa, gastrica, inflammatorica, nervosa: siehe Fieber biliöses, gastrisches ...

FIEBER Abdecken, sich Entblössen Abneigung dabei
BELL. Camph. chin—s. colch. gels. graph. Hell. Hep. Mag—c. mag—m. Merc. NUX—V. Puls. Psor. PYROG. RHUS—T. SAMB. Sil. squil. STRAM. stront—c. tarent. Tub.

FIEBER Abdecken, sich Entblössen am. oder Verlangen dabei
Acon. Apis. ars. Ars—i. bar—c. bov. calc. Cham. CHIN. Chin—ar. euph. Ferr. fl—ac. Ign. Lach. led. lyc. mag—c. med. Mosch. mur—ac. NAT—M. nit—ac. OP. petr. Phos. plat. PULS. Sec. staph. Sulph. Verat.

FIEBER abends 18 - 20 Uhr
Calc. LYC.

FIEBER abends 18 Uhr
ant—t. arg—n. berb. bor. caust. chin. cocc. hep. kali—c. lac—ac. nux—v. rhod. RHUS—T.

FIEBER abends 19 Uhr
ambr. bov. elaps. LYC. mag—s. petr. puls. rhus—t.

FIEBER abends 20 Uhr
ant—t. coff. ferr. hep. lachn. mur—ac. naja. nicc. PHOS. sol—n. sulph.

FIEBER abends
ACON. Agar. aesc. alum. am—c. anac. ang. anthraci. ant—t. apis. aran. arg—m. arn. Ars. ars—h. aster. bapt. bar—c. bar—m. BELL. Berb. bor. bov. bry. calad. Calc. Calc—s. calen. caps. carbn—s. Carb—v. caust. Cham. Chel. CHIN. chin—s. Cina. clem. coc—c. coff. con. coloc. cocc. croc. cycl. dros. elaps. euphr. ferr. ferr—ar. ferr—i. hell. Hep. Hyos. ign. ip. kali—ar. Kali—c. kali—i. kali—n. kali—p. kali—s. LACH. lec. led. LYC. Merc. MAG—C. mag—m. Mez. mosch. mur—ac. nat—m. nicc. nit—ac. nux—m. nux—v. petr. Ph—ac. PHOS. plat. plb. Psor. PULS. ran—b. rhod. RHUS—T. Sars. sabad. sabin. Sep. SIL. spig. squil. stann. staph. stram. Sulph. sul—ac. Thuj. verat. vip. zinc.

FIEBER abends Bett im
Acon. agn. arg—m. bor. bry. calen. coc—c. coff. hep. kali—c. mosch. sars. thuj.

FIEBER abends Bett im, nach d. Hinlegen
Acon. Asar. bar—c. BRY. carb—ac. chel. coff. hell. mag—m.

FIEBER abends, dauert die ganze Nacht
acon. bol—la. cocc. graph. hep. lach. lyc. puls. RHUS—T. sarr. sil.

FIEBER abends Eintreten ins Zimmer (Betreten d. Wohnung) beim
ang. nicc. PULS. sul—ac. sulph. zinc.

FIEBER abends Frösteln mit
Acon. apis. anac. arn. ars. bapt. bor. carb—v. caust. coff. Cham. Elaps. ferr—i. hep. kali—c. kali—i. nat—m. sabin. Sil. sulph. thuj.

FIEBER abends, Frost nach
acon. apis. ars. berb. graph. guaj. petr. sulph.

FIEBER abends 19 - 24 h, Frost dann nachts um 4 h
AESC.

FIEBER adynamisch, ohne typische Tagesschwankungen
ail. Ars. bapt. Bry. carb—v. gels. merc. merc—cy. mur—ac. phos—ac. pyrog. RHUS—T. stram.

FIEBER allgemeine Hauptmittel
ACON. am—m. Ant—c. Apis. Ars. BELL. bor. Bry. Cham. cina. Coff. Ferr—p. Gels. ign. kali—br. Merc. Nux—v. Podo. Puls. Rhus—t. Stram. Sulph.

FIEBER allgemein Kleinkindern bei
ACON. Ars. BELL. Bry. CHAM. Coff. Ferr—p. GELS. ign. Ip. merc. Nux—v. podo. rhus—t. Stram. Sulph.

FIEBER allmähliches (langsam beginnend)
arn. Bry. Gels. Eup—per. Lach. Lyc. Merc. Phos. Puls. Rhus—t. Sulph. etc..

FIEBER Anfälle unregelmaessige - ein Stadium fehlt
Apis. aran. ARS. bov. camph. dros. led. lyc. meny. mez. verat.

FIEBER Anfälle zunehmend an Intensität
ars. Bry. eup—per. Nat—m. nux—v. Psor. PULS.

FIEBER Bewegung agg., möchte sich in jedem Stadium ruhig verhalten
BRY. chin. gels.

FIEBER Bewegung am.
Achy. CAPS. Ferr. Lyc. rhus—t.

FIEBER cerebro - spinales
APIS. BELL. bry. Gels. Nat—s. nux—v. OP. Tub. Verat—v. ZINC.

FIEBER Denguefieber
Acon. Ars. Bell. Bry. canth. Chin. coloc. EUP—PER. Gels. Ip. Nux—v. podo. Rhus—t. rhus—v.

FIEBER Differenzierung der Arzneien bei
siehe therapeutische Hinweise, S. 659

FIEBER, Drei Tage Fieber mit Ausschlag - exanthema subitum (3 T.)
ACON. apis. ars. BELL. Bry. CHAM. chin—s. Dulc. Ferr. ferr—p. nat—s. puls. Rhus—t. staph. sulph. Tub. urt—u. zinc.

FIEBER dysenterisches
bapt. ferr—p. Nux—v.

FIEBER Durstlosigkeit dabei
Acet—ac. aesc. Aeth. agar. AGN. all—c. Alum. alum—p. alum—sil. am—m. anac. ang. Ant—c. Ant—t. APIS. arg—m. arn. Ars. ars—h. asaf. bar—c. bell. bov. brom. bry. Calad. Calc. calc—p. camph. canth. carb—an. Carb—v. Caust. cham. CHEL. chin. chin—m. Chin—s. Cimx. CINA. cocc. Coff. coloc. Con. Corh. cycl. dig. Dros. DULC. euph. Ferr. GELS. gran. graph. guaj. hell. hep. hydr—ac. hyos. IGN. Ip. Kali—c. kali—n. kreos. Lach. laur. lec. Led. lyc. mag—c. mang. med. meny. Merc. Mur—ac. nat—c. nat—m. Nit—ac. NUX—M. Olnd. op. Ph—ac. Phos. plb. Puls. Rheum. Rhod. rhus—t. RUTA. SABAD. sabin. Samb. SEP. sil. spig. spong. squil. stann. staph. stram. Sulph. Tarax. thuj. valer. verat. Viol—t.

FIEBER einseitig links - begleitende Beschwerden
agar. agn. ambr. ant—c. arn. bar—c. caust. cham. Chin. dig. Lyc. par. Plat. puls. RHUS—T. ruta. spig. STANN. sulph. thuj. verb.

FIEBER einseitig rechts - begleitende Beschwerden
Alum. ambr. Bell. Bry. caust. Cham. chin. cocc. fl—ac. Mag—c. nat—c. Nux—v. PHOS. PULS. Ran—b. sabin. spig. verb.

FIEBER emotional - Wut, Ärger oder heftige Aufregung durch
Acon. CHAM. cocc. Coloc. Ign. Nat—m. nux—v. Petr. SEP. STAPH.

FIEBER Frösteln dabei durch Entblössen, in jedem Stadium
arn. ars. aur. carb—an. Chin. Gels. graph. hell. Hep. NUX—V. Pyrog. RHUS—T. SAMB. squil. stram. Tarent.

FIEBER Frösteln mit, dauert lange in d. Hitzestadium hinein
Podo. Pyrog.

FIEBER, Frost-Stadium fehlt
acon. acet—ac. aesc. alum. ambr. Anac. Ang. ant—c. APIS. Arn. ARS. Bapt. BELL. benz—ac. bov. BRY. cact. Calc. carbn—s. carb—v. caust. CHAM. Chin. chin—ar. Cina. clem. coff. con. cur. elaps. eup—per. Ferr. Ferr—ar. Ferr—p. GELS. graph. hep. Ip. kali—ar. kali—bi. kali—c. lach. Lyc. lyss. mang. merl. nat—m. nicc. nux—m. Nux—v. petr. podo. puls. RHUS—T. stann. spig. Stram. sulph. Thuj.

FIEBER gallichtes, Febris biliosa
ACON. Bell. Bry. CHAM. chin. cocc. eup—per. Ign. ip. Nux—v. psor. Puls. Tarax.

FIEBER gastrisches (oft mit biliösem Anteil)
ANT—C. Ant—t. Ars. bapt. Bell. Bry. carb—v. card—m. CHAM. cocc. ferr—p. hydr. ign. IP. merc. Nux—v. PULS. sul—ac. Sulph. tarax. Verat.

FIEBER Gelbfieber, Anfangsstadium
Acon. Bell. dulc. Gels. Verat—v.

FIEBER Gelbfieber, Erbrechen schwarzes dabei
CARB—V. Crot—h. LACH. Naja. nit—ac. sec. Sul—ac.

FIEBER Gelbfieber, gastrische Verlaufsform
Ant—c. apom. ars. Carb—v. cocc. IP. tab.

FIEBER Gelbfieber, II. Stadium
ars. Bry. chin. GELS. sulph.

FIEBER Gelbfieber, Kollaps Stadium
ARS. Carb—v. Sulph. VERAT.

FIEBER Gelbfieber, Konvulsionen dabei
bell. Cocc. CIC. CUPR. mono. nux—v. op. Stram.

FIEBER geringes, aber länger andauernd (low fever states), subfebrile Temperaturen)
ail. Arn. ARS. Bapt. carb—v. Cocc. Crot—h. Diph. Ferr—p. gels. Hep. Hyos.
kali—bi. lach. merc. mur—ac. Ph—ac. rhus—t. seneg. stram. sumb. Zinc.

FIEBER Gesicht eine Wange rot, die andere blass
Acon. CHAM. Ip. Puls.

FIEBER Gesicht rot während Froststadium
cham. FERR. IGN. Stram.

FIEBER getragen werden am. (Säuglinge und Kleinkinder)
Acon. ars. Bell. bry. CHAM. Coff. ign. ip. merc. podo. rhus—t. sulph.

FIEBER Harnverhaltung mit, nachts dann plötzliches Schreien und Zucken
apis. STRAM.

FIEBER Heimweh durch (auf Klassenreise oder Mutter verreist)
Caps. carc. Ign. ph—ac.

FIEBER hektisches, mit grossen und schnellen Tagesschwankungen
ABROT. Ars. ars—i. Bapt. bar—c. calc. Caps. chin. Chin—ar. con. cupr. ferr—p.
Iod. kali—ar. kali—p. kali—s. Lyc. MERC. Nux—v. Phos. puls. sang. Sep. Sil.
stann. Sulph. Tub. Verat—v.

FIEBER hektisches, zehrendes durch Emotionen wie Kummer o. ä.
lach. merc. PH—AC. Staph.

FIEBER Hitze Kopf und Gesicht, mit kaltem Körper und kalten Gliedern
Arn. BELL. Op. Stram.

FIEBER Hitze - plötzliches Auftreten, trockene, brennende Haut
Pyrog

FIEBER Hitze - Trockenheit & tiefer, trockener Husten
>   Samb

FIEBER Hitzestadium im Fieber fehlt
>   am—m. agar. ARAN. Ben. Bov. camph. canth. Caps. Carc. Caust. Cimx. cocc. gamb. graph. Hep. Kali—bi. kali—c. kali—n. led. Lyc. mag—c. Mez. mur—ac. nat—c. ph—ac. ran—b. rhus—t. Sabad. STAPH. SULPH. sul—ac. Thuj. Verat.

FIEBER hohes abends und Untertemperatur dann morgens
>   Verat—v.

FIEBER hohes, Ausreissen d. Haare oder Kopf an Wand schlagen dabei
>   BELL. tarent. STRAM. verat—v.

FIEBER hohes, Delirium mit
>   ant—t. Apis. ARS. BELL. Bry. carb—v. chin. Chin—s. coff. hep. hyos. iod. NAT—M. nux—v. OP. PULS. sec. STRAM.

FIEBER hohes, Hitze Empfindung fehlt, weil Körper äusserlich kalt
>   Ars. Carb—v. Ferr. lyc. Phos. stann. sulph. verat.

FIEBER hohes Impfung nach (Reaktion auf I.)
>   acon. arn. Bell. hyper. led. Sil. thuj.

FIEBER hohes, intensive Hitze bis zur Hyperpyrexie
>   Acon. arn. Ars. bapt. BELL. bry. cic. chin—ar. con. Gels. hyos. iod. lyc. mez. mur—ac. Nat—m. op. phos. Puls. Pyrog. Rhus—t. sec. sil. Stram. tub. Verat—v.

FIEBER hohes, sehr h. bei Mastoiditis und Halsentzündung, mit Durst
>   CAPS.

FIEBER inflammatorisches, Entzündungsfieber
>   ACON. BELL. Bry. CHAM. chel. coff. Ferr-p. Ip. Merc. Puls. rhus—t. sulph.

FIEBER kalten Füssen mit
>   Arn. BELL. iris. lach. Stram. sulph. Tarent.

FIEBER kalten Händen mit
>   arn. bell. Thuj.

FIEBER morgens
>   aeth. ail. Ang. APIS. Arn. ars. bell. bor. bry. Calc. Caust. carb—an. CHAM. chel. chin. cimic. coff. cycl. dros. Eup—per. fl—ac. glon. Hep. ign. kali—bi. kali—c. Kali—i. lach. mag—c. Nat—m. nux—m. nux—v. petr. phyt. Podo. Rhus—t. sabad. sang. Sulph. teucr. thuj.

FIEBER morgens Bett im
>   ars. eup—per. ign. Kali—c. nicc. nux—v. petr. PULS. sulph.

FIEBER morgens Erwachen beim
>   acon—c. aeth. camph. chel. eup—per. lac—c. petr. sep. sulph.

FIEBER morgens Frösteln mit
　APIS. arn. ARS. caust. cham. coff. kali—bi. kali—c. kali—i. sulph. thuj.

FIEBER morgens Frühstück nach d.
　bar—c. calc. croc. ign. iod. sabad. staph.

FIEBER nachmittags 14 Uhr
　chlor. mag—c. mag—s. PULS. rhus—t. sang. sol—n.

FIEBER nachmittags 14 Uhr gefolgt von Frost um 16 Uhr
　PULS.

FIEBER nachmittags 16 - 20 Uhr
　Hell. Lyc.

FIEBER nachmittags 16 Uhr
　anac. chel. Hep. ip. LYC.

FIEBER nachmittags
　acon. agar. alum. ambr. am—m. Anac. Ang. ant—t. APIS. arg—n. Arn. ars. Asaf. asar. aster. Aza. BELL. berb. bov. Bry. cain. calad. calc. calc—ar. calc—s. calen. Canth. caps. caust. Chel. Chin. cina. coff. Colch. con. croc. cur. dig. dros. eupi. eup—per. Ferr. Ferr—ar. ferr—i. GELS. hep. hyos. IGN. iod. ip. iris. Kali—ar. Kali—c. Kali—n. kali—p. lac—ac. Lach. Lyc. lyss. mag—c. mag—m. mag—s. Mez. Nat—m. nicc. Nit—ac. nux—v. ph—ac. PHOS. phyt. podo. psor. PULS. ran—b. rhod. rhus—t. Ruta. Sang. sarr. senec. Sep. Sil. spong. Squil. Staph. stram. sulph. sul—ac. trom. zinc.

FIEBER nachmittags abwechselnd mit Frost
　CALC. kali—n.

FIEBER nachmittags Essen nach
　alum. bar—c. dig. Lach. nit—ac. phos. plan. ptel. raph. sabin. sul—ac. til.

FIEBER nachmittags Essen während
　Mag—m. sul—ac. thuj. valer.

FIEBER nachmittags Frösteln mit
　APIS. anac. Ars. caust. coff. Colch. cur. hyos. kali—c. Podo. Rhus—t. sil. sulph.

FIEBER nachmittags Hinlegen nach
　bry. carb—an. chel. coff. mag—m. nicc. PULS. sulph. sul—ac. zinc.

FIEBER nachts
Acon. aesc. Agar. Alum. am—c. am—m. ang. anac. Ant—c. ant—t. Apis. ars. BAPT. BELL. cadm—s. calad. CALC. calc—s. Canth. caps. carb—an. CARBN—S. Carb—v. caust. cedr. Cham. cic. Cimic. CINA. Cinnb. COLCH. coca. cocc. coff. con. cur. cycl. dig. Dros. dulc. elaps. ferr. Ferr—ar. GELS. glon. GRAPH. HEP. hura. hydr. ign. Kali—bi. kali—p. Kali—s. LACH. lil—t. Lyc. Mag—c. mag—m. mag—s. MERC. Merc—cy. Morph. Mur—ac. Nat—ar. nat—m. Nat—s. nicc. Nit—ac. Nux—v. Op. paeon. PETR. Ph—ac. PHOS. plb. psor. PULS. raph. RHUS—T. Sabad. sarr. Sep. SIL. stann. staph. Stram. SULPH. Tarent. thuj. Tub. verat. urt—u. ust. zinc.

FIEBER nachts 21 Uhr
Ars. bov. BRY. lyc. mag—s. nit—ac.

FIEBER nachts 22 Uhr
Ars. bov. chin—s. Elaps. Hydr. kali—i. Lach. Petr.

FIEBER nachts Mitternacht vor
acon. agar. ant—c. ars. alum. BRY. cadm—s. CALAD. Carb—v. cham. Chin—s. elaps. eug. Graph. hydr. Laur. lyc. Mag—m. mag—s. nit—ac. petr. phos. puls. sabad. sep. verat.

FIEBER nachts 23 Uhr bis Mitternacht
Bry. calad. Carb—v. Chin—s. Graph. Laur. MAG—M.

FIEBER nachts Mitternacht um
ARS. coc—c. elaps. lyc. mag—m. mag—s. nux—v. petr. Rhus—t. sep. Stram. sulph. verat.

FIEBER nachts Mitternacht um M. und mittags
ars. Elaps. spig. stram. sulph.

FIEBER nachts Mitternacht nach
ARS. Ferr—ar. Kali—c. Lyc. med.

FIEBER nachts Erwachen beim
BAR—C. benz—ac. carb—v. coloc. SULPH. zinc.

FIEBER nachts Frösteln mit
acon. Agar. apis. Ars. bapt. carbn—s. carb—v. caust. cham. coca. coff. Colch. cur. Elaps. Graph. Kali—bi. Rhus—t. Sil. SULPH. thuj. tub.

FIEBER nachts Säuglinge, jede Nacht
Cina.

FIEBER nachts Schweiss mit
agar. alum. am—m. Ant—c. BELL. bor. bry. calc. caps. carb—an. cedr. cina. Colch. Con. ferr. glon. ign. mag—c. mag—m. MERC. nat—m. nit—ac. nux—v. op. PHOS. Psor. PULS. RHUS—T. sabad. Sep. staph. stram. SULPH. thuj. verat.

FIEBER nachts, trockene brennende Hitze
ACON. anac. arn. ARS. Bar—c. BELL. BRY. calc. carb—v. caust. cedr. chel. chin—s. Cina. coc—c. coff. Colch. coloc. Con. dulc. hep. Graph. kali—n. Lach. lyc. Nit—ac. nux—m. Nux—v. PHOS. Puls. ran—s. rhod. RHUS—T. rhus—v. spig. thuj. Tub.

FIEBER nachts, trockene brennende Hitze mit Angst
acon. Apis. ARS. bar—c. bry. rhus—t.

FIEBER nachts, trockene brennende Hitze mit Schlaflosigkeit
bar—c. Cham. graph. hyos. Phos.

FIEBER nachts, trockene brennende Hitze ohne Durst
Apis. ARS.

FIEBER nervöses, Nervenfieber akutes und heftiges
acon. BELL. BRY. camph. cham. Hyos. lyc. mur—ac. nux—v. Op. Ph—ac. RHUS—T. Scut. Stram. Verat.

FIEBER nervöses, Nervenfieber schleichendes, dabei Stumpfheit
arn. Ars. chin. cocc. LACH. merc. MUR—AC. nux—v. Op. Rhus—t. sulph. Verat.

FIEBER Neugeborene, Aufschrecken und Krämpfe dabei
CAMPH.

FIEBER Pfeiffer Drüsenfieber, Mononukleose (Epstein- Barr Virus)
acon. ail. alumn. anan. Apis. Ars. ars—i. bapt. bar—c. bar—i. Bar—m. BELL. Bism. Calc. CARC. Chin—ar. Cist. clem. Dulc. GELS. graph. Hep. iod. Iodof. Kali—i. Lach. MERC. merc—cy. Merc—i—r. Phos. ph—ac. PHYT. rhus—t. sil. Sil—mar. sulph. vince.

FIEBER Pfeiffer Drüsenf., Mononukleose, Epstein Barr Virus Beschwerden seit
Carc. cist. Nat—m. merc. psor.

FIEBER plötzliches (schnell beginnend)
ACON. Apis. BELL. Cham. coff. cina. Dulc. Ferr—p. hyos. Nux—v. op. puls. rhus—t. Stram.

FIEBER plötzliches (schnell beginnend) mit Apathie
BELL. Apis. Dulc. Ferr—p.

FIEBER plötzliches (schnell beginnend) mit Unruhe
ACON. Cham. Rhus—t.

FIEBER remittierendes
Acon. ant—c. ars. Bell. bry. Cham. cina. GELS. lept. merc. puls. sulph.

FIEBER remittierendes Herbst besonders im, nachts F. Anstieg
Acon. ant—c. Ant—t. apis. ars. bell. Bry. calc. cham. Chin. cina. Coloc. ip. mag—c. Merc. Nux—v. Puls. Phos. Rhus—t. sulph.

FIEBER remittierendes Kleinkindern bei (häufige Anfälle von F.)
ACON. am—m. ant—c. ant—t. apis. Ars. BELL. bor. Bry. calc. CHAM. Chin. cina. coff. coloc. ferr—p. GELS. ign. Ip. kali—br. mag—c. merc. Nux—v. phos. podo. puls. rhus—t. Sulph.

FIEBER rezidivierend und schwächendes, Grippe nach (Rekonvaleszenz)
Ant—t. ABROT. bac. Calc. carc. influ. Sul—i. sulph. Tub.

FIEBER rheumatisches (rheumatoide Arthritis, RA)
acon. Apis. Bell. Benz—ac. bry. Calc. caust. kali—i. Kalm. lach. Lyc. merc. nat—p. phyt. RHUS—T. sulph. tub.

FIEBER spontan und willentlich auslösbar
ign. Puls.

FIEBER still und ruhig liegt fieberhaften Erkrankungen bei
apis. arn. Bell. BRY. dulc. Eup—per. Ferr—p. Gels. Nux—v. OP.

FIEBER tagsüber, Fieberhitze nur tags
ail. ant—t. bell. berb. carb—v. EUP—PER. ox—ac. sep. sulph. thuj.

FIEBER trockene brennende Hitze, vom Kopf & Gesicht ausgehend, mit Durst
Acon.

FIEBER trockene brennende Hitze nachts
ACON. anac. arn. ARS. Bar—c. BELL. BRY. calc. carb—v. caust. cedr. chel. chin—s. Cina. coc—c. coff. Colch. coloc. Con. dulc. hep. Graph. kali—n. Lach. lyc. Nit—ac. nux—m. Nux—v. PHOS. Puls. rhod RHUS—T. rhus—v. spig. thuj. Tub.

FIEBER trockene brennende Hitze mit Angst nachts
acon. Apis. ARS. bar—c. bry. rhus—t.

FIEBER trockene brennende Hitze mit Schlaflosigkeit nachts
bar—c. Cham. graph. hyos. Phos.

FIEBER trockene brennende Hitze ohne Durst nachts
Apis. ARS.

FIEBER trockene Hitze allgemein
acet—ac. ACON. aesc. ail. Alum. am—c. anac. ant—t. Apis. Arn. ARS. ars—i. arum—t. bar—c. bapt. bar—m. BELL. bism. BRY. cact. Calc. calc—p. camph. carb—an. carbn—s. carb—v. caust. Cedr. Cham. chel. chlor. Chin. chin—ar. cimx. cina. clem. cocc. coff. Colch. coloc. con. cor—r. crot-h. DULC. elaps. Ferr. Ferr—ar. ferr—i. Ferr—p. hell. hep. hyos. hyper. ign. Iod. ip. Kali—ar. Kali—c. kali—cy. kali—n. kali—p. kali—s. lach. lact. led. Lyc. mag—s. meny. Merc. Mur—ac. nat—ar. nat—s. nit—ac. NUX—M. NUX—V. Op. Petr. plb. Ph—ac. PHOS. phys. ptel. Puls. Rhus—t. Samb. Sec. sep. sil. spig. squil. Spong. Stram. stann. staph. Sulph. Sumb. Tarent. thuj.

FIEBER trockene Hitze abends
>aesc. apis. ars. bapt. bell. Calc—p. carb—v. coff. CHIN. coloc. elaps. graph. Kali—c. Plb. PULS.

FIEBER trockene Hitze abends, Hände suchen kühle Stellen (auch Herausstrecken
>aus Bett)
>PULS.

FIEBER trockene Hitze bedeckten Koerperteilen an
>Thuj.

FIEBER trockene Hitze Delirium mit
>ARS .BELL. Bry. Chin—s. Coff. Lach. Lyc. Phos. RHUS—T.

FIEBER trockene Hitze krampfartigem Würgen mit
>CIMX.

FIEBER trockene Hitze krampfartigem Würgen & sauberer Zunge mit
>cimx. IP.

FIEBER trockene Hitze morgens
>Arn. ail. Bry. calc. cocc. nit—ac. sulph.

FIEBER trockene Hitze morgens beim Erwachen
>Arn.

FIEBER trockene Hitze nachmittags
>alum. Ars. elaps. gels. ferr. nat—s.

FIEBER trockene Hitze nachts
>ACON. anac. ant—t. arn. ARS. bapt. Bar—c. Bar—m. BELL. Bry. calc. carb—an. Carbn—s. carb—v. Caust. Cedr. chel. chin—ar. chin—s. cina. Clem. Cocc. coff. Colch. coloc. con. dulc. Ferr. hep. graph. kali—n. Lach. lyc. mur—ac. Nit—ac. nux—m. Nux—v. PHOS. Puls. raph. RHUS—T. Rhus—v. Sumb. Tarent. thea. thuj.

FIEBER trockene Hitze nachts Delirium mit
>ARS. BELL. Bry. Chin—s. Coff. Lach. Lyc. Phos. RHUS—T.

FIEBER trockene Hitze Schlaf beim Zubettgehen
>SAMB.

FIEBER trockene Hitze Schlaf während
>bov. bry. gins. ph—ac. SAMB. thuj. viol—t.

FIEBER trockene Hitze m. schweissnassen Händen - wenn aus Bett gestreckt, Frösteln
>Hep.

HITZE trockene während Schlaf, Schweiss beim Erwachen
>SAMB.

FIEBER Hitze - Gesicht heiss, unstillbarer Durst, trockene Zunge
Cham.

FIEBER Hitze - Haut heiss, trocken, Gesicht rot & blass im Wechsel
Acon.

FIEBER tropisches
cedr. eup—per. Gels. psor. Ter.

FIEBER unfähig zu, kann kein regelrechtes " gesundes" F. entwickeln
Aran. bov. caps. CARC. caust. cimx. Kali—bi. kali—c. kali—n. mez. mur—ac.
ph—ac. ran—b. sabad. Staph. SULPH. sul—ac. Thuj. verat.

FIEBER unregelmässige Stadien (auch bei Malaria tropica)
ARS. BRY. Ip. NUX—V. op. Sep.

FIEBER vormittags
alum. Am—c. am—m. arg—m. ars. Bapt. berb. bry. cact. calc. caps. cedr. CHAM.
Eup—per. gels. ham. kali—c. lyc. Mag—c. NAT—M. nux—m. Nux—v. Phos.
Rhus—t. sars. sep. sil. sol—n. spig. sulph. thuj. verat. zinc.

FIEBER vormittags Frösteln mit
ars. Bapt. CHAM. kali—c. sil. sulph. thuj.

FIEBER während K. will nicht im Bett bleiben
acon. bell. coloc. hell. LACH. PHOS. Puls. rhus—t. SULPH.

FIEBER während K. will ruhig im Bett bleiben, mit Stöhnen
ars. BRY. Hep. Lyc. Nux—v. ph—ac.

FIEBER Zahnung während, "Zahnfieber"
ACON. Agar. am—c. Ars. Bor. bry. BELL. Calc. CHAM. Cic. cina. Coff. Cupr.
Ferr—p. Gels. Hep. Hyos. IGN. Ip. lach. mag-c. Merc. merc—c. nit—ac. Nux—v.
op. phyt. puls. Rheum. Rhus—t. sec. Sil. stann. stram. Sulph. thuj. tu. verat—v.

FIEBER Zahnung während, Gehirnreizung dabei (Krampfneigung)
apis. bell. cupr. cupr—ar. Hell. Verat—v.
Siehe auch unter Nerven Encephal. S. 176 und Konvuls. S. 181, 187

FIEBER Zahnung während nachts
ars. bell. Cham. Merc. phyt. Sil.

FIEBER Zittern mit
Ars. Calc. camph. Cist. Eup—per. gels. Kali—c. Lach. Mag—c. mygal. nat—m.
Sep.

FIEBER Zudecken, Verlangen nach Wärme dabei (Abdecken agg.)
ars. bar—c. BELL. hell. Hep. Mag—c. NUX—V. Puls. psor. Pyrog. Rhus—t.
tarent. Stram. Tub.

FIEBERKRÄMPFE
siehe therapeutische Hinweise, S. 660

FIEBERKRÄMPFE Hauptmittel
Ars. BELL. Camph. carb—v. cham. Cic. Cina. CUPR. CUPR—AR. ferr—p. Hyos. Nux—v. Op. ph—ac. sep. STRAM. Verat.

FIEBERKRÄMPFE
siehe auch unter Nerven, Krampfanfall Hitze, S. 188 Epilepsie durch Hitze S. 177

FRIEREN leicht mit frostigen Extremitäten und Schweiss, Kleinkind
Sep.

FRIEREN, Schüttelfrost durch Angst, Furcht oder Schreck (agg.)
Acon. GELS. ign. Lyc. Merc. Nux—v. Op. plat. PULS. Sil. Verat.

FRIEREN, Schüttelfrost durch Wut, Ärger oder Kränkung (agg.)
Acon. Ars. BRY. cham. Gels. merc. NUX—V. Rhus—t. tarent. teucr.

FRÖSTELN, Frieren leicht bei grundsätzlichem Lebenswärme Mangel
ALUM. Ars. Bar—c. Calc. Calc—p. calc—sil. caust. china. dulc. Ferr. GRAPH. Hep. Kali—c. LED. Lyc. Mag—p. nit—ac. nux—v. phos. Psor. ran—b. Rhus—t. rumx. SEP. SIL. Spig. Staph. Stront—c. Thuj. Verat.

FROST, Frösteln fieberfreien Stadium im
anac. Ars. bry. caps. cocc. daph. dig. Hep. led. nat—m. puls. ran—s. sabad. sil. verat.

FROSTSTADIUM des Fiebers, Durst danach
all—c. ARS. canth. CHIN. Cimx. DROS. ferr. hep. kali—bi. kreos. mag—s. Nat—m. nat—s. psor. PULS. Sabad. sars. Sep. sulph. thuj.

FROSTSTADIUM des Fiebers, Durst vorher
am—c. am—m. arn. ARS. Caps. CHIN. EUP—PER. Eup—pur. Hep. lach. nat—m. Nux—v. ol—j. PULS. sep. sulph.

FROSTSTADIUM des Fiebers, Durst während
Acon. alum. am—m. APIS. aran. ARN. ars. asar. bar—c. bar—m. bov. Bry. calad. Calc. camph. cann—s. canth. CAPS. carbn—s. Carb—v. cham. Chin—s. cimx. CINA. croc. eupi. EUP—PER. Eup—pur. Ferr. gamb. IGN. kali—ar. Kali—c. kali—i. Lach. Lec. Led. mag—m. med. mur—ac. nat—c. NAT—M. nat—s. NUX—V. ol—j. Op. psor. PYROG. ran—s. Rhus—t. sabad. Sec. SEP. SIL. Sulph. tarent. thuj. TUB. VERAT.

GRIPPE, fieberhafter grippaler Infekt, Influenza epidemica allgemein
ACON. all—c. ant—t. Ars. Bell. Bry. chin. chin—ar. dros. Dulc. Eup—per. ferr—p. GELS. hep. kali—bi. merc. phos. puls. pyrog. Rhus—t. sang. sarc—ac. spong. sulph. Vince.

GRIPPE Sonderformen
wie Halsgrippe, Brustgrippe etc. siehe therapeutische Hinweise, S. 624

LEBENSWÄRME Mangel allgemein

Aesc. Agar. Alum. Alumn. Am—c. am—m. anac. Ant—c. ARAN. Arg—m. Arg—n. ARS. Ars—i. Asar. Aur. BAR—C. Bar—m. bor. Brom. bufo. CALC. Calc—ar. Calc—f. CALC—P. Calc—s. calc—sil. calen. CAMPH. cand—a. Caps. CARB—AN. Carb—v. Carbn—s. Caul. CAUST. Chel. Chin. chlor. cic. Cimic. Cinnb. CIST. Cocc. Colch. Con. CROT—C. cupr—a. cycl. cyt—l. Dig. DULC. Elaps. FERR. Ferr—ar. GRAPH. Guaj. Helo. HEP. hydr—ac. Ip. KALI—AR. KALI—BI. kali—br. KALI—C. KALI—P. Kalm. Kreos. Lac—d. Lach. Laur. LED. Lyc. Mag—c. mag—m. Mag—p. Mang. Med. Merc. Mez. Mosch. Naja. Nat—ar. nat—c. Nat—m. Nat—p. Nat—sil. NIT—AC. Nux—m. NUX—V. Ol—j. penic. Petr. PH—AC. PHOS. Plb. PSOR. PYROG. Ran—b. Rhod. RHUS—T. Rumx. Sabad. sars. Senec. Sep. SIL. Spig. Stann. Staph. Stront—c. Sul—ac. Sulph. Sumb. Tarent. Ther. Thuj. Tub. v—a—b. verat. zinc. zinc—p.

LEBENSWÄRME Mangel - ausser am Kopf (dort Kälte am.)

ARS. Ars—i. calc. calc—p. calc—s. carb—an. carb—v. chin. Chin—ar. Ferr. ferr—p. Glon. lach. led. nat—m. nit—ac. phos. Puls. sep. spig. sulph.

LEBENSWÄRME Mangel, akuten Krankheiten während

am—c. bar—c. Camph. carb—v. LED. nat—c. Psor. sil. sul—ac. .

LEBENSWÄRME Mangel, chronischen Krankheiten während

carb—an. nit—ac. ph—ac. Psor. SEP. Sil.

LEBENSWÄRME Mangel, Wärme agg. jedoch

Agar. ALUM. ant—c. APIS. Arg—n. Ars—i. aur. Bar—c. bor. BRY. CAMPH. CARB—AN. carb—v. CARBN—S. caust. cocc. dig. Dros. Dulc. GRAPH. guaj. Ip. Kali—s. lach. laur. LED. LYC. Merc. MEZ. nat—c. Nat—m. Nat—s. Ph—ac. Phos. PULS. sabad. spig. staph. Sulph. Thuj. zinc.

LEBENSWÄRME vermehrt

Aloe. ant—c. APIS. arg—m. arg—n. arn. Asaf. Aur. bell. brom. bry. Calc—s. cham. Coc—c. coff. croc. Euph. fl—ac. Glon. hyper. IOD. Kali—i. Kali—s. kreos. lach. led. lil—t. lyss. mag—s. Med. meli. meph. merc. nat—m. Nat—s. Op. Plat. Puls. sabin. sec. Sel. SULPH. ter. valer. Verat—v. viol—t.

LEBENSWÄRME vermehrt nachts, stösst Bettdecke weg selbst im Winter

acon. calc. hep. Med. nat—m. phos. Puls. Sanic. sil. SULPH.

LEBENSWÄRME vermindert allgemein, Fieber Mangel / Unfähigkeit mit

agar. alum. Am—c. Aran. Ars. Bar—c. Calc. Calc—f. Calc—p. camph. Carb—an. Carb—v. Caust. Carc. chin. cocc. con. cupr. dulc. ferr. Graph. hep. Kali—c. kreos. led. lyc. mag—c. mag—p. merc. mosch. Mur—ac. Nat—c. nat—n. nit—ac. nux—v. petr. ph—ac. Phos. Psor. puls. rhus—t. sars. Sep. SIL. stann. Staph. Stront—c. sul—ac. Sulph. thuj. zinc.

LEBENSWÄRME vermindert im Krankheitsfalle

agar. Alum. AM—C. ambr. Anac. Aran. arg—m. arg—n. Ars. Asar. Bar—c. Calc. calc—f. calc—p. calc—s. camph. Carb—an. Carb—v. Carc. Caust. chin. cist. cocc. Coff. con. crot—h. cupr. dulc. elaps. Ferr. Graph. hep. Kali—bi. Kali—c. kreos. Lach. led. Lyc. Mag—c. mag—p. merc. mosch. mur—ac. NAT—C. nat—m. nit—ac. nux—v. Op. petr. Ph—ac. Phos. Pic—ac. Psor. Puls. Pyrog. rhus—t. sars. Sep. SIL. stann. Stront—c. sulph. sul—ac. thuj. Tub. zinc.

MALARIA
ars. bapt. CHIN. chin—ar. Chin—s. eup—per. gels. ip. Meny. Nat—m. nat—s. Nux—v.

MASERN, Morbilli allgemein - exanthematisches Fieber
Acon. ail. am—c. Ant—c. Ant—t. APIS. Ars. Ars—i. Bell. BRY. CAMPH. Carb—v. cham. chel. chin. chlor. coff. cupr. DROS. Dulc. Eup—per. EUPHR. Ferr—p. GELS. Hyos. Ip. Kali—bi. kali—chl. Kali—m. Lach. MERC. Merc—c. Merc—pr—r. Morb. Op. phos. Psor. PULS. Rhus—t. Squil. Spong. STICT. Stram. SULPH. TUB. Vario. verat. Verat—v. Viol—o. zinc.

MASERN akut, zu Beginn, vor Ausschlag
Bry. all—c. euphr. Puls. Stram. sulph.

MASERN Atemnot oder Croup (Krupp) mit
acon. bry. CHAM. ferr—p. Hep. PULS. Spong. sul—i. Zinc.

MASERN chronische, ohne Exanthem
arg—n. graph. morb. PULS. sul—i. Sulph. Tub. zinc. zinc—p.

MASERN Folgekrankheiten (nach M. agg.)
acon. Am—c. ant—c. Ant—t. Arg—m. ARS. BELL. Bry. Calc. Camph. CARB—V. Carbn—s. Caust. cham. chin. cina. Coff. Cupr—a. Dros. Dulc. euphr. Hell. Hyos. ign. iod. Ip. Kali—c. Kali—m. lob. Merc. Merc—c. MORB. mosch. nux—m. nux—v. Op. oxyd. Phos. PULS. Rhus—t. Sang. Sep. Stict. stram. Sulph. TUB. Zinc.

MASERN Folgekrankheiten, nach unterdrücktem Exanthem
Bell. Bry. cham. Cupr—a. morb. Phos. Puls. rhus—t. Zinc.

MASERN, dabei: Adenitis (Drüsen Entzündung)
Kali—bi. Merc—i—r.

MASERN, dabei: Augensymptome
Ars. EUPHR. Kali—bi. Puls.

MASERN, dabei: Ausschlag zu früh zurückgehend oder unterdrückt
Ant—t. Apis. BRY. Camph. CUPR—A. IP. Lach. phos. puls. rhus—t. STRAM. ZINC.

MASERN, dabei: Blutungen, Hämorrhagien
Crot—h. ferr—p.

MASERN, dabei: bösartiges Fieber, Toxämie (Blutvergiftung)
AIL. ARS. Bapt. Carb—v. Crot—h. ferr—p. LACH. MUR—AC. RHUS—T. Sulph.

MASERN, dabei: bronchiale und pulmonale Symptome anhaltend (Bronchitis)
bell. bry. Calc. Iod. ip. Kali—c. phos. puls. Sil. Sulph.

MASERN, dabei: cerebrale Symptome, Krämpfe, Konvulsionen
aeth. Apis. BELL. Camph. Coff. CUPR—A. hell. Stram. Verat—v. Viol—o. Zinc.

MASERN, dabei: diphtherische Symptome
> Lach. Merc—cy.

MASERN, dabei: Epistaxis, Nasenbluten
> Acon. Bry. crot—h. Ferr—p. Ip.

MASERN, dabei: Gangraen von Mund oder Uvulva
> Ars. Kali—chl. Lach.

MASERN, dabei: Husten, kruppös (croupös)
> Acon. Coff. Dros. Euphr. Gels. HEP. hyos. Kali—bi. kali—c. SPONG. Stict.

MASERN, dabei: katarrhalische Symptome (Schnupfen) ausgeprägt
> Ars. All—c. Dulc. EUPHR. Gels. Kali—bi. kali—c. Merc. PULS. Sabad. STICT.

MASERN, dabei: Laryngitis
> acon. Dros. Gels. KALI—BI. phos. Viol—o.

MASERN, dabei: Ohren Schmerz, Otalgie und/o. rheumatische Symptome
> kali—bi. lyc. nit—ac. PULS.

MASERN, dabei: Schlaflosigkeit und Husten
> Calc. Coff.

MASERN maligne (schwarze M.)
> Ail. ARS. Crot—h. Lach. puls. rhus—t.

MUMPS, Parotitis epidemica
> abrot. agn. am—c. ars. arum—t. aur. Bar—c. BELL. Brom. Calc. Carb—an. Carb—v. cham. chin. cina. Cist. Con. ferr—p. hep. Kali—bi. kali—c. lach. Lyc. MERC. nat—m. nit—ac. phos. Phyt. Pilo. PULS. RHUS—T. sars. Sil. staph. trif—r. vario.

MUMPS metastasiert auf Hoden oder Brust
> abrot. jab. merc. plb. Puls. rhod. rhus—t.

POCKEN Inkubationsstadium (Variola I. Stadium)
> Acon. Bell. Bry. Cimic. eup—per. Gels. phos. rhus—t. Stram. verat—v.

POCKEN Eruptionsstadium nach Fieberabfall (Variola II B. Stadium)
> THUJ.

POCKEN Eiterungsstadium (Variola III. Stadium)
> crot—h. graph. Hep. kali—s. lach. MERC. Sulph. Thuj.

POCKEN Verlaufsform haemorrhagische (Variola haemorrhagica)
> crot—h. ham. hydr—ac. lach. Mur—ac. NIT—AC. Phos. SEC.

POCKEN Verlaufsform septische (Variola septica)
> Ars. bapt. Crot—h. LACH. pyrog.

POCKEN Kuhpocken, Vaccinia
Acon. ant—c. apis. BELL. canth. Ferr—p. Gels. hep. ip. puls. Rhus—t. Thuj.
urt—u.

PROPHYLAXE bei epidemisch auftretenden (Kinder-) Krankheiten
siehe therapeutische Hinweise, S. 661

PSEUDODIPHTHERIE, Diphtheroid (Beläge breiten s. nicht aus, Streptokok. o. ä.)
Ars. BELL. KALI—PERM. Lach. Melal—a. MERC—CY. Pyrog. Rhus—t.

RINGELRÖTELN, Ringelflechten allgemein - exanthematisches Fieber
apis. ars. BAC. Bar—c. calc. Chrysar. Dulc. eup—per. ferr—p. graph. hydr. mez.
nat—c. Nat—m. Phyt. Sanic. Sep. sulph. Tell. Thuj. TUB. viol—t.

RÖTELN
siehe therapeutische Hinweise, S. 662

RÖTELN, Rubellae, Rubeolae allgemein - exanthematisches Fieber
ACON. apis. bar—c. Bell. Bry. canth. Cop. dulc. ferr—p. hyos. phos. Puls. sulph.

SCHARLACH, Scarlatina allgemein - exanthematisches Fieber
Acon. AIL. Am—c. am—m. Apis. arg—n. Arn. ARS. ars—i. Arum—t. Asim. BELL.
Bry. calc. Camph. Canth. Carb—ac. Carb—v. Cham. chin. Chin—ar. coff. Com.
crot—c. Crot—h. Cupr. Cupr—a. dub. dulc. Echi. eucal. Gels. hep. hyos. ip.
kali—chl. kali—s. lac—c. LACH. Lyc. MERC. Merc—i—r. MUR—AC. nat—s.
Nit—ac. nux—m. op. ph—ac. phos. PHYT. pyrog. RHUS—T. sang. Scarl. sec. sil.
sol—n. spig. Stram. STREPTOC. sul—i. Sulph. syph. ter. Zinc.

SCHARLACH Ausschlag nach innen schlagend, zurücktretend
Am—c. APIS. Ars. Bry. Calc. CAMPH. CUPR—A. Cupr. STRAM. Sulph. Verat.
ZINC.

SCHARLACH Ausschlag nach innen schlagend, Gehirn Lähmung mit
AIL. Am—c. Cupr—a. Sulph. Tub. ZINC.

SCHARLACH chronisch werdend
Calc. Hep. Rhus—t.

SCHARLACH Folgen Adenitis (Drüsen Erkrankungen)
am—c. BAR—C. Brom. calc. Hep. Lac—c. Lach. MERC—I—R. Phyt. Sil.

SCHARLACH Folgen Erbrechen
Ail. Asim. BELL. Cupr.

SCHARLACH Folgen Nasen Erkrankungen
Arum—t. Aur. aur—m. Mur—ac. Sulph.

SCHARLACH Folgen Ohren Erkrankungen
apis. asar. aur. bar—m. Bell. bor. brom. calc—s. Carb—ac. Carb—v. crot—h. Gels.
graph. HEP. kali—bi. Lyc. MERC. nit—ac. Psor. puls. Sil. Sulph. Tell. ter. verb.

SCHARLACH Folgen Stomatitis ulcerosa
Arum—t. Mur—ac.

SCHARLACH Folgen Taubheit und wunde blutende Nase
Mur—ac.

SCHARLACH Folgen typhoide Symptome
Ail. Arum—t. HYOS. Lach. RHUS—T. Stram.

SCHARLACH, dabei: Albuminurie u. Oedeme
Acon. Am—c. APIS. Apoc. ARS. Canth. Colch. Dig. HELL. Hep. Kali—chl. Lach. lyc. Nat—s. phos. TER.

SCHARLACH, dabei: Angina (Halsschmerz)
Acon. AIL. APIS. Ars. ASIM. BAR—C. BELL. Brom. Kali—perm. Lac—c. LACH. Merc. Mur—ac. PHYT. Rhus—t.

SCHARLACH, dabei: Angina ulcerativa
AM—C. Apis. ARS. Arum—t. Bar—c. Crot—h. Hep. LACH. MERC—CY. Merc—i—r. MUR—AC. Nit—ac.

SCHARLACH, dabei: Durchfall
Ail. Ars. Asim. Phos. Rhus—t.

SCHARLACH, dabei: Fieber sehr hohes
Acon. APIS. Asim. Bapt. BELL. Gels. Rhus—t.

SCHARLACH, dabei: Halsentzündung
Ail. Am—c. Asim. BELL. CARB—AC. Crot—h. Hep. Lach. MERC—I—R. Merc. RHUS—T.

SCHARLACH, dabei: Laryngitis
Brom. Spong.

SCHARLACH, dabei: nervöse, konvulsive, cerebrale Symptome
Aeth. Ail. Am—c. Apis. Ars. BELL. Camph. CUPR—A. Cupr. HYOS. Rhus—t. STRAM. Sulph. Zinc.

SCHARLACH, dabei: neuralgische Schmerzen
ars. cann—i. Colch. dig. LACH. Merc.

SCHARLACH, dabei: Oedem der Glottis
APIS. Apisin. Chin—s. Merc—c.

SCHARLACH, dabei: Oedem der Lungen
ANT—T. Cann—s. Phos. Squil.

SCHARLACH, dabei: Parotitis
Am—c. Phyt. Rhus—t.

SCHARLACH, dabei: rheumatische Symptome
Bry. lach. RHUS—T. Spig.

SCHARLACH, dabei: Zellulitis (Gewebeverdickung)
acon. Ail. Am—c. APIS. bry. Lach. RHUS—T. sulph.

SCHARLACH maligne Tendenz, mit Adynamie (Schwäche)
AIL. Am—c. APIS. ARS. ARUM—T. Bapt. CARB—AC. Carb—v. CROT—H.
Cupr—a. Echi. Hydr—ac. LACH. Merc—cy. MUR—AC. Nit—ac. Phos. RHUS—T.
Tab. Zinc.

SCHWEISS Angst, Furcht oder Schreck durch (agg.)
Anac. ars. bell. calc. cham. chin. ferr. fl—ac. Gels. lyc. mang. Ph—ac. phos. puls.
OP. Sep. sil.

SCHWEISS erleichtert (am.) nicht
Fl—ac. Hep. MERC. Samb.

SCHWEISS Essens während
NAT—C. nat—m. nit—ac.

SCHWEISS Essens während an Stirn oder Oberlippe
Nat—m.

SCHWEISS fehlt trotz genügenden Trinkens bei Krankheit
APOC. bell. Bry.

SCHWEISS ganzer Körper ausser am Kopf
Bell. mur—ac. nux—v. RHUS—T. SAMB. Sec. SEP. Thuj.

SCHWEISS Geruch eitrig
Carb—v. Psor. staph.

SCHWEISS Geruch faule Eier wie
Staph. SULPH.

SCHWEISS Geruch faulig
Bapt. carb—ac. Carb—v. dulc. hep. merc. Phos. Psor. Staph. tub.

SCHWEISS Geruch Holunder wie
Sep.

SCHWEISS Geruch Honig wie
Thuj.

SCHWEISS Geruch Käse wie
HEP. Plb. Sulph.

SCHWEISS Geruch moderig
Ars. nux—v. rhus—t. Thuj.

SCHWEISS Geruch sauer (oft riecht der ganze Körper sauer)
ars. asar. bry. CALC. Cham. colch. Graph. Hep. iod. Ip. lyc. Mag—c. merc.
nit—ac. psor. RHEUM. Sep. sil. Sulph. thuj. verat.

SCHWEISS Geruch scharf beissend
Cham. con. nit—ac.

SCHWEISS Geruch schimmelig
cimx. Nux—v. psor. Puls. Rhus—t. stann.

SCHWEISS Geruch stinkend
Bar—m. carb—an. Dulc. graph. HEP. Merc. Nit—ac. nux—v. petr. PSOR. puls. sep. sil. sulph. thuj. Tub.

SCHWEISS Geruch süsslich (zieht Fliegen an)
Calad. puls. staph. Thuj.

SCHWEISS Geruch würzig wie Moschus
Apis. puls. Sulph.

SCHWEISS halbseitiger links
ambr. anac. BAR—C. Chin. Fl—ac. kali—c. phos. puls. Rhus—t. spig. Stann. Sulph.

SCHWEISS halbseitiger rechts
Bell. bry. fl—ac. Nux—v. phos. puls. ran—b. Sabin.

SCHWEISS heftige Schweissausbrüche
bar—c. bell. Calc. ip. phos. samb. sanic. Sil. sulph. tub.

SCHWEISS kalter Luft in
ars. Bry. CALC. lyc. psor. sep. verat.

SCHWEISS kalter nachts, Hauptmittel
Calc.

SCHWEISS Körperteile, Stellen auf d. man liegt
Acon. bry. Bell. CHIN. NIT—AC. nux—v. puls. Sanic.

SCHWEISS Körperteile, Stellen auf d. man nicht liegt
Ben. thuj.

SCHWEISS nachts im Schlaf
bac. Calc. lach. Psor. ph—ac. psor. puls. samb. sanic. Sulph. Tub.

SCHWEISS Neigung erheblich - dadurch Jucken d. Haut
cham. Lyc. merc. rhod. SEP.

SCHWEISS nervöser oder Schweiss in Gegenwart fremder Personen
Ambr. Bar—c. LYC. sep. stram.

SCHWEISS Oberkörper, oben
> acon. agar. Anac. Ant—t. arg—m. arn. ASAR. aza. bar—c. bell. berb. Bov. calc. camph. Caps. Carb—v. caust. Cham. chin. cina. coc—c. dulc. dig. eup—per. fl—ac. graph. Ign. ip. KALI—C. lat—m. laur. mag—c. mag—m. mag—s. merc—c. mosch. mur—ac. nat—c. Nit—ac. nux—v. OP. PAR. petr. ph—ac. phos. Pilo. plb. puls. Rheum. rhus—t. Ruta. sabad. Samb. Sars. Sec. sel. sep. sil. spig. sul—ac. thuj. tub. valer. verat.

SCHWEISS ölig
> bry. chin. Mag—c. MERC. stram. THUJ.

SCHWEISS partiell entweder Gliedmassen oder nur an Kopf und Nacken
> CALC. phos. Sanic. sep. SIL.

SCHWEISS reichlich bedeckten Körperteilen an
> bell. CHAM. CHIN. Ferr. Nit—ac. nux—v. sec. Thuj.

SCHWEISS reichlich Mittagsschlaf bei
> Caust. sel.

SCHWEISS reichlich Mitternacht, dauert bis zum Morgen
> graph. mag—c. Phos.

SCHWEISS reichlich Mitternacht nach
> acon. alum. ambr. am—m. ars. bol—la. clem. coloc. graph. KALI—C. mag—c. mag—m. phos. sil. sulph.

SCHWEISS reichlich Mitternacht vor
> Carb—v.

SCHWEISS reichlich morgens
> acon. am—c. am—m. ars. bry. carb—v. caust. chin. CHIN—S. dulc. FERR. Ferr—ar. MAG—C. Merc. nat—c. nat—m. nat—p. Nit—ac. OP. Ph—ac. PHOS. Puls. Rhus—t. sep. SIL.

SCHWEISS reichlich, nicht schwächend
> calad. Casc. cupr. nat—m. psor. Rhus—t. SAMB. stram.

SCHWEISS reichlich, Tag und Nacht ohne Erleichterung (bessert nicht)
> HEP. Merc. Samb.

SCHWEISS reichlich Wutanfall bei
> acon. ant—t. ars. Bell. hyos. lyc. merc. nat—c. nat—m. nit—ac. nux—v. Op. ph—ac. phos. puls. Stram. verat.

SCHWEISS Rückseite d. Körpers (hinten)
> acon. anac. CHIN. coc—c. coff. dulc. guaj. ip. led. Nux—v. par. petr. puls. sabin. Sep. sil. stann. stram. SULPH. thuj.

SCHWEISS Schlaf Einschlafen beim

aeth. am—c. ant—c. ARS. Calc. carb—an. Con. lyc. Mag—c. MERC. mez. MUR—AC. op. Phos. rhus—t. puls. Sanic. sars. Sep. sil. SULPH. tab. TARAX. THUJ. verat.

SCHWEISS Schlaf Erwachen nach

alum. anac. Ant—c. Ant—o. arn. Ars. bar—c. bell. bov. bry. Calc. Calad. canth. carb—an. carbn—s. carb—v. caust. cedr. Chel. Chin. Chin—ar. cic. Clem. colch. con. corn. cycl. dig. Dros. eupi. euphr. Ferr. ferr—ar. glon. graph. hep. hyper. jug—c. ign. lac—c. led. lyc. mag—c. mag—m. mang. Merc. merc—c. nat—m. nicc. Nux—v. ph—ac. Phos. pip—m. ptel. ran—b. rat. rumx. SAMB. SEP. sil. stann. staph. SULPH. Tarax. til.

SCHWEISS Schlaf Erwachen nach am.

ant—c. Ars. bell. Cham. CALC. chin. cycl. Euphr. Hell. NUX—V. op. PHOS. Plat. PULS. sel. Sep. sil. stram. Sulph. THUJ.

SCHWEISS Schlaf während

agar. am—c. anac. Ant—c. Ant—t. Ars. bar—c. BELL. bor. bry. bufo. calc. camph. Carb—an. carbn—s. carb—v. Caust. CHAM. CHEL. CHIN. Chin—ar. Chin—s. cic. cina. clem. CON. cycl. dig. dros. dulc. euphr. eup—per. Ferr. Ferr—ar. Ferr—p. hep. HYOS. ign. kali—ar. kali—c. Kali—p. Lac—c. lachn. lyc. Merc. MEZ. mur—ac. nat—c. Nat—m. nit—ac. nux—v. Op. Ph—ac. Phos. PLAT. PODO. psor. PULS. RHUS—T. Sabad. SEL. Sep. SIL. stram. Sulph. tarax. THUJ. tub. verat. zinc.

SCHWEISS Schlaf während am.

ars. bell. bry. carb—an. chin. hep. Merc. Nux—v. ph—ac. Phos. puls. SAMB.

SCHWEISS spärlich, wenig

ant—c. Apis. calad. chin—s. cimx. Cina. casc. Conv. croc. cycl. dulc. elaps. Eup—per. eup—pur. gamb. ign. Ip. kali—c. kali—i. lach. led. NUX—M. nux—v. phel. sep. sil.

SCHWEISS Spielen intensivem, besonders leicht bei

Calc. Sulph. Tub.

SCHWEISS ständig (Schweisseln)

colch. hep. Merc.

SCHWEISS stinkend und Abneigung Süsses und Stottern

merc.

SCHWEISS Stirn bei Rachitis und Durchfall und Erbrechen und RAZ

ars. CALC. Phos. verat.

SCHWEISS übermässig stark, Kopfschmerz bei

ant—c. hyos. Lyc. op. tub.

SCHWEISS unbedeckter Körperteile

bell. Puls. THUJ.

SCHWEISS Unterkörper, unten
am—c. am—m. apis. ars. asaf. aur. bry. calc. cinnb. coloc. con. CROC. cycl. dros. euph. ferr. Hyos. Iod. kali—n. mang. merc. nit—ac. nux—v. Phos. ran—a. sanic. sep. thuj. Zinc.

SCHWEISS Vorderseite d. Körpers (vorn)
agar. anac. Arg—m. arn. asar. bell. bov. CALC. canth. Cocc. dios. dros. euphr. Graph. hydr. kali—n. Merc. nux—v. PHOS. plb. rhus—t. sabad. sec. SEL. sep.

SCHWEISS Wut, Ärger, Kränkung durch (agg.)
acon. bry. Cham. cupr. lyc. Petr. SEP. staph. verat.

SEPTICAEMIE , Blutvergiftung
am—c. Anthraci. apis. bell. Arn. Ars. Bapt. bry. CARB—V. Crot—h. Echi. hell. kali—p. Lach. lyc. merc. mur—ac. Phos. puls. PYROG. rhus—t. Sulph. Tarent—c.

STADIEN: Frost abwechselnd mit Hitze, danach folgt Schweiss
carb—ac. corn. kali—c. meny. verat.

STADIEN: Frost, dann Hitze abwechselnd mit Durst, dann Schweiss
sabad.

STADIEN: Frost, dann Schweiss, dann Hitze
BELL.

STADIEN: Frost, dann Schweiss ohne Hitze dazwischen
am—m. Bry. cact. CAPS. Carb—an. carbn—s. carb—v. CAUST. cedr. cham. chel. cimx. Clem. Dig. hell. hyos. LYC. kali—c. kali—n. merc. merc—c. MEZ. nat—m. nat—s. nux—v. Op. PETR. ph—ac. phos. Rhus—t. sabad. sep. spig. THUJ. Verat.

STADIEN: Frost dann Schweiss ohne Hitze oder Durst
am—m. bry. caust. Staph.

STADIEN: Frost gefolgt von Hitze
ACON. Alum. ambr. am—c. am—m. ang. ant—c. Ant—t. apis. aran. Arn. ars. asar. bapt. bar—c. Bell. berb. bor. bry. cact. calc. camph. canth. CAPS. carb—an. Carb—v. caust. cham. Chin. Cina. coff. Colch. Corn. croc. CYCL. dig. Dros. dulc. elaps. Eup—per. Graph. guaj. hell. Hep. HYOS. IOD. IGN. IP. kali—bi. kali—c. kali—n. kreos. lach. laur. LYC. Mag—c. mag—m. merc. Merc—c. mez. Nat—c. NAT—M. Nat—s. nit—ac. nux—m. NUX—V. Op. Petr. ph—ac. Phos. psor. PULS. RHUS—T. sabad. SANG. Sec. seneg. sep. sil. Spig. Spong. squil. staph. Stram. SULPH. thuj. Valer. Verat.

STADIEN: Frost gefolgt von Hitze, dann Schweiss
am—c. am—m. apis. ARS. bell. bov. Bry. cact. caps. carb—an. carb—v. caust. cedr. cham. cina. CHIN. cocc. corn. dig. dros. Eup—per. Eup—pur. gels. Graph. hep. Ign. IP. kali—c. Lach. lyc. mag—m. nat—c. Nat—m. Nat—s. nit—ac. NUX—V. op. PULS. Rhus—t. Sabad. sabin. samb. sep. Spong. staph. Sulph. thuj. Verat.

STADIEN: Frost gefolgt von Hitze mit Schweiss
Acon. alum. anac. ant—t. BELL. bry. Caps. carb—v. CHAM. Chin. cina. eup—per. Ferr. graph. hell. Hep. ign. kali—c. mez. nat—m. nit—ac. Nux—v. OP. phos. Puls. RHUS—T. Sabad. spig. sulph.

STADIEN: Frost gefolgt von Hitze ohne Schweiss
graph. nat—m.

STADIEN: Hitze abwechs. mit Frost, dann Hitze, schliesslich Schweiss
bry. kali—c. spig.

STADIEN: Hitze abwechselnd mit Frost, gefolgt v. Schweiss
kali—c. meny. verat.

STADIEN: Hitze gefolgt von Frost
ail. am—m. ang. apis. asar. Bell. Bry. calad. CALC. caps. Caust. chin. coloc. dulc. elaps. eup—pur. Hell. ign. kali—c. lyc. meny. merc. nat—m. nicc. nit—ac. NUX—V. petr. Phos. PULS. Pyrog. SEP. STANN. Staph. Sulph. thuj. Tub.

STADIEN: Hitze gefolgt von Schweiss
Am—m. ant—c. ant—t. ARS. bell. bor. bry. calc. carb—an. Carb—v. CHAM. Chin. cina. COFF. corn. graph. hell. hep. Ign. Ip. kreos. lach. lob. lyc. Mang. nit—ac. Nux—v. op. petr. puls. Ran—s. rhod. RHUS—T. Sil. spong. staph. stront—c. sulph. VERAT.

STADIEN: Hitze mit Schweiss, dann Hitze
aloe. am—c. ant—c. ant—t. calad. calc. carb—v. hell. ign. ran—s. sil.

STADIEN: Schweiss abwechselnd mit Frösteln
ant—c. calc. nux—v. Sacch.

STADIEN: Schweiss gefolgt von Frost
Carb—v. Hep. Nux—v.

STADIEN: Schweiss mit Hitze, gefolgt von Frost
acon. alum. anac. ant—c. bell. caps. Cham. chin. cina. graph. hell. hep. ign. kali—c. nat—m. nicc. nit—ac. nux—v. op. phos. puls. rhus—t. sabad. spig. sulph.

SUBFEBRILE Temperaturen siehe oben unter Fieber geringes

TYPHUS - Fieber allgemein
agar. Apis. arn. ARS. BAPT. Bell. BRY. Carb—v. coff. Ferr—p. GELS. glon. ham. hyos. lach. merc. mosch. mur—ac. nux—m. op. ph—ac. Phos. RHUS—T. stram. sul—ac. Verat—v.

TYPHUS - Fieber Anfangsstadium
Bapt. bell. Bry. Gels. Ferr—p. verat—v.

VORGESCHICHTE (Anamnese): Keuchhusten schwerer Verlauf
Carc. dros. med. pert. sang. tub.

VORGESCHICHTE (Anamnese): Malaria
>   ars. blatta. Chin. ip. meny. Nat—m. nat—s. sep.

VORGESCHICHTE (Familienanamnese): Malaria mit Chinin Therapie
>   ARS. Apoc. Caps. CARB—V. Chin—ar. ferr. GELS. IP. meny. merc. nat—c.
>   NAT—M. nat—s. Nux—v. PULS. sep. sulph.

VORGESCHICHTE (Anamnese) Masern Beschwerden nach
>   dros. kali—bi. Puls.

VORGESCHICHTE (Anamnese) Windpocken schwerer oder komplizierter Verlauf
>   iris. merc. Mez. ran—b. RHUS—T. sarr. sulph. thuj. Vario.

WINDPOCKEN, Varicellae allgemein - exanthematisches Fieber
>   Acon. anag. Ant—c. Ant—t. Apis. Ars. asaf. Bell. Bry. calc. canth. Carb—v. caust.
>   Clem. Coff. con. crot—h. cupr. cycl. Dulc. graph. hep. hyos. ip. Kali—m. Led.
>   maland. manc. Merc. mez. nat—c. nat—m. phos. psor. Puls. rhus—d. RHUS—T.
>   Sarr. Sep. sil. SULPH. Thuj. Urt—u. Vario.

Windpocken, Varicellae Folgen von
>   merc. mez. Rhus—t. Thuj. vario.

WINDPOCKEN, Varicellae Drüsen Schwellung auffällig dabei
>   Calc. con. Sil.

Haut

ABPELLEN der Haut (Desquamation)
am—c. Anthraci. all—s. apis. arum—t. Bell. coloc. crot—t. dig. ferr. graph. hell. Iod. Kali—s. laur. mag—c. merc. Mez. olnd. phos. psor. sep.

ABSONDERUNG eitrig Kratzen nach oder durch
Bor. carb—v. Graph. lyc. mez. Nat—c. rhus—t.

ABSZESSE allgemein
ant—c. Anthraci. apis. Arn. asaf. bufo. Calc—i. Calc—s. dulc. HEP. kali—c. Lach. lyc. Merc. nat—c. puls. sec. sep. SIL. sulph. syph. tarent. Tarent—c. tub.

ABSZESSE chronische oder chron. rezidivierende
Calc. calc—s. Hep. Iod. Merc. phos. pyrog. sec. Sil. Sulph. Syph. tarent—c.

ABSZESSE Drüsen, auch eiternde
bar—c. HEP. MERC. SIL.

ABSZESSE kleine (Eiterpickel) überall
pic—ac. Sec.

ABSZESS Impfung nach, bevorzugt in Achselhöhle
SIL.

AFFEKTIONEN chronische (Ausschläge, Ekzeme) allgemein
Ant—c. ARS. Ars—i. Calc. Calc—s. GRAPH. Kali—ar. kali-m med. Merc. Petr. PSOR. Sep. Sil. SULPH. Thuj. tub.

AFFEKTIONEN, Differenzierung von Ant-c. und Psor.
siehe therapeutische Hinweise, S. 662

AKNE allgemein, A. simplex ohne besondere Lokalisation
abrot. agar. aloe. alum. am—m. ambr. anac. ANT—C. Ant—s—aur. Ant—t. aran. Arg—n. arn. Ars. ARS—BR. Ars—i. ASTER. aur. Bar—c. bar—m. BELL. Bell—p. BERB—A. berb. BOV. Brom. bry. bufo. calc. calc—f. calc—p. CALC—PIC. Calc—sil. CALC—S. Carb—ac. CARB—AN. carbn—s. CARB—V. carc. caul. Caust. cham. Chel. chin. chin—ar. Cic. Cimic. cina. Cob—n. cocc. Con. crot—h. Crot—t. cupr. Cycl. dros. dulc. Echi. EUG. fl—ac. Gran. Graph. hell. HEP. hydr. HYDRC. Iod. jug—c. JUG—R. kali—ar. KALI—BR. Kali—bi. kali—chl. KALI—I. Kali—m. kali—n. kali—p. kali—s. kreos. Lach. Led. LYC. mag—c. mag—m. mag—s. mang. Med. Melal—a. Merc. merc—c. mez. mosch. Mur—ac. Nat—br. nat—c. Nat—m. Nat—s. nicc. Nit—ac. NUX—V. Olnd. pall. Ph—ac. Phos. pic—ac. plb. Psor. Puls. Rad—br. Rhus—t. rob. sabin. sars. Sel. Sep. Sil. spong. Staph. SULPH. SUL—I. Syph. tab. tarax. tarent. tell. Thuj. tub. valer. Zinc.

AKNE anaemischer Mädchen in der Pubertät
Calc—p. Chin. cycl. Puls. sep.

AKNE anaemischer Mädchen in Pubertät mit Kopfschmerz und Flatulenz
CALC—P. CHIN. Cycl. puls.

AKNE gastrisch (Magenstörungen durch)
Ant—c. Carb—v. cimic. lyc. Nux—v. puls. rob.

AKNE gelbem Centrum der Pickel mit
ant—c. Calc—s. grat. Hir. Mag—m. merc. nit—ac. Zinc.

AKNE grünem Centrum der Pickel mit
Calc. MERC. Puls. tub.

AKNE gruppenweise zusammenstehende Pickel, fast konfluierend
caust. Cham. mur—ac. ph—ac. Verat.

AKNE Hormonpraeparate (Pille) durch
Agn. graph. Lach. sep.

AKNE indurata (Verhärtungen mit)
Arn. Ars—i. bell. bov. calc—f. kali—br. merc. sabin. Verat.

AKNE Knaben in der Pubertät
Calc—pic. sel.

AKNE kräftiger junger Menschen mit rauhen (groben) Manieren
Kali—br.

AKNE Mädchen und Knaben in der Pubertät
siehe therapeutische Hinweise, S. 662

AKNE Menses Störungen bei
aur—m—n. bell. bell—p. berb. Berb—a. calc. cimic. con. crot—h. Cycl. eug. Foll. Graph. hydrc. Jug—r. Kali—br. kali—c. kreos. mag—m. mang. med nat—m. psor. PULS. Sang. sars. sel. Sep. sulph. thuj. verat.

AKNE Narben hinterlassend
ars—i. bac. Calc—sil. Carb—an. Cop. dulc. Eug. hep. Kali—br. merc. syph. thuj. Vac. Vario.

AKNE Psoriasis oder Neurodermitis mit
Ars—s—r. berb—a.

AKNE Pubertät Mädchen mit Kopfschmerz, Dyspepsie und Blähungen, Essen am.
Calc—p. chin. sulph.

AKNE pubertierender Mädchen (vor und während Pubertät)
Aster. Berb—a. Calc—p. Cycl. PULS. Sep. sulph.

AKNE rosacea
> Agar. Ars. ARS—BR. Ars—i. aur. Aur—m. Bell. Calc—p. CALC—SIL. canth. Caps. carb—ac. CARB—AN. CARB—V. carbn—s. Caust. chel. Chrysar. cic. clem. Eug. hir. Hydr—ac. HYDRC. iris. Kali—br. Kali—i. Kreos. LACH. led. mag—p. Mez. Nux—v. Ov. Petr. Plb. PSOR. rad—br. rhus—r. Rhus—t. Ruta. Sep. Sil. Sulph. SUL—I. Sulo—ac. syc. Tub. Verat. viol—o. Viol—t.

AKNE rote Pickel
> Bell. Calc—sil. carbn—s. chel. jug—r. kali—br. lach. Phos. psor. sulph.

AKNE Schulter, Rücken und Gesicht
> Brom. calc—hp. Hir. KALI—BR. Lyc. sep.

AKNE schwarzem Centrum der Pickel mit
> ars. aster. bar—c. carb—v. Carbn—s. hir. lach. nat—ar. nat—m. nit—ac. Sel. Sulph.

AKNE sexuelle Übermässigkeit bei oder durch, auch exzessiver Onanie
> aster. AUR. bar—c. Bufo. Calc. crot—h. Kali—br. PH—AC. Rhus—t. sel. Sep. Thuj. tub.

AKNE scrophulöser Konstitution bei (Drüsenschwellungen)
> Bar—c. Brom. bry. CALC. Calc—p. calc—s. Con. Eug. graph. IOD. Merc—sul. Merc. Mez. nat—m. Sil. SULPH.

AKNE tuberkulöser Konstitution bei
> ars—i. CALC. calc—p. LYC. Med. Phos. puls. sep. SIL. SULPH. Tub.

AKNE varioliformis - meist Stirn, wie Pocken Bläschen
> ant—c. ant—t. Ars—i. Colch. Kali—br. petr. Sil. vario.

AKNE weissem Centrum der Pickel mit
> Ant—c. Ant—t. calc. carb—v. kali—c. puls. zinc.

AUSSCHLÄGE siehe auch in den einzelnen Kapiteln, z. B. Gesicht, Extremitäten ...

AUSSCHLAG abwechselnd mit anderen Krankheiten
> ant—c. Ars. calad. graph. hep. staph. Sulph.

AUSSCHLAG abwechselnd mit Asthma
> ARS. calad. crot—t. Grin. Hep. Kalm. Kreos. lach. med. Mez. PSOR. puls. rhus—t. SULPH. sul—i. Thuj. Tub. zinc.

AUSSCHLAG abwechselnd mit Asthma, chronisch, Adoleszenz während
> ARS. calad. Zinc.

AUSSCHLAG abwechselnd mit Bronchitis oder Husten
> Ars. calad. CROT—T. kali—ar. mez. Psor. Sulph.

AUSSCHLAG abwechselnd mit Darm- oder Verdauungsstörungen, Bauchsymptomen
> Alum. Anac. Ant—c. bov. Calc. calc—p. cic. CROT—T. Dulc. graph. Kali—ar. Lyc. mez. Olnd. Petr. Psor. rhus—t. sars. SULPH. vinc. viol—t.

AUSSCHLAG abwechselnd mit Durchfall, Dysenterie
Calc—p. crot—t. graph. Rhus—t.

AUSSCHLAG abwechselnd mit Durchfall im Winter (Haut agg. im Sommer)
Petr.

AUSSCHLAG abwechselnd mit Nasen- Rachen Entzündungen
Am—c. CALC. Dulc. HEP. kali—ar. Kali—m. kreos. Lyc. Med. merc. mez. SEP. Thuj. xero.

AUSSCHLAG allergischer, atopisches Ekzem allgemein
aln. alum. am—c. anac. anag. ant—c. anthraco. ARS. Berb. bor. bov. calad. Calc. cand—a. canth. carb—v. caust. chin—ar. Crot—t. Dulc. Graph. Hep. jug—c. kali—ar. kreos. lyc. med. Mez. mur—ac. Nat—m. nat—s. nit—ac. Petr. pix. Psor. Rhus—t. sanic. sars. sel. Sep. stann. staph. SULPH. thuj. tub. vinc. xero.

AUSSCHLAG Allergie Antibiotica und allopathische Arzneimittel gegen
coff. hep. lach. med. nat—m. NUX—V. Okou. Penic. Phos. rhus—t. sep. Sulph.

AUSSCHLAG Allergie Meeresküste, an der See, agg.
calc. Tub.

AUSSCHLAG Allergie Milch durch
siehe unter Speisen und Getränke, S. 592

AUSSCHLAG Allergie Salben, Kosmetika, Synthetics, Sonne etc. gegen
Apis. bov. nat—m. SULPH. zinc.

AUSSCHLAG Allergie Sonnenbestrahlung gegen
brom. Calc. hyper. iod. nat—m. sil. staph. Sulph. x—ray.

AUSSCHLAG Asthma mit (beides mehr oder minder gleichzeitig)
apis. ars. calc. Ip. med. psor. sanic. sul—ac. THUJ. vario.

AUSSCHLÄGE chronische (Psoriasis, Neurodermitis), Aufbaumittel
siehe therapeutische Hinweise, S. 663

AUSSCHLAG Exanthem flüchtiges (E. subitum)
acon. Bry. Cham. ip. sulph. tub.

AUSSCHLAG Exanthem flüchtiges, scharlachartig
ACON. AM—C. ars. BELL. BRY. calc. carb—v. caust. Chlol. Coff. com. dulc. hyos. Ip. iod. Kali—bi. lach. Merc. phos. ph—ac. rhus—t. sulph. zinc.

AUSSCHLAG Farbe rot, scharlachfarben
Anan. Cop.

AUSSCHLAG Frühling im (agg.)
kali—s. Nat—s. psor. Sars. Sel. sep.

AUSSCHLAG Geburt Beginn mit d. (Säuglings Ekzem)
acon. dulc. med. merc. nat—m. rhus—t. staph. sulph. Tub.

AUSSCHLAG generalisiert
ars. bar—c. Dulc. Lyc. psor. ZINC.

AUSSCHLAG generalisiert, borkig und krustig
bar—c. DULC. Psor.

AUSSCHLAG Genitalbereich
Calc. graph. kreos. lyc. Med. petr. Puls. rhus—t. sulph.

AUSSCHLAG Genitalbereich Windelausschlag
Bapt. Berb. Bor. bry. Calc. canth. cham. Clem. euph. Graph. Kali—chl. Kreos.
MED. Merc. Merc—c. Mez. Mur—ac. Nit—ac. Sep. Sulph. Sul—ac. Thuj. urt—u.

AUSSCHLAG Haut - Schleimhaut Übergang, an Grenzbereichen
Nat—m. Nit—ac. SULPH.

AUSSCHLAG Hitze durch
Acon. bry. calc. Canth. cham. kali—i. Nat—m. rhus—t. Sulph.

AUSSCHLAG Impfung nach (incl. ekzematöser A.)
apis. Kali—m. maland. Mez. sars. Sil. skook. Sulph. Thuj.

AUSSCHLAG Kälte plötzlicher bei (Temperatursturz im Sommer)
Psor.

AUSSCHLAG pustulöser Impfung nach
crot—h. psor. sulph. thuj.

AUSSCHLAG Kälte durch (Kälte Allergie)
Dulc. rhus—t. RUMX. sep.

AUSSCHLAG Kleidung agg. - Entblössen Verlangen
brom. Psor. puls. spong. SULPH.

AUSSCHLAG Lebensmittel Vergiftung durch
ARS. Carb—v. chin. nux—v. puls. sulph. urt—u.

AUSSCHLAG Masern allgemein
ACON. Am—c. Ant—c. APIS. Arn. Ars. Bell. BRY. camph. Carb—v. Carbn—s.
cham. Chel. chin. Chlor. Coff. Cop. Crot—h. Dros. EUPHR. Ferr—p. Gels. hyos.
ign. Ip. Kali—bi. kali—s. mag—c. nux—v. Phos. phyt. PULS. Rhus—t. Squil.
Stram. SULPH. verat. zinc.

AUSSCHLAG Masern juckend unerträglich
dol. Rhus—t. Sulph.

AUSSCHLAG Masern schwarz (bösartige Form)
Ail. ARS. Crot—h. Lach. puls. rhus—t.

AUSSCHLAG Meeresküste agg.
ars. NAT—M. Nat—s. sep. tub.

AUSSCHLAG Menses Störungen, Amenorrhoe durch
apis. bell. cimic. dulc. GRAPH. kali-ar. kreos. Mang. med. Rhus-t. sep. thuj.

AUSSCHLAG Mond Vollmond agg.
Alum. dulc. graph.

AUSSCHLAG nässend, feucht
Cic. cinnb. Clem. Dulc. euph. GRAPH. guaj. Hep. kali—m. mang. merc.
merc—c. merc—pr—a. merc—pr—r. mez. olnd. sep. sil. staph. sulph.
THUJ. VINC. Viol—t. zinc.

AUSSCHLAG nässend, feucht zunehmendem Mond & trocken abnehmendem M. bei
Clem.

AUSSCHLAG nervösen Symptomen mit, beim Säugling
Petr.

AUSSCHLAG Ruhelosigkeit mit
acon. apis ars. bufo. calc. corn. Corn-a. cupr. Kali—br. lach. merc. PSOR. ran-b.
Rhus—t. thuj.

AUSSCHLAG Scharlach allgemein
acon. AIL. AM—C. APIS. arn. Ars. Arum—t. bar—c. BELL. Bry. Calc. Carb—v.
Carb—ac. Cham. Crot—h. Cupr. Gels. hep. Hyos. LACH. LYC. MERC. NIT—AC.
Phos. Ph—ac. phyt. RHUS—T. Stram. Sulph. Zinc.

AUSSCHLAG Scharlach Abschuppung in grosse Flocken, mehrfaches Auftreten
Arum—t.

AUSSCHLAG Scharlach Blutung mit
Crot—h. LACH. Mur—ac. Phos.

AUSSCHLAG Scharlach Flecken in grösseren
Ail.

AUSSCHLAG Scharlach gangraenös
Ail. AM—C. Ars. CARB—AC. Lach. Phos.

AUSSCHLAG Scharlach glatte Oberflächen (Sydenham'sche Form)
Am—c. BELL. euphr. hyos. merc.

AUSSCHLAG Scharlach Handgelenke und / oder Fussgelenke, auch Schwellung dort
Bell. Bry. Lach. rhus—t. spig.

AUSSCHLAG Scharlach juckende Oberflächen, muss daran Zupfen u. bohren
Arum—t.

AUSSCHLAG Scharlach langsame Entwicklung
Ant—t. Apis. BRY. Cupr. Dulc. Gels. Ip. STRAM. Sulph. Tub. Verat—v. ZINC.

AUSSCHLAG Scharlach livide
AIL. LACH. Mur—ac. Sol—n.

AUSSCHLAG Scharlach livide partiell, fleckig
Ail.

AUSSCHLAG Scharlach miliarer Typ (hirsekorngrosse Bläschen)
ACON. Ail. Am—c. Apis. Ars. Bry. COFF. Kali—ar. Lach. Rhus—t.

AUSSCHLAG Scharlach rauhe, blutige, juckende, schmerzhafte Oberflächen
Arum—t.

AUSSCHLAG Scharlach zurücktretend (auch ohne erkennbare Unterdrückung)
Am—c. Phos. Sulph. ZINC.

AUSSCHLAG Scharlach zurücktretend zu früh (unterdrückt?)
Am—c. Apis. ars. bry. calc. Camph. cupr. Cupr—a. Phos. Stram. Sulph. verat. ZINC.

AUSSCHLAG Schweissfriesel (Bläschen durch Schwitzen)
apis. ars. bell. Bry. canth. crot—t. graph. Hep. Kali—i. Kreos. lach. Mag—c. MANC. NAT—M. ph—ac. Rhus—t. rhus—v. Spong. sul—ac. valer. .

AUSSCHLAG Seife empfindlich gegen (agg.)
Ail. Mur—ac. Nat—c.

AUSSCHLAG Sommer im oder Sonnenbestrahlung agg.
fl—ac. mur—ac. Kali—bi. NAT—M. SARS. Sel.

AUSSCHLAG stinkend (bes. nässende Ekzeme)
Ars. BUFO. Graph. Hep. kali—p. Lach. Lyc. Merc. mez. Nit—ac. plb. PSOR. rhus—t. Sep. Sil. staph. SULPH. viol—t. zinc.

AUSSCHLAG Stirnhaargrenze (Haar Rand)
hydr. kali—p. Nat—m. sep. Sulph.

AUSSCHLAG tuberkulösen Kindern bei
berb. still. Tub.

AUSSCHLAG Unterdrückung mit Teerpräparaten, Folgen von
BOV. Psor. sulph.

AUSSCHLAG Windpocken
acon. Ant—c. Ant—t. ars. asaf. Bell. canth. Carb—v. caust. coff. con. cycl. hyos. ip. led. Merc. nat—c. nat—m. Puls. RHUS—T. Sarr. Sep. sil. SULPH. Thuj. Vario.

AUSSCHLAG Windpocken entzündete, Gefahr des Gangraenöswerdens
Ars. calc. graph. Hep. Merc. Rhus—t. SARR. sep. Sulph.

AUSSCHLAG Winter am.
dulc. Sars.

AUSSCHLAG Winter im (agg.)
alum. Ars. calc. graph. PETR. Psor. sulph.

AUSSCHLAG Zahnung während
am—c. Calc. CAUST. cham. Graph. Lyc. Merc. Sep. SULPH.

BLUTFLECKEN siehe unter Purpura

CANDIDA Infektionen allgemeine Neigung zu, Hauptmittel
ars. bapt. bor. bry. Calc. Cand—a. Carb—v. cham. kali—chl. Merc. merc—c. mur—ac. nux—v. Staph. sul—ac.

CRUSTA lactea, Grind allgemein
acon. Ant—c. Ars. Bar—c. bell. Calc. carb—v. cham. Cic. Clem. con. crot—t. Dulc. Graph. Hep. Lyc. Merc. mez. Nat—m. phos. psor. Rhus—t. sanic. Sars. scroph—n. Sep. Staph. Sulph. vinc. Viol—t.

DECUBITUS, Wundliegen, Durchliegen (vergl. auch Wundheit, Wundliegen...)
ant—c. arg—n. Arn. bar—c. bell. Calc. Calen. carb—v. CHAM. Chin. crot—h. fl—ac. graph. ign. kreos. Lach. Lyc. med. merc. petr. puls. ruta. Sep. SIL. Squil. SULPH.

EKZEME allgemein
anac. ARS. ars—i. bar—c. Calc. calc—i. calc—m. Calc—s. Carc. cic. clem. crot—t. Dulc. Graph. HEP. iod. kali—ar. kali—i. kali—m. lyc. Merc. morg. Nat—m. Nat—s. nit—ac. olnd. petr. pix. psor. Rhus—t. rhus—v. sars. sel. sep. staph. Sulph. tell. Thuj. trypt. tub. vinc. VIOL—T.

EKZEME generalisiert allgemein
acon. Ars. bry. calc. carc. Cham. dulc. Graph. Hep. ip. nat—m. sulph. Viol—t.

EKZEM akut schmerzhaft, bei Haut Entzündung mit Fieber
Acon. Apis. ars. Canth. rhus—t. Ter.

EKZEM Analbereich und Hände
DULC.

EKZEM Analbereich
Berb. clem. graph. MED. merc. Nit—ac. psor. sulph.

EKZEM und Asthma bei Grossstadtkindern (wegen Luftverschmutzung)
Calc. med. sul—ac.
Ausschlag mit Asthma siehe oben unter Ausschlag Asthma mit

EKZEM Bläschen mit, juckend oder brennend
anac. anthraco. ars. Canth. carb—ac. caust. clem. CROT—T. dulc. grin. lach. manc. mez. mur—ac. nat—c. NAT—M. nit—ac. PETR. phos. Psor. Ran—b. RHUS—T. sulph. xero.

EKZEM Eiterung mit
Calc—s. cic. CLEM. graph. Hep. lyc. MERC. Mez. Nat—s. Nit—ac. PSOR. rhus—t. sec. Sil. Sulph.

EKZEM feuchtes
Clem. kreos. lappa. Nat—s. rhus—t. Sul—i. Vinc.

EKZEM feucht bei zunehmendem Mond, trocken bei abnehmendem M.
Clem.

EKZEM Frühling im (agg.)
kali—s. Nat—s. psor. sang. Sars. sel. sep.

EKZEM Genitalbereich
Acon. Arn. Bry. graph. hep. petr. Rhus—t. sulph.

EKZEM Glieder Innenseiten, Beugeseiten
Chrysar. Graph. mez. Psor. Sep. sulph. tub.

EKZEM hartnäckig Kopf- und Gesichtsbereich
kali-m

EKZEM Hautfalten in, nachts agg.
chlol. lach. merc. SULPH.

EKZEM Hautfalten, Gelenkbeugen
aeth. Calc—s. Caust. Chrysar. GRAPH. Hep. Mang. mez. nat—c. nat—m. Petr. PSOR. Sep. staph. sulph. Tub.

EKZEM Impfung nach
calc. Kali—m. mez. Sil. Thuj.

EKZEM juckend
carb—v. caust. Clem. crot—t. Mez. Rhus—t. sel. sep. staph. sulph. viol—t.

EKZEM juckend nicht oder wenig juckend
Cic. Graph. Nat—m. Sel.

EKZEM kaltes Wetter agg.
alum. Ars. dulc. PETR. Psor. sabad. sars. tub.

EKZEM Kleinkinder
ars. carc. dulc. graph. lyc. mag—c. nat—m. sep. sulph.

EKZEM Kopf hartnäckig (ganzer Kopf)
Carb—v. graph. merc. Viol—t.

EKZEM Kopf Neugeborener
dulc. Lyc. sulph.

EKZEM Kopfhaut, reichlich schuppigen Krusten mit
ars. Ars—i. Calc. GRAPH. Kali—m. psor. sulph. Thuj.

EKZEM Krusten mit
Ant—c. Ars. ars—i. Calc. Calc—s. cic. Con. Dulc. graph. Hydr. LYC. merc. Mez. Nat—m. Nit—ac. Olnd. Petr. ran—b. rhus—t. sil. staph. SULPH.

EKZEM Krusten gelben mit Neugeborener
cic. Graph. mez. staph.

EKZEM Lymphknoten Schwellung ausgeprägter mit
Am—c. berb. CALC. GRAPH. merc. rhus—t. sec.

EKZEM Magenstörung mit
Ant—c. carb—v. iris. lyc. puls.

EKZEM Meeresküste agg.
ars. NAT—M. Nat—s. sep. tub.

EKZEM Nabel in und Umgebung
dros. Kali—br. Kali—i. phos. Sulph.

EKZEM Neugeborene, Säuglinge
calc—s. carc. Dulc. Lyc. morg. nat—m. streptoc.

EKZEM Nieren- oder Harnstörungen bei
ars. Berb. canth. Lyc. merc—c. solid.

EKZEM Ohren hinter den (ev. auch bis unter O.)
Calc. Chrysar. hep. Graph. Kali—bi. lyc. mez. Petr. psor. sep. Sulph. thuj. Tub.

EKZEM Rissen mit
Alum. ant—c. bor. bry. Carb—v. crot—h. graph. lach. Nat—m. Nit—ac. petr. pix. prim—f. Sanic. Sars. Stann. viol—t. vip.

EKZEM seit früher Kindheit (Vorgeschichte)
ars. bac. caust. Graph. hep. lyc. med. Nat—m. psor. sep. Sulph. tub. ZINC.

EKZEM Sommer im oder Sonnenbestrahlung agg.
fl—ac. mur—ac. Kali—bi. NAT—M. SARS. Sel.

EKZEM Stirnhaargrenze - Haut fettig, unrein
hydr. NAT—M. petr.

EKZEM tags agg.
PETR.

EKZEM trockenes
Calc—s. carc. Dulc. Frax. Tarent. tub. Viol—t.

EKZEM Winter am.
dulc. Sars.

EKZEM vesikulär (bläschenartig)
>carb—ac. Canth. kali—s. RHUS—T.

EKZEM Winter im (agg.)
>alum. Ars. calc. dulc. graph. PETR. Psor. sabad. sars. sulph. tub.

EPIDERMOLYSIS (leichter Druck erzeugt absterbende Aufquellungen)
>Ran—b.

ERYSIPEL Impfung nach
>Apis. crot—h. SIL.

ERYSIPEL Kleinkinder
>Acon. apis. arn. Bell. bor. bry. Camph. Euph. graph. Hep. Lach. merc. puls. sil. stram. sulph.

ERYSIPEL Neugeborener (oft nach Nabelvenen Entzündung)
>Apis. Ars. BELL. Bry. Camph. Lach. Lyc. merc. Rhus—r. Rhus—t. Sulph. tax.

ERYSIPEL, Rotlauf scharlach-farbiger
>acon. ail. AM—C. am—m. apis. arn. Ars. arum—t. bar—c. BELL. Bry. carb—v. caust. cham. coff. Croc. crot—h. dulc. Euph. graph. hep. Hyos. iod. ip. jug—c. lach. MERC. nit—ac. phos. ph—ac. rhus—t. stram. Sulph. ter. thuj.

ERYTHEMA exsudativum multiforme (m. Fieber, Stevens-Jones-Syndrom)
>antip. ars. bor—ac. Form. merc. nit—ac. Sulph. vesp.

ERYTHEMA simplex (Rötung verschwindet temporär auf Druck)
>acon. ars. bell. Bry. Hep. Ip. merc. NUX—V. PULS. rhus—t.

EXANTHEMATISCHE Fieber
>"Kinderkrankheiten" siehe unter Fieber, Frost und Schweiss, Krankheitsnamen

FARBE blass mit Neigung zu Graufärbung
>med. ph—ac. tub. sil.

FARBE blass, Haut fettig glänzend, auch grünlich
>acet—ac. con. cupr. dol. lach. Med. nat—m. psor.

FARBE blass, nicht erdig, eher rote Wangen
>Bor.

FARBE blass, wenig Farbe, erdig
>Bar—c. nit—ac. psor.

FARBE dunkel, schwarze Haare und Ruhelosigkeit
>IOD.

FARBE grau, Haut faltig, Erschöpfung, bei Pylorospasmus
>Abrot. Arg—n. morph.

FARBE rot, Flecke scharlachrot
>   acon. AM—C. am—m. arn. Ars. bar—c. BELL. Bry. Carb—an. carb—v. caust. cham. coff. Croc. dulc. euph. hep. Hyos. iod. ip. lach. MERC. ph—ac. phos. rhus—t. Stram. Sulph. ter.

FARBE weiss mit schweissiger Haut
>   CALC.

FISSUREN gereizter Haut mit
>   ant—c. calc. caust. GRAPH. Hep. lyc. Merc. nit—ac. PETR. Psor. sil. Sulph.

FISSUREN stinkend eitrig wässrig
>   nit—ac. PSOR.

FLECKEN blaue leicht (Neigung zu Haematomen)
>   Arn. calc. PHOS. Sul—ac. verbe—h.

FLECKEN blau - rote (auch " Knutschflecken")
>   arn. Lach. Phos. VERBE—H.

FLECKEN umschriebene, flammend rot (Hyperaemie)
>   CAPS.

FLÖHE oder Läuse
>   siehe unter Allgemeines, S. 532, 545 & 572 sowie unter therap. Hinw., S. 665

FROSTBEULEN allgemein
>   arn. AGAR. lach. Nit—ac. Petr. Puls. stann. sulph. zinc.

FROSTBEULEN bläulich
>   arn. Lach. merc. PULS. sulph.

FROSTBEULEN juckend
>   Puls. Sulph. zinc.

FROSTBEULEN schmerzhaft, wie entzündet
>   lach. Nit—ac. PETR. Puls.

FURUNKEL, Haarbalg Entzündung, geschwürig werdende Eiterbeulen
>   acon. anthraci. apis. Arn. bell. bell—p. bufo. Calc—s. crot—h. echi. HEP. kali—i. lach. led. lyc. mag—c. merc. Myris. petr. ph—ac. pic—ac. psor. rhus—t. SIL. Sulph. Tarent.

FURUNKEL blau bis violett
>   Anthraci. lach. Tarent.

FURUNKEL rezidivierend, periodische Eiterbeulen
>   ARN. hyos. iod. Lyc. Merc. nit—ac. phos. sil. staph. Sulph.

FURUNKEL viele, eins nach d. anderen
>   ARN. bell—p. kali—i. lyc.

GELBSUCHT Neugeborener (Ikterus neonatorum)
siehe Haut Farbe gelb, sowie therapeutische Hinweise, S. 686

GESCHWÜRE Frühjahr im
Calc. cench. LACH.

GESCHWÜRE Kälte Anwendung agg., Wärme am.
Arn. ars. clem. con. HEP. Lach. rhus—t. SIL. syph.

GESCHWÜRE Kälte Anwendung am., Wärme agg.
cham. FL—AC. led. lyc. Puls.

GESCHWÜRE Scharlach durch
Cham.

HAEMANGIOME (Angiome)
Abrot. ant—t. ars. Bell. calc. kreos. Lach. Lyc. med. merc. nat—m. nit—ac. nux—v. PHOS. Sep. SIL. Sulph.

HAUT Affektionen Fingerspitzen und Fusssohlen an
ars. elaps. Med.

HAUT dick, Hyperkeratosis
ant—c. dulc. graph. Hydrc. lyc. Sep.

HAUT Entzündungen Genitalbereich im
Calc. lyc. med. puls.

HAUT Farbe gelb Neugeborener (ikterus neonatorum)
Acon. ars. Bov. Bry. calc. card—m. Cham. chel. Chin. Chion. Coll. Dig. dulc. elat. hep. ign. ip. lup. lyc. Merc. merc—d. myric. nat—c. nat—p. Nat—s. nit—ac. Nux—v. Ph—ac. phos. Podo. Puls. Op. Sep. solid. SULPH. thyr.

HAUT Farbe gelb Neugeborene, Ärgerlichkeit oder Zorn dabei
chel. Nat—s. nux—v.

HAUT fein, unbeständiger Zirkulation mit
Lach. PHOS. sil.

HAUT fettige allgemein
agar. aur. Bar—c. Bry. calc. Chin. mag—c. Med. Merc. NAT—M. nux—m. plb. Psor. sel. stram. thuj.

HAUT fettig, dunkle Typen, Erröten und Schwitzen leicht
NAT—M.

HAUT ölig
bar—c. Bry. Chin. mag—c. Merc. Nat—m. plb. Psor. rhus—t. sel. THUJ. tub.

HAUT Rauheit allgemein
alumn. ars. Bell. CALC. calen. fl—ac. Graph. Iod. kali—c. laur. merc. NIT—AC. olnd. Petr. phos. ph—ac. phyt. psor. Rhus—t. ruta. sabad. sars. SEP. Sulph. tub.

HAUT runzelige allgemein
> ambr. am—c. Ant—c. bry. calc. camph. cham. Cupr. graph. hell. Lyc. merc. mur—ac. nux—v. plb. ph—ac. rheum. rhod. rhus—t. sabad. sars. SEC. Sep. spig. stram. sulph. Verat. viol—o.

HAUT Straffheit allgemein
> Acon. anac. ang. ant—c. arn. ars. bar—c. bell. carb—v. Caust. con. crot—t. dulc. guaj. kali—c. led. mosch. nat—m. NIT—AC. Nux—v. olnd. plb. petr. PHOS. ph—ac. Plat. puls. rhus—t. ruta. sabin. Sep. stann. staph. Stront. sulph. viol—t. zinc.

HAUT welke allgemein
> Ars. calc. camph. caps. cham. CHIN. clem. cocc. croc. Ferr. hyos. Iod. kali—c. lyc. merc. phos. Ph—ac. rheum. rhod. Sars. SEC. seneg. sil. spong. sulph. Verat.

HEILUNG schlechte Wunden von
> Calc. calen. Cham. Graph. Hep. nit—ac. petr. Psor. SIL. Viol—t.

HERPES Frühling und Herbst im
> Lach. Sep.

HERPES generalisiert, überall
> Bar—m. PSOR. Ran—b. Sars.

HERPES progenitalis
> graph. Kali—m. med. MERC. nat—s. THUJ.

HERPES Schmerz scharf stechend oder schneidend dabei
> phos. Ran—b.

HERPES simplex allgemein
> Acon. apis. Ars. arum—t. bac. bapt. Bell. berb. bov. calc. calc—s. canth. carbn—s. clem. con. Dulc. Ferr—p. Graph. lyc. manc. merc. Mez. NAT—M. nit—ac. petr. Ran—b. RHUS—T. Sep. sil. sulph. tell. vario.

HERPES simplex fieberhaften Erkrankungen bei
> apis. Ars. bapt. bry. canth. cedr. kali—p. lach. merc. NAT—M. puls. Rhus—t.

HERPES zoster (Gürtelrose)
> acon. arn. ARS. bell. bry. Canth. crot—t. cupr. cupr—ar. DULC. ferr—p. graph. hyper. Iris. lach. mag—p. merc. MEZ. Phos. prun. Ran—b. RHUS—T. rumx. sulph. thuj. Vario.

HERPES zoster, Schmerz vor Ausbruch d. Ausschlages
> Acon. BRY. CANTH. CUPR. Cupr—ar. ferr—p. hyper. Mag—p. mez. ran—b. Staph. sulph.

HERPES zoster Schmerz
> siehe therapeutische Hinweise, S. 664

ICHTHYOSIS (Fischschuppenhaut, rauh)
alum. am—c. anag. arn. Ars. Ars—i. Aur. Calc. Calc—f. canth. chin. Clem. coloc. Graph. hep. HYDRC. Iod. Kali—c. Kali—i. kali—m. lac—c. Lyc. Merc. Mez. Nat—c. Nat—m. nat—s. nit—ac. Oena. ol—j. Petr. Phos. Platan. Psor. Plb. rhus—t. Sel. Sep. sil. SULPH. Syph. THUJ. Thyr.

IMPETIGO contagiosa (Eiterflechte, erst Bläschen, dann Krusten)
Ant—c. ant—t. ars. Arum—t. calc. calc—m. calen. Cic. clem. dulc. Graph. HEP. iris. Jug—c. jug—r. kali—bi. merc. MEZ. nit—ac. ph—ac. psor. Rhus—t. sars. staphycoc. sulph. tarent. thuj. tub. viol—t.

IMPETIGO contagiosa (Eiterflechte) Bläschenstadium
Mez. RHUS—T.

IMPETIGO contagiosa (Eiterflechte) Extremitäten oder Analbereich
clem. graph. hep. Jug—c. nit—ac. sulph. Thuj.

IMPETIGO contagiosa (Eiterflechte) Kopf oder Gesichtbereich
Ant—c. Cic. Clem. dulc. hep. jug—r. kali—bi. lyc. viol—t.

IMPETIGO contagiosa (Eiterflechte) Krustenstadium
Ant—c. ant—t. Cic. graph. Hep. viol—t.

IMPETIGO simplex
acon. Ant—t. Ars. arum—t. bar—c. Calc. cham. clem. Graph. Lyc. rhus—t. Sulph. tarent.

INSEKTENSTICHE Biene allgemein
Apis. arn. Carb—ac. HYPER. Lach. Led. nat—m. Urt—u. Vesp.

INSEKTENSTICHE Biene in Mund, Zunge oder Rachen
acon. APIS. arn. brom. Canth. sil.

INSEKTENSTICHE Biene ins Auge
Acon. APIS. arn. cann—s. hyper. led.

INSEKTENSTICHE mit Entzündungsneigung und/oder starkem Juckreiz
anthraci. Calc. cedr. led. lyc. merc. sul—ac.

INSEKTENSTICHE Hornisse (Klinik!)
Anthraci. apis. Ars. canth. Carb—ac. carb—v. cit—p—s. lach. led. pyrog. Tarent—c.

INSEKTENSTICHE Wespe
siehe therapeutische Hinweise, S. 664

INSEKTENSTICHE Wespe
Acet—ac. apis. Canth. carb—ac. cit—p—s. hyper. Led. tarent—c. vesp.

INSEKTENSTICHE Zecke - Encephalitis
siehe therapeutische Hinweise, S. 664

INSEKTENSTICHE, Zecken incl. (ausser Biene und Wespe)
Apis. calen. canth. Carb—ac. cedr. cit—p—s. . FORM—AC. D. 12. Injektion. sc. . gels. hyper. Lach. D. 12. Led. merc. tarent—c.

INTERTRIGO retroauriculär, Wundwerden hinter d. Ohr
bar—c. CALC. chrysar. CLEM. Crot—t. Graph. kali—bi. LYC. Mez. Nat—m. OLND. Petr. Psor. Sanic. scroph—n. staph. tell.

INTERTRIGO, Wundwerden allgemein Neugeborener und Kleinkinder
am—c. Calc. Carb—v. caust. Cham. GRAPH. Hep. ign. kali—m kreos. Lyc. Merc. puls. Psor. Sep. SULPH.

INTERTRIGO, Wundwerden v. Hautfalten oder Gelenkbeugen
Aeth. Am—c. Ars. Bor. Calc. Calc—s. CAUST. cham. Clem. Chrysar. Crot—t. GRAPH. Jug—r. Kreos. lyc. Merc. MEZ. Olnd. Petr. Psor. Sanic. scroph—n. staph. SULPH. Tell.

INTERTRIGO, Wundwerden von Hautfalten während Zahnung
am—c. CAUST. cham. Lyc.

JUCKEN und Hitze d. Haut - Kratzen bessert nicht
PSOR. SEP.

JUCKEN Ausschlag ohne
Acon. Alum. Ars. cist. cupr. DOL. gels. lach. Med. merc. mez. op. psor. Sulph. thyr.

JUCKEN Baden oder Wasseranwendung agg.
bov. Calc. clem. Dulc. mag—c. mez. Nat—s. Rhus—t. SULPH. Tub.

JUCKEN behaarten Teilen an (agg.)
dol. Fago. Rhus—t.

JUCKEN Fieberhitze während
Hep. kali—br. Petr. spong.

JUCKEN generalisiertes, kratzt sich überall und ständig - möglicherweise nervös
apis. Chlol. ign. psor. sep. sulph. zinc.

JUCKEN Kälte (Anwendung) am.
berb. Fago. graph. kali—bi. Mez.

JUCKEN Kleiderwechsel bei Entkleiden, Ankleiden (agg.)
Alum. Ars. cocc. dros. hep. kali—ar. merc. mez. Nat—s. nit—ac. nat—c. nux—v. olnd. pall. Psor. rhus—t. RUMX. sil. stann. staph. tell. Tub.

JUCKEN Kratzen agg.
alum. Anac. ARS. bism. bov. calad. caps. caust. Cinnb. con. Crot—t. dol. Fago. guaj. lachn. Led. MEZ. puls. Rhus—t. SEP. spong. stront—c. SULPH.

JUCKEN Kratzen am.
>ambr. am—c. anac. arn. Asaf. bry. Calc. canth. caps. crot—t. Cycl. dros. dulc. guaj. ign. kali—ar. mang. merc. mez. Mur—ac. nat—c. phos. plb. rhus—t. ruta. sabin. sars. spig. sul—ac. sulph.

JUCKEN Kratzen am., aber danach Brennen und Röte aller Öffnungen
>caust. lach. sil. SULPH.

JUCKEN Kratzen muss, bis es blutet
>agar. Alum. Arg—m. ARS. Bar—c. bov. BUFO. Chlol. Coff. Med. PSOR. Puls.

JUCKEN Kratzen muss, bis Übelkeit oder Erbrechen auftritt
>Ip. sang.

JUCKEN Kratzen verlagert den Ort (springendes Jucken)
>agar. alum. anac. calc. canth. chel. con. cycl. Ign. mag—c. MEZ. nit—ac. sang. spong. Staph. sul—ac.

JUCKEN Luft in frischer (agg.)
>ars. dulc. Hep. olnd. petr. rhus—t. RUMX. Sep. Staph. Tub.

JUCKEN Menses während
>Graph. Kali—c. phos.

JUCKEN morgens im Bett
>Calc. RHUS—T. Sars. staph. Sulph.

JUCKEN Wärme (Anwendung) am.
>ARS. kali—s. Petr. Rumx.

JUCKEN wollene Kleidung durch (agg.), auch Ausschlag
>hep. merc. phos. Psor. Puls. SULPH. tub.

JUCKREIZ quälend, Tortur, Wolle und Wärme agg. trotz Frostigkeit
>hep. nat—m. PSOR.

KÄSESCHMIERE zähe, nur in Gelenkfalten bei Neugeborenen, bes. Achseln
>HEP.

KRATZEN siehe oben: Jucken Kratzen ...

KRÄTZE, Scabies
>Aloe. Anthraco. ambr. Ant—c. ant—t. ARS. bry. calc. Calc—s. canth. carb—an. Carb—v. Carbn—s. Caust. clem. coloc. con. Crot—t. Cupr. Dulc. graph. grat. guaj. HEP. IOD. Kali—s. Kali—m. Kreos. Lach. led. Lyc. Mang. Merc. mez. nat—c. Nux—v. petr. Ph—ac. Psor. puls. Rhus—v. sabad. sel. Sep. sil. squil. staph. SULPH. sul—ac. tarax. Thuj. valer. Verat. Zinc.

KRÄTZE, Scabies blutende
>calc. dulc. Merc. Sulph.

KRÄTZE, Scabies fettige
ant—c. Caust. clem. cupr. Kreos. MERC. sel. Sep. squil. sulph.

KRÄTZE, Scabies Impfung nach, nachts den Schlaf raubend
Mez. psor.

KRÄTZE, Scabies NÄSSENDE, feuchte
Ars. calc. Carb—v. caust. clem. con. dulc. Graph. kreos. Lyc. merc. merc—i—f.
petr. sep. sil. squil. staph. sulph. vinc.

KRÄTZE, Scabies unterdrückte (Jacutin, Schwefel..)
agn. alum. ambr. ant—c. ant—t. ars. bell. carb—v. Caust. chin. dulc. graph.
kreos. lach. nat—c. nat—m. ph—ac. Psor. Puls. Sel. SEP. sil. staph. SULPH.
verat. ZINC.

LÄUSE
siehe therapeutische Hinweise, S. 665

LEBERFLECKEN
acet—ac. arn. apis. Ars. Calc. calc—f. carb—an. Carb—v. Carc. cur. Fl—ac. Lach.
LYC. Med. mez. Phos. plb. Sep. sulph. Thuj.   siehe auch unter Muttermale

LEBERFLECKEN links vorwiegend am Hals
Lach.

LEBERFLECKEN viele kleine oder plötzliche Vermehrung derselben
ars. Lach. med. sep. Thuj.

LEUKODERMA
siehe Vitiligo

LICHEN planus (Flechten livide - rot juckend flach)
agar. anac. ANT—C. Apis. ARS. ARS—I. ars—h. berb. bry. Carc. Chin—ar. Cic.
cocc. Dulc. Iod. JUG—C. KALI—BI. kali—c. Kali—i. kali—m. led. Lyc. mang.
Med. MERC. merc—c. mur—ac. Nat—m. Nat—s. nux—v. rhus—t. Sars. sep.
Staph. sulph. Sul—i. thuj.

LICHEN ruber (Flechten rot juckend erhaben, scrophulös)
Alum. Am—m. ANAN. ANT—C. Apis. Ars. ARS—I. bar—c. bar—i. bar—m. Bell.
Calad. Calc. Calc—ar. Calc—s. Cast—v. cic. Dulc. ferr. Graph. JUG—C. kali—c.
Kali—ar. kali—i. kali—m. KREOS. LED. Lyc. med. NAT—AR. nat—m. nat—s.
Nabal. Nat—c. Merc. Merc—c. PLAN. PHYT. RUMX. mez. rhus—t. Sep. staph.
stram. Sulph. thuj. til.

LIPOME oder Atherome (Fettgeschwulst)
agar. ant—c. BAR—C. Benz—ac. Calc. calc—f. Calc—sil. Con. GRAPH. hep. iod.
kali—br. kali—c. Kali—i. lyc. Med. merc. nat—s. nit—ac. ph—ac. Phos. Phyt.
psor. Sabin. SIL. spong. Sulph. THUJ. Vario.

LUPUS vulgaris (weiche, rot - braune papulöse Infiltrate, Tuberkeln)
Abr. agar. alum. alumn. Am—a. ant—c. Apis. Aq—mar. arg—n. Ars. ARS—I. Aur—ar. Aur—i. aur—m. Aur. bar—c. CALC. Calc—i. CALC—S. carb—ac. caust. cic. Cist. Cund. Ferr—pic. Form—ac. Form. Graph. Guar. Hep. Hydr. Hydrc. Irid. kali—ar. Kali—bi. kali—c. kali—chl. Kali—i. kali—s. Kreos. lach. Lyc. Merc. merc—i—r. nat—m. Nat—sil—f. Nit—ac. ol—j. Phyt. Psor. Rhus—t. Scroph—n. Sep. SIL. spong. Staph. SULPH. Thiosin. THUJ. Thyr. Tub. urea. x—ray.

LUPUS destruktive Infiltrate, fressend, maligne Tuberkeln
Ars. Calo. Caust. kreos. MERC. NIT—AC. Sep. Sil. STAPH. sulph.

MOLLUSCUM (bis erbsgrosser Auswuchs, weiss bis rosa wächsern)
Ars. ars—i. calc—f. graph. Iod. lyc. med. Sulph. Thuj.

MORBUS sudatorius, Sudamia (miliare Bläschen anstatt Schweiss)
Acon. am—c. am—m. apis. Ars. bell. Bry. cact. canth. Carb—v. cent. chin—s. crot—t. graph. Hep. hura. Hydrc. ip. Jab. lac—c. lach. led. Merc. Nat—m. ph—ac. Pilo. raph. RHUS—T. Spong. sul—ac. syzyg. Urt—u. valer.

MORPHEA (Sklerodermie Neugeborener, Haut verhärtet, mit Kreislaufstörungen)
apis. alum. Ars. bry. chin. Dulc. LACH. PHOS. sec. Sil.

MÜCKENSTICHE werden gross, starke Reizung (incl. Mosquitostiche)
calad. Calc. STAPH. tub.

MUTTERMAL, naevus connatalis
ACET—AC. arn. ars. Calc. calc—f. carb—an. Carb—v. CARC. con. cund. FL—AC. lach. Lyc. med. Merc. nit—ac. nux—v. PHOS. plat. rad—br. Sep. Sil. sol. Sulph. THUJ. tub. ust. vac.

MUTTERMAL, naevus
siehe auch unter Leberflecken

MUTTERMALE, Naevi mit glatter Oberfläche (N. pigmentarii)
am—c. ant—c. calc. Con. graph. lach. lyc. Phos. puls. Sep. sil. Sulph.

MUTTERMAL, naevus lipomatodes (Fettcysten ähnlich)
BAR—C. Calc. Hep. GRAPH. nit—ac. Phos. Sil. Sulph. Thuj.

MUTTERMAL, naevus spongiosus, Blutschwamm
ant—c. Ars. carb—an. iod. Lach. Merc. phos. SIL. Sulph. thuj.

MUTTERMAL, naevus Teleangiektasie arteriell (meist bizarr)
Bell. Calc. Lyc. med. nit—ac. Sulph.

MUTTERMAL, naevus Teleangiektasie Akne rosacea (kupferiger Ausschlag) wie
ars. aur—m. Carb—an. KREOS. merc. Rhus—t.

MUTTERMAL, naevus Teleangiektasie venös (wie dunkle Rotweinflecken)
Carc. Carb—v. fl—ac. nux—v. Phos. puls. Sulph.

MUTTERMAL, naevus vasculosus allgemein, mit Teleangiektasien
ars. aur—m. Bell. berb. calc. calc—f. carb—an. Carb—v. crot—h. Fl—ac. graph. hep. kreos. led. Lyc. merc. nat—m. Nux—v. petr. Phos. plat. Puls. rhus—t. ruta. sep. Sil. sul—ac. SULPH. thuj.

MUTTERMAL, naevus veruccosis (Warzen ähnlich)
Ant—c. Calc. CAUST. DULC. Lyc. nit—ac. psor. rhus—t. Sep. sulph. Thuj.

MUTTERMALE, spider naevi (spinnenartige N., meist Leberzeichen)
carb—v. lach. med. Plat. sep. thuj.

MUTTERMALE, spider naevi auffällig rot
med.

NAEVUS Unna - Politzer, meist Nacken Mitte ("Storchenbiss")
Calc. fl—ac. lyc. Med. thuj. Tub.   weitere Naevi siehe oben, Muttermale

NARBEN aufbrechende
carb—v. Caust. croc. crot—h. fl—ac. Graph. iod. lach. nat—m. PHOS. SIL.

NARBEN blau werdende
Bad. lach. Sul—ac.

NARBEN blutende
Lach. phos. sil. sul—ac.

NARBEN hart werdende
Graph. sil.

NARBEN juckende
Fl—ac. Iod. led. naja.

NARBEN rot werdende
asaf. fl—ac. lach. nat—m. Sul—ac.

NARBEN Schmerz brennend
ars. caust. Carb—an. Graph. tell.

NARBEN schmerzhaft werdende
fl—ac. Graph. hyper. lach. nat—m. Nit—ac. SIL. Sul—ac.

NEUBILDUNGEN
siehe unter Allgemeines, S. 550

NEURODERMITIS (atopisches Ekzem)
agar. ambr. ang. Ant—c. ant—t. ars. bac. Bar—c. Berb—a. Bruc. CALC. calc—ar. Calc—p. calc—sil. Cand—a. carc. caust. cham. chlol. Cic. Cortex. cortiso. Dulc. euphr. Graph. hep. kreos. Lach. Led. Lyc. mang. Med. MERC. Mez. nat—c. NAT—M. Nit—ac. nux—v. Olnd. Petr. Phos. pitu—gl. polio. psor. rad—br. Rhus—t. SARS. SEP. Staph. stram. sulph. thuj. thym—gl. trypt. Tub. vinc. Viol—t. Zinc. Zinc—br.

NEURODERMITIS (Atopie) und iatrogene Immunschwäche (Cortison)
siehe therapeutische Hinweise, S. 665

NEURODERMITIS (atopisches Ekzem) und Nahrungsmittel Allergie
siehe therapeutische Hinweise, S. 666

NEURODERMITIS (atopisches Ekzem) und Quincke Oedem
siehe therapeutische Hinweise, S. 667

NEURODERMITIS (atopisches Ekzem) adjuvante Therapie
siehe therapeutische Hinweise, S. 667

NEURODERMITIS besondere Lokalisationen
siehe therapeutische Hinweise, S. 668

NEURODERMITIS Blockademittel / Reaktionsmittel
cortex. cortiso. polio.(Nosode) rad—br. thym—gl. Zinc.

NEURODERMITIS Haut agg. während Erkältung
Ars. Dulc. rhus—t. Sars. tub.

NEURODERMITIS Haut Jucken nachts agg.
Ars. caust. CHLOL. Merc. mez. pitu—gl. rhus—t. staph. sulph. trypt.

NEURODERMITIS Impetigo mit (eitrige Flechte)
Ant—t. HEP. sil.

NEURODERMITIS Nesselsucht wie nach Citrusfrüchten, oder Erdbeeren agg.
apis. Dulc. elaps. MED. olnd. urt—u.

NEURODERMITIS Radioaktivität durch (Kernkraftwerk Nähe, Tschernobyl)
fl—ac. gins. phos. rad—br.

NEURODERMITIS Salbe
siehe therapeutische Hinweise, S. 668

NEURODERMITIS Therapieblockade durch Allergie gegen Milch und Weizen
siehe therapeutische Hinweise, S. 669

NEURODERMITIS, atopisches / allergisches Ekzem bei Zinkmangel
siehe therapeutische Hinweise, S. 669

PEMPHIGUS (verschiebliche pralle Blasen platzen --> Entzündung)
anac. ARS. cand—a. Canth. caust. chin—s. crot—h. dulc. Graph. IOD. Lach. lyc.
merc. Merc—c. Merc—pr—r. nat—m. Nat—s. nit—ac. Phos. psor. Ran—b.
RHUS—T. sars. sep. sil. SULPH. syph. Thuj.

PEMPHIGUS Neugeborener
ars. dulc. lach. Merc—pr—r. nat—s. sulph. thuj.

PILZERKRANKUNG, Mykose allgemein
> ars. Bac. calc. calc—sil. Cit—p—s. gali. Graph. Melal—a. Nat—m. nit—ac. propol. Sep. sulph. tell. teucr. Tub.

PILZERKRANKUNG Genitalien bei Säugling (Mykose)
> calc. petr. Rhus—t. Rhus—v.

PILZ Infektionen mit leuchtend roter Haut (Candida)
> Bor. calc. med. Sul—ac.   siehe auch unter Candida Infektionen

PITYRIASIS (Dermatitis exfoliativa, kleieförmige Schuppen auf Flecken)
> ACON. Apis. Ars. Ars—i. Bac. Bell. Berb—a. Bor. Calc. CANTH. Carb—ac. cham. Clem. coff. Colch. Ferr—p. Fl—ac. Graph. Kali—ar. Mang. Merc—pr—r. Mez. Nat—ar. Phos. Pip—m. psor. puls. Sep. Staph. Sulph. Sul—i. Sulo—ac. Tell. Ter. thuj. Thyr. Urt—u.

PITYRIASIS, Jucken unerträglich Kleinkindern bei
> Cham. Coff. Puls.

PRURIGO, juckende Dermatose mit Urticaria und krustigen Papeln
> alum. Acon. Aln. Ambr. Anthraco. ARS. ARS—I. Ars—s—f. Calc—p. Carb—ac. Chlol. con. Dol. Dios. Graph. Kali—bi. Kali—c. Led. Lyc. Mang. Merc. Mez. nat—m. nat—s. Nit—ac. Olnd. ov. Ped. phos. Rhus—t. Rhus—v. Rumx. Sil. Sulph. Ter. Thuj.

PRURIGO mitis (gelindes Jucken im Frühling oder Sommer)
> Bry. cocc. Nux—v. olnd. op. Puls. Rhus—t. Sil. Sulph.

PSORIASIS
> siehe therapeutische Hinweise, S. 664, 671

PSORIASIS allgemein
> ARS. Ars—br. ARS—I. bar—i. BOR. Calc. calc—i. caust. cic. clem. colch. cor—r. Dulc. Graph. hydrc. Kali—ar. Kali—br. lyc. mang. merc. mez. mur—ac. nat—ar. Petr. phos. phyt. psor. rhus—t. sars. SEP. sil. staph. Sulph. Thuj. thyr.

PSORIASIS capitis (behaarter Kopf)
> bar—c. bor. calc. dulc. lyc. Nat—m. PETR. thuj.

PSORIASIS Kummer oder Unterdrückung v. Wut oder Emotionen nach
> Caust. lyc. sep. Staph.

PSORIASIS rheumatischer Konstitution bei, nass kaltes Wetter agg.
> Colch. Dulc. mang. Rhus—t. sulph.

PURPURA haemorrhagica simplex, Morbus maculosus Werlhofii
> arn. Bry. Crot—h. fl—ac. kali—c. kali—i. lach. Led. phos. puls. RHUS—T. Sil. sul—ac.

PURPURA haemorrhagica (toxische Reaktion Nahrungsmittel, allergisch)
Arn. Ars. carb—v. chin. Crot—h. cupr. erig. Ferr—p. ham. kali—i. Lach. led. mill. nit—ac. ph—ac. Phos. puls. pyrog. rhus—t. rhus—v. sec. Sul—ac. sulph. tarent. ter. tril.

PURPURA haemorrhagica meningokokkenbedingt (sofort Klinik!)
cic. Phos.

PURPURA haemorrhagica Schoenlein - Henoch (rheumatisch)
arn. cact. Bry. dulc. ham. kali—i. Led. puls. merc. RHUS—T. sulph.

PYODERMIE Neugeborener
calen. graph. hep. merc. rhus—t. sep. sil. sulph. Tub.

RINGELFLECHTE Haarausfall mit, Herpes oder Tinea tonsurans
Ars. Bac. HEP. merc. sulph. Thuj. Tub.

RINGELFLECHTE, Herpes circinatus oder Tinea circinata (ringworm)
Ars—i. bac. Bar—c. Calc. Dulc. fl—ac. graph. hep. Hydr. Nat—m. nat—s. phyt. SEP. sil. Sulph. tell. Thuj. Tub.

RINGELRÖTELN, Ringelflechten
apis. ars. BAC. Bar—c. calc. Chrysar. Dulc. eup—per. ferr—p. graph. hydr. mez. nat—c. Nat—m. Phyt. Sanic. Sep. sulph. Tell. Thuj. TUB. viol—t.

RISSIGE Haut, Farbe rot bis ins tiefrote
Tub. Bac.

SCHMUTZIG aussehende Haut
Am—c. ars. lyc. nux—v. PSOR. Sulph. thuj.

SKLERODERMIE Neugeborener siehe unter Morphea

SONNENBRAND
acon. ars. BELL. calen. Canth. Caust. Fl—ac. gels. lach. nat—m. op. Rhus—t.

SONNENBRAND
siehe therapeutische Hinweise, S. 670

STORCHENBISS (Naevus Unna - Politzer, meist Nacken Mitte)
Calc. fl—ac. lyc. Med. thuj. Tub.

SYPHILODERMA (syphilitische Affektionen, bräunlich UND symmetrisch)
ars. Ars—i. asaf. aur. aur—i. Cinnb. cor—r. fl—ac. guaj. Iod. KALI—I. kali—s. Kreos. lyc. MERC. Merc—c. merc—d. Merc—i—f. Merc—i—r. mez. nat—s. Nit—ac. phyt. sil. staph. sulph. Thuj.

TELEANGIEKTASIE siehe unter Muttermal

TINEA favosa, Favus Dermatomycosis, Grind wie Honigwaben, meist Kopf
Agar. ARS. Ars—i. Bar—c. Brom. CALC. Calc—s. Dulc. Graph. Hep. Jug—r. KALI—C. Kali—m. Lappa. Lyc. Med. MEZ. Nat—m. Olnd. Phos. psor. Sep. Staph. Sulo—ac. SULPH. thuj. Ust. Vinc. VIOL—T.

TINEA versicolor, Chromophytosis gelb- braune Flecken, meist Rumpf
Ars—i. Bac. Bar—c. Chrysar. Kali—c. Kali—s. Mez. NAT—AR. SEP. Sulph. Tell.

TROCKENE Haut, heiss, brennend
Acon. arn. bell. Bry. calc. cocc. coff. dulc. hell. kali—c. Lach. led. Lyc. merc. Nux—v. op. ph—ac. Phos. Puls. rhus—t. samb. squil. sec. sep. Sil. stann. sulph.

TROCKENE Haut, rauh, neigt zum Aufspringen
GRAPH. hyos. nat—c. Sil. tub.

TROCKENE Haut, rauh, Pusteln und ungesundes Aussehen
merc. PSOR.

TROCKENE Haut, Risse an unbedeckten Teilen
SULPH. tub.

TROCKENE Haut, untätig, Schwitzen unfähig Anstrengung bei körperlicher
apoc. calc. Nat—m. nux—m. PLB.

TROCKENE Haut, untätig, Schwitzen unfähig zu
apoc. Ars. Bell. bry. Cham. Chin. coff. Colch. coloc. Dulc. GRAPH. kali—c. Kali—i. lach. Nux—m. Plb. psor. Rhus—t. Sil. squil. Sulph. Stram. viol—o.

URTICARIA allgemein (Nesselsucht)
Acon. anac. ant—t. Apis. arn. Ars. astac. Bell. bov. Bry. Calc. calc—s. cham. chlol. cop. Canth. Dulc. form—ac. Hep. hydr. lyc. nat—m. Nux—v. psor. Puls. Rhus—t. Sep. Sulph. URT—U.

URTICARIA abwechselnd Krupp mit
apis. calad. Ars. hep.

URTICARIA Anstrengung körperliche durch
ars. apis. Calc. con. hep. Nat—m. Psor. Sanic. urt—u.

URTICARIA blass oder weisslich
bry. Calc. nat—m. URT—U.

URTICARIA brennend nach Kratzen, Wärme agg. & Kälte am.
DULC.

URTICARIA chronische (auch mit striemenartigen Quaddeln)
Anac. Ant—c. apis. Ars. Astac. Bov. Calc. caust. chlol. COP. cortex. cund. DULC. hep. ichth. Lyc. Nat—m. petr. puls. Psor. rhus—t. sep. stroph—h. Sulph. Urt—u.

URTICARIA Durchfall mit
apis. bov. PULS. Dulc.

URTICARIA Erhitzung, Wärme durch
Apis. Cop. dulc. ign. kali—i. iod. Lyc. NAT—M. Psor. Puls. rhus—t. sulph. URT—U.

URTICARIA Erkältung oder Abkühlung durch
apis. Ars. calc. calc—p. chlor. DULC. ign. nat—m. Rhus—t.

URTICARIA fettig, ölig aussehend
Bry. Merc. Nat—m. plb.

URTICARIA Fleisch, Fisch oder Meeresfrüchten nach
ant—c. ars. Astac. camph. Carb—v. chin—ar. cop. Medus. nat—m. puls. ruta. ter. urt—u.

URTICARIA Jucken ohne
Uva.

URTICARIA Kälte oder kaltes Wasser durch
Dulc. Rhus—t.

URTICARIA Kratzen durch
bar—c. Calc. caust. Dulc. Graph. hep. LACH. Lyc. Mez. petr. Rhus—t. sil. Staph. sulph.

URTICARIA Luft firscher, kühler in agg.
Rumx. Sep.

URTICARIA Menses vor oder während
cimic. dulc. graph. Kali—c. Puls. Rhus-t.
URTICARIA menstruellen Störungen mit
bell. bov. kreos. Puls.

URTICARIA Milch durch
Calc. nat—c. sep. Tub.

URTICARIA Obst oder Früchte durch (incl. Erdbeeren)
apis. ars. bry. Chin. ox—ac. puls.

URTICARIA periodisch jährlich
dulc. psor. rhus—t. rumx. Urt—u.

URTICARIA pigmentosa, Mastocytose, bräunliche Flecken jucken nach Reiben
calc. Cit—ac. lach. merc. Phos. Sep. sulph. thuj.

URTICARIA unterdrückte - Folgen: nervliche Reizzustände, Konvulsionen
Bell. bry. cupr. GELS. hell. Rhus—t. VERAT—V. zinc.

URTICARIA Verdauungsstörungen durch (incl. Magenverstimmung)
apis. Ars. Ant—c. ASTAC. carb—v. kali—s. myric. Nux—v. ptel. Puls.

URTICARIA Wasseranwendung, Baden nach
Bov. calc. calc—p. Dulc. RHUS—T. Urt—u.

VERBRENNUNGEN
   siehe unter Allgemeines, S. 571

VERBRENNUNGEN
   siehe therapeutische Hinweise, S. 671

VITILIGO (nur im Anfangsstadium heilbare weisse Pigmentstörungen)
   Alum. ant—c. apis. ARS. Ars—i. ars—s—f. Aur. berb. bor. calc. Calc—p. Dros.
   Ferr—p. hydrc. ign. kali—c. Med. Merc. Nat—c. Nat—m. Nit—ac. Phos. psor.
   rhus—t. sel. Sep. SIL. Sulph. Syph. Thuj. TUB. zinc. Zinc—p.

VORGESCHICHTE (Anamnese): Ekzem seit früher Kindheit
   ars. bac. caust. Graph. hep. lyc. med. Nat—m. psor. sep. Sulph. tub. ZINC.

WARZEN allgemeine Disposition zu
   am—c. Calc. CAUST. DULC. lyc. merc. Med. nat—m. Nat—s. Nit—ac. ph—ac.
   phos. sabin. SEP. sil. staph. sulph. THUJ.

WARZEN - lokale - siehe dort, z. B. Extremitäten, Fussohlen etc.
   Siehe auchtherapeutische Hinweise, S. 671

WARZEN bluten leicht
   CAUST. nat—c. Nit—ac. staph. Thuj.

WARZEN braun
   SEP. Thuj.

WARZEN brennend
   Petr. phos. Rhus—t. sabin.

WARZEN Dellwarzen, Molluscum contagiosum (erbsengross hell rosa)
   BROM. Bry. CALC—AR. Calc. Kali—i. Lyc. med. Melal—a. merc. merc—sul.
   Nat—m. nit—ac. SIL. Sulph. Teucr. THUJ.

WARZEN Feigwarzen, Condylomata
   calc. cham. cinnb. euph. lyc. Med. merc. nat—s. Nit—ac. ph—ac. phyt. psor. sabin.
   staph. Thuj.

WARZEN Feigwarzen, Condylomata Impfung nach
   Thuj.

WARZEN fleischig
   Ant—c. CALC. Caust. Dulc. sil. staph. thuj.

WARZEN gross
   Caust. Dulc. mag—s. nat—c. Nit—ac. rhus—t. Sep. Sil. Thuj.

WARZEN hart, verhornt, Dornwarzen
   ANT—C. calc. Caust. sep. Sil. sulph. thuj.

WARZEN juckend und leicht blutend nach Kratzen
Nit—ac. thuj.

WARZEN jungen Mädchen bei
mag—s. nat—m. sabin. Sep. sulph. Thuj.

WARZEN nässend
ars. bov. calc. Caust. hep. nat—c. NIT—AC. Rhus—t. sil. Staph. Thuj.

WARZEN schmerzhaft
Anac. bov. calc. caust. nat—c. Nit—ac. staph. thuj.

WARZEN unterdrückte (auch durch "Besprechen" unterdrückte W.)
meny. merc. Nit—ac. Staph. thuj.

WARZEN unterer Mundbereich und Hals aussen
Sep.

WARZEN Wasser, durch viel Kontakt mit, z. B. Schwimmen als Sport
Dulc. nat—m.

WINDELDERMATITIS
siehe unter Bauch & Stuhl, S. 343

WUNDHEIT schmerzhafte d. Haut allgemein
acon. aesc. agar. ant—c. apis. ars. Bar—c. bell. berb. benz—ac. bor. CALC. carbn—s. Carb—v. Caust. CHAM. Chin. gamb. GRAPH. hydr. Ign. kreos. Lyc. mag—c. med. Merc. Nat—m. nat—p. nit—ac. Petr. plan. podo. puls. Ruta. sanic. Sep. Sil. squil. SULPH. syph. thuj. tub.

WUNDHEIT Säuglinge
ant—c. Bar—c. bell. Calc. carb—v. CHAM. Chin. Ign. kreos. Lyc. Merc. puls. rhus—t. Ruta. squil. Sep. Sil. SULPH.

WUNDHEIT, Wundwerden feuchten Absonderungen mit
BAR—C. Lyc. PETR.

WUNDHEIT, Wundwerden Gelenkbeugen in
Am—c. Calc. CARB—V. CHAM. Chin. Graph. IGN. Kali—c. Lyc. Ruta. Squil. SEP. Sulph.

WUNDHEIT, Wundwerden, Geschwüre dadurch
fl—ac. Sul—ac.

WUNDHEIT, Wundwerden leicht, Neigung zum W.
acon. am—c. ant—c. Arn. bar—c. bell. Calc. caust. CHAM. Chin. Graph. hep. ign. kreos. lach. Lyc. merc. nat—c. Petr. puls. ruta. Sep. Sil. squil. SULPH. Valer.

WUNDHEIT, Wundwerden durch scharfe Absonderungen
carb—v. kreos. merc. Merc—c. Thuj. zinc.

WUNDLIEGEN (Decubitus)

ant—c. arg—n. Arn. bar—c. bell. Calc. Calen. carb—v. CHAM. Chin. crot—h. fl—ac. graph. ign. kreos. Lach. Lyc. med. merc. petr. puls. ruta. Sep. SIL. Squil. SULPH.

ZELLULITIS , Verdickung des Gewebes bei unterernährten Neugeborenen

Acon. Bry. calc. Con. dulc. Sulph.

---

vacat füt Nachträge

Allgemeines

ABMAGERUNG, aber Bauch und Gesicht geschwollen
Bar—c. Calc.

ABMAGERUNG, aber Bauch gross
Bar—c. CALC. lyc. sanic. sars. Sil. sulph.

ABMAGERUNG Aussehen alter Mann wie
aeth. abrot. arg—n. Kreos. LYC. Nux—v. Op. sanic. Sars. stram. Sulph.

ABMAGERUNG Cholera infantum bei
abrot. ars. Ars—i. chin. chin—ar. coff. coff—t. Crot—t. Manc. med. NAT—M. Sanic. Tab.

ABMAGERUNG Diarrhoe chronischer bei
Ars. chin. Chin—ar. calc. Calc—p. lyc. nat—m. nat—s. PETR. ph—ac. Phos. rheum. sel. sil. sulph. sul—ac. Teucr. Tub.

ABMAGERUNG Drüsen vergrösserten mit
ars—i. Bar—i. calc. calc—i. cist. con. graph. IOD. mag—c. mag—m. ol—j. sil. ther.

ABMAGERUNG Durchfall mit, während Zahnung
aeth. Ars. cina.

ABMAGERUNG Essens trotz guten (Appetit vermehrt, dennoch schlank)
abrot. ars—i. bar—i. Calc. calc—p. Cina. IOD. mag—c. Nat—m. petr. Phos. psor. sanic. sil. sulph. sul—i. Tub.

ABMAGERUNG Füsse bis Unterschenkel, mit grossem Bauch
Caust.

ABMAGERUNG Geisteskrankheit oder Prae-Psychosen bei (z. B. bei Hebephrenie)
ARS. Aur. bell calc. chin. chin—ar. Cupr. iod. ign. Lyc. merc. nux—v. Nat—m. op. Phos. puls. Sil. Tub. verat.

ABMAGERUNG Impfung nach
ars. Sil.

ABMAGERUNG Jünglinge hoch aufgeschossene (incl. Jugendliche m. Liebeskummer)
AUR. hyos. LYC. Nat—m. Ph—ac. TUB.

ABMAGERUNG Kunstmilch Ernährung bei (Flaschenkind, bis zum Marasmus)
alum. ol—j. Nat—p. sil.

ABMAGERUNG, Marasmus (allgemeiner körperlicher und seelischer Verfall)
Abrot. ACET—AC. Aeth. alum. ant—c. Apis. Arg—n. arn. ARS. ARS—I. ars—s—f. ars—s—r. ARUM—T. aur. bac. Bar—c. Bar—i. bell. bor. CALC. CALC—P. Calc—sil. Carb—v. caust. cham. chin. Cina. coca. Con. Ferr. hecla. hep. Hydr. IOD. kali—c. kali—i. Kreos. Lyc. Mag—c. mag—m. med. morg. NAT—M. Nux—m. Nux—v. Ol—j. Op. petr. Phos. Plb. Podo. Psor. puls. Sanic. sars. Sel. Sep. SIL. Staph. sul—i. Sulph. syph. ther. thyr. Tub.

ABMAGERUNG, Marasmus Bauch vergrössert dabei (Biafra - Syndrom)
CALC. CALC—I. Sanic. Sars. Sil. sulph.

ABMAGERUNG, Marasmus Ernährungs- und Assimilationsprobleme durch
Abrot. ars. ARS—I. bac. Bar—c. CALC. CALC—P. caust. Chin. Chin—ar. cina. con. Iod. kreos. lac—d. Lyc. Mag—m. med. Merc. Nat—m. nat—p. Nux—v. Ol—j. phos. pin—s. plb. Podo. Sil. SULPH. thyr. tub.

ABMAGERUNG, Marasmus Heisshunger mit
Abrot. ars—i. Bar—c. Bar—i. CALC. Calc—p. Caust. Chin. CINA. IOD. Lyc. Mag—c. NAT—M. Nux—v. petr. phos. Sil. sul—i. Sulph. tub.

ABMAGERUNG, Marasmus Muselmann - Syndrom bei (Apathie, hat aufgegeben)
ars. bry. kali—br. Op. PH—AC. puls. Tub.

ABMAGERUNG, Marasmus Muselmann - Syndrom bei
siehe auch therapeutische Hinweise, S. 672

ABMAGERUNG Masern während oder nach
Hydr. stict.

ABMAGERUNG Rachitis mit und starkem Verlangen nach Süssigkeiten
lyc. Mag—m. merc. sulph.

ABMAGERUNG Richtung von oben (Gesicht, Nacken) nach unten
cench. Lyc. NAT—M. Sanic. sars.

ABMAGERUNG Richtung von unten (Beine) nach oben
ABROT. arg—n. caust.

ABMAGERUNG schnell Nacken während Sommer Beschwerden, wie Durchfall
coff. NAT—M. Sanic.

ABMAGERUNG schnelle, rasche
ars—i. Kreos. phos. Tub.

ABMAGERUNG Sommer Beschwerden (Durchfall) während oder nach
Aeth. chin. coff. Nat—m. med.

ABMAGERUNG trotz Heisshungers (reichlichen Appetits)
Abrot. ars—i. Bar—c. Bar—i. CALC. Calc—p. Caust. Chin. CINA. IOD. Lyc. Mag—c. NAT—M. Nux—v. petr. phos. Sil. sul—i. Sulph. tub.

ABMAGERUNG Wurmerkrankung durch (Würmer)
calc. Cina. Ol—j.

ABMAGERUNG Zahnung während
ARS.

ABSTILLEN und Entwöhnen Beschwerden durch, beim Kinde
Aeth. BELL. carb—an. Cham. chin. cycl. frag. lac—c. lac—d. PULS. sulph. urt—u. vinc.

ABWÄRTS Bewegung (Fahrstuhl) Beschwerden durch (Schwindel)
BOR. Sanic.

AKROMEGALIE (Vergrösserung distaler Körperteile)
Bar—c. carc. chrysar. pitu. thyr.

AKUTE Zustände, z. B. Fieber hoch und plötzlich
ACON. BELL. Ferr—p. cina. Coff. phos.

ALKOHOLIKERN Kinder von (Familienanamnese)
absin. agar. Ars. ASAR. aur. bell. calc. Calc—p. caust. con. Hep. carb—v. Hyos. Lach. lyc. mag—c. Merc. nat—m. Nux—v. op. passi. petr. ph—ac. Psor. puls. rhus—t. staph. Sulph. Sul—ac. Syph. tarent. Tub.

ALLERGIE
siehe u. a. unter Atmung und unter Haut

ALLERGIE - Anthistaminica
Alternative siehe therapeutische Hinweise, S. 673

ALLERGIEN oder Unverträglichkeit v. Lebensmitteln, Schwermetallen - Umwelt
siehe therapeutische Hinweise, S. 673 ff (und chemische Intoxikation, S. 683 ff

AMALGAM Intoxikation, schlimme Vergiftung, klinisches Handeln
siehe therapeutische Hinweise, S. 676

ANAEMIE allgemein
acet—ac. ant—c. Ars. Bell. Calc. CALC—P. cean. Chin. CHIN—AR. crot—h. cycl. Ferr. FERR—A. Ferr—ar. Ferr—p. Graph. helon. Kali—ar. kali—c. Kali—p. lach. Lev. lyc. Med. merc. Nat—c. NAT—M. Nat—s. Nux—v. ph—ac. PHOS. pic—ac. plat. Plb. psor. PULS. sep. SIL. spig. sulph. Tub. Zinc.

ANAEMIE akuten Erkrankungen nach
Carb—v. ferr—ar. kali—c. lev. phos.

ANAEMIE Blut Verlust durch (Verletzung, Operation etc)
calc. CHIN. Chin—ar. Ferr. ferr—ar. nat—m. ph—ac. Phos.

ANAEMIE emotionale Ursachen durch (wie Kummer oder Depression)
Nat—m. Ph—ac.

ANAEMIE Gesicht rot dabei (" gutes" Aussehen)
FERR.

ANAEMIE Mädchen in Pubertät, mit schwacher, blasser Menses
ALUM. calc—p. Puls.

ANAEMIE Nephritis nach
Ars. Kali—c. Phos.

ANAEMIE splenogene (Milzaffektionen)
ars. CEAN. Chin. lach.

ANOMALIEN Mittellinie d. Körpers in
aur. Bac. calc—f. Ip. lyss. merc. syph. TUB.

ANOMALIEN symmetrisch zur Mittellinie (beidseitig)
Bad. Ip. kali—i. Merc. Syph.

ANREGUNGSMITTEL, Tonica Beschwerden durch oder agg.
agar. Ant—c. carb—ac. Fl—ac. GLON. Ign. Lach. NUX—V. Op. thuj. ZINC.

ANSTRENGUNG, Arme wirft dabei hoch und lässt sie wieder sinken
Bor.

ANSTRENGUNG, Bewegung und frische Luft am.
agar. BROM. canth. hep. ign. kali—c. Nat—m. plb. Rhus—t. Sep. stann.

ANSTRENGUNG empfindlich gegen (agg., schnelle Ermüdung)
Ars. bar—c. bry. CALC. calc—s. cocc. ferr—p. Iod. kali—p. Lyc. merc. nat—c.
Phos. psor. Puls. rheum. Sil. sulph. thyr. Tub.

ANSTRENGUNG körperliche wirkt anregend, auch geistig am.
bar—c. Fl—ac. hep. Ign. kali—br. Mur—ac. nat—m. rhus—t. SEP. sil. stann.

ANSTRENGUNG körperliche agg., aber seelisch-geistiger Bereich dadurch am.
ars. CALC. cocc. Nat—c. sulph.

ANSTRENGUNG körperliche am.
agar. alumn. brom. canth. Cycl. fl—ac. helon. Hep. IGN. kali—br. kali—c. Lil—t.
mur—ac. NAT—M. phys. PLB. rauw. rhod. RHUS—T. SEP. Sil. Stann. thlas.
tril.

ANSTRENGUNG körperliche geringe macht schweissige Hitze
CALC. Calc—s. graph. iod. kali—p. Lyc. merc. nat—c. Phos. psor. Sil. Sulph. Tub.

ANTIBIOTICA, Antiphlogistica Unterdrückung mit, Folgen
ant—t. aran. arn. ars. bell. calc. carb—v. cham. chin. coff. Eup—per. ferr. ferr—p.
hell. Hep. iod. ip. Lach. led. mag—c. Med. meny. merc. nat—c. nat—m. nit—ac.
Nux—v. Okou. Penic. ph—ac. Phos. Puls. rhus—t. salv. sal—ac. sel. Sep.
SULPH. thea. Tub. verat.

ANTIDOT gegen schädliche Wirkungen von Sulphur
siehe therapeutische Hinweise, S. 679

ARZNEIMITTEL und Folgemittel bei chronischen Erkrankungen
siehe therapeutische Hinweise, S. 679, sowie unter Beziehungen..., S. 703 ff

ASSIMILATIONS Störungen
ABROT. CALC. CALC—P. Hydr. lac—d. psor. Puls. SIL. Sulph.

ATROPHIE Säugling / Kleinkind (bis Marasmus wg. Fehl- oder Mangelernährung)
Aeth. Abrot. Aloe. alum. ambr. arb. Arg—n. Ars. ars—i. aur. bell. benz—ac. bry. CALC. calc—i. Calc—p. cetr. Cham. Chin. Cina. Con. cund. equis. Ferr. Graph. Hep. Iod. Ip. Kreos. Lyc. Mag—c. mag—m. mang. Merc. nat—m. nat—p. ol—j. Olnd. Petr. Ph—ac. Phos. Podo. psor. Puls. rhus—t. sars. sil. Stann. stict. Sulph. tub.

AUFBAU, Form und Wachstum - allgemeine Mittel
CALC. CALC—P. CALC—F. caust. Lyc. PHOS. Sanic. SIL.

AUFRUHR - ABC - Mittel fürs Kind
siehe therapeutische Hinweise, S. 680

AUSSCHEIDUNGEN stark stinkend allgemein
nit—ac. Psor. Pyrog. SULPH.

AUSSEHEN alt, Säugling wenige Wochen alt
aeth. Lyc. OP.

AUSSEHEN alt, Jugendliche
alum. arg—n. con. FL—AC. merc. Op. sanic.

BADEN, Waschen agg. (kann sich auch in anhaltendem Frösteln zeigen)
ant—c. apis. Bar—c. bell. calc. caust. lach. op. Phos. psor. Sulph.

BADEN, Waschen kalt nach Erhitzung agg., oder Beschwerden durch
Bry. RHUS—T.

BEHINDERTES Kind allgemeine Hauptmittel (körperlich und geistig b.)
AETH. Agar. ambr. aven. Aur. Bac. Bar—c. Bar—m. bor. bufo. calc. carc—ar. calc—f. calc—p. calc—m. carbn—s. carc. CAUST. cupr. cupr—a. frag. Hell. hyper. lath. med. morb. nit—ac. platan. puls. rub—t. Sil. SULPH. Syph. thuj. zinc. vergl. ICP, S. 182. Siehe auch therapeutische Hinweise Autismus, S. 603

BERÜHRUNG agg. (Empfindlichkeit, überempfindlich)

Acon. Aesc. AGAR. Agn. am—c. ambr. anac. ANG. Ant—c. Ant—t. APIS. ARG—M. arg—n. Arn. Ars. ASAF. asar. aur. Aur—s. bar—c. bar—i. BELL. bor. bov. BRY. bufo. Cact. calad. calc. calc—f. calc—p. calc—sil. camph. Cann—s. Canth. Caps. carb—ac. carb—an. Carb—v. Cast. caust. CHAM. Chel. CHIN. Chin—ar. CHIN—S. cic. cimic. Cina. Cinnb. clem. COCC. COFF. COLCH. Coloc. CROT—C. CUPR. cupr—a. cycl. dros. dulc. equis. eup—per. Euph. euphr. ferr. ferr—i. ferr—p. fl—ac. Gal—ac. GUAJ. HAM. hell. HEP. HYOS. hyper. ign. Iod. ip. KALI—AR. Kali—bi. KALI—C. Kali—i. kali—m. Kali—n. Kali—p. kali—s. kalm. Kreos. LACH. laur. Led. Lil—t. LYC. Mag—c. Mag—m. Mag—p. MANG. Med. Merc. Merc—c. Mez. mosch. mur—ac. Murx. nat—c. Nat—m. nat—s. NIT—AC. nux—m. NUX—V. olnd. Op. Ox—ac. Par. Ph—ac. Phos. plat. plb. Puls. RAN—B. RHOD. RHUS—T. ruta. SABIN. Sang. Sanic. sars. Sec. Seneg. SEP. SIL. SPIG. Spong. STAPH. Stram. Stront—c. Stry. stry—p. sul—ac. SULPH. syph. Tarax. Tarent. Tell. Teucr. Ther. Thuj. urt—u. valer. Verat. verb. viol—o. viol—t. Zinc.

BERÜHRUNG empfindlich gegen, Kitzeligkeit ausgeprägter wegen

Ant—c. calc—p. ign. Kali—c. PHOS. rhod. spong. zinc.

BETÄUBUNG, Benommenheit allgemein

acon. agar. alum. Ant—t. APIS. arg—m. arn. Ars. asar. bar—c. BAPT. BELL. Bor. Bov. BRY. Calc. Camph. Cann—i. cann—s. caps. carb—ac. caust. cham. chel. chin. Cic. COCC. coff. Con. crot—h. Cupr. dulc. gels. graph. Hell. Hydr—ac. HYOS. ip. kali—c. kali—n. lach. Laur. led. lyc. mag—m. Meli. Merc. Merc—c. mez. Mill. mosch. Mur—ac. nat—c. Nat—m. Nux—m. Nux—v. olnd. OP. plb. PHOS. PH—AC. Puls. Rheum. rhod. RHUS—T. Sabad. sec. sep. Sil. spig. stann. STRAM. Sulph. tarax. Ter. thuj. Valer. VERAT. verb. Zinc.

BETÄUBUNG, Benommenheit Erbrechen nach

aeth.

BETÄUBUNG, Benommenheit Erbrechen nach

aeth.

BETTDECKE Füsse darunter hervorstreckend (entblössen)

brom. Calc. Med. SULPH.

BETTDECKE stösst weg selbst im kältesten Winter

acon. calc. hep. Med. nat—m. petr. phos. Puls. Sanic. sil. SULPH.

BEWEGUNG abwärts agg.

bar—c. BOR. calc. con. Ferr. gels. lyc. merc. sil. Sanic.

BEWEGUNG aufwärts, hoch gehoben werden agg.

bor. bry. CALC—P.

BEWEGUNG, Anstrengung und frische Luft am.

agar. BROM. hep. Ign. kali—c. nat—m. plb. Sep. stann.

BEWEGUNG im Krankheitsfalle Abneigung

BELL. BRY. ferr. Gels. lyc. Nux—v. puls.

BEWEGUNG im Krankheitsfalle agg.
aesc. ant—c. BELL. berb. BRY. COLCH. Crot—h. Dig. gels. IP. lob. Mag—p. Med. mez. NUX—V. Phyt. pic—ac. Ran—b. Sabin. SAMB. Sec. Spig. Verat.

BEWEGUNG im Krankheitsfalle am.
arn. chin. Dios. DULC. FERR. iod. Kreos. LYC. Mag—c. Meny. nat—s. PULS. RHUS—T. Ruta. Sep. SULPH. Tarax. Zinc.

BEWEGUNG im Krankheitsfalle fortgesetzte am.
Ferr. Lyc. RHUS—T. sep.

BEWEGUNG im Krankheitsfalle nur anfangs am.
FERR. LYC. Puls. Rhus—t.

BEWEGUNGEN plump und schwerfällig beim Spielen
bar—c. CALC. carb—v.

BLOCKADEN b. Behandlung chron. Krankheiten, Reaktionsmangel
siehe therapeutische Hinweise, S. 680

BLUT Stauungen Wetter heissem bei
Acon. ham. KALI—S. Puls.

BLUTVERGIFTUNG, Sepsis, Septicaemie
am—c. Anthraci. apis. bell. Arn. ARS. Bapt. bry. CARB—V. Crot—h. Echi. hell. kali—p. LACH. lyc. merc. mur—ac. Phos. puls. PYROG. rhus—t. Sulph. Tarent—c.

BRENNEN vorherrschende Empfindung bei allen Erkrankungen
ARS. CARB—V. Caps. canth. Caust. Phos. sulph.

CANDIDA Infektionen allgemeine Neigung zu, Hauptmittel
Ars. bapt. Bor. bry. calc. cand—a. Carb—v. cham. kali—chl. Merc. merc—c. Mur—ac. nux—v. Staph. Sul—ac.

CANDIDA albicans Infektionen, biolog. Ther.
siehe therapeutische Hinweise, S. 681

CHEMISCHE Intoxikation, Vergiftung von Dioxin bis PCP
siehe therapeutische Hinweise, S. 683 ff

CHRONISCHE Krankheiten agg. Pubertät während
Agar. aur. calc. Calc—p. cimic. Gels. jug—r. kali—c. lach. med. Nat—m. ph—ac. Phos. Puls. senec. tub. zinc.

COMMOTIO, Gehirnerschütterung
acon. Anac. ARN. Aur. Bad. Bell. berb. bry. Calc. calen. camph. Cann—s. caust. chin. CIC. cina. Cocc. con. cupr. euphr. Glon. Hell. Hyos. HYPER. Iod. kali—br. Kali—p. kreos. Lach. laur. Led. lyc. m—arct. mag—m. Mang. mez. Nat—m. NAT—S. nit—ac. nux—m. Nux—v. onos. ph—ac. Puls. Rhus—t. seneg. Sep. Sil. Spig. staph. Sul—ac. sulph. valer. Verat. viol—t. zinc.

CYANOSE chronische, eingeschränkter Leistungsfähigkeit mit
> Acon. Arn. ars. CALC. Carb—v. Chin. chin—ar. Dig. LACH. Laur. Phos. sec. sulph.

CYANOSE Kleinkinder und Kinder
> acon. arn. ars. Bor. Cact. Camph. Carb—v. chin. Cupr. cupr—ar. DIG. LACH. LAUR. Naja. nux—v. op. Phos. psor. rhus—t. sec. sulph.

CYANOSE Neugeborener, blue baby
> ANT—T. arn. ars. bor. Cact. Camph. Carb—v. chin. Dig. Lach. LAUR. Naja. op. Phos. psor. rhus—t. sec. Stroph—h. sulph.

CYANOSE Neugeborener asphyxia neonatorum durch, blue baby
> Acon. ANT—T. arist—cl. arn. Ars. bell. bor. cact. Camph. carb—v. Chin. CUPR. cupr—ar. Dig. glon. hydr—ac. Lach. LAUR. naja. OP. phos. psor. Rhus—t. sec. stroph—h. sulph. verat—v.

CYANOSE Neugeborener, asphyxia neonatorum, blue baby
> siehe therapeutische Hinweise, S. 651

DIABETES mellitus
> siehe unter Bauch, S. 321

DRAINAGEMITTEL vor Tub. zu geben (tuberlulinisches Miasma)
> siehe therapeutische Hinweise, S. 685

DROGEN allgemein Ausflippen durch (spaced out, ausgeflippt)
> Cann—i. lac—c. lach. Med. Ph—ac. plat. Sec. stram.

DROGEN anregende (Amphetaminanaloga, MDMA, Ritalin (R) etc.) Beschwerden
> acet—ac. Acon. Camph. cham. Lach. Nux—v. Zinc.

DROGEN betäubende (Morphinderivate) Beschwerden
> Acet—ac. Ars. aur. bell. AVEN. carb—v. cimic. helon. hyper. lach. mur—ac. nux—v. Passi. pip—m. tub. VERAT. zinc.

DROGEN verwirrende (Cannabis, Haschisch, Lysergsäure etc.) Beschwerden
> Alum. anac. anh. ars. calc-p. cann-i. hyos. LAC-C. Lach. lyc. ph-ac. plat. Sec. Stram. sulph. Thuj.   Siehe auch unter therap. Hinw., S. 604 ff.

DRUCK agg. allgemein
> AGAR. APIS. arn. BAR—C. bry. HEP. LACH. LIL—T. LYC. SIL.

DRUCK agg., wenn er auf der gegenüberliegenden, schmerzlosen Seite erfolgt
> BRY. IGN. Puls.

DRUCK am. allgemein
> am—c. apis. bor. BRY. Chin. COLOC. Con. dros. IGN. mag—m. Mag—p. meny. nat—c. nat—s. Plb. Puls. sil. stann.

DRÜSEN Schwäche, inkretorische polyglanduläre Insuffizienz
> ambr. anac. Bar—c. Calc. Graph. Kali—c. pitu—gl. PULS. Psor. sep. stry—p. zinc.

DRÜSEN Schwellungen harte mit Vergrösserung
arg—n. Bad. Calc. CALC—F. Calc—p. con. fuc. hed. hep. Iod. Kali—i. lyc. phos. phyt. psor. Sil. sulph. Tub.

DRÜSEN Verhärtungen
apis. Ars. ars—i. Bad. Bar—c. Bar—i. BAR—M. Brom. CARB—AN. Con. Calc. CALC—F. IOD. lap—a. MERC. Merc—i—f. merc—i—r. Phyt. Sil. SPONG. Sul—i. Sulph. tub.

DRÜSEN tuberkulöse Affektionen
bar—c. Bar—i. Brom. CALC. Calc—i. Cist. DROS. Iod. SIL. Sulph. tub.

EISENBAHN- und Autokrankheit, Fahrkrankheit
bor. Bar—c. Calc. Cocc. PETR. sanic. sep. TAB. ther.

EISEN PRAEPARATE Beschwerden durch (Eisen Missbrauch anaemischer Mädchen
ars. CHIN. plb. PULS.

EMPFINDLICHKEIT KÄLTE gegen
ANT—C. bry. calc. graph. HEP. Merc. Nux—v. Petr. PSOR. RHUS—T. sep. sil.

EMPFINDLICHKEIT (überempfindlich) Schmerzen gegen
Acon. Asaf. CHAM. Calc. Cina. Coff. hep. ign. nat—s. Phos. puls. staph.

ENTBLÖSSEN, Entkleiden allgemein agg.
arg—n. ARS. Bell. Graph. HEP. kali—bi. MAG—P. Nux—m. NUX—V. Psor. Sabad. ZINC.

ENTBLÖSSEN, Entkleiden am.
Acon. aml—ns. Calc—s. Lach. lyc. OP. sec. SULPH.

ENTBLÖSSEN, Entkleiden einzelner Teile d. Körpers agg.
HEP.

ENTWICKLUNG Adoleszenz verzögert
arg—n. Bar—c. cic. iod. merc. thyr. ZINC.

ENTWICKLUNG langsam mit Symptom des Kopfnickens
SEP. zinc.

ENTWICKLUNG Stillstand
Agar. BAC. Bar—c. Calc. CALC—P. carc. cupr. des—ac. Phos. Sil. THYR. vip.

ENTWICKLUNG Stillstand Verbrennung (Brandwunden) nach
Caust.

ENTWICKLUNG verfrüht, Säugling dreht sich z. B. zu früh
phos. SULPH.

ENTWICKLUNG verzögert, Spätentwickler, stumpf, traurig, apathisch
aeth. Alum. anac. Arg—m. arg—n. ars. Aur. bac. Bar—c. Bar—m. bufo. CALC. calc—p. calc—s. Caust. Chorion. Cupr. Fl—ac. hell. kali—br. lach. lyc. Mang. med. merc. Nat—m. ph—ac. plat. Plb. sil. Stann. sulph. syph. thuj. thyr. tub. Zinc.

ENTWICKLUNG verzögert, allgemein gehemmt
aeth. Agar. Bac. BAR—C. Bar—m. calc. Calc—p. Carc. cupr. des—ac. Hell. kali—c. Nat—m. ph—ac. Phos. sil. Syph. thyr. tub. vip. Zinc.

ENTWÖHNEN v. Stillen, Mittel um Beschwerden b. Kind zu erleichtern
Aeth. BELL. carb—an. Cham. frag. lac—c. lac—d. PULS. urt—u. vinc.

ERKÄLTUNG
siehe auch unter Kälte sowie unter Nase / Schnupfen, S. 228, 234 ff

ERKÄLTUNG: Abmagerung mit grosser Reizbarkeit dadurch
ars. CHAM.

ERKÄLTUNG Abkühlung durch oder nach, wenn erhitzt und geschwitzt (Schweiss)
Acon. Ant—c. ant—t. ars. bell. Bell—p. brom. Bry. calc. calc—sil. camph. CARB—V. Chin. Dulc. hep. Kali—c. kali—s. merc. merc—i—f. nat—m. Nat—s. Nit—ac. Nux—v. op. Phos. ph—ac. PULS. rhod. Rhus—t. sep. SIL. sul—i. SIL. Thuj. zinc.

ERKÄLTUNG agg. (verschlimmert) andere Krankheiten
bell. bry. Calc. Camph. carb—an. cham. cist. coloc. kali—n. merc.

ERKÄLTUNGEN Anfälligkeit, häufig krank nach Impfung (Folge)
bac. carc. gels. Mez. psor. sil. Sulph. THUJ. Tub.

ERKÄLTUNGEN Anfälligkeit seit Kindergartenbesuch (agg.)
bac. calc. Merc—i—r. Puls. sil. tub.

ERKÄLTUNG Anstrengung mit Schweiss durch
acon. brom. CALC. kali—c. Rhus—t.

ERKÄLTUNGEN Beschwerden (spätere) infolge von
acon. all—c. aran. bar—c. Bell. calc. carb—v. Cham. coff. Coloc. Dulc. graph. hyos. Ip. Kali—c. mang. nat—c. nat—m. nat—s. nit—ac. nux—m. phos. puls. Rhod. rhus—t. sars. sil. sul—i. sulph. tub.

ERKÄLTUNG chronisch
am—c. aral. Bac. bar—c. bar—i. brom. Calc. calc—i. calc—s. cist. dulc. Hep. hydr. Kali—bi. kali—p. lem—m. med. Merc. nat—ar. nat—m. pen. puls. Sil. sul—i. Sulph. thuj. tub.

ERKÄLTUNG Durchfall mit oder gefolgt v. D.
acon. CALC. cocc. Dulc. nux—v. ph—ac. sulph.

ERKÄLTUNG Frühstadium
ACON. all—c. Bry. gels. iod. merc—i—r. oscilloc. Rhus—t.

ERKÄLTUNGS Infekt absteigender (erst Schnupfen oder Halsweh, dann Husten)
All—c. am—br. am—c. ars. Bry. carb—v. Dulc. euphr. gels. graph. ip. iod. just. kali—c. kali—n. Kali—s. lyc. Mang. Nat—c. nat—p. Nat—s. phos. sang. sep. sil. Stict. sulph. Tub.

ERKÄLTUNGS Infekt aufsteigender (erst Husten oder Halsweh, dann Schnupfen)
Acon. arum—t. ars. Brom. Calc. carb—v. ferr. lac—c. lyc. MERC. Merc—i—r. nit—ac. nux—v. nat—m. Phos. sep. syph.

ERKÄLTUNG Menarche während
Calc—p.

ERKÄLTUNGEN, Neigung zu Erkältungskrankheiten
ACON. all—c. Alum. am—c. am—m. anac. Ant—c. ant—t. aral. Arg—n. ars. Ars—i. Bac. BAR—C. bar—i. bar—m. bar—s. Bell. bor. BRY. Calc. calc—i. CALC—P. Calc—s. calc—sil. Calen. camph. caps. Carb—v. Carc. caust. CHAM. chin. chin—ar. cinnb. Cist. Coc—c. coff. Coloc. Con. croc. cycl. Dros. DULC. Eup—per. euphr. Ferr. ferr—ar. Ferr—p. Form. Gels. Graph. hed. HEP. Hyos. ign. iod. kali—ar. Kali—bi. KALI—C. KALI—I. kali—p. kali—s. LYC. mag—c. Mag—m. MED. MERC. merc—i—r. mez. Nat—ar. Nat—c. NAT—M. NIT—AC. Nux—m. NUX—V. ol—j. osm. Petr. Ph—ac. Phos. plat. PSOR. Puls. rhod. Rhus—t. RUMX. Samb. sang. sars. SEP. SIL. solid. spig. stann. staph. Sul—ac. sul—i. Sulph. Thuj. TUB. valer. verat. verb.

ERKÄLTUNGEN, Neigung zu E. extrem, empfindlich sogar gegen frischen Luftzug
Bar—c. camph. caps. chin—ar. HEP. kali—c. kali—m. med. Psor. Rumx. Sep. Sil. Sulph. TUB.

ERKÄLTUNGEN Neigung zu, Füsse durch kalte (incl. Cystitis)
apis. BAR—C. calc. Con. Cupr. Dulc. Puls. SIL. sep. sulph. ter.

ERKÄLTUNGEN Neigung zu, Füsse durch nasse (Pützen, Planschbecken)
CALC. Mag—p. rhus—t.

ERKÄLTUNG Schwimmen, kalt Baden, Haare waschen oder Fall ins Wasser durch
acon. Am—c. ANT—C. Ars. bac. bar—c. bell. Calc. Calc—s. Camph. caps. caust. clem. Colch. Dulc. fl—ac. Kali—ar. kreos. lac—d. mag—m. merc. mez. nit—ac. nux—m. phys. Ran—b. RHUS—T. sep. Sulph. Tub.

ERKÄLTUNG Wetter warmem bei (incl. Sommer)
Dulc. Gels. kali—c. PULS.

ERKÄLTUNG Wetterwechsel bei jedem
all—c. CALC. gels. merc. Merc—i—r. Phos. sep. Sil. TUB.

ERMÜDUNG Augen offen zu halten anstrengend
bar—c. caul. caust. gels. graph. lyc. Ph—ac. phos. rhus—t. sep. sulph. Viol—o.

ERMÜDUNG Schmerz in unterer Cervicalregion dabei
ZINC.

ERMÜDUNG Zittrigkeit (inneres Zittern) dadurch
IGN. lach.

ERNÄHRUNG einseitige, Folgen ähnlich wie skorbutische Rachitis
arn. Ars. bell. Carb—v. caust. kali—c. kali—p. kreos. mag—m. MANG. Merc. mur—ac. nit—ac. nux—v. ph—ac. Phos. Staph. sulph.

ERNÄHRUNG einseitige, Folgen scrophulöse Drüsen Affektionen
Ars. Ars—i. bac. Bar—c. bell. CALC. CINA. Hep. Iod. Merc. mez. Sulph. Sil. SULPH. Tub.

ERNÄHRUNG Vitamin C Mangel - akuter Skorbut
AGAV—A. Ars. bell. Bry. calc. CARB—V. Chin. Chin—ar. FERR—P. kali—p. kreos. lach. Mag—m. MERC. mur—ac. nit—ac. Nux—v. ph—ac. Phos. Rhus—t. Ruta. Staph. sulph.

ERNÄHRUNGSZUSTAND mangelhaft
Abrot. Arg—n. ars. bac. bar—c. CALC. CALC—P. hep. Iod. Lyc. mag—c. Mag—m. med. Nat—c. Nat—m. nux—v. Op. petr. Phos. PSOR. Sanic. Sars. sep. Sil. SULPH. syph. thyr. TUB.

ERSCHÖPFUNG: Beschäftigung, körperliche oder geistige Anstrengung durch
ars. aur. BAR—C. CALC. con. cupr. kreos. lach. lyc. Nat—c. nux—m. ph—ac. Phos. sel. sil. spong.

ERSCHÖPFUNG plötzliche mit Niederlegen und Traurigkeit
ARS. nux—m.

ERSCHÖPFUNG schnell, wenig Widerstandskraft, immer krank
PSOR.

ESSEN Beschwerden nach / durch am.
acet—ac. acon. adon. agar. alet. aloe. Alum. alumn. am—c. am—m. ambr. amor—r. ANAC. ang. ARN. ARS. ars—i. Aster. bar—c. bar—i. bell—p. Bov. brom. Bry. buth—a. cadm—met. cadm—s. CALC. calc—f. calc—i. Calc—s. cann—i. Cann—s. caps. carb—an. carbn—s. Caust. cham. Chel. Chin. cimic. cist. con. Cupr. dicha. dios. euphr. Ferr. ferr—a. fl—ac. gamb. goss. Graph. guat. hed. hell. Hep. hom. Ign. IOD. kali—bi. kali—br. kali—c. Kali—p. Kali—s. kalm. kreos. lac—ac. lach. Laur. lith—c. lob. lol. lyss. mag—c. mag—m. mand. mang. med. meny. merc. mez. mosch. murx. NAT—C. nat—m. NAT—P. nicc. nux—v. Onos. ox—ac. paeon. petr. PHOS. pip—n. plan. plat. plb. Psor. Puls. ran—b. rhod. rhus—t. rob. Sabad. sars. SEP. sil. spig. SPONG. squil. stann. Stront—c. sul—i. sulph. verat. zinc. zinc—p.

ESSEN Beschwerden während am.
aloe. Alum. Alumn. am—m. Ambr. ANAC. aq—mar. arn. aur. Auran. bar—c. bell. buth—a. cadm—met. cadm—s. calc—p. cann—i. Caps. carb—an. carb—v. cham. Chel. chin. cimic. cocc. Croc. cur. cyn—d. dig. dros. ferr. fl—ac. graph. IGN. Iod. Kali—p. LACH. laur. led. lyc. mag—c. mang. merc. methys. MEZ. nat—c. nit—ac. nux—v. onop. par. perh. ph—ac. phos. phyt. plat. prot. PSOR. puls. rheum. rhod. rhus—t. sabad. sabin. Sep. sil. Spig. spong. squil. stann. staph. sul—ac. sulph. tarax.

ESSEN Trägheit nach dem E. (agg.)
  Bar—c. LYC. Puls.

ESSEN unregelmässiges (nicht zu festgelegten Zeiten) am.
  NAT—M.

FALLEN, Hinfallen Neigung zu, beim Gehen
  Bar—c. bor. CALC. caps. CAUST. gels. hyos. Nat—c. nux—v. sanic.

FAHREN (Auto, Bahn, Motorrad) am.
  arg—n. ars. gels. Graph. kali—n. naja. NIT—AC. nux—m. phos. puls. sep.
  TARENT.

FERNSEHEN, Video, Computerbildschirm Beschwerden durch (Kopf, Augen, Nerven)
  Agar. arg—n. ars. caust. Cocc. Kalm. m—ambo. Nat—m. phys. Nux—v. ph—ac.
  phos. phys. Pip—m. Ruta. Selen. sil. sulph. Syph.

FEMININ wirkender Jüngling in Entwicklung / Pubertät
  Aur. aur—m. CALC. foll. puls. thuj.

FETTLEIBIGKEIT allgemein (Fettsucht, Adipositas, Übergewicht)
  am—c. Ant—c. apis. ars. aur. bac. Bad. bar—c. bell. brom. CALC. calc—s. Caps.
  carb—v. Ferr. GRAPH. ip. Kali—bi. kali—s. lach. lyc. med. Nat—m. nat—p. op.
  psor. Puls. sacch. sacch—l. seneg. sep. Sulph. Thuj. .

FETTLEIBIGKEIT allopathische Medikamente durch
  cortiso. Thuj.

FETTLEIBIGKEIT Krankheit durch schwere
  calc—s. carb—v. Ferr. puls.

FETTLEIBIGKEIT Operation durch (z. B. Folge v. Tonsillektomie)
  op. Thuj.

FETTLEIBIGKEIT primär hormonell / hypophysär
  aur. BAR—C. Calc. calc—f. Graph. kali—i. Med. Sulph. puls. sep. Thuj. tub.

FETTLEIBIGKEIT psychogen ohne eigentliche Esssucht
  Calc. bar—c. graph. Puls. sulph. thuj.

FETTLEIBIGKEIT psychogene Esssucht durch
  Ant—c. Calc. Caps. lyc. Op. Lach. puls. Sulph.

FETTLEIBIGKEIT psychosomatisch
  ant—c. Aur. Bar—c. CALC. caps. graph. Lyc. PHOS. PULS. sep. Sulph. thuj.

FETTLEIBIGKEIT Pubertät seit (Beginn während Pub.)
  Calc. graph. nat—m. Puls. Thyr.

FETTLEIBIGKEIT Verlassenwerden durch (Verlust v. Bezugspersonen)
  med. Nat—m. puls. sulph. Thuj.

FETTLEIBIGKEIT Verletzung / Trauma nach
    apis. Nat—m. nux—m. op.

FETTSUCHT blassem Gesicht mit
    calc. Dol. ferr. Lyc. sep.

FETTSUCHT grossen Kindern bei
    lyc.

FETTSUCHT heranwachsender junger Leute
    Ant—c. aur. calc. calc—ar. graph. lach.

FETTSUCHT heranwachsender Mädchen im mannbaren Alter
    calc—ar. Lach.

FETTSUCHT Nabelhernie mit (Bruch)
    asaf. CALC. lach. Lyc. Nux—m. Nux—v. op. thuj.

FETTSUCHT rotem Gesicht mit
    Caps. Ferr. lach. puls.

FETTSUCHT rotem Gesicht mit, abwechselnd mit Blässe
    Ferr.

FETTSUCHT überwiegend im Bauchbereich
    Calc. bar—c. sulph. thuj.

FETTSUCHT Wachstums Rückstand bei
    Bar—c. calc. med. sulph. thuj.

FEUCHTE Umschläge Abneigung - wehrt sich mit Händen und Füssen
    ant—c. Calc. Cham. Lyc. nux—v. rhus—t. staph. Sulph.

FEUCHTE Umschläge (Applikationen) agg.
    am—c. ant—c. bor. CALC. clem. Merc. RHUS—T. Sulph.

FEUER Beschwerden durch nächtliches Sitzen am Lagerfeuer
    GLON. Lach. puls.

FIEBER Pfeiffer Drüsenf., Mononukleose, Epstein Barr Virus Beschwerden seit
    Carc. cist. curc. Nat—m. merc. psor.

FLÖHE allgemein
    bapt. calad. Calc. grin. hyper. LED. pulx. Staph.

FRISCHLUFT siehe unter Luft frische

FRÖSTELN Temperatur Wechsel bei, sofortiges Niessen
    Nat—ar. NAT—M. nit—ac.

FROSTIG und empfindlich gegen muffige, verbrauchte Luft
    ant—c. aur. BAR—C. Calc. caust. LYC. mag—c. ph—ac. PHOS. rhod. sulph.

FRÜHGEBURT Beschwerden allgemein durch (incl. Incubator)
calc. hell. ign. lach. lyc. merc. Nat—m. ph—ac. phos. Sil. sulph. thuj. tub.

FRÜHGEBURT infolge EPH - Syndrom (Schwangerschaftsvergiftung)
ars. berb. lyc. merc. Phos. Sulph. syph.

FRÜHSTÜCK nach agg.
Agar. Am—m. ambr. anac. ars. bell. bor. Bry. Calc. calc—sil. carb—an. carb—v. carbn—s. Caust. CHAM. chin. Con. cycl. Dig. euph. Form. Graph. grat. Guaj. hell. ign. iris. Kali—c. Kali—n. laur. lyc. mag—c. mang. Nat—c. Nat—m. Nat—s. nit—ac. nux—m. NUX—V. par. petr. ph—ac. PHOS. plb. puls. rhod. rhus—t. sars. Sep. sil. stront—c. Sulph. Thuj. valer. verat. ZINC. zinc—p.

FRÜHSTÜCK nach am.
acon. alum. am—c. Am—m. Ambr. anac. ars. Bar—c. Bov. bry. CALC. Cann—s. canth. Carb—an. carb—v. caust. Chel. chin. cina. CROC. FERR. graph. hell. Hep. Ign. IOD. kali—c. Lach. Laur. Lyc. mag—c. mag—m. merc. Mez. nat—c. NAT—M. nat—p. nat—s. nit—ac. Nux—v. Petr. phos. Plat. Plb. puls. Ran—b. ran—s. rhod. Rhus—t. Sabad. Sep. Squil. STAPH. Stront—c. Sulph. Tarax. teucr. Valer. verat. Verb. zinc—p.

GÄHNEN auffälliges oder häufiges, auch tagsüber, ohne Müdigkeit
Acon. Bry. calc. caps. Cham. chel. Cina. cocc. Croc. hep. Hell. ign. lach. lyc. nat—c. nat—m. nux—v. Phos. Plb. sil. Sulph. tell.

GÄHNEN Essen nach
Lyc. Nux—v. tell.

GÄHNEN Husten beim
ant—t. Bell.

GÄHNEN Husten nach
Ant—t. ip. kreos.

GÄHNEN Neugeborener
cham. Sulph.

GÄHNEN Strecken mit, bei Magen- oder Bauchbeschwerden
Carb—v. Cham. Ip.

GÄHNEN versagendes, vergebliches Versuchen
Lyc.

GAS Vergiftung (incl. Rauchvergiftung)
acet—ac. am—c. arn. bell. bor. Bov. camph. Carbn—s. carb—v. coff. ip. lach. Op. phos. sec.

GEBURT anstrengende für das Kind
Arn. cic. CUPR. hell. laur. nux—v. nat—s.

GEDEIHSTÖRUNGEN (aber kein manifester Entwicklungsrückstand)
aur. Bac. Bar—c. carc. MAG—M. phos. SANIC. thyr.

GEHALTEN (gestützt) werden Verlangen
ARS. Gels. kali—p. lach. Nux—m. Nux—v. Phos. PULS. Sang. Sep. Stram.

GEHALTEN werden im Arm Verlangen, b. Stillen oder Füttern
BENZ—AC.

GEHEN und Sprechen Lernen spätes (langsam)
Agar. bar—c. Bar—m. CALC. calc—p. nat—m.

GEHEN Lernen spätes (langsam)
acon. Agar. arg—n. Ars. ars—s—f. aur. bac. Bar—c. bell. CALC. CALC—P.
CAUST. ferr. fl—ac. kali—i. lil—t. lyc. mag—c. mag—m. merc. NAT—M. nux—v.
Ph—ac. Phos. pin—s. Sanic. sep. Sil. sulph. thlas. thuj.

GEHEN lernt nicht wegen schwacher Rückenmuskeln
all—s. bar—c. Calc. calc—p. caust.

GEHEN lernt spät (langsam) trotz gut entwickelter Beinmuskeln
Bar—c. Bor. Nat—m.

GEHEN lernt spät (langsam) wegen schlechter Knochen Entwicklung
Calc. calc—f. Calc—p. sil.

GEHEN lernt spät (langsam) wegen schwacher Beine
abrot. Bar—c. CALC. calc—f. Caust. sil.

GEHEN unfähig wegen Kleinhirn Durchblutungsstörung
mang.

GEHEN unsicher und leichtes Fallen
agar. bov. calc. CAUST. cupr. dros. hell. hyos. Ign. mag—c. mang. merc. nat—c.
Nux—m. plb. ph—ac. phos. puls. stram. Verat.

GEHEN verlernt wieder (nicht nur nach akuter Erkrankung)
Calc—p. plb. Sil.

GELBSUCHT Neugeborener (Ikterus neonatorum)
Acon. ars. Bov. Bry. calc. card—m. Cham. chel. Chin. Chion. Coll. Dig. dulc. elat.
hep. ign. ip. lup. lyc. Merc. merc—d. myric. nat—c. nat—p. Nat—s. nit—ac.
Nux—v. Ph—ac. phos. Podo. Puls. Op. Sep. solid. SULPH. thyr.

GELBSUCHT Neugeborener (Ikterus neonatorum)
siehe auch unter Haut Farbe gelb, S. 503, sowie therapeutische Hinweise, S. 686

GELBSUCHT Neugeborener (Ikterus neonatorum) mit biliösem Stuhl
cham. chel. Elat. merc. nat—s. podo.

GERUCH Körper sauer
Calc. cham. graph. Hep. Lyc. MAG—C. nat—p. nux—v. puls. RHEUM. sul—ac. sulph.

GERUCH Körper sauer trotz hinreichenden Waschens
Hep. MAG—C. RHEUM. Sul—ac.

GERUCH Körper sauer bei schwieriger Zahnung
Calc. CHAM. hep. kreos. Rheum.

GERÜCHE empfindlich gegen Abgase, Parfüm, Tabakrauch, Smog (Umwelt)
Aur. bell. coff. ign. lyc. nat—c. nat—m. PHOS. sep. Sil. sulph. etc.

GESTILLTES Kind wächst nicht - Mutter braucht Calcium
siehe therapeutische Hinweise, S. 686

GETRAGEN werden am.
acon. Ant—t. ars. bell. carc. CHAM. Cina. Coff. Coloc. ip. Kali—c. lyc. mag—c. merc. phos. puls. Stann. verat.

GETRAGEN werden muss (Kleinkind wegen Schwäche)
calc. Gels. lyc. ph—ac. sil. verat.

GEWITTER empfindlich bei (agg.)
arg—n. Bor. Nat—c. nat—p. Phos. Rhod. Sil.

GEWITTER vor und während agg.
agar. bry. caust. Agar. Carc. Gels. lach. Med. Meli. NAT—C. nat—m. nat—p. nit—ac. Petr. PHOS. Phyt. Psor. RHOD. Sep. Sil.

GEWITTER vor (incl. herannahendem Sturm) agg.
agar. bry. Gels. hyper. Lach. Lyc. meli. Nat—c. nat—m. nux—m. petr. Phos. Psor. puls. RHOD. Rhus—t. SEP. Tub. zinc.

GRIPPE, Influenza Beschwerden seit (never well since)
Carb—v. eup—per. Gels. okou. Psor. scut.

HAARE auffallend viele, schon als Neugeborenes
Sep. Tub.

HAARE auffallende Behaarung am Rücken
ign. lach. sep. tarent. thuj. TUB.

HAARE auffallende Behaarung an Kopf und Rücken
Tub.

HAARE Kämmen Abneigung
bell. Cina.

HAEMOPHILIE (Bluter, haemorrhagische Diathese)
bell. carb—v. chin. croc. Erig. Ham. PHOS. Sec. sul—ac.

HALBSEITIGE Beschwerden diagonal: links oben, rechts unten

Alum. Anac. Arn. ars. bar—c. bell. brom. camph. caps. Carb—an. cham. chel. chin. coff. con. cycl. euphr. Fl—ac. hep. Kali—c. kali—n. lach. laur. led. mag—m. teucr. meny. merc. mill. mur—ac. nat—m. nit—ac. nux—m. nux—v. olnd. op. par. ph—ac. Puls. ran—s. rhod. Rhus—t. sabad. sabin. samb. sars. sec. seneg. spong. Squil. Stann. staph. stram. sulph. TARAX. Thuj. valer. Verat. Verb. Viol—t.

HALBSEITIGE Beschwerden diagonal: links unten, rechts oben

acon. agar. agn. AMBR. am—c. am—m. ant—c. ant—t. arg—m. asar. bism. Bor. Bov. bry. calad. Calc. cann—s. carb—v. Caust. chel. cic. cina. colch. coloc. croc. cupr. dig. dulc. euph. euphr. Ferr. graph. hell. hyos. ign. iod. ip. Lyc. mag—c. mang. Merc—i—f. mez. mur—ac. nat—c. nux—v. Plb. PHOS. plat. ran—b. rheum. rhus—t. ruta. sel. Sil. spig. SUL—AC. viol—o.

HALBSEITIGE Beschwerden, Seite links einseitig, allgemein

abrot. acon. agar. agn. All—c. aloe. alum. ambr. Am—br. am—c. am—m. Anac. ang. Ant—c. Ant—t. Apis. Arg—m. Arn. ars. arum—t. ASAF. ASAR. Asc—t. aur. aur—m. bar—c. bell. berb. bism. bor. bov. Brom. Bry. calad. Calc. camph. cann—s. canth. CAPS. carb—an. carb—v. caust. Cham. Chel. Chin. cic. CINA. clem. cocc. coff. Colch. Coloc. con. CROC. Crot—t. Cupr. cycl. dig. dros. Dulc. EUPH. Euphr. Ferr. ferr—p. fl—ac. gels. graph. Guaj. hell. hep. hyos. ign. Iod. ip. iris. kali—c. Kali—chl. kali—n. Kreos. LACH. laur. led. Lith—c. lyc. mag—c. mag—m. mang. teucr. meny. Merc. Merc—c. Merc—i—r. MEZ. mill. mosch. Mur—ac. nat—c. nat—m. nat—s. naja. Nit—ac. nux—m. nux—v. olnd. Onos. Par. plb. petr. PHOS. ph—ac. phys. plat. psor. puls. ran—b. Ran—s. rheum. Rhod. rhus—t. Ruta. sabad. Sabin. samb. sars. sec. SEL. seneg. SEP. sil. Spig. spong. SQUIL. STANN. staph. stram. stront—c. SULPH. sul—ac. tab. Tarax. thuj. ust. valer. verat. verb. vesp. Viol—o. Viol—t. zinc.

HALBSEITIGE Beschwerden, Seite rechts einseitig, allgemein

abies—c. abrot. Acon. Agar. Agn. Alum. ambr. am—c. am—m. anac. ang. ant—c. ant—t. APIS. ARG—M. arn. Ars. asaf. asar. AUR. BAPT. bar—c. BELL. Bism. BOR. bov. brom. BRY. calad. CALC. Calc—p. camph. cann—i. cann—s. CANTH. caps. carb—an. carb—v. Caust. cedr. cham. Chel. chen—a. chin. cic. cina. clem. Cocc. coff. Colch. COLOC. Con. croc. cupr. cycl. dig. Dros. dulc. euph. euphr. ferr. fl—ac. Form. graph. guaj. hell. Hep. hyos. Ign. Iod. Ip. Iris. kali—c. kali—n. kalm. kreos. lach. laur. led. lil—t. Lith—c. LYC. mag—c. Mag—m. Mang. Teucr. meny. Merc. Merc—i—f. Mez. mill. Mosch. mur—ac. Nat—c. nat—m. nit—ac. Nux—m. NUX—V. olnd. op. Pall. par. Petr. phos. ph—ac. phyt. plat. rhus—t. Ruta. Sabad. Sabin. samb. Sang. SARS. SEC. sel. seneg. sep. Sil. spig. spong. squil. stann. Staph. stram. stront—c. Sulph. SUL—AC. tarax. tell. thuj. valer. verat. verb. viol—o. viol—t. zinc.

HALTLOSIGKEIT d. Körpers (bei akuter Krankheit)

acon. agar. agn. alum. ant—t. Arn. ars. Asar. aur. Bell. bism. bry. camph. carbn—s. caust. cham. chel. chin. Cic. cina. COCC. coff. colch. cupr. cycl. dig. dulc. euph. ferr. hep. hyos. ign. ip. Kali—c. kali—n. lach. lyc. meny. merc. Mur—ac. nat—c. Nat—m. nit—ac. nux—m. Nux—v. olnd. op. ox—ac. par. plb. petr. phos. ph—ac. plat. ran—s. rhod. rhus—t. ruta. sabad. sabin. sel. sep. Sil. spig. spong. stann. Staph. stram. sulph. Tarax. VERAT. viol—o. viol—t. zinc.

HALTUNG aufrechte unmöglich
Abrot. calc. lyc. ph—ac. Phos. Sulph. tub.

HALTUNG: aufrechtes Sitzen, gefalteten Händen mit, wie eine Statue
Puls.

HALTUNG: aufrechtes Sitzen unmöglich
Calc. Calc—p. ph—ac. Sil. SULPH.

HALTUNG: Beine anziehen an d. Bauch am.
merc. Thuj.

HALTUNG: drückt Kinn beim Schlucken auf das Brustbein
nit—ac. Phyt.

HALTUNG gebeugt, hängende Schultern
coff. med. nat—c. nux—v. SULPH. Tub.

HALTUNG: Kopf meist etwas seitlich geneigt
bar—c. caust. chin. Cic. cupr. Lach. Lachn. LYC. merc. med. nat—m. nat—s.
Nux—v. plb. Puls. rhus—t. sil. stram. sulph.

HALTUNG: Stehen agg.
Aloe. sep. sting. SULPH.

HALTUNG: Stehen am.
ars. BELL. Dios. kali—p

HAND d. Mutter muss ergreifen, um sich zu halten, Kleinkind
bar—c. Bism.

HANDAUFLEGEN am., z. B. Bauchschmerzen (Magnetisieren)
Phos. sil.

HANDAUFLEGEN Verlangen, z. B. Bauchschmerzen (Magnetisieren)
Calc. calc—sil. lach. nat—c. PHOS. Puls. Sil.

HINGESETZT werden Verlangen - Kleinkind mag nicht liegen
ant—t. Puls. sulph.

HIRNSCHÄDIGUNG wg. Sauerstoff Mangel (Hypoxie) vor / während Geburt
Acon. ant—t. arn. ars. bor. carb—v. carc. Cic. CUPR. Cupr—ar. cymbo. hell.
nat—s. verat.

HITZE plötzliche mit Blutandrang, Kongestion, vorwiegend nach oben
Acon. bell. ferr. glon. meli. sang. sulph. Verat—v.

HITZE empfindlich (agg.)
ant—c. Brom. bry. Iod. PULS.

HITZE empfindlich, Sonne (agg.)
ant—c. Bell. brom. bry. Gels. IOD. Lach. Nat—c. puls.

HITZE Gefühl nachts
bar—c. Calc. cham. nat—m. Phos. puls. Sil. SULPH. zinc.

HODGKIN Syndrom, Lymphogranulomatose
Acon. acon—l. Ars. Ars—i. Bar—i. buni—o. calc. Calc—f. Calc—i. Carc. CIST. con. cund. ferr—pic. Iod. kali—bi. Kali—m. Nat—ar. Nat—m. Nat—s. ph—ac. Phos. PHYT. saroth. Scroph—n. syph. Thuj. Tub. vinc.

HODGKIN, maligne Lymphome
siehe therapeutische Hinweise, S. 686

HYPERAKTIVE, überaktive, hypermotorische Kinder
siehe auch unter Geist und Gemüt, S. 88

HYPERAKTIVITÄT körperlich - motorische
acon. ars. ars—i. hyos. mag—c. rhus—t. Tarent. Verat. ZINC. zinc—p.

HYPERKINETISCHES Kind durch Geburtsschäden
siehe therapeutische Hinweise, S. 686

HYPERTHYREOSE
acon. adon. aln. Ambr. aml—ns. arg—n. Ars. Ars—i. Aur. Aur—i. Aur—m—n. Bad. Bar—c. BELL. Brom. CACT. Calc. Calc—f. Calc—i. Cann—i. Chin—ar. chlor. Chr—s. Colch. Con. cupr. Echi. elaps. Ephe. FERR. Ferr—i. ferr—s. Ferr—p. flor—p. Fl—ac. Fuc. GLON. HED. Jab. IOD. Kali—i. Lach. LYCPS. mag—c. Mag—f. Mang. merc. NAT—M. op. phos. PILO. Saroth. sec. Sep. spig. SPONG. Stram. sulph. sul—ac. Sul—i. THYR. Tub. visc.

HYPOTHYREOSE
am—c. ars. aur. Bad. Bar—c. Bar—i. CALC. calc—f. Calc—i. caps. carb—an. con. dulc. flor—p. Fuc. GRAPH. hep. Kali—i. Nat—s. nux—m. Nux—v. petr. Spong. thuj. Thyr. tub. x—ray.

HYPOTONIE orthostatische, Kreislaufstörungen bes. Jugendlicher
acon. agar. Calc. gels. lach. LYC. Ph—ac. PHOS. sil. verat. Haplo. D3.

IATROGENE Schäden
siehe therapeutische Hinweise, S. 687

IATROGENE Schäden Allergie - Testung oder Desensibilisierung durch
ars. Ars—i. carc. form—ac. kali—ar. LACH. lyc. merc. Sil. Teucr. THUJ.

IATROGENE Schäden allgemein
bell. calc—f. cham. lach. Nux—v. okou. Op. Phos. Zinc. Sulph. vince. zinc—br.

IATROGENE Schäden Antibiotica durch
lach. nux—v. Okou. sul—i. SULPH. vince.

IATROGENE Schäden Atropin - Augentropfen durch
bell.

IATROGENE Schäden Cortison durch (Corticosteroide Folgen)
berb. Con. Cortiso. nux—v. PHOS. Ph—ac. puls. stry—p. sulph.

IATROGENE Schäden Fluor Präparate durch, jahrelange Intoxikation
calc—f.

IATROGENE Schäden Kamille / Chamomilla Missbrauch
Acon. alum. bor. camph. Cocc. Coff. coloc. Ign. Nux—v. PULS. valer.

IATROGENE Schäden Narkosen durch
acet—ac. Nux—v. lach. op. PHOS.

IATROGENE Schäden Psychopharmaca durch
Agar. gels. glon. Kali—br. lach. Nux—m. nux—v. op. ph—ac. Phos. Zinc.

IATROGENE Schäden Röntgenaufnahmen durch (incl. Folgen von)
cadm—s. fl—ac. GINS. rad—br. Ruta. x—ray.

IATROGENE Schäden Zink - Salben (Zinc Präparate) durch
Psor. puls. ZINC. zinc—s.

IMMUNSYSTEM Schädigung von Geburt an - häufige Infektionen
bac. Calc. carc. gins. Med. sulph. tub.

IMPFUNG, Beschwerden, allgemeine
Acon. Ant—t. Apis. Ars. Bell. bufo. Calc. CARC. crot—h. echi. graph. hep. kali—chl. Kali—m. MALAND. Merc. merc—sul. MEZ. Ped. Pert. phos. plan. Psor. puls. rhus—t. sabin. sarr. SARS. sep. SIL. SULPH. syc. THUJ. TUB. urt—u. v—a—b. VAC. Vario. zinc. +. Impfstoff. —. Nosode.

IMPFUNG
siehe auch unter den einzelnen Kapiteln in entsprechenden Rubriken

IMPFUNG - präventive Massnahmen, wenn I. erfolgen "muss"
siehe therapeutische Hinweise, S. 687

IMPFUNG Beschwerden durch - Silicea, Thuja oder Tuberculin halfen nicht
ant—t. SULPH.

IMPFUNG, Beschwerden als Folge von Keuchhusten Impfung
CALC. carc. gels. Pert. Sil. SULPH. tub. & Impfstoff — Nosode

IMPFUNG, Beschwerden als Folge von Masern-Mumps-Röteln Impfung (MMR)
NAT—M. Phos. plb. PULS. pyrog. SEP. thuj. +. Impfstoff. —. Nosode.

IMPFUNG, Beschwerden als Folge von Mehrfach I. wie Dipht. Tet. Pert. (DTP)
crot—h. lach. PYROG.

IMPFUNG, Beschwerden als Folge von Pocken Impfung
acon. Ant—t. apis. bell. mez. phos. psor. Sil. sulph. THUJ. tub. Vario. +. Impfstoff. —. Nosode.

IMPFUNG, Beschwerden als Folge von Tetanus Impfung
hyper. Mag—p.

IMPFUNG, Folge von Pocken Impfung: physiologische Röte d. Impfstelle
Sulph.

IMPFUNG, Reaktion akut (sofort) und stark allgemein
acon. ant—c. ant—t. apis. arn. Bell. calen. cham. cic. Hyper. Led. op. plan. Sil. Thuj.

IMPFUNG, Reaktion auf: allgemeine Schwäche, Kränklichkeit
carc. gels. maland. Mez. psor. sil. Sulph. THUJ. Tub.

IMPFUNG, Reaktion auf: Asphyxie (plötzl. Anhalten des Atems)
Acon. Ant—t. Cham. Op. sil. thuj.

IMPFUNG, Reaktion auf: Fieber hohes
acon. arn. Bell. hyper. led. Sil. thuj.

INFEKTIONSKRANKHEIT: Gesundheit zerbrach an e. I. (never well since)
BAC. lyc. Sil. sul—i. Tub.

INFEKTIONSKRANKHEITEN Folge: Rekonvaleszenz Störungen
abrot. adon. alf. Ars—i. Aven. CALC. calc—hp. Calc—p. CARB—V. Carc. CHIN—AR. Chin—s. Chin. Con. crot—h. Cypr. Erio. eup—per. form—ac. Gels. IBER. Kali—p. Kali—s. Lac—ac. Lac—c. Nat—m. Okou. Ph—ac. phos. Psor. Sarcol—ac. Scut. Sulph. TUB.

INFEKTIONSKRANKHEITEN, mit Antibiotica unterdrückte, Folgen von
siehe therapeutische Hinweise, S. 690 und allgem. Überlegungen, S. 688 ff

IODPRÄPARATE Folgen v. Missbrauch
ant—t. ARS. BELL. CAMPH. chin—s. coff. HEP. iod. Merc. Op. PHOS. Spong. Sulph.

JAHRESZEITEN Frühjahr, Frühling agg.
acon. All—c. Ambr. Ant—t. Apis. Ars—br. Aur. bar—m. Bell. brom. Bry. Calc. calc—p. Carb—v. Cench. Chel. cina. Colch. coloc. con. Crot—h. Dulc. GELS. ham. hed. hep. Iris. KALI—BI. LACH. LYC. merc—i—f. nat—c. Nat—m. NAT—S. nux—v. PULS. rhod. RHUS—T. Sars. sec. sel. Sep. SIL. Sulph. urt—u. Verat.

JAHRESZEITEN Frühjahr (Frühling) und Herbst agg.
ant—t. aur. bar—m. Bry. calc. calc—p. Colch. coloc. Dulc. hed. hep. Iris. Kali—bi. LACH. Nux—v. Rhod. Rhus—t. verat.

JAHRESZEITEN Herbst agg.
all—c. Ant—t. Aur. bapt. bar—m. bry. CALC. calc—p. Chin. cic. Colch. Coloc. DULC. Graph. hed. hep. ign. Ip. iris. KALI—BI. LACH. Merc. merc—c. nat—m. nux—v. rhod. RHUS—T. Stram. VERAT.

JAHRESZEITEN Sommer agg.
> Acon. Aeth. aloe. Alum. alum—sil. ANT—C. apis. arg—n. ars—i. bapt. bar—c. BELL. bor. bov. brom. BRY. calc. CAMPH. CARB—V. Carbn—s. cham. Chion. cina. cinnb. coff. croc. crot—h. crot—t. cupr. dulc. FL—AC. Gamb. Gels. GLON. graph. Guaj. IOD. iris. KALI—BI. kali—br. kali—c. kali—i. LACH. Lyc. mur—ac. NAT—C. NAT—M. nit—ac. nux—m. Nux—v. Ph—ac. Phos. pic—ac. Podo. Psor. PULS. rheum. rhod. sabin. Sel. sep. sin—n. sul—i. syph. thuj. Verat. verat—v.

JAHRESZEITEN Sommer am.
> acon. Aesc. alum. ars—i. aur. aur—ar. Calc—p. calc—sil. Caust. ferr. Ip. kali—sil. PETR. Psor. Sil. stront—c.

JAHRESZEITEN Sommer Beschwerden seit
> Podo. sin—n.

JAHRESZEITEN warme Tage und kalte Nächte agg.
> Bry. Colch. Dulc. Ip. lach. merc. merc—c. psor. rhus—t.

JAHRESZEITEN Winter agg.
> Acon. Aesc. Agar. Alum. Am—c. Arg—m. ARS. Ars—i. AUR. aur—ar. aur—s. Bar—c. Bell. bor. bov. BRY. CALC. Calc—p. calc—sil. Camph. Caps. carb—an. Carb—v. carbn—s. Caust. Cham. cic. cina. cist. colch. Con. DULC. Ferr. ferr—ar. FL—AC. GRAPH. HELL. HEP. Hyos. Ign. Ip. Kali—bi. KALI—C. Kali—p. KALI—AR. Kalm. Lyc. mag—c. MANG. Merc. Mez. Mosch. nat—ar. nat—c. nat—m. NUX—M. NUX—V. PETR. ph—ac. Phos. prot. PSOR. puls. Rhod. RHUS—T. ruta. Sabad. sang—n. sars. sec. SEP. Sil. spig. spong. stann. Stront—c. Sulph. syph. verat. viol—t.

JUGENDLICHE: Beschwerden junger, vollblütiger Menschen
> ACON. aur. BELL. nux—v. phos. sep. Stram. Sulph.

KÄLTE einzelner Teile
> Ars. CALC. dulc. ign. KALI—BI. Puls. rhus—t. spig. Verat.

KÄLTE, kalte frische Luft am. - Fenster offen haben muss
> Aml—ns. apis. Arg—n. bapt. bry. calc. camph. carb—v. Carbn—s. glon. graph. iod. Ip. Lach. lyc. med. PULS. sabin. sec. Sulph. teucr. Tub.

KALT werden, Abkühlung Empfindlichkeit gegen, während Sommerhitze
> Aeth. bry. gels. Nat—c. nux—v. Puls. Psor. Rhus—t.

KALTBLÜTIGE Kinder (Körpertemperatur)
> ARS. Bad. CALC. calc—f. CALC—P. calc—s. CALC—SIL. Caps. Carb—an. CHIN. chin—ar. Cimic. cinnb. Cist. coff. Con. ferr. HEP. Hyos. HYPER. KALI—C. KALI—AR. KALI—P. Kali—bi. MOSCH. NAT—AR. NIT—AC. NUX—V. PSOR. PYROG. RAN—B. RHUS—T. RUMX. sars. SEP. SIL. STRONT—C. Tub.

KALTBLÜTIGE Kinder (Körpertemperatur), agg. durch Kälte
> Acon. ARS. Bell. Bry. CALC. CHIN. Carb—v. CAUST. Coloc. DULC. GRAPH. HEP. Ip. Ign. Lach. Lyc. Merc. NUX—V. Nit—ac. PHOS. PH—AC. Psor. RHUS—T. SEP. Sulph. SIL. Tub.

KALTBLÜTIG vorwiegend (Körpertemperatur)
Acon. Agar. Alum. Ant—c. arg—n. arn. Aur. Bell. Bry. CAUST. Cham. coloc. Dig. DULC. GRAPH. Guaj. IGN. Ip. Lach. Led. LYC. MERC. MEZ. Nat—c. Nat—m. PHOS. Ph—ac. Puls. SPIG. Sulph. Thuj. Zinc.

KALTE Anwendungen (Applikationen, Umschläge) agg.
ant—c. ant—t. apoc. Ars. bar—c. bell. caps. Caust. chim. kreos. lach. mag—p. mur—ac. nit—ac. phos. Rhus—t. Ruta. sep. spig.

KALTE Anwendungen (Applikationen, Umschläge) agg. ausser am Kopf
Arn. ARS. Hell. nat—c.

KALTE Anwendungen (Applikationen, Umschläge) am.
aloe. aml—ns. Apis. Arg—n. arn. aur. bell—p. Bry. Fl—ac. Glon. guaj. Iod. lac—c. LED. nat—m. pic—ac. PULS. rad—br. Sec. sulph. tab.

KALTE Applikationen, Umschläge am. bei Affektionen im Kopfbereich
Apis. arn. Ars. hell. led. Iod. PHOS. Bry. Nat—m. Puls. sec.

KALTE Applikationen (äusserlich) am. & kalte Speisen oder Getränke (innerlich) agg.
KALI—I.

KALTES Bad muntert geistig sehr auf (am.)
calc—p. euphr. Fl—ac. Phos.

KATARRHE chronische, allgemeine Neigung zu
Alum. bar—c. CALC. Calc—p. dulc. Hep. iod. Kali—bi. Lyc. Med. Merc. Nat—m. nux—v. PHOS. PULS. sep. SIL. sulph. THUJ. Tub.

KATARRHE chronische, zähschleimige, Neigung zu
Bov. coc—c. Hydr. KALI—BI. nat—m. Seneg.

KEUCHHUSTEN Beschwerden allgemein infolge
Carc. dros. med. pert. sang. tub.

KEUCHHUSTEN nie wieder gesund seit (never well since)
Carc. sulph. TUB.

KINDERKRANKHEITEN epidemische allgemein, nebst miasmatischer Zuordnung
siehe therapeutische Hinweise, S. 691 f

KINDERKRANKHEIT Beschwerden seit einer
ant—c. CARC. PSOR. sul—i. SULPH. Tub.

KINDERKRANKHEITEN nicht gehabte, K. bleiben im Organismus haften
ant—c. ant—t. CARC. Psor. Sulph. thuj. tub.

KINDERKRANKHEITEN nicht zeitig gehabte, erst in / nach Pubertät
ant—t. CARC. sulph. Thuj.

KINDERMITTEL - Konstitutionsmittel vorzugsweise für K.
Bar—c. CALC. Calc—p. calc—s. carb—v. Lyc. med. PHOS. sanic. SIL. Sulph. tub.

KINDERMITTEL allgemein - Mittel vorzugsweise bei K.

abrot. acet—ac. ACON. Aeth. agar. All—c. alum. Ambr. am—c. anac. Ang. Ant—c. ANT—T. apis. arg—n. arn. Ars. art—v. asaf. Aur. BAC. BAR—C. BELL. BOR. Bry. bufo. CALC. calc—f. CALC—P. calc—s. camph. canth. CAPS. CARC. carb—v. caust. CHAM. chel. chin. chlol. chlorpr. Cic. cic—m. CINA. clem. coc—c. Cocc. Cocc—s. coff. con. Croc. cupr. dig. dros. euph. ferr. Ferr—p. Gels. graph. hell. hep. Hyos. Ign. Iod. IP. Kali—br. kali—c. Kali—m. Kali—p. Kreos. Lach. laur. LYC. mag—c. mag—p. MED. meph. MERC. Mill. Mosch. mur—ac. nat—c. NAT—M. Nux—m. Nux—v. OP. ped. PHOS. Ph—ac. plb. phyt. Podo. Psor. PULS. Rheum. Rhod. rhus—t. rib—ac. ruta. sabad. sabin. Samb. sanic. sec. seneg. senn. sep. SIL. spig. Spong. Squil. stann. staph. STRAM. sul—ac. SULPH. ter. Teucr. THUJ. thyr. TUB. verat. viol—o. viol—t. Zinc.

KINDSTOD plötzlicher

siehe therapeutische Hinweise, S. 692

KITZELIG furchtbar

Ant—c. calc—p. ign. Kali—c. PHOS. rhod. spong. tarent. zinc.

KLEIDUNG enge (beengende) agg. oder Abneigung

carb—v. LACH. puls. Sep. sulph.

KLEIDUNG enge (beengende) am. oder Verlangen (auch Gürtel)

arg—n. bry. mag—m. nat—m. Tarent.

KLEIDUNG nachts Abneigung - will keinen warmen Schlafanzug

apis. Hep. iod. kali—s. lach. led. lyc. Puls. SANIC. sec. SULPH.

KLEIDUNG warme Abneigung, wirft sie ab trotz kalter Oberfläche des Körpers

CAMPH. MED. SEC.

KLEIDUNG warme agg.

Apis. Arg—n. ars—i. Brom. Bry. calc—s. Fl—ac. IOD. KALI—I. kali—m. KALI—S. Led. PULS. sabin.

KLEIDUNG warme am.

arg—n. ARS. Bell. Graph. HEP. MAG—P. NUX—V. Psor. sanic. Zinc.

KLEIDUNG Verlangen

ARS. Bar—c. HEP. NUX—V. PSOR. sabad.

KLEIDUNG warme Verlangen, kann sie aber nicht ertragen, weil Wärme nicht bessert

Caust.

KLEIDUNG warme Verlangen, selbst im Sommer oder im warmen Raum

bar—c. PSOR. Sabad.

KLEIDUNG

siehe auch zum Vergleich unter Entkleiden

KLEINKIND faltiger Haut mit (Flüssigkeitsverlust)
ABROT. lyc. op. Sanic. Sars.

KLEINKINDER allgemein - Mittel vorzugsweise für
Abrot. ACON. AETH. Ambr. ANT—C. ANT—T. Bac. Bar—c. BELL. bism. BOR.
CALC. CALC—P. CAPS. Carc. CHAM. CIC. CINA. Cocc. COFF. Croc. Dios.
HYOS. IGN. Iod. IP. JAL. Lach. LYC. MAG—C. mag—m. MED. MERC. mill.
Nat—m. Nux—m. NUX—V. OP. Phyt. PODO. PSOR. PULS. RHEUM. Sep. SIL.
SPONG. SULPH. TUB.

KLEINWÜCHSIGE und mollige Mädchen (dickliches, rundliches Kind)
Abrot. calc. graph. Nat—m. PULS.

KLEINWÜCHSIGE Spätentwickler im Wachstumsschub
aur. bar—c. calc. Carc. carl. epiphysis. pitu. hypophysis. D. 3. petr. thyr.

KLEINWÜCHSIGE Spätentwickler, allgemeine Entwicklungsverzögerung
aur. Bac. bar—c. Carc. calc. med. Ol—j. pitu.

KNIEN beim Beschwerden (agg.)
calc. Cocc. Mag—c. puls. Sep. spig. stict. tarent.

KNOCHEN Frakturen (akuter Notfall, vor Klinik Einlieferung)
ARN. bry. Calc. Calc—f. CALC—P. merc. ruta. Sil. Symph.

KNOCHEN Schmerz allgemein
Asaf. aran. Aur. caust. cinnb. Eup—per. kalm. mang. Merc. mez.

KNOCHEN Schmerz nachts (agg.)
asaf. Aur. cinnb. cham. dros. Fl—ac. Kali—i. lyc. Merc. nit—ac. ph—ac. sars. sil.
staph. Syph.

KNOCHEN Schmerz Periost
Asaf. Dros. kali—i. lach. PH—AC. phyt. Ruta. symph.

KNOCHEN Schmerz Periost rheumatisch
MANG. nat—p. Ruta.

KNOCHEN Schmerz Wachstum im (Kinder und Jugendliche)
agar. asaf. Calc—p. guaj. kali—i. mang. Ph—ac. Phos. phyt. Sulph.

KNOCHEN Tuberkulose (" durchlöcherte Knochen" im Röntgenbild)
calc. calc—p. DROS. Merc. Phos. sep. sulph. Symph. Ther. thuj. tub.

KNOCHENBILDUNG mangelhaft, Osteogenesis imperfecta
CALC. calc—f. calc—i. Calc—p. merc. Phos. sil. thuj.

KOLLAPS Kopfschmerz durch, in der Schule
CALC. Fl—ac. nat—m. Sulph. Verat. zinc.

KOLLAPS Stehen langes durch
calc—p. Puls. SEP. Sting. sulph.

KONVULSIONEN, anfallsweise Krämpfe
    siehe auch unter Nerven, S. 183

KONVULSIONEN, anfallsweise Krämpfe, allgemein
    acon. Aeth. agar. Ambr. aml—ns. Apis. arn. ars. ART—V. BELL. bry. Calc. Camph. caust. Cham. Cic. CINA. cimic. cina. cocc. Coff. Crot—c. CUPR. Cupr—a. cupr—ar. dol. Gels. guare. HELL. Hep. Hydr—ac. Hyos. IGN. Ip. Kali—br. kali—c. kreos. Lach. laur. Lyc. MAG—P. Meli. merc. mono. Nux—v. OP. plat. sec. Sil. stann. STRAM. Sulph. ter. VERAT. verat—v. ZINC. Zinc—val.

KRABBELN Schwierigkeiten beim
    lyc.   siehe auch unter Nerven, ICP, S. 182 f

KRABBELN weiterhin, obwohl Kind schon laufen kann
    bar—c. Med.

KRAMPFADERN Varicosis allgemein
    acet—ac. Acon. aesc. aloe. alumn. Am—c. Ambr. ang. Ant—t. apis. Arg—n. ARN. Ars. asaf. Bar—c. Bell. bell—p. Berb. brom. Bry. CALC. calc—f. calc—p. calc—s. calen. Carb—an. CARB—V. card—m. Caust. chel. Chin. chin—s. cic. clem. coll. coloc. con. Croc. Crot—h. Ferr. ferr—ar. Ferr—p. FL—AC. Graph. HAM. Hep. hyos. kali—ar. Kreos. lac—c. lach. Lyc. LYCPS. m—aust. mag—f. mand. meny. merc—cy. mez. mill. mosch. Mur—ac. Nat—m. Nux—v. olnd. op. Paeon. petr. ph—ac. Phos. Plb. PULS. pyrog. Ran—s. Rhus—t. ruta. sec. Sep. sil. sol—n. Spig. spong. staph. sul—ac. Sulph. thuj. Vip. Zinc.

KRANKHEITSANFÄLLIG bei gelblich belegte Zunge
    Kali—s.

KREBS Therapie Folgen
    siehe therapeutische Hinweise, S. 693

LÄHMUNG Diphtherie durch und nach (postdiphtherische L.)
    ant—t. apis. arg—m. Arg—n. arn. Ars. aur—m. aven. Bar—c. botul. camph. carb—ac. Caust. COCC. Con. Crot—h. Diph. Gels. helon. Hyos. kali—br. kali—i. kali—p. Lac—c. Lach. Nat—m. nux—v. Phos. Phys. phyt. Plb. plb—a. rhod. Rhus—t. sec. sil. sulph. thuj. zinc.

LÄHMUNG Durchnässung oder starkem Frieren nach
    CAUST. Dulc. Rhus—t.

LÄHMUNG
    siehe auch unter Nerven: Paralyse und Parese, S. 191 f

LÄUSE allgemein
    am—c. ars. lach. Lyc. Merc. nit—ac. olnd. Psor. Sabad. staph. Sulph. teucr. vinc.

LAGE Wechsel ständiges Verlangen, schon Säugling will gedreht werden
    Arn. caust. eup—per. hyos. lyc. Rhus—t. ruta.

LEBENSWÄRME siehe unter kaltblütig oder warmblütig

LEBENSWÄRME
siehe auch unter Fieber, Frost und Schweiss, S. 478 f

LEBENSWÄRME vermindert im Krankheitsfalle
agar. Alum. AM—C. ambr. Anac. Aran. arg—m. arg—n. Ars. Asar. Bar—c. Calc. calc—f. calc—p. calc—s. camph. Carb—an. Carb—v. Carc. Caust. chin. cist. cocc. Coff. con. crot—h. cupr. dulc. elaps. Ferr. Graph. hep. Kali—bi. Kali—c. kreos. Lach. led. Lyc. Mag—c. mag—p. merc. mosch. mur—ac. NAT—C. nat—m. nit—ac. nux—v. Op. petr. Ph—ac. Phos. Pic—ac. Psor. Puls. Pyrog. rhus—t. sars. Sep. SIL. stann. Stront—c. sulph. sul—ac. thuj. Tub. zinc.

LEINER Syndrom, Morbus L. (Crusta lactea, anales Ekzem, Verstopfung)
Euph. GRAPH. kali—chl. nit—ac. rhus—t. Sep. sulph. Thuj.

LEUKAEMIE
acet—ac. Ars. ars—i. bov. calc. calc—f. calc—i. Calc—p. CEAN. chin. Chin—ar. cob—n. crot—h. epiph. euph. ferr. ferr—ar. Ferr—p. hell. ip. Kali—p. kali—n. mang. Med. Nat—ar. Nat—m. Nat—p. NAT—S. nux—v. orig. PHOS. pic—ac. phyt. pic—ac. rad—br. sel. sulph. tell. Thuj. TUB. vinc. x—ray. zinc.

LEUKAEMIE
siehe therapeutische Hinweise, S. 661

LEUKÄMIE Beschwerden, Zustände nach klinisch behandelter L.
Cean. lach. nat—ar. nat—s. nux—v. Phos. puls. sulph. tub. x—ray.

LICHT Sonnenlicht agg. (Lichtscheue)
acon. agar. Ant—c. ars. asar. Bar—c. bell. brom. bry. cact. cadm—s. CALC. camph. canth. Chin. clem. CON. EUPHR. gels. glon. GRAPH. hep. hyos. Ign. lach. lil—t. lith—c. mag—m. merc. Morb. Nat—c. nat—m. Nux—v. PH—AC. Puls. sel. seneg. stann. stram. Sulph. thuj. valer. verat. zinc.

LICHT Sonnenschein am.
anac. con. Plat. Stram. STRONT—C. thuj.

LIEGEN agg.
ambr. arn. ars. Aur. Caust. Cham. CON. dios. ferr. HYOS. Kali—br. kreos. Lach. Meny. merc. nat—m. Nat—s. nux—v. phos. Puls. RUMX. sang. SEP. sil. sulph. Tarax.

LIEGEN am.
am—c. bell. BRY. Calc. canth. CAPS. CIC. COCC. Hep. lyc. mang. Nat—m. NUX—V. squil. Stann.

LIEGEN, sich hinlegen Verlangen
Bar—c. bry. Calc. ferr. lyc. nat—m. pic—ac. Puls. psor. sil.

LUFT frische agg.
Bell. Bry. Calc. Caps. Caust. Cham. Cycl. euphr. HEP. Kali—bi. KALI—C. Kreos. Phos. Rhus—t. RUMX. SIL.

LUFT frische am.
> acon. ars. bar—c. calc. calc—s. croc. iod. ip. Lyc. Mag—c. Med. mosch. nat—m. Phos. PULS. sanic. sulph. Tub.

LUFT frische, im Freien am.
> abrot. Acon. aesc. agar. Agn. All—c. aloe. ALUM. ALUMN. am—c. Am—m. ambr. Aml—ns. Anac. ang. Ant—c. Apis. Arg—m. ARG—N. arn. ARS. ars—i. Asaf. Asar. Atro. Aur. aur—i. aur—m. bapt. bar—c. bar—i. bell. bor. Bov. Bry. Cact. Calad. calc. calc—i. Calc—s. Camph. CANN—I. Cann—s. canth. Caps. carb—ac. carb—an. Carb—v. Carbn—s. Carc. caust. Chel. Chlor. cic. Cimic. cina. Cinnb. coc—c. coca. Coff. coloc. Con. CROC. Crot—c. Dios. Dulc. euphr. ferr—i. Fl—ac. Gamb. gels. glon. Graph. grat. hed. Hell. hep. Hydr—ac. hyos. Iber. ign. IOD. Ip. Kali—bi. kali—c. KALI—I. Kali—n. Kali—s. Lac—c. Lach. lact. laur. Lil—t. lob. Lyc. MAG—C. MAG—M. Mag—p. mang. Med. Meli. merc—i—f. merc—i—r. Mez. Mosch. naphtin. nat—c. Nat—m. NAT—S. nux—v. op. Osm. ph—ac. Phos. Phyt. pitu. Plat. plb. pneu. psor. Ptel. PULS. Ran—s. Rhod. RHUS—T. SABAD. SABIN. sang. Sanic. Sec. sel. Seneg. Sep. spig. Spong. stann. staph. sul—ac. sul—i. Sulph. Tab. tarax. Tarent. Tell. thuj. TUB. verat. verb. Vib. viol—t. Zinc.

LUFT frische am., aber gegen Kälte empfindlich
> Mag—c. THUJ.

LUFT frische Verlangen
> aml—ns. Arg—n. Bry. carb—an. CARB—V. KALI—I. Lach. Med. PULS. Sanic. sec. SULPH. tab. teucr. Tub.

LUFT frischeVerlangen, aber gegen feuchte Kälte, Nebel, Regen empfindlich
> THUJ. teucr.

LUFT frische Verlangen - Kind stösst Bettdecke weg, auch im Winter
> acon. hep. sanic. SULPH.

LUFT frische Verlangen nachts - Fenster auf, sonst schlaflos
> Lach. Puls. sulph. tub.

LUFT frische, Fenster öffnen Verlangen bei jeder Erkrankung
> Puls. Sulph.

LUFT Seeluft, Meer oder Seeküste agg.
> AQ—MAR. Ars. aur—m—n. Brom. bry. Carc. iod. Kali—i. lyc. Mag—m. mag—s. Med. morb. NAT—M. NAT—S. Rhus—t. Sep. sil. stel. sulph. Syph. thyr. Tub.

LUFT Seeluft, Meer oder Seeküste am.
> Acon. Agar. ant—c. ant—t. Bor. brom. camph. Carc. eucal. Hyos. Iris. lyc. lyss. MED. nat—m. Op. Ox—ac. plat. Puls. Sep. stram. sul—ac. Tub. verat.

LUFTZUG (Zugluft) allgemein agg.
> acon. BELL. bry. CALC. calc—p. Caust. CHAM. chin. Graph. HEP. Kali—c. lachn. lyc. mag—p. NUX—V. puls. Rhus—t. Rumx. sel. SIL. sulph.

LUNGENENTZÜNDUNG, Pneumonie Beschwerden seit (never well since)
> calc. carb—v. Carc. lyc. phos. psor. SULPH. Tub.

LYMPHATISMUS, lymphatische Affektionen allgemein
> anac. Ars—i. bac. bapt. bell. berb. carb—an. carb—v. fil. graph. Hep. iod. kali—ar. kali—i. kali—sil. Lach. med. Merc. Nat—s. Nat—m. rumx. Scroph—n. sec. sep. Sil. vinc.

LYMPHDRÜSEN tuberkulinische Affekte (incl. Tuberkulose)
> Ars—i. aur. bar—c. Bar—i. bar—m. bell. Calc. Calc—f. Calc—i. Calc—p. graph. Hep. Iod. IODOF. Merc. merc—i—f. Merc—i—r. phos. Sil. Sulph. vinc.

LYMPHDRÜSEN vergrössert perlschnurartig
> aeth. Bac. bar—c. Bar—i. BAR—M. Calc. Calc—i. calc—p. Cist. dulc. hep. Iod. lyc. Sil. sul—i. Tub.

LYMPHKNOTEN Schwellung chronisch
> Bac. bar—m. Calc. calc—p. Hep. sep. tub.

MANGELGEBURT (Zwillinge, Mehrlinge, Mickersäuglinge)
> calc. carc. hell. lach. lyc. merc. nat—m. phos. Sil. sulph. thuj. tub.

MARASMUS (Atrophie, Reaktionsmangel, schwindende Vitalfunktionen)
> ABROT. Acet—ac. Arg—n. ARS. Ars—s—f. Bac. Bar—c. calc. CALC—P. CALC—SIL. Hydr. Iod. kreos. LYC. mag—c. Mag—m. NAT—M. nat—p. OL—J. Phos. plb. Podo. Psor. Sanic. Sars. Sil. SULPH. Thyr. TUB.

MARASMUS vergl. Abmagerung

MASERN nie wieder gesund seit (never well since)
> Carc. lyc. Puls. TUB.

MASERN Zustand nach (Mittel z. besseren Überwindung, chronische M.)
> siehe therapeutische Hinweise, S. 694

MASTOCYTOSE
> siehe unter HAUT, Urticaria pigmentosa, S. 515

MIASMA siehe unten Typ miasmatisch ...

MICKERKIND, appetitloses
> Abrot. alf. MAG—M. SIL.

MOND abnehmender agg.
> alum. Apis. Ars. bry. Calc. clem. Daph. Dulc. gels. kali—bi. kali—c. Lach. Lyc. Merc. merc—i—r. Nat—m. Nux—v. ph—ac. phel. PHOS. phyt. plat. PULS. RHUS—T. SEP. sil. sul—i. SULPH. syph. tab. thuj. tub. verat.

MOND abnehmender am.
> Clem.

MOND Neumond agg.
Agar. Alum. Am—c. Apis. arg—n. arn. ARS. ars—i. bell. Bry. bufo. CALC. calc—p. canth. CAUST. chin. Cina. Clem. Cupr. graph. hep. kali—bi. KALI—BR. Lach. Lyc. merc. merc—c. merc—i—f. nat—m. NUX—V. PHOS. phyt. PULS. RHUS—T. Sabad. Sep. SIL. SULPH. syph. Thuj. Tub.

MOND Vollmond agg.
Alum. Anac. Apis. arn. ARG—N. ARS. bar—c. bell. bov. brom. bry. Calc. calc—p. calc—s. canth. Caust. CINA. Croc. cupr. cycl. fl—ac. gels. Graph. Hep. ign. kali—bi. kali—n. Lach. led. LYC. Merc. nat—c. Nat—m. nit—ac. nux—v. ph—ac. PHOS. psor. PULS. Rhus—t. Sabad. sang. Sep. Sil. spong. sul—i. Sulph. teucr. thuj. tub. verat—v.

MOND Vollmond alternierend jeder 2. agg.
Syph.

MOND Vollmond eine Woche vorher agg.
Staph.

MOND Vollmond und Neumond agg.
alum. arg—n. phos. puls. Sil. syph. tub.

MOND zunehmender agg.
Alum. apis. Arn. ARS. arum—t. bell. Bry. CALC. calc—p. caust. Chin. cimic. Clem. cupr. graph. ign. kali—bi. kali—c. Lach. Lyc. Med. merc—i—f. Nat—m. nit—ac. Nux—v. phel. PHOS. PULS. Rhus—t. sang. SEP. Sil. staph. sul—i. SULPH. THUJ.

MONDSCHEIN (Mondlicht) agg.
Ant—c. arg—n. bell. calc. luna. ovi—p. Sep. SULPH. Thuj.

MONGOLISMUS, Down Syndrom
BAR—C. Bar—m. BUFO. Calc. calc—p. Carc. caust. lyc. med. nat—m. pitu. stram. sulph. Syph. thym—gl. thyr. tub.

MÜDIGKEIT anhaltende und auffallende
arn. calc. carc. graph. helon. Lyc. Ph—ac. Pic—ac. phos.

MÜDIGKEIT Essen nach, auch reizbar, wenn Ruhebedürfnis gestört
Bar—c. calc. carb—v. Lyc. nux—m. Nux—v. SULPH.

MÜDIGKEIT Essen nach, aber Hinlegen (Mittagsschlaf) agg. dann
Lyc. mur—ac.

MÜDIGKEIT Gesellschaft und Bewegung am.
SULPH.

MÜDIGKEIT morgens, trotz ausreichendes Schlafes, Adoleszenz während
Mag—c.

MÜDIGKEIT nach der Schule
Calc. Fl—ac. ph—ac.

MÜDIGKEIT Ruhelosigkeit d. Hände und Füsse dabei
ZINC.

MÜDIGKEIT, Schläfrigkeit, wird nervös, ängstlich und schreckhaft
CALC.

MÜTZE setzt immer ab, selbst bei kältestem Wetter (Abneigung)
alum. bell. Iod. Lach. Led. LYC. phos. Puls.

MÜTZE setzt immer auf (Verlangen)
aur. bor. brom. kali—c. nat—m. Psor. Rumx. sanic. SIL.

MUSKEL Dystrophie progrediente, Myatrophie
ars. carbn—s. gels. Hyper. kali—hp. lath. PHOS. phys. pic—ac. Plb. sec.

MUSKELN Schmerz allgemein
anac. Arn. Calc. calc—p. carb—an. Caust. Ferr. kali—c. mang. nat—c. plat. RHUS—T. sul—ac. Sulph.

MUSKELN Schwäche
Abrot. bell. CALC. calc—p. Caust. chlol. cocc. croc. ferr. Gels. kali—p. LYC. nat—c. nat—m. op. ph—ac. phos. plb. Sanic. sep.

MUSKELN Schwäche bes. Rücken und Beine - lernt daher schwer laufen
agar. all—s. Arg—n. Acet—ac. ars—s—f. Bell. Bruc. Calc. Caust. Nat—m. Phos. Pin—s. Sep. Sil. sulph.

MUSKELN Zerrung und Neigung dazu
agar. Calc. Caust. m—ambo. merc. puls. rhus—t.

MUSKELN Zerrung durch Sport, besonders, wenn nicht richtig "aufgewärmt"
Agar. calc. RHUS—T.

NEUBILDUNGEN allgemein
ANT—C. Ars. Bell. bell—p. Calc. Carbn—s. Carb—v. Caust. Clem. con. Graph. LYC. Med. NIT—AC. ran—b. Sil. STAPH. Sulph. Thuj.

NEUBILDUNGEN fleischig
Merc. Nit—ac. STAPH. Thuj.

NEUBILDUNGEN hornig
Ant—c. Ran—b. sil. sulph.

NEUBILDUNGEN schnell wachsende
Iod. phos.

NEUGEBORENE Kinder allgemein, Mittel vorzugsweise für Säuglinge
abrot. ACON. Aeth. agar. ANT—C. ant—t. APIS. arg—n. ARN. ars. BELL. bor.
Bov. Bry. CALC. Calc—p. CAMPH. carb—v. caust. Cham. chel. CHIN. cin. coff.
coloc. CUPR. cupr—ar. Dulc. elat. hell. hyper. Ip. lach. LAUR. Lyc. med. Merc.
Nat—s. NUX—V. OP. phos. podo. Puls. rheum. Samb. sec. Sep. Sulph. Thuj. zinc.
verat. zinc.

NORMALWERT - Tabellen
Atem- & Pulsfrequenz siehe Therap. Hinweise, S. 694 — Gewicht: S. 634

NOTFALLAPOTHEKE - ANLEITUNG FÜR ELTERN
siehe therapeutische Hinweise, S. 695

OEDEM Neugeborenem bei
Apis. arg—n. carb—v. coffin. dig. lach. sec.

OEDEME mit Asthma krampfartigem
apis. Kali—br.

OEDEME mit Oligurie
siehe therapeutische Hinweise, S. 696

OHNMACHT allgemein
acet-ac. Agar. Apis. ars-i. bell. bor. bry. calc. calc-p. camph. carb-an. coloc. croc.
dig. gamb. IGN. ip. lac-c. LACH. lob. mag-c. med. mill. nux-v. op. rhod., sep.
Sulph. tarent. verat. verat-v. vip.

OHNMACHT Anstrengung durch
ars. calc—ar. carb—v. Caust. Cocc. ferr. senec. Sep. ther. Verat.

OHNMACHT Diphtherie bei
Brom. Canth. kali—m. Lach. Sulph.

OHNMACHT geringsten Anlässen bei, fällt bei jeder Kleinigkeit in Ohnmacht
asaf. chin. chin—ar. dig. ign. Sep valer.

OHNMACHT Gerüche durch (Blumen, Speisen etc.)
COLCH. Ign. ip. Nux—v. Phos. sang.

OHNMACHT Kirche in (Knien oder langes Stehen)
bry. Ign. lyc. Merc—i—f. Sang. SEP. sting. sulph.

OHNMACHT Menses nach
Chin. Lach. lyc.

OHNMACHT Menses vor
cocc. Lach. Lyc. mur—ac. Murx. Nux—m. Sep. Thuj.

OHNMACHT Menses während
Calc. Cham. Cimic. Cocc. croc. cycl. Ign. ip. lach. laur. mag—c. Mosch. Nat—m.
NUX—M. Nux—v. PULS. Sars. Sep. tril.

OHNMACHT Menses während (nicht wg. Schmerzen, sondern wg. Kreislauf oder
Anaemie)
cycl. Laur. Trill. verat.

OHNMACHT Schmerzen durch, allgemein
Acon. ant—c. apis. ars. asaf. Aur. bism. bol—la. CHAM. Cocc. coff. coloc. Gels.
HEP. iod. lyc. Nux—m. Nux—v. phos. phyt. ran—s. sil. stroph—h. Valer. Verat.
vib. vip.

OHNMACHT Schmerzen durch, Bauchschmerz
COCC. Coll. plb. stram.

OHNMACHT Schmerzen durch, Magenschmerz
BISM. Nux—v. ran—s.

OHNMACHT Schmerzen durch, Ohrenschmerz
Cur. Hep. Merc.

OHNMACHT schnarchender Atmung mit
op. Stram.

OHNMACHT Stehen langes durch (z. B. still Stehen bei feierlichen Anlässen in Aula)
alum. bry. dig. Nux—m. puls. SEP. Sulph. Sting. Zinc.

OHNMACHT Zucken mit
AGAR.

OSTEOMYELITIS
arn. ASAF. AUR. calc. Calc—f. calc—p. echi. fl—ac. hecla. Merc. nit—ac. MEZ.
ph—ac. Phos. Pyrog. ruta. Sil. staph. STRONT—C. sulph. Symph.

PAEDATROPHIE, Dystrophie (mangelhafter Ernährungszustand)
ABROT. alum. ambr. arb. arg—n. Ars—i. aur. calc. Calc—i. CALC—P. calc—s
cetr. cund. equis. Iod. lyc. Mag—c. Mang. NAT—M. Nat—p. Ol—j. phos. Podo.
psor. Sars. Sil. stict. Sulph. tub.

PERIODISCHE Beschwerden allgemein
acon. alum. Aran. arg—m. ARS. bar—c. bell. brom. bry. calc. carb—v. Cedr.
CHIN. CHIN—AR. CHIN—S. cina. croc. cocc. Con. cupr. IP. Iris. kali—bi. Lach.
lyc. Mag—c. mag—m. mag—p. nat—m. nicc. nit—ac. petr. phos. samb. Sang. sep.
Sil. stann. Sulph. tarent. thuj. Tub. valer.

PERIODISCHE Beschwerden alle Tage zur gleichen Stunde
Aran. cact. Cedr. chin. chin—s. cina. Ign. ip. Kali—bi. lyc. nat—m. psor. Sabad.

PERIODISCHE Beschwerden alle 2 Tage
alum. Ars. calc. Cham. CHIN. Ip. Nat—m.

PERIODISCHE Beschwerden alle 3 Tage
Eup—per.

PERIODISCHE Beschwerden alle 4 Tage
ars. Eup—per. sabad.

PERIODISCHE Beschwerden alle 7 Tage
am—m. Ars. arg—n. aur—m—n. brom. calc—ar. canth. Chin. croc. Eup—per. IRIS. lyc. lac—c. rhus—t. Sang. sil. stann. SULPH. tub.

PERIODISCHE Beschwerden alle 8 Tage
Nux—v. sep.

PERIODISCH alle 7 oder 14 Tage, dabei Geräusch, Licht, Störungen agg.
ARS. mag—m. nicc—s. sang.

PERIODISCHE Beschwerden alle 14 Tage
ARS. Calc. chin. cocc. Con. Ign. LACH. mag—p. nicc. phyt. plan. Puls. sil. sulph.

PERIODISCHE Beschwerden alle 21 Tage
Ant—c. Aur. chin—s. Mag—c. psor. Tarent. Tub.

PERIODISCHE Beschwerden 14 Tage, gutes, dann 14 Tage schlechtes Befinden
Mag—m. nux—v. sep.

PERIODISCHE Beschwerden alle halbe Jahre
Lach. sep.

PERIODISCHE Beschwerden alle Jahre wieder
am—c. ars. Carb—v. carbn—s. Crot—h. echi. elaps. LACH. lyc. naja. nicc—s. psor. rhus—t. Sulph. tarent. Thuj. urt—u. vip.

POCKEN - Impfschäden Prophylaxe
siehe therapeutische Hinweise, S. 696

PROPHYLAKTISCHE Mittel, Diphtherie
Apis. Diph.

PROPHYLAKTISCHE Mittel, Keuchhusten (Pertussis)
Dros. Vac.

PROPHYLAKTISCHE Mittel, Masern
acon. Ars. morb. PULS.

PROPHYLAKTISCHE Mittel, Scharlach
BELL. Eucal. rhus—t.

PROPHYLAXE epidemisch auftretenden (Kinder-) Krankheiten bei
siehe therapeutische Hinweise, S. 661

PUBERTÄT allgemeine Beschwerden in der

Acon. Agar. Ant—c. ant—s. ant—t. apis. apoc. ars. art—v. AUR. bar—c. bell. bung. Calc. CALC—P. carc. caul. caust. Cham. chorion. cimic. cina. croc. Cupr. Ferr. Ferr—p. GELS. Graph. guaj. hell. helon. hypoth. Ign. iod. jug—c. Jug—r. Kali—br. Kali—c. kali—p. Lach. Mag—c. mag—p. manc. mill. NAT—M. Nux—v. PH—AC. PHOS. plat. Psor. PULS. rhus—t. Senec. Sep. sil. Staph. stram. Sulph. teucr. ther. Tub. verat. viol—o. zinc.

PUBERTÄT & Jugendzeit Beschwerden während

ant—c. bell. Calc—p. caust. cimic. croc. ferr. Ferr—p. guaj. hell. Kali—c. kali—p. Lach. Nat—m. PHOS. ph—ac. PULS. senec. viol—o.

PUBERTÄT Beschwerden, seit dem Beginn der P. (auch persistierende)

acon. calc. Calc—p. carc. Ign. ip. kali—br. lyc. Nat—m. ph—ac. phos. PULS. thyr. tub.

PUBERTÄT Beschwerden Knaben bei

aur. bac. calc—p. calc—pic. ign. kali—br. lyc. mang. Nat—m. puls. sep. staph.

PUBERTÄT Beschwerden Mädchen bei

ant—c. Aur. aur—m—n. Bar—c. Bell. Calc—p. carc. caul. Cham. Ferr. fil. hell. hypoth. ign. LACH. manc. Nat—m. Phos. plat. PULS. SEP. sulph. ther.

PUBERTÄT Beschwerden Mädchen, grosse schlanke M. mit Nasenbluten

Nat—n. Phos. ther.

PUBERTÄT Beschwerden m. Muskelschwäche und Anaemie

ph—ac. PHOS. plb.

PUBERTÄT Herzbeschwerden während P.

Aur. aur—m. dig. Gels. iber. iod. kali—br. lach. phos. ph—ac. Puls. stroph—h. sumb.

PUBERTÄT Puls langsam, Bradycardie während P.

DIG.

PUBERTÄT verzögerte

aur—m. aur—m—n. Bar—c. Calc—p. carc. Lyc. PULS. thyr. zinc.

PUBERTÄT verzögerte, Mädchen von sanftem Gemüt

Puls.

PUBERTÄT vorzeitige mit Muskel Schwäche und Anaemie

Calc. calc—p. ferr—p. ph—ac. PHOS. plb.

PUBERTÄT

siehe auch unter Geist & Gemüt sowie in den Lokalrubriken

PULSIEREN, Klopfen (z. B. in Blutgefässen)

ACON. aesc. BELL. CALC. FERR. GLON. iod. lach. led. lil—t. Nat—m. phos. Puls. sulph.

RACHITIS allgemein, mit Knochen Deformation
Abrot. alum. am—c. arg—m. arn. ars. Asaf. bar—c. Bac. Bell. bry. bufo. Calc. Calc—f. CALC—P. caust. cic. con. ferr. ferr—i. ferr—m. Ferr—p. Fl—ac. Guaj. hecla. hed. Hep. iod. Ip. iris. Kali—i. kali—p. lac—c. Lyc. Mag—m. Merc. Mez. Nat—m. Nit—ac. nux—m. nux—v. Ol—j. op. petr. PH—AC. PHOS. plb. Psor. Puls. rhod. Rhus—t. Ruta. sacch. Sanic. Sep. SIL. Staph. Sulph. tarent. ther. thuj. Tub. verat.

RACHITIS
siehe therapeutische Hinweise, S. 697

RACHITIS dicken oder fettsüchtigen Kindern bei
calc. SYMPH.

RACHITIS Bronchialerkrankung mit (Bronchitis)
bac. calc. Calc—p. merc. phos. Sil. Tub.

RACHITIS Heisshunger mit
abrot. Ol—j. SULPH. Tub.

RACHITIS Neigung zu ausgeprägt
alum. arg—m. ars. bar—c. bell. CALC. calc—f. Calc—p. ferr—p. fl—ac. kali—i. kreos. mang. merc. mez. nat—m. ph—ac. Phos. Sanic. Sil. tub.

RACHITIS Otitis mit, bei empfindlichen Kopforganen
conch. Kali—i. Sil. tub.

RADIOAKTIVITÄT Beschwerden durch (incl. Röntgenstrahlen)
calc—p. Cadm—s. GINS. phos. rad—br.

RAUCHEN Beschwerden durch (Missbrauch), Tabakvergiftung bei Knaben
Arg—n. Ars. gels. Verat.

REAKTIONS Mangel allgemein (incl. auf wohlgewählte Arzneimittel)
ambr. calc. Caps. carb—v. Carc. caust. diph. Laur. med. OP. Psor. pyrog. SULPH. Teucr. Tub. Valer. Zinc.

REAKTIONS Mangel - wohlgewählte hom. Arzneimittel wirken zu kurz
bac. calc—s. carc. Caust. pert. PSOR. SULPH. teucr. Tub. tub—a. vince.

REIBEN, Massieren am.
PHOS. Plb. sec. Tarent. thuj.

REISEKRANKHEIT, Fahrkrankheit: Augen schliessen agg.
Arg—n. hep. LACH. Ther.

REISEKRANKHEIT, Fahrkrankheit: Augen schliessen am.
Cocc. gels. Tab.

REISEKRANKHEIT, Fahrkrankheit: Essen am.
arg—n. Petr. Sep.

REISEKRANKHEIT, Fahrkrankheit: kalte, frische Luft am.
TAB.

REISEKRANKHEIT, Hauptmittel
arg—m. arg—n. BAR—C. Bell. berb. BOR. calc. COCC. colch. hep. ign. lach. nux—m. Petr. sanic. sil. Tab. ther. tub.

REITEN am. (auch geistige Symptome, positive Effekte d. Hippotherapie)
gels. Kali—c. lyc. nit—ac.

REKONVALESZENZ Störungen allgemein
ail. Alet. am—c. apoc. aur. Aven. bac. cadm—met. CALC. Calc—p. caps. CARC. Cast. Chin. Chin—ar. coca. cocc. cupr. Cur. cypr. Ferr. ferr—a. Gels. guar. Kali—c. kali—m. kali—p. laur. lec. lob. lycpr. mang. med. meph. Nat—m. nat—p. okou. op. ph—ac. phos. prot. psor. Scut. Sel. Sil. sul—ac. sul—i. Sulph. syph. TUB. tub—a. zinc.

REKONVALESZENZ Störungen Diphtherie nach
Alet. cocc. fl—ac. gels. Helon. Lac—c.

REKONVALESZENZ Störungen fieberhafter Infektionskrankheit nach
calc—hp. Carc. chin. Chin—ar. form—ac. Gels. Hell. lyc. lycpr. Okou. ph—ac. psor. puls. Sulph. thuj. tub. vario.

REKONVALESZENZ Störungen Grippe (Schwäche nach Influenza)
alf. Ars—i. Aven. caps. carb—ac. carc. CHIN—AR. Chin—s. Chin. Con. crot—h. Cypr. Erio. eup—per. Gels. IBER. Kali—p. Kali—s. Lac—c. lath. Lycpr. Okou. Ph—ac. phos. Psor. Sarcol—ac. Scut. sulph. tub.

REKONVALESZENZ Störungen Masern nach
bry. carc. cupr—a. LYC. morb. Puls. rhus—t. stram. Sulph. Tub. vario. zinc.

REKONVALESZENZ Störungen Meningitis nach
calc. form—ac. Hell. sil.

RHEUMATISCHE Affektionen allgemein
Acon. apis. arn. ars. aur. Bell. benz—ac. BRY. cact. calc. caust. cham. cimic. Colch. Dulc. guaj. ham. iod. Kali—bi. Kalm. Led. Lith—c. lyc. mang. med. Merc. naja. Nat—p. Nit—ac. Phyt. PULS. rhus—r. RHUS—T. sal—ac. sulph. syph. Thuj.

RHEUMATISCHE Affektionen sykotischer oder syphilitischer Belastung bei
Aur. Benz—ac. iod. Med. merc. NIT—AC. Phyt. syph. THUJ.

RHEUMATISCHE Affektionen abwechselnd mit Herz Beschwerden
abrot. Benz—ac. Kalm. led. lith—c. Magn—gr. nat—p.

RHEUMATISCHE Affektionen abwechselnd mit Magen Beschwerden
Ant—c. Kali—bi.

SÄFTE Verlust Beschwerden durch
agn. Carb—v. Caust. CHIN. CHIN—S. ham. kali—c. Ph—ac. Phos. psor. Staph.

SÄUGLING saugt nur tags
Apis.

SÄUGLINGEN Krankheiten bei - Säuglingsalter generell
Acon. aeth. ant—c. ant—t. Arn. Ars. Bell. BOR. BRY. CALC. Calc—p. Camph. carb—v. CHAM. Chin. Cina. coloc. crot—t. Dulc. ferr. graph. hep. Ign. Ip. kali—bi. kali—c. lach. Lyc. Mag—c. Merc. nat—c. nat—m. NAT—P. Nux—v. OP. Ph—ac. Phos. podo. psor. PULS. rheum. Rhus—t. Samb. sec. sep. Sil. Squil. stann. Staph. stram. Sulph. verat. Zinc.

SAUGREFLEX gestört (Bell'sche Lähmung)
agar. Cadm—s. Caust. op. Syph. zinc.

SCHARLACH Folgekrankheiten, Exanthem bei unterdrücktem
am—c. cupr—a. Phos. Rhus—t. sulph. ZINC.

SCHARLACH Folgekrankheiten, allgemein
AM—C. AM—M. Apis. Apoc. Ars. aur. Bar—c. Bar—m. BELL. Bry. Calc. Carb—ac. Carb—v. CHAM. Con. dulc. euph. Hell. Hep. hyos. Kali—c. Lach. Lyc. Merc. nit—ac. petros. phos. rhus—t. Sulph. Ter. zinc.

SCHEINTOD Neugeborener
ANT—T. Arn. Bell. CAMPH. Laur. Op.

SCHLÄFRIGKEIT allgemein
Aeth. all—s. Am—c. Ant—c. ANT—T. APIS. Apoc. Arn. Aur. AUR—M. Bapt. Bar—m. bor. cann—i. Caust. CHIN. CLEM. coca. Cocc. CYCL. Ferr—p. GELS. HELL. Helon. Hydr—ac. Hyper. Kali—br. Kali—c. Cyt—l. Lath. LUP. Morph. Naja. NUX—M. OP. Ph—ac. Phos. podo. Pyrog. Rhus—t. SCROPH—N. Sel. Senec. Sulfon. Thea. Zinc.

SCHLÄFRIGKEIT Diarrhoe während
Ant—t. nux—m. nux—v.

SCHLÄFRIGKEIT Essen nach
aur. Bism. carb—v. Chin. Graph. Kali—c. laur. LYC. mez. NUX—M. NUX—V. Phos. Puls. scroph—n. Sil.

SCHLÄFRIGKEIT Essen während
Agar. calc. Calc—p. caps. chin. KALI—C. nux—v. PHOS. rhus—t. Sulph.

SCHLÄFRIGKEIT Kopf lässt seitlich hängen
Cina.

SCHLÄFRIGKEIT periodisch jeden 3. Tag, Kopfschmerz Stirn dabei
Sep.

SCHLAF nach Mittagsschlaf agg.
anac. bar—c. bell. Bry. caust. chin. con. Graph. ign. LACH. lyc. mag—c. mag—f. Nat—m. nat—s. phos. Puls. SEL. spong. STAPH. Sulph. zinc.

SCHLAF nach S. agg.

Acon. aesc. ail. am—c. am—m. Ambr. anac. Apis. arg—m. Arn. Ars. ars—s—f. asaf. aur—ar. bar—m. bell. bor. bov. bry. Bufo. cadm—s. calad. calc. calc—f. Camph. Carb—v. Carbn—s. Caust. cham. Chel. chin. cina. cob—n. coc—c. Cocc. coff. Con. crat. Crot—c. Crot—h. Crot—t. dig. Dios. Euphr. Ferr. ferr—ar. graph. Hep. hyos. ign. kali—ar. kali—bi. kali—c. kali—i. kali—n. kali—p. kreos. lac—c. LACH. Lyc. mag—c. mag—f. merc—c. Morph. mur—ac. naja. nat—ar. nat—sil. nux—m. nux—v. olnd. OP. paeon. Ph—ac. phos. Phyt. pic—ac. Puls. Rheum. rhus—t. Sabad. samb. SEL. Sep. spig. SPONG. Staph. STRAM. SULPH. Syph. thuj. Tub. valer. Verat.

SCHLAF nach S. am.

acon. agar. am—c. am—m. ambr. apis. Ars. bry. Calad. calc. caps. cham. chin. cocc. colch. Con. crot—t. Cupr. epiph. ferr. Fl—ac. glon. hell. ign. ip. iris. kali—bi. kali—p. kreos. lach. lob. Med. meph. Merc. mygal. myric. nat—c. Nux—v. oxyt. PH—AC. PHOS. puls. ran—b. ruta. sabal. sabin. samb. sang. sel. SEP. spig. thuj.

SCHLAF nach kurzem Schläfchen zwischendurch am.

Fl—ac. med. Nux—v. ph—ac. PHOS.

SCHLAF nach langem S. agg.

LACH.

SCHLAF nach langem S. am.

Phos. sep.

SCHLAF nach S. morgens beim Erwachen agg.

AM—M. AMBR. Arn. ARS. bell—p. bufo. cadm—met. CALC. Carb—v. CAUST. Chel. chin. cob—n. Cocc. Con. Dig. ferr—ar. flav. Graph. HEP. Hyos. Ign. Kali—ar. Kali—c. LACH. Lyc. mag—c. NUX—V. PHOS. Phyt. prot. PULS. RHUS—T. samb. SEP. Staph. SULPH.

SCHLAF Mangel Beschwerden durch

Caust. COCC. colch. Ign. lac—d. Nit—ac. NUX—V. phos. Sep.

SCHLAFFHEIT d. Körpers, besonders d. Muskeln

acet—ac. agar. Aloe. ant—t. aster. CALC. Calc—p. camph. Caps. chin. cycl. euph. hep. kali—c. Lyc. mag—c. merc. op. Plb. puls. sabad. sanic. sec. sil. spong. sulph. tub. viol—o.

SCHLEIMHÄUTE Affektionen allgemein

Acon. all—c. Alum. Ant—t. Apis. ARG—N. Ars. Asaf. BELL. Bor. Bry. Calc. Caps. carb—v. caust. chin. CHAM. Dulc. eucal. euph. ferr. fl—ac. Hep. Hydr. IP. Kali—bi. kali—c. lac—c. lyc. MERC. Merc—d. mez. nit—ac. NUX—V. phos. PULS. Rheum. rumx. sabad. sang. seneg. STANN. SULPH. Syph. Ter. Thuj. Vinc.

SCHLEIMHÄUTE Empfindlichkeit Staub gegen

ars. BROM. dros. nat—ar. puls. rumx. sil.

SCHLIESSMUSKELN Affektionen der Sphincteren allgemein

ign. Laur. nux—v. plat. Sil. Staph.

SCHMERZEN ausstrahlende

Agar. apis. Arg—n. ars. berb. cupr. dios. kali—c. lil—t. mag—m. Mag—p. plb. spig. Tell.

SCHMERZEN beginnen allmählich, langsam

acon. bry. calc—sil. caust. chin. con. ign. lact. lob. rad—br. sars. sul—ac. tell.

SCHMERZEN beginnen allmählich und hören auf allmählich

acon. Arg—n. arn. ars. bar—c. bufo. cact. cast. chel. coloc. crot—h. epiph. euphr. Form. Gels. glon. Ign. jab. kali—bi. Kalm. Lach. lob. mez. Nat—m. op. Phos. pic—ac. PLAT. psor. Puls. sabin. SANG. sars. sel. Sep. Spig. STANN. staph. stront—c. Sul—ac. sulph. SYPH. verb.

SCHMERZEN beginnen allmählich und hören auf plötzlich

Arg—m. arg—n. bell. caust. Ign. PULS. rhus—t. Sul—ac.

SCHMERZEN beginnen plötzlich

Acon. agar. am—c. anh. Arg—m. Ars. BELL. berb. camph. Canth. carb—ac. caust. cimic. Coloc. croc. Crot—h. Cupr. cupr—ar. Dios. eup—per. ferr. Form. Glon. kali—bi. lyc. mag—c. Mag—p. med. mez. morph. Nat—s. NIT—AC. Nux—v. ox—ac. phys. plb. Podo. Puls. ran—b. Sabin. sep. sil. Spig. stann. stry—p. sul—ac. Tab. Tarent. thuj. Valer. Verb. vip. zinc. zinc—val.

SCHMERZEN beginnen plötzlich, dauern kurze Zeit und gehen plötzlich

arg—n. BELL. CARB—AC. Kali—bi. Mag—p. Nit—ac. phyt. rhus—t. stry. stry—n.

SCHMERZEN beginnen plötzlich und hören auf allmählich

asaf. Bell. calc. Coloc. fl—ac. HYPER. ign. Lach. Med. Puls. Sabin. sep. sul—ac.

SCHMERZEN beginnen plötzlich und hören auf plötzlich

Arg—n. asaf. aster. BELL. bor. cact. canth. Carb—ac. carbn—s. cham. coff. crot—h. cupr. dios. eup—per. eup—pur. fl—ac. Ign. KALI—BI. kalm. lyc. Mag—p. merc—c. nat—f. NIT—AC. nux—m. petr. Phyt. puls. Rhus—t. sabin. spig. Stry. thal. thuj. tub. valer.

SCHMERZEN brennend

ACON. Agar. all—c. Anthraci. APIS. ARS. bell. Canth. Caps. carb—an. con. Mez. Ph—ac. PHOS. ran—b. Sec. spig. Staph. SULPH.

SCHMERZEN drückend

Bell. bry. Calc. cocc. Colch. Cycl. ign. kalm. lyc. nux—v. ph—ac. rheum. Sil. SULPH. sul—ac. zinc.

SCHMERZEN Empfindung vermindert - Unempfindlichkeit gegen S.

anac. Ant—c. Ant—t. ars. asaf. bell. bov. chel. cic. cocc. con. HELL. hyos. ign. kali—br. laur. lyc. merc. mosch. olnd. OP. phos. ph—ac. pic—ac. plat. plb. puls. rhus—t. sec. spig. STRAM. sulph.

SCHMERZEN Erschütterungsschmerz

am—c. BELL. Cupr. mang. petr. sieg. Valer.

SCHMERZEN heftig - will mit Hand schmerzhafte Stelle schützen
acon. Bry. nit—ac. spig.

SCHMERZEN leichteste Berührung agg., aber harter Druck am.
aloe. bell. bry. Caps. CHIN. culx. ign. kali—c. lac—c. Lach. Mag—p. Nux—v. plb. sulph.

SCHMERZEN kleinen Stellen an
Calc. calc—p. fl—ac. Ign. KALI—BI. Lach. lil—t. phos. Sulph.

SCHMERZEN Knochen in
bry. Chin. colch. EUP—PER. eup—pur. IP. KALI—I. med. MERC. mez. ph—ac. Sars. ther. still.

SCHMERZEN Muskeln
Acon. alet. Ant—t. Arn. ars. bell. Bell—p. BRY. Caust. Cimic. Colch. Dulc. ferr—p. Form. Gels. ign. lat—m. led. lyc. mag—s. mand. merc. merc—c. morph. nat—f. nat—m. op. Phyt. plb. puls. Ran—b. rauw. Rhus—t. Ruta. sal—ac. sil. staph. stram. Stry. tab. tarax. thal. thuj. valer. verat. Verat—v. zinc.

SCHMERZEN Muskeln, Wehtun Überanstrengung nach (Muskelkater)
arn. bell—p. bry. chin. dulc. Cimic. kali—c. ph—ac. RHUS—T. sarcol—ac. verat.

SCHMERZEN Quetschungsschmerz
Acon. agar. aloe. alum. ang. ant—c. ant—t. Arg—m. ARN. Asar. Bapt. bar—c. berb. bor. Bry. calc. calen. canth. carb—an. carb—v. carbn—s. Caust. cham. chel. CIC. CIMIC. cina. clem. con. crot—h. cupr. cycl. dig. DROS. dulc. euph. hep. hyos. ign. iod. ip. kali—c. kali—n. lach. Led. teucr. nat—c. nat—m. nit—ac. Nux—m. nux—v. Olnd. par. petr. phos. Plat. puls. Ran—b. Rhod. RHUS—T. RUTA. sabad. sabin. sep. sieg. SIL. spong. sulph. Sul—ac. thuj. verat. verb. viol—o.

SCHMERZEN Rheuma akutem bei
apis. arn. cham. Colch. Ferr—p. ham. puls.

SCHMERZEN Richtung erstreckt sich abwärts, nach unten
acon. agar. agn. aloe. alum. alumn. ant—t. apis. arn. asaf. aur. bar—c. bell. benz—ac. Berb. bor. bry. cact. canth. Caps. Carb—v. caust. chel. chin. cic. cina. coff. FERR. goss. graph. hyper. kali—c. Kalm. lach. led. LYC. merc. mez. nat—c. nat—m. nux—v. ph—ac. Puls. rheum. rhod. rhus—t. Sanic. sars. sel. seneg. sep. sil. sulph. verat. verb. zinc.

SCHMERZEN Richtung erstreckt sich aufwärts, nach oben
Acon. aloe. alum—sil. anac. arn. ars. Asaf. aur. BELL. Calc. canth. caust. cham. chin. Cimic. colch. Con. Croc. Cupr. Dulc. eup—pur. euphr. Gels. Glon. hyper. IGN. Kali—bi. Kalm. Kreos. LACH. LED. mag—c. mang. meny. Naja. nat—c. nat—m. nit—ac. nux—v. Op. PHOS. Puls. rhus—t. Sabad. samb. SANG. SEP. SIL. spong. stront—c. Stroph—h. Sulph. Thuj. valer. Zinc.

SCHMERZEN Richtung erstreckt sich diagonal, kreuzweise
acon. ambr. anac. arg—m. Bell. berb. bov. bry. calc. canth. caust. cham. Chel. Chin. cocc. ferr. hell. kali—bi. kali—c. kali—m. Lac—c. laur. lyc. mang. merc. mur—ac. phos. rhus—t. seneg. Sep. Sil. spig. stront—c. sul—ac. Sulph. tarax. valer. Verat. zinc.

SCHMERZEN Richtung erstreckt sich nach aussen, zentrifugal
alum. am—m. anh. Arg—m. arg—n. arn. ASAF. bell. berb. bry. calc. canth. carb—v. chel. Chin. cimic. cocc. CON. dros. dulc. hyos. kali—bi. kali—c. kali—m. kalm. led. lith—c. lyc. mang. merc. mez. mur—ac. nat—c. nit—ac. phel. phos. phyt. plat. plb. prun. ran—b. rhod. rhus—t. sabad. sabin. Sep. sil. spig. spong. stann. stann—i. staph. SULPH. tarax. Valer. viol—t. zinc.

SCHMERZEN Richtung erstreckt sich nach innen, zentripetal
alum. arg—n. ARN. bell. bov. Calc. Cann—s. CANTH. carb—v. caust. chin. cina. con. hyos. Ign. Laur. meny. merc. mez. petr. phel. phyt. Plb. ran—b. rhus—t. Sabin. sep. spig. spong. squil. stann. staph. sul—ac. sulph. valer. verb.

SCHMERZEN Richtung erstreckt sich nach vorn
berb. bry. carb—v. Gels. Lac—c. Sabin. Sang. sep. sil. SPIG.

SCHMERZEN Richtung erstreckt sich rückwärts
bar—c. bell. Bry. chel. con. crot—t. cupr. gels. Kali—bi. kali—c. kali—i. lil—t. merc. nat—m. par. phos. phyt. prun. puls. Sep. spig. SULPH.

SCHMERZEN Richtung erstreckt sich zu d. Teilen, auf d. man liegt
ARN. bry. Graph. kali—c. merc. mosch. Ph—ac. sil.

SCHMERZEN Richtung von links nach rechts
acon. aloe. calc—p. Colch. dulc. elaps. ip. kali—c. kreos. LACH. naja. nit—m—ac. phyt. Rhus—t.

SCHMERZEN Richtung von rechts nach links
acet—ac. acon. ars—met. aspar. bell. LYC. mez. sang. spong. sulph.

SCHMERZEN schnell wechselnde Orte
apis. berb. Ign. KALI—BI. Kali—s. LAC—C. PULS. Mang. Mag—p. sanic. Tub.

SCHMERZEN Splitterschmerzen
Aesc. AGAR. Alum. ANAG. ARG—N. asaf. Bar—c. Carb—v. cic. colch. coll. Dol. Fl—ac. HEP. kali—c. NIT—AC. petr. plat. ran—b. Sil. stann. sulph.

SCHMERZEN stechend
BRY. BELL. cimic. KALI—C. Kalm. LED. mag—p. NIT—AC. Nux—v. ptel. PULS. SPIG. STAPH. symph.

SCHMERZEN stechend, ruhig Liegen auf schmerzhafter Seite agg.
BRY.

SCHMERZEN stechend, ruhig Liegen auf schmerzhafter Seite am.
Kali—c.

SCHMERZEN Übelkeit mit, ihm ist ganz schlecht vor S.
> acon. aloe. ant—t. ars. cadm—s. Calc. carb—v. caust. Chel. coloc. crot—t. graph. hep. Ip. kali—n. lyc. nat—m. nux—v. sep. spig.

SCHMERZEN Überempfindlichkeit gegen S.
> Acon. Arn. Asaf. asar. calc. CHAM. chin. Cina. COFF. colch. HEP. Ign. Lyc. Mag—p. nat—s. Nux—v. plat. Puls. staph. teucr. verat.

SCHMERZEN Überempfindlichkeit - treiben zur Verzweiflung
> siehe unter Geist und Gemüt, Verzweiflung, S. 140

SCHMERZEN Verrenkung der Gelenke durch
> acon. agar. agn. alum. Ambr. am—c. am—m. anac. ang. ant—c. ant—t. Arg—n. ARN. ars. Arum—t. asar. aur. bar—c. bell. bov. Bry. calad. Calc. Calc—p. camph. caps. carb—an. carb—v. Caust. cham. chel. chin. cina. cocc. con. Cor—r. croc. cycl. dig. dros. dulc. euph. ferr. fl—ac. Graph. hell. hep. IGN. ip. kali—c. Kali—n. kreos. LED. lyc. mag—c. mag—m. mang. meny. Merc. mez. mosch. mur—ac. nat—c. Nat—m. nit—ac. nux—m. nux—v. olnd. plb. Petr. PHOS. ph—ac. plat. PULS. ran—b. Rhod. RHUS—T. ruta. sabin. sars. seneg. sep. sil. Spig. spong. stann. staph. SULPH. thuj. valer. verat. verb. zinc.

SCHMERZEN wandernd, springend von einer Stelle zur anderen
> acon. APIS. arn. bell. benz—ac. bry. CAUL. cham. cocc. colch. croc. dig. dios. form—ac. IGN. iris. KALI—BI. kali—c. KALI—S. kalm. LAC—C. led. lycps. Mag—p. Mang. PULS. PHYT. pyrog. rhus—t. spig. spong. tub. valer. verat—v.

SCHMERZEN wellenartige, kolikähnlich
> acon. all—c. Anac. ant—t. arn. Asaf. Bell. chin. Cocc. coff. dulc. fl—ac. glon. hyos. mag—p. mez. nux—v. olnd. par. plat. rhod. senec. sep. spig. stict. teucr. viol—t.

SCHMERZEN zerschlagen wie (nach Überanstrengung oder Verletzung)
> ARN. Bell—p. bry. calen. chin. cimic. EUP—PER. gels. ham. kali—c. led. mang. psor. Pyrog. Rhus—t. ruta. Sieg. thuj.

SCHMERZLOSIGKEIT gewöhnlich schmerzhafter Leiden
> ant—t. Hell. OP. STRAM.

SCHMUTZIGES Aussehen, auffälliges
> AM—C. bor. calc—s. Caps. Crot—h. cupr. med. merc. Nux—v. petr. plat. Psor. Sanic. sil. staph. stram. SULPH. verat.

SCHNEELUFT agg.
> Acon. asar. Bell. bry. Calc. CALC—P. caust. cic. CON. fl—ac. Form. form—ac. lach. Lyc. mag—m. merc. nat—c. Nux—v. PH—AC. PHOS. Puls. rhod. RHUS—T. SEP. SIL. Sulph. urt—u. vib.

SCHNUPFEN unterdrückter, Beschwerden durch (agg.)
> Acon. am—c. Am—m. ambr. ars. BRY. calad. CALC. carb—v. caust. cham. Chin. cina. con. Dulc. Fl—ac. graph. hep. ip. Kali—bi. kali—c. kreos. LACH. laur. lyc. mag—c. mag—m. mang. merc. mill. nat—c. nat—m. Nit—ac. nux—m. NUX—V. par. petr. phos. Puls. rhod. sabad. samb. sars. Sep. Sil. spig. spong. stann. stram. sul—ac. sulph. Teucr. Thuj. verat. zinc.

SCHOCK Verletzungen durch
Acet—ac. ACON. Am—c. ARN. Ars. bell. Calc. calen. CAMPH. Caps. Carb—v. Cham. Chin. Chlf. Cic. cocc. Coff. Cupr. cupr—ar. DIG. Gels. hell. hep. Hydr—ac. hyos. HYPER. Ip. LACH. Laur. lyc. merc. Nat—m. nit—ac. Nux—m. nux—v. OP. Phos. psor. Ran—b. sec. sep. Staph. stront—c. stry—p. sulph. Tab. VERAT.

SCHWÄCHE allgemein (auch grundlose S.)
Abrot. AETH. aloe. am—c. ant—t. arg—m. arn. Ars. bac. bapt. Bar—c. calc. Calc—p. calc—s. Carb—v. Carc. cham. Chin. cina. con. ferr. ferr—p. Gels. graph. iod. Kali—c. kali—p. lach. lob. Lyc. Med. merc. Merc—cy. Mur—ac. nit—ac. nux—v. Ph—ac. phos. pic—ac. psor. sanic. sec. sep. SIL. spig. Stann. staph. Sulph. Sul—ac. tab. ter. Tub. verat.

SCHWÄCHE Anstrengung durch geringste körperliche
ARS. Calc. calc—p. caps. cist. cycl. lac—d. Merc. nat—ar. NIT—AC. nux—m. Sel.

SCHWÄCHE Anstrengung durch am.
ferr. kali—n. MUR—AC.

SCHWÄCHE Aufstehen beim
acon—c. ammc. arn. ARS. atro. BRY. clem. coca. fago. ham. hydr. hyper. jab. lyc. mag—c. nat—ar. Nat—m. olnd. osm. phyt. pic—ac. ptel. rhus—g. Rhus—t. sol—t—ae. teucr. thuj. uran—n.

SCHWÄCHE Diphtherie bei
Ail. Alum—sil. Apis. Brom. Canth. Chin—ar. Crot—h. diph. Ign. Kali—bi. Kali—perm. lac—c. LACH. MERC—CY. Merc—i—f. Mur—ac. Nat—ar. Nux—v. PHYT. Sal—ac. Sec. Sulph.

SCHWÄCHE empfindlicher, psorischer K. mit Neigung zu Gehirn Erkrankung
BELL. calc. Calc—p. HELL. tub. Zinc.

SCHWÄCHE Erbrechen durch
AETH. alum. ANT—T. Verat.

SCHWÄCHE Essen / Stillen nach - Säugling verlangt zu Liegen
bar—c. Chel. lyc. sil.

SCHWÄCHE Essen nach
alum. Anac. ant—c. ARS. asar. bar—a. BAR—C. bar—s. brom. calc. calc—p. Cann—s. carb—an. Chin. chel. cina. clem. Con. Croc. crot—c. cycl. dig. ferr. hep. hyper. kali—c. kali—sil. lach. lyc. mag—c. mag—m. meph. merc—c. mur—ac. Nat—c. Nit—ac. nux—m. nux—v. ox—ac. PH—AC. phos. rhod. rhus—t. ruta. sang. sars. Sel. sep. Sil. Staph. sul—ac. sulph. tell. teucr. thea. thuj.

SCHWÄCHE hektischen Fieber mit, nach Grippe
Abrot.

SCHWÄCHE Körper und Muskeln, aber Kopf (Intellekt) gut entwickelt
LYC. sanic.

SCHWÄCHE grundlose
carc. sul—ac.

SCHWÄCHE körperliche, dadurch geistig träge
carb—v. Calc. GRAPH.

SCHWÄCHE Kummer, Sorgen, enttäuscht Liebe durch
IGN. Ph—ac.

SCHWÄCHE - morgens weitaus grössere Hinfälligkeit als abends
bry. con. hep. Lach. lyc. Mag—c. op. ph—ac. Sulph. tub.

SCHWÄCHE schnell zunehmende
Anthraci. ARS. laur. sep. Sul—ac. tub. VERAT.

SCHWÄCHE Trinkschwäche Neugeborenen bei, oft mit Schläfrigkeit
ant—t. Bar—c. Bor. calc. Carb—v. chin. Chlol. Hell. lyc. nat—p. nux—m. OP.
siehe auch unter Magen, Appetitlosigkeit Säuglinge, S. 295

SCHWÄCHE Wachstum schnellem nach
Calc—p. Hipp. Ph—ac. rhus—t. sil

SCHWÄCHE warmem Wetter (Sommer Sonne) bei oder durch
ant—c. Kali—s. lach. NAT—C. petr. PULS. sel.

SCHWÄCHLICHE Kinder, anfällig für Krankheiten
bac. calc—p. caust. cina. lyc. Phos. Sil. Staph. sul—ac. Thuj.

SCHWEISS nachher agg.
Acon. ant—t. arn. ars. ars—i. ars—s—f. bell. bry. Calc. canth. carb—an. carb—v.
cast. cham. CHIN. chin—s. cinnb. Con. ferr. Hep. ign. iod. Ip. kali—c. kali—i. lyc.
Merc. merc—c. mur—ac. nat—c. nat—m. nit—ac. nux—v. op. petr. PH—AC.
Phos. Psor. Puls. samb. sel. SEP. sil. spig. Spong. squil. Stann. Staph. stram.
Sulph. tub. verat.

SCHWEISS nachher am.
Acon. aesc. am—m. ambr. ant—t. apis. Ars. aur. bapt. bar—c. bell. bov. Bry.
Calad. CALC. Camph. Canth. CHAM. chel. Cimx. clem. cocc. coloc. Cupr. elat.
ferr—p. Fl—ac. franc. GELS. glon. Graph. hell. Hep. hyos. Iod. ip. kali—i.
kali—n. Lach. led. lyc. lyss. mag—m. NAT—M. nit—ac. nux—v. Olnd. op. PSOR.
puls. ran—b. rhod. RHUS—T. sabad. sabin. samb. sel. spong. stram. Stront—c.
sul—ac. Sulph. tab. tarax. Thuj. urt—u. valer. Verat. vip. vip—a. visc.

SCHWELLUNG Drüsen, Adenitis, Scharlach nach
am—c. BAR—C. Brom. calc. Hep. Lac—c. Lach. MERC—I—R. Phyt. Sil.

SCHWELLUNG Drüsen eitriger Entzündung mit, Adenitis suppurativa
BELL. brom. Con. MERC. SIL.

SCROPHULOSE (Neigung zu Lymphdrüsen Affektionen, kindliche Psora)
Am—c. Ant—c. aq—mar. ars. bac. BAR—C. Bell. CALC. Calc—p. camph. cina.
Cist. cur. dig. Hep. Iod. Lyc. MERC. mez. Ph—ac. psor. SIL. Sulph. tub. viol—t.

SCROPHULOSE lebhaftem & aufgewecktem Kind bei
Calc—p. iod. lyc. psor. Tub.

SEEKRANKHEIT, Fahrkrankheit
Aml—ns. bell. bor. COCC. coff. lyc. PETR. Sanic. sep. Tab. ther.

SEEKRANKHEIT, Fahrkrankheit mit Zusammenziehen aller Schliessmuskeln
Bell.

SEEKRANKHEIT, Fahrkrankheit sterbensübel dabei, will lieber tot sein
Sep.

SEEKRANKHEIT, Fahrkrankheit
siehe auch unter Reisekrankheit

SEPTICAEMIE siehe unter Blutvergiftung

SITZEN agg.
alum. BRY. dig. Dios. fl—ac. kali—s. mur—ac. nat—p. tarax.

SITZEN aufrechtes am.
Ant—t. apis. BELL. nat—s. samb.

SONNE Anstrengung in d. S. agg.
ANT—C. bry. LACH. Nat—c. NAT—M. puls.

SONNE, Sonnenbestrahlung agg. (incl. Schmerz durch S.)
Acon. adlu. aeth. AGAR. aloe. aml—ns. anh. ant—ar. ANT—C. ARG—M. arn. Ars. BAR—C. BELL. brom. BRY. cact. cadm—s. Calc. calc—f. CAMPH. CARB—V. cina. clem. cocc. crot—h. EUPHR. fago. Fl—ac. Gels. GLON. graph. ign. iod. ip. Kalm. LACH. lappa. Lyss. mag—m. med. merc. merc—c. mur—ac. NAT—C. NAT—M. nat—n. NUX—V. OP. prot. prun. Psor. PULS. SANG. Sel. Spig. stann. stram. sul—i. sulph. syph. Tab. ther. thuj. Uva. Valer. verat—v. ZINC.

SONNE, Sonnenbestrahlung am.
anac. CON. crot—h. iod. KALI—C. kali—m. pic—ac. Plat. RHOD. rhus—t. Stram. Stront—c. tarent. Thuj.

STEHEN fällt schwer (agg.)
Aloe. bar—c. calc. Calc—p. calc—s. Fl—ac. Lyc. phos. Puls. Psor. rheum. sep. Sil. SULPH. Tub.

STEIF machen d. Körpers Berührung durch
apis.

STEIFHEIT, Ungeschicklichkeit bis Ataxie allgemein
Aeth. alum. bufo. Calc. con. gels. NAT—M. onos. plb. rhus—t. Zinc.

STILLEN Beschwerden während b. Kind (beim gestillt werden)
acon. agn. Ars. bell. BOR. Bry. CALC. CALC—P. carb—an. carb—v. CHAM. chel. Chin. Cina. con. crot—t. Dulc. ferr. graph. Ign. iod. Ip. kali—c. lach. lyc. Mag—c. merc. nat—c. nat—m. NAT—P. nux—v. phel. Ph—ac. phos. phyt. PULS. rheum. Rhus—t. samb. sec. sel. SEP. sil. spig. Squil. stann. Staph. stram. Sulph. zinc.

STILLEN, Kind will oft und lange gestillt werden (über 2 Jahre)
Calc. lyc. Phos. Sanic. stram. SULPH.

STILLEN beim, Säugling muss Mamma loslassen, um Luft zu holen
SAMB.

Stillen siehe auch unter Abstillen, Entwöhnen

TAUBHEIT, Paraesthesie erkrankter Teile
Acon. CHAM. kalm. Plat.

TAUBHEIT, Paraesthesie Teile, auf denen er lag
Ambr. bar—c. Calc. chin. graph. lach. phos. PULS. RHUS—T.

TUMOREN, Leberfleck an d. rechten Schläfe, flach
Fl—ac.

Turner Syndrom
siehe therapeutische Hinweise, S. 697

TYP biliös (konstitutionelle Gallsüchtigkeit)
aesc. aur. BELL. berb. Bry. cham. cic. eup—per. hep. hyos. Mag—m. nat—s. NUX—V. PODO. stram. syph. tarax. tarent.

TYP dick, frostig und Hauterscheinungen ausgeprägt
GRAPH.

TYP dick, frostig, träge und wenig geistige und körperliche Energie
CALC. ferr.

TYP dick, gut genährt und gewachsen mit rauher Haut und kräftigem Haar
SULPH.

TYP dick, heiter, aber leicht aus d. Fassung zu bringen
BROM.

TYP dick, kräftig
GRAPH. Kali—bi.

TYP dick, mit Neigung zum Nasenbluten
Ferr.

TYP dick, träge, mit Verstopfung, plump und stets vergesslich
Bar—c. CAPS. op.

TYP dicklich und blond, plumpe Konstitution
Calc.

TYP dicklich und liebevolle Zuwendung Verlangen
Calc. PULS.

TYP dicklich, träge, meist mit Verstopfung und Eigensinn, halsstarrig
calc. KALI—S.

TYP dünn, erschöpfbar, intelligent und ordnungsliebend
ARS.

TYP dünn, erschöpft, hungrig, unterernährt, reizbar und ängstlich
ABROT. sil.

TYP dünn, frostig, empfindlich, schwierig, differenziert
Psor. SIL.

TYP dünn, hochgespannt ständig, ängstlich und furchtsam
ARS.

TYP dünn, krank ständig, wenig Widerstandskraft und schmutzige Haut
PSOR.

TYP dünn und kränklich, schwächlich aussehend
Arg—n. brom. Calc—p. carc. Caust. irid. Lyc. mag—c. Nat—m. Phos. psor. SIL.

TYP dünn, langer Wuchs, isst viel aber setzt kein Gewicht an
iod. LYC.

TYP dünn, schmalbrüstig, spindelige Beine, Bauch vergrössert
calc. Lyc. sanic. SULPH.

TYP dünn und untergewichtig
abrot. ars—i. Arg—n. fl—ac. iod. kali—i. Mag—m. Nat—m. sanic. Sil.

TYP dünn mit vergrösserte Halsdrüsen
bac. Iod. SIL. Tub.

TYP dünn mit Verlangen nach Fleisch und Gewürztem
calc—p. PHOS.

TYP dünn mit Verlangen nach süssen und heissen Speisen
LYC.

TYP dünn, verträgt keine Einmischung in sein Leben
nat—m. SIL.

TYP dünn, wenig Ausdauer
alum. Calc—p. lyc. Phos. sil. sulph.

TYP fett, dünnes Haar und Zuwendung Verlangen
Puls.

TYP fett, heiter, freundlich, hellhäutig, blond
BROM.

TYP fett, rundlich pausbäckig
BELL. calc. SENEG.

TYP fett, schlaffes Gewebe
am—m. Calc. calc—br. carb—v. kali—bi. seneg.

TYP fett, schwer, bleich, helles Haar und mit Verstopfung
Brom. graph. op.

TYP fleischig
am—c. CALC. calc—ar. lob. Puls. Thuj.

TYP Miasma psorisch allgemein
acon. aesc. Agar. alum. alumn. am—c. am—m. ambr. anac. Ant—c. ant—t. apis.
arg—m. arg—n. arn. ars. Ars—i. asaf. asar. bac. Bar—c. bell. berb. berb—a.
beryl. bism. bor. bov. bry. CALC. calc—a. calc—f. Calc—p. calc—s. Cann—s.
Carb—an. Carb—v. Caust. cham. chel. chin. cic. cina. cocc. coff. colch. coloc. con.
cortiso. croc. Cupr. cycl. dros. dulc. euph. euphr. ferr. ferr—ar. ferr—p. fl—ac.
galph. graph. guaj. ham. hell. helon. Hep. hydr. hydr—ac. hyos. hypoth. iber. ign.
iod. ip. kali—ar. kali—bi. Kali—c. kali—i. kali—n. kali—p. kreos. lac—c. lac—d.
laur. led. lil—t. lob. Lyc. Mag—c. Mag—m. mag—s. mang. merc. merc—c. mez.
mill. mosch. mur—ac. Nat—c. Nat—m. nicc. Nit—ac. nux—v. okou. Ol—j. olnd.
op. par. paraph. ped. Petr. ph—ac. phos. plat. plb. plb—a. pneu. podo. prot.
PSOR. puls. ran—b. rauw. rheum. rhod. rhus—t. rumx. ruta. sabad. sabin. samb.
sarr. sars. sec. sel. seneg. SIL. spig. spong. squil. stann. staph. stram. stront—c.
sul—ac. SULPH. tarax. tell. teucr. thuj. thyr. tub. tub—r. verat. zinc.

TYP Miasma psorisch und kalt
ABROT. ACET—AC. AGAR. ALUM. AM—C. BAR—C. Bell. BOR. CALC.
CALC—P. CAPS. CARB—AN. CARB—V. Cist. CON. FERR. GRAPH. KALI—P.
MANG. PETR. PLB. STANN. Sul—ac. THER.

TYP Miasma psorisch - sykotisch
agar. alumn. alum—p. anac. ant—t. arg—n. ars. BERB. bov. Calc. calc—sil. cic.
CLEM. cocc. coloc. croc. dulc. helon. iod. KALI—C. led. lil—t. mag—c. MAG—M.
MEZ. murx. nat—s. NAT—M. ol—j. Ph—ac. Psor. ran—b. Rhus—t. sabin. sep.
sil. sul—ac. Sulph.

TYP Miasma psorisch - sykotisch und warm
ARG—N. Iod. Nat—m. NAT—S.

TYP Miasma psorisch - sykotisch und kalt
ARG—M. BENZ—AC. DULC. Mag—c. MUR—AC. NAT—AR. Nat—c. PH—AC.
Phos. PSOR. Pyrog. SEP. SIL. ZINC.

TYP Miasma psorisch - syphilitisch
ARS. asaf. arg—n. ars—s—f. ars—s—r. aur. aur—m. Bor. calc—s. carb—an. cinnb. cor—r. crot—h. fl—ac. Guaj. HEP. KALI—BI. KALI—I. Kreos. LACH. mag—c. Merc. MEZ. NIT—AC. petr. Ph—ac. phos. phyt. sars. staph. sulph.

TYP Miasma psorisch - syphilitisch und kalt
Aur. HEP.

TYP Miasma psorisch - syphilitisch und warm
AUR—M. LACH.

TYP Miasma psorisch und warm
Ambr. APIS. COC—C. KALI—S. LED. Plat. SEC. SULPH.

TYP Miasma sykotisch
Arg—m. ARG—N. Aster. cinnb. clem. Kali—s. MED. merc. NAT—S. NIT—AC. ph—ac. sars. Sep. Staph. sulph. THUJ.

TYP Miasma sykotisch - syphilitisch (eher kalt als warm)
Asaf. BENZ—AC. Caust. Cinnb. Jac. Lyc. MERC. MERC—C. Merc—d. Merc—i—f. NIT—AC. Ph—ac. rhus—t. SARS. Staph. sulph. Thuj.

TYP Miasma sykotisch und kalt
Caust. Colch. Mag—p. THUJ.

TYP Miasma sykotisch und warm
Puls. thuj.

TYP Miasma syphilitisch
aethi—a. agn. ail. . am—c. Anan. Ang. ant—c. Ant—t. Apis. arg—m. arg—n. arn. Ars. ARS—I. Asaf. asar. Asc—t. AUR. aur—ar. aur—i. AUR—M. AUR—M—N. aur—s. Bad. bell. benz—ac. berb. berb—a. Calc—f. Calc—i. Calc—s. Carb—an. Caust. Cean. Chim. chin—ar. Cinnb. cob—n. Colch. Con. cop. cor—r. crot—h. cund. cupr. cupr—s. euph. ferr. ferr—i. Fl—ac. Graph. Guaj. ham. hecla. Hep. Hippoz. hydr. hydrc. iber. Iod. Iris. Jac. . Kali—ar. Kali—bi. kali—br. kali—c. Kali—chl. KALI—I. Kali—m. KALI—S. Kalm. Kreos. Lac—c. lac—d. Lach. LAUR. Led. lith—c. Lyc. maland. MERC. merc—aur. MERC—C. Merc—d. MERC—I—F. MERC—I—R. Mez. NIT—AC. nux—v. osm. penic. Ph—ac. Phos. PHYT. pilo. pitu. psor. reser. thus—t. Sabad. Sang. Sars. sec. sel. Sep. SIL. spong. Staph. stict. still. strych—g. Sul—i. Sulph. SYPH. ter. Thuj. Thyr. Viol—t. xan.

TYP Miasma syphilitisch, weder warm noch kalt
MERC. PHYT. SYPH.

TYP Miasma syphilitisch - Manifestation vorwiegend an Drüsen
ars—i. aur—i. bar—c. bar—i. Calc—i. cinnb. Merc. MERC—I—F. Merc—i—r. zinc.

TYP Miasma syphilitisch - Manifestation vorwiegend an Knochen
aur. fl—ac. Hep. MERC. nit—ac. phyt.

TYP Miasma syphilitisch - Manifestation vorwiegend an Nerven
MERC. mez. Sil. sulph. Syph. Zinc.

TYP Miasma syphilitisch - sykotisch
BENZ—AC. Caust. Jac—c. Lyc. MERC. MERC—C. NIT—AC. Ph—ac. sars. Staph. sulph. Syph.

TYP Miasma syphilitisch, angeborene Syphilis (connatal)
Aethi—m. ars—i. ars—met. Aur. bar—c. calc—f. Calc—i. caust. chin. cor—r. guaj. hep. Kali—bi. kali—i. kreos. Merc. Merc—d. mez. Nit—ac. ph—ac. pilo. psor. rhus—t. staph. sulph. syph. thuj.

TYP Miasma trimiasmatisch (syphilit. sykot. psorisch)
Arg—m. arg—n. Ars—i. Calc—s. Caust. Fl—ac. LYC. Med. Merc. Merc—i—f. Merc—i—r. Nit—ac. Phyt. Staph. Sulph. syph. thyr. X—RAY.

TYP Miasma trimiasmatisch - carcinomatös
acet—ac. Alumn. Anthraci. Ant—m. Ars. Aster. bapt. bufo. cadm—s. Calc—ar. calc—i. Carb—an. CARC. caust. Chol. Cist. Con. crot—h. Cund. form. Fuli. Gali. HYDR. . Iod. kali—cy. KREOS. Lach. lyc. maland. Med. Merc—i—f. Merc—i—r. mez. murx. orni. Phyt. Plb—i. sang. sec. sul—i. Syph. symph. tarent—c. tub. X—ray.

TYP Miasma trimiasmatisch und kalt
ARS. CALC—AR. KALI—BI. KALI—C. NIT—AC. SARS. STAPH.

TYP Miasma trimiasmatisch und warm
cist. FL—AC. hydr. KALI—I. Lyc. thyr. TUB.

TYP Miasma tuberkulinisch
Acet—ac. Arg—n. ARS. Ars—i. Bac. Brom. Calc. Calc—i. Calc—p. carc. cham. cina. cist. Dros. Graph. guaj. Hep. jab. Kali—c. kali—i. kreos. Lyc. mang. Merc. NAT—M. Nit—ac. Phos. petr. PULS. Rhus—t. seneg. Sep. SIL. Spong. Stann. SULPH. Teucr. Ther. Tril. TUB. X—ray. zinc. Zinc—p.

TYP Miasma tuberkulinisch - sykotisch
ars. AUR. Aur—m. bar—c. bry. CALC. carb—an. carb—v. Caust. cham. chin. dulc. Ferr—p. Lach. LYC. MED. NAT—S. NIT—AC. Phyt. Puls. sep. Sil. staph. sulph. Ther. THUJ.

TYP plumpe Erscheinung
AGAR. aur. Bar—c. calc. graph. sep.

TYP Schwäche und Faulheit
Bar—c. brom. Calc. cur. GRAPH. Kali—s. SULPH.

TYP Schwäche und Kränklichkeit
calc—p. caust. Cina. phos. Sil. Staph. THUJ.

TYP Schwäche mit Reizbarkeit
cina. COFF. nux—v. Phos.

UMSCHLÄGE, Anwendungen
siehe kalte resp. warme Applikationen sowie therapeutische Hinweise, S. 672

UNERMÜDBARKEIT (hohes Energieniveau)
Agar. Bell. coff. Fl—ac. ign. Kali—i. Med. Nux—v. Phos. sulph. Stram. Tarent.

UNTERDRÜCKUNG v. Hautausschlägen allgemeine Beschwerden durch (agg.)
acon. apis. Ars. bry. Calc. Caust. cham. Cupr. cupr—ar. Dulc. Graph. hell. hep. Ip. Kali—c. kali—s. Mez. nux—v. Petr. ph—ac. phos. Psor. Puls. rhus—t. sars. staph. Stram. SULPH. tub. urt—u. Viol—t. ZINC.

UNTERERNÄHRTES Kind mit Verlangen nach Süssigkeiten und Salz
Arg—n. Calc. Calc—p. carc. med. plb.

VERBRENNUNGEN 1. Bis 3. Grades beim Kleinkind
ars. bals—p. Canth. CAUST. ham. hyper. kali—m. lach. urt—u.

VERBRENNUNGEN
siehe therapeutische Hinweise, S. 671

VERBRENNUNGEN allgemein
agar. ARS. Bals—p. calc—s. calen. CANTH. carb—ac. Caust. Ham. hyper. kali—m. kreos. Lach. RHUS—T.

VERBRENNUNGEN, eiternde Absonderungen verhindern Heilung
Chin. Hep.

VERBRENNUNGEN Geschwüren blutenden mit, akute Lebensgefahr
Carb—v.

VERBRENNUNGEN Schockzustand akuter
ACON.

VERBRÜHUNG allgemein (Verbrennung mit heissem Wasser)
Acet—ac. Acon. calc—s. CANTH. Caust. Euph. Ham. Stram. Urt—u.

VERBRÜHUNG Kopf mit eitriger gelber Absonderung
Calc—s. ham.

VERLETZUNG allgem. incl. Folgen von Schlag, Quetschung, Fall, Sturz
acet—ac. Acon. Agn. alum. Am—c. ang. ant—c. apis. Arg—m. arg—n. ARN. Aur—m. Bad. Bell. Bell—p. bry. calc. calc—p. CALEN. CAMPH. Cann—i. Cann—s. canth. Carb—v. Caust. cham. chin. chin—s. Cic. CON. crot—t. Dros. Dulc. cchi. erig. euphr. ferr—p. Form. Glon. Ham. hell. HEP. hyos. HYPER. Iod. ip. kali—c. kali—i. kali—p. kali—s. kreos. lac—c. Lach. laur. Led. Lith—c. lyc. mag—c. merc. mez. Mill. Naja. nat—c. nat—m. Nat—s. Nit—ac. nux—m. nux—v. oena. Olnd. par. pareir. Petr. ph—ac. Phos. phys. Plan. plb. psor. PULS. pyrog. ran—b. Rhod. RHUS—T. Ruta. samb. sec. Sep. Sieg. Sil. spig. Staph. stront—c. SUL—AC. sul—i. Sulph. Symph. tarent. tell. ter. urt—u. valer. verat. Verb. zinc.

VERLETZUNGEN
siehe therapeutische Hinweise, S. 697 & Verletzung, Verätzung Augen, S. 622

VERLETZUNG Abszess in Muskelschicht mit
arn. Bell. bell—p. calc. Hep.

VERLETZUNG Beschwerden seit Kopfverletzung (never well since)
Arn. hyper. NAT—S.

VERLETZUNG Beschwerden seit Operation (never well since)
Carb—v. nux—v. op. Ph—ac. Psor. sulph.

VERLETZUNG Bisswunden von Tieren (Hunde, Katzen, Ratten etc.)
Acet—ac. am—c. Apis. Arn. ars. Bell. cist. Hyper. lach. LED. Lycps. Lyss. merc. seneg.

VERLETZUNG Bisswunden von Flöhen oder Läusen
siehe unter Flöhe resp. Läuse

VERLETZUNG bluten stark, selbst kleine Wunden
Crot—h. kreos. Lach. PHOS. Sec.

VERLETZUNG Blutung mit, incl. Folgen von Schlag, Quetschung, Fall
Acet—ac. Acon. Agar. ARN. bad. Bell—p. both. bry. calen. cham. chin. cic. Con. crot—h. dulc. euphr. ferr. Ham. Hep. hyper. iod. kreos. LACH. laur. Led. mill. nux—v. par. PHOS. plb. Puls. rhus—t. Ruta. sec. Staph. SUL—AC. sul—i. Sulph. symph.

VERLETZUNG Blutung hell roter mit
ACON. Erig. ferr. Ferr—p. IP. nit—ac. PHOS. sabin. tril.

VERLETZUNG Blutung nach Fall oder Sturz
ARN. HAM. Mill.

VERLETZUNGEN eitern reichlich
Calc. Carbn—s. caust. cham. graph. Hep. Hydr. lach. petr. Psor. puls. rhus—t. Sil. sulph.

VERLETZUNGEN eitern leicht, selbst kleine Wunden. allgem. Neigung z. Vereiterung
Calc—s calc—sil. Calen. BOR. GRAPH. HEP. Merc. SIL. sulph.

VERLETZUNG Entzündung und beginnendem Erysipel mit
anthraci. Calen. PSOR. rhus—t.

VERLETZUNG Entzündung und Gefahr d. Sepsis mit
Anthraci. Ars. crot—h. echi. Lach. Pyrog.

VERLETZUNG Erschütterung, Commotio cerebri, späte Beschwerden
Arn. hyper. nat—s. Sul—ac. teucr.

VERLETZUNG Erschütterung, contusio, concussio, commotio
acon. Anac. ARN. Aur. Bad. Bell. berb. bry. Calc. calen. camph. Cann—s. caust.
chin. Cic. cina. Cocc. con. cupr. euphr. Glon. Hell. Hyos. HYPER. Iod. Kali—p.
kreos. Lach. laur. Led. lyc. m—arct. mag—m. Mang. mez. Nat—m. NAT—S.
nit—ac. nux—m. Nux—v. onos. ph—ac. Puls. Rhus—t. seneg. Sep. Sil. Spig.
staph. Sul—ac. sulph. valer. Verat. viol—t.

VERLETZUNG Fingerspitzen oder Zehen geklemmte (zuschlagende Tür)
HYPER.

VERLETZUNG Gelenke mit Läsion d. Gelenkkapsel durch Stich, Scherben etc
CALEN.

VERLETZUNG Gelenke Verstauchung, Verrenkung, akute Subluxation
arg—m. arn. BELL. Cocc. kalm. Merc. PULS. RHUS—T. Ruta. verat—v.

VERLETZUNG Gelenke Verstauchung, Verrenkung - chronisch werdend
Am—m. Calc. calc—p. nat—c. rhus—t. Ruta. rheum. Stront—c. symph.

VERLETZUNG Gelenke Verstauchung, Verrenkung Neigung zu
ars. Calc. carb—an. chel. graph. lyc. NAT—C. phos. prun. Rhus—t. ruta. sep.
stront—c.

VERLETZUNG Insektenstiche
siehe unter Haut, S. 505 f

VERLETZUNG Kniegelenk Meniscus (Sportunfall)
arn. bry. petr. Rhus—t. ruta. . SYMPH. C. 200.

VERLETZUNG Knochenabriss (an Sehnenansätzen)
Ruta. symph.

VERLETZUNG Knochenbrüche, langsame Heilung der Frakturen
Calc. Calc—f. Calc—p. sil. SYMPH. thuj.

VERLETZUNG Kratzwunden, sich entzündende (z. B. Katzenkratzfieber)
arn. calen. Hyper. Led.

VERLETZUNG Muskeln incl. Folgen von Schlag, Quetschung, Fall
ARN. calc. nat—c. nat—m. phos. RHUS—T. sieg.

VERLETZUNG Operation, Entzündung ohne Sepsis, aber mit lokaler Lymphangitis
arn. calc. calen. con. echi. Merc. sil. SUL—I.

VERLETZUNG Operation, typische Beschwerden nach
acon. Arn. Calen. camph. carb—v. Hyper. Nux—v. puls. PHOS. Rhus—t. Staph. stront—c. verat.

VERLETZUNG Periost incl. Folgen von Schlag, Quetschung, Fall
calc. Ruta. symph.

VERLETZUNG Platzwunden und Risswunden
ARN. CALEN. carb—ac. ham. hyper. Led. sul—ac.

VERLETZUNG Quetschung, Prellung Knochen
hyper. RUTA. sul—ac. Symph.

VERLETZUNG Quetschung, Prellung Nerven
HYPER. Led. Mag—p. phos. tarent.

VERLETZUNG Quetschung, Prellung Sehnen oder Bänder
Anac. RHUS—T. ruta.

VERLETZUNG Risswunden und Schnittwunden durch Operation
CALEN. Staph. sul—ac.

VERLETZUNG Schnittwunden
acon. Arn. calad. calen. Ham. hyper. mim—p. nat—c. plb. sil. sul—ac. Sulph. STAPH.

VERLETZUNG Sehnen incl. Folgen von Schlag, Quetschung, Fall
Anac. calen. rhus—t. Ruta.

VERLETZUNG Stichwunden (Nagel, Nadel, Heftzwecke, Splitter)
apis. calen. Cic. HYPER. LED. nit—ac.

VERLETZUNGEN Weichteile incl. Folgen von Schlag, Quetschung, Fall
ARN. Bad. bell—p. calen. cham. CON. dulc. euphr. ham. hyper. lach. Nat—c. nat—m. phos. Puls. Rhus—t. samb. Sul—ac. sulph. Symph. sieg.

VERLETZUNGEN Wunden Verbandswechsel Schreien bei wg. Überempfindlichkeit
acon. ASAF. cham. Hep. sil.

VERSCHLEIMUNG, allgemeine Neigung zu vermehrter Schleimabsonderung
All—c. alum. am—m. ant—c. bar—c. Bell. bar—c. bor. CALC. caps. cham. chin. Dulc. graph. Hydr. hyos. ip. Kali—bi. Lyc. mag—c. MERC. Med. nat—m. Nux—v. PHOS. PULS. seneg. sil. stann. SULPH. tab. teucr.

VIRUS Erkrankungen allgemein
Acon. agar. ant—c. ant—t. apis. arg—n. Ars. bapt. Bell. Bry. camph. Carc. Caust. Chin. Chin—ar. cic. CROT—H. cyt—l. echi. eucal. Eup—per. Ferr—p. GELS. hyos. Ip. LACH. Merc. Nat—m. nat—s. Naja. olnd. Phos. Ph—ac. phyt. PYROG. Rhus—t. rumx. Sabad. Verat. VINCE. Zinc.

VIRUSKRANKHEITEN Variola Virus - Polio vaccine (Impfung) etc
ant—t. apis. ars. aur. carb—v. cupr. echi. Gels. hep. Hydr. Kali—chl. Maland. Merc. Psor. pyrog. SIL. SULPH. THUJ. tub. Vac. VARIO. zinc.

VORGESCHICHTE (Anamnese): Aluminium Geschirr, Alu - Kochtöpfe
Alum. Bry. camph. Cham. ip. Plb. puls.

VORGESCHICHTE (Anamnese): Iodsalz, langer Gebrauch, oder Iodpräparate
ant—t. ARS. Bell. Camph. chin—s. coff. Hep. iod. Merc. Op. PHOS. Spong. sulph.

VORGESCHICHTE (Anamnese): Gicht fliegende (Anflüge von G.)
led. lyc. Puls. tub.

VORGESCHICHTE (Anamnese): Heuschnupfen
ars—i. Nat—m. Psor. TUB.

VORGESCHICHTE (Anamnese): Nie wieder gesund seit akuter Infektion
BAC. Scut. sil. sulph. Tub.

VORGESCHICHTE (Anamnese): Nie wieder gesund seit Kinderkrankheit
Ant—c. Carc. puls. PSOR. SULPH. Tub.

VORGESCHICHTE (Anamnese): Nie wieder gesund seit Pubertät
acon. calc Calc—p. Ign. ip. kali—br. lyc. Nat—m. ph—ac. phos. PULS. thyr. tub.

VORGESCHICHTE (Anamnese): Tuberkulose
ars—i. Bac. carc. Dros. guaj. lec. pert. Phos. TUB.

VORGESCHICHTE Familienanamnese: Alkoholismus
agar. Ars. asar. bell. calc. Calc—p. caps. caust. con. Hep. carb—v. Hyos. Lach. lyc. mag—c. Merc. nat—m. Nux—v. op. passi. petr. ph—ac. puls. rhus—t. staph. stram. Sulph. sul—ac. Syph. tub.

VORGESCHICHTE Familienanamnese: Fehlgeburten
aur. kali—i. merc. Syph. tub.

VORGESCHICHTE Familienanamnese: Gicht
Abrot. benz—ac. Bry. Caust. Cham. colch. Dulc. Kalm. led. lyc. Med. phyt. PULS. rhod. Rhus—t. sars. Sulph. Thuj. TUB.

VORGESCHICHTE Familienanamnese: Gonorrhoe
agn. arg—n. Cann—s. clem. cop. MED. Merc. Nat—s. nit—ac. petr. puls. ter. Thuj.

VORGESCHICHTE Familienanamnese: Herzinfarkt
arn. MED. merc. nat—m. Syph.

VORGESCHICHTE Familienanamnese: Krebsartige Leiden (Carcinome)
Ars. ars—i. aster. Carc. cist. con. cund. HYDR. Kreos. lyc. maland. nat—m. orni. phyt. staph. Thuj. tub.

VORGESCHICHTE Familienanamnese: Syphilis, syphilit. Affektionen
aur. Caust. guaj. kali—i. Merc. still. SYPH.

WACHSTUM Schmerzen allgemein
acon. agar. Ap—g. bell. calc. CALC—P. cimic. Eup—per. Ferr—a. GUAJ. hipp.
ign. kali—p. m—aust. mag—p. mang. nat—p. ol—an. PH—AC. Phos. sil. Sulph.

WACHSTUM Schmerz Beine
bell. CALC—P. cimic. Eup—per. GUAJ. kali—p. m—aust. mag—p. mang. nat—p.
PH—AC. phos. sulph.

WACHSTUM Schmerz Beine nachts
Calc—p. phos.

WACHSTUM Stillstand Verbrennung nach
Caust.

WACHSTUM zu schnell allgemein
Calc. CALC—P. croc. ferr. ferr—a. iod. irid. kreos. PH—AC. PHOS.

WACHSTUM zu schnelles Beschwerden durch, besonders Nasenbluten
abrot. Calc. Calc—p. Croc. hipp. kali—c. kreos. nat—m. PHOS. sec. sul—i.

WACHSTUM zu schnell in Pubertät (Längenwachstum)
calc. Calc—p. ferr—a. hippoz. iod. kreos. Ph—ac. PHOS.

WACHSTUMS- und Entwicklungsstörungen allgemein
Ambr. BAC. Bar—c. bar—m. CALC. Calc—p. calc—s. carc. con. grat. ign. Med.
Nat—m. Ol—j. Op. petr. Ph—ac. Phos. Sil. Sulph. SYPH. thyr. Tub.

WÄRME allgemein agg.
acon. Apis. Arg—n. Ars—i. Aur—m. Bry. calad. carbn—s. cham. euphr. Fl—ac.
IOD. ip. KALI—I. kali—m. Kali—s. Lil—t. LED. med. PULS. SABIN. SEC.

WÄRME allgemein am.
Arg—m. ARS. CIST. Coloc. FERR. HEP. Ign. kali—bi. kreos. MAG—P. pic—ac.
podo. pyrog. rhod. RUMX. SABAD. sep. SIL. sars. stram.

WÄRME Bettwärme agg.
Apis. Ars—i. Bry. carbn—s. Cinnb. euphr. graph. kali—s. LED. MERC.
merc—i—f. Mag—c. mez. phyt. sul—i. SULPH. Thuj.

WÄRME strahlende, z. B. des Ofens, agg.
Apis. GLON. nat—c. nat—m.

WÄRME strahlende, z. B. des Ofens, am.
ARS. IGN. MAG—P. NUX—V. sars.

WÄRME und Kälte (Temperaturextreme) agg.
Alum. alum—p. ang. Ant—c. ant—t. arn. Ars—i. asar. aur—s. bar—s. calc. calc—f. calc—s. caps. carb—v. Carbn—s. carc. Caust. cina. CINNB. Cocc. Cor—r. cycl. ferr. FL—AC. flav. Glon. Graph. hell. ign. IP. kali—c. Lach. Lyc. mag—c. mag—m. MERC. mez. NAT—C. Nat—m. nat—s. nux—v. Ph—ac. Phys. plan. Psor. puls. Ran—b. rob. sanic. Sep. Sil. sul—ac. Sulph. Syph. tab. thala. Tub.

WARMBLÜTIGE Kinder (Körpertemperatur)
agn. All—c. Ant—t. APIS. ARS—I. Aur—m. Bism. brom. calad. Camph. cann—s. cina. Glon. Fl—ac. IOD. Kali—br. Kali—i. Kali—s. Lac—c. laur. MED. Nat—s. plat. Puls. sabin. SEC. Sel. Sulph. tab. Verat.

WARMBLÜTIGE Kinder (Körpertemperatur), agg. durch Wärme
APIS. Ant—t. BRY. Dros. Dulc. Graph. Ip. Kali—i. Lach. Lyc. Merc. Nat—m. Phos. psor. PULS. SEC. Sulph. Sep. Verat. Zinc.

WARMBLÜTIG vorwiegend (Körpertemperatur)
acon. Agar. ALUM. Ant—c. ARG—N. arn. aur. bell. BRY. caust. cham. coloc. dig. dulc. graph. Guaj. ign. Ip. LACH. LED. Lyc. MERC. Mez. Nat—c. Nat—m. Phos. ph—ac. PULS. spig. SULPH. thuj. Zinc.

WARME Anwendungen (Applikationen, Umschläge) agg.
Apis. fl—ac. Iod. kali—s. Lach. puls. sec. Sulph.

WARME Anwendungen (Applikationen, Umschläge) am.
ambr. ant—c. Ars. bell. calc. calc—p. canth. Carb—v. chin. colch. Hep. Kali—bi. lyc. mag—p. mur—ac. Nux—v. Phos. ph—ac. rheum. rhod. Rhus—t. sal—ac. sep. Sil. stram.

WASCHEN oder Baden Abneigung
Am—c. Ant—c. Calc. calc—s. med. pyrog. stram. SULPH.

WASCHEN oder Baden Abneigung
Am—c. Ant—c. Calc. calc—s. med. pyrog. stram. SULPH.

WASSER Spielen gern im, Kind ist kaum zu entfernen aus d. W.
Med. Phos.

WASSERSUCHT, Oedeme Neugeborenen bei
Apis. carb—v. coffin. dig. lach. sec. Solid.

WASSERSUCHT, Oedeme Pubertät während
Puls.

WASSERSUCHT, Oedeme Scharlach nach
Acet—ac. acon. Ambr. APIS. apoc. ARS. Asc—c. AUR—M. bar—c. Bar—m. bell. Calc. Canth. Colch. coloc. cop. Crot—h. dig. Dulc. HELL. helon. Hep. jab. juni—c. kali—c. LACH. Lyc. Merc. Nat—m. nat—s. ph—ac. Phos. pilo. puls. squil. Rhus—t. seneg. Stram. TER. verat. verat—v. zinc.

WECHSELHAFTE Natur von Modalitäten, Charakter und Lokalisation
arn. cimic. croc. Lac—c. lil—t. plat. Puls. sanic. TUB.

WECHSEL v. körperlichen und seelischen Beschwerden
arn. cimic. Croc. Hyos. Lac—c. lil—t. Plat. Tarent. Tub. valer.

WETTER feuchtes agg.
Am—c. aran. bar—c. BRY. Calc. DULC. graph. lach. mang. Merc. naja. NAT—S.
Nux—m. Phyt. pic—ac. ran—b. Rhod. RHUS—T. Sep. Thuj.

WETTER feuchtes am.
alum. Asar. aur—m. CAUST. Hep. med. Nux—v.

WETTER feucht - warmes agg.
Aloe. aran—ix. bapt. bell. Brom. bry. calc—f. CARB—V. Carbn—s. caust. erig.
Gels. ham. Iod. Ip. Kali—bi. LACH. lath. lyc. mand. mang. merc—i—f. nat—m.
NAT—S. phos. puls. rhus—t. sabad. Sep. Sil. Syph. tub. Verat. vip—a.

WETTER feucht - warmes (schwüles) am.
Cham.

WETTER Sturm, Gewitter agg. vorher, beim Herannahen
agar. cedr. Elaps. gels. mang. med. meli. mez. nat—c. petr. phos. PSOR. ran—b.
RHOD. rhus—t. ruta. SEP. sil. sul—i. tub.

WETTER Sturm, Gewitter agg. während
am—c. Bry. gels. hydr—ac. lach. Med. Nat—c. nat—p. petr. Phos. psor. rhod. sep.
Sil. syph.

WETTER Sturm, Gewitter am. während
carc. psor. rhus—r. Sep.

WETTER trockenes agg.
acon. Aloe. alum. alumn. ars. ASAR. bell. bor. Bry. carb—an. carb—v. CAUST.
Cham. Fl—ac. HEP. Ip. Kali—c. Laur. mag—c. Mang. Med. Merc. mez. Mur—ac.
Nit—ac. NUX—V. phos. Plat. Rhod. sabad. Sep. sil. Spig. SPONG. staph. sulph.
zinc.

WETTER Wetterwechsel bei jedem agg.
acon. all—c. am—c. ant—t. Bell. Bry. CALC. Calc—p. carbn—s. cham. chel. Dulc.
gels. hep. kali—c. mag—c. MERC. Merc—i—r. mez. Nat—c. nat—p. nit—ac.
Nux—m. PHOS. Psor. ran—b. rhod. rhus—t. sang. sep. Sil. sulph. tarent. TUB.

WETTER Wetterwechsel von kalt zu warm agg.
ant—c. brom. BRY. carb—v. Chel. crot—h. Ferr. gels. KALI—S. Lach. Lyc. nat—c.
Nat—m. Nat—s. nux—v. PSOR. Puls. sep. SULPH. TUB.

WETTER Wetterwechsel von warm zu kalt agg.
acon. Ars. calc. calc—p. calc—sil. carb—v. Caust. DULC. hep. MERC. nat—sil.
nit—ac. Nux—v. puls. Ran—b. Rhus—t. sabad. Sil. stront—c. tub. VERAT.

WETTER Wind allgemein agg. während
ACON. ars. Bad. Bell. calc. Calc—p. caps. CHAM. Chin. chin—ar. coff. colch. coloc. Hep. kali—c. lach. lyc. mag—c. mag—p. med. Nux—m. NUX—V. ph—ac. phos. puls. rheum. Rhod. Rhus—t. samb. squil. sel. SIL. stront—c. Sulph. verb.

WETTER Wind feucht - warmer agg.
IP.

WETTER Wind kalter agg.
Acon. ars. asar. BELL. Bry. caust. cham. cupr. HEP. kali—bi. Mag—p. nux—v. sep. sil. Spong.

WETTER Wind kalter und trockener agg.
CAUST. hydr. Spong.

WETTER Wind Nordwind agg.
Acon. ars. asar. carb—v. caust. hep. nux—v. spong. zinc.

WETTER Wind Nordwind kalter agg.
Acon. asar. Bry. carb—v. caust. Cham. cupr. hep. ip. mag—p. nux—v. Rhus—t. rumx. Sabad. sep. SPONG.

WETTER Wind Nord - Westwind, kalt und trocken agg.
Acon. Bry. Hep. Spong.

WETTER Wind Ostwind agg.
all—c. Calc—p. Sep.

WETTER Wind Südwind agg.
euphr. ip. Nat—c.

WETTER Wind trockener agg.
Acon. asar. Bry. carb—v. caust. Cham. HEP. Ip. NUX—V. puls. Sabad. Sep. Sil. SPONG.

WETTER Wind am. während
arg—n. ferr. iod. Nux—m. sec. Tub.

WIDERSPRÜCHLICHE und alternierende Zustände
Abrot. ambr. bell. bry. CARC. cimic. croc. graph. IGN. kali—bi. Lyc. mosch. Nat—m. plat. plb. psor. PULS. rhus—t. sanic. sep. Thuj. TUB.

WIDERSPRÜCHLICHE Symptome allgemein
croc. IGN. kali—bi. nat—m. plat. Puls. thuj. tub.
siehe auch therapeutische Hinweise, S. 698

WIEGEN, Schaukeln am.
calc. carc. cina. kali—c. sec. syph.

WOHLBEFINDEN gesteigert unmittelbar vor Schüttelfrost
bry. PSOR.

WOHLBEFINDEN gesteigert vor Krankheitsausbruch oder Anfällen
bry. Carc. helon. nat—m. nux—v. PHOS. PSOR. sep.

WUNDEN
siehe unter Verletzungen und unter therap. Hinweise, S. 697

ZAHNUNG Beschwerden nach, Folgen von schwieriger Z.
Acon. Cham. Coff. mag—c. mag—m. Mag—p. Nux—v. rheum. Rhus—t. stann. staph. zinc.

ZAHNUNG Krankheiten während allgemein
ACON. Am—c. ars. Bell. BOR. bry. CALC. calc—p. CHAM. CIC. cimic. cina. COFF. Colch. CUPR. HEP. HYOS. IGN. IP. KREOS. mag—c. MERC. MERC—C. Nit—ac. NUX—M. Nux—v. op. PODO. puls. Rheum. RHUS—T. SEC. Sil. stann. stram. Sulph. zinc.

ZARTE, schwächliche, kränkelnde Kinder
BAC. brom. calc. Calc—p. Caust. hell. irid. Lyc. mag—c. Mag—m. Phos. psor. Sil. Tub.

ZEIT tagsüber agg. (Sonnenaufgang bis Sonnenuntergang)
aloe. am—m. cimic. Ferr. lil—t. lyc. MED. nat—ar. nat—c. Nat—m. Nit—ac. nux—v. puls. Rhus—t. Sang. Sep. SULPH.

ZEIT morgens allgemein agg.
Acal. Acon. Agar. ALUM—P. Am—c. AM—M. Ambr. Anac. Ang. Ant—t. Arg—m. ars. asaf. AUR. Bar—c. Bell. bism. Bor. Bov. Bry. Calad. CALC. calc—i. cann—i. Cann—s. canth. Caps. Carb—an. CARB—V. Caust. cham. CHEL. Chin. Cic. Cina. cist. Clem. coc—c. Cocc. Coff. colch. coloc. Con. CROC. Crot—h. crot—t. Cupr. cycl. Dig. dios. Dros. Dulc. Echi. Elaps. Eup—per. Euph. Euphr. Ferr. fl—ac. Graph. Guaj. hed. Hell. hep. Hyos. Ign. Iod. Ip. iris. kali—ar. Kali—bi. Kali—c. KALI—N. kali—p. kali—sil. Kreos. lac—c. Lach. laur. Led. lept. Lyc. mag—c. Mag—m. mag—s. mang. Med. Merc. Mez. mosch. Naja. Nat—c. NAT—M. Nat—n. nat—s. Nit—ac. nuph. nux—m. NUX—V. Olnd. Op. Petr. Ph—ac. PHOS. plat. Plb. podo. Ran—b. Rheum. RHOD. RHUS—T. rumx. ruta. sabad. Sabin. samb. sars. sec. Sel. Seneg. Sep. Sil. Spig. spong. SQUIL. Stann. Staph. Stram. stront—c. stry. stry—p. Sul—ac. sul—i. Sulph. tarax. Tarent. tell. Teucr. Thuj. tub. Valer. Verat. Verb. Viol—o. viol—t. zinc. Zinc—p.

ZEIT morgens und abends agg.
alum. bov. Calc. caust. coc—c. Graph. guaj. Kali—c. lach. Lyc. Phos. psor. Rhus—t. sang. SEP. Stram. Stront—c. Thuj. verat. zinc.

ZEIT morgens bis mittags agg.
ars. chin—s. clem. Eup—per. Kali—c. nat—m. phos.

ZEIT morgens 4 — 8 h agg.
agar. AM—M. ANT—T. arg—m. ars—i. AUR. bor. bov. Bry. CALC. calc—p. cann—i. cann—s. carb—an. carb—v. cast. cham. Chel. cina. con. Croc. echi. elaps. hep. Kali—bi. kali—c. kali—n. LACH. naja. nat—ar. Nat—m. Nat—s. Nit—ac. NUX—V. onos. petr. PHOS. ph—ac. Podo. puls. Rhod. RHUS—T. rumx. sabad. Sep. spig. squil. SULPH. Valer.

ZEIT morgens 5 h agg.
aloe. Apis. CHIN. dros. Kali—c. kali—i. Nat—m. nat—p. ph—ac. rumx. sep. sil. Sulph.

ZEIT morgens 6 h agg.
aloe. Alum. Arn. Bov. ferr. Hep. lyc. nux—v. sil. sulph. VERAT.

ZEIT morgens 7 h agg.
EUP—PER. Hep. nat—c. Nux—v. Podo. sep.

ZEIT morgens 8 h agg.
EUP—PER. nux—v.

ZEIT morgens 9 h agg.
Bry. Cham. Eup—per. kali—bi. Kali—c. lac—c. nat—m. Nux—v. podo. sep. Sul—ac. Verb.

ZEIT vormittags allgemein agg.
ars. nat—c. NAT—M. SEP. SULPH. SUL—AC.

ZEIT vormittags 10 - 11 h agg.
Cimic. gels. Nat—m. Nux—v. Sep. sulph.

ZEIT vormittags 10 h agg.
ars. Bor. cact. chin—s. Eup—per. GELS. Hydr. Lach. NAT—M. Nux—v. Phos. Rhus—t. Sep. Stann. SULPH. Zinc.

ZEIT vormittags 11 h agg.
ars. Bor. cact. chin—s. Eup—per. GELS. Hydr. Lach. NAT—M. Nux—v. Phos. Rhus—t. Sep. Stann. SULPH. Zinc.

ZEIT mittags allgemein agg.
alum. ant—c. apis. ARG—M. arg—n. Ars. bol—la. bruc. cact. carb—v. cham. chel. chin. cic. coloc. elaps. Eup—per. gels. kali—bi. kali—c. lach. mag—c. Nat—m. Nux—m. Nux—v. paeon. phos. sang. Sel. sep. Sil. spig. Stram. Sulph. Valer. verb. Zinc.

ZEIT mittags bis Mitternacht agg.
Lach.

ZEIT mittags Essen nach agg.
grat. halo. Mag—m. Nat—c. nux—m. valer.

ZEIT mittags Essen nach am.
CHEL. nat—s.

ZEIT mittags Symptome nehmen bis mit zu und dann ab - mit d. Sonne Lauf
acon. Arg—n. bry. echi. gels. glon. kali—bi. kalm. NAT—M. nux—v. Sang. sanic. spig. stann. stram. stront—c. sulph.

ZEIT mittags 12 h agg.
> ant—c. ARG—M. chin. elaps. Eup—per. gels. Kali—c. Lach. nat—m. nux—m. Nux—v. phos. Sil. spig. stram. Sulph. valer. verb.

ZEIT mittags 13 h agg.
> ARS. cact. chel. cina. Kali—c. Lach. Phos. Puls.

ZEIT nachmittags allgemein agg.
> apis. ars. Bell. bry. canth. chel. LYC. mag—m. Puls. Rhus—t. Sep. Sil. Thuj. Zinc.

ZEIT nachmittags 14 h agg.
> ARS. calc. chel. cur. Eup—per. ferr. gels. lach. lob. Mag—p. nit—ac. ol—an. puls. sang.

ZEIT nachmittags 15 h agg.
> Ang. ant—t. Apis. ars. asaf. asar. BELL. bry. cedr. cench. chel. Chin—s. clem. con. nat—m. samb. sang. sil. staph. sulph. Thuj.

ZEIT nachmittags 16 h agg. (z. B. Fieber)
> Chin—ar. Lyc. puls.

ZEIT nachmittags 16 - 20 h agg.
> alum. bov. buth—a. chin—s. coloc. Hell. LYC. mag—m. nux—m. Sabad. sulph. zinc.

ZEIT Abenddämmerung agg.
> Am—m. ang. arg—n. Ars. ars—s—f. berb. Calc. Caust. cham. dig. graph. mang. nat—m. nat—s. PHOS. plat. plb. Puls. rhus—t. staph. sul—ac. valer.

ZEIT Abenddämmerung bis Tagesanbruch allgemein agg.
> Aur. Cimic. MERC. phyt. SYPH.

ZEIT abends 21 h agg.
> ARS. bov. BRY. calc. Gels. merc. mur—ac. sulph.

ZEIT abends am.
> agar. ALUM. am—m. ang. aran—ix. arg—m. ARN. asaf. AUR. bor. bruc. cast. CHEL. cob—n. cortiso. halo. hed. kali—n. lob. lyc. mag—c. MED. nat—m. nicc. nux—v. podo. Puls. Sep. stel. thyr. visc.

ZEIT abends Hinlegen nach agg.
> ARS. graph. hep. Ign. Led. Merc. Phos. puls. sel. stront—c. Sulph. thuj.

ZEIT abends nach dem Essen am.
> Sep.

ZEIT abends bis vor Mitternacht agg.
> alum. Ang. Ant—t. Arg—n. arn. Ars. Bell. Bry. calad. CARB—V. Carbn—s. Caust. CHAM. coff. fl—ac. graph. hep. Kali—ar. Lach. Led. Lyc. mang. Merc. Mez. Ph—ac. Phos. psor. PULS. Ran—b. RAN—S. Rhus—t. RUMX. Ruta. Sep. Spong. STANN. Stront—c. Valer.

ZEIT nachts allgemein agg.
Acon. Ars. am—c. Aur. calc. Carb—v. Caust. CHAM. chlol. cina. cinnb. chin. COFF. colch. coloc. Con. cupr. dros. dulc. Ferr. ferr—p. gamb. GRAPH. HEP. HYOS. jal. Kali—br. lach. lyc. Merc. merc—c. Nit—ac. nux—v. Phyt. pic—ac. Plb. Psor. Rhus—t. sang—n. spong. Sulph. Syph. Thuj. verb.

ZEIT nachts 21 Uhr agg. - beruhigt sich oft um 24 Uhr
bry. CHAM.

ZEIT Mitternacht vor 20 — 24 h agg.
arg—n. ars. Bov. BRY. carb—v. cham. coff. gels. kali—ar. led. lyc. mur—ac. phos. puls. ran—s. rumx. sabad. stann. sulph.

ZEIT Mitternacht um agg.
Acon. arg—n. ARS. calad. calc. canth. Caust. Chin. dig. Dros. ferr. form. kali—c. lach. lyc. mag—m. mur—ac. nat—m. nux—m. nux—v. op. phos. Rhus—t. Samb. stram. sulph. verat.

ZEIT Mitternacht nach 24 — 4 h agg.
am—c. am—m. Ars. caust. cedr. dros. ferr. kali—bi. Kali—c. kali—n. lach. mag—c. nat—ar. nat—m. Nux—v. phos. Podo. puls. rhus—t. rumx. sil. Sulph. syph. thuj. verat.

ZEIT nachts 1 h agg.
ARS. carb—v. mag—m. puls.

ZEIT nachts 1 - 2 h agg.
Ambr. ARS. kali—c. puls. zing.

ZEIT nachts 2 h agg.
ARS. benz—ac. caust. hep. KALI—BI. kali—c. nit—ac. Puls. Sil.

ZEIT nachts 2 - 5 h (bis morgens sehr früh) agg.
aesc. aeth. Aloe. am—c. bac. bell. bell—p. chel. cina. coc—c. cur. hed. Kali—bi. Kali—c. kali—cy. kali—p. nat—s. Nux—v. ox—ac. Podo. ptel. rhod. Rumx. Sulph. thuj. tub.

ZEIT nachts 3 h agg.
am—c. Am—m. ant—t. ars. bry. calc. canth. Cedr. chin. Ferr. iris. KALI—C. kali—n. Mag—c. nat—m. NUX—V. podo. PSOR. RHUS—T. Sel. sep. sil. Sulph. thuj.

ZEIT nachts 4 h agg.
alum. apis. Arn. aur. Caust. CEDR. chel. con. Ign. Lyc. Nux—v. Podo. Puls. Sulph.

ZITTERN allgemein
ant—t. Ars. cann—i. Cina. con. gels. lach. lyc. plb. Stram. Verat—v.

ZITTERN Anstrengung schon nach geringster
Merc. phys.

ZITTERN innerliches
ant—t. CALC. caul. Caust. Graph. Iod. rhus—t. stann. Staph. Sul—ac. Teucr.

ZITTERN Kopf und Hände
ant—t. Cann—i. stram.

ZUCKEN Muskeln allgemein
acon. AGAR. Croc. Dol. hyos. Ign. rhus—t. stram. tarent. Zinc.

ZUCKEN Muskeln Einschlafen bei
Agar. alum. Ars. IGN. Kali—c. sel. stront—c. Sul—ac. Sulph. Zinc.

ZUCKEN Muskeln Schlaf im
ars. Bar—c. bell. Cupr. graph. kali—c. lyc. mag—c. nat—c. Op. phos. sil. stront—c. sulph. thuj. ZINC.

ZWERGWUCHS, Längen Wachstum zu gering (oder erheblich verzögert)
ambr. aster. aur. bac. BAR—C. Bar—m. Bar—p. bor. Calc. CALC—P. Carbn—s. Carc. Con. Cortex. iod. lyc. mag—m. Med. merc. merc—pr—a. nat—m. nep. Ol—j. op. petr. ph—ac. sec. Sil. sulfa. SULPH. syph. Thyr. Tub. zinc.

ZWERGWUCHS mit Wachstumsstillstand, Kind wächst plötzlich nicht mehr
Bac. Bar—c. cortex. med. sulph. Tub.

Speisen und Getränke

ABNORME Dinge Verlangen wie Sand, Farbe, Tapete (Pica - Syndrom)
alum. Calc. nit—ac. nux—v. sil. Tarent.

ÄPFEL agg.
Aloe. ars—i. bell. bor. merc—c.

ÄPFEL Verlangen
Aloe. ant—t. guaj. sulph. tell.

ALKOHOL Verlangen
siehe therapeutische Hinweise, S. 600

ANBLICK v. Speisen allgemein agg. während Krankheit
Ant—t. ars. Colch. Kali—bi. kali—c. Lyc. merc—i—f. Mosch. nux—v. ph—ac. phos. sabad. spig. sep. Sil. Sulph. xan.

BANANEN Abneigung
bar—c. elaps.

BANANEN agg.
Nux—v. Rumx. thuj.

BANANEN Verlangen
sep. ther. tub.

BITTERE Sachen Verlangen
Dig. Nat—m.

BROT Abneigung
bry. Chin. cycl. ign. kali—c. lyc. NAT—M. nit—ac. Nux—v. phos. Puls. sep. Sulph. tarent.

BROT agg., besonders zu frisches B.
alum. Am—c. Bry. grat. Lyc. Mag—c. Merc. Nat—m. nux—v. Puls. Thuj. zing.

BROT Verlangen (z. T. schon im ersten Lebensjahr)
abrot. Ars. aur. bar—m. bell. Cham. CINA. coloc. Ferr. grat. hell. ign. Mag—c. merc. nat—c. Nat—m. Plb. Puls. sil. staph. stront—c.

BUTTER Abneigung
carb—v. Chin. cycl. merc. Phos. Puls. sang.

BUTTER agg.
CARB—V. Nat—m. ptel. PULS.

BUTTER Verlangen
  all—s. calc. carc. FERR. ign. mag—c. MERC. nit—ac. Puls. Tub.

BUTTERMILCH agg.
  Bry. puls.

BUTTERMILCH Verlangen
  Ant—t. chin—s. Elaps. sabal. thlas.

CITRUS Früchte gieriges Verlangen (auch Fruchtsaft Konzentrat)
  bell. cub. MED. Nit—ac. ther.

EIER Abneigung
  carc. colch. FERR. kali—s. Nit—ac. phos. SULPH.

EIER agg.
  CALC. chin—ar. colch. Ferr. led. Puls. sulph.

EIER Verlangen
  CALC. calc—p. Chin. Chin—ar. nat—p. ol—an. Puls. sanic. sil.

EIER hartgekochte Verlangen
  calc. Caust. Puls.

EIER weichgekochte Verlangen ausgeprägt
  Calc. nat—p. ol—an. puls. sanic.

EIGELB Abneigung
  lach.

EINTOPF, vermischte und zusammengerührte Speisen Abneigung
  Caust.

EINTOPF, vermischte und zusammengerührte Speisen Verlangen
  calc—ar. Ferr. Lyc. merc. staph.

EISCREME Abneigung
  Rad—br.

EISCREME agg.
  ant—c. Ars. Carb—v. ip. PULS. verat.

EISCREME Verlangen, isst für sein Leben gern Eis
  arg—n. CALC. Carc. eup—per. med. nat—m. nat—s. Phos. PULS. sil. Sulph. Tub.
  Verat.

EISKALTE Getränke (Sprudelgetränke) und Eiscreme Verlangen
  med. NAT—S. Phos. sulph.

EISKALTE Getränke agg.
  arg—n. ARS. bell. bell—p. Bry. calc—p. CARB—V. dig. dulc. hep. ip. kali—bi.
  kali—c. Nat—s. Nux—v. Puls. rhus—t. rob.

EISKALTE Getränke Verlangen (incl. Eisstücke)
> acon. Alumn. arg—m. arg—n. Ars. bar—c. Calc. Elaps. eup—per. lept. Med.
> merc—c. merc—i—f. nat—s. onos. paro—i. PHOS. Ruta. sil. thyr. TUB. VERAT.

EISWASSER Beschwerden durch
> carb—v. Dig. hep. rhus—t.

EIWEISS rohes oder glibbrige, glitschige Speisen Abneigung
> Med.

ERBSEN Abneigung, auch Übelkeit danach
> bry. lyc. Nat—m.

ERBSEN agg.
> Bry. calc. coloc. Lyc. petr.

ERDBEEREN o. Citrus Früchte Allergie (Orangen etc agg.)
> ant—c. Dulc. Med. ox—ac. sep. urt—u.

ERDE Essen Verlangen (und Unverdauliches, vergl. Pica Syndrom)
> alum. ant—c. bar—c. CALC. cic. ign. Nit—ac. Nux—v. psor. SIL. sulph. Tarent.

ERDNUSSBUTTER Verlangen
> Puls. TUB.

ERNÄHRUNG einseitige, Folgen; ähnlich wie skorbutische Rachitis
> arn. Ars. bell. Carb—v. caust. kali—c. kali—p. kreos. mag—m. MANG. Merc.
> mur—ac. nit—ac. nux—v. ph—ac. Phos. Staph. sulph.

ERNÄHRUNG einseitige, Folgen: scrophulöse Drüsen Affektionen
> Ars. Ars—i. bac. Bar—c. bell. CALC. CINA. Hep. Iod. Merc. mez. Sulph. Sil.
> SULPH. Tub.

ERNÄHRUNG Vitamin C Mangel - akuter Skorbut
> AGAV—A. Ars. bell. Bry. calc. CARB—V. Chin. Chin—ar. FERR—P. kali—p.
> kreos. lach. Mag—m. MERC. mur—ac. nit—ac. Nux—v. ph—ac. Phos. Rhus—t.
> Ruta. Staph. sulph.

ERNÄHRUNGSZUSTAND mangelhaft
> Abrot. Arg—n. ars. bac. bar—c. CALC. CALC—P. hep. Iod. Lyc. mag—c. Mag—m.
> med. Nat—c. Nat—m. nux—v. Op. petr. Phos. PSOR. Sanic. Sars. sep. Sil.
> SULPH. syph. thyr. TUB.

ESSEN überhaupt Abneigung gegen, weist alles zurück
> Bry. fl—ac. hyos. kali—chl. kali—p. Ph—ac. Tarent. verat. Viol—o.

FALSCHE Ernährung, Diätfehler agg.
> ant—c. Bor. Dios. NAT—C. nux—v. Mag—c. tub. thuj.

FETT Abneigung
ang. Ars. Calc—s. carb—an. Carb—v. Chin. colch. Cycl. Hep. kali—m. Merc. Nat—m. petr. ptel. PULS. rheum. Sep. Sulph.

FETT Abneigung ausgeprägte - selbst gegen Spuren v.
calc—s. Nat—m. petr. sep. Puls.

FETT Abneigung gegen wg. Überempfindlichkeit (Galle)
Calc. Carb—v. petr. Ptel. PULS. tarax.

FETT agg.
ant—c. ars. Calc. CARB—V. Chin. Cycl. ferr. Graph. Ip. kali—m. lyc. nat—p. nit—ac. petr. PULS. sang. sep. tarax.

FETT Verlangen (selten bei Kindern)
ars. calc—p. hep. mez. nat—s. NIT—AC. Nux—v. ol—an. sanic. SULPH. Tub.

FETT altes agg. und darin Gebratenes wie z. B. Pommes frites
ars. calc. Carb—v. Puls.

FETT am Fleisch (z. B. am Schinken) Abneigung
calc. Calc—s. Nat—m. sep. sulph.

FETT und Salziges Verlangen
NIT—AC. Sulph.

FISCH Abneigung
carb—v. colch. GRAPH. nat—m. phos. Sep. tub. zinc.

FISCH agg.
ars. carb—v. chin. Chin—ar. Graph. kali—c. nat—m. Nat—s. Plb. Puls. urt—u.

FISCH Allergie gegen (Hautausschlag, Schwellung, Halsweh)
Bell. Caps. medus.

FISCH verdorbener agg. (Fischvergiftung)
all—c. Ars. carb—an. CARB—V. puls.

FISCH Verlangen
calc—p. coch. graph. kali—i. Med. NAT—M. Nat—p. nat—s. nit—ac. Phos. Puls. sep. sil. Sul—ac. sulph. tub.

FISCH Hering Verlangen
Nit—ac. puls. Verat.

FISCHVERGIFTUNG, auch Lebensmittelvergiftung allgemein
siehe therapeutische Hinweise, S. 699

FLEISCH und Gewürztes Verlangen mit Abneigung gegen Eier
PHOS.

FLEISCH Abneigung
aloe. arn. CALC. Calc—s. Carb—v. Chin. Colch. Graph. ferr. graph. ign. kali—bi. kali—c. Lyc. mag—c. Mag—m. mag—s. Mur—ac. nux—v. ol—an. Petr. phos. plat. Puls. rhus—t. sabad. sep. Sil. Sulph. syph. tarent. tub. zinc.

FLEISCH agg.
Ars. kreos. Ferr. ptel. Staph.

FLEISCH agg. - Urticaria dadurch
ant—c. Ars. camph. Carb—v. cop. nat—m. ter. urt—u.

FLEISCH Verlangen
aur. Ferr. Graph. Hell. ign. Iod. Kreos. Lil—t. Mag—c. Meny. Merc. nat—m. phos. sabad. Sanic. Sulph. Tub. Viol—o.

FLEISCH Verlangen ausgeprägt (Fleisch muss täglich auf dem Tisch sein)
Mag—c. merc. phos. tub.

FLÜSSIGE Speisen Abneigung
bor. bry. Nux—v. ign. samb. sil. stram.

FRUCHTSAFT, Saftiges Verlangen
Aloe. Ant—t. bell. Chin. cocc. cupr. gran. graph. Lepr. Mag—c. Med. nat—ar. nux—v. PH—AC. Phos. puls. sabad. Sabin. sars. sec. staph. sul—ac. Tub. Verat.

FRÜCHTE Abneigung
ars. Bar—c. carc. Chin. ign. puls.

FRÜCHTE agg.
act—sp. Ant—c. Ars. BRY. Calc. Carb—v. caust. Chin. Coloc. elaps. Ferr. IP. Kali—bi. nat—c. Nat—s. nux—v. ph—ac. Puls. Rheum. ruta. SUL—AC. Verat.

FRÜCHTE Verlangen
Alum. Ant—t. Ars. Chin. Hep. IGN. Mag—c. Nat—m. Ph—ac. Puls. sul—ac. VERAT.

FRÜCHTE saure agg.
Ant—c. Ars. IP. nux—v. Ph—ac. Psor. sul—ac.

FRÜCHTE saure Verlangen (saures Obst)
Carb—an. Cham. chin.

FRÜCHTE wässrige unverträglich (agg.)
ars. Fl—ac. ph—ac. zing.

GEMÜSE und Salat Abneigung
bell. hell. Mag—c.

GEMÜSE und Salat agg.
ars. bry. Calc. caps. carb—v. hell. hydr. ip. lyc. lach. lyc. nat—c. Nat—s. verat.

GEMÜSE und Salat Verlangen
  alum. Mag—m.

GERUCH v. Speisen allgemein agg. während Krankheit
  ARS. Cocc. Colch. Ip. podo. SEP.

GEWÜRZE agg. (auch stark gewürzte Speisen)
  Bor. lyc. NUX—V. Phos. sel.

GEWÜRZTES (auch scharf gewürzte Speisen) Verlangen
  ars. Chin. cocc. fl—ac. Hep. lac—c. Nux—v. Phos. puls. sang. sep. SULPH.
  Tarent.

GLUTENHALTIGE Speisen Allergie gegen (Zöliakie, Sprue)
  siehe therap. Hinw., S. 699 und unter Bauch und Stuhl, Durchfall Zöl., S. 323

GURKEN agg.
  All—c. ars. Ign. Nat—m. Puls. Rhus—t. sul—ac. verat.

GURKEN Verlangen
  abies—n. ANT—C. phos. sulph. Verat.

HAFERSCHLEIM (Milchsuppe mit Haferflocken) Abneigung
  ars. Calc.

HAFERSCHLEIM (Milchsuppe mit Haferflocken) agg.
  bell. chin. kali—c. nux—v. puls. Sulph.

HAFERSCHLEIM (Milchsuppe mit Haferflocken) Verlangen
  bell. Lach. sabad.

HEISSE Speisen und Getränke Abneigung
  bry. Calc. Chin. Graph. Merc—c. Phos. Puls. sil.

HEISSE Speisen und Getränke agg.
  Bry. chlol. nat—s. Puls. Sep.

HONIG agg.
  Nat—c. phos.

HOT DOGS Verlangen (Hamburger weich und leicht zu kauendes Fleisch)
  Calc—p. phos. puls. sulph. Tub.

HÜLSENFRÜCHTE (blähende Speisen) agg.
  Bry. chin. coloc. Lyc. Petr.

JOGHURT Verlangen (bequem zu Schlucken, wenn kaufaul)
  calc. Caust. elaps. nat—s. TUB.

KÄSE Abneigung
  Chel. olnd.

KÄSE agg.
>   ars. bry. Arg—n. Cist. ptel. rhus—t.

KÄSE Verlangen
>   arg—n. cist. Ign.

KAFFEE agg.
>   aeth. ars. bell. canth. Caust. CHAM. coloc. IGN. merc. NUX—V. Puls.

KAFFEE Verlangen
>   Ang. arg—m. ars. aur. Bry. caps. carb—v. Cham. chin. colch. con. Mez. Nux—v.
>   sel. stroph—h.

KAKAO (heisse Schokolade) Abneigung
>   Osm.

KALTE Getränke agg.
>   ARS. Bry. canth. dig. ferr. kali—i. rhus—t. sil. spong. VERAT.

KALTE Getränke Verlangen
>   acon. Ars. Bry. Cham. chin. Cina. Cupr. eup—per. fl—ac. merc. Merc—c. nat—s.
>   PHOS. rhus—t. VERAT.

KALTE Getränke nach Erhitzung d. Körpers, Beschwerden durch o. agg.
>   Ars. bell—p. Bry. Coloc. kali—ar. Kali—c. Nat—c. RHUS—T. verat.

KALTE Speisen und Getränke unverträglich (agg.)
>   ant—c. ARS. calc—p. canth. cham. Hep. LYC. Nux—v. Sil. verat.

KALTE Speisen Verlangen
>   Ars. bry. chin. Ign. Merc—c. PHOS. Puls. thuj. Verat.

KAROTTENGEMÜSE, Wurzeln agg.
>   calc. lach. Lyc. phos.

KARTOFFELN agg.
>   Alum. Coloc. mag—c. nat—c. nat—s. puls. Sep. Verat.

KARTOFFELN Verlangen
>   calc. Lyc. Nat—c. ol—an.

KARTOFFELN rohe Verlangen
>   calc. Cic.

KAUGUMMI Verlangen
>   bry. bufo. Phos. phyt. zinc.

KIRSCHEN agg.
>   Merc—c.

KOHLENSÄUREHALTIGE Getränke (Sprudelgetränke) agg.
>   calc. Carb—v. Lyc. Nux—v. thuj.

KOHLGEMÜSE Abneigung
Bry. carb—v. Lyc. petr.

KOHLGEMÜSE agg.
Bry. carb—v. Chin. Kali—c. mag—c. LYC. PETR. puls. rob.

KONSERVIERUNGSMITTEL Allergie -> Intoxikation
siehe therapeutische Hinweise, S. 700

MEERESFRÜCHTE agg. (Urtica nach)
ant—c. Astac. camph. Carb—v. cop. Medus. nat—m. ter. Urt—u.

KUCHEN, Backwerk agg.
Ant—c. CARB—V. Ip. kali—m. Lyc. PULS.

LIMONADE agg.
dig. phyt. Sel.

LIMONADE Verlangen
BELL. cycl. Med. Nit—ac. puls. Sabin. sec. sul—i.

MILCH Abneigung
AETH. Ant—t. arn. bry. CALC. calc—s. Carb—v. carc. Cina. elaps. ferr. ferr—p.
Guaj. Ign. Lac—d. lach. lec. mag—c. Mag—m. merc. Mez. Nat—c. nat—m.
nat—p. Nat—s. Phos. podo. Puls. rheum. Sep. SIL. stann. Staph. sul—ac.
SULPH. tub.

MILCH und Milchprodukte unverträglich (agg.)
AETH. ambr. ang. Ant—c. brom. BRY. CALC. CALC—S. CON. ham. hell. hom.
IGN. Iris. Kali—c. Kali—i. kali—p. lac—ac. lach. Lyc. MAG—C. med. Nat—ar.
Nat—c. Nat—m. Nat—p. Nit—ac. NUX—V. ol—j. Phos. ph—ac. Psor. Puls.
rhus—t. sabin. SEP. sil. spong. stram. SULPH. sul—ac. TUB. Zinc.

MILCH agg., macht K. impulsiv, rastlos o. bösartig
bac. TUB.

MILCH agg., unverträglich - Allergie
Aeth. ars. bufo. Calc. calc—sil. carb—v. chin. ign. lac—ac. lac—d. lach. lyc. med.
nat—ar. Nat—c. nat—m. sep. sil. Sulph. TUB.

MILCH agg., unverträglich - Folge Verdauungsbeschwerden
Aeth. ant—c. calc. mag—c. Nat—c. Nat—m. ol—j. Sep. sulph. tub.

MILCH agg., unverträglich - Folge verstopfte Nase
Calc. nit—ac. nux—v. Sep. sulph.

MILCH agg., unverträglich bei Neugeborenen
AETH. Calc. nat—c. nux—v.

MILCH Verlangen, älterer Kinder
apis. ars. aur. bapt. bor. bry. calc. Chel. elaps. lac—c. Merc. Nat—m. nux—v.
ph—ac. phel. Ph—ac. phos. RHUS—T. Sabad. sanic. sil. staph. stront—c. TUB.
verat.

MILCH Verlangen, eiskalte M. (schon morgens) aus Kühlschrank
apis. ph—ac. Phos. Rhus—t. SANIC. TUB.

MILCH Verlangen, kalte
Apis. calc. calc—p. nat—m. phel. Ph—ac. Phos. RHUS—T. sabad. sanic. staph.
Tub.

MILCH Verlangen, warme / heisse M.
Bry. Calc. chel. graph. hyper.

MILCH Muttermilch Abneigung
ant—c. ant—t. Cina. lach. merc. nat—c. rheum. SIL. stann. stram.

MILCH Muttermilch Abneigung, Kind verweigert
Acet—ac. Ant—c. ant—t. Bor. Calc. CALC—P. cham. Cina. Lac—d. lach. mag—c.
Merc. nat—c. Ph—ac. Rheum. sabal. SIL. Stann. sulph.

MILCH Muttermilch Brustkind verweigert MM.
siehe therapeutische Hinweise, S. 700

MILCH Muttermilch agg. (incl. Durchfall)
acet—ac. ant—c. Bor. Calc. CALC—P. Cina. crot—t. lach. mag—m. Merc. Nat—c.
Ph—ac. rheum. Sanic. Sep. SIL. stann. sulph. VALER.

MÖHREN gekochte Abneigung / agg.
lach. Phos.

NUDELN etc. und glutenhaltige Speisen agg. bei chron. Diarrhoe
Nat—s. tub.

NUDELN, Makkaroni, Spaghetti agg.
bry. Caust. Lyc. nat—c. NAT—M. Nat—s. Nux—v. puls. Sulph.

NUDELN, Makkaroni, Spaghetti am.
Nat—c.

NUDELN, Makkaroni, Spaghetti Verlangen ausgeprägt
lach. NAT—M. Sabad. sumb. TUB.

OBST (Äpfel, Birnen) Abneigung
Ars. bar—c. Carc. Chin. hell. lyss. Mag—c. puls.

OBST (Äpfel, Birnen) unverträglich (agg.)
ant—c. ant—t. Ars. ars—i. bell. bor. calc. chin. iod. merc—c. nux—v. puls. Rheum.
sulph.

OBST (Äpfel, Birnen) Verlangen ausgeprägtes
Aloe. Ant—t. chin. guaj. ph—ac. sulph. tell.

OBST saures besonders unverträglich (agg.)
Ant—c. Ant—t. ars. Ip. lach. Nux—v. ox—ac. Ph—ac. podo. Psor.

ÖLSARDINEN Verlangen
cycl. nat—m.

ORANGEN agg.
Elaps. MED. nat—p. ph—ac. Ther.

ORANGEN Verlangen starkes, auch Saft
cub. MED. olnd. ther.

PFLAUMEN agg.
BAR—C. rheum. Sul—ac.

PILZ Vergiftung, Knollenblätterpilz Intoxikation
siehe therapeutische Hinweise, S. 700

POMMES frites Verlangen ausgeprägtes
calc—p. Nat—m. Nit—ac. Sulph. tub.

PUDDING Abneigung
ars. Phos. ptel.

ROASTBEEF Verlangen (Steak)
SULPH.

SALZ Abneigung
Carb—v. cor—r. Graph. nat—m. sel. Sep. sil.

SALZ agg.
arg—n. alum. ars. Carb—v. Caust. Dros. mag—m. nat—m. PHOS. sel. Sep. sil.
thuj.

SALZ am.
mag—c. Nat—m.

SALZ Verlangen (auch stark gesalzene Speisen)
Aloe. arg—n. bac. calc. Calc—p. Carb—v. Carc. caust. cor—r. lac—c. lycps. Med.
meph. Merc—i—r. NAT—M. nit—ac. ph—ac. PHOS. plb. sanic. sulph. tarent.
thuj. tub. Verat.

SALZLOSE Speisen Bevorzugung (jedoch keine Abneigung gegen Salz)
Ars. graph. hep. Nux—v.

SAND essen Verlangen
calc. Sil. TARENT.

SAUERKRAUT agg.
Bry. Lyc. petr. puls.

SAURES und Scharfes (Mixed Pickles) Verlangen
acon. Ant—c. ant—t. chin. Hep. hyper. lach. Phos. staph. sulph. Verat.

SAURES Abneigung
bell. Cocc. dros. Ferr. Nat—m. nat—s. nux—v. ph—ac. sabad. SULPH.

SAURES agg.
Ant—c. ant—t. arg—n. ars. bell. cadm—s. carb—v. Dros. ferr. ferr—p. fl—ac. merc—c. nat—m. Nat—p. Nux—v. ph—ac. Podo. Puls. sep. Sulph.

SAURES Verlangen (auch Speisen mit Essig)
acon. alum. ant—c. ant—t. arn. ars. bell. bor. calc. carb—v. Cham. chin. cist. con. cor—r. ferr. fl—ac. Hep. Ign. Kali—ar. kali—bi. lach. mag—c. Med. merc—i—r. Nat—m. phel. phos. Podo. puls. sabin. Sec. SEP. Stram. sulph. ther. Verat.

SCHOKOLADE Abneigung
caust. Osm. prot. sec. Tarent.

SCHOKOLADE agg.
Bry. calad. Kali—bi. lyc. ox—ac. puls.

SCHOKOLADE Verlangen ausgeprägt
aran—ix. Arg—n. Calc. CARC. caust. chin. Lyc. Lyss. Nat—m. Phos. puls. Sec. Sep. Sulph. tarent. thuj.

SCHWEINEFLEISCH Abneigung
ang. carb—v. Colch. cycl. dros. Psor. PULS.

SENF Verlangen
Ars. bac. cic. COCC. colch. Hep. lac—c. Mez. mill. nicc.

SPECK o. fetter Schinken Verlangen
calc. CALC—P. cench. mez. SANIC. Tub.

SÜSS und Salz und Gewürz und Eier und Joghurt und Käse und Nudeln Verlangen
TUB.

SÜSSIGKEITEN und Salziges Verlangen
ARG—N. calc. carb—v. Med. Tub.

SÜSSIGKEITEN und Salziges Verlangen, Unterernährung bei
Arg—n. Calc. Calc—p. carc. med. plb. Tub.

SÜSSIGKEITEN Abneigung und Verlangen Brot u. Butter
Caust. Merc.

SÜSSIGKEITEN Abneigung
ars. bar—c. CAUST. Graph. kali—c. lac—c. Merc. nit—ac. phos. rad—br. sul—ac. zinc.

SÜSSIGKEITEN Abneigung bei Otitis
GRAPH. Merc.

SÜSSIGKEITEN agg.
Ant—c. ARG—N. Cham. cina. fl—ac. Graph. Ign. ip. Lyc. med. merc. nat—p. Sang. sel. Sulph. Zinc.

SÜSSIGKEITEN Verlangen ausgeprägt
ARG—N. calc. Cand—a. Carc. Cina. Kali—c. kali—p. LYC. mag—m. med. Nat—m. phos. rheum. SULPH. thyr.

SÜSSIGKEITEN o. Zucker Verlangen starkes am Abend
Arg—n.

SUPPE Abneigung
arn. graph. KALI—C. Lyc. merc—cy. puls. Rhus—t. staph.

SUPPE Verlangen
ang. ars. calc—ar. Carc. Ferr. merc. NAT—M. Staph. Sulph. verat.

TEE Empfindlichkeit, agg. besonders in der Adoleszenz
cocc. dios. Ferr. hydr. Puls. sel. THUJ. uran—n.

TEIGWAREN am. (vergl. Nudeln, Spaghetti)
calc. Nat—c. nat—m.

TOMATEN agg.
Ferr. lith—c. Phos.

UNVERDAULICHE Speisen Verlangen während Pubertät, mit Anaemie
alum.

UNVERDAULICHES Verlangen wie Erde, Kohle, Hühnerkot, Sand
Alum. Calc. calc—p. cic. ferr. ign. nat—m. Nit—ac. nux—v. Sil. Tarent.

UNVERTRÄGLICHE Speisen Verlangen (will essen, was ihn krank macht)
CARB—V. tub.

WARME Getränke agg.
ambr. bry. lach. Phos. Puls. stann.

WARME Getränke am.
Alum. ARS. Bry. carbn—s. cedr. Chel. graph. LYC. mang. nux—m. Nux—v. Rhus—t. Sulph.

WARME Getränke Verlangen
ARS. Ferr. LYC. Ph—ac. rhus—t. Sil.

WARME Speisen o. Getränke Abneigung
Ambr. calc. Graph. ign. Lach. lyc. merc. Phos. puls. sil. Verat.

WARME Speisen o. Getränke agg.
Bry. LACH. nit—ac. Phos. phyt. Puls.

WARME Speisen Verlangen
ARS. chel. Ferr. Lyc. Ph—ac. sabad. Sil.

WURST agg.
acet—ac. ARS. bell. bry. Puls.

WURST aufs Schulbrot Verlangen
ferr. mag—c. merc. nux—v. Phos. sulph. tub.

YOGHURT Abneigung
Nat—s.

YOGHURT Verlangen
Caust. Tub.

ZITRONEN Verlangen nach sauren
BELL. nat—m. phos. puls. Sep. stram.

ZUCKER - Kind reagiert stark mental auf Z. (Nerven agg. Gemüt)
arg—n. Kali—c. lyc. nat—p. Sulph. Tub.

ZUCKER Verlangen, Kind will nur noch Z. essen
ARG—N. calc. Carc. kali—c.

ZWIEBELN agg.
brom. LYC. Nux—v. PULS. THUJ.

vacat für Nachträge.

Vorbemerkung zu den therapeutischen Hinweisen.

Die jetzt folgenden therapeutischen Hinweise enthalten auch pädagogische Hinweise, wo es mir **im Sinne des Organons, u. a. § 81, Anmerkung,** nötig erschien: Hahnemann gibt als Ursachen chronischer Krankheiten auch solche an, die "in der so abweichenden Erziehung des Körpers und Geistes der Jugend, der vernachlässigten, verschrobenen, oder überfeinerten Ausbildung beider ... " liegen. Ferner spricht er im einleitenden Teil der chronischen Krankheiten (I., S. 139 f, Psora) von den psychischen Belastungen als Hindernis der Heilung: "Sind aber des Kranken Verhältnisse hierin nicht zu bessern, hat er nicht soviel Philosophie, Religion und Herrschaft über sich selbst, alle Leiden und Schicksale ... geduldig und gelassen zu ertragen ...", so sei auch durch die meisterhafteste Kur nichts auszurichten.

Philosophie, Religion und Selbstbeherrschung sind aber nicht angeboren, sondern Ergebnis von Erziehung.

In diesem Sinne ist eine **aufgeklärte Pädagogik unverzichtbar.**

Viele meiner Hinweise, Aussagen und Denkanstösse werden bei Homöopathen, die sich selbst für besonders **klassisch** halten, als unangebracht oder, weil sozialpolitisch anstössig, als unzulässig betrachtet werden. Daher habe ich mich der Mühe unterzogen, auch an solchen Stellen auf die entsprechenden Paragraphen des Organon zu verweisen, wohl ahnend, dass solches Tun wahrscheinlich genauso wenig nützt, wie einem Alkoholiker einen farbigen Grossbildabzug seiner eigenen, endoskopisch photographierten Leber zwecks Ermahnung als Poster ins Wohnzimmer zu hängen.

Ferner wissen wir alle, wie zornig Hahnemann seinerzeit über den Dogmatismus schulmedizinischer Lehrmeinung werden konnte. Nun, die Zeiten haben sich nicht gebessert. Humanistische Bildung ist heute zur fast exotischen Seltenheit geworden, und jeder, die Medizinbürokraten insbesondere nicht ausgenommen, ist so dumm wie er kann. Zorn ist sicherlich nicht die einzig mögliche Reaktion auf unsere Zustände - Verstand und Bildung gemahnen einen an den klassischen Stoizismus - und vielleicht auch an das Prinzip der Hoffnung, wenn jeder auf seinem Gebiet mit Fleiss und Beharrlichkeit so viel tut, wie ihm möglich ist.

Die therapeutischen Hinweise entstammen vor allem persönlicher Erfahrung sowie der meiner praxiserfahrenen Kollegen. Sie sind oft nur im Telegrammstil wiedergegeben und umfassen nicht alle denkbaren Gebiete, um den Rahmen dieser Arbeit nicht zu sprengen.

Es sind auch allgemeine Therapierichtungen mit berücksichtigt, wobei ich mich innerhalb bester Tradition der direkten Schüler **Hahnemanns** wie **Altschul** und **Lutze** bewege. Sie können in jenen besonderen Fällen **Denkanstösse** geben, in denen die alleinige homöopathische Therapie auf Hindernisse stösst, die wesentlich durch **homöopathiefremde** Gründe bedingt sind, wie forensische Beschränkungen, Ungeduld der Eltern, verdorbene Fälle, schulmedizinische Vorbehandlungen, Folgen von Impfungen oder Intoxikationen mit Amalgam aus Zahnfüllungen oder chemischen Produkten resp. Umweltbelastungen etc.

Im übrigen sei noch mein verstorbener Freund und Lehrer, Kurt Kamma, zitiert:
"Letzlich sterben bei uns mehr Menschen an den Folgen ihrer Dummheit
als an ihrer Krankheit."

GEIST und GEMÜT

ALKOHOLISMUS bei Kinder und Jugendlichen

Die Fakten: Nach Erhebungen des Institutes für Alkoholerkrankungen an der Universität Witten / Herdecke (Information unter Tel.: 02302-926399) gab es 1996 1/2 Millionen alkoholabhängige Kinder und Jugendliche in Fastgrossdeutschland (BRD + DDR). Hinzu kommen noch rund 900 000 alkohol - gefährdete Kinder und Jugendliche (die entsprechenden Zahlen für Haschisch konsumierende Personen zwischen 12 und 59 Jahren betrugen 1998 zwei Millionen). Eine zwar nicht den forschenden Psychotherapeuten oder den besserwisserischen Sozialarbeiter befriedigende, aber für den praktisch denkenden Homöopathen nützliche Einteilung, die auch auf illegale Drogen angewendet werden kann, ist folgende:

1.) gehemmte junge Menschen.
Sie glauben, mit Alk. gehe alles besser: die Angst vor prüfungsähnlichen Situationen, oder ein Mädchen (einen Jungen) anzusprechen, die nörgelnden Erwachsenen zu ertragen etc. Als wichtige Mittel seien hier nur GELSEMIUM, Lycopodium, Medorrhinum & Natrium-mur. genannt.

2.) Charakterschwache oder konformistische junge Menschen.
Sie "müssen" einfach mitmachen, aus Angst, nicht "in" zu sein, oder aus dem Mangel an Fähigkeit, ihre Umgebung aktiv nach ihren Bedürfnissen zu gestalten. (Stichwort: dialektische Funktion der Anpassung). In diese Sparte fallen auch ein Teil der dummen Menschen, die sich ihres Verstandes nicht ohne fremde Anleitung bedienen können. Als wichtige Mittel seien hierfür genannt:
LYCOPODIUM, Pulsatilla, Thuja & MERCUR.

3.) Partiell schwache junge Menschen.
Bei ihnen ist ein (oder ein komplexeres) Organsystem schon von der Anlage her schwach entwickelt. Dazu gehören beispielsweise die Magenschwächlinge, die mit einem Schnäpschen das elende Schwächegefühl in der Magengegend bekämpfen wollen (Pulsatilla), oder die Nervenschwachen, die Lärmbelastung und Stress nur mit Alkohol glauben ertragen zu können (Asarum europ.), und die zahlenmässig nicht geringe Gruppe der Frustrationsintoleranten, die als Säuglinge schon Probleme hatten, teils, weil sie die Muttermilch nicht vertrugen, teils, weil ihre Mütter, aus welch vordergründig - dümmlichen Gründen auch immer, sie nicht hinreichend gestillt haben, und denen u. a. mit Aethusa geholfen werden könnte (wenn sie nicht schon an der Heroin Nadel und damit zu tief im Sumpf hängen).

4.) Erblich belastete junge Menschen.
In dieser recht zahlreichen und uneinheitlichen Gruppe findet man nicht nur die Opfer von erblichem Alkoholismus (siehe entsprechende Rubrik), sondern auch die tuberkulinisch, syphilitisch oder carcinomatös belasteten Menschen. Einige wichtige Mittel seien genannt:
Absinthium, Aethusa, Mercur, Opium, Sulphur, Tuberculin, Syphilinum & Carcinosin.
Kinder von Alkoholikern, die von Geburt an reizbar sind, benötigen oft:
Lycopodium, Platin, Sepia oder Staphisagria.

5.) Verzweifelte junge Menschen.

Die Angehörigen dieser Gruppe weisen häufig Merkmale von reaktiver Depression auf, oder es sind solche, deren Lebenskraft generell schwach ist, oder die aus ethnischen, religiösen oder anderen sozialen Gründen zum Aufgeben gezwungen wurden. Wenn in dieser Gruppe überhaupt eine homöopathische Therapie möglich sein sollte, würde man allenfalls bei den reaktiv Depressiven (z. B. Lehrstellen Verlust in einem struktur-schwachen Gebiet) an Nux-vomica oder Psorinum denken können.

Grundsätzlich ist es für den Homöopathen notwendig, nach den Ursachen zu forschen. Wenn jedoch die Befragung beginnt mit: "Aus welchen Gründen trinkst Du denn?", dann wird man in den meisten Fällen nichts Erhellendes erfahren, ausser bei den wenigen In-telligenteren, die - vielleicht Tuberkuliniker? - blitzschnell erahnen, worauf der Therapeut hinaus will, respektive, was ihn rühren könnte, und dann eine entsprechend Mitgefühl erheischende Geschichte auftischen. Zweckmässiger ist es allemal, im Laufe der Fallaufnahme ohne direkten Bezug zum Thema Alkohol (oder Drogen) die mögli-chen Ursachenkomplexe zu eruieren. Ansonsten kann auf die einschlägige Literatur verwiesen werden, wie, wenn auch mit Vorbehalten, J. P. Gallavardin,

Die homöopathische Beeinflussung von Charakter, Trunksucht und Sexualtrieb, Heidelberg 1978.

Nicht zu unterschätzen ist in der adjuvanten Therapie (Entzug sowohl d. Alkohols als auch anderer stoffgebundene Drogen) die orthomolekulare Therapie. Dabei ist jedoch wichtig, auch die Spurenelemente in massiven Dosen, z. B. Ultima Ratio Amp. zu infun-dieren, nebst z. B. Zentramin (Bastian) oder Inzelloval (Köhler) und Pankreasmitteln wie Okoubaka Inj.. Zur Sedierung haben sich neben Avena sat. auch Zink Präparate bewährt, wie z. B. Zincum bromatum, beide in Tiefstpotenzen.

ANGST nachts, Kind will ins Bett der Eltern

Auch Eltern haben Rechte, z. B. das auf möglichst ungestörte Nachtruhe. Gelegentlich kommt es vor, dass ein Kind Schwierigkeiten hat, allein in seinem eigenen Zimmer zu schlafen, auch ohne akut krank zu sein - sei es aus Angst, sei es in belastenden Situatio-nen, welche zu Alpträumen führen, oder auch in regressiven Phasen. Dann tun die Eltern gut daran, dem Kind eine bestimmte Nähe zu ermöglichen, z. B., indem sie an die Seite ihres eigenen Bettes eine kleine Matratze incl. Wolldecke deponieren, sodass das Kind, wenn es nachts aufwacht und die Nähe der Eltern wünscht, ins elterliche Schlaf-zimmer kommen kann und auf erwähnter, nicht notwendigerweise sehr bequemen Matratze in buchstäblicher Reichweite der Eltern liegen kann.

ANGST neuen Situationen vor (Anticipation, Schulanfang)

arg-n.	Angst v. neuen Situationen mit Durchfall - Regression zum Baby
Bar-c.	Angst v. neuen Situationen & unbekannten Menschen, sich verstecken
Calc.	Angst wegen langsamer Anpassung
calc-s.	Angst vor unbekannter Umgebung
Lyc.	Angst sich zu blamieren, Kind will seinen Status nicht verlieren
nat-c.	Angst mit Verschlossenheit
phos.	Angst mit Aufregung, Befürchtung, ob sie dem Lehrer wohl gefällt
Tub.	ähnlich Phos. Sorge um das "gut ankommen bei anderen"

ANGST Schule (vor Klassenarbeit etc.)

arg-n. kann schon Tage vorher nicht lernen und kommt wegen Durchfalls nicht
mehr von d. Toilette weg. Dos.: D 12, immer wenn Angst kommt, wiederh.

bar-c. Angst, weil die anderen Kinder grösser und stärker sind

calc. Angst, dass d. Kräfte versagen, die anderen es merken & ihn hänseln

calc-p. Angst, dass er nicht folgen kann o. sonstwie überfordert wird

gels. Weiche Knie, kurz vor d. Arbeit feuchte Hände, zittrig

stroph-h. vor Reden, Referaten oder Theateraufführung. Dos. - D 12, 1 Gabe
kurz vor der "Stunde d. Wahrheit"

Vergleiche auch mit Konzentration und Examen, S. 612

ANGST vor Wasser, Hydrophobie

MED. Angst vor grossen Wassermassen, wie Meer o. grossem See, Angst wird
mit zunehmende Alter immer stärker.

Stram. Angst vor fliessendem Wasser o. wenn W. über den Kopf gegossen wird

calc. ist auch allgemein ängstlich

cann-i. Angst, er könnte ertrinken

ARBEITSLOSIGKEIT

Dass Arbeitslosigkeit resp. Ausbildungsplatzmangel für die junge Generation besonders schlimm sei, gehört zu den allgemeinen sprachlichen Absonderungen der Politiker. Dem Homöopathen begegnen die Folgen der Arbeitslosigkeit als gesundheitliche Störungen auf der seelisch geistigen Ebene wie auch auf der körperlichen. Stichworte: Null Bock oder No Future Haltung, Depression, Drogen- oder Alkoholsucht, Kriminalität und Moralmangel, Fehlentwicklung des Bewegungs- und Halteapparates, allgemeine Infektabwehrschwäche etc.

In den 30-er Jahren, als die Arbeitslosensituation ähnlich schlimm war, wurde von einer Wiener Gruppe von Wissenschaftlern eine bis heute wegweisende Studie vorgenommen (Marie Jahoda, P. Lazarsfeld & H. Zeisel, Die Arbeitslosen von Marienthal, Leipzig 1933 - später Edition Suhrkamp 769). Die Autoren untersuchten die ökonomischen, sozialen und psychischen Auswirkungen der Arbeitslosigkeit in einem kleinen Fabrikdorf bei Wien. Unter anderem befragten sie auch die Kinder, z. B. nach ihren Weihnachtswünschen und nach ihren Berufswünschen. Diese beiden Fragen könnten, in der homöopathischen Anamnese gestellt, auch in der heutigen Zeit wertvolle Hinweise auf den Erlebnishintergrund seelisch - geistiger Symptome geben. So führt die wachsende Diskrepanz zwischen Wunsch und Wunscherfüllung zur steigenden Irrationalität von Wünschen, zur Planlosigkeit, dann zur Undifferenziertheit von Wunschvorstellungen und schlussendlich zur Apathie (im Repertorium: Verlangt nichts). Die Autoren entdeckten auch die veränderten Einstellungen zur Zeit: sie beginnt zu langsam zu vergehen, und Planlosigkeit entwickelt sich aus dieser Zeitdehnung. Die Parallelen zu Drogenfolgen stechen ins Auge. Freizeit wird als tragisches Geschenk empfunden. Kultur - Angebote, wie kostenlose Leihbüchereien oder Theatergruppen werden weniger genutzt. Man hat zwar genug "Zeit, aber man hat den Kopf nicht danach", so hat ein junger

Mann formuliert. Bei länger bestehender Arbeitslosigkeit konnten auf der seelisch geistigen Ebene folgende Phasen beobachtet werden:

1.) Ungebrochenheit (man lässt sich nicht unterkriegen und sucht sich neue Aktivitäten)
2.) Resignation (Verlust der Hoffnung, aber häusliche Ordnung wird aufrecht erhalten, Gelegenheitsarbeiten werden angenommen)
3.) Verzweiflung (Depression, Aktivitätsverlust, formale Ordnung wird nur noch mit Mühe aufrecht erhalten)
4.) Apathie (Energielosigkeit, Indolenz, Ordnungs- und Planlosigkeit, Verwahrlosung, Alkoholismus und Irrationalität)

Auf der körperlichen Ebene fiel auf, dass die Kinder zunächst gesunder, d. h. auch, weniger infektanfällig waren (vermehrte Zeit der Eltern für Zuwendung und Pflege, weniger ungesunde Ernährung wie Zuckerwerk etc. Danach kehrt sich der Gesundheitszustand allerdings in zu erwartender Weise um (zunehmende Infekte und mangelnde bis fehlende Gesundheitsfürsorge, Entwicklung chronischer Krankheiten. Die Kenntnis dieser gesetzmässig ablaufenden Phasen vermögen den Homöopathen davor zu bewahren, einzelne seelisch - geistige Symptome zu hoch zu bewerten, sind sie doch keineswegs für den Zustand sonderlich im Sinne des Paragraphen 153 Org.

AUTISMUS

Nach neueren amerikanischen Forschungen, die auch in Israel bestätigt wurden, geht Autismus fast immer mit einer Allergie einher. Dabei spielen Impfungen, besonders solche gegen Keuchhusten, mal wieder eine traurig herausragende Rolle. Die allergische Reaktion spielt sich vor allem im Nervensystem ab, und zwar im Sinne einer Entmyelinisierung resp. einer Encephalitis. Intestinale Allergien können begleitend vorkommen, besonders gegen Zucker, (Kuh) Milch und Weizen. Da die Symptomerhebung beim autistischen Kinde schwierig ist, wird die Mittelwahl durch Forschen nach Nahrungsmittel-Unverträglichkeiten eventuell erleichtert. Als erfreulich hilfreich hat sich die Gabe von Magnesiumorotat oder Magnesiumaspartat plus Vitamin B 6 im Sinne der orthomolekularen Therapie sowie Tryptophan D 6 - 18 (alle 1 - 5 T.) erwiesen.

BEHINDERTES KIND - Mittel für Eltern

Das behinderte Kind hat - zumindest im Kleinkindalter - in der Regel kein ausgeprägtes Bewusstsein von seiner Behinderung. Für die Eltern jedoch ist diese Situation schwer erträglich: sie müssen sich innerlich auf den schweren Weg der Akzeptanz machen und Mechanismen der Verneinung, Verleugnung und Verkehrung ins Gegenteil überwinden. Folgende Mittel können hilfreich sein, um die benötigte Ichstärke zu entwickeln:
        caust. Ign. Nat-m. ph-ac.
Als beruhigendes und nervenstärkendes Mittel für besondere Krisensituationen kann Piper methysticum Q (Kava-Kava), abends 10 - 30 Tropfen, genommen werden.

DROGENSUCHT Cannabis indica (Haschisch, Marihuana)

Um es vorweg zu sagen: Cannabis Konsumenten sind an der Grenze der homöopathischen Behandelbarkeit. Viele Homöopathen lehnen ihre Behandlung konsequent ab und ersparen sich dadurch viel Ärger und Misserfolg - sie sind es   einfach leid, gegen das endlose Lamentieren (u. a. Cann-i) von der angeblichen Unschädlichkeit ("wenigstens relativ gesehen zum Alkohol") zu argumentieren. Untersuchungen aus 1994 & 95 haben ergeben, dass die Verstoffwechselung von Cannabis mindestens 10 x so lange dauert wie die von Opium oder Heroin. Aus "wissenschaftlich reproduzierbaren" und statistisch - methodologischen Gründen wurden nur solche Probanden ausgesucht, die vorher keinen "Genuss" der untersuchten Drogen gehabt hatten. Von dem Bemühen um eine saubere Untersuchung, welches anzuerkennen ist, abgesehen, würden die Ergebnisse bei den real existierenden Drogenabhängigen durch den kummulativen Effekt (ähnlich wie bei Digitalis) wohl für Cannabis noch schlechter ausfallen. Frühere Untersuchungen aus dem Beginn der 80-er Jahre an amerikanischen Strafgefangenen ergaben, dass sich in den Synapsen und auf den Andockflächen der Spermien elektronenmikroskopisch sichtbar eine schwarze (d. h. optisch dichtere) Schicht gebildet hatte, die sich erst im Verlauf von Monaten der Cannabis - Karenz abbaute. (Man erinnere sich an die Kondensatorformel, in die neben Fläche und Abstand der Platten auch eine Dielektrizitätskonstante wesentlich eingeht.)

Was passiert nun physiologisch gesehen beim Cannabis Konsumenten? Jeder Nervenreiz gelangt vom Wahrnehmungsorgan über definierte Nervenleitungen zu einem bestimmten Hirnareal, um dort ausgewertet zu werden. Diese Aperzeption kann vom Neugeborenen noch nicht geleistet werden, da selbiges noch vorwiegend koinaesthetisch (d.h. ganzheitlich mit dem Bauch als Universal - Organ) wahrnimmt. Rudimente dieser Wahrnehmungsart finden sich bei vielen Erwachsenen, zumindest, wenn sie erkranken oder eine unterschwellige Störung der Lebenskraft erleiden (unterschwellig auch im Sinne von unten im Bauch). Allmählich setzt beim Säugling mit dem "Durchschalten" der Nervenleitungen zum Gehirn die uns geläufige Wahrnehmungsform ein. Diesen Vorgang heisst man Konditionierung.

M. v. Senden hat das am Beispiel blind geborener und im Pubertätsalter operierten Menschen sehr eindrucksvoll dargestellt (in R. Spitz, vom Säugling zum Kleinkind). Die frisch operierten Patienten freuten sich nicht etwa über die neu erworbene Sehfähigkeit, sondern ordneten den neuen Wahrnehmungsreiz vorwiegend dem Geruchssinn zu, also nicht "Oh, ich kann sehen, wie wunderbar!", sondern: "Was riecht denn hier so komisch?" Beim Cannabis Gebrauch (ähnliches gilt für andere haluzinogene Drogen wie Mescalin oder LSD) wird die Konditionierung temporär aufgehoben. Wahrnehmungsreize gelangen chaotisch, d. h. auf nicht geordneten Bahnen auf irgendwelche Hirnareale, so dass z. B. die Drucksensation eines harten Stuhles von den Sitzbeinhöckern auf dem Sehfeld des Gehirns landet und dort als Farbsensation empfunden wird. Aber nicht nur unsere fünf Sinne werden so durcheinander gebracht, sondern auch unser schwer beschreibbarer Sinn für die Ich - Identität. Daher erklären sich auch zwanglos Cannabis - Symptome wie "Wahnidee, hält sich für eine eiserne Lokomotive" etc. Bemerkenswert ist auch noch die Verwirrung des Zeitsinnes (Wahnidee, Zeit vergeht zu langsam: u. a. CANN-I)

Abhängig von der individuellen Empfindlichkeit, der Abusus-Dauer, der Frequenz und der Dosis kippt die Konditionierung nach durchschnittlich 20 Minuten wieder in die Normalsituation zurück - aber NIE 100 %-ig ! Nun setzt wieder das quälende Lamentieren ("Diskutieren") der Süchtigen ein, die um eine Minute oder zehntel % feilschen wollen:

sinnlos (Fehler in Raum und Zeit, u. a. Cann-i), da die Anzahl der Nervenzellen endlich ist und Gehirnzellen sich nicht regenerieren - es muss also nach dem Gesetz vom Umschlag einer Quantität in eine neue Qualität irgendwann zu ernsthaften geistigen Störungen kommen, erfahrungsgemäss nach ca. 20 Jahren (ähnliche Zeiten gelten für die berüchtigte Phenacetin - Niere. Damalige Warnungen von Heilpraktikern und Naturärzten wurden nicht nur ignoriert, sondern auch als verleumderisch und pharmaziefeindlich gebranntmarkt). Diese Störungen finden sich vornehmlich im Bereich von Geist und Gemüt im Sinne fortschreitenden Verlustes der Ich - Identität und der natürlichen Selbstsicherheit, die auch affektiven Belastungen standhält (daher auch der affirmative Spruch "alles unter Kontrolle"). Die beschworene Kontrolle schwindet aber immer mehr und führt zur Flucht (sowohl äusserlich aus anstrengendem sozialen Kontext als auch innerlich mit Hinwendung zu einer Traumwelt oder "zweiten Realität". Die letzte Diagnose lautet oft "drogeninduzierte Schizophrenie". Hätte jener Lübecker Richter, der 1992 in einem wichtigen Urteil jedem Bürger ein Recht auf (Haschisch) Rausch zugestehen zu müssen glaubte, auch nur 1/4 Jahr in einer psychiatrischen Klinik ein Praktikum als Pfleger gemacht, dann hätten die psychiatrischen Aspekte des Haschischsuchtproblems nicht eine solche Vernachlässigung, auch in der anschliessenden öffentlichen Diskussion, erfahren. Dass oder ob Alkoholismus schlimmer sei, steht hier nicht zur Debatte. Die Kosten, auch die für die Spätfolgen, wie psychiatrische Unterbringung in Anstalten, sind wohl nicht sehr unterschiedlich. Alkoholsucht ist sicher schlimm - nur anders schlimm. Noch schlimmer sind aber ungebildete bis dumme Lehrer, die ihren Schülern (vielleicht auch aus eigener Betroffenheit) die wahre Natur der Droge Haschisch verschleiern. Aber Platons Bemerkungen über die Aufgaben der Pädagogen zu lesen ist ja auch anstrengend und unbeliebt, worauf schon Theodor W. Adorno in seiner bemerkenswerten Schrift "Philosophie und Lehrer" hinwies. (Lehrer ohne humanistische Bildung könnten vielleicht statt dessen Aldous Huxley's Roman "Schöne Neue Welt" lesen.)

Wichtige Mittel für die eigentliche DROGENSUCHT nach Haschisch, LSD o. ä. sind:
agar. Anac. bufo. calc-p. Med. phos. puls. SEC. Tub.

Die wichtigsten Mittel für die FOLGEN: Wahrnehmungsstörungen und Desintegration sind:
anac. anh. calc-p. cann-i. hyos. LAC-C. Lach. ph-ac. plat. Sec. Stram. sulph. Thuj.

Borderliner, drogeninduzierte:
alum. anac. cann—i. hyos. plat. verat.

Vergleiche auch die Anmerkungen zum Alkoholismus, S. 600.

Siehe auch Einleitung, S. 27 sowie Repertorium, S. 56 (ausgeflippt), 62, 65, 141.

Neuerdings wird von einigen Schmerztherapeuten die Freigabe von Marihuana (zu therapeutischen) Zwecken gefordert. Als Anwendungsgebiete werden vornehmlich AIDS, MS und Krebs genannt; es hätte in medizinisch angemessener Dosierung keine Nebenwirkung, wird behauptet - was aus homöopathischer Sicht nicht stimmen kann - aber aus humanitären Gesichtspunkten vertretbar scheint, weil es die Lebensqualität in der letzten Lebensphase noch etwas verbessern kann; die Spätfolgen solcherart eingesetzter THC-Schmerzpalliation würden die betroffenen Patienten ohnehin nicht mehr erleben, ähnlich wie bei Morphinpräparaten. Als Wirkmechanismus wird die Auslöschung der Schmerz-Gedächtnisspur über das Rückenmark zu den entsprechenden Gehirnarealen angegeben, was, siehe oben, wohl auch zutrifft. Ob das Nervensystem damit auch seine Fähigkeit zu Kollateralbildung verliert, steht dahin; und ob erratische Schmerzimpulse, die letzlich auch ein energetisches Substrat haben, so ganz im Nichts verschwinden, darf bezweifelt werden. Die Möglichkeit zum Missbrauch kann natürlich nie ausgeschlossen werden (Vergleiche z. B. Ritalin (R), welches zu einer sehr beliebten Ersatz-Droge für Cocain avanciert ist). Etwas befremdlich mutet auch der Umstand an, dass das als Schmerzmedikament einzusetzende Haschisch auch in rauchbarer Form angeboten werden soll ("Frankfurter Resolution", 1999): man stelle sich zum Vergleich einmal eine klinische Krebs-Station vor, in der anstatt Morphintabletten oder Morphiuminjektionen Opiumpfeifen geraucht werden! Wenn man schon glaubt, auf THC als Analgeticum nicht verzichten zu können, und die anderen Möglichkeiten, die Naturheilkunde und Homöopathie bieten, ignorieren will, dann aber doch bitte in entsprechend üblicher galenischer Form!

EMPFINDLICHKEIT Kritik gegen leiseste

NAT-M. auch Furcht vor Kritik.

carc. versucht, Fehler zu vermeiden.

Puls. versucht, ihr Verhalten zu verändern, will alles wieder gut machen.

Ign. sieht auch berechtigte Kritik schwer ein, findet es "ungerecht".

CALC-P. reagiert total verletzt. So übersensibel, dass es lange dauern kann, bis er den auch nur geringsten Vorwurf verkraftet hat.

Aur. tief empfundene Kränkung auch bei wirklich gut gemeinter & formulierter Kritik. Neigt ohnehin dazu, alles in den "falschen Hals" zu bekommen.

calc-s. wird, ähnlich wie hep., zornig, schlägt Türen oder antwortet d. Lehrerin nicht mehr, wenn er getadelt wurde.

Lyc. ist tief beleidigt, weil er sein Renomee zu verlieren befürchtet.

arg-n. ist leicht beleidigt, lächelt aber aus Angst, noch mehr kritisiert zu werden.

FERNSEHEN

PHOS. sieht fern aus Langeweile, seine Eltern haben derweil gesellschaftliche Verpflichtungen! Fernsehbilder verfolgen ihn mit Angst und bösen Träumen.

Calc. ähnliche Auswirkungen - nur dass das Kind in dieser Hinsicht viel gesunder reagiert und abschaltet, weil es schreckliche Darstellungen nicht ertragen kann. Fernsehen und Video fördern auch nervliche Störungen wie Epilepsie (siehe Repertoriumsrubriken Nerven).

COCC. überdrehtes Kind, das durch vieles Fernsehen sich motorisch nicht ausagieren kann und dann ungeschickt und unkonzentriert wird.

staph. Sex & Crime faszinieren zwar, unterstützen aber eine seelische Fehlentwicklung.

kalm. bekommt durch physikalische Auswirkungen (Magnetfelder und Flimmern) Kopfschmerz und Konzentrationsstörungen (Rubrik Nerven Affek.)

tub. hält nach vielem Fernsehen schliesslich das Dargestellte für Realität.

Generell ersetzt Fernsehen (auch "Bildungsfernsehen") nicht das Lesen. Lesen fördert und ermuntert die Phantasie. Fernsehen muss aufgrund der Medieneigenart immer ganz fertige Bilder liefern, die als Vorstellungen die Phantasie blockieren - es handelt sich um Vor-Stellungen = etwas plakativ davor Gestelltes im wahrsten Sinne des Wortes. Der Vorgang ist vergleichbar mit der ständigen Verabfolgung von Verdauungs-hilfen - die Eigenproduktion der Verdauungsorgane wird überflüssig, Magen und Darm werden faul werden und degenerieren. Eine weitere Eigenart (allerdings nicht nur des Fernsehens) besteht darin, durch die Fülle vieler Informationsangebote vieler scheinbar verschiedener Sendeanstalten dem Kind oder Jugendlichen die Illusion zu schaffen, potentiell über alles in der Welt informiert zu werden. Dass aber viele Informationen nicht gebracht werden, weil sie den Inhabern der Gesellschaft nicht passen, geht natür-lich aus diesen Medien nicht hervor. Die Nichtinformation wirkt heute viel stärker als die Falschinformation. Jedes Kind kann anhand der Werbung sehr schnell ins Zweifeln kommen, ob es wirklich stimmt, dass der Fruchtsaft XXX wirklich der beste ist, späte-stens, wenn Firma YYY von Ihrem Saft das gleiche behauptet. Die grundsätzliche Frage, um hier einmal beim Beispiel zu bleiben, ob Citrusfrüchte resp. ihr Saft hier in West-europa im Winter sinnvoll zu geniessen sind (Werbungstext: trinkt gesundes Vitamin C, und ihr erkältet euch nicht so schnell), wird einfach unterschlagen, als ob es zu kompli-ziert wäre, zu verstehen, dass Citrusfrüchte im Süden wachsen, insgesamt kühlend wirken und deshalb in unseren Breiten im kalten Winter unsinnig sind. Nebenbei: unsere heimischen Äpfel liefern genau soviel Vitamin C - aber unsere Obstbauern-verbände verfügen natürlich nicht über soviel Vitamin B wie die United Fruit Kumpanei. Die Erkenntnistheorie hat bereits in den 20-er Jahren gezeigt, dass viele Dinge durch das Netz des realitätsorientierten Denkens fallen. Um wievieles gröber sind jedoch die Maschen des fernseh - gerechten Wahrnehmens! Die Inhaber der Kulturindustrie jeden-falls betrügen die junge Generation, offensichtlich in der Hoffnung, an den später durch die Auswirkungen des Betruges Leidenden noch einmal zu verdienen zu können.

GROSSELTERN verwöhnen und verziehen ihre Enkel, Mittel für Gr.

Auf der einen Seite ist es für ein Kind angenehm, Grosseltern zu haben, und wenn es nur der Umstand ist, den Umgang mit älteren Menschen im Schonraum der Familie üben zu können. Wenn Grosseltern ihre Enkel verwöhnen wollen, so ist das ihr gutes Recht. Wenn sie es übertreiben, kann es zu Konflikten kommen, da konsequente Erzie-hung nur von den ständig präsenten Erziehungspersonen, in der Regel den Eltern, vorgenommen werden kann. Man prüfe, wenn (auf)klärende Gespräche nicht fruchten, ob folgende Mittel die grosselterliche Fürsorge auf ein normales Mass reduzieren können:
>   am-c. bar-c. lyc. op. sulph. (nach Gallavardin)
Man könnte diesen Beitrag Gallavardins eventuell auch in die Schmunzelecke stellen.

HYPERAKTIVITÄT, Sonderformen des hyperkinetischen Syndroms

Hyperaktivität kann störfeldbedingt sein, häufig durch eingekapselte Streptokokken, z. B. Abszesse d. Zahnwurzeln. Der Zahnarzt möge
>   ARTHROKEHLAN "A" spritzen (ein bewährtes Sanum Mittel, aber
>   bei Kindern auf jeden Fall in reduzierter Dosis, möglich ist auch statt
>   Injektion die gründliche Einreibung in die Schleimhaut des Kiefers).
Danach können mit Vorteil gegeben werden: MERC. (Wenn keine Amalgambelastung vorliegt), Hep. o . Sil., wenn keine weiteren Symptome auf ein anderes Mittel hinweisen.

Amalgambelastung (auch von der Mutter ererbte) siehe unter Intoxikation, S. 676 f.
Auf Hyperkinetik als Folge von Impfungen weisen Coulter und Buchmann hin.
Dass Hyperaktivität auch durch Überempfindlichkeit gegen Nahrungsmittel bedingt
sein kann, ist seit Hafers Untersuchungen zu den Auswirkungen von Nahrungsphos-
phaten hinlänglich bekannt (Hertha Hafer, Nahrungsphosphat als Ursache für Verhaltensstörungen und Jugendkriminalität, Heidelberg 1978). Daraus den Schluss zu ziehen,
dass Kind bräuchte Phos. oder Ph-ac., ist in der Regel zu kurzschlüssig. Mittel wie:
Bell. Gal-ac. Iod. Merc. Nux-v. Sulph. Tarent. Tub.   führen häufiger zum Ziel.

agar.   Hyperaktivität mit ausgeprägter motorischer Ungeschicklichkeit, die
        eventuell differentialdiagnostische Abklärung von Kleinhirnschäden erheischt.
cupr.   Hyperaktivität mit Krampfneigung. Häufige Aetiologie: perinatale Hypoxie.
Iod.   Hyperaktivität oft thyreogen bedingt. Inneres Zittern. Versuche, sich ruhig zu
        verhalten, verschlimmern nur, weil sie durch die innere Anstrengung den
        muskulären Ruhetremor noch erhöhen. Körperwärme vermehrt. Lymphatiker.
mag—c. Hyperaktiv wg. innerer Unsicherheit. Oft Problemkinder, Tuberkuliniker.
mag—m. Hyperaktiv, um auf sich aufmerksam zu machen. Oft broken home - Kinder.
Tarent. Impulsivität , Triebhaftigkeit, Destruktivität und unruhige Extremitäten.
        Miasmatische Belastung: syphilitisch - sycotisch. Hilft oft, wenn Ars. versagte.
Vergleiche auch therap. Hinweise, Allgem., hyperaktives Kind durch Geburtsschäden.
**Hypermotorik ist nicht vornehmlich als psychologisches Problem zu definie-
ren, sondern eher als eine allgemeine, auch stoffwechselbedingte Krankheit.**

HYPERAKTIVITÄT und Methylphenidat (RITALIN (R))

Die Behandlung des ADS (= Attention Deficiency Syndrome) erfolgt nach wohl mehr-
heitlicher schulmedizinischen Auffassung mit Methylphenidat (Ritalin (R)), einem Stoff
aus der Klasse der Amphetamin-Analoga = Stimulantien.. Amphetamine reichern sich
besonders im Gehirn an und werden im wesentlichen über die Niere ausgeschieden, und
zwar um so schneller, je kleiner der pH Wert des Harns ist. Daraus folgt:
1.) Amphetamin - Intoxikationen werden durch ansäuernde Pharmaka wie Ammonium-
chlorid behandelt (der Harn wird stark sauer).
2.) Je "saurer" die Gesamtstoffwechsellage eines Menschen ist, desto grösser muss auch
die Amphetamin Dosierung sein, um einen gewünschten Effekt zu erreichen. Das wird
auch durch die Volksmedizin der Andenländer Südamerikas bestätigt: um grosse Höhen
zu Fuss zu bewältigen (oder um dort oben die schwere Arbeit in den Bergwerken verrich-
ten zu können, kauen die Indios Coca, welches sie mit Ilicta, einer stark basischen
Pflanzenasche versetzen, um das für sie teure Coca mengenmässig einzusparen und die
physiologische Coca - Wirkung zu erhöhen.
3.) Die allgemeine Stoffwechellage im Sinne einer - auch ernährungsbedingten - Acidose
hat grossen Einfluss sowohl auf die Erkrankung selbst als auch auf eine mögliche Therapie. Die Forderungen von Herta Hafer (s. o.), acidosefördernde und/oder phosphathaltige
Nahrungsmittel aus dem Speiseplan hypermotorischer Kinder zu streichen, sind nicht
weltanschaulich begründet (wie ihre Kritiker aus der Nahrungsmittelindustrie behaupten meinten zu müssen), sondern von der Metabolik her beweis- und nachvollziebar.
Genauso nachvollziehbar ist natürlich auch die Furcht der Schlachthofbetreiber und
Fleischhändler, durch ein von Hafer et al. gefordertes Verbot von Phosphaten in Lebensmitteln ihren Profit geschmälert zu bekommen (wenn man Fleisch in eine phosphor-

säurehaltige Kuttersalz-Lösung taucht, dann nimmt es Wasser auf und wiegt gut 10 % mehr - später hat die Hausfrau dann allerdings ein Schrumpf-Steak in der Pfanne).

Wie kommt es nun bei den hypermotorischen ADS Kindern zu der aus schulmedizinischer Sicht beobachtbaren Steigerung der Konzentrationsfähigkeit und Umgänglichkeit, also dem "Therapieerfolg" ? Es ist doch allgemein bekannt, dass Stimulantien, wie der Name schon sagt, die Körperfunktionen anregen und steigern, vom Herzschlag über die Denkgeschwindigkeit bis zur Motorik (vergl. verbotenes Doping im Sport). Die Erklärung dieses Widerspruches liegt in der paradoxen Reaktion und gehorcht dem Gesetz vom Ausgangswert (Wilder 1931): Je mehr ein Organismus seine individuelle "Ruhelage", also seinen Ausgangswert von der physiologischen Mitte zwischen Vagus und Sympathicus zu einem der beiden Pole hin verschoben hat, desto schwächer reagiert er im allgemeinen auf zielgerichtete (auch medikamentöse) Reize in diejenige Richtung, der er ohnehin näher steht.

"Im allgemeinen" - wäre da nicht die Regel von der paradoxen Medikation (nach Frankl). Um einen - wie immer lahmenden - Vergleich zu geben: wenn man ein hypernervöses Rennpferd durch Schläge immer weiter antreibt, wird es ziehmlich bald nicht nur langsamer, sondern bleibt schlussendlich sogar stehen, um dann zusammenzubrechen.

alpha-Phenyl-alpha-piperidyl-(2)-essigsäuremethylester-hydrochlorid (Ritalin(R)) hält durch ständige Dosiswiederholung den Organismus in der gewünschten Reaktionslage.

Wenn man auf diese Weise künstlich die vegetative Ausgangslage zur anderen Seite "überspringend" verschiebt, ändert man eigentlich nur das Vorzeichen - die generelle Dysballance bleibt, und die Instabilität auch. Der kindliche Organismus entwickelt in solch einer zum Zerreissen gespannten Situation auch keine Frustrationstoleranz, sondern über den Abwehrmechanismus der Konversion eine Sonderform der Depression.

Als Gefahr bei Langzeitmedikation von Erwachsenen gibt der Hersteller Novartis in seiner Fachinformation u. a. Schizophrenie an; die Auswirkungen von Langzeitmedikation bei Kindern scheint er bis heute (Okt. 2001) nicht untersucht zu haben - aus seinen Publikationen geht allerdings eine empfohlene Therapiedauer von höchstens **6 Monaten** hervor. Die pädiatrische Praxis der konventionellen Medizin ist aber in der Regel eine ganz andere: **6 Jahre** und länger!

Desweiteren entwickelt sich eine allgemeine Schwäche, die durch den Mangel an Vitaminen, Mineralstoffen, Spurenelementen und hochwertigen Aminosäuren (Grundbausteine von Neurotransmittern) gekennzeichnet ist. Damit sind auch schon die Grundelemente einer alternativen Therapie skizziert, wie sie Barbara Simonsohn in ihrem Buch "Hyperaktivität - warum Ritalin keine Lösung ist", ISBN 3-442-14204-0, darlegt.

Die dort aufgeführte Liste der Nebenwirkungen ist übrigens so lang wie erschreckend.

Siehe auch: http://www.ritalin-kritik.de

Allergien o. Unverträglichkeiten ... S. 673, Vitamine als Nahrung..... S. 700
Vergl. auch: Allgemeines: Drogen ... S. 604 & Widersprüchliche Symptome ... S. 698

HYSTERIE

Der Begriff der Hysterie leitet sich eigentlich aus der griechischen hystera = Gebärmutter ab. Weibliche Kinder sind naturgemäss häufiger betroffen. Das Wesen hysterischen Benehmens ist die Unterstellung körperlicher Funktionen unter (unbewusste) Vorstellungen oder Emotionen zum Zwecke der Demonstration versagter oder zu kurz gekommener Bedürfnisse. Körperlich "verbogene" Funktionen können sich in Lähmungen, Konvulsionen oder auch Fieber zeigen. Aber auch diskretere Störungen sind beobachtet worden, wie z. B. die Anfälligkeit für Unfälle (und das "Passieren" derselben). Signifikant häufig zeigt sich bei der Anamnese (und besonders bei der Fremdanamnese, die hier ihren unschätzbaren Wert hat) eine emotionale Vernachlässigung oder (unbewusste) Ablehnung des Kindes. Fast beweisend hierfür ist die Neigung zur Verstopfung (Festhalten, Behalten) sowie Enuresis in der Vorgeschichte (siehe auch dort). Auch bestimmte Formen der Anorexie können unter diesem Aspekt betrachtet werden. So gibt es Fälle, in denen Eltern ihr Kind emotional nicht annehmen konnten und es kompensatorisch geistig fördern. Das Ergebnis ist ein Auseinanderklaffen von brillanten schulischen (oder musikalischen) Leistungen und Abmagerung bis zum Marasmus mit der schlussendlichen Notwendigkeit intensivmedizinischer Intervention. Auch die Epilepsie hat eine hysterische Spielart. Kennzeichen derselben ist der Umstand, dass sich die betroffene Fallsüchtige nie ernsthaft verletzt, z. B. nie ins offene Feuer fällt (Ign.) etc.

Anmerkung: Die moderne Kinder- und Jugendpsychiatrie betrachtet Magersucht als eine nicht substanzgebundene Sucht und folgert daraus für die Therapie die Notwendigkeit, ähnlich wie bei Drogensucht, die Persönlichkeit auf sehr rigide Weise löschen zu müssen. Diesem schaurigen Auswuchs allopathischen Denkens steht die von humanistischem Geiste geprägte Homöopathie diametral gegenüber.

INTERAKTIONSKONFLIKTE wie Trennung / Scheidung der Eltern

Ein Kind ist kein Erwachsener, hat also weder die körperliche noch seelische Statur derselben, also auch keinen so breiten Rücken, dass darauf die Konflikte der Eltern ausgetragen werden könnten (geschweige denn sollten).

Allgemeine Mittel:
>   anac. ant-c. aur. calc. caps. Carc. CAUST. cycl. dulc. Gal-ac. gels. IGN.
>   lac-c. LACH. lyc. mag-m. med. nat—c. NAT-M. ph-ac. phos. puls. sec. sep.
>   sil. STAPH. stram. Tub.

Besondere Merkmale einiger Mittel:
Antimonium produziert Fettsucht, ebenso wie Capsicum, bei Unstimmigkeiten.
Aurum - Knabe siecht dahin.
Calcium - Kinder sind bei Unstimmigkeiten im Elternhaus nicht nur empfindlich,
>   sondern werden dann auch besonders anfällig gegen Infekte.
>   Sie brauchen emotionale Sicherheit einer in sich geschlossenen Familie.
Causticum verwindet nicht nur den Verlust eines Elternteiles nicht (an sich keine
>   unnormale Reaktion für eine gewisse Zeitspanne), sondern auch nicht den
>   Verlust von Freunden.
Cyclamen weint still vor sich hin, weil es sich für die Trennung der Eltern verantwortlich
>   fühlt.
Gelsemium erkältet sich durch emotionalen Stress oder bekommt Kopfschmerz,
>   typischerweise mit Sehstörungen.
Kalium bichromic. braucht die Ordnung und bürgerliche Regelmässigkeit, die eine
>   Familie bietet und erkrankt dann an Sinusitis.

Ignatia   bei "Symptomen - Duellen" (v. Ungern Sternberg). Oft vorkommend
          auch bei Erwachsenen (Krankheitsgewinn - in geringerem Grade auch
          dulc.) Ignatia hat oft gleichzeitig dabei auftretende Schulprobleme,
          sagt aber z. B. bei Befragen durch die Lehrerin ("Was ist denn eigent-
          lich zuhause bei Euch los?") nichts und verschliesst sich, wie es in noch
          stärkerem Masse

Nat-m.   tun würde. Statt etwas zu sagen, können Erbrechen oder Konvulsionen
          (bis zur Chorea) produziert werden. Diagnostisch hilfreich wären in
          solchen Situationen der CAT = "Children Apperception Test" oder TAT
          = "Thematical Apperception Test", wie sie in der klassischen Kinder-
          psychologie angewendet und früher den Lehrern mit "alter" pädagogi-
          scher Ausbildung vermittelt wurden. Auch der schwieriger auszuwer-
          tende Sceno - Test würde aufschlussreiche Ergebnisse bringen.

Lac- c.   Wechsel der Bezugspersonen Mutter / Großmutter oder Kind pendelt
          zwischen hier und dort.

Lach.   Eifersucht und Ehrgeiz.

Lyc.   entwickelt noch mehr Unsicherheit oder Prüfungsangst als sonst.

Med.   zieht sich vor dem übermächtigen Vater (vom Medorrhinum - oder
          Nux-vomica - Typ) zurück. Oder auch als Folge von Schockerlebnissen.

Nat-m. & Ign. bei Familienkonflikten wie:
          Die wieder schwangere Mutter wird von ihrem Manne verlassen.
          Es kommt heraus, dass ein Elternteil seit längerem fremdgeht.
          Verlust eines Elternteiles in frühester Jugend.
          Die schulischen Leistungen lassen im allgemeinen nach, weil Konzen-
          tration und Gedächtnis vorwiegend von Unbill und dem ständigen
          Denken daran eingenommen werden.

Nat-m.   vorwiegend bei Konflikten mit dem geliebten oder verhassten Vater.

Nat-c.   braucht Sicherheit. Reaktionen auf ungewisse Zukunft oder
          Instabilitäten, z. B. bevorstehender Umzug, neue Wohnung, neue
          Freunde etc.

Puls. & Carc. können Streit zwischen den Eltern absolut nicht ertragen.

Sec.   hat einen Konflikt zwischen männlichem und weiblichem Anteil. Es kann
          auch ein Konflikt m. d. Mutter vermutet werden. Flucht in Rauschgift.

Sep.   Konflikt mit der Mutter, der Frau, dem weiblichen Selbstverständniss
          vorherrschend - auch später bei erwachsenen Frauen und
          frauenbewegten solchen.

Sil.   erschöpft sich durch eine anstrengende Vermittlerrolle, oder er sieht
          dieselbe als fruchtlose Unternehmung an und zieht sich ganz zurück.

Staph.   Mittel der ersten Wahl bei (verhaltener) Wut und Eifersucht.

Stram.   Familien, in d. Gewalt durch Alkohol oder religiöser Fanatismus herrschen.

Tub.   Ungeordnete Verhältnisse, alles geht drunter und drüber, d. Kind hat oft nicht
          einmal Zeit und Raum, in Ruhe die Schulaufgaben zu machen. Verwahrlosung
          (auch Wohlstandsverwarlosung durch materielle Zuwendungen als Bestechung
          oder Kompensation mangelnder Liebe und Hingabe an das Kind).

KONZENTRATION und Examen

"Moderne" Pädagogen und Psychologen bezweifeln häufig den Sinn von Prüfungen, die sie als überflüssige seelische Belastung für das Kind ansehen. Sie selbst sind oft Menschen von geringer seelischer Belastbarkeit, die auf der anderen Seite aber auch wenig Lebenserfahrung und geringe Übung zur selbständigen Benutzung ihres Verstandes haben. Eine Prüfung - gleich welche - ist nicht nur ein Nachweis für erbrachte intellektuelle Leistungen, sondern auch einer über nachgewiesene Frustrationstoleranz, Zähigkeit, Durchhaltevermögen - kurz gesagt ein Nachweis für seelische Belastbarkeit. Letztere braucht man im heutigen Berufsleben weit mehr, und das weiss jeder erfahrene Personalchef - und handelt danach in Übereinstimmung mit seinem Herrschaftswissen. Ein Schulsystem, dass seine Schüler nicht auf die real existierende Welt vorbereitet, erfüllt seine Aufgabe nicht und betrügt die Kinder. Dass des weiteren Förderung und Ermutigung zur Phantasie zu wenig erfolgt, verschlimmert die Situation vollends: denn Phantasie ist auch notwendig, um die Welt an die eigenen Bedürfnisse anpassen zu können, sprich humaner zu gestalten.

Was bleibt dem Homöopathen zu tun? Die konstitutionelle Behandlung als via regia bringt den Patienten in die Lage, seine individuellen Anlagen bestmöglich zu entfalten und seine Widerstandskraft auf allen Ebenen, im gegebenen Rahmen, zu optimieren. Aus einem Ackergaul wird natürlich nie ein Rennpferd. Wenn ein Examen ins Haus steht, aber keine sonderlichen Symptome zu verzeichnen sind, kann man mit Vorteil vier Wochen vorher

Helleborus niger LM 6 täglich 3 Tropfen geben. Das hebt die intellektuellen
        Fähigkeiten und verhindert, dass "der Kopf so voll wird, dass nichts mehr
        hineinpasst". Unmittelbar vor der Prüfung gibt man dann

Argentum nitricum C 200 bei Menschen mit geschwächter Anlage des inneren
        Keimblattes (Neigung zu Durchfall) und allgemeiner Ruhelosigkeit oder

Gelsemium C 200 bei Patienten mit geschwächter Anlage des äusseren
        Keimblattes (allgemeine Schwäche, nervöses Zittern, blackout etc.),

es sei denn, dass individuelle Symptome ein anderes Mittel indizieren.

LEGASTHENIE (SCHULE, LRS)

Med.   bei normaler oder höherer Intelligenz, aber auch bei MCD
Lyc.   verwechselt auch rechts & links im täglichen Leben
agar.   wenn Kind blass, schwach o. hampelig, bei eher niedrigerer Intelligenz
stram.   wenn Kind rot, kräftig oder leicht zornig. Lebhafte Mimik
Parth.   wenn gleichzeitig allergische Hautausschläge oder Conjunctivitis vor-
        handen sind. Parthenium e floribus (Homeoden) Mittel passt mehr für Knaben.

MCD (minimale cerebrale Dysfunktion) muss therapeutisch bedacht werden.
        Waren als Kleinkind Bewegungsstörungen aufgefallen?

Man vergesse niemals die häufigsten Ursachen wie:
        Mangelndes Lese - Vorbild der Eltern.
        Mangelndes Sprach - Vorbild der Erwachsenen (Slang).
        Fernsehen, Video, ständige Beschallung durchs Radio.

Idiotische Lehrmethoden wie Ganzwort-, Ganzsatz- oder Ganzfibel - Methode (Allerdings gibt es keine noch so dämliche Methode, die das Lesen und Schreiben Lernen der Kinder sicher verhindert).

Pädagogisch - psychologisch ungeeignete Lehrer, die keine Disziplin aufrecht erhalten können oder aus falscher Einstellung resp. Faulheit nicht wollen.

Fehlendes Training des Schönschreibens (falsche pädagogische Ausbildung).

Nebenbei: Die 7 - jährige preussische Volksschule entliess die Gesamtheit der Kinder bis 1914 mit einer Analphabetenrate von nur höchstens 5 % (Synthetische Methode) !!!

(Vergleich 1992 - USA: 18 % Analphabeten der nach der Schulpflichtzeit entlassenen Schüler.   - BRD (West): rund 10 %).

J. H Allen ordnet in seinen "chronischen Krankheiten - die Miasmen" die Fehler bei der Rechtschreibung der Sykose zu. (Fehler im Rechnen: Syphilinie).

Nach Dr. Buchwald können Impfungen auch Gründe für das Auftreten einer Legasthenie sein! Differentialdiagnostisch muss man auch auf Konzentrations- und Gedächtnisstörungen achten, diese wären dann aber keine "echte" LRS.

Genetische Disposition ist möglich (hinweisend darauf soll die fehlende Echolalie im Säuglingsalter sein). Minimale neurologische Fehlentwicklungen (Links - Rechts - Koordinationen) werden diskutiert. Siehe auch in der Einleitung, Legasthenie, S. 34.

LESEN und Tun

Welche Freude, wenn das Kind "richtige" Bücher zu lesen lernt!

Freude für das lesende Kind selbst, für die Eltern, die Grosseltern ... Und einige Zeit später: "Wie langweilig, da sind ja keine Bilder drin!"

Und in Zukunft: "Wie ätzend, das ist ja ohne CD-ROM ! (Bildspeicherscheibe)"

Was ist nur geschehen?

Die Erklärung, das lediglich das Lesen nicht hinreichend gefördert wurde, genügt wohl nicht, sie stimmt auch im Einzelfalle nicht immer. Das Bebildern der Zeitungen - die BILD Zeitung - der Farbdruck in den Illustrierten - schliesslich die graphischen Oberflächen in den Personal Computern, die auch den Homöopathen zum Anklicken von Bildsymbolen als Einstieg in bestimmte Repertoriumsrubriken eines bekannten Computer Repertoriums zwingt, erschlägt die Phantasie des Menschen durch Praeformierung der Vorstellungen und durch Überhäufung mit visuellen Reizen.

Ökonomische Gründe spielten zunächst auch eine Rolle - konnten doch die Produzenten zu Recht mehr Geld für eine bebilderte Information verlangen, da deren Herstellung eben teurer war. Die Auswirkungen der Kulturindustrie möge man nachlesen bei Horkheimer und Adorno, Dialektik der Aufklärung, Amsterdam 1947. Dort ist auch von der Tyrannei die Rede, die den Körper frei gibt und geradewegs auf die Seele losgeht, und von einer Freiheit, die " für die Dummen in der zum Verhungern bestand." (S. 157, gemeint ist natürlich das mental starving)

Kriminologen sehen heute im Erlebnismangel der Jugendlichen einen der Hauptgründe für Vandalismus und wachsende Gewalt. Kein Wunder also, wenn durch Überflutung mit visuellen Reizen ein Mangel an Imaginationskraft erzeugt wird, und die Phantasie genauso versiegt wie selbständiges Denken als das "Handeln im Binnenraum der Vorstellung, mit geringen Besetzungsquantitäten" (S. Freud).

In der klassischen Homöopathie wird viel von der Wichtigkeit der mentalen Symptome gesprochen - der Anspruch auf Glaubwürdigkeit aber bleibt hohl, wenn sich die Homöopathen selbst jeder philosophischen Anstrengung entziehen. Kultur beginnt aber nun einmal mit Lesen und Schreiben.

Wie heisst es doch in Goethes Faust?

> **"Geschrieben steht: 'Im Anfang war das Wort!'**
> **Hier stock ich schon! Wer hilft mir weiter fort?**
> **Ich kann das Wort so hoch unmöglich schätzen,**
> **ich muss es anders übersetzen,"**

Schlussendlich kommt Faust nach einigem Hin und Her die Erkenntnis:

> **"Mir hilft der Geist! auf einmal seh ich Rat**
> **Und schreibe getrost: Im Anfang war die Tat!"**

Die philosophische Anstrengung kann sich also nicht im Binnenraum der Vorstellung erschöpfen, sondern ihr muss die Tat folgen, sonst bleibt es nur zu leicht beim Gelaber (siehe auch Einleitung, S. 33). Der kindliche Patient resp. seine Eltern, sollten vom Homöopathen ohne dessen Angst, falsch verstanden zu werden, auch in Diät, im weitesten Sinne des griechischen Wortes diaita = "Führung auf den richtigen Lebensweg", unterwiesen werden (siehe auch Organon, § 4 sowie § 81 Anmerkung). Auf die Lehrer als dafür zuständige "Pädagogen" zu verweisen, hiesse, sich zu drücken - denn was vom staatlichen Schulsystem und seinen Repräsentanten im Regelfalle zu erwarten ist, könnten wir jeden Tag, vornehmlich in den Grossstädten, beobachten - als Fehlleistung.

MUSIK hören ständiges Verlangen, auch während der Schularbeiten

Bei ständiger Beschallung werden durch "funktionelle" Musik (Dudelmusik, die keine Höhen und Tiefen, wohl aber einen quälend gleichmässigen Rhythmus hat), innere Spannungen besänftigt und Aufmerksamkeit abgezogen. Folge: vermehrte "Flüchtigkeitsfehler", unleserliche Schrift, Mangel an gedanklicher Tiefe etc.
Musik kommt hier einer stoffungebundenen Droge gleich. "Der Walkmann ist die Baby-Nuckelflasche der älteren Kinder." (Silbermann, Kölner Soziologe) Wer seinem Kind die ständige Beschallung gewährt, handelt ähnlich wie jemand, der seinem weinenden Kind sofort Süssigkeiten in den Mund stopft, anstatt es in seinen Emotionen anzunehmen und zu trösten. Die Kulturindustrie erweist sich wieder einmal als Hure der Profitsteigerung. Frustrationstoleranz und innere wie äussere Stille stehen dem Konsum im Wege. Wen wundert es da, dass Menschen mit tuberkulinischem Miasma so anfällig sind für die Auswirkungen ständiger Beschallung?
Einzige Ausnahme: Ein hyperkinetisches Kind, welches Tarentula benötigt, wird durch Musik wirklich gebessert.

SCHULE oder Kindergarten Abneigung, Schwierigkeiten bei Einschulung

Die erstmalige regelmässige Trennung vom Elternhaus birgt für manche Kinder seelische Probleme. Zugrunde liegen diffuse Ängste, nicht nur vor unbekannten Menschen und vor neuen Situationen insgesamt, sondern auch das Gefühl von Verlassenheit und die Befürchtung endgültiger Trennung. Die Chance zur Entwicklung von vermehrter Unabhängigkeit und Selbständigkeit kann das Kind vielleicht kognitiv, sicher aber nicht emotional wahrnehmen. Wenn gleichzeitig Verlangen nach Süssigkeiten besteht, dann kann man mit Vorteil
>ARG-N. C 30, drei bis fünf Tage lang, geben. Es formt das Kind zum
>>Schulkind und erleichtert den Zwang zum regelmässigen Schulbesuch.

weitere Mittel:
>bar-c. Calc. Calc-p. calc-s. hell. hyos. Ign. lyc. med. Nat-m. Puls. stram.

STEHLEN, LADENDIEBSTAHL (Kleptomanie)

Natürlich ist die Kenntnis von Recht und Unrecht Voraussetzung für das "Urteil" Kleptomanie. Ein Kleinkind muss in seiner Entwicklung erst innen von aussen zu differenzieren lernen, das Selbst vom Nichtselbst trennen können, bevor es zwischen Mein und Dein unterscheiden kann.

Hauptmittel:
>calc. KALI-C. med. nux-v. phos. sep. Sulph. tub.

lach.	Stehlen aus Gehässigkeit
sulph.	Stehlen als Mutprobe
calc. op. puls.	Stehlen von Geld, auch unwiederstehlicher Drang
Puls. Phos.	Stehlen kompensatorisches, wegen mangelnder Zuwendung
mag-m. nat-c.	Stehlen von Naschwerk, Süssigkeiten.

TOBSUCHTSANFÄLLE

Zur Differenzierung einiger Mittel:

Canth.	wildes Betragen m. Beissen, Kratzen etc. Dabei: bleiches Gesicht
Hyos.	" " " " Dabei: dunkel rotes Gesicht
Bell.	Dauer der Anfälle: lange
Stram.	Dauer der Anfälle: lange, eventuell sogar Tage
Verat.	Dauer der Anfälle: kurz, ca. 1/4 Stunde - danach starke Erschöpfung
Med.	Kind gibt sofort Ruhe, wenn das von ihm Verlangte gewährt wird
Tub.	Kind bleibt noch lange unausstehlich, auch wenn das Verlangte gewährt wurde. Es ist beleidigt, dass man ihn überhaupt etwas zu versagen wagte.

VERGEWALTIGUNG oder STRASSENRAUB

Schnelle Hilfe ist geboten. Psychologische Intervention ist zwar gut gemeint, birgt aber die Gefahr der emotional - traumatischen Fixierung.

akut:

STAPH.	am besten SOFORT geben, D / C 200
OP.	SCHOCK, wie gelähmt, D / C 200
IGN.	Schock, Weinen & verkrampftes Lachen gleichzeitig, D / C 30
ANH.	Schock mit Zittern, D / C 30
Stram.	wenn besonders viel (auch blutige) Brutalität erlebt wurde, D / C 200

chronisch:

NAT-M.	Apathische Trauer, D / C 200, LM 6 - 30, 10 - 100 M
SEP.	Plant Rache an allen Männern, D / C 200, LM 6 - 18, 10 M
Sep.	träumt auch häufig von Vergewaltigung, nicht unbedingt nur nach tatsächlich erfolgter solcher!
calc-p.	Libido schwach o. verloren nach Vergewaltigung

Bei Folgen von Gewalt / Vergewaltigung am meisten benötigt werden

auf der seelischen Ebene: STAPH., IGN., Op. & stram.

auf der körperlichen Ebene: arn., Bell-p., Calc-p., con., nat-s. & sil.

WIDERSPRÜCHLICHKEIT

Dieses Symptom ist mit grosser Zurückhaltung zu bewerten.

Die Ich - Organisation beginnt ca. im 6. Lebensmonat und ist erst mit ca. 10 Jahren voll ausgebildet. Für ein Kind unter 10 ist es daher nichts Besonderes, sich selbst zu widersprechen. "Aber eben wolltest Du doch Apfelsaft!" - "Dann hab ich mir das jetzt eben anders gedacht!" In der Pubertät kommt es dann noch einmal zu einer Phase von Widersprüchlichkeiten. Zum Teil gehören sie zu dem Ausprobieren verschiedener Identifikationen. Die innerlich oft gestellte Frage: "Wie komme ich am besten an?" liesse vor allem an Phos. und Tub. denken.

KOPF und SCHWINDEL

KOPFSCHMERZ Schulmädchen, Schulkindern bei (Lernen)

Allgemeine Rubrik:
>   acon. agar. bac. bell. Calc. CALC-P. chin-ar. croc. kali-p. Lac-c. LACH.
>   mag-p. nat-c. NAT-M. Nux-v. PH-AC. Pic-ac. PSOR. Puls.
>   sabad. stry-p. sulph. syc. tub-a. Tub. verat. v-a-b. zinc. zinc-m.

Am Anfang statt Schmerzmittel u. U. Chininum arsenicosum D 4 - 6.
WICHTIG ist Darmregulierung mit morgendlichem Nux-vomica D4 oder
>   Strychninum D6, morgens in 1 Glas Wasser gelöst trinken lassen.
>   Bekannte Darmtherapeutica wie Paidoflor oder Nigersan D5 im Wechsel m.
>   Mucokehl D5 nebst vernünftiger (basenbildenden) Ernährung können folgen
Nervosität bei jeder Menses zusätzlich zum Schulkopfschmerz reagiert oft auf
>   Veratrum-album.
Durchfall begleitend zu den Kopfschmerzen ist nicht immer ein Fall von
>   Argentum-nitricum, sondern oft von CALCIUM-PHOSPHORICUM.
Fehlsichtigkeit führt durch Augenüberanstrengung zum Kopfschmerz:
>   Mag-p. begleitend zur augenärztlichen Verordnung einer Brille (auch Gels.)

SONNENSTICH

Folgende Reihenfolge wird häufig angetroffen werden:
>   acon.   nach Einschlafen in der Sonne
>   bell.   plötzlicher Beginn, knallroter Kopf, weite Pupillen, klopfende
>   Kopfschmerzen, beginnendes Delirium und im Extremfall sogar
>   Wahnvorstellungen.
>   glon.   wenn Kopf dunkelrot bis violett wird
>   nat-c. Spätfolgen Sonnenunverträglichkeit, Verdauungsschwäche
>   ther.   Spätfolgen allgemein
>   stram. Spätfolgen, besonders Gedächtnisschwäche.

NERVENSYSTEM und NEUROLOGIE

CHOREA als hyperkinetisches, rheumatisch assoziiertes Syndrom

Chorea Sydenham o. St. Veits Tanz wurde früher auch als Chorea rheumatica bezeichnet. Das mag verwunderlich klingen, feststehende Beobachtung ist jedoch, dass die Familienanamnese solcher Kinder in der Mehrzahl eine ausgeprägte rheumatische Vorbelastung zeigt. Ausserdem ist Rheuma per definitionem nicht auf Affektionen des Bewegungsapparates beschränkt. Bestimmte Formen der Halsentzündung z. B. verlangen Lycopodium - wie könnte man sich das erklären, wenn man nicht annähme, dass es eben auch eine rheumatische Halsentzündung geben kann? Analog dazu muss auch das Nervensystem als rheumatisch affizierbar betrachtet werden, und eine Spielart wäre dann die Chorea (eine andere vielleicht die MS). Von den angegebenen Mitteln:

> Agar. ars. Bell. bry. calc. calc-p. Caust. Caul. CIMIC. colch. ferr.
> gels. hyos. Ign. kali-p. merc. mygal. nux-m. nux-v. phos. psor. puls.
> Rhus-t. Stram. sulph. valer.

sind schliesslich die Hälfte auch bewährte Antirheumatica.

Dass Chorea auch durch Unterdrückung von Hautausschlägen entstehen kann:

> Caust. psor. Sulph. thuj.,

widerspricht weder theoretischer Überlegung noch der Erfahrung.

Die Behandlung des HYPERKINETISCHEN SYNDROMS (siehe dort) könnte durch den Nachvollzug obiger Grundüberlegungen erleichtert werden.

EPILEPSIE

Diese Erkrankung ist rein homöopathisch schwierig zu behandeln. Auch wenn die Erfolgsaussichten nur ca. 33 % betragen mögen, so ist doch ein Versuch immer lohnenswert, zumal bei rund einem weiteren Drittel Milderungen erzielt werden können, die chemische Antepileptika einsparen lassen und so die Lebensqualität verbessern. Grundsätzlich kann man aus genauester Anamnese und gründlicher körperlicher Untersuchung in den meisten Fällen feststellen, dass dem Ausbruch der Epilepsie andere Krankheiten oder zumindest Funktionsstörungen vorausgingen, die ihrerseits jedoch nicht richtig erkannt, bewertet oder gar behoben wurden, dergestalt, dass die Epilepsie sich als das manifeste Ergebnis dieser Störung präsentiert. Die Analogie zum Krebsgeschehen drängt sich auf: ist doch der Tumor nicht die eigentliche Krankheit, sondern das Endergebnis einer zellulären Wachstumsstörung, deren sich das körpereigene Immunsystem und die Lebenskraft nicht erwehren konnte.

Leider kann man die Grundstörung häufig nicht mehr eruieren - oft wurde sie allopathisch unterdrückt. In solchen Fällen kommen **Zinc** oder seine Verbindungen infrage, allen voran Zinc-br., das übrigens, täglich in der C 3 - 6 genommen, ein starkes Palliativum sein kann und Antepileptika oder Antikonvulsiva einsparen, wenn nicht gar zu ersetzen in der Lage ist. Wenn durch langen Gebrauch letzterer schon ein bemerkbarer geistiger Abbau vorhanden ist, tut auch Zinc-p in gleicher Dosierung gute Dienste. Man studiere alle Zinc - Verbindungen und wähle die am meisten homöopathische aus.

Ein ganz anderes Behandlungskonzept wurde von **Jahr** in seinem therapeutischen Leitfaden, Leipzig 1869, S. 242, angegeben: "Im Allgemeinen aber fange ich, wenn keine besonderen Anzeigen vorliegen, jedesmal meine Behandlung mit IGNATIA an, mag SCHRECK die Veranlassung gegeben haben oder nicht, und thut dies nichts, so wende ich dann meist der Reihe nach SULPHUR, CALCAREA, LYCOPODIUM, CAUSTICUM und CUPRUM an ...". (Statt mit Ign. kann bei "vollsaftigen" Personen mit Belladonna begonnen werden. Ein solches Vorgehen wurde später von Burnett als "the ladder" = Leiter, Mittelfolge bezeichnet und erfolgreich angewandt.

Bönninghausen gab bei ZNS-bedingtem Krampfleiden Calc. C 30, nach 3 Tagen Cupr. C 30, dann nach 3 T. wieder Calc. usw. über längere Zeit und bemerkte dazu, dass die Wirkung "sanfter und wohlthätiger" war, als von jedem der beiden Mittel allein.

Palliatives Vorgehen schändet nicht - ist es jedem Homöopathen doch unbenommen, zusätzlich eine konstitutionelle Behandlung vorzunehmen. Auch die Schulmedizin betreibt letzten Endes bei der Epilepsie nur Palliation. Denn wer kann beweisen, dass die Anfälle bei auch noch so genauer medikamentöser "Einstellung" verschwunden sind? Die alten Griechen nannten die Epilepsie morbus sacer = heilige Krankheit, die von den ewigen Göttern kommt und durch die sich die Götter, wohl auch vor menschlicher Hybris warnend, artikulieren. Das diagnostisch hochgepriesene EEG wird nicht die letzte und grösste Diagnosemöglichkeit aller Zeiten sein. Der wissenschaftliche Fortschritt wird das EEG ebenso einholen, wie er die Methoden der Vor - EEG - Ära überholt hat - und auch damals behauptete die Schulmedizin im Brusttone der Überzeugung, dass ... - nun ja, wir alle wissen, dass die Wahrheit von heute schon morgen als Irrtum bezeichnet werden kann, oder, wie Hegel weiland formulierte:

Jede Wahrheit ist zeitbezogen. An dieser erkenntnistheoretischen Problemstelle kann man aus Goethes **Faust** zitieren: (Mephisto in zynischer Rede zum Kaiser, Faust, zweiter Teil, erster Akt, in dem staatliche Finanznot und Finanzierungsstrategien bis zur inflationären Papiergeldproblematik erschreckend aktuell erörtert werden)

> **"Daran erkenn ich den gelehrten Herrn!**
> **Was ihr nicht tastet, steht euch meilenfern,**
> **Was Ihr nicht fasst, das fehlt euch ganz und gar,**
> **Was ihr nicht rechnet, glaubt ihr, sei nicht wahr,**
> **Was ihr nicht wägt, hat für euch kein Gewicht,**
> **Was ihr nicht münzt, das, meint ihr, gelte nicht!"**

Hahnemann hätte dieses Zitat auch als Motto seinem Organon voran stellen können. Es hat an seiner Aktualität nicht nur nichts eingebüsst, sondern sogar angesichts der heute geradezu marktschreierisch geforderten "Wissenschaftlichkeit durch Doppelblindstudien" noch an Aussagekraft gewonnen.

HYDROCEPHALUS Neugeborener, akut

Nach indischen Erfahrungen genügt in einigen Fällen die Gabe von
Hedera helix Q, ein einziger Tropfen auf die Zunge, um am nächsten Tage eine entlastende Nasenabsonderung hervorzurufen. Nur dann wiederholen, wenn der Hirndruck wieder zunimmt (es sind aber Fälle vorgekommen, die durch einmalige Gabe dauerhaft geheilt wurden!).

HYDROCEPHALUS chronisch mit epileptiformen Krämpfen (Epilepsie)

Hydrocephalus wird heute meist operativ durch Legen eines Überdruckventils mit Drainageschlauch in den Rumpf hinein behandelt. Häufige Folge ist symptomatische Epilepsie. Neben der Rubrik "Posttraumatische Epilepsie" oder "Konvulsionen nach Kopfverletzung" ist im akuten Fall zu erwägen: Apisin D 6 morgens im Wechsel mit Zinc D 6 abends, täglich. Hauptmittel für Hydrocephalus mit konstitutioneller Wirkung ist CALC-P. Als Alternative zu sedierenden Antepileptica hat sich Zinc-br. C 2 - C 6 oder zinc-p. C 3 - C 6, über Monate täglich, bewährt.

INSEKTENSTICHE mit neurologischen Komplikationen
Siehe unter therapeutische Hinweise Haut, S. 664

MONGOLISMUS - Down Syndrom - adjuvante Therapie

Haubold, Wolf et alii fanden folgende Massnahmen hilfreich:
Substitution von Vitaminen in leicht resorbierbarer Emulsion: A-Mulsin, E-Mulsin (event. Kombipräparat AE-Mulsin), D-Mulsin (Mugos).
Diese besonderen Zubereitungen sind der Muttermilch nachempfunden, werden bereits von der Mundschleimhaut resorbiert und überwinden so die Aufnahmestörung, die beim Down Syndrom durch eine inhärente Störung des Fettstoffwechsels vorhanden ist. Durch ein chronisch hyperaktives und gereiztes Immunsysten (bes. Thymus) kommt es durch das "den Wald vor lauter Bäumen nicht sehen" zur chronischen Abwehrschwäche. (In mässiger Form trifft das auch fürs Turner Syndrom zu). Es helfen:

Eigenblut-Nosoden C 7 -> C 12 oral (nach Imhäuser)
Proteolytische Enzyme in hoher Dosierung, z. B. Wobenzym, Wiedenzym,
Wobemugos auch als Klistier, eventuell i. W. mit Nortase (pflanzliche Herkunft)
Reintoxine von Horvi (Schlangen- & Krötengifte wirken ebenfalls enzymatisch)
Spenglersane, bes. Spenglersan G, T & E, zur positiven Immunmodulation, da
              Mongoloide häufig an katarrhalischen Infekten leiden.
Antisyphilitische Mittel (wie auch beim Turner Syndrom, siehe S. 697)
Mond - Modalitäten sind, wenn eruierbar, bei der Mittelwahl differenzierend.

POLIOMYELITIS - akut und Prophylaxe durch Immunisierung

A. Voegeli, ein schweizerischer Homoeopath, der nie viel Aufhebens von seiner Person machte, behandelte Polio auf eine eigenwillige, aber sehr erfolgreiche Art, die hier darge-stellt werden soll. Er erkennt der Poliomyelitis eine Sonderstellung unter den epidemischen Kinderkrankheiten zu, weil sie in der Regel nur dann diagnostiziert wird, wenn in ihrer Folge Lähmungen auftreten, und weil sie ausserordentlich rasch (meist innerhalb nur einiger Stunden) verläuft, andererseits aber die schlimmen Lähmungen bestehen bleiben und Kind wie Eltern schwer belasten. Daher hält er auch, abweichend von anderen Kinderkrankheiten, die zur normalen Entwicklung des Kindes gehören, eine Prophylaxe für sinnvoll, notfalls und **ungern** per Impfung.

Voegeli gibt folgendes, auch bei grossen Epidemien bewährtes homöopathisches Immunisierungsverfahren gegen Polio als Alternative an:

Das zu "impfende" Kind erhält 4 - 5 Globuli Lathyrus sativus C 30 in einem Glas Wasser, welches schluckweise eine Stunde vor den Mahlzeiten gegeben wird, und zwar drei Tage lang, morgens, mittags & abends je einen Schluck. Nach drei Wochen wird die Lathyrus Gabe wiederholt, jedoch in der C 200, und nur 2 - 3 Globuli in 1/8 Glas Wasser, an nur einem Nachmittag zwei Schlucke in 1/2 stündigem Abstand. Während der "Impfzeit" sollte das Kind gesund sein (CRP-Test) und keine anderen (homöopathischen) Arzneimittel einnehmen.

Damit ist dann die Imunisierung gegen Polio beendet, und hält nach Voegeli mindestens drei Jahre an. - Auffrischungen können genauso vorgenommen werden, oder abgekürzt, eventuell alle 2 Jahre, nur mit der C 200.

Ist beim nicht Immunisierten die Polio erst einmal ausgebrochen, so empfielt Voegeli folgendes Vorgehen: Wenn sehr hohes und plötzlich auftretendes Fieber vorhanden ist, dann Acon. C 30, unmittelbar gefolgt von Lath. C 30 (ohne sehr hohes Fieber nur Lath.), ein bis zwei Tage lang, bei Bedarf bis zu 6 x täglich. Im späteren Verlauf, oder bei abnormalem Verlauf unmittelbar nach Lath., dasjenige der folgenden Mittel, welches den Symptomen am genauesten entspricht:

> Aeth., Gels., Nux-v., Plb., Rhus-t. oder Sec.,

wenn nicht andere Mittel als die hier als am meisten vorkommenden angegebenen indiziert sind.

Für zurückbleibende Lähmungen werden vorzüglich folgende Mittel empfohlen:

> Calc., Caust., Chr-s., Plb. oder Sulph., je nach Symptomlage.

Als naturheilkundliche Begleittherapie gibt Voegeli gemäss seinem Lehrer Delbet

> Magnesium muriaticum (Magnesiumchlorid) Q an.

Dosierung: 20.0 in 1000.0 Wasser auflösen, davon alle 2 - 3 Stunden 125.0
(Kinder unter 5 Jahren: maximal 100.0)

Ein völlig anderes Verfahren wurde bereits 1940 von Dr. W. zur Linden angegeben und im "Hippokrates" (Heft 23, S. 505 ff.) veröffentlicht. Leider sind die umfänglichen statistischen Unterlagen durch Bombenangriffe im 2. Weltkriege vernichtet worden.

Es basiert vornehmlich auf der klinischen Erfahrung. Ausgehend vom Studium der Arzneimittellehre, kam man zur näheren Betrachtung der ARSEN - Verbindungen, besonders des arsensauren Eisens, wie es auf natürliche Weise im Quellwasser des oberitalienischen Heilbades Levico vorkommt. Dieses Wasser strömt auf seinem Weg ins Tal durch eine Steinschicht von Skorodit. Die Behandlung mit Skorodit (Weleda) resp. Levico wurde folgendermassen durchgeführt:

Akute Fälle: Skor. D 30 alle ein - zwei Tage subcutane Injektion (Oberschenkel), dazu:
> Phos. D 5 Dil. 3 x tgl. 5 Tropfen, Cerebellum D 4 Dil. 3 x tgl. 5 Tropfen
> Soda - Bäder (30.0 Soda pro Badewanne, 10 Minuten bei 36 - 39 °C)
> oder Soda - Wickel (1 EL Soda auf 2 L heissen Wassers, eine Stunde lang)

Chronische Fälle: Skor. D 10 perlingual täglich 15 Tropfen, dazu:
> Arn. D 6 im täglichen Wechsel mit Prun. D 6 als subcutane Injektion.

In allen Fällen wurde eine vegetarische Diät neben Darm-pflegenden Massnahmen und Heil-Eurythmie durchgeführt.

Ob man die angegebenen Homöopathica unbedingt als Injektion verabreichen muss, sei dahingestellt; ich persönlich habe (**auch bei MS**) gute Reaktionen auch bei lediglich perlingualer Anwendung gesehen - auf die Begleitmedikation mit Cerebellum habe ich jedoch aus grundsätzlichen Erwägungen verzichtet. Übrigens hat sich Lev. D 8 oder C 5 (Nelson, London) als Begleitmedikation bei hartnäckigen Anaemien, auch bei Erwachsenen, bewährt.

In diesem Zusammenhange sei auch noch auf die Behandlung der **chronischen Encephalitis** mit Belladonna e radice D 3 - D 4 hingewiesen.

AUGEN

CREDÉ - Prophylaxe gegen Gonoblennorrhoea neonatorem

Die übliche SILBERNITRATLÖSUNG macht zu viele Nebenwirkungen oder unterdrückt Symptome. Besser, wenn man nicht ganz darauf verzichten will (oder kann, weil einen Hebammen oder Klinikpersonal bedrängen), ist eine sterile hypertone Kochsalzlösung (bis 9%-ige Kochsalzlösung). Sie wirkt ausschwemmend, reinigend und mild desinfizierend. Am besten, man lässt sie vom Apotheker anfertigen und beschriften (Natriumchlorid 7%, steril, zur mod. Crede'prophylaxe) und bringt sie gleich zur Entbindung mit. So werden administrative Komplikationen vermieden. Sollte sich dennoch beim Neugeborenen eine Conjunctivitis einstellen (starke sykotische Belastung), so hilft meist:
acon. arg-n. apis. Calc. merc. nit-ac. Puls. thuj.

SEHEN Kurzsichtigkeit

Beim Neugeborenen ist das Wahrnehmungsorgan Auge noch nicht voll ausgebildet. Wie alle Wahrnehmungen, mit Ausnahme der koinaesthetischen (ganzheitliche Wahrnehmung über den Bauch), muss das Menschlein erst lernen, einen von einem Wahrnehmungsorgan ankommenden Reiz auch dem entsprechenden Hirnareal zuzuordnen. Das visuelle Erkennen ist zunächst nur auf das wichtigste, im wörtlichen Sinne Naheliegendste, beschränkt (die "Reichweite", wieder im engen Sinne des Wortes). Daher ist Kurzsichtigkeit von ca. -- 3 Dioptrien durchaus physiologisch - sie nimmt pro Lebensjahr ungefähr eine Dioptrie bis zum Normal hin ab.
Frühgeborene Kinder neigen besonders zu Schwachsichtigkeit. Hauptmittel: Cortex.
Bei manchen Jugendlichen hingegen findet man wieder eine rasch progrediente Myopie. Ein Zusammenhang mit der (weitgehend physiologischen) Atrophie der Thymusdrüse kann vermutet werden. In diesen Fällen hilft meist Physostigma in tiefen Potenzen, wenn Krampfneigung und / oder einige andere neurologische Symptome vorhanden sind.

VERLETZUNGEN - Verätzungen der Augen mit Kalk, Löschkalk

Sofortmassnahme: KEIN WASSER, sondern hochgesättigte Zuckerlösung.
Diese bildet mit Kalk ein später leicht zu entfernendes Praecipitat.
Zusätzlich kann etwas Oliven- o. Sonnenblumenoel unter die Lider gegeben werden.
Später denkt man dann an:
arg-n. CAUST. Nat-m. Plan. sil. Sulph.

OHREN

OTITIS externa, Entzündung des äusseren Ohres / Gehörganges

Gelegentlich trotzt diese Entzündung, die auch die Ohr Umgebung befallen kann, der normalen homöopathischen Behandlung. Dann hat sich folgende äussere Behandlung bewährt:

1.) Abtupfen mit Melaleuka alter. D 1 (Urtinktur z. B. von Krieger, Potenzierung mit Mandeloel, vom Apotheker frisch herstellen zu lassen und darauf achten, dass bei der Verarbeitung mindestens 30 starke Schüttelschläge erfolgen, da Mandelöl sehr viel zähflüssiger ist als Alkohol. Verschüttelung in einem doppelt so grossen Fläschchen.)

2.) Äusserliche Anwendung von Glycerin, dem Melaleuka und / oder Grapefruit-Kern-Extrakt zugemischt werden kann. Antibiotische und fungicide Wirkung.

> Rp.   Glycerol 70%   40.0
>   Melaleuka   5.0
>   Citrus paradisi e semine   5.0
> M D S: Ohrenoel. Vor Gebrauch heftig schütteln.

3.) Ein- oder Aufbringen von unbehandelter Baumwolle (Rohwatte). Selbige klebt sofort fest und wird auf den entzündeten Stellen solange belassen, bis sie von selbst abfällt resp. ohne Mühe herausgezogen werden kann.

OTITIS media allgemein

Eine akute Mittelohrentzündung entsteht oft nach vorangegangenem Schnupfen. In der Regel beginnt sie plötzlich. Dann gibt man mit Vorteil
Oscillococcinum (Handelsname auch Mucotoxinum) in der 200 C (Homeoden)
Viele Eltern haben, auch angesichts des enervierenden Schreiens des Kindes, wenig Geduld und verlangen schnell nach Analgetica oder gar Antibiotica. In diesen Fällen kann das stark antibiotisch wirkende Citrus paradisi e semine (Citricidal oder CitroBiotic, pestizidfrei, Sanitas / Steinheim) verdünnt zur lokalen und innerlichen Behandlung empfohlen werden.
Vorgehen: 10 Tropfen Cit-p-s Q in einem Eierbecher handwarmen Glycerins (DAB) auflösen und davon zweimal täglich einige Tropfen ins Ohr träufeln (Pipette oder Plastik-Strohhalm). Davon zur innerlichen Anwendung einen Teelöffel voll in ein Glas Wasser oder Saft geben, einmal täglich. Cit-p-s Q darf nie unverdünnt gereicht werden, da es sehr scharf ist und ätzen könnte.
Im Falle einer rezidivierenden oder chronisch rezidivierenden Otitis media warnt H. Voisin vor Hepar-s., Sulphur & Lycopodium. In der Tat machen die genannten Mittel in höheren Potenzen nicht nur eine starke Erstreaktion, sondern scheinen den Körper auch zu weiteren Rezidiven zu präformieren. - Die Beseitigung causaler Adenoiden (hypertrophierte Tonsillen) ist für die chronische Behandlung vorrangig,
z. B. mit Conchiolinum [Mater perlarum] D 6 -10 oder Teucricum marum verum.

Die operative Einlage von Paukenröhrchen (bisher übliche schulmedizinische Therapie) hat sich nicht besonders bewährt. Das wurde durch Untersuchung von 6350 Kindern bestätigt. Früher hatte man angenommen, dass Kinder mit chronischer Otitis medis und Erguss durch Hörminderung geistig retardieren müssten. (J. Paradise et al., effect of early or delayed insertion of tympanostomy tubes for persistant otitis media ..., N. Engl. J. Med. 344 (2001). pp.1179 - 1187) . Im gleichen Heft wird von J. Perrin gezeigt, dass hingegen die Tonsillektomie bei causaler Tonsillen-Hypertrophie häufig günstig wirken kann (ebenda, S. 1241 - 1242).

OTITIS media, chronisch rezidivierende Mittelohrentzündung

Nach asiatischer Medizintheorie werden die Ohren von der Niere (= Keimzelle des Urogenitalsystems) regiert. Von daher betrachtet erklärt sich, warum gerade diejenigen Kinder so oft von Ohrenleiden befallen sind, die sich ungeliebt fühlen (wie Pulsatilla), tatsächlich ungewünscht sind (Magnesium - Verbindungen) oder deren Eltern sich getrennt haben (alleinerziehende Mütter). Bei frühzeitigem Verlust des Urvertrauens durch Störungen im Beziehungsgefüge oder Verlust einer Beziehungsperson kommt es gelegentlich zu einer Affektion des Processus mastoideus, ein Zustand, der u. a. auf Platin hinweisen könnte. Die Niere ist das Beziehungsorgan, daher also machen Beziehungsstörungen incl. häufiger Wechsel der Bezugspersonen (Partnerwechsel der Mutter, Tuberculin) so anfällig für Ohraffektionen. Das Ohr ist das Notventil für Ausscheidungen bei Menschen mit tuberkulinischer Konstitution.
Letztlich kann man immer wieder beobachten, dass Impfungen (Fremdeiweisse) durch die Schwierigkeit der Nieren zur Toxinausscheidung die Ohren belasten. Man forsche also auch nach vorangegangenen Impfungen. Die Nosoden aus den Impfstoffen DPT sowie MMR (Staufen Pharma) sowie V-A-B C 200 (= BCG 200, Nelson) können zur Therapie mit herangezogen werden.

NASE

GRIPPALER Infekt - Sonderformen Grippe

Besondere Lokalisationen:

Halsgrippe: **Caust.** Weitere Mittel dabei:
arum-t. carb-v. dros. hep. kali-bi. Phos. rhus-t. rumx. spong.

Brustgrippe mit grosser Zerschlagenheit & Fieber morgens agg.: **Eup-per.**

Kopfgrippe: Fieber mässig, Augenliderschwer, Rückfall ca.am 5.Tag: **Gels.**

Darmgrippe (Durchfall): **Ars.** Weitere Mittel dabei:
bry. chin. chin-ar. colch. dulc. puls. rhus-t. verat.

Blasengrippe: **Dulc.** Auch puls.

Verhalten des Kindes bei grippalem Infekt:

Grippe - Kind weinerlich: Puls.
Grippe - Kind widerspenstig bockig: Ign.
Grippe - Kind quengelig: Cham.
Grippe - Kind appetitlos (Vorsicht im akuten Fall): Tub
Grippe - Kind appetitlos: Pert. (sanftestes Tuberculin)
Grippe - Kind ängstlich ruhelos: Acon. (nur zu Beginn). Ars.
Grippe - Kind schlaflos (agil nachts): Cypr.

NASENBLUTEN

Nasenbluten sieht oft schlimmer aus, als es der eher geringen Menge des Blutverlustes entspricht. Sollte es tatsächlich einmal zu heftigeren Blutungen kommen, dann kann eine Tamponade mit in
Ferrum-phos. D 8 - D 12 (Injektionsampulle) getränkter Watte die Blutung stillen. Das entbindet aber nicht von der Notwendigkeit, nach den (event. konstitutionellen) Ursachen zu suchen und entsprechend zu behandeln!

NASENSCHLEIMHAUT iatrogene Schädigung durch Otrixxx etc.
(Trockene Nase)

Der auf Dauer die Schleimhaut atrophierende Effekt wird heute auch von fortschrittlichen Schulmedizinern zugegeben. Wegen des starken Rebound Effektes kann man nicht einfach nach Langzeitgebrauch das schleimhautabschwellende Medikament absetzen, sondern sollte ersatzweise eins der folgenden Rezepte verordnen, natürlich begleitend zum Konstitutionsmittel:

Rp.

Aqua rosarum	gtt. I
Teucricum marum verum Q	2.0
Sanguinaria Q (= D 1)	1.0
Lanolinum anhydric.	13.0
Paraffinum liquefactum	4.0
MDS: Nasensalbe	

oder (leider sehr teuer & schwierig zu beschaffen)

Rp.

Aqua rosarum	gtt. I
Teucricum marum verum Q	0.5
Sanguinaria Q (= D 1)	0.5
Ephedra vulg. D 3 Inj. Amp.	3.0
Ephedrinum HCl D 4 Inj.Amp.	5.0
Acidum Tannic. D 3 Inj.Amp.	1.0
Aqua maris (phys. NaCl 0.9%)	10.0
M, D cum pipetta, S: Nasentropfen	

Bei gleichzeitigem grippalem Infekt mit Schnupfen kann in obigen Rezepten der Tropfen Rosenwasser vorteilhaft durch 2 Tropfen Citrus paradisi e semine (Citricidal oder Citro-Biotic, Sanitas, Steinheim) ersetzt werden.

Ferner kommen die Rubriken Schnupfen trockener, Heuschnupfen mit Trockenheit und Rhinitis atrophica infrage.

POLYPEN und deren Nachbehandlung nach Operation

Es ist eine bekannte Tatsache, dass ein hoher Prozentsatz der operierten Kinder bald wieder neue Polypen entwickelt.   Auch der Gesichtsausdruck ("ora hiata stultitiae signum") hat sich danach in solchen Fällen ebenso wenig gebessert wie die mangelhaften kognitiven Leistungen. Dieser Zusammenhang wird klar, wenn man sich die Aufgabe der Nasenmuscheln vergegenwärtigt:

      Anfeuchtung der Atemluft
      Staubfilterung "   "
      Anwärmung   "   "
      Verwirbelung des Atemluftstromes.

Der letzte Punkt ist (auch Fachärzten) wenig bekannt. Strömungsdynamisch sind nämlich die oberen Lungenflügel durch die starke Aufwärtsbiegung der Bronchien hinter der Bifurkation benachteiligt. Das wird durch die physiologische Verwirbelung des Luftstromes kompensiert (Ludwig Schmitt, Atemheilkunst, Bern 1952).

Polypen stören in besonderem Masse diese Verwirbelung und führen letzhin zur Minderbelüftung der oberen Lungenflügel. Letztere sind jedoch gemäss der Erfahrung (nicht nur der Yogis und anderer Asiaten) für die Tätigkeit des Gehirns besonders wichtig. Nichts anderes besagt der oben zitierte altrömische Arzt Celsus "Die ständige Mundatmung ist ein Zeichen von Dummheit." **(Mundatmung siehe S. 388)**. Die Ausbreitung des tuberkulinischen Miasmas (die Lungentuberkulose befällt bekanntlich vorzugsweise die oberen Lungenflügel) hat wohl auch die Ansicht verbreitet, das Erlernen der "toten" lateinischen Sprache mit ihrer ungeheuren Kürze und Präzision des Ausdrucks nebst scharfer Logik sei überflüssig.

O tempora, o mores! Die therapeutische Konsequenz ist jedenfalls:

Nach erfolgter Polypektomie muss die physiologische Nasenatmung wieder trainiert werden, notfalls mit Hilfsmitteln wie einer geringvolumig durchlöcherten Mundbinde, denn allein die Abwesenheit von Strömungshindernissen (adenoide Vegetationen des Nasen - Rachenraumes) induziert noch lange nicht das Aufgeben alter und bequemer Gewohnheiten. Nur so zum Spass vergleiche man einmal die Rubriken "Faulheit allgemein" und "Polypen". Nun ? Kommentar überflüssig!

Homöopathische Mittel wie die Calcium Verbindungen, Phosphor, Teucricum, Lemna-minor, Tuberkulinum, Psorinum etc. verbessern die Konstitution und beugen Rückfällen vor. Auch Immunmodulatoren wie

      Spenglersan G oder T sowie
      Eigenblutpotenzen (C 7 - C 12, oral, nach Immhäuser) haben sich bewährt.

Für die homöopathische Nachbehandlung kommen vor allem infrage:

      agra. Calc. CALC-P. cor-r. Kali-bi. lem-m. LYC. med. merc. Phos. psor.
      sang. Sil. Sul-i. SULPH. Teucr. Thuj. TUB.

Wenn trotz Polypektomie weiterhin eine Verstopfung der Nase bestehen bleibt:

      Ferr-p., gefolgt von Kali-s.

POLYPEN - Operation

Viele Homöopathen setzen ihren Ehrgeiz in die ausschliesslich homöopathische Behandlung zur Beseitigung von Polypen. Aber: schon der römische Arzt Celsus sagte: "ora hiata stultitiae signum." Es ist also abzuwägen, ob die oft sehr lange Behandlungszeit nicht - durch die verminderte Nasenatmung - die intellektuelle Entwicklung des Kindes zu sehr verzögert und dadurch die Schaden - Nutzen - Relation ungünstig sich gestaltet. Es scheint daher vernünftig, der Empfehlung Raue's zu folgen und sich beim Beginn der Behandlung eine Frist von drei Monaten zu setzen. Sollte innert dieser keine wesentliche Besserung erfolgt sein, so wäre der Chirurg zu bemühen. Treten Polypen erstmalig kurz vor der Pubertät auf, so kann etwas länger zugewartet werden, da mit Einsetzen derselben die Adenoiden ohnehin physiologischerweise zu atrophieren beginnen.

SCHLEIM, Verschleimung Nasopharynx, Lunge, Asthma, Allergie

Die Quantität und Qualität des Schleims wird vom Verdauungstrakt, speziell vom Pankreas, beeinflusst (Polymucusaccharide). Daher ist es bei allen Erkrankungen, die vermehrte Schleimproduktion haben oder einen sehr zähen Schleim aufweisen (incl. Mucoviscidose), nötig, Pancreas - wirksame Mittel zu geben und in der Ernährung schleimbildende Nahrungsmittel wegzulassen oder einzuschränken, wie:

> Müsli, Hafersuppe, angekeimter Weizen, Bananen, Milchprodukte.
> ferner Schokolade und Eier sowie Fisch
> (alles, was im Rohzustand kalt und schleimig ist, sagt Hippokrates)

Wer das nicht glauben mag, - und viele, ihr "**klassisch**" - Sein besonders betonende Homöopathen meinen ja, **nur** das richtige Mittel allein schaffe Hilfe - **lese Hahnemann,** Organon §§ 3, 77, 156, 208, 255, 260 und 261.

> Wetten, dass über 50 % dieser Homöopathen es doch nicht lesen?

(Siehe auch: Morghani, de causis et sedibus morborum, Venedig 1761 - aber das lesen sie erst recht nicht. Wie hiess es doch immer im humanistischen Gymnasium?
"Wenn Sie Ihren Lehrer beurteilen wollen, dann lesen Sie nicht nur **seine** Werke, sondern auch die Schriften, die **er** gelesen hat")

SINUSITIS

Wenn man keine Zeit oder Gelegenheit hat, den Fall genau aufzunehmen:

akute eitrige Sinusitis maxillaris:	ACON. 30 zuerst - danach Cinnb. C 3 oder Kali-bi. C 3, wenn Restsekret sehr zäh ist.
akute Sinusitis frontalis	NAT-M. 200 eine Einzeldosis - danach Cinnb. oder Kali-bi.
chronische Sinusitis	Kali-bi. C 12, Sul-i. C 6, All-c. D 4, Luf-op. D 12 oder 1 M

Resorptionsmittel   Sul-i. C 6 - 15 gegen Ende der Erkrankung

Hausstaub - Allergie als Ursache:

      KALI-AR. C 12, Sabad. C 30, Tub. C 200,
      aeth. 30, form-ac. D 200, okou. D 1 - 6, 200

Polypen als Auslöser:

      Teucr als Nasensalbe, z. B.

Rp.

      Teucricum marum verum Q   5,0
      Eucerin anhydr.   ad   50,0
          M f unguentum

Sinusitis m. einseitiger stinkender Sekretion: Hep. C 6
Sinusitis, chron. Eiterung, dabei sinugener Schwindel   Sil. C 6
Sinusitis m. Magenschmerz & Angst Enge o. Höhe   Arg-n. C 12, C 200

Häufig sind Blasen / Nierenaffektionen in der Anamnese.
Diese müssen ausgeheilt werden! Die wichtigsten Mittel sind:
      Berb. Canth. Staph. Urt-u.

Wenn Darm - Symptome vorhanden, so können diese zur Differenzierung der
      Mittel herangezogen werden.   Auch an **Nahrungsmittelallergien** denken!

GESICHT

TIEFE, SENKRECHTE FALTTEN über der Nasenwurzel (frowning look)

Nux—v.   konstitutionell
Lyc.   Angst, Unsicherheit
Hell.   Gehirn Affektionen oder Geisteskrankheit
Stram.   Geisteskrankheit oder schwere neurologische Störungen

MUND & ZÄHNE

GAUMEN - LIPPEN - SPALTE (kongenitale Hasenscharte)

Die übliche (und erfolgreiche) Behandlung ist die chirurgische.
Adjuvant zur Operation können jedoch mit Vorteil
      Aur. lach. med. merc. Syph. TUB.
gegeben werden, da die Operation zwar die substantiellen Defekte zu schliessen vermag,
nicht jedoch die formgebenden Momente der Lebenskraft korrigierend stärken kann.
Der Hasenscharte liegt das syphilitische oder tuberkulinische Miasma zugrunde.
Wenn man die beiden Miasmen anhand der Läsion differenzieren will, so kann gelten:

je genauer die Spalte in der Mittellinie liegt, desto mehr spricht für das tuberkulinische Miasma. Vergleiche die Rubriken:

Allgemeines: Anomalien Mittellinie d. Körpers in (Bac. merc. TUB.)

Anomalien symmetrisch zur Mittellinie (Bad. kali-i. Merc. Syph.)

Nerven: Syringomyelie (Rückenmark offen - Aur. AUR-M. Bar-m. Lach.)

KARIES der Zähne - Prophylaxe mit Fluor Präparaten

Dieselbe wird zwar von Kinder- und Zahnärzten dringend empfohlen und entspricht in ihrer Grundüberlegung schulmedizinischer Logik, muss aber dennoch kritisch betrachtet werden. Die Nazis machten bereits Versuche damit, nicht nur aus volkswirtschaftlichen Überlegungen (Karies Behandlung kostet viel Geld), sondern auch, um durchsetzungsfähige deutsche Recken mit vermehrtem Längenwachstum und stabilen Knochen heranwachsen zu lassen. Fluor ist das aggressivste natürliche Element. Im Arzneimittelversuch erzeugt es ebenfalls **aggressive** Charakterzüge, wie wir sie heute bei vielen Kindern und Jugendlichen finden. Insofern müssen wir uns natürlich über zunehmende Gewaltkriminalität nicht wundern. Eine andere Nebenwirkung (Zweitwirkung) ist die vermehrte Neigung zur **Depression.** Dieselbe nahmen auch schon die Nazis wohlwollend in Kauf, denn leicht depressive Menschen sind in der Regel auch leichter zu regieren.

Die "nur lokale" Verabreichung von Fluor-Anstrichen oder Zahn-Lacken ist unlogisch: Zunächst wird gesunder Zahnschmelz angeätzt (Flusssäure ist so aggressiv, dass sie nicht in Glas-, sondern nur in Plastikflaschen aufbewahrt werden darf!). Dann wird der so "grundierte" Zahn lackiert. Der Lack enthält ausser Fluorverbindungen noch Hydroxylapatite und Kunstharz. Deren mangelnde Resistenz gegen mechanische Beanspruchung ist eigentlich allgemein bekannt - wer würde bei Messerschneiden schon Kunststoff nehmen statt soliden Stahls?

Im übrigen wird vermehrt zugeführtes Fluor vom Körper nicht ausgeschieden, sondern eingelagert. Mehr als 2 mg / die führen zur Dentalfluorose (weissfleckige oder abnorm weisse Zähne). Auch sind Spätwirkungen auf den Stoffwechsel noch nicht untersucht.

Inzwischen wird auch von Seiten der Schulmedizin die interne Gabe von Fluor nicht mehr uneingeschränkt empfohlen (wohl auch aus Furcht vor möglichen Schadensersatzansprüchen. (Stand: 2000))

Die **Vermeidung von Zucker** (auch von verstecktem) ist immer noch die effektivste Prophylaxe - wenn auch angesichts verkaufspsychologisch ausgebuffter Tricks der Nahrungsmittelindustrie nicht eben die einfachste.

SOOR

Wenn mit BORAX D 2 - C 3 begonnen wurde, dann sollte
NUX-VOMICA C 30 folgen, um Rezidive zu vermeiden.
Mercur C 200 beendet oft die Kur.
Trichomonaden (in Zanfleischtaschen!) sind häufig mit Soor vergesellschaftet.

ZÄHNE Zahnstellung schief (Korrektur zwecklos)

Ältere und erfahrene Zahnärzte kommen durch kritische Rückschau auf ihre Bemühungen häufig zu dem Schluss, dass alle Anstrengungen mit Bionatoren, Spangen, Dehnplatten nach Schwarz etc. letztendlich bei einer grossen Gruppe ihrer jungen Patienten wenig zielführend waren. Eine Erklärung haben sie dafür nicht - sie geben allenfalls an, dass die schlechte Erbmasse wohl doch stärker war.
Aus homöopathischer Sicht versteht sich dieses Problem viel leichter:
Das syphilitische und das tuberkulinische Miasma lässt sich nicht durch mechanische Massnahmen - im wahrsten Sinne des Wortes - "wegdrücken". Um mit Goethe zu sprechen: "Geprägte Form, die lebend sich entwickelt", überwindet, wenn die Lebenskraft noch nicht zu sehr geschädigt ist, alle mechanischen Hindernisse. Alte Zahnärzte berichten häufiger, dass sie bei einem Kinde eine Jahre dauernde regulierende Behandlung erfolgreich durchgeführt hätten, dass aber die in ihrer Stellung gerichteten Zähne entweder früh kariös geworden seien oder sich gelockert hätten. Meist seien sie dann "nicht mehr zu retten" gewesen (Dr. Erich Goepel, Promotor der Schulzahnpflege in Norddeutschland 1923). Hier zeigt die konstitutionelle homöopathische Behandlung bessere Erfolge, nicht unbedingt in der Optik, wohl aber in der Haltbarkeit der Zähne! Früh genug eingesetzt, können oft auch zu klein entwickelte Kieferknochen sich noch nachentwickeln. Neben ausreichender Mineralversorgung sind die Hauptmittel:
calc. CALC-F. Calc-p. Fl-ac. kreos. Merc. phos. staph. SYPH. thuj. Tub.

ZAHNUNG und begleitende Beschwerden

Die Zahnung ist grundsätzlich mehr, als sie scheint: ein nur mehr oder weniger schwieriges Durchbrechen der Milchzähne durch den Kieferkamm, also ein Sich - Durchsetzen einer härteren Struktur gegenüber einer weicheren. Letzteres kann auch als erzieherisches Grundmodell gelten. Nicht zufällig beobachtet man gewisse Fortschritte in der charakterlichen Ausbildung direkt nach der Zahnungsperiode.
Nebenbei: Das Wort "Charakter " kommt vom griechischen charassein = Prägen [meist (relativ weiche) Goldmünzrohlinge durch (harte) eiserne Prägestöcke]
Die vielfältigen, möglichen Begleitsymptome besonders auf der Seite des Nervensystems (von der einfachen Reizbarkeit bis zur Epilepsie) legen zwingend nahe, dass die Zahnung entweder mit einem Entwicklungssprung des Gehirns zeitlich zusammenfällt, oder dass erstere von letzterer getriggert wird. Das Wesen dieses Entwicklungssprunges ist ebenfalls ein Strukturierungsvorgang und als Keimzelle begrifflicher Differenzierungsfähigkeit aufzufassen. Wie dem auch sei: die therapeutische Konsequenz ist allemal ein Nachdenken über den Unsinn, das Kind zu diesen delikaten Zeitpunkt mit Schmerz- und / oder Beruhigungsmitteln zu strapazieren, weil damit immer auch die Gehirnentwicklung beeinträchtigt wird. Das gilt nicht nur für den unkritischen, standardmässigen Einsatz von "Dentixxx", sondern auch von Chamomilla in tieferen homöopathischen Potenzen! Wenn man als verantwortungsvoller Therapeut diese Zusammenhänge verständlich erklärt, werden auch minderintelligente Eltern die Konsequenzen einiger unruhiger Nächte (ihrerseits zähneknirschend) auf sich nehmen. Auf der anderen Seite dem Problem der schwierigen Zahnung mit therapeutischem Nihilismus zu begegnen, hiesse die Schätze der Homöopathie nicht zu nutzen. Man studiere die Rubriken der Repertorien und die Arzneimittellehren.
Im übrigen:Während der Zahnung resp. des Zahnwechsels gebe man tunlichst keine Hochpotenz von Sulphur (zu starke Erstreaktion), sondern C 6 bis höchstens C 30.

HALS

ANGINA tonsillaris mit Eiterbildung

Um die Erkrankung abzukürzen, hat sich folgendes Vorgehen nach Arthur Lutze (Lehrbuch der Homöopathie, Cöthen, 1860) bewährt:
Merc. C 30 (o. LM 6) 2 Glob. in 1 Glas Wasser, tags alle 3 Std. ein Schluck. Abends dann, zwei Std. nach dem letzten Schluck Mercur,
Hep. M (o. C 30) 3 Glob. in 1/2 Glas Wasser, davon zwei Schluck und morgens darauf noch einmal zwei Schluck. Schlussendlich kann eventuell noch Equisetum und danach Silicea gegeben werden, um Rückfälle zu vermeiden.

Dieses Vorgehen ist aber nur sinnvoll, wenn zu Beginn der Angina wenigstens einige Mercur - Symptome vorhanden sind!

TONSILLEN vergrösserte

Wenn selbiges als Folge von Impfungen gelten kann (oder zumindest nicht auszuschliessen ist):
zuerst THUJ. oder SIL. je nach Symptomenlage, danach Bar-c. o. bar-i.
Wenn tuberkulinische Konstitution vorhanden,
zuerst BAC. C 100 oder C 200 und danach Bar-c. oder bar-i.
Bei Reaktionsmangel und/oder, wenn heftiges Schnarchen vorhanden: Op. 200
Standardtherapie, wenn keine hinweisenden Symptome eruierbar sind:
Sulph. 30, Calc. 30 o. 100, Thuj. 30 in 1 - 2-monatlichem Abstande.

Ansonsten:
Calc-p. D 3, 2 - 3 Wo. täglich als Alternative zu Barium, wenn Intelligenz
gemindert und Brustkorb schwach entwickelt ist, wie bei Tub.
Merc-i-f. o. Merc-i-r. C 6 Tabl., 1 Woche tgl. bei syphilitischer Konstitution
Calc-i. D 3, 4 Wo. tgl. bei dickem Hals (Struma)
Aur. C 3 2 Tabl. 3 Wochen lang täglich bei schmächtigen Knaben,
oder bei solchen mit schwach entwickelten Hoden
bar-i. ist dem Bar-c. vorzuziehen, wenn Mandeln zusätzlich verhärtet sind.

sab. C 30, Hep., oder Sil. bei Therapieresistenz, oder wenn allgemein angezeigt.

TONSILLITIS chronische und Tonsillektomie

Dass es zum guten Ton gehöre, schon rein prophylaktisch die Mandeln herauszunehmen, erst recht bei vorhandener chronischer Reizung oder Vergrösserung derselben, hat sich inzwischen als unsinnig herausgestellt.
Die Folgen einer Tonsillektomie - noch mehr der früher favorisierten Tonsillotomie (Kappung d. Mandeln) zeigten sich nicht nur in einer mangelhaften Drainage des Lymphabflusses der Zähne, sondern auch in etlichen Fällen in einer vorher nicht gekannten Anfälligkeit der Brustorgane, besonders in Richtung des tuberkulinischen

Formenkreises. Auch Fernstörungen auf andere Drüsen, wie Ovarien, Testes und natürlich die unmittelbar benachbarte Thyreoidea wurden häufig beobachtet. Hier zeigt sich wieder einmal:
Die wissenschaftliche Wahrheit (schulmedizinische Lehrmeinung) von heute ist der Irrtum von morgen.
Ein Blick auf die Charakteristika der für diesen Symptomenkomplex infrage kommenden Arzneimittel sowie scharfes Nachdenken hätte vielen Kindern die Mandel - Verstümmelung ersparen können:

> arn. ARS-I. bar-c. Bar-i. Calc. Calc-i. calc-p. calen. Dros. hep. Kali-i.
> mand. Merc-i-f. PSOR. streptoc. Sulph. sil. tub.

Das soll natürlich nicht heissen, dass nicht doch in seltenen Fällen eine Tonsillektomie erforderlich werden könnte (die dann sinnvoll homöopathisch begleitet werden kann).

TONSILLITIS, auch rezidivierende

Halsentzündungen, also auch Angina tonsillaris, gehen sehr häufig mit Störungen des Verdauungstraktes einher. Die Blutfülle der Halsentzündung bewirkt nämlich eine pH - Verschiebung auf den Schleimhäuten von schwach sauer in Richtung neutral (Normalwerte: pH Blut = 7.35 - pH Schleimhaut = 6.4). Je alkalischer das Milieu wird, desto bessere Chancen haben allfällige Erreger. Die Schulmedizin ist in solchen Fällen immer schnell mit Antibiotica bei der Hand, häufig wird ein qualitativer oder semiquantitativer Streptokokken Test als beweisend hinzugezogen, dass "nun wirklich Antibiotica notwendig" seien. Leider findet man bei der Hälfte aller nicht rachenkranker Kinder ebenfalls Streptokokken, so dass bei objektiver Betrachtung diese diagnostische Massnahme an Aussagekraft mit der von altrömischen Auguren konkurrieren kann. Was aber die Antibiotica im Darm anrichten, weiss fast jeder Laie.
Dass sie die allgemeine Abwehrkraft, die bei einer Angina ohnehin geschwächt ist, noch weiter herabsetzen, ist als Schlussfolgerung genau so einfach, wie die Konsequenz eines baldigen Rückfalls. Daher ist es wichtig, besonders bei chronischen oder rezidivierenden Rachen-Affektionen nach Störungen im Verdauungstrakte zu forschen und solche Symptome in die Hierarchisierung mit einzubeziehen. Denn der Verdauungstrakt beginnt im Munde!
Diese Umstände erklären auch zwanglos, warum bei Anginen folgende Mittel so häufig indiziert sind wie:

Aesc.	Beziehung zu	Anus
Dulc.	--	katarrhalischen Durchfall
Ign.	--	Magen, Duodenum & peristaltische Störungen
Lyc.	--	Leber
Mand.	--	Leber
Merc.	--	Darm

Ferner ist die Beziehung zu den Ovarien zu beachten (wg. anatom. Strukturähnlichkeit).

MAGEN

DURSTLOSIGKEIT

Durstlosigkeit ist im allgemeinen bei Kindern ein schwerwiegendes Symptom.
Es wäre aber kurzsichtig, immer gleich Pulsatilla zu geben.
Puls. hat vorwiegend Durstlosigkeit bei akuten Erkrankungen,
                         bei chronischen findet man hingegen oft viel Durst.
Umgekehrt ist es bei Arsen: selbiges hat bei chronischen Krankheiten oft Durstlosigkeit
(nach vermehrtem Durst in der akuten Phase).

Nux-m. durstlos mit sehr trockenem Mund - Zunge klebt am Gaumen
Apis   durstlos bei fast allen Arten von Oedemen, Schwellungen incl. Meningitis
Aeth.   durstlos bei Angst
Camph. durstlos bei chronischen Erkrankungen

ERBRECHEN acetonaemisches

Acetonaemisches Erbrechen findet sich oft bei emotional gestörten Kindern, deren allergische Grunddisposition sich auf den Verdauungstrakt verlegt zu haben scheint. Klinikeinweisung mit daselbst erfolgenden Infusionen zur Bekämpfung von Dehydration ist oft unumgänglich. Als Alternative kann folgendes unternommen werden (gute Erfahrungen aus der Zeit, in der man noch keine Infusionen kannte):
Einläufe in den Darm mit gut gesalzener Gemüsesuppe.
Kali-m. Q eine Messerspitze auf 1/4 Glas Wasser, bis zu 6 x täglich.
Bei gleichzeitig vorhandenen Stuhlsymptomen wie Blähungen,
Verstopfung mit gelbem, hartem Stuhl oder Durchfall m. gelb - grünem Schleim:
Senn. C 4, 10 Glob / Glas Wasser, alle 1/2 Stunde ein Schluck bis zur Besserung.

ERBRECHEN bei Säuglingen

Erbrechen ist in der Regel nur ein Symptom für eine andere Krankheit oder für eine tiefer liegende Störung der Lebenskraft.
Erbrechen kann seine Verursachung auch durch eine Störung im Kleinhirnbereich haben (reflektorisches Erbrechen), wie es bei **Aethusa** der Fall sein kann. Man beobachtet dann eine schlaffe Haltung mit schwachen Nackenmuskeln (event. ICP ?).
Häufig ist Erbrechen mit einfachen Mitteln zu beheben. Massnahmen:
Das Kind nach dem Essen / Stillen für ein bis zwei Stunden in aufrechter Position zu belassen oder zumindest so zu betten, dass das Kopfende des Bettes 10 - 20 cm höher positioniert ist als das Fussende. Das vermeidet bei schwacher Cardia einen möglichen Reflux.
Wenn das Kind Flaschennahrung bekommt, sollte diese etwas angedickt sein (Mondamin, Maizena o. ä.).
Überfütterung muss vermieden werden, das gilt auch für gestillte Kinder.
Die Angst, das Kind könnte verhungern, ist auch in diesem Falle ein schlechter Ratgeber. In diesem Zusammenhang denke man auch an ein seelisches Verhungern.

Auch ein Säugling freut sich übers Spielen, selbst wenn die Spielversuche von ungeübten Eltern etwas linkisch ausfallen - Übung und Wiederholung bringen auch hier nach einiger Zeit den gewünschten Erfolg.

Leider wird, z. B. bei den üblichen U (x) - Untersuchungen, einseitiger Wert auf die "normale" Gewichtsentwicklung des Kindes gelegt - nach mitteleuropäischen Massstäben natürlich, die den Verdacht nahe legen, **dick sei schick.**

Man vergleiche diese hier üblichen Werte einmal mit denen, die - **WHO** konform - in der dritten Welt gelten:

Birth	Weight	2500 Gms
One	Months	2900 Gms
Two	Months	3500 Gms
Three	Months	4100 Gms
Four	Months	4700 Gms
Five	Months	5300 Gms
Six	Months	5700 Gms
Seven	Months	6100 Gms
Eight	Months	6450 Gms
Nine	Months	6800 Gms
Ten	Months	7150 Gms
Eleven	Months	7500 Gms
Twelve	Months	7850 Gms

(für Mittel - Europa kann man wohl um 10 % höhere Werte annehmen)

Für den Grad der emotionalen "Fütterung" gibt es leider keinen ofiziellen Massstab. Allerdings wies R. Spitz in seinem grundlegenden Werk "Die Entstehung der ersten Objektbeziehungen", Stuttgart 1957, nach, dass ein Säugling, welcher zwar ernährungsphysiologisch betrachtet hinreichend zu essen bekommt, aber weniger als 1/4 Stunde persönliche Zuwendung pro Tag, ernsthaft erkrankt und letal verlaufende Marasmus - Symptome entwickeln kann.

BAUCH und STUHL

ACHT - Monats - Kolik

Bei den sogenannten Achtmonatskoliken prüfe man nach, ob dieser Erkrankung nicht vielleicht ein Reflex auf eine Schwäche der sozialen Bindung zugrunde liegt. Damit kann zweierlei gemeint sein:
> 1.) Die Bezugs- oder Pflegepersonen haben gewechselt oder wechseln häufig
> (Wohngemeinschaften, Tagesmütter etc.)
> 2.) Die Mutter hat (auch unbewusste) Bindungsangst.

R. Spitz beschreibt die Achtmonatskolik so: Nachdem das Kind etwa mit sechs Monaten einen Bezug zu seinem Lieblingsspielzeug entwickelt hat, ist es mit rund acht Monaten in der Lage, den "Lieblingsmenschen" von anderen, ihm ebenfalls wohlgesonnenen Personen zu unterscheiden (Mit 3 Monaten kann das Baby bereits am Stirn - Augen - Nasen - Schema einen Menschen von anderen Objekten seiner Umgebung unterscheiden und quittiert dies mit "sozialem Lächeln" = Freude über das Erkennen eines Artgenossen). Siehe auch Drei - Monats - Kolik.

Ist das Kind nun eine Weile allein und tritt dann eine andere Person als die Mutter (oder Hauptbezugsperson) ins Zimmer, so reagiert es mit frustriertem Weinen (was populärwissenschaftlich mit "Fremdeln" bezeichnet wird). Diese Frustration kann, zumal, wenn häufig wiederholt, auch zu Koliken führen.

Infrage kommende Rubriken sind u. a.:

Geist & Gemüt: Klammern, Anklammern ...

           Angst, schüchterne, klammert sich ...

Ferner könnte man auch an Colocynthis denken.

Übrigens: Kinder mit ausgeprägter Acht - Monatskolik sind in ihrem späteren Leben eher gefährdet, Vorurteile zu entwickeln als andere. Auf diesen Aspekt der Vorurteils- entwicklung verwies schon Gordon W. Allport in "Studies of prejudice" (gekürzte deutschsprachige Version: Treibjagd auf Sündenböcke, Berlin / Bad Nauheim 1951, gesponsert von der B'nai B'rith, Abteilung ADL, S. 29)

ANALBEREICH Ausschlag mit Röte und / oder Schmerz / Entzündung etc.

Meist treten anale Reizungen beim sykotischen Säugling auf.

Hauptmittel: MED. Um die Missempfindungen zu lindern und Entzündungen einzudäm- men, kann man lokal Penicilinum notatum D 5 (Sanum, Kehlbek) anwenden. Als Alternative kann Maispuder (Maizena oder Mondamin) empfohlen werden - nach um- fänglicher Erfahrung aus Südamerica wirkt selbiges besser als alle von der Pharmazie angedienten Baby-Pudersorten. Vielfach auch bei uns bestätigt.

COLON IRRITABILE, Reizkolon

Wenn nichts anderes hilft, greift man zu Rademachers Rezept: (Erfahrungsheillehre)

Rp.	Asaf. D 3	10.0
	Nux-v. D 4	10.0
	MDS : 3 - 5 x tgl. 3 - 7 Tropfen	

Rademacher empfielt auch mind. 10 Min. anhaltende Bauchmassage im Uhrzeigersinn.

DREI - MONATS - Kolik

Bei den sogenannten Dreimonatskoliken prüfe man nach, ob dieser Erkrankung nicht vielleicht ein Reflex auf ein Overprotecting zugrunde liegt (R. Spitz). Zum Overprotecting neigen nicht nur primär ängstliche Mütter, sondern auch solche, die das Kind nicht bekommen wollten, aus dieser unbewussten Ablehnung Schuldgefühle entwickelten und dieselben dann durch Überfürsorglichkeit kompensierten. Für das Baby kämen dann eventuell Rubriken wie

Geist & Gemüt, "Abgelehnt fühlt sich" oder "Ungeliebtes Kind" infrage.

DURCHFALL

Ein sehr gutes, zumindest adjuvant einzusetzendes Mittel bei Durchfällen ist die fast in Vergessenheit geratene **Karottensuppe nach Moro (Heidelberg 1908).** Ihr Vorteil gegenüber der übliche Antibiotica-Behandlung liegt auf der Hand: gute Verträglichkeit, keine Schädigung der Darmflora, Dehydrationsminderung und keine Probleme mit Resistenzbestimmung sowie keine Resistenzbildung. Der Nachteil liegt eher in der Hand-Arbeit, denn die Zubereitung erfordert mehr Aufwand:
500 Gramm Karotten (= Möhren, Wurzeln) schälen, in einem Liter Wasser 1 - 1 1/2 Std. kochen, dann durchsieben oder mit Mixer pürieren. Diesen Brei mit Wasser zu einer Gesamtmenge von einem Liter auffüllen, einen knapp gestrichenen Theelöffel Salz (= 3 Gramm) hinzugeben, eventuell auch noch etwas Basica Pulver. Wiederaufgewärmt wirkt sie noch besser. Der Wirkmechanismus beruht auf Oligogalakturonsäuren, die die Anhaftung von Bakterien verhindern.

HELMINTHIASIS Zusatztherapie bei Oxyguren

Einlauf von einem halben Glas Milch mit zerdrückter Knoblauchzehe und 1/2 Zwiebel. Zur Nacht Anus mit essigsaurer Tonerde säubern.
Hauptmittel: Cina C 200 o. LM 12.

KOLIKEN Neugeborener

Oft ist eine ausgeprägte Besserung während des Stillens zu beobachten. Eine Besserung von allgemeinen Beschwerden eines Säuglings durch entwicklungsgerechte Nahrungs-aufnahme = Stillen ist sicher nichts Ungewöhnliches. Schliesslich heisst es nicht umsonst "Stillen", d. h. ein schreiendes kleines Wesen still machen, beruhigen.
Das gilt selbstverständlich auch für Koliken. Für selbige werden ganz unterschiedliche Ursachen angegeben wie Milchunverträglichkeit, Überernährung, Fermentschwäche, arterielle Hypertonie, Hypermotorik, emotionale Belastungen auch der stillenden Mut-ter, Schmerzüberempfindlichkeit, Folge von Luftschlucken beim Schreien etc. Eine einheitliche Aetiologie gib es also nicht, und ein mehr oder weniger grosser Prozentsatz lässt sich auch mit den genannten Ursachen nicht erklären. Exaktes Beobachten und scharfes Nachdenken lassen aber auch andere Schlussfolgerungen zu:
Schreien (wegen Hungers o. Leeregefühls im Magen) erfolgt notwendig in der Ausatem-phase. Saugen erfolgt synchron mit der Einatmung, Schlucken ist während der Ausatmung leichter, weil die Zwerchfellbewegung nach oben der zu schluckenden Masse im wahrsten Sinne des Wortes "entgegenkommt". Während des Saugens in der Einat-mung erfolgt durch die Abwärtsbewegung des Diaphragmas eine Druckerhöhung im Bauchraum. Das kann einerseits die Gallen-Sekretion erhöhen (Auspressvorgang) und andererseits auch die Magen-Entleerung fördern, weil sich im Magen immer auch eine gewisse Menge Luft befindet. Sollte der Pylorus verengt oder verkrampft sein, so kann durch den abwärts gerichteten Druck dieser Widerstand leichter überwunden werden. Ferner ist zu überlegen, ob durch die beim Saugvorgang intensivierten Druckreize auf den Plexus solaris dieser nicht auch zu vermehrter Tätigkeit angeregt wird und somit generell die Peristaltik des Darmrohres gefördert würde. Wenn man den Plexus solaris, wie die Mediziner der alten Schule, als "Bauchgehirn" auffasst und sich eine Analogie zur ICP (infantile Cerebral Parese) denkt, dann ergibt sich für das Problem der Koliken

der Säuglinge eine erweiterte Betrachtungsweise, die derjenige schätzen wird, der in der Praxis den Koliken auch nach dem x-ten erfolglosen Arzneimittel mit einer gewissen Hilflosigkeit gegenüber steht.
Erwägenswerte Rubriken wären also u. a.:

Druck am.	Krümmen, Beine anziehen am.
Leber o. Gallen Affektionen,	Pylorus Spasmus, Peristaltik Störungen
ICP.	Ferner: Bauchlage am.

Letzteres ist hier also nicht notwendigerweise ein sykotisches Symptom! Auch Bewegungen, die beim älter werdenden Kinde an Masturbation erinnern, könnten einmal weniger engstirnig, sondern unter diesem Aspekt (Krampflinderung, Peristaltikförderung) betrachtet werden. Beim Säugling und Kleinkind wirkt Massage des Bauches mit Olivenoel im Uhrzeigersinne um den Nabel herum, aber mindestens 10 Minuten lang, hervorragend (nicht nur als körperliche Zuwendung zum Kind - vergl. mit Rademachers Erfahrungsheillehre, Berlin 1848).
Empfehlenswert ist ausserdem, nach Beendigung der akuten Koliken, die z. B. mit Coloc. oder Staph. behandelt wurden, zur Vermeidung von Rückfällen und zur eventuellen Beförderung von Resorptionen Kali-c. resp. Kali-bi. zu geben, besonders, wenn die Koliken nachts ihren Höhepunkt hatten.
Dass die stillende Mutter sich in ihrer eigenen Ernährung blähender oder reizender Nahrungsmittel (z. B. Knoblauch) enthalten muss, darf als selbstverständlich vorausgesetzt werden.
Siehe auch oben, Dreimonatskoliken und Achtmonatskoliken.

NABEL Affektionen Neugeborener

Nabel Abszess Neugeborener: oft Hinweis auf Tarent.
Selbiges geschieht häufiger bei solchen Kindern, deren Existenz ungewollt war.
Lokal: Applikation von etwas Muttermilch, auf Wattebausch gegeben und fixiert.

STUHL grossvolumig und häufig (Morbus Herter)

Ursache des Morbus Herter ist eine Wasser Resorptionsstörung vorwiegend im Dickdarm. Die zugrundeliegende miasmatische Störung ist also psorisch.
Nach Voegeli hat sich folgendes Vorgehen bestens bewährt:
Zunächst das für den akuten Zustand passende pflanzliche Mittel in
C 30, 5 Glob. in 1/2 Glas Wasser, schluckweise über 2 Tage verteilt. Nach ca. 3 Wochen folgt das tieferwirkende Antipsoricum in der C 200 oder höheren Korsakoff Potenz.
Selbiges wirkt gewöhnlich 6 - 8 Wochen und kann dann in höherer Dynamisierung noch einmal wiederholt werden, was besonders bei entsprechender Familienanamnese empfehlenswert ist.

VERSTOPFUNG

Bei unseren heutigen Ernährungsgewohnheiten und der mangelhaften Qualität der Nahrung ist Verstopfung nicht verwunderlich. Jenseits aller weltanschaulichen Differenzen in puncto Vegetarismus und seiner Spielarten kann folgendes bedacht werden:

Der saure Regen regnet auf gerechte und ungerechte Bauern, und beide haben die gleichen Probleme mit dem Grundwasser. Die sauren Valenzen verbinden sich mit den Mineralien des Bodens (so noch ausreichend vorhanden) zu inerten Salzen, die zwar in der Statistik positiv erscheinen, für Tier und Mensch dagegen wenig Verdauungsnutzen bringen. Mineralstoff Substitution (incl. Spurenelemente) ist daher oft sinnvoll (z. B. Basica von Klopfer).

Die Fleischherstellung ist nur ausnahmsweise frei von Hormonen, Phosphaten, Antibiotika und anderen chemischen Fremdsubstanzen, dafür aber weniger kollagenhaltig als vor 50 Jahren. (Kollagen wirkt verdauungsfördernd, ist aber für Tuberkuliniker zu anstrengend zu kauen, des weiteren ökonomisch gesehen zu leichtgewichtig und daher zu wenig profitabel)

Diätempfehlungen können guten Gewissens also nicht ohne weiteres gegeben werden. Dennoch:

Honig und Haferflocken resp. Cornflakes, Früchte

gelegentlich ein Teelöffel Olivenöl bei Brustkindern

genügend gutes (d. h. nicht energetisch totes) Wasser trinken !!

Beim Säugling und Kleinkind wirkt Massage des Bauches im Uhrzeigersinne um den Nabel herum, mit Olivenoel, aber mindestens 10 Minuten lang, hervorragend (auch die körperliche Zuwendung zum Kind !!).

UROLOGIE

ENURESIS nocturna, Bettnässen

Eine häufige, wenn auch nicht mit Alleinvertretungsanspruch ausgestattete Hypothese der Kinderanalytikerin Anna Freud (Wege und Irrwege der Kinderentwicklung, Stuttgart 1968) lautet:

"Das Kind weint mit der Blase." Folglich bekämen seelisch - geistige Symptome einen hohen Rang in der Hierarchisierung. Boericke hingegen empfiehlt ein viel einfacheres und bewährtes Vorgehen:

zuerst eine Gabe CALC. C 30, dann unmittelbar am Tag danach TUB. C 1000.

Wenn man infolge Symptomenmangels unsicher ist, dann kann man gut mit Sulphur beginnen - dem mag dann, wenn es in der Familienanamnese Rheumatiker (oder Lehrer - man glaubt es kaum, aber das ist kein Scherz!) gibt, Lycopodium folgen. Enuresis ohne alle erkennbare Aetiologie oder Modalitäten heilen manchmal mit Equisetum.

Süssigkeiten fördern Bettnässen, sind also (auch aus anderen Gründen wie Karies - Prophylaxe und Erhalt einer ordentlichen Darmflora) stark einzuschränken.

Anmerkung zur **Sauberkeitserziehung des Kindes:**

Neurophysiologisch betrachtet ist die willkürliche Beherrschung der Sphincteren erst nach der Zahnungsperiode möglich, also im Durchschnitt erst nach Vollendung des zweiten Lebensjahres. Wenn konservative Eltern einwenden, dass ihre eigenen Eltern (oder Kinder) schon nach dem ersten Lebensjahr "sauber" gewesen seien, so erklärt sich das durch die kompensatorische Zuhilfenahme anderer Muskeln, z. B. des M. piriformis. Die Auswirkungen auf das Gesamtsystem sind bedenklich (Begünstigung von charakterlichen Fehlentwicklungen wie Geiz).

Auf der seelischen Ebene präformiert protrahierte Sauberkeit entweder zum anal - sadistischen Zwangscharakter oder zur emotionalen Starre (W. Reich, Charakteranalyse, Berlin 1933. - Verhaltung der Gefühle in Analogie zur Stuhl- oder Harnverhaltung).

HAEMATURIE als Frühsymptom von Ernährungsstörungen wie Skorbut

Hauptmittel:

        CARB-V. Phos.

Um ernährungsbedingte Störungen im Sinne einer intestinalen Rachitis (so fasste man früher den Skorbut auf, siehe Raue, Deseases of Children) auszuschliessen, gebe man dem betroffenen Kinde täglich reichlich frische Vollmilch (keine H - Milch!) und Zitronensaft (oder Grapefruit- oder Vitamin C haltigen Orangensaft).

Wenn nach ca. einer Woche die Haematurie signifikant nachlässt, kann man sichergehen, dass eine Skorbut - ähnliche Ernährungsstörung vorliegt.

Dieses Vorgehen ist optimal, da es Diagnose mit Therapie verbindet und das Kind nicht belastet. Andere diagnostische Massnahmen sind umständlicher, belastender und - teurer!

Nebenbei: Dieses Vorgehen bestand seine Bewährungsprobe in Chile 1972 unter dem sozialistischen Präsidenten Dr. med. Salvatore Allende. Er hatte mit Hilfe der Unidad Popular verfügt, dass in den Barriadas (Slums) der Grossstädte jedem Kind täglich kostenlos ein Liter Milch gegeben wurde. Die Beobachter der WHO bestätigten den Erfolg. Der demokratisch gewählte Präsident Allende wurde mit Hilfe der CIA im Amt erschossen und seine Regierung liquidiert. -

Die Milch musste, nach einer saftigen Preiserhöhung, wieder gekauft werden.

WEIBLICHE GENITALIEN

EUGENISCHE Kur - konstitutionelle Behandl. bei Schwangerschaft

Kritisch betrachtet wäre die eugenische Kur eine Prophylaxe und somit von dogmatisch homöopathischer Sichtweise aus problematisch bis unmöglich. Jedoch finden sich im Organon (peinlich für die das Organon nicht sinnentnehmend lesenden Dogmatiker) die Paragraphen 270 & 284, die eine antipsorische Cur (vorzüglich mit Sulphur) in bestimmten Fällen zur Prophylaxe empfehlen.

Die Natur jedenfalls hält sich nicht an Dogmen, sodass in manchen Fällen eine positive Wirkung der eugenischen Kur nicht geleugnet werden kann. Bekannt wurde die Methode durch Vannier & Nebel. Später haben sich u. a. Schlüren, Roy und Wiesenauer damit beschäftigt.

Sie sei hier in ihren Varianten dargestellt **- auch, wenn ich sie nicht unbedingt empfehlen mag,** da ich die Gefahr des **schematischen** Vorgehens nicht unterschätze.

Eugenische Kur, **Verfahren I.**

> Sulph. 200 in mens II
> Tub.   200 in mens III
> Med.   200 in mens IV
> Syph. 200 in mens V

dazu   Calcium oder eine Calc-Verbindung je nach Konstitution der Schwangeren, zeitweilig jeweils täglich in der 12. Potenz, und zwar:

Calc-p. nervöse, schwächliche, schreckhafte Frau (Neurasthenie), die
    später mit der Aufzucht des Kindes mit an Sicherheit grenzender
    Wahrscheinlichkeit überfordert sein wird, wegen körperlicher
    Schwäche und mangelnder Fähigkeit zur Konsequenz.

Calc-c. (leicht) adipöse Frauen mit Neigung zu Atemwegserkrankungen.
    Frostigkeit und eher hypothyme Gemütsverfassung.

Calc-f. Bindegewebsschwächlinge. Hyperthyme Gemütsverfassung,
    dysthyreotisch, auch aggressiv, warmblütig.

Verfahren II.

> Sulph. 200
> Syph. 200
> Tub.   200
> Med.   200
> Calc. 200 (oder Calc-p. oder Calc-f. je nach Konstitution, s. o.)

dazu, je nach den Familienanamnesen beider Eltern,

Psor.   nach Sulph. bei psorischen Erkrankungen
Thuj.   nach Med. bei sykotischen Erkrankungen
Nat-m. nach oder anstatt Calc. bei Hautkrankheiten in der Familie.

Verfahren III.

Man macht schlicht eine **konstitutionelle Behandlung** nach erkennbaren Symptomen. Fallaufnahmen in der Schwangerschaft erweisen sich allerdings oft als problematisch wegen psychischer Alterationen, die man schwer bewerten kann, wenn man den "Normalzustand" der Frau nicht kennt. Eine Fremdanamnese kann hier sehr hilfreich sein, würde aber z. B. bei Sepia - oder CALC-P. - Patientinnen zu, milde gesagt, Verstimmungen führen, wenn sie davon erführen.

Jedenfalls sind während der Schwangerschaft
        Aloe, APIS, Cimmic., Mag-p., Petros. etc.
wg. möglicher Abort Gefahr nicht angezeigt und sollten vermieden werden.

Generell:

Folsäure (ca. alle 2 - 3 Tage eine Tablette, reduziert das Risiko von Fehlbildungen beim Kind. Auch Basica, 1 - 2 TL täglich, ist sehr ratsam, nicht nur wegen des Knochenaufbaus beim Kinde, sondern vor allen wegen des Zahnerhaltes bei der Mutter. Solche

Ratschläge entstammen der eumetabolischen Therapierichtung und werden nicht von Dogmatikern der Athener Schule akzeptiert, weil letztere - streng nach den Symptomen - z. B. einen durch Schwangerschaft geschwächten Kauapparat selbverständlich erst nach erfolgten und dann symptomatisch bewertbaren Zahnschäden (lange) nach der Entbindung behandeln. (Es ist einem "Kinderbuch" Autoren wohl kaum zu verübeln, wenn ihm jetzt der Aphorismus vom in den Brunnen gefallenen Kinde in den Sinn kommt.)

Und im Übrigen: viele Frauen nehmen in der Schwangerschaft von sich aus irgendwelche "gesunde Sachen" wie Vitamine oder Mineralstoffe etc. zu sich, ohne es dem Homöopathen zu sagen. Wenn selbiger von sich aus etwas dergleichen vorschlägt, ist die Chance, darüber Kenntnis zu erhalten, wesentlich grösser. So bekam z. B. eine Schwangere mit Metrorrhagien Sepia, was immer nur ganz kurz half. Auf Befragen gestand sie, jeden Tag etwas (antidotierenden!) Obstessig zu nehmen, "weil das doch gut gegen Venenleiden sei, und jetzt in der Schwangerschaft müsse man doch mit sowas aufpassen".

HOMÖOPATHISCHE Begleitung von Schwangerschaft, Entbindung (Geburt)

Zu fast allen Zeiten und in fast allen Kulturen wurde den Lebensumständen schwangerer Frauen besondere Aufmerksamkeit geschenkt.

Heute ist es in westlich - zivilisierten Ländern der ersten Welt Mode geworden, angestachelt durch eine bestimmte Richtung des Feminismus, sich als schwangere Frau emanzipiert zu verhalten, d. h. genauso wie sonst im Leben. Über die Haschisch und andere Drogen auch in der Schwangerschaft konsumierende Frau brauchen wir uns keine Gedanken zu machen - das tun die betreffenden Frauen schliesslich auch nicht zielführend. Über die Verbreitung der Dummheit in der Welt lese man Seneca oder Erwin Geyer, Über die Dummheit, Wiesbaden 1984.

Nicht übersehen sollte man jedoch diejenigen Frauen, die aus sozioökonomischen Zwängen heraus sich nicht schonen können. Ein Minimum, das man für sie tun kann, ist, sie mit den zusätzlich benötigten Vitaminen, Mineralstoffen etc. zu versorgen, was wesentlich leichter ist, als z. B. das vielerorts übliche Kantinenessen zu verbessern. Wer glaubt, nur und einzig das richtige Konstitutionsmittel in hoher Potenz als eugenische Kur verabreichen zu müssen, und damit sei alles getan, handelt blauäugig naiv.

Die eumetabolische Therapierichtung empfiehlt u. a.:

> Folsäure (Benfotiamin, Folsan etc., auch zur Verringerung des Risikos
> von Missbildungen)
> Quatroquencher (Oxytex, Vit. C + Vit. E + Selen + Beta-Carotin etc.)
> Mineralstoffe & Spurenelemente (Basica etc.)

Hilfe zur natürlichen, homöopathisch unterstützten Geburt:

Diese Übersicht eignet sich, um sie als Copie intelligenten werdenden Müttern resp. ihren Partnern mitzugeben.

Grundsätzlich sind homöopathische Mittel als Globuli oder Tabletten direkt **nach jeder Wehe** zu geben (auf keinen Fall in die Wehe hinein!). Vorher Mund ausspülen oder durch Wassertrinken reinigen.

Dosierung:
Tiefpotenzen bis zur D 6 / C 6 : 5 - 10 Glob. oder 1 Tablette lutschen
mittlere Potenzen D 12 - C 30 : 3 - 5 Globuli lutschen
höhere Pot. ab D 200 / C 200 : 2 - 3 Glob.
Aus praktischen Gründen (Zeitmangel) werden d. Mittel meist nicht in Wasser gelöst.

Aqua ovi (Eierwasser) ist eigentlich kein homöopathisches Mittel. Es wirkt aber nach homöopathischen Prinzip und hilft, bei einer Verzögerung die Geburt erheblich zu beschleunigen. Herstellung: 3 Eier (von biologisch gehaltenen Hühnern) äusserlich reinigen und in 1 Liter Wasser 1/4 Stunde lang kochen. Eier verwerfen. Vom abgekühlten Kochwasser alle 10 Minuten zwei Schluck trinken lassen oder die angezeigten Arzneimittel darin aufgelöst verabreichen. Dieses Verfahren (schon von Paracelsus angegeben) hat viele künstliche Geburtseinleitungen überflüssig gemacht.

Bellis perennis D 6 zu Beginn der Wehen als generelles antitraumatisches Prophylakticum, besonders bei engen Geburtswegen.

Dammpflege: zur Verhütung von Dammrissen denselben kurz vor den Presswehen mit starkem, schwarzem **Kaffee** einmassieren.

Caulophyllum D 4
Nachlassende, unregelmäßige oder zu schwache Wehen.
Geburtsvorgang scheint still zu stehen, es geht nicht vorwärts.
Rigider Muttermund mit Schwäche bei den Presswehen (dann C 200)
Große Erschöpfung.
Sie hat keine Kraft und keinen Willen zur Anstrengung mehr (C 200).
Krämpfe, dabei Durst.

Chamomilla C 200
Wehen zu stark, zu schmerzhaft.
Äußerste Gereizheit, nichts ist ihr recht, niemand darf ihr zu nahe kommen, auch die Hebamme nicht.

Cimicifuga D 4
Wehen zu früh, erfolglos, nach oben (falsche Richtung).
Schmerzen quer durch das Becken.
Hysterie, Redselilgkeit, Angst.

Gelsemium C 30
Muttermund rigide, trocken, blass. Wehen können aufwärts schiessen.
Wehenschwäche.
Kopfschmerzen mit dunkelrotem, wie benommen aussehendem Gesicht,
Augen Lider schwer (halb geschlosssen).
Lampenfieber.   Durstlos.

Kalium carbonicum C 200

Fruchtblase resistent, Blasensprung verzögert, Muttermund ca. 4 - 6 cm offen (Blasensprung erfolgt nach Kalium in d. Regel nach 10 Minuten).

Pulsatilla C 30

Wehen zu schwach, Geburt verspätet oder stockend.
Weinerlich, Verlangen nach Zuwendung & frischer Luft.
Falsche Kindslage (Puls. M in 3 Gaben im Abstand von je 1/4 Stunde).

Belladonna C 200

Meist bei schon älteren Erstgebärenden.
Muttermund rigide, rot, feucht und heiss.
Später: Placenta löst sich nicht.   Hellrote, heisse Blutungen nach jeder Nachwehe.

Veratrum album D 4

Kreislaufkollaps mit kaltem Schweiss.

Nux vomica C 200

Placenta retarda: Sanduhr-Krämpfe des Uterus, sodass die Placenta zwar gepresst, aber nicht ausgestossen wird. Dabei Reizbarkeit.

Sepia C 200

Placenta retarda: Cervix Krämpfe mit plötzlichem dortselbst schiessendem Schmerz, dabei periodisch kalte Extremitäten.

Die wichtigsten Mittel für das Neugeborene:

Aconit C 200

Geburtsschock, Nabelschnurstrangulation, Gelbsucht

Arnica C 200

Cephalhaematom, allgemein Verletzungen

Sulphur C 200

Gelbsucht Neugeborener, die sich langsam entwickelt, oder nach Aconit, wenn dieses vorher gegeben wurde und nicht ausreicht.

FERNHALTEN von impfwütigen Ärzten - das Kind nicht aus den Augen lassen, und, am besten vor dem Geburtsvorgang, den verantwortlichen Arzt resp. die Hebamme ein Revers unterschreiben lassen, dass das Baby weder geimpft werden soll noch sonst irgendeine prophylaktische Massnahme bekommen soll. Baby-Bett mit Hinweiszettel kennzeichnen. Es sind zuviele Fälle vorgekommen, bei denen gegen den ausdrücklichen Wunsch der Eltern verstossen werden konnte - weil die erschöpfte Mutter schlief, der Vater, so bei der Geburt zugegen, ohnmächtig wurde, das Personal Schichtwechsel hatte und die neue Schicht "das nicht wusste", etc.

Alternative Credé - Prophylaxe gegen Gonoblennorrhoea neonatorem
Die übliche SILBERNITRATLÖSUNG macht zu viele Nebenwirkungen oder unterdrückt Symptome. Besser, wenn man nicht ganz darauf verzichten will (oder kann, weil einen Hebammen oder Klinikpersonal bedrängen), ist eine sterile
hypertone Kochsalzlösung (bis 9%-ige Kochsalzlösung). Sie wirkt ausschwemmend, reinigend und mild desinfizierend. Am besten, man lässt sie vom Apotheker anfertigen und beschriften (Natriumchlorid 7 %, steril, zur mod. Crede'prophylaxe) und bringt sie gleich zur Entbindung mit. So werden administrative Komplikationen vermieden.

Käseschmiere auf der Haut des Kindes nicht entfernen! Sie ist der beste
Hautschutz und erleichtert die Adaption an die neue (luftige) Umgebung.

Das Bereithalten von **Sauerstoff** ist sinnvoll und auch unter den Bedingungen einer Hausgeburt durchführbar.

MAMMAE Milch - Mittel um Abstillen zu erleichtern, Laktation

Hauptmittel: LAC-C. C 30 o. 200, in Wasser, drei Schluck in 15 Minuten Abstand.
Wenn sich in den Tagen danach kleine Knoten bilden, hilft
        Phyt. C 3 - C 6 ein paar Tage lang,
           auch lokale Aufschläge Phyt.Q 40 Tr./ Tasse Wasser
sonstige Mittel:
        Bell. bry. calc. carb-an. con. cycl. frag. lac-d. Puls. urt-u. vinc.
Hauptmittel für Beschwerden der Mutter durch Abstillen (vorwiegend depressive Verstimmungen): Agar. Cycl. Lac-c.

MENSTRUATIONSBESCHWERDEN

Dysmenorrhoe sollte bei heranwachsenden Mädchen zwar therapeutisch ernst genommen werden, aber psychologisch nicht hochgespielt werden, um hysterischen Fehlentwicklungen keinen Vorschub zu leisten.
Dysmenorrhoen sind bei tuberkulinischer Konstitution signifikant häufiger zu
beobachten, was bei der konstitutionellen Behandlung zu beachten wert ist.
FOLL. Eins der besten Mittel bei PMS. Dos.: D / C 200 zur Ovulationszeit 2 Tage lang.
Puls.   besonders starkes PMS bei Menses BEGINN. Dos.: alle 2 bis 3 Std. ein
        Schluck als Wasserauflösung.
Bell.   WÄHREND Menses klopfende, pochende Schmerzen im Unterleib, rot
        und hitzig im Gesicht. Starke, leuchtend rote Blutung mit Klumpen
        geronnenen Blutes.
Tub.   zur konstitutionellen Behandlung
Calc.   Menses zu früh. Ohnehin grosse Mammae schwellen vor Menses
        schmerzhaft an. Allgemeine Neigung zu Krämpfen. Anaemie.
coloc.   Wärmflasche bessert, wie auch Vornüberbeugen.
nux-v.   grantig, ärgerlich und Neigung zu Verstopfung.
verat.   bei Kreislaufschwäche, kalter Schweiss. Cholera ähnliche Symptome.
Thyreoidinum wirkt manchmal gut als Zwischenmittel.

PILLE BESCHWERDEN NACH, auch Unverträglichkeit

SEPIA ist das allgemeine Hauptmittel. Wenn es gegeben wurde (C 12 o. C 200), sollte man es nicht so bald wiederholen, weil man sonst hormonelle Störungen imprägnieren könnte.

Weitere Mittel:

Lach. Neigung zu Entzündungen. Venopathien

Lil-t . Wie Sep. Gefühl des nach unten Drängens, aber mehr vom Nabel aus

Nux-v. besonders angezeigt, wenn vorher ein Hormonpräparat auch hinsichtlich einer bestehenden Akne verabreicht wurde. Dann wird man auch

oestro-gesta D 200 (Staufen) einmal als Zwischenmittel in Betracht ziehen müssen. Ähnlich: Foll. 200

okou. D 2 allergiforme Beschwerden, Dosierungsdauer: ca. 2 Monate

phos. Anomalien der Blutung

plat. Ovar Affektionen

puls. C 3 Dosierungsdauer: ca. 2 Monate

Thyr. D 30 - C 1000 in verzweifelten Fällen

RÖTELN Embryopathie

Empfohlen wird Plumbum 30. Keine eigenen Erfahrungen, auch keine von meinen indischen Freunden.

SONOGRAPHIE, Ultraschall Diagnostik während Schwangerschaft

Bevor Ultraschall routinemässig zur medizinischen Diagnostik eingesetzt wurde, war seine Anwendung (ausser zu Kriegs- und Rüstungszwecken) in der Metallindustrie und in der Reinigungstechnik verbreitet. Z. B. werden in jedem zahntechnischen Labor solche Ultraschall Reinigungsbäder benutzt. Nachdem nun bei den damit tätigen Arbeitern gehäuft Schäden am Periost festgestellt wurden (Neigung zu Sehnenabrissen etc.), kam es zu arbeitsmedizinischen Untersuchungen, die in schärfere Arbeitsschutz Bestimmungen der Berufsgenossenschaften einflossen. So darf heute ein Zahntechniker nicht mehr in das aktivierte Ultraschallbad greifen, um eine der gereinigten Brücken zu entnehmen, ohne das Gerät vorher auszuschalten.

Nur ein ungeborenes Kind darf gezielt, und wenn für (gebührentechnisch) notwendig erachtet, monatlich beschallt werden, denn das ist ja etwas ganz anderes! Schliesslich sind die benutzten Frequenzen mit 2 bis 5 MHz ja viel höher als der Reinigungsschall von 0.05 MHz. Und erst der weisse Kittel der Anwender! Dass Eiweiss durch Wärmezufuhr verändert wird, oder dass eine Schwingung mit steigender Frequenz auch energiereicher wird, scheint nach bestandenem Physicum vergessen worden zu sein.

Die amerikanische Röntgenologin Liebeskind untersuchte 1993 die Veränderungen von beschallten Zellpopulationen und kam zu dem Ergebnis, dass die schwerwiegendsten Veränderungen die an der DNS seien. Nun müssen natürlich im wissenschaftlichen

Betrieb noch die Langzeituntersuchungen gemacht werden und Langzeitbeobachtungen ausgewertet werden, um dann - so ungefähr nach 20 Jahren - zu wissenschaftlich fundierten Aussagen zu kommen. Man sollte vielleicht auch einmal die Auswirkungen einer Feuerzeugflamme auf kindliche Finger auf ähnlich streng wissenschaftliche Weise untersuchen, denn der alte Spruch "Messer, Gabel, Schere, Licht - sind für kleine Kinder nicht!" ist, weil nur aus Überlegung und Erfahrung gewonnen, doch nicht wissenschaftlich anerkennbar, oder?

Schlussendlich: **Cicuta virosa** D 12 wird zwar von Enders für Ultraschall geschädigte Kinder empfohlen - aber medizinische Zurückhaltung mit dem Schallkopf ist hier als Prophylaxe allemal vorzuziehen.

STEISS- oder Querlage

Am häufigsten gelingt die "Drehung" durch Pulsatilla C 1000. Man löst drei Globuli in einem halben Glas Wassers auf und lässt zu der Tageszeit, in der die werdende Mutter die Kindsbewegungen am heftigsten spürt, dreimal in 15 - minütigem Abstande je einen Schluck davon trinken. Vollrubrik:

> Acon arn PULS plb Toxoplasmose-Nosode

Des weiteren bringt die Akupunktur (Nieren- & Blasen Meridian im Fussbereich) gute Erfolge.

STERILITÄT Frauen

Neben den grossen Mitteln

AUR. & AUR-M-N.	ovarielle Unterfunktion
NAT-M.	ovarielle Fehlfunktion & ev. psychische / hormonelle Gründe
SEP.	Tuben Affektionen, auch postgonorrhoisch.
	One child sterility (d. h. es bleibt bei einem einzigen Kind)
Med.	Tuben Affektionen, auch postgonorrhoisch.
Thuj.	Tuben Affektionen, auch postgonorrhoisch.
Thyr.	hormonelle Fehlsteuerung
BOR.	Störungen der Vaginalflora
NAT-C.	Störungen der Vaginalflora
etc.	

kommt auch Nux-v C 30 , am 4. Tag der Menses abends genommen, infrage, (Hahnemann), natürlich mit Kaffee Karenz, wie Bönninghausen betont.

Man versage sich jedoch, bei allen Bemühen, helfen zu wollen, nie die Anwendung des kritischen Verstandes: dass die Natur es besser weiss als wir, und sie gute (hereditäre) Gründe haben könnte, ein Individuenpaar von der Fortpflanzung auszuschliessen !

ATEMWEGE

ASTHMA akut - Vorgehen im Anfall

Die üblichen Alpha - Mimetica machen erhebliche Nebenwirkungen, die sich ähnlich wie das hypermotorische Syndrom und andere Verhaltensauffälligkeiten auswirken. Ein bewährtes Ersatzmittel für Sympaticomimetica ist folgende Rezeptur (nach K. Kamma, Hamburg 1978)
Rp.

Citrus vulgaris aurantium Q (Pommeranze)		40.0
Arnica Q		10.0
Oleum Rosmarini		1.0
Glycerol 85%	ad	100.0

MDS: im akuten Anfall teelöffelweise

Alternative:

Blatta-or. D 2   wenn keine Hyperacidität vorhanden (Magen Palpationsprobe
                  negativ, dunkles Magenfeld in der Iris etc)
Lobelia D 2   wenn Hyperacidität m. empfindlichem Magen (Magen o. Alarm-
                  punkt auf KG druckschmerzhaft, helles Magenfeld in Iris etc)
Dos: je nach Fall 20 bis 60 Tropfen in einem Glas Wasser, davon alle 10 Min. ein
                  Schluck bis zur Besserung. Notfalls Lob. & Blatta im Wechsel.

Sauerstoff-Beatmung und reichliche Flüssigkeitszufuhr, auch als Infusion (ev. mit Natrium bicarbonat), sind meist hilfreich und werden klinisch empfohlen. Statt intravenös zu infundieren, kann man auch - wie früher üblich - langsame und lauwarme rectale Einläufe machen. (In diesem Zusammenhange ist interessant, dass in Notfallsituationen durch starken Blutverlust früher Fremdblut, sowohl von Verwandten als auch vom Schaf, rectal appliziert wurde und viele Leben gerettet hat.)
Die wichtigsten zu erhebenden Symptome sind:

Modalitäten   der Zeit (incl. Mondphasen)
               der Körperhaltung in Bezug auf Erleichterung der Atemnot
               der Temperatur des Körpers (incl. partieller Hitze oder Kälte)
               der Auslöser (causa) resp. Begleitumstände

Weitere Massnahmen für den akuten Anfall:
Es gibt Kinder, die bei einem akuten Asthma-Anfall auch einen Krampf im Rectum produzieren. In solchen Fällen kann man versuchen, die Analmuskeln mit einem eingefetteten Finger zu dehnen. Diese Dehnung unterbricht häufig das akute (auch lebensbedrohliche) Geschehen, ersetzt aber nicht die konstitutionelle Behandlung. Ferner ist Massage häufig sehr hilfreich. Wichtig: Nicht die Brust behandeln! Sondern den Rükken Richtung abwärts mit mässigen Druck, besonders im Verlauf des Blasenmeridians bis zu den Füssen.
Ergänzend kann der Bauch massiert werden, um den Nabel herum im Uhrzeigersinne, mit stärkerem Druck während d. Expiriums (eingeölte Fingerknöchel).

Hydrotherapeutische Behandlung ist ebenfalls sehr bewährt, muss aber auf die allgemeinen Wärme - Modalitäten des Kindes Rücksicht nehmen.

Kinder mit Kältetoleranz (Puls. etc.) und guten intellektuellen Fähigkeiten (Lach. etc.) kann das berühmte **Asthma - Halbbad** gute Dienste tun: Kind in Badewanne setzen, Wasserspiegel bis zum Bauchnabel, mässig warm, dann vor einem Einatmen einen Eimer kalten Wassers mit Schwung über den Rücken giessen. Eltern, die wenig erzieherische Durchsetzungsfähigkeit haben (Cann-i., Sanic. etc.) und solche, die gezwungenermassen in sehr hellhörigen Mietwohnungen leben, sollten die Finger davon lassen. Es entsteht (und soll auch so entstehen!) ein Gebrüll, welches das noch Sekunden vorher durch Atemnot geringe Stimmvolumen um mindestens eine Zehnerpotenz anwachsen lässt.

Kleine Kinder ohne Kältetoleranz (Ars. etc.) profitieren mehr von einem in der Temperatur ansteigenden Vollbad (Wasserspiegel zunächst bis zum Rippenbogen, 36 Grad, dann heisses Wasser zugeben, maximaler Spiegel bis zu Mamillen, 40 Grad, dabei nicht länger als 7 Minuten belassen. Mit grobem Handtuch kräftig reibend abtrocknen, Vorderseite des Körpers Richtung aufwärts, Rückseite abwärts bis zu den Fersen. Die Beachtung der allgemeinen Meridianrichtung im groben ist nicht nur wichtig, sondern kostet, ausser einer gewissen liebevollen Aufmerksamkeit, nicht mehr Aufwand.

Ich erwähne diese adjuvante Therapie deshalb so ausführlich, weil oftmals die Eltern des Asthma Kindes das grössere Problem darstellen, nicht nur die dummen, sondern auch sogenannte Intellektuelle. Aber über den Gesichtspunkt des "ut aliquid fiat" hinaus bewähren sich diese Massnahmen ausserordentlich gut. Zusätzlich müssen Diätrichtlinien (wenig schleimende Kost) beachtet werden, siehe therapeutische Hinweise Schleim, Verschleimung etc. nebst Hinweisen auf das Organon. Ausserdem benötigt eine homöopathische Behandlung Zeit, Geduld und viel Durchhaltevermögen, besonders bei geimpften Kindern.

Hauptmittel für akuten Asthma Anfall:

> Acon. ant-t. Ars. cham. Cupr—ar. IP. mosch. nat-s. NUX-V. op. samb. stram.

ASTHMA allgemein

Wenn bei einem Asthmafall, der keine bedrohlich - akuten Anfälle zeigt, nichts hilft, oder aus anderen Gründen (z. B. verdorbener Fall) kein passendes Mittel zu eruieren ist, dann kann man ein Organmittel versuchen:

> Pulmo D 4, D 6 (eventuell bis zur D 20) von Wala als Injektion geliefert, eine
> Ampulle in einem Glas Wasser gelöst, davon 2 - 3 mal täglich trinken lassen,
>> im Wechsel mit
> Eriodictyon (= Yerba santa) Q - D 4, 2 - 3 x tgl 10 - 20 Tropfen   .

Ergänzend dazu wirken auch oft als Immunmodulatoren in der D 9 sehr gut:

> Spenglersan K, Spenglersan T oder Spenglersan G (mit Spenglersan-Agglutinations Test nach Schwarz in vitro austesten).   Ferner mässigen höhere **Vit. C** -

Gaben ein Asthma, welches durch körperliche Anstrengung verschlimmert wird
(H. A. Cohen et alii, Blocking effect of Vit. C... Arch. pediatr. Adolesc. Med., 1997)

Ferner, anstatt Anthistaminica:

> Ermsech (Heumann, Echi. Q + Sarcolact-dex. Q aa.) oder:
> Chromoglycinsäure - Natrium, welches durch Ammi-visnaga D 3 - D 6 in seiner
> Wirkung verbessert werden kann (Chromoglycin ist einer der Wirkstoffe von Ammi-v.)

ATEMWEGE KRUPP (Croup)

Die Eltern eines Croup Kindes sind zu beruhigen, weil sich sonst deren Angst zu der des Kindes hinzuaddiert.

Bei Croup mit leuchtend (hell)rotem Gesicht, was relativ selten vorkommt:
10 Tropfen **Essig** in ein Glas Wasser geben, zwei Stück Zucker hinzufügen, lange rühren lassen, davon alle ein bis zwei Stunden einen Teelöffel geben (= **Acet-ac.** C 2).
Spongia wird oft zu schnell verordnet. Der Spongia Zustand sollte ähnlich aussehen wie der von Aconit, aber ohne ausgeprägtes Fieber und ohne aufgeregte Ängstlichkeit.
Wenn das versagt, dann sind **Iod.** oder **BROM.** in Erwägung zu ziehen.
Gelegentlich kommt es vor, dass bei Croup vor Mitternacht SPONG. gegeben wird und nicht hinreichend wirkt, dergestalt, dass der Anfall sich gegen Morgen, eventuell noch heftiger, wiederholt. Dann: **HEP.** Das gleiche gilt für **Acon.**, wenn Anfall nach Mitternacht kommt und sich im Morgengrauen wiederholt.
Rückfälle nach Iodum reagieren meist auf Bromum (Kind will im Anfall sehr schnell = rennend getragen werden, ähnlich Ars.).
BROMUM ist oft der letzte Rettungsanker nach Versagen von Iodum, Phosphor, Hepar & Spongia.

Nicht nur interessant, sondern auch zum Nachmachen empfohlen ist Bönninghausens Verfahren, veröffentlicht in der AHZ 63. Die "Bönninghausen'schen Croup-Pulver" waren in der Mitte des 19. Jahrhunderts in Westphalen berühmt und wurden in vielen kinderreichen Familien vorrätig gehalten, so auch bei meinen eigenen Vorfahren. Sie bestanden aus ein bis zwei Globelchen des jeweiligen Arzneimittels, welche in jeweils 1/2 TL Milchzucker zerquetscht eingemischt und in einem Tütchen aus ungebleichtem Papier abgegeben wurden. Die Tütchen waren mit "Croup-Pulver Nr. 1" bis 5 beschriftet. Es sei hier im Wortlaut wiedergegeben:

" CROUP (HÄUTIGE BRÄUNE, ANGINA MEMBRAONOSA)
MEIN VERFAHREN BEI DER HÄUTIGEN BRÄUNE.

1.) ... sind die Nummern 1 und 2 ZUR BESEITIGUNG DES ENTZÜNDLICHEN ZUSTANDES, also beide ACONIT, wovon 1: 200 glob. i.; 2: 200 glob. ii. enthält.
2.) muss und kann unbesorgt schon dem ersten Pulver ein Zeitraum von ein PAAR STUNDEN vergönnt werden, damit solche wirken könne, (also ja nicht alle 1/2 Stunden), und Nr. 2 darf
3.) NICHT VOR ABLAUF VON 2 STUNDEN, und auch NUR DANN gegen werden, WENN DIE OBIGEN ERSCHEINUNGEN SICH WIEDER ERNEUERN.
4.) Die ferneren 3 Pulver, welche HEPAR und SPONGIA enthalten, haben etwas LÄNGERE Wirkungen, und es muss ihnen 3 BIS 5 STUNDEN ZEIT vergönnt werden, ehe ein neues gegeben wird.

Die GENAUE BEFOLGUNG dieser Anweisung hat sich STETS aufs VOLLKOMMENSTE bewährt; und ich kann Ihnen die ehrliche Versicherung geben, dass ich bis zur heutigen Stunde auch noch NICHT EINEN unglücklich abgelaufenen Fall erlebt habe.

ANLEITUNG ZUM GEBRAUCH DER BRÄUNE PULVER
... Sobald also ein Kind, mindestens nach einem kurzem Schlafe, aufwacht mit rothem Gesichte, fieberhafter Unruhe, trockenem und heiserem Husten, pfeifendem oder rasselndem Athem, und dadurch den Anfang einer Entzündung des Kehlkopfes oder der Luftröhre befürchten lässt, dann ist es nöthig, sogleich mit dem Gebrauch des anzufangen, indem insbesondere die beiden ersten (Nr. 1. und 2.), ALLEN ÄHNLICHEN ENTZÜNDLICHEN ZUSTÄNDEN ENTSPRECHEN, diese in kurzer Zeit beseitigen und niemals schaden können.
Zu diesem Zwecke wird das Pulver Nr. 1 in einen Theelöffel mit einigen Tropfen kalten WASSERS angefeuchtet, (damit das Kind es nicht weghusten oder wegblasen kann), und desselben auf die Zunge gegeben. Darauf MUSS

UND KANN MAN UNBESORGT EIN PAAR STUNDEN DIE WIRKUNG ABWARTEN, besonders, wenn wie gewöhnlich, das Kind wieder einschläft und ruhig wird, - ein zuverlässiges Merkmal, dass die Heilwirkung begonnen hat.

Sehr oft ist schon nach dem ersten Pulver alle Gefahr gebannt und Nr. 2 DARF AUF KEINEN FALL EHER GEREICHT WERDEN, ALS BIS DIE OBIGEN ERSCHEINUNGEN SICH WIEDER ERNEUERN, NIEMALS ABER FRÜHER, ALS NACH ABLAUF VON ZWEI STUNDEN.

In hartnäckigen Fällen, meistens in solchen, wo man zu lange gezögert hatte, oder bereits andere Mittel angewendet waren, oder endlich, wo früher andere (nicht homöopathische} Behandlung stattgefunden, ist es oft nötbig, auch noch von den folgenden Nummern 3, 4 oder 5 in derselben Weise Gebrauch zu machen, indessen diese drei letzten mit dem Unterschiede, DASS JEDEM DERSELBEN EINE WIRKUNGSDAUER VON VON 3 BIS 5 STUNDEN GRLASSEN WIRD, ODER LÄNGER, WENN ES SICH BESSERT.

Unter mehr als 100 Bräunefälle wird kaum einer vorkommen, wo es nöthig sein wird, alle 5 Pulver anzuwenden, indem der, oft noch einen oder ein paar Tage nachdauernde Husten von ganz anderer Natur und völlig gefahrlos ist, und. ohne weitere Mittel von selbst vergeht."

Noch einmal zum besseren Verständnis des Wesentlichen:

Acon. C 200, 1 Glob. in 1 TL Wasser - mindestens zwei Stunden wirken lassen und warten. Erst, wenn sich dann die Beschwerden wieder verschlimmern:

Acon. C 200, 2 Gob. in 1 TL Wasser - wieder mindestens zwei Stunden wirken lassen. In hartnäckigen Fällen anschliessend:

Hep. C 200, 1 Glob. in 1 TL Wasser - 3 bis 5 Stunden wirken lassen. Danach, wenn die Beschwerden wiederkommen, frühestens jedoch nach 3 Stunden:

Hep. C 200, 2 Glob. in 1 TL Wasser 3 bis 5 Stunden wirken lassen und schlussendlich, wenn noch nötig:

Spong. C 200, 2 Glob. in 1 TL Wasser.

BRONCHITIS infolge von Erkältung

Wenn eine Bronchitis infolge von Erkältung in eine Bronchopneumonie der linken unteren Lunge übergeht und weitere Symptome auf Puls. hindeuten, dann ist meistens Kali-s. besser wirksam.

BRONCHITIS spastica - unklarer oder durch Cortison verdorbener Fall

Rp.

Cuprum acetic. D 4
Drosera   D 2
Blatta orient. D 4

aa

MDS: alle 4 Std. 5 - 10 Tropfen

Nach ca. einer Woche absetzen - danach ergeben sich oft klare Hinweise für das indizierte Mittel. Dasselbe gilt für Asthma (nach G. Ackmann, Hamburg Meckelfeld)

CYANOSE Neugeborener, asphyxia neonatorum, blue baby

Schnelles Handeln ist erforderlich. Dass mechanische Atemhindernisse beseitigt werden, versteht sich von selbst. Absaugen kann notfalls mit einem Plastik - Strohhalm erfolgen, den man vorher mit einer Feuerzeugflamme vorn etwas angeschmolzen und so verrundet hat. Dann Arzneimittel in der Reihenfolge:

ANT-T.   (so tief wie möglich) 2 - 3 Tropfen alle viertel Stunde.
         wenn das nach 2-maliger Dosis nicht hilft:
OP.   bei blauem Gesicht   oder
Chin.   bei blassem Gesicht. Wenn das Kind Lebenszeichen
         erkennen lässt, dann
Acon.   bei blauem oder rotem Gesicht   resp.
Chin.   wenn das Gesicht blass bleibt.

Dieses standardmässige Vorgehen bringt in über der Hälfte der Fälle Erfolg. Ferner kommen in Betracht:

LAUR.   blaues Gesicht mit Zucken der Gesichtsmuskeln & Ringen
         um Luft.
bell.   Pupillen weit, Augen & Gesicht gerötet
camph.   Schleimrasseln, Nabelschnur pulsiert noch, aber Antimon
         half nicht
Cupr.   Cyanose und Krämpfe

HUSTEN KEUCHHUSTEN epidemisch - Prophylaxe

DROS. C 30, 5 Glob. in 1/2 Glas Wasser, schluckweise über einige Stunden, aber nur einen einzigen Tag lang, beseitigt die Gefahr nach Hahnemann zuverlässig   innerhalb einer Woche.
Hahnemann warnt vor zu schneller Wiederholung (aufdass das schlummernde [tuberkulinische] Miasma nicht durch zu starke Reizung geweckt werde.)

KRUPP, Croup, Pseudocroup

Acon.   wenn Erwachen abends, trockener, bellender Husten,
         hohes Fieber, beschleunigte Atmung, schneller
         hebender Pulsschlag, Angst. Auslöser: kalter Wind oder
         übermässige Erhitzung, Schreck o. Schock
Spong.   wenn Erwachen vor Mitternacht, hohler Husten, mässiges
         Fieber, aber laute Atmung wie vom Sägen eines Brettes. Danach:
Hep.   wenn Erwachen nach Mitternacht, krouppöser Husten,
         lockerer Schleim, Pfeifen und Rasseln, jeder kalte Luftzug, ja
         selbst eine Hand unter der Decke hervorstrecken, agg.   Danach:
Calc-s. wie Hepar, aber warm, wirft Bettdecke weg.
         Es wirkt am tiefsten, wenn es nach Hepar noch angezeigt ist   .

Aconitum wirkt bei pseudomembranösem Croup nur dann, wenn selbiger im Anfangsstadium sich plötzlich und heftig entwickelt. Man verliert besser keine Zeit damit, wenn Acon. C 30 o. C 200 nicht schnell, d. h. in 1/4 h, wirkt.

Als **Notfallmassnahme** kann folgendes gelten:
Acon. + Spong. + Hep., alle in D 12, als Ampullen in einer Mischspritze aufziehen und iv. oder im. geben, oder, statt zu injizieren, mit einer feinen Nadel (20er oder Insulin Kanüle) etwas davon in den Rachenraum sprühen, wie man es auch mit Cortison machen kann.

LUNGENENTZÜNDUNG, Pneumonie

Veratrum-viride wurde früher im Anschoppungsstadium oft standardmässig gegeben. Es bringt aber nichts (oder nur Verdruss), wenn kein roter Mittelstreifen auf der Zunge und kein sehr hohes Fieber vorhanden ist. Phosphor kann die Entwicklung einer Bronchitis zur Pneumonie oft verhindern, wenn es sich um empfindliche, schmale oder schnell in die Höhe gewachsene Kinder handelt. Ein weiterer Hinweis auf Phos. ist eine begleitende Gelbsucht. Phos. folgt gut auf Bryonia, dem Hauptmittel bei trockener Rippenfellentzündung.
SULPHUR ist das beste Lösungs- und Reaktionsmittel, auch wenn bei interkurrenter Erkältung (z. B. Krankenzimmer zu lange sehr kalt / zugig gelüftet) Aconit angezeigt erschiene - letzteres bringt dann nichts..
Lycopod. ist bei Metapneumonie (Anfälligkeit der Lungen auch noch jahrelang nach Pneumonie) öfter angezeigt als Kalium-carb.

PSEUDOKRUPP, spastischer Croup, Diphtherie, membranöser Croup

DEFINITIONEN:

Die Begriffe gehen, besonders in der älteren homöopathischen Literatur, reichlich durcheinander.

DIPHTHERIE (früher auch Bräune, Croup oder membranöser Croup genannt) ist eine meldepflichtige Infektionserkrankung.
Erreger: Löfflersches Bakterium (oft kommen Streptokokken, Staphylokokken, Pneumokokken etc. komplizierend hinzu. Nachweis früher: mikroskopischer Abstrich, Methylenblau gefärbt .
Lokalisation: PHARYNX, Larynx, Trachea, Nasopharynx, Nase.
Tendenz zur Ausbreitung zunächst auf Tonsillen, dann weiter.
Differenzierende Kennzeichen: Membranen sitzen fest auf den jeweiligen Schleimhäuten, beim Ablösen Blutung.
Lymphknoten Schwellungen, Fieber, süsslicher foetor ex ore,
Schwäche, schnell fortschreitender Krankheitsprozess über
Erstickungsgefahr bis zur Septikaemie, Myocarditis und Exitus.
Hauptmittel: (Man beachte die gesetzlichen Restriktionen!)
  DIPH. MERC-I-R. PHYT. Apis. Brom. Hep. Iod. Kali-bi. Merc-cy.
  pyrog.

PSEUDODIPHTHERIE (auch Diphtheroid oder membranöser Croup)
ist eine relativ seltene seltene Infektionserkrankung.
Erreger: Steptococcus pyogenes, Staphylococcus aureus et albus etc.
Differenzierende Kennzeichen: Membranen auf Tonsillen & weichem Gaumen, breiten
sich NICHT auf Larynx, Trachea oder Nase aus, allenfalls auf die
Eustachia. Hohes Fieber, Septikaemie. Möglicherweise Endocarditis.
Keine späteren Lähmungen.
Aetiologie: Häufig durch Komplikation bei Scharlach oder Masern
Hauptmittel: Bestimmend sind die Symptome der Grunderkrankung. Sonst:
   BELL. KALI-PERM. MERC-CY. Ars. Lach. Melal-a. Pyrog. Rhus-t.

PSEUDOKRUPP (spastischer Krupp durch akute, katarrhalische Laryngitis, oft m.
Laryngismus stridulus) ist eine relativ häufige Erkrankung im frühen Kindesalter, Ma-
ximum 2. - 4. Lebensjahr.
Aetiologie: hereditär, nervöse Konstitution, tuberkulinischer Hintergrund, keine spezi
fischen Erreger.
Auslösung durch Erkältung, meist Winter bis Frühjahr,
jedenfalls feucht-kaltes Wetter.
Differenzierende Kennzeichen: Anfallsweises Auftreten vorzugsweise gegen Mitternacht,
klingender bis metallischer Husten,
Unruhe, Ängstlichkeit, starke Atemnot, Cyanose, Einziehung der Supraclavicular- und
Suprasternalgegend.
Der Anfall dauert von Minuten bis zu gut einer Stunde & wiederholt sich oft in der glei-
chen Nacht mit geringerer Intensität. Zwischen den Anfällen fast beschwerdefrei, bis
eventuell auf Heiserkeit. Schleim & Kongestion der Atemwege sind vorhanden, aber
KEINE BELÄGE.
Hauptmittel:
   ACON. HEP. SPONG. Acet-ac. Bell. Phos. ip. kali-perm. lob.

KRUPPHUSTEN (auch spastischer Husten) durch akute Laryngitis ist eher eine
beschreibende Form eines Hustens (metallisch, klingend, auch bellend, mit Heiserkeit)
als eine eigenständige Erkrankung.

EPIGLOTTITIS (Kehldeckelentzündung) ist von Pseudokrupp vor allem durch ihre
Dramatik und Gefährlichkeit zu unterscheiden, da sie leicht zum Tode durch Ersticken
führen kann.
Notfallmassnahme: Luftröhrenschnitt.
Symptome: Inspirium erschwert, Schlucken unmöglich (Speichel fliesst aus dem Munde),
Liegen verschlimmert dramatisch - Kind will aufrecht sitzen. Kein oder nur sehr gerin-
ger Husten, Stimme erstickt, keine Heiserkeit.
Umgehende Klinikeinweisung.
Bis zum Eintreffen des Krankenwagens: Cortison 100 - 250 mg aufziehen und mit feiner
Nadel (Zerstäuber) in den Rachen sprühen.
Sauerstoff.
Lach. 30 im 5-minütigem Wechsel mit Hep. 30. Eventuell Chlor. 30 - 200.

MUCOVISCIDOSE

Die Lehrmedizin definiert die Mucoviscidose (= CF, cystic fibrosis) als die häufigste angeborene Stoffwechselerkrankung mit fehlerhaftem Chromosom Nr. 7, und gibt als
palliative Therapie im wesentlichen Klopfmassagen, Mucolytica, Betamimetica und - wie
immer sehr einfallsreich - Antibiotica an. Der "erklärende" Hinweis auf Chromosom
Nr. 7 mag für den wissenschaftlichen Forscher von Belang sein, für den Praktiker taugt
er soviel wie folgende Antwort auf die Frage eines kleinen Kindes, was ein Spaten sei:
"Ein Spaten ist ein manuell zu bedienendes Gerät zur partiellen Umgestaltung der
Erdoberfläche in kleinem Rahmen." Eine causale Therapie ist ebenso wie die wirkliche
Pathogenese unbekannt.
Die asiatische Medizintheorie geht hier sehr viel weiter: sie sagt, dass die Grundbaustei-
ne jeden Schleims im Pankreas geformt werden und folgert daraus, dass man Pankreas
(und eventuell das Schwesterorgan Leber) behandeln müsse. Das ist auf jeden Fall auch
für den Homöopathen ein guter Hinweis, weil er auf die Eruierung pankreasbezüglicher
Symptome (wie z. B. Stuhl fettig, Schweiss salzig, sorgenvolles Gemüt etc.) besonderes
Augenmerk richten kann. Fehlt in einem Fall z. B. der reichliche und mineralreiche
(salzige) Schweiss, so kann das (Schweiss Mangel) als sonderlich und wahlanzeigend
gelten.
Andererseits könnte, bei sehr spärlichen Symptomen, auch die Rubrik Pankreas Organotropie herangezogen werden.
Allgemeine Mittel:
>   Ant-t. arg-n. calc-f. CAUST. coc-c. Ip. lyc. mag-c. mag-m. Nat-m. Okou. phos.
>   samb. sil. Sulph. thal. tub.

VERSCHLEIMUNG, Katarrhe im Wechsel mit Gelenk Beschwerden,
Arthrose

Wenn Katarrhe in der Kindheit und Jugend nicht richtig ausgeheilt werden, führt das
später leicht zu Gelenkbeschwerden wie Arthritis und Arthrosen. (Kent) Auch können
beide Grundzustände alternieren.
Hauptmittel:
>   kali-bi. KALI-C. Tub.

Asthma catarrhale im Wechsel mit akuter Uricaemie (bei Kindern oft nur durch
Schmerz vor / beim Harnlassen zu beobachten):
>   benz-ac. LYC. Sulph.

HERZ

Angeborene Herzkrankheiten

Vakil gibt in seinem Lehrbuch über die homöopathische Behandlung der Herz- und Kreislauferkrankungen (Grundlagen & Praxis, Leer 2002) folgende

"**Definition:** Dies ist ein seit der embryonalen Entwicklung bestehender Defekt des Herzens, der von Geburt an vorhanden ist.
Ätiologie: In 90 % der Fälle ist die Ursache unklar.
Geschlecht: Beide Geschlechter sind in gleicher Weise betroffen.
Jedoch sind bei den Jungen linksseitige Defekte vorherrschend,
        bei den Mädchen rechtseitige.
Erblichkeit: Der Vorhofseptumdefekt ist in hohem Masse erblich.

Durch das **Umfeld** bedingte Faktoren:
1.) Infektion: Durch Röteln bei der schwangeren Mutter entsteht ein
    offener Ductus Botalli, Pulmonarklappen-Stenose, kombinierte
    Klappen-Stenosen, Kammerseptumdefekt - entweder mehrere
    dieser Defekte zusammen, oder jeweils einzelne.
2.) Medikamente oder Drogen: z. B. Contergan (Thalidomid).
3.) Faktoren des Stoffwechsels: idiopathische Hyperkalzämie,
    Vitaminmangel, besonders an Vitamin A und an Folsäure der schwangeren Mutter.
4.) Strahlenschädigung: Röntgenstrahlen oder Atomverstrahlung.
5.) Große Höhe: in großer Höhe wohnen, oder eine Flugreise in den ersten
    3 Monaten der Schwangerschaft, was besonders zu offenem Ductus Botalli oder
    Vorhofseptumdefekt prädiosponiert.
6.) Endokrine Störungen: Endokrine Störungen bei der Mutter können
    prädispomierende Faktoren sein.

Genetische und Chromosomen Defekte:
    Marfan-Syndrom: Aorteninsuffizienz, Herzklappeninsuffizienz.
    Ehlers-Danlos-Syndrom: Mitralinsuffizienz, Vorhoferweitung oder -riss
    Down-Syndrom: Vorhofseptumdefekt
    Hurler-Syndrom: Krankheit, die mehrere Herzklappen, die Herzkranzgefäße
        und die grossen Arterien betrifft.
    Kartagener-Syndrom: Dextrocardie (Herzlage rechts.)
    Trisomie-Syndrom Ventrikelseptum-Defekt, offener Ductus Botalli.

Behandlungsplan
(1) Alle angeborenen Anomlien werden dem syphilitischen Miasma zugerechnet.
Bei der Behandlung solcher Zustände sollte man an antisyphilitische Mittel denken. Das Dazwischenschieben einer Gabe Syphilinum wird nicht nur den Zustand des Patienten bessern, sondern wird auch die Tendenz zu anderen syphilitischen Affektionen mindern.
(2) Man muss immer danach fragen, ob in der Vorgeschichte der schwangeren Mutter des Kindes, das einen offenen Ductus Botalli, Pulmonar-Stenose, Ventrikelseptum-Defekt oder auch Stenose der Lungenarterie hat, Röteln oder Masern vorliegen. Im letzteren Falle müsste eine Gabe Moribillinum helfen.

(3) Auch eine Gabe von hoch potenziertem Thalidomid müsste in Betracht gezog werden.

(4) Vitaminmangel muss behoben werden.

(5) Mittel wie Carbo-veg. und Calc-carb. können einem betroffenen Kind auf längere Sicht helfen, wenn sie nach dem Simile-Prinzip verordnet werden.

(6) Man sollte an ein Mittel wie Vanadium, als einen Sauerstoffträger und Katalysator denken, wenn eine angeborene Herzerkrankung mit Zyanose vorliegt.

(7) Thyroidinum kommt in Frage bei einem angeborenen Leiden wie nicht herabgestiegenen Hoden.

(8) Jedes Konstitutionsmittel kann einem Patienten helfen; es wird das Leiden wohl nicht heilen, aber es wird auf alle Fälle Besserung bringen. ...

(9) Behandlung durch Operationen:

Indikationen

   (i) Wenn die medikamentöse Behandlung dem Patienten keine Besserung bringen.

   (ii) Wenn der Zustand des Patienten sofortige und prompte Abhilfe erfordert und nur die Wahl zwischen einem reinen Vegetieren und völliger Abhänigigkeit einerseits und einem nutzbringenden oder teilweise nutzbringenden Leben andererseits besteht.

   (iii) Abhängig von der jeweiligen angeborenen Herzerkrankung und nach dem Einholen der Meinung von Fachärzten müssten die Möglichkeiten eines chirurgischen Eingriffs im Vergleich zu einer medikamentösen Behandlung abgewogen werden. In jedem Fall aber muss der behandelnde Arzt das lebensbedrohende Risiko eines chirurgischen Eingriffs bedenken.

Begleitende **Hilfsmaßmahmen**

Diese hängen von den Zeichen und Symptomen ab. Kinder mit angeborenen Herzerkrankungen müssen vor Infektionen und Erkältungen geschützt werden. "

Diesen Aussagen meines verstorbenen Freundes Vakil kann ich nichts hinzusetzen.

EXTREMITÄTEN

KNIEBESCHWERDEN und Rheumatoide Arthritis (RA)

Werden Schmerzen im Knie beklagt, und ist das Kind in einem leicht reduzierten Allgemeinzustand, z. B. nach einer akuten Infektion, dann tut man gut daran, nicht nur an eine rheumatische Erkrankung wie RA zu denken, sondern auch eine beginnende Leukämie diagnostisch abzuklären. In solchen Fällen findet man meist auch einen druckschmerzhaften Punkt etwas oberhalb des medialen Fussknöchels. Die Asiaten nennen diesen Punkt auch "Meister des (weissen) Blutes".

Nebenbei: RA (rheumatoide Arthritis) hat eine interessante Pathogenese, die auf einer anatomischen Besonderheit basiert, welche unverständlicherweise oft nicht zur Kenntnis genommen wird: Die Kapillaren an der Intima der Gelenkkapseln besitzen **keine Basalmembran**, die sonst als Filter für pathogene Substanzen wie (Harn -) Säuren, Erreger (ev. auch Trichomonaden) oder Fremdeiweisse dienen. So gelangen diese Stoffe in die Gelenke, es bilden sich darin Antigen-Antikörper-Komplexe, und Entzündungsreaktionen sind die Folge: heftige, wie z. B. nach Scharlach, oder chronisch progrediente nach Virus Infektionen (weil virales Eiweiss nicht ganz zo pathogen ist). Fremdeiweisse, die via Impfung in den Körper gelangten, liegen bezüglich der Pathogenität dazwischen.

Arsen Verbindungen, Urtica urens, Ruta und Equisetum sind bedenkenswert, natürlich neben eiweisreduzierter Kost.

SCHMERZ kleiner Gelenke

Eine gründliche Familien - Anamnese gibt oft weiterführende Hinweise, auch wenn dieselbe nicht notwendigerweise direkt auf den rheumatischen Formenkreis deutet. So würden syphilitische Erkrankungen der Vorfahren z. B. aesc., Kali-bi. oder manc. in den Vordergrund rücken.

Act-sp.	Handgelenke, Schmerz und Schwellung mehr rechts
aesc.	venöse Zeichen, Essen am.
calc.	Kälte Empfindung b. Herabhängenlassen d. betr. Extremität
Calc-hp.	Finger, Daumen, Handgelenk. Dabei Druck o. Völle in Herz oder Brust
caul.	wandernde Schmerzen
gran.	dabei: Schmerz Nabelgegend, allgemeine Wurm Symptome
guaj.	tonsillogenes Rheuma, Wachstums Schmerz rechts, Verkürzung der Sehnen (nicht nur Gefühl v. Verkürzung wie Kreos.)
kali-bi.	Schmerz an kleinen Stellen, wandernd
lith-c.	Gelenke Schwellung und Jucken, Schmerz am. durch Kratzen
manc.	innere Labilität in Pubertät, nach Scheidung der Eltern, Wahnvorstellungen vom Teufel.

SCHLAF

SCHLAF Asphyxie (während S.)

Häufig liegt eine praenatale Schädigung vor. Daher muss man nach Beruhigungs- und Schmerzmittelkonsum der Mutter in der Vorgeschichte fragen.
Wurden Schmerzmittel während Schwangerschaft o. Geburt wie z. B. Dolantin, gegeben, könnte das auf Opium oder Chloral (schwarzer Mittelstreifen auf der Zunge) hinweisen. Drogensucht der Mutter?
Cenchris hat Asphyxie um 1 h herum, Lachesis dagegen bald nach dem Einschlafen.
Weitere Mittel:
>   Hyos. nux-v.

SCHLAFLOSIGKEIT und Schlafstörungen

1.) Soziokulturelle Besonderheiten sind zu beachten. So ist es in südlichen und vielen Ländern der dritten Welt durchaus normal, dass die Kinder bis spät nachts aufbleiben und am Leben der Erwachsenen teilnehmen. Unter diesem Aspekt betrachtet, muss es nicht unbedingt als Drama behandelt werden, wenn ein Dreijähriger bis 23 Uhr bei den Erwachsenen im Wohnzimmer bleiben möchte. Man könnte ihn einfach dabeisein lassen, ohne ihm übermässige Aufmerksamkeit zu schenken. Wenn er merkt, dass er nichts interessantes verpasst, wird er ohnehin ins Bett gehen oder dort einschlafen, wo er gerade sitzt oder steht. Unsere gewöhnlichen deutschen Ansichten über die angemessene Schlafenszeit der Kinder ist also höchst relativ. Man kann sich auch nicht ganz des Eindrucks erwehren, dass Kinder hier im Allgemeinen und abends im Besonderen als störend empfunden werden.
2.) Gewisse Unsitten der heutigen Zeit fördern Schlafstörungen.
Dazu gehören nervliche Überbeanspruchungen wie Fernsehen, Video, Radio, hektisches Leben, ständig wechselnde Bezugspersonen, Streit in der Familie und falsche Ernährung.
Therapie: Ursachen beseitigen, pädagogische Belehrung der Eltern.
3.) Mangel an innerer und äussserer Ruhe der Erziehungspersonen sowie Unkenntnis derselben über pädagogische Grundlagen. Jedes Kind braucht Phasen der - auch körperlichen - Aktivität, Phasen der geistigen Konzentration, z. B. im Spiel, und Phasen der Ruhe. Werden diese Phasen nicht ermöglicht, so verschiebt sich auch das Bedürfnis nach Ruhe und Schlaf. Erzwungene, starre Schlafphasen, die oft mit der Notwendigkeit eines Rhythmus im kindlichen Leben (wie das pünktliche Stillen alle 4 Stunden) begründet werden, entraten nicht ganz des Verdachtes, nur der Bequemlichkeit der Eltern zu dienen. Es sind im kindlichen Leben eben auch nicht alle Tage gleich: ein anstrengend bewegungsintensiver Tag wird das natürliche Schlafbedürfnis eher eintreten lassen, ein ruhiger Tag eben später - ein genau so natürlicher Adaptionsvorgang des Organismus, wie die Verdauungsleukozytose nach einer Fleischmahlzeit.
Therapie: Ursachen beseitigen, pädagogische Belehrung der Eltern, welchselbige vielleicht Mittel wie Arsen, Lycopodium oder eine Kali -Verbindung bräuchten.
>   Übrigens: jeder künftige Mopedfahrer muss eine Fahrschulprüfung absolvieren, bevor er auf den Strassenverkehr losgelassen wird!

Werdende Eltern hingegen ..... 　　　Und: in Preussen gab es im letzten Halbjahr vor dem Schulabgang den sogenannten Frauenunterricht, der Grundzüge der allgemeinen Erziehungslehre genauso mit einschloss wie praktische Massnahmen wie z. B., dass **für jedes neugeborene Kind ein Vokabelheftchen** anzulegen sei, in dem alle wichtigen Ereignisse wie Zahnung, erstes Sprechen, Laufen o. Krankheiten nebst Behandlungsmassnahmen / Medikamenten einzutragen seien.)

4.) Leber- und Gallenstörungen. Diese können erworben sein (falsche Ernährung) oder auch angeboren (miasmatische Belastung oder Alkohol - / Drogen - / Medikamenten - Abusus der Eltern in der Vorgeschichte.)

Therapie: siehe entspr. Rubriken.

5.) Nervöse oder emotionale Ursachen: Nervenkrankheiten (selten), Zahnung, Hautkrankheiten, geistige Störungen.

Schlafschwierige Kinder sollten in Nord - Süd - Richtung schlafen, Kopf nach Norden.

FIEBER, SCHWEISS & FROST

FIEBER - Differenzierung der Arzneien

Acon.　Plötzlichkeit, Haut heiss trocken hellrot, Blutandrang zum Kopf, macht erst Aufgeregtheit o. Angst, dann Benommenheit.
　　　Entzündungsfieber, häufig ausgelöst durch Abkühlung nach Überhitzung. Emotionale Auslöser: z. B. Aufregung vor Geburtstag.

apis.　Durstlos oder Durst auf kleine Schlucke eines kalten Getränks. schrilles, durchdringendes Weinen (Cri encephalique)

bapt.　Lang anhaltendes Fieber ohne grosse Schwankungen, oft gastrisch.

Bell.　dampfender Schweiss, der nicht erleichtert, glänzende Augen, benommen, intensive Hitze & trotzdem zugedeckt sein bis über den Kopf Verlangen. Füsse oft kalt. Kaum Durst. Delirium. Klopfen im Kopf, Carotiden und Augen.

bry.　heftiger Kopfschmerz, betäubend, als wenn der Kopf platzen wollte. Jede Bewegung agg. Mund trocken, Zungenmitte weisslich belegt, Durst auf grosse Mengen Wassers.

Cham.　Kind nervös, reizbar, verdriesslich, unerträglich hitzig m. feucht-heisser Schädeldecke. Meist eine Wange rot, die andere blass. Untröstlich. Schrilles Scheien. Auf Arm nehmen, Tragen, Schaukeln o. Wiegen am.

cupr.　Fieberkrämpfe. Auch cupr-ar., wenn Bauchsymptome vorhanden.

eup-per.　Gefühl wie zerschlagen, verrenkt, verprügelt am ganzen Körper. Temperatur morgens gegen 7 h höher als abends

Ferr-p.　Kind spielt, blättert im Buch, will Geschichten erzählen. Munterkeit.

Gels.　Kind stumpf, benommen und apathisch, mit Muskelschwäche, Verlang. nach Ruhe, meist wenig Durst. Puls voll und weich, Edam oft positiv.

merc.　Erschöpfung, Hinfälligkeit mit Zittern. Fieber schleppt sich so dahin, ohne ausgeprägte Spitzen. In der Regel gastrisch oder biliös. Reichlicher Speichelfluss vorn im Mund, Hals und Rachen aber trocken, Durst vermehrt auf kaltes Wasser.

Puls.   Frösteligkeit mit warmem Kopf & trockenen Lippen, aber warme
        Anwendungen agg. Verlangen nach frischer Luft.
        Anhänglich und weinerlich, Verlangen nach Zuwendung auffällig.
pyrog. Ernster Zustand. Pulsfrequenz entspricht nicht der Temperatur.
        Redet viel und flüssig im Fieber.
Rhus-t. Katarrhalisches Fieber, das auch leicht in typhöses übergehen kann.
        Mund & Zunge trocken, viel Durst. Zerschlagenheit in Muskeln und
        Knochen, speziell Rücken, dabei aber dennoch körperlich ruhelos.
sulph. Trockene, brennende Hitze. Zunge trocken rot. Erst Ruhelosigkeit
        (wie Acon., dem es gut folgt) und Schlaflosigkeit, dann rasch
        zunehmende Benommenheit.
tub.   Kind fröhlich während Fiebers
Verat. Fieber mit innerer Hitze und äusserer Kälte.
        Heftiges Erbrechen und/oder Durchfall, rasches Sinken der Kräfte,
        Krämpfe in den Gliedern.

FIEBERKRÄMPFE

Selbige sind von den Eltern sehr gefürchtet und veranlassen viele, sofort mit Paraceta-
mol und Diazepam oder ähnlichen Kombinationen zu intervenieren resp. intervenieren
zu lassen. Die Panik ist so gross, dass in diesen Fällen die genaue Beobachtung des kran-
ken Kindes auf der Strecke bleibt, was für eine Diagnose incl. Prognose von grösster
Wichtigkeit wäre.
Differentialdiagnostisch abzuklären sind Fieberkrämpfe gegen
        Epilepsie, respiratorische Affektkrämpfe, Meningitis und weitere
        Gehirnerkrankungen.
Fieberkrämpfe treten fast immer zwischen dem 6. Monat und dem 5. Lebensjahr auf.
Das Erkrankungsmaximum liegt vor dem ersten Geburtstag.
Die Schüttelkrämpfe treten bei höherem Fieber auf und erfassen den ganzen Körper. Sie
dauern zwischen Sekunden und maximal 15 Minuten. Das Kind ist zunächst bei
Bewusstsein, schläft also nicht, kann dann aber für kurze Zeit das Bewusstsein verlie-
ren. Oft hilft **Cupr-ar.** 30. Als weiterführende Diagnostik ist, auch aus forensischen
Gründen, ein EEG anzuraten, denn später gehen Fieberkrämpfe gelegentlich, besonders,
wenn sie unterdrückt wurden, in eine Epilepsie über (in ca. 0.5 %).

Respiratorische Affektkrämpfe verlaufen ähnlich wie Fieberkrämpfe, nur dass es
vor der Bewusstlosigkeit für einige Sekunden infolge krampfhaften Schreiens oder Wei-
nens zum Atemstillstand ("Wegbleiben") kommt. Ferner liegt das Erkrankungsmaximum zwischen dem zweiten und dritten Lebensjahr, und der Affektkrampf tritt
praktisch nach dem 6. Lebensjahr nicht mehr auf, ausser, er geht in eine besondere psychosomatische Störung (Hysteroid) über.
Die homöopathische Behandlung von Fieberkrämpfen und Affektkrämpfen ist meist
erfolgreich, wenn es gelingt, die Eltern weg von Panik zur genauen Beobachtung zu bringen. Selbiges ist übrigens auch deswegen nicht ganz einfach, weil sich die betroffenen
Eltern in der Regel selbst konstitutionell in Richtung Nervosität oder emotionaler Labili-
tät bewegen.
Sollte die homöopathische Behandlung (akut und konstitutionell) nicht sofort greifen,
wird man wohl oder übel auf die Segnungen der Pharmazeutischen Chemie zurückgrei-

fen müssen. Dabei sei angemerkt, dass vorher durchaus ein Versuch mit phytotherapeutischen Sedativa gemacht werden kann wie Kavain, Humulus lupulus, etc. Der Vorteil liegt auf der Hand: Wirkungen & Nebenwirkungen sind sehr lange bekannt.

PROPHYLAXE bei epidemisch auftretenden (Kinder-) Krankheiten

Die Krankheitsprophylaxe ist in der Homöopathie möglich, wenn auch umstritten. Die Dogmatiker bestehen darauf, nur bei vorhandenen und wahlanzeigenden Symptomen das passende Homöopathicum zu geben. Merkwürdigerweise sind es aber die Dogmatiker, die trotz ihrer Betonung, "KLASSISCHE Homöopathie" zu betreiben, weder Hahnemanns Organon noch seine Krankenjournale sinnentnehmend gelesen zu haben scheinen. Möglicherweise haben sie sich auch einen Aphorismus Nietsches zu sehr zu eigen gemacht: "'Das habe ich getan.' Sagt mein Gedächtnis. 'Das kann ich nicht getan haben!' Sagt mein Stolz und bleibt unerbittlich. Endlich gibt das Gedächtnis nach." (Man ersetze getan durch gelesen.) Jedenfalls, und darauf verwiesen schon C. Hering, P. Schmidt, H. Barthel u. a., gibt es im Organon die Paragraphen 33 Anm., 73. Anm., 234, 244 & 284 (mit Querverweis auf § 270). Aus den Krankenjournalen geht z. B. auch noch Hahnemanns Prophylaxe mit Carb-v. gegen das Gelbfieber hervor. Hering gab zur Tuberkuloseprophylaxe vorwiegend Nat-s.
Unbestritten ist natürlich die via regia der gekonnten konstitutionellen Behandlung. Ferner unbestritten ist auch unter Homöopathen, dass Kinderkrankheiten ihren biologischen Sinn darin haben, dass der kindliche Organismus mit Hilfe eines exanthematischen Fiebers die miasmatischen Belastungen bearbeiten und sich so bis zu einem gewissen Grade selbst reparieren kann.
Warum also Prophylaxe?
Es gibt m. E. einige Kriterien, anhand derer im Einzelfall entschieden werden kann, und zwar:
1.) Die Krankheit selbst und ihr allgemein zu erwartender Verlauf. Masern sind zwar wegen Metastasen auf die Keimdrüsen gefürchtet, die real auftretenden Komplikationen sind jedoch meist Folgen von vorangehenden Missbehandlungen wie Impfung, Fehldiagnosen mit folgender Antibiotika - Behandlung sowie sozialen Faktoren wie Gleichgültigkeit der Eltern, Verwahrlosung etc.
Für Mumps gilt ähnliches.
2.) Die Bequemlichkeit (besonders am Wochenende) Scharlach ist schon von sich aus ernster zu betrachten. Zwar stehen heute in unseren mitteleuropäischen Ländern genügend Automobile und einfach zu handhabende Urinmessstreifen zur Verfügung, um die tägliche Harnkontrolle durchzuführen, die eine Nierenkomplikation sofort offenbart, aber solches auch zu tun, ist vielen zu mühsam.
3.) Soziale Umstände und die Verhältnisse von Bildung, Beobachtungsgabe und seelischer Widerstandsfähigkeit der Eltern.
Eltern mit schwachen Nerven halten dem Druck einer epidemisch auftretenden Kinderkrankheit, der u. U. noch durch die gern panikmachende Presse verstärkt wird, nur selten stand. Hinzu kommen noch impfwütige Kinderärzte, die den Eltern, die von ihren **Grundrechten** Gebrauch machen möchten, Vorwürfe wie "Rabeneltern" machen.
4.) Mangelndes Können der Ärzte und Fehlorganisation im Gesundheitswesen. Mir erklärte ein erfahrener schulmedizinisch ausgerichteter Kinderarzt, den ich persönlich wegen seines diagnostischen Könnens schätzte: "Diphtherie ist bei uns in Westdeutschland so selten, dass die meisten Kollegen sie nicht erkennen würden.

Deshalb muss man dagegen impfen." -- Kommentar zu diesem Armutszeugnis überflüssig. Wenn ferner zum Notarztdienst zufällig ein Augenarzt eingeteilt worden ist, wird die Sache in der Regel noch hoffnungsloser.

        5.) Forensische Gründe wie Bundes-Seuchengesetz, Hp.-Gesetz etc.

Siehe auch unter Kinderkrankheiten auf S. 691.

RÖTELN

Röteln (Rubeolae) sind selten behandlungsbedürftig, ausser bei (vielleicht) schwangeren Mädchen. Dann wegen möglicher Fruchtschädigung dringender, auch schulmedizinischer Handlungsbedarf.

ACON.	Hauptmittel
Apis.	wenn dabei Rachen & / o. Tonsillen (blass-rot) geschwollen
Bry.	vorzugsweise Knaben
Puls.	vorzugsweise Mädchen

weitere Mittel:	bell. phos. sulph.
	Bar-c. bei anschliessender Lymphknotenschwellung.

HAUT

AFFEKTIONEN der Haut - Differenzierung von Ant-c. und Psor.

ANT-C ist weniger aufgeweckt, aber von schwierigerem Charakter als PSOR .
Antimon hat häufig Nagelsymptome, Psor. eher Affektionen der Hautfalten.
Antimon ist dicker und kämpft mehr, Psorin ist dünner und gibt leichter auf.

AKNE in der Pubertät

Bei Knaben ist Pubertäts - Akne wegen gestörter Hormon - Balance zu ungunsten von Oestrogenen eher physiologisch als bei Mädchen, also vom Symptomenrang her niedriger zu bewerten.
Die Schulmedizin gab (und gibt) den Mädchen gern Oestrogenderivate, auch mit dem Hinweis, dass Mädchen und junge Frauen ja sowieso die Antibabypille bräuchten. Verhängnisvoll ist dabei, dass jene Präparate nicht unbedingt über Jahre oder Jahrzehnte gut vertragen werden. Die selten erwähnte Krebsstatistik der Berliner Charité weist einen Zusammenhang von Oestrogeneinnahme und intestinalen Carcinomen nach (Hinweis von Prof. Paul Seeger).
Nach Absetzen der Oestrogenderivate - aus welchen Gründen auch immer - kommt es in der Regel zu einem Rebound. Viele **Pulsatilla** Symptome treten auf oder werden verstärkt, aber Puls. in üblichen Potenzen von C 30 - 10 M wirkt nicht ! Diese Erfahrung machen fast alle Praktiker, aber manche Vertreter der Athener Schule wollen das nicht

wahrhaben, weil sie gewohnt sind, im Bedarfsfall oder zur Palliation Allopathica zuzulassen, auch wenn es mögliche Alternativen aus der Naturheilkunde gäbe, die keine Nebenwirkungen haben. (Wohlgemerkt geht es hierbei nicht um z. B. Cortison im Status asthmaticus oder Digitalis bei tachycarder Herzinsuffizienz der Alten)

Ignoranz und Denkfaulheit vertrugen sich schon immer gut mit Dogmatismus (siehe Platons Anmerkungen im Kriton dazu).

Man müsste wohl doch Eulen nach Athen tragen !

In solchen Fällen hat Puls. nach einmaliger Vorweggabe von Sep. 12 - 30 meistens die Chance, zu wirken, aber in der in Westdeutschland unüblichen Potenz der C 3, (verkleppert) über längere Zeit zu geben, wonach auch die LM 1 folgen könnte, oder auch Folliculinum 200, 7 - 10 Tage ante mensem. Man sehe sich ausserdem die Rubrik Beschwerden durch Hormonpräparate an. Grundsätzlich ist die Behandlung von Hautkrankheiten, hier Akne, ohne Berücksichtigung von intestinalen Symptomen nicht möglich. Hier soll nicht einer aufwendigen und teuren Sanierung der Darmflora mit häufigen mikrobiologischen Stuhl - Untersuchungen, Herstellung von Autovaccinen etc. das Wort geredet werden - das geht mit initial Paidoflor, begleitet von Basica Mineralpulver und schlussendlich Bio-Cult comp. Syxyl schneller, einfacher und preiswerter. Aber denken muss man dennoch, und zwar an die Leber, die die Grundbausteine (Aminosäuren) für die Hormon produzierenden Drüsen bereitstellen muss.

Überlegt man sich diese Zusammenhänge, so wird jedem klar werden, WARUM Puls. nach vorheriger Hormongabe nicht wie gewohnt sicher und schnell wirkt (Stichworte: hepato - biliöse Stauungen wg. Fett Unverträglichkeit, Cholesterinaemie, gastro - biliöses Syndrom, Dysbiose ...)

Hauptmittel für Pubertätsakne der Mädchen sind:

        Aster. Berb-a. Calc-p. Cycl. foll. PULS. Sep. sulph.

        und die antimiasmatischen Nosoden

Ferner ist die Mittelauswahl nach der Lokalisation der Akne wichtig. Das gilt auch für Knaben, bei letzteren sogar in stärkerem Masse (da bei ihnen keine Menses - Symptome vorhanden sind). Des weiteren sind bei Knaben noch besonders Calcium-pic., Nux-vom., Selen, Staphisagria und Syphilinum zu erwägen.

HAUTAUSSCHLÄGE chronische (Psoriasis, Neurodermitis), Aufbaumittel

Um zu erwartende starke Erstverschlimmerungen zu mildern, kann man vor (notfalls auch nach) der Verabreichung des Konstitutionsmittels in tieferen Potenzen folgende Mittel geben:

ANAC.   Ausschlag: Bläschen mit starker Reizbarkeit o. nervlich. Schwäche, am. während o. direkt nach Essen. D 6, C 6, (C 200)

CROT-T.   Ausschlag: empfindliche Bläschen, bes. Gesicht & Genitalien, mit brennendem Stechen, am. durch Diarrhoe. D 6, C 6

CHRYSAR. Ausschlag: konfluierende Krusten bes. b. Psoriasis & Ringelflechte Augen- und Ohr Umgegung. Unter den Krusten Ansammlung stinkenden Eiters (wie b. Mez.) Sekundäre Infektionen. D 4, C 3 - 6

Rhus-t.   Ausschläge: Blasen o. Bläschen auf gerötetem Grund, häufig Gelenkbeugen, Gelenkumgebung, Oberschenkel innen. Herpes zoster. Frühling und Durchnässung agg. rheumatische Veranlagung C 12, C 30, LM 6

Berb-a.   Psoriasis m. Leberbeteiligung (Zunge dick gelb braun belegt) Q - D2

Sars.   Crusta lactea o. Psoriasis m. schlaff-faltiger Haut, die leicht reisst.
            Nierenschwäche. Springendes Jucken (Ortswechsel des Pruritus
            nach Kratzen). Urticaria im Sommer, frische Luft agg. D 2 - 6, C 3

com.   Haut Entzündungen mit Blasenbildung.
            Jucken stark VOR Ausschlag. C 12

hydrc.   Psoriasis kreisförmig m. Verdickung, bes. palmar o. plantar. C 3 - 6

dol.   Jucken OHNE Ausschlag, nachts agg. bis zur Verzweiflung.
            Häufiges Begleitsymptom: Zahnfleisch Entzündung. Dos.: C 5 - 12
            Wenn Gallen Affektionen vorhanden und Bilirubin erhöht: C 200.

HERPES zoster Schmerz

Es konnte beobachtet werden, dass Schmerzzustände nach Herpes zoster (Postzoster Neuralgie, Hauptmittel: MEZ..) vornehmlich bei älteren Menschen auftreten, wohingegen die vorangehenden Schmerzen mehr jüngere Leute befallen.
Hauptmittel für Schmerz VOR Ausbruch des Zosters:
            Acon. Bry. Cupr. Mag-p.

INSEKTENSTICHE Wespe

Wespenstiche können sehr gefährlich sein. Das übliche Bild kann durch den Umstand verkompliziert werden, dass die Wespen ihrerseits schon Toxine gespeist haben, wie Insektenvertilgungsmittel, Pflanzenschutzmittel etc. Vorgehen: Zunächst
Apis.   D 6 in Wasserauflösung alle 10 Min. einen Löffel, später, nach 3 - 6 Std.
nux-v. D 12 - 15 zur Toxinausleitung, danach eventuell wieder Apis D 12 - LM 12.
hyper. Q - C 30 kann nötig werden bei nervennahen Stichverletzungen oder bei
        Konvulsionen danach.
Wenn zuviel Zeit verstrichen ist, sollten Enzyme eingesetzt werden, wie
Enzym Wied oder Wobenzym o. Phlogenzym.
Spenglersan G als lokale Anwendung mildert den Reiz & wirkt prophylaktisch
        gegen Superinfektion.
cit-p-s. C 1 (verdünnt. Grapefruit Extr.) als lokale Anwendung wirkt wie e. Antibioticum.

Wespen (o. Bienen) Stiche innerhalb von Mund o. Rachen führen gelegentlich zum Quincke Oedem, welches leicht tödlich enden kann. Ziemlich sicher wirkt
BROM. D 6 - LM 12 in wiederholten Gaben einige Tage lang.
Im Notfall Cortison in den Rachen sprühen und dann Klinikeinweisung.

INSEKTENSTICHE Zecken - Encephalitis

Cit-p-s.   Q lokal auf Zeckenbissstelle aufgetupft ist das
            beste "Erste Hilfe" Mittel.
Apis.   D 30 / C 30 stündlich, wenn rosa-rotes Oedem vorhanden.
Lach.   D 12 - C 30 alle 8 - 12 Stunden, wenn Verfärbung blau-rot / violett.
FORM-AC. D 12 - D 15 als subcutane Injektion, auch "Formicain". Selbiges wirkt
            eigentlich erst dann am besten, wenn sich schon allgemeine Symptome wie

Abgeschlagenheit etc. oder neurologische Zeichen zeigen, aber wer will schon so lange warten?

Wegen möglicher Spätfolgen ist nicht nur äusserste Vorsicht geraten, sondern auch aus forensischen Gründen nach homöopatischer Notfall / Soforthilfe eine umgehende Vorstellung in der Klinik notwendig.

Entzündung mit Besserung durch Kälte nach Zeckenbiss erfordern oft

Led. C 200, 3 x tgl. 1 Gabe, bis die Entzündung und der rote Kranz um den Zeckenbiss deutlich zurückgegangen sind.

Dieses Vorgehen ist der Antibiotikabehandlung in der Regel überlegen.

Prophylaxe:

Die Erfahrung hat gezeigt, dass Zecken vorzugsweise solche Tiere oder Menschen beissen, die in psorischem Sinne vorgeschädigt sind. D. h. Menschen mit Candida oder Scabies in der Vorgeschichte, resp. Menschen mit ausgeprägter psorischer Konstitution, können sich durch klassisch konstitutionelle Behandlung in ihrer Resistenz bessern.

Wenn dazu Zeit oder Gelegenheit fehlen, helfen auch

Psor. 30 eine Gabe aufgelöst in Wasser, über zwei Tage, dann

Sulph. 200 eine Gabe ebenso, dann

Psor. 200 eine Gabe ebenso.

Allerdings sind bei solch pauschalem Vorgehen Erstreaktionen, bes. auf der Haut, nicht auszuschliessen.

Entfernung der Zecke aus der Haut: Die Zecke gegen den Uhrzeigersinn drehend herausziehen (wenn vorhanden, mit Kornzange).

Danach ein Schnapsglas oder Fingerhut mit hochprozentigem Alkohol (oder Desinfektionsmittel wie Cutasept) füllen und über die Stelle stülpen, ca. eine Minute einwirken lassen.

LÄUSE

ÄUSSERE Behandlung:

1. Natronlauge aus 1 Beutel z. B. "Kaiser-Natron" auf 1/2 l Wasser
2. Waschen und gründlich spülen
3. Spülen m. Essigwasserlösung (zwei Esslöffel Essig in 1/2 l Wasser) und dazu 10 Tropfen Sabadilla D2
4. Kämmen mit Spezial-Läusekamm, besonders im Nacken und hinter den Ohren, wo es für Läuse so schön warm ist.

Hauptmittel und Prophylaxe: Sabad. C 12 tgl.   Konstitutionell: Psor. & Tub.

NEURODERMITIS (Atopie) und iatrogene Immunschwäche (Cortison)

Oft kommen schulmedizinisch vorbehandelte Fälle zu Behandlung, in denen zwar der Ausschlag mehr oder minder unterdrückt wurde, aber das Kind seit der Cortisonbehandlung erkältungsanfällig ist oder seelische Störungen wie ängstliche Verstimmungen und Schlafstörungen aufweist. Gerade die geistigen Symptome können sehr hartnäckig sein. Man muss die Unterdrückung aufheben und den Ausschlag wieder hervorbringen, was selten Begeisterung auslöst.

Ein möglichst schonendes Vorgehen **bei iatrogen induzierter Immunschwäche** ist:

initial:

Con.	D 4 2 x tgl 1 Woche bei vorwiegend syphilitischem Miasma
Phos.	C 12 alle 2 Tage, insges. 4 x, bei vorwiegend tub. Miasma.
Ph-ac.	C 3, noch besser D 8, 1 x tgl. 1 Woche lang bei ausgeprägter Schwäche.

Danach:

CORTISO.	D 18 o. Cortison Injeel als Trinkampulle zweimal wöchentlich
CORTEX	C 200 (= Prednisolon C 200) einmal wöchentlich
Puls.	C 3 oder D 6 tgl. 15 Tr., wenn durstlos & Ausscheidungen zu gering
Thym-gl.	am besten als Neythymun oral von vitOrgan. Von Dr. Ruffing nach neuro-psycho-immunologischen Gesichtspunkten empfohlen - d. h. mit entsprechender Korrektur der seelischen Zuwendung zum Kind
Sulph.	D 15 - 18 Tbl. 1 x wöchentl. je nach d. Symptomen
Lach.	C 12 - 30, wenn sich in der Vorgeschichte eine unterdrückte Windeldermatitis findet (nach Lach. eventuell Cand-a. oder Med.)

zusätzlich:

Berberitzen - Tee oder Berb. D 3 - 6 oder Berb-a. D 2 - D 4 tgl. 20 Tr.

NEURODERMITIS (atopisches Ekzem) und Nahrungsmittel Allergie

Wenn ein atopisches Ekzem im Zusammenhang mit oder durch eine Nahrungsmittel - Unverträglichkeit auftritt:

BRUC. (Angustura spuria) C 200 oder LM 18. Ähnlich ist Angustura.

Ang.	Hautausschläge im Verlauf des Dickdarm Meridians, bes. zwischen Daumen und Zeigefinger, auch am Nasenflügel, Dos. wie Bruc.
Astac.	(Cancer fluvialis) Gesicht Erysipeloid, Leber Störung, Lymphdrüsen Affektionen. Dos. wie Bruc.
Cand-a.	Oft auch Blähungskolik. Seelisch: kann sich schlecht wehren trotz Wut.
sep.	Hautausschläge in runden Anordnungen. Milch agg.
tarent.	nächtliches unerträgliches Jucken mit Reiben an der Bettdecke ohne Erleichterung, aber Vorsicht! Eine Verlagerung auf die geistige Ebene ist leicht möglich! Dos.: LM 12 1 x / Woche.
ther.	aggressive Stimmung, Herz Beschwerden. Dos.: D 12 alle 2 Tage 5 Tr.

Weitere Mittel:

apis. ars. bell. canth. cupr. cupr-ar. ham. medus. thym-gl.

Dos.:   alle in LM 12 im täglichen Wechsel mit D 6.
Cand-a. Einzelgabe in C 30.
tub. C 30 als Zwischenmittel alle 4 Wochen.

An intestinale Pilz - Besiedelung als mögliche Ursache denken!
Siehe unter Infektionskrankheiten, S. 690 und unter Candida, S. 690

NEURODERMITIS (atopisches Ekzem) UND DABEI Quincke Oedem

Diese Notfall Situation erfordert schon aus forensischen Gründen umgehende Klinikeinweisung. Wenn dieselbe nicht möglich ist oder lange Zeit dauert, dann kann man dem Kind   APIS D 2 - 3 alle 30 Min eine zerstossene Tbl. oder 10 Tropfen geben, später dann   Brom. LM 12, 2 x tgl 3 Tropfen.   Weitere Mittel: calad. fl-ac.

NEURODERMITIS (atopisches Ekzem) - adjuvante Therapie

Durch die adjuvante Therapie verbessert sich der Zustand der Haut zumindest insoweit, als dass die häufig anzutreffende (neurotische) Fixierung des Kindes resp. seiner Eltern aufgehoben wird, der Patient wieder etwas mehr Mut fasst und auch solche Symptome wahrnehmbar werden, die vorher durch die überwältigende Beeinträchtigung der Lokalsymptome verdeckt waren, und nun zum tiefer wirkenden Mittel und zur konstitutionellen Behandlung führen können.

Galivert (Gali = Galium aparine D 2 + Rumx = Rumex grispus D 2 aa)
  MM: NNH - Entzündungen, Sekret sehr zäh
  Akne, Herpes, Mundecken (Mundwinkel Rhagaden)
  Hautkrankheiten im Kopf- o. Rückenbereich, blau-rote Papeln 0.5 - 2 cm Durchmesser
  Lymphdrüsen Infiltrationen Oberkörper (teils autoaggressiv wirkend)
  Amenorrhoe mit Hautausschlägen
  chron. NNH - Entzündungen mit ekzematösen Hautausschlägen

Heralvent (Hera = Heracleum sphonodyl. D 2 + Prun = Prunus spin. D 2 aa)
  MM: Angst durch (Dreh-) Schwindel o. Atembeklemmungo. in engen Räumen
  Phobien, chron. Angstzustände, Panik
  unterdrückte Hautkrankheiten, die aufs Gemüt geschlagen sind
  Übelkeit beim Autofahren, Globus hystericus
  nervöse Unruhe
  Brustbeklemmung durch Asthma, chron. Bronchitis, Rhinitis m. Niessen
  Seborrhoea oleosa und S. sicca der behaarten Kopfhaut o. Augenbrauen
  Conjunctivitis, Lichtscheue
  O2 - Mangel - bedingte Symptome (Kreislauf, Kopfschmerz)

Oricant (Orig-v = Origanum vulg. D 2 + Prun = Prunus spinos. D 2 aa)
  MM: Immun Blockade, Pilzgifte / endogene Mykose, Candidiasis, Herpes simplex
  Mund innen &/o. Lippen &/o. Zahnfleisch entzündet, Gaumendach wie rauh
  Zahn Neuralgien mit Nervenschmerz längs des Nervenverlaufs zum Ganglion
  Gasseri. Tinnitus aurium mit Ohr Druck
  Colitis, Analekzem, Pruritus ani
  Haut Superinfektion mit starkem Jucken
  Infektion bakteriell mit. vergesellschafteter Pilzerkrankung
  Neurodermitis

(Hersteller der drei genannten Kombimittel: Lühr-Lehrs, Köln)
Dosierung dieser Mittel: 1 x tgl 8 Tr.

Des weiteren:

Sul-ter. (Sulphur-therebintinatum) in der D 4 nimmt eine Zwischenstellung ein. Bei vorhandener rheumatischer Konstitution kann es sowohl palliativ als auch konstitutionell wirken.

Im letzteren Falle empfehlen sich auch LM Potenzen.

Ähnlich wirkt MSM (= Methyl-Sulfo-Methan, Distributor: Fax 0031 20 6848346). Problematisch ist allerdings die Dos.: bei Kleinkindern reicht eigentlich eine Anfangsdosis von 1/4 Tablette. MSM kommt im Meerwasser vor. Anwendung auch bei Psoriasis.

Nachtkerzenoel (z. B. Epogamm), wirkt allgemein besänftigend auf die Haut. Es ist besonders angezeigt, um beim Säugling das Abstillen komplikationsloser zu gestalten (G. Ackmann), denn häufig kommt es in dieser Situation zu besonderen Hautreizungen mit Verdickungen, der sog. Elephantenhaut. Die Dosierung sollte aber, entgegen den Empfehlungen des Herstellers, sehr gering gehalten werden, z. B. beim sechs Monate alten Kleinkind 1/3 Kapsel (eine Kapsel aufstechen, Inhalt ausdrücken und entsprechende Menge dem Brei zumischen), beim Zweijährigen 1 1/2 Kapseln.

NEURODERMITIS - besondere Lokalisationen

Wichtiger als die Lokalisationen sind die allgemeinen Symptome, wie Modalitäten etc. Dennoch kann auffällig häufig als Prädilektionsstelle beobachtet werden bei:

Nat-m.   Augenumgebung, Inguinalgegend, Genitalien (auch crot-t.)
Petr.   Ohren und Umgebung, Mund Umgebung, Genitalbereich. Risse, Winter agg.
Sep.   Oberschenkel innen und besonders hinten
Viol-t.   Gesicht, Ohren, Hals, allgemein Kopfbereich. Guter Beginn mit LM 6.
Bell.   Gesicht
Euphr.   Augen Umgebung
Lach.   generalisierter Ausschlag, oft nach früher unterdrücktem Windelausschlag.

Die in der Praxis am häufigsten benötigten Mittel sind:
Calc. Lyc. Merc. Nat—m. Rhus—t. Sars. Staph.

Die heftigsten Erstverschlimmerungen machen Nat—m. Petr. Sulph.

NEURODERMITIS Salbe und andere Externa

Um das Bedürfnis der Eltern nach externer Applikation zu stillen, kann man ohne allzu starke Beeinträchtigung der homöopathischen Therapie folgendes Rezept verordnen:

Rp.

alpha-Bisabolol	0,2
Borretschöl	7,5
Tocopherolacetat	0,1
Neydin-M Salbe ad	50,0
M. f. ung.	

Andere Externa:

    Melkfett

    Rotöl   (= Oleum Hyperici, Fa. Jukunda / Bayern), ev. mit Olivenöl verdünnt. Nicht anzuwenden bei Photosensitivität.

Sollte sich jedoch durch diese oder eine ähnliche äusserliche Palliation eine Verschlechterung des seelisch - geistigen Zustandes ergeben, so ist sie abzusetzen und zu prüfen, ob nicht vielleicht Causticum das passende Mittel wäre.

NEURODERMITIS Therapieblockade durch Allergie Milch und Weizen

Die meisten kindlichen Formen der Allergien sind auf eine der beiden Grund - Allergien zurückzuführen: nämlich gegen Milcheiweiss oder Weizen.
Diese Allergien können das Mesenchym so stark imprägniert haben, dass Blockade- oder Reaktionsmittel nötig werden:

    POLIO—NOSODE

    Cortiso., Cortex.

    Zinc., zinc—br.

    cand—a.

    rad—br.

Danach haben homöopathische Konstitutionsmittel bessere Wirkung.
Siehe auch unter Speisen & Getränke, glutenhaltige ... , S. 590 & 699

NEURODERMITIS, atopisches / allergisches Ekzem bei Zinkmangel

Die allgemeine Naturheilkunde steht bei diesem Thema nicht im Einklang mit der Homöopathie. Dennoch sind ihre Ansichten interessant:
Kinder mit chronischen Infekten oder Ekzemen haben einen erhöhten Zink Bedarf. Durch die Konfrontation mit Schwermetallen (z. B. Quecksilber aus Amalgamen, Blei und Cadmium aus Abgasen) steigt der Zinkbedarf drastisch. Eine Unterversorgung scheint vorprammiert.
Die Zinkaufnahme wird deutlich vermindert durch phytinhaltige Nahrungsmittel, wie z.B. Soja- o. Getreideprodukte sowie Hülsenfrüchte. (allgemein gesehen enthalten alle pflanzl. Nahrungsmittel Phytin.) Zink geht mit Phytaten eine Verbindung ein und wird so der Resorption entzogen. VEGETARIER leiden häufig unter starkem Zinkmangel. Auch Ballaststoffe behindern die Resorption.
Zinkpräparate sollten möglichst nicht in Verbindung mit Phytin oder ballaststoffhaltiger Nahrung eingenommen werden. Ebenso wirkt sich der Konsum von raffinierten Kohlehydraten (Zucker, Weissmehl, Süssigkeiten, Cola, Fanta etc.) negativ auf die ZINKBILANZ aus. Natürliche KH. allerdings, insbesondere TRAUBENZUCKER IN FRÜCHTEN, verbessern die Zinkaufnahme. Aus tierischen Nahrungsmitteln wird Zink bedeutend besser resorbiert.
Die Laboranalyse erfolgt als atomspektrometrische Vollblutuntersuchung !

Naturheilkundliche Therapie:
Bei ausgeprägten Defiziten 30 bis 100 mg elementares Zink über Wochen oder gar
Monate, z. B. "Tri-Zink" (50mg), "Zink 15" . Erhaltungsdosis 15 bis 30 mg ist sinnvoll.

Bei Kindern 2 x 30 bis 40 mg (alters- & befundabhängig. Ca. 1/4 jährl. Laborkontrollen sind nötig. Das kann bis zu 1 Jahr dauern !) [Quelle: NHP 5/95/707] **Dem klassischen Homöopathen sträuben sich natürlich angesichts des hohen Aufwandes und der vielfältigen Unterdrückungsmöglichkeiten mit Zinc die Haare.**

PSORIASIS

Vorteil folgenden Vorgehens ist, dass dem ständigen Medikamentationsbedürfnis des Psoriasis - Patienten oder seiner Mutter vollkommen Rechnung getragen werden kann. Eine konstitionelle Behandlung ist dabei möglich, wenn man während der Mahonia Medikamentationsphase mit dieser für 3 Tage pausiert und statt dessen das Konstitutionsmittel in Hochpotenz gibt.
Aber auch ohne Konstitutionsmittel (oder wenn dasselbe nicht zu erruieren ist) zeigt diese Behandlung Erfolge, die über Palliation weit hinausgehen. (Stiegele, Robert Bosch Krankenhaus)

BERB-A. (= Mahonia) Q , 3 x tgl. 5 Tropfen als Grundmittel, Monate lang
       (D 1 - D 3, wenn ausserdem Akne vorhanden)

Zwischendurch folgende Reaktionsmittel für 1 - 2 Wochen täglich geben, wenn Berberis aquifolia (= Mahonia) in der Wirkung nachlässt:

Sulph.   D 3 (eventuell auch D 12 - D 15), Thuj. D 3 - D 6, Ars-s-f. D 6
          Statt Sulphur kann auch Sul-ter. (= Thiosolpin) D 3 gegeben werden,
          wenn Terebinthina - Symptome oder bei rheumat. Konstitution.
MSM   Q wirkt ähnlich. Leider (noch) schwierig & nur in Tablettenform zu erhalten.
          Siehe Hinweis unter Neurodermitis.
Äusserlich hat sich Psoriasis Balneopharm (Fumarsäure Präparat) bewährt sowie

Ust. D 1 Unguentum (auf Glycerin oder Vaseline Basis), eventuell auch
Ustilago mayalis D 6 innerlich (bei Haut Blutungen)

SONNENBRAND

Bell.   plötzlich abends auftretende krebsrote, pochende, brennende Haut -
                               verlangt trotzdem nach Wärme, weil fröstelig.
canth.   weiter fortgeschrittene Verbrennungen mit Brandbläschen.
nat-m. generelle Empfindlichkeit gegen Sonne
calc.   in C 30 zur Prophylaxe, bewährt vor Urlaubsbeginn in einmaliger Gabe.

VERBRENNUNGEN

Homöopathisch exakt gedacht, und von Hahnemann empfohlen, ist die sofortige Applikation von erhitztem, hochprozentigen Alkohol (im Wasserbad, dann Watte in warmen Alkohol tränken und auf verbrannte Stelle tupfen, mehrfach wiederholen, aber nicht am Auge!) Wem das zu heroisch erscheint, der nehme nur mässig erwärmtes Glycerin mit (Schmier-) Seife oder Olivenoel mit (Schmier-) Seife als Aufschlag. Auch Essig kann hilfreich sein.
Wenn Schockzustand besteht, dann sofort ACON C 30, besser C 200 oder M.
Lokal gut bewährt, auch bei Verbrennungen 3. Grades, hat sich:
Hypericum Q 10 Tropfen auf physiolog. Kochsalzlösung 100 Tr.
Man kann auch dem erhitzten Alkohol (s. o.) ein paar Tropfen Hyper. Q zugeben.
Ebenfalls sehr gut bewährt bei grösseren Verbrennungen und vor allem schmerzlindernd wirkt folgende Präparation, die allerdings einigen Aufwand erfordert (nach Lutze):
rohe Baumwolle (zur Not Naturwatte) verbrennen und die Asche mit gutem Olivenöl zu einer Paste verarbeiten. Dieselbe wird auf die Brandwunde aufgetragen, ohne zusätzlichen Verband (höchstens eine leichte, dünne und vor allem luftdurchlässige Abdeckung). Die sich rasch bildende schwarze Kruste darf nicht entfernt werden, sie fällt von allein ab.

Verbrennungsmittel allgemein:
agar. ARS. bals-p. calc-s. calen. CANTH. carb-ac. Caust. Ham. hyper. kreos. Lach. RHUS-T.

WARZEN

Warzen sind häufig Ausdruck einer ererbten sycotischen Konstitution - sie erscheinen bei Kindern meist zur Zeit der zweiten Zahnung, oder nach sycotisierenden Massnahmen wie Impfungen, Operationen an den Genitalien (Beschneidung, Phimose-Op.) oder auch nach sycotisierenden Medikamenten (Penicillin, Cortison, Hormone).
Der Organismus versucht dabei, das sycotische Moment in einer äusseren Erscheinungsform zu manifestieren - den Warzen. Unterdrückt man dieselben (Abschneiden, Ätzung, Kauterisierung etc.), so nimmt nan ihm sozusagen ein Sicherheitsventil weg - und bereitet möglicherweise schlimmeren Erkkrankungen wie Krebs, Lupus, Herzklappenfehlern oder Epilepsie etc. den Weg.
Das heisst natürlich nicht, dass die zahlreichen Warzen - Rubriken im Repertorium nicht zur Anwendung kommen sollen - aber man sollte sich als Homöopath bewusst sein, dass man beim Warzen - Kind die ganze Person mit seinem miasmatischen Hintergrund behandelt und die Warzen zunächst dem Kind geholfen haben, nicht noch schlimmer krank geworden zu sein, und schlussendlich dem Therapeuten hinweisende Zeichen liefern, die ihm helfen, das richtige antimiasmatische Arzneimittel zu finden.

ALLGEMEINES

ABMAGERUNG, Marasmus, Muselmann Syndrom bei

Der Begriff des Muselmann Syndroms entstammt der psychoanalytischen Aufarbeitung von Extremsituationen, denen Menschen z. B. im KZ ausgesetzt waren. Dr. med. Bruno Bettelheim, Buchenwaldhäftling, hat das in "Aufstand gegen die Masse", München 1964, eindrucksvoll beschrieben. Auch Hahnemann war das "Kerker- oder Lagerfieber" schon bekannt (Organon § 81, Anm. 126)
Solche Zustände, in denen unter langanhaltenden Extremsituationen Menschen nicht nur abmagern, sondern auch ihren Lebenswillen aufgeben mit begleitender Gleichgültigkeit gegen ihre physiologischen Funktionen, sind sehr schwierig bis gar nicht mehr behandelbar - jedenfalls ist auch nach der Befreiung aus der Zwangslage und bei bester Ernährung und Pflege eine restitutio ad integrum in der Regel nicht mehr möglich. Zu den aufgeführten Arzneimitteln kämen bei Erwachsenen u. a. noch Psor. hinzu.
Auch Kinder können in eine solche oder analoge Situation kommen.
Rene´ Spitz hat im und nach dem letzten Weltkrieg als Arzt in Kinderheimen und Waisenhäusern gearbeitet und seine Erfahrungen zuerst in "Hospitalism. The psychoanalytic Study of the Child", New York 1945 und später in "Entstehung der ersten Objektbeziehungen", Stuttgart 1957, niedergelegt.
Das Facit seiner Beobachtungen war: es genügt nicht, einem neugeborenen Waisenkind die tägliche Nahrungsmenge und die basal nötigen hygienischen Massnahmen zu verabreichen, sondern ein Säugling braucht auch eine zeitlich definierbare Mindestmenge an körperlicher Zuwendung wie Streicheln, in den Armen Wiegen, Vorsingen etc., um zu überleben, sonst gerät er in einen Zustand, der dem erwachsenen KZ-ler im Muselmannstadium entspricht - und stirbt.
Angesichts des Kriegs- und Krisengeschehens in unserer Zeit ist eine solche epidemische Krankheit leider nicht selten. Auch viele Fälle von Kindsmisshandlungen, einhergehend mit Vernachlässigung und Verwahrlosung, nehmen diesen Verlauf.
Gelegentlich kann in aussichtslos erscheinenden Fällen Plumbum noch helfen.

ÄUSSERE Anwendungen (Applikationen) von Kälte oder Wärme

Die Anwendung von heissen oder kalten Wickeln hat eine lange aturheilkundliche Tradition. Sie sollten aber dem Typ des Patienten entsprechen und noch mehr den anzutreffenden Symptomen! Nicht jeder ist so vollblütig und wohlbeleibt wie weiland der Pfarrer Kneipp, mithin kann man mit Tautreten, kalten Güssen etc. einen kälteempfindlichen Menschen richtig schädigen.
Auch Rotlicht (Infrarot - Wärmebestrahlung) ist sehr beliebt, aber selten von Nutzen, wenn die Strahlrichtung der Wärme z. B. bei Rhinitis / Sinusitis direkt ins Gesicht erfolgt. Dieser Unsinn trocknet nur die Schleimhäute rasch aus und führt zu einem Rebound. Wenn schon Rotlicht - dann bitte aus einem Meter Entfernung auf den Hinterkopf mit Zielrichtung auf das ligamentum nuchae!

Hier einige spezielle Hinweise:

Arsen.	kalte Applikationen am Kopf am., sonst agg.		
Guaj.	"	"	an Fingern & Handgelenk am., sonst weniger
Led.	"	"	an Füssen am. deutlich
Puls.	"	"	an Knien am. deutlich
Lac-c.	"	"	an Schultern am. deutlich
Aml-ns.	"	"	an unteren Extremitäten agg. deutlich
Glon.	"	"	am Kopf am. deutlich, sonst weniger
Calc.	warme Applikationen an den Füssen am., am Kopf nicht.		

ALKOHOLISMUS bei Kinder und Jugendlichen

siehe unter therapeutische Hinweise zu Geist und Gemüt, S. 600

ALLERGIEN - Anthistaminica Alternativen

Ermsech (eine Mischung aus rechtsdrehendem Calciumlactat und Echinacea)
Gute Verträglichkeit, als schöner Nebeneffekt positive Immunmodulation. Leider nur in Kapselform lieferbar (Heumann). Die Kapseln können aber leicht geöffnet werden und der pulverisierte Inhalt portioniert anderen Lebensmitteln wie Yoghurt etc. zugemischt werden. Auch im Akutfall.
Sanuvis (Sarcolacticum dextrum im Potenzakkord, Sanum) wirkt antiallergisch, besonders, wenn der gesamte Stoffwechsel übersäuert ist. Als Akutmittel weniger geeignet als Ermsech.
Chromoglycinsäure - Natrium, welches durch Ammi-visnaga D 3 - D 6 in seiner Wirkung verbessert werden kann (Einsparung am teuren Chromoglycin, welches einer der Wirkstoffe von Ammi-v. ist)

ALLERGIEN oder Unverträglichkeit Lebensmittel, Schwermetalle - Umweltbelastung

Nach Forschungsarbeit Dr. Alfred Schneider, Oesterreich - hier erweitert.
Die links angegebenen Metalle (und Flusssäure) erzeugen oder begünstigen die rechts angegebenen Allergieen resp. Erkrankungen. Die Hinweise auf homöopathische Mittel sind nur als Vorschläge für verzweifelte Fälle zu betrachten. Am besten: Arzneimittelstudium. Sonst: **Testen,** aber schonend und nicht invasiv (VEGA, MORA...), oder in zwar etwas zeitaufwendigen, aber absolut verlässlicher **Eigenleistung:** Man lasse die verdächtigten Nahrungsmittel (am besten in der Reihenfolge Weizenprodukte, Milchprodukte, Citrusfrüchte, Fleischprodukte ...) vier Tage lang konsequent und kontrolliert beim Kinde aus. Dann messe man in einer Ruhephase (nachmittage) den Ruhepuls im Sitzen, gebe das vorher ausgelassene Nahrungsmittel zu essen (oder trinken), warte 3 Minuten, und messe den Puls erneut im Sitzen (das Kind darf nicht vorher herumlaufen, geschweige denn herumtoben!). Wenn nach diesem speziellen Essen der Ruhepuls um mehr als 15 Schläge zugenommen hat, dann liegt eine Überempfindlichkeit / Allergie gegen entsprechende Nahrungsmittel vor.

Man bedenke, dass auch ein (schulärztlicher) Tuberkulose-Haut-Test den kindlichen Organismus belasten und zu idiosynkratischen Reaktionen führen kann! (Alternative in diesem Bereich: Blutentnahme und **HLA - Profil** anfertigen lassen - teuer, aber aussagekräftig, auch, was **Fragen der Impfung** angeht.)

Quecksilber --> Allergie geg. Milch, Milcheiweiss, Kuhmilch
        dabei oft: Schilddrüsen-Fehlfunktion, profuse Schweisse, Hysterie
        Therapie: Hep. C 1000, Tub. C 200 - 10000

Cadmium --> Allergie geg. Weizen
        dabei oft: Durchfälle, Flatulenz, Gallen Affektionen, Migraine,
        Schlafstörungen, Konzentrationsstörungen, Reizbarkeit, periphere
        Durchblutungsstörungen
        Therapie: Merc. C 1000

Blei --> Allergie geg. Gänsefedern, Daunen
        dabei oft: Sinusitis chronica, Bronchitis, Asthma, Depression,
        Schulter - Arm - Syndrom
        Therapie: Streptoc. C 1000, auch Tub. C 200 - 1000

Fluor --> Allergie geg. Katzenhaare
        dabei oft: Sinusitis, Bronchitis, Asthma, Hautausschläge
        Therapie: Tub. C 200 - 10000 oder Streptoc. C 1000

Kupfer --> Allergie geg. Hausstaub, Milben
        dabei oft: Sinusitis, Heuschnupfen, Asthma, reizbare Quengeligkeit
        Therapie: Hep. C 1000 oder Kali-ar. C 200 oder blatta. C 200
        oder psor. C 1000 oder tub. C 200 - 1000

Cadmium und Quecksilber --> häufig Neurodermitis.
        Therapie siehe dort.

Pestizide, Lösungsmittel (und Insektenstiche, weil die Insekten oft schon durch Kontakt m. selbigen "imprägniert" sind) --> Allergie allgemein, mit Reizbarkeit.
        Therapie: Philodendron C 1000
        Pyrethrum C 1000 (in "Paral" = synth. Wirkstoff von Chrysanthemum)
        Hep. C 1000
        Okou. D 2, C 200

Andere Schwermetall Kombinationen können ev. auch Multiple Sklerose auslösen. Schwermetalle wie BLEI, CADMIUM, QUECKSILBER, Nickel machen psychische Veränderungen wie Reizbarkeit, Aggressivität und Depressivität, die denen von Alkoholikern ähnlich sind.

ALLERGIEN oder Unverträglichkeit von Schwermetallen - Umweltvergiftung

Zunächst sei Hahnemann zitiert, **Organon** 6. Aufl.

§ 74.

"Zu den chronischen Krankheiten müssen wir leider! noch jene allgemein verbreiteten rechnen, durch die allöopathischen Curen erkünstelt, wie auch den anhaltenden Gebrauch heftiger, heroischer Arzneien, in großen und gesteigerten Gaben, den Mißbrauch von Calomel, Quecksilbersublimat, Quecksilbersalbe, salpetersaueren Silbers, Jodine und ihre Salbe, Opium, Baldrian, Chinarinde und Chinin, Purpurfingerhut, Blausäure, Schwefel und Schwefelsäure, jahrelange Abführungsmittel, ... u.s.w., wovon die Lebenskraft theils unbarmherzig geschwächt, theils, wenn sie ja nicht unterliegt, nach und nach (von jedes besondern Mittels Mißbrauche, eigenartig) dergestalt innormal verstimmt wird, daß sie, um das Leben gegen diese feindseligen und zerstörenden Angriffe aufrecht zu erhalten, den Organism umändern, und diesem oder jenem Theile entweder die Erregbarkeit oder die Empfindung benehmen, oder sie übermäßig erhöhen, Theile erweitern oder zusammenziehen, erschlaffen oder verhärten, oder wohl gar vernichten, und hie und da im Innern und Aeußern organische Fehler anbringen (122) (den Körper im Innern und Aeußern verkrüppeln) muß, um dem Organism Schutz vor völliger Zerstörung des Lebens gegen die immer erneuerten, feindlichen Angriffe solcher ruinirenden Potenzen zu verschaffen."

§ 75.

"Diese, durch die allöopathische Unheilkunst, (am schlimmsten in den neueren Zeiten) hervorgebrachten Verhunzungen des menschlichen Befindens, sind unter allen chronischen Krankheiten die traurigsten, die unheilbarsten und ich bedaure, daß, wenn sie zu einiger Höhe getrieben worden sind, wohl nie Heilmittel für sie scheinen erfunden oder erdacht werden zu können."

§ 76.

"**Nur gegen natürliche Krankheiten hat uns der Allgütige Hülfe durch die Homöopathik geschenkt** — aber jene, durch falsche Kunst schonungslos erzwungenen, oft jahrelangen Schwächungen ... so wie die Verhunzungen und Verkrüppelungen des menschlichen Organismus im Innern und Aeußern durch schädliche Arzneien und zweckwidrige Behandlungen, müßte (bei übrigens zweckmäßiger Hülfe, gegen ein vielleicht noch im Hintergrunde liegendes, chronisches Miasm) die Lebenskraft selbst wieder zurücknehmen, wenn sie nicht schon zu sehr durch solche Unthaten geschwächt worden und mehrere Jahre auf dieses ungeheure Geschäft ungestört verwenden könnte. Eine menschliche Heilkunst, zur Normalisirung jener unzähligen, von der allöopathischen Unheilkunst so oft angerichteten Innormalitäten, giebt es nicht und kann es nicht geben."
(Hervorhebungen von mir.)

§ 77.

"Uneigentlich werden diejenigen Krankheiten chronische benannt, welche Menschen erleiden, die sich fortwährend vermeidbaren Schädlichkeiten aussetzen, gewöhnlich schädliche Getränke oder Nahrungsmittel genießen, ... zum Leben nöthige Bedürfnisse anhaltend entbehren, in ungesunden, vorzüglich sumpfigen Gegenden sich aufhalten, nur in Kellern, feuchten Werkstätten oder andern verschlossenen Wohnungen hausen,

Mangel an Bewegung oder freier Luft leiden, ..., in stetem Verdrusse leben, u.s.w. Diese sich selbst zugezogenen Ungesundheiten vergehen, (wenn nicht sonst ein chronisches Miasm im Körper liegt) bei gebesserter Lebensweise von selbst und können den Namen chronischer Krankheiten nicht führen."

Hier hat Hahnemann die seinerzeit sicherlich unvorstellbaren Ausmasse und Auswirkungen der iatrogenen und Umwelt Vergiftungen wohl geistig vorweggenommen und klare Grenzen bestimmt: die Homöopathie kann nur natürliche Krankheiten behandeln. Die "erkünstelten" Erkrankungen müssen durch ABSTELLEN ihrer Ursachen und durch die Zeit benötigende Lebenskraft selbst heilen. Homöopathisch kann man sie vielleicht zu beschleunigter Gangart veranlassen. Wenn aber ein chronisches Miasma zu der Arzneikrankheit oder Vergiftung hinzukommt, dann wird sich ein
"um so schwieriger zu bekämpfendes Krankheitsmonstrum " darstellen.
(Bönninghausen's Beitrag zur Beurtheilung des charakteristischen Werths der Symptome, Allg. hom. Zeitung 60, 1860). Siehe auch chemische Intoxikationen, S. 683 .

AMALGAM Intoxikation, schlimme Vergiftung, Klinisches Handeln

Vergleiche die vorigen therapeutischen Hinweise zu Allergien sowie die später folgenden zu chemischen Intoxikationen.
Amalgam Intoxikationen finden sich auch bei solchen Kindern (Grundleiden: Hyperkinetik, Rheumatisches Fieber, Nervenstörungen, Autoimmunkrankheiten, chronische Hautleiden etc.), die selbst keine Amalgamfüllungen gelegt bekommen haben, weil Amalgam & andere Schwermetalle placentagängig sind. "Geht zu den Müttern!" (Faust)
Da die Homöopathie nur gegen natürliche Krankheiten (akute, chronische und miasmatisch bedingte) hilft, ist bei der durch die Menschen selbst verschuldeten Kunstkrankheit der Amalgam Intoxikation die Kunst klinischen Handelns angezeigt.
Dem Homöopathen ist nicht nur die toxische (wie dem Toxikologen), sondern auch die feintoxische Wirkung des Mercurius bekannt.
Befürworter von Amalgam bestätigen in ihrer eigenen Art ein Symptom, welches wie ein Apercu klingt: **"Er hat nicht mehr Verstand als ein kleines Kind"** (Caust.) .
Auch H. Allen warnte **bereits 1841** vor Amalgam. In einer Arbeit über "Bioelektronische Messungen an Amalgamfüllungen in vivo" (Pennekamp, N.D., 1975) wurde nachgewiesen, dass hoch belastete jugendliche Amalgamträger in den naturwissenchaftlichen Fächern im Schnitt knapp eine Schulnote schlechter abschnitten.
Übrigens: Die Welt-Jahres-Gold-Produktion 1995 würde nicht ausreichen, wenn man im selben Jahre alles Amalgam in deutschen Zähnen (Sondermüll) durch Gold ersetzen wollte. Die Konsequenzen für die veröffentlichte Meinung kann jeder selbst ziehen. Wenn Zahnärzte und Krankenkassenhöflinge argumentieren, wegen der relativ grossen Pulpa beim Kinde sei die Amalgamfüllung das Mittel der Wahl, dann muss an den handwerklichen Fähigkeit der Zahnärzte genau so gezweifelt werden wie an der Forschungspotenz des "Industriestandortes Deutschland".
Beachtenswert in diesem Zusammenhange ist der Umstand, dass Zahnärzte ihren eigenen Kindern und Ehefrauen nur in den seltensten Fällen Amalgamfüllungen legen.
Nach Hahnemann gehören Affektionen durch Amalgam zu den Kunstkrankheiten ("erkünstelten Krankheiten", Organon 6. Aufl., § 74 f.), deren Prognose schlecht sei.
DMPS (Dimaval (R)) ist auf Grund seiner Nebenwirkungen (relativ oft Haut - Allergien) mit Vorsicht zu geniessen. Es wird (die Schwermetalle im Huckepack) vornehmlich über

die Nieren, aber auch über den Darm ausgeschieden, wenn die Nieren dieser Aufgabe nicht gewachsen sind. Daher kommt es darauf an, **vorher** die Nierenfunktion zu optimieren, und zwar mit organotropen Mitteln in tiefen Potenzen (vor allem Solidago virg.), oder "Cosmochema Nierenelixier" (für Kinder verdünnen!). Nierenmittel lässt man nach chronobiologischen Gesichtspunkten am besten nachmittags einnehmen, denn dann kommt man mit geringeren Dosierungen aus.

Im übrigen hat DMPS viel chemische Ähnlichkeit mit Hepar sulphuris! Daher kann man es eventuell auch homöopathisch geben (DMPS D 4 Sdf. von Staufen Pharma, Göppingen) - die Erfahrungen damit sind allerdings noch gering.

Nach Prof. Daunderer ist bei Kindern das **Schnüffeln von DMPS** angebracht, weil es so ungefährlicher und angenehmer ist als die sonst übliche Injektion. Man gibt eine Ampulle Unithiol (500 mg DMPS) in ein Glas handwarmes Wasser und lässt das Kind 6 mal daran schnüffeln - keine tiefen Einatmungen, also keine "Lungenzüge". Bereits Hahnemann hat das Riechen an Arzneimitteln empfohlen. Danach zur Beförderung der Ausleitung des gelösten Quecksilbers sofort Chlorella Algen nehmen lassen.

Weniger toxisch und das Gehirn 4 x besser entgiftend (wichtig bei ausgeprägten neurologischen / psychischen Symptomen) ist DMSA. Die toxischen Schwermetalle werden gebunden und vornehmlich über den Darm ausgeschieden (Problematisch bei Untätigkeit des Darmes oder Verstopfungsneigung mit vermehrter Rückresorption, siehe entsprechende Rubriken im Repertorium)

Bezug von 200 mg Kapseln DMSA : Ausland per Internet, da es in Deutschland noch nicht zugelassen ist (Stand: 2000)   Dos.: Kinder ab 10. Lj.: 1 Kaps. / alle 14 Tage.

Aber auch DMSA ist nicht problemlos anzuwenden, da eine Toxinausleitung eigentlich nicht mit dem Zielorgan Gehirn beginnen sollte, sondern mit den anderen inneren Organen und den Knochen. Denn sonst kommt es über den Pfortaderkreislauf immer wieder zur Resorption im Darm und damit zum Rebound auf das Gehirn, was den Entgiftungsprozess via circulo vitioso verlängert. Auf diesem Gebiete sind noch viele Untersuchungen und Erfahrungen zu tätigen. Nicht ungeschickt wäre es, vor DMSA Selen als Natrium selenosum D 5 geben, begleitend abends Nux-vomica D 6 und darauf folgend eventuell Zink - Aspertat, was später mit Zincum 200 homöopathisch korrigiert werden kann.

---

vacat für Nachträge

Im übrigen sei auf die **Reihenfolge der Schwermetallausscheidung** mittels DMPS oder DMSA verwiesen:
zuerst freie Gifte aus dem intermediären Stoffwechsel, dann aus den Depots wie Fettgewebe, Knochen etc., in der Reihenfolge:

Zink, Zinn, Kupfer, Arsen, Quecksilber, Blei etc.

Die sogenannte " Nebelsche Drainage ", die, weil in der Regel als Arzneimischung verordnet, in Verruf gekommen ist, könnte hier fröhliche Urständ feiern: nur nicht unbedingt als Mischung (Rp. Hydr. D 4 + Crat. D 4 + Solid. D 4 + Chel. D 4 aa, MDS 3 x tgl. 10 Tropfen), sondern in der Reihenfolge:
Solid. -> Hydr. -> Chel. -> Crat., jedes Mittel 5 - 3 Tage lang, dann Cyclus von vorn, aber in höheren Potenzen, und dabei das im gegebenen Falle "unwichtigste" Mittel (ausser Solid.) weglassen, und letztlich
Okou. 200 , 3 Glob. aufgelöst in 1/2 Glas Wasser, morgens - abends - morgens zu geben.
Für die Verifizierung des Verdachtes auf Schwermetallvergiftung hat sich die Bestimmung von **Kupfer** (als Indikator) **im Harn UND im Stuhl** als pragmatisch erwiesen. (Normalwerte bei Kindern bis 14 J.: Harn < 300 Einh., Suhl < 1000 Einh.).

Alternatives Verfahren:

Für die Entdeckung des Korianders und der Chlorella Alge zur Schwermetall Entgiftung danken wir Dr. Dietrich Klinghardt und Prof. Dr. Y. Omura.
Kann man kein DPMS resp. DMSA einsetzen oder will es wegen der zu erwartenden erhöhten Mineralausscheidung nicht, dann gebe man "Derivatio Pflüger", 3 x tgl. 1 - 2 Lutschtabletten. Nach ein paar Tagen kann die **Zell**-Entgiftung mit grünem **Koriander** vorgenommen werden (entweder Koriander**blatt**-Extrakt: ED 1 --> 3 x tgl. 5 Tropfen "Cilantris Nestmann" oder "Cilantris Nestmann" 2 - 3 x tgl. 1 - 2 Tabl. (Stand: 2001), oder selbstgemachtem Pesto aus Korianderblättern und etwas Petersilie, Trägersubstanz: Olivenoel). Dos.: 2 x täglich 1 TL, dazu 1 - 2 Tabl. Hep. D 4. An diesem Tag sollten die Endglieder / Fingerkuppen der beiden Mittelfinger mindestens zwei Minuten heftig massiert werden (Akupressur der reflektorischen Gehirnzonen).
Am nächsten (und eventuell auch am übernächsten) Tag wird das mobilisierte Quecksilber ausgeschieden werden können. Das sollte man auf jeden Fall mit der **Gewebe-**Entgiftung unterstützen: 3 x täglich 1 TL Ausleitungsextrakt aus **Bärlauch, Löwenzahn,** Zwiebel und Knoblauch (die letzten beiden können bei starker Abneigung dagegen weggelassen werden) und dazu Chlorella- oder Spirulina-Algen (Spirucal) und AFA Algen (Klamath, Bezug z. B. über GSE - Gracher, Saarbrücken, Fax 0681-9545729), je 2 - 4 Tabl. (zu je 0.5 g Algenmasse). Wichtig: Bei Mineralmangelzuständen wird gelöstes Quecksilber im Dickdarm rückresorbiert - also Mineralstoffe geben, z. B. 2 TL Basica Min. Pulv. plus eine Kapsel Zink - Histidin (Zinkamin Falk). Dann beginnt man den Cyclus Zellentgiftung --> Geweebeentgiftung von vorn. Sollte sich vermehrte Schleimentwicklung und/oder Husten einstellen, kann man zur Verflüssigung N-Acetylcystein geben (1 - 3 x tgl. 200 - 500 mg Acetylcystein, welches übrigens - als "positive" Nebenwirkung Toxinausscheidung neben der Hauptwirkung der Mucolyse aufweist).
Schlussendlich: Sondermüll gehört auf die Sondermülldeponie, und nicht in den menschlichen Körper. Jeder Zahnarzt in Deutschland muss in seiner Abwasserführung Quecksilberabscheider installiert haben (was durch behördlich autorisierte Stellen kontrolliert wird). Dass die Amalgamentfernung lege artis mit Kofferdam zu erfolgen hat, muss nicht eigens erwähnt werden. Vorherige Inhalation von Sauerstoff vermindert das Risiko der Quecksilberaufnahme während des Ausbohrens. Bewährt, aber nicht durchgesetzt hat sich auch ein einfaches Zusatzgerät zur Sauerstoffanreicherung des

Kühlwassers der Bohreinrichtungen (Nach einer persönlichen Mitteilung 1975 von Dr. Erich Goepel sollen sich die Patienten unter Kühlung mit ozonisiertem Wasser bei der Amalgamentfernung subjektiv besser fühlen). Die Gewebe-Entgiftung soll sofort danach für mindestens drei Wochen mit hohen Gaben von (Chlorella) Algen etc. erfolgen, danach erst der Cyclus Zell-Entgiftung --> Gewebe-Entgiftung --> Z.-E. --> G.-E. etc.

ANTIBIOTICA Folgen bei Infektionskrankheiten

siehe unter INFEKTIONSKRANKHEITEN, mit Antibiotica unterdrückte. S. 690.
Dass bei häufigen Antibiotica - Gaben resistente Keime sich entwickeln können, ist allgemein bekannt. Durch Immunsupression kann aber auch eine Empfindlichkeit gegen nosokomiale Infektionen entstehen. Typischerweise kann man dann oft von den Eltern hören: "Seitdem wir Oma im Altersheim (oder Onkel Willi im Krankenhaus) besucht haben, hat das Kind immer wieder diese Fieberanfälle!" Die Fieberschübe dauern in der Regel zwei Tage und sind häufig mit längerdauernden Durchfällen vergesellschaftet. Werthmann, Salzburg, empfiehlt zur Therapie eine Diät ohne die Produkte aus Kuhmilch & Hühnerei nebst einer homöopathischen Zubereitung des Bakteriums Serratia marcescens (Sanukehl Serra D 6 - nur in Oesterreich oder in den Niederlanden zu beziehen. (Stand: 2000) Hersteller: Sanum - Kehlbek, D-27316 Hoya. Neuerdings ist gesetzlich der Hinweis vorgeschrieben: "Wegen nicht ausreichender Untersuchungen bei Kindern ... soll bei Kindern unter 12 Jahren ...nicht angewendet werden." Es fehlt natürlich der Hinweis, dass Kinder ein Krankenhaus oder ein Altersheim, in dem nosokomiale Infektionen möglich sind, nicht betreten dürfen, hilfsweise ein staatliches Existenzverbot für solche Bakterien ! ?)

ANTIDOT gegen schädliche Wirkungen von Sulphur

Es gibt selten Veranlassung, Sulphur zu antidotieren. Wenn jedoch z. B. eine vorher unterdrückte (Haut-) Krankheit zu starke Beschwerden macht, dann kann man mit BELLADONNA antidotieren. Als Alternative sollte
Chrysarobium bei Hautaffektionen erwogen werden. Es antidotiert zwar nicht, mildert aber die überschiessenden Reaktionen.

ARZNEIMITTELFOLGEN bei chronischen Erkrankungen

Vorwiegend bei chronischen Erkrankungen und antimiasmatischer Kur haben sich (nicht nur) bei Kindern diese Sequenzen (Mittelfolgen) bewährt:

Bar-c. -> Sulph. -> Calc.
Bell.   -> Calc.   -> Tub.
Bell.   -> Merc.   -> Bell.
Bell.   -> Merc.   -> Bar-c.
Bry.   -> Caust. -> Hep.
Bry.   -> Spong. -> Hep.
Bry.   -> Sulph.
Bufo.   -> Calc.

Coloc. -> Mag-p.
Coloc. -> Staph. -> Kali-c.
Con.   -> Bar-m.
Iod.   -> Abrot.
Lach.   -> Lyc.
Lyc.   -> Phos.   -> Calc.
Nat-m. -> Med.   -> Nat-m.
Podo.   -> Merc.
Psor.   -> Tub.
Puls.   -> Sil.
Puls.   -> Sil.   -> Fl-ac.
Puls.   -> Tub.
Rhus-t. -> Tub. C 200
Rhus-t. -> Calc.   -> Tub.
Sil.   -> Psor.
Sulph. -> Calc   -> Lyc.
Sulph. -> Syph.   -> Sulph.
Sulph. -> Thuj.   -> Sulph.
Thuj.   -> Sil.

Ansonsten siehe unter Beziehungen der Mittel und Mittelfolgen, S. 703 ff.

AUFRUHR - ABC - Mittel fürs Kind

Empfehlung für Eltern, die der Homöopathie (noch) unkundig sind, von M. Tyler:

ACON.   Aufruhr im Blutkreislauf.
BELL.   Aufruhr im Gehirn.
CHAM.   Aufruhr d. Gemütsverfassung, d. Stimmung
          Zu ergänzen wären:
Merc.   Kind, welches Aufruhr veranstaltet (und sich dabei im Halse erkältet).
Tub.   Kind, welches Aufruhr anstiftet, aber selbst scheinheilig - friedlich tut.

BLOCKADEN bei Behandlung chron. Krankheiten, "Reaktionsmangel"

Häufig liegen bei der Behandlung chronischer Krankheiten Mangelzustände an reaktionsfähiger Lebenskraft vor.
Ursachen, die es zu Hahnemanns Zeiten noch nicht gab:
    chronische Belastung durch elektromagnetische Felder, auch hochfrequente.
    Ionisierende Strahlen (nicht nur Röntgen).
    Nach Tschernobyl konnte allgemein eine verkürzte Wirkungsdauer von
       Hochpotenzen beobachtet werden.
    Desynchronisierende Massnahmen wie Flugreisen oder Nachtarbeit,
       (Therapie: Melatonin)
    Stark unterdrückende Medikamente wie Antibiotica, Corticosteroide,
    Cytostatica, Hormone (auch im Trinkwasser & Nahrungskette), Antihormone,
    Drogen, auch synthetische wie Happy - Pills, MAO - Hemmer etc.

Denaturierte (nicht "nur" bestrahlte) Nahrungsmittel,
schlechtes (x - fach recycletes, magnetisch "totes") Trinkwasser.
Luftverschmutzung, seelische Verschmutzung durch Ersatz"freuden" aus
     Video, Fernsehen und Kulturindustrie.
Erlebnismangel (welches Stadtkind hat z. B. schon reelle Kühe auf der Weide
     oder einen Viehabtrieb gesehen?)
Die hier skizzierten Ursachen haben Beziehungen zu allen Miasmen, vorwiegend jedoch
zum tuberkulinischen. (Daher die häufige Verwendung von Utilin, s. u.)

Modifiziert nach K. Karsch (Sanum - Kehlbek 1994) hat sich die
folgende Therapie zur Entblockierung bewährt - nach selbiger pflegt eine homöopathische Behandlung vernünftig und "wie im Buche" anzusprechen:

1.) Utilin S schwach, 2 x wöch. je 1 Kapsel nüchtern
2.) an den Zwischentagen Pefrakehl D5 10 Tropfen im Wechsel m. Notakehl D5
3.) klassische Verfahren zur Ausleitung und Entgiftung wie Mundspülungen
     mit hochwertigem Olivenöl, täglich 2 Minuten lang, Schwitzkuren,
     Massagen, Atemübungen, hinreichendes Trinken stoffwechselaktivie-
     renden Wassers wie Volvic, levitiertes Wasser etc.,
     hinreichende Mineral- und Vitaminversorgung.
Meist reichen 2 Wochen dieser Vorbehandlung aus.

Weitere Modifikationen:
- bei Virus Infektionen in der Vorgeschichte: statt Notakehl (welches mehr bei
  Streptokokken wirkt): Quentakehl D5. Auch Engystol (Heel) als Trinkampulle.

- bei Lungen - Affektionen: Nigersan D5, Kartoffelwickel (weich gekochte und zer-
  drückte Pellkartoffel in e. Tuch auf die Brust), später Utilin schwach 2 x wöch.

- bei Urogenital - Affektionen in der Vorgeschichte: Zäpfchenkur mit allabendlich
  Notakehl D3, Pefrakehl D3, Nigersan D3 und Mucokehl D3 morgens, dann Cyclus
  wieder von vorn mit Notakehl beginnend, insgesamt ca. 2 Wochen lang.

- bei Pilzinfektionen (Candida) in der Vorgeschichte: Pefrakehl D 5 perlingual
  und Mundspülungen mit ozonisiertem Wasser. Pefrakehl D 3 Supp.

- bei Pilzinfektionen (Candida) durch Antibiotica in der Vorgeschichte:
  Fortakehl D 4 Kaps. (10 Tage lang täglich 1 K.), danach Pefrakehl D 4 ebenso.

CANDIDA albicans Infektionen, biologische Therapie

Pilzerkrankungen sind vornehmlich Folge von Umweltbelastung, falscher Ernährung,
Antibiotica und Hormonen. Sie sind also nach § 77 Organon "uneigentliche" chron.
Krankheiten. Vorteile einer rein biologischen Therapie: es kommt zu keinem Rebound
durch Mycotoxine. Auch werden allergische Reaktionen auf Nystatin o. ä. respektive auf
Mycotoxine in der Regel vermieden. Die Leber wird geschont.
Nachteile: längere Dauer, eventuelle Antidotierung homöopath. Hochpotenzen.

Hier sei aus Dr. Konrad Werthmann's Rezeptierbuch, Hoya 2001, S. 15, zitiert:

"Candida ist eine häufig vorkommende Hefe. Meist besteht zugleich eine Schwermetallüberlastung, denn Candida entsorgt Schwermetalle (ähnlich den Algen) und kommt in unzähligen Formen im menschlichen Darm vor. ...

Eine Candidiasis, egal wo sie auftritt, ist immer ein Warnsignal für das örtliche Milieu und niemals Ausdruck einer Infektion (Enderlein). Eine örtliche Candidiasis ist zugleich immer mit einer Candidiasis des Darmes verbunden. Man wird daher die verschiedenen Ursachen bedenken müssen.

Die größte Milieustörung liegt im Darm, und mit dieser Störung ist das Problem der Atrophie der Darmmukosa und des konsekutiven Bakterienschwundes verbunden. Diese Fehlbesiedelung, die die Zellulosespaltung nicht ordnungsgemäß durchführen kann, führt zur Gärung und zur Fäulnis.

Zugleich muss man bedenken, dass die Candidapopulation eine Hilfsorganisation bei der Bewältigung einer Schwermetallbelastung ist. Das therapeutische Vorgehen muss demnach bei jeder Candidiasis auch die möglichen Ursachen mitberücksichtigen, also eine entsprechende Diät und zusätzlich die sekundäre Pankreasinsuffizienz.

Dadurch ist in den ersten drei Monaten der Verzehr von Frischobst, Frischgemüse und Trockenobst nicht erlaubt, alles darf nur gekocht gegessen werden."

Vorschläge zum Vorgehen mit bewährten Präparaten, **vorwiegend bei älteren Kindern:**

1.) Darm schonen durch richtige Ernährung, d. h. vor allem: Strenge Karenz von Zucker, weissem Mehl etc. über die ganze Zeit! Diese Vorschriften entsprechen der Anti-Pilz-Diät nach Rieth. Siehe Laienratgeber, Südwest-Verlag, "Pilze im Körper - krank ohne Grund ? " mit brauchbaren Rezepten.

2.) Darm durch Dehnung aktivieren mit quellenden Praeparaten wie Metamucil oder Mucofalk, 3 Tage.

3.) Darm reinigen durch Apfelessig o. Sauerkrautsaft, danach Clean-prep oder Vit. C Pulver altersabhängig 0.5 - 3.0 mit nachfolgendem Microklist (Farmacia), 1 Tag.

4.) Darm desinfizieren mit Myrrhinil intest (Repha. - enthält Caffeekohle, Kamillenblütentrockenextrakt und Myrrhe), eine Woche.

5.) Darmschleimhaut stabilisieren mit Oricant (Lührs-Lehrs) und Oxytex (Quatro Quencher), 2 Wochen.

6.) Darmflora aufbauen mit zuerst Fortakehl D 4 Kaps., 10 Tage, dann Pefrakehl D 4 (Kaps.), 20 Tage, schlussendlich Bio-Cult comp. Syxyl, 30 Tage.
Bei kleineren Kindern genügt oft Paidoflor (Ardeypharm).
Beim nervösen Kind kann isopathisch auch an Cand-a. (= Monilia albicans) 30 - 1000 gedacht werden.
Candidiasis ist oft mit **Trichomonaden** vergesellschaftet. Letztere sind gefährlicher, als man bisher annahm: sie können sich als Lymphocyten "verkleiden" und zusammenballen, Thromben und Zellkolonien bilden (Lebedewa, 2000, ISBN 3-932130-11-1) .

CHEMISCHE Intoxikation, Vergiftung

Vergleiche: Allergien oder Unverträglichkeit von Schwermetallen, S. 673
Die dort zitierten §§ des Organon sind hinsichtlich der "erkünstelten Krankheiten" hier natürlich wieder von grösster Wichtigkeit. Glücklicherweise ist die inzwischen vor allem durch vielfältige Erfahrung erweiterte Homöopathie doch in der Lage, entgegen Hahnemanns und Bönninghausens Skepsis etwas gegen die "Krankheitsmonstren" der Umweltvergiftung zu tun.
Hier sei auch noch einmal an die Bhopal Giftgas - Katastrophe von 1985 erinnert, bei der die Homöopathie ihr Können bewies (Prof. P. Vakil, Bombay), welchselbiger Umstand zur staatlichen Anerkennung für die Homöopathie in Indien führte.
Wirksam sind besonders Tiefpotenzen wie D 4 - D 6, Sulphur auch D 12 - D 18, aber nicht jeden Tag! Am besten alle 2 bis 4 Tage 3 Glob / 2 Tropfen in Wasser.
Drainagemittel meist erforderlich, dieselben aber höher dosiert und fast täglich.

Viele chemische Vergiftungen machen einzelne Symptome v. CARCINOSIN, weil die auslösenden Toxine eben carcinogen sind. Carcinosin würde dann nur palliativ wirken, daher ist es besser, gezielte Einzelmittel im Wechsel mit Drainagemitteln geben.

PCB führt zu Schilddrüsenstörungen, allgemeinen hormonellen Störungen und zu verminderter Intelligenz (internat. Workshop Berlin 1997, veröff. 1998 Umweltbundesamt)

Siehe im einzelnen:
Chemische Intoxikation mit Biphenyl, Tetrachlorkohlenstoff, Formaldehyd, PCP, PCB, Toluol, Lindan, MCPA, Dioxin, chlorierte Benzole & Drainagemittel

CHEMISCHE Intoxikation, Vergiftung - Drainagemittel allgemein

Cynos. Solid. Tarax. Til., jeweils in Q - D 4

Beachte die **Reihenfolge: zuerst Nieren entgiften** (Solid. und andere für die Nieren organotrope Mittel, wie Phos. LM 6, Plb. LM6 etc.)

CHEMISCHE Intoxikation mit 2,4,5-T-Ester, Dioxin

Asar. D 4 - 6, 1 - 2 x tgl.
Carb-v. D 12 o. LM 6, 1 - 2 x tgl.
Form-ac. D 4 - 6, täglich
Kreos. D 6, alle 2 Tage - 2 x tgl.
Pix D 6, täglich
Puls. D 4 - 6, 1 - 3 x tgl.
Sil. D 4 - 6, 1 - 3 x tgl.
Tab D 6, 3 x tgl.

Dioxin führt zum Abfall der T - Lymphocyten & zu leberbedingten Hormonverwertungsstörungen.

CHEMISCHE Intoxikation mit Biphenyl

      Sulph. D 12 - D 15, 1 - 2 x wöchentlich

CHEMISCHE Intoxikation mit Chlor (wie in Bhopal)

      Carb-v. D 10 - C 1000
      Chlor. D 5, C 12, C 30 und höher

CHEMISCHE Intoxikation mit chlorierten Benzolen

      Asar. D 4 - 6, 1 - 2 x tgl.   Nux-m. D 4 - 6, 1 - 2 x tgl.
      Petr. D 4 - 6, alle 2 - 4 Tage   Pic-ac. D 4 - 6, alle 2 - 4 Tage 1 Gabe

CHEMISCHE Intoxikation mit Dichlorbenzol

      Asar. D 4 - 6, 1 - 2 x tgl.
      Nux-m. D 4 - 6, 1 - 2 x tgl.
      Petr. D 4 - 6, alle 2 - 4 Tage 1 Gabe
      Pic-ac. D 4 - 6, alle 2 - 4 Tage 1 Gabe

CHEMISCHE Intoxikation mit Formaldehyd

      ARS. D 12 oder Petr. D 4 - 6, alle 2 - 4 Tage 1 Gabe

CHEMISCHE Intoxikation mit industriellen Chemikalien allgemein:

      ARS. asar. Carb-v. Cynos. form-ac. flor-p. Kreos. nux-m. nux-v. Petr.
      pic-ac. pix. puls. sil. solid. tab. tarax. til

CHEMISCHE Intoxikation mit Lindan

      Kreos. D 6, 1 x tgl.
      Nux-v. D 12, 1 x tgl. abends
      Petr. D 4 - 6, 1 x tgl.

CHEMISCHE Intoxikation mit MCPA

      Petr. D 4 - 6 oder til. D 2 - 3, 3 x tgl.

CHEMISCHE Intoxikation mit PCB

      cynos. D 2 - 3, 2 x tgl.
      Petr. D 4 - 6, 1 x tgl.
      Puls. D 4 - 6, 2 x tgl
      Tarax. D 2 - 3, 3 x tgl.

CHEMISCHE Intoxikation mit PCP

cynos. D 2 - 3   Form-ac. D 4 - 6
Petr. D 4 - 6 , 1 x tgl.   solid. D 3
tarax. D 3 - 3   til. D 2 - 3

CHEMISCHE Intoxikation mit Terpentin oder seinen Derivaten

Canth. D 6 - C 30

CHEMISCHE Intoxikation mit Tetrachlorkohlenstoff oder "Tri"

Nux-v. D 6 abends im Wechsel mit Flor-p. D 4 morgens
sulph. D 12, besser noch D 15, 1 - 2 x wöchentlich

CHEMISCHE Intoxikation mit Toluol

Petr. D 4 - 6, alle 2 - 4 Tage 1 Gabe
Pic-ac. D 4 - 6, alle 2 - 4 Tage 1 Gabe

CYANOSE Neugeborener, asphyxia neonatorum, blue baby

siehe unter Atmung, S. 651

DRAINAGEMITTEL vor Tub. zu geben (Tuberkulinisches Miasma)

Um Ausscheidungskrisen vorzubeugen und die heilsamen Effekte von Tuberkulin zu
kanalisieren und voll auszunutzen, gebe man bei älteren Kindern vorher
JE NACH LAGE DES FALLES UND DER SYMPTOME:
Abrot. Apis. aven-s. Berb. BRY. cist. Dros. Ferr-p. ign. Nux-v. PULS.
Rhus-t. rumx. sep. Solid.
Dos.: Q - D 5 oder C 6, eventuell auch 2 Mittel im täglichen Wechsel,
1 - 3 Wochen lang.

Bei kleinen Kindern genügt es meistens, Pertussin vor Tub. zu geben, wenn man als
Behandler hinsichtlich möglicher Ausscheidungskrisen ein ungutes Gefühl hat.
Wenn neben Infektanfälligkeit auch Retardierungszeichen existieren, ist
in der Regel Bacillinum, ein milderes Tuberculin, das Mittel der Wahl.

GELBSUCHT Neugeborener (Ikterus neonatorum)

Hauptmittel ist SULPHUR. In Ländern der Dritten Welt wird es fast standardmässig gegeben. Desweiteren, und differenzierter:

Acon.   Schreck bei Geburt, Klaps, Lärm auf der Station, Stich einer Spritze
Bov.   Inhalationsnarkose der Mutter. Mittel bei CO^2-Vergiftung, Kaiserschnitt
Chin.   Blutverlust (Nabelschnur) oder bei der Geburtseinleitung
Nat-s. Fall oder Prellungen
Op.   wegen Applikation von Schmerzmitteln während der Entbindung
phos.   Narkose der Mutter während Entbindung.
SEP.   Hauptmittel bei unklare Genese

GESTILLTES Kind wächst nicht - Mutter braucht

CALC. (meistens in XM), um die Qualität der Muttermilch zu verbessern.
Bei der Calcium - Frau beeindruckt die Quantität von Mammae und Milch, aber eben nur die!   Urt-u. folgt gut.
Auch Assimilationsstörungen beim Neugeborenen reagieren meistens auf Calc.

HODGKIN, maligne Lymphome

Wenn (eventuell infolge unterdrückender Corticosteroid-Therapie) keine klaren Symptome zu erheben sind, kann folgendes Vorgehen versucht werden:
Hep. -> Rhus-t. -> Puls. -> Hippoz. -> Sil.
jeweils in der C 30, zweimal täglich zwei Tage lang, im Abstand von je 1 - 2 Wochen.
Bei frischen Fällen von Hodgkin ist auch an Aconitum-lycotonum zu denken.
Ferner sollte grundsätzlich **CISTUS-CANADENSIS Q - D3** erwogen werden, besonders, wenn:

> bei der körperlichen Untersuchung d. Gegend des processus xiphoideus druckschmwerzhaft gefunden wurde, und
> wenn in der Vorgeschichte oder der Familienanamnese tuberkulinische Erkrankungen vorhanden sind.

Auf die Cognac - Probe dürfte auch beim Jugendlichen wohl verzichtet werden.

HYPERKINETISCHES KIND durch Geburtsschäden

Hier zeigen sich oft Folgen von Wehenhemmern während der Schwangerschaft wie
     Fenoterol = "Partusisten (R)". Therapie: eventuell Versuch mit Lachesis.
Folgen von Tranquilizern während Schwangerschaft oder Geburt wie
     Diazepam = "Valium (R)": eventuell therap. Versuch mit Nux vomica oder Opium.
Diese Fälle sind sehr schwierig zu behandeln.
Vielleicht können diejenigen Mittel helfen, die in den entsprechenden Abort-Rubriken aufgeführt sind, je nach dem Zeitpunkt, zu dem vorzeitige Wehen begannen.

Auch ein Versuch mit Isopathie (höchst mögliche Potenzen, z. B. Diazepam D 1000, Staufen, Göppingen) ist erwägenswert.
AFA - Algen (Klamath, Bezug: GSE Gracher, Saarbrücken)) sind begleitend zu empfehl.
Als weitere Rubriken kommen infrage, siehe dort:
GG: Weinen Geburt seit, von Anfang an
KS: Haematom endokraniales (u. a. Geburtstrauma)
KS: Kopf Beschwerden Zangengeburt Folgen von (incl. nervöse Beschwerden)
NE: Hirnschädigung wg. Sauerstoffmangel vor / während Geburt
NE: Konvulsionen, Krämpfe einseitige Neugeborener unmittelbar nach Geburt
NE: Konvulsionen, Krämpfe Neugeborener durch lange o. schwierige Geburt
NE: Paralyse einseitig, Hemiplegie perinatale Ursachen (lang dauernde Geburt)
NE: Paralyse perinatale Ursachen (Kompression b. lang dauernde Geburt)
AT: Atemnot Neugeborener, Folgen von Anaesthesie während Geburt
AL: Geburt anstrengende für das Kind
AL: Hirnschädigung wg. Sauerstoffmangel (Hypoxie) vor / während Geburt

IATROGENE SCHÄDEN

BELL.   ATROPIN Missbrauch
CHAM.   DENTIXXX Missbrauch
CALC-F.   Fluor wegen Karies"prophylaxe". Fluorisierung kann Depressionen
           fördern. Siehe auch unter Karies, S. 629
Allgemein:
           lach. NUX-V. okou. op. Phos. sulph. vince.
Nach Narkosen oder Antibiotikabehandlungen:
Op.   Morphinderivate wie DOLANTIN etc., während Entbindung gegebene
Phos.   Nach Inhalationsnarkosen oder Cortison
ZINC.   unterdrückte Hautausschläge oder auch nur "Prophylaxe" mit Zinksalben
Zinc-br.   Beruhigungsmittel Missbrauch, auch b. Anticonvulsiva / Antepileptica

Man beachte auch Impfungen, siehe im folgenden.

IMPFUNG - präventive Massnahmen, wenn selbige erfolgen "muss"

Man habe als aufgeklärter Therapeut Mitleid mit solchen Müttern (Eltern), die nicht den Mut oder die Durchsetzungskraft gegenüber dem Medizinbetrieb (oft gehörter Vorwurf: "Sie sind eine Rabenmutter") aufbringen, auf ihren im Grundgesetz der BRD garantierten Rechten zu bestehen, ABER AUCH mit demjenigen Teil der ÄRZTESCHAFT, denen nicht das Glück einer humanistischen Bildung und Erziehung oder hilfsweise eines gesunden Menschenverstandes zuteil wurde.
Hyper.   vorher in mittlerer Potenz, setzt Schäden am zentralen Nervensystem herab.
Myrt.   vorher in C 200 zu geben, um möglichen Impfschäden vorzubeugen.
Led.   nachher in mittlerer Potenz, um dem nachfolgenden Fieber oder einer
         entzündlichen Reaktion entgegenzuwirken.
Thuj.   Auch THUJA kann vorbeugend gegeben werden, um zukünftige Nachwirkungen zu vermeiden o. möglichst gering zu halten. Es sollte bald nach
         der Impfung gegeben werden, bevor sich Symptome entwickelt haben.
Wenn Impfung erfolgen muss (Reisen ins Ausland etc), dann bitte vor selbiger einen (in Entwicklung befindlichen) Infekt mittels **CRP Test** ausschliessen!

INFEKTIONSKRANKHEITEN - allgemeine Überlegungen

Aus Gershwins Oper "Porgy and Bess" kennen wir die Arie des Lebemannes, der Bess verführt, ihren Verlobten Porgy zu verlassen: "It ain't necessarily so". In der Tat - muss es mit den Bakterien auch (und immer) so sein, wie uns die heutige schulmedizinische Lehrmeinung glauben machen will? **Nur als Denkanstoss -** darauf gekommen bin ich, als ich im Hering Hospital, Bombay, sah, dass mein indischer Freund lebendige Maden an eine eiternde und nicht heilen wollende Operationsnarbe im Halsbereich setzte (die Maden frassen die Wundränder sauber und dienten so der Wundhygiene, worauf die Wunde komplikationslos abheilte). **Gedanken-Experiment:** hätte ein fremder Beobachter genau eine Stunde nach Applikiation der Maden den Kranken, seine eiternde Wunde und die darauf herumsitzenden Maden zum ersten Male gesehen, ohne die Vorgeschichte zu kennen - was wäre sein Urteil gewesen, wie seine wissenschaftliche Erklärung? "Die Wunde weist sichtbare Kleinlebewesen auf, die zur Infektion geführt haben, mit dem Ergebnis, dass die Wunde stark eitert." Prognose: "Wenn es nicht gelingt, diese Kleinlebewesen abzutöten, wird die Sepsis fortschreiten und den Mann innerhalb einer Woche töten."

Dazu ein Zitat aus J. T. Kent, zur Theorie der Homöopathie. Überarbeitete Fassung von Pierre Schmidt. Deutsche Übersetzung von Künzli von Fimelsberg. Grundlagen & Praxis, Leer 1973

V. Ätiologie · Chirurgische Fälle · Mikroben ·

»Die sogenannte Diagnose, die meist so viel Bewunderung findet, gibt uns tatsächlich nur einen Teilaspekt der Krankheit und trägt in keiner Weise der Art Rechnung, in der jeder Patient seine Krankheit macht« (P.S.). Die Phthise zum Beispiel ist ein tuberkulöser Zustand der Lunge, der sich erst nach langen vorangehenden Gewebszerstörungen im Innern des Organismus deutlich zeigt.

Mikroben

Unsere zeitgenössischen Ärzte behaupten zwar, an die Quelle des Übels zu gehen und ätiologische Therapie zu treiben, in Wahrheit aber zeigen sie uns keinerlei echte Ursache; sie kleben nur an oberflächlichen Faktoren, z.B. im Falle des Phthisikers bloss an Faktoren, die die Krankheit verschlimmern, die aber absolut nicht die tiefere Ursache darstellen. Sie behaupten, der Kochsche Bazillus sei die Ursache der Tuberkulose. Ohne Empfänglichkeit von seiten des Organismus könnte er aber nichts ausrichten, In Wahrheit ist die Entwicklung der Tuberkel primär, **erst nachher kommen die Bazillen.** Niemals werden Bazillen vorgängig dem Tuberkelknötchen gefunden, nein, **sie folgen ihnen erst nach und spielen dann eine reinigende Rolle,** vergleichbar der Kehrichtbeseitigung. Die tiefere Ursache der Tuberkelbildung liegt in der Psora · dem chronischen Miasma. Die Mikroben sind nicht die Ursache der Krankheiten, sie erscheinen erst, wenn letztere schon deutlich ausgebrochen sind (siehe erste Vorlesung).

Die Allopathen verwechseln Ursache und Wirkung, nehmen den Effekt für die Ursache und verfallen so einer falschen Theorie, der Theorie der bakteriellen Erreger. Man kann die Mikroben zerstören, ohne daß indessen die Krankheit vernichtet wird. Die Krankheitsempfänglichkeit bleibt dieselbe, und allein diejenigen, welche empfänglich sind, können die Krankheit bekommen Auch die Mikroben haben ihren Daseinszweck, denn es existiert nichts in der Welt, was nicht seinen bestimmten Zweck zu erfüllen hätte. Weder Mikrobe noch Virus sind auf unsere Erde versetzt mit der ausdrücklichen Bestimmung, das menschliche Wesen zu zerstören. Die Bakterientheorie will uns glauben machen, die göttliche Vorsehung hätte diese unendlich kleinen Wesen geschaffen, den Menschen krank zu machen.

(Anmerkung)• Wir sehen an diesem Paragraphen, dass HAHNEMANN die Ansicht von der bakteriellen Ätiologie der Krankheiten nie geteilt hat.

Dieses Thema wird im Verlaufe der Vorlesungen noch weiter entwickelt und reichlich illustriert werden, hier sei es nur gestattet, noch etwas Material zum Nachdenken anzuführen.

Wir wissen, dass eine bei einer Sektion zugezogene Wunde sehr ernsthafter Natur ist, wenn der Sezierte erst kürzlich verstorben ist. Man könnte annehmen, dass dies die Wirkung irgend eines Bazillus sei, dessen Virulenz so groß sei, dass er im Organismus eine Art Streptokokkenvergiftung erzeuge, die vernichtend ins Blut einbreche und das Individuum in einer Art Septikämie zum Erliegen bringe. In Wahrheit ist es aber anders. Sofort nach dem Tode bilden sich Ptomaine, Leichengifte von Alkaloidcharakter, während von Bakterien keine Spur nachweisbar ist. Es ist also ein Gift da, und verletzt man sich beim Sezieren, ohne der Wunde sogleich die nötige Beachtung zu schenken, so läuft man Gefahr, sehr schwer, ja vielleicht tödlich krank zu werden. Ist hingegen der Kadaver so weit in Zersetzung übergegangen, dass alles von Bakterien wimmelt, so ist in diesem Stadium eine Verletzung beim Sezieren nicht mehr gefährlich.

Je mehr Mikroben da sind, um so weniger Toxine. Ein frisch gelöster Typhusstuhl enthält nur wenig Bazillen, ist hingegen sehr toxisch; wenn man jedoch wartet, bis er durch und durch voll Bakterien ist, dann ist er relativ gutartig. Warum nimmt die Virulenz nicht mit der Bakterienzahl zu?   .....

(Anmerkung P. S.) Das solide verankerte, aber inexakte Konzept der Monovalenz der Infektionserreger, der dem Menschen feindlichen Mikroben, ihrer ausschließlich schädlichen Wirkung, das Konzept, welches fortfährt, die ganze heutige Medizin bewußt oder unbewußt zu inspirieren, sollte durch den Begriff der biogen-physiogenen oder pathogenen Ambivalenz ersetzt werden, Ambivalenz je nach den Modifikationen des Milieus, auf dem sie sich entwickeln. Jedermann schreit, wenn es gelinge, die Bakterien zu zerstören, heile der Patient. Aber nichts ist weniger wahr als dies. Erinnern wir uns, dass diese sogenannten Infektionserreger Leben spenden und die ganze physiologische Chemie ohne sie nichts wäre; sie wirken mit dem gesunden Menschen in perfekter Harmonie oder Symbiose zusammen und halten Gleichgewicht und Gesundheit aufrecht (PROTIE, Maladies poly-intectieuses inapparentes, Maloine, äd 1951).   ....

Die Krankheiten in ihren Grundursachen und in ihren scheinbaren Ursachen studieren, ist ein sehr wichtiges Studienobjekt, und wir können das Problem der Ätiologie nicht betrachten, solange wir den Begriff der Leitung in Verbindung mit dem Gesetz nicht gut verstanden haben. Zu beachten ist:

Das Gesetz leitet, die Erfahrung bestätigt.

Zitat S. 53 f Ende. Hervorhebungen von mir.

Kent schrieb diesen Text kurz vor dem ersten Weltkrieg (Lectures on Homoepathic Philosophy) . Fast zur gleichen Zeit entdeckte Prof. Dr. **Enderlein** im Dunkelfeld-Mikroskop die Endobionten - apathogene Micro-Organismen, die sich in den Erythrozyten befinden und die bei Störungen des inneren Milieus des Organismus - sei es Übersäuerung, übermässiger Stress, Intoxikationen etc. - in höhere Valenzen umbilden, sich sozusagen aneinanderketten und zu Mikroben (Viren oder Bakterien) werden. Enderlein entdeckte aber auch, dass dieser Vorgang durch Isopathie reversibel ist, wenn man das Milieu verbessert (alkalisiert und entgiftet) und die apathogenen Endobionten (Mucor racemosus und Aspergillus niger) in homöopathischer Dosierung (D 3 - D 6) zuführt -

dann bilden sich die pathogenen Formen wieder in die apathogenen Grundformen zurück. Das ist der Grundvorgang, den er "Cyclogenie" nannte. Wer sich weiter mit diesen Erkenntnissen beschäftigen will, sei auf die Spezial-Literatur aus dem Hause Sanum / Kehlbeck resp. Semmelweis - Verlag in Hoya verwiesen (http://www.sanum.de). Zuordnungen, in der Reihenfolge des therapeutischen Vorgehens:

Penicillium notatum - Beziehung zu akut entzündlichen Vorgängen
Aspergillus niger - Beziehung zur Zellwand und zum Zellinhalt
Mucor racemosus - Beziehung zur Viskosität des Blutes

Leider hat der Hersteller (Sanum, Kehlbeck) vor einigen Jahren seine Präparate in neue, "phantasievolle" Namen umbenannt, die den homöopathischen Usancen, Arzneimittel mit dem korrekten lateinischen Namen zu bezeichnen, doch erheblich widersprechen. Ein Unsinn, wie ihn sich wohl nur Werbestrategen ausdenken können, die vom fachlichen Kontext nichts verstehen. Gute Qualität - und das kann ich den Sanum Mitteln bescheinigen! - setzt sich letztlich immer durch, auch ohne Werbe - Schnickschnack.

Ein grundlegender Therapievorschlag stammt aus Dr. Konrad Werthmann's Rezeptierbuch, Hoya 2001, S. 13. Die gemeinten Potenzen sind D 5 - D 6 :
" In den ersten 10-14 Tagen behandelt man mit einem Penicilliumpräparat, zweimal täglich 1 Tablette oder 10 Tropfen. Dann wechselt man auf die Basistherapie (Kombination) mit MUCOKEHL-Präparaten morgens und NIGERSAN-Medikamenten abends, immer von Montag bis Freitag, und am Wochenende die Verordnung eines Penicilliumpräparates. Diese Therapie sollte bei chronischen Krankheiten über Monate durchgeführt werden.

Penicillium-Präparate:
FORTAKEHL   (Penicillium roquefortii)
NOTAKEHL   (Penicillium chrysogenum (notatum))
QUENTAKEHL (Penicillium glabrum)

Basis-Präparate:
MUCOKEHL   (Mucor racemosus)
MUCEDOKEHL (Mucor mucedo)
NIGERSAN   (Aspergillus niger)

Natürlich gibt es noch eine Menge weiterer Pilzpräparate, diese wenigen werden erfahrungsgemäß am häufigsten verwendet."
Begleitend ist natürlich eine Verbesserung des Milieus (Entsäuerung etc.) nötig.

INFEKTIONSKRANKHEITEN - Folgen von mit Antibiotica unterdrückten solchen

Wurden fieberhafte Angina tonsillaris, heftige Grippe, Scharlach etc. unterdrückt, so ergeben sich oft ernste Folgen wie Herzerkrankungen etc. Bei diesen Folgekrankheiten gibt es aus der Erfahrung gewonnene gute **Mittelfolgen**, bei denen das jeweils zweite Mittel von der Symptomlage her nicht immer ersichtlich ist. Hier herrscht einmal wieder die Erfahrung über das Dogma.

Mittelfolgen nach Antibiotica:

Rhus-t . -> Tub. C 200
Bry. -> Sulph.
Rhus-t. -> Calc. -> Tub.
Puls. -> Sil. -> Fl-ac.
Sulph. -> Calc. -> Lyc.
Psor. -> Tub.
Bell. -> Calc. -> Tub.

Weitere empfehlenswerte Mittelfolgen, wenn auch nicht im obigen Zusammenhang, siehe Arzneimittel und Folgemittel, S. 703
In vielen Fällen ist zusätzlich Okoubaka 200 sehr hilfreich zur intestinalen Entgiftung.
Auf von Ungern-Sternbergs Scharlach Monographie sei hier ausserdem hingewiesen - ein sehr lesenswertes Werk, welches das Vorurteil, auch antibiotisch behandelter Scharlach hinterlasse Immunität, gründlich widerlegt.

KINDERKRANKHEITEN epidemische allgemein, nebst miasmatischer Zuordnung

A. Voegeli bezog schon in den 50-er Jahren auf seinen Kursen zur Fachfortbildung, lange, bevor die Diskussion um prophylaktische Impfungen en vogue war, mutig und entschieden Stellung zugunsten der Notwendigkeit des naturgemässen Durchmachens der epidemischen Kinderkrankheiten. In seiner Therapie bezog er sich oft auf A. Lutze, einem noch von Hahnemann ausgebildeten Homöopathen, der in Cöthen eine homöopathische Privatklinik mit OPD betrieb und täglich an die 75 Patienten behandelte, Fallzahlen, an die heute nur noch erfahrene indische Praktiker heranreichen. Lediglich der Polio räumte Voegeli eine Sonderstellung ein. Seine Überlegungen und Behandlungsweisen seien hier kurz wiedergegeben.
Die von den Eltern ererbten Schwachstellen bilden für jedes Kind eine individuell ausgeprägte miasmatische Belastung. Hinzu kommen bestimmte Auslöser, die den Zeitpunkt der Erkrankung beeinflussen, wie z. B. die Jahreszeit (Pertussis im Ausklang des Winters, Polio im Spätsommer etc). Nach dem ordnungsgemässen Durchmachen der Kinderkrankheiten hebt sich der Gesundheitszustand der Kinder, und meistens lässt sich ein positiver Entwicklungsschub verzeichnen.
"Es ist daher abwegig, Kinder von diesen epidemischen Kinderkrankheiten bewahren zu wollen - sei es durch Impfung oder durch Isolation - denn das Durchmachen dieser Erkrankungen liegt im Programm ihres Lebenscyclus, der nur dann vollkommen abläuft, wenn die im Programm vorgesehenen Notwendigkeiten auch tatsächlich erfüllt werden."
"Aus intellektuellen Überlegungen, aus Furcht und aus Bequemlichkeit mag man vielleicht zu anderen Schlüssen kommen, aber der Intellekt stützt sich lediglich auf die Wahrnehmungen der Sinnesorgane, d. h. auf das, was vom materiellen Geschehen abgeleitet werden kann. Das Leben wurzelt aber viel tiefer, es beruht auf Gesetzen, die nur auf Grund von jahrtausendealter Erfahrung erkannt werden können, nicht aber auf Grund von intellektuellen Überlegungen. Was Furcht und Bequemlichkeit anbetrifft, so waren diese für den Menschen stets schlechte Berater." (S. 216)
(A. Voegeli, homöopathische Therapie der Kinderkrankheiten, Ulm 1964)

Die miasmatischen Zuordnungen nebst Hauptmittel sind:

Masern	- PULS.	-	tuberkulinisches Miasma
Keuchhusten	- DROS.	-	tuberkulinisches Miasma
Scharlach	- BELL.	-	syphilitisches Miasma
Diphtherie	- MERC-CY.	-	syphilitisches Miasma
Mumps	- BELL.	-	sycotisches M. vorwiegend
Windpocken	- ANT-T.	-	sycotisches M. vorwiegend
Röteln	- ACON.	-	psorisches M. vorwiegend
(Polio	- LATH.	-	trimiasmatisch)

Voegeli gab in der Regel das entsprechende Hauptmittel in der C 30, 5 Glob. in einem Glase Wasser aufgelöst, davon 3 - 5 x täglich 1 Esslöffel, über zwei bis drei Tage lang, eventuell gefolgt von der C 200, wenn die C 30 nicht hinreichte, und kein anderes Mittel deutlich indiziert war, oder ein Komplementärmittel. Bei Folgekrankheiten verordnete er das Hauptmittel in höheren Potenzen (M - 10 M) oder unter bestimmten Bedingungen die entsprechende Nosode erst in der C 200, zwei Monate später noch einmal in der M.
Die Bedingungen für den Einsatz der Nosoden waren:
Schwerer Verlauf oder Komplikationen,
nicht richtig herausgekommenes oder unterdrücktes Exanthem,
reduzierter Gesundheitszustand nach der Kinderkrankheit.

Ich habe hier Voegeli so ausführlich zitiert, weil sein Vorgehen dergestalt bewährt ist, dass es kaum eine Alternative dazu gibt.
Ausserdem sei diesem hervorragenden Manne, der so unendlich viel für unseren Berufs-stand getan hat, an dieser Stelle von Herzen gedankt.
Siehe auch unter Masern, S. 694

KINDSTOD plötzlicher

Die **homöopathische Nacharbeitung** vieler Fälle von plötzlichem Kindstode
deutet auffällig häufig auf folgende Arzneimittel:
MERC. phos. plb. sec. Syph.

Nicht mitbeachtet wurden natürlich Fälle von Misshandlung, Vernachlässigung, medizi-nischer Fehlbehandlung nebst Impfungen.
Ob Prophylaxe bei künftigen Kindern der betroffenen Eltern sinnvoll ist, muss von Fall zu Fall entschieden werden. Die konstitutionelle Behandlung der Eltern ist allemal vorzuziehen. Vielleicht weist aber auch die Natur auf diese Weise darauf hin, dass von diesen Eltern kein Nachwuchs gezeugt werden sollte. (siehe auch Anmerkungen zur Sterilität unter weibliche Genitalien.)

Jedenfalls kommt es mehr darauf an, der Natur zu folgen, als sie zu verstehen.
Ein mögliches Vorgehen ist die prophylaktische Verabreichung von
Sulph. C 6 im täglichen Wechsel mit Calc-p. C 6, je einmal 1/2 Tabl., 2 Monate lang.
An vornehmlicher Stelle steht in solchen Fällen natürlich, die trauernden Eltern in die
Lage zu versetzen, über den Verlust hinwegzukommen.

Rubrik: BESCHWERDEN infolge von Verlust oder Tod eines Kindes
            incl. Abort oder Totgeburt
                  calc. carc. Caust. gels. IGN. Kali-br. lach. Nux-m. nat-m. nux-v.
                  ph-ac.plat. staph. sulph.

KREBS Therapie Folgen

Krebs kommt bei Kindern meist als Leukaemie vor. Die schulmedizinische Therapie mit
Chemotherapeutica und, in geringerem Masse, Radiotherapie, erreicht heute eine erfreu-
lich hohe Überlebensrate dieser Kranken. **Natürlich haben diese Therapien ihren
Preis:**
An erster Stelle stehen Herzaffektionen bis zur schweren Herzinsuffizienz,
dann folgen Nephropathien und Zweittumoren im ZNS.
Homöopathisch kann man zumindest palliativ tätig werden. In solchen Fällen empfehlen
sich LM Potenzen (vorzugsweise LM 6 & LM 12). Wegen der Armut an individuellen
Symptomen (suppressive Wirkung der vorangegangenen Therapie) ist die Fallaufnahme
schwierig. Am hilfreichsten sind Allgemeinsymptome und solche aus der Vorgeschichte
sowie aus der Familienanamnese. Gelegentliche Zwischengaben von Carcinosin können
erwogen werden, jedoch sind die Ansichten (und die Ergebnisse) dazu sehr uneinheitlich.
Hier seien einige Anhaltspunkte genannt, die beileibe nicht den Rang von vollständigen
Rubriken haben können:

Calc-ar.   Nephropathie m. Tubulusdegeneration, Hepatomegalie, Splenomegalie
Cean.   Splenomegalie
ars.   Anaemie mit Albuminurie
med.   Anaemie

Herzinsuffizienz nach Krebstherapie:
         PHOS. Ars. Lach. Nat-m. kali-c

Nephropathie nach Krebstherapie:
         PHOS. Ars. Lyc. Ph-ac. apis. aur. bell. calc-ar. cupr-ar. ter.

Zweittumoren (meist ZNS) nach Krebstherapie:
         PHOS. Bar-c. Calc. Con. cortex. Sil. ars. kreos. plb. sulph. thuj.

Strahlen Folgen:
         Calc-f. Gins. Rad-br. ars. ars-i. cadm-s. phos. ruta. uran-n. x-ray.

Allgemeine Aufbaumittel / Palliativa, auch bei Leukaemie (s. u.):
         Arn. Calen. chin—ar. gins. hell. kali—br. lapacho. okou. petr. phos. stram.
         Tax. umca.

LEUKAEMIE

In der Regel kommen nur klinisch vorbehandelte Fälle zur homöopathischen Behandlung. Veränderungen im geistig - seelischen Bereich sind eher die Regel als die Ausnahme, daher ist ihr symptomatischer Wert sehr begrenzt. Als Basismedikation kann Ceanothus Q , 5 Tropfen täglich, gelten.
Als Tee hat sich bei Leukämie besonders Lapacho Tee bewährt.
Sollten Natrium - Symptome vorhanden sein, so empfielt sich:
Zuerst Nat-ar., danach Nat-s.
Lac-hum. Q , jeden 2. Tag 1.0 sc. Injektion, hat sich nach Binder (NHP 1978)
bei Leukosen bewährt. Eventuell auch steigende LM Potenzen oral?
allgemeine Aufbaumittel siehe oben unter Krebs Therapie.

MASERN Zustand nach (Mittel zur besseren Überwindung, chronische Masern)

Es scheint in manchen Fällen "chronische" Masern zu geben, bei denen das Exanthem trotz Unterlassens bewusster Unterdrückungsmassnahmen nicht herauskam. Ausser dem klassischen Exanthem waren aber alle wichtigen Masern Symptome vorhanden, wie Schwellungen im Gesichts- & Kopf Bereich, Schnupfen, Lichtscheue, Fieber, eventuell sogar katarrhalische Bronchitis, Weinerlichkeit etc. nebst tuberkulinischen Miasmas.
Dann können mit Vorteil folgende Mittel gegeben werden:
arg-n. graph. Lyc. morb. PULS. sul-i. sulph. Tub. zinc. zinc-p.

NEBELSCHE Drainage
siehe unter Amalgam Intoxikation, S. 678.

NORMALWERTE für Atem- & Pulsfrequenz bei Kindern (Quelle: WHO)

Zu beachten ist, dass (wie schon Hufeland im Enchiridion medicum darlegte) der diagnostische Wert der Atemfrequenz bei Säuglingen und Kleinkindern höher einzuschätzen ist als der der Pulsfrequenz.

```
RESPIRATION, NORMAL RATE PER MINUTE
------------------|-----------------------------------
Birth             |    40 - 50
------------------|-----------------------------------
1 - 12 months     |    25 - 35
------------------|-----------------------------------
1 -  4 years      |       25
------------------|-----------------------------------
5 - 15 years      |    20 - 25
------------------|-----------------------------------
Adult             |    16 - 18
------------------|-----------------------------------
```

```
PULSE, NORMAL RATE PER MINUTE
------------------|---------------------------------
Birth             |   130 - 140
------------------|---------------------------------
1 Months          |   120 - 130
------------------|---------------------------------
1 Year            |   110 - 120
------------------|---------------------------------
2 years           |    90 - 108
------------------|---------------------------------
3 Years           |    80 -  90
------------------|---------------------------------
7 Years           |    80 -  85
------------------|---------------------------------
10 - 20 Years     |    80 -  85
------------------|---------------------------------
```

Normale Zahnentwicklung siehe Einleitung, S. 23

NOTFALLAPOTHEKE - ANLEITUNG FÜR ELTERN

Diese Anleitung eignet sich als Copie für intelligente Eltern.

Aconit jeder A n f a n g von plötzlichen Entzündungen.
Schreckfolge. Erkältungsgefühl - Erkältungsfieber. Blutandrang.

Belladonna Entzündung zweites Stadium, Folge von Sonneneinwirkung,
schlechter durch Berührung o. Erschütterung, klopfende Empfindungen.
Gehirnentzündungen.

Arnica Verletzungen zu Beginn, aber NICHT bei offenen Wunden.
Unfälle (Blutergüsse, Gehirnerschütterung, Prellung) Überanstrengung.

Camphora Verletzung durch Sturz, Quetschung, Autounfall etc., dabei pulslos &
bewusstlos - scheintot. Aconit folgt gut nach Camph. Wiederbelebung Ertrinkender

Rhus-tox. Bänderzerrungen. Grippe. Ruhe und Beginn der Bewegung verschlechtert, fortgesetzte Bew. bessert. Überanstrengungsfolgen, Muskelkater.

Ledum Insektenstiche, auch andere Stiche und deren Folgen (wenn diese sehr
geschwollen und heiss sind, dann Apis)
Alle Beschwerden bessern sich durch Kälte Anwendung.

Apis Bienenstiche. Allgemein mehr rechtsseitige Entzündungen. Kälte
bessert. Stechender, brennender Schmerz. Starke Schwellung. Durst Mangel.

Cantharis Blasenentzündung (starkes Brennen und häufigen Harndrang),
Verbrennung und deren Folgen.

Chamomilla Zahnungsbeschwerden mit Krämpfen, Durchfällen oder Fieber.

Cuprum Krämpfe aller Art. Bei Fieberkrämpfen wirkt **Cupr-ars.** meist besser.

Hypericum Nervenverletzung (z.B. Finger o. Zehen in Tür gequetscht)

Lachesis linksseitige Entzündung, Blutvergiftung, Wärme verschlechtert.

Arsenicum-album Lebensmittel / Fisch Vergiftungen. Brechdurchfall.

Nux-vomica Magenprobleme nach Überessen oder durch Emotionen.
Verdorbener Magen.

Pulsatilla Beschwerden infolge Eiscreme, fetten Essens, Obst, Früchten.
Weinerlichkeit und ungewohnte Anhänglichkeit.
Veratrum alb. Durchfälle mit Ohnmachtsneigung (auch Kreislaufkollaps,
"schwarz vor Augen") und kaltem Schweiss.

DOS.: C 30. 2 Globuli auf der Zunge zergehen lassen und 2 Glob. in ein 1/2 Glas
Wasser, fleissig mit Holzstäbchen / Plastiklöffel rühren (jedesmal!) und
alle drei Stunden einen Schluck trinken lassen, bei Besserung seltener.
Sollte nach einem Tag noch keine Änderung des Befindens eingetreten sein, so muss geprüft werden, ob das verabreichte Mittel richtig war.

Citrus paradisi e semine (Handelspräparat: CitroBiotic, Sanitas Steinheim =
Grapefruitkernextrakt, pestizidfrei) starke antibiotische, antiparasitäre, antimyko-
tische und virustatische Wirkung. C 1 - D 3. Aus Q Verdünnung selbst herstellen
lassen, z. B. 3 x tgl. 5 Tropfen in einer Tasse Wasser o. Fruchtsaft geben und eine
Minute lang fleissig rühren. Externe Anwendung, z. B. Windeldermatitis:
10 Tropfen Q in einen Eierbecher Sesam- oder Olivenöl geben, gründlich verrühren
und lokal auftupfen.

OEDEME mit Oligurie

Oedeme aufgrund von Nierenversagen reagieren bei Neugeborenen gut auf
Aconit D 3 - C 2.
Ein anderes, sicheres Mittel ist, zumal, wenn die Oedeme sich zur Elephantiasis
auszuweiten drohen: Hydrocotyle D 1.
Zur Differenzierung von Oedemen mit Oligurie ist der Durst gut geeignet, z. B.
Apis: Durstlosigkeit   Apoc.: Durst vermehrt

POCKEN - Impfschäden Prophylaxe

Vor der Impfung, die in einigen Ländern noch Pflicht ist, sollte ein (latenter) Infekt mittels eines CRP Testes ausgeschlossen werden.

Thuj   C 30 am Tag vorher
vario. C 6 am 1. Tag nach Impfung, nach 3 Wochen in C 200 wiederholen.

POTENZEN, deren Höhe bei Kindern, nebst Darreichungsform

hohe Potenzen >= C 200 bewährt von:
CALC. Coloc. Cortex. GRAPH. --   carc. je jünger, desto höher

mittlere Potenzen C 12 - C 30 bewährt von
ANT-C. KALI-P. PHOS. puls.

Pulsatilla bewährt sich von der Pubertät an besonders in der C 3 & C 1000.

Gifte wie Ars., Lach. Merc. etc, aber auch Rhus-t. **nicht unter C 12 / D 30 !**
Verabreichung: Globuli vorzugsweise schluckweise in Wasser (Organon § 270,
letzter Satz. [Und in der Anmerkung: "... seinen Kranken (Reichen und Armen) ohne
Bezahlung geben ..]. Über die bessere Wirksamkeit der Auflösung in Wasser siehe auch
Organon § 246 und§ 273.
Rai B. B. Das / New Delhi liess seine Patienten z. B. immer mit einem kleinen Fläschchen sauberen Quellwassers ins Free Homeopathic Dispensary kommen. Die Globuli
wurden nach der Konsultation gleich in jenem Fläschchen gelöst, das Fläschchen
beschriftet und geschüttelt, aufdass die Patienten es zuhause schluckweise einnehmen
und gegebenenfalls noch weiter verdünnen und verschütteln können (siehe Org. § 246).

RACHITIS

Rachitis zeigt sich heute nicht mehr in dem Masse durch Deformation des
Skelettsystems wie früher, sondern oft in diskreteren Zeichen.
Häufig ist folgende Kombination:
      Durchfall früh morgens, intensiv stinkend
      Schweiss im Gesicht, bes. Nasengegend, Nachtschweiss, Schweiss färbt Wäsche
      Milz vergrössert
Hauptmittel:
      CALC-P. Ferr-p. merc. Phos. podo. Sil. sulph. Tub.
Vernünftige Ernährung, Vit. C und frische Luft nicht vergessen!

TURNER Syndrom (Gonaden Dysgenesie)

Die Ursache ist ein Defekt in den weiblichen Chromosomen, mithin syphilitisches
Miasma - leicht zu erkennen bei der körperlichen Untersuchung (hoher, spitzer Gaumen,
normabweichende Zehenlängen etc). Herz- und Nieren-Anomalien sind häufig.
"Frauenmittel" wie Puls. wirken selten. Antisyphilitische Mittel sind vorzuziehen.
Überlegenswert: Cortex (= Prednisolon) C 30 - 200, 1 x wöchentlich, später seltener.

VERLETZUNGEN

In Notfällen oder bei der Soforthilfe hat man selten Gelegenheit, den Fall gründlich aufzunehmen. Beispiel: Telephonanruf von einer Urlaubsinsel. Kind hat sich den Knöchel
verstaucht, kalte Umschläge bessern, Schmerz geht zum Knie: --> Ledum 30.
Meistens hilft eine Verschreibung nach der Organotropie:

Weichteile:	ARN. bell-p. cimic. nux-v. puls
Drüsen incl. Mamma:	Bell-p. Con.
Knochen:	Ruta. stront-c.
Periost:	Symph.

In all diesen Fällen folgt Sul-ac. gut und komplettiert die Heilung.

Spezifische "Verletzungsmittel":

Kiefergelenk:	Petr.
HWS Schleudertrauma:	Hyper. LACHN. rhus-t.
Schulter:	ferr. Ferr-m.
Handgelenk:	Am-c. bell-p. staph.
Fingerspitzen:	HYPER.
Knie Meniscus:	arn. Rhus-t. SYMPH.
Kniekehle:	agn. Am-m.
Achillessehne:	anac. hedeo. Valer.
Sprunggelenk:	agn. Led. nat-c.
Fussgelenk:	bell-p. led.
infizierte Wunden:	calen. Gunp. lach. Pyrog.

verschmutzte Schusswunden: GUNP. D 4 ("Never go west without your gun")

Verbrennungen siehe S. 671

WIDERSPRÜCHLICHE Modalitäten

Die allgemein wichtigen Modalitäten zeigen gelegentlich widersprüchliche oder uneinheitliche Eigenschaften. Die wichtigsten sind:

KÄLTE agg. Kopf- und / oder Magenaffektionen, ansonsten am. Wärme: Phos.

KÄLTE agg. allgemein, ausser bei Affektionen im Kopfbereich: Ars.

FRISCHE & kühle Luft am. allgemein, aber bestehende Frösteligkeit wird durch Wärme gebessert bei akuten Krankheiten: Puls.

DURSTLOSIGKEIT allgemein, aber vermehrter Durst bei akuter Krankheit: Puls.

DURSTLOSIGKEIT in der Fieberhitze, aber Durst währnd des Froststadiums: Ign.

DURSTLOSIGKEIT allgemein, aber Durst während des Froststadiums: Apis.

HALSSCHMERZ am. durch Essen, aber Essen agg. Leeregefühl im Magen: Ign.

SPEISEN & GETRÄNKE

Allgemeine Anmerkung:

Die Symptome von **Abneigung oder Verlangen** bestimmter **Nahrungsmittel bei Kindern** gehören, neben den interpretierten Gemütszuständen, zu den am meisten fehlleitenden solchen der Anhänger der Athener Schule. Sie sind daher **nur bei starker Ausprägung** und auch dann noch mit grosser Zurückhaltung zu verwenden, es sei denn, sie sind wirklich **sonderlich im Zusammenhang mit einer akuten Erkrankung,** wie z. B. das Verlangen nach Süssigkeiten nach einem Knochenbruch bei einem Kind, welches sonst eher salzige oder kräftige Speisen zu essen wünscht.
Daher sind im Repertorium auch nur die wichtigsten Rubriken aufgeführt.

FISCHVERGIFTUNG, auch Lebensmittelvergiftung allgemein

Oft erreicht den Homöopathen ein Notanruf aus irgendeinem Urlaubsort, vorzugsweise nachts oder am Wochenende - und homöopathische Mittel sind dann in der Regel nicht verfügbar. (Daher gehört Arsen in jede Reiseapotheke!) Neben den üblichen Mitteln - wobei man zunächst meist mit Arsen beginnt, hat sich bei Kindern Zuckerwasser (gesättigte Lösung) bewährt. Man kann dem Wasser auch noch Essig hinzugeben (1 : 1). Bei Kreislaufkollaps: schwarzer Kaffee, in verzweifelten Notfällen geriebene Holzkohle (Kohletabletten) in Branntwein / Whisky. Das rettete sehr vielen gen Westen treckenden Nordamerikanern im vorigen Jahrhundert das Leben.
Arzneimittel:

> all-c. Ars. carb-an. CARB-V. puls. verat.

GLUTENHALTIGE Speisen, Allergie gegen (Zöliakie, Sprue)

Klinische Rubriken können oft von grossem Nutzen sein, auch wenn das nicht von allen homöopathischen Richtungen so zugegeben wird.
Im hier anliegenden Falle kann ich aber keine halbwegs zuverlässige solche angeben. Wenn man sich hilfsweise der zusammengefassten Rubriken: agg. durch Mehlspeisen, Brot, Kuchen etc. bedienen will, wird man selten daraus zielführenden Nutzen ziehen können. Allenfalls nützlich ist die Rubrik Durchfall bei Zöliakie. Daher kann in solchen Fällen nur die alleinige Verwendung allgemeiner Symptome angeraten werden.
Eine grundlegende und möglicherweise weiterführende Beobachtung soll aber doch mitgeteilt werden:
Das Grundmuster kindlicher Nahrungsmittel Allergien manifestiert sich fast immer als Allergie gegen MILCH (an zweiter Stelle steht Weizen). Nur kommt dieselbe gelegentlich nicht zum Ausdruck bzw. wird von den Müttern nicht berichtet, zumal diese Kinder gern Milch trinken und allergische Erscheinungen als chronische natürlich nicht mit Milchgenuss in Verbindung gebracht werden können. Es kommt auch vor, dass Muttermilch (noch) einigermassen gut vertragen wurde, Kuhmilch dann aber in einfacher, roher, unverfälschter Art nie gegeben wurde.

WEIZEN nimmt hinsichtlich der Unverträglichkeit den zweiten Rang nach Milch ein. In der Regel sind beide Unverträglichkeiten nur bei solchen Kindern anzutreffen, die reichlich geimpft wurden oder bei denen irgend eine Impfung Beschwerden (oder Komplikationen) hervorrief. Ein mildere Nebenform der Sprue scheint im "Chinamann Syndrom" vorzuliegen (Glutamat Empfindlichkeit mit kongestiven Kopfschmerzen).

Allergie Test in Eigenleistung: Man lasse die verdächtigten Nahrungsmittel (am besten in der Reihenfolge Weizenprodukte, Milchprodukte, Citrusfrüchte, Fleischprodukte ...) vier Tage lang konsequent und kontrolliert beim Kinde aus. Dann messe man in einer Ruhephase (nachmittage) den Ruhepuls im Sitzen, gebe das vorher ausgelassene Nahrungsmittel zu essen (oder trinken), warte 3 Minuten, und messe den Puls erneut im Sitzen (das Kind darf nicht vorher herumlaufen, geschweige denn herumtoben!). Wenn nach diesem speziellen Essen der Ruhepuls um mehr als 15 Schläge zugenommen hat, dann liegt eine Überempfindlichkeit / Allergie gegen entsprechende Nahrungsmittel vor.

KONSERVIERUNGSMITTEL Allergie -> Intoxikation

Bewährt hat sich
SABAD. in ansteigenden Potenzen von dreimal täglich C 3 (D 4) bis zu einmal wöchentlich C 30. Danach kommen, um die Wirkung dauerhaft zu machen,
Nux-v., Okou. & Puls. je nach den Symptomen infrage, schlussendlich Merc.

MILCH - Brustkind verweigert Muttermilch

Auf Aphthen im Munde des Kindes ist zu achten - selbige könnten den Saugvorgang schmerzhaft behindern. Die genaue Untersuchung verhindert Fehldiagnosen und falsch gewählte Arzneimittel.

PILZ Vergiftung, Knollenblätterpilz Intoxikation

Erstmassnahmen vor Klinikeinweisung:
CARD-M Q reichlich dosieren. Noch besser ist die Injektion iv. von Silibin, z. B. Legalon Sil (Madaus), 20 mg / Kg KG, dazu Lactulose sowohl oral als auch parenteral als Infusion. Eventuelle Zwischengaben von Aesc.
Kritisch wird es am dritten Tag nach Pilzgenuss: cave Gerinnungsstörungen.
Siehe Haemorrhagie.

VITAMINE als Nahrungsergänzung

Unter Homöopathen besteht meist die Ansicht, dass die Patienten keine zusätzlichen Vitamine oder Mineralstoffe bräuchten. Was die schulärztliche Arzneiroutine bei Kindern und Schwangeren (Jod, Eisen, Magnesium, Vit. K, Vit. D & Fluor) angeht, so ist dieselbe nicht nur unvertretbar, sondern auch (mit Ausnahme von mässig dosiertem Vit. D, z. B. als Lebertran) für die Patienten zum Nachteil (man denke nur an die aggressive und aggressiv machende Wirkung der Fluorverbindungen !
Hier sei auf die äusserst empfehlenswerten Schriften von Dr. F. P. Graf, Eigenverlag Plön o. J., Tel. 04522-1777 verwiesen. Stand: 2000)

Ein weiteres Problem ist die unterdurchschnittliche **Vit. C** Versorgung in unserer Ernährung. Dr. Matthias Rath, ein Freund des Nobelpreisträgers Linus Paulig, USA, betrachtet die Herz - Kreislauferkrankungen als Frühform des Skorbut.

Seine aufsehenerregenden Untersuchungen, die belegen, dass höhere Vit. C Gaben einen besseren cardioprotektiven Wirkungsgrad haben als alle anderen diesbezüglichen zeutischen Präparate, wurde sechs Jahre lang unterdrückt. In der Zwischenzeit nutzten die Pharmafirmen Roche etc. die Informationen über Vit. C, um die Rohstoffe künstlich zu verteuern und illegale Preisabsprachen zu treffen. Die Pharma Konzerne Roche, Bayer und Archer Daniels Midland wurden 1997 in den USA deswegen angeklagt und bekannten sich schuldig - seitdem darf man sie - zumindest in den USA - öffentlich als Kriminelle bezeichnen, die sich auf Kosten von Gesundheit und Leben der Menschen bereichern.

Aber das Kartell schlug zurück: es versuchte, mit Hilfe des Codex Alimentarius (Schirmherrschaft: Regierung der BRD 1997) die Information über den Wert der höheren Vitamin C Dosierungen mit Androhung von wirtschaftlichen Sanktionen mittels der WTO international zu unterdrücken. In den USA waren sie damit schon 1994 auf den Bauch gefallen: der Senat hatte, unter dem Druck der demokratischen Bürgerinitiativen, im Nutritional Health and Education Act die freie Information über u. a. Vit. C gesichert. Dennoch versucht das Kartell, seine unterdrückende Politik fortzusetzen, nun international mit Schwerpunkt Europa.

Was hat das alles in den therapeutischen Hinweisen zu suchen?

1.) Nach noch nicht abgeschlossenen Untersuchungen der Forschergruppe um Paulig und Rath hat Vit. C eine ähnlich bedeutsame Funktion für die **Schleimhäute** wie für die Arterien. Unsere Praxen sind voll von **abwehrgeschwächten Kindern,** bei denen ein katarrhalischer Infekt den nächsten jagt. Und die allgemeine, altväterliche Empfehlung "Esst mehr Obst!" stösst, besonders angesichts der immer raffinierter werdenden Reklame für Schnick-Schnack-Süssigkeiten, auf postkatarrhalisch hörgeminderte Ohren - einmal ganz abgesehen davon, dass unser Obst bei weitem nicht mehr quantitativ die Inhaltsstoffe hat, die in den Tabulae Diaethethicae beschrieben wurden - 70 Jahre Kunstdünger bleiben schliesslich nicht im Geäst der Obstbäume hängen.

2.) Dieser Exkurs zeigt überdeutlich, wie weit rein wirtschaftliche Interessen der Pharma Kartelle unser Gesundheitswesen inclusive der medizinischen Lehre an den Hochschulen beeinflussen. Die Kinder, die künftigen Generationen sind die Leidtragenden (Stichwort: Gen - Technik) !

3.) **Was müssen wir uns nach Auschwitz mit IG Farben * Beteiligung noch alles bieten lassen?**

---

* IG Farben Nachfolge Organisationen sind: BASF, Hoechst & Bayer.

Verbote resp. therapeutische Einschränkungen für Rauwolfia, Aristolochia, Rubia tinctorum, Huflattich etc. können doch nicht vergessen werden! Von den Versuchen, die Homöopathie zu verbieten, ganz zu schweigen.

vacat für Nachträge

BEZIEHUNGEN der ARZNEIMITTEL
mit differenzierenden Merkmalen

(aus REP - Synopsis für Homöopathie, Computer Repertorisationsprogramm, Pennekamp MDT Verlag, Isensee 1995. Aus Praktikabilitätsgründen wurde hier auf eine spezielle Kinderversion verzichtet.)

ABROTANUM:
Folgt gut nach: Acon. und Bry. (bei Pleuritis, wenn eine Druck Empfindung bei der betroffenen Seite die Atmung erschwert) Speziell nach Hep. (bei Eiterbeulen)
Vergleichsmittel: Iod., Sanic. & Tub. (Marasmus der Kinder)

ACETICUM ACID.:
Folgt nach: Chin. (bei Blutungen)
Dig. (bei Oedemen)
Feindlich: Bor., Caust., Nux-v., Ran-b., Sars.
Antidot: Grosse Dosen werden **antidotiert** durch Magnesium und Calcium.
Acetic. Acid. ist ein Antidot zu: allen anaesthesierenden Dämpfen (Narkose)
Essig (Speiseessig) **antidotiert** Carbolsäure (Carb-ac.)

ACONIT:
Complement: Arn. (bei Traumata)
Coff. (bei Fieber, Schmerz, Schlaflosigkeit)
Sulph. (in fast allen Fällen)
Akut -- chronisch: Acon. -- Sulph.
Folgt gut nach: Arn., Coff., Sulph., Verat.
Op. (lebensbedrohlicher Schock wie Erdbeben)
Danach folgt gut: Arn., Ars., Bell., Bry., Hep., Sep., Sulph.
Ip. (bei gastrischen Zuständen nach fieberhafter Lungen Erkrankung)
Ars. (bei Kolik)
Bry. & Spong. (bei Husten)
Merc. (bei Dysenterie)
Gute Mittelfolge: Acon. - Spong. - Hep. (Croup)
Antidot: Acet-ac., Par. & Wein.
Missbrauch von Acon.: Sulph.

AESCULUS:
Folgt gut nach: Coll, Nux-v. & Sulph. (bei Haemorrhoiden)
Complement: Coll.

AETHUSA:
Complement: Calc.
Ähnlich: Ant-c., Ars., Calc., Sanic.
Valer. (Erbrechen geronnener Milch in Klumpen)

AGARICUS:

Ähnlichkeit: Act-sp, Calc., Cann-i., Hyos., Kali-p., Lach.,
Nux-v., Op. & Stram. (bei alkoholbedingtem Delirium)
Mygal., Tarent. & Zinc. (bei Chorea)
Folgt gut nach: Bell., Calc., Merc., Op., Puls., Rhus-t., Sil.
Wirkte gut speziell nachdem Dulc., Ph-ac., Puls. und Cupr. versagt hatten.
Heilte, wenn Bell., Stram. und Hyos. versagt hatten.
Vergleichsmittel: bei Akkomodations Schwäche Phys. (Schmerz speziell nach
Augenanstrengung, Blitzlicht und bei Myopie)

AGNUS CASTUS:

Speziell nach Agn. sind nützlich: Ars., Bry., Ign., Lyc., Puls., Sulph.
Calad. & Sel. (bei sexueller Schwäche oder Impotenz)

ALLIUM CEPA:

Complement: Phos., Puls., Thuj.
Danach folgt gut: Calc. & Sil. (bei Polypen)
Gute Mittelfolge: All-c. - Phos. - Sulph.
Ähnlich: Euphr. aber Schnupfen und Tränen Eigenschaften umgekehrt.

ALOE:

Complement: Sulph.
Antidot: Sulph., wenn Aloe als Abführmittel missbraucht wurde.
Vergleichsmittel: Sulph. (bei vielen chronischen Erkrankungen mit
abdominaler Phlethora und portalem Hochdruck)
Ähnlich: Am-m., Gamb., Nux-v., Podo.

ALUMINA:

Complement: Bry.
Chronisch -- akut: Alum. -- Bry., Kali-c., Nat-m., Sep.
Folgt auf: Bry., Lach., Sulph.
Danach folgt gut: Bry.
Antidot: Bry., Camph., Cham.
Alum. **antidotiert** Blei Vergiftung und Blei Kolik.
Ähnlichkeit: Bar-c. (bei alten Menschen)
Bry. (gastrische und abdominale Symptome, Verstopfung, klopfender
Kopfschmerz, trockener Husten, Stiche in der Brust)
Plumb. (Kolik, Verstopfung).

AMBRA:

Ähnlichkeit: Ars. (cardiales Asthma)
Cimic.(nächtlicher Husten)
Coca, Ign.
Mosch. (hysterisches Asthma)
Op., Phos., Nux-v., Ph-ac., Puls., Sep., Sulph., Sul-ac., Valer.

AMMONIUM CARBONIC.:

Feindlich zu: Lach.
Es **antidotiert** Vergiftung mit Rhus-t., und Insekten Stiche.
Ähnlichkeit: Am-m.

AMMONIUM MURIATIC.:

Ähnlichkeit: Am-c., Ant-c.,
Aloe (abdominelle Symptome)
Calc. (fette Menschen, profuse Menses)
Con. (nächtlicher Husten)
Caust. (steife Gelenke, Kontraktionen der Muskeln)
Coloc. (bei Koliken)
Hep., Iod., Kali-bi., Kali-i., Merc., Merc-c.,
Mag-m. (bröckeliger Stuhl)
Nux-v.
Rhus-t. (Verrzerrungen, Gelenke agg. im Sitzen)
Seneg. (fette Menschen)
Sep., Sil., Sulph.
Danach folgt gut: Ant-c., Phos., Puls., Sanic.

ANACARDIUM:

Folgt gut nach: Lyc., Plat., Puls.
Danach folgt gut: Plat.
Vergleichsmittel: Rhus-t., Rhus-v.

ANTHRACINUM:

Ähnlichkeit: Ars., Carb-ac., Lach., Sec. & Pyrog. (bei bösartigem und
septischem Krankheitsverlauf).
Vergleichsmittel: Euph. (bei fürchterlichen Krebs Schmerzen sowie bei
Carbunceln oder Erysipel, wenn Ars. versagt)

ANTIMONIUM CRUDUM:

Complement: Squil.
Folgt gut nach: Merc., Puls., Sulph.
Ähnlich: Bry. (Rheumatismus, gastrische Symptome)
Hep., Ip., Lyc., Merc., Nux-v., Puls., Rhus-t., Sulph.
Antidot: Calc., Hep., Merc.
Es **antidotiert** Stiche von Insekten.

ANTIMONIUM TART.:

Complement: Bar-c.
Folgt gut nach: Ip. (wenn Lungen zu versagen scheinen)
Ähnlich: Lyc. (aber keine Nasenflügelatmung, sondern erweiterte Nasenlöcher)
Verat. (bei Durchfall, Kolik, Erbrechen, Kälte)
Thuj., Sil. (Speziell nach Impfung)
Sil. (bei Atemnot durch Fremdkörperaspiration)
Puls. (unterdrückte Gonorrhoe)

APIS:

Complement: Nat-m.
Akut -- chronisch: Apis -- Bar-c., Nat-m.
Chronisch -- akut: Apis -- Nat-m.
Folgt gut nach: Canth., Dig. & Hell. (bei Albuminurie)
Danach folgt gut: Ars., Puls.
Massive Dosen, Vergiftung und Stiche werden **antidotiert** durch Nat-m.
als einfache Salzlösung oder auch von potenziertem Kochsalz sowie
durch Zwiebeln. Unverträglich sowohl vor als auch nach Rhus-t.

APOCYNUM CAN.:

Ähnlich: Apis (aber kein Durst bei Oedemen)
Acet-ac., Ars., Chin. & Dig. (bei Wassersucht oder oedematischen Erkrankungen)

ARGENTUM MET.:

Heilte Gonorrhoe, wenn Cannabis, Copaiva und Mercur versagten.
Danach folgt gut: Calc., Puls., Sepia.
Antidot: Merc., Puls.
Folgt speziell nach Alum. und Plat.
Vergleichsmittel: Stann. (bei Husten, ausgelöst durch Lachen)
Ähnlichkeit: Pall. (Uterus - und Ovar Symptome,
aber Pall. hat eher rechtsseitige Beschwerden)

ARGENTUM NIT.:

Complement: Gels., Nat-m.
Antidot: Nat-m. (Substanz und Potenzen)
Folgt gut nach: Bry.
Caust. (bei Urethra Affectionen).
Danach folgt gut: Kali-c., Lyc., Sep.
Ähnlich: Aur., Cupr., Lach., Lyc., Nat-m., Nit-ac., Puls.
Der Hauptunterschied zwischen Arg-met. und Arg-nit.:
Das Metall wirkt mehr auf die Knorpel, das Nitrat mehr auf die
Schleimhäute, Haut, Knochen und Periost.

ARNICA:

Complement: Acon., Calc., Ip., Nat-s., Rhus-t., Sul-ac.
Folgt gut nach: Acon., Apis, Ham., Ip., Verat.
Danach folgt gut: Sul-ac.
Ähnlichkeit: Bapt., Chin., Phyt., Pyrog., Rhus-t., Ruta & Staph.
(bei wundem Gefühl. wie zerschlagen)
Vergleichsmittel: Hyper. (bei Rückenmarkserschütterung)

ARSENICUM ALB.:

Complement: Nat-s., Puls., Thuj.
Akut -- chronisch: Ars. -- Thuj.
Vergleichsmittel: All- c. (Tränen mild), Carb-v., Phos., Pyrog.
Folgt gut nach: Acon., Bell.
Danach folgt gut: Apis, Calc., Hep., Lyc., Nux-v., Sil.
Rhus-t. (bei Haut Affektionen)
Gute Mittelfolge: Ars. - Thuj. - Tarent.
Antidot: Bapt. (wenn Ars. bei Typhus falsch gewählt war)
Chemisch: Eisenperoxid, Holzkohle, Magnesium & Kalkwasser
Homöopathisch: Op.
Weinbrand und Stimulantien wie Kaffee bei Kreislaufkollaps.
Bei Vergiftungen: Milch, Eiweiss
Emetica: Zinc., Sulph.
Castoreum Öl als Abführmittel.

ARUM TRIPH.:

Antidot: Buttermilch oder Lac-ac.
Folgt gut nach: Hep.& Nit-ac. (bei trockenem, heiserem croupösem Husten)
Caust. & Hep. (bei morgentlicher Heiserkeit und Schwerhörigkeit / Taubheit)
Dos: höhere Potenzen sind meist effektiver und schneller.

ASA FOET.:

Danach folgt gut: Chin., Merc., Puls.
Antidot: Caust., Camph., Chin., Cinch., Merc., Puls., Valer.
Es **antidotiert** seinerseits: Ant-t., Caust., Merc., Puls. & Alkohol.

ASARUM EUROP.:

Ähnlich: Caust. (bei den Modalitäten)
Aloe, Arg-n., Merc., Podo., Puls. & Sulph.(bei schleimig wie
gehackt wirkendem Stuhl)
Vergleiche: Cupr., Nux-v., Phos.

ASTERIAS RUBENS:

Ähnlichkeit: Murx., Sep.
Vergleichsmittel: Carb-an., Con. & Sil. (bei Mamma Carcinom)
Bell., Calc. & Sulph.(bei Epilepsie)

AURUM MET.:

Folgt gut auf und wird gut gefolgt von Syph.
Ähnlichkeit: Asaf., Calc., Plat., Sep., Tarent. & Ther. (in Knochen- und
uterinen Erkrankungen)
Antidot: Bell., Chin., Cocc., Coff., Cupr., Merc., Puls., Spig.
Aur. **antidotiert** seinerseits: Merc., Spig.

BACILLINUM:

Complement: Thuj (Bac. wirkt meist besser nach einer Zwischengabe Thuj.)
Akut -- chronisch: Bac. -- Psor.

BAPTISIA:

Folgt gut nach: Ars.
Danach folgt gut: Crot., Ham., Nit-ac. & Ter. (Blutung bei Typhoid und Typhus)
Antidot: Es **antidotiert** unzweckmässigen Gebrauch von Ars. bei Typhoid.
Ähnlichkeit: Arn., Ars., Bry. & Gels. (frühes Fieberstadium mit Benommenheit
und Muskel Schwäche)

BARIUM CARB.:

Complement: Ant-t., Dulc., Psor., Sil.
Chronisch -- akut: Bar-c. -- Apis
Folgt gut nach: Psor., Sulph., Tub.
Danach folgt gut: Psor., Sulph., Tub.
Gute Mittelfolge: Bar-c. - Sulph. - Calc. (chronischer Fall)
Unverträglich: Speziell nach Calc.
Ähnlich: Alum., Calc-i., Dulc., Fl-ac., Iod., Sil.

BARIUM MUR.:

Folgt gut nach: Ars.
Vergleichsmittel: Aur-m-n., Bac., Bar-i., Calc-i.,Iod., Lap-a.,
Sil., Spong. & Tub. (Scrophulose, Drüsen Affektionen)
Calc-ar., Iris., Merc. & Phos (Pancreas Affektionen)

BELLADONNA:

Complement: Calc., Hep., Merc.
Akut -- chronisch: Bell. -- Calc., Lach., Puls.
Folgt gut nach: Cham., Hep., Lach., Merc., Phos.,
Danach folgt gut: Chin., Con, Dulc., Hep., Lach., Rhus-t., Seneg., Stram., Valer.
Gute Mittelfolge: Bell. - Calc. - Tub. (Infektionen & Rheuma) und auch
Bell. - Merc. - Bar-c. (Infektionen bei Scrophulose)
Feindlich: Dulc.

BENZOIC ACID.:

Folgt gut nach: Colch. (bei Gicht)
Cop. (bei unterdrückter Gonorrhoe)
Unverträglich: Wein, welcher Harnwegs, gichtische und rheumatische Affektionen verschlimmert.
Es **antidotiert** Missbrauch von Cop.
Änlichkeit: Cop., Ferr. & Thuj. (Enuresis)
Berb. & Lith-c. (Arthritische Leiden)

BERBERIS VULG.:

Folgt gut nach: Arn., Bry., Kali-bi., Rhus-t. & Sulph. (bei rheumatischen Leiden)
Ähnlichkeit: Canth., Lyc., Sars. & Tab. (Nieren Kolik)

BORAX:

Folgt gut nach: Calc., Psor., Sanic., Sulph.
Danach folgt gut: Ars., Bry., Lyc., Phos., Sil.
Antidot: Cham., Coff.
Unverträglich: Acet-ac., Essig, Wein.

BOVISTA:

Folgt auf: Rhus-t. (wenn dieses bei chron. Urticaria indiziert schien, aber versagte)
Antidot: Es **antidotiert** Folgen äusserlicher Applikationen von Teer Präparaten sowie Atemnot nach Gas Vergiftung.
Vergleichsmittel: Am-c., Bell., Calc., Mag-s. & Sep.
(menstruelle Unregelmässigkeiten)

BROMIUM:

Folgt gut nach: Iod. (speziell, wenn dieses bei Kropf versagte)
Hep., Iod., Phos. & Spong. (Speziell nach deren Versagen bei Croup)
Vergleichsmittel: Chlor., Hep., Iod. & Spong. (bei Croup und ähnlichen Erkrankungen)

BRYONIA:

Complement: Alum., Rhus-t.
Akut -- chronisch: Bry. -- Nat-m., Phos.
Folgt gut nach: Acon., Nux-v., Rhus-t., Sulph.
Danach folgt gut: Alum., Kali-c., Nux-v., Phos., Rhus-t., Sulph.
Gute Mittelfolge: Bry. - Spong. - Hep. (schlimmer Husten) und auch
Bry. - Caust. - Hep.
Antidot: Chel., wenn Bry. bei Leber Leiden überdosiert wurde.
Ähnlichkeit: Bell. & Hep. (hastige Sprache und hastiges Trinken)

Ran-b. (bei Pleuritis und Rheumatismus der Brust)
Ptel. (bei wehtuender Schwere in der Lebergegend)

BUFO:
Complement: Calc., Sil.
Danach folgt gut: Calc.

CACTUS GRAND.:
Vergleichsmittel: Acon., Dig., Gels., Kalm., Lach., Tab.
Antidot: Camph., Chin.

CALADIUM:
Complement: Nit-ac.
Folgt gut nach: Acon., Canth., Sep., Puls.
Antidot: Caps.
Calad. seinerseits **antidotiert** Merc.

CALCIUM ARS.:
Folgt gut nach: Con. (bei lymphatischen, psorischen oder tuberkulinischen Personen)
Vergleichsmittel: Con., Glon., Lith-c., Nux-v., Puls.

CALCIUM CARB.:
Complement: Bell., Lyc., Rhus-t., Sil.
Chronisch -- akut: Calc-c. -- Bell., Bry., Gels., Rhus-t.
Folgt gut nach: Nit-ac., Puls. & Sulph. (besonders bei Mydriasis)
Danach folgt gut: Lyc., Nux-v., Phos., Sil.
Kali-bi. (bei Schnupfen)
Gute Mittelfolge: Calc. - Lyc. - Sulph.
Calc. sollte niemals gegeben werden vor Nit-ac.oder Sulph.
Calc. **antidotiert** seinerseits: Acet-ac., Bism., Chin., Chin-s. & Nit-ac.

CALCIUM PHOS.:
Complement: Ruta, Sulph., Trill.
Folgt gut nach: Ars., Iod., Tub.
Danach folgt gut: Iod., Psor., Sanic., Sulph.
Ähnlich: Calc., Calc-fl., Carb-an., Fl-ac., Kali-p.
Psor. (bei Hinfälligkeit speziell nach akuter Erkrankung)
Sil. (aber fehlender Kopf Schweiss)
Vergleichsmittel: Calc-s., Sil., Fl-ac.
ebenso mit Calc-hp. (galoppierende Schwindsucht oder Rheuma Handgelenk)

CALENDULA:
Complement: Hep., Sul-ac.
Folgt gut nach: Ars.
Danach folgt gut: Arn., Ars., Bry., Hep., Rhus-t.
Antidot: Arn.
Ähnlich: Hyper. (Nerven Verletzung)
Am-c. (bei Verletzungen ohne Risse des Bindegewebes
Calc-p. & Symph. (mangelnde Ossifizierung von Knochen Frakturen)
Rhus-t. & Ruta (bei Zerrungen oder Verletzungen / Riss einzelner Muskeln)
Sal-ac. (um Gangraen & Vereiterung vorzubeugen) Sul-ac. (gangraenöse Wunden)

CAMPHORA:

antidotiert nahezu alle pflanzlichen Arzneimittel.
Ebenso Tabak und alle Früchte, die Blausäure / Cyanide enthalten.
Diese Rohsubstanzen sollten in der Wohnung des Kranken verboten werden.
Feindlich: Kali-n.

CANNABIS INDICA:

Complement: Nit-ac., Sulph., Thuj.
Vergleichsmittel: Bell., Hyos, Stram.

CANABIS SATIVA:

Ähnlichkeit: Canth., Caps., Gels. & Petros. (in frühen Stadien der spezifischen Urethritis)

CANTHARIS:

Ähnlichkeit: Apis, Ars., Equis., Merc.
Äussere Verwendung, in Wasser verdünnt, bei Verbrennungen vor oder nach Blasenbildung, aber keinesfalls bei aufgesprungener Haut! Dann nur innerlich.
Feindlich: Coff.
Antidot: Es **antidotiert** Ter.

CAPSICUM:

Akut -- chronisch: Caps. -- Nat-m.
Vergleichsmittel: Apis, Bell., Bry., Calad., Puls.
Danach folgt gut: Cina. (bei Intermittens)
Antidot: Calad., Camph., Cina., Chin.

CARBO ANIMALIS:

Complement: Calc-p.
Danach folgt gut: Ars., Nit-ac., Phos., Puls., Sulph.
Ähnlich: Bad., Brom., Carb-v., Phos., Sep., Sulph.

CARBO VEGETABILIS:

Complement: Ars., Chin., Dros., Kali-c., Phos.
Danach folgt gut: Ars., Chin., Dros., Kali-c., Lyc.,
Nux-v., Puls., Sep., Sulph.
Vergleichsmittel: Ant-t. (bei befürchteter Paralysis der Lungen)
Chin. & Plb. (bei vernachlässigter Pneumonie)
Op. & Valer. (bei Reaktions Mangel)
Phos. (bei blutenden Geschwüren)
Puls. (bei Unverträglichkeit von Fett)
Sulph. (bei scharf ätzendem Geruch des Menstruationsblutes,
und Erysipel der Mammae)
Feindlich: Kreos.

CARBOLIC. ACID.:

Antidot: Essigwasser, innerlich (nach Verschlucken) oder äusserlich
Vergleichsmittel: Ars.& Kreos. (bei Verbrennungen)
Gels., Merc. & Sulph. (bei schwer heilenden Geschwüren,
die stinkende Absonderungen produzieren)

CAULOPHYLLUM :

Ähnlich: Bell., Cimic., Lil-t., Puls., Sec., Thlas., Vib.
Puls. (Wehenmittel, aber geistigen Symptome dabei entgegengesetzt)
Sep. (Muttermale und reflektorische Symptome durch
Uterus Unregelmässigkeiten)

CAUSTICUM:

Complement: Coloc., Carb-v., Petros.
Merc-c. (unterstützt die Wirkung von Caust. und umgekehrt)
Antidot: Es **antidotiert** Paralyse durch Blei Vergiftung.
Ebenso Missbrauch von Merc. & Sulph. (bei Scabies und
krätzeförmigen Ausschlägen)
Vergleichsmittel: Arn. (muss schleimigen Auswurf schlucken)
Gels., Graph. & Sep. (bei Ptosis, Schlafzimmerblick)
Carb-v. & Rumx. (bei Heiserkeit)
Sulph. (bei chronischer Aphonie)
Unverträglich: Phos., alle Säuren, Coff.
Unverträglich: Darf niemals weder vor noch nach Phos. gegeben werden.

CHAMOMILLA:

Complement: Mag-c., Puls., Sanic.
Bell. (Erkrankung der Hirn Nerven bei Kindern,
dagegen bei Cham. mehr Bauch Nerven)
Akut -- chronisch: Cham. -- Sanic.
Chronisch -- akut: Cham. -- Ign.
Gute Mittelfolge: Ign. - Cham. - Sanic. oder auch
        Ign. - Cham. - Sulph.
Danach folgt gut: Sanic.
Es **antidotiert** die durch Op. oder Morphinderivate verdorbenen Fälle)
Feindlich: Zinc.
Vergleichsmittel: Bell., Bor., Bry., Coff., Puls., Sulph.

CHELIDONIUM:

Folgt gut nach Bry. (wenn selbiges bei Leber Erkrankungen missbraucht wurde)
Danach folgt gut: Ars., Lyc.
Sulph. (schliesst die Behandlung ab)
Antidot: Es **antidotiert** Missbrauch von Bry.
Vergleichsmittel: Acon., Bry., Lyc., Merc., Nux-v., Sang., Sep., Sulph.

CHINA:

Complement: Ferr.
Antidot: Es **antidotiert** execssives Tee Trinken,
wenn danach Blutungen entstehen. Ars., Ip.
Feindlich: Dig., Sel.
Vergleichsmittel: Chin-s. (bei intermittierendem Fieber)
Tarent. (bei intermittent Fieber nervöser oder hysterischer Frauen)

CICUTA:

Folgt gut nach: Calc-p. (bei Hydrocephalus)
Danach folgt gut: Calc-p., Ferr., Ph-ac.
Unverträglich: nach Dig., Sel.

CIMICIFUGA:

Ähnlichkeit: Act-sp. (bei Rheuma kleiner Gelenke)
Bry., Puls. (bei Rheumatismus)
Caul. (bei uterinen und rheumatischen Leiden)
Vergleiche: Ign., Lil-t., Nat-m., Puls., Sep.

CINA:

Complement: Calc., Dros., Sil., Sulph.
Folgt gut nach: Ant-t.
Dros. (bei Pertussis)
Acon., Phos. & Spong. (bei Aphonie, speziell wenn selbige versagt hatten)
Vergleichsmittel: Ant-c., Ant-t., Bry., Cham., Kreos., Sil. & Staph. (bei Reizbarkeit der Kinder)

COCA:

Vergleichsmittel: Stram. (Verlangen nach Licht ung Gesellschaft - Coca hingegen zieht Dunkelheit und Einsamkeit vor)

COCCULUS:

Complement: Petr.
Folgt gut nach: Nux-v. (bei abdominalen Hernien mit hartnäckiger Verstofung)
Feindlich: Coff.
Vergleichsmittel: Ign. & Nux-v. (bei Chorea und paralytischen Symptomen)
Ant-t. (bei Schweiss der betroffenen Teile)

COFFEA CRUDA:

Unverträglich: Canth., Caust., Cocc., Ign.
Antidot: Acon., Cham., Nux-v., Puls.
Coff. **antidotiert** seinerseits: Cham., Coloc., Nux-v., Psor.
Chronische Affektionen durch Kaffee Missbrauch benötigen: Cham., Ign., Merc., Nux-v., Sulph.
Feindlich: Canth., Caust., Cocc., Coloc., Ign.
Vergleichsmittel: Acon., Cham., Ign., Sulph.

COLCHICUM:

Folgt gut nach: Nux-v. oder Lyc., wenn selbige Linderung gebracht haben.
Apis & Ars.(bei Wassersucht und Oedemen)
Antidot: Bell., Camph., Cocc., Nux-v., Puls.
Für Affektionen des Herzens mit dem Gefühl wie
Herz in Wasser / pericardiales Oedem.
Spig. (Durchfall Reiswasser ähnlich,
der die Wirkung auf den Darm verhindert)
Vergleichsmittel: Bry. (bei rheumatischer Gicht mit serösen Effusionen)

COLLINSONIA:

Folgt gut nach: Coloc. & Nux-v. (wenn selbige bei Kolik versagt haben)
Vergleichsmittel: Aesc., Aloe, Cham., Nux-v., Sulph.
Prüfe auch Coll., wenn Cact. oder Dig. versagt haben bei Herz Erkrankung, die durch Leiden des Rectums kompliziert werden.

COLOCYNTHIS:

Complement: Merc. (bei Dysenterie), Staph. (Kränkungen)
Akut -- chronisch: Coloc. -- Staph., Mag-p.
Danach folgt gut: Bell., Bry., Caust., Cham., Mag-p., Merc., Nux-v.
Gute Mittelfolge: Coloc. - Staph. - Kali-c.
Antidot: Camph., Coff., Staph.
Coloc. **antidotiert** seinerseits Caust.
Vergleichsmittel: Graph. (bei Ischias)
Staph. (Erkrankungen durch Beschwerden von Zorn, Beleidigung oder stillem Kummer)
Rauchen erleichtert Schmerzen der Bauchorgane.
Bei einer sich verschlimmernden Kolik gebe man eine Tasse Kaffee, was meist etwas lindert, und danach wieder Coloc., wenn nötig.

CONIUM:

Complement: Bar-m., Nux-v., Phos., Sil.
Danach folgt gut: Bar-m. (Drüsen Affektionen)
Psor. (bei Mamma Carcinom)
Vergleichsmittel: Arn. & Rhus-t. (bei Prellung, Quetschung)
Ars. & Aster. (bei Carcinom)
Calc. & Psor. (bei Drüsen Schwellungen)
Antidot: Coff., Nit-ac.
Conium **antidotiert** seinerseits Nit-ac.

CROCUS:

Antidot: Acon., Bell., Op.
Danach folgt gut: Nux-v., Puls.oder Sulph. (bei nahezu allen Beschwerden).
Vergleichsmittel: Ust. (bei menestruellen Unregelmässigkeiten)

CROTALUS HORR.:

Vergleichsmittel: Elaps., Lach., Naja, Pyrog.
Elaps. (Affektionen der rechten Lunge, Auswurf schwarzen Blutes)
Lach. (Haut kalt und feucht)
Crot. (Haut kalt und trocken)

CROTON TIGLIUM:

Es **antidotiert** seinerseits Vergiftung mit Rhus-t. Pflanzen (giftiger Efeu)
Vergleichsmittel: Kali-bi. & Phos. (bei chronischem Durchfall der Kinder)
Sil. (bei Schmerzen der Brustwarzen, die zum Rücken ausstrahlen)

CUPRUM MET.:

Complement: Calc., Sil.
Gels. (bei geistiger Überarbeitung)
Zinc. (bei Hydrocephalus durch unterdrückte Ausschläge)
Danach folgt: Apis. & Zinc. (bei Konvulsionen durch unterdrückte Ausschlägen)
Verat. (bei Keuchhusten und Cholera)
Antidot: Bell.
Vergleichsmittel: Ars. & Verat. (bei Cholera und Cholerine)
Cupr-ar. ist von excellentem Nutzen bei schweren brennenden & krampfenden Schmerzen mitten im Bauch, sowie bei Fieberkrämpfen.

CYCLAMEN:
Antidot: Camph., Coff., Puls.
Vergleichsmittel: Chin., Ferr. &, Puls. (bei Anaemie und Bleichsucht)
Croc. & Thuj. (bei der Empfindung, als ob etwas lebendiges im Bauch sei)

DIGITALIS:
Antidot: Chin., Nit-ac.

DIOSCOREA:
Vergleichsmittel: Coloc., Phos., Podo., Rhus-t., Sil.
Dol. (bei Zahnung mit Fieber - dabei sollte man erst eine Gabe Acon.
vorweggeben, danach Dol., denn sonst gibt es zu leicht Krämpfe !!)

DOLICHOS PRURIENS:
Folgt gut nach: Acon. (Acon. sollte immer einmal vorweg gegeben werden, um
Konvulsionen, die als Erstreaktion auftreten, zu vermeiden)

DROSERA:
Complement: Carb-v., Nux-v., Sulph.
Folgt gut nach: Samb., Sulph., Verat.
Danach folgt gut: Calc., Puls., Sulph.
Vergleichsmittel: Chin., Cor-r., Cupr., Ip. & Samb. (bei spastischem Husten)
Dros. nicht zu schnell wiederholen!

DULCAMARA:
Complement: Bar-c., Calc., Kali-s., Nat-s., Sulph.
Folgt gut nach: Bry., Calc., Lyc., Rhus-t., Sep.
Unverträglich: Acet-ac., Bell.
Feindlich: Lach.
Antidot: Es **antidotiert** Missbrauch von Merc.
Ähnlich: Kali-s. (chemisches Analogon)
Merc. (bei Speichelfluss, Drüsen Schwellungen, Bronchitis, Durchfall)

ELATERIUM:
Vergleichsmittel: Crot-t. & Sec. (oliv - grüner Durchfall)
Verat. & Colch. (Cholera ähnliche Symptome).

EQUISETUM:
Complement: Sil. (mineralisches Analogon)
Vergleichsmittel: Apis, Canth., Ferr-p., Puls., Squil.
Sil. (Eventuell auch Sanic., bei Enuresis)

EUPATORIUM PERF.:
Danach folgt gut: Nat-m., Sep.
Vergleichsmittel: Chel., Podo. & Lyc. (bei ikterischen Fällen, Gelbsucht)
Bry. (fliessender Schweiss und liegt ruhig)
Eup-per. (spärlicher Schweiss und körperliche Ruhelosigkeit)

EUPHRASIA:
Danach folgt gut: Chin. (bei fast allen Erkrankungen)
Ähnlich: Puls. (Affektionen der Augen)
All-c. (Umgekehrte Symptome - All-c. hat scharfen Schnupfen & milde Tränen)

FERRUM MET.:

Complement: Alum., Ars., Chin., Chin-ar., Ham.
Danach folgt gut: Chin. (bei nahezu allen Erkrankungen,
akuten oder chronischen)
Antidot: Ars., Chin., Hep., Ip., Puls.
Eisenpräparate verursachen eine bemerkenswerte Verstopfung.
Bei Schwangeren mit niedrigem Hb. wirken, je nach Fall, Chin-ar. D 4
oder Calc. C 200 erheblich besser.

FLUORIS ACID.:

Complement: Coca. (Moral Mangel, Gleichgültigkeit)
Lyc., Sil. (Bindegewebe), Syph.
Folgt gut nach: Ars. (bei Ascites der Alkoholiker)
Kali-c. & Lyc.(bei Hüftgelenk Erkrankungen)
Coff. & Staph. (bei empfindlichen Zähnen)
Ph-ac. (bei Diabetes)
Sil. & Symph. (bei Knochen Erkrankungen)
Spong, (bei Kropf, Dysthyreose)

GELSEMIUM:

Complement: Arg-n., Cupr-a., Sep.
Akut -- chronisch: Gels. -- Calc.
Danach folgt gut: Calc.
Vergleichsmittel: Bapt. (bei Typhoid, Benebelung der Sinne)
Ip. (bei Malaria, speziell nach Unterdrückung mit Chinin)
Mur-ac. (Schwäche)

GLONINUM:

Vergleichsmittel: Aml-ns., Bell., Ferr., Gels., Meli., Stram.

GRAPHITES:

Complement: Ars., Caust., Hep., Lyc., Sulph., Tub.
Folgt gut nach: Lyc., Puls.
Calc. (bei fettleibigen Frauen)
Calc-ar. (besonders bei dicken Kindern & Klimakterikerinnen)
Sulph. (bei Haut Erkrankung)
Sep. (bei heftigem Fluor vag.)
Ähnlich: Lyc. & Puls. (bei Dysmenorrhoe etc.)
Antidot: Acon. (Husten)
Ars. (Kummer)
Nux-v.
Es **antidotiert** seinerseits: Ars., Iod., Rhus-t.

GUAJACUM:

Antidot: Nux-v.
Complement: Phos. (bei Zahnwurzel Affektionen, besonders im Unterkiefer)
Folgt gut nach Sulph. (bei Cholera infantum)
Guaj. hat sich als nützlich erwiesen speziell nach Missbrauch von Merc.
(auch Amalgam), bei Rheumatismus, Gicht, rheumatischen Kontraktionen.
Es **antidotiert** Caust., wenn dieses die Kontraktionen der Glieder
eines Rheumatikers sehr verstärkt.
Es **antidotiert** seinerseits auch Rhus-t.

HAMAMELIS:
Complement: Ferr. (bei Blutung)
Vergleichsmittel: Arn. & Calen. (bei Verletzungen, und um die Absorption intraoculärer Blutungen zu beschleunigen)

HELLEBORUS NIGER:
Complement: Apis., Nat-m., Zinc.
Vergleichsmittel: Apis, Apoc., Ars., Bell., Bry., Dig., Lach., Sulph., Tub. & Zinc. (bei Gehirn Erkrankungen oder Meningismus)

HEPAR SULPH.:
Complement: Calen. (bei Verletzung)
Calc-s., Iod., Sil.
Akut -- chronisch: Hep. -- Sil.
Folgt gut nach: Acon., Arn., Bell., Lach., Merc.
Merc. (bei Angina tonsillaris)
Nit-ac.
Danach folgt gut: Acon., Am-c., Bell., Bry., Iod.,
Lach., Merc., Nit-ac., Sulph.
Es **antidotiert** seinerseits Merc. und andere Metalle,
Iod., Kali-i. und Lebertran (Ol-j.)
Hep. (D 4 - 6) ist das wichtigste Mittel, um Amalgam auszuleiten.
Vergleichsmittel: Sulph. (bei trockenen Haut Affektionen mit Jucken,
Haut nicht sehr schmerzempfindlich - Hep. hat hingegen feuchte, nässende,
schwer heilende und schmerzempfindliche Haut Affektionen)
Antidot: Acet-ac., Bell., Cham., Sil.

HYDRASTIS CAN.:
Ähnlich: Bism., Cadm-s., Con., Orni., Phos. & Uran-n. (Magen Carcinom)
Antidot: Sulph. (Kopfschmerz und Ischias Schmerz)

HYOSCYAMUS:
Folgt gut nach: Bell. (bei Taubheit, speziell nach Apoplex)
Danach folgt gut: Phos. (bei lasziver sexueller Haltung sowie Obszönitäten)
Vergleichsmittel: Bell., Stram., Verat.
Nux-v. & Op. (bei blutigem Husten & Oesophagus Varizen der Alkoholiker)

HYPERICUM:
Complement: Arn.
Vergleichsmittel: Arn., Calen., Ruta., Staph.
Hyper. ist ein wertvolles Spezificum bei von zuschlagenden Türen
gequetschten (Kinder) Fingern sowie
von Stürzen auf das Coccygium (Eislauf).

IGNATIA:

Complement: Nat-m., Ph-ac., puls., Sep.
Akut -- chronisch: Ign. -- Nat-m., Cham., Sep., Sil., Sulph.
Gute Mittelfolge: Ign. - Nat-m. - Sep.
Antidot: Arn., Camph., Cham., Cocc., Coff., Nux-v., Puls.
Es **antidotiert** seinerseits Zinc.
Feindlich: Coff., Nux-v., Tab.
Unverträglich: Coff., Nux-v., Tab.
Schlimme Auswirkungen von Ign. können durch reichliches Trinken schwarzen Kaffees aufgehoben werden.

INSULINUM:

Ähnlich: Calc-ar., Chol., Lept., Merc.,
Nat-s., Phos. & Tarax (Hepatomegalie)
Med. & Thyr. (Entwicklungsstörungen der Leber)

IODUM:

Complement: Lyc.
Folgt gut nach: Hep., Merc.
Danach folgt gut: Kali-bi. (bei Croup)
Abrot. (Auszehrung, gastrischer Rheuma)
Vergleichsmittel: Acet-ac., Brom., Con., Kali-bi. & Spong. (bei membranösem Croup und croupösen Affektionen)
Brom. (eher blonde Personen - Iod. eher dunkle Komplexion)

IPECACUANHA:

Complement: Ars., Calc., Cupr., Kali-i. (Croup), Sulph. (Lungen Affektionen)
Danach folgt gut: Ars. (bei Influenza, Schüttelfrost, Croup, Hinfälligkeit, Cholera).
Ant-t. (bei Fremdkörper im Larynx).   Tub. (Nasenbluten
Feindlich: Chin., Op.
Ähnlichkeit: Ant-c.,
Puls. (bei Magenbeschwerden, besonders nach Pasteten oder Kuchen)

KALIUM BICHROMICUM:

Complement: Psor.
Folgt gut nach: Canth. & Carb-ac. (bei Dysenterie)
Iod. (bei Croup)   Calc. (bei Schnupfen)
Danach folgt gut: Ant-t. (bei katarrhalischen Affektionen und Haut Erkrankung)
Vergleichsmittel: Brom., Hep. & Iod.(bei croupösen Erkrankungen)
Antidot: Ars.
Lach. (croupöse Diphtherie)
Puls.

KALIUM BROMATUM:

Folgt gut nach: Eug. (bei Akne)
Ähnlich: Zinc-br. (Epilepsie und Palliation epilept. Konvulsionen)
Es **antidotiert** seinerseits Blei Vergiftung.

KALIUM CARB.:
Complement: Ars-i., Carb-v., Phos.
Akut -- chronisch: Kali-c. -- Alum.
Folgt gut nach: Kali-s., Phos., Stann. (bei lockerem & rasselndem Husten)
Nat-m. (wenn selbiges bei Amenorrhoe versagt)
Gute Mittelfolge: Kali-c. - Ars. - Phos.
Vergleichsmittel: Bry., Lyc., Nat-m., Nit-ac., Stann.

KALIUM IODATUM :
Ähnlich: Rhus-t. (Ischias. Kali-i will die ganze Nacht spazieren gehen)
Speziell nach Missbrauch von Merc.
Antidot: Gegen Missbrauch von Kalium iodatum hilft Hep.

KALIUM NITRIC.:
Folgt gut nach: Acon. (Dysenterie)
Danach folgt gut: Nux-v. (Dysenterie)
Feindlich: Camph., Caust., Ran-b.

KALMIA:
Folgt gut nach: Spig. (bei Herz Erkrankung)
Ähnlichkeit: Led., Rhod. & Spig. (bei rheumatischen und gichtischen Leiden)

KREOSOTUM:
Complement: Sulph.
Danach folgt gut: Ars., Phos., Sulph. (bei malignen Erkrankungen)
Phos. (bei Zahnwurzel Affektionen)
Feindlich: Carb-v.
Antidot: Nux-v. (gegen heftige Pulsationen in jedem Teil des Körpers)
Acon. (gegen Gefäss Irritationen)

LACHESIS:
Complement: Carb-v. Hep., Lyc., Nit-ac., Phos., Zinc-i.
Pyrog. & Echi. (bei schweren septischen Prozessen, wie Puerperal Fieber)
Chronisch -- akut: Lach. -- Bell.
Folgt auf: Ars., Bell., Merc., Nit-ac., Hep.
Danach folgt gut: Nat-m. (bei intermittierendem Fieber,
wenn die Erscheinungsform wechselt)
Lyc.
Feindlich: Am-c., Dulc., Sep.
Unverträglich: Acet-ac., Carb-ac.
Vergleichsmittel: Tarent-c. (bei Carbunceln mit wildmachenden Schmerzen)

LAC CANINUM:
Ähnlich: Apis, Con., Kali-bi., Lach., Murx., Puls., Sep., Sulph., Tub.
Der Seitenwechsel hin und her ist ausgeprägt. Auch Wechsel auf die
geistig - emotionale Ebene und wieder zurück.

LEDUM:
Vergleichsmittel: Arn., Bell-p, Crot-t., Ham. & Ruta (Verletzungen)
Con. (bei Spätwirkungen von stumpfen Verletzungen, besond. Drüsengewebe)
Aber immer muss Kälteanwendung bei Ledum bessern!

LILIUM TIG.:

Vergleichsmittel: Agar., Cact., Cimic., Helon., Murx., Nat-p.,
Plat., Sep., Spig., Tarent.
Cact. (Einengungsgefühl, wie gewaltsam umschlossen)

LOBELIA:

Vergleiche: Ant-t., Ars., Ip., Tab., Verat.
Ähnlich: Blatta (Asthma)

LYCOPODIUM:

Complement: Calc., Chel., Iod., Lach., Puls.
Carb-v. (bei Leber & Baucherkrankungen ist es sinnvoll,
nach Lyc. in der Hochpotenz wöchentlich einmal Carb-v. C 10 zu geben)
Ip. (bei capillärer Bronchitis).
Chronisch -- akut: Lyc. -- Puls.
Folgt gut nach: Calc., Carb-v., Lach., Sulph.
Danach folgt gut: Bell., Lach.
Cyclus: Sulph. -> Calc. -> Lyc. -> Sulph. ...
Gute Mittelfolge: Lyc. - Phos. - Calc.
Feindlich: Nux-m.
Antidot: Acon., Camph., Caust., Cham., Graph., Puls.
Es **antidotiert** seinerseits Chin.

LYCOPUS VIRG.:

Vergleichsmittel: Dig. (Puls stark und langsam oder
schwacher Puls mit Beschleunigung durch Bewegung)
Cact., Spig., Kalm., Ham.
Ähnlich: Iod.& Brom. (Dysthyreose)

LYSSINUM:

Vergleichsmittel: Bell., Canth., Hyos. & Stram. (bei Hydrophobie)

MAGNESIUM CARB.:

Complement: Cham., Rheum.
Danach folgt gut: Caust., Phos., Puls., Sep., Sulph.
Vergleichsmittel: Sanic. (Quengekind) Calc., Hep. (Durchfall sauer riech. Ki.)
Hep., Rheum & Sulph: (Saurer Geruch trotz hinreichenden Waschens)

MAGNESIUM MUR.:

Danach folgt gut: Bell., Berb., Lyc., Nat-m., Nux-v., Puls., Sep.
Vergleichsmittel: Cham. (vorzüglich bei Kindern)
Mag-m. liegt zwischen der Psyche von Nat-m. und dem Körper von Calc.

MAGNESIUM PHOS.:

Chronisch -- akut: Mag-p. -- Coloc.
Vergleichsmittel: Bell., Caul., Coloc., Lac-c., Lyc., Puls.
Cham. ist sein vegetabiles Analogon.

MEDORRHINUM:

Vergleichsmittel: Ip. (bei trockenem Husten)
Camph., Sec., Tab., Verat. (bei Collaps)
Pic- ac. & Gels. (bei Unfähigkeit zu Gehen)
Aloe & Sulph. (bei morgentlichem Durchfall)
Die brennenden Füsse von Sulph. und unruhigen Beine resp. Füsse von Zinc.
kommen beide zusammen bei Medorrhinum vor.

MELILOTUS:

Vergleichsmittel: Aml-ns. & Ant-c. (bei Nasenbluten, speziell nach
Kopfschmerz, aber Epistaxis erleichtert nicht)
Bell., Glon. & Sang. (bei congestivem Kopfschmerz,
rotem Gesicht, heissem Kopf)

MENYANTHES:

Folgt gut nach: Caps., Lach., Lyc., Puls., Rhus-t., Verat.
Vergleichsmittel: Calc., Cact., Gels., Mag- m., Paris, Sep.

MERCURIUS SOL.:

Complement: Bad., Bell., Hep., Sulph., Syph., Thuj.
Folgt gut nach: Bell., Hep., Lach., Sulph.
Danach folgt gut: Ars., Bell., Calc., Nit-ac., Sulph.
Antidot: Aur., Hep., Lach., Mez., Nit-ac., Sulph. & sehr hohe
Potenzen von Merc.
Vergleichsmittel: Mez. (vegetabiles Analogon).
Feindlich: Merc. und Sil. (folgen beide einander nicht gut)
Tiefe Potenzen beschleunigen die Eiterung und den Ausstoss des Eiters,
hohe resorbieren ihn eher, wie bei Hep.
Merc- c. wird **antidotiert** von Sil.

MEZEREUM:

Complement: Merc.
Vergleichsmittel: Caust., Guaj., Phyt., Rhus-t.
Antidot: Calc. (Kopfschmerz)
Nux-v. (Neuralgie der Augen, Ciliarneuralgie)
Merc.

MILLEFOLIUM:

Folgt gut nach: Acon., Arn. (bei Blutungen)
Vergleichsmittel: Erech. (bei Epistaxis u. Haemoptyse, Blut hell rot)

MUREX:

Vergleichsmittel: Lil-t. & Plat. (bei Nymphomanie)
Sep. (bei Gefühl des Herabdrängens - aber kein sexuelles Aspirationsniveau)

MURIATIC. ACID.:

Folgt gut nach: Bry., Merc., Rhus-t.
Es **antidotiert** seinerseits excessiven Gebrauch von Op.
(und Heroin, wie Inul.)
Folgen von zu vielem Rauchen, besonders, wenn
muskuläre Schwäche vorhanden.

MYRICA CERIFERA:
Vergleichsmittel: Dig.
Chel. & Podo. (bei Gelbsucht

NAJA:
Vergleichsmittel: Ars., Cact., Crot-h., Lach., Mygal., Spig.
Naja wirkt mehr auf die rechte Seite.

NATRIUM CARB.:
Complement: Kalium-Verbindungen., Sep.
Folgt gut nach: Sep. (beim Gefühl von Herabdrängen, bearing down)
Vergleichsmittel: Nat-s. (bitteres Erbrechen)
Calc., Sep.

NATRIUM MUR.:
Complement: Apis. (bes. b. Fieber & Haut Affektionen), Ign., Podo., Sep., Thuj.
Akut -- chronisch: Nat-m. -- Alum.
Chronisch -- akut: Nat-m. -- Apis, Bry., Caps., Ign.
Folgt gut nach: Apis, Ign.
Danach folgt gut: Apis, Sep., Thuj.
Gute Mittelfolge: Nat-m. - Med. - Nat-m.
Antidot: Ars. (üble Folgen vom Baden im Meer)
Menth. (incl. Pfefferminzhaltige Nahrungsmittel, Zahnpasta), Mentho.
Es **antidotiert** seinerseits Arg-n. (auch rohe Substanz), Chin. (incl.
Chinin Praeparate) sowie Stiche von Bienen.

NATRIUM SULPH.:
Complement: Ars., Dulc., Thuj.
Folgt gut nach: Arn. (Kopf Verletzung, neurolog. Symptome)
Vergleichsmittel: Nat-m., Sulph
Merc. & Thuj. (Syphilis und Sycosis bei hydrogenoider Konstitution)

NICCOLUM:
Vergleichsmittel: Cob-n., Ferr., Zinc.
Nux-v. (Wissenschaftler und Bücherwürmer mit morgentlichen Symptomen)
Ars. (periodisch jährlich wiederkehrende Heiserkeit)

NITRIC. ACID:
Complement: Ars., Calad., Lach., Lyc., Sep., Syph., Thuj.
Folgt gut nach: Ars. (Misbrauch von Merc.)
Calc.   Carb-an. (bei Bubonen)
Hep. (bei Hals Affektionen
Kali-c. (bei Lungen Tuberkulose)
Mez. (sekundäre Syphilis)
Nat-c., Puls., Sulph., Thuj.
Danach folgt gut: Arn. (bei Collaps und bei Dysenterie)
Antidot: Es **antidotiert** Missbrauch von Merc. und böse Wirkungen von Dig.
Antidot: Calc., Hep., Merc., Mez., Sulph.
Ähnlich: Ars. (bei krankhafter Furcht vor Infektionskrankheiten wie Cholera)
Merc. passt besser bei heller Komplexion,
Nit-ac. besser bei dunkler Komplexion.

NUX MOSCHATA:

Complement: Calc., Lyc.
Feindlich: Nux-v., Puls., Rhus-t., Sil., Squil.
Es **antidotiert** Inhalation von Quecksilberdämpfen (Amalgam, Zahnarzt)
Blei Kolik, Terpentin Oel, Spirituosen (dabei nahezu ein Spezifikum)
schlechtes Bier.

NUX VOMICA:

Complement: Cham., Dros., Phos., Sep., Sulph.
Akut -- chronisch: Nux-v. -- Sep., Sulph.
Folgt gut nach: Ars., Ip., Phos., Puls., Sulph.
Feindlich: Acet-ac. Caust., Ign., Nux-m.
Zinc. - darf weder von noch nach Nux-v. gegeben werden.
Nux-v sollte abends beim zu Bett Gehen gegeben werden - es wirkt
am besten, wenn Körper und Geist zur Ruhe kommen (umgekehrt: Sulph.)

OPIUM:

Complement: Bry.& Phos. (Benommenheit b. Atemwegserkrankungen)
Alum. & Plb. (Lähmungen)
Antidot: bei Opium Vergiftung starker Kaffee, Nux-v., Kali-perm.
und ständige Bewegung.
Hohe Potenzen von Op. bei Drogensucht.
Morphin- oder Heroin Entzug wird erleichtert durch:
Inul. D 1 in tägl. Wechsel mit Berb. D 2.
Aven. Q, um den Tremor zu bekämpfen, event. auch Zinc-val.
Dann, je nach Fall, Bell., Cham., Ip., Lach., Merc. oder Nux-v.
Es **antidotiert** seinerseits: Ant-t., Bell., Dig., Lach., Merc.,
Nux-v., Plb., Stram., Stry. und Strychnin - Verbindungen.

PARIS:

Danach folgt gut: Led., Lyc., Rhus-t.
Antidot: Coff.

PETROLEUM:

Complement: Cocc., Sep. (folgt gut)
Es **antidotiert** Blei Vergiftung.

PETROSILEUM:

Vergleiche: Canth. & Merc. (bei plötzlichem oder imperativen Harndrang)
Vorsicht bei Schwangeren, wg. Abort Gefahr.

PHOSPHORIC. ACID.:

Complement: Chin., Ign.
Folgt gut nach: Chin. (bei colliquativem Schweiss, Durchfall, Schwäche)
Nux-v. (bei Ohnmacht, speziell nach dem Essen)
Danach folgt gut: Chin. (bei colliquativem Schweiss, Durchfall, Schwäche)
Calc-p., Ferr., Kali-p., Phos., Lyc., Sulph.
Vergleichsmittel: Phos., Pic-ac., Puls., Sil.
Mur-ac. (bei Typhoid)

PHOSPHORUS:

Complement: All-c., Ars., Calc.,Kali-c., Sep.
Chronisch -- akut: Phos. -- Bry.
Folgt gut nach: Calc., Chin., Kali-c., Lyc., Nux-v., Rhus-t., Sil., Sulph.
Bry. (Broncho - Pneumonie, Pleuro - Pneumonie)
Unverträglich: Caust. (weder vor noch nach Phos.)
Beseitigt böse Folgen von Iod., Jod - Tinctur
und übermässigem Genuss von Salz.

PHYSOSTIGMA:

Vergleichsmittel: Bell., Con., Cur., Gels., Hyper., Stry.

PHYTOLACCA:

Es hat die Position zwischen Bry. und Rhus-t., und heilt,
wenn letztere beide trotz wahlanzeigender Symptome versagten.

PICRINIC. ACID.:

Vergleichsmittel: Arg-n., Calc-pic., Gels., Kali-p., Ph-ac., Phos.,
Petr., Sil.
Gute Mittelfolge: Pic-ac. - Sil. - Gels.   oder auch
                      Pic-ac. - Anac. - Gels.

PLATINA:

Vergleichsmittel: Aur., Croc., Ign., Kali-p., Puls., Sep., Stann.
Ign. & Tarent (empfindliche Geschlechtsteile bei Mädchen & Frauen)
Puls. (ungeliebtes Kind)
Es **antidotiert** seinerseits Beschwerden durch Blei.

PLUMBUM:

Antidot: Alum., Petr., Plat., Sul-ac., Zinc.
Vergleichsmittel: Alum., Plat.
Op. (bei Kolik)
Podo. (Nabel eingezogen / zurückgezogen)
Nux-v. (eingeklemmter Bruch)
Podo. ist das pflanzliche Analogon zu Plb.

PODOPHYLLUM:

Complement: Nat-m., Sulph.
Folgt gut nach Ip. & Nux-v. (bei gastrischen Affektionen)
Calc. & Sulph. (bei Leber Erkrankung)
Danach folgt gut: Merc., Natrium-choleinicum bei Ikterus
Vergleichsmittel: Bapt., Benz-ac., Carb-v. & Psor. (Durchfälle stinkend)
Antidot: Coloc., Lac-ac., Lept., Nux-v.
Es **antidotiert** seinerseits schlechte Wirkungen von Merc.
Vergleichsmittel: Aloe., Chel., Coll., Lil-t., Merc., Nux-v., Sulph.

PSORINUM:

Complement: Kali-bi., Sep., Sulph., Tub.
Chronisch -- akut: Psor. -- Bac., Sulph., Tub.
Folgt gut nach: Lac-ac. (bei Schwangerschafts Erbrechen)
Arn. (bei traumatischen Affektionen der Ovarien (dabei auch Con. erwägen)
Danach folgt gut: Alum., Bor., Hep., Sulph., Tub.
Sulph. (bei Mamma Carcinom - bei selbigem auch Aster. erwägen)

PULSATILLA:

Complement: Ars., Bry., Kali-bi., Kali-s., Lyc., Sep., Sil., Sul-ac., Tub., Zinc.
Akut -- chronisch: Puls. -- Lyc., Sulph., Sil., Bac., Tub.
Chronisch -- akut: Puls. -- Bell.
Kali-s. und Sil., sind das chronische Puls.
Folgt gut nach: Kali-bi., Kali-m., Lyc., Sep., Sil., Sulph.
Danach folgt gut: Arg-n. (Augen Affektionen), Ars. (Magen Affektionen), Kali-m., Kali-s., Sep., Sil., Tub.
Gute Mittelfolge: Puls. - Sil. - Fl-ac. oder auch Puls. - Sep. - Spong.
Feindlich: Nux-m.
Antidot: Coff.
Es **antidotiert** seinerseits Eisenpraeparate und Chinin enthaltende Tonica, welchselbige Anaemia und Bleichsucht hervorriefen.
Es **antidotiert** Missbrauch von Cham. (incl. Kamillentee), Merc., schwarzem Tee, Sulph.

PYROGEN:

Complement: Anthraci., Echi. & Lach. (septische Prozesse,
die gefährlich werden wie Febris puerperalis)
Vergleichsmittel: Ars., Carb-ac., Carb-v., Op., Psor., Rhus-t., Sec., Verat.

RATANHIA:

Vergleichsmittel: Canth., Carb-ac., Iris., Sulph., Thuj.

RANUNCULUS BULB.:

Unverträglich: Staph., Sulph.
Vergleichsmittel: Acon., Arn., Bry., Clem., Euph., Mez.
Antidot: Bry., Camph., Puls., Rhus-t.
Feindlich: Dulc., Staph., Sulph., Essig, Wein.

RHEUM:

Complement: Mag-c. (besonders bei Kindern), Merc., Sulph.
Folgt gut nach: Ip., Mag-c.
Danach folgt gut: Bell., Puls., Rhus-t., Sulph.
Vergleichsmittel: Cham., Coloc., Hep., Ip., Mag-c., Podo., Staph., Sulph.
Psor. (Schlaflos nachts mit Herumwerfen und Schreien)
Calc. & Sanic. (Schweiss am behaarten Kopfe)

RHODODENDRON:

Vergleichsmittel: Bry., Calc.
Con. (Affektionen der Keimdrüsen)
Led., Lyc., Rhus-t., Sep.

RHUS TOX.:

Complement: Arn., Bry., Calc., Mag-c., Med., Phos., Phyt. Puls., Sulph., Tub.
Akut -- chronisch: Rhus-t. -- Calc.
Danach folgt gut: Arn., Ars., Bell., Calc., Con., Tub.
Folgt gut nach: Arn., Bry., Calc., Calc-p., Cham., Lach., Ph-ac., Sulph.
Gute Mittelfolge: Rhus-t. - Calc. - Tub. (Erkältungen Neigung zu, Rheuma)
Vergleichsmittel: Arn., Bry.
Nat-s. & Rhod. (feuchtes Wetter agg.), Sulph.
Feindlich: Apis. Darf weder vorher noch nachher gegeben werden.
Antidot: Bell, Bry., Camph., Coff., Crot-t., Sulph.
Es **antidotiert** seinerseits: Ant-t., Bry., Ran-b., Rhod.

RUMEX:

Vergleiche: Bell., Caust., Dros., Hyos., Phos., Sang., Sulph.

RUTA:

Folgt gut nach: Arn. (bei Gelenk Affektionen)
Symph. (bei Verletzungen der Knochen)
Vergleichsmittel: Arn., Arg-n., Con., Euphr., Phyt., Rhus-t., Symph.

SABINA:

Folgt gut nach: Thuj. (bei Condylomata und sycotischen Affektionen)
Vergleichsmittel: Calc., Croc., Mill., Sec., Trill.
Antidot: Puls.

SABADILLA:

Folgt gut nach: Bry. & Ran-b. (bei Pleuritis).
Vergleichsmittel: Coloc., Colch. & Lyc. (bei agg. 16 - 20 h)
Puls. & Sabin. (bei Besserung an frischer Luft)
Antidot: Puls.

SAMBUCCUS:

Folgt gut nach: Ars.
Op. (Folgen von Schreck)
Danach folgt gut: Ars., Bell., Con., Nux-v., Phos., Rhus-t., Sep.
Vergleichsmittel: Chin., Chlor., Ip., Meph., Sulph.
Am-c., Hep., Lyc., Nux-v. & Stict. (Schniefen, Snuffles)
Antidot: Ars., Camph.
Es **antidotiert** Beschwerden durch Arsen Missbrauch.

SANGUINARIA:

Folgt gut nach: Bell. (bei Scharlach)
Es **antidotiert** Beschwerden nach Narcosen mit Opiaten.
Vergleichsmittel: Bell., Iris. & Meli.(bei Migraine Kopfschmerz)
Lach. & Sulph. (bei klimakterischen Affektionen)
Chel., Phos., Sulph. & Verat-v. (bei chronischer Bronchitis)

SANICULA AQUA:

Chronisch -- akut: Sanic. -- Cham.
Vergleiche: Bor., Lyc. & Sars. (Polakisurie & Dysurie)
Sil. (Halsstarrigkeit und Wärmebedürftigkeit)
Beziehung zu: Abrot., Alum., Bor., Calc., Graph., Nat-m., SIL.(!)
Oft wird Sil. gegeben, wenn Sanic. angezeigt gewesen wäre.
Nicht zu verwechseln mit Sanicula europaea! (Sumpfsanikel, Nervenmittel)

SARSAPARILLA:

Complement: Merc., Sep.
Folgt gut nach: Merc., Sep.
Antidot: Bell., Merc.
Es **antidotiert** seinerseits Missbrauch von Merc.
Feindlich: Acet-ac.
Vergleichsmittel: Berb., Lyc., Nat-m., Phos.

SECALE:

Complement: Ars.
Folgt gut nach: Chin.
Vergleichsmittel: Cinnm., welches Wehen verstärkt. Stoppt profuse Blutung.
Ähnlich: Ars., aber Kälte und Hitze umgekehrt.
Wenn noch irgendetwas im Uterus steckt: Kind, Placenta, Blutklumpen etc.,
dann keine Tiefpotenzen von Sec. geben!

SELENIUM:

Folgt gut nach:
Calad., Nat-c., Nat-m., Staph. & Ph-ac. (bei sexueller Schwäche)
Antidot: Ign., Puls.
Es **antidotiert** das durch Mercur-Verbindungen & Sulphur unterdrückte
Haut Jucken
Vergleichsmittel: Phos. (bei uro-genitalen und Atemwegs Symptomen)
Arg-m. und Stann. (bei Laryngitis der Sänger und Redner)
Alum. (harter Stuhl)
Unverträglich: Chin., Wein (Rot- & Weisswein).
Feindlich: Chin.

SEPIA:

Complement: Nat-m., Phos., Psor., Puls., Sulph.
Akut -- chronisch: Sep. -- Alum.
Chronisch -- akut: Sep. -- Ign., Nux-v.
Folgt gut nach: Puls., Sil., Sulph.
Danach folgt gut: Spong.
Gute Mittelfolge: Puls. - Sep. - Spong.
Feindlich: Lach.
Ähnlichkeit:
Lach., Sang., Squid & Ust. (bei klimakterischen Unregelmässigkeiten)
Die Wiederholung von Sep. ist meist ein Fehler, ausser bei
konstitutionellen Sepia Typen. **Nux-v. intensiviert** die Sepia Gabe.

SILICEA :
Complement: Equis., Fl-ac., Hep., Lyc., Puls., Sanic., Thuj.
Chronisch -- akut: Sil. -- Puls., Ign.
Folgt gut nach: Calc., Graph., Hep., Nit-ac., Phos.
Danach folgt gut: Fl-ac., Hep., Lyc., Psor., Sep.
Vergleichsmittel: Hep., Hyper., Kali-p., Pic-ac., Ruta., Sanic., Gett.
Antidot: Fl-ac., Hep.
Feindlich: Merc., Nux-m.

SPIGELIA:
Folgt nach: Acon. (Endocarditis).
Danach folgt gut: Ars., Dig. & Kali-c. (bei Herz Symptomen)
Vergleichsmittel: Acon., Ars., Cact., Dig., Kali-c., Kalm., Naja & Spong.
(bei Herz Erkrankung)

SPONGIA:
Folgt gut nach: Acon. & Hep. (bei Husten und Croup,
wenn Trockenheit überwiegt)
Danach folgt: Hep. (wenn Schleim zu rasseln beginnt)
Vergleichsmittel: Arn., Caust., Iod., Lach. & Nux-m.
(bei welchen aber das gelöste Sputum sofort wieder geschluckt werden muss)

SQUILLA:
Folgt gut nach: Bry.

STANNUM:
Complement: Puls.
Vergleiche: Stann-i. (ernste Zustände, 5 Minuten vor 12 - Mittel)

STAPHISAGRIA:
Complement: Caust., Coloc.
Chronisch -- akut: Staph. -- Coloc.
Folgt gut nach: Coloc.
Gute Reihenfolge: Caust., Coloc., Staph.
Danach folgt gut: Coloc.
Vergleichsmittel: Caust., Coloc., Ign., Lyc., Puls.

STRAMONIUM:
Folgt gut nach: Bell., Cupr., Hyos., Lyss.
Danach folgt gut: Sec. (höhere Potenz, bei Metrorrhagie durch
Placenta Retention, speziell nach Versagen von Stram.)
Antidot: Zitronensaft. Es **antidotiert** überm. Wirkung v. Bell. bei Keuchhusten

STREPTOCOCCINUM:
Chronisch -- akut: Streptoc. -- Sulph.

SULPHUR:

Complement: Acon., Aloe., Bell., Calc., Nux-v., Puls., Psor. Sep.
Rhus-t. (bei Paralysis), Syph. (Kreislauf Erkrankungen)
Akut -- chronisch: Sulph. -- Psor., Streptocc., Tub.
Chronisch -- akut: Sulph. -- Acon., Nux-v. & Puls.
Folgt gut auf Ant-t. & Ip. (bei Lungen Affektionen, besonders
solchen der linken Seite)
Danach folgt gut: Acon., Alum., Ars., Bell., Bry., Calc.,
Graph., Lyc., Merc., Nit-ac., Nux-v., Phos., Puls., Sars., Sep.
Gute Mittelfolge: Sulph. - Calc. - Lyc. (allgemein)
    Sulph. - Sars. - Sep.
    Sulph. - Syph. - Sulph. (Kreislauf- & Gefäss Erkrankungen)
    Sulph. - Thuj. - Sulph
Antidot: Camph., Chrysar., Merc., Puls.
Es **antidotiert** Missbrauch von Metallen allgemein.
Feindlich: Nux-m.

SULPHURIC. ACID.:

Complement: Hep., Puls.
Folgt gut nach: Arn., Con., Led. & Ruta. (bei Verletzung)
Danach folgt gut: Arn., Calc., Con., Lyc., Sulph.
Antidot: Ip., Puls.
Vergleichsmittel: Ars., Bor., Calen., Led., Rheum, Ruta, Symph.
Calen. (Contusio und laceratio Weichteile, Haematome)

SYMPHYTUM:

Folgt gut nach: Arn. (bei Verletzung, wunde Empfindlichkeit des
Periosteums nach Knochenbruch)
Vergleichsmittel: Arn., Calen., Calc-p., Fl-ac., Hep., Sil.

SYPHILINUM:

Vergleichsmittel: Aur., Asaf., Kali-i., Merc. & Phyt. (bei Knochen
Erkrankung und bei syphilitischen Affektionen)

TABACUM:

Complement: Op.
Antidot: Ars. (Folgen vom Tabak Kauen)
Clem. (Tabak Zahnschmerz)
Gels. (Hinterhaupt Kopfschmerz und Schwindel)
Ign. (Singultus, vom Tabak Kauen), Ip. (Übelkeit und Erbrechen)
Lyc. (Impotenz, Krämpfe und kalter Schweiss)
Nux-v. (gastrische Symptome am nächsten Morgen, speziell nach Rauchen)
Phos. (bei Herzklopfen, Tabakherz, sexueller Schwäche)
Sep. (Neuralgische Affektionen rechte Gesichtshälfte,
Verdauungs Störungen, chronische Nervosität).
Plan. (erzeugt manchmal einen Widerwillen gegen Tabak Rauchen, .
wie Tamarindus indicus)

TARAXACUM:

Vergleichsmittel: Bry., Chel., Hydr.
Nux-v. (bei gastrischen und biliösen Affectionen)

TARENTULA HISP.:
Complement: Ars.
Ähnlich: Apis, Crot-h., Lach., Mygal., Naja, Plat., Tarent-c. Ther.

TEREBINTHIA:
Vergleichsmittel: Alumn., Ars-i., Canth., Lach., Nit-ac.
Empfohlen zur Prophylaxe gegen Malaria (wie auch Nat-m.)

TEUCRICUM Marum verum:
Complement: Calc., Nat-p. (Tub.)

THERIDION:
Folgt gut nach: Calc., Lyc.

THLASPI BURSA PAST.:
Vergleichsmittel: Trill., Vib., Ust.

THUJA:
Complement: Cinnb., Med., Merc., Nat-s., Nit-ac., Puls., Sabin., Sil., Sulph.
Chronisch -- akut: Thuj. -- Ars.
Folgt gut nach: Med., Merc., Nit-ac.
Danach folgt gut: Sil.
Vergleichsmittel: Cann-s, Canth., Cop., Staph.
Cinnb. (Warzen am Praeputium - hierbei wirkt Thuj. selten)

TRILLIUM:
Vergleichsmittel: Bell., Chin., Kali-c., Lach., Mill., Sep.,
Sulph., Thlas., Ust.

TUBERCULINUM:
Complement: Calc., Calc-p., Kali-s., Psor., Sep. Sulph.
Chronisch -- akut: Tub. -- Sulph.
Folgt gut nach: Psor. (als konstitution. Mittel) Thuj. (Tub. wirkt oft erst danach)
Bell. (akute Krankheitserscheinungen, die bei tuberculösen Erkrankungen
auftreten, sowie nach akuten Otitiden)
Danach folgt gut: Hydr. (um den Patienten nach der Heilung mit Tub.
wieder anzufüttern)
Vergleiche: Bac. (milderes Tuberculin, besonders b. zurückgebliebenen Kindern
und bei Erkältungsneigung schwächlicher Individuen)
Pert. (sanftestes Tuberculin, besonders bei schwächlichen Kindern)
Tub. (mehr hereditärer Tuberculinismus)

VALERIANA:
Es **antidotiert** Missbrauch von Kamillentee (wie Puls.)
Vergleiche: Op., Sulph. & Tub. (als Reaktionsmittel).
Asaf., Asar., Croc., Ign., Lac-c., Spig., Sulph.
Agar., Caust., Cycl., Led., Mang. & Phyt. (Schmerzen der Fersen)

VERATRUM ALB.:

Complement: Ars., Carb-v., Dros.
Folgt gut nach: Arn., Ars., Chin., Cupr., Ip.
Camph. (bei Cholerine und Cholera morbus)
Am-c., Bor. & Carb-v. (bei Dysmenorrhoe mit Erbrechen und Durchfall)
Danach folgt gut: Arg-n. (seelische Dysbalance, Durchfall)
Bell., Cham., Carb-v., Puls., Rhus-t.
Antidot: Acon., Camph., Chin., Coff.
Es **antidotiert** seinerseits: Ars., Chin., Ferr., Op., Tab.

VERATRUM VIRIDE:

Vergleichsmittel: Acon., Bry., Phos. & Sulph. (Pneumonie)
Es **antidotiert** Strychnin Verbindungen.

ZINCUM MET.:

Complement: Hell., Puls.
Folgt gut nach: Apis, Bell.
Danach folgt gut: Ign.
Feindlich: Cham. Nux-v.
Nux-v. sollte weder vorher noch danach gegeben werden.
Vergleichsmittel: Hell. & Tub. (bei beginnenden Gehirn Erkrankungen durch unterdrückte Ausschläge)
Calc-p. (Hydrocephalus)
Zinc. ist das metallische Analogon zu Op.
Med. (ruhelose Beine, aber auch brennende Füsse wie Sulph.)
Antidot: Camph., Hep.
Es **antidotiert** seinerseits: Bar-c., Cham.
Zinc. gibt man am besten abends.

ZINCUM IODAT.:

Complement: Lach.

Abkürzungen: gemäss Barthel und Klunker, Synthetic Repertory, Delhi 1984

abel., abelmoschus	am-c., ammonium carbonicum
abies-c., abies canadensis	am-caust., ammonium causticum
abies-n., abies nigra	am-i., ammonium iodatum
abrol., oleum abri precatorii	am-m., ammonium muriaticum
abrot., abrotanum	ambr., ambra grisea
absin., absinthium	ambro., ambrosia artemisiaefolia
acal., acalypha indica	amgd-p., amygdalus persica
acet-ac., aceticum acidum	aml-ns., amylenum nitrosum
acetan., acetanilidum	ammc., ammoniacum gummi
achy., achyranthes calea	ammi-v., ammi visnaga
acon-a., aconitum anthora	amor-r., amorphophallus riviere
acon-c., aconitum cammarum	amph., amphisbaena vermicularis
acon-f., aconitum ferox	anac., anacardium orientale
acon-l., aconitum lycoctonum	anag., anagallis arvensis
acon., aconitum napellus	anan., anantherum muricatum
aconin., aconitinum	ang., angustura vera
act-sp., actaea spicata	anh., anhalonium lewinii
adlu., adlumia fungosa	anis., anisum stellatum
adon., adonis vernalis	ant-ar., antimonium arsenicosum
aesc., aesculus hippocastanum	ant-c., antimonium crudum
aeth., aethusa cynapium	ant-i., antimonium iodatum
aethi-a., aethiops antimonialis	ant-m., antimonium muriaticum
aethi-m., aethiops mineralis	ant-o., antimonium oxydatum
agar., agaricus muscarius	ant-s-aur., antimon. sulphur. auratum
agav-a., agave americana	ant-t., antimonium tartaricum
agav-t., agave tequilana	anthraci., anthracinum
agn., agnus castus	anthraco., anthracokali
agra., agraphis nutans	antip., antipyrinum
agre., agremone ochroleuca	ap-g., apium graveolens
ail., ailanthus glandulosa	aphis., aphis chenopodii glauci
alco., alcoholus	apis., apis mellifica
alet., aletris farinosa	apisin., apisinum
alf., alfalfa	apoc., apocynum cannabinum
all-c., allium cepa	apom., apomorphinum hydrochloricum
all-s., allium sativum	aq-mar., aqua marina
allox., alloxanum	arag., aragallus lamberti
aln., alnus rubra	aral., aralia racemosa
aloe., aloe socotrina	aran-ix., aranea ixobola
alum-p., alumina phosphorica	aran., aranea diadema
alum-sil., alumina silicata	arb., arbutus andrachne
alum., alumina	arg-m., argentum metallicum
alumn., alumen	arg-n., argentum nitricum
am-a., ammonium aceticum	arist-cl., aristolochia clematitis
am-br., ammonium bromatum	arn., arnica montana
	ars-br., arsenicum bromatum

ars-h., arsenicum hydrogenisatum
ars-i., arsenicum iodatum
ars-met., arsenicum metallicum
ars-s-f., arsen. sulphuratum flavum
ars-s-r., arsen. sulphuratum rubrum
ars., arsenicum album
art-v., artemisia vulgaris
arum-d., arum dracontium
arum-i., arum italicum
arum-m., arum maculatum
arum-t., arum triphyllum
arund-d., arundo donax
arund., arundo mauritanica
asaf., asa foetida
asar., asarum europaeum
asc-c., asclepias cornuti
asc-t., asclepias tuberosa
asim., asimina triloba
aspar., asparagus officinalis
asper., asperula odorata
astac., astacus fluviatilis
aster., asterias rubens
atro., atropinum (sulphuricum)
aur-ar., aurum arsenicum
aur-br., aurum bromatum
aur-i., aurum iodatum
aur-m-n., aurum muriat. natronatum
aur-m., aurum muriaticum
aur-s., aurum sulphuratum
aur., aurum foliatum
auran., aurantii cortex
aven., avena sativa
aza., azadirachta indica

bac., bacillinum Burnett
bad., badiaga
bals-p., balsamum peruvianum
bapt., baptisia tinctoria
bar-a., baryta acetica
bar-c., baryta carbonica
bar-i., baryta iodata
bar-m., baryta muriatica
bar-p., baryta phosphorica
bar-s., baryta sulphurica
bell-p., bellis perennis
bell., belladonna

ben-d., benzinum dinitricum
ben-n., benzinum nitricum
ben., benzinum
benz-ac., benzoicum acidum
berb-a., berberis aquifolium
berb., berberis vulgaris
beryl., beryllium metallicum
bism., bismuthum subnitricum
blatta., blatta orientalis
bol-la., boletus laricis
bor-ac., boricum acidum
bor., borax veneta
both., bothrops lancelotus
botul., botulinum
bov., bovista lycoperdon
brom., bromium
bruc., brucea antidysenterica
bry., bryonia alba aut dioica
bufo., bufo rana
bung., bungurus fasciatus
buni-o., bunias orientalis
but-ac., butyricum acidum
buth-a., buthus australis

cact., cactus grandiflorus
cadm-m., cadmium muriaticum
cadm-met., cadmium metallicum
cadm-s., cadmium sulphuratum
cain., cainca
caj., cajuputum
calad., caladium seguinum
calag., calaguala
calc-a., calcarea acetica
calc-ar., calcarea arsenicosa
calc-br., calcarea bromata
calc-chln., calcarea chlorinata
calc-f., calcarea fluorica
calc-hp., calcarea hypophosphorosa
calc-i., calcarea iodata
calc-lac., calcarea lactica
calc-m., calcarea muriatica
calc-ox., calcarea oxalica
calc-p., calcarea phosphorica
calc-pic., calcarea picrica
calc-s., calcarea sulphurica
calc-sil., calcarea silicata

calc., calcarea carbonica
calen., calendula officinalis
calo., calotropis gigantea
camph-br., camphoricum bromata
camph., camphora
cand-a., candida-alb. nosode
cann-i., cannabis indica
cann-s., cannabis sativa
canth., cantharis
caps., capsicum annuum
carb-ac., carbolicum acidum
carb-an., carbo animalis
carb-v., carbo vegetabilis
carbn-h., carboneum hydrogenisatum
carbn-o., carboneum oxygenisatum
carbn-s., carboneum sulphuratum
carc., carcinosinum burnett
card-m., carduus marianus
cardiosp., cardiospermum halicacabum
casc., cascarilla
cast-eq., castor equi
cast-v., castanea vesca
cast., castoreum canad. aut sibiric.
caul., caulophyllum thalictroides
caust., causticum Hahnemanni
cean., ceanothus americanus
cedr., cedron
cench., cenchris contortrix
cer-ox   cerium oxalicum
ceref., cerefolius = anthriscus cer.
cetr., cetraria islandica
cham., chamomilla
cheir., cheiranthus cheiri
chel., chelidonium majus
chelo., chelone glabra
chen-a., chenopodium anthelminticum
chen., chenopodiun glauci aphis
chim-m., chimaphila maculata
chim., chimaphila umbellata
chin-ar., chininum arsenicosum
chin-b., cinchona boliviana
chin-m., chininum muriaticum
chin-s., chininum sulphuricum
chin., china officinalis
chion., chionanthus virginica
chlf., chloroformium

chlol., chloralum hydratum
chlor., chlorum
chlorpr., chlorpromazinum
chol., cholesterinum
chr-ac., chromicum acidum
chr-o., chromium oxydatum
chr-s., chromium sulphuricum
chrysan., chrysanthemum leucanthemum
chrysar., chrysarobium
cic-m., cicuta maculata
cic., cicuta virosa
cimic., cimicifuga racemosa
cimx., cimex lectularius
cina., cina maritima
cinnb., cinnabaris
cinnm., cinnamomum ceylanicum
cist., cistus canadensis
cit-ac., citricum acidum
cit-p-s., citrus paradisi e semine
cit-v., citrus vulgaris
clem., clematis erecta
cob-n., cobaltum nitricum
cob., cobaltum metallicum
coc-c., coccus cacti
coca., coca
cocain., cocainum hydrochloricum
cocc-s., coccinella septempunctata
cocc., cocculus indicus
coch., cochlearia armoracia
cod., codeinum
coff-cit., coffea citrica
coff., coffea cruda (arabica)
coffin., coffeinum
colch., colchicum autumnale
coli., colibacillin
coll., collinsonia canadensis
coloc., colocynthis
colos., colostrum
com., comocladia dentata
con., conium maculatum
conch., conchiolinum
conv., convallaria majalis
convo-s., convolvulus stans
cop., copaiva
cor-r., corallium rubrum
corh., corallorhiza odontorhiza

cori-r., coriaria ruscifolia
corn-a., cornus alternifolia
corn., cornus circinata
cortex., dehydrocortison = prednisolon
cortico., corticotropinum
cortiso., cortisonum
crat., crataegus oxyacantha
croc., crocus sativus
crot-c., crotalus cascavella
crot-h., crotalus horridus
crot-t., croton tiglium
cub., cubeba officinalis
culx., culex musca
cund., cundurango
cupr-a., cuprum aceticum
cupr-ar., cuprum arsenicosum
cupr-n., cuprum nitricum
cupr-o., cuprum oxydatum nigrum
cupr-s., cuprum sulphuricum
cupr., cuprum metallicum
cur., curare
curc., curcuma javensis
cycl., cyclamen europaeum
cymbop-n., cymbopogon n.
cyn-d., cynodon dactylon
cyna., cynara scolymos
cynos., cynosbatus
cypr., cypripediuim pubescens
cyt-l., cytisus laburnum

dam., damiana
daph., daphne indica
des-ac., desoxyribonucleinic. ac.
dicha., dichapetalum
dig., digitalis purpurea
dios., dioscorea villosa
diph., diphtherinum
dirc., dirca palustris
dol., dolichos pruriens
dor., doryphora decemlineata
dros., drosera rotundifolia
dtp-nos., Dipth.Tetan.Pertus.-Impfstoff
dub., duboisinum
dubo-h., duboisia hopwoodi
dubo-m., duboisia myoporoides
dulc., dulcamara

dys., bacillus dysenteriae

echi., echinacea angustifolia
elaps., elaps corallinus
elat., elaterium officinarum
eleut., eleuterococcus
ephe., ephedra vulgaris
epiph., epiphegus virginiana
equis-a., equisetum arvense
erb., erbium
erig., erigeron canadensis
erio., eriodyction californic.
ery-a., eryngium aquaticum
esp-g., espeletia grandiflor.
eucal., eucalyptus globulus
eug., eugenia jambosa
euon-a., euonymus atropurpurea
euon., euonymus europaea
eup-per., eupatorium perfoliatum
eup-pur., eupatorium purpureum
euph-l., euphorbia lathyris
euph., euphorbium officinarum
euphr., euphrasia officinalis
eupi., eupionum

fab., fabiana imbricata
fago., fagopyrum esculentum
fagu., fagus silvatica
fel., fel tauri
ferr-a., ferrum aceticum
ferr-ar., ferrum arsenicosum
ferr-cit., ferrum citricum
ferr-cy., ferrum cyanatum
ferr-i., ferrum iodatum
ferr-m., ferrum muriaticum
ferr-ma., ferrum magneticum
ferr-o-n., ferrum oxydatum nigrum
ferr-o-r., ferrum oxydatum rubrum
ferr-p., ferrum phosphoricum
ferr-pic., ferrum picricum
ferr-s., ferrum sulphuricum
ferr., ferrum metallicum
fil., filix-mas
fl-ac., fluoricum acidum
flav., flavus
flor-p., flor de piedra

foll., folliculinum
form-ac., formicicum acidum
form., formica rufa
frag., fragaria vesca
franc., franciscaea uniflora
franz., Franzensbad aqua
frax., fraxinus americana
fuc., fucus vesiculosus
fuli., fuligo ligni

gad., gadus morrhua
gaert., bacillus Gaertner
gal-ac., gallicum acidum
galeg., galega officinalis
gali., galium aparine
galin., galinsoga parviflora
galph., galphimia glauca
gamb., gambogia
gaul., gaultheria procumbens
gels., gelsemium sempervirens
gent-l., gentiana lutea
ger., geranium maculatum
gins., ginseng
glon., glonoinum
glyc., glycerinum
gnaph., gnaphalium polycephalum
goss., gossypium herbaceum
gran., granatum
graph., graphites naturalis
grat., gratiola officinalis
grin., grindelia robusta
guaj., guajacum officinale
guar., guarana
guare., guarea trichiloides
guat., guatteria guameri
gunp., gunpowder
gymno., gymnocladus canadensis

haem., haematoxylum campechianum
halo., haloperidolum
ham., hamamelis virginiana
haplo., haplopappus bailahuen
hecla., Hecla lava
hed., hedera helix
hekla., Hekla lava (hecla)
hell., helleborus niger

helo., heloderma suspectum
helon., helonias dioica
hep., hepar sulphuris calcareum
hera., heracleum sphondylium
hipp., hippomanes
hippoz., hippozaeninum
hom., homarus
hura., hura brasiliensis
hydr-ac., hydrocyanicum acidum
hydr., hydrastis canadensis
hydrc., hydrocotyle asiatica
hyos., hyoscyamus niger
hyosin., hyoscyamin brom. aut sulph.
hyper., hypericum perforatum
hypoth., hypothalamus

iber., iberis amara
ictod., ictodes foetida
ign., ignatia amara
ilx-a., ilex aquifolium
ind., indium metallicum
indg., indigo tinctoria
indol., indolum
influ., influenzinum
ins., insulinum
inul., inula helenium
iod., iodium purum
iodof., iodoformium
ip., ipecacuanha
ipom., ipomoea purpurea
irid., iridium metallicum
iris-fl., iris florentina
iris-foe., iris foetidissima
iris., iris versicolor

jab., jaborandi
jac-c., jacaranda caroba
jac., jacaranda gualandai
jal., jalapa
jatr-g., jatropha goss.,
jatr., jatropha curcas
jug-c., juglans cinerea
jug-r., juglans regia
juni-c., juniperus communis
just., justicia adhatoda

kali-a., kali aceticum
kali-ar., kali arsenicosum
kali-bi., kali bichromicum
kali-br., kali bromatum
kali-c., kali carbonicum
kali-chl., kali chloricum
kali-cy., kali cyanatum
kali-f., kali fluoratum
kali-fcy., kali ferrocyanatum
kali-hp., kali hypophosphoricum
kali-i., kali iodatum
kali-m., kali muriaticum
kali-n., kali nitricum
kali-p., kali phosphoricum
kali-perm., kali permanganitum
kali-s., kali sulphuricum
kali-sil., kali silicicum
kalm., kalmia latifolia
kreos., kreosotum
kres., kresolum

lac-ac., lactis acidum
lac-c., lac caninum
lac-d., lac vaccinum defloratum
lach., lachesis muta
lachn., lachnanthes tinctoria
lact., lactuca virosa
lap-a., lapis albus
lappa., lappa arctium
lat-m., latrodectus mactans
lath., lathyrus sativus
laur., laurocerasus
lec., lecithinum
led., ledum palustre
lem-m., lemma minor
lepr., leprominium = lepra nosode
lept., leptandra virginica
lesp-c., lespedeza capitata
lev., levico aqua
lil-s., lilium superbum
lil-t., lilium tigrinum
linu-u., linum usitatissimum
lith-c., lithium carbonicum
lob-c., lobelia cardinalis
lob-s., lobelia syphilitica
lob., lobelia inflata

lol., loleum temulentum
luf-op., luffa operculata
luna., luna
lup., lupulus humulus
lyc., lycopodium clavatum
lycpr., lycopersicum esculentum
lycps., lycopus virginicus
lyss., lyssinum

m-ambo., magnetis poli ambo
m-arct., magnetis polus articus
m-aust., magnetis polus australis
mag-c., magnesia carbonica
mag-f., magnesia fluorata
mag-m., magnesia muriatica
mag-p., magnesia phosphorica
mag-s., magnesia sulphurica
magn-gr., magnolia grandiflora
maland., malandrinum
manc., mancinella
mand., mandragora officinarum
mang., manganum acetic. aut carb.
med., medorrhinum
medus., medusa
melal-a., melaleuka alternifol.
meli., meliotus officinalis
menth-pu., mentha pulegium
menth., mentha piperita
mentho., mentholum
meny., menyanthes trifoliata
meph., mephitis putorius
merc-a., mercurius aceticus
merc-aur., mercurius auratus
merc-c., mercurius corrosivus
merc-cy., mercurius cyanatus
merc-d., mercurius dulcis
merc-i-f., mercurius iodatus flavus
merc-i-r., mercurius iodatus ruber
merc-ns., mercurius nitrosus
merc-pr-a., mercur. praecipitatus albus
merc-pr-r., mercur. praecipitatus ruber
merc-s-cy., mercurius sulphocyanatus
merc-sul., mercurius sulphuricus
merc., mercurius solubilis
merl., mercurialis perennis
methyl., memethylenum coeruleum

methys., methysergidum
mez., mezereum
mill., millefolium
mim-p., mimosa pudica
mom-b., momorbica balsamica
morb., morbillinum
morph., morphinum muriaticum
mosch., moschus
mur-ac., muriaticum acidum
murx., murex purpureus
mygal., mygale lasiodora
myric., myrica cerifera
myris., myristica sebifera
myrtil., myrtillocactus

nabal., nabalus serpentaria
naja., naja tripudians
naphtin., naphtalinum
narc-ps., narcissus pseudonarcissus
nat-a., natrum aceticum
nat-ar., natrum arsenicosum
nat-br., natrum bromatum
nat-c., natrum carbonicum
nat-f., natrum fluoratum
nat-i., natrum iodatum
nat-m., natrum muriaticum
nat-n., natrum nitricum
nat-p., natrum phosphoricum
nat-s., natrum sulphuricum
nat-sal., natrum salicylicum
nat-sil., natrum silicicum
nep., nepenthes distillatoria
nicc-s., niccolum sulphuricum
nicc., niccolum carb. aut metallic
nit-ac., nitri acidum
nit-m-ac., nitromuriaticum acidum
nit-s-d., nitro spiritus dulcis
nitro-o., nitrogenium oxygenatum
nuph., nuphar luteum
nux-m., nux moschata
nux-v., nux vomica
nymph., nymphaea odorata

oci., ocimum canum
oci-s., ocinum sanctum
oena., oenanthe crocata

oeno., oenothera biennis
okou., okoubaka aubrevillei
ol-an., oleum animale dippel
ol-j., oleum jecoris aselli
olnd., oleander
onop., onopordon acanthium
onos., onosmodium virginianum
op., opium
opun-v., opuntia vulgaris
orex-t., orexinum tannicum
orig-v., origanum vulgare
orig., origanum majorana
orni., ornithogalum umbellatum
oscilloc., oscillococinum (mucotoxinum)
osm., osmium metallicum
ov., ovininum (oophorinum)
ovi-p., ovi gallinae pellicula
ox-ac., oxalicum acidum
oxyd., oxydendron arboreum
oxyt., oxytropis lamberti
paeon., paeonia officinalis

pall., palladium metallicum
par., paris quadrifolia
paraf., paraffinum
paraph., paraphenylendiaminum
pareir., pareira brava
paro-i., paronychia illecebrum
parth., parthenium hysterophorus
passi., passiflora incarnata
ped., pediculus capitis
pen., penthorum sedoides
penic., penicillinum
pert., pertussinum
petr., petroleum
petros., petroselinum sativum
ph-ac., phosphoricum acidum
phase., phaseous nanus
phel., phellandrium aquaticum
phenob., phenobarbitalum
phos., phosphorus
phys., physostigma venenosum
phyt., phytolacca decandra
pic-ac., picricum acidum
pilo., pilocarpinum
pin-s., pinus silvestris

pip-m., piper methysticum
pip-n., piper nigrum
pitu-a., pituitarium anterior
pitu-gl., pituitaria glandula
pitu., pituitarium posterium
pituin., pituitrinum
pix., pix liquida
plan., plantago major
plat., platinum metallicum
platan., platanus occidentalis
plb-a., plumbum aceticum
plb-i., plumbum iodatum
plb., plumbum metallicum
pneu., pneumococcinum
podo., podophyllum peltatum
polio., polio nosode
poll., pollen
polyg-h., polygonum hydropiperoides
pop-c., populus candicans
pop., populus tremuloides
prim-o., primula obconica
prim-v., primula veris
propol., propolis
prot., bacillus proteus
prun., prunus spinosa
psor., psorinum
ptel., ptelea trifoliata
pulmo., pulmo
puls., pulsatilla pratensis
pulx., pulex irritans
pyrog., pyrogenium
pyrus., pyrus americanus

quas., quassia amara
querc., quercus e glandibus

rad-br., radium bromatum
ran-a., ranunculus acris
ran-b., ranunculus bulbosus
ran-s., ranunculus sceleratus
raph., raphanus sativus
rat., ratanhia peruviana
rauw., rauwolfia serpentina
reser., reserpinum
rheum., rheum palmatum
rhod., rhododendron chrysanthum

rhus-a., rhus aromatica
rhus-d., rhus diversiloba
rhus-g., rhus glabra
rhus-r., rhus radicans
rhus-t., rhus toxicodendron
rhus-v., rhus venenata
rib-ac., ribonucleinicum acidum
ric., ricinus communis
rob., robinia pseudacacia
ros-d., rosa damascena
rosm., rosmarinus officinalis
rub-t., rubia tinctorum
rumx., rumex crispus
ruta., ruta graveolens

sabad., sabadilla
sabal., sabal serrulatum
sabda., sabdariffa (hibiscus sab.)
sabin., sabina
sacch-l., saccharum lactis
sacch., saccharum officinale
sal-ac., salicylicum acidum
salam., salamandra maculata
salv., salvia officinalis
samb., sambucus nigra
sang-n., sanguinarinum nitricum
sang., sanguinaria canadensis
sanic., Sanicula aqua
santin., santoninum
sarcol-ac., sarcolacticum acidum
saroth., sarothamnus scoparius
sarr., sarracenia purpurea
sars., sarsaparilla officinalis
scarl., scarlatinum
scroph-n., scrophularia nodosa
scut., scutellaria laterifolia
sec., secale cornutum
sed-ac., sedum acre
sel., selenium
semp., sempervivum tectorum
senec., senecio aureus
seneg., senega
senn., senna
sep., sepia succus
ser-ang., serum anguillae
ser-ov., serum ovile (Schafsserum)

sieg., siegesbeckia orientalis
sil-mar., silica marina
sil., silicea terra
sin-a., sinapis alba
sin-n., sinapis nigra
skook., skookum chuck aqua
skor., skorodit (Weleda)
sol-c., solanum carolinense
sol-n., solanum nigrum
sol-t-ae., solanum tuberosum aegrotans
sol., sol (Sonnenlicht)
solid., solidago virgaurea
spig., spigelia anthelmia
spirae., spiraea ulmaria
spong., spongia tosta
squid., squid (ganzer Tintenfisch)
squil., squila (scilla) maritima
stann-i., stannum iodatum
stann., stannum metallicum
staph., staphysagria
staphycoc., staphylococcinum
stel., stellaria media
stict., sticta pulmonaria
stigm., stigmata maydis
still., stillingia silvatica
sting., sting ray
stram., stramonium
streptoc., streptococcinum
stront-br., strontium bromatum
stront-c., strontium carbonicum
stroph-h., strophantus hispidus
stry-ar., strychninum arsenicosum
stry-n., strychninum nitricum
stry-p., strychninum phosphoricum
stry-s., strychninum sulphuricum
stry., strychninum purum
strych-g., strychnos gaultheriana
sul-ac., sulphuricum acidum
sul-i., sulphur iodatum
sul-ter., sulphur terebinthinatum
sulfa., sulfanilmidum
sulfon., sulfonalum
sulo-ac., sulphurosum acidum
sulph., sulphur lotum (sublimatum)
sumb., sumbulus moschatus
syc., bacillus sycoccus

symph., symphytum officinale
syph., syphilinum

tab., tabacum
tanac., tanacetum vulgare
tann-ac., tannicum acidum
tarax., taraxacum officinale
tarent-c., tarentula cubensis
tarent., tarentula hispanica
tax., taxus baccata
tell., tellurium metallicum
tep., teplitz aqua
ter., terebinthiniae oleum
teucr-s., teucrium scorodonia
teucr., teucrium marum verum
thal., thallium metall. aut acet.
thala., thalamus
thea., thea chinensis
ther., theridion curassavicum
thiop., thioproperazinum
thiosin., thiosaminum
thlas., thlaspi bursa pastoris
thuj-l., thuja lobii
thuj., thuja occidentalis
thym-gl., thymus glandula
thymu., thymus serp. (Thymian)
thyr., thyreoidinum
til., tilia europaea
trif-p., trifolium pratense
trif-r., trifolium repens
tril., trillium pendulum
trom., trombidium muscae domest.
tub-a., tuberculinum avis
tub-k., tuberculinum Koch
tub-r., tuberculinum residuum Koch
tub., tuberculinum bovinum Kent

umc., umckaloabo
upa., upas tieute
uran-n., uranium nitricum
urea., urea pura
urt-u., urtica urens
usn., usnea barbata
ust., ustilago maydis
uva., uva ursi
uza., uzara (xysmalobium um.)

v-a-b., vaccin attenue bilie
vac., vaccininum
valer., valeriana officinalis
vanad., vanadium metallicum
vario., variolinum
verat-n., veratrum nigrum
verat-v., veratrum viride
verat., veratrum album
verb., verbascum thapsus
verbe-h., verbena hastata off.
vesp., vespa crabro
vib., viburnum opulus
vinc., vinca minor
vince., vincetoxicum officinale
viol-o., viola odorata
viol-t., viola tricolor
vip., vipera berus (torva)
visc., viscum album

wye., wyethia helenoides

x-ray., x-ray
xan., xantoxylum fraxineum americ.
xanth., xanthium spinosum
xero., xerophyllum

yuc., yucca filamentosa

zinc-a., zincum aceticum
zinc-ar., zincum arsenicosum
zinc-br., zincum bromatum
zinc-chr., zincum chromatum
zinc-cy., zincum cyanatum
zinc-i., zincum iodatum
zinc-m., zincum muriaticum
zinc-o., zincum oxydatum
zinc-p., zincum phosphoricum
zinc-s., zincum sulphuricum
zinc-val., zincum valerianicum
zinc., zincum metallicum
zing., zingiber officinale
ziz., zizia aurea

Verwendete Literatur (Quellenverzeichnis):

ALLEN, T. F., Handbook of Materia Medica, New York 1889 & Encyclopedia
BOENNINGHAUSEN, C. v., Therapeutisches Taschenbuch 1846
BOERICKE, W., Pocket Manual of Homeopathic Materia Medica
           & O. E. Boericke, Repertory, Philadelphia 1927
BOGER, C. M., Boenninghausens Characteristics & Repertory, Parkersburg 1905
           Synoptic Key of Materia Medica, Parkersburg 1915
           Additions to Kents Repertory, Delhi w/o year
BORLAND, D., Children types, London 1948
BURNETT, J. C., Collected Writings, compiled by H. L. Chitkara, Delhi 1992
CHOUDHURI, N. M., A Study of Materia Medica & Repertory, Calcutta 1929
CLARKE, J. H., Dictionary of practical Materia Medica, London 1947
DAS, RAI B. B., Select your remedy, Free Homeo Dispensery, Delhi 1956
FISHER, C. F., Deseases of children, Chicago 1895
GENTRY, W. Concordance Repertory of hom. Mat. Med., Rogers Park 1890
GUERNSEY, H. N., Application .. to obsterics .. & young children, Delhi w/o year
HAHNEMANN, S., Materia medica pura, Delhi w/o year.
           Die chronischen Krankheiten, Dresden & Leipzig 1835
           Organon der Heilkunst, 6. Ausgabe v. 1846 (O. V., Berg 1985)
HARTMANN, F., Die Kinderkrankheiten, Leipzig 1852
HERING, C., Kurzgefasste Arzneimittellehre 1889
JAHR, H. G., Die Geisteskrankheiten 1866
        Die venerischen Krankheiten 1867
        Klinische Anweisungen..., Leipzig 1854. Therapeutischer Leitfaden 1869
        Ausführlicher Symptomen - Kodex der Homöopath. Arzneimittellehre
           1. Theil: Übersicht der homöopathischen Heilmittel
           2. Theil: Systematisch - alphabetisches Repertorium
           Leipzig, 1848 - 1849
        Handbuch der Hauptanzeigen..., Düsseldorf 1835
KENT, J. T., REPERTORY of HOMOEOPATHIC MAT. MED., Chicago 1945 (5th ed.)
KNERR, C. B., Repertory of Herings guiding Symptoms, Philadelphia 1897
LILIENTHAL, S., Homoeopathic Therapeutics, San Francisco 1890
LUTZE, A., Lehrbuch der Homöopathie, Cöthen 1860
MATHUR, K. N., Systematic Materia Medica & Principles of Prescribing, Delhi w/o y.
MURPHY, R., N.D., Homeopathic medical repertory, Pagosa Springs Colorado 1993
PENNEKAMP, H., REP - Synopsis für Homöop. Rep. & Mat. Med. Programm, 1993
PHATAK, S. R., A concise repertory of homoepathic medicines, Bombay 1977
           Materia medica of homoepathic medicines, Bombay 1977
RAUE, C. G., Deseases of children, Philadelphia 1906
           Special Pathology with Therapeutic Hints, Philadelphia 1896
ROYAL, G., Textbook of hom. theory & practice 1923. Mat. Med., Des Moines 1920
SRIVASTAVA, G. D., Alphabethical repertory of characteristics.., New Delhi 1990
TYLER, M. L., Pointers to the common remedies, Delhi w/o year
VAKIL, P., Textbook of homeopathic therapy Vol. I - III, Bombay 1988 - 90
VOEGELI, A., Homöopathische Therapie der Kinderkrankheiten, Heidelberg 1981

Ferner wurde folgende Literatur in geringerem Umfange verwertet:

Altschul, E. Taschenwörterbuch der Kinderkrankheiten, Prag 1863

Barthel, M. (Herausgeber), Deutsches Journal für Homöopathie, 1982 - 1997

Barthel, H. & Klunker, W., Synthetic Repertory, Delhi 1984

Blackie, M. Lectures on classical homeopathy, collected of Brit. Hom. Journal, India

Bradford, T. L., Dr. LIPPE´s charakteristische Symptome, Heidelberg 1967

Candegabe, E., Materia medica comparada, Buenos Aires 1989

Enders, N., Bedrohte Kindheit, Heidelberg 1995

Farrington, E. A., Klinische Arzneimittellehre, Leipzig 1913

Herscu, P., Die homöopathische Behandlung der Kinder, Gross Wittensee 1993

Hauptmann, H., Homöopathie in der kinderärztlichen Praxis, Heidelberg 1991

Imhäuser, H., Homöopathie in der Kinderheilkunde, Heidelberg 1979

Jus, M., Kindertypen, Steinhausen 1995

Leduc, H., Kranke Kinder homöopathisch behandeln, München 1990

Pennekamp, H., N.D., Bioelektronische Messungen an Amalgamfüll. in vivo, 1975
               Practical homeopathic Repertory with children typical rubrics - a homeopathic database & programm for computer aided repertorisation, Hamburg & Highfield (UK) 1981
               Detta är Naturläkekonst, Läkar Journalen, Stockholm 1982
               Detta är Homeopati, Läkar Journalen, Stockholm 1983

Pennekamp, H., BORREP. Boericke als Computer Repertorisationsprogr., Leer 1994

Ruddock, E. H., The common deseases of children, Delhi without year

Sirker, Major K. K., A handbook of Repertory, Calcutta 1978

Ungern-Sternberg, M. v., Homöopathisch behandelte Scharlachfälle, Detmold 1992

Vakil, P., Tongue that does not lie, Bombay 1988

Vermeulen, F., Kindertypen in der Homöopathie, Regensburg 1988

INDEX der therapeutischen Hinweise und der Einleitung